Heinrich Brockmann

Rätsellexikon

Heinrich Brockmann

Rätsel-
lexikon

ISBN 3-8212-2045-7

Am Hehsel 40, 22339 Hamburg
Printed in Germany

Vorwort

Auch im Zeitalter des Computers hat das Kreuzworträtsel nichts von seinem Reiz verloren.

Kaum ein anderes Wissenspiel vermag mit solch bescheidenen Mitteln so sehr die Phantasie anzuregen und das Wissen zu überprüfen.

Da aber auch der Experte nicht alle Nebenflüsse des Indus kennt oder spontan weiß, wer einmal Reichsminister war (mit 5 Buchstaben), nimmt er dieses Buch sicherlich gerne immmer wieder zur Hand.

Der Einfachheit halber habe ich auf besondere Verweise verzichtet. Sie schauen dort nach, wo Sie den Begriff am ehesten vermuten, und ebendort – oder ganz in der Nähe – werden Sie ihn auch finden.

Übrigens sind alle Lösungsbegriffe in alter und neuer Rechtschreibung aufgeführt; die in der neuen Form sind an dem kleinen Sternchen zu erkennen.

Aber nun genug der Vorrede – viel Spaß beim Rästelraten

wünscht

Ihnen Ihr

Heinrich Brockmann

Aachener:
-Leckerei:
6 Printe
-Sehenswürdigkeit:
3 Dom, 9 Kaiserdom,
12 Karlsschrein
aalhafter Fisch:
11 Butterfisch, 12 Steinbeisser,
14 Schlammbeisser
aalen:
8 ausruhen, strecken
Aalfanggerät:
4 Sack, 5 Eisen, Elger, Flete, Gabel, Hamen, Reuse, 7 Stachel, Stecher
Aalquappe:
5 Rutte
aalglatt:
8 hoeflich
Aaltierchen:
9 Fadenwurm
Aar:
5 Adler
Aas:
7 Kadaver, 8 Scheusal,
10 Tierleiche
Aasgeier:
6 Kondor
Aaskäfer:
12 Totengraeber
Abade:
13 Orientteppich
Abakus:
11 Rechenbrett
abändern:
6 lenken, 10 verbessern,
12 modifizieren
Abänderung:
10 Abwandlung, Ummodelung,
11 Verwandlung, Umaenderung, Umarbeitung, 12 Veraenderung
Abart:
8 Abirrung, 10 Sonderfall,
11 Unterschied,
13 Regelverstoss,
14 Normwidrigkeit,
18 Unterschiedlichkeit
abartig:
7 pervers, 8 verkehrt,
12 unnatuerlich,
15 widernatuerlich
abbiegen:
9 einbiegen, 11 abschwenken,
12 einschwenken
Abbild:
4 Foto*, 5 Kopie, Photo,
6 Skizze, Studie, 7 Ansicht, Bildnis, 8 Gemaelde,
11 Darstellung, 12 Illustration
abbilden:
10 nachbilden, nachformen,
11 nachgiessen, 13 portraetieren
abbinden:
9 ausziehen, eindicken
Abbitte:
14 Entschuldigung
Abbruch:
6 Abriss, 9 Demontage, Zerlegung, 10 Einschnitt,
11 Entwoehnung
Abc:
8 Alphabet
Abc-Buch:
5 Fibel
Abc-Schütze:
14 Schulanfaenger
ABC-Staat:
5 Chile, 9 Brasilien,
11 Argentinien
Abdecker:
8 Schinder
Abdichtungsmittel:
4 Kitt, Pech, Teer, Werg,
5 Gummi, 7 Asphalt, 8 Isolator,
9 Glaswolle, Kautschuk,
11 Fensterkitt
Abdomen:
9 Unterleib
Abdominoskopie:
13 Ausspiegelung
Abdruck:
4 Spur, 5 Kopie, Mater, Repro,
6 Siegel, 7 Faehrte, Moulage, Stempel, 8 Praegung,
9 Fotokopie*, 10 Photokopie,
12 Reproduktion
Abdunkelung:
12 Verdunkelung
abebben:
8 abnehmen
Abels:
-Bruder:
4 Kain, Seth
-Mutter:
3 Eva
-Vater:
4 Adam
Abendandacht:
6 Vesper
Abendanzug:
3 Cut, 5 Frack, 7 Smoking
Abendbrot:
6 Dinner, Vesper, 9 Nachtmahl
Abenddämmerung:
10 Abendlicht
Abendgesellschaft:
4 Fest, 6 Soiree,
16 Abendvorstellung,
17 Abendgesellschaft, Abendunterhaltung,
Abendkleid:
4 Robe, 6 Gewand, 9 Festkleid,
11 Modellkleid
Abendland:
6 Europa, 8 Okzident
abendlicher Umtrunk:
15 Daemmerschoppen
Abendmahl:
9 Kommunion, 11 Eucharistie
Abendmahlzeit:
10 Abendessen
Abendmusik:
8 Serenade 10 Staendchen
Abendröte:
10 Abendlicht
Abendsignal beim Militär:
13 Zapfenstreich
Abendstern:
5 Venus, 8 Hesperos
Abendveranstaltung:
6 Soiree
Abendvorstellung:
17 Abendgesellschaft
Abendzeitung:
10 Abendblatt
Abenteuer:
6 Wagnis, 8 Erlebnis,
12 Seitensprung
Abenteuerlust:
7 Wagemut, 12 Erlebnisgier,
14 Erlebnishunger,
17 Unternehmungslust
Abenteurer:
6 Vagant, 7 Don Juan, Spieler, Waghals, 8 Casanova,
9 Betrueger, Desperado, Hasardeur, 12 Draufgaenger,
13 Gluecksjaeger, Gluecksritter
aber:
6 jedoch, 7 dagegen, sondern,
8 freilich, hingegen, indessen,
10 allerdings
Aberglaube:
4 Wahn, 8 Wahnidee,
9 Hexenwahn,
abergläubisch:
7 gehemmt, 8 befangen,
9 verklemmt
aberkennen:
9 entziehen, 10 aberkennen, absprechen

abermals:
6 erneut, wieder, 8 nochmals, wiederum, 9 nochmalig
abernten:
5 lesen, 6 maehen, 9 einfahren, 10 einbringen, 11 abpfluecken,
Aberration:
10 Abweichung
Aberwitz:
11 Absurditaet
Abfall:
4 Rest, 5 Muell, Spreu, Unrat, 6 Abraum, Fetzen, Schutt, 7 Schrott, 8 Kehricht, Schlacke, 9 Ausschuss, Geruempel, Makulatur, 10 Rueckstand
Abfallbehälter:
10 Muelleimer, Muelltonne, 14 Muellcontainer
Abfalldeponie:
10 Muellhalde
Abfalleimer:
8 Ascheimer, 9 Container, 10 Muelleimer, Muelltonne, 11 Ascheneimer, Muellbeutel, 15 Abfallbehaelter,
abfallende Bergseite:
4 Hang
abfallendes Gelände:
4 Hang, 9 Steilhang
Abfallplatz:
5 Grube, Halde, 7 Deponie, 10 Muellplatz, 12 Muelldeponie
Abfallprodukt:
-beim Dreschen:
5 Spreu
-beim Mahlen:
5 Kleie
abfaulen:
9 verfaulen, vermodern
abfassen:
10 redigieren, 11 konzipieren
Abfassung:
7 Konzept, 9 Redaktion
abfedern:
8 abfangen, 9 abprallen
abfertigen:
8 bedienen, 9 erledigen
Abfertigung:
9 Bedienung, 10 Expedition
Abfertigungsgebäude:
8 Terminal, 9 Flugplatz
Abfindung:
7 Abstand, 9 Abgeltung, Ausgleich, Ausgleich, 14 Entschaedigung, Entschaedigung

abflachen:
11 abschraegen
abflauen:
8 abnehmen
abfließen:
8 ablaufen, 9 abtropfen, 10 abstroemen
Abflug:
5 Start
Abflugpiste:
9 Startbahn
Abfluß:
4 Rohr, Siel, 5 Gosse, Gully, Kanal, Rinne, 6 Graben, Kloake, Roehre, 7 Ausguss, 8 Senkloch, 9 Rinnstein, 11 Senkschacht
Abflußöffnung:
5 Gully
Abflußrinne:
5 Gosse
Abflußrohr:
5 Draen*, Drain
Abflußvorrichtung:
7 Ausguss
Abfolge:
5 Serie, 7 Sequenz
Abführmittel:
6 Sennes, 7 Laxativ, Rizinus, 8 Agar-Agar, 10 Bittersalz, Rizinusoel, 13 Faulbaumrinde
Abfüllgerät:
8 Trichter
Abgabe:
4 Maut, Zins, Zoll, 6 Obolus, Steuer, Tribut, 7 Beitrag, Gebuehr
Abgabe:
-für Kfz:
19 Kraftfahrzeugsteuer
-in Badeorten:
7 Kurtaxe
Abgänger:
8 Schueler
abgebrannt:
3 arm, 5 blank, 6 pleite, 9 mittellos
abgedroschen:
3 fad, 4 fade, 5 banal, platt, 7 trivial, 8 geistlos, 9 stereotyp
abgefeimt:
6 listig, 8 gerissen, 9 tueckisch, 10 raffiniert
abgeflacht:
5 flach, platt, 7 niedrig, 11 abgeplattet
abgeholzt:
4 kahl

abgeholztes Waldstück:
8 Kahlhieb, Lichtung, Schneise, 10 Kahlschlag
abgeklappert:
11 phrasenhaft
abgeklärt:
4 reif, 5 ruhig, weise, 8 gelassen
Abgekochtes:
3 Sud, 5 Absud, 6 Dekokt
abgekühlt:
4 kalt, 8 gekuehlt
Abgeld:
7 Disagio
abgelebt:
7 verlebt, 10 altmodisch
abgelegen:
3 oed, 4 fern, 6 einsam, 8 abseitig, entlegen, 11 ultramontan
abgeleiert:
5 platt
abgelten:
10 begleichen
abgemacht:
5 basta, genug, 7 perfekt
abgemagert:
9 abgezehrt
abgemessene Menge:
5 Dosis, 6 Ration, 7 Einheit, Portion
abgeneigt:
8 unwillig, 11 distanziert
abgenutzt:
5 blank, 9 abgewetzt, 11 abgegriffen
Abgeordnetenbezüge:
7 Diaeten
Abgeordnetengruppe:
8 Fraktion
Abgeordnetenhaus:
8 Kongress, 9 Parlament, 15 Volksvertretung
Abgeordneter:
8 Mandatar, 11 Delegierter, Deputierter, 14 Parlamentarier, Volksvertreter
abgerissenes Stück Stoff:
6 Fetzen
Abgesandter:
8 Emissaer, Sendbote, 11 Delegierter
Abgesang:
5 Epode, 7 Kehraus, 8 Ausklang
abgeschabt:
9 abgenutzt
abgeschieden:
6 einsam, 7 separat, 8 isoliert

abgeschlagen:
10 erschoepft
abgeschlossen:
2 zu, 7 separat, 8 isoliert, komplett, 10 verriegelt
abgeschmackt:
3 fad, lau, 4 fade, 5 banal, platt, schal, 6 albern, 8 kitschig
abgeschrägte Kante:
4 Fase
abgesetzt:
11 pensioniert
abgesondert:
6 allein, 7 diskret, separat, 8 getrennt, isoliert, 9 separiert, 11 distanziert, partikulaer
abgespannt:
4 matt, 5 muede, 6 fertig, 7 schlaff, schlapp, 8 ermattet, 10 erschoepft
abgesperrt:
11 geschlossen
abgestanden:
5 schal
abgesteckte:
-Straßenführung:
6 Trasse
-Strecke:
4 Bahn, Kurs, 5 Loipe, Piste, Route, Runde, 6 Etappe, 8 Rundkurs, 9 Abschnitt
abgestecktes Goldgräberfeld:
5 Claim
abgestumpft:
5 dumpf, 10 dickfellig, gefuehllos, 11 lethargisch, 13 unempfindlich
Abgestumpftheit:
9 Lethargie, 14 Dickfelligkeit, 16 Gefuehllosigkeit
abgetan:
3 aus, out, 5 passé, 6 fertig, passee*, 7 beendet
abgetragen:
9 abgenutzt
abgezehrt:
5 hager, 12 ausgemergelt
abgezogene:
-Kopfhaut:
5 Skalp
abgezogene Tierhaut:
4 Balg
abgießen:
8 abbilden
Abglanz:
6 Reflex, 11 Widerschein
Abgott:
4 Idol, 7 Fetisch
abgrenzen:
13 determinieren
Abgrenzung:
4 Ecke, 5 Bande, Kante, Mauer, Pfahl, 6 Sperre, 11 Demarkation
Abgrund:
5 Kluft, Leere, Tiefe, 6 Hoelle, Krater, Spalte, 8 Schlucht
Abgußform:
5 Model, 7 Matrize
abhanden:
3 weg, 4 fort, 8 verloren
Abhandenkommen:
7 Verlust
Abhandlung:
5 Essay, 6 Arbeit, Exposé, 7 Aufsatz, Beitrag, Exposee*, Traktat, 10 Monografie*, 11 Denkschrift, Monographie
Abhang:
5 Halde, Leite, 7 Neigung, 8 Gefaelle, Schraege, 9 Boeschung
abhängig:
6 hoerig, unfrei, 8 gebunden, suechtig
Abhängigkeit:
5 Sucht, 10 Hoerigkeit
abhärten:
8 staehlen
abhauen:
6 kappen
abhelfen:
7 aendern, 10 verbessern
Abhilfe:
7 Heilung, Remedur, 9 Aenderung, Besserung, Linderung, 12 Verbesserung
Abhobelung der Küsten:
8 Abrasion
abholzen:
5 roden, 7 faellen
abirren:
9 abweichen
Abirrung:
6 Laster, 10 Abweichung, Perversion
Abi:
6 Abitur
Abitur:
3 Abi, 6 Matura, 7 Maturum, 12 Baccalauréat, Reifezeugnis, 13 Reifepruefung, 14 Hochschulreife
Abiturbescheinigung:
12 Reifezeugnis
abkanzeln:
8 schelten
Abkapselung:
9 Isolation, 11 Absonderung, Quarantaene
Abklatsch:
5 Abzug, 7 Abdruck, 8 Klischee
abklingen:
8 abnehmen, 9 verhallen
Abkommen:
4 Bund, Pakt, 7 Vertrag, 8 Kontrakt, 9 Abmachung, Agreement, 10 Konvention, 12 Vereinbarung, 13 Uebereinkunft
Abkömmling:
4 Erbe, Kind, Sohn, 5 Enkel, 6 Spross, 7 Enkelin, Tochter, Urenkel, 9 Nachfahre, Nachkomme, Urenkelin, 10 Deszendent, 11 Sproessling
Abkunft:
8 Ursprung
Abkürzung:
11 Abbreviatur
Abkürzung von/für:
-a conto:
2 ac
-a dato:
2 ad
-Abbildung:
3 Abb
-Abfahrt:
3 Abf
-Abhandlung:
3 Abh
-Abkürzung:
3 Abk
-Abonnement:
3 Abo
-Absender:
3 Abs
-Adjektiv:
3 Adj
-Adjutant:
3 Adj
-Adresse:
3 Adr
-Adverb:
3 Adv
-Air France:
2 AF
-Akkusativ:
3 Akk
-Aktiengesellschaft:
2 AG
-Allgemeine Deutsche Gebührenordnung:
4 Adgo

-Allgemeine Ortskrankenkasse:
3 AOK
-Allgemeiner Deutscher Automobil-Club:
4 ADAC
-Allgemeiner Studentenausschuß:
4 AStA
-Altes Testament:
2 AT
-althochdeutsch:
3 ahd
-am angeführten Ort:
3 aaO
-Americium:
2 Am
-amerikanische Luftverkehrsgesellschaft:
5 PanAm
-amerikanische Nachrichtenagentur:
2 AP, 3 UPI
-Amtsgericht:
2 AG
-Angebot:
3 Ang
-Ankunft:
3 Ank
-Anlage:
3 Anl
-Anno Domini:
2 ad
-Antiblockiersystem:
3 Abs
-Antwort:
4 Antw
-Arbeitsbeschaffungsmaßnahme:
3 ABM
-arbeitsverwendungsfähig:
2 av
-Argon:
2 Ar
-Artikel:
3 Art
-Assessor:
3 Ass
-Atlantikpakt:
4 NATO
-Atmosphäre:
2 At, 3 Atm
-auf Gegenseitigkeit:
2 aG
-auf Zeit:
2 aZ
-Ausführungsbestimmung:
2 AB
-Ausführungsverordnung:
3 AVO
-außer Dienst:
2 ad
-außer Plan:
2 AP
-außerplanmäßig:
3 apl
-Auswärtiges Amt:
2 AA
-Auszubildender:
5 Azubi
-automatische Handfeuerwaffe:
2 MG, MP
-Automobilclub von Deutschland:
3 AvD
-Bahnhof:
2 Bf, 3 Bhf
-Band:
2 Bd
-Bände:
3 Bde
-Bataillon:
3 Bat
-Batterie:
4 Batt
-Bayerischer Rundfunk:
2 BR
-Bemerkung:
3 Bem
-Berkelium:
2 Bk
-besonders:
3 bes
-Betreff:
4 Betr
-Betrifft:
4 Betr
-bezahlt:
2 bz, 3 bez
-beziehungsweise:
3 bzw
-Bibelteil:
2 AT, NT
-bitte wenden:
2 bw
-Blei:
2 Pb
-Bogen:
2 Bg
-britische Luftwaffe:
3 RAF
-British Broadcasting Corporation:
3 BBC
-brutto:
3 bto, 4 btto
-Bruttoregistertonne:
3 BRT
-Bund Deutscher Architekten:
3 BDA
-Bundesautobahn:
3 BAB
-Bundesbahn:
2 DB
-Bundesgesetzblatt:
4 BGBl
-Bundeskriminalamt:
3 BKA
-Bundespost:
2 BP, 3 DBP
-Bundesrepublik Deutschland:
3 BRD
-Bürgerliches Gesetzbuch:
3 BGB
-Caesium:
2 Cs
-Californium:
2 Cf
-Celsius:
1 C
-Central Intelligence Agency:
3 CIA
-Cer:
2 Ce
-chemisch:
4 chem
-Christlich-Demokratische Union Deutschlands:
3 CDU
-Christlich-Soziale Union:
3 CSU
-Christusmonogramm:
3 IHS
-circa:
2 ca
-Corps Consulaire:
2 CC
-CorpsDiplomatique:
2 Cd
-Curium:
2 Cm
-da capo:
2 dc
-dänische Münze:
3 dkr
-das heißt:
2 dh
-das ist:
2 di
-der Ältere:
3 dAe
-der Große:
3 dGr

-der Jüngere:
2 dJ
-der Reserve:
2 dR
-dergleichen:
3 dgl
-derzeit:
2 dz
-deutsch:
2 dt
-Deutsche Angestellten-Gewerkschaft:
3 DAG
-deutsche Anrede:
2 Fr, Hr, 3 Frl
-Deutsche Bundesbahn:
2 DB
-Deutsche Bundespost:
2 BP, 3 DBP
-Deutsche Demokratische Republik:
3 DDR
-Deutsche Industrie-Norm:
3 DIN
-Deutsche Lebensrettungs-Gesellschaft:
4 DLRG
-Deutsche Mark:
2 DM
-Deutsche Presse-Agentur:
3 dpa
-deutscher Automobilklub:
3 AvD, 4 ADAC
-Deutscher Fußball-Bund:
3 DFB
-Deutscher Gewerkschaftsbund:
3 DGB
-Deutscher Normenausschuß:
3 DNA
-Deutsches Bundespatent:
3 DBP
-Deutschlandfunk:
3 DLF
-Diplom:
4 Dipl
-Diplomatisches Korps:
2 CD
-dito:
2 do, 3 dto
-Doktor:
2 Dr
-Drachme:
2 Dr
-Dutzend:
4 Dtzd
-ebenda:
3 ebd
-ehemals:
3 ehm
-ehrenhalber:
2 eh, hc
-eigentlich:
5 eigtl
-eine Gesellschaftsform:
2 AG, KG, 3 OHG, 4 GmbH
-eine Himmelsrichtung:
2 NO, NW, SO, SW, 3 NNO, NNW, ONO, OSO, SSO, SSW, WNW, WSW
-einen akademischen Grad:
2 Dr, 4 Prof
-einen Sprengstoff:
3 TNT
-eingetragener Verein:
2 eV
-einschließlich:
4 incl, 7 einschl
-Einzahl:
2 Ez
-Eisernes Kreuz:
2 EK
-elektrische Lokomotive:
4 ELok
-Elektroenzephalogramm:
3 EEG
-Elektrokardiogramm:
3 EKG
-emeritus:
2 em
-englische Anrede:
2 Mr, 3 Mrs
-Erdgeschoß:
2 EG, 4 Erdg
-et cetera:
3 etc
-Eurocity:
2 EC
-Europäische Freihandelszone:
4 EFTA, EFTA
-Europäische Gemeinschaft:
2 EG
-Europäische Union:
2 EU
-Europäische Wirtschaftsgemeinschaft:
3 EWG
-Europäische Zahlungsunion:
3 EPU, EZU
-Europäischer Fußball-Verband:
4 UEFA
-evangelisch:
2 ev
-Evangelische Kirche in Deutschland:
3 EKD
-Exemplar:
4 Expl
-exklusive:
4 exkl
-Fahrenheit:
1 F
-Familie:
3 Fam
-Farad:
1 F
-Fernsehen:
2 TV
-Firma:
2 Fa
-Florin:
2 fl
-Flugzeugabwehrkanone:
4 Flak
-Fluß:
2 Fl
-folgende:
1 f, 2 ff
-Franc:
2 fr
-französisch:
3 frz
-französische Anrede:
1 M, 3 Mme, 4 Mlle
-Frau:
2 Fr
-Fräulein:
3 Frl
-Freie Demokratische Partei:
3 FDP
-Freiherr:
4 Frhr
-Freikörperkultur:
3 FKK
-Fußball-Weltverband:
4 FIFA
-Gauß:
1 G
-geboren:
3 geb
-Gebrüder:
4 Gebr
-gegründet:
4 gegr
-Gemeinde:
3 Gem
-genannt:
3 gen
-Genossenschaft:
3 Gen

-geschieden:
5 gesch
-Geschwister:
6 Geschw
-Gesellschaft mit beschränkter Haftung:
4 GmbH
-Gesellschaftsform:
2 AG, eG, KG, 3 OHG, 4 GmbH
-Gewerbeordnung:
4 GewO
-gezeichnet:
3 gez
-Grad:
1 G
-Grafschaft:
7 Gfschft
-Grundgesetz:
2 GG
-Handelsgesetzbuch:
3 HGB
-Hauptbahnhof:
3 Hbf
-Hauptstadt:
5 Hptst
-hebräisch:
4 hebr
-heilig:
2 hl
-Helium:
2 He
-Herausgeber:
2 Hg, 4 Hrsg
-Herzogtum:
4 Hzgt
-High Fidelity:
4 HiFi
-holländisch:
4 holl
-holländischer Gulden:
3 hfl
-honoris causa:
2 hc
-im Auftrag:
2 iA
-im Jahre:
2 iJ
-im Ruhestand:
2 iR
-Imperativ:
3 Imp
-imprimatur:
4 impr
-in Vertretung:
2 iV
-Indikativ:
3 Ind
-Industrie- und Handelskammer:
3 IHK
-Industriegewerkschaft:
2 IG
-Ingenieur:
3 Ing
-Inhaber:
3 Inh
-inklusive:
4 incl, inkl
-Intercity:
2 IC
-Interessengemeinschaft:
2 IG
-international:
3 int
-Internationale Kriminalpolizeiliche Organisation:
8 INTERPOL
-Internationale Kulturorganisation:
6 UNESCO
-Internationaler Fußballverband:
4 FIFA
-Internationaler Hilferuf:
3 SOS
-Internationaler Schriftstellerverband:
3 PEN
-Internationaler Schwimmverband:
4 FINA
-Internationaler Skiverband:
3 FIS
-Internationales Olympisches Komitee:
3 IOC
-Internationales Rotes Kreuz:
3 IRK
-italienische Lira:
3 Lit
-Jahrgang:
2 Jg
-Jesuitenorden:
2 SJ
-Jesus:
3 IHS
-junior:
2 jr, 3 jun
-Jurisprudenz:
3 jur
-Kalorie:
3 Cal
-Kandidat:
4 cand
-Kapitel:
3 Kap
-Kartellverband:
2 CV, KV
-katholisch:
4 kath
-Klasse:
2 Kl
-knockout:
2 ko
-Kohlenstoff:
1 C
-Kommanditgesellschaft:
2 KG
-Kommanditgesellschaft auf Aktien:
4 KGaA
-königliche Luftwaffe (engl.):
3 RAF
-Konjunktiv:
4 Konj
-Konsularisches Korps:
2 CC
-Konto:
3 Kto
-Kraftfahrzeug:
3 Bus, Kfz, LKW, PKW, 4 Krad
-Kraftrad:
4 Krad
-Kreuzinschrift:
4 INRI
-Kriminalpolizei:
5 Kripo
-Landesversicherungsanstalt:
3 LVA
-Lastkraftwagen:
3 LKW
-ledig:
3 led
-limited:
3 ltd
-lutherisch:
4 luth
-Madame:
3 Mme
-Mademoiselle:
4 Mlle
-Magister:
3 Mag
-Manuskript:
2 Ms
-maskulin:
4 mask
-medizinisch:
3 med
-medizinisch-technische Assistentin:
3 MTA

-Mehrzahl:
2 Mz
-Military Police:
2 MP
-Milliarde:
3 Mrd
-Million:
3 Mio, 4 Mill
-Minister:
3 Min
-Mister:
2 Mr
-Mistress:
3 Mrs
-Mitglied des Bundestages:
3 MdB
-Mitglied des Landtages:
3 MdL
-mitteleuropäische Zeit:
3 MEZ
-Motorschiff:
2 MS
-Mount:
2 Mt
-nach Christus:
4 nChr
-Nationales Olympisches Komitee:
3 NOK
-Nationalität:
3 Nat
-Neues Testament:
2 NT
-Nordatlantikpakt:
4 NATO
-Nordrhein-Westfalen:
3 NRW
-Normalnull:
2 NN
-Numero:
2 No
-Oberbürgermeister:
2 OB
-Oberlandesgericht:
3 OLG
-Oberpostdirektion:
3 OPD
-offene Handelsgesellschaft:
3 OHG
-okay:
2 ok
-Operationssaal:
2 OP
-Opus:
2 op
-Organisation:
3 Org
-Organisation amerikanischer Staaten:
3 OAS
-Organisation für Erziehung, Wissenschaft und Kultur der UN:
6 UNESCO
-per procuram:
2 pp, 3 ppa
-Personenkraftwagen:
3 PKW
-persönlich:
4 pers
-Pfennig:
2 Pf
-philosophisch:
4 phil
-Plural:
2 Pl
-Postskriptum:
2 PS
-Professor:
4 Prof
-Public Relations:
2 PR
-Redakteur:
3 Red
-Referendar:
3 Ref
-Regierung:
3 Reg
-Religion:
3 Rel
-Rotes Kreuz:
2 RK
-rund:
2 rd
-Saint:
2 St
-Schweizerische Post:
3 PTT
-Seenotruf:
3 SOS
-Seine Exzellenz:
2 SE
-Seine Majestät:
2 SM
-Seiner Majestät Schiff:
3 SMS
-Senior:
3 sen
-siehe oben:
2 so
-siehe unten:
2 su
-Singular:
4 Sing
-Sozialdemokratische Partei Deutschlands:
3 SPD
-Strafgesetzbuch:
4 StGB
-Strafprozeßordnung:
4 StPO
-Straße:
3 Str
-Straßenverkehrsordnung:
4 StVO
-Stunde:
3 Std
-technische Hochschule:
2 TH
-technische Universität:
2 TU
-Telefon:
3 Tel
-theologisch:
5 theol
-Titel:
3 Tit
-Trans-Europa Expreß:
3 TEE
-Tschechische Republik:
2 CR
-Tuberkulose:
2 TB
-Turn- und Sportverein:
3 TuS
-ultimo:
3 ult
-Ultrakurzwelle:
3 UKW
-unbekanntes Flugobjekt:
3 Ufo
-und so weiter:
3 usw
-United Nations:
2 UN, 3 UNO
-United States:
2 US
-United States of America:
3 USA
-Universität:
4 Univ
-unter anderem:
2 ua
-unter Umständen:
2 uU
-ursprünglich:
5 urspr
-Verband Deutscher Elektrotechniker:
3 VDE
-Verein Deutscher Ingenieure:
3 VDI

-Vereinte Nationen:
2 UN, 3 UNO
-verheiratet:
4 verh
-Verwaltung:
4 Verw
-vom Hundert:
2 vH
-vom Tausend:
2 vT
-vor Christus:
4 vChr
-vormals:
4 vorm
-Vorsitzender:
4 Vors
-Wasserklosett:
2 WC
-Weltarbeitsorganisation:
3 IAO
-Weltgesundheitsorganisation:
3 WHO
-Weltkinderhilfswerk:
6 UNICEF
-westliches Verteidigungsbündnis:
4 NATO
-Wiederholung:
2 Wh
-Witwe:
3 Wwe
-zivil:
3 ziv
-Zivilprozeßordnung:
3 ZPO
-zu Händen:
2 zH
-zum Beispiel:
2 zB
-zum Teil:
2 zT
Ablage:
5 Regal, 6 Archiv, 7 Magazin, 9 Garderobe, 11 Registratur
Ablagerung:
4 Satz, 5 Staub, 6 Sinter, 8 Sediment, 9 Bodensatz, 12 Niederschlag
Ablaßprediger:
6 Tetzel
Ablauf:
4 Zeit, 5 Folge, Rinne, 7 Prozess, Verlauf, 8 Handlung, Programm, 9 Geschehen
Ablaufstelle:
5 Start
Ableben:
3 Tod, 6 Exitus
Ableger:
6 Senker, Spross, 11 Sproessling
ablehnen:
8 abweisen, negieren, 9 verachten, verwerfen, 10 verweigern, 11 ausschlagen, refuesieren, 12 missbilligen, 13 zurueckweisen
Ablehnung:
3 nie, 4 nein, 5 nicht, 6 Absage, 7 niemals
ableisten:
11 absolvieren
ableiten:
10 deduzieren
Ableitung:
8 Nachweis, 9 Deduktion, 10 Herleitung
ablenken:
8 umleiten, 12 umdirigieren
Ablenkung:
7 Abdrift, 8 Brechung, 9 Diversion, 10 Aberration, 11 Zerstreuung
Ableugnung:
6 Abrede
Ablieferung:
9 Uebergabe
ablösen:
8 abmachen, 9 entlassen, 10 abwechseln
Ablösung:
9 Abfindung, 10 Revirement
abmachen:
6 maehen, 11 abmontieren, 14 uebereinkommen
Abmagerung:
10 Entfettung
Abmagerungsmaßnahme:
9 Fastenkur, 13 Reduktionskur
abmähen:
6 ernten, 7 sicheln, 9 schneiden, 11 abschneiden
abmalen:
8 kopieren
Abmessung:
6 Format, 7 Groesse, 9 Dimension, Dosierung, Zuteilung, 10 Begrenzung
Abmessungsbegriff:
5 Hoehe, Tiefe, 6 Breite, Laenge, Umfang, 7 Ausmass, Volumen
Abnahme:
4 Kauf, 6 Erwerb, 7 Schwund, Verlust, 9 Minderung, Rueckgang, 12 Verminderung
abnehmen:
9 schwinden, 10 nachlassen, 14 dahinschwinden
Abnehmen des Bartes:
5 Rasur, 8 Rasieren
Abnehmer:
5 Kunde, 7 Kaeufer, 9 Besteller, 11 Verbraucher
Abneigung:
4 Hass, 5 Unmut, 7 Abscheu, 8 Aversion, 10 Antipathie, Widerwille, 11 Animositaet, 12 Widerstreben
abnutzen:
10 verringern, 11 verbrauchen, 13 verschleissen
Abnutzung:
11 Verschleiss
Abnutzungserscheinung:
11 Verschleiss
Abonnement:
5 Bezug, 10 Dauerbezug, Dauerkarte, Dauermiete
Abonnent:
5 Leser
Abordnung:
10 Delegation, Vertretung, 13 Gesandtschaft
Abort:
2 WC, 5 Lokus, 7 Abtritt, Klosett, Latrine, Pissoir
Abrahams:
-Frau:
4 Sara, 5 Sarah
-Sohn:
5 Isaak
abraten:
7 abreden, 8 abmahnen, 10 widerraten
Abraum:
6 Abfall, Schutt
Abraumhalde:
5 Kippe
abreagieren:
9 beruhigen
Abrechnung:
5 Fazit,6 Bilanz, 9 Ausgleich, 11 Liquidation, 12 Rechenschaft
Abrede:
5 Luege, 7 Dementi, 8 Leugnung, Widerruf, 12 Vereinbarung
Abreibung:
4 Haue, 5 Senge, 7 Pruegel, Schelte
abreißen:
8 abmachen, 9 abbuessen, pfluecken, 13 niederreissen

abrichten:
7 zaehmen, 9 baendigen, zurichten, 10 dressieren
abriegeln:
12 abschliessen
Abriegelung:
5 Kette, 6 Kordon, Sperre, 7 Schloss
Abriß:
4 Bild, Plan, 6 Auszug, Layout*, Skizze, Umriss, 7 Entwurf, 8 Lehrbuch, 9 Leitfaden, Zeichnung, 10 Abhandlung, Kompendium, 11 Darstellung, 12 Beschreibung, 16 Kurzbeschreibung
abrüsten:
14 demobilisieren
Abrüstung:
15 Demobilisierung
Absatz:
5 Markt, 6 Hacken, Passus, 7 Verkauf, 8 Paragraf*, 9 Abschnitt, Nachfrage, Paragraph
Absatzkartell:
8 Syndikat
Absatzpolitik:
9 Marketing
abschälen:
6 pellen
abschätzen:
8 taxieren, 9 zensieren
abschätzige Bezeichnung für:
-Beamter:
9 Buerokrat
-Brief:
7 Schrieb
-Geistlicher:
6 Pfaffe
-Gesicht:
6 Visage
-Hund:
5 Toele, 6 Koeter
-Kleidung:
7 Gelumpe
-Pferd:
4 Gaul
-Zeitung:
7 Gazette
Abschaum:
3 Mob, 6 Poebel, 8 Gesindel
abscheuern
8 abnutzen, saeubern
abscheulich:
5 uebel, 8 greulich, 9 graeulich*, widerlich, 10 graesslich, grauenhaft, 11 entsetzlich, schaendlich, scheusslich, schrecklich, 12 widerwaertig
Abschied geben:
9 entlassen
Abschiedsgruß:
4 ciao, 5 valet, 6 Servus, 7 Good bye, goodbye*, 14 Auf Wiedersehen
abschießen:
15 niederschiessen, 17 zusammenschiessen
abschirmen:
9 isolieren
Abschirmung:
9 Isolation
abschirren:
10 abhalftern
Abschlag:
6 Rabatt, Skonto, 7 Disagio
abschlägige Antwort:
4 Nein
Abschlagzahlung:
4 Rate, 9 Vorschuss
abschlecken:
8 ablecken
abschließen:
7 sperren, 9 absperren, zusperren, 10 verriegeln, versperren
abschließend:
9 definitiv
Abschluß:
4 Ende, 6 Bilanz, Finale, Finish, Sperre, 8 Ausklang, Ergebnis, Resultat, 11 Endergebnis
Abschlußlinie:
6 Grenze
Abschlußprüfung:
6 Abitur, Examen
abschmecken:
6 kosten
abschmieren:
5 oelen, 6 fetten, 9 schmieren
abschneiden:
6 kappen, 8 kupieren
Abschnitt:
4 Teil, 5 Kupon*, 6 Partie, Pensum, Rubrik, Spanne, 7 Sektion, Stadium, 10 Zeitspanne
Abschrägung im Holz:
4 Fase
abschreckend:
12 exemplarisch
Abschreckung:
7 Warnung
abschreiben:
8 kopieren, 16 vervielfaeltigen
Abschreibung:
12 Amortisation
abschreiten:
6 messen
Abschrift:
5 Kopie, 8 Duplikat, 12 Zweitschrift
Abschürfung:
8 Hautriss, Schramme
abschüssig:
4 jaeh, 5 steil, 7 schraeg
Abschweifung:
6 Exkurs, 9 Abstecher, 10 Digression, 13 Unterbrechung
Abseite:
10 Rueckseite
abseits:
4 fern, 8 entfernt, 9 abgelegen, 10 unberuehrt
absenden:
10 expedieren
Absender:
9 Adressant, Expedient
Absicht:
4 Plan, 5 Zweck, 7 Gedanke, Tendenz, Vorsatz, 8 Vorhaben, 9 Intention, Verlangen, 10 Konzeption
absichtlich:
7 bewusst, 10 Vorbedacht, 11 willentlich, 12 demonstrativ, vorsaetzlich, 13 ausdruecklich
absichtslos:
13 unabsichtlich, 14 unwillkuerlich
absolut:
4 ewig, 7 restlos, voellig, 9 gaenzlich, unbedingt
absoluter Superlativ:
6 Elativ
Absolution:
12 Lossprechung
Absolvent:
9 Pruefling
absonderlich:
7 seltsam, skurril, 11 exzentrisch, verschroben
Absonderung:
4 Harn, 5 Galle, 6 Sekret, 7 Schleim, 8 Ausfluss, Schweiss, Speichel, 9 Sekretion, 11 Quarantaene, 12 Aussoderung, Internierung
Absonderungsorgan:
5 Niere, 6 Druese

Absorption:
8 Aufnahme, 9 Ansaugung,
10 Aufsaugung
Abspaltung:
9 Sezession
Abspannung:
9 Ermattung, Ermuedung,
12 Erschoepfung
absperren:
11 abschließen
Absperrung:
4 Zaun, 6 Gatter, Gitter,
8 Barriere, Schieber,
10 Schlagbaum, Umzaeunung
Absperrvorrichtung:
4 Zaun, 6 Gatter, Gitter, Klappe,
Ventil, 8 Schieber,
10 Abzaeunung, Umzaeunung
Absprache:
9 Abmachung, 12 Vereinbarung,
14 Uebereinkommen
Absprunggerät:
10 Fallschirm
Abstammung:
7 Abkunft, Gebluet, 8 Herkunft,
9 Herkommen, 10 Herleitung
Abstammungslehre:
11 Darwinismus
Abstammungsnachweis:
8 Herdbuch, 9 Stammbaum,
Zuchtbuch
Abstand:
6 Luecke, 7 Distanz,
10 Entfernung,
12 Zwischenraum,
14 Zurueckhaltung
abstauben:
9 wegnehmen
Abstecher:
4 Trip, 6 Exkurs, 7 Ausflug,
9 Exkursion
Absteckpfahl:
5 Jalon
Absteigequartier:
5 Hotel, Logis, Motel, 6 Hospiz,
7 Gasthof, 8 Herberge
Abstellraum:
6 Garage, Kammer, Keller,
Remise, 7 Abseite, 8 Schuppen,
9 Verschlag, 12 Rumpelkammer
Abstieg:
10 Niedergang
abstimmen:
7 stimmen, 8 anpassen,
10 ausrichten, intonieren,
11 ausgleichen
Abstimmender:
7 Waehler
Abstimmung:
4 Wahl, 9 Plebiszit,
12 Hammelsprung,
14 Volksbefragung
Abstimmungsart:
4 Wahl, 9 Ballotage,
12 Hammelsprung
Abstinenz:
6 Askese, 10 Enthaltung,
14 Enthaltsamkeit
abstoppen:
8 anhalten
abstoßend:
8 repulsiv
abstrahieren:
7 folgern, 8 ableiten
abstrakt:
6 irreal, 10 unwirklich,
11 begrifflich, theoretisch,
14 gegenstandslos
abstreiten:
7 leugnen, 8 negieren,
9 verneinen
absurd:
6 albern, 7 grotesk, 8 toericht,
10 sinnwidrig, 11 widersinnig,
15 unverstaendlich
Abtei:
7 Kloster, 12 Klosterstift
Abteil:
5 Coupé, Kupee, 6 Kabine
Abteilung:
4 Teil, 7 Artikel, Gattung,
8 Distrikt, Paragraf*,
9 Paragraph
Abtönung:
9 Schraffur, 13 Schraffierung
Abtransport:
6 Abfuhr, 8 Abholung
abtrennen:
10 amputieren
Abtretung:
7 Abandon, Zession,
12 Ueberlassung
Abtritt:
5 Abort, 8 Toilette,
12 Donnerbalken
Abtropfstein:
9 Stalaktit
abtrotzen:
10 abnoetigen
abtrünnig:
7 treulos, 10 abgefallen,
haeretisch, 12 wortbruechig,
15 fahnenfluechtig
Abtrünniger:
6 Ketzer, 9 Verraeter,
12 Schismatiker
abtun:
9 erledigen
Abverkauf:
10 Ausverkauf
abwägen:
8 Bedenken, 10 ueberlegen
abwandelbar:
8 variabel
abwandeln:
7 aendern, 9 variieren,
10 veraendern
abwärts:
5 herab, hinab, 6 nieder,
8 hinunter
Abwasseranlage:
5 Kanal, 12 Kanalisation
Abwasserkanal:
6 Kloake
Abwasserrinnstein:
5 Gosse
abwechselnd:
10 alternativ, 11 umschichtig
Abwechslung:
7 Wechsel, 9 Alternanz,
Variation
Abwechslungslosigkeit:
8 einerlei
Abweg:
13 Verwahrlosung
Abwehr:
6 Parade, 9 Defensive,
Gegenwehr, 10 Widerstand,
12 Verteidigung
abwehren:
8 parieren
abweichen:
7 abirren, 9 variieren
abweichend:
6 abnorm, anomal, 8 abnormal
Abweichler:
9 Dissident
Abweichlertum:
8 Ketzerei
Abweichung:
5 Abart, Abweg, 6 Exkurs,
8 Abirrung, Spielart, Variante,
Verstoss, 9 Aenderung,
10 Aberration, 11 Abnormitaet,
Deklination
abweisen:
8 ablehnen, abwehren,
9 abstossen, abwimmeln,
10 verweigern
abweisend:
12 verschlossen, widerborstig
abwenden:
8 abkehren

Abwendung:
6 Abfall, Abkehr
Abwertung:
9 Minderung
abwesend:
14 unkonzentriert
Abwesenheit:
6 Absenz, 13 Zerstreutheit
abwickeln:
3 tun, 8 abrollen, meistern, schaffen, 9 aufrollen, entrollen, erledigen, vollenden, 11 liquidieren, 12 durchfuehren
Abwickler:
10 Liquidator
Abwurfgeschoß:
5 Bombe
abzahlen:
12 amortisieren
Abzahlung:
4 Rate, 7 Tilgung
Abzeichen:
6 Devise, 7 Kokarde, Merkmal
Abziehen:
7 haeuten, mindern, 8 absetzen, kopieren, 9 abrechnen, 11 abschreiben, Subtraktion, 12 subtrahieren
Abzug:
5 Kopie, 6 Rabatt, Skonto, 7 Diskont, 8 Abschlag, Kuerzung
abzüglich:
4 ohne, 5 minus, 7 weniger
Abzugsgraben:
5 Drain, 4 Dole, 5 Draen*, 6 Rigole
Abzugskanal:
5 Kamin, 11 Schornstein
abzupfen:
9 pfluecken
abzuziehende Zahl:
10 Subtrahend
Abzweigung:
5 Gabel, 8 Gabelung, Kreuzung
Achsel:
8 Schulter
Achselstück:
8 Epaulett, 9 Epaulette
Achsenpunkt:
3 Pol
Acht:
4 Bann, 8 Aechtung, 10 Verdammung, 11 Verstossung, 12 Proskription
achtbar:
6 ehrsam, 9 ehrenhaft, 10 ansehnlich, 12 reputierlich, 14 respektierlich
achte Tonleiterstufe:
6 Oktave
Achteck:
7 Oktogon
Achtelkreis:
6 Oktant
Achtelnote:
12 Notenzeichen
achten:
5 ehren, 6 merken, sorgen, 9 aufpassen, wuerdigen, 10 anerkennen, 12 respektieren
Achtflächner:
8 Oktaeder
achtlos:
12 unaufmerksam, unvorsichtig
Achtlosigkeit:
13 Unachtsamkeit
achtsam:
9 umsichtig, 10 vorsichtig
achtstimmiges Musikstück:
6 Oktett
Achtung:
4 Ehre, 6 Wuerde, 7 Ansehen, Geltung, Respekt, Umsicht, 8 Renommee
Ächtung:
4 Acht, Bann, 6 Verruf, 7 Boykott
Achtungserweis:
6 Ehrung
ächzen:
8 stoehnen
Acker:
4 Feld, Land
Ackerbaukunde:
9 Agronomie
Ackerbaukundiger:
7 Agronom
Ackerblume:
4 Mohn, 9 Kornblume
Ackerertrag:
5 Ernte
Ackergerät:
4 Egge, 5 Forke, Hacke, Harke, Pflug, Sense, 6 Binder, Rechen, Sichel, 8 Drescher, Heugabel, 9 Mistgabel, 10 Kultivator, 12 Maehdrescher
Ackergrenze:
4 Rain
Ackerknolle:
5 Ruebe, 8 Erdapfel, 9 Kartoffel
Ackerkrume:
5 Humus, 10 Muttererde
Ackerland:
4 Feld
Ackermann:
5 Bauer
Ackermaß:
4 Rute, 6 Hektar, 7 Juchart, Juchert, Tagwerk
Ackerpferd:
4 Gaul
Ackerrand
4 Rain, 10 Feldgrenze, Flurgrenze
Ackerrinne:
6 Furche
Ackerunkraut:
4 Mohn, 5 Segge, 6 Distel, 8 Hederich, 10 Knoeterich, Kreuzkraut, 11 Ochsenzunge
Adams Frau:
3 Eva, 6 Lilith
Adaption:
9 Anpassung, 10 Gewoehnung
Additionsergebnis:
5 Summe
Additionszeichen:
4 plus
Adel:
8 Noblesse, 10 Nobilitaet, 12 Aristokratie
Adelskalender:
5 Gotha
Adelsprädikat:
2 zu, 3 von
Adelstitel:
4 Edle, Graf, 5 Baron, Prinz, 6 Fuerst, Herzog, Ritter, 7 Baronin, Graefin, 8 Baroness, Freifrau, Freiherr, Fuerstin, Herzogin, 9 Kurfuerst
Ader:
4 Vene, 7 Arterie
Aderschlag:
4 Puls
Aderverhärtung:
8 Sklerose
Adler:
3 Aar
Adlernest:
5 Horst
adlig:
4 edel, 5 nobel, 7 vornehm
Adliger:
10 Aristokrat
Admiralität:
14 Marinekommando
Adressant:
8 Absender

Adressat:
10 Empfaenger
Adresse:
9 Anschrift
adrett:
4 nett, 8 gepflegt, 11 sympathisch
Adriahafen:
4 Bari, Pula, 5 Fiume, Split, 6 Ancona, Pesaro, Rijeka, Triest, 7 Durazzo, Pescara, Venedig, Venezia, 8 Barletta, Brindisi, 9 Dubrovnik
Adriainsel:
2 Iz, 3 Krk, Rab, Vis, 4 Brac, Brah, Hvar, Olib, 5 Lissa, Mljet, Prvic, Silba, Solta, Susak, Uljan, Unije, Zirje, 6 Losinj, 7 Lastovo, Plavnik, Premuda, 8 Dugiotok
Adriawind:
4 Bora
Adverb:
2 da, 3 nun, 4 bald, dann, eher, ganz, mehr, noch, viel, 5 einst, frueh, immer, jetzt, lange, schon, spaet, stets, wenig, zuvor, 6 danach, 12 Umstandswort
Advokat:
6 Anwalt, 12 Rechtsanwalt
Aeronaut:
10 Luftfahrer, 12 Luftschiffer
Aeronautik:
9 Luftfahrt
Affäre:
7 Skandal, 9 Sensation, 11 Kontroverse, 12 Streitigkeit
Affekt:
7 Gefuehl, 8 Erregung, 12 Leidenschaft, 15 Gemuetsbewegung
Affenart:
3 Lar, 5 Magot, Makak, 6 Babuin, Gibbon, Pavian, Rhesus, 7 Gorilla, Mangabe, 8 Mandrill, 9 Gruenaffe, Kapuziner, Meerkatze, 10 Bruellaffe, Rhesusaffe, Schimpanse, 11 Klammeraffe
Affenbrotbaum:
6 Baobab
affig:
5 eitel, 6 albern, 10 affektiert, 11 eingebildet, 15 selbstgefaellig
Affinität:
14 Verwandtschaft
Affix:
8 Vorsilbe
Affront:
4 Tort, 7 Schimpf, 11 Beleidigung
Afrikaforscher:
5 Barth, 6 Peters, Rohlfs, 7 Stanley, 8 Wissmann, 11 Livingstone
afrikanische:
-Antilope:
4 Kudu
-Buschkatze:
6 Serval
-Dorfform:
4 Kral
-Eiche:
5 Iroko
-Getreidepflanze:
5 Hirse
-Giftschlange:
5 Mamba, 9 Puffotter
-Hafenstadt:
3 Eil, 4 Bata, Bone, Ehil, Lome, Oran, Sfax, Sues, Suez, 5 Accra, Beira, Ceuta, Dakar, Duala, Kribi, Lagos, Rabat, Sirte, Tunis, 6 Agadir, Algier, Bissau, Durban, Luanda, Tanger, Tobruk, 7 Bengasi, Conakry, Kenitra, Mombasa, 8 Bathurst, Kapstadt, Misurata, Monrovia, Port Said, Tripolis, 9 Dschibuti, 10 Alexandria, Casablanca, Daressalam, Libreville, Mogadischu, 13 Philippeville, Port Elizabeth
-Halbinsel:
5 Sinai
-Hauptstadt:
3 Boe, 5 Accra, Dakar, Kairo, Lagos, Rabat, Tunis, 6 Algier, Bamako, Bangui, Banjul, Bissau, Harare, Jaunde, Kigali, Luanda, Lusaka, Maputo, Maseru, Niamey, 7 Abidjan, Barnako, Conakry, Djibuti, Entebbe, Kampala, Karthum, Mbabane, Nairobi, St. Denis, Windhuk, 8 Bathurst, Fort Lamy, Freetown, Kinshasa, Lilongwe, Monrovia, Ndjamena, Pretoria, Tripolis, Wagadugu, Windhoek, 9 Bujumbura, Dschibuti, Porto Novo, 10 Addis Abeba, Daressalam, Libreville, Mogadischu, Tananarive, 11 Brazzaville, Nouakschott, Ouagadougou
-Heilpflanze:
4 Aloe
-Hochebene:
5 Barka
-Insel:
5 Palma, 7 Annabon, Canaria, 8 Principe, 9 Lanzarote, Mauritius, Teneriffa, 10 Madagaskar, Seychellen, 11 Fernando Poo, Gran Canaria, Sankt Helena, 13 Fuerteventura
-Kuhantilope:
3 Gnu
-Palmenart:
3 Ita
-Panzerechse:
8 Krokodil
-Pythonschlange:
6 Assala
-Reise:
6 Safari
-Riesenschlange:
6 Assala
-Sprache:
3 Edo, Ewe, Gur, Ibo, Kwa, lbo, Lur, Tem, Vai, 4 Agau, Bari, Gola, Kuku, Nuba, Nuer, Saho, Sara, Susu, Teda, Wute, Xosa, Zulu, 5 Bantu, Batta, Benue, Dinka, Fulbe, Galla, Gurma, Kaffa, Konde, Lunda, Mande, Ngala, Sango, Schir, Senga, Tanga, Tonga, Wenda, 6 Amhara, Haussa, Herero, Kanuri, Kunama, Massai, Somali, Tuareg, Yoruba, Zenaga, Zigula, 7 Bagirmi, Bedscha, Kirundi, Lybisch, Madingo, Malinki, Sandawe, Songhai, Suaheli, Turkama, Zanhawa, 8 Arabisch, Mandingo, Maschona, 9 Afrikaans, Kabylisch, Kisuaheli, 14 Hottentottisch
-Stadt:
3 Fes, 4 Bone, Lome, Oran, Sues, Suez, 5 Accra, Akkra, Beira, Dakar, Duala, Giseh, Gizeh, Kairo, Lagos, Tunis, 6 Abukir, Agadir, Aleppo, Algier, Asmara, Assuan, Banjul, Durban, Harare, Jaunde, Kigali, Luanda, Maputo, Tanger, Tetuan, Theben, Tobruk, 7 Abidjan, Bengasi, Bizerta, Conakry, Entebbe, Kampala, Karthum, Memphis, Mombasa, Nairobi, Windhuk, 8 Freetown, Ismailia, Kapstadt, Kinshasa, Lilongwe,

Monrovia, Ndjamena, Port Said, Pretoria, Sansibar, Timbuktu, Tripolis, Windhoek, 9 Dschibuti, Gaberones, Jamestown, Kisangani, Porto Novo, Salisbury, 10 Addis Abeba, Alexandria, Casablanca, Daressalam, East London, Heliopolis, Lubumbashi, Marrakesch, Mogadischu, Mozambique, Tananarive, 11 Brazzaville, Constantine, Livingstone, 12 Antananarivo, Bloemfontein, Johannesburg, 13 Port Elizabeth
-Stechfliege:
6 Tsetse, 12 Tsetsefliege
-Viehseuche:
6 Nagana
-Völkergruppe/Stamm:
3 Ewe, Ibo, Yao, 4 Nuba, ZUlU, 5 Bantu, Masai, Swasi, 6 Basuto, Batuti, Berber, Haussa, Herero, Joruba, Libyer, Massai, Mauren, Nubier, Somali, Tuareg, 7 Kabylen, Kaffern, Suaheli, Watussi, 8 Beduinen, Pygmaeen, 10 Aethiopier, Madegassen, 11 Betschuanen, 12 Buschmaenner, Hottentotten
-Waldgiraffe:
5 Okapi
-Wüste:
3 Lut, 5 Namib, 6 Sahara, 8 Kalahari
afrikanischer:
-Affe:
6 Babuin, Pavian, 7 Gorilla, Mangabe, 9 Meerkatze, 10 Schimpanse
-Affenbrotbaum:
6 Baobab
-Berg:
3 Sil, Zab, 4 Meru, 5 Kenia, Tahat, 7 Mawensi, 8 Kuroworo, 9 Nimbaberg, Ruwenzori, Tafelberg, 10 Keeromberg, Zwarteberg, 14 Kilimandscharo
-Dickhäuter:
7 Elefant, 8 Nilpferd, 10 Flusspferd
-Feigenbaum:
8 Sykomore
-Geheimbund:
6 Mau-Mau
-Jagdausflug:
6 Safari
-Kanal:
4 Sues, Suez
-Kropfstorch:
6 Marabu
-Kuckuck:
6 Didrik
-Laufvogel:
7 Strauss
-Marder:
7 Zorilla
-Salzsumpf:
6 Schott
-See:
7 Abaisee, Edkusee, Merusee, 8 Ngamisee, Tafelbai, 9 Bittersee, Dilolosee, Kwaniasee, Manokasee, Njassasee, Rudolfsee, Tschadsee, 10 Schirwasee, 11 Viktoriasee, 12 Bangweolosee, 13 Tanganjikasee
-Staat:
4 Mali, Togo, 5 Benin, Gabun, Ghana, Kenia, Kenya, Kongo, Niger, Sudan, Zaire, 6 Angola, Gambia, Guinea, Libyen, Malawi, Ruanda, Sambia, Tschad, Uganda, 7 Burundi, Eritrea, Kamerun, Lesotho, Liberia, Marokko, Namibia, Nigeria, Sao Tomé, Senegal, Somalia, 8 Aegypten, Algerien, Botswana, Simbabwe, Tansania, Tunesien, 9 Dschibuti, Mauritius, Obervolta, Swasiland, 10 Abessinien, Aethiopien, Madagaskar, Mocambique, Suedafrika, 11 Burkina Faso, Mauretanien, Sierra Leone, 12 Guinea Bissau, 13 Zentralafrika, 14 Suedwestafrika, 15 Elfenbeinkueste, 17 Aequatorialguinea, 24 Suedafrikanische Republik
-Storchvogel:
4 Ibis, 6 Marabu, 8 Flamingo
-Strom/Fluß:
3 Nil, 5 Kongo, Niger, 7 Limpopo, Sambesi, Senegal
-Vogel:
4 Ibis, 6 Marabu, 8 Flamingo, 9 Goldweber, Sekretaer, 11 Graupapagei
-Wasserfall:
8 Victoria
afrikanisches:
-Brotgetreide:
5 Hirse
-Buckelrind:
4 Zebu
-Gebirge:
3 Rif, 5 Atlas, 7 Tibesti, 9 Antiatlas, Ruwenzori
-Hartholz:
6 Makore
-Horntier:
3 Gnu, 4 Kudu, Zebu, 6 Ducker, 7 Bueffel, Gazelle, Nashorn, 8 Antilope, 10 Hartebeest
-Huftier:
5 Okapi, Zebra, 6 Quagga, 7 Giraffe
-Huftier/Horntier:
3 Gnu, 4 Kudu, Zebu, 6 Ducker, 7 Gazelle, 8 Antilope
-Kaiserreich:
10 Abessinien, Aethiopien
-Liliengewächs:
4 Aloe
-Musikinstrument:
7 Marimba
-Naturschutzgebiet:
8 Kalahari, 9 Serengeti, 19 Krueger Nationalpark
-Runddorf:
4 Kral
-Säugetier:
3 Gnu, 4 Kudu, Zebu, 5 Okapi, Zebra, 6 Hyaene, Panter*, Pavian, 7 Bueffel, Elefant, Gazelle, Giraffe, Gorilla, Leopard, Panther, Schakal, 8 Antilope, 10 Schimpanse
-Siedlervolk:
5 Buren
-Tier:
3 Gnu, 4 Affe, Zebu, 5 Loewe, Zebra, 6 Ducker, Gepard, Hyaene, Pavian, Serval, 7 Bueffel, Elefant, Gazelle, Giraffe, Gorilla, Leopard, Nashorn, 8 Antilope, 10 Flusspferd, Schimpanse, 13 Warzenschwein
-Urwaldhospital:
9 Lambarene
-Wildreservat:
9 Serengeti
-Zwergvolk:
3 Efe, 8 Pygmaeen
Ägäische Inseln:
5 Kreta, 8 Kykladen, Sporaden

Agamemnons:
-Frau:
13 Klytaemnestra
-Sohn:
5 Orest, 7 Orestes
-Tochter:
7 Elektra, 9 Iphigenie
Agavenfaser:
5 Sisal
Agent:
5 Spion, 7 Spitzel, 10 Vermittler,
12 Kundschafter,
13 Unterhaendler
Agentengruppe:
12 Spionagering
Agententätigkeit:
8 Spionage
Agentie:
11 Zweigstelle
Agentur:
10 Vertretung
Aggregatzustand:
4 fest, 8 fluessig, 10 gasfoermig
Aggression:
7 Angriff, 9 Ueberfall
Aggressor:
9 Angreifer
agieren:
7 handeln, 13 schauspielern
agil:
4 rege
Agilität:
10 Wendigkeit
Agio:
7 Aufgeld
agiotieren:
11 spekulieren
Agitation:
5 Hetze, 10 Aufreizung,
12 Aufwiegelung
Agonie:
10 Todeskampf
Agreement:
8 Abkommen, 9 Abmachung,
13 Uebereinkunft
Agrikultur:
8 Ackerbau, 14 Landwirtschaft
ägyptische:
-Augenkrankheit:
7 Trachom
-Baumwolle:
4 Mako
-Bilderschrift:
12 Hieroglyphen
-Hafenstadt:
4 Sues, Suez, 6 Abukir, Kosser,
7 Kosseir, Rosetta, 8 Ismailia,
Port Said, 10 Alexandria
-Halbinsel:
5 Sinai
-Münze:
7 Piaster
-Schlangengöttin:
3 Uto
-Sonnengöttin:
5 Neith
-Steinplastik bei Giseh:
6 Sphinx
-Totengöttin:
6 Hather, Hathor
-Urne:
6 Kanope
-Wahrheitsgöttin:
3 Mat
-Wasserstraße:
9 Sueskanal, Suezkanal
ägyptischer:
-Astronom:
10 Ptolemaeus
-Bauer:
6 Fellah, 8 Fellache
-Beamter:
5 Mudir
-Exkönig:
5 Faruk
-Felsentempel:
9 Abu Simbel
-Fluß:
3 Nil
-Friedensnobelpreisträger:
5 Sadat
-Gott der aufgehenden Sonne:
4 Schu
-Gott der untergehenden Sonne:
3 Tum
-Gott der Unterwelt:
7 Serapis
-Gott der Weisheit:
4 Thot
-Gott der Zeugung:
6 Mendes
-Gott mit Falkenkopf:
5 Horos, Horus
-heiliger Stier:
4 Apis
-heiliger Vogel:
4 Ibis
-Himmelsgott:
3 geb
-Kanal:
4 Sues, Suez
-König:
4 Titi, 5 Menes, Necho, Zoser,
6 Amasis, Apries, Cheops,
Hophra, Ramses, 8 Chephren,
Echnaton, Tutmosis,
9 Amenophis, Sesostris,
10 Psammetich,
11 Tutanchamon, Tutenchamon
-Nilgott:
3 Nil, 5 Nilus, 6 Neilus,
7 Serapis
-Paß:
5 Mitla
-Sagenvogel:
7 Phoenix
-Schwingbrunnen:
7 Schaduf
-Sonnengott:
2 Ra, Re, 3 Hor, Tum, 4 Aton,
Atum, Schu, 5 Horos, Horus,
6 Osiris, 7 Serapis
-Staudamm:
6 Assuan
-Totengott:
5 Soker, 6 Anubis, Osiris
-Weiser:
6 Kophta
-Weisheitsgott:
4 Thot
-Wüstenwind:
6 Kamsin
ägyptisches:
-Bauwerk:
6 Sphinx, 7 Obelisk, 8 Pyramide
-Gebirge:
5 Sinai
-Gewicht:
3 Oka, 6 Rottel
-Herrschergeschlecht:
10 Ptolemaeer
Ahle:
6 Pfriem
Ahn:
7 Vorfahr, 10 Stammvater
ahnden:
7 strafen
Ahnenforschung:
10 Genealogie
Ahnentafel:
9 Stammbaum
ähnlich:
11 gleichartig
Ähnlichkeit:
10 Affinitaet
Ahnung:
4 Idee, 8 Verdacht, 9 Vorahnung,
10 Vorgefuehl, 11 Voraussicht
ahnungslos:
6 arglos, 9 unwissend
ahnungsvoll:
9 vorahnend, 12 vorausahnend

Ährenborste:
6 Granne
Ährenbündel:
5 Garbe
Akazie:
7 Robinie, 12 Silberakazie,
14 Gemeine Robinie
Akelei:
5 Aglei, 8 Goldwurz, 9 Elfenfuss
akklamieren:
12 applaudieren
Akklimatisation:
9 Anpassung
Akkordeon:
13 Ziehharmonika,
15 Schifferklavier
akkurat:
5 exakt, 7 praezis,
12 gewissenhaft
Akkuratesse:
8 Sorgfalt,
18 Gewissenhaftigkeit
Akquisiteur:
6 Werber
Akquisition:
4 Kauf, 7 Einkauf
Akrobat:
6 Artist
Akt:
5 Szene, 6 Aufzug, 7 Vorgang,
8 Vorgehen, 10 Dramenteil
Akte:
7 Urkunde, 9 Beschluss,
13 Schriftstueck
Aktenbündel:
8 Konvolut
Aktenhefter:
6 Ordner
Aktensammlung:
5 Aktei, 11 Registratur,
13 Dokumentation
Aktentasche:
5 Mappe
Akteur:
10 Darsteller, 12 Schauspieler
Aktie:
6 Anteil, 10 Wertpapier,
12 Anteilschein
Aktienboerse:
16 Wertpapierboerse
Aktienmarkt:
6 Boerse
Aktienminderwert:
7 Disagio
Aktion:
7 Vorgang, 8 Ereignis,
Handlung, 9 Geschehen,
11 Unternehmen,
12 Unternehmung
Aktionär:
9 Teilhaber, 14 Gesellschafter
aktiv:
4 agil, rege, 6 eifrig, taetig,
7 lebhaft, 8 lebendig,
9 beweglich, 11 tatkraeftig
Aktiva:
5 Haben, 6 Besitz, 8 Guthaben,
9 Vermoegen
Aktrice:
5 Mimin, 11 Kuenstlerin
Aktualität:
15 Gegenwartsnaehe
aktuell:
3 neu, 7 zeitnah, 9 dringlich,
11 zeitgemaess
aktuelle Nachricht:
9 Neuigkeit
aktueller Bericht:
9 Reportage
Akustik:
10 Schallehre, 11 Schalllehre*
akustisch:
9 klanglich
akustischer Verstärker:
12 Lautsprecher
akut:
7 wichtig, 10 bedrohlich
Akzent:
3 Ton, 4 Note, 7 Gewicht,
Tonfall, 8 Betonung, Tonfarbe,
9 Nachdruck, 10 Aussprache,
Tonzeichen
akzeptabel:
9 annehmbar
Alarm:
7 Warnung, Weckruf,
10 Vorwarnung, Warnsignal,
11 Warnzeichen
Alarmgerät:
4 Hupe, 6 Sirene, 9 Nebelhorn,
11 Feuermelder
Albaner:
8 Skipetar
albanische:
-Hauptstadt:
6 Tirana
-Insel:
5 Sasan, 6 Saseno
-Nationaltracht:
10 Fustanella
-See:
10 Skutarisee
albanischer:
-Berg:
4 Deja, Guka, 5 Krrab,
8 Valamare
-Exkönig:
4 Zogu
-Königsname:
6 Achmed
-Staatsmann:
7 Hodscha
-Volksheld:
9 Kastriota, 10 Skanderbeg
albern:
3 fad, 4 dumm, fade, 8 kindisch,
toericht, 10 einfaeltig
Albernheit:
9 Firlefanz
Albino:
9 Weissling
Album:
10 Sammelbuch,
11 Sammelmappe,
16 Erinnerungsmappe
alert:
6 frisch, 10 aufgeweckt
Algenpflanze:
4 Tang
algerische:
-Geröllwüste:
3 Reg
-Hafenstadt:
4 Bone, Oran, 6 Algier
-Hauptstadt:
6 Algier
-Münze:
5 Dinar
-Stadt:
4 Bone, Oran, 5 Blida, 6 Algier,
Biskra, 11 Constantine
algerischer:
-Berberstamm:
6 Zuaven, 7 Kabylen
-Berg:
5 Tahat
-Freiheitskämpfer:
8 Ben Bella
-Herrschertitel:
3 Dei
-Staatsmann:
11 Boumedienne
algerisches:
-Gebirge:
5 Atlas, 7 Ahaggar
alias:
4 oder, 5 sonst, 6 anders
Alibi:
18 Abwesenheitsbeweis

Alimentation:
15 Lebensunterhalt
Alkalimetall:
6 Kalium, 7 Caesium, Lithium, Natrium, Zaesium, 8 Francium, Rubidium
Alkaloid:
4 Cola, Kola, 5 Opium, Thein, 6 Chinin, Kodein, Kokain, Kurare, 7 Atropin, Coffein, Koffein, Morphin, Nikotin, Zytisin, 8 Akonitin, Meskalin, Morphium, 9 Papaverin, Strychnin, 10 Skopolamin
Alkohol:
8 Spiritus, 9 Weingeist
Alkoholgegner:
12 Temperenzler
Alkoholgehalt:
8 Promille
Alkoholiker:
7 Trinker
alkoholische Getränke:
11 Spirituosen
alkoholisches:
-Einreibemittel:
15 Franzbranntwein
-Getränk:
3 Ale, Gin, Rum, 4 Bier, Fizz, Flip, Korn, Raki, Sekt, Wein, 5 Bowle, Wodka, 6 Brandy, Cognac, Enzian, Kognak, Likoer, Porter, Punsch, Sherry, Whisky, 7 Absinth, Aquavit, Curacao, Genever, Kuemmel, Obstler, Rotwein, 8 Aperitif, Cocktail, 9 Gluehwein, Weinbrand, Weissbier, Weisswein, 10 Branntwein, Champagner
-Heißgetränk:
4 Grog, 6 Punsch
-Mixgetränk:
4 Grog, 6 Punsch, 7 Cobbler, Collins, 8 Cocktail, Highball
Alkoholverbot:
11 Prohibition
Alkvogel:
4 Lund
All:
4 Welt, 6 Kosmos, 8 Weltraum, 9 Universum, 13 Unendlichkeit
allabendlich:
10 jeden Abend
allbekannt:
9 notorisch
alle Angehörigen:
14 Verwandtschaft
Allee:
11 Baumstrasse, Parkstrasse
-in Düsseldorf:
3 Koe, 12 Koenigsallee
Allegorie:
6 Symbol, 8 Sinnbild
allegorisch:
12 sinnbildlich, 13 gleichnishaft
allegro:
7 lebhaft
allein:
4 solo, 5 ledig, 6 einsam, 9 verlassen, 10 vereinsamt
Alleinherrschaft:
8 Diktatur, 9 Monarchie, 12 Absolutismus
Alleinherrscher:
6 Tyrann, 7 Monarch, 8 Autokrat, Diktator
Alleinunterhalter:
11 Entertainer
Alleinvortrag:
4 Solo
allemal:
5 immer
allerdings:
8 freilich
Allergie:
20 Ueberempfindlichkeit
allergische Erkrankung:
9 Heufieber, 12 Heuschnupfen
allerhand:
8 allerlei, 9 vielerlei, 10 mancherlei, mannigfach
Allerlei:
5 Varia, 9 Potpourri, Quodlibet
allerletzter Aufschub:
11 Galgenfrist
allerliebst:
11 entzueckend
allerorts:
8 ueberall
Allerweltskerl:
12 Tausendsassa
alles Stoffliche:
7 Materie
Allesfresser:
8 Omnivore
allezeit:
5 immer
allgegenwärtig:
9 goettlich
allgemein:
5 vulgo, 8 generell, 9 umfassend, universal, 10 allerseits, summarisch, universell, 11 schlechthin
allgemeine:
-Beachtung:
8 Aufsehen
allgemeiner:
-Grundsatz:
6 Maxime
-Schrecken:
5 Angst, Panik
-Straferlaß:
8 Amnestie
allgemeines:
-Ansehen:
4 Ehre
allgemeingültig:
8 generell
Allgemeinheit:
8 Publikum, 14 Universalitaet, 15 Oeffentlichkeit
Allgemeinplatz:
9 Plattheit
allgemeinverständlich:
8 populaer
Allgewalt:
10 Omnipotenz
Allianz:
4 Bund, Pakt, 8 Buendnis, 9 Koalition, 11 Vereinigung
Alliteration:
8 Stabreim
Allmacht:
10 Omnipotenz
allmählich:
7 langsam, 8 graduell
Allopath:
4 Arzt
Allotria:
3 Jux, 5 Spass, Unfug, 6 Scherz, 8 Narretei, 11 Schabernack
allseitig:
7 ringsum
Allseitigkeit:
14 Universalitaet
allseits:
8 generell, 9 allgemein
Alltag:
7 Werktag, 9 Wochentag
alltäglich:
5 banal, 6 profan, 7 trivial, 8 ordinaer
allumfassend:
9 universal, 10 universell
Allüren:
8 Benehmen, 9 Auftreten
Alm:
5 Senne, 9 Bergwiese
Almanach:
8 Jahrbuch, Kalender

Almbäuerin:
8 Sennerin
Almhirt:
4 Senn, 6 Senner
Almhirtin:
8 Sennerin
Almhütte:
10 Berghuette
Almosen:
4 Gabe, 6 Obolus, Spende,
10 Bakschisch, Liebesgabe
Almosenempfänger:
7 Bettler
Alpdruck:
5 Angst, 12 Angstgefuehl
Alpenbergstock:
4 Rigi, 5 Sella, 6 Moench,
Tauern, 7 Arlberg, Bernina,
9 Dolomiten, Karwendel,
10 Hohe Tauern, Karawanken
Alpenblume:
9 Edelweiss
Alpendollar:
9 Schilling
Alpengipfel:
4 Isel, 5 Eiger, 6 Moench, Ortler,
7 Pilatus, Saentis, 8 Hochobir,
Jungfrau, Pfaender, Watzmann,
9 Dachstein, Langkofel,
Marmolata, Montblanc,
Monte Rosa, Zugspitze,
10 Drei Zinnen, Matterhorn,
Piz Bernina, 13 Grossglockner
Alpengletscher:
6 Ferner, 7 Aletsch, 8 Pasterze
Alpenhirt:
4 Senn
Alpenhirtin:
8 Sennerin
Alpenhütte:
8 Sennerei
Alpenpaß:
4 Fern, Lueg, 5 Achen, Furka,
Gemmi, Loibl, Pyhrn, Tenda,
Thurn, Turlo, 6 Albula, Gerlos,
Jaufen, Julier, Mendel, Predil,
Susten, Tauern, Tonale,
7 Arlberg, Bernina, Brenner,
Cayolle, Forclas, Glandon,
Grimsel, Klausen, Nufenen,
Predeal, Reschen, Schober,
Simplon, Toblach, 8 Galibier,
Lautaret, Septimer, Spluegen,
9 Lukmanier, Semmering,
10 Bernardino, Katschberg,
11 Loetschberg, Timmelsjoch,
12 Groednerjoch, Hochtannberg,
Stilfserjoch, 13 San Bernardino,
Sankt Bernhard, Sankt Gotthard,
Sankt-Bernhard*
Alpenpflanze:
5 Speik, 6 Enzian, 9 Almrausch,
Alpenrose, Edelweiss,
10 Silberwurz, Soldanelle,
13 Alpenveilchen
Alpenrepublik:
11 Oesterreich
Alpenrose:
9 Almrausch, 12 Rhododendron
Alpensänger:
6 Jodler
Alpensee:
6 Eibsee, Irrsee, 7 Mondsee,
8 Achensee, Ammersee,
Bodensee, Comer See, Gardasee,
Wuermsee, 9 Genfer See,
Kochelsee, Tegernsee,
10 Koenigssee, Schliersee,
Walchensee, 11 Woerthersee,
Wolfgangsee,
14 Starnberger See,
19 Vierwaldstaetter See
Alpental:
-beim Comer See:
7 Veltlin
-in den Dolomiten:
9 Pustertal
-in der Steiermark:
8 Gesaeuse
-in Graubünden:
5 Davos, 10 Praettigau
Alpentier:
4 Gams, 5 Gemse, 6 Gaemse*,
9 Steinbock, Steinhuhn,
10 Alpendohle, Murmeltier,
Schneehase, Schneehuhn,
Steinadler, 15 Alpensalamander
Alpenweide:
3 Alm, Alp, 5 Senne
Alpenwild:
4 Gams, 5 Gemse, 6 Gaemse*,
9 Steinbock
Alpenwind:
5 Foehn
Alphabet:
3 Abc, 15 Buchstabenfolge
Alpinist:
11 Bergsteiger
alsbald:
4 bald, 6 sofort
alsfort:
13 unaufhoerlich
also:
4 ergo, 6 mithin, 7 demnach,
8 folglich, 10 demgemaess,
15 dementsprechend
alt:
5 antik, 6 betagt, 7 bejahrt,
9 gebraucht, vergangen,
12 antiquarisch
altägyptische:
-Stadt:
4 Sais, 5 Luxor, 6 Abydos,
Karnak, Theben, 7 Memphis,
10 Heliopolis
altägyptischer:
-heiliger Stier:
4 Apis
-Königstitel:
6 Pharao
-Krug:
6 Kanope
altägyptisches:
-Königsgrabmal:
8 Pyramide
Altan:
6 Balkon, 7 Soeller
altarabisches Reich:
4 Saba
Altaraufsatz:
7 Retabel
Altarbaldachin:
8 Ziborium, 10 Tabernakel
Altargerät:
5 Kelch, 9 Monstranz
Altarnische:
5 Apsis
Altarraum:
11 Sanktuarium
Altarsakrament:
9 Abendmahl, 11 Eucharistie
Altartisch:
5 Mensa
Altartuch:
8 Parament
Altarüberbau:
8 Ziborium, 10 Tabernakel
altasiatisches Reitervolk:
6 Hunnen, 8 Mongolen
altathenischer Gesetzgeber:
5 Solon
altathenisches Gericht:
7 Areopag
altbabylonischer König:
8 Belsazar, 9 Hammurabi,
12 Nebukadnezar
altbabylonisches Gewicht:
5 Sekel, 7 Schekel
Altbuchhandlung:
11 Antiquariat
altchristliche Sekte:
8 Katharer

altdeutsche:
-Münze:
5 Taler, 6 Batzen, Gulden, Heller, 7 Dukaten, Kreuzer, 8 Groschen, 10 Scherflein
-Narrenfigur:
16 Till Eulenspiegel
altdeutscher:
-Monatsname:
5 Maien, 6 Heuert, 7 Eismond, Ernting, Heumond, Julmond, Lenzing, 8 Gilbhart, Lenzmond, Nebelung, Weinmond, 9 Erntemond, Nebelmond, Ostermond, Wonnemond, 10 Christmond
altdeutsches:
-Apothekergewicht:
4 Gran, Unze
-Flächenmaß:
4 Hufe, Joch, Rute, 6 Morgen, 7 Tagwerk
-Getreidemaß:
4 Last, 6 Malter
-Gewicht:
3 Lot, 4 Mark, 7 Zentner, 9 Quentchen, 10 Quaentchen*
-Hohlmaß:
4 Mass, 5 Fuder, Quart, 6 Oxhoft, 8 Scheffel
-Längenmaß:
4 Elle, Fuss, Rute, Zoll, 5 Meile, 6 Spanne, 7 Klafter
-Mengenmaß:
6 Mandel, Schock, Stiege
-Raummaß:
5 Meste, 7 Klafter
-Rechtsbuch:
12 Laienspiegel
alte:
-Anredeform:
2 Er, 3 Sie, 4 Dero, 8 Erlaucht, 11 Wohlgeboren
-Brillenform:
7 Kneifer
-englische Münze:
4 Real
-Erzählung:
4 Maer, Saga, Sage
-Form des Klaviers:
7 Cembalo, Spinett
-französische Münze:
3 Ecu, Sou, 5 Agnel, Livre, 8 Louisdor, 11 Napoleondor
-Frau:
7 Greisin
-Goldmünze:
6 Gulden, 7 Dukaten, Pistole
-Handfeuerwaffe:
7 Muskete
-Handschrift:
5 Codex, 9 Pergament
-Hauptstadt Ägyptens:
10 Alexandria
-Hauptstadt Assyriens:
5 Assur, 6 Ninive
-Hauptstadt der Inka:
5 Cuzco
-Hauptstadt der Sumerer:
2 Ur
-Jagdwaffe:
5 Bogen, Pfeil
-Kirchenstrafe:
4 Bann
-Klavierform:
7 Spinett
-Kopfbedeckung:
6 Hennin, 7 Kapotte, 9 Dreispitz, Zweispitz
-Kunstgegenstände:
13 Antiquitaeten
-Kupfermünze:
6 Heller, 7 Kreuzer
-Münzwaage:
6 Seiger
-Schlagwaffe:
5 Keule
-Schußwaffe:
5 Bogen, 8 Arkebuse, Armbrust, Balliste
-Silbermünze:
6 Batzen, 8 Groschen
-Sprache:
6 Latein, 10 Griechisch, Hebraeisch
-Stadt in Ägypten:
4 Sais, 5 Luxor, 6 Abydos, Theben, 7 Memphis, 10 Heliopolis
-Stadt in Persien:
4 Susa, 8 Ekbatana, 10 Persepolis
-Waffe:
4 Pike, 5 Keule, Lanze, Pfeil, 7 Schwert, 8 Armbrust, 9 Schleuder, Streitaxt, 10 Hellebarde, Pfeilbogen, 11 Morgenstern
-Wurfwaffe:
9 Schleuder
Alteisen:
7 Schrott
Altenteil:
10 Ausgedinge
alter:
-asiatischer Volksstamm:
6 Hunnen, 8 Mongolen
-Feldzugteilnehmer:
7 Veteran
-französischer Tanz:
7 Menuett
-germanischer Stamm:
5 Goten, Ubier, 6 Angeln, Katten, Sueben, Sweben, 7 Bataver, Chatten, Cimbern, Friesen, Kimbern, Sachsen, 8 Ostgoten, Teutonen, Vandalen, Wandalen, 9 Alemannen, Bajuwaren, Burgunder, Cherusker, Westgoten, 11 Hermunduren, Langobarden, Markomannen
-Gewehrtyp:
6 Flinte, 7 Muskete, 8 Arkebuse, 12 Hakenbuechse
-Hafen Roms:
5 Ostia
-Helmbusch:
7 Panasch
-italienischer Herrschertitel:
4 Doge
-Kampfschutz:
4 Helm, 6 Panzer, Schild, Visier, 7 Kuerass, 8 Harnisch, 12 Kettenpanzer
-Krieger:
7 Veteran
-Mann:
5 Greis, 10 Methusalem
-Name der Dardanellen:
10 Hellespont
-Name der Donau:
8 Danuvius
-Name der Krim:
6 Tauris
-Name der Mosel:
7 Mosella
-Name des Griechen:
7 Hellene
-Name des Iran:
7 Persien
-Name des westlichen Balkans:
8 Illyrien
-Name für Basel:
7 Basilia
-Name für Djakarta:
7 Batavia
-Name für Edelknabe:
4 Page, 6 Knappe
-Name für England:
9 Britannia

-Name für Florenz:
9 Florentia
-Name für Griechenland:
6 Hellas
-Name für Istanbul:
6 Byzanz, 14 Konstantinopel
-Name für Köln:
16 Colonia Agrippina
-Name für London:
9 Londinium
-Name für Oslo:
10 Kristiania
-Name für Paris:
7 Lutetia
-Name für Rom:
4 Roma
-Name für Thailand:
4 Siam
-Name für Wien:
9 Vindobona
-römischer Grenzwall:
5 Limes
-Schiffskörper:
5 Wrack
-Schlager:
5 Oldie
-Schnee:
4 Firn, 6 Ferner
-Schreittanz:
6 Pavane, Reigen
-Städtebund:
5 Hanse
-Tanz:
5 Gigue, 6 Reigen, 7 Gavotte, Menuett, 9 Allemande, Sarabande
-Volksstamm in Frankreich:
7 Gallier
-Volksstamm in Italien:
6 Italer, Umbrer, 7 Sabiner, 8 Etrusker, Samniten
-Volksstamm in Kleinasien:
5 Lyder, 7 Galater, Phryger, 8 Hethiter, Isaurier
-Volksstamm in Nordeuropa:
8 Germanen
-Volksstamm in Schottland:
6 Pikten, Skoten
-Volksstamm in Westeuropa:
6 Iberer, Kelten, 7 Gallier
-weiser Ratgeber:
6 Nestor
-Wurfspieß:
3 Ger
alternativ:
9 wahlweise
Altersgeld:
5 Rente, 7 Pension
Altersheilkunde:
9 Geriatrie
Altersheim:
5 Stift
Altersschwäche:
8 Marasmus
Altersversorgung:
5 Rente, 7 Pension, 9 Leibrente
Alterswürde:
11 Gesetztheit
Altertum:
6 Antike
Altertümer:
13 Antiquitaeten
altertümlich:
5 antik, 9 archaisch, 10 antiquiert
Altertumsforscher:
11 Archaeologe
altes:
-Apothekergewicht:
4 Gran, Unze, 7 Skrupel
-asiatisches Reitervolk:
6 Hunnen, 8 Mongolen
-Automobil:
8 Oldtimer
-Blasinstrument:
4 Lure, 6 Zinken, 8 Schalmei, 9 Dudelsack, 11 Bassetthorn
-Buch:
8 Schwarte, 9 Schmoeker
-Feldmaß:
4 Joch, Rute, 6 Morgen, 7 Juchart, Juchert, Tagwerk
-Florentiner Geschlecht:
6 Medici
-französisches Herrschergeschlecht:
7 Bourbon
-Geschütz:
9 Falkonett
-Getreidemaß:
5 Metze, 6 Malter, Wispel, 7 Sechter, 8 Scheffel
-Gewicht:
3 Lot, 4 Gran, Unze
-Hanseschiff:
5 Kogge
-Heldenepos:
5 Ilias, 6 Aeneis, 7 Odyssee
-Hohlmaß:
5 Fuder, Metze, Zuber, 6 Oxhoft, Sester, 7 Klafter, 8 Scheffel
-Holzmaß:
7 Klafter
-indianisches Kulturvolk:
4 Inka, Maya, 5 Inkas, Mayas, 7 Azteken, Olmeken, 8 Tolteken
-Kaufherrengeschlecht:
6 Fugger, Welser
-Kulturvolk in Mittelamerika:
5 Inkas, 7 Azteken, 8 Tolteken, 9 Zapoteken 10 Zapotheken*
-Kunstwerk:
11 Antiquitaet
-Land am Mittelmeer:
10 Phoenizien
-Liegesofa:
5 Diwan
-Mengenmaß:
6 Mandel, Schock
-Möbelstück:
5 Truhe, 7 Schrein
-Pferd:
6 Maehre
-Reich in Vorderasien:
8 Assyrien, 10 Babylonien
-römisches Geschlecht:
6 Julier, 7 Flavier, 8 Claudier
-Saiteninstrument:
4 Lyra, 5 Gambe, Harfe, Laute, Leier, 6 Fiedel, 7 Cembalo, Kithara, Psalter, 10 Trumscheit
-Schneidermaß:
4 Elle
-Schriftzeichen:
4 Rune, 11 Hieroglyphe
-Streichinstrument:
5 Fidel
-Volk am Rhein:
5 Ubier
-Volk in Frankreich:
7 Gallier
-Volk in Italien:
6 Italer, 7 Sabiner, 8 Etrusker, Italiker
-Volk in Westeuropa:
6 Basken, Iberer, Kelten, 7 Gallier
-Wegemaß:
5 Meile
-Wort für einen Verwandten:
5 Eidam, Oheim
-Wort für Intrige:
6 Kabale
-Wort für jetzt:
4 itzo, itzt
-Wort für Leinen:
6 Linnen
-Wort für Tabak:
5 Tobak
-Wort für Zoll:
4 Maut
Ältestenrat:
5 Senat

Ältester:
6 Nestor, Senior, 9 Presbyter
altfranzösische:
-Münze:
5 Livre
altfranzösischer:
-Tanz:
7 Menuett
altfranzösisches:
-Papiergeld:
10 Assignaten
altgedienter Soldat:
7 Veteran
altgriechische:
-Dichterin:
6 Sappho
-Geldeinheit:
6 Talent
-Geliebte:
7 Hetaere
-Göttermutter:
4 Hera
-Göttin:
3 Ate, Deo, Eos, Nyx, 4 Dike, Eris, Gaia, Hera, Iris, Klio, Leto, Nike, Rhea, 5 Elpis, Erato, Tyche, 6 Aglaia, Athene, Charis, Eirene, Hestia, Phoebe, Psyche, Tethys, Thalia, Urania, 7 Artemis, Demeter, Euterpe, Hygieia, Nemesis, 8 Kalliope, Lachesis, 9 Aphrodite, 10 Persephone
-Grabsäule:
5 Stele
-Helden:
10 Argonauten
-Landschaft:
4 Elis, 5 Doris, 6 Achaia, Aeolis, Attika, 7 Argolis, 8 Aetolien, Arkadien, Boeotien, Lakonien, Magnesia, Thrakien, 10 Makedonien, Thessalien
-Meerschlange:
5 Hydra
-Mondgöttin:
6 Selene
-Münze:
6 Lepton, Obolos, Talent
-Orakelstätte:
5 Delos, 6 Delphi
-Philosophenschule:
4 Stoa, 8 Akademie
-Rachegöttin:
6 Alekto, 7 Erinnye, 8 Eumenide
-Sagengestalt:
4 Ajax, 5 Argus, Atlas, Gorgo, Jason, Medea, Midas, Niobe, Orest, Paris, Titan, 6 Achill, Aeneas, Augias, Charon, Europa, Hektor, Helena, Ikaros, Ikarus, Sirene, Sphinx, Zyklop, 7 Ariadne, Elektra, Jokaste, Kentaur, Oedipus, Orpheus, Theseus, Zentaur, 8 Antigone, Daedalos, Daedalus, Eurydike, Herakles, Herkules, Odysseus, Penelope, Tantalus, 9 Achilleus, Agamemnon, 10 Amphitryon, Prometheus
-Stadt:
5 Milet, 6 Abdera
-Stadtburg:
9 Akropolis
-Tempelstadt:
6 Delphi
-Unterwelt:
5 Hades, 8 Tartarus
-Volksversammlung:
5 Agora
-Weissagerin:
6 Pythia
-Zauberin:
5 Circe, Kirke
altgriechischer:
-Arzt:
11 Hippokrates
-Bildhauer:
6 Skopas, 7 Phidias, 8 Polyklet
-Dichter:
5 Aesop, Homer, 6 Hesiod, 8 Anakreon, Menander, Pindaros, Plutarch, Theokrit, Xenophon, 9 Aeschylos, Aischylos, Sophokles, 10 Thukydides, 12 Aristophanes
-Fabeldichter:
5 Aesop
-Fährmann der Unterwelt:
6 Charon
-Fluß der Unterwelt:
4 Styx, 5 Lethe
-Geschichtsschreiber:
7 Herodot, 8 Xenophon, 10 Thukydides
-Gesetzgeber:
5 Solon, 6 Drakon
-Gott:
3 Pan, 4 Ares, Eros, Zeus, 5 Apoll, Hades, Pluto, Titan, 6 Aeolos, Aeolus, Apollo, Asopos, Helios, Hypnos, Kronos, Nereos, Nereus, Triton, Uranos, 7 Apollon, Chronos, Okeanos, Phoebus, Proteus, 8 Aeskulap, Dionysos, Hephaest, Hyperion, Morpheus, Poseidon, Thanatos, 9 Asklepios, 10 Hephaestos, Hephaistos
-Götterbote:
6 Hermes
-Göttervater:
4 Zeus
-Jüngling:
6 Adonis
-König von Theben:
7 Oedipus
-Lustspieldichter:
12 Aristophanes
-Marktplatz:
5 Agora
-Mathematiker:
6 Euklid, Thales, 7 Pytheas, 10 Archimedes, Pythagoras, 11 Hippokrates, 12 Eratosthenes
-Meergott:
8 Poseidon
-Philosoph:
6 Epikur, Euklid, Platon, Thales, 7 Hippias, Leukipp, 8 Aristipp, Demokrit, Heraklit, Sokrates, Xenophon, 10 Anaxagoras, Aristippos, Demokritos, Empedokles, Pythagoras, Xenophanes, 11 Aristoteles
-Sänger:
7 Orpheus
-Seher:
9 Teiresias
-Staatsmann:
8 Perikles, 10 Alkibiades, 11 Kleisthenes, 12 Themistokles
altgriechisches:
-Blasinstrument:
5 Aulos
-Dichterpferd:
7 Pegasus
-Gewand:
6 Chiton, Peplos, 8 Himation
-Gewicht:
4 Mine, 6 Talent, 7 Drachme
-Heldenepos:
5 Ilias, 7 Odyssee
-Paradies:
7 Elysion, Elysium
-Saiteninstrument:
4 Lyra, 7 Kithara, 10 Aeolsharfe
-Turnier:
4 Agon
-Ungeheuer:
5 Hydra, 6 Skylla, 9 Charybdis
Altgut:
4 Kram, 7 Plunder, Troedel

Althändler:
8 Troedler
althergebracht:
11 ueberkommen,
12 ueberliefert
altindische:
-Dichtung:
4 Veda, Weda, 7 Rigweda,
9 Kamasutra
-Sprache:
8 Sanskrit
altindischer:
-Gott:
5 Indra, 6 Brahma, Schiwa,
7 Wischnu
-König:
5 Asoka, Manda
-Sagenheld:
4 Nala, Rama
altindisches:
-Epos:
8 Ramajana
altiranischer:
-König:
5 Kyros, 6 Xerxes, 7 Dareius,
10 Artaxerxes
-Prophet:
11 Zarathustra
altiranisches:
-Land:
6 Medien
-Volk:
5 Meder, 7 Parther
altisländische:
-Dichtung:
4 Saga
-Sagensammlung:
4 Edda
altitalienische:
-Münze:
5 Soldo
altitalienisches:
-Volk:
6 Apuler, 7 Latiner, 8 Etrusker
Altjahresabend:
9 Silvester
altkeltische Sagengestalt:
5 Artus, 6 Isolde, 7 Tristan
altklug:
7 vorlaut, 8 naseweis
ältliche Frau:
9 Scharteke
altmärkische Stadt:
7 Stendal
altmärkisches Adelsgeschlecht:
8 Bismarck
Altmaterial:
6 Altgut, 8 Altstoff
Altmaterialhändler:
8 Troedler
Altmeister:
6 Senior
Altmetall:
7 Schrott
Altmette:
6 Zybris
altmexikanisches Volk:
4 Maja, Maya, 7 Azteken,
Olmeken, 8 Tolteken
altmodisch:
5 passé, 6 passee*, 7 obsolet,
8 unmodern, 9 ueberholt,
ueberlebt
altmodisches Fahrzeug:
7 Vehikel
altnordische:
-Dichtung:
4 Edda, Saga
-Gottheit:
4 Odin, 5 Bragi, Hoedr
-Totengöttin:
3 Hel
altnordischer:
-Dichter:
3 Tiu, 6 Skalde
altnordisches:
-Musikinstrument:
4 Lure
-Volk:
8 Wikinger
Altöl:
6 Erdoel
altorientalisches Volk:
5 Juden, Meder, Syrer, 6 Perser,
7 Akkader, Assyrer, Parther,
8 Hethiter, 9 Kimmerier,
Nabataeer, 10 Aethiopier,
Babylonier, Phoenizier
Altpapier:
9 Makulatur
altpersischer Beamter:
6 Satrap
altpolnischer Tanz:
7 Masurka*, Mazurka
altportugiesische Münze:
4 Real
altpreußische Goldmünze:
13 Friedrichsdor
altrussischer Adliger:
5 Bojar
altrussisches Längenmaß:
5 Werst
Altsachse:
6 Saxone
altsächsisches Evangelienepos:
7 Heliand
Altschlüssel:
15 Notenschluessel
Altschnee:
10 Pappschnee
altsemitische:
-Gottheit:
4 Baal
-Göttin:
7 Astarte
altspanische Bevölkerung:
6 Iberer
altspanischer Tanz:
9 Sarabande
altsprachliches Schulfach:
6 Latein, 10 Griechisch
Altsteinzeit:
14 Palaeolithikum
altüblich:
12 herkoemmlich
altväterisch:
10 altmodisch
altväterlich:
10 ehrwuerdig,
15 patriarchalisch
altwalisische Dichtung:
9 Artussage
Alufolie:
8 Stanniol
Aluminiumerz:
6 Bauxit
aluminiumfarben:
4 grau
Aluminiumlegierung:
5 Dural, 6 Aludur, Aluman,
Alusil
Aluminiumoxid:
7 Tonerde
Amant:
9 Geliebter
Amarelle:
12 Sauerkirsche
Amaryllis:
8 Narzisse, 11 Osterglocke,
16 Schneegloeckchen
Amateur:
4 Laie, 9 Dilettant,
10 Nichtprofi, 13 Nichtfachmann
Ambitionen:
7 Ehrgeiz, 9 Bestreben, Interesse
Ambulanzwagen:
11 Unfallwagen,
12 Krankenwagen
Ameise:
5 Miere
Ameisenbär:
8 Pangolin
Ameiseninsekt:
7 Termite

Amelie:
21 Gliedmaßenmissbildung
Amelioration:
17 Bodenverbesserung
Amerikaner:
6 Yankee
amerikanische:
-Anthropologin:
4 Mead
-Autostadt:
7 Detroit
-Fahne:
13 Sternenbanner
-Filmform:
7 Western
-Filmhauptstadt:
9 Hollywood
-Folklore:
12 Countrymusic
-Giftschlange:
15 Klapperschlange
-Gitarre:
5 Banjo
-Halbinsel:
6 Alaska, Avalon, 7 Florida, Yucatan, Yukatan, 8 Labrador, 9 Manhattan, 10 Cumberland, Long Island, Patagonien, 11 Kalifornien
-Hauptstadt:
4 Lima, 5 La Paz, Quito, Sucre, 6 Belize, Bogota, Habana, Mexiko, Ottawa, Panama, 7 Caracas, Cayenne, Havanna, Managua, San José, San Juan, 8 Asuncion, Brasilia, Kingston, Santiago, 9 Guatemala, 10 Georgetown, Mexico City, Montevideo, Panama City, Paramaribo, Washington, 11 Buenos Aires, Port of Spain, San Salvador, Tegucigalpa, 12 Port-au-Prince, Santo Domingo, 14 Ciudad Trujillo, 15 Santiago de Chile
-Insel/-gruppe:
4 Kuba, 5 Haiti, 6 Tobago, 7 Bahamas, Bermuda, Curacao, Jamaika, 8 Antillen, Barbados, Trinidad, 9 Galapagos, 10 Martinique, Puerto Rico, 14 Falklandinseln
-Kfz-Marke:
4 Ford, 5 Buick, Dodge, 7 Lincoln, Pontiac, 8 Cadillac, Chrysler, 9 Chevrolet
-Malerin:
5 Moses
-Mondfähre:
5 Eagle
-Musikart:
4 Jazz, 5 Blues, 6 Gospel, 9 Dixieland, Spiritual
-Nachrichtenagentur:
2 AP, UP, 3 CIA
-Pferdart:
7 Mustang
-Polizei des Bundes:
3 FBI
-Rakete:
5 Titan, 7 Polaris
-Raubkatze:
4 Puma
-Raumfahrtbehörde:
4 NASA
-Schlange:
8 Anakonda
-Schnellstraße:
7 Highway
-Silberlöwenart:
4 Puma
-Silbermünze:
3 Bit
-Süßkartoffel:
6 Batate
-Tänzerin:
5 Baker
-Tanzform:
3 Fox, 5 Blues, Rumba, Twist, 8 Foxtrott, 9 Jitterbug, 10 Charleston, 11 Rock'n'Roll, 12 Boogie-Woogie
-Universitätsstadt:
5 Omaha, 6 Dallas, Denver, 7 Lincoln, Memphis, New York, Seattle, 8 New Haven, Richmond, Syracuse, 9 Milwaukee, Nashville, Princeton, 10 Cincinnati, Los Angeles, Pittsburgh, San Antonio, Washington, 12 Philadelphia, San Francisco
-Währung:
3 Bit, 4 Cent, Peso, 5 Colon, Eagle, Sucre, 6 Dollar, Escudo, 7 Bolivar, Centime, Cordoba, Quetzal, 8 Cruzeiro
-Währungseinheit:
6 Dollar
-Wasserstraße:
11 Panamakanal
amerikanischer:
-Astronom:
4 Hale, 6 Hubble, Lowell, 7 Russell, 8 Campbell
-Autohersteller:
4 Ford
-Bär:
6 Grisly, 7 Grizzly
-Bauernhof:
4 Farm, 5 Ranch
-Berg:
5 Huila, Misti, 6 Cumbal, Sajama, Sorata, Telica, Tuxtla, 7 Atitlan, Cataaca, Iliniza, Orizaba, 8 Antisana, Coropuna, Cotopaxi, McKinley, Pikes Pik, 9 Aconcagua, Blue Ridge, Cotacachi, Huascaran, Mont Pelee, Monte Tina, Paricutin, Silillica, Villarica, Zuckerhut, 10 Parinacota, 11 Mount Darwin, 12 Iztaccihuatl, Mount Harward, Mount Rainier, Popocatepetl, 13 Mount Columbia, Mount McKinley, 15 Mount Washington
-Bildhauer:
4 Ward, 5 Smith, 6 Calder, Lipton, Palmer, Powers, 7 Lippold, Roberts, 9 Greenough, Lipschitz
-Biochemiker:
5 Bloch
-Biologe:
5 Doisy, 6 Carver, Kinsey, Muller, Watson, 7 Stanley, 8 Northrop
-Bundesstaat:
4 Iowa, Ohio, Utah, 5 Idaho, Maine, Texas, 6 Alaska, Hawaii, Kansas, Nevada, Oregon, 7 Alabama, Arizona, Florida, Georgia, Indiana, Montana, New York, Vermont, Wyoming, 8 Arkansas, Colorado, Delaware, Illinois, Kentucky, Maryland, Michigan, Missouri, Nebraska, Oklahoma, Virginia, 9 Louisiana, Minnesota, New Jersey, New Mexico, Tennessee, Wisconsin, 10 California, Norddakota, Sueddakota, Washington, 11 Connecticut, Mississippi, North Dakota, Rhode Island, South Dakota, 12 New Hampshire,

Pennsylvania, West Virginia, 13 Massachusetts, North Carolina, South Carolina

-Chemiker:
4 Urey, 5 Doisy, Libby, Ochoa, 6 Calvin, Sanger, 7 Giauque, Pauling, Seaborg, 8 Kornberg, Langmuir, Richards

-Comiczeichner:
6 Disney

-Diplomat:
6 Kennan, Murphy, 9 Kissinger

-Dirigent:
9 Bernstein

-Erfinder:
4 Bell, Ford, 5 Morse, 6 Edison, Wright, 8 Franklin

-Filmpreis:
5 Oscar

-Filmregisseur:
4 Ford, King, 5 Capra, Hawks, Kazan, 6 Disney, Huston, Kramer, Welles, Whyler, Wilder, 7 Chaplin, Siodmak, 8 Dieterle, Griffith

-Filmschauspieler/ Filmschauspielerin:
3 Day, Loy, 4 Dean, Hope, Kaye, Page, Peck, 5 Baker, Berry, Clift, Davis, Flynn, Fonda, Gable, Grant, Kelly, Lloyd, Novak, Quinn, Tracy, Wayne, Wyman, 6 Bacall, Baxter, Bogart, Brando, Cotten, Crosby, Hopper, Hudson, Keaton, Laurel, Marvin, Monroe, O'Hara, Russel, Seberg, Taylor, Turner, Welles, 7 Astaire, Bronson, Brynner, Chaplin, Colbert, Darnell, Gardner, Garland, Granger, Hepburn, McLaine, Perkins, Russell, Sinatra, Stewart, Swanson, Widmark, 8 Crawford, Eastwood, Fontaine, Hayworth, Williams, 9 Fairbanks, Lancaster, Mansfield

-Flieger:
4 Byrd, 9 Lindbergh

-Geheimbund:
10 Ku-Klux-Klan

-Geiger:
5 Stern

-Himmelsforscher:
5 Evans, Glenn, Irwin, Scott, White, Young, 6 Aldrin, Borman, Cernan, Conrad, Cooper, Gordon, Lousma, Lovell, 7 Bormann, Collins, Grissom, Schirra, Shepard, Swigert, 8 Garriott, Mitchell, Stafford, 9 Armstrong, Carpenter, 10 Cunningham, 11 Schweickart

-Hirsch:
6 Wapiti

-Hotelgründer:
6 Hilton

-Indianer:
4 Maya, Tupi, 5 Aruak, Sioux, 6 Apache, Azteke, Dakota, Hurone, Pueblo, 7 Guarani, Irokese, 8 Tlinkite, 9 Araukaner, Athabaske, Mohikaner

-Industriekapitän:
4 Ford, 8 Pullmann, 10 Guggenheim, Vanderbilt, 11 Rockefeller

-Jagddolch:
11 Bowiemesser

-Jazzmusiker:
5 Tatum, Young, 6 Morton, Parker, Powell, 7 Goodman, Hampton, 9 Armstrong, Ellington

-Kanal:
11 Panamakanal

-Klavierbauer:
8 Steinway

-Komiker:
5 Lloyd, 7 Chaplin

-Komponist:
5 Loewe, 6 Barber, Berlin, Hadley, Hanson, Porter, 7 Rodgers, 8 Gershwin, 9 Bernstein, 11 Hammerstein

-Kriminalist:
6 Hoover

-Lieblingssport:
8 Baseball, Football

-Maler:
6 Demuth, Hopper, Warhol, 7 Pollock, Sheeler, Simmons, 8 Whistler, 9 Feininger

-Marder:
5 Skunk, 9 Stinktier

-Mediziner:
4 Duve, Salk, 5 Doisy, Hench, Luria, Minot, Smith, 6 Beadle, Gasser, Morgan, Watson, Weiler, 7 Axelrod, Cushing, Flexner, Hershey, Robbins, Schally, Theiler, Whipple, 8 Erlander, Hartline, Richards, 9 Lederberg, 10 Sutherland, 11 Landsteiner

-Militär:
3 Lee, 4 Clay, 5 Grant, 6 Patton, 9 MacArthur, 10 Eisenhower

-Militärwagen:
4 Jeep

-Nachrichtensatellit:
9 Early Bird

-Nobelpreisträger/ Nobelpreisträgerin für Chemie:
3 Lee, 4 Cram, Urey, 5 Brown, Flory, Libby, Moore, Stein, Taube, 6 Calvin, Harden, Summer, 7 Giauque, Onsager, Pauling, Seaborg, Stanley, 8 Anfinsen, Hoffmann, Langmuir, Lipscomb, McMillan, Mulliken, Northrop, Richards, Vigneaud, Woodward, 10 Herschbach

-Nobelpreisträger/ Nobelpreisträgerin für Frieden:
4 Hull, King, Lama, Mott, Root, 5 Arrow, Balch, Dawes, 6 Addams, Bunche, Butler, Wilson, 7 Borlaug, Kellogg, Pauling, 8 Marshall, 9 Kissinger, Roosevelt

-Nobelpreisträger/ Nobelpreisträgerin f. Literatur:
4 Buck, 5 Lewis, 6 Bellow, Singer, 7 O'Neill, 8 Faulkner, 9 Hemingway, Steinbeck

-Nobelpreisträger/ Nobelpreisträgerin für Medizin:
4 Cori, Duve, Rous, Wald, 5 Bloch, Cohen, Doisy, Hench, Hubei, Luria, Minot, Ochoa, Smith, Tatum, Temin, Yalow, 6 Beadle, Enders, Gasser, Holley, Morgan, Muller, Murphy, Palade, Sperry, Watson, Weller, 7 Axelrod, Cormack, Edelman, Hershey, Huggins, Kendall, Khorona, Lipmann, Sanchez, 8 Blumberg, Cournand, Erlander, Gajdusek, Hartline, Kronberg, Richards, 9 Baltimore, Delbrueck, Guillemin, Lederberg, Nirenberg, 10 McClintock, Sutherland, 11 Landsteiner

-Nobelpreisträger/ Nobelpreisträgerin für Physik:
4 Lamb, Rabi, Ting, Yang, 5 Bethe, Bloch, Esaki, Kusch, Pauli, Segre, Stern, 6 Barden, Cooper, Fowler, Glaser, Townes, Wigner, Wilson, 7 Alvarez,

Bardeen, Compton, Feynman, Giaever, Glashow, Penzias, Purzell, Richter, 8 Anderson, Brattain, Bridgman, Davisson, GellMann, Lawrence, Millikan, Schawlow, Shockley, van Vleck, Weinberg, 9 Michelson, Rainwater, Schwinger, 10 Hofstadter, Schrieffer, 11 Bloembergen, Chamberlain, 13 Goeppert-Mayer
-Nobelpreisträger/ Nobelpreisträgerin für Wirtschaft:
5 Hicks, Simon, Solow, Tobin, 6 Debreu, 7 Kuznets, Schultz, Stigler, 8 Friedman, Koopmans, Leontief, 9 Samuelson, 14 McGill Buchanan
-Nußbaum:
7 Hickory
-Ökonom:
4 Ford, 5 Dawes, Young, 8 Carnegie, 10 Morgenthau, 11 Rockefeller
-Ozeanflieger:
9 Lindbergh
-Papagei:
3 Ara
-Philosoph:
4 Hook, 5 Dewey, James, Perry, Royce, 6 Butler, Watson, 7 Emerson, 9 Whitehead
-Physiker:
4 Lamb, Ting, 5 Bethe, Brown, Gamow, Henry, Kusch, Libby, Segre, Stern, 6 Barden, Glaser, Townes, Yukawa, 7 Bardeen, Feynman, Glashow, Goddard, Purcell, 8 Anderson, Bridgman, Gell Mann, Langmuir, Schawlow, Shockley, 9 Michelson, Rainwater, Schwinger, 10 Hofstadter, 11 Chamberlain, Oppenheimer
-Polarforscher:
4 Byrd, Cook, 5 Peary
-Politiker/Politikerin:
4 Bush, Dole, Gore, 5 Dawes, Nixon, 6 Carter, Kellog, McCloy, Reagan, Wright, 7 Clinton, Kennedy, 8 Franklin, Marshall
-Polizeichef:
7 Sheriff
-Präsident:
4 Bush, Ford, Polk, Taft, 5 Adams, Buren, Grant, Hayes, Nixon, Tyler, 6 Arthur, Carter, Hoover, Monroe, Pierce, Reagan, Taylor, Truman, Wilson, 7 Clinton, Harding, Jackson, Johnson, Kennedy, Lincoln, Madison, 8 Coolidge, Garfield, Harrison, 9 Cleveland, Jefferson, Roosevelt, 10 Eisenhower, Washington
-Prediger:
6 Graham
-Reiterwettkampf:
5 Rodeo
-Rinderhirt:
6 Cowboy
-Sänger:
5 Lanza, 6 Dupree, 7 Sinatra, 9 Belafonte
-Satellit:
5 Relay, 7 Telstar, 8 Explorer, Vanguard
-Schneesturm:
8 Blizzard
-Schnellimbiß:
12 Cheeseburger
-Schriftsteller/Schriftstellerin:
3 Poe, 4 Buck, 5 Benet, Bogan, Bowen, Crane, Eliot, Frost, Harte, Henry, James, Jones, Lewis, Moody, Moore, Odets, Olson, Pound, Ruark, Segal, Stein, Twain, Wolfe, 6 Alcott, Algren, Bellow, Capote, Cooper, Cullen, Ferber, Graham, Harris, Hobart, Irving, Keller, London, Mailer, Millay, Miller, Morton, O'Hara, O'Neil, Parker, Warren, Wilder, 7 Copland, Dreiser, Emerson, Erskine, Farrell, Kerouae, O'Neill, Robbins, Roberts, Saroyan, Thoreau, Thurber, Whitman, 8 Anderson, Caldwell, Faulkner, Franklin, McCarthy, Melville, Mitchell, Salinger, Sherwood, Sinclair, Williams, 9 Dickinson, Doolittle, Dos Passos, Hemingway, Mark Twain, McCullers, Steinbeck, 10 Fitzgerald, Longfellow
-Sexualwissenschaftler:
6 Kinsey
-Soldat:
2 GI
-Staat:
3 USA, 4 Kuba, Peru, 5 Chile, Haiti, 6 Belize, Guyana, Kanada, Mexiko, Panama, 7 Ecuador, Guayana, Surinam, Uruguay, 8 Bolivien, Honduras, Paraguay, Trinidad, 9 Brasilien, Costa Rica, Guatemala, Kolumbien, Nicaragua, Venezuela, 10 El Salvador, 11 Argentinien, 17 Vereinigte Staaten, 22 Dominikanische Republik
-Stahlproduzent:
8 Carnegie
-Swingmusiker:
6 Miller
-Tänzer:
5 Kelly, 7 Astaire, 8 Travolta
-Tenor:
5 Lanza
-Unterhaltungskünstler:
7 Sinatra
-Ureinwohner:
5 Indio, 8 Indianer
-Virtuose:
7 Cliburn, Menuhin
-Vogel:
6 Bolink, 7 Tangare, 8 Kardinal
-Volkstanz:
11 Squaredance
-Wasserfall:
7 Niagara
-Wirbelsturm:
7 Tornado, 8 Hurrikan
-Wolf:
6 Kojote
-Zeitungsverlerger:
6 Hearst
-Zirkusmagnat:
6 Barnum

amerikanisches:
-Ballspiel:
8 Baseball, Football, 10 Basketball
-Gebirge:
5 Anden, 10 Blaue Berge, 11 Kordilleren, Sierra Madre, 12 Sierra Nevada, 14 Rocky Mountains
-Geländeauto:
4 Jeep
-Gewicht:
3 Ton, 4 Unze
-Hacksteak:
9 Hamburger
-Hohlmaß:
4 Gill, Pint, 6 Gallon, 7 Gallone
-Kartenspiel:
5 Poker
-Krokodil:
6 Kaiman

-Landwirtschaftsgut:
4 Farm, 5 Ranch
-Längenmaß:
4 Foot, Inch, Mile, Yard
-Meer:
13 Golf von Mexiko, Karibische See
-Militärfahrzeug:
4 Jeep
-Mixgetränk:
4 Flip, 5 Shake, 8 Cocktail
-Raubtier:
4 Puma, 6 Jaguar, Kojote, Ozelot
-Rind:
5 Bison
-Schlagballwettspiel:
8 Baseball
-Stinktier:
5 Skunk
-Verteidigungsministerium:
8 Pentagon
-Zupfinstrument:
5 Banjo
Aminosäure:
5 Lysin, 6 Betain, Glycin, Glyzin
Amme:
10 Kinderfrau, 11 Naehrmutter, 12 Pflegemutter
Ammoniaklösung:
12 Salmiakgeist
Amnesie:
18 Gedaechtnisverlust
Amnestie:
9 Gnadenakt, 11 Begnadigung, Straferlass
Amoretten:
13 Liebesgoetter
amorph:
9 ungeformt, 10 gestaltlos
Amortisation:
7 Tilgung, 12 Abschreibung
amortisieren:
6 tilgen, 11 abschreiben
Amouren:
12 Liebschaften
Ampel:
5 Lampe, 15 Verkehrszeichen
Amphibienfahrzeug:
12 Schwimmwagen
Amphibientier:
5 Lurch, 12 Schwanzlurch
Amphibolie:
14 Mehrdeutigkeit
Amphitheater in Rom:
9 Kolosseum
Amselvogel:
14 Schwarzdrossel
Amt:
6 Posten, 8 Behoerde, Funktion, Stellung
Ämterherrschaft:
11 Buerokratie
amtlich:
9 offiziell, 10 dienstlich, urkundlich, 11 behoerdlich
amtliche:
-Bekanntgebung:
8 Bulletin
-Bekanntmachung:
12 Proklamation
-Bescheinigung:
10 Zertifikat
-Festsetzung:
8 Bescheid
-Maßgabe:
10 Verordnung
-Mitteilung:
10 Kommunikee*, Kommuniqué
-Niederschrift einer Aussage:
9 Protokoll
-Sicherstellung:
15 Beschlagnahmung
-Untersuchung:
7 Enquete
-Verfügung:
6 Erlass
amtlicher:
-Erlaß:
6 Dekret, 9 Anordnung, 10 Verfuegung, Verordnung
amtliches:
-Ausweisdokument:
4 Pass
-Grundbuch:
8 Kataster
-Schriftstück:
7 Urkunde
Amtsabgabe:
9 Abdankung, Demission
Amtsbereich:
7 Ressort, 8 Dezernat
Amtsbewerber:
8 Kandidat
Amtsbezeichnung:
5 Titel
Amtsbote:
6 Herold
Amtsenthebung:
10 Suspension
Amtshelfer:
7 Adjunkt, Adlatus
Amtskleidung:
4 Robe, 5 Talar
Amtsraum:
5 Buero, 7 Kanzlei, 10 Dienstraum
Amtssiegel:
7 Stempel
Amtsstunden:
15 Parteienverkehr
Amtstracht:
4 Robe, 5 Talar
Amtszeichen:
6 Siegel, 7 Stempel
Amulett:
8 Talisman, 9 Anhaenger, 12 Zauberschutz, 14 Gluecksbringer
amüsant:
6 lustig, 7 spassig, 12 unterhaltend, vergnueglich
analog:
7 gemaess, 8 aehnlich, 12 entsprechend
Analogie:
12 Aehnlichkeit, 16 Uebereinstimmung
analogisch:
16 uebereinstimmend
Analyse:
9 Darlegung, Zerlegung, 10 Aufloesung, 12 Untersuchung
analysieren:
11 zergliedern
Anämie:
9 Blutarmut
Anarchie:
15 Gesetzlosigkeit
Anarchist:
6 Rebell, 10 Aufruehrer, 11 Umstuerzler
anbahnen:
11 vorbereiten
anbandeln:
8 streiten
anbändeln:
7 flirten
Anbau:
5 Erker, 6 Vorbau, 10 Dependance, 11 Erweiterung, 13 Pflanzenzucht
anbauen:
8 pflanzen
anberaumen:
9 festlegen, 10 festsetzen
Anbetung:
9 Adoration, Verehrung
anbiedern:
14 einschmeicheln

anbieten:
8 antragen, 9 anpreisen,
10 offerieren, 13 praesentieren
Anblick:
4 Bild, 6 Aspekt, 8 Eindruck
anbrechen:
10 gebrauchen
anbrennen:
6 sengen
anbringen:
9 montieren, 10 befestigen,
12 installieren
Andacht:
5 Gebet, 12 Gottesdienst,
13 Versunkenheit
andächtig:
5 innig, 9 ergriffen, feierlich
andauernd:
4 stet, 5 immer, lange,
7 immerzu, 12 fortwaehrend
Andengeier:
6 Kondor
Andenkamel:
4 Lama
Andenken:
8 Reliquie, Souvenir
ändern:
7 wandeln, 8 umbilden,
9 abwandeln, 11 umgestalten
andernfalls:
5 sonst
anders:
5 alias, 9 heterogen,
11 verschieden
Andersdenkender:
9 Dissident
anderseits:
4 aber
andersgläubig:
9 heterodox
Änderung:
7 Wechsel, 8 Wandlung,
9 Variation
andeuten:
9 markieren, 10 skizzieren
Andeutung:
3 Tip, 4 Tipp*, Wink, 6 Schein,
Skizze, 7 Hinweis, 10 Fingerzeig
andeutungsweise:
4 vage, 10 unbestimmt
andichten:
14 schlecht machen
Andrang:
5 Sturm, 6 Zulauf, 7 Ansturm,
9 Gedraenge, 10 Draengelei
androhen:
11 ankuendigen

Andruck:
10 Probeabzug
andrucken:
12 probedrucken
anecken:
9 anstossen, 11 brueskieren
aneignen:
6 nehmen, 11 annektieren
Aneignung:
8 Annexion, 13 Inbesitznahme,
16 Besitzergreifung
aneinander geraten:
6 zanken
Aneinanderhaften:
9 Adhaesion
Anekdote:
11 Historchen,
13 Geschichtchen
anekdotisch:
13 erzaehlerisch
anekeln:
11 degoutieren
Anemone:
10 Kuhschelle,
12 Windroeschen,
14 Kuechenschelle
anerkannt:
7 gueltig, 9 arriviert, notorisch,
offiziell, 11 verbindlich
anerkennen:
5 loben, 6 achten, danken,
7 zugeben, 8 billigen,
9 wuerdigen, 12 legitimieren,
ratifizieren
Anerkennung:
3 Lob, 4 Ehre, 6 Ehrung,
7 Applaus, Beifall,
10 Belobigung, Wuerdigung,
12 Bestaetigung
anfachen:
7 beleben, 9 ermuntern,
11 verstaerken
Anfachung:
11 Entzuendung
anfahren:
7 starten
Anfahrt:
5 Start
anfallartiger Schmerz:
5 Kolik
Anfang:
5 Start, 6 Beginn, 7 Auftakt,
10 Einleitung, Eroeffnung,
Ouvertuere
anfangen:
7 starten, 8 beginnen,
9 eroeffnen

Anfänger:
7 Neuling, 8 Beginner, Lehrling,
Schueler, 9 Debuetant,
Gruenling, Youngster,
13 Gruenschnabel
anfangs:
6 zuerst, 9 zunaechst,
13 urspruenglich
Anfangsbuchstabe:
6 Versal, 7 Initial, 8 Initiale
Anfangsform:
10 Archetypus
Anfangskapital:
10 Grundstock
Anfangssilbe:
7 Praefix
Anfaßstück:
5 Stiel
Anfechtung:
8 Berufung, 9 Einspruch,
11 Appellation
Anfechtungsklage:
10 Gegenklage
anfertigen:
6 machen
Anfertigung:
10 Produktion, 11 Herstellung
anfeuern:
6 heizen, 7 treiben, 8 anheizen,
9 antreiben, 10 aufmuntern,
begeistern
anflehen:
6 bitten
Anflug:
5 Hauch, 8 Schimmer,
11 Kleinigkeit
anfordern:
9 verlangen
Anforderung:
5 Bitte, 6 Gesuch, 9 Verlangen
Anfrage:
5 Frage, 6 Gesuch
Anführer:
6 Leiter, 10 Haeuptling,
Kommandeur, 12 Befehlshaber,
14 Raedelsfuehrer
-der Argonauten:
5 Jason, lason
-der Hugenotten:
5 Rohan
-der Hussiten:
6 Prokop
-im Bauernkrieg:
8 Muentzer, 12 Berlichingen
Angabe:
7 Anzeige, Aussage, 8 Auskunft,
9 Prahlerei, Protzerei

angängig:
8 passabel
Angeber:
4 Snob, 5 Protz, 7 Blender, Prahler, 9 Prahlhans, 10 Gernegross, 12 Aufschneider
angeboren:
6 genuin, 8 konnatal, 10 hereditaer
angeborene Fähigkeit:
6 Anlage, Talent, 8 Begabung, 11 Naturtalent
angeborener Trieb:
8 Instinkt
Angebot:
6 Antrag, 7 Offerte, 9 Vorschlag, 10 Anerbieten
angebracht:
8 opportun
angefault:
7 karioes
angeführte Schriftstelle:
5 Zitat
angegriffen:
4 matt, 8 ermattet
angeheitert:
9 berauscht, betrunken, 10 beschwipst
Angehörige:
5 Sippe, 9 Verwandte, 18 Familienmitglieder
Angehöriger:
-belgischer Sprachengruppe:
5 Flame, 7 Wallone
-christlichen Glaubens:
6 Hussit, 7 Baptist, Maronit, Mormone, 8 Katholik, Mennonit, Unierter, 9 Adventist, Hugenotte, Methodist, Puritaner, Waldenser, 10 Herrnhuter, Lutheraner, Protestant, 11 Zwinglianer, 12 Reformierter
-des Adels:
8 Edelmann, 10 Aristokrat
-des Adels im alten Rom:
9 Patrizier
-des öffentlichen Dienstes:
7 Beamter
-des Parlaments:
12 Abgeordneter, 14 Parlamentarier
-deutscher Minderheit im Ausland:
14 Volksdeutscher
-einer indischen Kaste:
5 Paria, 8 Brahmane, Vaischya
-einer indischen Religionsgemeinschaft:
4 Sikh, 5 Hindu, Parse
-einer islamischen Sekte:
6 Imamit
-einer Weltreligion:
4 Jude, 5 Hindu, 6 Christ, Moslem, Moslim, Muslim, Taoist, 8 Buddhist, 10 Schintoist, 11 Konfuzianer, 12 Mohammedaner
-eines baltischen Volksstammes:
4 Este, Sele, 5 Lette
-eines deutschen Fürstenhauses:
5 Welfe, 6 Salier, 7 Staufer, 10 Karolinger, 11 Ludolfinger, 13 Wittelsbacher
-eines Hirtenvolkes:
6 Nomade
-eines wandernden Volkes:
5 Sinto, 6 Nomade, 8 Zigeuner
-eines Zwergvolkes:
7 Pygmaee
Angeklagter:
10 Delinquent, 13 Beschuldigter
Angel:
9 Scharnier
Angeld:
8 Handgeld, 9 Anzahlung
Angelegenheit:
4 Fall, 5 Chose, Sache, 6 Schose*, 7 Affaere, 8 Ereignis, 10 Vorkommnis
angelegentlich:
6 eifrig
angelegte Gelder:
9 Depositen
angelernt:
6 kundig
Angelgerät:
4 Netz, Rute, 7 Kescher
angeln:
7 fischen
Angelsachse:
5 Brite
angelsächsischer König:
6 Eduard
Angelstock:
4 Rute
Angelusläuten:
12 Gebetlaeuten
Angelutensil:
6 Fliege
angemessen:
8 adaequat, 9 geziemend, 10 angebracht, 11 gebuehrlich
angenehm:
4 nett, 6 bequem, kommod, 8 passabel, 9 behaglich, gefaellig, 11 sympathisch
angenehme Empfindung:
6 Genuss
angenommen:
4 wenn, 6 fiktiv
angenommener Wechsel:
6 Akzept
angeordnete Blumen:
7 Gesteck
angepasst:
9 etabliert
Anger:
9 Dorfwiese, 13 Gemeindewiese
Angerdorf:
10 Bauerndorf
angeregt:
6 kregel, munter, 7 lebhaft
angereichert:
12 konzentriert
angeschlagen:
6 groggy, 11 beschaedigt, mitgenommen, 12 erschuettert
angesehen:
7 namhaft, 8 beruehmt, geachtet, 10 renommiert, 11 respektiert
Angesicht:
7 Antlitz
angespannte Aufmerksamkeit:
13 Konzentration
angetrunken:
4 blau, 10 beschwipst
angewandte Naturwissenschaft:
7 Technik
angewiesen:
9 abhaengig
Angewohnheit:
6 Manier, Spleen
angezeigt:
9 indiziert
Angleichung:
9 Anpassung, 12 Assimilation, 14 Harmonisierung
Angler:
12 Petrijuenger
Anglerei:
10 Angelsport
Anglergruß:
9 Petri Dank, Petri Heil
angreifend:
8 offensiv, 9 aggressiv
angrenzend:
10 benachbart
angrenzendes Ausland:
12 Nachbarstaat

Angriff:
7 Ansturm, Attacke, Einfall,
8 Anschlag, Invasion, Vorstoss,
9 Ueberfall, 10 Aggression
angriffslustig:
8 offensiv, 9 aggressiv
Angst:
3 Alp, 5 Bange, Scheu, Sorge,
6 Furcht, Phobie,
10 Beklemmung
Angsthase:
8 Feigling, 9 Hasenfuss
ängstigen:
6 bangen, 9 fuerchten
Angstkauf:
11 Hamsterkauf
ängstlich:
4 bang, feig, 5 bange, feige,
7 besorgt, verzagt, 9 furchtsam,
11 schreckhaft
anhaften:
6 kleben
anhalten:
6 mahnen, 8 anleiten,
10 arretieren, festhalten,
fortdauern
anhaltend:
7 dauernd, 9 andauernd,
chronisch, permanent
Anhaltevorrichtung:
6 Bremse
Anhaltspunkt:
7 Zeichen, 8 Verdacht
Anhang:
5 Annex, 7 Gefolge, Trabant,
8 Appendix, Nachtrag,
Nachwort, 10 Ergaenzung,
12 Gefolgschaft
anhängen:
12 beschuldigen
Anhänger:
3 Fan, 6 Tender, 8 Beiwagen,
10 Anhaengsel, Mitlaeufer,
Nachfolger, 11 Gefolgsmann
-der Freikörperkultur:
6 Nudist
-der Idee des Königtums:
8 Royalist, 10 Monarchist
-der Lehre Jesu:
6 Christ
-der Lehre Mohammeds:
6 Moslem, Muslim,
12 Mohammedaner
-der Lehre Moses:
4 Jude, 8 Israelit
-der Lehre Zarathustras:
5 Parse
-der Monarchie:
8 Royalist, 10 Monarchist
-der Weltfriedensidee:
8 Pazifist
-des Arius:
7 Arianer
-des Islam:
6 Moslem, Muslim,
12 Mohammedaner
-des Königtums:
8 Royalist, 10 Monarchist
-des Marxismus:
7 Marxist
-des Sozialismus:
7 Marxist, 9 Sozialist
-des Weltfriedens:
8 Pazifist
-einer bejahenden Weltanschauung:
8 Optimist
-einer griechischen Philosophenschule:
7 Stoiker, 9 Epikureer,
10 Platoniker
-einer jüdischen Bewegung:
7 Zionist
-einer kommunistischen Lehre:
6 Maoist, 7 Marxist, 8 Leninist,
9 Stalinist
-einer Kunstrichtung:
6 Kubist, 7 Dadaist,
11 Pointillist, 13 Expressionist,
Impressionist
-einer Lokomotive:
6 Tender
-einer nationaljüdischen Bewegung:
7 Zionist
-einer negativen Weltanschauung:
9 Pessimist
-einer Philosophenschule:
5 Eleat, 7 Stoiker, 9 Epikureer,
10 Platoniker
-einer philosophischen Weltanschauung:
7 Realist, 8 Idealist, Nihilist,
11 Materialist
-einer verneinenden Weltanschauung:
8 Nihilist, 9 Pessimist
-eines Religionsstifters:
7 Apostel, Juenger,
10 Glaeubiger, Verkuender
-eines schweizerischen Reformators:
11 Zwinglianer
anhänglich:
4 treu
Anhänglichkeit:
5 Treue, 12 Freundschaft
Anhängsel:
5 Annex, 8 Appendix
anhauchen:
11 beschimpfen
Anhäufung:
4 Pulk, 5 Halde, Masse, Menge,
7 Ballung, Hortung,
10 Ansammlung, Kumulation,
12 Akkumulation
anheimelnd:
5 traut
anheizen:
9 ankurbeln, 10 aufwiegeln
anhimmeln:
8 verehren
Anhöhe:
4 Berg, 6 Huegel, 8 Erhebung
animalisch:
8 tierisch
animieren:
7 anregen, 9 ermuntern,
verlocken
Ankauf:
6 Erwerb, 9 Erwerbung
Ankerplatz:
3 Kai, 4 Mole, 5 Hafen
Ankerwinde:
5 Spill, 9 Gangspill
Anklage:
13 Anschuldigung, Inkrimination
Anklagevertreter:
12 Staatsanwalt
Anklang:
8 Aufnahme, Resonanz
Ankleideraum:
8 Toilette, 9 Garderobe
Ankleidetisch:
14 Toilettentisch,
15 Frisiertoilette
anknüpfen:
8 anbahnen
anknurren:
8 schelten
ankommen:
9 erreichen
ankreiden:
9 vorwerfen
Ankündigung:
4 Avis, 7 Anzeige, 8 Prospekt,
11 Bekanntgabe, 12 Plakatierung
Ankunft:
7 Landung, 10 Eintreffen,
Erscheinen

Anlage:
4 Keim, 5 Natur, 6 Talent, 7 Kapital, 8 Begabung, 11 Investition, 12 Installation
Anlaß:
5 Grund, 7 Anstoss, Ursache, 11 Gelegenheit
Anlasser:
7 Starter
anlasten:
8 belasten, 12 zur Last legen
Anlauf:
7 Versuch
anlegen:
6 landen, 10 festmachen, 11 investieren
anlehnen:
8 stuetzen
anlehnungsbedürftig:
12 anschmiegsam
Anleihe:
4 Bond, Pump, 5 Fonds, 6 Kredit, 8 Darlehen, 10 Obligation, Pfandbrief
anleiten:
6 lehren, 7 beraten, 8 anhalten
Anleitung:
3 Tip, 4 Tipp*, 7 Hinweis, 9 Anweisung, Leitfaden, 10 Vorschrift, 11 Instruktion
anlernen:
11 einarbeiten
Anliegen:
5 Bitte, 8 Ersuchen
Anlieger:
7 Nachbar, 8 Anwohner
Anlockmittel:
6 Koeder
anmaßend:
5 frech, 8 arrogant, 9 vermessen, 11 impertinent, 12 ueberheblich, unverschaemt
anmelden:
8 anzeigen, 11 deklarieren
Anmerkung:
4 Note, 5 Notiz, 8 Fussnote, 9 Bemerkung, Kommentar, 12 Erlaeuterung
Anmoderation:
10 Einleitung
Anmut:
6 Charme, Grazie, Scharm*, 8 Liebreiz
anmutig:
7 huebsch, reizend, 8 charmant, grazioes, 9 gefaellig, scharmant*
anmutige Wesen:
7 Grazien
annagen:
8 zernagen, 9 anfressen
annähernd:
4 etwa, rund, 5 zirka, 8 ziemlich, 9 ungefaehr, 12 approximativ
Annahme:
7 Fiktion, Meinung, 9 Hypothese, Vermutung, 10 Mutmassung, 13 Unterstellung
Annalen:
11 Jahrbuecher
Annexion:
9 Aneignung, Besetzung, 10 Okkupation
Annonce:
7 Anzeige, Inserat, Offerte
annullieren:
8 aufheben, 10 widerrufen
Anode:
9 Elektrode
anöden:
10 langweilen
anomal:
7 abartig, 10 abweichend, 11 regelwidrig
anonym:
8 namenlos, 9 ungenannt
Anorak:
9 Windjacke, 11 Schneejacke, 12 Kapuzenjacke
Anordnung:
5 Gebot, Order, 6 Befehl, Erlass, 7 Geheiss, 9 Direktive, 10 Verfuegung
anpacken:
8 anfangen, 9 ergreifen
Anpasser:
11 Opportunist
Anpassung:
8 Adaption, 10 Adaptation, 11 Adaptierung, 12 Assimilation, 16 Akklimatisierung
Anpassungsvorrichtung:
7 Adapter
Anpfiff:
5 Ruege, Tadel
anpflanzen:
7 bebauen
Anpflanzung:
5 Anbau, 8 Plantage
Anprall:
5 Stoss
anprangern:
11 brandmarken
Anpreisung:
7 Reklame
Anrainer:
7 Nachbar, 8 Anlieger
anraten:
9 empfehlen
Anrecht:
8 Anspruch, 10 Abonnement
Anrede:
2 Du, 3 Ihr, Sie, 4 Frau, Herr, 9 Fraeulein
-eines Kardinals:
7 Eminenz
-für den Papst:
10 Heiligkeit
-für Fremde:
3 Sie
-für Geistliche:
10 Ehrwuerden, 11 Hochwuerden
-für Herren in der Türkei:
7 Effendi
-für Kardinäle:
7 Eminenz
-für Männer:
4 Herr
-im diplomatischen Verkehr:
9 Exzellenz
anreden:
10 titulieren
anregen:
7 beleben, 8 anreizen, 9 animieren, 11 veranlassen
Anregung:
3 Tip, 4 Idee, Tipp*, 6 Anreiz, Impuls, 7 Hinweis, 11 Ermunterung, Inspiration, 12 Aufmunterung
anreichern:
9 anfuelen, aufuellen
Anreiz:
6 Impuls, 7 Antrieb
Anrichte:
6 Buffet, 7 Buefett, Kredenz, 9 Sideboard
anrüchig:
7 ominoes, 11 zweifelhaft
Anrüchigkeit:
8 Hautgout
anrücken:
6 kommen
Anruf:
2 he, 5 hallo
Anrufung Gottes:
5 Gebet
Ansage:
4 Avis, 6 Diktat, 10 Conference
ansagen:
6 melden, 8 anzeigen, 9 einleiten, 11 vorhersagen

Ansager:
8 Sprecher, 9 Moderator,
12 Conferencier
Ansammlung:
7 Auflauf
ansässig:
8 heimisch, 11 eingesessen,
einheimisch
Ansatz:
6 Anfang, 13 Verlaengerung
anschaffen:
6 kaufen, 8 erwerben
Anschaffung:
4 Kauf, 6 Erwerb,
11 Akquisition
anschaulich:
6 farbig, 7 konkret, 8 deutlich,
lebendig, 11 illustrativ,
12 eindringlich,
13 eindruecklich, verstaendlich
Anschaulichkeit:
12 Plastizitaet
Anschauung:
6 Glaube, 7 Ansicht, Meinung,
9 Denkweise, 11 Betrachtung,
Einstellung, Vorstellung
Anschein:
8 Aussehen
anscheinend:
10 vermutlich
anschicken:
8 anbahnen, 11 vorbereiten
Anschlag:
6 Plakat, 7 Aushang, 8 Attentat,
Sabotage, 14 Bekanntmachung
Anschluss:
12 Installation
anschmiegsam:
4 zart, 9 zaertlich,
16 anpassungsfaehig
Anschrift:
7 Adresse
Anschriftenbuch:
10 Adressbuch
Anschriftenverzeichnis:
10 Adressbuch
anschüren:
9 anzuenden
anschwärzen:
11 denunzieren
Anschwellung:
5 Beule
Ansehen:
3 Ruf, 4 Ruhm, 6 Nimbus,
7 Achtung, Leumund, 8 Prestige,
Renommee, 10 Autoritaet,
Reputation, 11 Beliebtheit,
Distinktion, 12 Beruehmtheit,
Popularitaet
ansehnlich:
9 bedeutend, 11 respektabel,
13 betraechtlich,
14 repraesentativ
ansetzen:
10 anberaumen
Ansicht:
4 Bild, 7 Anblick, Meinung,
8 Prospekt, 10 Standpunkt,
13 Gesichtspunkt
Ansiedlung:
3 Ort, 4 Dorf, 5 Stadt, 7 Kolonie
ansonsten:
9 ausserdem
Anspannung:
9 Intension
anspielen:
8 andeuten
Ansporn:
6 Anreiz, 7 Vorbild, 8 Auftrieb,.
10 Triebfeder, 11 Ermunterung
Ansprache:
4 Rede
ansprechen:
7 anreden, 8 gefallen
ansprechend:
4 nett, 11 sympathisch
Anspruch:
5 Recht, 7 Anrecht, 9 Verlangen,
12 Anwartschaft, Berechtigung
anspruchslos:
6 simpel, 8 primitiv, schlicht,
10 bescheiden, 11 spartanisch
Anspruchslosigkeit:
14 Bescheidenheit
anspruchsvoll:
8 kritisch, 9 anmassend,
11 waehlerisch, 12 unbescheiden
Anstalt:
4 Heim, 6 Schule, 8 Internat,
9 Pensionat
-für Geisteskranke:
9 Irrenhaus, 11 Heilanstalt
Anstaltsschüler:
5 Eleve, 6 Alumne, 7 Interne,
8 Interner
Anstand:
5 Moral, Sitte, Zucht, 6 Tugend,
Wuerde, 7 Schliff, 8 Benehmen,
Betragen
anständig:
4 fair, 6 dezent, honett,
7 honorig, integer, korrekt,
serioes, sittsam, 8 gehoerig,
10 schicklich, 11 einwandfrei
Anstandsbesuch:
14 Antrittsbesuch
Anstandsbuch:
6 Knigge
anstandslos:
12 ohne weiteres
anstecken:
10 infizieren
ansteckend:
10 infektioes
ansteckende Krankheit:
4 Lues, Pest, 5 Lepra, 6 Grippe,
Masern, Pocken, 7 Aussatz,
Cholera, Roeteln, Tollwut,
8 Blattern, 9 Influenza,
Milzbrand, Scharlach,
10 Diphtherie, Paratyphus,
Windpocken, 11 Keuchhusten,
Spitzpocken, Tuberkulose,
14 Kinderlaehmung,
15 Schlafkrankheit
Ansteckung:
6 Infekt, lnfekt, 9 Infektion
anstehend:
10 unerledigt
ansteigend:
5 steil
anstelle:
5 statt
anstellen:
9 anrichten
Anstellerei:
5 Getue, 7 Geziere, 8 Ziererei
Anstellung:
3 Job, 6 Arbeit
ansteuern:
8 anfahren, 9 anfliegen
Anstieg:
8 Bergpfad, 10 Kletterweg
Anstoß:
5 Grund, 6 Anlass, Impuls,
Signal, 7 Antrieb, Ursache,
10 Beweggrund
anstoßen:
7 rempeln, 8 schubsen
anstößig:
6 lasziv, 7 obszoen, 9 schockant,
12 unanstaendig
anstreben:
10 anvisieren
anstreichen:
5 malen, 7 bemalen, 8 tuenchen,
9 lackieren
Anstreicher:
5 Maler
anstrengen:
9 anspannen

anstrengend:
9 muehevoll, 11 strapazioes
anstückeln:
11 verlaengern
Ansturm:
7 Zustrom
anstürmen:
8 anrennen
Ansuchen:
5 Bitte, 7 Eingabe, 8 Petition
Anteil:
4 Teil, 5 Aktie, Quote, 6 Ration, 7 Portion, Quantum, 10 Kontingent
Anteilnahme:
6 Trauer, 7 Beileid, Mitleid, 10 Mitgefuehl
Anteilschein:
3 Kux, 4 Bond, 5 Aktie, 10 Obligation, Wertpapier
Antennenart:
5 Dipol, 12 Richtantenne, 20 Gemeinschaftsantenne
Anthrazit:
10 Glanzkohle, Steinkohle
anti:
5 gegen, wider
Antialkoholiker:
12 Abstinenzler
Antibiotikum:
10 Penicillin
antik:
8 Altertum
antike:
-Flöte:
9 Panfloete
-Hafenstadt in Palästina:
4 Acco, Akka, 5 Akkon
-Landschaft am Schwarzen Meer:
7 Kolchis
-Landschaft in Griechenland:
5 Doris, 6 Attika, Epirus, Phokis, 8 Aetolien, Arkadien, Lakonien, 9 Messenien
-Landschaft in Italien:
6 Latium, 8 Etrurien
-Landschaft in Kleinasien:
5 Troas, 6 Lydien, Lykien, Mysien, 8 Kilikien, Phrygien, Zilizien, 10 Pamphylien, 12 Paphlagonien
-Landschaft in Palästina:
6 Judaea, 7 Samaria, 8 Galilaea
-Landschaft in Persien:
6 Medien, 8 Baktrien
-Orakelstätte:
5 Cumae, 6 Delphi, Dodona
-Schreibunterlage:
9 Pergament
-Sprache:
6 Latein, 10 Griechisch
-Stadt:
5 Athen, Babel, Milet, Troja, 6 Nicaea, Ninive, Sikyon, Theben, 7 Ephesus, Knossos, 8 Philippe, Plataeae, 13 Halikarnassos
-Stadt am Euphrat:
7 Babylon
-Stadt am Vesuv:
7 Pompeji, 11 Herculaneum
-Stadt auf Kreta:
7 Knossos
-Stadt auf Zypern:
6 Paphos, 7 Salamis
-Stadt bei Athen:
7 Eleusis
-Stadt bei Tunis:
8 Karthago
-Stadt im Libanon:
5 Sidon
-Stadt in Ägypten:
4 Sais, 6 Theben
-Stadt in Griechenland:
5 Argos, Athen, 6 Mykene, Sparta, Theben, 7 Chalkis, Eleusis
-Stadt in Italien:
7 Pompeji, 11 Herculaneum, Herkulaneum
-Stadt in Kleinasien:
5 Milet, Troja, 6 Abydos, Nikaea, Sardes, 7 Ephesos, Ephesus, 8 Magnesia, Pergamon
-Stadt in Mesopotamien:
8 Seleucia
-Stadt in Nordafrika:
4 Zama, 8 Karthago
-Stadt in Persien:
4 Susa, 8 Ekbatana, 10 Persepolis
-Stadt in Syrien:
5 Emesa, 7 Palmyra
-Stadt in Tunesien:
8 Karthago
-Vase:
7 Amphora
-wachsüberzogene Schreibtafel:
5 Kodex
-Wasserleitung:
9 Aquaedukt
-Weissagerin:
6 Pythia, 9 Kassandra
-Weissagung:
6 Orakel
antiker:
-Ausdruck für Jüngling:
6 Ephebe
-Dreiruderer:
6 Triere
-Fünfkampf:
10 Pentathlon
-Grenzwall:
5 Limes
-Hafen Roms:
5 Ostia
-Hallenbau:
8 Basilika
-Hochzeitsgesang:
5 Hymen
-Krug mit Doppelhenkel:
7 Amphora
-Leuchtturm:
6 Pharos
-Name Deutschlands:
9 Germanien
-Name Frankreichs:
7 Gallien
-Name Italiens:
6 Italia
-Name Trojas:
5 Ilium
-Ort auf Kreta:
7 Knossos
-Ruf:
7 Heureka
-Schaukämpfer:
9 Gladiator
-Schlachtenort:
5 Issos, 7 Salamis, 8 Marathon, 11 Thermopylen
-Vers:
6 Jambus, 8 Daktylus, 9 Hexameter, Trochaeus, 10 Pentameter
-Wettkampf:
4 Agon
-Wettkämpfer:
9 Gladiator
antikes:
-Bauwerk in Rom:
8 Pantheon, 9 Kolosseum, 10 Engelsburg, Titusbogen, 13 Trajanssaeule
-Bauwerk in Trier:
10 Porta Nigra, 13 Kaiserthermen
-Bühnenstück:
5 Medea, 7 Elektra, 8 Antigone, 9 Iphigenie, 10 Amphitryon, Andromache, Lysistrata, Oedipus Rex, 13 Koenig Oedipus

-Dichterpferd:
7 Pegasus
-Inselreich im Norden:
5 Thule
-Kleidungsstück:
4 Toga, 6 Chiton, Tunica
-Königreich in Arabien:
4 Saba
-Kriegsschiff:
6 Triere, 7 Galeere
-Land im Iran:
6 Medien
-Meeresungeheuer:
6 Scylla, 9 Charybdis
-Rechenbrett:
6 Abakus
-Reich in Mesopotamien:
5 Sumer, 8 Assyrien
-Ruderschiff:
6 Triere
-Rundtheater:
12 Amphitheater
-Saiteninstrument:
4 Lyra, 7 Psalter, 10 Aeolsharfe
-Schiff:
6 Bireme, Triere, 7 Galeere
-Schreibmaterial:
6 Stilus, 7 Papyrus, 9 Pergament
-Schriftzeichen:
4 Rune, 11 Hieroglyphe
-versunkenes Land:
8 Atlantis
-Volk in Griechenland:
5 Dorer, 6 Ionier, 7 Achaeer, Aeolier
-Volk in Italien:
6 Italer, 7 Latiner, Sabiner, 8 Etrusker, 9 Tyrrhener
-Volk in Kleinasien:
5 Lyder, 7 Galater, Sumerer, 8 Hethiter, Phrygier
-Volk in Vorderasien:
5 Meder, 7 Assyrer, Parther, Sumerer
-Werk:
5 Ilias, 6 Aeneis, 7 Odyssee
-Wurfgeschütz:
8 Balliste
Antilleninsel:
4 Cuba, Kuba, 5 Haiti, Nevis, 6 Tobago, 7 Bahamas, Curacao, Grenada, Jamaica, Jamaika, 8 Barbados, Dominica, Trinidad, 10 Guadeloupe, Martinique, Puerto Rico, Santa Lucia
Antilopenart:
3 Gnu, 4 Oryx, Tora, 5 Gemse, Goral, Saiga, Sassi, 6 Ducker, Gaemse*, Impala, 7 Dibatag, Gazelle, 8 Korrigum, Riedbock, 10 Wasserbock
Antipathie:
9 Abneigung
Antithese:
15 Gegenbehauptung
Antlitz:
7 Gesicht, 9 Angesicht
Antrag:
6 Gesuch, 7 Eingabe, 8 Ersuchen, Petition
antreffen:
9 vorfinden
Antrieb:
5 Drang, Motiv, 6 Impuls
Antriebsgeschoß:
6 Rakete
Antriebsmaschine:
5 Motor, 6 Dynamo, 7 Turbine, 9 Generator, Triebwerk
Antriebsschraube:
9 Propeller
Antwort:
6 Replik, 8 Bescheid, 10 Entgegnung, Erwiderung
Anwalt:
7 Advokat, 8 Beistand, 13 Rechtsberater, 14 Rechtsbeistand
Anwaltspraxis:
7 Kanzlei
Anwaltsrede:
9 Plaedoyer
anwandeln:
8 befallen
Anwärter:
8 Aspirant, Kandidat, 9 Volontaer
Anwartschaft:
10 Kandidatur
anweisen:
8 anordnen
Anweisung:
3 Rat, 5 Order, 6 Befehl, Rezept, 9 Anordnung, Belehrung, Direktive, 11 Instruktion
Anwendung:
6 Nutzen
anwerben:
8 anheuern
Anwesen:
3 Gut, Hof, 11 Grundbesitz, Grundstueck
anwesend:
5 dabei
anwidern:
7 anekeln
anwinkeln:
6 beugen
Anzahl:
5 Masse, Menge, Schar, Summe, 6 Gruppe, Haufen, 7 Quantum
anzahlen:
11 vorstrecken
Anzahlung:
8 Handgeld, 9 Draufgabe
Anzeichen:
4 Omen, 5 Indiz, 7 Symptom, 10 Indikation
Anzeige:
4 Avis, 7 Annonce, Inserat, Offerte, 9 Insertion
Anzeigenwerber:
11 Akquisiteur
anzetteln:
9 anstiften, 10 verfuehren
anziehend:
9 attraktiv, 10 magnetisch, 11 interessant
anziehendes Eisen:
6 Magnet
Anziehungskraft:
4 Reiz, 10 Attraktion, 11 Gravitation, Magnetismus, Schwerkraft, 14 Attraktivitaet
Anzugform:
9 Einreiher, 10 Zweireiher
anzüglich:
6 pikant, 10 zweideutig
anzügliche Erwähnung:
10 Anspielung
Anzüglichkeit:
6 Spitze
anzünden:
9 anstecken, entfachen, 10 entflammen, entzuenden
Anzünder:
9 Feuerzeug, 11 Streichholz
Aorta:
15 Hauptschlagader
apart:
4 nett, 6 adrett, 7 reizend, 8 reizvoll, 11 eigenwillig, 13 geschmackvoll
Apartment:
7 Wohnung
Apathie:
17 Gleichgueltigkeit, 18 Teilnahmslosigkeit
apathisch:
11 unbeteiligt, 12 teilnahmslos, 13 gleichgueltig
Aperitif:
5 Byrrh, Cynar, 6 Pernod,

Ricard, 7 Campari, Martini, 8 Vermouth
Apfel:
6 Boskop, 7 Boskoop, Kalvill, Rambour, Renette, 8 Delicius, Jonathan, Parmaene, 9 Cox Orange, Delicious, Spitzling, 10 Morgenduft, 11 Goldrenette, Landsberger, 12 Wachsrenette, 13 Bismarckapfel, Gravensteiner, 15 Golden Delicious
Apfelsine:
6 Orange
Apfelwein:
4 Most, 5 Cider, Cidre
Aphrodite:
5 Venus
Aphthe:
13 Hautausschlag
apodiktisch:
14 unumstoesslich, unwiderleglich
Apokalypse:
11 Offenbarung
Apollopriesterin:
6 Pythia
Apostel:
7 Juenger, 8 Sendling
-der Deutschen:
10 Bonifatius
-der Eskimos:
5 Egede
-der Franken:
6 Kilian
-der Grönländer:
5 Egede
-der Iren:
7 Patrick
-der Pommern:
4 Otto
-der Preußen:
8 Adalbert
-der Slawen:
6 Kyrill, 8 Cyrillus
-des Nordens:
6 Ansgar
-Jesu:
5 Judas, Simon, 6 Markus, Paulus, Petrus, Thomas, 7 Andreas, Jakobus, 8 Johannes, 9 Matthaeus, 13 Bartholomaeus
Apostelbrief:
7 Epistel
Apotheke:
7 Offizin
Apotheker:
10 Pharmazeut
Apotheose:
11 Schlussbild, Verklaerung, 14 Verherrlichung, 15 Vergoettlichung
Apparat:
6 Geraet, 8 Maschine, 10 Instrument, 11 Vorrichtung
Apparatschik:
12 Beauftragter
Apparatur:
11 Maschinerie, 12 Geraetschaft, 15 Instrumentarium
Appartement:
6 Zimmer, 7 Wohnung, 8 Wohnraum, 12 Luxuswohnung
Appeal:
8 Zugkraft, 9 Anziehung, 12 Ausstrahlung
Appeasement:
11 Entspannung
Appendix:
6 Anhang, 8 Fortsatz, 9 Blinddarm, 12 Wurmfortsatz
Appetenz:
12 Leidenschaft
Appetit:
4 Lust, 7 Esslust, 9 Verlangen
appetitanregendes Getränk:
8 Aperitif
appetitlich:
6 lecker, 9 delizioes, einladend, koestlich
Applaus:
7 Beifall
Apposition:
10 Beifuegung
appretieren:
8 staerken
Appretur:
5 Glanz, 7 Schliff
approximativ:
4 etwa, 5 circa, zirka*, 9 ungefaehr
Aprikose:
7 Marelle, Marille
apropos:
9 uebrigens, 15 nebenbei bemerkt
Apside:
8 Apogaeum, 9 Perigaeum
Apus:
18 Gliedermissbildung
Aquamarin:
6 Beryll
Äquivalent:
9 Ausgleich, Gegenwert
Ära:
6 Epoche, 9 Zeitalter, 10 Zeitspanne
Ära Luthers:
16 Reformationszeit
Araber:
11 Pferderasse
arabische:
-Dynastie:
7 Ibn Saud, 8 Omajaden, 9 Fatimiden
-Hafenstadt:
4 Aden, 6 Kuwait, Kuweit, 7 Hodeida
-Halbinsel:
5 Katar, Sinai
-Hauptstadt:
4 Aden, Riad, 5 Amman, Kairo, Rabat, Tunis, 6 Algier, Bagdad, Beirut, Kuwait, Kuweit, Maskat, 8 Damaskus, Tripolis
-Oase:
3 Idd, 5 Kasfa, Sufuk, 6 Gardam
-Stadt:
4 Aden, Doha, Maan, Riad, 5 Akaba, Basra, Kairo, Mekka, Mosul, Sanaa, 6 Bagdad, Beirut, Djidda, Kuwait, Kuweit, Medina, 7 Dhahran, Hodaida, Hodeida, Makalla, 8 Damaskus
-Volksliedersammlung:
6 Hamasa
-Wüste:
5 Nefud, Rimal, 7 Hammada
arabischer:
-Dichter:
5 Antar, 6 Hariri, 9 Abu Tamman, 10 Omar Kayyam
-Entdecker:
9 Ibn Batuta
-Fürst:
3 Aga, Ras, 4 Emir
-Gebetsrufer:
7 Muezzin
-Gruß:
5 Salam, Salem
-Hut:
3 Fes, Fez
-Karren:
5 Araba
-König:
4 Saud, 6 Faisal, 7 Hussein
-Küstensegler:
3 Dau
-Männername:
3 Ali, 4 Omar, 5 Ahmed, Mahdi, Murad, Selim, 6 Achmed,

Mahmud, Mehmed, 7 Hussein, Ibrahim, Mustafa, 8 Mohammed
-Mantel:
3 Aba, 6 Burnus
-Mantelumhang:
5 Abaya
-Name Gottes:
5 Allah
-Name Jesu:
3 Isa
-Nomade:
7 Beduine
-Politiker:
5 Sadat, 6 Arafat, Hassan, Nasser, 7 Hussein, Mubarak
-Rechtsgelehrter:
5 Mufti
-Staat:
4 Irak, Oman, 5 Jemen, Katar, Qatar, Sudan, Yemen, 6 Kuwait, Kuweit, Libyen, Syrien, 7 Bahrain, Libanon, Marokko, 8 Aegypten, Algerien, Tunesien, 9 Jordanien, 12 Saudi-Arabien, 17 Vereinigte Emirate
arabisches:
-Dorf:
4 Duar
-Fürstentum:
6 Emirat
-Getränk:
3 Kat
-Gewand:
6 Burnus
-Krummschwert:
4 Seif
-Ochsengespann:
5 Araba
Araliengewächs:
4 Efeu, 5 Panax
Ärar:
11 Staatskasse
Arbeit:
3 Job, 4 Fron, Werk, 6 Pensum, Posten, Stelle, 8 Leistung, Stellung, 10 Taetigkeit, 14 Beschaeftigung
arbeiten:
6 werken, wirken
Arbeiter:
12 Arbeitnehmer, Arbeitskraft, Werktaetiger
Arbeitgeber:
11 Unternehmer
Arbeitnehmer:
8 Arbeiter, 12 Angestellter
arbeitsam:
8 fleissig, tuechtig
Arbeitsentgelt:
4 Lohn, 6 Gehalt, 7 Honorar
Arbeitsergebnis:
7 Produkt
Arbeitsgang:
7 Prozess
Arbeitsgebiet:
6 Sparte, 7 Domaene, 15 Aufgabenbereich
Arbeitsgefährte:
7 Kollege
Arbeitsgerät:
8 Werkzeug
Arbeitsgruppe:
4 Team, 5 Rotte, 7 Kolonne
Arbeitsinspektion:
15 Gewerbeaufsicht
Arbeitskamerad:
7 Kollege
Arbeitskollektiv:
7 Brigade
Arbeitsleistung:
6 Dienst
Arbeitsmaschine:
7 Roboter
Arbeitsmittel:
9 Werkstoff, 11 Rohmaterial
Arbeitsmoral:
6 Fleiss
Arbeitspferd:
4 Gaul
Arbeitsplatz:
3 Job, 6 Stelle
arbeitsscheu:
4 faul, 6 traege
Arbeitsschluß:
10 Feierabend
Arbeitssklave:
4 Kuli
Arbeitsstoff:
8 Material
Arbeitstag:
7 Werktag
Arbeitsumfang:
6 Pensum
arbeitsunfähig:
5 krank, 8 invalide
Arbeitsunterbrechung:
4 Rast, 5 Pause, 6 Streik, 9 Ruhepause
Arbeitsweise:
7 Technik
Arbeitszeit:
7 Schicht
Archebauer:
4 Noah
Architekt:
10 Baumeister
architektonischer Begriff:
5 Stuck, Stufe, Villa, Zinne, 6 Sockel, Tempel, Zement, Ziegel, 7 Schacht, Schloss, Soeller, Terrain, Traeger, Veranda, 8 Schiefer, Schindel, Terrasse, 9 Vestibuel, 10 Satteldach, Souterrain
Architektur:
8 Baukunst
Archivalien:
8 Urkunden, 12 Aktenstuecke
Arena:
6 Buehne, Zirkus, 7 Stadion, Theater, 8 Rennbahn, 9 Kampfbahn, 10 Kampfplatz, 13 Wettkampfbahn
arg:
5 boese, 7 schlimm
argentinische:
-Landschaft:
5 Anden, 6 Pampas, 9 Feuerland, Gran Chaco, 10 Patagonien
-Münze:
4 Peso, 7 Centavo, 9 Argentino
-Provinz:
5 Chaco, 7 Mendoza, Santa Fe, Tucuman, 9 Entre Rios, 11 Buenos Aires
argentinischer:
-Berg:
9 Aconcagua
-Diktator:
5 Peron
-Gebirgszug:
5 Anden
-Komponist:
5 Kagel
-Nationaltanz:
5 Tango
-Nobelpreisträger für Chemie:
6 Leloir
-Nobelpreisträger für Medizin:
7 Houssay
-Rinderhirt:
6 Gaucho
-Sturm:
7 Pampero
-Viehhirt:
6 Gaucho
argentinisches:
-Gebirge:
5 Anden
-Nationalgericht:
7 Puchero
-Tier:
4 Puma, 6 Jaguar, 10 Pampashase, 11 Guerteltier

-Weinmaß:
6 Barril
Ärger:
4 Zorn, 5 Grimm, 6 Kummer, 7 Missmut, 8 Verdruss
Ärgernis:
4 Qual, 5 Plage, Uebel, 6 Greuel, 7 Blamage, Graeuel*, Missmut, Skandal, 8 Verdruss
arglos:
4 naiv, 7 harmlos, 10 zutraulich
Arglosigkeit:
14 Gutgläubigkeit, 15 Gutglaeubigkeit*, 19 Vertrauensseligkeit
Argonautenführer:
5 Jason
Argonautenschiff:
4 Argo
Argumentation:
14 Beweisfuehrung
Argwohn:
8 Verdacht, 10 Eifersucht, Misstrauen, 14 Verdaechtigung
Arie:
4 Lied
Aristokrat:
7 Adliger, 8 Edelmann
Arkade:
5 Bogen, 10 Mauerbogen
arkadisch:
8 poetisch
Arktis:
11 Polargebiet
Arktisbewohner:
12 Groenlaender
arktische:
-Dauerfrostdecke:
8 Polareis
-Hirschart:
3 Ren
-Naturerscheinung:
9 Nordlicht, 10 Polarlicht
-Schneehütte:
4 Iglu
arktischer:
-Tauchvogel:
3 Alk
-Vogel:
5 Lumme
arktisches:
-Jagdtier:
5 Robbe, 7 Eisbaer, Seehund
-Nutztier:
3 Ren, 7 Rentier
-Raubtier:
7 Eisbaer
-Volk:
7 Eskimos
arm:
4 karg, 8 duerftig, primitiv, 9 mittellos, 10 beduerftig, Not leidend*, notleidend, 11 unbemittelt
Armaturenbrett:
11 Schalttafel
Armbrust:
11 Schusswaffe
Armee:
6 Truppe, 11 Streitmacht, 13 Streitkraefte
Ärmelbrett:
11 Buegelbrett
Ärmelschnitt:
6 Raglan
Armenpflege:
9 Fuersorge, 11 Sozialhilfe
Armenrecht:
18 Prozesskostenhilfe
Armenwesen:
9 Fuersorge
Armfüßer:
11 Brachiopode
Armgelenk:
8 Ellbogen, 10 Ellenbogen
Armknochen:
4 Elle, 7 Speiche
Armleuchter:
8 Dummkopf, 14 Kerzenleuchter
Armring:
4 Reif, 6 Reifen
armselig:
8 duerftig, 11 erbaermlich, jaemmerlich
Armseligkeit:
3 Not, 5 Elend, 6 Misere, 12 Duerftigkeit
Armut:
3 Not, 5 Elend, 6 Mangel, Misere, 9 Verarmung, 14 Beduerftigkeit, 15 Mittellosigkeit
Arrangement:
9 Anordnung, 13 Uebereinkunft
arrangieren:
6 ordnen, 8 anordnen
Arrest:
15 Freiheitsentzug
arretieren:
9 verhaften
arrogant:
9 anmassend, 11 duenkelhaft, eingebildet
Art:
4 Form, Stil, 5 Genus, Natur, Rasse, Sorte, Weise, Wesen, 6 Muster, 7 Gattung, Spezies, 8 Naturell, 9 Verhalten
Artdirector:
8 Zeichner
arteigen:
10 spezifisch
Arterhaltung:
13 Fortpflanzung
Arterienerkrankung:
15 Arteriosklerose
Arterienverkalkung:
15 Arteriosklerose
Arterienverschluß:
7 Infarkt
artig:
4 brav, nett, 7 sittsam, 8 gehorsam, 11 wohlerzogen
Artigkeit:
10 Kompliment, 14 Freundlichkeit, Manierlichkeit
Artikel:
3 das, der, die, ein, 4 eine, 5 eines, 7 Bericht, 8 Warenart, 9 Erzeugnis, 10 Gegenstand, 15 Geschlechtswort
Artillerist:
8 Kanonier
Artist:
7 Akrobat, Gaukler
Artung:
11 Veranlagung
Artunterteilung:
5 Rasse
Artusritter:
4 Erek, 5 Gawan, 6 Gawein, Merlin, 7 Tristan, 8 Lancelot, Parzival, 9 Lohengrin
artverwandt:
8 aehnlich
Arznei:
5 Pille, Salbe, 7 Medizin, 8 Tablette, 10 Heilmittel, Medikament
Arzneiform:
5 Pille, Salbe, 6 Kapsel, 7 Tropfen, 8 Tablette, 9 Zaepfchen
Arzneigabe:
5 Dosis
Arzneimittel:
5 Pille, Salbe, 6 Mixtur, Pulver, 7 Medizin, 10 Heilmittel, Medikament, 12 Antibiotikum, 14 Pharmazeutikum
Arzneipflanze:
4 Aloe, Anis, Dill, Mohn,

5 Alant, Malve, 6 Akelei, Arnika, Enzian, Salbei, 7 Beifuss, Fenchel, Ginseng, Kamille, Melisse, Schlehe, Thymian, 8 Baerlapp, Baldrian, Beinwell, Eisenhut, Faulbaum, Lavendel, Rosmarin, Sanddorn, Wegerich, Wundklee, 9 Digitalis, Engelwurz, Fingerhut, Hagebutte, Hamamelis, Steinwurz, Wacholder, 10 Belladonna, Bitterklee, Bitterwurz, Brennessel, Eisenkraut, Eukalyptus, Huflattich, Kuhschelle, Loewenzahn, Taubnessel, 11 Brennnessel*, Tollkirsche, 12 Baerentraube, Pfefferminze, 13 Brunnenkresse, Spitzwegerich, 17 Gaensefingerkraut

Arzneizäpfchen:
13 Suppositorium

Arzt:
7 Chirurg, Medikus, Urologe, 9 Internist, Mediziner, Neurologe, 10 Homoeopath, Kardiologe, Orthopaede, Psychiater, 11 Dermatologe, Gynaekologe

ärztliche:

-Beratung:
12 Konsultation

-Bescheinigung:
6 Attest

-Gerätschaften:
11 Instrumente

-Sprechstunde:
10 Ordination

-Verordnung:
3 Kur, 6 Rezept, 7 Massage, Packung, 8 Spuelung, Umschlag, 10 Inhalation, Ordination, 11 Bestrahlung

-Vorsorgemaßnahme:
7 Impfung

ärztlicher:

-Besuch:
6 Visite

-Eingriff:
7 Schnitt, 9 Operation

ärztliches:

-Instrument:
5 Zange, 7 Klammer, Spritze, 8 Pinzette, Skalpell, 10 Stethoskop

-Urteil:
8 Diagnose

Asbestart:
6 Amiant, 9 Serpentin

Asbestlunge:
10 Staublunge

Ascheimer:
11 Abfalleimer

Aschenbrödel:
12 Aschenputtel

aschfahl:
5 blass

Aschkuchen:
10 Napfkuchen

äsen:
6 grasen, weiden

aseptisch:
8 keimfrei

asiatische:

-Eselart:
6 Onager

-Großkatze:
5 Tiger

-Halbinsel:
5 Korea, Sinai, 6 Malaya, 7 Arabien, Malakka, 9 Schantung, 11 Kamtschatka

-Hauptstadt:
4 Aden, Riad, Sana, 5 Amman, Dakka, Delhi, Hanoi, Kabul, Lhasa, Sanaa, Seoul, Tokio, 6 Ankara, Bagdad, Beirut, Kuwait, Kuweit, Manila, Maskat, Peking, Rangun, 7 Bangkok, Colombo, Karachi, Rangoon, Teheran, Tel Aviv, 8 Damaskus, Djakarta, Katmandu, Neu Delhi, Singapur, 9 Islamabad, Jerusalem, Karatschi, Singapore, Ulan Bator, Vientiane, 10 Pjoengjang, 11 Kuala Lumpur

-Heilpflanze:
7 Ginseng

-Insel/-gruppe:
4 Bali, Cebu, Java, Jawa, 5 Banka, Ceram, Hondo, Luzon, Macao, Timor, 6 Borneo, Ceylon, Flores, Guinea, Lubuan, Madura, Negros, Penang, Taiwan, 7 Bahrein, Celebes, Formosa, Kurilen, Okinawa, Palawan, Sumatra, Sumbawa, 8 Hokkaido, Honschiu, Kiuschiu, Mindanao, Sachalin, Schikoku, Singapur, Sri Lanka, 10 Indonesien, 11 Philippinen, Sundainseln

-Kletterpflanze:
6 Rotang

-Kopfbedeckung:
6 Kalpak

-Körnerfrucht:
4 Reis

-Raubkatze:
5 Tiger

-Religion:
10 Buddhismus

-Wüste:
4 Gobi, 5 Kewir, Nefud, Tharr

asiatischer:

-Berg:
3 Apo, Ida, Nia, 5 Makau, Sinai, Tabor, 6 Ararat, Elbrus, Karmel, Semeru, 7 Alagoes, Dansang, Everest, 8 Adamspik, Blagodat, Kerintji, Kini Balu, Krakatau, 9 Indrapura, Rakapushi, 10 Dhaulagiri, Mustaghala, 11 Fudschijama, Nanga Parbat, 12 Mount Everest

-Büffel:
4 Arni

-Eroberer:
5 Etzel, 6 Attila, 10 Temudschin, 13 Dschingis Khan

-Herrschertitel:
4 Khan, 5 Kalif, Mogul, 6 Sultan, 11 Maharadscha

-Hühnervogel:
4 Pfau, 5 Fasan

-Kaisertitel:
5 Tenno

-Lastenträger:
4 Kuli

-See:
7 Aralsee, Biwasee, Kukunor, 8 Sundasee, Timorsee, Urmiasee, 9 Baikalsee, Totes Meer, 13 Schwarzes Meer, See Genezareth

-Seidenwollbaum:
5 Semal

-Singvogel:
8 Buelbuel

-Staat:
4 Irak, Iran, Laos, Oman, Siam, 5 Birma, Burma, China, Japan, Jemen, Korea, Nepal, 6 Bhutan, Cypern, Indien, Israel, Kuwait, Kuweit, Syrien, Taiwan, Zypern, 7 Bahrain, Libanon, Myanmar, Persien, Tuerkei, Vietnam, 8 Malaysia, Mongolei, Pakistan, Russland, Singapur, Sri Lanka, Thailand, 9 Jordanien,

Malediven, Nordkorea, Suedjemen, Suedkorea, 10 Bangladesh, Indonesien, Kambodscha, Kasachstan, Turkmenien, Usbekistan, 11 Afghanistan, Bangladesch, Philippinen, 12 Saudi Arabien, 13 Maskat und Oman, 16 Arabische Emirate

-Stufentempel:
8 Zikkurat

-Sturm:
6 Taifun

-Tagelöhner:
4 Kuli

-Überrock:
6 Kaftan

-Vulkan:
4 Taal, 6 Ararat, 7 Fujisan, 8 Krakatau, 9 Asamajana, 10 Fudschisan, 11 Fudschijama

-Zauberpriester:
8 Schamane

-Zierbaum:
5 Ginko*, 6 Ginkgo

-zweirädriger Wagen:
7 Rikscha

asiatisches:

-Buckelrind:
4 Zebu

-Gebirge:
5 Altai, Pamir, Sinai, 6 Elbrus, Elburs, Taurus, 7 Kwenlun, 8 Himalaja, Kaukasus, Nanschan, 9 Karakorum, Tienschan, 10 Hindukusch, 11 Antilibanon, 12 Sinaigebirge

-Gebirgsrind:
3 Jak, Yak

-Gewürzkraut:
9 Basilikum

-Hochland:
4 Iran, 5 Pamir, Tibet, 8 Mongolei

-Horntier:
7 Gazelle, 8 Antilope

-Kaiserreich:
5 Japan

-Kleidungsstück:
6 Kaftan

-Königreich:
4 Laos, Siam, 5 Nepal, 8 Thailand, 9 Jordanien

-Lorbeergewächs:
6 Litsea

-Raubtier:
5 Tiger

-Reitervolk:
6 Awaren, Hunnen, 7 Tataren

-Volk:
2 Li, Mo, 3 Lao, Meo, Moi, Tai, Yao, 4 Ainu, Bhil, Gond, Komi, Kuki, Lubu, Miao, Moso, Nung, Rade, Sikh, Thai, Toda, 5 Badju, Dajak, Inder, Jaken, Kafir, Karen, Khmer, Luren, Mansi, Meder, Moros, Nanak, Newar, Oraon, Oriya, Pnong, Punan, Sakai, Schan, Senoi, Syrer, Tamil, Udehe, Wedda, 6 Alanen, Araber, Bagobo, Bihari, Brahni, Djarai, Drusen, Galela, Gurier, Gurkha, Hunnen, Kurden, Manoto, Perser, Santal, Semang, Sherpa, Sindhi, Syrier, Tobelo, Tschin, Ugrier, 7 Alfuren, Altaier, Assyrer, Ilocano, Itelmen, Jakuten, Japaner, Javaner, Luschai, Malaien, Mundari, Palaung, Skythen, Tataren, Tibeter, Tuerken, Usbeken, 8 Abchasen, Afghanen, Armenier, Birmanen, Burjaten, Burmesen, Chinesen, Kacheten, Kasachen, Kirgisen, Koreaner, Mandschu, Mongolen, Siamesen, Thuschen, Torgoten, Tungusen, 9 Adscharen, Assamesen, Bachtiare, Burjaeten, Filipinos, Inguschen, Kandresen, Kaschmiri, Kaukasier, Maduresen, Pakistani, Turkmenen, 10 Bachtiaren, Baschkiren, Jenissejer, Kalmuecken, Makassaren, Pandschabi, Sundanesen, 11 Philippinos, Seldschuken, Singhalesen, Vietnamesen, 12 Tschuwaschen, 13 Tschetschenen

-Wildrind:
3 Jak, Yak

-Wildschaf:
6 Argali

-Wolfsmilchgewächs:
6 Kroton

Askese:
10 Enthaltung, 14 Enthaltsamkeit

Asket:
10 Einsiedler

asozial:
8 unsozial

Aspekt:
5 Blick, 7 Ansicht, 10 Standpunkt, 13 Gesichtspunkt

Asphalt:
7 Erdpech

asphaltieren:
9 pflastern

Aspiration:
8 Hoffnung

Assembler:
11 Dolmetscher

Assentierung:
9 Musterung

Assertion:
12 Feststellung

Assessor:
9 Beisitzer

Assignate:
10 Papiergeld

Assistent:
6 Helfer, 7 Gehilfe, 10 Hilfskraft, 11 Mitarbeiter

assistieren:
6 helfen, 11 beispringen

Assonanz:
4 Reim

Assoziation:
12 Gedankengang

assoziiert:
9 vereinigt, 10 zugehoerig

Ast:
5 Zweig

Asteroid:
14 Himmelskoerper

Astgabelung:
8 Astgabel

Asthma:
7 Atemnot, 10 Beklemmung

ästimieren:
6 achten

Astrologe Wallensteins:
4 Seni

Astrologie:
12 Sterndeutung

Astronaut:
10 Raumfahrer, 14 Weltraumfahrer

Astronom:
4 Hale, Hall, Wolf, 5 Baade, Brahe, Brown, Encke, Galle, Gauss, Hevel, Meton, 6 Halley, Hansen, Kepler, Lowell, Newton, Olbers, Struve, Thales, 7 Bradley, Cassini, Galilei, 8 Alembert, Herschel, Hipparch, Huyghens, Lagrange, Riccioli, 9 Aristarch, Arrhenius, 10 Argelander, Hipparchos,

Kopernikus, Ptolemaeus, 11 Aristarchos, 12 Schiaparelli, 13 Regiomontanus
Astronomie:
10 Sternkunde, 12 Himmelskunde
astronomischer Begriff:
3 All, Ort, Ost, Pol, Tag, 4 Apex, Luft, Mond, Nord, Nova, Ring, Sued, West, Zone, 5 Achse, Basis, Klima, Komet, Kranz, Licht, Masse, Nacht, Nebel, Osten, Phase, Sonne, Stern, Zenit, 6 Breite, Globus, Himmel, Korona, Kosmos, Krater, Laenge, Meteor, Norden, Planet, Strahl, Sueden, Umlauf, 7 Galaxis, Gestirn, Kompass, Neumond, Nordpol, Perikel, Trabant, Weltall, 8 Aequator, Apogaeum, Asteroid, Astronom, Ekliptik, Eruption, Fixstern, Halbmond, Horizont, Meridian, Meteorit, Rotation, Satellit, Spektrum, Sterntag, Tagkreis, Teleskop, Vollmond, Weltraum, Windrose, 9 Anziehung, Aszendent, Firmament, Halbkugel, Heliograf, Lichtjahr, Mondphase, Nordlicht, Parallaxe, Planetoid, Ringnebel, Sternbild, Sternjahr, Supernova, Tierkreis, Universum, 10 Abendstern, Astrograph, Helligkeit, Leitstrahl, Lufthuelle, Mondsichel, Nebelfleck, Opposition, Peripherie, Polarkreis, Polarlicht, Polarnacht, Schaltjahr, Sonnenring, Sonnenzeit, Sternkarte, Umlaufbahn, Umlaufzeit, Weltenraum, Wendekreis, 11 Atmosphaere, Breitengrad, Deklination, Doppelstern, Kulmination, Laengengrad, Magnetnadel, Meteorstaub, Schwerkraft, Sonnenfleck, Spiralnebel, Sternenzelt, Sternhaufen, Sternhimmel, 12 Doppelsterne, Kernschatten, Milchstrasse, Mittagslinie, Nullmeridian, Schweifstern, Sonnensystem, Zeitrechnung, 13 Konstellation, Observatorium, Scheitellinie, Scheitelpunkt, Sternschnuppe, Sternspektrum, Stundenwinkel, Verfinsterung, Vertikalkreis, 14 Himmelskoerper, Spektrographie, 15 Anziehungskraft, Himmelsgewoelbe, 16 Sonnenfinsternis, 17 Asteroidenguertel
astronomisches Instrument:
6 Globus, Oktant, 7 Kompass, Sextant, 8 Fernrohr, Teleskop, 9 Fotometer*, Reflektor, Regulator, Theodolit, 10 Heliometer, Photometer, Sternkarte, Theodolith, 11 Koronograph, 15 Spiegelteleskop
Astwerk:
6 Geaest, Reisig
Asyl:
6 Bleibe, Obdach, 12 Zufluchtsort, 13 Notunterkunft
Atelier:
10 Filmstudio
Atem:
4 Luft, Odem, 5 Hauch
Atempause:
4 Rast, 11 Entspannung, 12 Verschnaufen
athenische:
-Göttin:
12 Pallas Athene
athenischer:
-Adel:
10 Eupatriden
-Bildhauer:
5 Myron, 7 Phidias, 8 Lysippos, 10 Praxiteles
-Geschichtsschreiber:
8 Xenophon
-Gesetzgeber:
5 Solon, 6 Drakon
-Komödiendichter:
12 Aristophanes
-Staatsmann:
5 Solon, Timon, 8 Perikles, 9 Aristides, 10 Alkibiades, 12 Themistokles
-Tempel:
9 Parthenon, 11 Erechtheion
-Tyrann:
11 Pisistratus
-Tyrannenmörder:
9 Harmodius, 11 Aristogiton
athenisches:
-Blutgericht:
7 Areopag
-Wahrzeichen:
9 Akropolis
Äther:
6 Himmel
ätherisch:
6 astral, 9 hauchzart, himmlisch
äthiopische:
-Hafenstadt:
5 Assab, 7 Massaua
-Hauptstadt:
10 Addis Abeba
-Münze:
3 ber
-Provinz:
7 Eritrea
äthiopischer:
-Fürstentitel:
3 Ras
-Herrschertitel:
5 Negus
-Marathonläufer:
5 Abebe
-Titel:
3 Ras, 5 Abuna, Negus
-Vulkan:
10 Ras Daschan
äthiopisches:
-Volk:
5 Galla, 6 Amhara, 7 Danakil
Athlet:
6 Werfer, 7 Laeufer, 8 Sportler, Springer, Sprinter, 11 Kraftmensch, 12 Gewichtheber
athletisch:
9 muskuloes
Atlantikinsel/-gruppe:
5 Fayal, Ferro, Palma, 6 Azoren, Gomera, Irland, Island, St. Paul, 7 Bahamas, Kanaren, Madeira, 8 St. Helena, 9 Ascension, Teneriffa, 11 Gran Canaria, Sankt Helena, 14 Falklandinseln, 15 Grossbritannien, 16 Kanarische Inseln
Atlantikpakt:
4 NATO
Atmosphäre:
4 Luft, 5 Flair, 8 Luftraum, 9 Gashuelle, 10 Lufthuelle, 12 Druckeinheit
atmosphärische:
-Lichterscheinung:
5 Blitz, 9 Nordlicht, 10 Regenbogen
-Spiegelung:
11 Fata Morgana
Atmungsorgan:
5 Lunge, 6 Kiemen

Atoll:
13 Koralleninsel
Atomanlage:
6 Meiler, 7 Reaktor,
11 Kernreaktor,
13 Kernkraftwerk,
16 Schneller Brueter
atomar:
7 nuklear
Atomart:
6 Nuklid
Atombestandteilchen:
17 Elementarteilchen
Atomenergieanlage:
13 Kernkraftwerk
Atomkern:
6 Nuklid, 7 Nukleus
Atomkernlehre:
10 Kernphysik,
13 Nuklearphysik
Atomkraft:
11 Kernenergie
Atommeiler:
7 Reaktor, 11 Kernreaktor
Atomzerfall:
15 Radioaktivitaet
Atomzertrümmerung:
7 Fission, 12 Kernspaltung,
15 Nuklearspaltung,
18 Atomkernumwandlung
Atrium:
8 Innenhof
Atrophie:
7 Schwund, 13 Muskelschwund
Attest:
9 Gutachten, 13 Bescheinigung
Attraktion:
3 Hit, 4 Clou, 8 Schlager,
Zugkraft, 9 Anziehung,
15 Anziehungskraft
attraktiv:
9 anziehend, 11 interessant,
zugkraeftig
ätzen:
6 beizen
ätzend:
9 kaustisch
Aubergine:
10 Eierfrucht, 11 Eierpflanze
Audienz:
7 Empfang, 9 Zulassung,
11 Verhandlung,
12 Unterhaltung
Aufbahrungsgerüst:
8 Katafalk
Aufbau:
6 System, 7 Montage, 8 Struktur,
10 Konzeption, 11 Arrangement,
12 Konstruktion,
15 Zusammenfuegung
aufbegehren:
6 maulen, murren, 7 trotzen,
9 auflehnen, 11 rebellieren
aufbewahrte Sachen:
10 Asservaten
Aufbewahrungsort:
5 Depot, Lager, 6 Ablage
aufblasen:
7 blaehen
aufbrausend:
7 reizbar, 10 cholerisch,
jaehzornig
aufbrechen:
7 oeffnen, 9 fortgehen
aufbringen:
6 kapern, 10 auftreiben
aufdrängen:
11 oktroyieren
aufdringlich:
5 frech, 7 laestig, 9 anmassend,
penetrant, 11 zudringlich,
12 unverschaemt
Aufeinanderfolge:
7 Sequenz
aufeinanderfolgend:
9 sukzessiv, 10 konsekutiv
Aufenthalt:
4 Halt, Rast, Stop, 5 Stopp*,
6 Besuch, Visite,
11 Anwesenheit
-der gestürzten Titanen:
8 Tartarus
-der griechischen Götter:
5 Olymp
-der Helden nach dem Tode:
8 Walhalla
-des Minotaurus:
9 Labyrinth
Aufenthaltsnachweis:
5 Alibi
Aufenthaltsort der Seligen:
7 Elysium
Auffahrt:
5 Korso, Rampe
auffallend:
7 markant, 8 deutlich, merklich,
9 besonders, 11 phaenomenal,
17 aussergewoehnlich
auffassen:
9 begreifen, 10 beurteilen
Auffassung:
7 Ansicht, Meinung,
9 Auslegung, 10 Standpunkt,
11 Einstellung,
12 Ueberzeugung,
14 Interpretation
Aufforderung:
5 Gebot, 6 Appell, 7 Auftrag,
Mahnung, 8 Ersuchen, Postulat,
9 Ultimatum
Aufgabe:
3 Amt, 6 Pensum, 7 Auftrag,
Pflicht, 8 Funktion, 9 Lernstoff,
10 Bestimmung,
12 Obliegenheit,
13 Verpflichtung
Aufgang:
5 Rampe, 5 Treppe
aufgeblasen:
5 eitel, 8 arrogant, blasiert,
10 affektiert, hochnaesig,
11 eingebildet, prahlerisch,
15 wichtigtuerisch
aufgebracht:
6 erbost, erregt, rasend, zornig,
7 wuetend, 10 entruestet
aufgedreht:
5 fidel, 9 froehlich,
11 aufgekratzt, uebermuetig
aufgehen:
6 keimen, 7 knospen, oeffnen
Aufgelegtheit:
5 Laune
aufgeplatzt:
6 rissig
aufgeräumt:
6 heiter, 10 ordentlich
aufgeregt
6 erregt, 7 nervoes, unruhig,
8 zitterig, 11 echauffiert
Aufgeregtsein:
12 Lampenfieber
aufgeschlossen:
5 offen, 12 empfaenglich
aufgeschwollen:
10 schwulstig
aufgesetzter Getreidehaufen:
5 Hocke
aufgeweckt:
4 klug, wach, 6 munter,
7 lebhaft, 12 interessiert
aufgliedern:
14 differenzieren
Aufgußgetränk:
3 Tee, 6 Kaffee, 12 Filterkaffee
aufhalten:
7 bremsen, 8 anhalten,
10 verzoegern
aufheben:
9 streichen, 10 beseitigen,
widerrufen, 11 annullieren

aufhetzen:
9 agitieren
aufhören:
5 enden, 6 lassen, 10 innehalten
aufklären:
8 belehren, 11 informieren, 12 unterrichten
Aufklärung:
9 Belehrung, 10 Aufhellung, 11 Information
Aufklebebild:
7 Collage
aufknüpfen:
7 haengen
aufkommende Erkenntnis:
8 Einsicht
Auflauf:
6 Tumult, 9 Getuemmel, 13 Demonstration, 15 Zusammenrottung
auflaufen:
8 stranden, zunehmen
Auflehnung:
5 Trotz, 6 Fronde, Putsch, 7 Revolte, 9 Rebellion, 10 Revolution
auflösen:
8 zerlegen, 11 analysieren
Auflösung:
8 Ergebnis, Resultat, 10 Erklaerung
aufmerksam:
4 rege, wach, 7 achtsam, wachsam, 11 sorgfaeltig, 12 interessiert, konzentriert
Aufmerksamkeit:
6 Obacht, 7 Achtung, 8 Sorgfalt, 9 Augenmerk, Teilnahme, 12 Hoeflichkeit, 13 Konzentration
Aufnahme:
4 Bild, Foto*, 5 Photo, 8 Beitritt, 9 Bewirtung, 10 Belichtung, Fotografie*, 11 Begruessung, 12 Photographie
Aufnahmegerät:
8 Mikrofon, Recorder, Rekorder*, 11 Magnetophon
aufnehmend:
8 rezeptiv
Aufopferung:
7 Hingabe
Aufpasser:
6 Hueter, 8 Waechter
Aufprall:
5 Stoss
aufräumen:
6 ordnen, 10 beseitigen
aufrechnen:
9 saldieren, 12 kompensieren
aufrecht:
6 gerade, 9 senkrecht
aufregen:
8 empoeren, 11 beunruhigen
aufregendes Erlebnis:
9 Abenteuer
Aufregung:
6 Unruhe, 7 Emotion, 9 Agitation, Turbulenz, 10 Exaltation, 11 Nervositaet
Aufreizung:
11 Provokation
aufrichtig:
5 offen, reell, 6 gerade, 7 ehrlich, 10 wahrhaftig, 11 unverstellt, 16 wahrheitsliebend
aufrücken:
10 avancieren
Aufruf:
6 Appell, 8 Manifest
Aufruhr:
6 Tumult, Unruhe, 7 Krawall, Revolte, 8 Aufstand, 9 Rebellion, 12 Insurrektion
aufrührerischer Lärm:
7 Krawall
aufsagen:
9 vortragen, 11 deklamieren
aufsässig:
5 frech, 7 trotzig, 10 feindselig, rebellisch, ungehorsam, 14 aufruehrerisch
Aufsatz:
5 Essay, 7 Artikel, Beitrag, Bericht, 9 Reportage, 10 Abhandlung, 11 Darstellung
aufsaugen:
11 absorbieren
aufschieben:
8 vertagen
aufschiebend:
11 dilatorisch
aufschließen:
7 oeffnen
Aufschneider:
7 Angeber, Blender, Prahler, 9 Prahlhans, 10 Gernegross
Aufschneiderei:
6 Humbug, 9 Flunkerei, 12 Jaegerlatein, Seemannsgarn
aufschreiben:
8 notieren
Aufschrift:
5 Notiz, Titel, 7 Adresse, Hinweis, Vermerk, 8 Epigraph, 9 Inschrift
Aufschub:
5 Frist, Pause, 8 Dilation, Stundung, 10 Aussetzung, Moratorium, 12 Prolongation, Verzoegerung
Aufschwung:
8 Aufstieg
Aufsehen:
5 Eklat, 6 Furore, 7 Skandal, 9 Spektakel
Aufsicht:
5 Wache, 6 Schutz, 9 Kontrolle, 10 Inspektion, 12 Ueberwachung
Aufsichtsbeamter:
6 Kustos, 7 Kurator, 8 Waechter, 9 Inspektor, 10 Inspekteur, 12 Wachhabender
Aufsichtsbezirk:
9 Inspektur
aufspüren:
6 finden, 11 aufstoebern, 12 aufscheuchen
Aufstand:
7 Aufruhr, Revolte, 8 Meuterei, 9 Empoerung, Rebellion, 10 Revolution
Aufständischer:
6 Rebell, 10 Revoluzzer, 13 Revolutionaer
aufstöbern:
6 finden
aufstocken:
12 vergroessern
Aufteilung:
9 Dosierung, 12 Distribution
auftischen:
9 servieren
Auftrag:
5 Order, 6 Befehl, Mandat, 7 Aufgabe, Mission, Sendung, Weisung, 10 Bestellung
auftragen:
9 servieren
Auftraggeber:
5 Kunde, 6 Klient, 7 Mandant, 8 Abnehmer, 11 Interessent
Auftritt:
5 Szene, 7 Vorgang, 8 Ereignis, 10 Darbietung
Auftropfstein:
9 Stalagmit
Aufwandsentschädigung:
6 Spesen
Aufwartefrau:
8 Putzfrau

aufwärts:
5 empor, 6 herauf, hinauf, 8 steigend
Aufwärtsentwicklung:
9 Besserung, 11 Fortschritt
Aufwartung:
9 Bedienung
aufwiegeln:
9 aufhetzen, 11 aufstacheln, provozieren
Aufwiegler:
8 Demagoge
aufwühlen:
7 erregen
aufzeichnen:
8 notieren, 9 eintragen, 12 registrieren, 14 protokollieren
Aufzeichnung:
5 Notiz, 7 Chronik, Notizen, Vermerk, 9 Protokoll
-von Musik oder Sprache:
12 Bandaufnahme, 15 Tonbandaufnahme, 18 Magnetbandaufnahme
-von Tanzbewegungen:
12 Choreografie*, 13 Choreographie
aufziehen:
5 hegen
Aufzug:
3 Akt, 4 Lift, 5 Szene, 8 Elevator, 9 Fahrstuhl, 11 Paternoster, Szenenfolge
Auge:
8 Sehorgan, 11 Sehwerkzeug
Augenarzt:
13 Ophthalmologe
augenblicklich:
3 nun, 5 jetzt, 6 gerade, jetzig, 7 aktuell, 8 momentan, 12 gegenwaertig
augenblickliche Verfassung:
7 Zustand
Augenbrauenstift:
6 Crayon
Augendeckel:
3 Lid
augenfällig:
7 evident, 8 deutlich, 10 auffaellig, 14 offensichtlich
Augenglas:
6 Brille, 7 Kneifer, Monokel, Zwicker, 10 Haftschale
Augenheilkunde:
14 Ophthalmologie
Augenkrankheit:
4 Star, 7 Glaukom, 9 Granulose, 10 grauer Star, 11 gruener Star
Augennass:
6 Traene
Augenprüfung:
7 Sehtest
augenscheinlich:
7 evident
Augenteil:
3 Lid, 7 Pupille, 8 Augapfel, Hornhaut
Augenwassertropfen:
6 Traene
Augenwimper:
5 Zilie
Augenzeuge:
9 Zuschauer, 10 Beobachter
Augsburger:
-Kupferstecher:
6 Kilian
-Maler:
7 Holbein
-Patrizierfamilie:
6 Fugger, Welser
-Schutzgöttin:
4 Cisa
-Siedlung:
8 Fuggerei
Auktion:
13 Versteigerung
Aula:
8 Festsaal, 13 Schulfestsaal
Aureole:
14 Heiligenschein
Aurum:
4 Gold
aus Bronze:
5 ehern
Ausarbeitung:
6 Skript, 7 Entwurf, 8 Skriptum, 9 Expertise, 10 Manuskript
ausbessern:
7 flicken, 10 reparieren, 12 restaurieren
Ausbesserungsstätte:
4 Dock, Werk, 5 Werft, 6 Garage, 9 Werkstatt
Ausbeute:
6 Ertrag, 8 Ergebnis, Resultat
ausbeuten:
7 abbauen, 9 ausnutzen, ausrauben, 10 schroepfen, 12 auspluendern
Ausbilder:
6 Lehrer, 7 Meister, Trainer
Ausbildung:
5 Lehre
Ausblick:
11 Perspektive
ausbreiten:
6 dehnen, 9 ausdehnen, entfalten, 11 expandieren
Ausbruch:
6 Anfall, 8 Eruption
ausbürgern:
12 expatriieren
Ausdauer:
6 Geduld, 9 Gleichmut, 10 Zaehigkeit, 14 Bestaendigkeit
ausdauernder Fleiß:
9 Emsigkeit
Ausdehnung:
4 Raum, 5 Weite, 6 Breite, Kuerze, Laenge, Umfang, 7 Flaeche, 9 Dimension, Expansion, Extension, 11 Erweiterung, Territorium
Ausdehnungsbestreben:
13 Imperialismus
Ausdruck:
3 Art, 4 Form, Stil, Wort, 5 Geste, Mimik, 7 Begriff, Zeichen, 10 Expression
-beim Bergsteigen:
8 Abseilen
-beim Fechten:
5 Finte, 6 Parade, 7 Ausfall, Auslage
-beim Fußballspiel:
3 Tor, 7 Abseits, 8 Elfmeter, 9 Strafraum, 10 Strafstoss
-beim Skatspiel:
2 Re, 4 Bock, 6 Kontra, Ramsch
-des Mißfallens:
5 Ruege, Tadel
-von Gedanken:
7 Sprache
Ausdrucksbewegung:
5 Geste, 8 Gebaerde
Ausdrucksform:
4 Stil
ausdruckslos:
8 erstarrt, 12 nichts sagend*, nichtssagend, 13 gleichgueltig
Ausdrucksweise:
4 Form, Stil, 7 Diktion, 12 Formulierung, 17 Darstellungsweise
Auseinanderklaffen:
10 Diskrepanz
Auseinandersetzung:
5 Duell, Fehde, Kampf, Krieg, Zwist, 6 Disput, Streit, 7 Debatte, Prozess, 8 Konflikt, 9 Zwiespalt, 11 Kontroverse, Widerstreit, Wortgefecht, 12 Streitigkeit, 13 Konfrontation

auserlesen:
4 edel, 7 delikat, elitaer,
8 exquisit, 11 erstklassig,
12 hervorragend
Ausfahrt:
6 Portal
Ausfall:
5 Manko, 7 Verlust, 8 Versagen
-der Vogelfedern:
6 Mauser
Ausfertiger:
9 Expedient, Expeditor
Ausflucht:
7 Vorwand
Ausflüchte:
10 Umschweife, 12 Fisimatenten
Ausflug:
4 Tour, Trip, 5 Fahrt, Reise,
9 Abstecher, Exkursion
ausforschen:
8 erkunden, 9 sondieren
Ausforschung:
8 Spionage
ausführbar:
7 machbar, 11 praktikabel
ausführen:
9 erledigen, 11 exportieren
ausführlich:
9 umfassend, 11 detailliert
Ausführung:
10 Erledigung
Ausgabe:
7 Auflage, Edition, 8 Emission,
10 Verteilung, 12 Distribution
Ausgaben:
6 Kosten, 8 Unkosten
Ausgangsgebilde:
4 Keim
Ausgangspunkt:
5 Basis, Start, 6 Anfang, Quelle,
8 Ursprung, 9 Fundament,
Grundlage
ausgedehnt:
4 lang, weit, 5 gross, 8 extensiv,
9 geraeumig
ausgedient:
3 out, 5 passe, 8 veraltet,
11 unbrauchbar
ausgefallen:
6 bizarr, kurios, 10 verstiegen,
11 extravagant,
13 ungewoehnlich
ausgeglichen:
5 ruhig, 8 gelassen,
10 harmonisch
ausgehöhlter Kürbis:
9 Kalebasse

Ausgeklügeltes:
7 Finesse, 10 Raffinesse
ausgekocht:
6 listig, 8 gerissen,
11 verschlagen, 12 durchtrieben
ausgelassen:
6 albern, 11 uebermuetig,
12 bacchantisch, unbekuemmert
Ausgelassenheit:
5 Gaudi, 7 Gaudium,
8 Uebermut
ausgelernter Handwerker:
7 Geselle, Meister
ausgeliehenes Geld:
6 Kredit, 8 Darlehen
ausgeprägt:
7 markant, typisch, 9 schnittig,
10 profiliert, 16 charakteristisch
ausgeruht:
3 fit, 6 erholt
ausgestanzte Vorlage:
9 Schablone
ausgestorbene:
-Riesenechse:
12 Brontosaurus
ausgestorbener:
-Elefant:
6 Mammut, 8 Mastodon
-Kopffüßer:
7 Ammonit
-Vogel Neuseelands:
3 Moa
ausgestorbenes:
-Tier:
2 Ur, 6 Dronte, Mammut,
Quagga, 7 Saurier, 9 Auerochse,
11 Dinosaurier
-Wildpferd:
6 Quagga, Tarpan
-Wildrind:
2 Ur, 9 Auerochse
ausgesucht:
7 elitaer, erlesen, 8 exquisit,
9 exzellent
ausgetrocknetes Wüstenflußtal:
4 Wadi
ausgeübte Macht:
6 Gewalt
ausgewachsenes Insekt:
5 Imago
ausgewalztes Metall:
5 Blech, Folie
ausgezeichnet:
5 famos, super, 7 bestens,
erlesen, 8 exquisit, 9 exzellent,
praechtig, 10 praemiiert,
11 vorzueglich, 12 hervorragend

Ausgleich:
7 Balance, 9 Abfindung,
10 Kompromiss, 11 Aequivalent,
12 Kompensation,
13 Gleichgewicht
Ausgleichsgetriebe:
12 Differential, Differenzial*
ausgraben:
10 exhumieren
Ausguck:
5 Warte, 6 Auslug,
11 Kraehennest
Aushang:
6 Plakat, 8 Anschlag
Aushebegerät:
6 Bagger, Spaten, 8 Schaufel
Aushilfsstoff:
6 Ersatz, 8 Surrogat
Ausklang:
4 Ende, 6 Epilog, 9 Nachspiel
Auskommen:
8 Existenz, 9 Unterhalt
auskundschaften:
6 suchen, 8 forschen,
10 spionieren
Auskundschaftung:
8 Spionage
Auskunft:
3 Tip, 4 Tipp*, Wink, 7 Antwort,
Hinweis, 8 Bescheid,
10 Aufschluss, 11 Information
Auskunftseinholung:
9 Nachfrage, 11 Erkundigung
Auslage:
10 Dekoration
Auslagen:
6 Spesen
Ausländer:
4 Exot, 7 Fremder
ausländische Geldwährung:
6 Sorten, Valuta
Auslassungszeichen:
9 Apostroph
Auslauffeld auf Flugplätzen:
5 Piste, 8 Rollfeld
Auslaugung:
7 Erosion, 10 Extraktion
auslegen:
6 deuten, 11 explizieren,
14 interpretieren
Auslegung:
6 Lesart, 7 Analyse, Deutung,
9 Kommentar, 10 Erklaerung,
12 Erlaeuterung,
14 Interpretation
Auslöschung:
7 Tilgung, 12 Amortisation

Auslöser:
4 Reiz, 5 Grund, Motiv, 6 Anlass, Quelle, 8 Stimulus, 10 Beweggrund, 12 Veranlassung
Auslösung:
9 Induktion
ausmalen:
10 kolorieren
Ausmaß:
6 Format, 7 Groesse, 9 Dimension, 10 Ausdehnung
Ausnahme:
9 Vorbehalt, 10 Sonderfall
Ausnahmeerscheinung:
8 Anomalie
Ausnutzung der Kursunterschiede:
9 Arbitrage
Auspuffgeräusch:
8 Knattern
Ausputz:
6 Zierat, 7 Zierrat*
ausrauben:
8 fleddern
Ausrede:
5 Luege, 7 Vorwand, 8 Notluege, 9 Ausflucht, Schwindel
ausreißen:
6 jaeten, 9 entfernen
Ausreißer:
11 Fluechtling
ausrotten:
10 beseitigen, vernichten
Ausruf:
2 au, ei, na, nu, oh, 3 ach, aha, hei, oho, oje, 4 nanu, pfui, 7 ojemine
Ausrufer:
6 Herold, 13 Marktschreier, 14 Gemeindediener
ausruhen:
6 rasten, 7 erholen
ausrüsten:
8 armieren
Ausrüstung:
6 Geraet, 7 Armatur, Gepaeck, 8 Zubehoer, 9 Armierung, Ruestzeug
Aussageform:
5 Modus
Aussagender vor Gericht:
5 Zeuge
aussaugen:
10 schroepfen
Ausschank:
3 Bar
Ausschau:
3 Lug
ausscheiden:
9 absondern
Ausscheidung:
6 Sekret, 7 Auswurf, Schleim, 8 Schweiss, Speichel, 9 Exkrement, 11 Absonderung
ausschließen:
9 auslassen, 10 beseitigen
ausschließlich:
3 nur, 4 ganz, ohne, 6 allein, ausser, einzig, 8 alleinig, exklusiv, 9 lediglich, 11 vornehmlich
Ausschmückung:
4 Zier, 5 Dekor, 6 Zierat, Zierde, 7 Zierrat*, 8 Ornament, 10 Dekoration, Verzierung
Ausschneidewerkzeug:
6 Stanze
Ausschnitt:
4 Teil, 6 Sektor, 7 Segment, 9 Abschnitt, Dekollete
Ausschuß:
6 Ramsch, Schund, 7 Gremium, Komitee, 10 Kommission
Ausschußware:
6 Ramsch, Schund
außen:
6 extern, 8 peripher
Außenbegrenzung:
4 Rain, Rand, 5 Bande, 6 Grenze
Außenlinie:
4 Rand
Außenstände:
6 Aktiva, 8 Guthaben, 9 Forderung
außer Dienst:
7 inaktiv
außerdem:
4 auch, 5 extra, 6 ferner, 7 daneben, 8 notabene, 9 obendrein
außerdienstlich:
11 inoffiziell
äußere Form:
7 Gestalt
Äußeres:
4 Form, 6 Huelle, Rahmen, Schale, 7 Fassade, 8 Anstrich, 9 Exterieur, 11 Aussenseite, Oberflaeche
außergewöhnlich:
5 enorm, 6 genial, 7 eminent, 8 imposant, 9 bedeutend, 11 phaenomenal, 12 vortrefflich, 13 extraordinaer
außerhalb:
6 aussen
äußerlich:
6 formal, 7 formell
außerordentlicher Professor:
15 Extraordinarius
äußerst:
4 sehr, 6 extrem, 10 hochgradig
außerstädtisches Domizil:
8 Landhaus
Äußerung:
4 Wort, 7 Aussage, 9 Bemerkung
Aussicht:
5 Blick, 6 Aspekt, 7 Anblick, 8 Panorama, Prospekt, 9 Auspizium, 10 Vorzeichen, 11 Perspektive, 12 Moeglichkeit
Aussiedler:
8 Kolonist
Aussiedlung:
11 Evakuierung
ausspannen:
5 ruhen, 7 erholen, 10 abschirren
Ausspielung:
5 Lotto, 7 Tombola
Aussprache:
6 Akzent, Disput, 7 Debatte, Tonfall, 8 Betonung, Klaerung, 9 Gespraech, 10 Diskussion, Kolloquium, 12 Klarstellung
Aussprengsel:
7 Exklave
Ausspruch:
4 Wort, 5 Zitat, 6 Bonmot, Spruch, 7 Sentenz, 10 Aeusserung, Behauptung
Ausspruchssammlung:
3 Ana, 13 Zitatenschatz
Ausstattung:
7 Aufwand, Mitgift, 8 Staffage, 9 Aussteuer, 10 Dekoration, Heiratsgut, 11 Einrichtung
Ausstattungsstück:
4 Show, 5 Revue, Schau
Ausstellung:
5 Messe, Schau, 6 Boerse, 9 Fachmesse
Ausstellungsgebäude:
6 Museum, 8 Pavillon
Ausstellungsschrank:
7 Vitrine
Aussteuer:
6 Ehegut, 7 Mitgift, 10 Heiratsgut, Morgengabe
Ausstrahlung:
4 Aura, 5 Flair, Licht, Odium, 7 Fluidum, 8 Charisma, Emission, 11 Atmosphaere

Ausstrahlungskraft:
8 Charisma
Austauschspielkarte:
5 Joker
australische:
-Hauptstadt:
8 Canberra
-Insel:
4 Cato, 5 Adele, Elcho,
6 Barrow, 8 Melville,
9 Tasmanien
-Inselwelt:
10 Melanesien
-Münze:
4 Cent, 6 Dollar
-Seekuh:
6 Dugong
-Sopranistin:
5 Melba, 10 Sutherland
-Staatssprache:
8 Englisch
-Ureinwohner:
10 Aborigines
-Wüste:
12 Gibsonwueste,
Tanamiwueste,
14 Victoriawueste
australischer:
-Berg:
10 Capoompeta
-Bergsteiger:
7 Hillary
-Beutelbär:
5 Koala
-Bundesstaat:
8 Victoria, 9 Tasmanien,
10 Queensland,
12 Neusuedwales,
14 Nordaustralien,
Suedaustralien, Westaustralien
-Eingeborenenstamm:
5 Dieri
-Fluß:
6 Cooper, Murray, 7 Darling,
8 Flinders
-Flußlauf zur Regenzeit:
5 Creek
-Hund:
5 Dingo
-Laufvogel:
3 Emu, 4 Kiwi, 6 Kasuar
-Myrtenbaum:
10 Eukalyptus
-Nobelpreisträger für Literatur:
5 White
-Nobelpreisträger für Medizin:
6 Burnet, Eccles
-Politiker:
5 Hawke, 6 Fraser, Howard,
7 Keating
-Schachtelhalmbaum:
9 Kasuarine
-Schriftsteller:
4 West, 5 White
-See:
7 Eyresee
-Singvogel:
13 Paradiesvogel
-Straußenvogel:
3 Emu, Moa, 4 Kiwi, 6 Kasuar
-Wildhund:
5 Dingo
australisches:
-Außengebiet:
11 Heardinseln, Kokosinseln,
13 Ashmoreinseln,
14 Christmasinsel
-Beuteltier:
5 Koala, 6 Wombat, 8 Kaenguru,
9 Kaenguruh
-Holzgewächs:
9 Kasuarine, 10 Eukalyptus
-Säugetier:
5 Dingo, 8 Kaenguru,
9 Kaenguruh
-Tier:
3 Emu, 5 Dingo, Koala,
6 Kasuar, Wombat, 7 Strauss,
8 Kaenguru, 9 Kaenguruh,
12 Schnabeltier
-Wurfholz:
8 Bumerang
Auswahl:
5 Elite, Probe, 6 Muster,
9 Potpourri, Selektion,
Sortiment, 10 Kollektion,
11 Querschnitt
auswählen:
7 sichten
auswählend:
8 selektiv
Auswanderer:
8 Emigrant
Auswanderung:
6 Auszug, 10 Emigration
auswärtig:
6 extern
auswärtige Besitzung:
7 Kolonie
Auswärtiger:
7 Fremder
auswechseln:
8 erneuern
Ausweg:
5 Hilfe, 7 Loesung
ausweichend:
6 evasiv
Ausweis:
4 Pass, 5 Beleg, 7 Urkunde,
8 Nachweis, 9 Kennkarte,
Reisepass, 10 Zertifikat,
12 Legitimation,
14 Personalpapier,
15 Personalausweis,
16 Identitaetskarte
ausweisen:
6 zeigen, 8 beweisen,
10 vertreiben, 12 legitimieren
Ausweisung:
9 Exmission
Ausweitung:
9 Expansion
auswendig lernen:
10 memorieren
auswiegen:
14 ausbalancieren
Auswurf:
6 Schund
Auswurfgestein:
4 Lava, Tuff
Auszeichnung:
3 Lob, 4 Ehre, 5 Orden, Preis,
6 Ehrung, 10 Dekoration,
Ehrenpreis, 14 Verdienstorden
ausziehen:
11 extrahieren
Auszubildender:
5 Azubi, Stift, 8 Lehrling
auszubildender Soldat:
6 Rekrut
Auszug:
5 Probe, Zitat, 6 Essenz, Exodus,
7 Extrakt, Exzerpt, Weggang,
8 Ausreise, 9 Leseprobe,
12 Auswanderung
autark:
11 unabhaengig, 12 selbstaendig
authentisch:
4 echt, 9 verbuergt,
12 zuverlaessig,
13 urspruenglich
Autobahneinrichtung:
7 Bankett, 8 Rasthaus,
9 Parkplatz, Rastplatz,
Standspur, 10 Kriechspur,
Leitplanke, 11 Raststaette,
12 Notrufsaeule, Ueberholspur,
13 Gruenstreifen
Autogestell:
7 Chassis
Autogramm:
9 Namenszug, 12 Unterschrift

Automarke:
2 MG, VW, 3 BMW, DAF, DKW, NSU, 4 Audi, Benz, Fiat, Ford, Jeep, Lada, Opel, Puch, Saab, 5 Adler, Buick, Dodge, Honda, Horch, Lloyd, Lotus, Mazda, Rover, Skoda, Steyr, Tatra, Volvo, Wolga, 6 Abarth, Austin, Datsun, Hudson, Jaguar, Lancia, Morris, Talbot, Toyota, 7 Bentley, Bugatti, Citroen, Ferrari, Hanomag, Lincoln, Magirus, Maybach, Packard, Peugeot, Pontiac, Porsche, Renault, Sunbeam, Triumph, 8 Borgward, Buessing, Cadillac, Chrysler, Henschel, Maserati, Mercedes, Plymouth, Vauxhall, Wanderer, Wartburg, Zuendapp, 9 Alfa Romeo, Auto Union, Chevrolet, Hotchkiss, Lambretta, Oldsmobil, 10 Austro Fiat, Hansa Lloyd, Oldsmobile, Rolls Royce, Studebaker, Volkswagen, 11 Autobianchi, Daimler Benz, 12 Mercedes Benz
automatische Bewegung:
6 Reflex
Automobil:
10 Kraftwagen, 13 Kraftfahrzeug
Automobilclub:
3 AvD, 4 ADAC
Autonomie:
15 Unabhaengigkeit, 16 Selbstaendigkeit
Autor:
6 Texter, 7 Dichter, Urheber, 9 Romancier, Schreiber, Verfasser, 10 Dramatiker, 14 Schriftsteller
Autor/Autorin von:
-Agnes Bernauer:
6 Hebbel
-Amphitryon:
6 Kleist, 7 Plautus, 9 Giraudoux
-Andromache:
9 Euripides
-Ansichten eines Clowns:
5 Boell
-Antigone:
7 Anouilh, 9 Sophokles
-Barbara Blomberg:
9 Zuckmayer
-Bellum Gallicum:
6 Caesar
-Berlin Alexanderplatz:
7 Doeblin
-Candida:
4 Shaw
-Cid:
9 Corneille
-Clavigo:
6 Goethe
-Dame Kobold:
8 Calderon
-Dantons Tod:
8 Buechner
-Das einfache Leben:
8 Wiechert
-Das Glasperlenspiel:
5 Hesse
-Das Schloß:
5 Kafka
-Der alte Mann und das Meer:
9 Hemingway
-Der arme Heinrich:
9 Hauptmann, 14 Hartmann von Aue
-Der Biberpelz:
9 Hauptmann
-Der gallische Krieg:
6 Caesar
-Der Glöckner von Notre-Dame:
4 Hugo
-Der Graf von Monte Christo:
5 Dumas
-Der Hauptmann von Köpenick:
9 Zuckmayer
-Der Heiratsantrag:
9 Tschechow
-Der Idiot:
11 Dostojewski
-Der Kaufmann von Venedig:
11 Shakespeare
-Der kaukasische Kreidekreis:
6 Brecht
-Der Mord im Dom:
5 Eliot
-Der Prinz von Homburg:
6 Kleist
-Der Prozeß:
5 Kafka
-Der Revisor:
5 Gogol
-Der Schelm von Bergen:
9 Zuckmayer
-Der Sturm:
11 Shakespeare
-Der Tunnel:
10 Kellermann
-Der Untertan:
4 Mann, 12 Heinrich Mann
-Der Vater:
10 Strindberg
-Der verlorene Sohn:
8 Wiechert
-Der Widerspenstigen Zähmung:
11 Shakespeare
-Der Zauberberg:
4 Mann, 10 Thomas Mann
-Des Teufels General:
9 Zuckmayer
-Die Blechtrommel:
5 Grass
-Die Bluthochzeit:
11 Garcia Lorca
-Die Clique:
8 McCarthy
-Die drei Musketiere:
5 Dumas
-Die drei Schwestern:
9 Tschechow
-Die ehrbare Dirne:
6 Sartre
-Die Feuerzangenbowle:
6 Spoerl
-Die Fliegen:
6 Sartre
-Die Frösche:
12 Aristophanes
-Die Gespenster:
5 Ibsen
-Die Glasmenagerie:
8 Williams
-Die Göttliche Komödie:
5 Dante, 14 Dante Alighieri
-Die Hochzeit der Feinde:
6 Andres
-Die Hose:
9 Sternheim
-Die Irre von Chaillot:
9 Giraudoux
-Die Kameliendame:
5 Dumas
-Die Möwe:
9 Tschechow
-Die Mutter:
5 Gorki
-Die Pest:
5 Camus
-Die Ratten:
9 Hauptmann
-Die Räuber:
8 Schiller
-Die Schatzinsel:
9 Stevenson
-Die Troerinnen:
9 Euripides

-Die Vögel:
12 Aristophanes
-Die Weber:
9 Hauptmann
-Die Wolken:
12 Aristophanes
-Doktor Schiwago:
9 Pasternak
-Don Carlos:
8 Schiller
-Effi Briest:
7 Fontane
-Egmont:
6 Goethe
-Ein Sommernachtstraum:
11 Shakespeare
-Elektra:
9 Giraudoux, Hauptmann, Sophokles
-Emil und die Detektive:
8 Kaestner
-Emilia Galotti:
7 Lessing
-Endstation Sehnsucht:
8 Williams
-Eurydike:
7 Anouilh
-Faust:
6 Goethe
-Fräulein Julie:
10 Strindberg
-Germania:
7 Tacitus
-Germinal:
4 Zola
-Gespenster:
5 lbsen
-Gullivers Reisen:
5 Swift
-Hamlet:
11 Shakespeare
-Hedda Gabler:
5 Ibsen
-Helden:
4 Shaw
-Hermann und Dorothea:
6 Goethe
-Hunger:
6 Hamsun
-Hyperion:
10 Hoelderlin
-Ilias:
5 Homer
-Im Westen nichts Neues:
8 Remarque
-Ivanhoe:
5 Scott
-Jedermann:
12 Hofmannsthal
-Julius Caesar:
11 Shakespeare
-Katharina Knie:
9 Zuckmayer
-Kim:
7 Kipling
-Krieg und Frieden:
7 Tolstoi
-Lady Chatterley:
8 Lawrence
-Lausbubengeschichten:
5 Thoma
-Lederstrumpf:
6 Cooper
-Leonce und Lena:
8 Buechner
-Liebelei:
10 Schnitzler
-Lumpazivagabundus:
7 Nestroy
-Lysistrata:
12 Aristophanes
-Macbeth:
11 Shakespeare
-Madame Bovary:
8 Flaubert
-Maria Stuart:
8 Schiller
-Maß für Maß:
11 Shakespeare
-Medea:
7 Anouilh, 9 Euripides, 11 Grillparzer
-Meines Vaters Pferde:
4 Laar
-Michael Kohlhaas:
6 Kleist
-Minna von Barnhelm:
7 Lessing
-Nachtasyl:
5 Gorki
-Nana:
4 Zola
-Nathan der Weise:
7 Lessing
-Nora:
5 lbsen
-Odyssee:
5 Homer
-Oliver Twist:
7 Dickens
-Othello:
11 Shakespeare
-Peer Gynt:
5 lbsen
-Penthesilea:
6 Kleist
-Phädra:
6 Racine
-Professor Unrat:
4 Mann, 12 Heinrich Mann
-Pygmalion:
4 Shaw
-Robinson Crusoe:
5 Defoe
-Romeo und Julia:
11 Shakespeare
-Schinderhannes:
9 Zuckmayer
-Schuld und Sühne:
11 Dostojewski, 12 Dostojewskij
-Später Sieg:
6 Cronin
-Spiel im Schloß:
6 Molnar
-Stella:
6 Goethe
-Stiller:
6 frisch
-Tolldreiste Geschichten:
6 Balzac
-Torquato Tasso:
6 Goethe
-Tote Seelen:
5 Gogol
-Unsere kleine Stadt:
6 Wilder
-Vater Goriot:
6 Balzac
-Viel Lärm um nichts:
11 Shakespeare
-Vom Winde verweht:
8 Mitchell
-Wallenstein:
8 Schiller
-Was ihr wollt:
11 Shakespeare
-Weh dem der lügt:
11 Grillparzer
-Wem die Stunde schlägt:
9 Hemingway
-Wilhelm Meisters Lehrjahre:
6 Goethe
-Wilhelm Tell:
8 Schiller
-Winnetou:
3 May
-Woyzeck:
8 Buechner
Autoreifen:
4 Pneu
Autorennstrecke:
4 Avus, 5 Monza, 6 Le Mans,

Zolder, 7 Zeltweg, 8 Solitude, 9 Norisring, Zandvoort, 10 Hockenheim, Interlagos, 11 Silverstone, 12 Indianapolis, Nuerburgring, Watkins Glenn

Autorität:
6 Nimbus, 7 Ansehen, Geltung, 8 Renommee, 15 Persoenlichkeit

Autosternfahrt:
6 Rallye

Autotour:
5 Fahrt

Autoversicherung:
5 Kasko, 9 Teilkasko, Vollkasko

Autozubehör:
3 Rad, 4 Dach, Gurt, Heck, Hupe, Tank, 5 Achse, Feder, Felge, Haube, Kerze, Motor, Pedal, 6 Airbag, Bremse, Kolben, Lenker, Rahmen, Reifen, Steuer, Ventil, 7 Armatur, Auspuff, Blinker, Chassis, Heizung, Kuehler, Lenkrad, Lenkung, Starter, Verdeck, 8 Anlasser, Batterie, Federung, Gaspedal, Getriebe, Kupplung, Lueftung, Oelwanne, Vergaser, Zuendung, Zylinder, 9 Bereifung, Ersatzrad, Oelfilter, Schaltung, Steuerrad, Verteiler, 10 Blinklicht, Bremsbacke, Bremspedal, Fussbremse, Handbremse, Keilriemen, Kompressor, Lenksaeule, Luftfilter, Reserverad, Tachometer, Wagenheber, 11 Auspufftopf, Benzinpumpe, Kurbelwelle, Schleppseil, Schneekette, Schutzblech, Warndreieck, 12 Bremstrommel, Halogenlampe, Rueckspiegel, Scheinwerfer, Sommerreifen, Winterreifen, 13 Lichtmaschine, 14 Kupplungspedal, Scheibenbremse, 15 Scheibenwischer, Warnblinkanlage, 18 Dachgepaecktraeger

Avantgardist:
7 Neuerer, 9 Initiator, 11 Bahnbrecher, Trendsetter, Wegbereiter

Avenue:
5 Allee, 12 Hauptstrasse, 13 Prachtstrasse

Avis:
10 Mitteilung, 12 Ankuendigung

avisieren:
8 anmelden, anzeigen, 11 ankuendigen

Axt:
4 Beil

babbeln:
8 plaudern, 9 schwatzen,
10 schwaetzen
Babel:
7 Babylon
Baby:
9 Kleinkind, Saeugling,
11 Kleinstkind,
12 Neugeborenes
Babybettchen:
5 Wiege
Babydoll:
11 Nachtgewand
Babylace:
16 Spitzenstickerei
Babylon:
5 Babel
babylonische:
-Gottheit:
2 Ea, 3 Anu, 4 Apsu, Baal,
Nabo, Nabu, Nebo, Nebu,
5 Enlil, Istar, Kingu, Nintu,
Tamuz, 6 Alluta, Alluta, Marduk,
Moloch, Nanaea, Nergal,
Nimrod, Tiamat, 7 Astarte,
Ischtar, 9 Schamasch
-Hauptstadt:
5 Akkad
-Stadt:
5 Babel, 6 Nippur, Nippur,
7 Babylon
babylonischer:
-Herrscher:
6 Turmes, 8 Belsazar,
9 Hammurabi, 12 Nabopolassar,
Nebukadnezar
-Stufentempel:
8 Zikkurat
babylonisches:
-Epos:
10 Gilgamesch
-Volk:
7 Sumerer
Babynahrung:
3 Mus, 4 Brei, Saft, 5 Milch,
11 Muttermilch
Babynuckel:
9 Schnuller
Babyserviette:
4 Latz
Babysitter:
4 Amme, 5 Bonne, Nurse,
10 Kinderfrau,
14 Kindermaedchen
Babyspielzeug:
6 Rassel
Babytuch:
4 Latz, 9 Laetzchen
Babywickel:
6 Windel
bacchantisch:
4 wild, 7 trunken, 10 freudetoll
Bach:
5 Fluss, 7 Rinnsal, 9 Gewaesser,
10 Wasserlauf
Bache:
7 Wildsau, 11 Wildschwein
Backblech:
8 Backform
backbord:
5 links
Backe:
5 Wange
Backenknochen:
8 Jochbein
Backenstreich:
8 Ohrfeige, 11 Maulschelle
Bäcker:
8 Konditor, 11 Feinbaecker
Backfett:
8 Frituere
Backfisch:
4 Girl, 8 Teenager
Backgerät:
9 Nudelholz, 10 Teigroller,
12 Dressiersack
Backgewürz:
4 Anis, Zimt, 6 Safran, 7 Vanille,
8 Orangeat, Zitronat
Backlist:
11 Verzeichnis
Backmasse:
4 Teig, 8 Hefeteig
Backmittel:
2 Ei, 4 Hefe, Mehl
Backofen:
10 Backroehre, Bratroehre
Backpfeife:
8 Ohrfeige
Backpulver:
11 Treibmittel
Backrezept:
10 Kochrezept
Backrohr:
8 Backofen
Backstein:
11 Ziegelstein, 6 Ziegel,
7 Klinker, 11 Mauerziegel
Backtreibmittel:
4 Hefe, 6 Natron, 9 Sauerteig,
10 Backpulver
Backwerk:
4 Brot, Kipf, Weck, 5 Torte,
6 Brezen, Kuchen, Semmel,
Waffel, 7 Einback, Krapfen,
Nockerl, 8 Zwieback,
9 Broetchen, Lebkuchen,
Weissbrot, 10 Baumkuchen,
Salzstange, 11 Knaeckebrot
Bad:
5 Bidet, 6 Armbad, Becken,
Dusche, Kurbad, Oelbad,
Seebad, Solbad, Therme,
7 Fussbad, Handbad, Heilbad,
Kaltbad, Moorbad, Sitzbad,
Vollbad, 8 Dampfbad, Fangobad,
Tropfbad, 9 Brausebad,
Fixierbad, Schaumbad,
Wannenbad, Wellenbad,
10 Schlammbad, Schwimmbad,
Thermalbad, Wechselbad,
11 Familienbad, Moorsalzbad,
12 Heissluftbad, Swimmingpool,
13 Sauerstoffbad,
Schwimmbecken,
Wechseldusche,
16 Medizinisches Bad
Bad/Kurort:
3 Aix, Ems, Orb, Spa, 4 Arco,
Boll, Daun, Hall, Linz, Roda,
Suhl, Sulz, Unna, 5 Amrum,
Arosa, Baden, Bozen, Davos,
Flims, Graal, Ischl, Lienz,
Meran, Miami, Nizza, Oelze,
Ragaz, Soden, Sulza, Toelz,
Treis, Vichy, 6 Aachen, Aussee,
Buesum, Cammin, Cannes,
Cochem, Dieppe, Erbach,
Honnef, Ischia, Kampen,
Kochel, Koenig, Kreuth,
Lugano, Luzern, Murnau,
Ording, Ragusa, Rimini, Sachsa,
Salzig, Suelze, Uerzig, Velden,
Vilbel, Wartha, 7 Aibling,
Ajaccio, Altenau, Antibes,
Driburg, Fiesole, Gastein,
Gmunden, Hofheim, Homburg,
Kolberg, Krumbad, Landeck,
Locarno, Mosbach, Nauheim,
Ostende, Perugia, Pyrmont,
Rapallo, Ristbad, Seeheim,
Selters, Teinach, Titisee,
Todtnau, Triberg, Tutzing,
Wiessee, Wildbad, Zermatt,
8 Altenahr, Bertrich, Biarritz,
Brighton, Cuxhaven, Eisenach,
Garmisch, Goegging, Harzburg,
Hastings, Hersfeld, Karlsbad,
Miesbach, Montreux, Neuenahr,
Neustadt, Noordwyk, Oldesloe,
Osterode, Rappenau, Sassnitz,
Segeberg, Sulzbach, Todtmoos,
9 Ahrweiler, Andermatt,
Braunlage, Deauville,

Duerkheim, Duerrheim, Engelberg, Godesberg, Heilbronn, Jagstfeld, Kissingen, Kreuznach, Marienbad, Meersburg, Norddeich, Peterstal, Salzbrunn, Salzuflen, Schwartau, Starnberg, Steinhude, Villingen, Wiesbaden, Wildungen, Zinnowitz, 10 Baden Baden, Bellinzona, Bergzabern, Bernkastel, Gelnhausen, Hofgastein, Hofgeismar, Interlaken, Karlsbrunn, Kuenzelsau, Liebenzell, Oeynhausen, Rilchingen, Ruhpolding, Saeckingen, Schwalbach, Vlissingen, Wangerooge, Westerland, 11 Badenweiler, Gandersheim, Gluecksburg, Langenargen, Liebenwerda, Mergentheim, Poertschach, Reichenhall, Swinemuende, Travemuende, Ueberlingen, Warnemuende, Woerishofen, 12 Eckernfoerde, Salzdetfurth, Scheveningen, 13 Berchtesgaden, Oberlahnstein, 14 Donaueschingen, Friedrichshall, Traben-Trarbach

Badegebiet:
3 See, 4 Meer, Ufer, 5 Fluss, Teich, 6 Strand

Badegelände:
4 Lido, Ufer, 7 Gestade

Badehose:
10 Badeshorts, 11 Schwimmhose

Badekappe:
10 Bademuetze

badengehen:
7 duschen, spuelen, tauchen, waschen, 8 reinigen, 9 planschen, schwemmen, schwimmen, 10 plantschen*

baden-württembergische:
-Stadt:
3 Ulm, 4 Aach, Calw, Enge, Horb, Isny, Kehl, Lahr, 5 Aalen, Buehl, Lorch, Urach, 6 Achern, Asperg, Buchen, Mengen, Nagold, Singen, Wangen, 7 Ebingen, Haslach, Lauffen, Marbach, Rastatt, Saulgau, Wildbad, 8 Backnang, Balingen, Biberach, Bruchsal, Fellbach, Freiburg, Hornberg, Konstanz, Leonberg, Loerrach, Mannheim, Neustadt, Rottweil, Tettnang, Weinheim, Wertheim, Wiesloch, 9 Duerrheim, Esslingen, Ettlingen, Hechingen, Heilbronn, Karlsruhe, Maulbronn, Metzingen, Oberkirch, Offenburg, Pforzheim, Stuttgart, Tuebingen, Villingen, Weinsberg, 10 Baden Baden, Bietigheim, Boeblingen, Crailsheim, Geislingen, Goeppingen, Heidelberg, Heidenheim, Hockenheim, Kuenzelsau, Neckarsulm, Plochingen, Radolfzell, Ravensburg, Reutlingen, Schorndorf, Tailfingen, Tuttlingen, Waiblingen, Weingarten, 11 Ludwigsburg, Sigmaringen, Ueberlingen, 12 Freudenstadt, Kornwestheim, Schwenningen, Schwetzingen, Sindelfingen, 14 Bad Mergentheim, Donaueschingen, 15 Friedrichshafen, Schwaebisch Hall, 18 Tauberbischofsheim, 21 Villingen-Schwenningen

Bader:
7 Barbier

Bäderbehandlung:
13 Hydrotherapie

Badetuch:
8 Handtuch

Badezimmer:
3 Bad, 9 Badestube

badisches Weinbaugebiet:
7 Ortenau, 8 Breisgau, 9 Kraichgau, 11 Bergstrasse, Kaiserstuhl

Bafel:
8 Gewaesch

Bagage:
4 Pack, 5 Tross, 7 Gepaeck, 8 Gesindel

Bagatelle:
8 Lappalie, 9 Kleinkram, 10 Banalitaet, Nebensache, 11 Kleinigkeit

bagatellisieren:
12 untertreiben

Baggerloch:
9 Kiesgrube

Bahn:
3 Zug, 4 Kurs, Spur, Tram, 5 Linie, Piste, Route, Runde, 7 Tramway, 8 Streifen, Zeltteil

Bahnanlage:
5 Gleis, 6 Signal, 7 Bahnhof, 9 Stellwerk

Bahnbeamter:
9 Schaffner

bahnbrechendes Werk:
10 Pioniertat

bahnen:
5 ebnen

Bahngleisholz:
8 Schwelle

Bahnhofsvorsteher:
17 Stationsvorsteher

Bahnschiene:
5 Gleis

Bahnsteig:
6 Perron

Bahnwächter:
11 Bahnwaerter

Bai:
4 Golf, 5 Bucht, 9 Meerbusen, 11 Meeresbucht

Baisse:
9 Kurssturz

Bajazzo:
13 Possenreisser

Bajuware:
5 Bayer

Bakschischgabe:
4 Gabe, 7 Almosen, 9 Trinkgeld, 11 Schmiergeld

Bakteriengift:
5 Toxin

Bakterienart/Bakterie:
4 Coli, Koli, 6 Coccus, Kokken, Kokkus, Vibrio, 8 Spirille, Tuberkel, 9 Gonokokke, Spirillen

Balalaika:
14 Zupfinstrument

Balance:
5 Waage, 7 Schwebe, 13 Gleichgewicht

Balaton:
10 Plattensee

baldig:
4 fast, 5 frueh, 6 gleich, schier, sofort, zeitig, 7 beinahe, 8 ehestens, 10 demnaechst

Baleareninsel:
5 Ibiza, 7 Cabrera, Menorca, 8 Mallorca, 10 Formentera

Balg:
4 Haut, Leib, 5 Bauch, Goere, Wanst, 8 Luftsack, Tierhaut, 10 Puppenleib, Quaelgeist, 13 Puppenkoerper

balgen:
6 raufen, ringen, 7 rangeln,
8 pruegeln, schlagen
Balggeschwulst:
5 Zyste
Balkaneinwohner:
5 Serbe, 6 Kroate, 7 Albaner, Bulgare, Grieche, Rumaene, Slowene, 8 Albanier, Mazedone, 9 Jugoslawe
Balkangebirgszug:
6 Balkan, Pindos, 8 Rhodopen
Balkanhauptstadt:
5 Athen, Sofia, 6 Tirana, 7 Belgrad, 8 Bukarest
Balkanstaat:
8 Albanien, Kroatien, 9 Bulgarien, Rumaenien, Slowenien, 11 Jugoslawien, 12 Griechenland
Balkenform:
6 Strebe, 7 Stuetze, Traeger, 8 Langholz
Balkenstütze:
7 Konsole
Balkenüberschrift:
11 Schlagzeile
Balkonart:
5 Altan, Erker, 6 Altane, Empore, Vorbau, 7 Soeller
Balkonbedeckung:
7 Markise
Balkonpflanze:
4 Efeu, 5 Wicke, 6 Azalee, Zinnie, 7 Begonie, Fuchsie, Geranie, Lobelie, Petunie, Zyklame, 8 Eiskraut, Gloxinie, Weinrebe, 9 Balsamine, Heliotrop, Hortensie, 10 Geissblatt, Pelargonie, 11 Kaiserwinde, 15 Kapuzinerkresse
Ball:
4 Fest, 5 Kugel, Party, 6 Globus, 8 Tanzfest, 9 Spielzeug, Tanzparty, 10 Maskenfest, 11 Sportgeraet
Balladensänger:
16 Moritatensaenger
Ballen:
4 Pack, 7 Klumpen
Ballerina:
9 Taenzerin, 13 Solotaenzerin
Ballermann:
11 Schusswaffe
Ballett:
10 Tanzgruppe, Tanztruppe, 11 Buehnentanz, 12 Tanzensemble
Ballettaufführung:
4 Tanz
Ballettmitglied:
7 Taenzer, 9 Ballerina, Ballerino, Taenzerin, 11 Balletteuse, 14 Primaballerina
Ballettregisseur:
10 Choreograf*, 11 Choreograph
Ballkleidung:
4 Robe
Ballkünstler:
15 Fussballspieler
Ballonreifen:
10 Autoreifen
Ballspiel:
4 Golf, 5 Rugby, 6 Hockey, Pelota, Squash, Tennis, 7 Billard, Cricket, Kricket, Radball, 8 Baseball, Flugball, Fussball, Handball, Korbball, Minigolf, 9 Badminton, Faustball, Federball, 10 Basketball, Feldhockey, Rollhockey, Volleyball, Wasserball, 11 Tischtennis
Ballspielausdruck:
3 Aus, Tor, 7 Abseits, 8 Halbzeit
Balltreter:
15 Fussballspieler
Ballungszentrum:
15 Industriegebiet
Balneologie:
11 Baederkunde
Balsam:
5 Salbe, 6 Labsal
Balsamharz:
5 Myrre*, 6 Myrrhe
Baltenstaat:
7 Estland, Litauen, 8 Lettland
baltische:
-Hauptstadt:
4 Riga, 5 Wilna, 13 Reval, Tallinn
-Insel:
4 Moon, 5 Dagoe, Oesel
Balustrade:
9 Bruestung, Gelaender
balzen:
6 werben, 8 umwerben
bammeln:
7 haengen
bamstig:
7 protzig
banal:
4 fade, 5 flach, platt, 7 trivial, 9 laeppisch, 11 alltaeglich, 12 abgedroschen
Banalität:
9 Plattheit, 12 Trivialitaet, 16 Abgedroschenheit
Banause:
8 Ignorant, Spiesser, 10 Kleingeist, 12 Ungebildeter, 13 Spiessbuerger
banausisch:
9 ungeistig, 10 ungebildet, 14 unkünstlerisch, 15 unkuenstlerisch*
Band:
4 Gurt, 5 Combo, Faden, Litze, 6 Fessel, Kordel, Schnur, Tresse, 7 Kapelle, Strippe, 8 Borduere, Streifen, 9 Bindfaden, Orchester
Bandagierung:
5 Binde, 7 Verband, 10 Handschutz, 13 Schutzverband
bandagieren:
9 verbinden
bandartiges Gewinde:
8 Girlande
Bandbreite:
8 Spektrum
Bande:
4 Gang, Pack, Rand, 5 Horde, Meute, Schar, 6 Clique, 7 Fesseln, 8 Gesindel, 9 Beziehung, Umrandung, 10 Begrenzung, Verbindung
Bandelei:
8 Liebelei
bändigen:
7 fesseln, zaehmen, zuegeln, 11 beherrschen
Bandit:
7 Raeuber, 8 Gangster, 9 Desperado, 10 Verbrecher, 11 Wegelagerer
Bandleader:
8 Dirigent
Bandscheibenschaden:
10 Spondylose, 11 Hexenschuss
Bandschlinge:
4 Oese, 8 Schleife
bang:
10 aengstlich
Bange:
5 Angst, Sorge, 6 Furcht
Bank:
8 Sitzbank, 12 Geldinstitut
Bankansturm:
3 Run, 4 Agio, Bond

Bankeinlagen:
11 Ersparnisse
Banker:
7 Bankier
Bankett:
8 Festmahl, 9 Ehrenmahl, Seitenweg, 14 Seitenstreifen
Bankhaus:
12 Geldinstitut
Bankiersdynastie:
10 Rothschild
Bankinhaber:
7 Bankier
Bankkonto:
9 Girokonto, Sparkonto
Banknote:
5 Sorte, 6 Schein, 10 Geldschein, 14 Zehnmarkschein, 15 Fuenfmarkschein, 17 Tausendmarkschein
Bankrott:
4 Ruin, 6 Fiasko, Pleite, 7 Konkurs, 20 Zahlungsunfaehigkeit
Bankschließfach:
4 Safe, 6 Tresor
Bankwesenbegriff:
3 Bon, Run, 4 Agio, Avis, Bond, Giro, Kauf, Kurs, Mise, Zins, 5 Agent, Aktie, Bonus, Debet, Debet, Depot, Kasse, Konto, Kupon*, Saldo, Talon, 6 Aktiva, Akzept, Akzept, Bilanz, Boerse, Coupon, Faktur, Kredit, Rabatt, Scheck, Skonto, Storno, Tratte, Tratte, Valuta, Zinsen, Zinsen, 7 Allonge, Anleihe, Bargeld, Debitor, Devisen, Disagio, Diskont, Einlage, Inkasso, Kapital, Kaution, Konkurs, Offerte, Passiva, Rendite, Rimesse, Solvenz, Trassat, Wechsel, Zession, 8 Agiotage, Banknote, Bankrott, Bonitaet, Clearing, Darlehen, Effekten, Emission, Exchange, Finanzen, Floating, girieren, Guthaben, Hypothek, Inventar, Kreditor, Leitzins, Nennwert, Promesse, Prospekt, Trassant, 9 Aktionaer, Akzeptant, Arbitrage, Bezogener, Briefkurs, Deflation, Dividende, Falliment, Inflation, Insolvenz, Notierung, Provision, Sparkonto, 10 Einzahlung, Gutschrift, honorieren, Obligation, Sperrkonto, Zinstermin, 11 finanzieren, kreditieren, Spareinlage, Transaktion, 12 Amortisation, Bonifikation, Dauerauftrag, Kontokorrent, lombardieren, Nummernkonto, 18 Dispositionskredit
Bann:
4 Acht, 6 Verruf, 8 Aechtung, 10 Ausschluss, 11 Ausstossung, Verstossung.
bannen:
7 aechten
Bannfluch:
10 Bannspruch, Bannstrahl, 14 Bannerklaerung
Bannmeile:
9 Sperrzone, Weichbild, 10 Schutzzone, 11 Sperrbezirk, Sperrgebiet
Bannspruch:
8 Anathema
Bar/bar:
4 rein, 5 bloss, ledig, Theke, 6 Tresen, 9 Ausschank, Nightclub, Nightklub*, 10 Nachtlokal
Barackengebäude:
10 Holzhuette, 11 Behelfshaus, Behelfsheim, 13 Notunterkunft, 17 Behelfsunterkunft
barattieren:
8 tauschen
Barbarossas deutscher Name:
7 Rotbart
Barbecue:
4 Fest, 5 Grill
Barbier:
5 Bader, 6 Figaro, 7 Friseur, Frisoer*, 8 Coiffeur
Bärchen:
9 Teddybaer
Bardame:
11 Animierdame, 15 Animiermaedchen
Bärenart:
5 Panda, 6 Grisly, 7 Baribal, Eisbaer, 9 Braunbaer, Nasenbaer, Waschbaer, 10 Alaskabaer, Bambusbaer, Beutelbaer, Grislybaer, Kragenbaer, Lippenbaer, 11 Ameisenbaer, Brillenbaer, Malaienbaer, Schwarzbaer, 15 Kamtschatkabaer
bärenstark:
8 kraeftig
barfüßig:
7 barfuss
Bargewinn:
6 Erloes
barhäuptig:
8 barhaupt
Bark:
11 Segelschiff
Barkasse:
7 Beiboot, 9 Hafenboot, Motorboot
barmherziger Mensch:
9 Samariter
Barmherzigkeit:
7 Pietaet
Baron:
8 Freiherr
Baronesse:
13 Freifraeulein
Baronin:
8 Freifrau
Barrenstange:
4 Holm
Barriere:
6 Sperre, 8 Schranke, 10 Schlagbaum
barsch:
3 rau*, 4 grob, rauh, 6 bruesk, scharf, 12 unfreundlich
Barschart:
6 Sander, Schill, Zander, 10 Kaulbarsch, 14 Papageienfisch
Bartart:
8 Kinnbart, Vollbart, 9 Schnauzer, Spitzbart, Stutzbart, 10 Backenbart, Knebelbart, Koteletten, 11 Schnauzbart, Schnurrbart
Bartentfernung:
5 Rasur
Bartschergerät:
13 Rasierapparat
Basargelände:
5 Markt, 8 Kaufhaus, 9 Kaufhalle, Warenhaus
Basis:
5 Hafen, 6 Sockel, 7 Flaeche, 8 Standort, Unterbau, 9 Flughafen, Fundament, Grundlage, Grundzahl, Plattform, 10 Grundlinie, 11 Saeulenfuss, Stuetzpunkt, 13 Ausgangspunkt, 17 Marinestuetzpunkt
Basketballspielart:
8 Korbball

Basse:
4 Eber, 6 Keiler, 8 Wildeber
Bastard:
7 Bankert, Hybride, 9 Mischling
Bastard bei Hunden:
6 Koeter
Bastelutensil:
9 Laubsaege
Bastfaser:
4 Jute, 5 Ramie
Batterieart:
4 Akku, 11 Akkumulator, Stromquelle
Bauart:
3 Typ, 12 Konstruktion
Bauch:
4 Leib, 5 Wamme, Wampe, 7 Abdomen, 8 Hohlraum, Laderaum
bauchiges Behältnis:
4 Krug, 5 Kanne
bauchiges Weinglas:
6 Roemer
Bauchredner:
13 Ventriloquist
Bauchspeicheldrüse:
8 Pankreas
Bauer:
4 Bube, 6 Farmer, Kaefig, 8 Agrarier, Landmann, Landwirt, 10 Spielkarte, 11 Schachfigur, Vogelkaefig
bäuerlich:
8 rustikal
Bauernfänger:
6 Gauner, Nepper, 7 Luegner, 8 Heuchler, 9 Betrueger, 13 Falschspieler
Bauernhof:
3 Gut, 4 Kate, 7 Gehoeft
Bauernmagd:
4 Dirn
Bauhandwerksberuf:
5 Maler, 6 Glaser, Maurer, 8 Klempner, Tischler, Zimmerer, 9 Schlosser, Schreiner, 10 Dachdecker, Elektriker, Tapezierer, Zimmermann, 11 Anstreicher, 12 Fliesenleger, Installateur
Bauhilfsarbeiter:
10 Handlanger
Bauholz:
5 Bohle, Brett, Diele, Latte, 6 Balken, Pfette, 8 Kantholz, Rundholz, 9 Schalholz
bauliche Änderung:
5 Anbau, Umbau
Baum/-art:
4 Arve, Eibe, Erle, Espe, Ilex, Ulme, 5 Ahorn, Birke, Buche, Eiche, Esche, Linde, Palme, Pinie, Tanne, Weide, Zeder, 6 Akazie, Fichte, Foehre, Kiefer, Mispel, Pappel, 7 Laerche, Latsche, Lorbeer, Oelbaum, Platane, Ruester, Teebaum, 8 Hornbaum, Kastanie, Magnolie, Nussbaum, Pistazie, Zypresse, 9 Araukarie, Buchsbaum, Eberesche, Gummibaum, Hagebuche, Hainbuche, Judasbaum, Judenbaum, Kakaobaum, Mangobaum, 10 Feigenbaum, Kaffeebaum, Lebensbaum, Mammutbaum, Stechpalme, Weissbuche, 11 Drachenbaum, Goetterbaum, Schirmpalme, 12 Maulbeerbaum, 14 Muskatnussbaum
Baugerätschaft:
4 Kran, 5 Ramme, 6 Bagger, 9 Bulldozer, 10 Fallhammer, 12 Betonmischer, Planierraupe, 13 Loeffelbagger
Baumbereich:
3 Ast, 4 Laub, 5 Blatt, Gabel, Krone, Rinde, Stamm, Zweig, 6 Wipfel, Wurzel
Baumbestand:
4 Hain, Wald, 7 Waldung, 8 Dickicht, 9 Waeldchen, 10 Waldstueck
Baumeidechse:
6 Leguan, 10 Chamaeleon
Baumeister:
9 Architekt
Baumfrucht:
4 Nuss, 5 Apfel, Birne, Ecker, 6 Eichel, Marone, 7 Kirsche, Pflaume, 8 Kastanie, Pfirsich, 9 Buchecker, 11 Esskastanie, Tollkirsche
Baumharz:
5 Elemi
Baumrinde:
5 Borke
Baumschädling:
12 Borkenkaefer
Baumschale:
5 Rinde
Baumspitze:
6 Wipfel
Baumstraße:
5 Allee
Baumstummel:
5 Knorz
Baumuster/-vorlage:
6 Modell, 8 Maquette
Baumverzweigung:
8 Astgabel
Baumwissenschaft:
11 Dendrologie
Baumwollgewicht:
6 Ballen
Baumwollkleidungsstück:
5 Shirt
Baumwollprodukt/-gewebe:
4 Mako, Samt, 5 Krepp, Linon, Pique, 6 Chintz, Etamin, Gingan, Kattun, Nessel, Perkal, Velvet, Wallis, Zephir, 7 Frottee, Velours, 8 Moleskin, Popeline, 10 Mousseline
Baumwollpullover:
5 Nicki
Baumwollstoff:
5 Drell, Drill
bauschig:
6 puffig
Baureste:
6 Schutt
Baustein:
6 Quader, Ziegel, 7 Klinker
Baustellengelände:
8 Parzelle
Baustoff/-material/-begriff:
3 Bad, Hof, Lot, Ton, Tor, 4 Band, Bund, Chor, Dach, Ecke, Esse, Falz, Flur, Fuge, Gips, Glas, Holm, Holz, Kalk, Kies, Kitt, Lack, Lehm, Lift, Ofen, Putz, Sand, Sieb, Sims, Teer, Tuer, Walm, Wand, 5 Abort, Anbau, Anker, Basis, Beton, Block, Bogen, Bohle, Brett, Daube, Decke, Diele, Dolle, Erker, Etage, First, Front, Grube, Halle, Haspe, Kamin, Kappe, Kelle, Kreuz, Mauer, Rampe, Spund, Stein, Stiel, Stube, Stuck, Tenne, Trage, Umbau, Wange, Zelle, 6 Abakus, Arkade, Atrium, Aufzug, Balken, Becken, Bewurf, Binder, Duebel, Fliese, Giebel, Gitter, Kachel, Kammer, Keller, Klinke, Kuppel, Leiter, Loggia, Maurer, Neubau, Paneel, Pforte, Planke, Podest, Portal, Quader, Rohbau, Sattel, Schlot, Splint, Strebe, Traufe, Treppe, Zement, Zimmer, 7 Abfluss, Abtritt, Ausguss,

Baubude, Bauherr, Bauholz, Bauwerk, Bettung, Bohrung, Bruecke, Closett, Estrich, Fassade, Fenster, Galerie, Gebaelk, Geruest, Heizung, Hochbau, Keramik, Klinker, Laeufer, Leibung, Moertel, Parkett, Pfeiler, Pfosten, Schacht, Schloss, Senklot, Sparren, Spliess, Terrain, Traeger, Veranda, Verputz, Wohnung, 8 Anstrich, Baugrube, Bauplatz, Betonbau, Dachluke, Fachwerk, Findling, Gebaeude, Geschoss, Glasdach, Haustuer, Hofmauer, Jalousie, Kalktrog, Kantholz, Kapitell, Lageplan, Linoleum, Mansarde, Ornament, Parterre, Pilaster, Riemchen, Rohrputz, Rundholz, Scheitel, Schindel, Schotter, Schwelle, Speicher, Terrasse, Turmdach, Vorhalle, Walmdach, Werkzeug, Zeltdach, Zimmerer, 9 Backstein, Bandeisen, Bauschild, Betonguss, Dachboden, Dachfirst, Dachstein, Dachstuhl, Flachdach, Frontwand, Fussboden, Gelaender, Gussbeton, Hohlkehle, Kalkgrube, Kielbogen, Kreuzholz, Laufbrett, Lochstein, Mauerwerk, Pfahlrost, Plattform, Richtbaum, Richtfest, Ruestloch, Ruestzeug, Rundeisen, Schamotte, Spundwand, Steinholz, Stossfuge, Strohdach, Tuerbogen, Verschlag, Vortreppe, Wasserbau, 10 Ausschacht, Balkenkopf, Baumeister, Baupolizei, Bogensturz, Brandmauer, Dachgesims, Dachkammer, Dachreiter, Durchfahrt, Feuermauer, Flacheisen, Frontbogen, Frontmauer, Grundmauer, Grundstein, Hauskeller, Hausnummer, Hohlziegel, Isolierung, Katakomben, Satteldach, Schalbrett, Souterrain, Spitzboden, Spitzbogen, Terrakotta, Tuerfutter, Tuffziegel, Verblender, Ziegeldach, Ziergiebel, 11 Betonbalken, Betonplatte, Bodenkammer, Brandgiebel, Dachsparren, Erdgeschoss, Flachziegel, Flurfenster, Giebelfigur, Glasveranda, Hauptportal, 12 Abwaesserung, Blockverband, Bodenfenster, Eisenklinker, Eisentraeger, Fensterladen, Fenstersturz, Hochparterre, Konstruktion, Lichtschacht, Mauerverband, Obergeschoss, Schieferdach, Schindeldach, Stahltraeger, Trockenboden, Wendeltreppe, 13 Blitzableiter, Fensterrahmen, Isoliermittel, Kalksandstein, Kellerfenster, Leitergeruest, Verblendstein, Wasserleitung, Zementmoertel, Ziegeltraeger, 14 Geruestklammer, Hartbrandstein, Kellergeschoss, Schiebefenster, Tonnengewoelbe, 15 Spiegelgewoelbe, 16 Gelaenderstuetze, Mansardenfenster, Oberlichtfenster, 17 Eisenkonstruktion, 18 Dachgartenterrasse, Grundwasserspiegel

Bauwerk:
3 Dom, Tor, 4 Burg, Haus, Turm, 5 Halle, Mauer, Villa, 6 Kirche, Palais, Palast, 7 Bruecke, Denkmal, Kaserne, Schloss, Stadion, Theater, 8 Bungalow, Gebaeude, Hochhaus, Pavillon, 10 Kathedrale, 13 Wolkenkratzer

-bei Eisenach:
8 Wartburg

-in Athen:
9 Akropolis, Parthenon

-in Berlin:
8 Funkturm, Zeughaus, 9 Reichstag, 11 Fernsehturm, 12 Siegessaeule, 14 Olympiastadion, 16 Brandenburger Tor, Deutschlandhalle, 17 Gedaechtniskirche

-in Brüssel:
7 Atomium

-in Budapest:
9 Parlament

-in China:
16 Chinesische Mauer

-in Danzig:
7 Krantor, 8 Artushof, 12 Marienkirche

-in Dessau:
8 Georgium

-in Dresden:
7 Zwinger

-in Frankfurt/Main:
6 Roemer, 11 Paulskirche

-in Hamburg:
9 Elbtunnel

-in Istanbul:
11 Hagia Sophia

-in Leipzig:
20 Gohliser Schloesschen

-in London:
5 Tower, 11 Towerbridge

-in Lübeck:
10 Holstentor

-in Moskau:
5 Kreml

-in Paris:
6 Louvre, 10 Eiffelturm, 12 Triumphbogen, 13 Arc de Triomphe

-in Rom:
7 Kapitol, 9 Colosseum, Kolosseum, Petersdom, 10 Engelsburg, Titusbogen, 12 Peterskirche

-in Straßburg:
8 Muenster

-in Trier:
8 Basilika, 10 Porta Nigra

-in Venedig:
11 Dogenpalast, 12 Markuskirche, 13 Rialtobruecke

-in Washington:
7 Capitol, Kapitol, 11 Weisses Haus

bayerische:

-Bodenseestadt:
6 Lindau

-Dynastie:
13 Wittelsbacher

-Hauptstadt:
8 Muenchen

-Landschaft:
8 Chiemgau

-Porzellanstadt:
4 Selb

-Stadt:
2 Au, 3 Hof, 4 Cham, Lauf, Rohr, Rott, Seeg, Selb, 5 Bruck, Naila, Rehau, 6 Alfeld, Coburg, Dachau, Fuerth, Landau, Lindau, Neu Ulm, Passau, Roding, 7 Aibling, Aichach, Alzenau, Ansbach, Bamberg, Fuessen, Hofheim, Kelheim, Kronach,

Nabburg, Neuburg, Simbach, Zwiesel, 8 Augsburg, Bad Toelz, Erlangen, Freising, Garmisch, Grafenau, Kehlheim, Kraiburg, Kulmbach, Landshut, Miesbach, Muenchen, Neunburg, Neustadt, Penzberg, Schongau, Sulzbach, Weilheim, 9 Abensberg, Dillingen, Forchheim, Friedberg, Griesbach, Guenzburg, Karlstadt, Kissingen, Koetzting, Landsberg, Memmingen, Muehldorf, Obernburg, Plattling, Rosenheim, Schwabach, Starnberg, Straubing, Uffenheim, Vilshofen, Wertingen, Wolfstein, Wunsiedel, 10 Altoetting, Beilngries, Brueckenau, Dingolfing, Eichstaett, Hammelburg, Hoechstadt, Ingolstadt, Kaufbeuren, Mindelheim, Muenchberg, Oberstdorf, Ochsenfurt, Regensburg, Rothenburg, Schwandorf, Vilsbiburg, Wasserburg, 11 Eggenfelden, Illertissen, Mallersdorf, Noerdlingen, Schweinfurt, Taufkirchen, 12 Dinkelsbuehl, Feuchtwangen, Hilpoltstein, Koenigshofen, Pfaffenhofen, Pfarrkirchen, Waldmuenchen, 13 Aschaffenburg, Ebermannstadt, Mellrichstadt, Tirschenreuth, 14 Bad Reichenhall, Schrobenhausen, Schwabmuenchen, 15 Marktheidenfeld, 21 Garmisch Partenkirchen
-Symbolfigur:
7 Bavaria
-Universitätsstadt:
6 Passau, 7 Bamberg, 8 Augsburg, Bayreuth, Erlangen, Muenchen, 9 Nuernberg, 10 Regensburg
bayerischer:
-Berg:
5 Arber, Osser, 8 Watzmann, 9 Zugspitze, 11 Wendelstein
-Bierkrug:
4 Mass, 8 Masskrug
-Bildhauer:
15 Riemenschneider
-Fluss:
3 Ilm, Inn, 4 Isar, Lech, Main, Naab, Rott, Vils, 5 Aisch, Amper, Donau, Iller, Wuerm, 6 Mindel, 7 Pegnitz, Salzach, Wertach, 8 Altmuehl
-Herzog:
5 Odilo, 7 Tassilo
-Historiker:
6 Aretin
-Klosterlikör:
7 Ettaler
-Komiker:
8 Valentin, 10 Weissferdl
-Maler:
4 Asam, 6 Haider
-Politiker:
4 Ertl, 5 Ehard, 6 Goppel, 7 Stoiber, Strauss, Streibl
-Regierungsbezirk:
7 Franken, 8 Schwaben, 9 Oberpfalz, 10 Oberbayern, 11 Oberfranken, 12 Niederbayern, Unterfranken, 13 Mittelfranken
-Rettich:
4 Radi
-Schriftsteller:
5 Thoma, 9 Ganghofer
-See:
6 Eibsee, 7 Riegsee, Simssee, 8 Ammersee, Badersee, Chiemsee, Wuermsee, 9 Hopfensee, Kochelsee, Tegernsee, 10 Koenigssee, Schliersee, Staffelsee, Walchensee, Weissensee, 11 Waginger See, 14 Starnberger See
-Volkssport:
12 Fingerhakeln
-Volkstanz:
13 Schuhplattler
bayerisches:
-Benediktinerkloster:
5 Ettal
-Goldstück:
6 Maxdor
-Herrschergeschlecht:
11 Wittelsbach
-Mädchen:
6 Dirndl
-Schloß:
11 Nymphenburg, 14 Herrenchiemsee, Hohenschwangau, Neuschwanstein
-Volksfest:
11 Oktoberfest
beabsichtigt:
7 geplant, 10 intendiert
beachtlich:
4 sehr, toll, 8 grandios, imposant, 9 bedeutend, bedeutsam, 10 grossartig, 11 imponierend, 13 eindrucksvoll
Beamtentitel/Beamter:
3 Rat, 6 Baurat, Hofrat, Rektor, 7 Amtmann, Amtsrat, Attaché, Kanzler, Postrat, 8 Assessor, Direktor, Foerster, Minister, Schulrat, 9 Assistent, Inspektor, Kommissar, Konrektor, Professor, Sekretaer, 10 Praesident, 12 Bundesanwalt, Forstmeister, Legationsrat, Staatsanwalt, 13 Oberinspektor, 14 Ministerialrat, 15 Amtsgerichtsrat, Staatssekretaer, 16 Senatspraesident
beanstanden:
6 tadeln, 8 monieren, 11 reklamieren
Beanstandung:
5 Ruege, Tadel
bearbeiten:
10 redigieren, 11 kultivieren
beaufsichtigen:
6 hueten, warten
Beaufsichtiger:
10 Inspizient
Beauftragter:
5 Agent, Organ, 9 Kommissar, Vertreter, 11 Abgesandter, Funktionaer
Beben/beben:
5 Trema, 6 Tremor, 7 Zittern, 9 Vibration, vibrieren
bebildern:
12 illustrieren
Becher:
4 Glas, 5 Kelch, Pokal, 12 Trinkgefaess
Beckenform:
5 Mulde, Wanne, 6 Bassin, Kessel, Schale, Zimbel
Bedachtheit:
4 Ruhe, 7 Umsicht, 8 Sorgfalt, Vorsicht, 11 Ueberlegung
bedauerlicherweise:
6 leider
Bedauern:
4 Reue, 7 Mitleid, 9 Leidwesen, 10 Mitgefuehl, 11 Anteilnahme
bedauernswert:
3 arm, 7 elendig, unselig,

8 aermlich, armselig, duerftig, 9 miserabel, 11 kuemmerlich
Bedeckung:
6 Geleit, Schutz, 7 Eskorte, 9 Geleitung
Bedenken:
6 Kritik, 7 Reserve, Skepsis, Skrupel, Zweifel
bedenklich:
6 dubios, mulmig, 7 ominoes, prekaer, suspekt, 8 kritisch, 11 verdaechtig, zweifelhaft
bedeppert:
8 verlegen
bedeuten:
6 gelten, 7 besagen, heissen
bedeutend:
5 gross, 8 beruehmt, wertvoll, 9 gewichtig, prominent
Bedeutung:
4 Idee, Sinn, Wert, 6 Belang, Gehalt, 7 Ansehen, Geltung, Gewicht, 8 Relevanz
bedeutungslos:
4 fade, 5 banal, platt, 6 gering, 9 unwichtig, 10 irrelevant
bedeutungsverwandt:
7 synonym
bedienen:
10 abfertigen, 12 fertig machen
Bediensteter:
6 Kustos, 7 Beamter
Bedientenrolle:
10 Nebenrolle
Bedienungsbereich an Maschinen:
7 Armatur
Bedienungsbezahlung:
6 Servis, 7 Service
Bedienungspersonal:
4 Ober, 7 Kellner, Service, 9 Kellnerin
Bedienungszuschlag:
9 Trinkgeld
bedingter Strafnachlaß:
10 Bewaehrung, 16 Bewaehrungsfrist
Bedingung:
7 Auflage, 9 Kondition, Reglement, Vorbehalt
bedingungslos:
7 absolut
bedrängte Lage:
5 Armut, Elend
Bedrängtheit:
3 Not, 4 Leid, 5 Armut, Elend, 6 Klemme, 7 Engpass, Notlage, 8 Drangsal, 10 Bredouille, 13 Schwierigkeit
bedrohen:
6 drohen, 8 noetigen
bedrückendes Schlaferlebnis:
8 Albtraum*, Alptraum
bedrückt:
10 sorgenvoll, 12 schwermuetig
Bedürfnis:
6 Mangel, 8 Notdurft, 9 Verlangen
bedürfnislos:
7 einfach, 8 schlicht, 9 asketisch, 10 bescheiden
bedürftig:
3 arm, 5 elend, 9 mittellos, 10 Not leidend*, notleidend
Beefsteak:
11 Fleischkloß
beeiden:
11 beschwoeren, versprechen
beeindrucken:
10 imponieren
beeindruckend:
8 imposant, 12 faszinierend
beeinflußbar:
5 labil, 11 suggestibel
beeinflussen:
6 lenken, 7 anregen, 9 einwirken, 11 suggerieren, 13 hypnotisieren
Beeinflussungsform:
7 Hypnose, 9 Steuerung, 10 Suggestion, 11 Inspiration, 12 Manipulation
Beelzebub:
6 Teufel
beendet:
3 aus, 6 fertig, vorbei
beerdigen:
8 begraben, 9 beisetzen, bestatten
Beerdigungsart:
10 Begraebnis, Beisetzung, Bestattung
Beet:
7 Rabatte
Beeteinfassung:
7 Rabatte
Befähigung:
6 Anlage, Talent, 7 Eignung, Koennen, 8 Begabung, Fakultas, 9 Qualitaet, 10 Fertigkeit, 13 Qualifikation
befahrbar:
10 passierbar
befallen:
9 verfolgen, 10 heimsuchen
befangen:
5 scheu, 7 gehemmt, 8 verlegen, 9 einseitig, 10 aengstlich, 11 schuechtern, 14 voreingenommen
befehden:
9 bekriegen
Befehlsart:
4 Ukas, 5 Gebot, Order, 6 Dekret, Erlass, 7 Auftrag, Weisung, 8 Kommando, 9 Anordnung, Anweisung
Befehlsform:
9 Imperativ
Befehlshaber:
10 Kommandant, Kommandeur
Befestigung:
4 Wehr, 7 Fassung
Befestigungsgebäude:
4 Burg, Fort, 5 Feste, 7 Kastell, 9 Zitadelle
Befestigungsutensil:
3 Tau, 4 Band, Clip, Gips, Keil, Leim, Niet, 5 Anker, Folie, Hafte, Nadel, Nagel, Stift, 6 Duebel, Klemme, Spange, Zement, 7 Klammer, 8 Kleister, Schraube, 9 Klebstoff, Kunstharz, 10 Klebefolie, Reissnagel, Stecknadel, 11 Heftklammer, 14 Waescheklammer, 16 Sicherheitsnadel
befeuern:
10 anstacheln
Befinden:
7 Ergehen, Zustand, 10 Verfassung
beflaggen:
9 bewimpeln
beflecken:
11 beschmutzen
beflissentlich:
5 emsig, 6 eifrig, 7 bemueht, 8 fleissig, 9 eilfertig, gefaellig
befördern:
6 senden, 9 spedieren, 14 transportieren
befördert werden:
10 avancieren
Beförderungsgerät:
3 Bus, Lkw, Pkw, Rad, 4 Auto, Bahn, Kahn, Kanu, Krad, Lift, Taxi, Tram, 5 Floss, S-Bahn, U-Bahn, 6 Faehre, Laster, Schiff, 7 Autobus, Dampfer, Omnibus, Postbus, Skilift, 8 Bergbahn, Droschke, Flugzeug, Hochbahn,

Lastauto, Motorrad, Seilbahn, 9 Eisenbahn, Lastwagen, Taxameter, 10 Helikopter, Kraftwagen, Luftschiff, Rolltreppe, Triebwagen, Trolleybus, 11 Schwebebahn, 12 Strassenbahn, 13 Kraftfahrzeug, 14 Untergrundbahn

befrackt:
9 bekleidet

Befragungsart:
4 Test, 7 Umfrage, 9 Interview, Recherche, 12 Konsultation

befreien:
6 loesen, retten, 8 erloesen, 9 entbinden, entlassen, 12 dispensieren

Befreiung:
6 Ablass, Indult, 7 Dispens, Rettung, 9 Erloesung, 10 Absolution, Degagement, 12 Emanzipation

befremdlich:
8 frappant

befrieden:
14 Frieden stiften

befriedigen:
7 stillen, 8 abfinden, 9 erfuellen, 11 entsprechen

befristen:
11 terminieren

Befruchtung:
10 Konzeption, Kopulation, 11 Empfaengnis

befugen:
11 berechtigen, 12 ermaechtigen

Befugnis:
5 Recht, 6 Lizenz, 8 Anspruch, 9 Erlaubnis, Kompetenz, Vollmacht, 11 Genehmigung, 12 Autorisation, Berechtigung, Legitimation, 13 Autorisierung, Ermaechtigung

befühlen:
6 tasten, 10 beruehren,

Befund:
7 Zeugnis, 8 Diagnose, Ergebnis, Resultat, 9 Gutachten, 12 Begutachtung, Feststellung

begabt:
4 klug, 6 faehig, 8 begnadet, geeignet, 9 veranlagt, 10 talentiert, 11 intelligent

Begabung:
5 Genie, 6 Anlage, Talent, 8 Ingenium, 10 Faehigkeit

begaffen:
7 ansehen

begegnen:
7 treffen

Begegnung:
5 Match, Spiel, Treff, 7 Meeting, Treffen, 10 Rendezvous, 13 Zusammenkunft, 15 Zusammentreffen

begehbar:
9 betretbar, 11 zugaenglich

Begehren:
5 Trieb, 6 Wunsch, 7 Geluest, 8 Begierde, Postulat, 9 Forderung, Verlangen, 12 Leidenschaft

begeistert:
9 entzueckt, 11 hingerissen, 14 enthusiastisch

Begeisterung:
4 Elan, 5 Eifer, Jubel, Verve, 6 Freude, Furore, Taumel, 7 Beifall, Ekstase, Hingabe, Schwung, 8 Inbrunst, 10 Entzuecken, 12 Enthusiasmus

Begierde:
4 Gier, Lust, 5 Drang, Trieb, 6 Begehr, Libido, Wunsch, 8 Begehren

begierig:
7 erpicht

Beginn:
5 Start, 6 Anfang, 7 Anbruch, Auftakt, 8 Ursprung, 10 Eroeffnung, 13 Ausgangspunkt

beginnen:
7 starten, 8 anfangen, 10 initiieren

Beglaubigungsnachweis:
6 Attest, Diplom, Schein, Testat, 7 Urkunde, 8 Dokument, 10 Akkreditiv, Vidimation, Zertifikat, 12 Legitimation

Beglaubigungsschreiben:
10 Akkreditiv

begleichen:
6 tilgen, zahlen, 8 abgelten, bezahlen, loeschen, 10 bereinigen

Begleichung:
7 Zahlung

Begleiter:
6 Freund, Sozius, 7 Kamerad, 8 Satellit, 9 Gefaehrte, 11 Gefolgsmann

-der Aphrodite:
4 Amor, Eros, 6 Cupido, Kupido

-der höchsten römischen Staatsdiener:
8 Liktoren

-der Toten in die Unterwelt:
6 Hermes

-der Venus:
4 Amor, Eros, 6 Cupido, Kupido

-des Amor:
9 Amoretten

-des Apollo:
5 Greif

-des Apostels Paulus:
5 Titus, 8 Barnabas

-des Bacchus:
4 Faun, 5 Silen, 7 Silenos, 8 Maenaden

-des Dionysos:
4 Faun, 5 Satyr, Silen

-des Don Giovanni:
9 Leporello

-des Don Quichote:
11 Sancho Pansa

-des Jason:
6 Kastor, Neleus, Peleus, 7 Admetos, Telamon, Theseus, 8 Euphemos, Herakles, 10 Argonauten

-des Nikolaus:
8 Ruprecht, 14 Knecht Ruprecht

-des Orest:
7 Pylades

-des Telemach:
6 Mentor

-eines Planeten:
4 Mond

-Karls des Großen:
6 Alkuin, 7 Einhard, 8 Paladine

-Robinsons:
7 Freitag

-von Karl dem Großen:
6 Alkuin, 7 Einhard, 8 Paladine

-von Karl May im Orient:
5 Halef

-von Orest:
7 Pylades

-von Robinson:
7 Freitag

Begleitung:
6 Geleit, 7 Eskorte, Gefolge

beglücken:
8 erfreuen

beglückwünschen:
11 gratulieren

begnadet:
6 begabt

Begnadigungsform:
6 Pardon, 8 Amnestie,

9 Vergebung, 10 Absolution, Verzeihung, 11 Straferlass
Begräbnismahl:
14 Leichenschmaus
Begräbnisort:
4 Grab, 5 Gruft, 6 Krypta, 8 Friedhof, Kirchhof, 9 Katakombe, Mausoleum
begreifen:
8 erkennen, kapieren, 9 verstehen
begrenzen:
10 limitieren, 12 beschraenken, 13 determinieren, einschraenken
begrenzt:
3 eng, 5 knapp, 9 limitiert, 11 beschraenkt
Begrenzung:
4 Rand, Saum, Zaun, 5 Bande, Kante, Limes, Limit, Mauer, Seite, 6 Grenze, 10 Limitation
Begriffsgattung:
3 Art
Begriffsklärung:
10 Definition
Begründer:
-der Anthroposophie:
7 Steiner
-der Berliner Akademie:
7 Leibniz
-der Berliner Universität:
8 Humboldt
-der katholischen Gesellenvereine:
7 Kolping
-der Mengenlehre:
6 Cantor
-der Mineralogie:
8 Agricola
-der modernen Türkei:
8 Atatuerk
-der neuen olympischen Spiele:
9 Coubertin
-der optischen Werke in Jena:
5 Zeiss
-der Psychoanalyse:
5 Freud
-der Relativitätstheorie:
8 Einstein
-der Sowjetunion:
5 Lenin
-des deutschen Postwesens:
7 Stephan
-des Jesuitenordens:
6 Loyola
-des politischen Zionismus:
5 Herzl
-des Völkerbundes:
6 Wilson
begründet:
8 fundiert
begründeter Tatbestand:
5 Indiz
Begünstigung der Angehörigen:
10 Nepotismus, 17 Vetternwirtschaft
behaarte Tierhaut:
4 Fell
behaglich:
6 bequem, mollig, 8 angenehm, 10 gemuetlich
Behandlung:
6 Pflege, 7 Wartung
Behandlungszimmer:
12 Ambulatorium
beharrlich:
4 fest, 6 stetig, 8 konstant, 10 konsequent, 11 hartnaeckig
Behauptung:
5 These, 6 Angabe, 7 Aussage, Meinung
behelfsmäßig:
11 notduerftig, 12 provisorisch
Beherbergungsunternehmen:
5 Hotel, Motel, 8 Herberge
beherrscht:
7 gefasst, 13 diszipliniert
beherzt:
5 kuehn, mutig, 6 tapfer, 10 couragiert
behilflich:
9 gefaellig
Behörde:
3 Amt, 5 Buero, 6 Bauamt, Fiskus, Kammer, 7 Gericht, Polizei, 8 Meldeamt, 9 Finanzamt, Jugendamt, Kulturamt, Magistrat, Regierung, Sozialamt, 10 Arbeitsamt, Standesamt, Verwaltung, 11 Katasteramt, Ministerium, 12 Dienststelle
behördlich zugelassen:
10 approbiert
behutsam:
5 sacht, 7 achtsam, 8 schonend, 10 vorsichtig
beidäugig:
9 binokular
beiderseitig:
9 bilateral
Beifahrer:
6 Sozius
Beifall:
3 Lob, 5 Jubel, 6 Furore, 7 Applaus, Ovation, 10 Zustimmung, 11 Akklamation
Beifügung:
6 Anlage, 10 Apposition, 11 Attribution
Beigabe:
6 Anhang
Beil:
3 Axt, 5 Barte
Beilage:
6 Anlage, 8 Beiblatt, 10 Ergaenzung
Beileid:
9 Teilnahme, 11 Anteilnahme
beinahe:
4 fast
Beiname:
8 Kognomen
-Dantes:
9 Alighieri
-der Aphrodite:
6 Kypris, 10 Anadyomene, Kallipygos
-der Demeter:
5 Chloe
-der Juno:
6 Moneta
-des Apoll:
7 Musaget, Phoebus
-des Buddha:
6 Gotama, 7 Gautama
-des Generalfeldmarschalls Rommel:
12 Wuestenfuchs
-des Janus:
6 Bizeps
-des Judas:
9 Ischariot
-des Jupiter:
7 Pluvius
-des römischen Kaisers Oktavian:
8 Augustus
-Friedrich Wilhelms I. von Preußen:
14 Soldatenkoenig
-General Francos:
8 Caudillo
-Jesu:
7 Heiland, 8 Christus, 9 Nazarener
-Kaiser Friedrichs I.:
7 Rotbart, 10 Barbarossa
-Ludwigs XIV.:
12 Sonnenkoenig

-Richards I.:
10 Loewenherz
Beinbekleidung:
4 Hose
Beinbereich:
4 Fuss, Knie, Wade, 8 Schenkel, 9 Kniekehle, 10 Schienbein, 12 Oberschenkel, 13 Unterschenkel
Beingelenk:
4 Knie
Beisatz:
10 Apposition
Beisitzer:
8 Assessor
Beispiel:
6 Muster, 7 Exempel
beispielhaft:
11 vorbildlich, 12 exemplarisch, 13 mustergueltig
Beißutensil:
4 Zahn
Beistand:
5 Hilfe, 6 Helfer, 7 Adlatus, 9 Assistenz, 14 Unterstuetzung
Beitrag:
6 Abgabe, Anteil, Umlage, 7 Gebuehr, Praemie, 10 Scherflein
Beitreibungsform:
7 Inkasso, 10 Einziehung
Beiwerk:
8 Staffage
Beiwort:
8 Adjektiv
bejahende Zustimmung:
11 Affirmation
bekannt:
7 ruchbar, 8 vertraut, 9 angesehen, notorisch
Bekenntnisform:
5 Lehre, 6 Glaube, 8 Religion, 10 Konfession, 11 Gestaendnis
beköstigen:
7 naehren, speisen, 8 bewirten
Bekräftigungsmittel:
3 Eid, 6 Siegel
belanglos:
9 unwichtig, 10 irrelevant, 14 nebensaechlich
Belanglosigkeit:
8 Lappalie, 9 Bagatelle
Belegschaft:
8 Personal, 10 Mannschaft
belegt:
6 heiser
beleibt:
4 dick, 9 korpulent
beleidigende Aussage:
6 Insult, 7 Affront, Injurie, 9 Kraenkung
beleidigt:
7 pikiert
beleuchtet:
4 hell
Beleuchtung:
5 Licht
Beleuchtungsgerät:
5 Ampel, Kerze, Lampe, 6 Fackel, 7 Lampion, Laterne, Leuchte
Belgier:
5 Flame, 7 Wallone
belgische:
-Autorennstrecke:
6 Zolder
-Industriestadt:
8 Luettich, 9 Charleroi
-Landschaft:
7 Brabant, Limburg, 8 Ardennen, Flandern, Hennegau, 9 Haspengau
belgischer:
-Badeort:
3 Spa, 7 Ostende
-König:
6 Albert, 7 Leopold, 8 Baudouin
-Maler:
9 Margritte
-Nobelpreisträger für Chemie:
9 Prigogine
-Nobelpreisträger für Frieden:
4 Pire, 9 Beernaert, 10 La Fontaine
-Nobelpreisträger für Literatur:
11 Maeterlinck
-Nobelpreisträger für Medizin:
6 Bordet, Claude, 7 Heymans
-Radrennfahrer:
6 Merckx
belgisches:
-Seebad:
3 Spa, 6 Knokke, 7 Ostende
beliebt:
7 begehrt, gaengig, gefragt, 8 populaer, 10 geschaetzt
Beliebtheit:
7 Achtung, Ansehen, 12 Popularitaet
Belohnung:
5 Preis, 7 Praemie, 10 Verguetung, 12 Auszeichnung
belustigend:
7 komisch, spassig, 10 erheiternd
Bemächtigung:
7 Zugriff, 9 Aneignung, 10 Okkupation
bemerkenswert:
7 wichtig, 9 bedeutend, 11 interessant, 15 aufschlussreich
Bemerkung:
4 Wort, 5 Notiz, 6 Kritik, 8 Fussnote, 9 Ausspruch, Kommentar, 10 Erklaerung
benebelt:
9 betrunken
Benediktinerkloster:
4 Melk, 5 Ettal, 6 Beuron, Corvey, 10 Einsiedeln, Maria Laach
Benefiz:
14 Wohltaetigkeit
Benehmen:
3 Art, 7 Alluere, Anstand, 8 Allueren, Betragen, Etikette, Manieren, 9 Verhalten, 11 Umgangsform
Beneluxstaat:
7 Belgien, 9 Luxemburg, 11 Niederlande
benetzen:
7 naessen, 8 sprengen
Bengel:
5 Junge, Range, 6 Flegel, 7 Lausbub, Luemmel, 8 Wildfang, 10 Lausejunge
Benjamin:
9 Juengster
Benommenheit:
5 Sopor
benoten:
9 zensieren
benummern:
11 nummerieren
Benzingefährt:
4 Auto
Benzingefäß:
4 Fass, Tank, 8 Kanister
Beobachtung:
11 Observation
bepacken:
5 laden, 7 beladen
bequem:
4 faul, 6 kommod, leicht, 7 passend, 8 angenehm, guenstig, 10 gemuetlich, 11 komfortabel
Bequemlichkeit:
7 Komfort

Berater:
5 Tutor, 6 Mentor, 8 Ratgeber, 10 Konsultant
Beratschlagung:
9 Gespraech
berechenbar:
8 absehbar
Berechnung:
7 Kalkuel, 11 Kalkulation
berechtigen:
7 befugen, 8 erlauben, 12 autorisieren, ermaechtigen
beredt:
8 eloquent
Beregnung:
11 Berieselung
Bereich:
4 Zone, 6 Bezirk, Gebiet, Gegend, Region, 7 Sektion, 8 Distrikt
bereisen:
8 befahren, besuchen
bereit:
5 parat, 6 fertig, willig, 7 willens, 9 geruestet
bereits:
5 schon, 7 laengst
Bereitschaftsdienst:
11 Tagesdienst
bereuen:
8 bedauern
Berg:
-am Rhein:
11 Drachenfels
-am Vierwaldstättersee:
4 Rigi
-auf den Philippinen:
3 Apo, 5 Mayon, 9 Malaspina
-auf Island:
5 Askja, Hekla, 11 Bardarbunga
-auf Korsika:
5 Cinto
-auf Kreta:
3 Ida
-auf Madeira:
5 Ruivo
-auf Sizilien:
5 Aetna
-bei Athen:
8 Hymettos
-bei Berchtesgaden:
8 Watzmann, 12 Obersalzberg
-bei Bregenz:
8 Pfaender
-bei Innsbruck:
4 Isel, 13 Patscherkofel
-bei Jerusalem:
7 Oelberg, 8 Golgatha
-bei Kapstadt:
9 Tafelberg
-bei Kitzbühel:
10 Hahnenkamm
-bei Königswinter:
11 Drachenfels
-bei Luzern:
4 Rigi, 7 Pilatus
-bei Oberstdorf:
9 Nebelhorn
-bei Rio de Janeiro:
9 Zuckerhut
-bei Wien:
10 Kahlenberg, 12 Leopoldsberg
-bei Zermatt:
10 Matterhorn
-der Hohen Tauern:
6 Hafner, 7 Ankogel
-der Salzburger Kalkalpen:
11 Moenchsberg
-des Ida-Gebirges auf Kreta:
5 Leuka
-im Allgäu:
8 Gruenten, 9 Nebelhorn
-im Bayerischen Wald:
5 Arber
-im Berner Oberland:
5 Eiger, 6 Moench, 8 Jungfrau, 10 Wetterhorn, 11 Schreckhorn
-im Breisgau:
11 Kaiserstuhl
-im Erzgebirge:
8 Keilberg, 9 Auersberg, 11 Fichtelberg, Rammelsberg
-im Harz:
7 Brocken
-im Himalaja:
6 Makalu, 9 Annapurna, 11 Nanga Parbat, 12 Mount Everest
-im Kanton Bern:
6 Gurten
-im Kaukasus:
6 Elbrus, Kasbek
-im Odenwald:
7 Malehen, 9 Melibokus, 11 Koenigstuhl, 12 Katzenbuckel
-im Riesengebirge:
10 Sturmhaube, 11 Schneekoppe
-im Schwarzwald:
6 Kandel, 7 Kniebis, 8 Feldberg, Hornkopf, 12 Schauinsland
-im Siebengebirge:
11 Drachenfels
-im Taunus:
8 Feldberg
-im Teutoburger Wald:
9 Bielstein
-im Wettersteingebirge:
8 Kreuzeck, 9 Alpspitze, Zugspitze
-in Afrika:
5 Kenia, 7 Kirunga, Mawensi, 8 Kuroworo, 9 Ruwenzori, Tafelberg, 11 Kamerunberg, 14 Kilimandscharo
-in Amerika:
9 Aconcagua, Mac Kinley, 12 Popocatepetl
-in Anatolien:
6 Ararat, Uludag
-in Argentinien:
9 Aconcagua
-in Armenien:
6 Ararat
-in Asien:
7 Everest, 8 Demawend, 11 Fudschijama, Nanga Parbat
-in Äthiopien:
10 Ras Daschan
-in den Abruzzen:
9 Gran Sasso
-in den Alpen:
4 Isel, Rigi, 5 Albis, Eiger, 6 Moench, Ortler, 7 Ankogel, Arlberg, Bernina, Pilatus, Saentis, 8 Jungfrau, Pfaender, Watzmann, 9 Dachstein, Hochstuhl, Montblanc, Monte Rosa, Nebelhorn, Venediger, Zugspitze, 10 Matterhorn, Wetterhorn, 13 Grossglockner, Kitzsteinhorn, 14 Finsteraarhorn, Grossvenediger
-in den Vogesen:
7 Belchen, 14 Grosser Belchen, Kleiner Belchen
-in der Rhön:
11 Wasserkuppe
-in der Türkei:
6 Ararat
-in der Venedigergruppe:
16 Dreiherrenspitze
-in Griechenland:
5 Olymp
-in Indien:
3 Abu
-in Indonesien:
3 Awu
-in Kalifornien:
11 Mount Wilson, 12 Mount Palomar

-in Mittelitalien:
12 Monte Cassino
-in Oberschlesien:
8 Annaberg
-in Palästina:
5 Tabor
Bergbahn:
4 Lift, 8 Seilbahn, 10 Sessellift, 11 Schwebebahn, Zahnradbahn
Bergbauanlage:
4 Kaue, Mine, 5 Grube, Zeche, 8 Bohrloch, 11 Foerderband, Foerderkorb, Foerderturm
Bergbaubegriff:
3 Ort, 4 Ader, Gang, Haue, Hunt, Kaue, Korb, Mine, 5 Abbau, Bruch, Floez, Halde, Sohle, Streb, Teufe, Zeche, 6 Abraum, Gezaeh, Mutung, Schurf, 7 Gebrech, Stempel, Stollen, Strecke, Tagebau, Versatz, 8 Geleucht, Strebbau
Bergbauer:
4 Senn, 12 Bergbewohner
Bergbaum:
7 Latsche
Bergbewohner:
7 Aelpler, Bergler, 9 Gebirgler
Bergblume:
6 Arnika, Enzian, 9 Alpenrose, Edelweiss
Bergeinschnitt:
3 Tal
Berggasthof:
5 Baude
Berggipfel:
3 Pic, Pik, Piz, 4 Horn, Peak, Pico, 6 Gipfel
Berglöwe:
4 Puma
Bergrücken:
4 Grat, Kamm
Bergsturz:
9 Erdrutsch
Bergtier:
4 Gams, 5 Gemse, 6 Gaemse*, 9 Steinbock
Bergübergang:
4 Pass
Bergwiese:
3 Alm, Alp, 4 Alpe, 5 Matte
Bericht:
4 Avis, 6 Exposé, Report, 7 Exposee*, Rapport, Referat, 8 Bulletin, 9 Reportage, 10 Erzaehlung, Mitteilung, 11 Darstellung, Information, Schilderung
Berichter:
8 Referent, Reporter, 13 Korrespondent
Berichtigung:
7 Dementi
berüchtigt:
8 schlecht, verrufen
berückend:
7 huebsch
berufliche Tätigkeit:
3 Job, 4 Amme, Arzt, 6 Arbeit, Butler, Dozent, Dreher, Fahrer, Farmer, Funker, Geiger, Gerber, Gipser, Glaser, Heizer, Jurist, Kumpel, Lehrer, Lektor, Makler, Maurer, Melker, Mesner, Metier, Polier, Reeder, Rektor, Seiler, Setzer, Soldat, Winzer, 7 Advokat, Aerztin, Akrobat, Amtmann, Baecker, Bankier, Barbier, Bardame, Beamter, Bremser, Cellist, Chirurg, Dechant, Dentist, Dichter, Drogist, Drucker, Faerber, Fischer, Friseur, Frisoer*, Geologe, Gewerbe, Giesser, Graveur, Hebamme, Kellner, Koechin, Koehler, Komiker, Kraemer, Kuester, Maelzer, Manager, Masseur, Matrose, Messner*, Metzger, Mueller, Muenzer, Musiker, Optiker, Pfarrer, Pfleger, Pianist, Portier, Richter, Saenger, Sattler, Schmied, Seemann, Steiger, Taenzer, Taucher, Toepfer, Trainer, Zoologe, 8 Antiquar, Assessor, Astronom, Bergmann, Chefarzt, Chemiker, Coiffeur, Croupier, Detektiv, Diplomat, Direktor, Dirigent, Dompteur, Erzieher, Facharzt, Foerster, Fotograf*, Friseuse, Gaertner, Gastwirt, Grafiker*, Jongleur, Juwelier, Kapitaen, Kaufmann, Konditor, Kutscher, Landwirt, Layouter, Lehrerin, Masseuse, Modistin, Naeherin, Offizier, Organist, Physiker, Polizist, Postbote, Priester, Provisor, Reporter, Schaefer, Schiffer, Schuster, Spengler, Syndikus, Tankwart, Theologe, Tierarzt, Tischler, Troedler, Verleger, Wachmann, Zahnarzt, Zimmerer, Zoellner, 9 Apotheker, Architekt, Astrologe, Astronaut, Ballerina, Bildhauer, Boettcher, Botaniker, Chauffeur, Disponent, Dramaturg, Drechsler, Expedient, Fabrikant, Flaschner, Fleischer, Grafologe*, Graphiker, Hutmacher, Ingenieur, Intendant, Kassierer, Komponist, Korrektor, Lackierer, Manikuere, Mannequin, Mediziner, Missionar, Paedagoge, Pedikuere, Pflegerin, Pfoertner, Philosoph, Pianistin, Politiker, Produzent, Professor, Publizist, Redakteur, Regisseur, Repetitor, Saengerin, Schaffner, Schlosser, Schneider, Schreiner, Schwester, Spediteur, Steinmetz, Stenograf*, Taenzerin, Uhrmacher, Volkswirt, 10 Baufuehrer, Baumeister, Beleuchter, Betonbauer, Bootsbauer, Buchbinder, Buchhalter, Buchmacher, Choreograf*, Dachdecker, Dekorateur, Dienstmann, Einkaeufer, Elektriker, Erzieherin, Fahrlehrer, Fernfahrer, Grafikerin, Graphologe, Hufschmied, Journalist, Kameramann, Korbmacher, Kuerschner, Maschinist, Mechaniker, Mineraloge, Ofensetzer, Orgelbauer, Orthopaede, Pharmazeut, Photograph, Reitlehrer, Rennfahrer, Retuscheur, Sanitaeter, Schlachter, Schweisser, Seelsorger, Stenograph, Stewardess, Stuckateur, Taetigkeit, Tanzlehrer, Tapezierer, Turnlehrer, Verkaeufer, Veterinaer, Wagenbauer, Zimmermann, 11 Anstreicher, Archaeologe, Bademeister, Bauarbeiter, Bautischler, Besenbinder, Botschafter, Braumeister, Buchdrucker, Choreograph, Dolmetscher, Galvaniseur, Geistlicher, Glasblaeser, Gynaekologe, Hausmeister, Holzfaeller, Kaminsetzer, Knopfmacher, Kontoristin, Kraftfahrer, Kranfuehrer, Oberkellner, Pfandleiher, Restaurator, Schuhmacher, Sekretaerin, Sportlehrer, Statistiker, Stenotypist,

Unternehmer, Werkmeister, 12 Bankdirektor, Bauschlosser, Bibliothekar, Brandmeister, Brieftraeger, Brunnenbauer, Buchhaendler, Fliesenleger, Fuersorgerin, Geruestbauer, Installateur, Kammerjaeger, Klavierbauer, Kunstschmied, Opernsaenger, Parkettleger, Patentanwalt, Putzmacherin, Rechtsanwalt, Restaurateur, Schauspieler, Staatsanwalt, Toningenieur, Tontechniker, Totengraeber, Viehhaendler, 13 Autoschlosser, Baggerfuehrer, Fensterputzer, Feuerwehrmann, Gesangslehrer, Korrespondent, Kunsthaendler, Kupferschmied, Nachtwaechter, Programmierer, Stenotypistin, 14 Betriebsleiter, Buechsermacher, Buehnenbildner, Buerstenbinder, Damenschneider, Dienstmaedchen, Elektromonteur, Fabrikdirektor, Feinmechaniker, Gepaecktraeger, Glockengiesser, Klavierstimmer, Konzertmeister, Schauspielerin, Schriftsteller, Strassenbahner, Werkzeugmacher, 15 Diplomingenieur, Fuhrunternehmer, Heizungsmonteur, Herrenschneider, Verlagskaufmann, Vertriebsleiter

berufen:
8 beordern

Berufsgemeinschaft:
5 Gilde, Zunft, 6 Innung, 12 Gewerkschaft, 14 Genossenschaft

berufsmäßig:
13 professionell

Beruhigungsmittel:
4 Brom, 7 Sedativ, 8 Baldrian, Morphium, 9 Sedativum

berühmt:
7 namhaft, 8 illuster, populaer, 9 prominent, 10 renommiert

Berührung:
7 Kontakt, 13 Fuehlungnahme

Berührungslinie:
8 Tangente

besagen:
8 bedeuten

besänftigen:
9 beruhigen

Besatz:
5 Biese, Borte, Gimpe, Litze, 6 Galone, Tresse, 7 Ruesche, 8 Borduere, Garnitur, Posament

beschädigt:
6 defekt, 8 laediert, 10 ramponiert

Beschädigung:
4 Leck, Riss

Beschaffenheit:
3 Art, 5 Guete, 7 Zustand, 9 Qualitaet, 12 Konstitution

beschämt:
8 verlegen

beschaulich:
5 ruhig, 10 besinnlich, 12 kontemplativ

Beschauung:
8 Pruefung, Revision, 9 Musterung, 10 Inspektion, 12 Besichtigung

bescheiden:
6 gering, 7 einfach, maessig, 8 duerftig, 9 genuegsam

Bescheidgeben:
7 Antwort, 8 Auskunft, 9 Nachricht

Bescheinigung:
7 Ausweis, Zeugnis, 10 Zertifikat

Beschilderung:
10 Markierung, 14 Ausschilderung

Beschimpfung:
6 Insult, 10 Schmaehung

beschlagen:
4 firm, 6 kundig, 8 versiert

beschleichen:
8 befallen

beschleunigt:
5 eilig, rasch, 7 eilends, express, schnell

beschränken:
9 begrenzen, 10 limitieren, reduzieren

beschränkt:
3 eng, 4 dumm, 8 borniert

beschränkter Unizugang:
14 Numerus clausus

Beschränkung:
9 Einengung, 10 Limitation

Beschreibung:
11 Darstellung, Deskription, Schilderung

Beschuldiger:
7 Klaeger

Beschuldigter:
11 Angeklagter

Beschützer:
9 Protektor

Beschwerdeführung:
6 Rekurs, 9 Einspruch, 11 Reklamation

Beschwerlichkeit:
8 Strapaze

Besen:
5 Feger

Besessenheit:
5 Manie, Sucht

besetzt:
4 voll

besinnlich:
11 beschaulich, 12 kontemplativ, nachdenklich

besitzanzeigendes Fürwort:
3 ihr, 4 dein, euer, mein, sein, 5 unser

Besitzlosigkeit:
5 Armut

Besitznachfolger:
4 Erbe

Besitzung:
3 Gut, Hof, 4 Habe, 7 Anwesen, 8 Eigentum, 9 Vermoegen

Besonderheit:
5 Abart, 7 Merkmal, 9 Eigenheit, 12 Spezialitaet, 13 Singularitaet, 15 Individualitaet

besonders:
5 extra, 6 eigens, 8 reizvoll, speziell, 13 eigentuemlich

Besprechung:
9 Konferenz, Konsilium, 11 Eroerterung, 12 Konsultation

Besserwisser:
8 Noergler, 10 Rechthaber

Bestallung:
11 Approbation

beständig:
4 stet, treu, 6 stabil, stetig, 8 konstant, 9 dauerhaft

Bestandsaufnahme:
8 Inventur

Bestandteil:
5 Glied, 8 Zubehoer, 10 Ingrediens, Ingredienz, Komponente

Bestärkung:
11 Affirmation

Bestätigung:
6 Placet, Plazet, 11 Approbation, 12 Ratifikation

Besteck:
5 Gabel, 6 Messer, 7 Loeffel

Bestellung:
5 Order, 7 Auftrag,
10 Kommission
Bestenauslese:
5 Elite
Bestfall:
7 Optimum
bestialisch:
6 brutal, 7 grausam, 8 viehisch,
12 unmenschlich
Bestie:
6 Untier, 8 Unmensch
bestimmt:
4 fest, 6 gewiss, sicher,
9 energisch
Bestimmung:
3 Los, 5 Fatum, 6 Kismet,
7 Fuegung, Mission,
9 Schicksal, 10 Vorschrift
Bestleistung:
6 Rekord, 7 Maximum,
Optimum, 10 Weltrekord
Bestreben:
9 Bemuehung
bestürzt:
6 ratlos, 7 perplex,
11 fassungslos, 12 konsterniert
Besuch:
6 Visite
Besucher:
4 Gast
betagt:
3 alt
Betätigungsform:
6 Arbeit
betäubt:
8 benommen
Betäubung:
7 Narkose
Betäubungsmittel:
5 Opiat, Opium, 6 Aether,
Kokain, 7 Lachgas, 8 Morphium,
10 Chloroform, Narkotikum
Beteiligung:
8 Tantieme
Beteuerung:
3 Eid, 6 Schwur
Betonungszeichen:
4 Akut, 6 Akzent, Gravis,
10 Zirkumflex
Betonunterstand:
6 Bunker
betrachtend:
12 kontemplativ
beträchtlich:
4 sehr, viel, 5 enorm, gross,
9 bedeutend, 10 ansehnlich,
11 umfangreich

Betrachtungsform:
6 Aspekt, 11 Blickwinkel,
Perspektive
Betrag:
5 Preis, Summe, 6 Posten
Betreuer:
5 Coach, 7 Trainer,
10 Impresario
Betreuung:
5 Obhut, 6 Schutz
Betrieb:
4 Werk, 5 Firma, 6 Fabrik,
Rummel, Trubel, 9 Geschaeft,
11 Unternehmen
betriebsam:
4 rege, 5 aktiv, emsig, 8 fleissig,
11 geschaeftig
Betriebseßraum:
7 Kantine
Betriebsführung:
10 Management
betrübt:
7 traurig
Betrügerei:
3 Lug, 4 Nepp, 5 Luege,
7 Mogelei, 8 Gaunerei,
9 Schwindel, 10 Faelschung,
Taeuschung
betrunken:
3 dun, 4 blau, 9 berauscht
Bettdach:
9 Baldachin
Bettfedernhülle:
6 Inlett
Bettsofa:
5 Diwan
Bettstatt:
5 Lager
Bettunterlage:
8 Matratze
Bettverschlag:
4 Koje
Beugung:
11 Deklination, Konjugation
beurkundet:
8 testiert, 12 dokumentiert
Beurkundung:
9 Protokoll, 12 Verifikation
Beurteilung:
6 Kritik, Zensur, 9 Bewertung
Beute:
4 Fang, Raub
Beutel:
4 Sack, 5 Tuete, 6 Boerse,
Tasche, 8 Futteral
bevollmächtigt:
11 autorisiert

Bevollmächtigung:
12 Autorisation
bewachter Zugang:
6 Sperre
Bewaffnung:
8 Ruestung
bewahrend:
11 konservativ
Bewahrheitung:
12 Verifikation
bewährt:
6 probat, 7 erprobt
bewandert:
6 kundig, 8 versiert
bewegende Kraft:
7 Antrieb, Dynamik
Beweggrund:
5 Motiv, 6 Anlass
Beweglichkeit:
7 Schwung, 9 Agilitaet,
10 Mobilitaet, Vitalitaet,
12 Elastizitaet, Gelenkigkeit,
13 Flexibilitaet
Bewegungsart:
4 Lauf, Trab, 6 Galopp
Bewegungsgliedmaße der Fische:
6 Flosse
Bewegungslehre:
9 Kinematik
Bewegungstraining:
9 Gymnastik
Beweis:
9 Deduktion, 13 Argumentation,
Demonstration
Beweisstück:
5 Beleg, 8 Dokument, Quittung
Bewerber:
6 Freier, 8 Aspirant, Kandidat,
9 Anwärter, 11 Interessent
Bewerbungsschreiben:
10 Kandidatur
Bewilligung:
9 Erlaubnis, 10 Gewaehrung,
Konzession
Bewirtungsgeschäft:
11 Gastronomie
Bewuchs des Kopfes:
5 Haare
bewundernswert:
9 admirabel
bewußt:
11 absichtlich, willentlich
bewußtlos:
11 ohnmaechtig
Bewußtlosigkeit:
4 Koma

bezeichnend:
7 typisch, 16 charakteristisch
Bezeichnung:
4 Name
Bezieher:
8 Abonnent
Beziehung:
7 Kontakt, 8 Relation,
10 Verbindung
beziehungslos:
6 einsam
Beziehungspunkt:
6 Anhalt
Bezirk:
3 Gau, 5 Kreis, 6 Gebiet,
Gegend, Region, 7 Bereich,
Provinz, 8 Distrikt, Umgegend,
10 Landesteil
Bezirk des Pfarrers:
7 Pfarrei
Bezug:
7 Betreff
bezüglich:
7 relativ
Bezwinger:
6 Sieger
Bibelauslegung:
7 Exegese
Bibelteil:
2 AT, NT, 5 Psalm, 7 Psalmen,
10 Apokalypse, Evangelium,
14 Altes Testament,
Neues Testament
Bibelübersetzung:
5 Itala, 7 Vulgata, 8 Peschita,
11 Septuaginta,
13 Zuercher Bibel
Bibelwort:
6 Losung
Biberratte:
6 Nutria
Biberschwanz:
5 Kelle
Bibliothek:
15 Buechersammlung
biblische:
-Frauengestalt:
3 Eva, Lea, 5 Maria, Sarah,
6 Delila, Esther, Salome,
7 Rebekka
-Heldengestalt:
6 Simson
-Männergestalt:
3 Ela, Eli, Gad, Lot, Sem,
4 Abel, Adam, Ahas, Esau, Esra,
Hiob, Juda, Kain, Levi, Noah,
Onan, Seth, 5 Aaron, Abner,
David, Elias, Isaak, Jakob, Jesse,
Jesus, Josua, Judas, Moses,
Ruben, Simon, 6 Baruch,
Gideon, Japhet, Joseph, Josias,
Nimrod, Salomo, Samson,
Samuel, Saulus, Sirach, Thubal,
7 Abraham, Elieser, Ephraim,
Goliath, Kaiphas, Lazarus,
Salomon, Zubalon, 8 Barnabas,
Benjamin, Jonathan, Josaphat,
9 Malachias, Serubabel,
Zacharias, 10 Methusalem,
11 Melchisedek
-Stammutter:
3 Eva
biblischer:
-Berg:
4 Zion, 5 Sinai, Tabor, 6 Ararat,
Hermon, Karmel, 7 Oelberg,
8 Golgatha
-Garten:
10 Gethsemane
-Hoherpriester:
5 Annas, 6 Hyrkan
-König:
3 Ela, 4 Ahab, Amon, Jehu, Joas,
Saul, 5 Abiam, Baesa, David,
Hosea, Joram, Nahum, Nehum,
Simri, Ussia, 6 Amazia, Asarja,
Hiskia, Joahas, Salomo,
7 Herodes, Jeremia, Menahem,
Nehemia, Salomon, 8 Jerobeam,
Rehabeam, Sacharja,
9 Aristobul, Serubabel
-Name für Jerusalem:
5 Ariel
-Name Gottes:
5 Jahve, 6 Adonai, Jehova
-Ort:
4 Akko, Enon, Kana, Silo, Siph,
5 Ekron, Emaus, Hazor, Joppe,
Salem, Sidon, Sodom, Tyrus,
6 Bethel, Emmaus, Gibeon,
Hebron, 7 Askalon, Jericho,
Samaria, 8 Caesarea, Golgatha,
Gomorrha, Nazareth, Tiberias,
9 Bethlehem
-Riese:
7 Goliath
-Stammvater:
4 Adam
biblisches:
-Buch:
4 Esra, Hiob, Jona, 5 Hosea,
Josua, Micha, 6 Baruch, Daniel,
Esther, Exodus, Jesaja, Numeri,
Salomo, Samuel, Sirach,
7 Genesis, Jeremia, Koenige,
Nehemia, 8 Hesekiel, Sacharja,
Zephanja, 13 Deuteronomium,
17 Apostelgeschichte
-Gewicht:
4 Mine, 6 Talent, 7 Schekel
-Maß:
3 Bat, Kab, Log, 4 Rute, Seah,
5 Meile, 7 Issaron, Stadion,
9 Sabbatweg
bieder:
5 artig, plump, 10 anstaendig,
einfaeltig
Biedermann:
8 Bonhomme
biegsam:
8 flexibel, 9 elastisch,
11 geschmeidig
biegsamer Zweig:
5 Gerte
Biegung:
5 Knick, Kurve
Biene:
4 Imme
Bienenerzeugnis:
5 Honig, Wachs
Bienenhaus:
11 Bienenstock
Bienenprodukt:
5 Honig, Wachs
Bienenwohnung:
5 Stock
Bienenzucht:
7 Imkerei
Bienenzüchter:
5 Imker
Biergefäß:
4 Glas, Mass, 5 Tulpe,
6 Humpen, Seidel, Stange,
7 Stiefel, 8 Masskrug
Bierhersteller:
6 Brauer
Bierlokal:
6 Kneipe
Bierrettich:
4 Radi
Biersorte:
3 Alt, 4 Pils, 5 Lager, 6 Weisse,
7 Altbier, Pilsner, 8 Bockbier,
Malzbier, Pilsener, 9 Rauchbier,
Starkbier, Weissbier,
10 Weizenbier, 11 Gerstenbier
Bierwürze:
6 Hopfen
Bierzutat:
4 Malz, 6 Hopfen

Biest:
4 Vieh, 6 Bestie
Bigamie:
9 Doppelehe
bigott:
12 heuchlerisch, scheinheilig
Bilanz:
5 Fazit, 8 Ergebnis,
10 Abrechnung, Rueckblick
Bild:
4 Foto*, 5 Photo, 6 Grafik*,
Skizze, 7 Graphik, 8 Aquarell,
Aufnahme, Gemaelde, Portraet,
Portrait, 9 Konterfei
Bildaufnahmegerät:
6 Kamera, 13 Fernsehkamera
Bildband:
5 Album
Bildbeiwerk:
8 Staffage
Bildberichterstatter:
12 Fotoreporter*,
13 Photoreporter
Bilddruckgitternetz:
6 Raster
Bildeinfassung:
9 Umrahmung
bilden:
6 lehren
bildende:
-Kunst:
6 Grafik*, 7 Graphik, Malerei,
8 Skulptur, 11 Architektur
bildender:
-Künstler:
5 Maler, 8 Grafiker*,
9 Bildhauer, Graphiker
Bilderrätsel:
5 Rebus
Bildersammlung:
7 Galerie, 10 Pinakothek,
15 Gemaeldegalerie
Bilderschmuck:
12 Illustration
Bilderschrift:
12 Hieroglyphen
Bilderstürmer:
10 Ikonoklast
Bildgeschichte:
5 Comic
bildhaft:
9 plastisch, 11 anschaulich
bildhafte Redewendung:
9 Gleichnis
Bildhauer:
9 Plastiker, Skulpteur, Steinmetz
Bildhauerarbeit:
6 Bronze, 8 Skulptur
Bildhauerwerk:
6 Relief
Bildhauerwerkzeug:
6 Bohrer, Hammer, 7 Meissel,
8 Faeustel, Schlegel,
13 Modellierstab
Bildkapsel:
9 Medaillon
bildlich:
10 symbolisch, 11 allegorisch,
13 gleichnishaft
bildliche Wendung:
9 Allegorie
bildlicher Ausdruck:
8 Metapher
bildlose Tarockkarte:
5 Laton
Bildnachbesserung:
8 Retusche
Bildnis:
8 Gemaelde, Portraet, Portrait,
9 Abbildung, Konterfei
bildsam:
10 lernfaehig
Bildspeicher:
10 Bildplatte
Bildspeicherung:
12 Aufzeichnung
Bildstock:
8 Klischee
Bildstreifen:
4 Film, 5 Comic, Strip
Bildteppich:
7 Gobelin, 10 Tapisserie
Bildung:
6 Aufbau, Kultur, Wissen,
8 Klugheit, 9 Formation,
10 Gestaltung, 11 Intelligenz,
15 Zusammenschluss
Bildungsstand:
6 Niveau
Bildungsstätte:
6 Lyzeum, Schule, 7 Seminar,
Theater, 8 Akademie, Institut,
Internat, 9 Gymnasium,
10 Hochschule, Realschule,
11 Volksschule, 12 Berufsschule,
Gesamtschule, Universitaet,
13 Handelsschule,
Realgymnasium,
15 Volkshochschule
Bildunterschrift:
7 Legende
Bildwerfer:
9 Projektor, 10 Epidiaskop,
18 Projektionsapparat
Bildwerk:
6 Mosaik, Relief, 7 Plastik
Bildwirkereiprodukt:
11 Wandteppich
bildwirksam:
7 fotogen*, 8 photogen
Bildzeichen:
8 Signatur, 9 Ideogramm,
10 Piktogramm
Billardausdruck:
5 Bande, Cadre, Effet, Queue,
Stoss, 9 Fehlstoss, Kopfstoss,
11 Karambolage
Billardspielart:
6 Chasse
Billett:
5 Karte, 6 Ticket, 9 Fahrkarte,
10 Fahrschein, 14 Eintrittskarte
billig:
7 einfach, 8 ordinaer, primitiv,
wohlfeil, 9 preiswert
billigen:
8 zulassen
Billigung:
14 Sanktionierung
Bimssteintuff:
5 Trass
binär:
4 dual
Binde:
4 Tuch, 7 Bandage, Verband,
10 Wundschutz
Bindegewebestrang:
5 Sehne
Bindegewebsgeschwulst:
6 Fibrom
Bindehautentzündung:
14 Konjunktivitis
Bindemittel:
4 Kitt, Lehm, Leim, 6 Binder,
7 Moertel, 8 Kleister
binden:
6 kleben
bindend:
13 obligatorisch
Binder:
8 Krawatte
Bindestrich:
6 Hyphen
Bindewort:
2 ob, wo, 3 als, bis, und, 4 aber,
auch, dann, denn, oder, seit,
wenn, 5 damit, darum, indem,
somit, sonst, sowie, woher,

zudem, 6 darauf, ferner, jedoch, sobald, 7 deshalb, nachdem, 8 deswegen, trotzdem, waehrend, zugleich
Bindfaden:
5 Zwirn, 6 Kordel, Schnur
Bindung:
7 Heftung, 9 Beziehung, 10 Engagement, 12 Freundschaft
binnen:
9 innerhalb
Binnengewässer:
3 See
Binokel:
8 Fernglas, 9 Augenglas, Mikroskop
biochemischer Wirkstoff:
5 Enzym, 7 Ferment
Biograph Goethes:
9 Eckermann
Biographie:
10 Lebensbild, 18 Lebensbeschreibung
Biologie:
11 Lebenskunde
biologische:
-Disziplin:
7 Botanik, Genetik, 8 Zoologie
biologischer:
-Begriff:
8 Tierwelt, 12 Pflanzenwelt
Birkengrün:
5 Maien
birmanische:
-Hauptstadt:
7 Rangoon
birmanischer:
-Volksstamm:
4 Kadu
Birnensorte:
8 Gellerts, 9 Alexander, Gute Luise, 11 Butterbirne, Christbirne, 13 Pastorenbirne, 14 Williamschrist
Bisam:
7 Moschus
Bischof der Westgoten:
7 Wulfila
bischöfliche Hauptkirche:
10 Kathedrale
bischöfliches Rundschreiben:
11 Hirtenbrief
Bischofsamt:
9 Episkopat
Bischofskirche:
3 Dom
Bischofsmütze:
5 Inful, Mitra
Bischofssprengel:
8 Dioezese
Bischofsstab:
9 Krummstab, 10 Hirtenstab
Bischofsversammlung:
6 Konzil
Bismarcks:
-Geburtsort:
12 Schoenhausen
-Sterbeort:
13 Friedrichsruh
Bissen:
6 Happen, 9 Haeppchen
bissig:
11 sarkastisch
Bistumsverleihung:
10 Investitur
bisweilen:
8 mitunter, 12 gelegentlich
Bitte:
5 Gebet, 6 Gesuch, Wunsch, 8 Anliegen, Ansuchen, Ersuchen, Petition
bitter:
4 herb, 11 schmerzlich
Bittererde:
13 Magnesiumoxid
Bittermittel:
6 Amarum
Bitterwein:
6 Wermut
Bittgang:
10 Prozession
Bittgebet:
7 Litanei
Bittschrift:
6 Gesuch, 7 Eingabe, 8 Petition
Bittsteller:
6 Petent
Blähhals:
5 Kropf
Blähsucht:
8 Tympanie, 9 Flatulenz
Blamage:
6 Fiasko, Pleite, 7 Schande, Schimpf, Schmach, 8 Reinfall, 16 Kompromittierung
blamieren:
15 kompromittieren
blank:
5 glatt, nackt, 6 sauber
blanker Schein:
5 Glanz
blanko:
13 unausgefuellt
Bläschenausschlag:
14 Guertelflechte
Blase:
5 Zyste
blasen:
5 wehen
Blasenbildung:
6 Schaum
Blasenentzündung:
8 Zystitis
Blasenkeim:
8 Blastula
Blasenspiegel:
9 Zystoskop
Blasenwurm:
5 Quese
Blashorn:
4 Tute
blasiert:
10 hochmuetig, hochnaesig, 11 eingebildet, snobistisch
blasierter Angeber:
4 Snob
Blasinstrument:
4 Horn, Lure, Oboe, Tuba, 6 Cornet, Fagott, Floete, Pfeife, 7 Alphorn, Althorn, Altoboe, Bommert, Cornett, Fanfare, Kornett, Okarina, Pikkolo, Posaune, Saxofon*, 8 Basshorn, Basstuba, Jagdhorn, Saxophon, Schalmei, Trombone, Trompete, Waldhorn, 9 Dudelsack, Harmonika, Krummhorn, Panfloete, Panpfeife, Sousaphon, Tenorhorn, 10 Altposaune, Flageolett, Klarinette, Kontrabass, Querfloete, Querpfeife, Rohrfloete, 11 Blockfloete, Fluegelhorn, 12 Englischhorn, Kontrafagott, Waldhorntuba, 13 Mundharmonika, Pikkolofloete, 14 Bassklarinette
Blasmusiker:
7 Hornist, 8 Floetist, 9 Trompeter, 10 Kornettist
Blasphemie:
16 Gotteslaesterung
blaß:
6 bleich, 7 farblos
blaßblau:
6 livide
Blässe:
10 Bleichheit
blaßgelb:
5 creme

Bläßhuhn:
5 Ralle
Blatt:
4 Kamm
Blatt Papier:
5 Bogen
Blättchen:
7 Lamelle
Blätterkelch:
6 Becher
Blättermagen:
6 Omasus, 7 Psalter
Blatternarbe:
5 Pocke
Blätterpilz:
7 Maipilz, Reizker, 8 Egerling,
10 Champignon
Blätterpilzgattung:
7 Reizker
Blätterteighörnchen:
9 Croissant
Blätterwerk:
4 Laub
Blattgemüse:
5 Kraut, Salat, 6 Spinat
Blattgrün:
11 Chlorophyll
Blattholz:
7 Furnier
Blatthornkäfer:
9 Maikaefer, 10 Mistkaefer,
Skarabaeus, 11 Rosenkaefer,
12 Hirschkaefer, Pillendreher
Blattkäfer:
7 Erdfloh
Blattlausart:
7 Reblaus
Blattlaushonig:
7 Mehltau
Blattpfeife:
5 Fiepe
Blattpflanze:
8 Monstera
Blattrückseite:
6 Revers
Blattvorderseite:
5 Avers
Blattzinn:
8 Stanniol
Blaubeere:
11 Heidelbeere
blaublühende Blume:
16 Vergissmeinnicht
blauer Farbstoff:
6 Indigo
Blaufelchen:
6 Balche
Blaujacke:
7 Matrose, Seemann
Blausäuregift:
8 Zyankali
Blauspat:
8 Lazulith
Blauspecht:
7 Kleiber
Blechbehälter:
4 Fass, 7 Buechse, 8 Kanister
Blechblasinstrument:
4 Tuba
Blechner:
8 Klempner, Spengler
Bleibe:
4 Heim, 7 Wohnung,
8 Herberge, Quartier,
10 Nachtlager, Unterkunft
bleibend:
7 haltbar, zeitlos, 9 dauerhaft
bleich:
5 blass
Bleichgesicht:
7 Weisser
Bleichmittel:
9 Chlorkalk,
20 Wasserstoffsuperoxid
Bleichsucht:
8 Chlorose
bleiern:
6 schwer
Bleifarbe:
7 Mennige
Bleiglanz:
7 Galenit
Bleisiegel:
6 Plombe
Bleistifteinlage:
4 Mine
Bleistiftmine:
6 Grafit*, 7 Graphit
Bleiverbindung:
6 Minium
blenden:
11 verblueffen
blendend:
9 strahlend
Blendwerk:
6 Schein, 8 Trugbild,
10 Taeuschung
Blessur:
5 Wunde, 10 Verwundung
Blick:
5 Sicht
blicken:
5 sehen
Blickwinkel:
11 Perspektive
Blinddarmentzündung:
12 Appendizitis
Blinddarmfortsatz:
8 Appendix
blinde Leidenschaft:
10 Fanatismus
Blindenschrifterfinder:
7 Braille
blinder Zorn:
4 Rage
Blindfisch:
5 Inger
Blindgänger:
8 Versager
Blindheit:
7 Anopsie
Blindwiderstand:
8 Reaktanz
blindwütig:
9 fanatisch
Blinkfeuer:
10 Leuchtturm
Blinkzeichen:
11 Lichtsignal
Blitzart:
11 Linienblitz
blitzen:
7 wettern
blitzend:
9 fulminant
Blitzschutz:
8 Ableiter
Block:
6 Kloben, 7 Brocken, Klumpen
Blockade:
7 Embargo
Blockflöte:
6 Flauto
Blocksberg:
7 Brocken
Blocksbergfest:
14 Walpurgisnacht
Blockschrift:
7 Antiqua
blöde:
6 dement
Blödling:
5 Idiot
Blödsinn:
6 Unsinn, 7 Idiotie, Nonsens,
Quatsch
blonde Frau:
8 Blondine
bloß:
3 nur, 6 allein, einzig,

9 lediglich, 10 huellenlos,
11 unbekleidet
bloß stellen:
9 entlarven
Blöße:
6 Mangel
Bloßstellung:
7 Schande, Schmach,
10 Entlarvung,
12 Demaskierung,
16 Kompromittierung
Blüchers Generalstabschef:
9 Gneisenau
Bluejeans:
10 Nietenhose
Bluff:
5 Trick, 10 Taeuschung,
13 Vorspiegelung
bluffen:
11 irrefuehren
blühen:
8 gedeihen
blühende Pflanze:
5 Blume
Blume:
4 Mohn, Rose, 5 Aster, Lilie,
Nelke, Tulpe, Wicke, 6 Akelei,
Dahlie, Krokus, Lupine, Primel,
Zinnie, 7 Anemone, Aurikel,
Begonie, Fuchsie, Geranie,
Levkoje, Petunie, 8 Gladiole,
Goldlack, Goldwurz,
9 Amaryllis, Buschrose,
Hortensie, Hyazinthe,
10 Immortelle, Loewenmaul,
Osterblume, Pelargonie,
Strohblume, 11 Ringelblume,
Rittersporn, Sonnenblume,
12 Chrysantheme,
Glockenblume, Schwertlilie,
13 Schleierkraut,
Tausendschoen,
15 Gaensebluemchen,
16 Stiefmuetterchen,
Vergissmeinnicht
Blumenarrangement:
7 Gebinde
Blumenband:
8 Girlande
Blumenbeet:
7 Rabatte
Blumenbinder:
7 Florist
Blumenfläche:
10 Ziergarten
Blumengebinde:
4 Bund, 6 Bukett, 7 Strauss
Blumengefäß:
4 Vase
Blumengewinde:
6 Feston, 8 Girlande
Blumenkohl:
7 Karfiol
Blumensteckkunst:
7 Ikebana
Blumenstrauß:
6 Bukett
Blumentier:
7 Koralle
blümerant:
10 schwindlig
blusenartiger Frauenkittel:
6 Kasack
Blutabnahme:
8 Aderlass, 10 Schroepfen
Blutabzug:
10 Schroepfen
Blutader:
4 Vene, 5 Aorta, 7 Arterie
Blutandrang:
10 Kongestion
Blutarmut:
7 Anaemie, 9 Oligaemie
Blutaustritt:
10 Bluterguss
Blutbad:
8 Massaker
Blutbahnen:
5 Venen, 8 Arterien
Blutdorn:
10 Berberitze
Blüte:
4 Kauz
Blutegelwirkstoff:
7 Hirudin
Blütenform:
5 Kelch
Blütenhonig:
6 Nektar
Blütenhüllblatt:
7 Perigon
Blütenlese:
10 Anthologie
Blütenpracht:
4 Flor
Blütenstand:
5 Aehre, Dolde, 6 Glocke,
Kolben, Traube, Wickel,
9 Kaetzchen
Blütenteil:
5 Blatt, Kelch, Narbe, 6 Knospe,
7 Griffel, Stempel, 9 Kronblatt,
10 Staubblatt, Staubfaden,
11 Fruchtblatt, Staubbeutel,
12 Bluetenboden
Blutentziehung:
11 Schroepfung
Blütenzierpflanze:
6 Azalee
Bluterkrankheit:
11 Haemophilie
Blutfarbstoff:
11 Haemoglobin
Blutfaserstoff:
6 Fibrin
Blutflüssigkeit:
6 Plasma
Blutgefäß:
4 Ader, Vene, 7 Arterie
Blutgefäßverengung:
8 Stenosis
Blutgefäßverstopfung:
7 Embolie
Blutgerinnsel:
8 Thrombos
Blutgerinnselbildung:
9 Thrombose
Blutgerüst:
8 Schafott
Blutgeschwür:
8 Furunkel, 9 Karbunkel
Blutgruppenmerkmal:
12 Rhesusfaktor
Blutkörperchen:
8 Leukozyt, 10 Erythrozyt
Blutkrankheit:
9 Leukaemie, 11 Haemophilie
Blutkreislauf:
11 Zirkulation
Blutplättchen:
10 Thrombozyt
Blutrache:
8 Vendetta
blutreiche Geschwulst:
6 Fungus
blutsaugender:
-Wurm
4 Egel
blutsaugendes:
-Ungeziefer
4 Floh, 5 Wanze, 6 Bremse
Blutsauger:
6 Vampir, 8 Blutegel
Blutschande:
6 Inzest
Blutstein:
9 Hasematit
blutstillendes Mittel:
11 Adstringens

Blutsverwandter:
6 Kognat, Nepote
Blutübertragung:
11 Transfusion
Blutvergiftung:
6 Sepsis
Blutwasser:
6 Plasma
Blutwurz:
10 Tormentill
Blutzirkulation:
9 Kreislauf
Boa:
9 Pelzstola
Boaschlange:
15 Koenigsschlange
bocken:
7 trotzen
Bockkäfer/Bockkäferart:
6 Gerber, 8 Hausbock,
10 Zimmerbock
Bocksprung:
8 Kapriole
Boden:
5 Grund, 9 Grundlage,
10 Dachkammer
Bodenabtragung:
7 Erosion
Bodenanreicherung:
8 Duengung
Bodenart:
3 Ton, 4 Kies, Lehm, Sand,
5 Humus, Loess, 6 Mergel
Bodenbearbeitungsgerät:
7 Grubber
Bodenbelag:
3 PVC, 7 Fliesen, Parkett,
Teppich, 8 Linoleum
Bodenbestandteil:
5 Humus
Bodendunst:
5 Nebel
Bodenentwässerung:
8 Draenage*, Drainage
Bodenerhebung:
5 Hoehe
Bodenertrag:
5 Ernte
Bodenerzeugnis:
9 Naturalie
Bodenfisch:
6 Gobius
Bodenfläche:
5 Areal
Bodenform:
3 Tal, 4 Berg
Bodengüte:
8 Bonitaet
Bodennahrung:
4 Kali
Bodennutzung:
8 Ackerbau
Bodenplatte:
6 Fliese
Bodenraum:
6 Buehne, Kammer
Bodensatz:
5 Grund, 8 Residuum, Sediment,
9 Sinkstoff
Bodenschatz:
4 Gold, 5 Kohle, 6 Erdgas,
Erdoel, Kupfer, Metall, Platin,
Silber, 7 Mineral, 9 Edelstein,
10 Braunkohle, Steinkohle
Bodenseefisch:
11 Blaufelchen
Bodenseehafen:
6 Lindau, 7 Bregenz,
8 Konstanz, 9 Meersburg,
Rorschach, 10 Romanshorn,
11 Ueberlingen,
15 Friedrichshafen
Bodenseeinsel:
6 Lindau, Mainau, 9 Reichenau
Bodenseelandschaft:
5 Hegau
Bodensenke:
5 Mulde, 6 Graben
bodenständig:
10 autochthon
Bodenturnübung:
5 Rolle, Salto, 6 Spagat,
8 Schraube, 9 Handstand,
Kopfstand, 11 Liegestuetz,
12 Spreizsprung
Bodenvertiefung:
5 Senke
Bodenzustand:
4 Gare
Bogen:
5 Blatt, Kurve, 6 Papier, Portal,
7 Biegung, Rundung,
8 Gewoelbe, Woelbung,
9 Kruemmung
Bogengang:
6 Arkade
Bogengeschoß:
5 Pfeil
Bogenhalle:
6 Loggia
Bogenhanf:
10 Sanseverie
Bogenlänge:
5 Arkus
Bogensprung:
8 Kurbette
Bogenverzierung:
6 Feston
Bohle:
5 Brett, Diele, 6 Planke
böhmischer:
-Fluss:
4 Eger
-Forscher:
6 Mendel
-Komponist:
7 Smetana
-König:
6 Wenzel, 7 Ottokar
-Tanz:
5 Polka
böhmisches:
-Bier:
7 Pilsner
Bohnenkraut:
12 Pfefferkraut
Bohnerbesen:
3 Mop
bohren:
7 drillen
Bohrmuschel:
6 Pholas
Bohrschnecke:
6 Nerita
bolivianische:
-Hauptstadt:
5 La Paz
-Währung:
7 Centavo, 9 Boliviano
bolivianischer:
-Politiker:
7 Bolivar
bolivianisches:
-Nutztier:
4 Lama, 6 Alpaka
Bolle:
7 Zwiebel
Böller:
6 Pflock, 7 Moerser
Bollwerk:
4 Wall, Wand, Wehr, 5 Mauer,
6 Bastei, Schutz, 7 Bastion,
Schanze, 11 Befestigung
bolschewistischer Führer:
5 Lenin, 6 Stalin, 7 Trotzki
Bombardement:
11 Luftangriff, 12 Beschiessung
bombastisch:
11 hochtrabend, schwuelstig

Bombe:
13 Sprengkoerper
Bombenaufprall:
9 Explosion
bombensicherer Raum:
6 Bunker, 9 Kasematte
Bon:
9 Anweisung, Gutschein,
12 Kassenzettel
Bonbon:
9 Karamelle, Naschwerk,
Suessware
Bond:
10 Wertpapier
Bonität:
5 Guete, 6 Ertrag,
18 Zahlungsfaehigkeit
Bonmot:
6 Pointe, 9 Ausspruch, Wortspiel
Bonus:
6 Gewinn, Rabatt, Zugabe,
7 Praemie, 9 Dividende,
10 Verguetung, 11 Ueberschuss
Bonvivant:
8 Lebemann
Boom:
6 Hausse, 14 Hochkonjunktur
Boot/Bootsart:
3 Dau, Gig, 4 Kahn, Kanu,
5 Barke, Jacht*, Jolle, Yacht,
6 Dinghi, Gondel, Nachen,
7 Einbaum, 8 Dschunke,
9 Einmaster, Katamaran,
Segelboot, 10 Paddelboot,
12 Schlauchboot
Bootsanlegestelle:
4 Steg, 7 Bruecke
Bootskörper:
5 Rumpf
Bootsrennen:
7 Regatta
Bootssport:
6 Rudern, Segeln
Bootsteil:
3 Bug, 4 Heck, Kiel, Mast,
5 Anker, Pinne, Ruder, Segel,
6 Planke, Steuer
Bord:
4 Rand, 5 Brett, Regal
Bordeauxwein:
5 Médoc, 6 Graves, 8 Bazadais,
9 Haut Brion, Sauternes,
12 Saint Emilion,
14 Chateau Margaux
Bordell:
10 Eroscenter, 11 Freudenhaus

Borg:
4 Pump, 7 Anleihe
borgen:
6 pumpen
Borke:
5 Rinde, 6 Kruste
Borkenkäfer:
8 Ruessler
Born:
6 Quelle, 7 Brunnen,
11 Jungbrunnen
borsaures Salz:
5 Borat
Börse:
9 Portmonee*, 10 Geldbeutel,
12 Portemonnaie
Börsenaufgeld:
4 Agio
Börsenauftrag:
5 Order
Börsenbegriff:
3 Run, 4 Kurs, Zins, 5 Aktie,
Depot, Fonds, Konto, Limit,
Sicht, 6 Baisse, Bilanz, Fixing,
Hausse, Zinsen, 7 Kapital,
8 Courtage, Emission,
Nennwert, 9 Aktionaer,
Dividende, Kaufpreis,
Notierung, Spekulant,
15 Termingeschaeft
Börsenbericht:
10 Kurszeitel
Börsenkaufmann:
6 Makler
Börsenkurs:
8 Exchange
Börsenpapier:
5 Aktie, Fonds, 6 Devise,
7 Einlage, Wechsel,
10 Obligation, Pfandbrief,
Wertpapier, 12 Vorzugsaktie
Börsenpreis:
9 Kassakurs
Börsenspekulant:
6 Jobber
Börsenspekulation:
8 Agiotage
Borste:
7 Stachel
Borstenbüschel:
5 Quast
Borstenhaar:
4 Seta
Borstentier:
7 Schwein

Borstenwurm:
6 Serpel, 8 Sandwurm,
9 Regenwurm
Borte:
5 Galon, 6 Galone, Schnur
Borusse:
7 Preusse
Borverbindung:
5 Borax
bösartig:
7 maligne, 10 pernizioes
bösartige:
-Geschwulst:
5 Krebs, Tumor, 7 Melanom,
8 Karzinom
-Seuche:
5 Lepra
Böschung:
5 Halde, Leite, 6 Abhang
böse:
5 uebel, 7 boshaft, ruchlos,
schlimm, 9 teuflisch
böser:
-Geist:
6 Daemon
-Mensch:
6 Ganove
böses:
-Weib:
5 Furie, 9 Xanthippe
boshaft:
6 gemein, giftig, 8 haemisch
Bosheit:
3 Wut, 4 List, Zorn, 6 Aerger,
Tuecke, 7 Infamie,
10 Gemeinheit, Hinterlist,
12 Niedertracht
Boss:
4 Chef, 6 Leiter, 12 Vorgesetzter
böswillige Äußerung:
7 Affront
Botanik:
13 Pflanzenkunde
botanische:
-Anlage:
4 Park
botanischer:
-Begriff:
3 Ast, 4 Auge, Dorn, Farn, Gras,
Harz, Holz, Keim, Kork, Laub,
Moos, Obst, Rebe, Saat, Same,
5 Aehre, Blatt, Dolde, Faser,
Flora, Kelch, Krone, Nadel,
Ranke, Rinde, Samen, Spore,
Stamm, Stiel, Trieb, Zelle,
6 Bluete, Frucht, Huelse, Knolle,
Knospe, Pollen, Schaft, Sporen,

Spross, Zapfen, 7 Ableger, Aussaat, Schuppe, Stachel, Stempel, Zwiebel, 8 Keimling, Saatkorn, 9 Deckblatt, Keimblatt, Steckling, 10 Blattgruen, Kelchblatt, 11 Befruchtung, Bestaeubung, Chlorophyll, Samenkapsel, Staubbeutel, 12 Bluetenblatt, Fruchtknoten
Bote:
3 Boy, 6 Herold, Kurier, Melder, 9 Zusteller, 11 Laufbursche, 12 Ueberbringer
Botengang:
9 Besorgung
Botmäßigkeit:
5 Zwang
Botschaft:
5 Kunde, 7 Mission, 9 Nachricht, Neuigkeit, 10 Kundgebung, Mitteilung
Botschafter:
5 Legat, 7 Nuntius, 8 Diplomat, 9 Gesandter, 11 Abgesandter, Ambassadeur
Böttcher:
8 Buettner, 10 Fassbinder, Schaeffler
Böttcherbeil:
6 Segerz
Böttcherwerkzeug:
5 Beuge, 8 Schlegel
Bottich:
5 Wanne, Zuber, 6 Buette, Kuebel
Bouillabaisse:
10 Fischsuppe
Bouillon:
13 Fleischbruehe
Boulevard:
11 Ringstrasse
Boutique:
5 Laden, Stand, 9 Geschaeft
Bouton:
12 Schmuckknopf
Box:
4 Raum, 5 Stand, 6 Kasten, 9 Verschlag, 11 Pferdestand
Boxausdruck:
2 ko, 5 Break, Fight, Haken, Punch, Runde, 6 Clinch, Gerade, Rechte, 7 Auslage, Bandage, 8 Sidestep, Sparring, Uppercut, 9 Kinnhaken, Schwinger, Sidestepp*, 10 Leberhaken, Tiefschlag, 11 Ringrichter, 12 Guertellinie
Boxhieb:
5 Haken
Boxtraining:
8 Sparring
Boy:
4 Bote, Page
Boykott:
7 Embargo
Brache:
7 Oedland
Brachialgewalt:
6 Roheit, 7 Rohheit*
Brachse:
6 Brasse
Bracke:
8 Laufhund, Querholz, 9 Spuerhund
Bramme:
10 Eisenblock
Branche:
4 Fach, 6 Sparte, 9 Abteilung
Branchenkenner:
8 Fachmann
Brand:
4 Glut, Lohe, 5 Feuer
brandenburgische Dynastie:
12 Hohenzollern
Brandfackel:
5 Fanal
Brandmal:
6 Stigma
brandmarken:
7 aechten
Brandmarkung:
8 Aechtung
Brandrest:
5 Asche
Brandrückstand:
5 Asche
Brandschatzung:
12 Kontribution
Brandstiftungstrieb:
9 Pyromanie
Brandung:
6 Gischt
Brandwache:
9 Feuerwehr
Brandy:
10 Branntwein
Branntwein:
3 Rum, 4 Koem, Korn, Raki, 5 Wodka, 6 Brandy, Cognac, Kognak, Whisky, 7 Absinth, Aquavit, Genever, Schnaps, Trester, 8 Armagnac, Calvados, 9 Slibowitz, Sliwowitz, Wacholder, Weinbrand
brasilianische:
-Amtssprache:
13 portugiesisch
-Hauptstaat:
8 Brasilia
-Steppenlandschaft:
6 Llanos
-Währung.
4 Reis, 7 Centavo, Milreis, 8 Cruzeiro
brasilianischer:
-Fußballspieler:
4 Pele
-Indianerstamm:
4 Pano, Tupi, 5 Taino, 6 Tukano, 7 Guarani, Kariben, 8 Karaiben
-Politiker:
4 Pele, 7 Cardoso
-Schriftsteller:
7 Alencar
-Tanz:
5 Samba
Brasilnuß:
8 Paranuss
braten:
7 roesten
Bratenaufguss:
5 Souce
Bratensaft:
5 Beize, Sosse, Tunke
Bratenstück:
5 Steak, 8 Kotelett, 9 Karbonade, Rumpsteak, Schnitzel
Bratgefäß:
6 Tiegel, 10 Bratpfanne, 12 Schmortiegel
Bratrohr:
8 Backofen
Bratrost:
8 Barbecue
Bratsche:
5 Viola, 8 Altgeige, Armviola
Brauch:
4 Mode, Usus, 5 Sitte, 6 Usance, 9 Tradition, 13 Gepflogenheit
brauchbar:
8 geeignet
Brauer:
14 Bierhersteller
Brauereianlage:
7 Sudhaus, 9 Maelzerei, 10 Abfuellung, 11 Lagerkeller
Brauereibehälter:
4 Fass, 7 Flasche

Brauereiberuf:
11 Braumeister
Brauereiprodukt:
4 Bier, 7 Altbier, 9 Weissbier
Braugerste:
4 Malz
Braumischung:
7 Maische
Braumittel:
4 Hefe
Braunalge:
10 Blasentang
Braunelle:
7 Guensel
brauner Farbstoff:
5 Siena, Umber
Braunfisch:
8 Tuemmler
braunhaarig:
8 bruenett
Braunkohlenart:
6 Lignit
Braunkohlenkoks:
5 Grude
Braunkohlenprodukt:
7 Brikett
Braunschweiger:
-Biersorte:
5 Mumme
-Sehenswürdigkeit:
5 Loewe, 7 Rathaus
Bräunungsstudio:
8 Solarium
Braurückstand:
6 Treber
Brause:
7 Sprudel, 8 Limonade
Brauseabteil:
11 Duschkabine
Brausebad:
6 Dusche
brausen:
5 tosen
Braut:
11 Zukuenftige
Bräutigam:
12 Zukuenftiger
Brautschaft:
9 Aussteuer, 10 Heiratsgut
Brautschau:
7 Werbung
Brautschmuck:
11 Myrtenkranz,
13 Jungfernkranz
Brautwerber:
6 Freier
brav:
5 artig, 6 bieder, wacker,
7 folgsam, 11 wohlerzogen
Bravour:
3 Mut, 4 Elan
Bravourstück:
12 Paradenummer
Break:
11 Pferdewagen,
12 Konterschlag,
15 Rhythmuswechsel
brechen:
11 zerspringen
Brecher:
4 Woge, 5 Welle
Brechmittel:
8 Emetikum
Brechnußbaumgift:
9 Strychnin
Brechreiz:
6 Nausea
Brechruhr:
7 Cholera
Brechung:
10 Refraktion
Brechwurzel:
5 Ipeka
Bredouille:
11 Bedraengnis
Brei:
4 Papp
breiartiges Gericht:
7 Gruetze
breit:
5 largo
Breite:
10 Ausdehnung
breite Straße:
6 Avenue
breitkrempiger Hut:
10 Kalabreser
Breitling:
7 Sprotte
Breitwandprojektions-verfahren:
11 Cinemascope
Bremens Wahrzeichen:
6 Roland
bremsen:
7 mindern, 8 anhalten
Bremsvorrichtung:
9 Hemmschuh
brennen:
6 beizen
brennend:
4 akut
Brenner:
12 Destillateur
Brenngas:
5 Butan, 6 Propan
Brennholzstück:
6 Scheit
Brennpunkt:
5 Fokus
Brennstoff:
3 Gas, Oel, 4 Holz, Koks, Torf,
5 Kohle, 6 Benzin, Erdgas,
Erdoel, 7 Brikett, Heizoel,
9 Holzkohle, 10 Braunkohle,
Steinkohle
Brennstoffbehälter:
4 Tank, 8 Kanister
Brennstoffmangel:
12 Energiekrise
brenzlig:
10 bedenklich
Bresche:
4 Loch, 9 Durchlass,
10 Einschnitt, Mauerbruch
Brett:
4 Bord, 5 Bohle, Diele, Latte,
6 Planke
Bretterbau:
7 Baracke, 8 Schuppen
Brettergestell:
5 Regal
Bretterstoß:
6 Stapel
Bretterverkleidung:
8 Schalung
Brettspiel:
2 Go, 4 Dame, 5 Halma,
6 Gammon, Muehle, Schach,
8 Blockade, Monopoly,
10 Backgammon
Brettspielbegriff:
4 Feld
Brettverkleidung:
8 Schalung
Brevier:
9 Gebetbuch, 12 Stundengebet
Brezel:
7 Kringel
Brief:
7 Epistel, 9 Schreiben, Zuschrift
Briefabsender:
9 Adressant
Briefempfänger:
8 Adressat
Briefgeld:
5 Porto
Briefkuvert:
8 Umschlag

Briefmarke:
15 Postwertzeichen
Briefmarkenkunde:
10 Philatelie
Briefmarkensammler:
11 Philatelist
Briefpartner:
13 Korrespondent
Briefträger:
8 Postbote, 9 Zusteller
Briefumschlag:
6 Kuvert
Briefverschluß:
6 Siegel
Briefwechsel:
13 Korrespondenz
Brikett:
10 Presskohle
brillant:
8 grandios, 9 glaenzend,
10 grossartig
Brillantine:
8 Haarfett
Brillanz:
8 Feinheit
Brille:
7 Klemmer, Kneifer, Monokel,
Zwicker, 9 Augenglas
Brillenfachmann:
7 Optiker
Brillenfutteral:
4 Etui
Brillenteil:
4 Rand
bringen:
11 apportieren
brisant:
11 hochaktuell
Brise:
7 Seewind, 9 Segelwind
Britannien:
7 England
bröckeln:
8 kruemeln
Brocken:
5 Block, Klotz, 11 Bruchstueck
brodeln:
6 sieden
Brodem:
5 Dampf, Dunst, Nebel, Qualm,
8 Schwaden
Brodern:
4 Luft
Bromaceton:
10 Traenengas
Bromverbindung:
6 Bromat, Bromit
Bronchienspiegel:
11 Bronchoskop
Bronzeposaune:
4 Lure
Brosame:
7 Kruemel
Brosche:
5 Nadel, 6 Spange,
12 Anstecknadel
Broschüre:
4 Heft
Brösel:
10 Semmelmehl
Brotaufstrich:
9 Marmelade
Brotbelag:
3 Mus, 5 Gelee, Honig, Sirup,
6 Butter, 10 Aufschnitt
Brötchen:
4 Kipf, 5 Wecke, 6 Semmel,
Wecken, 8 Schrippe
Brotform:
4 Laib, Zopf, 7 Stollen
Brotgetreide:
4 Korn, 6 Gerste, Roggen,
Weizen
Brothersteller:
7 Baecker
Brotkante:
5 Ranft, Rinde
Brotkörper:
4 Laib
Brotrinde:
6 Kruste
Brotröster:
7 Toaster
Brotscheibe:
6 Stulle, 8 Schnitte
Brotsorte:
9 Mischbrot, Weissbrot,
10 Roggenbrot, Weizenbrot,
11 Knaeckebrot,
12 Pumpernickel, Vollkornbrot,
13 Leinsamenbrot
Bruch:
4 Moor, Moos, Riss, 5 Knick,
Sumpf, 6 Spalte, 7 Fraktur,
10 Entzweiung
brüchig:
6 locker, morsch, muerbe
Bruchschrift:
7 Fraktur
Bruchstück:
5 Torso, 7 Scherbe, 8 Fragment,
Rudiment, Splitter, Truemmer
Brücke:
4 Steg, 7 Teppich, Viadukt,
9 Uebergang, 10 Verbindung,
13 Ueberfuehrung
-bei San Franzisko:
16 Golden Gate Bridge
-in London:
11 Tower Bridge
-in Venedig:
14 Seufzerbruecke
Brückengewölbe:
5 Bogen
Brückenschiff:
6 Ponton
Bruder von:
-Abel:
4 Kain
-Artemis:
6 Apollo
-Castor:
10 Polydeukes
-Demeter:
5 Hades
-Diana:
6 Apollo
-Elektra:
7 Orestes
-Gernot:
8 Giselher
-Giselher:
7 Gunther
-Gunther:
8 Giselher
-Hannibal:
9 Hasdrubal
-Hera:
5 Hades
-Hestia:
5 Hades
-Hödur:
6 Balder
-Iphigenie:
7 Orestes
-Juno:
6 Neptun
-Kain:
4 Abel
-Kassandra:
6 Hektor
-Kriemhild:
7 Gunther
-Neptun:
7 Jupiter
-Odin:
2 We
-Pollux:
6 Kastor

-Seth:
4 Kain
-Wieland:
5 Egill
-Wotan:
2 We
-Zeus:
8 Poseidon
Bruderschaft:
12 Kongregation
Brühe:
5 Absud
Brühwurst:
10 Mortadella
Brunnen:
5 Bronn, Quell, 6 Quelle
Brunnentempel:
9 Nymphaeum
Brunst:
6 Brunft
brüsk:
6 barsch, 7 schroff,
12 unvermittelt
Brust:
5 Busen, 6 Bueste
Brustdrüse:
6 Thymus
Brustfell:
10 Rippenfell
Brustfellentzündung:
9 Pleuritis
Brustharnisch:
7 Kuerass, 8 Plastron
Brusthöhlenspiegel:
11 Thorakoskop
Brustknochen:
9 Brustbein
Brustkorb:
6 Thorax
Brustkorbknochen:
5 Rippe
Brustkrause:
13 Spitzenkrause
Brustkreuz:
9 Pektorale
Brustpanzer:
8 Harnisch
Brüstung:
9 Gelaender, 10 Balustrade
Brut:
5 Fasel
brutal:
3 roh, 6 rabiat, 9 gewaltsam,
11 bestialisch, 12 gewalttaetig
brutaler Rohling:
8 Unmensch
Brutalität:
6 Roheit, 7 Rohheit*,
12 Bestialitaet
Brutgut:
4 Eier
Bruthenne:
6 Glucke
Brutstätte:
4 Nest
Bub:
5 Junge, Knabe
Bubenstreich:
5 Unfug
Bubenstück:
7 Streich
Buch:
7 Foliant
-des Alten Testaments:
4 Hiob
-des Pentateuch:
6 Exodus, Numeri, 7 Genesis,
9 Leviticus, 13 Deuteronomium
Buchabschnitt:
7 Kapitel
Buchart:
5 Roman, 7 Lexikon,
8 Bildband, Sachbuch,
10 Bilderbuch, Kinderbuch,
11 Taschenbuch
Buchaufbau:
6 Lay-out*, Layout
Buchausgabe:
7 Edition
Buchbindergerät:
8 Falzbein, Heftlade,
9 Leimwalze
Buchbinderleinen:
7 Buckram
Buchdruckerei:
7 Offizin
Buchdruckerkunst:
10 Typografie*, 11 Typographie
Buchdruckverfahren:
6 Offset, 8 Rotation,
9 Hochdruck, Rotaprint,
Siebdruck, Tiefdruck,
10 Flachdruck, 11 Kupferdruck,
Offsetdruck, 12 Rollenoffset
Bucheinbandart:
5 Leder, 6 Leinen
Buchenfrucht:
6 Buchel, 8 Buchnuss
Buchenland:
8 Bukowina
Bücherbesessenheit:
11 Bibliomanie
Bücherbrett:
5 Regal
Bücherei:
10 Bibliothek
Bücherfreund:
9 Leseratte
Bücherfreundschaft:
12 Bibliophilie
Bücherkunde:
12 Bibliografie*,
13 Bibliographie
Büchersammlung:
10 Bibliothek
Bücherverzeichnis:
12 Bibliografie*,
13 Bibliographie
Buchformat:
5 Folio, Oktav, Quart, Sedez,
6 Duodez
Buchführungsbegriff:
4 Soll, Wert, 5 Bonus, Debet,
Frist, Haben, Konto, 6 Bilanz,
Ertrag, Gewinn, 7 Ausgabe,
Verlust, 8 Darlehen, Einnahme,
Guthaben, 9 Abschluss,
Buchhalter:
5 Clerk
buchhalterischer Begriff:
5 Debet
Buchhaltung:
12 Buchfuehrung
Buchhandlungszweig:
6 Verlag, 9 Sortiment,
11 Antiquariat
Buchherausgeber:
8 Verleger
Buchkritik:
9 Rezension
Buchleinwand:
7 Buckram
Buchmacherkurse:
8 Vorgaben
Buchprüfer:
7 Revisor
Buchsbaum:
3 Bux
Buchschutz:
7 Schuber
Buchse:
8 Zylinder, 9 Steckdose
Büchse:
6 Flinte, Gewehr
Buchseite:
5 Blatt
Buchseitennumerierung:
6 Pagina, 11 Paginierung

Büchsenfleisch:
10 Corned beef, Cornedbeef*
Buchspalte:
7 Kolumne
Buchstabe:
6 Versal, 12 Kapitaelchen
Buchstabenfolge:
8 Alphabet
Buchstabenrechnung:
7 Algebra
Buchstabenverbindung:
7 Ligatur
Buchstabenversetzrätsel:
8 Anagramm
buchstäblich:
5 exakt, genau
Bucht:
3 Bay, 4 Golf, Haff, 5 Busen, Fjord, 6 Becken, Bodden, Foerde, 9 Meerbusen
Buchteil:
5 Blatt, Seite, 6 Deckel, 7 Titelei, Vorsatz, Vorwort, 8 Register, Umschlag, 9 Impressum, 12 Illustration, Schmutztitel, 14 Schutzumschlag
Buchüberschrift:
5 Titel
Buchungsaufhebung:
6 Storno
Buchungsergebnis:
5 Saldo
Buchungsnummer:
12 Aktenzeichen
Buchungsunterlage:
5 Beleg
Buchunternehmer:
8 Verleger
Buchvertrieb:
6 Verlag
Buchweizen:
9 Heidekorn
Buckel:
7 Hoecker, Ruecken
Buckelrind:
4 Zebu
Bückling:
6 Diener, 14 Raeucherhering
Buddel:
7 Flasche
Buddhas Name:
6 Gotama, 7 Gautama, 10 Siddhartha
buddhistischer:
-Glaubenssatz:
5 Karma
-Priester:
4 Lama, 5 Bonze
-Tempel:
6 Pagode
buddhistisches:
-Glaubensziel:
7 Nirwana
Budget:
8 Haushalt, 13 Haushaltsplan
Büfett:
8 Anrichte, 11 Schanktisch, 15 Geschirrschrank
Büfettfräulein:
11 Kaltmamsell
Büfettier:
6 Zapfer
Büffel:
5 Bison, 6 Wisent, 7 Buffalo
büffeln:
6 ochsen
Buffo:
7 Saenger, 16 Operettensaenger
Bug:
12 Vorderschiff, 13 Schiffsspitze, Schulterblatt
bügeln:
8 glaetten
Bugspill:
10 Ankerwinde
Bugspriet:
9 Einmaster
Buhle:
7 Hetaere, 8 Geliebte
buhlen:
8 umwerben
buhlend:
7 werbend
Buhne:
6 Hoefte, Stacke, 8 Uferdamm
Bühne:
6 Podium
Bühnenaufzug:
3 Akt
Bühnenberater:
9 Dramaturg
Bühnenberühmtheit:
4 Star
Bühnenbild:
7 Kulisse, 8 Prospekt, 10 Dekoration
Bühnendarbietung:
5 Revue
Bühnendarsteller:
12 Schauspieler
Bühnendichter:
10 Dramatiker
Bühnenfach:
5 Buffo, 6 Charge, 9 Bonvivant
Bühnengröße:
4 Star
Bühnenhaus:
7 Theater
Bühnenkante:
5 Rampe
Bühnenkünstler:
12 Schauspieler
Bühnenleiter:
9 Intendant
Bühnenmagier:
11 Illusionist
Bühnenneuling:
9 Debuetant
Bühnenpart:
5 Rolle
Bühnenpartwechsel:
12 Rollentausch
Bühnenpremiere:
15 Erstauffuehrung
Bühnenschiebewand:
7 Kulisse
Bühnenstück:
4 Oper, 5 Drama, 7 Musical, 8 Komoedie, Operette, 9 Lustspiel, Pantomime, Singspiel, Tragoedie, 10 Schauspiel, 11 Trauerspiel
Bühnenszene:
8 Auftritt
Bühnentanz:
7 Ballett
Bühnentonstück:
4 Oper
Bühnenwart:
10 Inspizient
Bühnenwerk:
5 Drama
Bukanier:
10 Seeraeuber
Bukett:
5 Blume, 7 Strauss, 13 Blumenstrauss
Bukoliker:
6 Vergil, 8 Theokrit
bulgarische:
-Hafenstadt:
5 Warna
-Münze:
3 Lew
bulgarischer:
-Berg:
6 Vitosa, 7 Perelik

bulgarisches:
-Gebirge:
5 Pirin
Bulle:
6 Erlass, 7 Urkunde,
11 Papsterlass
Bulletin:
12 Tagesbericht,
13 Verlautbarung,
14 Bekanntmachung
Bumerang:
8 Wurfholz, 15 Kehrwiederkeule
Bummel:
11 Spaziergang
bummeln:
11 promenieren
Bund:
4 Liga, 5 Union, 7 Kartell,
Vertrag, 8 Buendnis,
10 Verbindung, 11 Foederation,
Vereinigung,
15 Zusammenschluss
Bündel:
6 Packen
Bundestagspräsident:
7 Thierse
Bundestrainer:
5 Vogts, 6 Schoen, 7 Derwall,
Ribbeck, 9 Herberger, Stielicke,
11 Beckenbauer
Bündnis:
4 Pakt, 5 Union, 7 Entente,
9 Koalition
Bunker:
9 Kasematte, 10 Schutzraum,
Unterstand
bunt:
7 lebhaft, 9 koloriert,
10 farbenfroh
Buntmetall:
4 Zink, Zinn, 6 Bronze, Kupfer,
7 Messing
Bürde:
4 Leid, 7 Ballast, 9 Belastung,
13 Verpflichtung
Bure:
13 Suedafrikaner
Burenführer:
5 Botha, Smuts, 7 Krueger,
9 Pretorius
Burg:
5 Feste, 7 Festung, Kastell
-am Main:
10 Miltenberg
-am Rhein:
4 Maus
-an der Lahn:
6 Runkel, 8 Weilburg
-an der Mosel:
5 Alkas, Alken, Arras,
6 Cochem, Kobern
-an der Saale:
10 Rudelsburg
-bei Göttingen:
10 Hardenberg
-im Taunus:
11 Koenigstein
-in Bayern:
9 Nuernberg, 10 Burghausen,
Marienberg
-in der Eifel:
8 Nuerburg
-in der Schweiz:
7 Sargans
-in Frankreich:
5 Laval, 6 Angers, Chalus,
Lassay, Luynes, 7 Grignan,
8 Langeais, Tarascon,
11 Carcassonne, 13 Chatellerault
-in Italien:
6 Trient, 7 Capitol, Kapitol,
10 Engelsburg,
14 Castel del Monte
-in Österreich:
13 Forchtenstein, Hochosterwitz,
Hohensalzburg
-in Spanien:
6 Toledo, 7 Alcazar, Alkazar,
Granada, 8 Alcazaba, Alhambra,
9 Salobrena
-in Thüringen:
8 Wartburg
-von Granada:
8 Alhambra
-von Rom:
7 Kapitol, 10 Engelsburg
Bürge:
12 Gewaehrsmann
bürgen:
7 sichern
Bürger:
8 Staedter, 9 Einwohner
bürgerlich:
6 bieder
bürgerliche Kleidung:
5 zivil
bürgerliches Recht:
10 Zivilrecht
Bürgermeister:
11 Schultheiss,
14 Stadtoberhaupt
-in England und den USA:
9 Lord Mayor
-in Italien:
7 Sindaco
-in Spanien:
7 Alkalde
Bürgerschaftsvertretung:
9 Magistrat
Bürgersteig:
8 Gehsteig, Trottoir
Burggemach:
8 Kemenate
Burgherr:
8 Edelmann
Burgherrin:
8 Edelfrau
Bürgschaft:
6 Obligo, 7 Gewaehr, Kaution,
8 Garantie, 10 Sicherheit
Bürgschaftsbrief:
10 Akkreditiv
Bürgschaftsgegenstand:
5 Pfand
Burgunderkönig:
6 Gernot, 7 Gunther, 8 Giselher
Burgunderkönigin:
9 Bruenhild, Brunhilde
Burgunderwein:
5 Givry, Macon, 6 Beaune,
7 Chablis, Fleurie, Pommard
Burgverlies:
6 Kerker
burlesk:
10 possenhaft
Burleske:
7 Schwank, 8 Groteske,
Schnurre
Büro:
6 Kontor, 7 Kanzlei,
10 Amtszimmer, 12 Dienststelle,
Schreibstube,
16 Geschaeftsstelle
Büroangestellter:
10 Buchhalter
Bürogerät:
6 Locher, 8 Computer,
12 Tischrechner,
13 Diktiergeraet,
15 Schreibmaschine
Bürokrat:
11 Aktenmensch
Büromöbel:
12 Schreibtisch
Bürostunden:
10 Dienstzeit
Bursche:
4 Bote
Burschenschaft:
10 Verbindung

burschikos:
4 kess, 5 flott, 6 frisch
Bürzel:
5 Sterz
Busch:
4 Wald, 8 Dickicht, Gebuesch, 9 Dschungel, Unterholz
Büschel:
5 Quast, Tolle, 6 Bausch
Buschmesser:
7 Machete
Buschwindräschen:
7 Anemone
Busen:
7 Brueste
Busenfreund:
7 Intimus
Bußbereitschaft:
4 Reue
Buße:
6 Suehne, 7 Auflage, 9 Ausgleich, 16 Wiedergutmachung
Büßer:
11 Reumuetiger
bußfertig:
5 reuig
Bußfertigkeit:
4 Reue
Bußpsalm:
8 Miserere
Busstation:
11 Haltestelle
Bußübung:
6 Askese, 7 Einkehr
Büstenhalter:
2 BH
Bütte:
5 Zuber
Büttel:
8 Haescher, 12 Gerichtsbote
Butterblume:
16 Sumpfdotterblume
Butterfaß:
4 Karn
Büttner:
9 Boettcher
byzantinische:
-Kaiserin:
5 Irene, 6 Eirene, 8 Theodora
byzantinischer:
-Feldherr:
7 Belisar
-Historiker:
7 Zonares, 9 Hesychios
-Kaiser:
4 Leon, 5 Zenon, 7 Balduin, 8 Basilius, 10 Konstantin
byzantinisches:
-Reich:
18 ostroemisches Reich
Byzanz:
8 Istanbul, 14 Konstantinopel

Caisson:
10 Senkkasten
Camp:
5 Lager, 9 Zeltlager,
15 Gefangenenlager,
18 Internierungslager
Campingunterkunft:
4 Zelt
Cape:
6 Umhang
Ceylon:
8 Sri Lanka
ceylonesische:
-Hauptstadt:
7 Colombo
-Inselgruppe:
9 Malediven
Chaiselongue:
4 Sofa, 5 Couch, Diwan, Liege,
9 Liegesofa
Champagner:
4 Sekt, 10 Schaumwein
Champion:
7 Meister, 9 Rekordler,
10 Rekordmann, 12 Sportmeister
Chance:
8 Aussicht, Hoffnung, Okkasion,
11 Gelegenheit, Gluecksfall,
12 Moeglichkeit
Chansonvortrag:
4 Lied, Song, 7 Couplet,
12 Kabarettlied
Chaos:
6 Gewirr, Wirbel, 8 Wirrwarr,
9 Unordnung, 10 Tohuwabohu,
Verwirrung, 13 Durcheinander,
15 Desorganisation
Charakterausbildung:
3 Mut, 4 Geiz, Neid, 5 Treue,
6 Geduld, 7 Ehrgeiz, Neugier,
8 Egoismus, Feigheit, Toleranz,
9 Eigensinn
charakterisieren:
12 kennzeichnen
charakteristisch:
7 typisch, 9 praegnant,
11 bezeichnend
charakterlos:
6 ehrlos
charismatisch:
12 ausstrahlend
Charitin:
6 Aglaia, Thalia, 10 Euphrosyne
charming:
7 reizend, 8 lieblich
Charme:
8 Liebreiz
Chauffeur:
6 Fahrer, Lenker, 11 Kraftfahrer
Chef:
4 Boss, 6 Leiter, 8 Direktor,
9 Oberhaupt, Vorsteher,
12 Vorgesetzter
chemische:
-Verbindung:
4 Amid, Amin, Base, Salz, Zyan,
5 Ester, Lauge, Olein, Pinen,
Seife, 6 Acetat*, Aethan, Aether,
Alkali, Anilin, Azetat, Benzol,
Chinon, Epoxid*, Epoxyd,
Hydrat, Hydrid, Karbid, Laktam,
Methan, Methyl, Natron, Nitrat,
Nitrid, Nitrit, Pentan, Phenol,
Saeure, Sterin, Styrol, Sulfat,
Sulfid, Terpen, Toluol, Xylole,
Xylose, 7 Aldehyd, Alkohol,
Chlorat, Chlorid, Dextrin,
Glukose, Kreosot, Nitrose,
Nuklein, Phosgen, Pyridin,
Salmiak, Silikat, Staerke,
Zeolith, 8 Ammoniak,
Ammonium, Anhydrid,
Azetylen, Karbinol, Karbonat,
Kochsalz, Perborat, Phosphat,
Salpeter, Zyankali, 9 Pottasche,
10 Kohlenoxid*, Kohlenoxyd,
Oxalsaeure, Salzsaeure,
Sulfonamid, Weinsaeure,
11 Aminosaeure, Essigsaeure,
Formaldehyd, 12 Kohlendioxid*,
Kohlendioxyd, Kohlenhydrat,
Kohlensaeure
chemischer:
-Arbeitsraum:
5 Labor, 12 Laboratorium
-Begriff:
3 Eis, Gas, Ion, Mol, Sud,
4 Amid, Amin, Atom, Base,
Buna, Cyan, Form, Gips, Ozon,
Rost, Salz, Satz, Soda, Sole,
Teer, 5 Alaun, Alkyl, Asche,
Beize, Biose, Borax, Butan,
Druck, Duese, Ester, Faser,
Fiber, Kette, Kohle, Lauge,
Phase, Purin, Seife, Stoff,
6 Aether, Aethyl, Alkali, Anilin,
Asbest, Benzol, Cyanid, Dioxid,
Ferrit, Filter, Firnis, Formel,
Glutin, Glykol, Grafit*, Gruppe,
Haerte, Hydrat, Hydrit, Kolben,
Mastix, Metall, Methan, Methyl,
Nitrat, Osmose, Pepsin, Phenol,
Propyl, Pulver, Saeure, Sulfat,
Sulfid, Sulfit, Valenz, 7 Albumin,
Alkohol, Amalgam, Analyse,
Arsenik, Chlorat, Chlorid,
Dialyse, Element, Energie,
Fluorid, Fluorit, Gaerung,
Gemenge, Graphit, Halogen,
Isopren, Kalorie, Kolloid,
Loesung, Nitrose, Nuklein,
Pipette, Reagenz, Salmiak,
Schicht, Silikat, Versuch,
8 Acetylen, Aethylen, Aetzkali,
Alkaloid, Ammoniak,
Ammonium, Bleioxid, Dreifuss,
Emulsion, Formalin, Glykogen,
Glyzerin, Hydrogen, Hydroxid,
Hydroxyl, Jodoform, Karbonat,
Katalyse, Knallgas, Kristall,
Messglas, Mischung, Molekuel,
Naphthen, Naphthol, Nitrogen,
Paraffin, Phosphat, Phosphid,
Phosphin, Reaktion, Salpeter,
Schlacke, Schwefel, Spaltung,
Spektrum, Spiritus, Sublimat,
Substanz, Synthese, Zinkbase,
Zinkoxid, Zyankali,
9 Adhaesion, Bleiglanz,
Borsaeure, Chlorkalk, Diffusion,
Eisenoxid, Explosion, Flintglas,
Gleichung, Indikator, Kohaesion,
Konverter, Legierung, Metalloid,
Oelsaeure, Oxidation*,
Oxydation, Reduktion, Zelluloid,
Zellulose, 10 Absorption,
Affinitaet, Becherglas,
Bikarbonat, Bittersalz,
Blausaeure, Bleichkalk,
Bleinitrat, Bleisulfat,
Bromsilber, Chloroform,
Einwirkung, Experiment,
Fettsaeure, Filtration,
Gerbsaeure, Grundstoff,
Kohlenoxid, Kunstfaser,
Kupferoxid, Metalloxid,
Naphthalin, Pechblende,
Salzsaeure, Sauerstoff,
Siedepunkt, Speckstein,
Stickstoff, Temperatur,
Wasserglas, Wertigkeit,
Zinkblende, 11 Aequivalenz,
Aminosaeure, Atomgewicht,
Atomtheorie, Chlorsilber,
Darstellung, Elektrolyse,
Essigsaeure, Fluss-Saeure*,
Flusssaeure, Glaubersalz,
Hydrogenium, Katalysator,
Kohlehydrat, Kohlenstoff,
Mutterlauge, Nitrogenium,
Paraffinoel, Quecksilber,
Reagenzglas, Spektroskop,
Sublimation, Verbrennung,

Verdampfung, Verdunstung, Vereinigung, Wasserdampf, Wasserstoff, 12 Aethylaether, Assimilation, Benzolsaeure, Destillation, Eisenvitriol, Gefrierpunkt, Kalisalpeter, Kieselsaeure, Kohlendioxid, Kohlensaeure, Kondensation, Kupfernitrat, Kupfersulfat, Methylaether, Natriumlauge, Schmelzpunkt, Silberbromid, Silbernitrat, Silbersulfid, Terpentinoel, Wassergehalt, 13 Aethylalkohol, Aluminiumoxid, Ameisensaeure, Bunsenbrenner, Halogengruppe, Kohlenmonoxid, Kupfervitriol, Lackmuspapier, Methylalkohol, Salizylsaeure, Scheidewasser, Schwarzpulver, Schwefelblume, Schwefeleisen, 14 Blutlaugensalz, Jodwasserstoff, Kaliumkarbonat, Kalkstickstoff, Loesungsmittel, Neutralisation, Phosphorsaeure, Polymerisation, Salpetersaeure, Schwefelsaeure, Stickstoffoxid, Strukturformel, 15 Aggregatzustand, Quecksilberoxid, Radioaktivitaet, Siedetemperatur, Spektralanalyse

-Prüfstoff:
7 Reagenz

chemisches:

-Element:
3 Bor, Cer, Jod, Zer, 4 Blei, Brom, Gold, Neon, Niob, Uran, Zink, Zinn, 5 Argon, Arsen, Astat, Aurum, Chlor, Chrom, Eisen, Fluor, Radon, Selen, Titan, Xenon, 6 Barium, Bismut, Curium, Erbium, Ferrum, Helium, Indium, Kalium, Kobalt, Kupfer, Mangan, Neodym, Nickel, Osmium, Platin, Radium, Silber, Tantal, Tellur, Wismut, 7 Antimon, Caesium, Gallium, Hafnium, Holmium, Iridium, Kadmium, Kalzium, Krypton, Lanthan, Lithium, Natrium, Niobium, Rhenium, Rhodium, Terbium, Thorium, Thulium, Wolfram, Yttrium, Zaesium, 8 Aktinium, Argentum, Astatium, Europium, Francium, Lutetium, Nobelium, Phosphor, Polonium, Rubidium, Samarium, Scandium, Schwefel, Silizium, Skandium, Thallium, Vanadium, 9 Aluminium, Americium, Berkelium, Beryllium, Germanium, Magnesium, Molybdaen, Neptunium, Palladium, Plutonium, Praseodym, Ruthenium, Strontium, Ytterbium, Zirkonium, 10 Dysprosium, Gadolinium, Lawrentium, Promethium, Sauerstoff, Stickstoff, Technetium, 11 Californium, Einsteinium, Kalifornium, Kassiopeium, Kohlenstoff, Mendelevium, Quecksilber, Wasserstoff, 12 Protactinium, Protaktinium, 14 Kurtschatowium

-Experimentiergefäß:
7 Retorte, 8 Kochglas, 11 Reagenzglas

-Hilfsmittel:
5 Tubus, 6 Filter, Kolben, Tiegel, 7 Lackmus, Pipette, Reagens, Reagenz, 8 Buerette, Dreifuss, Zylinder, 9 Exhaustor, 10 Becherglas, 11 Reagenzglas, 13 Standzylinder

chemisches Zeichen für:

-Actinium:
2 Ac

-Aluminium:
2 Al

-Americium:
2 Am

-Argon:
2 Ar

-Arsen:
2 As

-Astat:
2 At

-Barium:
2 Ba

-Berkelium:
2 Bk

-Beryllium:
2 Be

-Blei:
2 Pb

-Bor:
1 B

-Brom:
2 Br

-Cadmium:
2 Cd

-Cäsium:
2 Cs

-Cer:
2 Ce

-Chlor:
2 Cl

-Chrom:
2 Cr

-Curium:
2 Cm

-Dysprosium:
2 Dy

-Einsteinium:
2 Es

-Eisen:
2 Fe

-Europium:
2 Eu

-Fermium:
2 Fm

-Fluor:
1 F

-Francium:
2 Fr

-Gadolinium:
2 Gd

-Gallium:
2 Ga

-Germanium:
2 Ge

-Gold:
2 Au

-Hahnium:
2 Ha

-Helium:
2 He

-Holmium:
2 Ho

-Indium:
2 In

-Kalzium:
2 Ca

-Kobalt:
2 Co

-Kohlenstoff:
1 C

-Krypton:
2 Kr

-Kupfer:
2 Cu

-Kurtschatowium:
2 Ku

-Lanthan:
2 La

-Lithium:
2 Li

-Lutetium:
2 Lu

-Magnesium:
2 Mg
-Mangan:
2 Mn
-Mendelevium:
2 Md
-Molybdän:
2 Mo
-Natrium:
2 Na
-Neodym:
2 Nd
-Neon:
2 Ne
-Neptunium:
2 Np
-Nickel:
2 Ni
-Niob:
2 Nb
-Nobelium:
2 No
-Osmium:
2 Os
-Phosphor:
1 P
-Platin:
2 Pt
-Plutonium:
2 Pu
-Polonium:
2 Po
-Praseodym:
2 Pr
-Promethium:
2 Pm
-Protactinium:
2 Pa
-Quecksilber:
2 Hg
-Radium:
2 Ra
-Radon:
2 Rn
-Rhenium:
2 Re
-Rhodium:
2 Rh
-Rubidium:
2 Rb
-Ruthenium:
2 Ru
-Samarium:
2 Sm
-Schwefel:
1 S
-Selen:
2 Se
-Silber:
2 Ag
-Silizium:
2 Si
-Stickstoff:
1 N
-Strontium:
2 Sr
-Tantal:
2 Ta
-Technetium:
2 Tc
-Tellur:
2 Te
-Thorium:
2 Th
-Thulium:
2 Tm
-Titan:
2 TI
-Uran:
1 U
-Vanadium:
1 V
-Wasserstoff:
1 H
-Wismut:
2 Bi
-Wolfram:
1 W
-Xenon:
2 Xe
-Ytterbium:
2 Yb
-Yttrium:
1 Y
-Zink:
2 Zu
-Zinn:
2 Sn
-Zirkonium:
2 Zr
Chiffre:
4 Zahl, 6 Ziffer, 7 Zeichen,
8 Kennwort, 10 Geheimwort,
13 Geheimzeichen
chilenische:
-Hauptstadt:
8 Santiago, 15 Santiago de Chile
-Inselgruppe/Insel:
6 Chiloe, 7 Campana, Rapanui,
9 Santalnes, 10 Osterinsel,
Wellington
-Nobelpreisträgerin für Literatur:
7 Mistral
-Währung:
4 Peso, 7 Centavo
chilenischer:
-Berg:
6 Osorno, 9 El Calbuco
-Klaviervirtuose:
5 Arrau
-Nobelpreisträger für Literatur:
6 Neruda
-Politiker:
7 Allende, 8 Pinochet
- Schriftsteller/Schriftstellerin
5 Rojas, 7 Allende, Mistral
chilenisches:
-Ausfuhrprodukt:
3 Jod, 4 Gold, 5 Kohle,
6 Erdoel, Kupfer, Silber,
8 Eisenerz, Salpeter
chinesische:
-Dynastie:
3 Han, Hia, Kin, Sin, Sui,
4 Chou, Ming, Sung, Tang,
5 Ching, Shang, Wutai,
6 Sankuo, Schang, Tschou,
8 Mandschu, 10 Nanpeichao
-Ehrenbezeigung:
5 Kotau
-Entwicklung:
6 Papier, 7 Kompass,
9 Porzellan, 13 Schiesspulver
-Hauptstadt Rotchina:
6 Peking
-Hauptstadt Taiwan:
6 Taipeh
-Hunderasse:
8 Chow-Chow
-Meerenge:
13 Fukienstrasse
-Münze:
4 Cent, Tael, Yuan, 5 Tsjao
-Nachrichtenagentur:
6 Xinhua
-Provinz/Region:
4 Hope, 5 Honan, Hopeh, Hopei,
Hunan, Hupeh, Kansu, Kirin,
Tibet, 6 Fukien, 7 Juennan,
Kiangsi, Kiangsu, Schansi,
Tonking, Yuennan, 8 Liaoning,
Sinkiang, Tongking,
9 Kuangtung, Schantung,
Singkiang, 10 Kweitschou
-Religion:
3 Tao, 8 Taoismus, Taoismus,
14 Konfuzianismus,
Konfuzianismus
-Selbstverteidigungsform:
6 Tai Tji
-Stadt:
3 Kia, Lin, 4 Amoy, Ansi, Hami,
Sian, Taku, Wuhu, Wusi,

5 Golmo, Hofei, Hsian, Jenan, Kalun, Kirin, Lhasa, Lueta, Paoki, Penki, Tihwa, Wuhan, Wuwei, 6 Antung, Haikou, Hankou, Juemen, Kanton, Linhai, Minhou, Mukden, Ningpo, Pautou, Peking, Schasi, Sining, Tainan, Taipeh, Tsinan, 7 Anschan, Charbin, Hanyang, Jarkand, Kunming, Kutscha, Kweisui, Mengtse, Nanning, Nantung, Taijuan, Tschifu, Yungkia, 8 Fatschan, Hangjang, Hsingtai, Schantou, Shanghai, Taiyuean, Tientsin, Wutschou, 9 Kintschou, Ninghsien, Schanghai, Suetschau, Tangschan, Tschengtu, Weihaiwei, Wentschou, 10 Hangtschou, Kiautschou, Nantschang, 11 Tschinkiang
-Währungseinheit:
4 Cent, Tael, Yuan, 5 Tsjao, 6 Dollar
chinesischer:
-Beamter:
8 Mandarin
-Berg:
5 Gambu, 6 Tangla, 11 Niitakajama, 12 Minya Gongkar
-Fluß:
5 Paiho, 6 Liaoho, 7 Jangtse, 10 Hsiankiang, 11 Jangtsekian
-General:
17 Tschiang Kaitschek
-Grenzfluß:
4 Amur
-Kaiser:
7 Kiaking, 8 Kienlung, Kuangsue, Taukuang, 12 Jungtschoeng
-Kleinbär:
5 Panda
-Lastenträger:
4 Kuli
-Lyriker:
4 Tu Fu, 7 Li Tai Po
-Maler:
10 Ku Kaitschi
-Nobelpreisträger für Physik:
3 Lee, 4 Yang, 11 Tsung Dao Lee
-Obstbaum:
11 Litschibaum
-Philosoph:
5 Mehti, 6 Laotse, 7 Mengtse, Tschu Hi, 8 Konfutse, 9 Konfuzius, Kung Futse
-Politiker:
3 Hua, Mao, 9 Mao Zedong, Sun Jatsen, 10 Mao Tsetung, Tschu Enlai, 17 Tschiang Kaitschek
-Schriftsteller/Schriftstellerin:
4 Tu Fu, 7 Li Taipo
-Tagelöhner:
4 Kuli
-Weiser:
6 Laotse, 8 Konfutse, 9 Konfuzius, Kung Futse
-Würdenträger:
8 Mandarin
-Zwerghund:
8 Pekinese
chinesisches:
-Bauwerk:
5 Mauer, 11 Grosse Mauer
-Gewicht:
3 Fan, Fen, Jin, Lei, Tan, Yin, 4 Chin, Tael, 5 Liang, Pikul
-Hausboot:
6 Sampan
-Heilverfahren:
10 Akupunktur
-Längenmaß:
2 Li, Pu, Tu, 3 Fan, Fen, 4 Tsun, 5 Tschi, 7 Tschang
-Musikinstrument:
2 Yo, 3 Kin
-Nahrungsmittel:
4 Reis, 7 Trepang
-Schlaginstrument:
4 King
-Segelschiff:
8 Dschunke
-Wohnboot:
6 Sampan
Chip:
5 Jeton, Marke, 10 Spielmarke
chirurgischer:
-Eingriff:
9 Operation, 10 Amputation, 15 Transplantation
-Facharzt:
4 Arzt, 8 Wundarzt, 9 Operateur
-Faden:
6 Katgut
chirurgisches:
-Gerät:
6 Kauter, 8 Lanzette, Skalpell
Chlorverbindung:
7 Chloral
cholerisch:
10 jaehzornig, 11 aufbrausend
Chorraum/-gemeinschaft:
6 Empore, 9 Altarraum, Singschar, 10 Singgruppe, 11 Vokalgruppe, 13 Gesangsgruppe, Saengergruppe, 18 Saengervereinigung
Choralgesang:
4 Lied, 6 Gesang, 11 Kirchenlied, 12 Gemeindelied, 14 Gemeindegesang
Choreographie:
9 Tanzregie
Chorwerk:
5 Messe, Missa, 7 Kantate, Passion, 8 Madrigal, 9 Oratorium
Christbaum:
10 Tannenbaum, 14 Weihnachtsbaum
christliche:
-Bewegung:
11 Reformation
-Botschaft:
10 Evangelium
-Herberge:
6 Hospiz
-Kardinaltugend:
5 Liebe, 6 Glaube, 8 Hoffnung
-Konfession/Sekte:
7 Quaeker, 8 Mormonen, 9 Baptisten, Puritaner, 10 Herrnhuter, Hugenotten, Katholiken, Lutheraner, Mennoniten, 11 Calvinisten, Methodisten, Zwinglianer, 12 Protestanten
-Sekte in Amerika:
8 Mormonen
christlicher:
-Dankgottesdienst:
6 Tedeum
-Einsiedler:
9 Anachoret
-Fest-/Feiertag:
6 Ostern, 7 Busstag, Firmung, 8 Auffahrt, 9 Kommunion, Pfingsten, Weihnacht, 10 Karfreitag, 11 Allerseelen, Heiligabend, Himmelfahrt, Weihnachten, 12 Fronleichnam, Konfirmation, Totensonntag, 13 Allerheiligen, Buss- und Bettag, 15 Dreikoenigsfest, Gruendonnerstag, 16 Reformationsfest, 18 Christi Himmelfahrt

christliches:
-Fest:
6 Ostern, 7 Firmung,
9 Kommunion, Pfingsten,
Weihnacht, 10 Karfreitag,
11 Allerseelen, Heiligabend,
Himmelfahrt, Weihnachten,
12 Fronleichnam, Konfirmation,
Totensonntag, 13 Allerheiligen,
Buss- und Bettag,
15 Dreikoenigsfest,
Gruendonnerstag,
16 Reformationsfest
-Sakrament:
3 Ehe, 5 Taufe
-Symbol:
5 Kreuz
Chronik:
7 Annalen, Bericht, 8 Jahrbuch,
Tagebuch, 12 Aufzeichnung,
13 Jahresbericht,
14 Geschichtswerk
Chronikschreiber:
8 Chronist
chronisch:
7 dauernd, 9 anhaltend
Chronologie:
9 Zeitfolge, Zeitkunde,
12 Zeitrechnung
Chrysanthemengewächs:
9 Goldblume, Margarite,
Margerite, 10 Marguerite,
11 Gaenseblume, Winteraster,
Wucherblume, 12 Frauenbalsam,
Massliebchen

circa:
4 etwa, rund, 5 knapp, 6 nahezu,
9 ungefaehr
clever:
5 smart, 6 listig, wendig,
8 gerissen, 9 geschickt
Clique:
4 Gang, 5 Bande, 6 Gruppe,
8 Kluengel, 10 Sippschaft
Clown:
7 Bajazzo, 8 Harlekin,
10 Hampelmann, Komoediant,
Spassvogel, 11 Spassmacher,
12 Dummer August
Club:
11 Vereinigung
Cockpit:
10 Fahrersitz, 13 Pilotenkabine
Cocktailgetränk:
4 Fizz, Flip, Sour, 5 Daisy,
Julep, Sling, 6 Cooler, Crusta,
7 Cobbler, Collins, 9 Manhattan
College:
10 Hochschule
Combo:
4 Band, 6 Gruppe, 7 Kapelle
Count:
4 Graf
Coup:
7 Streich, 11 Handstreich
Coupletform:
7 Chanson
Courage:
3 Mut, 7 Schneid, 9 Kuehnheit,
10 Tapferkeit, 11 Beherztheit

couragiert:
5 mutig, 6 tapfer, 9 schneidig
Cousin:
6 Vetter
Cousine:
4 Base, 6 Kusine
Cowboyhut:
7 Stetson
Cowboyveranstaltung:
5 Rodeo
cremige Substanz:
4 Rahm, 5 Paste, Sahne, Salbe,
9 Hautsalbe, 12 Schaumspeise
cremigfarben:
8 mattgelb, 9 blassgelb
Crew:
4 Team, 5 Schar, 6 Gruppe,
9 Besatzung, 10 Mannschaft
Croupier:
10 Bankhalter

da:
4 dort, hier, weil, 5 zumal,
7 zugegen, 8 anwesend
dabei:
4 aber, 7 hierbei
dabeibleiben:
10 fortsetzen
Dach des Mundinnenraums:
6 Gaumen
Dachbalken:
6 Sparre
Dachbereich:
5 First, Raehm, Rinne, 6 Giebel,
Sparre, Strebe, Traufe,
10 Regenrinne
Dachdeckerbedarf:
4 Blei, Glas, Reet, Ried, 5 Stroh,
6 Pfanne, Ziegel, 8 Schiefer,
9 Teerpappe, Wellblech
Dachdeckerutensil:
7 Haubank, 9 Deckstuhl
Dachetage:
8 Mansarde
Dachfläche:
4 Walm
Dachgarten:
7 Veranda
Dachgaube:
11 Dachfenster
Dachgesellschaft eines Großkonzerns:
7 Holding
Dachgipfel:
5 First
Dachgleiche:
9 Richtfest
Dachkandel:
10 Regenrinne
Dachluke:
11 Dachfenster
Dachoberkante:
6 Giebel
Dachöffnung:
4 Luke, 5 Gaube
Dachpfanne:
10 Dachziegel
Dachrinne:
6 Kandel, Traufe, 7 Kaennel
Dachsname in der Fabel:
8 Grimbart
dachsen:
8 schlafen
Dachshund:
6 Dackel, Teckel
Dachtel:
8 Ohrfeige
Dachterrassenwohnung:
9 Penthouse
Dachtraufe:
10 Regenrinne
Dachwohnung:
8 Mansarde
Dackelhaut:
11 Chalodermie
dadurch:
7 deshalb, 9 hierdurch
dafür:
3 pro
dafürhalten:
6 meinen
dagegen:
4 anti, 6 contra, kontra
dagegen eingestellt sein:
8 ablehnen, 10 opponieren
dagegenhalten:
9 antworten
Daguerreotypie:
10 Fotografie
daher:
7 deshalb
dahin:
7 dorthin
dahingegen:
4 aber
dahingestellt:
8 ungewiss
dahinscheiden:
7 sterben
dahinsiechen:
11 verkuemmern
Dahlienpflanze:
8 Georgine
Dalk:
8 Dummkopf
dalmatinische:
-Hauptstadt:
9 Dubrovnik
-Insel:
3 Krk, Rab, 4 Brac, Hvar,
5 Cazza, Mljet, Susac, Unije,
6 Brioni, Kornat, Melita, Murter,
7 Korcula, Lastovo
-Stadt:
4 Omis, 5 Kotor, Split,
6 Ragusa, 7 Sibenik,
9 Dubrovnik
6 Kotari
Daltel:
14 Nachschluessel
damals:
5 einst, 7 dazumal, frueher,
vormals, 9 einstmals,
10 seinerzeit
Dambock:
6 Hirsch
Damenbadezweiteiler:
6 Bikini
Damenfußbekleidung:
5 Pumps, 7 Sandale, Slipper,
Stiefel, 8 Trotteur, 9 Bottilons,
Lackschuh, Sandaline,
10 Sandalette, Sportschuh,
11 Lackstiefel, 13 Stoeckelschuh
Damenkopfbedeckung:
5 Kappe, Toque, 6 Schute,
7 Topfhut, 8 Strohhut,
9 Pelzkappe, 10 Pelzmuetze,
11 Florentiner
Damenmantel:
8 Mantille, 9 Redingote
Damenpferd:
6 Zelter
Damenraum:
7 Boudoir
Damenunterwäsche:
4 Body, Hemd, Slip, 5 Tanga,
6 Mieder, 7 Bustier, Dessous,
Korsett, 8 Garnitur, Leibchen,
9 Petticoat, Trikotage,
Unterrock, 10 Schluepfer,
Unterkleid, 12 Bodystocking,
13 Buestenhalter, Strumpfhalter
Damian:
8 Dummkopf
damig:
9 damenhaft
damisch:
4 dumm
dämlich:
4 dumm, 5 bloed, 6 albern
Damm:
4 Mole, Wall, Wehr, 5 Deich
Dämmerschoppen:
7 Umtrunk
Dämmerung:
9 Zwielicht, 10 Halbdunkel
Dammkrone:
5 Haupt
Dämon:
5 Geist, 7 Ungeist
-im Alten Testament:
6 Asasel
-im nordischen Volksglauben:
5 Troll
-von Petersburg:
8 Rasputin
Dämonen:
8 Perchten
dämonisch:
8 besessen, 9 teuflisch
Dampfbad:
5 Sauna

dampfen:
6 kochen, 9 schwitzen
Dampfschiff mit Schaufelrädern:
10 Raddampfer
Dampfmaschine:
10 Lokomobile
Dampfmaschineneinzelteil:
6 Kolben, Ventil, 8 Schieber, Zylinder, 10 Schwungrad, 11 Dampfkessel, Kondensator, Pendelkugel, 12 Kolbenstange, 13 Drosselklappe
Dämpfungsmaß:
5 Neper
danach:
7 nachher, 8 folglich
daneben:
8 außerdem
danebenhauen:
5 irren
Dänenprinz:
6 Hamlet
daniederliegen:
5 krank
dänische:
-Bucht:
4 Belt, Sund, 8 Kattegat, 11 Grosser Belt, Kleiner Belt
-Flagge:
8 Danebrog
-Goldmünze:
12 Christiandor
-Hafenstadt:
6 Aarhus, Gedser, Nyborg, Roedby, 7 Aalborg, Esbjerg, 8 Roskilde, 10 Helsingoer, Koebenhavn, Kopenhagen, 13 Frederikshavn
-Halbinsel:
8 Juetland
-Hauptstadt:
10 Koebenhavn, Kopenhagen
-Insel:
5 Alsen, Fanoe, 6 Amager, Fuenen, Laesoe, 7 Lolland, Seeland, 8 Bornholm, 9 Groenland, Langeland
-Insel im Kattegat:
6 Anholt, Laesoe, Samsoe, 8 Hesseloe
-Insel im Oresund:
6 Amager
-Insel in der Arktis:
9 Groenland
-Insel in der Nordsee:
4 Roem, 5 Manoe, 6 Roemoe
-Insel in der Ostsee:
4 Moen, 5 Aeroe, 6 Fuenen, Samsoe, 7 Laaland, Lolland, Seeland, 8 Bornholm
-Inselgruppe im Atlantik:
8 Faeroeer
-Königin:
6 Ingrid, 10 Margarethe
-Meerenge:
4 Belt
-Meeresbucht:
5 Fakse, Koege, 8 Lim Fjord
-Schauspielerin:
7 Nielsen
-Silbermünze:
9 Rigsdaler
-Stadt:
3 Bov, 4 Asaa, Ribe, 5 Aarup, Arhus, Koege, Thule, Vejle, 6 Aarhus, Alborg, Assens, Brande, Maribo, Nyborg, Odense, Roedby, Roenne, Skagen, 7 Aalborg, Esbjerg, Randers, 8 Godthaab, Hirthals, Roskilde, 9 Nykoebing, Svendborg, 10 Helsingoer, Kalundborg, Koebenhavn, Kopenhagen, Sonderburg, 11 Hadersleben, Soenderborg, 13 Frederikshavn
-Währung:
4 Oere, 5 Krone
dänischer:
-Arzt:
6 Finsen
-Astronom:
5 Brahe, 6 Roemer
-Atomphysiker:
4 Bohr
-Berg:
10 Himmelberg
-Bildhauer:
11 Thorwaldsen
-Biochemiker:
3 Dam
-Biologe:
3 Dam
-Botaniker:
6 Hansen
-Chemiker:
7 Thomsen
-Filmkomiker:
3 Pat, 8 Patachon
-Forscher:
4 Bohr
-Frauenname:
4 Asta, 6 Dorthe
-Geograph:
5 Hedin, 9 Rasmussen
-Grenzwall:
8 Danewerk
-Held:
3 Dan
-Komponist:
4 Enna, 6 Klenau, 9 Boerreson
-Königsname:
4 Erik, Knud, Olaf, Sven, 5 Niels, 6 Harald, Johann, Magnus, 8 Frederik, Kristian, Valdemar, 9 Christian, Friedrich, Gottfried
-Männername:
4 Knud, 8 Kristian
-Märchendichter:
8 Andersen
-Nobelpreisträger für Frieden:
5 Bajer
-Nobelpreisträger für Literatur:
6 Jensen, 9 Gjellerup, 11 Pontoppidan
-Nobelpreisträger für Medizin:
3 Dam, 5 Krogh, 6 Finsen, 7 Fibiger
-Nobelpreisträger für Physik:
4 Bohr, 9 Mottelson
-Philosoph:
7 Sibbern, 11 Kierkegaard
-Physiker:
4 Bohr
-Physiologe:
5 Krogh
-Polarforscher:
6 Bering, 9 Rasmussen
-Politiker:
4 Hall, 5 Bajer, Zahle, 7 Brandes, 8 Berntsen, 9 Struensee, 10 Bernstorff
-Sagenheld:
4 Toko, 5 Tokko
-Sagenkönig:
5 Krake, 6 Hawart, Hettel
-Schriftsteller/Schriftstellerin:
4 Munk, 6 Blixen, 7 Heiberg, Holberg, 8 Andersen, 9 Gjellerup, 11 Kierkegaard
-Seefahrer:
6 Bering
-Seeheld:
4 Juel
dänisches:
-Abgeordnetenhaus:
9 Folketing
-Hohlmaß:
3 Ahm

-Kap:
6 Skagen
-Längenmaß:
4 Alen
-Nebenland:
8 Faeroeer
-Parlament:
7 Rigsdag, 9 Folketing
dankbar:
9 nuetzlich
Dankbrief:
13 Dankschreiben
Danksagung:
6 Tedeum, 7 Gratias
dann:
9 hinterher
dannzumalig:
7 spaeter
Dantes:
-Beiname:
9 Alighieri
-Geliebte:
8 Beatrice
-Hölle:
7 Inferno
Danziger:
-Bauwerk:
7 Krantor, 12 Marienkirche
-Likör:
10 Goldwasser
-Schriftsteller:
5 Grass, Halbe
-Sehenswürdigkeit:
7 Krantor, 8 Artushof,
12 Marienkirche
-Wacholderbranntwein:
9 Machandel
daran:
6 hieran
darben:
12 Hunger leiden
Darbietung:
4 Show, 6 Nummer, 7 Vortrag,
11 Vorstellung, 13 Praesentation
darbringen:
6 opfern
Dardanellen:
10 Hellespont
Dargebrachtes:
4 Gabe, 5 Opfer
darlegen:
6 zeigen, 9 erklaeren, vortragen,
10 darstellen, 13 demonstrieren
Darlegung:
6 Expose, 10 Erklaerung,
Exposition, 13 Demonstration,
Manifestation
Darlehensform:
5 Leihe, 6 Kredit, 7 Anleihe,
8 Leihgabe
darleihen:
6 leihen
Darleiher:
9 Verleiher
Darm:
7 Gedaerm
Darmerkrankung:
9 Enteritis
Darmspülungsgerät:
6 Klysma, 8 Klistier
Darmträgheit:
11 Obstipation, Verstopfung
Darmverschluß:
5 Ileus
darreichen:
5 geben
darstellen:
5 mimen, 7 agieren, spielen,
11 konterfeien, verkoerpern,
13 portraetieren
Darstellungsart:
4 Stil
Darstellungsform:
4 Bild, 6 Grafik*, Skizze,
7 Graphik, Plastik, Version,
9 Schaubild, 10 Ueberblick,
Wiedergabe, 11 Schilderung,
12 Konstruktion,
13 Demonstration,
14 Interpretation
dartun:
8 bekunden
darüber:
4 oben, 8 oberhalb
darunter:
5 unten
das gesamte Abendland:
6 Europa, 8 Okzident
dasein:
5 leben, 8 bestehen,
9 vorkommen, 10 existieren
dasselbe:
4 dito
Dasselfliegenart:
6 Bremse
Dateneingeben:
5 Input
Datenendgerät:
8 Terminal
Datenspeicher:
8 Diskette
Datum:
3 Tag, 6 Termin, 9 Zeitpunkt
Dauer:
4 Zeit, 5 Weile, 6 Laenge,
Spanne, 8 Zeitraum,
10 Ausdehnung, Zeitspanne
Dauerbezieher:
8 Abonnent
Dauergebäck:
4 Keks, 8 Zwieback
dauerhaft:
4 ewig, 5 solid, 6 solide,
7 durabel, 9 langlebig,
10 bestaendig
Dauerhaftigkeit:
11 Stabilitaet
Dauermiete:
10 Abonnement
dauernd:
5 immer, stets, 8 bleibend,
staendig, 9 chronisch,
10 bestaendig, 12 fortwaehrend,
14 ununterbrochen
Dauerwurstsorte:
6 Salami, 8 Cervelat,
9 Cabanossi, Hartwurst,
10 Mortadella, Plockwurst,
13 Servelatwurst*, Zervelatwurst
Daunenart:
10 Flaumfeder
Dauphin:
9 Kronprinz, 11 Thronfolger
Daus:
2 As
Davids:
-Ehefrau:
6 Michal, Michol, 7 Abigail,
8 Bathseba, Bethseba
-Sohn:
6 Salomo, 7 Absalom, Salomon
-Vater:
4 Isai
dazumal:
6 damals
dazwischentreten:
13 intervenieren
Debattenbeitrag:
6 Dialog, 10 Aussprache,
Diskussion, 11 Eroerterung,
Kontroverse, Wortgefecht,
18 Auseinandersetzung
Debet:
4 Soll, 6 Schuld, 9 Belastung
Debitorenformen:
11 Forderungen,
13 Aussenstaende
Debütauftritt:
5 Start, 12 Antrittsrede,
Erstauftritt
Deck:
4 Bord

Deckbezug:
5 Belag, 8 Ueberzug
Deckblatt:
6 Tektur
Decke:
4 Fell, 5 Matte, 9 Tischtuch
-der Mundhöhle:
6 Gaumen
Deckel:
6 Klappe
Deckelgegenstand:
4 Dose, Sarg, 5 Truhe, 6 Kasten, 7 Buechse, 8 Kassette, 9 Sarkophag, Schachtel, Schatulle
deckender Bereich:
5 Kappe
Deckenkunst:
13 Freskomalerei
Deckmäntelchen:
7 Tarnung
Deckname:
9 Pseudonym
Decköffnung:
4 Luke
Deckung:
7 Tarnung
deckungsgleich:
9 kongruent
defekt/Defekt:
5 Panne, 6 Fehler, kaputt, Mangel, 7 entzwei, Havarie, Schaden, 9 Gebrechen, schadhaft, 10 fehlerhaft, 11 beschaedigt
Defensivstellung:
6 Abwehr, 12 Verteidigung
Defizit:
5 Manko, 7 Verlust, 8 Einbusse, 10 Fehlbetrag
Deformationsfolge:
10 Verformung, 11 Entstellung, Missbildung, 13 Verunstaltung
deftig:
4 derb
Degenart:
6 Espada, Rapier
Degeneration:
7 Verfall, 10 Niedergang, 12 Rueckschritt
degenerieren:
8 entarten
Degenkämpfer:
7 Fechter
Degradierung:
12 Erniedrigung, Herabsetzung, 13 Wertminderung, 15 Herabwuerdigung
dehnbar:
6 duktil, 7 biegsam, 8 flexibel, 9 beweglich, elastisch
dehnbares Material:
7 Elastik, Stretch
Dehnbarkeit:
12 Elastizitaet
dehnen:
6 weiten, 8 strecken, 9 ausweiten
Dehnungsanweisung:
10 Zirkumflex
Deichform:
4 Damm
Deichschleuse:
4 Siel
Dekade:
8 Zehnzahl, 9 Jahrzehnt
Dekadenz:
7 Verfall, 9 Entartung
Dekan:
7 Dechant, 14 Superintendent, 19 Fakultaetsvorsteher
deklamieren:
9 vortragen, 10 rezitieren
Deklaration:
10 Erklaerung, 11 Zollmeldung, 13 Inhaltsangabe
Deklination:
7 Beugung
deklinieren:
6 beugen, 9 abwandeln
Dekolleté:
10 Ausschnitt
Dekorationsutensil:
7 Kulisse, 10 Gestaltung, 11 Ausstattung, Buehnenbild, 12 Ehrenzeichen, 14 Ausschmueckung
Dekorform:
4 Zier, 6 Muster, Zierde, 7 Schmuck, Zierrat, 10 Verzierung
Dekretion:
6 Erlass
Delegatus:
11 Abgesandter
delegieren:
8 abordnen, 9 entsenden
delikat:
6 heikel, 9 koestlich, 10 auserlesen, 11 appetitlich, 14 wohlschmeckend
Delikatess-Speise:
3 Aal, 5 Fasan, Krebs, 6 Auster, Hummer, Kaviar, Krebse, Scampi, Zander, 7 Avocado, Avokado, Forelle, Karpfen, Krabben, Rebhuhn, Shrimps, Wachtel, 8 Morcheln, Schrimps*, Seezunge, 10 Rehruecken, 11 Champignons, Gaenseleber, 12 Froschkeulen, 14 Froschschenkel
Delikatesse:
4 Takt, 6 Genuss, 8 Feinheit, Feinkost, 10 Hochgenuss, 12 Leckerbissen
Delinquent:
6 Taeter, 10 Verbrecher, 11 Angeklagter, Missetaeter, Uebeltaeter
Delirium:
6 Rausch, 8 Wahnsinn, 10 Verwirrung
Delle:
5 Beule, 10 Vertiefung
Delphinart:
6 Beluga, Narwal, 7 Zahnwal, 8 Grindwal, Tuemmler, Weisswal
Demarkationsbereich:
6 Grenze, 10 Begrenzung, 12 Grenzziehung
Demarkationslinie:
6 Grenze
Dementierung:
8 Widerruf, 12 Berichtigung, 15 Richtigstellung
Demissionserklärung:
10 Entlassung, Ruecktritt
demnächst:
4 bald, 7 alsbald, 10 naechstens
Demokratieform:
15 Volksherrschaft
Demonstrant:
9 Kundgeber
Demonstration:
6 Beweis, 9 Bekundung, Darlegung, 10 Erklaerung, Kundgebung, 11 Versammlung, 12 Erlaeuterung, 17 Protestkundgebung
Demoralisierung:
11 Entmutigung, 14 Entsittlichung, Zuchtlosigkeit
Demoskopiesparte:
17 Meinungsforschung
demütig:
7 ergeben
Demütigung:
12 Erniedrigung
Demutsnachweis:
8 Kniefall

demzufolge:
4 also, ergo, 7 demnach, 8 folglich, 13 infolgedessen
denken/Denken:
6 meinen, Noesis, sinnen, 8 erwaegen, urteilen, 9 Reflexion, sinnieren, 10 Reflektion, ueberlegen
Denkender:
9 Philosoph, 15 Geistesarbeiter
Denkmal:
8 Monument
Denkorgan:
6 Gehirn
denkrichtig:
7 logisch
Denksatz:
5 Gnome, Motto, 7 Paroemi, Sentenz, 10 Aphorismus
Denksportherausforderung:
5 Rebus, 7 Raetsel, 10 Mixraetsel, Vexierbild, 12 Wabenraetsel, 13 Silbenraetsel, Zahlenraetsel, 14 Zahlenknobelei, 15 Schwedenraetsel, 16 Kreuzworträtsel, Magisches Quadrat
Denkungsart:
7 Ansicht, 9 Gesinnung, 10 Auffassung, 11 Einstellung, Mentalitaet
Denkwettbewerb:
4 Quiz
Denkweise:
9 Gesinnung, Sinnesart, 11 Einstellung, Mentalitaet, 14 Weltanschauung
Denkwissenschaft:
5 Logik, 6 Noetik, 11 Philosophie
denkwürdige Äußerungen:
8 Memoiren, 12 Memorabilien
Denkzentrum:
6 Gehirn
Dentalberuf:
8 Zahnarzt, 13 Zahntechniker
denunzieren:
8 anzeigen, verraten, 12 anschwaerzen
Departement:
-in Frankreich:
3 Ain, Lot, Var, 4 Aube, Aude, Cher, Eure, Gard, Gers, Jura, Nord, Oise, Orne, Tarn, 5 Aisne, Corse, Doubs, Drome, Indre, Isere, Loire, Marne, Meuse, Seine, Somme, Yonne, 6 Allier, Ariege, Cantal, Creuse, Landes, Loiret, Manche, Sarthe, Savoie, Vienne, Vosges, 7 Ardeche, Aveyron, Belfort, Gironde, Herault, Mayenne, Moselle, 8 Ardennes, Calvados, Charente, Dordogne, Morbihan, Vaucluse, 9 Finistere
Dependance:
11 Zweigstelle, 13 Nebengebaeude, Niederlassung
depeschieren:
7 drahten
deponieren:
11 hinterlegen
Deportation:
10 Verbannung, 13 Verschleppung
Depotraum:
5 Lager, 7 Einlage, Filiale, 12 Aufbewahrung, Sammelstelle, 13 Niederlassung
Depressionsfolge:
4 Tief, 5 Krise, Senke, 9 Schwermut, Tiefdruck, Tiefpunkt, 12 Mutlosigkeit, 20 Niedergeschlagenheit
Deputationsorgan:
9 Abordnung, Ausschuss, 10 Vertretung
Deputierter:
12 Abgeordneter
derb:
3 rau*, roh, 4 hart, rauh, 5 plump, prall, ruede, 6 deftig, robust, stramm, 8 kraeftig, 9 drastisch, 11 hanebuechen
derber Mann:
7 Grobian
derbkomische Bühnenaufführung:
5 Posse
Derby-Wettkampf:
6 Rennen, 11 Flachrennen, Zuchtrennen, 12 Galopprennen, Pferderennen
Derwisch:
5 Fakir, 12 Bettelmoench
Derwischorden:
7 Rufaija, Senussi, 9 Bektaschi
derzeitiger Stand:
3 Ist, 6 Status
Desaster:
7 Unstern
Deserteur:
12 Ueberlaeufer, 17 Fahnenfluechtiger
desgleichen:
4 dito, 5 ebenso, 9 ebenfalls
deshalb:
4 drum, 5 daher, darum, 7 dadurch, 8 deswegen, insofern, 13 infolgedessen
Desinfektionsfolge:
9 Abtoetung, 10 Entgiftung, Entkeimung, 11 Entseuchung
Desinfektionspräparat:
4 Kalk, 5 Borax, Chlor, Lysol, 6 Kresol, Phenol, 7 Alkohol, Kreosot, 8 Formalin, Sagrotan, 9 Chloramin, Chlorkalk, 11 Formaldehyd
Desperado:
6 Bandit, 7 Raeuber, 10 Abenteurer
despotischer Herrscher:
6 Tyrann, 8 Diktator, 15 Gewaltherrscher
Dessertgericht:
3 Eis, 7 Kompott, Pudding, 9 Nachtisch, 10 Nachspeise, 11 Suessspeise
Dessertweinsorte:
6 Malaga, Sherry, 7 Madeira, Tokaier, 8 Jenerodi, Portwein, 9 Tarragona
Dessous:
7 Waesche, 12 Damenwaesche, Unterwaesche
Destillationsergebnis:
6 Benzin, Gasoel, 7 Alkohol, 9 Petroleum
Destillationsgefäß:
7 Retorte
Detailbereich:
6 Stueck, 10 Einzelheit, Einzelteil, 11 Kleinigkeit, 12 Einzelstueck, 14 Begleitumstand
Detektivagentur:
14 Auskunftsbuero, 16 Ermittlungsbuero
determinieren:
9 abgrenzen, bestimmen, festlegen, 11 entscheiden
Detonation:
5 Knall, Krach, 9 Entladung, Explosion
deuten:
14 interpretieren
Deuter:
9 Interpret
deutlich:
4 klar, 6 betont, 9 eindeutig, explizite, plastisch, 10 profiliert,

11 anschaulich,
12 ueberzeugend,
19 unmissverstaendlich
deutsche:
-Anrede:
4 Frau, Herr, 9 Fraeulein
-Bucht:
4 Haff, 6 Bodden, 7 Dollart,
9 Jadebusen, 11 Fehmarnbelt,
Fehmarnsund, Kieler Bucht,
Wismarbucht, 12 Frisches Haff,
Saaler Bodden,
13 Deutsche Bucht,
Stettiner Haff,
14 Luebecker Bucht,
17 Flensburger Foerde,
Helgolaender Bucht,
18 Eckernfoerder Bucht,
Greifswalder Bodden
-Dichterdynastie:
4 Mann
-Druckschrift:
7 Fraktur
-Fernuniversität:
5 Hagen
-Großstadt:
4 Gera, Kiel, 5 Essen, Halle,
Koeln, Mainz, 6 Aachen, Berlin,
Bremen, Kassel, 7 Bottrop,
Dresden, Hamburg, Krefeld,
Leipzig, Luebeck, Potsdam,
8 Augsburg, Dortmund,
Duisburg, Hannover, Mannheim,
Muenchen, Muenster,
9 Darmstadt, Frankfurt,
Karlsruhe, Magdeburg,
Nuernberg, Offenbach, Stuttgart,
Wiesbaden, Wuerzburg,
Wuppertal, 10 Heidelberg,
Leverkusen, Oberhausen,
Osnabrueck, 11 Bremerhaven,
Duesseldorf, 12 Braunschweig,
Ludwigshafen,
13 Gelsenkirchen,
14 Recklinghausen
-Hafenstadt:
4 Kiel, 5 Husum, 6 Bremen,
7 Hamburg, Luebeck, Rostock,
8 Cuxhaven, 9 Flensburg,
Stralsund, 11 Travemuende,
13 Wilhelmshaven
-Hauptstadt:
6 Berlin
-Kaiserin:
5 Agnes, 7 Augusta, 8 Adelheid,
Viktoria
-Kaiserstadt:
6 Aachen
-KfZ-Marke:
2 VW, 3 BMW, NSU, 4 Audi,
Glas, Opel, 7 Porsche,
8 Borgward, Mercedes,
9 Auto Union, 10 Volkswagen,
12 Mercedes Benz
-klassische Sängerin:
4 Sack, 5 Koeth, Moedl,
6 Berger, 12 Rothenberger
-Landeshauptstadt:
4 Kiel, 5 Mainz, 6 Berlin,
Bremen, Erfurt, 7 Dresden,
Hamburg, Potsdam, 8 Hannover,
Muenchen, Schwerin,
9 Magdeburg, Stuttgart,
Wiesbaden, 11 Duesseldorf,
12 Saarbruecken
-Luftverkehrsgesellschaft:
9 Lufthansa, 11 German Wings
-Märchensammler:
5 Grimm
-Meeresbucht:
6 Foerde, 7 Dollart, 9 Jadebusen,
11 Kieler Bucht,
12 Frisches Haff,
13 Deutsche Bucht,
14 Luebecker Bucht,
17 Flensburger Foerde
-Münze:
4 Mark, 5 Krone, Taler,
6 Batzen, Heller, Thaler,
7 Dukaten, Kreuzer, Pfennig,
8 Groschen, 10 Reichsmark,
11 Kaisertaler,
12 Deutsche Mark
-Nordseeinsel:
4 Sylt, 5 Amrum, Foehr, Hooge,
Juist, 6 Borkum, Hallig, Mellum,
7 Baltrum, Neuwerk,
8 Langeoog, Pellworm,
Trischen, 9 Helgoland,
Langeness, Norderney,
Wangeroog, 10 Nordstrand,
Scharhoern, Spiekeroog,
Wangerooge
-Norm:
3 DIN
-Ostseeinsel:
4 Poel, Vilm, 5 Ruden,
6 Ruegen, Ummanz, Usedom,
Wollin, 7 Fehmarn, 9 Hiddensee
-Partei:
3 CDU, CSU, FDP, PDS, REP,
SPD, 10 Die Gruenen
-Porzellanmanufaktur:
4 Selb, 6 Berlin, 7 Arzberg,
Hoechst, Meissen, 9 Rosenthal,
11 Frankenthal, Ludwigsburg,
Nymphenburg
-Region:
4 Baar, 5 Baden, Hegau, Pfalz,
6 Angeln, Anhalt, Bayern,
Boerde, Hessen, 7 Allgaeu,
Altmark, Emsland, Franken,
Lausitz, Masuren, Neumark,
Sachsen, Schwalm, 8 Breisgau,
Flaeming, Holledau, Holstein,
Lechfeld, Odenwald, Rheingau,
Schwaben, Spessart, Vogtland,
Wetterau, 9 Ammerland,
Friesland, Jeverland, Nordbaden,
Oberpfalz, Rheinland,
Sauerland, Schlesien, Schleswig,
Suedbaden, Uckermark,
Westfalen, 10 Oberbayern,
Oberhessen, 11 Brandenburg,
Mainfranken, Mecklenburg,
Oberfranken, Oberlausitz,
Rheinhessen, Schwarzwald,
12 Dithmarschen, Hohenzollern,
Muensterland, Niederbayern,
Ostfriesland, 13 Mittelfranken,
Niedersachsen, Nordfriesland,
Westfriesland,
15 Bayerischer Wald
-Rennfahrerfamilie:
5 Stuck
-Rennstrecke:
4 Avus, 12 Nuerburgring,
14 Hockenheimring
-Rundfunkanstalt:
2 BR, DW, HR, RB, SR, 3 ARD,
DFF, DLF, DSF, MDR, NDR,
ORB, SDR, SFB, SWF, WDR,
ZDF, 4 NWDR, RIAS,
8 Premiere, 10 Rias Berlin,
11 Radio Bremen,
12 Suedwestfunk,
13 Deutsche Welle,
15 Deutschlandfunk,
18 Hessischer Rundfunk,
Sender Freies Berlin,
19 Bayerischer Rundfunk,
20 Deutscher Fernsehfunk,
21 Norddeutscher Rundfunk,
Sueddeutscher Rundfunk,
Westdeutscher Rundfunk,
23 Mitteldeutscher Rundfunk,
Saarlaendischer Rundfunk,
25 Zweites Deutsches Fernsehen
-Sagenfigur:
3 Ute, 4 Till, 5 Etzel, Hagen,
6 Gernot, Gudrun, Roland,
7 Gunther, Lorelei, Wieland,
8 Alberich, Brunhild, Dietrich,

Giselher, Siegmund,
9 Bruenhild, Brunhilde,
Kriemhild, Siegfried, Sieglinde,
10 Hildebrand
-Schnellfahrstraße:
14 Bundesautobahn
-Sopranistin:
5 Koeth, Moser, Silja, 6 Berger,
Hempel, Kupper, 9 Hallstein,
11 Schwarzkopf,
12 Rothenberger
-Spielkarte:
4 Daus, Ober, 5 Unter, 6 Wenzel
-Spielkartenfarbe:
3 Rot, 4 Herz, 6 Eichel, Herzen,
8 Schellen, 9 Schueppen
-Stadt:
3 Aub, Aue, Epe, Hof, Orb, Ulm,
4 Bonn, Buer, Calw, Cham,
Gera, Haan, Hamm, Jena, Kehl,
Kiel, Lahr, Leer, Lohr, Marl,
Olpe, Porz, Rohr, Saal, Seeg,
Selb, Suhl, Unna, Werl, 5 Aalen,
Ahlen, Beuel, Bruck, Celle,
Emden, Essen, Eutin, Fulda,
Gotha, Hagen, Halle, Hanau,
Herne, Husum, Jever, Kamen,
Kleve, Koeln, Laage, Lemgo,
Mainz, Mayen, Moers, Neuss,
Oelde, Pirna, Ploen, Rheda,
Riesa, Soest, Stade, Stein, Trier,
Varel, Werne, Wesel, Worms,
Zeitz, 6 Aachen, Amberg,
Apolda, Aurich, Berlin, Bingen,
Bochum, Bremen, Coburg,
Dachau, Dessau, Dueren, Erfurt,
Fuerth, Hameln, Hilden, Honnef,
Kassel, Kempen, Landau,
Lehrte, Lingen, Luenen, Minden,
Moelln, Norden, Plauen, Rheydt,
Singen, Soltau, Speyer, Torgau,
Uelzen, Verden, Vilbel, Weiden,
Weimar, Xanten, Zittau,
7 Aibling, Ansbach, Bamberg,
Bendorf, Bocholt, Bottrop,
Cottbus, Datteln, Detmold,
Dresden, Fuessen, Giessen,
Hamburg, Hoexter, Homburg,
Ilmenau, Juelich, Kelheim,
Kempten, Koblenz, Krefeld,
Leipzig, Limburg, Luebeck,
Marburg, Meissen, Neuwied,
Oberhof, Potsdam, Rastatt,
Rostock, Schwelm, Stendal,
Waltrop, Wetzlar, Zwickau,
8 Augsburg, Bayreuth, Bensberg,
Bernburg, Biberach, Cuxhaven,
Dortmund, Duisburg, Eisenach,
Elmshorn, Erlangen, Eschwege,
Fellbach, Freiberg, Freiburg,
Gladbeck, Goerlitz, Hannover,
Hersfeld, Konstanz, Kulmbach,
Loerrach, Mannheim,
Muenchen, Muenster, Neustadt,
Nordhorn, Ratingen, Rottweil,
Schoenau, Schwerte, Solingen,
Walsrode, Weilheim, Weinheim,
9 Altenburg, Bielefeld,
Buxtehude, Darmstadt,
Dinslaken, Dudweiler,
Edenkoben, Esslingen, Ettlingen,
Flensburg, Frankfurt, Godesberg,
Hattingen, Heilbronn,
Helmstedt, Karlsruhe, Kissingen,
Kitzingen, Lippstadt, Lueneburg,
Magdeburg, Meersburg,
Meiningen, Memmingen,
Merseburg, Mittweida,
Muehldorf, Nuernberg,
Oberursel, Offenbach,
Offenburg, Oldenburg,
Paderborn, Pforzheim,
Pinneberg, Pirmasens,
Remscheid, Rendsburg,
Rosenheim, Saarlouis,
Salzwedel, Schleswig,
Schwabach, Starnberg,
Stralsund, Straubing, Stuttgart,
Tuebingen, Villingen,
Wiesbaden, Wuerzburg,
Wuppertal, 10 Baden-Baden,
Bitterfeld, Bueckeburg,
Eichstaett, Eschweiler,
Geislingen, Goeppingen,
Goettingen, Greifswald,
Guetersloh, Heidelberg,
Heppenheim, Hildesheim,
Ingolstadt, Kaufbeuren,
Leverkusen, Nuertingen,
Oberhausen, Osnabrueck,
Ravensburg, Regensburg,
Rothenburg, Ruedesheim,
Schorndorf, Schwandorf,
Tuttlingen, Waiblingen,
Wittenberg, 11 Angermuende,
Bremerhaven, Cloppenburg,
Delmenhorst, Duesseldorf,
Frankenthal, Gummersbach,
Lichtenfels, Luckenwalde,
Ludwigsburg, Muehlhausen,
Noerdlingen, Oranienburg,
Quedlinburg, Rheinhausen,
Schweinfurt, Sigmaringen,
Ueberlingen, Wanne Eickel,
Weissenburg, 12 Braunschweig,
Eckernfoerde, Finsterwalde,
Freudenstadt, Grevenbroich,
Kornwestheim, Ludwigshafen,
Luedenscheid, Marienwerder,
Ruesselsheim, Saarbruecken,
Schluechtern, Schwenningen,
Schwetzingen, Wattenscheid,
Wiedenbrueck,
13 Aschaffenburg,
Berchtesgaden, Fuerstenwalde,
Gelsenkirchen, Koenigslutter,
Koenigswinter, Oberlahnstein,
Wilhelmshaven, Wolfenbuettel,
14 Bernkastel Kues,
Frankfurt/Main, Frankfurt/Oder,
Kaiserslautern, Neubrandenburg,
Recklinghausen,
Wermelskirchen,
16 Moenchengladbach
-Städtevereinigung:
5 Hanse
-Universitätsstadt:
3 Ulm, 4 Bonn, Jena, Kiel,
5 Halle, Koeln, Mainz, Trier,
6 Aachen, Berlin, Bochum,
Bremen, Kassel, Passau, Siegen,
7 Bamberg, Dresden, Giessen,
Hamburg, Leipzig, Marburg,
Potsdam, Rostock, 8 Bayreuth,
Dortmund, Erlangen, Freiburg,
Hannover, Konstanz, Mannheim,
Muenchen, Muenster,
9 Bielefeld, Frankfurt,
Karlsruhe, Magdeburg, Stuttgart,
Tuebingen, Wuerzburg,
10 Goettingen, Greifswald,
Heidelberg, Regensburg,
11 Duesseldorf,
12 Saarbruecken,
14 Kaiserslautern
-Weinbauregion:
3 Ahr, 4 Nahe, Saar, 5 Baden,
Mosel, Pfalz, Ruwer, 7 Franken,
8 Bodensee, Rheingau,
Schwaben, 10 Rheinpfalz,
11 Mainfranken, Mittelrhein,
Rheinhessen, 12 Wuerttemberg

deutscher:

-Afrikaforscher:
5 Barth, Vogel, 6 Peters, Vogels,
7 Overweg, 9 Bernatzik,
Frobenius, Nachtigal,
12 Schweinfurth
-Ägyptologe:
5 Ebers, Sethe, 6 Morenz
-Anthropologe:
5 Ammon, Ecker, Meyer, Ranke,
Waitz, 6 Wilser, 7 Bastian,
Fischer, Fritsch, Virchow,

8 Neuhauss, 10 Blumenbach,
13 Schaaffhausen
-Arbeiterschriftsteller:
5 Gruen, 7 Barthel, 8 Broegner
-Archäologe:
3 Mau, 4 Uhle, Voss, 5 Budde, Conze, Heyne, Kraus, Meyer, Noack, Rohde, Sarre, 6 Bittel, Boeckh, Humann, Koerte, 7 Bossert, Buschor, Curtius, Lepsius, Mommsen, Preller, Welcker, Wiegand, 8 Herzfeld, Lachmann, Rossbach, Wieseler, Winckler, 9 Hilprecht, Oppenheim, 10 Borchhardt, Schliemann, Steindorff, 11 Winckelmann, 12 Furtwaengler, Lindenschmit, 13 Messerschmidt
-Architekt/Baumeister:
7 Gropius, 8 Scharoun, Schinkel, 12 Knobelsdorff, 14 Mies van der Rohe
-Arzt/Mediziner:
4 Bier, Koch, 5 Adler, Carus, Runge, 6 Domagk, 7 Basedow, Behring, Bilharz, Doeblin, Ehrlich, Esmarch, Virchow, Warburg, 8 Bergmann, Billroth, Hufeland, Kuestner, Kussmaul, Schleich, Uhlenhut, 9 Forssmann, Hahnemann, 10 Langerhans, Paracelsus, Sauerbruch, Schweitzer, 11 Leidenfrost, Pettenkofer, Weizsaecker
-Astronaut:
6 Furrer, 7 Merbold, 13 Messerschmidt
-Astrophysiker:
6 Kienle
-Atomwissenschaftler:
4 Born, Hahn, Laue, 6 Geiger, Jordan, Planck, 7 Ardenne, 8 Einstein, 10 Heisenberg
-Automobilclub:
3 AvD, 4 ADAC
-Autorennfahrer:
5 Stuck, 9 Rosemeyer, 10 Caracciola, Schumacher
-Bade-/Kurort:
3 Ems, Orb, 5 Soden, Toelz, 6 Sachsa, Vilbel, 7 Aibling, Homburg, Nauheim, Pyrmont, Teinach, Wimpfen, Wurzach, 8 Hersfeld, Muenster, Neuenahr, Segeberg, 9 Duerkheim, Godesberg, Kissingen, Kreuznach, Niedernau, Peterstal, Schwartau, Steinbeck, 10 Baden-Baden, Bergzabern, Lauterberg, Liebenzell, Schwalbach, 11 Badenweiler, Gleisweiler, Lippspringe, Mergentheim, Woerishofen, 14 Friedrichshall
-Banker:
3 Abs, 10 Herrhausen
-Bariton:
4 Prey, 13 Schmitt-Walter, 14 Fischer-Dieskau, 18 Domgraf-Fassbaender
-Barockkomponist:
4 Bach, 7 Haendel, Schuetz
-Berg/Gebirge:
3 Alb, 4 Harz, 5 Alpen, Arber, Eifel, Rhoen, 6 Haardt, Taunus, 7 Brocken, Deister, Kniebis, Solling, 8 Beerberg, Feldberg, Flaeming, Odenwald, Spessart, Watzmann, 9 Auersberg, Erbeskopf, Hainleite, Hunsrueck, Kreuzberg, Nebelhorn, Wetzstein, Zugspitze, 10 Erzgebirge, Hesselberg, Hohentwiel, Ochsenkopf, Vogelsberg, Westerwald, 11 Boehmerwald, Drachenfels, Fichtelberg, Frankenwald, Kaiserstuhl, Koenigstuhl, Kyffhaeuser, Schwarzwald, Wasserkuppe, Wendelstein, Wetterstein, 12 Koenigsstuhl, Lennegebirge, Maedelegabel, Schauinsland, Wesergebirge, 13 Weserbergland, 14 Fichtelgebirge, Rothaargebirge
-Bildhauer/Bildhauerin:
4 Asam, Behn, Gaul, 5 Kolbe, Kraft, Notke, Rauch, Tieck, 6 Breker, Donner, Krafft, Marcks, Pacher, Parler, Thorak, 7 Barlach, Klimsch, Schadow, Vischer, 8 Danneker, Kollwitz, Permoser, 9 Dannecker, Hagenauer, Lehmbruck, Schlueter, 10 Hildebrand, Liebermann, 15 Riemenschneider
-Biologe:
6 Fliess, Mendel, 7 Correns, Driesch, Hertwig, Spemann, 8 Hartmann, Uexkuell, Weismann
-Boxer:
3 May, 4 Berg, Blin, Bott, Elze, Hess, Hoff, Zech, 5 Dagge, Flint, Hecht, Lazek, Maske, Ottke, Runge, Wolke, 6 Diener, Heuser, Neusel, Scholz, Schulz, 7 Hussing, Mueller, Neuhaus, Nieroba, Schultz, ten Hoff, 8 Kalbfell, Kottysch, Westphal, Zielonka, 9 Schmeling, 10 Schoeppner, 12 Mildenberger
-Buchdrucker:
5 Unger, 9 Gutenberg
-Bundeskanzler:
4 Kohl, 6 Brandt, Erhard, 7 Schmidt, 8 Adenauer, 9 Kiesinger
-Bundespräsident:
5 Heuss, 6 Herzog, Luebke, Scheel, 8 Carstens, 9 Heinemann, 14 von Weizsaecker
-Chemiker:
4 Auer, Hahn, Mohr, Munk, 5 Bosch, Diels, Frank, Haber, Kolbe, Krebs, Lynen, Reppe, Runge, 6 Achard, Baeyer, Bunsen, Engler, Gmelin, Liebig, Loewig, Nernst, Schott, 7 Balling, Behring, Buchner, Classen, Curtius, Fehling, Fischer, Hofmann, Lambert, Lepsius, Martius, Wallach, Wieland, 8 Boettger, Duisberg, 9 Fresenius, 10 Erlenmeyer, Staudinger, 11 Pettenkofer
-Denker/Philosoph:
4 Kant, Nohl, Oken, Wust, 5 Bense, Bloch, Carus, Drews, Frege, Hegel, Huber, Lipps, Lotze, Riehl, Weber, Wolff, 6 Adorno, Baader, Boehme, Carnap, Eucken, Fichte, Gehlen, Herder, Jacobi, Klages, Natorp, Nelson, Simmel, Zeller, 7 Dilthey, Fechner, Haeckel, Herbart, Jaspers, Leibniz, Strauss, 8 Hartmann, 9 Avenarius, Feuerbach, Heidegger, Nietzsche, Schelling, Thomasius, 10 Baumgarten, Keyserling, 12 Schopenhauer, 14 Schleiermacher
-Erziehungswissenschaftler:
4 Nohl, Otto, 5 Campe, Lietz, 6 Geheeb, 7 Basedow, Flitner, Froebel, Steiner, 10 Diesterweg, 15 Kerschensteiner
-Fabeldichter:
3 Hey, 7 Gellert

-Feldherr/Heerführer:
4 Beck, Jodl, Leeb, List, Roon, 5 Dietl, Goltz, Kluck, Kluge, Tilly, Yorck, 6 Buelow, Halder, Keitel, Kleist, Moltke, Paulus, Rommel, Seeckt, Zieten, 7 Fritsch, Wrangel, 8 Blomberg, Bluecher, Guderian, Haeseler, Litzmann, Manstein, Seydlitz, 9 Gneisenau, Heeringen, Heusinger, Mackensen, Rundstedt, Waldersee, Witzleben, 10 Clausewitz, Falkenhayn, Frundsberg, Hindenburg, Kesselring, Ludendorff, Manteuffel, Schlieffen, 11 Scharnhorst, Wallenstein
-Festspielort:
8 Bayreuth, 11 Bad Hersfeld, 12 Oberammergau, 14 Bad Gandersheim
-Flieger/Fliegerin:
4 Graf, 5 Grade, Hirth, Klemm, Koehl, Rudel, 6 Gronau, 7 Boelcke, Dornier, Eckener, Galland, Reitsch, 8 Fieseler, Hartmann, Zeppelin, 9 Huenefeld, Immelmann, Steinhoff, 10 Lilienthal, Richthofen, 13 Messerschmitt
-Fluß:
3 Ahe, Ahr, Alb, Alf, Alz, Elz, Ems, Enz, Ilm, Ilz, Inn, Ise, Itz, Nab, Oos, Rur, 4 Aach, Albe, Alle, Alme, Bode, Breg, Dill, Eder, Elbe, Elde, Eltz, Erft, Este, Gera, Glan, Hase, Ihle, Ilme, Isar, Isen, Jade, Kyll, Lahn, Lech, Leda, Main, Murg, Naab, Nahe, Oder, Ohre, Oker, Oste, Paar, Rems, Riss, Rott, Ruhr, Russ, Saar, Sieg, Taun, Urft, Vils, Wied, Wurm, 5 Abens, Achen, Agger, Aisch, Aland, Aller, Ammer, Amper, Argen, Barth, Biela, Bigge, Bille, Dahme, Donau, Dosse, Eider, Finow, Fulda, Guenz, Havel, Helme, Hunte, Iller, Jagst, Leine, Lenne, Lesum, Lippe, Mosel, Mulde, Nette, Netze, Nidda, Niers, Nogat, Nuthe, Peene, Pfinz, Plane, Regen, Rhein, Ruwer, Saale, Sauer, Spree, Stoer, Traun, Trave, Uchte, Werra, Werse, Weser, Wiese, Wuerm, 6 Ablach, Alster, Diemel, Elster, Ennepe, Geeste, Gutach, Jeetze, Kinzig, Kocher, Moehne, Nagold, Neckar, Neisse, Pregel, Queich, Rodach, Tauber, Vechte, Warnow, Warthe, Wipper, Wuemme, Wupper, Wutach, 7 Baunach, Brigach, Dreisam, Emscher, Ilmenau, Loisach, Pegnitz, Pleisse, Rednitz, Regnitz, Schwalm, Sprotte, Unstrut, 8 Altmuehl, Innerste, Schwarza, Stockach, Woernitz, Zschopau, 9 Gersprenz, Roter Main, 10 Weisseritz, 11 Weisser Main, 12 Weisse Elster, 14 Schwarze Elster
-Forscher/Erfinder:
3 Ohm, 4 Abbe, Arco, Benz, Hahn, Koch, Opel, Otto, Reis, 5 Bosch, Braun, Gauss, Hertz, Knorr, Krupp, Linde, Runge, 6 Borsig, Bunsen, Diesel, Miller, Nipkow, Wankel, 7 Ardenne, Boelkow, Daimler, Dornier, Eckener, Heinkel, Junkers, Maybach, Porsche, Schwarz, Siemens, 8 Berliner, Borgward, Flettner, Parseval, Rathenau, Roentgen, 9 Gutenberg, Schaudinn, Steinheil, 10 Fahrenheit, Lilienthal, Mannesmann, Senefelder, 12 Gabelsberger, 13 Messerschmitt
-Freiheitskämpfer:
6 Schill, 7 Luetzow
-Fußballspieler:
3 Mai, Olk, 4 Bast, Beer, Bein, Binz, Doll, Foda, Geye, Held, Kalb, Mill, Paul, Rahn, Reck, Roth, Rupp, Seel, Thom, Thon, Zewe, Zorc, 5 Dietz, Eckel, Eilts, Flohe, Immel, Kaltz, Kleff, Klodt, Kuntz, Loehr, Mathy, Rolff, Sturm, Turek, Urban, Vogts, Weber, Zobel, 6 Allofs, Aumann, Bommer, Bonhof, Franke, Haller, Herzog, Hornig, Jacobs, Kargus, Koepke, Kohler, Libuda, Lienen, Lorant, Sammer, Schoen, Scholl, Schulz, Seeler, Strehl, Strunz, Votava, Walter, Wimmer, Woerns, Wolter, 7 Assauer, Bruells, Doerfel, Doerner, Erhardt, Fahrian, Fichtel, Hoeness, Hofmann, Kessler, Kirsten, Koeppel, Konopka, Kremers, Kuzorra, Moeller, Mueller, Overath, Posipal, Schmidt, Volkert, Wegmann, 8 Berthold, Bongartz, Breitner, Cullmann, Dremmler, Eckstein, Foerster, Gramlich, Haessler, Heynckes, Hoettges, Hrubesch, Liebrich, Schaefer, Schuster, Stielike, Wittkamp, 9 Abramczik, Burdenski, Effenberg, Hahnemann, Juskowiak, Kitzinger, Klinsmann, Kohlmeyer, Matthaeus, Pfluegler, Tilkowski, 10 Littbarski, Rummenigge, Schumacher, Sparwasser, Stuhlfauth, 11 Beckenbauer, Duernberger, Hoelzenbein, Toppmoeller, 12 Burgsmueller, Schnellinger, 13 Schwarzenbeck
-Generalpostmeister:
7 Stephan
-Geograph:
5 Krebs, 6 Behaim, Jaeger, 7 Wegener, 8 Humboldt, Mercator
-Germanist:
5 Grimm, 6 Neckel, Panzer, 7 Simrock
-Geschichtsforscher:
4 Benz, Dahn, Fest, Mann, 5 Meyer, Pauli, Ranke, Reich, Weber, 6 Haller, Menzel, Oncken, Ritter, 7 Gundolf, Leibniz, Lessing, Mommsen, 8 Bachofen, Dahlmann, Gebhardt, Gervinus, Meinecke, Schlegel, 9 Delbrueck, 10 Eschenburg, Hillebrand, Schnitzler, Treitschke, Winkelmann
-Großadmiral:
6 Raeder, 7 Doenitz, Tirpitz
-Großindustrieller:
5 Krupp, 7 Stinnes
-Himmelsforscher:
4 Wolf, 5 Encke, Galle, Gauss, 6 Bessel, Kepler, 8 Herschel, 10 Kopernikus, Koppernigk
-Homer-Ubersetzer:
4 Voss
-Humanist:
3 Eyb, 5 Brant, 6 Herder, Hutten, 7 Neander, Sabinus, 8 Eichrodt, Reuchlin, Tritheim, 9 Cellarius, 10 Camerarius, Pirkheimer

-Ingenieur:
4 Arco, Benz, Eyth, Otto, 5 Bauer, Duerr, Knorr, Linde, 6 Diesel, Miller, Rudolf, 7 Ardenne, Daimler, Siemens, 10 Lilienthal
-Jurist:
4 Wolf, 6 Kohler, 7 Ihering, Savigny, 8 Jellinek, 9 Feuerbach
-Kabarettist/Kabarettistin:
4 Geri, Polt, 5 Finck, Lenya, Neuss, 6 Hancke, Huesch, Manger, 7 Erhardt, Stiefel, 8 Kreisler, Valentin, 9 Karlstadt, von Manger, 10 Havenstein, Ringelnatz, Weissferdl, 11 Hildebrandt
-Kardinal:
3 Bea, 5 Galen, 6 Frings, Jaeger, 8 Doepfner, Hoeffner, 9 Faulhaber
-Karikaturist:
5 Busch, Zille, 6 Loriot, Plauen, Simmel, 7 Schmidt
-KfZ-Pionier:
4 Benz, 7 Daimler
-Kirchenmusiker:
5 Ramin
-Klassiker:
6 Goethe, Herder, Kleist, 7 Lessing, Wieland, 8 Schiller
-klassischer Sänger:
3 Erb, 4 Prey, 6 Anders, Schock, Tauber, 7 Greindl, 9 Schlusnus, 14 Fischer-Dieskau
-Klaviervirtuose/-virtuosin:
3 Ney, 5 Liszt, Sauer, 6 Buelow, Cortot, Cramer, Kempff, 7 Fischer, 8 Backhaus, 9 Gieseking
-Komiker:
12 Hallervorden
-König:
4 Otto, 6 Arnulf, Konrad, Ludwig, Rudolf, 7 Philipp, Richard, 8 Albrecht, Heinrich, Ruprecht
-Kosmonaut:
5 Jaehn
-Kritiker:
4 Kerr, Luft
-Kunsthistoriker:
3 Eye, 5 Dehio
-Landsmann:
5 Bayer, 6 Friese, Pommer, Sachse, 7 Badener, Maerker, Schwabe, 8 Badenser, Bajuware, Pfaelzer, Westfale, 9 Schlesier, 10 Ostpreusse, Thueringer, 11 Saarlaender, Westpreusse, 12 Niedersachse, Rheinlaender, 13 Mecklenburger
-Literat/Literatin:
3 May, 4 Bamm, Benn, Brod, Eich, Eyth, Heym, Huch, Kolb, Lenz, Mann, Roth, 5 Arndt, Arnim, Boell, Busch, Ernst, Ewers, Flake, Goetz, Grass, Groth, Hauff, Hebel, Heine, Hesse, Kafka, Kirst, Kisch, Kluge, Loens, Meyer, Musil, Opitz, Raabe, Rilke, Sachs, Storm, Thoma, Trakl, Weber, Weiss, Zweig, 6 Brecht, Droste, George, Gmelin, Goethe, Hebbel, Herder, Keller, Kleist, Miegel, Rinser, Seidel, Uhland, Walser, 7 Doeblin, Fallada, Fontane, Gellert, Juenger, Klabund, Koeppen, Lessing, Nestroy, Novalis, Richter, Seghers, Stifter, Vischer, Vulpius, Wieland, 8 Andersch, Bachmann, Borchert, Brentano, Buechner, Chamisso, Claudius, Doerfler, Gryphius, Hochhuth, Hoffmann, Jean Paul, Kaestner, Kotzebue, Penzoldt, Remarque, Scheffel, Schiller, Schlegel, Schnurre, Wedekind, Wiechert, 9 Aichinger, Ganghofer, Gottsched, Hauptmann, Kaschnitz, Klopstock, Tucholsky, Zuckmayer, 10 Hoelderlin, Ringelnatz, Schnitzler, 11 Bergengruen, Eichendorff, Freiligrath, Gerstaecker, Grillparzer, Morgenstern, 12 Enzensberger, Fallersleben, Feuchtwanger, Hofmannsthal, 13 Courths-Mahler, 14 Grimmelshausen, 15 Droste-Huelshoff, Ebner-Eschenbach
-Lokomotivenhersteller:
6 Borsig
-Luftfahrtpionier:
10 Lilienthal
-Luftschiffer:
7 Eckener, 8 Zeppelin
-Maler/Malerin:
3 Arp, Nay, 4 Asam, Fuhr, Klee, Koch, Marc, Moll, Tamm, Uhde, Witz, Zick, 5 Beham, Busch, Ernst, Graff, Grien, Grosz, Hofer, Kubin, Leibl, Macke, Moser, Nolde, Thoma, Zille, 6 Bachem, Duerer, Heckel, Hummel, Matare, Mathey, Pankok, Rethel, Rohlfs, 7 Baldung, Blechen, Corinth, Cranach, Hartung, Holbein, Klinger, Lenbach, Lochner, Memling, Richter, Schwind, Slevogt, 8 Baselitz, Boecklin, Carstens, Kaulbach, Kirchner, Kollwitz, Nithardt, Overbeck, Ridinger, Rottmann, Rottmayr, Schinkel, Spitzweg, Zeitblom, 9 Altdorfer, Burgkmair, Cornelius, Feininger, Friedrich, Immendorf, Kandinsky, Kokoschka, Kuegelgen, Modersohn, Schlemmer, Tischbein, 10 Gruenewald, Hegenbarth, Kalckreuth, Liebermann, Schongauer, 11 Chodowiecki, Hasenclever, Waldmueller, 15 Modersohn-Becker, Schmidt-Rottluff
-Mathematiker:
5 Frege, Gauss, Klein, Pfaff, 6 Cantor, Kepler, Landau, Peschl, 7 Hilbert, Lambert, Leibniz, 8 Dedekind, Kaestner, 9 Minkowski, 11 Tschirnhaus
-Militär:
4 Heye, Spee, 6 Raeder, Scheer, 7 Canaris, Doenitz, Tirpitz
-Mime/Mimin:
4 Baal, Eyck, Gold, Graf, Held, Horn, John, Kemp, Knef, Kowa, Lenz, Matz, Rahl, Vita, Wenk, 5 Adorf, Boehm, Diehl, Drews, Egger, Felmy, Forst, Frank, Grimm, Gross, Hasse, Hoppe, Hoven, Kerst, Knuth, Lange, Leibl, Lorre, Ponto, Prack, Stahl, Treff, Trowe, Uhlen, Vogel, Wicki, Wuest, 6 Albers, Angely, Berger, Birgel, Bruehl, Caspar, Dahlke, de Kowa, Diessl, Dorsch, Feiler, Froebe, George, Giehse, Giller, Gobert, Godden, Hansen, Harvey, Horney, Juhnke, Kinski, Lieven, Lingen, Lommel, Lothar, Marian, Meisel, Palmer, Platte, Porten, Pulver, Schell, Sommer, Thimig, Tiller, Waldau, Wangel, Weigel, Weiser, Wieder, Wieman, Wolter, 7 Bergner, Borsche, Dagover, Durieux, Eggerth, Forster, Fritsch, Gutwell, Herking,

Iffland, Kampers, Kieling, Koczian, Koerber, Kortner, Leibelt, Lukschy, Minetti, Mueller, Raddatz, Regnier, Riemann, Roberts, Schroth, Sebaldt, Theimer, Ullrich, Valetti, Wegener, Ziemann, 8 Ambesser, Benkhoff, Bethmann, Borchers, Buchholz, Devrient, Dietrich, Hartmann, Hatheyer, Jannings, Juergens, Kayssler, Leuwerik, Ruehmann, Sandrock, Soehnker, Valentin, 9 Ackermann, Andergast, Bleibtreu, Hielscher, Hoerbiger, Hubschmid, Meyerinck, Quadflieg, Schneider, Schygulla, 10 Gruendgens, Hubschmidt, Pallenberg, Schoenhals, Schoenherr, Soederbaum, Stankowski, Tschechowa, Vespermann, 11 Hildebrandt, Kueckelmann, Liebeneiner, Schoenboeck, Weissgerber, 12 Finkenzeller, 14 Flickenschildt

-Minnesänger:
6 Konrad, Oswald, Ulrich, 7 Reinmar, Walther, Witzlav, Wolfram, 8 Heinrich, Neidhart, 9 Friedrich, Gottfried, 10 Kuerenberg

-Motorenentwickler:
4 Benz, Otto, 6 Diesel, Wankel, 7 Daimler, Maybach

-Mundartdichter:
5 Groth, 6 Holtei, Reuter

-Musiker/Komponist:
3 Abt, Egk, Fux, 4 Bach, Berg, Fall, Haas, Marx, Nick, Orff, 5 Blech, Bruch, Finck, Gluck, Goetz, Hasse, Haydn, Henze, Kollo, Liszt, Reger, Senfl, Weber, Weill, 6 Bialas, Brahms, Dostal, Eysler, Flotow, Goetze, Hiller, Hummel, Jessel, Keiser, Kullak, Kusser, Lothar, Mahler, Muffat, Quantz, Schulz, Wagner, Zelter, Zillig, 7 Abraham, Distler, Gilbert, Graener, Haendel, Hassler, Hoeffer, Lachner, Nessler, Nicolai, Pepping, Reimann, Reutter, Schuetz, Silcher, Strauss, Zilcher, 8 Benatzky, Bruckner, Hartmann, Hoffmann, Kreutzer, Kuenneke, Lortzing, Pfitzner, Reznicek, Schreker, Schubert, Schumann, Telemann, Weismann, 9 Beethoven, Buxtehude, Hindemith, Holzbauer, Meyerbeer, Offenbach, Pachelbel, Reichardt, 10 Praetorius, Schillings, Schoenberg, 11 Humperdinck, Mendelssohn

-Mystiker:
6 Eckart

-Narr:
12 Eulenspiegel, 16 Till Eulenspiegel

-Nationalökonom:
4 List, 5 Weber, 7 Sombart

-Naturforscher:
4 Baer, 8 Humboldt, 9 Helmholtz, 10 Paracelsus, 11 Senckenberg

-Naturheilkundelehrer:
6 Kneipp, 7 Schroth

-Nobelpreisträger für Chemie:
4 Hahn, 5 Bosch, Eigen, Haber, 6 Baeyer, Nernst, Wittig, 7 Bergius, Fischer, Ostwald, 9 Butenandt

-Nobelpreisträger für Frieden:
6 Brandt, 9 Ossietzky

-Nobelpreisträger für Literatur:
4 Mann, 5 Boell, Hesse, Heyse, 6 Eucken, 7 Mommsen, 9 Hauptmann

-Nobelpreisträger für Medizin:
4 Koch, 5 Neher, 7 Behring, Ehrlich, Sakmann, 9 Forssmann

-Nobelpreisträger für Physik:
4 Born, Laue, Wien, 5 Bothe, Braun, Hertz, Stark, 6 Franck, Jensen, Lenard, Planck, 8 Einstein, Roentgen, 10 Heisenberg, Moessbauer

-Nobelpreisträger/ Nobelpreisträgerin:
4 Born, Hahn, Koch, Laue, Mann, Wien, 5 Alder, Boell, Bosch, Bothe, Eigen, Haber, Hertz, Hesse, Heyse, Neher, Stark, 6 Baeyer, Brandt, Eucken, Franck, Lenard, Nernst, Planck, Wigner, Wittig, 7 Behring, Bergius, Ehrlich, Fischer, Mommsen, Ostwald, Sakmann, 8 Einstein, Roentgen, 9 Butenandt, Forssmann, Hauptmann, Ossietzky, 10 Heisenberg, Moessbauer, Schweitzer, 16 Nuesslein-Volhard

-Nordseefluß:
3 Ems, 4 Elbe, Jade, Oste, 5 Eider, Weser

-Nordseehafen:
5 Emden, Husum, 6 Bremen, 7 Hamburg, 8 Cuxhaven, 11 Bremerhaven, 12 Wilhemshaven

-Orchesterleiter:
5 Boehm, Busch, Liszt, Masur, 6 Albert, Buelow, Jochum, Schuch, Walter, 7 Karajan, Nicolai, Nikisch, Richter, 8 Dohnanyi, 10 Sawallisch, 12 Furtwaengler, 14 Knappertsbusch, 17 Schmidt-Isserstedt

-Ostseefluß:
4 Oder, 5 Trave, 6 Pregel, Schlei, Warnow

-Ostseehafen:
4 Kiel, 6 Wismar, 7 Luebeck, Rostock, 9 Flensburg, 11 Travemuende

-Philologe:
5 Duden

-Physiker:
3 Ohm, 4 Abbe, Arco, Born, Hahn, Mach, Wien, 5 Braun, Eigen, Gauss, Hertz, Justi, Linde, Luest, Slaby, Stark, Stern, Weber, 6 Bunsen, Franck, Geiger, Jensen, Jordan, Lommel, Magnus, Planck, Ritter, 7 Ardenne, Assmann, Chladni, Clusius, Gerlach, Hilbert, Hittorf, Lorentz, Ostwald, Prandtl, Wehnelt, 8 Clausius, Einstein, Guericke, Roentgen, 9 Helmholtz, Kirchhoff, 10 Fahrenheit, Fraunhofer, Heisenberg, Kohlrausch, Moessbauer, Sommerfeld, 11 Weizsaecker

-Physiologe:
6 Kossel, 7 Warburg

-Pianohersteller:
9 Bechstein

-Polarforscher:
7 Wegener

-Politiker/Politikerin:
3 Rau, 4 Apel, Bahr, Cuno, Kahr, Kapp, Kiep, Kohl, 5 Bebel, Benda, Breit, Ebert, Erler, Heuss, Leber, Loebe, Maier, Mende, Papen, Pieck, Stoph, Vogel, Wirth, 6 Barzel, Brandt, Dehler, Eichel, Eppler,

Erhard, Hassel, Herzog, Katzer, Kinkel, Luebke, Reuter, Riemer, Scheel, Scherf, Schmid, Schurz, Stolpe, Teufel, Wehner, 7 Albertz, Curtius, Diepgen, Groener, Hoegner, Lagarde, Naumann, Schmidt, Stoiber, Strauss, 8 Adenauer, Bismarck, Brentano, Bruening, Carstens, Genscher, Hoeppner, Hoffmann, Honecker, Humboldt, Lassalle, Rathenau, Schiller, Strasser, Ulbricht, 9 Bangemann, Filbinger, Goerdeler, Grotewohl, Heinemann, Hugenberg, Kiesinger, Schroeder, 10 Biedenkopf, Hindenburg, Lafontaine, Liebknecht, Ollenhauer, Schleicher, Schumacher, Stresemann, 12 Stauffenberg

-Psychologe:

5 Adler, Bondy, Lipps, Wundt, 6 Klages, Lersch

-Raketenkonstrukteur:

5 Braun

-Raumfahrtpionier:

5 Braun, 6 Oberth, 7 Saenger

-Reedereiinhaber:

6 Ballin, 8 Woermann

-Reformator:

6 Luther, 9 Karlstadt, 11 Melanchthon

-Regent:

4 Karl, Otto, 6 Arnulf, August, Konrad, Lothar, Ludwig, Rudolf, 7 Leopold, Philipp, 8 Heinrich, Matthias, 9 Ferdinand, Sigismund, 10 Barbarossa, Maximilian

-Regierungssitz:

4 Bonn

-Regisseur/Regisseurin:

4 Lang, 5 Antel, Haugk, Stein, Zadek, 6 Berger, Brecht, Herzog, Weigel, 7 Fehling, Harnack, Kortner, Lueders, Ophuels, Peymann, Staudte, Stemmle, Wenders, 8 Berghaus, Dieterle, Everding, Henckels, Hollmann, Kaeutner, Lubitsch, Schamoni, 9 Neuenfels, Palitzsch, 10 Fassbinder, Gruendgens, Hollaender, 11 Liebeneiner, 12 Mueller-Stahl, Schloendorff

-Reichsfreiherr:

5 Stein

-Reichskanzler:

4 Cuno, Marx, 5 Bauer, Ebert, Papen, Wirth, 6 Buelow, Hitler, Luther, 7 Caprivi, Mueller, 8 Bismarck, Bruening, Hertling, von Baden, 9 Hohenlohe, Michaelis, 10 Fehrenbach, Schleicher, Stresemann, 11 Scheidemann, 15 Bethmann Hollweg

-Reichspräsident:

5 Ebert, 10 Hindenburg

-Rokokokünstler:

4 Zick

-Schachspieler/Schachspielerin:

6 Lasker, 7 Huebner, 8 Tarrasch, Unzicker

-Schutzverband für musikalische Urheberrechte:

4 GEMA

-See:

6 Eibsee, 7 Duemmer, Edersee, Titisee, Wannsee, 8 Ammersee, Bodensee, Chiemsee, Wuermsee, 9 Kochelsee, Tegernsee, Woerthsee, 10 Koenigssee, Mueritzsee, Schliersee, Schluchsee, 11 Ruppiner See, 12 Werbellinsee, 13 Schweriner See, 14 Starnberger See, 15 Scharmuetzelsee

-Söldnerführer:

9 Sickingen

-Sozialist:

4 Marx, 5 Bebel, 6 Engels, Wehner, 8 Lassalle, Weitling, 10 Liebknecht, Schumacher

-Soziologe:

5 Weber, 6 Adorno

-Sportfunktionär:

4 Diem, 5 Daume

-Stratege:

6 Moltke, 10 Hindenburg, Ludendorff, Schlieffen

-Techniker/Ingenieur:

4 Benz, Otto, 6 Diesel, 7 Daimler, Siemens, 10 Lilienthal

-Tenor:

5 Kollo, 6 Schock, Stolze, 7 Hofmann, 8 Heesters, Schreier, 9 Jerusalem, Schlusnus, 10 Wunderlich

-Theaterkritiker:

4 Kerr, Luft

-Theologe:

6 Cremer, Herder, 7 Francke, Strauss, Wichern, 8 Dibelius, Fliedner, Guardini, Niemeyer, 10 Bonhoeffer, Doellinger, Gollwitzer, Niemoeller, Schweitzer, 11 Spangenberg, 13 Bodelschwingh

-Verleger:

5 Bauer, Burda, Meyer, Piper, Urban, Wolff, 6 Hanser, Langen, Reclam, Thieme, 7 Fischer, Mueller, Rowohlt, 8 Baedeker, Cassirer, Niemeyer, Springer, Suhrkamp, Ullstein, 9 Brockhaus, 10 Diederichs, Oldenbourg, 11 Bertelsmann, Kiepenheuer

-Volksstamm:

6 Bayern, Hessen, 7 Franken, Friesen, Pommern, Sachsen, 8 Ostfalen, Schwaben, 9 Alemannen, Schlesier, Westfalen, 10 Ostfriesen, Thueringer, 11 Nordfriesen, Ostpreussen, 13 Mecklenburger, Niedersachsen

-Wasserweg:

11 Teltowkanal, 12 Ems-Jade-Kanal, Kuestenkanal, Ludwigskanal, 13 Hunte-Ems-Kanal, Klodnitzkanal, 14 Elbe-Trave-Kanal, Oder-Spree-Kanal, 15 Mittellandkanal, Nord-Ostsee-Kanal, Rhein-Donau-Kanal, Rhein-Herne-Kanal

-Zeichner:

5 Grosz, 7 Cranach, Janssen, Richter

-Zirkus:

4 Renz, 5 Busch, 7 Althoff

-Zoodirektor:

7 Grzimek

-Zoologe:

7 Grzimek, Haeckel, Landois

deutsches:

-Adelsgeschlecht:

4 Wied, 6 Nassau, Salier, Welfen, 7 Staufer, 8 Askanier, Habsburg, Stolberg, Wettiner, 9 Hohenlohe, 10 Karolinger, 12 Hohenstaufen, Hohenzollern, 13 Thurn und Taxis, Wittelsbacher

-Adelsprädikat:

3 von, 4 Graf, 5 Baron, Prinz, 6 Fuerst, Herzog, Ritter, 7 Baronin, Graefin, Komtess, 8 Baroness, Burggraf, Freifrau, Freiherr, Fuerstin, Komtesse,

Landgraf, Markgraf,
9 Baronesse, Kurfuerst,
Pfalzgraf, 10 Prinzessin,
11 Burggraefin, Kurfuerstin,
Landgraefin, Markgraefin,
12 Pfalzgraefin
-Atomkraftwerk:
3 Ohu, 6 Kalkar, 7 Grohnde,
10 Wuergassen, 12 Brunsbuettel
-Bundesland:
6 Bayern, Berlin, Bremen,
Hessen, 7 Hamburg, Sachsen,
8 Saarland, 10 Thueringen,
11 Brandenburg,
13 Niedersachsen, Sachsen-Anhalt, 14 Rheinland-Pfalz,
17 Baden-Wuerttemberg,
Schleswig-Holstein,
18 Nordrhein-Westfalen,
21 Mecklenburg-Vorpommern
-Forschungsschiff:
6 Meteor
-Heldenepos:
14 Nibelungenlied
-Kartenspiel:
4 Skat, 5 Rommé, 6 Bridge,
Ramsch, Tarock, 7 Canasta,
8 Quartett, 9 Schafkopf,
10 Doppelkopf,
13 Einundzwanzig,
14 Kartenlotterie,
Schwarzer Peter,
15 Sechsundsechzig
-klassisches Epos:
14 Nibelungensage
-Längen-/Feldmaß:
2 Ar, 3 Lot, Ohm, 4 Elle, Fuss,
Joch, Rute, Zoll, 5 Acker, Meile,
Meter, 6 Hektar, Morgen,
7 Klafter, Tagwerk, 9 Dezimeter,
Kilometer, 10 Millimeter,
Zentimeter, 12 Quadratmeter,
16 Quadratkilometer,
17 Quadratmillimeter,
Quadratzentimeter
-Märchen:
12 Aschenputtel, Dornroeschen,
Rotkaeppchen,
14 Schneewittchen,
16 Haensel und Gretel
-Normmaß:
3 DIN
-Rechtschreibebuch:
5 Duden
Deutschlands größte Insel:
6 Ruegen
Deutschlands Hauptstadt:
6 Berlin
Deutschlands höchster Berg:
9 Zugspitze
Deutungungsform:
6 Lesart, 9 Auslegung,
12 Erlaeuterung,
14 Interpretation
Devise:
5 Motto, 6 Losung, Parole,
10 Schlagwort, Wahlspruch,
14 Zahlungsmittel
devot:
5 fromm, 7 ergeben, 8 demuetig,
12 kriecherisch, unterwuerfig
dezent:
4 zart, 9 gedaempft, verhalten,
12 unauffaellig,
14 zurueckhaltend
Dezernat:
11 Sachbereich,
17 Geschaeftsbereich
dezimieren:
10 verringern
diabolisch:
9 hoellisch, satanisch, teuflisch
Diagnose:
10 Erkenntnis, 12 Feststellung
Diagonale:
10 Verbindung, 13 Uebelrecklinie
Dialektart:
5 Idiom, Slang, 7 Mundart
Dialog:
6 Disput, 7 Debatte,
9 Gespraech, 11 Eroerterung,
Unterredung, Wechselrede,
13 Zwiegespraech
Diarium:
8 Tagebuch, 9 Notizbuch
Diät:
9 Schonkost
dicht:
2 zu, 3 eng, nah, 4 fest, nahe,
7 kompakt
Dichter:
4 Poet, 5 Autor, 14 Schriftsteller
-der Ilias:
5 Homer
-der Lorelei:
5 Heine
-des Deutschlandliedes:
23 Hoffmann von Fallersleben
-des Faust:
6 Goethe
dichterisch:
7 lyrisch, 8 poetisch
dichterisch umschreibend für:
-Adler:
3 Aar
-Ameise:
4 Emse
-Arbeit:
3 Tun
-Atem:
4 Odem
-Brunnen:
4 Born, 5 Bronn, Quell,
7 Bronnen
-Diamant:
6 Demant
-Dichter:
4 Poet
-drohen:
7 draeuen
-edel:
4 hehr
-ehrlich:
6 lauter
-erhaben:
4 hehr
-Fährmann:
5 Ferge
-Felder:
7 Gefilde
-fliehen:
8 fleuchen, 11 entfleuchen
-Flügel:
7 Fittich
-Freund:
8 Gevatter
-Frühling:
4 Lenz
-Fuchs:
7 Reineke
-gebietet:
6 gebeut
-Gedicht:
4 Poem
-Gefahr:
7 Faehrde, 8 Faehrnis
-gegen:
5 wider
-Geruch:
4 Ruch
-Glanz:
5 Glast
-golden:
7 guelden
-Hafen:
4 Port
-Hase:
5 Lampe, 12 Meister Lampe
-Hauch:
4 Odem
-Hecke:
3 Hag

-Himmel:
8 Jenseits
-hübsch:
4 hold
-Kissen:
6 Pfuehl
-Knochen:
6 Gebein
-Lebenshauch:
4 Odem
-Liebe:
5 Minne
-Lied:
5 Weise
-Löwe:
3 Leu
-Lustwäldchen:
4 Hain
-Mädchen:
4 Maid
-mild:
4 lind
-Monat:
4 Mond
-nach:
3 gen
-Pferd:
4 Ross
-Polster:
6 Pfuehl
-Quelle:
4 Born, 5 Bronn
-Russen:
7 Reussen
-Schmuck:
10 Geschmeide
-Schmuckstück:
7 Kleinod
-Schutz:
4 Hort
-Schwanz:
7 Schweif
-Storch:
6 Adebar
-Träne:
6 Zaehre
-Ufer:
7 Gestade
-Unterwelt:
5 Hades
-Wald:
3 Hag, 4 Hain, Tann
-Wasser:
4 Nass
-Welt:
3 All
-Wiese:
2 Au
-Wiesenlandschaft:
3 Aue
Dichterpferd:
7 Pegasos, Pegasus
dichtgedrängt:
3 eng
Dichtigkeit:
10 Konsistenz
Dichtkunst:
4 Epik, 5 Lyrik, 6 Poesie, Poetik
Dichtung:
4 Epik, Epos, Poem, Saga, 5 Drama, Essay, Fabel, Lyrik, Posse, Prosa, Roman, 6 Elegie, Mythos, Poesie, 7 Ballade, Gedicht, Novelle, Romanze, Schwank, 8 Groteske, Komoedie, 9 Lustspiel, Tragoedie, 10 Erzaehlung, Schauspiel, 11 Trauerspiel, 14 Kurzgeschichte
dick:
4 fett, 5 feist, stark, 6 mopsig, ueppig, 7 beleibt, fuellig, 9 fleischig, korpulent, stattlich, 10 fettleibig
Dickblattgewächs:
5 Sedum
dickbreiige Masse:
3 Mus, 4 Teig
Dickdarmspiegelung:
12 Enteroskopie
dicker:
-Brei:
3 Mus
dickfellig:
4 stur, 12 phlegmatisch, 13 unempfindlich
Dickfelligkeit:
7 Phlegma, 9 Lethargie
dickflüssig:
6 breiig, saemig, teigig, viskos
dickflüssige:
-Speise:
4 Brei
dickflüssige Absonderung:
7 Schleim
Dickhäuter:
7 Elefant, Nashorn, 8 Nilpferd, 10 Flusspferd
Dickkopf:
9 Eigensinn
dickköpfig:
4 stur
Dickwurzel:
5 Ruebe, 6 Knolle
Dieb:
6 Ganove, Gauner, 7 Stehler, 10 Einbrecher, Langfinger
Diebesgutkäufer:
6 Hehler
Diebeskumpel:
6 Hehler, 8 Komplize
diebischer Vogel:
6 Elster
Diebstahl:
4 Raub, 8 Einbruch, 10 Entwendung, 13 Hinterziehung, 14 Unterschlagung
Diele:
4 Flur, Gang, 5 Tenne, 7 Vorraum, 8 Hausflur, Korridor, 9 Fussboden, 14 Fussbodenbrett
Diener:
5 Lakai, 6 Butler, Knecht, 7 Bursche, 8 Faktotum, 10 Verbeugung
Dienerin:
4 Magd, Zofe
Dienerschaft:
7 Gesinde, 8 Personal, 12 Hauspersonal
Dienst:
3 Amt, 5 Beruf, 6 Arbeit, 7 Pflicht, Service, 8 Leistung, 14 Unterstuetzung
Dienstanweisung:
11 Instruktion
Dienstbereich:
7 Ressort
Diensteinkünfte:
4 Lohn, 6 Gehalt, 9 Besoldung
Dienstenthebung:
10 Suspension
Dienstgrad/-rang:
4 Rang, 5 Stufe, 6 Charge, 8 Offizier, 9 Rangstufe
Dienstleistungsunternehmen:
4 Bahn, Post, 9 Eisenbahn, 16 Verkehrsbetriebe
dienstliche Kleidung:
4 Robe, 5 Talar, 6 Livree, 7 Uniform, 10 Amtstracht
dienstliche Unkorrektheit:
15 Insubordination
Dienstordnung:
9 Reglement
Dienststelle:
3 Amt, 5 Buero, 8 Behoerde, 9 Amtsstube
Dienststellenwechsel:
10 Versetzung

Dienststempel:
6 Siegel
dienstunfähig:
5 krank, 7 invalid, 8 invalide
Dienstvorschrift:
9 Anweisung, Direktive, Reglement
Dienstweg:
7 Instanz, 12 Instanzenweg
diesig:
5 trueb, 6 neblig, 7 dunstig
diesige Luft:
4 Smog, 5 Nebel
diffamieren:
9 schmaehen, 10 beleidigen, verleumden, 11 beschimpfen, herabsetzen, 12 anschwaerzen, 13 verunglimpfen
Differenz:
4 Rest, 6 Streit, 7 Abstand, 10 Fehlbetrag, Restbetrag, 11 Unterschied
diffus:
6 unklar, 9 nebelhaft, 10 undeutlich, 12 verschwommen, 13 weitschweifig
Diktat:
5 Zwang, 6 Ansage, Befehl, Gewalt, 8 Aufnahme, 11 Nachschrift, 13 Niederschrift
diktatorischer Herrscher:
6 Despot, Tyrann, 10 Machthaber, 11 Gewalthaber, 13 Unterdruecker, 15 Gewaltherrscher
Diktiergerät:
8 Diktafon*, 9 Diktaphon
Dilemma:
3 Not, 5 Krise, 6 Klemme, 7 Notlage, 10 Zwangslage, 11 Zwickmuehle
Dilettant:
4 Laie, 7 Amateur, 8 Stuemper, 9 Liebhaber, 13 Nichtfachmann
Dill:
10 Baerenwurz, 11 Gurkenkraut
Dimension:
5 Hoehe, Tiefe, 6 Breite, Laenge, 7 Ausmass, Bereich, Groesse, 10 Ausdehnung
Ding:
5 Sache, 6 Objekt, 7 Koerper, 10 Gegenstand
dinglich:
4 real, 15 gegenstaendlich
dinieren:
6 tafeln
Dinosaurierart:
10 Diplodocus, 11 Stegosaurus, 12 Brontosaurus, 13 Tyrannosaurus
Diphthong:
8 Zwielaut, 10 Doppellaut
Diplomat:
6 Konsul, 7 Attache, 9 Gesandter, Vertreter, 11 Botschafter, 17 Geschaeftstraeger
Diplomatik:
13 Urkundenlehre
diplomatisch:
4 klug, 8 taktisch, 9 geschickt, umsichtig, 10 berechnend, vorsichtig
Diplombeleg:
7 Urkunde, Zeugnis, 10 Ehrenbrief, 12 Auszeichnung, Ehrenurkunde
direkt:
10 geradewegs, unumwunden, 11 unmittelbar
Direktive:
8 Massgabe, 9 Anordnung, Anweisung, 10 Vorschrift, 11 Richtschnur
Direktor:
6 Leiter, 11 Schulleiter
Direktrice:
8 Leiterin, 11 Vorsteherin
Direktsendung:
4 Live, 11 Livesendung
Dirigent:
5 Boehm, Busch, Liszt, Masur, 6 Buelow, Jochum, Walter, 7 Karajan, Nicolai, Nikisch, Strauss, 9 Klemperer, 10 Chorleiter, Sawallisch, 12 Furtwaengler, 13 Kapellmeister, 14 Knappertsbusch, 15 Orchesterleiter
dirigieren:
6 leiten, lenken
Dirne:
4 Hure, 5 Nutte, 7 Kokotte, 8 Callgirl, 13 Prostituierte, 15 Freudenmaedchen
Disharmonie:
7 Misston, 9 Missklang, 13 Unstimmigkeit
Diskantstimme:
10 Oberstimme, 12 Fistelstimme
Diskothek:
9 Tanzlokal, 15 Plattensammlung
Diskrepanz:
9 Zwiespalt, 10 Abweichung, 11 Uneinigkeit, 13 Unstimmigkeit, 15 Missverhaeltnis
Diskretion:
4 Takt, 6 Dezenz, 16 Verschwiegenheit
diskriminieren:
10 verleumden, 11 herabsetzen
Diskussionsleiter:
9 Moderator
Diskussionsverantsaltung:
7 Debatte, 10 Aussprache, 11 Eroerterung
Disposition:
4 Form, 7 Entwurf, Zustand, 8 Befinden, Vorsorge, 9 Anordnung, 10 Einteilung, Gliederung, Verfuegung, 12 Vorbereitung
Disput:
9 Rededuell, 10 Redestreit, Wortstreit, 11 Wortgefecht, Wortwechsel
Dissertation:
12 Doktorarbeit
dissertieren:
11 promovieren
Dissonanz:
7 Misston, 9 Missklang, 11 Uneinigkeit, 13 Unstimmigkeit
Distanz:
7 Abstand, 10 Entfernung, 14 Reserviertheit, Zurueckhaltung
Distelart:
5 Karde, 8 Eberwurz, 11 Artischocke
Distrikt:
5 Kreis, 6 Bezirk, Gebiet, 7 Bereich, 10 Landstrich
Disziplin:
4 Fach, 5 Zucht, 7 Ordnung, 10 Fachgebiet, 15 Unterrichtsfach, 18 Selbstbeherrschung
Divergenz:
10 Abweichung
divers:
11 verschieden
Dividende:
12 Gewinnanteil
Dividendenpapier:
5 Kupon*, 6 Coupon
Divis:
11 Bindestrich, 14 Teilungsstrich

Division:
7 Teilung, 14 Truppenverband
Diwan:
4 Sofa, 5 Couch, Liege,
8 Bettsofa, 9 Liegesofa
Dogenstadt am Mittelmeer:
7 Venedig
Dogmatik:
13 Glaubenslehre
Doktorarbeit:
12 Dissertation
Dokument:
5 Beleg, 6 Beweis, 7 Urkunde,
8 Nachweis, 9 Unterlage,
12 Beweisstueck,
13 Schriftstueck
dokumentieren:
7 belegen, 8 beweisen,
10 beurkunden
Dolde:
12 Bluetenstand
Doldenpflanze:
4 Anis, 5 Berle, 6 Aralie,
7 Fenchel, 9 Mannstreu,
10 Baerenklau, Waldkerbel,
12 Kaelberkropf, Liebstoeckel,
Stranddistel
Dolle:
10 Rudergabel, Ruderlager
Dom:
8 Muenster, 10 Kathedrale
Domherr:
6 Propst, 9 Kanoniker, Kapitular
Domizil:
4 Heim, 7 Wohnung, 8 Wohnsitz
Dompteur:
8 Dresseur, 10 Tierlehrer,
13 Tierbaendiger
Donar:
4 Thor
Donaudurchbruch:
11 Eisernes Tor
Donauregion:
5 Lobau, 6 Wachau
Doppel:
5 Kopie, 8 Dublette, Duplikat,
9 Doublette
Doppelbildung:
11 Duplikation
Doppelehe:
7 Bigamie
Doppelerdteil:
7 Amerika
Doppelfahrrad:
6 Tandem
doppelgeschlechtlich:
8 androgyn, zwittrig
Doppellaut:
8 Zwielaut, 9 Diphthong
Doppelpunkt:
5 Kolon
Doppelsinn:
10 Amphibolie
Doppelspieler:
6 Double
Doppelstück:
4 Paar, 8 Dublette, Duplikat
doppeltes Erscheinen:
11 Duplizitaet
doppelwertig:
10 ambivalent
Dorade:
10 Goldbrasse
Dorfform:
3 Ort, 6 Weiler, 8 Siedlung,
9 Ortschaft, 12 Marktflecken
Dorffriseur:
5 Bader
Dorfplatz:
5 Anger
Dorfwiese:
5 Anger
Dorfwirtschaft:
4 Krug
dorniger Steinobststrauch:
7 Schlehe
dörren:
6 darren, 7 roesten
Dörrfrüchte:
8 Backobst, 11 Trockenobst
Dörrobst:
6 Hutzel
Dorschart:
5 Torsk, 8 Kabeljau,
10 Klippfisch, Stockfisch,
11 Schellfisch
dort:
2 da
Dose:
4 Etui, 7 Buechse, 9 Behaelter,
Schachtel
dosieren:
8 abmessen, abwiegen,
zumessen, 9 aufteilen
Dosis:
4 Gabe, 5 Menge, Prise
Dossier:
3 Akt, 4 Akte, 7 Buendel,
9 Aktenheft, 10 Aktenstoss,
11 Aktenstueck,
12 Aktenbuendel
Dotation:
7 Mitgift, 8 Stiftung,
9 Aussteuer, Schenkung,
Zuwendung, 11 Ausstattung
Dotter:
6 Eigelb
Double:
6 Doppel, 13 Doppelspieler,
Ersatzspieler
Dozentur:
9 Lehrstuhl, 11 Lehrauftrag
dozieren:
6 lehren
Drache:
8 Lindwurm, 10 Tatzelwurm
Drachenechse:
5 Waran
Drachentier:
6 Phyton
Drachenviereck:
7 Deltoid
Dragee:
5 Pille, 6 Arznei, 7 Konfekt,
8 Tablette, 11 Suessigkeit
Drahtbügel:
6 Krampe
Drahtgeflecht:
6 Rastel
Drahtnachricht:
5 Telex, 8 Depesche,
9 Telegramm, 13 Fernschreiben
Drahtschlinge:
4 Oese
Drahtseil:
6 Trosse
Drahtstift:
5 Nagel
Drahttauwerk:
5 Brook
Drahtverzäunung:
4 Fenz, 5 Etter
Drahtzieher:
7 Urheber, 9 Anstifter,
10 Hintermann
Drahtziergeflecht:
8 Filigran
drakonisch:
6 streng
Drall:
7 Drehung, Windung,
8 Drillung, 10 Drehimpuls
Drama:
10 Schauspiel, 11 Buehnenwerk
dramatisch:
8 erregend, spannend,
9 aufregend
Dramaturgie:
12 Buehnenkunde,
15 Schauspiellehre
Dramenteil:
3 Akt, 5 Szene, 6 Aufzug,
8 Auftritt

Drang:
5 Druck, Trieb, 7 Ehrgeiz, Streben, 9 Bestreben, Sehnsucht, Verlangen
drängen:
5 eilen, 6 hasten
Drangsal:
3 Not, 4 Pein, Qual, 7 Muehsal
drastisch:
7 wirksam, 8 deutlich, 11 anschaulich, unverbluemt
Draufgänger:
8 Haudegen
Dreck:
5 Muell, Unrat, 7 Schlamm, Schmutz
Dreh:
5 Finte, Kniff, Trick, 9 Handgriff
drehbare Walze:
5 Rolle
Drehbuch:
6 Skript
Drehflügel:
5 Rotor
Drehgelenk:
9 Scharnier
Drehgriff:
3 Rad, 6 Kurbel
Drehkörper:
7 Kreisel
Drehkran auf einem Schiff:
5 Davit
Drehorgel:
11 Leierkasten
Drehpunkt:
3 Pol, 5 Mitte, 7 Zentrum
Drehschwung:
9 Pirouette
Drehstange:
6 Reitel
Drehstrom:
12 Wechselstrom
Drehung:
4 Tour, 5 Drall, Wende, 7 Wendung, 8 Rotation
Drehzahl:
8 Frequenz
Drehzahlmeßgerät:
13 Tourenzaehler
Dreibeingestell:
6 Stativ
Dreieck:
5 Delta, 8 Triangel
dreieckige Flagge:
6 Wimpel, 7 Stander
Dreiecksberechnung:
13 Trigonometrie
Dreiecksmessung:
13 Trigonometrie
Dreiecksseite:
7 Kathete, 10 Hypotenuse
Dreieinigkeit:
9 Trinitaet
Dreierherrschaft:
10 Triumvirat
dreifache Papstkrone:
5 Tiara
Dreifaltigkeit:
9 Trinitaet
Dreifaltigkeitsfeier:
10 Trinitatis
Dreifingerfaultier:
2 Ai
Dreigespann:
5 Triga, 6 Troika
Dreiheit:
6 Triade
dreijährliche:
-Veranstaltung:
9 Triennale
Dreikäsehoch:
5 Junge, 6 Knirps, 9 Hosenmatz, 10 Gernegross
Dreiklangstoß:
5 Tusch
Dreiklangtrompete:
7 Fanfare
Dreikönigsfest:
10 Epiphanias
dreimastiges Segelschiff:
4 Bark
Dreiruderer:
6 Triere, 7 Trireme
Dreisatzrechnung:
10 Regeldetri
dreiseitige Pyramide:
9 Tetraeder
dreist:
4 kess, 5 frech, 11 impertinent, unverfroren, 12 unverschaemt
dreiteiliger Altaraufsatz:
10 Triptychon
Dreitonintervall:
4 Terz
dreiwertiger Alkohol:
8 Glyzerin
Dreizack:
7 Trident
Dreizahl:
6 Triade
Dreizehenfaultier:
2 Ai
Drellgewebe:
8 Drillich
Dreschabfall:
5 Spreu
Dresche:
4 Haue, 5 Senge, 6 Tracht, 7 Pruegel
dreschen:
8 pruegeln, schlagen
Dreschergebnis:
6 Drusch
Dreschplatz:
5 Tenne
Dresdener:
-Arzt:
5 Carus
-Beiname:
10 Elbflorenz
Dresdener Bauwerk:
-Bauwerk:
7 Zwinger, 10 Semperoper, 12 Blaues Wunder, 18 Bruehlsche Terrasse
Dresseur:
8 Dompteur, 10 Tierlehrer, 13 Tierbaendiger
dressieren:
9 abrichten
Dressurleine:
5 Longe
Dressurleistung:
10 Abrichtung
Dressurübung:
5 Volte, 6 Levade, Pesade, 8 Kapriole, 9 Courbette, Pirouette
Drill:
7 Schliff
drillen:
10 exerzieren
dringend:
5 eilig, 6 noetig, 7 wichtig, 9 notwendig
Droge:
10 Rauschgift, 14 Arzneirohstoff
Drogensüchtiger:
4 User, 5 Fixer
Drogenverkäufer:
6 Dealer, Pusher, 7 Puscher*
drohendes Unheil:
6 Gefahr
drohende Weisung:
7 Warnung
Drohung:
5 Zwang, 9 Noetigung, 10 Erpressung, 13 Demonstration
drollig:
5 ulkig, 6 lustig, putzig,

7 komisch, spassig, 9 schnurrig, 11 possierlich
Dromedar:
5 Kamel
Droschke:
3 Cab, 4 Taxe, 6 Fiaker, 7 Kutsche
drosselartiger Vogel:
11 Steinroetel
drosseln:
7 bremsen, mindern, 9 maessigen, 10 verringern
drüben:
8 jenseits
Druck:
5 Drang, Zwang, 8 Pression
Druckabsatz:
6 Alinea
Druckberichtigung:
9 Korrektur
Druckbuchstabe:
4 Type, 6 Letter
Drückeberger:
8 Feigling
Druckeinheit:
3 Bar, 4 Atue, Torr, 6 Pascal, 11 Atmosphaere
Druckereibegriff:
4 Bund, Falz, fett, Perl, Satz, Text, Type, 5 Abzug, Druck, Fahne, Folio, mager, Mater, Notiz, Oktav, Petit, Quart, Seite, 6 Absatz, Borgis, Cicero, Duodez, Einzug, Format, Korpus, Kursiv, Lay-out*, Layout, Letter, Litera, Mignon, Platte, Presse, Raster, Rubrik, Schiff, Setzer, Signet, Spalte, Versal, 7 Affiche, Andruck, Antiqua, Anzeige, Auflage, Ausgabe, Colonel, Edition, Einband, Fraktur, Galvano, Geviert, Initial, Kapitel, Kolonel, Kolumne, kontern, Konzept, Kurrent, Legende, Ligatur, Matrize, Metteur, Negativ, Positiv, Spatium, Spiegel, Titelei, Umbruch, Umdruck, Vorsatz, 8 Akzidenz, Bildtext, Bleisatz, Broschur, Fotosatz*, Fuellsel, Garamond, Gravuere, halbfett, Initiale, Klischee, kompress, Majuskel, Praegung, Rotation, Signatur, Versalie, Vorspann, 9 Aufmacher, Autotypie, Buchstabe, Copyright, Faksimile, Ganzleder, Impressum, Inkunabel, Korrektor, Korrektur, Leerzeile, Lichtsatz, Makulatur, Monogramm, Photosatz, 10 Aufmachung, austreiben, Broschuere, einruecken, einspaltig, Hauptzeile, Hochformat, Imprimatur, Konkordanz, Manuskript, Planobogen, Querformat, Unterzeile, Widerdruck, 11 dreispaltig, Durchschuss, imprimieren, Nonpareille, Offsetdruck, Satzspiegel, Schoendruck, Schriftgrad, Stereotypie, Winkelhaken, zweispaltig, 12 Maternpresse, Perforierung, 13 Maschinensatz, Schnellpresse, Schriftmuster, Spaltenbreite, Zwischentitel
Druckereibetrieb:
7 Offizin
Druckerlaubnis:
10 Imprimatur
Druckfehler:
7 Erratum
Druckform:
5 Model
Druckgitter:
6 Raster
Druckhebel:
5 Taste
Druckkolonne:
6 Spalte
Druckmaschine:
6 Presse
Druckmesser:
9 Manometer
Druckmittel:
11 Repressalie
Drucknachbildung:
9 Faksimile
Druckschriftgrad:
6 Cicero
Druckspalte:
7 Kolumne
Druckstock:
8 Klischee
Drucktechnik:
6 Offset, 8 Rotation, 9 Buchdruck, Hochdruck, Rotaprint, Siebdruck, Tiefdruck, 10 Flachdruck, Lichtdruck, Steindruck, 11 Anilindruck, Lithografie*, 12 Lithographie, Rollenoffset, 14 Rotationsdruck, 15 Kupfertiefdruck
drucktechnisches:
-Gerät:
5 Rakel, 6 Presse, Raster
Druckvorlage:
10 Manuskript
Drude:
4 Hexe, 8 Zauberin, 10 Nachtgeist
Drudenfuß:
10 Pentagramm
Drüse:
6 Mandel
Drüsenflüssigkeit:
6 Sekret
Drüsengeschwulst:
6 Adenom
Drüsenknötchen:
8 Follikel
Drüsensaft:
6 Inkret, Sekret
Drüsenstoff:
6 Hormon
Dschungelheld:
6 Tarzan
Dublee:
10 Vergoldung, 11 Goldauflage, 12 Versilberung, 13 Silberauflage
Duckmäuser:
8 Feigling, Kriecher, 11 Leisetreter, 13 Drueckeberger
Duckstein:
4 Tuff
dudeln:
6 blasen, leiern, 7 floeten
Dudelsack:
7 Musette, 10 Sackpfeife
Duell:
9 Zweikampf
Duellbeobachter:
9 Sekundant
Duett:
10 Zwiegesang
Duft:
5 Aroma, Odeur, 6 Bukett, Geruch, 10 Wohlgeruch
Duft des Weines:
6 Bukett
duftender Zierstrauch:
6 Jasmin, 7 Flieder, 8 Oleander
duftendes Harzgemisch:
9 Weihrauch
duftreich:
10 aromatisch
Duftstoff:
5 Amber, Ambra, Myrre*, 6 Myrrhe, Parfum, 7 Moschus, Parfuem, 8 Lavendel

dulden:
8 billigen, zulassen, 10 tolerieren
duldsam:
8 tolerant, 11 nachsichtig
Duldsamkeit:
8 Toleranz, 9 Nachsicht
dumm:
5 bloed, 6 stupid, 7 stupide, 8 daemlich, toericht, 9 unwissend
dummdreist:
5 frech, 11 impertinent, 12 unverschaemt
dummer Augustin:
5 Clown
dummes Gerede:
10 Geschwaetz
dummes Zeug:
6 Unsinn, 7 Nonsens, Quatsch, 8 Larifari, 9 Bloedsinn
Dummheit:
6 Betise, Eselei, Unsinn, 7 Torheit, 8 Ignoranz, 9 Toelpelei, 11 Stupiditaet, 12 Unwissenheit
Dummkopf:
3 Tor, 4 Depp, Narr, 5 Idiot, Tropf, 6 Dussel, Pinsel, Simpel, 7 Toelpel, Trottel, 8 Ignorant, 9 Bloedling, Tolpatsch, 10 Kleingeist, Tollpatsch*, 14 Einfaltspinsel
dummlustig:
6 albern, 7 burlesk
Dummy:
8 Attrappe, Maquette, 10 Buchmuster, 12 Schaupackung
Dünengras:
11 Strandhafer
Dung:
4 Mist
Düngestoff:
4 Kali, Kalk, Mist, 5 Guano, 6 Jauche, 7 Kompost, 8 Blutmehl, Salpeter, 10 Hornspaene, Stickstoff, 11 Knochenmehl, 12 Kalksalpeter, Knochenasche, 13 Chilesalpeter
dunkel:
6 obskur, unklar, 7 duester, finster, schwarz, 8 mystisch, ungewiss
Dünkel:
7 Hochmut, 8 Arroganz
dunkelbraun:
5 umber, umbra
dunkelbraune Farbe:
5 Umber, Umbra
dünkelhaft:
8 arrogant, 10 hochmuetig, sueffisant, 11 eingebildet
dunkelhäutiger Mensch:
5 Neger, 7 Negride, 9 Schwarzer
dünn:
4 fein, 5 duerr, hager, mager, 7 schwach, 8 zierlich, 9 schuetter
dünne:
-Brühe:
5 Lorke
-Holzplatte:
6 Leiste
dünner:
-Ast:
5 Zweig
-Kalkanstrich:
7 Tuenche
-Lederstreifen:
5 Keder
-Pfannkuchen:
5 Crepe
-Weidenstock:
5 Gerte
dünnes:
-Blatt:
5 Folie, 7 Lamelle
-Deckblatt:
7 Furnier
-Gebäck:
6 Oblate
-Gewebe:
4 Flor, Gaze, 6 Etamin, 7 Chiffon, Organdy, 9 Georgette
-Zweigholz:
6 Reisig
Dunst:
4 Smog, 5 Dampf, Nebel, 6 Brodem, Wrasen, 8 Schwaden
Dunstgebilde am Himmel:
5 Wolke
dunstig:
6 diesig, neblig, truebe
Duo:
5 Duett
durch:
3 per
durchaus:
7 absolut, partout, 11 schlechthin
durchbilden:
10 trainieren
Durchblick:
11 Perspektive
Durchbohrung:
11 Perforation
durchbrochen:
5 ajour
durchbrochenes Gewebe:
6 Spitze, 9 Grenadine
durchdacht:
10 methodisch
durchdringbar:
9 permeabel
durchdringend:
5 grell, stark, 7 schrill, 8 beissend, stechend, 9 penetrant
Durcheinander:
4 Wust, 5 Chaos, 6 Gewirr, Rummel, Tumult, Wirbel, Zirkus, 7 Gewuehl, 8 Wirrwarr, 9 Getuemmel, 10 Mischmasch, Tohuwabohu, Verwirrung
durcheinanderbringen:
9 verwirren
Durchfahrt:
6 Portal, Tunnel, 7 Passage
Durchfallerkrankung:
8 Diarrhoe, 10 Darmkatarr*, 11 Darmkatarrh
durchfeuchtet:
4 nass
Durchgangsabsperrung:
6 Sperre, 8 Barriere, Schranke
Durchgangsbereich:
3 Tor, 4 Flur, 5 Gasse, 6 Portal, Rennen, Umlauf, 7 Passage, Transit, 8 Korridor, Oeffnung, 9 Durchlass
Durchgangsverkehr:
7 Transit
durchgehend:
5 stets, 7 dauernd, 8 staendig, 14 kontinuierlich, ununterbrochen
durchgeistigt:
10 aetherisch
durchgezeichnete Kopie:
5 Pause
Durchguß:
4 Sieb
durchkreuzen:
9 vereiteln, 10 verhindern
durchlässig:
6 poroes, 9 permeabel
durchlaufend:
14 kontinuierlich
durchleuchten:
8 roentgen
durchlochen:
11 perforieren
Durchlöcherung:
11 Perforation

durchlocht:
10 perforiert
Durchlüfter:
10 Ventilator
Durchmesser:
8 Diameter
durchnäßt:
6 feucht
durchpausen:
8 kopieren
durchqueren:
9 passieren
Durchscheinbild:
3 Dia, 10 Diapositiv
Durchscheinen:
11 Transparenz
durchscheinend:
7 diaphan, 11 transparent
durchscheinender Lack:
5 Lasur
durchscheinender Gips:
9 Alabaster
Durchschlag:
5 Kopie, 8 Duplikat,
12 Zweitschrift
Durchschlupf:
6 Ausweg
Durchschnitt:
4 Norm, 6 Mittel, 10 Mittelwert
durchschreiben:
8 kopieren
Durchschrift:
5 Kopie, 8 Duplikat
Durchsicht:
8 Pruefung, Revision,
9 Kontrolle, 13 Ueberpruefung
durchsichtig:
4 klar, 11 transparent
durchsichtige:
-Gipsart:
9 Alabaster
durchsichtiger:
-Farbüberzug:
4 Lack, 5 Lasur
-Werkstoff:
4 Glas
durchsichtiges:
-Gewebe:
4 Flor, Gaze, 5 Tuell, Voile,
7 Bobinet
-Mineral:
4 Opal
Durchsichtigkeit:
11 Transparenz
Durchsichtsbild:
3 Dia, 10 Diapositiv
durchsuchen:
6 filzen
Durchsuchung:
6 Razzia
durchtrainiert:
3 fit, 6 topfit
durchtrieben:
4 link, 7 gewieft, 10 raffiniert
durchtriebener Bursche:
5 Filou
durchwatbare Stelle im Fluß:
4 Furt
durchweg:
8 generell
dürftig:
4 karg, 5 knapp, 8 aermlich,
armselig, 9 spaerlich,
11 kuemmerlich
dürr:
5 hager, mager, 7 trocken,
8 verdorrt
dürres Astholz:
6 Reisig
Dusche:
6 Brause
Düsenflieger:
3 Jet, 5 Jumbo
duster:
6 dunkel
düster:
5 trist, 6 dunkel, 7 finster
Dutt:
6 Knoten, 10 Haarknoten
Dynamik:
4 Elan, 7 Schwung,
10 Triebkraft, 12 Lebendigkeit,
14 Bewegungslehre
dynamisch:
5 vital, 7 lebhaft,
11 schwungvoll,
15 temperamentvoll
Dynamo:
9 Generator, 13 Stromerzeuger
Dynamomaschine:
9 Generator
Dynastie:
10 Geschlecht, 13 Herrscherhaus

Ebbe:
4 Tide, 6 Fallen, 9 Tiefstand
Ebbe und Flut:
5 Tiden, 8 Gezeiten
ebenbürtig:
6 gleich, 9 kongenial, 12 gleichwertig
Ebene:
7 Flaeche, 8 Tiefland, 9 Flachland
ebenerdig:
7 niedrig
ebenes:
-Viereck:
14 Parallelogramm
Ebenmaß:
8 Harmonie, Rhythmus, 9 Symmetrie, 10 Gleichmass, 14 Ausgewogenheit
ebenmäßig:
10 harmonisch, 11 symmetrisch
Ebenmäßigkeit:
17 Wohlgestaltetheit
Eber:
6 Keiler
Eberesche:
10 Teufelbaum, 11 Elsbeerbaum, Teufelsbaum, 13 Vogelbeerbaum
ebnen:
6 bahnen, 8 glaetten, 9 planieren
echauffiert:
7 erhitzt
Echse/Echsenart:
5 Agame, Gecko, Tokee, Waran, 6 Leguan, 7 Lazerte, 8 Basilisk, Eidechse, Jacruaru, Krokodil, 10 Chamaeleon, Flugdrache, Mauergecko, 11 Kragenechse, 12 Perleidechse, 14 Blindschleiche
echt:
4 edel, 6 genuin, 7 ehrlich, typisch, 8 original, 9 originell, verbuergt, 10 natuerlich, 11 authentisch, 13 unverfaelscht, urspruenglich
Eckball:
4 Ecke, 7 Eckstoß
Eckbank:
8 Sitzbank
Ecke:
6 Winkel
eckig:
6 kantig, 8 linkisch
Eckstück:
6 Zipfel
ecuadorianische:
-Hauptstadt:
5 Quito
-Münze:
5 Sucre
-Stadt:
4 Loja, 5 Quito, 6 Ambato, Cuenca, 9 Guayaquil
ecuadorianischer:
-Berg:
8 Cotopaxi, 11 Chimborasso
-Vulkan:
6 Sangay, 8 Antisana, Cotopaxi
Edelgas:
4 Neon, 5 Argon, Radon, Xenon, 6 Helium, 7 Krypton
Edelholzbaum:
4 Teak, 8 Ebenholz, Mahagoni, 10 Palisander, Sandelholz
Edelholzblatt:
7 Furnier
Edeling:
7 Adliger
Edelknabe:
4 Page, 6 Knappe
Edelmann:
6 Junker, Ritter, 7 Adliger
Edelmetall:
4 Gold, 6 Osmium, Platin, Silber, 7 Iridium, Rhodium, 9 Palladium, Ruthenium
Edelmütigkeit:
8 Noblesse
Edelpelztier:
4 Nerz, 5 Bisam, Fuchs, Otter, Zobel, 6 Nutria, Ozelot, 8 Hermelin, 9 Blaufuchs, Persianer, 10 Chinchilla, 12 Breitschwanz
Edelrostbelag:
6 Patina
Edelsinn:
15 Selbstlosigkeit
Edelstein:
4 Jade, Onyx, Opal, 5 Achat, Lapis, Quarz, Rubin, Topas, 6 Apatit, Beryll, Granat, Jadeit, Jaspis, Saphir, Zirkon, Zitrin, 7 Diamant, Karneol, Lasurit, Nephrit, Smaragd, Spinell, 8 Amethyst, Brillant, Edelopal, Haematit, Malachit, Rhodonit, Sardonyx, Turmalin, 9 Aquamarin, Bernstein, Brasilian, Goldtopas, Grossular, Heliotrop, Mondstein, Tigerauge, 10 Alexandrit, Chrysolith, Chrysopras, Katzenauge, Labradorit, Rauchquarz, Rauchtopas, Rosenquarz, Speckstein, 12 Bergkristall, Chrysoberyll, 13 Amazonenstein, Labradorstein
Edelsteingewicht:
5 Karat
Edelsteinimitat:
5 Talmi, 6 Simili, Strass
Edikt:
6 Befehl, Erlass, 9 Anordnung, 10 Verfuegung, Verordnung
editieren:
11 herausgeben
Editorial:
10 Einleitung
Edukation:
9 Erziehung
EDV-Bezeichnung:
3 Bit, Bug, Bus, CAD, CAM, CDI, CPU, DAT, DLL, DOC, DOS, dpi, DTP, EPS, GIF, IDE, Job, LAN, LCD, OCR, OLE, PCI, PIN, POP, RAM, Rem, ROM, RTF, TAB, TIF, TXT, URL, WIN, www, 4 Baud, BIOS, Byte, CAPI, Chat, Chip, Code, Data, EIDE, EISA, File, Font, HTML, Icon, ISDN, Java, JPEG, Link, Maus, MIDI, MPEG, Pfad, Port, SCSI, Talk, Task, WORM, 5 ASCII, ATAPI, BASIC, Cache, CDROM, CEBIT, COBOL, Datei, Daten, E-Mail, Flame, Frame, Input, Login, Makro, Maske, Modem, Patch, Pixel, Print, Proxy, Reset, Setup, Start, Tower, Viren, Wafer, Write, 6 Applet, Backup, Befehl, Bitmap, booten, Buffer, Bugfix, Button, Client, Cursor, Domain, Filter, Folder, Format, Gopher, Hacker, Laptop, online, Ordner, PASCAL, Platte, Plugin, Puffer, README, Return, Router, Server, Skript, String, Update, 7 ClipArt, Decoder, Desktop, Display, Domaene, Drucker, Eingabe, Fenster, Hotspot, Listing, Mailbox, Megabit, Monitor, offline, Plotter, Printer, Rechner, Routine, Scanner, Schacht, Tabelle, Treiber, Utility, Version, Windows, WYSIWYG, 8 Backbone, Bookmark, Codewort, Computer, Dateityp,

Datenbus, Debugger, Diskette, Dokument, Download, Druckjob, Emulator, EuroISDN, Explorer, FAX-Modem, Firewall, Freeware, Harddisk, Hardware, Homepage, Internet, Intranet, Joystick, Kennwort, Keyboard, Mikrofon, Morphing, Netzteil, Netzwerk, Neustart, Notebook, Operator, Passwort, Pfadname, Programm, Provider, Scrollen, Software, Speicher, Streamer, Tastatur, Terminal, Touchpad, Truetype, Wildcard, 9 Adressbus, Assembler, Autostart, Backslash, Benchmark, CD-Brenner, Clipboard, Dateiname, Datenbank, Datensatz, einloggen, Extension, Hyperlink, Hypertext, Interface, ISDN-Karte, Kaltstart, Mailorder, Mainboard, Mainframe, Newsgroup, numerisch, Protokoll, Prozessor, Raubkopie, Shareware, Thesaurus, Warmstart, 10 Batchdatei, Belichtung, Bildschirm, Bootsektor, Controller, Einrichten, Festplatte, File Server, Floppydisk, interaktiv, Javascript, Magnetband, Mailserver, Masterpage, Modulation, Multimedia, Papierkorb, Peripherie, PostScript, Screenshot, Soundkarte, Startmenue, Steckplatz, Strichcode, Terminator, Videokarte, 11 Beta-Version, Compact Disk, Dateiformat, Datenschutz, File Sharing, Grafikkarte, Homebanking, importieren, Klammeraffe, Kompression, Malprogramm, motherboard, nettiquette, Pixelgrafik, Plug and Play, Screensaver, Touchscreen, Verzeichnis, Vollversion, Yellow Pages, Zeichensatz, 12 Adressierung, Bandlaufwerk, Benutzername, Bootdiskette, Hauptplatine, inkompatibel, Koaxialkabel, Kontextmenue, Laserdrucker, Lernsoftware, Nadeldrucker, search engine, Soundblaster, Subdirectory, Taktfrequenz, Vektorgrafik, 13 Adressbereich, Autorensystem, Datenautobahn, Einwahlknoten, Flugsimulator, Hauptspeicher, Hilfsprogramm, Konfiguration, Konvertierung, programmieren, Rechenzentrum, Schaltflaeche, Schnittstelle, Schreibschutz, Sonderzeichen, Thermodrucker, Warteschlange, 14 Akustikkoppler, alphanumerisch, Betriebssystem, Druckertreiber, Programmierung, Zentraleinheit, 17 Datenverarbeitung

EEG:
21 Elektroenzephalogramm
Efendi:
4 Herr
Effekt:
5 Folge, 6 Erfolg, 7 Wirkung, 8 Leistung, 10 Konsequenz
Effektgarn:
6 Bouclé, Buklee*
Effet:
5 Drall, 7 Drehung, Schwung
effizient:
7 lohnend, wirksam, 8 wirklich, 12 tatsaechlich
egal:
6 gleich, 8 einerlei, 13 gleichgueltig
egalisieren:
11 nivellieren
egalweg:
13 unaufhoerlich
Egel:
4 Wurm
eggen:
8 pfluegen
Egoismus:
8 Ichsucht, 9 Eigennutz, Eigensinn, 11 Selbstsucht
Egoist:
9 Ichmensch
Egozentrik:
14 Ichbezogenheit
egozentrisch:
14 selbstsuechtig
eh:
7 ohnehin
Ehebruch:
12 Seitensprung
Ehebund:
3 Ehe
ehedem:
5 einst
Ehefrau:
6 Gattin, 8 Gemahlin
Ehegenosse:
7 Ehemann
Ehegenossin:
7 Ehefrau
Eheleute:
7 Ehepaar
ehelichen:
6 freien, 8 heiraten
ehelos:
5 ledig, 13 unverheiratet
ehemalige:
-deutsche Kolonie:
16 Deutsch Ostafrika
ehemalige:
-britische Besitzung:
4 Aden, 10 Goldkueste
-deutsche Kolonie:
4 Togo, 5 Samoa, 7 Kamerun, 9 Neuguinea, Ostafrika, 10 Kiautschou, 14 Suedwestafrika
-deutsche Währung:
2 RM, 10 Reichsmark, Rentenmark
-Hauptstadt von China:
7 Nanking
-Kaiserresidenz:
5 Pfalz
-persische Kaiserin:
6 Soraya
-spanische Kriegsflotte:
6 Armada
-Sultansresidenz:
6 Serail
ehemaliger:
-Bundespräsident:
5 Heuss, 6 Luebke, Scheel, 8 Carstens, 9 Heinemann, 11 Weizsaecker, 14 von Weizsaecker
-Hausangestellter:
6 Diener
-Herrscher in Venedig:
5 Dogen
-Kriegsteilnehmer:
7 Veteran
-Reitersoldat:
5 Husar
-schwedischer Tennisstar:
4 Borg
-Staat des Deutschen Reiches:
8 Preussen
-türkischer Titel:
3 Beg, Bei
ehemaliges:
-britisches Weltreich:
6 Empire

-chinesisches Gewicht:
4 Tael
-Gewicht:
5 Pfund
Ehebruch:
7 Untreue
Ehemann:
5 Gatte, 6 Gemahl,
15 Lebensgefaehrte
eher:
6 lieber, vorher, 7 frueher,
8 vielmehr
Ehescheidung:
9 Scheidung
Eheschließung:
6 Heirat, 7 Trauung, 8 Hochzeit,
11 Vermaehlung
Ehrabschneider:
10 Verleumder
ehrbar:
6 honett, 7 honorig, sittsam,
9 honorabel, 10 anstaendig,
11 respektabel, 13 rechtschaffen
ehren:
6 achten, 9 wuerdigen,
10 anerkennen, honorieren,
11 auszeichnen
Ehrenbrief:
6 Diplom, 7 Urkunde
Ehrenerklärung:
14 Rehabilitation
Ehrenerweisung:
8 Honneurs, Reverenz
Ehrengasse:
7 Spalier
Ehrengeleit:
7 Eskorte
ehrenhaft:
7 honorig, 13 rechtschaffen
ehrenhalber:
12 honoris causa
Ehrenrettung:
14 Rehabilitation
Ehrensalve:
5 Salut
Ehrenschreiben:
7 Adresse
Ehrentag:
9 Jubilaeum
Ehrentitel:
7 Eminenz, Senator, 9 Exzellenz
ehrenvoll:
9 honorabel
Ehrenzeichen:
5 Orden
Ehrenzeugnis:
6 Diplom
Ehrerbietung:
5 Gruss, 6 Knicks, 7 Respekt,
9 Bueckling, Kratzfuss,
10 Verbeugung
Ehrfurcht:
7 Achtung, Pietaet, Respekt,
8 Reverenz
ehrgeizige Ziele:
10 Ambitionen
ehrlich:
5 reell, 6 lauter, 7 redlich,
10 anstaendig, aufrichtig,
13 rechtschaffen
ehrlos:
5 infam, 6 falsch, gemein,
12 unanstaendig, unaufrichtig,
13 nichtswuerdig,
15 niedertraechtig
Ehrlosigkeit:
7 Infamie, Schande, Schimpf
Ehrung:
3 Lob, 4 Dank, 10 Wuerdigung,
12 Auszeichnung
Eibenart:
5 Taxus
Eichelschwamm:
12 Stinkmorchel
eichen:
9 justieren, 11 adjustieren
Eichmaß:
6 Etalon
Eid:
6 Schwur
Eidgenosse:
9 Schweizer
Eidgenossenschaft:
7 Schweiz
Eierauflauf:
7 Soufflé, 8 Soufflee*
Eierfrucht:
9 Aubergine
Eiergericht:
7 Omelett, Ruehrei
Eierteigware:
5 Nudel, 8 Spagetti*,
9 Makkaroni, Spaghetti
Eierwissenschaft:
7 Oologie
Eifelkratersee:
4 Maar
Eifer:
6 Fleiss, 9 Emsigkeit, Intension,
11 Ruehrigkeit, 12 Strebsamkeit
Eiferer:
3 Fan, 9 Fanatiker
eiförmig:
4 oval, 5 ovoid
eifrig:
5 emsig, 8 fleissig, strebsam
Eigelb:
6 Dotter, 8 Eidotter
Eigenart:
3 Typ, 4 Tick, 5 Wesen,
6 Manier, 8 Naturell,
9 Charakter, 13 Originalitaet,
15 Individualitaet
eigenartig:
5 apart, 7 ominoes, seltsam,
8 reizvoll, 9 originell,
11 merkwuerdig,
13 bemerkenswert
eigener Lebensrückblick:
13 Autobiografie*,
14 Autobiographie
eigenes Staatsgebiet:
6 Inland
eigengesetzlich:
7 autonom, 11 unabhaengig
eigenhändig:
6 selbst
eigenhändige Unterschrift:
6 Signum, 9 Autogramm
Eigenheim:
5 Villa, 8 Bungalow
Eigenliebe:
8 Egoismus, 11 Selbstsucht
eigenmächtig:
14 selbstherrlich
Eigennützigkeit:
8 Egoismus, 11 Selbstsucht
eigens:
5 extra, 8 speziell, 9 besonders,
10 namentlich
Eigenschaft:
3 Art, 5 Wesen, 6 Anlage,
7 Merkmal, 9 Qualitaet,
Wesenszug, 10 Faehigkeit
eigensinnig:
7 trotzig, 8 obstinat,
10 kaprizioes, 11 dickkoepfig,
hartnaeckig, 12 starrkoepfig,
widerborstig, 13 widerspenstig
eigenständig:
6 autark, 7 autonom,
17 nonkonformistisch
Eigensucht:
8 Egoismus
Eigentum:
4 Habe, 6 Besitz, 9 Vermoegen
Eigentümer:
6 Eigner, 7 Inhaber
Eigentümlichkeit:
6 Cachet
Eigentumsvergehen:
4 Raub, 6 Betrug, 8 Einbruch,

9 Diebstahl, 12 Veruntreuung, 13 Hinterziehung, 14 Unterschlagung
eigenwillig:
10 kaprizioes
Eigenwilligkeit:
9 Eigensinn
Eignung:
13 Qualifikation
Eignungstest:
4 Test
Eihaut:
6 Amnion
Eiklar:
7 Eiweiss
Eiland:
5 Insel
Eile:
4 Hast, 5 Tempo, 6 Rasanz, 13 Schnelligkeit
eilen:
5 jagen, rasen, 6 hasten, hetzen, laufen, rennen, 8 preschen
eilig:
5 flink, rasch, 6 hastig, hurtig, 8 pressant
Eilkurier:
6 Kurier, 8 Stafette, 11 Expressbote
Eilmitteilung:
8 Depesche, 9 Telegramm, 13 Fernschreiben
Eimer:
6 Kuebel
ein wenig:
5 etwas
Einakter:
5 Drama
einantworten:
14 ueberantworten
Einäscherung:
9 Kremation, 11 Verbrennung
Einäscherungsgebäude:
11 Krematorium
einatmen:
10 inhalieren
Einatmung:
10 Inhalation
einäugig:
10 parteiisch
einäugiger Riese:
4 Oger, 6 Kyklop, Zyklop, 8 Polyphem
einbalsamieren:
9 einreiben, 12 mumifizieren
einbegriffen:
9 implizite, inklusive
einbekennen:
8 gestehen
einberufen:
8 ausheben, 12 mobilisieren
Einbeulung:
5 Delle
einbeziehen:
16 beruecksichtigen
einbiegen:
8 abbiegen
Einbildung:
4 Trug, Wahn, 7 Duenkel, Hochmut, 8 Fantasie*, Illusion, 9 Phantasie, 10 Suggestion, 11 Spekulation, Vorstellung, 13 Halluzination
einblasen:
8 vorsagen
einbläuen:
10 einpraegen
einblenden:
9 einfuegen
einbohnern:
7 wachsen
Einbrecher:
4 Dieb, 7 Raeuber
Einbrenn:
12 Mehlschwitze
Einbrenne:
8 Schwitze
einbrocken:
18 hineinmanoevrieren
einbuchten:
10 festsetzen
einbunkern:
6 lagern
Einbuße:
7 Schaden, Verlust
einchecken:
14 durchschleusen
eincremen:
9 einreiben
eindampfen:
11 evaporieren
eindeutig:
4 klar
eindicken:
8 andicken
eindösen:
11 einschlafen
eindrecken:
8 besudeln
eindringen:
12 infiltrieren
eindringlich:
6 betont, 8 intensiv, 10 instaendig, 13 ausdruecklich, 14 nachdruecklich
Eindringlichkeit:
11 Intensitaet
Eindringling:
7 Invasor
Eindruck:
4 Spur, 7 Wirkung, 8 Anschein, 10 Empfindung, Impression, Vertiefung
eindrucksvoll:
7 wirksam, 8 imposant, 11 imponierend
eindruseln:
11 einschlafen
einebnen:
9 planieren, 11 nivellieren, 12 gleichmachen
Einehe:
9 Monogamie
einengend:
10 restriktiv
einenweg:
8 obgleich
einerlei:
4 egal
einfach:
6 simpel, 8 primitiv, schlicht, 9 elementar, 10 bescheiden, 11 spartanisch, 12 anspruchslos
Einfachheit:
12 Simplizitaet
einfädeln:
15 bewerkstelligen
Einfahrt:
3 Tor, 4 Flur, 6 Portal, 7 Ankunft, Landung
Einfall:
4 Idee, 7 Gedanke, 9 Eingebung, Intuition, 11 Erleuchtung, 12 Geistesblitz
einfallen:
14 einmarschieren
Einfallsreichtum:
8 Fantasie*, 9 Phantasie, 14 Erfindungsgabe
Einfalt:
8 Bonhomie, Dummheit, 9 Naivitaet, 15 Beschraenktheit
einfältig:
4 dumm, naiv, 6 albern, arglos, simpel, 8 toericht
einfältiger Mann:
3 Tor, 4 Narr, 7 Trottel
Einfaltspinsel:
3 Tor, 4 Depp, Narr, 6 Dussel, 7 Trottel, 8 Dummkopf
Einfamilienhaus:
5 Villa, 8 Bungalow, 9 Eigenheim, 10 Reihenhaus

einfärben:
7 anmalen
einfarbig:
3 uni, 9 monochrom
einfassen:
6 rahmen, 7 saeumen,
9 einrahmen, garnieren
Einfassung:
4 Rand, Zaun, 5 Borte, Kante,
Zarge, 6 Rahmen, 8 Borduere,
Garnitur, 9 Umrandung
Einflieger:
9 Testpilot
einflößen:
12 beeinflussen
Einfluß:
3 Ruf, 5 Macht, 7 Wirkung,
8 Influenz, Renommee
Einflußnehmen:
12 Manipulation
einflüstern:
8 vorsagen, 11 soufflieren
einförmig:
7 monoton, uniform
Einförmigkeit:
8 einerlei, 9 Monotonie,
12 Uniformitaet
einfrieden:
10 einzaeunen
Einfriedung:
4 Zaun, 5 Hecke, Mauer,
6 Gatter, Pferch
einfrosten:
11 tiefkuehlen
Einfuhr:
6 Import
einführend:
14 programmatisch
Einfuhrabgabe:
4 Zoll
Einfuhrhändler:
9 Importeur
Einführung:
7 Vorrede, Vorwort, 9 Leitfaden,
10 Initiation, 12 Introduktion
Eingabe:
6 Gesuch, 8 Petition,
10 Memorandum, 11 Bittschrift,
Denkschrift
Eingang:
3 Tor, 4 Tuer, 5 Tuere, 6 Entree,
Portal, 7 Empfang, Zutritt,
10 Eintreffen, Zustellung
eingeärmelt:
11 untergehakt
eingebildet:
5 eitel, 8 arrogant, blasiert,
10 hochmuetig, 11 duenkelhaft,
snobistisch
eingebildeter Mensch:
4 Geck, Snob, 5 Protz, 6 Fatzke,
7 Angeber
Eingebinde:
4 Gabe
eingeboren:
8 heimisch
Eingebung:
4 Idee, 7 Einfall, Gedanke,
9 Intuition, 11 Inspiration
eingedeichtes Marschland:
4 Koog, 6 Polder
eingedickt:
7 legiert
eingedickter Saft:
5 Gelee
eingefallen:
9 abgezehrt
eingefleischter Junggeselle:
9 Hagestolz
eingefräste Rille:
3 Nut
eingehen:
9 krepieren
eingehende Überlegung:
11 Eroerterung
eingeknickte Buchseite:
8 Eselsohr
eingemachte Früchte:
4 Obst, 8 Fruechte, Konserve,
9 Marmelade, 10 Konfituere
Eingemeindung:
13 Eingliederung
eingerostet:
6 rostig
eingesäuertes Viehfutter:
6 Silage
eingeschnappt:
9 gekraenkt
eingeschneit:
10 verschneit
eingeschrieben:
14 immatrikuliert
eingeschüchtert:
6 mutlos
eingeschweißt:
9 abgepackt
eingesetztes Stück Stoff:
4 Keil
eingetragenes Warenzeichen:
11 Schutzmarke
Eingewecktes:
12 Eingemachtes
Eingeweihter:
5 Adept, 9 Mitwisser,
10 Vertrauter
eingewickelt:
9 abgepackt
eingewurzelt:
7 ueblich
eingezuckerte Zitronenschale:
8 Zitronat
eingezwängt:
9 bedraengt
Eingießung:
13 Verabreichung
Einglas-Brille:
7 Monokel
Eingliederung:
11 Integration
eingravieren:
11 einmeisseln
eingreifen:
13 intervenieren
Eingriff:
9 Massnahme, Operation,
12 Intervention, Nichtachtung,
13 Einflussnahme
einhagen:
10 einzaeunen
einhämmern:
10 einpraegen
einhauen:
12 eingravieren
Einhebung:
11 Eintreibung
Einhegung:
6 Pferch
einheimisch:
9 Inlaender
einheimische:
-Getreidesorte:
5 Hafer, Hirse, Spelt, Spelz,
6 Gerste, Roggen, Weizen
-Giftpflanze:
4 Aron, Eibe, 6 Germer,
7 Gleisse, 8 Aronstab, Eisenhut,
Nieswurz, Sturmhut,
9 Fingerhut, 10 Belladonna,
Schierling, Stechapfel,
Wolfsmilch, 11 Bilsenkraut,
Tollkirsche, 13 Nachtschatten,
Wasserlobelie, 14 Herbstzeitlose
-Orchidee:
6 Orchis, 7 Ragwurz,
8 Nestwurz, 9 Sumpfwurz,
11 Frauenschuh, Knabenkraut
einheimischer:
-Giftpilz:
8 Perlpilz, 9 Faelbling,
10 Satanspilz, 11 Fliegenpilz,
Giftreizker, 12 Giftegerling,
13 Birkenreizker,
15 Gallenroehrling,

Kartoffelbovist,
19 Knollenblaetterpilz
einheimisches:
-Nachtschattengewächs:
5 Tabak, 6 Tomate, 7 Solanum,
9 Kartoffel, Tollbeere,
10 Hundsbeere, Stechapfel,
11 Bilsenkraut, Tollkirsche
-Raubtier:
5 Dachs, Fuchs, Otter, 6 Marder,
Wiesel, 8 Hermelin, 9 Frettchen,
10 Fischotter
-Reptil:
8 Eidechse
einheitlich:
6 gleich, 7 homogen, uniform,
13 gleichmaessig
Einheitslehre:
8 Monismus
Einheitsvorgabe:
4 Norm
einhöckriges Kamel:
8 Dromedar
einholen:
8 aufholen
Einhufer:
4 Esel, 5 Pferd, Zebra,
8 Maultier
einig:
5 innig, 7 konform, 9 friedlich
einige:
6 manche, 7 etliche, mehrere,
12 verschiedene
einimpfen:
10 einpraegen
einjährig:
7 annuell
einjähriges Pferd:
5 Enter
einkasteln:
10 festsetzen
Einkauf:
11 Akquisition, Anschaffung
Einkaufsbehältnis:
4 Korb, Netz, 6 Beutel, Tasche
Einkauf:
8 Shopping
Einkehr:
4 Reue, 9 Besinnung
einkehren:
9 absteigen
Einkerbung:
3 Nut, 4 Nute, 7 Inzisur
einkerkern:
10 festsetzen
einkesseln:
8 belagern
Einklang:
7 Unisono, 8 Harmonie,
16 Uebereinstimmung
einklinken:
9 einrasten
einklopfen:
9 einrammen
Einkommensart:
4 Gage, Lohn, Zins, 5 Rente,
6 Gehalt, Salaer, 7 Honorar,
Revenue, 8 Pfruende
Einkorn:
6 Dinkel
einkrachen:
11 einstuerzen
Einkreisung:
10 Belagerung
Einkreisungsjagd:
13 Kesseltreiben
einkringeln:
9 markieren
einladend:
11 appetitlich
Einladung:
12 Aufforderung
Einlaß:
7 Zutritt
Einlaßnachweiß:
7 Ausweis, Billett
Einlauf:
8 Klistier
Einlegehandarbeit:
6 Mosaik, 8 Intarsia, 9 Intarsien
einleiten:
10 initiieren
Einleitung:
6 Prolog, 7 Vorrede, Vorwort,
8 Vorspann, Vorspiel, 9 Introitus,
Praeambel, 10 Ouvertuere,
12 Introduktion
einlenken:
9 nachgeben
einleuchtend:
4 klar, 7 evident,
12 augenfaellig, ueberzeugend,
13 verstaendlich
einliefern:
10 hinbringen
einlochen:
10 festsetzen
einlullen:
9 beruhigen
einmalig:
11 einzigartig
einmalige Geldzuwendung:
9 Abfindung
Einmaliges:
6 Unikum
Einmaster:
4 Slup, 5 Tjalk, 6 Kutter
einmeißeln:
12 eingravieren
Einmischen:
12 Intervention
Einmütigkeit:
8 Harmonie, 9 Eintracht,
16 Uebereinstimmung
Einnahme:
6 Erloes
einnebeln:
16 unsichtbar machen
einnehmen:
7 erobern, 10 okkupieren
Einöde:
6 Wueste, 9 Wuestenei
Einödhof:
9 Bauernhof
einölen:
9 einreiben
einordnen:
9 sortieren, 11 rubrizieren,
subsumieren, 12 registrieren
Einordnung:
14 Klassifikation
einpassen:
9 justieren
Einpauker:
9 Repetitor, 12 Korrepetitor
einräuchern:
8 umnebeln
einräumen:
11 konzedieren
Einrede:
4 Veto, 7 Einwand, Einwurf,
9 Einspruch
Einreibeflüssigkeit:
3 Oel, 5 Creme, Salbe,
6 Balsam, 7 Tinktur
einreihen:
10 gruppieren
einreißen:
10 demolieren
einrichten:
10 moeblieren, 12 installieren
Einrichtung:
8 Institut, Inventar,
9 Anordnung, 10 Gestaltung,
11 Bearbeitung, Institution,
12 Installation, Organisation
Einrichtungsgegenstand:
4 Bank, Bett, 5 Couch, Diwan,
Lampe, Regal, Stuhl, Tisch,
6 Buffet, Hocker, Moebel,
Sessel, 7 Eckbank, Kanapee,
Schrank, Teppich, Vertiko,
Vorhang, 8 Anrichte, Vorleger,

9 Regalwand, 10 Klubsessel, Nachttisch, 11 Wandschrank, 14 Kleiderschrank
einsalzen:
7 poekeln
einsam:
3 oed, 4 oede, 6 allein, 9 abgelegen, verlassen, 12 menschenleer
einsames Land:
4 Oede, 6 Wueste
einsatzbereit:
3 fit
Einschätzung:
7 Wertung
einschließlich:
7 mitsamt, 9 implizite, inklusive
Einschließungsmaßnahme:
8 Blockade, 9 Okklusion
einschneiden:
6 kerben
Einschnitt:
3 Nut, Tal, 4 Nute, 5 Kerbe, Kimme, 6 Luecke, Zaesur, 7 Inzisur, Scharte, 8 Inzision, 9 Durchlass
einschränken:
10 reduzieren
einschränkend:
10 restriktiv
Einsegnungsvorgang:
12 Konfirmation
einseitig:
9 subjektiv, 10 doktrinaer, parteiisch, unilateral
einsetzen:
13 konstituieren
Einsickerungsvorgang:
12 Infiltration
Einsiedelei:
6 Klause, 8 Kartause, 9 Eremitage
Einsiedlerordensgemeinschaft:
10 Kartaeuser
Einspänner-Kutsche:
3 Cab, Gig, 7 Dogcart
Einspritzung:
9 Injektion
Einspruch:
4 Veto, 6 Rekurs, 7 Einrede, Protest, 10 Beschwerde, 14 Interpellation
einstehen:
11 garantieren
Einstellräumlichkeit:
6 Garage, Kammer, 8 Schuppen, 9 Verschlag
Einstieg:
3 Luk, 4 Luke, Tuer, 5 Tuere
einstimmig:
7 Unisono
einstöckiges Haus:
8 Bungalow, Pavillon
Einstudierung:
9 Einuebung
einstufen:
11 rubrizieren
einstweilig:
12 provisorisch
einstweilige Amtsentbindung:
10 Suspension
eintägig:
7 ephemer
Eintagsfliegenart:
10 Ephemeride
Eintänzer:
6 Gigolo
einteilen:
11 disponieren, rationieren
Einteilung:
3 Art, 5 Kreis, Rasse, Reihe, Sorte, Typus, 6 Klasse, 7 Gattung, Ordnung, 9 Kategorie
Eintönigkeit:
8 Einerlei, 9 Monotonie
Eintopfgericht:
8 Labskaus, 9 Irishstew, 11 Erbsensuppe, Linsensuppe, 13 Pichelsteiner
Einträchtigkeit:
6 Friede, 8 Harmonie, 16 Uebereinstimmung
einträchtig:
9 kollegial
eintragen:
8 notieren, 12 registrieren
einträglich:
8 lukrativ, rentabel
Eintreffen:
6 Kommen, 7 Ankunft, Landung, 10 Erscheinen
Eintritt:
6 Anfang, Beginn, Zugang
Eintrittspreis:
6 Entree
Eintrittskarte:
7 Billett
Einverleibung:
8 Annexion, 9 Aneignung, 11 Besitznahme, 13 Inbesitznahme
Einverständniserklärung:
2 Ja, 6 Jawort, Zusage, 7 Konsens, 9 Erlaubnis, 10 Zustimmung, 11 Genehmigung
Einwand:
7 Einrede, 8 Bedenken, 11 Widerspruch
einwandfrei:
6 sauber, 7 astrein, 8 makellos, tadellos, 9 untadelig
Einweichmittel:
4 Soda
Einwohnerliste:
10 Adressbuch
Einzahl:
8 Singular
Einzahlungsbeleg:
9 Zahlkarte
einzäunen:
9 einfenzen
Einzäunung:
4 Fenz, 6 Gatter, Pferch
Einzelaufzählung:
13 Spezifikation
Einzeldarsteller:
6 Solist
Einzelgänger:
4 Kauz, 10 Sonderling, 12 Aussenseiter, Subjektivist, 13 Eigenbroetler, Individualist, Nonkonformist
Einzelheit:
6 Detail
Einzeller:
4 Alge, 6 Amoebe, 8 Bakterie, 9 Protozoon
Einzelmensch:
6 Person, 10 Individuum
einzeln:
6 allein, 8 speziell, 9 gesondert, singulaer, 11 partikulaer
einzelner Edelstein:
8 solitaer
Einzelraum:
5 Stube, Zelle, 6 Zimmer, 7 Separee, 8 Kabinett
Einzelstück:
6 Unikat, 8 Exemplar
einziehen:
9 kassieren, 10 einberufen, 12 konfiszieren
Einziehungsmaßnahme:
12 Konfiskation
Einzigartiges:
6 Unikum
Eisenabfälle:
7 Schrott
Eisenbahnbediensteter:
6 Heizer, 9 Rangierer, Schaffner, 10 Lokfuehrer, Zugfuehrer,

11 Kontrolleur,
16 Fahrdienstleiter,
Lokomotivfuehrer,
Schrankenwaerter
Eisenbahnfahrplan:
8 Kursbuch
Eisenbahnfahrzeug:
3 Lok, 4 E-Lok, 5 Wagon*,
6 Tender, Waggon, 8 Draisine,
9 Diesellok, Tieflader,
10 Elektrolok, Lokomotive,
Rangierlok, Triebwagen,
11 Gueterwagen, Speisewagen
eisenbahntechnischer Begriff:
3 Zug, 4 Halt, Netz, 5 Gleis,
6 Eilzug, Signal, Weiche,
7 Abfahrt, Ankunft, Bahnhof,
Express, Fernzug, Geleise,
Schiene, Strecke, 8 Barriere,
Einfahrt, Fahrzeit, Gegenzug,
Schranke, Unterbau, 9 Fahrkarte,
Intercity, Laeutwerk, Notbremse,
Warnkreuz, 10 Endstation,
Interregio, Platzkarte,
11 Abfertigung, Bahnkoerper,
Oberleitung, Sackbahnhof,
Verspaetung,
14 Nahverkehrszug,
15 Streckenwaerter
Eisenblock:
6 Bramme
Eisenerz:
5 Pyrit, 7 Siderit, 8 Haematit,
Magnetit, Rasenerz, 9 Eisenkies,
10 Eisenstein, 12 Schwefelkies
Eisenfraß:
4 Rost
Eisenhutpflanze:
8 Aconitum, Sturmhut,
10 Hahnenfuss, Kopfschutz
Eisenhutgift:
8 Aconitin
Eisenklumpen:
5 Luppe
Eisenkraut:
7 Verbena, 10 Verbenazee
Eisenspat:
7 Siderit
Eisenstift:
5 Haken, Nagel, Niete,
10 Nietbolzen
eisern:
5 ehern, 12 unerbittlich,
13 kompromisslos
Eisgetränk:
6 Sorbet, 7 Sorbett, 9 Scherbett
Eisheiliger:
6 Servaz, 7 Bonifaz, Pankraz,
8 Mamertus, 9 Servatius,
10 Bonifatius, Pankratius
Eishockeyart:
5 Bandy
Eishockeyspielbeginn:
5 Bully
Eishockeyspielgerät:
4 Puck
eisiger:
-Schneesturm:
8 Blizzard
-Überzug:
4 Reif
Eislauffigur:
5 Wende, 6 Achter, Dreier,
7 Flieger, Spirale, 8 Schlinge,
9 Pirouette, 11 Bogenachter,
12 Doppeldreier, Todesspirale
Eisprung:
9 Ovulation
Eisschießen:
7 Bosseln, Curling
Eiszeitalter:
8 Diluvium
Eiszeitlebewesen:
6 Mammut
eitel:
4 inan, 5 affig, 6 kokett,
10 affektiert
Eitelkeit:
10 Koketterie
eitern:
9 schwaeren
eiterndes Geschwür:
7 Abszess
Eiweiß:
6 Eiklar
Eiweißkörper:
5 Muzin, 6 Globin, Glutin,
Myosin, 7 Albumen, Albumin,
Antigen, Keratin, Proteid,
Protein, 8 Globulin, Kollagen,
Lezithin, 11 Haemoglobin
Ekelgefühl:
5 Graus, 6 Greuel, 7 Abscheu,
Graeuel*, Grausen, 8 Noergler,
Scheusal, 9 Abneigung,
Uebelkeit, 10 Ueberdruss,
Widerwille
ekeln:
8 anwidern, 9 abstossen
Eklat:
5 Knall, Krach, 7 Skandal,
8 Aufsehen
Elan:
3 Pep, 7 Schwung, 10 Vitalitaet,
12 Begeisterung, Enthusiasmus
elastisches Stahlstück:
5 Feder
Elchbulle:
9 Schaufler
Elchgeweih:
8 Schaufel
Elefantenstoßzahn:
9 Elfenbein
elegant:
4 chic, fein, 5 fesch, flott, nobel,
6 schick*, 7 modisch, mondaen
elegante Kutschform:
7 Karosse, 8 Equipage
Elegantheit:
4 Chic, 5 Anmut, 6 Schick*,
8 Feinheit, 9 Geschmack
Elektras:
-Bruder:
5 Orest, 7 Orestes
-Mutter:
13 Klytaemnestra
-Vater:
9 Agamemnon
elektrische:
-Anschlußstelle:
9 Steckdose, 13 Verteilerdose
-Energie:
5 Strom
-Leitung:
5 Kabel
-Lichterscheinung:
9 Elmsfeuer, Nordlicht
-Maßeinheit:
3 Ohm, 4 Volt, Watt, 5 Farad,
6 Ampere
-Schutzvorrichtung:
6 Erdung, 9 Isolation, Sicherung,
10 Isolierung
elektrischer:
-Anschluß:
6 Buchse, 7 Kontakt, Stecker,
9 Steckdose
-Fisch:
9 Zitteraal, 10 Zitterwels,
12 Zitterrochen
-Generator:
6 Dynamo
-Kontaktgeber:
7 Stecker
-Leiter:
9 Konduktor
-Röster:
7 Toaster
-Schalter:
6 Relais
-Strom:
9 Drehstrom, 11 Gleichstrom,
12 Wechselstrom

-Stromerzeuger:
4 Akku, 6 Dynamo, 7 Turbine, 8 Batterie, 9 Generator
-Stromspeichergerät:
4 Akku, 8 Batterie, 11 Akkumulator
elektrisches:
-Meßgerät:
7 Zaehler, 9 Voltmeter, 10 Voltameter, 11 Amperemeter, Elektroskop, 12 Elektrometer, Galvanometer
-Musikinstrument:
9 Polychord, 11 Synthesizer, 12 Hammondorgel
-Teilchen:
3 Ion
elektrochemischer Ablauf:
11 Elektrolyse
Elektrode:
5 Anode, 6 Katode*, 7 Kathode
Elektrokardiogramm:
3 EKG
Elektronenröhre:
5 Diode, 6 Audion, Hexode, Oktode, Triode, 7 Heptode, Pentode
elementar:
11 fundamental
elementares Lehrbuch:
5 Fibel
Elementarteilchen:
4 Atom, Myon, Pion, 5 Foton*, Meson, Quark, 6 Baryon, Lepton, Photon, Proton, 7 Hyperon, Neutron, Nukleon, 8 Elektron, Mesotron, Negatron, Neutrino, Positron, 10 Antiproton
Elendsgegend:
4 Slum, 5 Slums
Elevator:
4 Lift, 6 Aufzug, 8 Hebewerk, 9 Fahrstuhl
Eleve:
8 Lehrling, Schueler, Zoegling, 9 Anfaenger
eliminieren:
9 entfernen, 10 beseitigen, 11 ausschalten
Elite:
7 Auslese, Auswahl
Eloge:
6 Ehrung, 7 Lobrede, 10 Kompliment
elternloses Kind:
5 Waise
Elternteil:
5 Vater, 6 Mutter
Emanzipation:
8 Freigabe, 9 Befreiung, 14 Gleichstellung, 18 Gleichberechtigung
Emblem:
6 Symbol, Wappen, 7 Kokarde, 8 Sinnbild, 9 Abzeichen, 11 Kennzeichen, Wahrzeichen
Embryo:
5 Fetus, 6 Foetus
Emigrationsvorgang:
12 Auswanderung
Emission:
7 Ausgabe, 10 Aussendung, 11 Ausstroemen
Emotion:
8 Erregung, 9 Aufregung, 15 Gemuetsbewegung
Empfang:
4 Cour, 6 Erhalt, 7 Audienz, 8 Aufnahme, 9 Rezeption, 11 Begruessung
empfangend:
8 rezeptiv
empfangende Person:
8 Adressat
empfänglich:
7 geneigt, 8 rezeptiv
Empfängnis:
10 Konzeption, 11 Befruchtung
Empfangsbeleg:
8 Quittung
Empfangserklärung:
6 Akzept
Empfangsgerät:
5 Radio, 9 Fernseher, 12 Radioapparat, 14 Fernsehapparat
Empfangshalle:
7 Bahnhof, 9 Flughafen
Empfangsnachweis:
8 Quittung
Empfangsraum:
5 Salon
empfehlen:
5 raten, 7 zuraten, 11 vorschlagen, 14 rekommandieren
Empfehlung:
3 Rat, Tip, 5 Gruss, 7 Angebot, 8 Auskunft, Referenz, 9 Vorschlag
empfindlich:
4 zart, 7 reizbar, 8 sensibel, 11 feinfuehlig, sentimental
Empfindsamkeit:
13 Sensibilitaet, 16 Sentimentalitaet
Empfindung:
5 Organ, 6 Ahnung, 7 Gefuehl, 8 Eindruck, 9 Sentiment, 10 Impression, 11 Wahrnehmung
Empfindungsgrund:
4 Reiz
Empfindungsleiter:
4 Nerv
Empfindungsvermögen:
12 Sensualitaet
Empirie:
9 Erfahrung
empirisch:
17 erfahrungsgemaess
empor:
9 aufwaerts
Empore:
4 Rang, 6 Podium, 7 Galerie
emporgekommen:
9 arriviert
Emporkömmling:
8 Parvenue
Empörung:
3 Wut, 4 Rage, 7 Aufruhr, Revolte, 8 Meuterei, 9 Rebellion
emsig:
4 rege, 5 aktiv, 6 eifrig, 7 ruehrig, 8 fleissig, tuechtig
emsiges Streben:
5 Eifer
Emsigkeit:
5 Eifer, 6 Fleiss, 10 Aktivitaet, 11 Ruehrigkeit
Endbetrag:
5 Summe
Ende:
4 Rest, 5 Neige, 6 Grenze, Spitze, 7 Schluss
endgültig:
9 definitiv
Endkampf:
6 Finale
endloses Geschwätz:
7 Palaver
Endresultat:
5 Fazit, 8 Ergebnis, Resultat
Endstück des Brotes:
5 Knust
Endzweck:
11 Destination
Energie:
5 Kraft, 8 Tatkraft, 9 Nachdruck, 12 Willenskraft
Energieeinheit:
3 Erg

Energiemaschine:
9 Generator
Energiemenge:
5 Quant
Energiequelle:
3 Gas, Oel, 4 Holz, Wind,
5 Kohle, Sonne, 6 Benzin,
Erdgas, Erdoel, Wasser,
9 Kernkraft, 11 Wasserkraft
Energieteilchen:
5 Foton*, Quant, 6 Photon
energisch:
7 resolut
eng:
5 dicht, knapp, 6 schmal,
8 begrenzt
Engel:
5 Ariel, Uriel, 6 Cherub, Seraph,
7 Angelus, Gabriel, Michael,
Raphael, 10 Gottesbote
Engelchen:
5 Putte
Engelfisch:
6 Rochen
Engelkraut:
9 Sonnentau
engherzig:
7 penibel, 9 kleinlich,
10 intolerant, pedantisch,
11 philistroes, provinziell,
13 philisterhaft
England:
6 Albion, 7 Britain, 9 Britannia,
10 Britannien
Engländer:
5 Brite
englisch für:
-Aal:
3 eel
-Abend:
7 evening
-Abendessen:
6 dinner, supper
-aber:
3 but
-acht:
5 eight
-Acker:
5 field
-Aktie:
5 share
-alt:
3 old
-Alter:
3 age
-Amme:
5 nurse
-Anfang:
5 start
-Anhänger:
3 fan
-Arbeit:
4 work, 6 labour
-Auge:
3 eye
-Ausflug:
4 trip
-Außenseiter:
8 outsider
-Auto:
3 car
-Bad:
4 bath
-Baum:
4 tree
-Baumwolle:
6 cotton
-Bein:
3 leg
-Bett:
3 bed
-Bier:
4 beer
-Blut:
5 blood
-Boot:
4 boat
-Brauch:
3 use
-Brief:
6 letter
-Brot:
5 bread
-Bruder:
7 brother
-Buch:
4 book
-Dame:
4 lady
-Dampf:
5 steam
-Darlehen:
4 loan
-Dekan:
4 dean
-deutsch:
6 german
-Deutschland:
7 Germany
-Dieb:
5 thief
-drei:
5 three
-du:
3 you
-Ehe:
8 marriage
-Ei:
3 egg
-Eiche:
3 oak
-eins:
3 one
-Eis:
3 ice
-Eisen:
4 iron
-Elle:
3 ell
-Ende:
3 end
-er:
2 he
-es:
2 it
-essen:
3 eat
-Fenster:
6 window
-Feuer:
4 fire
-Fläche:
4 area
-Flughafen:
7 airport
-Fluß:
5 river
-Frau:
4 wife, 5 woman, 8 mistress
-Fräulein:
4 miss
-Freiheit:
7 freedom, liberty
-Friede:
5 peace
-fünf:
4 five
-Furcht:
4 fear
-Fuß:
4 foot
-Gebrauch:
3 use
-Gedicht:
4 poem
-Geschäft:
8 business
-Gesetz:
3 law
-Gesicht:
4 face
-Gesundheit:
6 health

-gewandt:
5 smart
-Gipfel:
3 top
-Gold:
4 gold
-Graf:
4 Earl
-groß:
3 big, 5 great
-grün:
5 green
-Haar:
4 hair
-Hafendamm:
4 pier
-Hafer:
4 oats
-Hauptstadt:
7 capital
-Haus:
5 house
-Haushofmeister:
6 butler
-Haut:
4 skin
-Heim:
4 home
-Herr:
3 Sir, 6 Mister
-Herzog:
4 Duke
-Himmel:
3 sky, 6 heaven
-Hitze:
4 heat
-Hochruf:
5 cheer
-Holz:
4 wood
-Hut:
3 hat
-Ingwer:
6 ginger
-Irland:
7 Ireland
-Irrtum:
7 mistake
-ist:
2 is
-ja:
3 yes
-Jahr:
4 year
-jetzt:
3 now
-jung:
5 young
-Junge:
3 boy
-Katze:
3 cat
-Kaugummi:
3 gum
-Kind:
5 child
-Kinderpflegerin:
5 nurse
-klug:
6 clever, 7 prudent
-Knabe:
3 boy
-Krawatte:
3 tie
-Kreuz:
5 cross
-Kunst:
3 art
-kurz:
5 short
-Land:
7 country
-lang:
4 long
-Licht:
5 light
-Liebe:
4 love
-Liebling:
7 darling
-Lied:
4 song
-Löwe:
4 lion
-Luft:
3 air
-Macht:
5 power
-Mädchen:
4 girl
-Magen:
7 stomach
-Mahlzeit:
4 meal
-Mann:
3 man
-Männer:
3 men
-Marmelade:
3 jam
-mehr:
4 more
-mein:
2 my
-Meinung:
7 opinion
-Mond:
4 moon
-Morgen:
7 morning
-Mund:
5 mouth
-Mutter:
6 mother
-Nacht:
5 night
-Nebel:
3 fog
-Neid:
4 envy
-nein:
2 no
-neu:
3 new
-Neuigkeit:
4 news
-neun:
4 nine
-Niederlage:
6 defeat
-niemand:
6 nobody
-Not:
4 need, 6 misery
-Nuss:
3 nut
-Oberst:
7 colonel
-Obst:
5 fruit
-oder:
2 or
-Offen:
4 open
-Ohr:
3 ear
-Osten:
4 east
-Paar:
4 pair, 6 couple
-Pastete:
3 pie
-Pokal:
3 Cup
-Polizei:
6 police
-Preis:
5 price
-Puder:
6 powder
-Punkt:
5 point
-Rakete:
6 rocket

-Recht:
5 right
-Rede:
6 speech
-Regen:
4 rain
-Reh:
3 roe
-Reise:
6 travel, 7 journey
-roh:
4 rude
-rot:
3 red
-Rücken:
4 back
-Rückkehr:
6 return
-Ruhm:
5 glory
-Rute:
3 rod
-Sache:
5 thing
-Schiene:
4 rail
-Schnee:
4 snow
-Schneider:
6 tailor
-Schreibfeder:
3 pen
-Schwester:
6 sister
-sechs:
3 six
-See:
3 sea, 4 lake
-sein:
2 be
-sie:
3 she
-sieben:
5 seven
-Sieg:
7 victory
-Sohn:
3 son
-Sonne:
3 sun
-Sorge:
4 care
-spät:
4 late
-spielen:
4 play
-Staat:
5 state
-Steckenpferd:
5 hobby
-Stein:
5 stone
-Steuer:
4 taxe
-Straße:
4 road, 6 street
-süß:
5 sweet
-Tag:
3 day
-Tee:
3 tea
-tief:
4 deep
-Tinte:
3 ink
-Tisch:
5 table
-Tochter:
8 daughter
-Topf:
3 pot
-Traum:
5 dream
-trocken:
3 dry
-Uhr:
5 clock, watch
-und:
3 and
-Vater:
6 father
-Verbrechen:
5 crime
-Verkauf:
4 sale
-verkaufen:
4 sell
-Verneinung:
2 no, 5 never
-Versuch:
4 Test, 5 trial
-vier:
4 four
-Wagen:
3 car
-Warenlager:
5 store
-Weg:
3 way
-Weich:
4 soft
-Welt:
5 world
-wenn:
2 if
-wer:
3 who
-Wette:
3 bet
-Wetter:
7 weather
-wir:
2 we
-Woche:
4 week
-Wochenende:
7 weekend
-wunderbar:
9 wonderful
-Zahl:
6 number
-zehn:
3 ten
-Zeile:
4 line
-Zeit:
4 time
-Zitrone:
5 lemon
-zu:
2 to
-Zucker:
5 sugar
-Zug:
5 train
-Zukunft:
6 future
-Zustand:
5 state
-zwanzig:
6 twenty
-zwei:
3 two
englische:
-Anrede:
3 Sir, 6 Mister
-Grafschaft:
4 Kent, York, 5 Derby, Devon, Essex, 6 Dorset, Durham, London, Surrey, Sussex, 7 Bedford, Denbigh, Heshire, Norfolk, Suffolk, Warwick, 8 Cardigan, Cheshire, Cornwall, Monmouth, Pembroke, Somerset, Stafford, 9 Berkshire, Glamorgan, Hampshire, Leicester, Middlesex, Worcester, Yorkshire, 10 Carmarthen, Cumberland, Derbyshire, Devonshire, Gloucester, Lancashire, Montgomery, Shropshire, 11 Befordshire, Dorsetshire, Northampton,

Oxfordshire, Westmorland, 12 Bedfordshire, Lincolnshire, Peterborough, Warwickshire, 13 Herefordshire, Hertfordshire, Staffordshire, 14 Cambridgeshire, Leicestershire, Worcestershire, 15 Buckinghamshire, Gloucestershire, Huntingdonshire, Nottinghamshire

englischer:

-Admiral:
6 Nelson

-Afrikaforscher:
5 Bruce, 7 Stanley, 11 Livingstone

-Artikel:
3 the

-Bildhauer:
5 Moore, 6 Butler, 7 Dalwood, Epstein, Meadows, 8 Armitage, Chadwick, Hepworth

-Bischof:
4 Laud, Pole, 6 Becket, Fisher, Temple, Thomas, 7 Crammer, Dunstan, Langton, Manning, Wiseman, 8 Gardiner, 10 Bradwardin

-Botaniker:
4 Grew, 5 Brown, Hales, 6 Knight, 7 Bentham, fortune, Lindley

-Chemiker:
4 Davy, Todd, 5 Dewar, Soddy, 6 Graham, Harden, Ramsay, Talbot, 7 Faraday, Hopkins, 8 Robinson, 9 Cavendish

-Nobelpreisträger für Chemie:
4 Todd, 5 Aston, Soddy, Synge, 6 Barton, Harden, Martin, Perutz, Porter, Ramsay, Sanger, 7 Haworth, Kendrew, Norrish, 8 Mitehell, Robinson, 9 Cornforth, Wilkinson, 10 Rutherford, 11 Hinshelwood, 15 Crowfoot-Hodgkin

-Nobelpreisträger für Frieden:
6 Angell, Cremer, 7 Boyd-Orr, 9 Henderson, Noel-Baker, 11 Chamberlain

-Nobelpreisträger für Literatur:
4 Shaw, 5 Eliot, Yeats, 7 Golding, Kipling, Russell, 9 Churchill, 10 Galsworthy

-Nobelpreisträger für Medizin:
4 Dale, Hill, Katz, Ross, 5 Chain, Crick, Krebs, 6 Adrian, Florey, Huxley, Porter, 7 Fleming, Hodgkin, Hopkins, Medawar, Wilkins, 10 Hounsfield, 11 Sherrington

-Nobelpreisträger für Physik:
4 Mott, Ryle, 5 Bragg, Dirac, Gabor, 6 Barkla, Hewish, Powell, Wilson, 7 Thomson, 8 Appleton, Blackett, Chadwick, Cockroft, Rayleigh, 9 Josephson, 10 Richardson

-Nobelpreisträger für Wirtschaft:
5 Lewis, Meade

-Philosoph:
4 Hume, Mill, More, 5 Bacon, Locke, Smith, 6 Hobbes, Huxley, Keynes, Russel, 7 Russell, Spencer, Toynbee

-Schriftsteller/Schriftstellerin:
3 Gay, 4 Pope, 5 Bacon, Blair, Blake, Byron, Defoe, Eliot, Keats, Scott, Swift, Wilde, Woolf, Young, 6 Bulwer, Butler, Cronin, Greene, Huxley, Milton, Morgan, Orwell, Pinter, Ruskin, Sidney, Steele, Sterne, Thomas, 7 Addison, Bennett, Chapman, Chaucer, Dickens, Hopkins, Kipling, Marlowe, Maugham, Osborne, Raleigh, Shelley, Southey, Spenser, Ustinov, Wallace, Webster, 8 Browning, Campbell, Christie, Disraeli, Fielding, Fletcher, Forester, Geoffrey, Kingsley, Lawrence, Macauley, Tennyson, 9 Coleridge, Masefield, Priestley, Swinburne, 10 Wordsworth, 11 Shakespeare

englisches:

-Adelsprädikat:
3 Sir, 4 Duke, Earl, Lady, Lord, 5 Count, 7 Baronet, Duchess, 8 Countess, Marquess

engstirnig:
8 borniert, 11 beschraenkt

engstirniger Mann:
8 Spiesser, 13 Spiessbuerger

enorm:
8 gewaltig, 11 erstaunlich, 16 ausserordentlich, 17 aussergewoehnlich

enorme Anzahl:
5 Masse

entartet:
7 pervers, 8 dekadent, 11 degeneriert

Entartung:
8 Dekadenz, 12 Degeneration

entbehrlich:
8 unnoetig, 13 ueberfluessig

Entbindung:
6 Geburt, 11 Niederkunft

entblößt:
5 bloss, nackt

Entblößungszwang:
15 Exhibitionismus

Entdecker:

-Amerikas:
5 Colon, 8 Columbus, Kolumbus

-der Asepsis:
10 Semmelweis

-der Chloroformnarkose:
7 Simpson

-der elektromagnetischen Wellen:
5 Hertz

-der Kernspaltung:
4 Hahn, 10 Strassmann

-der Philippinen:
8 Magellan, 9 Magalhaes

-der Schilddrüsenkrankheit:
7 Basedow

-der Sulfonamide:
6 Domagk

-der Vererbungsregeln:
6 Mendel

-der X-Strahlen:
8 Roentgen

-des Anilins:
5 Runge

-des Atommodells:
4 Bohr

-des Blutkreislaufes:
6 Harvey

-des Cholerabazillus:
4 Koch

-des Diphtherieserums:
7 Behring

-des Gravitationsgesetzes:
6 Newton

-des Insulins:
4 Best, 7 Banting

-des Penicillins:
7 Fleming

-des Radiums:
5 Curie

-des Seewegs nach Indien:
4 Gama

-des Seewegs um Südafrika:
4 Diaz

-des Starrkrampf-Serums:
7 Behring

-des Südpols:
8 Amundsen

-des Wasserstoffs:
9 Cavendish, Cavendish
-Mexikos:
6 Cortez
-Neuseelands:
4 Cook, 6 Tasman
-Trojas:
10 Schliemann
entehren:
9 schaenden
Enteignungserklärung:
12 Konfiskation,
13 Expropriation
Entenmännchen:
5 Erpel
Entertainmentkünstler:
11 Unterhalter
entfernen:
11 sezernieren, 12 distanzieren
entfernt:
4 weit, 6 weitab, 8 entlegen
entferntes Blitzen:
14 Wetterleuchten
Entfernung:
7 Abstand, Distanz
Entfernungsausdruck:
3 nah, 4 fern, weit, 5 Ferne,
Naehe, Weite
Entfernungsmesser:
9 Telemeter
Entfettungsvorgang:
8 Slimming, 13 Reduktionskur,
14 Abmagerungskur
Entfremdung:
12 Abalienation
Entführung:
4 Raub, 10 Kidnapping
entgegen:
5 wider, 6 contra, kontra,
7 zuwider
entgegenarbeiten:
10 sabotieren
entgegengesetzt:
6 kontra, 8 kontraer, 9 diametral,
umgekehrt
entgegenkommend:
6 kulant, 10 freundlich,
konziliant
Entgegnungserklärung:
6 Replik, 7 Antwort,
10 Erwiderung
Entgeltzahlung:
4 Gage, Lohn, Sold, 6 Gehalt,
7 Honorar, 9 Bezahlung,
Verdienst
Entgleisung:
7 Fauxpas
enthalten:
8 immanent
enthaltsam:
6 keusch, 9 abstinent, asketisch
Enthaltsamkeit:
6 Askese, Karenz, 8 Verzicht,
9 Abstinenz
entheben:
8 absetzen, 12 suspendieren
enthülste Weizenkörner:
7 Graupen
Enthusiast:
3 Fan, 9 Anhaenger
Entjungferung:
11 Defloration
Entkeimungsmaßnahme:
12 Desinfektion, 13 Sterilisation
entkleiden:
9 ausziehen
Entkommen:
6 Flucht
entkommen:
7 fliehen
Entkräftungserscheinung:
8 Marasmus
entlarven:
11 demaskieren
Entlassungserklärung:
8 Abschied, 9 Demission,
10 Kuendigung
Entleerungsöffnung:
7 Abfluss
Entlüfter:
9 Exhaustor, 10 Ventilator
Entmannter:
6 Eunuch, 7 Kastrat
entmutigt:
7 verzagt, 10 deprimiert,
13 demoralisiert
Entnahme von Flüssigkeit:
8 Punktion
entpflichten:
12 dispensieren
Entpflichtung:
7 Dispens
entrechten:
13 depossedieren
Entree:
6 Anfang, Beginn, 7 Eingang,
Einlass, Vorraum, Zutritt,
8 Aufnahme, Eintritt,
9 Vorzimmer, 11 Einfuehrung
entrichten:
6 zahlen
Entrückungszustand:
7 Ekstase
entrüstet:
6 zornig, 10 indigniert
Entrüstung:
9 Empoerung, 11 Indignation
entsagen:
10 verzichten, 11 resignieren
Entschädigungszahlung:
6 Ersatz, 9 Ausgleich,
10 Reparation, Verguetung,
11 Aequivalent, 13 Gratifikation,
16 Wiedergutmachung
entscheidend:
7 dezisiv
Entscheidungsablauf:
4 Wahl, 5 Krise, Votum, 6 Krisis,
Urteil, 9 Beschluss, Machtwort,
10 Entschluss, Verfuegung
Entscheidungsrecht:
6 Option
entschieden:
7 resolut, 12 determinativ
entschlossen:
5 mutig, 7 beherzt, gewillt,
willens, 9 energisch,
11 tatkraeftig, zielstrebig,
12 determinativ
Entschlußkundgabe:
5 Wille, 6 Willen, 7 Vorsatz,
10 Resolution
entschlüsseln:
10 dekodieren, 13 dechiffrieren
Entschlußfähigkeit:
10 Initiative
Entschuldigung:
6 Pardon, 9 Vergebung,
10 Verzeihung
entseelt:
3 tot
Entsetzen:
5 Angst, Graus, 6 Grauen,
Horror, 7 Abscheu, Grausen
Entseuchung:
12 Desinfektion
Entspannungszeit:
4 Ruhe, 5 Musse, 7 Detente,
8 Erholung
entsprechend:
6 analog, 7 gemaess
entstehen:
6 werden
Entstehung:
6 Genese, 7 Genesis, 8 Ursprung
entstellen:
11 deformieren
entstellte Wiedergabe:
8 Zerrbild
Entstellung:
5 Luege, 10 Verdrehung,
Verzerrung, 13 Verfaelschung

Enttäuschung:
6 Kummer, 10 Misserfolg, 11 Desillusion, Frustration, 13 Ernuechterung
Entwässerung:
8 Draenage*, Drainage
entweihen:
9 schaenden, 11 profanieren
entwenden:
6 rauben, 7 stehlen
entwendete Sachen:
5 Beute
Entwendungsdelikt:
4 Raub, 8 Wegnahme, 9 Diebstahl, 13 Hinterziehung, 14 Unterschlagung
entwerfen:
6 planen, 10 skizzieren, 11 konzipieren
Entwicklungsablauf:
6 Genese, 7 Prozess, Tendenz, 9 Evolution
Entwicklungsabschnitt:
5 Phase, 7 Stadium
Entwicklungsbild:
7 Negativ
Entwicklungsgang:
5 Trend
Entwicklungslinie:
7 Tendenz
Entwicklungsvorgang:
8 Wachstum
Entwicklungszeit:
9 Pubertaet
Entwurf:
6 Abriss, Design, Modell, Muster, Schema, Studie, 7 Aufriss, Konzept, Projekt, 12 Konstruktion
entziffern:
5 lesen, 13 dechiffrieren
Entzücken:
5 Wonne, 6 Freude, 7 Ekstase, 9 Seligkeit
entzückend:
5 apart, 7 huebsch, 8 charmant, reizvoll, 9 scharmant*, 10 bezaubernd, zauberhaft, 11 bestrickend
entzündbar:
11 inflammabel
entzündetes Wundsekret:
5 Eiter
Entzündung:
6 Katarr*, 7 Katarrh, 12 Inflammation
entzwei:
6 defekt, kaputt
Enzianpflanze:
8 Gentiana
Enzyklopädie:
7 Lexikon, 15 Nachschlagewerk
Epidemie:
4 Pest, 5 Lepra, 6 Seuche, 7 Aussatz, Cholera
Epigone:
9 Nachahmer, 10 Nachfolger
Epigramm:
4 Vers, 9 Spottvers, 10 Aufschrift, Sinnspruch, 11 Sinngedicht
Epigraph:
9 Inschrift
Epilepsieform:
9 Fallsucht, Veitstanz
Epilog:
7 Nachruf, 8 Ausklang, Nachwort, 9 Nachspiel, 11 Schlusswort
Episkopat:
11 Bischofsamt, 14 Bischofswuerde
Episode:
5 Flirt, 13 Nebenhandlung, Zwischenspiel
Epistel:
5 Brief, 7 Mahnung, 9 Mahnbrief, 12 Apostelbrief, Strafpredigt, 13 Sendschreiben
Epoche:
4 Aera, 7 Periode, 8 Zeitraum, 9 Zeitpunkt, 10 Wendepunkt, Zeitspanne, 13 Zeitabschnitt
Epos:
-der Antike:
5 Ilias, 6 Aeneis, 7 Odyssee
-des Mittelalters:
8 Parzival, 10 Gudrunlied, 11 Rolandslied, 14 Nibelungenlied
-von Dante Alighieri:
14 Divina commedia, 18 Goettliche Komoedie
-von Klopstock:
7 Messias
-von Vergil:
6 Aeneis
-von Wolfram von Eschenbach:
8 Parsifal, Parzival
Equipage:
7 Kutsche
Equipe:
10 Mannschaft
Erbarmen:
7 Mitleid
Erbauer:
9 Architekt, 10 Baumeister, 12 Konstrukteur
-der Arche:
4 Noah
-der ersten Lokomotive:
10 Stephenson
-des Benzinkraftwagens:
4 Benz, 7 Daimler
-des Bismarckdenkmals in Hamburg:
7 Lederer
-des Eiffelturms:
6 Eiffel
-des ersten Flugzeugs:
10 Lilienthal
-des lenkbaren Luftschiffes:
8 Zeppelin
-des Panamakanals:
7 Lesseps
-des Suezkanals:
7 Lesseps
Erbauungsschreiben:
7 Traktat, 8 Postille
Erbbild:
7 Genotyp, 9 Genotypus
erbetene Erklärung:
8 Auskunft
erbeuten:
7 erlegen
Erbfaktor:
3 Gen
Erbgesundheitswissenschaft:
7 Eugenik
erbitterter Gegner:
5 Feind
Erblasser:
8 Testator
erblich:
6 genuin, 9 angeboren, 10 hereditaer
Erbpflege:
7 Eugenik
Erbsachen:
8 Nachlass
Erbschaft:
8 Nachlass
Erdabsatz:
8 Terrasse
Erdabtragungsvorgang:
7 Erosion
Erdachsenschwankung:
8 Nutation
Erdalkalimetall:
6 Barium, Radium, 7 Kalzium, 9 Magnesium, Strontium
Erdaltertum:
12 Palaeozoikum

Erdanhäufung:
4 Damm, 5 Deich
Erdapfel:
9 Kartoffel
Erdarbeiten:
7 Tiefbau
Erdaufschüttung:
4 Wall, 5 Warft
Erdbahn:
8 Ekliptik
Erdball:
6 Globus, 9 Erdenrund, Weltkugel
Erdbebenlehre:
7 Seismik, 11 Seismologie
Erdbegleiter:
4 Mond
Erdbewohner:
6 Mensch
Erdbirne:
10 Topinambur
Erde:
4 Welt, 5 Boden, Grund, 6 Globus, 7 Scholle
Erdengürtel:
4 Zone
Erderschütterung:
5 Beben, 8 Erdbeben
Erdfarbe:
5 ocker, umbra
erdfarben:
4 kaki*, 5 khaki
Erdferne:
8 Apogaeum
Erdformation:
4 Jura, Lias, Perm, 5 Devon, Silur, Trias, 6 Karbon, 8 Kambrium
Erdgas:
6 Methan
Erdgeist:
4 Gnom, 5 Troll, Zwerg, 6 Kobold, 7 Alraune, 16 Wichtelmaennchen
Erdgeschoss:
8 Parterre
Erdgöttin:
4 Gaea
Erdhalbkugel:
11 Hemisphaere
erdichten:
9 fingieren
erdichtete Erzählung:
4 Maer
Erdichtetes:
7 Fiktion
Erdkreis:
5 Orbis
Erdkugel:
6 Globus
Erdkunde:
9 Geografie*, 10 Geographie
Erdlängenkreis:
8 Meridian
Erdloch:
4 Riss, 5 Grube, Kluft, 6 Krater, Spalte
Erdnähe:
9 Perigaeum
Erdneuzeit:
9 Neozoikum, 11 Kaenozoikum
Erdölprodukt:
7 Naphtha, 9 Petroleum
Erdölröhre:
8 Pipeline
Erdölschiff:
6 Tanker
Erdrauch:
7 Fumaria, 9 Feldraute
Erdrinde:
12 Lithosphaere
erdrosseln:
11 garottieren, 13 strangulieren
Erdrosselung:
13 Strangulation
Erdsatellit:
4 Mond, 7 Trabant
Erdteil:
5 Asien, 6 Afrika, Europa, 7 Amerika, 8 Eurasien, 9 Antarktis, Kontinent, 10 Australien
Erdtrichter:
5 Binge, Pinge
erdulden:
6 leiden, 8 ertragen, 10 tolerieren
Erdumlaufbahn:
5 Orbit
Erdvermesser:
8 Geometer
Erdvermessungsapparat:
9 Theodolit
Erdvermessungsfachmann:
7 Geograf*, 8 Geograph
Erdwissenschaft:
8 Geologie
Erdwissenschaftler:
7 Geologe
Ereignis:
6 Aktion, Faktum, 7 Vorgang, 9 Geschehen, Happening, Sensation, 11 Begebenheit
Ereignisauslöser:
7 Ursache
Eremit:
8 Klausner, 10 Einsiedler
Eremitage:
11 Einsiedelei
erfahren:
8 versiert, 9 bewandert, 10 beschlagen, routiniert
Erfahrungsnachweis:
10 Experiment
erfahrungsgemäß:
8 induktiv, 9 empirisch, 11 pragmatisch
Erfahrungsmensch:
9 Empiriker
Erfahrungsthese:
11 Aposteriori
Erfahrungswissenschaft:
7 Empirie
Erfinder:
-der Blindenschrift:
7 Braille
-der Braunschen Röhre:
5 Braun
-der Buchdruckerkunst:
9 Gutenberg
-der Dampflokomotive:
10 Stephenson
-der Dampfmaschine:
4 Watt
-der Differentialrechnung:
6 Newton, 7 Leibniz
-der Diphtherieschutzimpfung:
7 Behring
-der drahtlosen Telegrafie:
7 Marconi
-der Draisine:
5 Drais
-der Drehpistole:
4 Colt
-der Druckluftbremse:
5 Knorr, 12 Westinghouse
-der Dynamomaschine:
7 Siemens
-der elektrischen Lokomotive:
7 Siemens
-der Farbfotografie:
8 Lippmann
-der Fotografie:
6 Niepce, Talbot, 8 Daguerre
-der Glühlampe:
6 Edison, Goebel
-der Kernspaltung:
4 Hahn
-der Lochkartenmaschine:
9 Hollerith
-der Lokomotive:
10 Stephenson

-der Luftpumpe:
8 Guericke
-der Mähmaschine:
9 McCormick
-der Mickymaus:
10 Walt Disney
-der Pendeluhr:
7 Huygens
-der Plakatsäule:
7 Litfass
-der Rechenmaschine:
7 Leibniz
-der Relativitätstheorie:
8 Einstein
-der Schallplatte:
8 Berliner
-der Spinnereimaschine:
9 Arkwright
-der Taschenuhr:
7 Henlein
-der Unruhe von Uhren:
7 Henlein
-des Atommodells:
4 Bohr
-des Augenspiegels:
9 Helmholtz
-des Automobilmotors:
4 Otto
-des Barometers:
10 Torricelli
-des Benzinmotors:
7 Daimler, Maybach
-des Bieres:
9 Gambrinus
-des Dampfkochtopfes:
5 Papin
-des Dieselmotors:
6 Diesel
-des Drehkolbenmotors:
6 Wankel
-des Dynamits:
5 Nobel
-des Elektronenmikroskops:
5 Knoll, Ruska, 7 Brueche,
9 Johannsen
-des Elektronenzählrohrs:
6 Geiger
-des Fahrrads:
5 Drais
-des Femsprechers:
4 Bell, Reis
-des Fernrohrs:
6 Kepler
-des Fernschreibers:
5 Morse
-des Fernsehens:
6 Nipkow

-des Fernsprechers:
4 Bell, Reis
-des Flaschenzuges:
10 Archimedes
-des Fleischextrakts:
6 Liebig
-des Flugzeugs:
10 Lilienthal
-des Funktelegrafen:
7 Marconi
-des Grammophons:
6 Edison
-des Heißluftballons:
11 Montgolfier
-des Insulin:
4 Best, 7 Banting
-des Kinematografen:
6 Edison, 7 Eastman, Lumiere,
8 Easthman*
-des Laufrades:
5 Drais
-des Luftschiffes:
8 Zeppelin
-des Luftreifens:
6 Dunlop
-des Motorflugzeugs:
6 Wright
-des Nürnberger Bleistifts:
8 Staedler
-des Penicillins:
7 Fleming
-des Porzellans:
8 Boettger
-des Raketenflugzeugs:
7 Heinkel, 13 Messerschmidt
-des Revolvers:
4 Colt
-des Rollfilms:
7 Eastman, 8 Easthman*
-des Schießpulvers:
7 Schwarz
-des Schlafwagens:
7 Pullman
-des Schreibtelegrafen:
5 Morse
-des Spiegelteleskops:
6 Newton
-des Stahlbetons:
6 Monier
-des Steinguts:
8 Wedgwood
-des synthetischen Kautschuks:
7 Hofmann
-des Telefons:
4 Bell, Reis
-des Telegrafen:
5 Morse

-des Thermometers:
10 Fahrenheit
Erfindungsgeist:
8 Fantasie*, Ingenium,
9 Phantasie, 16 Einfallsreichtum
Erfolg:
3 Hit, 4 Sieg, 6 Gewinn,
7 Triumph, Vorteil, Wirkung,
8 Ergebnis, Resultat
Erfolgslied:
3 Hit, 9 Evergreen,
11 Gassenhauer
erforderlich:
6 noetig, 7 obligat, 9 notwendig
erforschen:
8 erkunden, 9 sondieren,
studieren, 10 ergruenden,
11 explorieren, 13 recherchieren
Erforschungsvorgang:
11 Exploration
erfreulich:
8 angenehm
erfreulicher Anblick:
10 Augenweide
erfrischen:
5 laben, 7 beleben, 9 erquicken
Erfrischungsgetränk:
5 Drink, 7 Sprudel, 8 Limonade
Erfrischungsmittel:
3 Bad, Eis, 4 Labe, 5 Trank,
Trunk, 6 Labsal
erfundene Jagdgeschichten:
12 Jaegerlatein
Ergänzungsgabe:
6 Zusatz, 7 Beigabe, Beiwerk,
Pendant, 8 Korrelat,
10 Accessoire, Komplement,
Supplement
ergeben:
4 treu, 6 getreu, 10 resigniert,
11 anhaenglich
Ergebenheit:
5 Treue
Ergebnis:
5 Fazit, 6 Effekt, 7 Loesung,
Produkt, 8 Resultat, 9 Endeffekt
ergiebig:
9 produktiv
ergo:
4 also, 7 demnach, 8 folglich,
insofern, 13 infolgedessen
ergötzlich:
8 amuesant
ergreifend:
8 tragisch
Ergriffensein:
9 Affektion

ergründen:
8 eruieren
erhaben:
4 hehr, 6 konvex, sublim, 7 vornehm, 8 festlich, heroisch, 13 majestaetisch
erhabenes Bildwerk:
6 Relief
Erhalt:
7 Empfang
erhaltend:
11 konservativ
Erhebung:
5 Nocke, 6 Nocken, 7 Enquete, Umfrage, 8 Aufstand, 9 Empoerung, Rebellion, 12 Insurrektion
erhöhen:
11 potenzieren, sublimieren
erhöhter Kirchenraum:
4 Chor
Erholungspause:
4 Rast, 5 Musse, 6 Ferien, Labsal, Urlaub, 12 Regeneration, 14 Rekonvaleszenz
Erholungsort:
3 Bad, 6 Kurort
Erinnerungen:
8 Memoiren
Erinnerungsbild:
7 Engramm
Erinnerungsheft:
5 Album
Erinnerungsstätte:
7 Denkmal, 8 Monument, 9 Mausoleum
Erinnerungsverlust:
7 Amnesie
Erinnerungsvorgang:
8 Andenken, Gedenken, 11 Gedaechtnis, Reminiszenz
Erinnye:
5 Furie, 6 Alekto, 7 Megaere, 8 Eumenide, 9 Tisiphone, 12 Rachegoettin
Erkältungskrankheit:
6 Grippe, 9 Influenza, Schnupfen
Erkältungssymptome:
6 Husten, Niesen
erkennen/Erkennen:
8 Einsehen, gewahren, 9 begreifen, 13 apperzipieren, 14 identifizieren, 15 diagnostizieren
Erkenntlichkeitserweis:
4 Dank
Erkenntnisfähigkeit:
9 Intellekt, 11 Intelligenz
Erkenntniswissenschaft:
6 Noetik
Erkennungsmal:
3 Mal, 5 Marke, 7 Merkmal
Erkennungswort:
6 Losung
Erkennungszahl:
7 Chiffre
Erker:
6 Balkon
erklären:
6 deuten, 8 auslegen, 11 explizieren, 14 interpretieren
Erklärender:
6 Deuter, 9 Interpret
Erklärung:
11 Deklaration, 14 Interpretation
Erklärung vor Gericht:
7 Aussage
erkunden:
9 sondieren, 13 recherchieren
Erkundigung:
5 Frage, 7 Anfrage, 9 Nachfrage
Erlaß:
4 Ukas, 5 Edikt, 6 Dekret, 8 Amnestie, Reskript, 9 Anordnung, 10 Bestimmung, Verfuegung, Verordnung
erlassen:
11 amnestieren
Erlaubniserklärung:
6 Lizenz, Placet, Plazet, 9 Billigung, 10 Konzession, Permission, Zustimmung, 11 Genehmigung
erläutern:
12 illustrieren, kommentieren
Erläuterung:
6 Glosse, 9 Kommentar, 12 Illustration, 14 Interpretation
Erlebnis:
8 Eindruck, 9 Abenteuer, 10 Impression
Erlebnismensch:
10 Abenteurer
erledigen:
11 absolvieren
erledigt:
6 vorbei, 8 Knock-out*, Knockout
erlegtes Tier:
5 Beute
erlernte Tätigkeit:
5 Beruf
erlesen:
7 kostbar, 8 exquisit, wertvoll, 9 besonders, 10 ausgesucht, 12 hervorragend, vortrefflich, 13 ausgezeichnet, geschmackvoll
erleuchten:
11 inspirieren, 12 illuminieren
Erleuchtung:
4 Idee, 7 Einfall, 9 Eingebung, Intuition, 11 Inspiration, 12 Geistesblitz
Erlös:
6 Ertrag, Gewinn, 8 Einnahme, 10 Reingewinn
Erlöser:
7 Heiland, Messias, 8 Salvator
ermächtigen:
12 autorisieren, 16 bevollmaechtigen
Ermächtigungsnachweis:
9 Vollmacht, 12 Autorisation
ermitteln:
8 eruieren, 11 untersuchen, 13 recherchieren
Ermittler:
8 Detektiv
Ermittlungsstelle:
8 Detektei
Ermordung:
9 Totschlag, 11 Liquidation
ermüdet:
4 Matt, 7 schlapp, 10 erschoepft
ermuntern:
9 animieren
ernennen:
7 berufen, 10 nominieren, 11 designieren
Ernennungsprozeß:
10 Nomination, 11 Designation, Nominierung
Erneuerung:
6 Reform, 11 Reformation, Renovierung, 12 Reformierung, Restauration, 14 Modernisierung, Rekonstruktion
erniedrigen:
11 degradieren, 14 herabwuerdigen
ernstes Musikstück:
9 Oratorium
Ernte:
4 Lese, 6 Ertrag, 7 Schnitt
Erntearbeiter:
9 Schnitter
Ernteutensil:
5 Sense, 12 Maehdrescher, Maehmaschine

Ernüchterung:
11 Desillusion,
13 Enttaeuschung,
17 Desillusionierung
Eroberer:
7 Invasor, 12 Konquistador
Eröffnungserklärung:
9 Ansprache
Erörterung:
6 Disput, 7 Debatte, 8 Beratung,
10 Diskussion
Erpel:
8 Enterich
erpicht:
6 gierig, 9 versessen
Erpressungsversuch:
5 Zwang, 7 Drohung,
9 Noetigung
erproben:
6 testen
erprobt:
6 probat
Erprobungsphase:
4 Test, 7 Versuch, 10 Experiment
erquicken:
5 laben
Erquickung:
4 Labe, 6 Labsal
erregbar:
9 irritabel
erregbarer Mann:
10 Choleriker
erregend:
10 dramatisch
erregender Vorgang:
5 Drama, 9 Sensation
Erreger:
4 Keim, 5 Virus, 7 Mikrobe,
8 Bakterie, Bazillus
erregt:
11 aufgebracht
erregter Streit:
6 Disput
Erregung:
3 Wut, 4 Rage, Reiz, 6 Affekt,
7 Emotion, 9 Affektion,
Induktion
errichten:
12 konstruieren
Ersatz:
6 Behelf, 7 Reserve, 8 Aushilfe,
Surrogat, 12 Substitution
Ersatzanspruch:
7 Regress
Ersatzkörperteil:
8 Prothese
Ersatzmann:
4 Vize, 9 Reservist, Substitut
erschaffen:
8 kreieren
Erschaffender:
9 Schoepfer
Erscheinungsbild:
7 Habitus, 9 Phaenotyp
Erscheinungserlebnis:
6 Vision, 7 Phantom,
8 Gespenst, 9 Exterieur,
Phaenomen
Erscheinungsfeier:
10 Epiphanias,
15 Dreikoenigsfest
Erscheinungsform:
3 Art, 7 Habitus, 8 Variante,
9 Phaenomen, Phaenotyp,
Varietaet
erschießen:
11 fuesilieren
Erschießung:
12 Fuesilierung
Erschlaffung:
6 Atonie, 7 Paresis
erschöpft:
4 Matt, 6 groggy, marode,
10 abgespannt, ausgepumpt
Erschöpfungszustand:
12 Neurasthenie
erschüttert:
6 bewegt, 9 ergriffen,
11 aufgewuehlt, fassungslos
Erschütterung:
5 Stoss, 9 Vibration
erschweren:
12 komplizieren
erschwerend:
10 gravierend
ersinnbar:
10 imaginabel
Erspartes:
11 Notgroschen
erstarrtes Wasser:
3 Eis
Erstattungsforderung:
7 Regress
Erstauftritt:
6 Debuet
erstaunlich:
5 enorm, 7 stupend,
11 phaenomenal,
12 verblueffend
erste:
-deutsche Dichterin:
8 Roswitha
-deutsche Universität:
4 Prag
-Frau:
3 Eva
-Frau im Weltraum:
11 Tereschkowa
-Frühlingsblume:
7 Anemone
-Gebirgsbahn der Erde:
13 Semmeringbahn
-Geige:
9 Primgeige
-Kanalschwimmerin:
6 Ederle
-lateinische Bibelübersetzung:
5 Itala
-Messe eines Priesters:
6 Primiz
-Oper:
5 Dafne
-Sängerin:
10 Primadonna
-Solotänzerin:
14 Primaballerina
-Tänzerin:
9 Ballerina, 14 Primaballerina
-Tonstufe:
4 Prim, 5 Prime
erster:
-amerikanischer Nachrichtensatellit:
7 Telstar
-Bartwuchs:
5 Flaum
-bundesdeutscher Weltraumfahrer:
7 Merbold
-deutscher Bundeskanzler:
8 Adenauer
-deutscher Bundespräsident:
5 Heuss
-deutscher Reichskanzler:
8 Bismarck,
-deutscher Reichspräsident:
5 Ebert
-deutscher Weltraumfahrer:
5 Jaehn
-Entwurf:
6 Skizze, 7 Konzept
-Flieger im Motorflug:
6 Wright
-Kosmonaut:
7 Gagarin
-Mensch:
4 Adam
-Mensch auf dem Mond:
9 Armstrong
-Präsident der USA:
10 Washington
-römischer Kaiser:
8 Augustus

-Sohn Adams:
4 Kain
erstes:
-Auftreten:
6 Debuet
-Lesebuch:
5 Fibel
Erstlingsfeder:
5 Daune
erstrebter Ort:
4 Ziel
Erstrecht:
10 Prioritaet
Ersuchen:
5 Bitte
Ertrag:
4 Zins, 5 Ernte, 6 Gewinn, 7 Produkt, Rendite, 8 Ausbeute, Einnahme
ertragreich:
9 produktiv
Eruption:
8 Ausbruch
Eruptionsstein:
4 Bims, Lava, Tuff, 6 Basalt, Diorit, 7 Porphyr
erwägenswert:
10 diskutabel
erwarten:
5 ahnen, 8 erhoffen, ersehnen
Erwerb:
4 Kauf, 9 Akzession, Einkommen, Verdienst, 11 Akquisition, Anschaffung
Erwerbslosigkeit:
16 Arbeitslosigkeit
erwerbsunfähig:
7 invalid, 8 invalide
Erwerbsunfähiger:
8 Invalide
Erwiderungserklärung:
6 Replik, 7 Antwort, 10 Entgegnung
erworbenes Know how:
8 Kenntnis
Erwünschtes:
9 Desiderat
erzählend:
6 episch
erzählende Dichtung:
3 Ode, 4 Epos, Sage, 5 Fabel, Roman, Story, 7 Ballade, Legende, Novelle, 8 Maerchen
erzählendes Epos:
4 Epik
Erzähler:
6 Epiker, 7 Dichter, 9 Novellist, Romancier
Erzählung:
4 Maer, Sage, 5 Fabel, Story, 6 Skizze, 7 Legende, Novelle, 8 Groteske, Maerchen, 10 Geschichte
Erzbergwerk:
4 Mine
Erzbischof:
6 Primas, 9 Patriarch, 10 Metropolit
Erzengel:
5 Uriel, 6 Cherub, 7 Gabriel, Michael, Raphael
Erzeuger:
9 Fabrikant, Produzent, 10 Hersteller
Erzeugnis:
4 Ware, 7 Artikel, Produkt, 8 Fabrikat
Erzeugung:
10 Produktion, 11 Fabrikation
Erzieher:
5 Vater, 6 Eltern, Lehrer, 7 Pfleger, Vormund, 9 Paedagoge, 10 Praezeptor
Erzieherin:
5 Bonne, 6 Mutter, 8 Lehrerin, 10 Paedagogin, 12 Hauslehrerin, 14 Kindermaedchen
Erziehungsanstalt:
8 Internat
Erziehungsinstitut:
8 Internat, 9 Pensionat
Erziehungswissenschaft:
10 Paedagogik
erzielter Treffer:
3 Tor
Erzschelm:
12 Eulenspiegel
erzürnen:
7 erbosen
Erzürntheit:
3 Wut, 5 Grimm
Erzvater:
9 Patriarch
Erzverarbeitungslehre:
11 Metallurgie
erzwungen:
8 ertrotzt, 11 widerwillig, 12 unfreiwillig
Eselei:
7 Torheit
Eskalation:
10 Steigerung, 14 Aufschaukelung
Eskapade:
12 Seitensprung
Eskimoboot:
5 Kajak, Umiak
Eskimohaus:
4 Iglu
Eskimohund:
5 Husky
Eskorte:
7 Gefolge, 10 Begleitung, 11 Ehrengeleit, 17 Begleitmannschaft
Esprit:
4 Witz, 5 Geist
Essayschrift:
7 Aufsatz, Versuch, 10 Abhandlung
essbare:
-Eingeweide:
7 Innerei, 9 Innereien
-Früchte:
4 Obst, 6 Beeren
-Pflanzen:
7 Gemuese
-Seegurke:
7 Trepang
-Tiereingeweide:
9 Innereien
essbarer:
-Pflanzenteil:
6 Frucht
Esse:
5 Kamin, 6 Schlot, 9 Rauchfang, 11 Schornstein
essen/Essen:
4 Kost, 5 Diner, Lunch, 6 Dinner, Speise, 7 speisen, 8 Gastmahl, Mahlzeit
Essenz:
5 Geist, 6 Auszug, Gehalt, 9 Wesenheit, 10 Konzentrat
Eßgerät:
5 Gabel, 6 Messer, 7 Besteck, Loeffel, 8 Geschirr, 9 Staebchen
Eßgeschirr:
5 Satte, Tasse, 6 Platte, Schale, Teller, 9 Schuessel
Essiggeist:
6 Aceton, Azeton
essigsaures Salz:
6 Acetat*, Azetat
Eßlust:
6 Hunger, 7 Appetit
Eßrestaurant:
8 Gasthaus, 9 Wirtshaus, 10 Restaurant, 11 Gaststaette, Imbissstube
Este:
5 Balte

estnische Hauptstadt:
5 Reval, 7 Tallinn
Estragon:
7 Beifuss
etablierter Teil der Gesellschaft:
13 Establishment
Etage:
5 Stock, 8 Geschoss, 9 Stockwerk
Etagere:
7 Gestell, 8 Stellage
Etappe:
3 Weg, 5 Phase, Stufe, 10 Hinterland
Etat:
5 Staat, Stand, 6 Budget, 7 Bestand, 8 Haushalt, 11 Voranschlag, 13 Haushaltsplan, 14 Staatshaushalt
ethisch:
8 sittlich, 9 moralisch
ethischer Ausdruck:
3 Ruf, 4 Ehre, Reue, 5 Luege, Moral, Sitte, Treue, 6 Suehne, Tugend, Wuerde, 7 Anstand, Leumund, 8 Wahrheit, 9 Charakter, Gesinnung, 12 Sittlichkeit
Etikett:
5 Label, 9 Aufkleber, 10 Schildchen, 11 Preisschild
Etikette:
11 Zeremoniell, 12 Hoeflichkeit, 13 Umgangsformen
Etui:
6 Huelle, Kapsel, 8 Futteral, 9 Behaelter
etwa:
5 circa, quasi, zirka*, 9 eventuell, ungefaehr, 14 gleichermassen, 16 schaetzungsweise
Eucharistiefeier:
9 Abendmahl, Kommunion, 14 Altarsakrament
eucharistische Speise:
6 Hostie
Eule/Eulenart:
3 Uhu, 4 Kauz, 8 Waldkauz, 9 Steinkauz, 12 Schleiereule
Eurasier:
9 Turktatar
Europäer:
3 Ire, 4 Este, Pole, 5 Balte, Brite, Daene, Finne, Flame, Lette, Russe, Serbe, Ungar, 6 Kroate, 7 Albaner, Belgier, Bulgare, Grieche, Litauer, Rumaene, Schotte, Schwede, Slowake, Spanier, 8 Albanier, Franzose, Norweger, Tscheche, Ukrainer, 9 Deutscher, Islaender, Italiener, Jugoslawe, Monegasse, Schweizer, 10 Andorraner, Englaender, Hollaender, Portugiese, 11 Luxemburger, San-Marinese*, Sanmarinese, 12 Skandinavier, 13 Niederlaender, Oesterreicher, 15 Liechtensteiner
europäische:
-Atomforschungsgemeinschaft:
7 Euratom
-Freihandelszone:
4 EFTA
-Gemeinschaft:
2 EG
-Hauptstadt:
3 Rom, 4 Bern, Oslo, Prag, Wien, 5 Athen, Paris, Sofia, Vaduz, 6 Berlin, Dublin, London, Madrid, Moskau, Tirana, 7 Belgrad, 8 Bruessel, Budapest, Bukarest, Helsinki, Lissabon, Warschau, 9 Luxemburg, Reykjavik, Stockholm, 10 Kopenhagen
-Insel:
6 Irland, Island, 7 Korsika, 8 Mallorca, Sizilien, 9 Sardinien
-Währung/Münze:
3 Lei, Lek, Leu, Lew, 4 Lira, Mark, Oere, Para, 5 Dinar, Krone, Pence, Pfund, Rubel, Zloty, 6 Escudo, Filler, Florin, Forint, Gulden, Kopeke, Markka, Peseta, Rappen, 7 Centime, Drachme, Franken, Pfennig, 8 Finnmark, Groschen, Shilling, 9 Schilling
-Währungseinheit:
4 Euro
europäischer:
-Fluss:
2 Aa, Po, 3 Bug, Don, Ems, Inn, Lek, Oka, Ufa, 4 Aare, Ager, Arno, Dran, Ebro, Eger, Elbe, Enns, Isar, Kama, Maas, Newa, Oder, Oise, Ruhr, Save, Tejo, Thur, Tosa, Ural, 5 Donau, Donez, Drina, Etsch, Isere, Krems, Loire, March, Marne, Mosel, Rhein, Rhone, Saone, Seine, Sevre, Tiber, Wolga, 6 Creuse, Dnjepr, Limmat, Moldau, Moskwa, Samara, Sarthe, Themse, Warthe, 7 Ardeche, Dnjestr, Garonne, Gironde, Salzach, Schelde, Stubach, 8 Dordogne, Weichsel, 9 Petschora, 12 Guadalquivir
-Fußballbund:
4 UEFA
-Inselbewohner:
3 Ire, 5 Brite, Korse, Sarde, 9 Irlaender, Islaender, 10 Sizilianer
-Inselstaat:
5 Malta, 6 Irland, Island, 15 Grossbritannien
-See:
7 Mondsee, 8 Attersee, Bodensee, Comersee, Gardasee, Ilmensee, Traunsee, Zugersee, 9 Bielersee, Culmersee, Genfersee, Thunersee, Zellersee, 10 Lago di Como, Luganersee, Walchensee, Zuerichsee, 11 Brienzersee, Woerthersee, Wolfgangsee, 12 Lago Maggiore, 13 Neusiedler See, 14 Neuenburger See, 19 Vierwaldstaetter See
-Staat:
3 BRD, 5 Polen, 6 Irland, Island, Monaco, Ungarn, 7 Andorra, Belgien, Holland, Italien, Schweiz, Spanien, Vatikan, 8 Albanien, Finnland, Kroatien, Norwegen, Portugal, Schweden, Slowakei, 9 Bulgarien, Daenemark, Luxemburg, Rumaenien, San Marino, Slowenien, 10 Frankreich, 11 Deutschland, Jugoslawien, Niederlande, Oesterreich, 12 Griechenland, Vatikanstaat, Vatikanstadt, 13 Liechtenstein, 15 Grossbritannien, 20 Tschechische Republik, 25 Bundesrepublik Deutschland
-Vulkan:
5 Aetna, Vesuv, 9 Stromboli
europäisches:
-Fürstentum:
6 Monaco, 13 Liechtenstein
-Hochgebirge:
5 Alpen
-Inselvolk:
4 Iren, 6 Briten, 7 Waliser,

8 Schotten, 9 Islaender,
10 Englaender
-Königreich:
7 Belgien, Belgien, Spanien,
8 Norwegen, Schweden,
9 Daenemark, 11 Niederlande,
15 Grossbritannien,
Grossbritannien
-Wildrind:
6 Wisent
evakuieren:
7 raeumen, 9 umsiedeln,
10 aussiedeln
evangelische:
-Christen:
12 Protestanten
evangelischer:
-Hilfsgeistlicher:
6 Diakon
Evangelist:
5 Lukas, 6 Markus, 8 Johannes,
Prediger, 9 Matthaeus,
14 Wanderprediger
Evangelium:
7 Schrift, 9 Vorlesung,
13 Frohbotschaft,
14 Frohe Botschaft,
Heilsbotschaft
evident:
8 offenbar, 11 offenkundig,
12 ueberzeugend,
15 augenscheinlich
ewig:
5 immer, 6 endlos, 7 zeitlos,
8 immerdar, 9 unendlich,
13 unaufhoerlich
exakt:
5 genau, 7 sorgsam, 8 praezise,
10 gruendlich, 11 sorgfaeltig,
12 gewissenhaft
exaltiert:
9 aufgeregt, 11 ueberspannt,
16 ueberschwenglich
Exekutionsvorgang:
7 Vollzug, 11 Ausfuehrung,
Hinrichtung, Vollziehung,
13 Vollstreckung
Exemplar:
6 Muster, Stueck,
12 Einzelstueck
exemplarisch:
12 beispielhaft, 13 mustergueltig
Exhaustor:
8 Absauger, Geblaese,
10 Entluefter, Ventilator
existent:
8 wirklich, 9 bestehend,
vorhanden
Existenz:
5 Leben, 6 Dasein,
9 Auskommen, Unterhalt
existieren:
5 leben, 8 bestehen
Exitus:
3 Tod, 4 Ende, 7 Ableben
Exkurs:
6 Anhang, Zusatz,
10 Abhandlung,
12 Abschweifung
Exkursion:
7 Ausflug, 9 Wanderung,
11 Lehrausflug, 12 Studienfahrt
Exodus:
6 Auszug, 9 Bibelteil,
11 Schlusschor,
12 Auswanderung,
13 Schlussgesang
exotisch:
5 fremd, 10 fremdartig,
14 fremdlaendisch
exotische:
-Zimmerpflanze:
8 Orchidee
exotischer:
-Vogel:
5 Tukan, 6 Marabu, 7 Kolibri,
Papagei, 8 Flamingo
exotisches:
-Tier:
3 Gnu, 5 Kamel, Tapir, Waran,
6 Gepard, 7 Giraffe, 8 Krokodil
Expedient:
8 Absender, 9 Versender
Expedition:
9 Kriegszug, 10 Versendung,
15 Forschungsreise,
16 Versandabteilung
Experiment:
4 Test, 5 Probe, 6 Wagnis,
7 Versuch
Experte:
6 Kenner, 8 Fachmann,
9 Gutachter, 10 Sachkenner,
Spezialist
Expertise:
9 Gutachten, 12 Begutachtung,
Untersuchung
Explosionsfolge:
5 Knall, Krach, 7 Bersten,
Krachen, Platzen, 9 Sprengung,
10 Detonation
Explosivgeschoss/-material:
4 Mine, 5 Bombe, 6 Dumdum,
Rakete, 7 Granate, Torpedo,
8 Luftmine, 10 Schrapnell,
11 Handgranate,
12 Fliegerbombe
Explosivstoff:
13 Nitroglyzerin, Schiesspulver,
14 Nitrozellulose, Trinitrotoluol,
16 Knallquecksilber
Export:
7 Ausfuhr
expreß:
5 eilig, rasch, 7 eiligst, schnell,
9 schleunig, 11 schleunigst
Expression:
8 Ausdruck
exquisit:
7 erlesen, 9 exzellent,
10 ausgesucht, 11 auserwaehlt,
erstklassig, vorzueglich
extern:
8 draussen, 10 ausserhalb,
auswaertig, 11 aeusserlich
extra:
6 eigens, 8 nebenbei,
9 ausserdem, besonders,
10 ausserhalb, 11 zusaetzlich,
13 ausdruecklich
Extrakt:
6 Auszug, Essenz,
13 Herausloesung
Extraktionsvorgang:
13 Herausloesung
Extravaganz:
9 Snobismus
extrem:
5 krass
exzellent:
11 vorzueglich, 12 hervorragend,
vortrefflich, 13 ausgezeichnet
Exzeß:
5 Orgie, 13 Ausschreitung,
Ausschweifung, Masslosigkeit

Fabel:
4 Fama, Maer, 5 Luege,
8 Dichtung, Handlung,
10 Erzaehlung, Geschichte,
14 Tiergeschichte
fabelhaft:
10 grossartig, 11 erstaunlich
Fabelland/Fabelinsel:
5 Thule, 6 Dorado, 8 Atlantis,
Eldorado, Paradies
fabeln:
6 luegen
Fabelname:
-des Adlers:
3 Aar
-des Bären:
4 Petz
-des Esels:
7 Langohr
-des Fuchses:
7 Reineke
-des Hasen:
5 Lampe
-des Katers:
6 Murner
-des Löwen:
3 Leo, Leu
-des Storches:
6 Adebar
-des Wolfes:
7 Isegrim
Fabelwesen:
3 Elf, Fee, 4 Elfe, Gnom,
5 Greif, Riese, Troll, Zwerg,
6 Drache, Kobold, Sphinx,
7 Drachen, Einhorn, Kentaur,
Werwolf, Zentaur, 8 Lindwurm,
9 Ruebezahl
Fabrik:
4 Werk, 7 Betrieb
Fabrikant:
9 Produzent
Fabrikation:
4 Ware, 7 Artikel, Produkt,
9 Erzeugnis
Fabrikschornstein:
4 Esse, 6 Schlot
Fabriksdirektor:
11 Unternehmer
Fabrikspeiseraum:
7 Kantine
Fabrikzeichen:
5 Marke, 9 Trademark
fabrizieren:
5 bauen, 8 erzeugen, fertigen,
schaffen, 10 herstellen,
11 produzieren

facettenreich:
12 mannigfaltig
Fach:
4 Lade, 5 Regal, 9 Schublade
Facharzt:
7 Chirurg, Urologe, 8 Hautarzt,
9 Internist, Neurologe, Paediater,
10 Frauenarzt, Kinderarzt,
Orthopaede, Psychiater,
11 Dermatologe, Gynaekologe,
13 Roentgenologe,
15 Psychotherapeut
Fachbearbeiter:
9 Dezernent
Fachbegriff:
8 Terminus,
17 Terminus technicus
Fachbereichssprecher:
5 Dekan
Fachbezeichnung:
8 Terminus
fächeln:
5 wehen, 6 wedeln
Fächerbord:
5 Regal
Fächerpalme:
3 Dum, Eta, Ita
Fachgebiet:
6 Metier, Sparte, 7 Branche,
Ressort, 9 Disziplin,
11 Berufszweig, 12 Spezialitaet
Fachgenosse:
7 Kollege
fachgerecht:
13 fachmaennisch
Fachgeschäft:
8 Drogerie
Fachgröße:
10 Kapazitaet
Fachhochschule:
13 Kunstakademie,
Polytechnikum,
14 Konservatorium
fachkundig:
11 pragmatisch
Fachlexikon:
15 Nachschlagewerk
fachliche Unterweisung:
8 Beratung
Fachmann:
6 Kenner, 7 Experte, Koenner,
10 Kapazitaet, Spezialist,
17 Sachverstaendiger
fachmännisch:
7 gekonnt, 12 qualifiziert
Fachsprache:
6 Jargon, 12 Terminologie

Fachterminus:
12 Fachausdruck
Fachunterhaltung:
10 Kolloquium
Fachvortrag:
7 Referat, Referat
Fachwerk:
9 Rahmenbau
Fachwissenschaft:
6 Chemie, Physik, 7 Botanik,
Medizin, 8 Anatomie, Biologie,
Geologie, 9 Geometrie,
Theologie, 10 Astronomie,
Mathematik, Soziologie,
11 Philosophie, Psychologie
Fachzeitung:
5 Organ
Fackel:
8 Flambeau
fad:
5 banal, schal, 10 langweilig,
12 nichts sagend*, nichtssagend
Fädchen:
5 Fluse, Faser, 6 Fussel
Faden:
4 Garn, 5 Zwirn, 6 Schnur
Fadenende:
5 Fluse
Fadenloch:
9 Nadeloehr
Fadennudeln:
8 Spagetti*, 9 Spaghetti
Fadenrolle:
5 Spule
Fadensaum:
6 Franse
Fadenschleife:
4 Oese
Fadenschlinge:
6 Franse, Masche
Fadensommer:
15 Altweibersommer
Fadenstärkemaßeinheit:
3 Den
Fadenverschlingung:
6 Knoten
Fadenwurm:
8 Nematode, Spulwurm,
Trichine, 12 Essigaelchen
fader Witz:
7 Kalauer
fades Getränk:
5 Seich
fadisieren:
10 langweilen
fähig:
3 fit, 5 habil, 7 kapabel,

8 geeignet, im Stande*, imstande, tauglich
Fähigkeit:
4 Gabe, 6 Talent, 7 Eignung, Koennen, 8 Begabung, Geschick
fahl:
5 blass, 6 bleich
fahles Pferd:
5 Falbe
Fahlheit:
7 Blaesse, Blaesse
fahnden:
6 suchen, 9 verfolgen
Fahndungsaushang:
10 Steckbrief
Fahndungsfoto:
11 Phantombild
Fahndungsmaßnahme:
6 Razzia
Fahndungsstreife:
6 Razzia
Fahne:
6 Banner, Flagge, Panier, Wimpel, 7 Stander, 9 Standarte
-Dänemarks:
8 Danebrog
Fahnenflucht:
9 Desertion
Fahnenflüchtiger:
9 Deserteur
Fahnenwort:
8 Leitwort
Fähnrich:
7 Kornett, 12 Fahnenjunker
Fahrabteilung:
5 Train, Tross
Fahrausweis:
9 Fahrkarte
fahrbar:
5 mobil, 13 transportabel
fahrbarer Operationssaal:
10 Klinomobil
Fahrbereich:
13 Aktionsradius
fahrbereit:
9 startklar, 11 startfertig
Fahrdamm:
8 Fahrbahn
fahrende:
-Dampfmaschine:
3 Lok, 10 Lokomobile, Lokomotive
Fahrender:
8 Vagabund
fahrender:
-Schüler:
6 Vagant, 7 Scholar
fahrendes:
-Volk:
8 Artisten, 10 Zirkusvolk
Fahrer:
5 Pilot, 6 Lenker, 9 Chauffeur, Schoffoer*
Fahrerflucht:
12 Unfallflucht
Fahrerlaubnis:
13 Fuehrerschein
Fahrersitz:
7 Cockpit
Fahrgast:
6 Sozius, 9 Beifahrer, Passagier
Fahrgastbereich:
5 Kupee, 6 Abteil, Kabine
Fahrgastbetreuer:
7 Steward
Fahrgastbetreuerin:
10 Stewardess
Fahrgastschiff:
15 Passagierschiff
Fahrgeschwindigkeitsmesser:
5 Tacho, 10 Tachometer
Fahrgestell:
7 Chassis
fahrig:
9 aufgeregt, 6 unstet, 7 nervoes, 10 schusselig
Fahrigkeit:
6 Unrast
Fahrkarte:
6 Ticket, 7 Billett, 9 Flugkarte
Fährmann:
5 Ferge
Fährnis:
6 Gefahr
Fahrplanübersicht:
8 Kursbuch
Fahrpromenade:
5 Korso
Fahrrad:
4 Velo, 9 Veloziped
-für zwei Personen:
6 Tandem
-mit Hilfsmotor:
4 Mofa, 5 Moped, Solex
Fahrradteil/-zubehör:
3 Rad, 4 Nabe, 5 Felge, Gabel, Kette, Lampe, Pedal, 6 Bremse, Dynamo, Lenker, Rahmen, Reifen, Sattel, Ventil, 7 Klingel, Speiche, 8 Freilauf, Schlauch, 9 Hinterrad, Luftpumpe, Schaltung, Tretlager, Vorderrad, 10 Handbremse, Katzenauge, Lenkstange, Ruecklicht, Ruecktritt, 11 Schutzblech, 12 Felgenbremse, Satteltasche, 14 Gepaecktraeger, Nabenschaltung, Werkzeugtasche, 16 Ruecktrittbremse
Fahrschein:
9 Fahrkarte, 6 Ticket, 7 Billett
Fährschiff:
7 Trajekt
Fahrstraße/-strecke:
4 Damm, 5 Piste, Route, 6 Avenue, 8 Autobahn, Chaussee, Rennbahn, 13 Stadtautobahn, 14 Schnellstrasse
Fahrstrecke:
5 Piste, 7 Schiene, Strasse
Fahrstuhl:
4 Lift, 6 Aufzug, 11 Paternoster
Fahrt:
4 Tour, 5 Reise
Fährte:
4 Spur
Fahrtenbuch für Schiffe:
7 Logbuch
Fahrtenschreiber:
10 Tachograph
Fahrtrichtung:
4 Kurs
Fahrtrichtungsanzeiger:
7 Blinker
Fahrtruppe:
5 Train, Tross
Fahrtschreiber:
10 Tachograph
Fahrwasserexperte:
5 Lotse
Fahrwasserrinne Wattenmeer:
5 Priel
Fahrweg:
7 Strasse
Fahrwind:
5 Brise
Fahrzeug/Verkehrsmittel:
3 Bus, Zug, 4 Auto, Bahn, Obus, Taxi, Tram, 5 Moped, Sulky, 6 Karren, Schiff, 7 Autobus, Fahrrad, Karosse, Kutsche, Omnibus, Traktor, Trecker, 8 Fuhrwerk, Kraftrad, Lastauto, Motorrad, 9 Automobil, Lastwagen, 10 Kabriolett, 11 Lieferwagen, Schwebebahn, 12 Strassenbahn
Fahrzeugaufbau:
10 Karosserie
Fahrzeuglenkung:
9 Steuerung

Fahrzeugluftreifen:
4 Pneu
Fahrzeugschaden:
5 Beule, Panne, 6 Defekt
Fahrzeugteil:
3 Rad, 4 Fond, Gurt, Hupe, Nabe, Tank, Tuer, 5 Achse, Feder, Felge, Haube, Motor, 6 Airbag, Bremse, Kolben, Rahmen, Reifen, 7 Armatur, Auspuff, Kuehler, Lenkrad, Verdeck, 8 Batterie, Gaspedal, Kupplung, Oelwanne, Radkappe, Vergaser, Wagenrad, Zuendung, Zylinder, 9 Hinterrad, Oelfilter, Schaltung, Vorderrad, 10 Bremsbacke, Bremspedal, Fahrersitz, Handbremse, Keilriemen, Kofferraum, Kotfluegel, Motorblock, 11 Auspufftopf, Benzinpumpe, Fahrgestell, Hinterachse, Kurbelwelle, Schutzblech, Stossstange, Vorderachse, 12 Bremstrommel, Kuehlerhaube, Zuendschloss, 13 Beifahrersitz, Bremszylinder, Stossdaempfer, 14 Scheibenbremse, 15 Scheibenwischer, Warnblinkanlage, 17 Windschutzscheibe
Fahrzeugversicherung:
5 Kasko, 9 Teilkasko, Vollkasko
Faible:
9 Zuneigung, 4 Hang, 8 Vorliebe, 9 Sympathie
fair:
6 sauber, 7 ehrlich, redlich, 8 tolerant, 10 anstaendig, ritterlich
Fakir:
4 Jogi, Yogi, 5 Asket, 7 Gaukler, 8 Derwisch
Faksimile:
9 Nachdruck, 10 Nachahmung, Wiedergabe, 11 Nachbildung, 12 Reproduktion
Faktizität:
8 Tatsache
Faktor:
7 Umstand, 12 Druckmeister, Multiplikant, 14 Setzereileiter, 16 Vervielfaeltiger
Faktotum:
6 Diener, Helfer, 7 Gehilfe
Faktum:
8 Tatsache, 11 Sachverhalt
Faktur:
8 Rechnung
Faktura:
8 Rechnung
Fakturist:
18 Wirtschaftspruefer
Fakultas:
16 Lehrberechtigung
fakultativ:
8 wahlfrei, 10 freiwillig
Fakultätsvorsteher:
5 Dekan
falb:
5 beige
Falbe:
5 Pferd, 8 Isabelle
Falkenjagd:
5 Beize
Falkenmännchen:
6 Terzel
Falklandinseln:
8 Malwinen
Fall:
5 Kasus, Sache, Sturz, 7 Absturz, 10 Niedergang, 13 Angelegenheit
Fallbeil:
10 Guillotine
Falle:
4 Netz, 8 Schlinge, 9 Fangeisen, 10 Hinterhalt, 11 Tellereisen
Fallen der Börsen:
6 Baisse
Fallensteller:
7 Trapper
Fallhammer:
5 Ramme
Fallhöhe:
8 Gefaelle
Fallklotz:
5 Ramme
Fallmeister:
8 Abdecker
Fallreep:
13 Schiffstreppe
Fallsucht:
9 Epilepsie
fallweise:
6 eigens
Fallwind:
5 Foehn, 7 Mistral
falsch:
5 irrig, 8 verkehrt, verlogen, 10 fehlerhaft, 11 irrtuemlich, 12 hinterlistig, unaufrichtig, 13 hinterhaeltig
falsch denken:
5 irren
falsch Post:
10 Irrlaeufer
falsche:
-Aussage:
5 Luege
-Einschätzung:
6 Irrtum
-Meldung:
4 Ente
-Vermutung:
6 Irrtum
falscher:
-Eid:
7 Meineid
-Glanz:
4 Tand, Trug, 7 Flitter, 11 Flitterwerk
-Glaube:
8 Haeresie, Irrlehre
-Schmuck:
5 Talmi, 6 Strass
falsches:
-Haar:
6 Toupet, 8 Peruecke
-Tun:
6 Fehler
Falschgeld:
6 Bluete
Falschheit:
7 Arglist
falschherum:
8 verkehrt
Falschmeldung:
4 Ente
Falschparker:
11 Parksuender
Falschspiel:
6 Betrug, 7 Mogelei
Fälschung:
9 Imitation, 10 Falsifikat
Falsett:
6 Fistel, 10 Kopfstimme, 12 Fistelstimme
Falsifikat:
10 Faelschung
faltbare Unterkunft:
4 Zelt
Falte:
4 Falz, 5 Knick, Kniff, 6 Furche, Runzel
falten:
6 falzen, 7 knicken
Faltenstoff:
7 Plissee
Faltenwurf:
8 Draperie
Falterart:
13 Schmetterling

falzen:
6 falten
Fama:
3 Ruf, 8 Geruecht, Nachrede
Familie:
5 Sippe, 8 Parentel,
10 Geschlecht, Sippschaft
Familienältester:
6 Senior
Familienangehörige/ Familienangehöriger:
4 Sohn, 5 Vater, 6 Bruder,
Mutter, 7 Tochter, 9 Schwester,
10 Grossvater, 11 Grossmutter
Familienfeier/-fest:
5 Taufe, 7 Firmung, 8 Hochzeit,
9 Kommunion, Verlobung,
10 Geburtstag, 12 Hochzeitstag,
Konfirmation,
13 Erstkommunion,
14 Silberhochzeit,
15 Goldene Hochzeit
Familienforscher:
9 Genealoge
Familienname:
6 Zuname, 8 Nachname
Familienname Napoleons:
9 Bonaparte
Familienplanung:
16 Geburtenregelung
Familienstammbaum:
10 Ahnentafel
Familienstand:
5 ledig, 9 verwitwet,
10 geschieden, 11 verheiratet
Familienvorstand:
8 Hausherr
Familienvorsteher:
5 Vater
Familienwissenschaft:
10 Genealogie
Familienzweig:
5 Linie
famos:
11 meisterhaft, 5 prima,
9 praechtig, 10 grossartig
Famulus:
6 Diener, 7 Gehilfe, 9 Assistent
Fan:
9 Anhaenger, Liebhaber
Fanal:
6 Fackel, 7 Zeichen,
12 Feuerzeichen
Fanatiker:
7 Eiferer, Eiferer
fanatisch:
6 hitzig, 7 eifernd,
11 blindwuetig
fanatischer Nationalist:
10 Chauvinist
Fanfarenstoß:
6 Signal
Fang:
5 Beute, 6 Kralle, Rachen
Fangarm des Tintenfisches:
8 Tentakel
Fanggehege:
6 Korral
Fanggerät/-vorrichtung:
4 Bola, Netz, 5 Angel, Falle,
Hamen, Lasso, Reuse,
7 Kescher, 8 Schlinge,
9 Fallgrube, 11 Tellereisen
Fangheuschrecke:
6 Mantis
Fangplatz:
11 Fischwasser
Fant:
4 Geck, Snob, 5 Junge, Laffe,
6 Fatzke
Fantast:
8 Traeumer, 10 Romantiker,
11 Illusionist
fantastisch:
9 wunderbar, 11 unglaublich
Farbe:
-der Liebe:
3 rot
-der Lüge:
4 gelb
-der Trauer:
7 schwarz
-des Hoffens:
5 gruen
-des Neides:
4 gelb
-im Kartenspiel:
3 Pik, 4 Herz, Karo, 5 Kreuz,
Treff, 6 Eichel, 8 Schellen
Farbe/Farbton:
3 rot, 4 azur, blau, bleu, gelb,
grau, kaki*, lila, oliv, rosa,
5 beige, braun, creme, gruen,
khaki, ocker, umbra, weiss,
6 orange, purpur, 7 schwarz,
tuerkis, violett, weinrot,
8 azurblau, hell-blau*, hellblau,
mausgrau, rehbraun, rot-braun*,
rotbraun, zinnober, 9 blaugruen,
chromgelb, elfenbein, gruenblau,
hechtgrau, hellbraun, hellgruen,
kirschrot, meergruen, ockergelb,
rostbraun, scharlach, tizianrot,
ziegelrot, 10 dunkel-blau*,
dunkelblau, dunkelgrau,
himmelblau, kobaltblau,
marineblau, ockerbraun,
quittegelb, sandfarben,
tomatenrot, ultramarin,
11 bordeauxrot, dunkelbraun,
dunkelgruen, indischgelb,
koenigsblau, lachsfarben,
orangebraun, 12 scharlachrot,
schiefergrau, smaragdgruen,
veilchenblau, zitronengelb,
13 flaschengruen, fleischfarben,
isabellfarben, 14 kastanienbraun,
kornblumenblau,
15 anthrazitfarben
-der Gesichtshaut:
5 Teint
färben:
6 toenen, 10 kolorieren
Farbenblindheit:
16 Chromatodysopsie,
13 Achromatopsie
Farbenbrett:
7 Palette
farbenfroh:
4 bunt
Farbenlehre:
9 Chromatik
Farbenschönheit:
8 Buntheit
Farbenzusatz:
7 Leinoel
Färbepflanze:
3 Wau, 5 Henna, 6 Reseda,
9 Gilbkraut
Farberde:
3 Bol
Farbgebung:
7 Kolorit, Kolorit
Farbgrundstoff:
4 Teer, 6 Anilin
farbig:
4 bunt, 9 koloriert
Farbiger:
5 Neger, 9 Afrikaner, Schwarzer
farbiges Abzeichen:
7 Kokarde
Farbigkeit:
15 Anschaulichkeit
farblos:
4 fade, 5 blass
farbloses Gas:
8 Ammoniak, 11 Formaldehyd,
12 Kohlendioxid,
13 Kohlenmonoxid
Farblosigkeit:
10 Albinismus

Farbmeßgerät:
10 Chromoskop

Farbstoff/-material:
3 Wau, 4 Waid, 5 Henna, Kohle, Ocker, Sepia, Umber, Umbra, 6 Indigo, Karmin, Kobalt, Purpur, Safran, 7 Auramin, Koralin, Phloxin, Pigment, 8 Nigrosin, Zinnober, 9 Bleiweiss, Karthamin, 10 Acrylfarbe, Akrylfarbe, Chrysoidin, 11 Koschenille, 12 Berlinerblau, Pastellfarbe, 13 Aquarellfarbe, 16 Dispersionsfarbe

Farbstoffträger:
14 Chromatophoren

Farbüberzug:
5 Lasur

Farbwalze Schnellpresse:
6 Duktor

Farbwirkung:
7 Kolorit

Farce:
5 Posse, 7 Schwank, 8 Groteske, Komoedie, 9 Lustspiel

Farmer:
5 Bauer, 7 Rancher, 8 Landwirt

Farnpflanze:
8 Baerlapp, 10 Frauenhaar

faschen:
9 verbinden

Faschiermaschine:
11 Fleischwolf

Fasching:
8 Fasnacht, Karneval, 9 Fastnacht

Faschingsfigur:
4 Narr

Faschist:
17 Nationalsozialist

Faselei:
6 Gerede, 7 Rederei, 10 Geschwaetz

Faser:
5 Fiber, Zasel

Faserbündel:
5 Riste

Fasergebilde:
5 Faden, 6 Strang

Fasergewebe:
8 Textilie

Faserlänge:
6 Stapel

Faserpflanze/-gewebe:
4 Alfa, Aloe, Hanf, Jute, 5 Agave, Kokos, Sisal, 6 Flachs, Nessel, 7 Esparto, 8 Alfagras, 9 Baumwolle, 10 Kokospalme

Faserstein:
6 Mullit

Faserstofferzeugnisse:
9 Textilien

Faß:
5 Tonne, 6 Barrel

Fassadenfront:
5 Front, 9 Aeusseres, 10 Schauseite, Stirnseite, 11 Erscheinung, Vorderfront, Vorderseite

faßbar:
11 perzeptibel

Faßbrett:
5 Daube

Faßmacher:
6 Kuefer

Fasson:
3 Art, 4 Form, 6 Muster, 7 Machart, Schnitt

Fassung:
7 Version, 10 Kontenance

fassungslos:
12 konsterniert

Fassungsmenge:
6 Inhalt, 7 Volumen, 10 Kapazitaet, 18 Aufnahmefaehigkeit

Faßverschluß:
5 Spund

fast:
6 beinah, nahezu, 7 beinahe, 8 ziemlich

fast geräuschlos:
5 leise

fast nicht zu hören:
5 leise

fast senkrecht:
5 steil

Fastensonntag:
6 Judika, 9 Invokavit

Fastnacht:
8 Fasching, Karneval

Fastnachtsausschuß:
8 Elferrat

Fastnachtsgeck:
4 Narr

Fastnachtskomödie:
13 Neidhartspiel

Fastnachtsmontag:
11 Rosenmontag

Fastnachtsruf:
5 alaaf, helau

Faszination:
12 Verzauberung

faszinieren:
9 bezaubern, 10 bestricken, verzaubern

Fata Morgana
8 Trugbild, 14 Luftspiegelung, 16 Sinnestaeuschung

faul:
5 aasig, inert, traeg, 6 modrig, traege, 7 muessig, 9 verdorben, 12 phlegmatisch

Faulbaum:
9 Kreuzdorn

faulen:
6 modern

Faulendes:
5 Moder

faulenzen:
7 gammeln

Faulenzer:
7 Gammler, 8 Tagedieb, 10 Nichtsnutz

fauler Witz:
4 Zote, 7 Kalauer

Fäulnis:
5 Moder

Fäulnisgift:
6 Neurin

Faulpelz:
13 Baerenhaeuter

Faultierart:
2 Ai, 4 Unau, 10 Zweifinger

Fausthandschuh:
10 Faeustling

Faustkampf:
5 Boxen

Faustkämpfer:
5 Boxer

Faustschlag:
14 Brachialgewalt

Fauteuil:
8 Armstuhl, 9 Lehnstuhl

Fauxpas:
4 Bock, 6 Fehler, 8 Verstoss, 9 Fehltritt, Missgriff, 11 Entgleisung, 13 Taktlosigkeit

Favorit:
10 Guenstling

Faxen:
3 Ulk, 6 Unsinn

Fazit:
5 Summe, 7 Wirkung, 8 Endsumme, Ergebnis, Resuemee, Resultat, 16 Schlussfolgerung

Feature:
7 Bericht, 14 Fernsehbericht, 17 Dokumentarbericht

Februar:
5 Feber, 7 Hornung
Fechtbahn:
7 Planche
Fechtbegriff:
4 Gang, Hieb, 5 Finte, Stich, Stoss, 6 Parade, 7 Ausfall, Riposte, Treffer, 10 Tempostoss
Fechtgang:
6 Assaut
Fechthandschuhteil:
5 Stulp
Fechtschlag:
4 Prim, Terz, 5 Quint
Fechtwaffe:
5 Degen, Spada, 6 Saebel, 7 Florett, 9 Schlaeger
Feder:
5 Spund
Federballspiel:
9 Badminton
Federbett:
7 Plumeau
Federbettenstoff:
6 Inlett
Federbusch:
7 Panasch
Federgerät:
9 Trampolin
Federhalter:
7 Fueller
Federkiel:
4 Pose
Federmappe:
6 Pennal
federnd:
6 leicht, locker, 7 biegsam, 8 flexibel, 9 elastisch
federnde Hülse:
6 Buchse
Federschmuck:
8 Aigrette
Federvieh:
4 Ente, Gans, Hahn, Huhn, 5 Erpel, Henne, Puter, Taube, 6 Glucke, Gockel, Kueken, 7 Kuecken, 8 Enterich, Hausente, Truthahn, 9 Truthenne, 10 Gaenserich, Goesseling
Federweiß:
4 Talk, 6 Talkum, 9 Talkpuder
Federweißer:
4 Most, 6 Sauser, 11 Traubenmost
Federwild:
5 Fasan, 7 Rebhuhn, 8 Auerhahn, Birkhahn, Birkhuhn, Wildente, Wildgans, 9 Goldfasan, Stockente, Sumpfhuhn, 12 Waldschnepfe, 13 Sumpfschnepfe
Federwildragout:
6 Salmis
Federwolke:
6 Cirrus, Zirrus
Federzange:
8 Pinzette
Fee:
4 Elfe
Fegefeuer:
9 Vorhoelle, 11 Purgatorium
fegen:
6 kehren, putzen, 8 saeubern
Feger:
5 Besen, Wedel, 6 Kehrer
Feh:
4 Fell, Pelz, 8 Grauwerk, Pelzwerk, 9 Rauchware, 17 Eichhoernchenfell
Fehde:
5 Kampf, 6 Streit
Fehl:
5 Makel, 6 falsch
Fehlbetrag:
5 Manko, Minus, 7 Defizit, Verlust
Fehldruck:
9 Makulatur
fehlender Anlaß:
14 Grundlosigkeit
fehlendes Wissen:
14 Bildungsluecke
Fehler:
5 Makel, 6 Defekt, Irrtum, Mangel, Patzer, 8 Nachteil, Verstoss, 9 Missgriff, Schnitzer
fehlerfrei:
6 intakt, 7 korrekt, richtig
fehlerhaft:
6 defekt, falsch, 9 inkorrekt
fehlerhaft sprechen:
7 lispeln
Fehlgeburt:
5 Abort, 6 Abgang, 7 Abortus
Fehlhandlung:
6 Irrung
Fehlleitung:
12 Irrefuehrung
Fehllos:
5 Niete
Fehlschlagen:
5 Niete, 6 Fiasko, 8 Reinfall, Versager, 10 Misserfolg
Fehlschluß:
6 Irrtum
Fehlschuß:
9 Fahrkarte
Fehltritt:
6 Suende, 7 Fauxpas, 8 Vergehen, 11 Ausrutscher
Fehlurteil:
6 Irrung
Feier:
4 Fest, Fete, 5 Party
feierlich:
5 ernst, 7 wuerdig, 8 erhebend, festlich, pastoral, 10 wuerdevoll, 11 zeremoniell
feierlich begehen:
11 zelebrieren
feierliche:
-Amtskleidung:
4 Robe, 5 Ornat
-Anrede:
10 Apostrophe
-Begrüßung:
10 Salutation
-Eröffnung:
10 Einweihung
-Handlung:
5 Ritus, Weihe, 9 Zeremonie
-Musik:
8 Maestoso
-Versicherung:
3 Eid, 6 Schwur
-Zeremonie:
5 Weihe
feierlicher:
-Brauch:
5 Ritus
-Empfang:
4 Cour
-Gesang:
6 Hymnos, 11 Landeshymne, 13 Nationalhymne
-Tanz:
6 Pavane
feierliches:
-Gedicht:
3 Ode
-Versprechen:
8 Geluebde, 9 Ehrenwort
Feierlichkeit:
8 Pathetik
Feiertag:
7 Maifest, Neujahr, 9 Erster Mai, Silvester, Totenfest, 13 Erntedankfest
feige:
6 mutlos, 7 schwach, 10 aengstlich, 11 hasenherzig
Feigenbaum:
6 Banian

Feigenkaktus:
7 Opuntie
Feigling:
5 Memme, 7 Poltron,
9 Angsthase
feil:
9 kaeuflich
feilbieten:
10 offerieren
Feile:
6 Raspel
feilen:
8 glaetten, polieren
feilschen:
7 handeln, 9 schachern
Feime:
7 Schober
fein:
4 zart, 5 duenn, 6 grazil, schick, sublim, subtil, 7 anmutig, delikat, elegant, praezis, schlank, vornehm, 8 brillant, praezise, zierlich, 10 manierlich, 11 mimosenhaft
fein gekleidet:
7 elegant
Feinarbeit:
8 filigran
Feinbäcker:
8 Konditor
Feinbäckerei:
10 Konditorei, Patisserie
Feind:
6 Gegner, 11 Widersacher, 12 Gegenspieler
feindlich:
6 abhold, 9 aggressiv
-Gesinnter:
6 Hasser
feindliche:
-Auseinandersetzung:
5 Krieg
-Eindringlinge:
9 Invasoren
-Einstellung:
11 Animositaet
feindlicher:
-Einfall:
8 Invasion
-Spion:
5 Agent
Feindschaft:
4 Hass, 5 Fehde, Odium, 8 Unfriede, 11 Animositaet
feindselig:
6 unhold
Feindseligkeit:
5 Fehde, Krieg, Zwist, 6 Streit, 11 Animositaet, Hostilitaet
feine:
-Abstufung:
6 Nuance
-Backware:
5 Torte
-chinesische Teesorte:
5 Pekoe
-Goldschmiedearbeit:
8 Filigran
-Kaffeesorte:
5 Mokka
-Kochkunst:
11 Gastronomie
-Sitte:
7 Fashion, 8 Etikette
-Wolle:
6 Angora, Merino
feiner:
-Instinkt:
9 Spuersinn
-Pferdewagen:
8 Equipage
-Schmutz:
5 Staub
-Spalt:
4 Riss
-Spott:
6 Ironie
-Unterschied:
6 Nuance
feines:
-Gestein:
4 Kies, Sand
-Gewebe:
6 Batist
-Gewebe des Altertums:
6 Byssus
-Leder:
3 Kid
-Pulver:
5 Puder
feinfühlend:
8 sensibel, taktvoll, 10 empfindsam
Feingebäck:
5 Torte, 6 Baiser, Kuchen, Waffel, 7 Biskuit, Kringel, Makrone, Pastete, 9 Tortelett, 10 Baumkuchen
Feingefühl:
4 Takt
Feingeist:
7 Aesthet
feingemahlener Zucker:
9 Raffinade
Feingemüse:
5 Pilze, 7 Spargel, 9 Aubergine
Feingewicht für Gold:
5 Karat
Feinheit:
5 Guete, 6 Detail, Nuance, Schick, 7 Eleganz, 8 Brillanz, 9 Qualitaet, 10 Praezision, Raffinesse, 11 Raffinement
feinkeramisches Produkt:
6 Fliese, Kachel, 8 Majolika, Steingut, 9 Porzellan, 10 Terrakotta
Feinkostessen:
11 Delikatesse, 12 Delikatessen
Feinleder:
3 Kid, 5 Nappa
Feinmechanikermeister:
7 Optiker, 9 Uhrmacher
feinnervig:
8 sensitiv
Feinschlosser:
10 Mechaniker
feinschmeckend:
6 lecker, 7 delikat, 9 koestlich
Feinschmecker:
7 Gourmet, 8 Gourmand, 9 Geniesser, Schlemmer
feinste:
-Farbqualität:
5 River
-Seide:
5 Grege
feinster:
-Dreck:
5 Staub
feinstes:
-Gestein:
4 Sand
feist:
4 dick, fett, 7 speckig, 10 dickleibig, fettleibig
Feldarbeitsutensil:
4 Egge, 5 Harke, Pflug, Sense, 6 Rechen, Sichel
Feldareal:
4 Kamp, 6 Gewann, 7 Gewende
Feldbahnwagen:
4 Lore
Feldbinde:
8 Schaerpe
Feldblume:
4 Mohn, 11 Klatschmohn
Feldeinfriedung:
5 Knick
Feldertrag:
5 Ernte

Feldfrucht:
4 Hanf, Klee, Korn, Mais, Mohn, Raps, Reis, 5 Bohne, Gurke, Hafer, Hirse, Ruebe, Wicke, Wruke, 6 Dinkel, Flachs, Gerste, Roggen, Weizen, 7 Ruebsen, 8 Erdapfel, Feldklee, Getreide, 9 Gruenkern, Kartoffel, Kohlruebe, Ruebsamen, 10 Buchweizen, Esparsette, Serradella, Weisskraut
Feldgemeinschaft:
8 Allmende
Feldgeschrei:
6 Losung, Parole
Feldgeschütz:
6 Kanone, 8 Haubitze
Feldgott:
3 Pan, 4 Faun
Feldherr:
8 Stratege, 11 Heerfuehrer, 12 Befehlshaber, 16 Oberbefehlshaber
-Alexanders des Großen:
8 Diadoche, 10 Lysimachos
-Davids:
4 Uria, 5 Urias
-des 30jährigen Krieges:
4 Illo, 5 Tilly, 6 Gallas, 8 Mansfeld, 11 Gustav Adolf, Piccolomini, Wallenstein
-des großen Kurfürsten:
11 Derfflinger
-des oströmischen Reiches:
7 Belisar
-im Krieg gegen Napoleon:
8 Bluecher, 9 Gneisenau, 10 Wellington
-Karls V.:
4 Alba
-König Sauls:
5 Abner
-Maria Theresias:
4 Daun
-Napoleons:
5 Murat
-Wallensteins:
4 Illo
Feldhuhn:
7 Rebhuhn, Wachtel
Feldjäger:
7 Gendarm
Feldlager:
4 Camp, 5 Biwak
Feldmark:
4 Flur
Feldmaß/Flächenmaß:
2 Ar, 4 Acre, Joch, 5 Acker, 6 Hektar, Morgen, 7 Juchart, Juchert, Tagwerk, 12 Quadratmeter, 16 Quadratkilometer
Feldmessung:
9 Geodaesie
Feldraute:
8 Erdrauch
Feldsalatpflanze:
8 Rapunzel
Feldschutz:
5 Sappe, 6 Bunker, 7 Schanze, Stollen, 9 Barrikade, Brustwehr, 11 Drahtverhau
Feldspat:
6 Adular
Feldstecher:
8 Fernglas, Fernrohr, Jagdglas
Feldterrain:
4 Flur, Kamp, Land, 5 Acker, Platz, 6 Sektor, 9 Abschnitt
Feldvermesser:
7 Geodaet, 8 Geometer
Feldweg:
4 Rain
Feldzeichen:
6 Banner, Panier, 9 Standarte
Feldzug:
5 Krieg
Fellranzen:
9 Tornister
Fellzuchthof:
8 Nerzfarm
Felsen:
-am Mittelrhein:
7 Lorelei, Loreley
-am Rhein:
7 Lorelei, Loreley
-im Harz:
10 Rosstrappe
-im Teutoburger Wald:
12 Externsteine
-im Zittauer Gebirge:
5 Oybin
Felsengrab:
9 Hypogaeum
Felsenhöhle:
6 Grotte
Felsenklippe:
4 Riff
Felsenschlange:
6 Assala
felsig:
7 steinig
Felsnische:
3 Kar
Felsschlucht:
4 Klus, 5 Klamm
Felsspalte:
5 Kamin
Felsüberhang:
4 Abri
Felswand:
4 Fluh
Fenchelholz:
9 Sassafras
Fensterdekoration:
6 Behang
Fensterglas:
7 Scheibe
Fensterhaken:
5 Haspe
fensterlose Kammer:
6 Kabuff, Kabuse
fensterlose Zimmerecke:
7 Alkoven
Fensteröffnungsbegrenzung:
8 Sohlbank
Fensterteil:
5 Sturz, Zarge, 7 Sprosse
Fensterverschlag:
5 Laden, Rollo, 7 Markise, 8 Jalousie, Rolladen, 9 Rollladen*
Fensterverschluß:
5 Laden, 8 Rolladen, 9 Rollladen*
Fenstervorhang:
5 Store, 7 Gardine
Fenstervorsprung:
4 Sims
Ferienaufenthalt:
13 Sommerfrische
Feriengast:
8 Urlauber
Ferienzeit:
6 Urlaub, 8 Erholung
Ferment:
3 Lab, 5 Enzym, 6 Pepsin, Zimase, 7 Laktase, Trypsin, 8 Diastase, Invertin, Katalase
fern:
3 weg, 4 weit, 8 entlegen, 9 abgelegen
Ferne:
5 Weite, 6 Fremde, 7 Abstand
ferner:
4 item
ferner Osten:
8 Ostasien
Ferngespräch:
5 Anruf, 9 Telefonat
Fernglas:
11 Feldstecher

Fernkampfwaffe:
6 Rakete, 9 Geschuetz
Fernleitung:
5 Kabel
Fernrohr:
8 Teleskop, 9 Refraktor
Fernschreiben:
5 Telex, 9 Telegramm
Fernschreiber:
8 Telegraf*, 9 Telegraph
Fernsehantenne:
5 Dipol
Fernsehen:
10 Television
fernsehgeeignet:
7 telegen
Fernsehhund:
6 Lassie
Fernsehschule:
10 Telekolleg
Fernsprechbereich:
8 Ortsnetz
Fernsprechgerät:
7 Telefon*, 8 Telephon
Fernwirkung:
10 Telepathie
Ferse:
5 Hacke, 6 Hacken
Fersenstachel:
6 Sporen
fertig:
3 gar, 5 quitt, 6 bereit, 7 beendet, 8 erledigt, 9 vollendet, 13 abgeschlossen
fertig gekocht:
3 gar
Fertigessen:
8 Konserve, 13 Tiefkuehlkost
fertiggestelltes Gebäude:
6 Neubau
Fertigkeit:
6 Uebung, 7 Koennen, Routine, 8 Geschick, 11 Gewandtheit
Fertigkleider:
10 Konfektion
Fertigung:
10 Produktion, 11 Fabrikation
Fertigungsprodukt:
9 Erzeugnis
fesch:
5 flott, 6 schick, 7 elegant, 9 schneidig
Fessel:
4 Band, 5 Kette, Zwang, 6 Gelenk, Knebel, 7 Bindung, 8 Knoechel, 11 Handschelle
fesseln:
7 knebeln, 11 faszinieren
fesselnd:
7 packend, 11 interessant, 12 faszinierend
fesselnde Ausstrahlung:
11 Faszination
fest/Fest:
4 Fete, hart, stur, zaeh, 5 Party, solid, starr, 6 eisern, gefeit, massiv, sicher, solide, stabil, straff, 7 haltbar, kompakt, 8 staendig, 9 standhaft, unbeugsam, 10 konsistent, 11 unbeweglich
Festanzug:
4 Gala
Festbeleuchtung:
9 Feuerwerk, 12 Illumination
Festbesucher:
4 Gast, 7 Jubilar, 9 Ehrengast
Festgedicht:
3 Ode, 6 Karmen
festgegründet:
8 fundiert, 9 etabliert
Festgelage:
5 Orgie
festgelegte Spielfolgen:
9 Programme
festgelegter Vorgang:
11 Reihenfolge
Festgesang:
5 Hymne
festgesetzte:
-Preisobergrenze:
5 Limit
-Speisenabfolge:
5 Menue
festgesetzter Zahlungstermin:
5 Frist
festhalten:
8 fixieren
Festhaltevorrichtung:
6 Klemme, 7 Klammer
festigen:
13 stabilisieren
Festigen:
14 Konsolidierung, Stabilisierung
Festigkeit:
6 Haerte, 7 Staerke, 8 Ausdauer, 11 Stabilitaet
Festival:
9 Festspiel
Festkleidung:
3 Boa, Cut, 4 Gala, Robe, 5 Frack, 7 Cutaway, Smoking, 8 Schleppe, 9 Ballkleid, 10 Abendkleid, 13 Cocktailkleid
Festkneipe:
7 Kommers
Festland:
4 Erde, 7 Erdteil, 9 Kontinent
festlegen:
10 definieren
festlegend:
12 determinativ
festlich:
6 solenn
Festlichkeit:
4 Fete, 5 Feier, 11 Festivitaet
Festmahl:
7 Bankett
Festmahlzeit:
5 Diner, 7 Bankett, 8 Gastmahl, 9 Galadiner
festnehmen:
9 verhaften, 10 arretieren, 11 inhaftieren
festsetzen:
10 etablieren, statuieren
festsitzend:
6 sessil
Festspiel:
8 Festival
feststehend:
3 fix, 5 starr, 8 konstant, 9 stereotyp
feststehender Ausdruck:
6 Formel
feststellen:
8 erkennen, fixieren, 12 konstatieren
Feststellung:
6 Befund, 8 Diagnose
Festumzug:
5 Korso, Umzug, 6 Parade, 10 Prozession
Festung am Rhein:
15 Ehrenbreitstein
Festungsanlage:
4 Burg, Fort, Wehr, 5 Feste, Sappe, 6 Bastei, 7 Bastion, Erdwall, Eskarpe, Kastell, Schanze, 8 Bollwerk, 9 Kasematte, Zitadelle
Festungsbereich:
7 Bastion, 9 Esplanade
Festwert:
9 Konstante
Fete:
4 Fest, 5 Feier, 11 Festivitaet
fett/Fett:
3 Oel, 4 dick, Talg, 5 feist, oelig, Speck, Wachs, 6 Butter, massig, Schmer, tranig, 7 Schmalz,

Stearin, 9 korpulent, Margarine, schmierig
fettähnliche Stoffe:
6 Lipide
Fettansetzverfahren:
7 Mastkur
fettarm:
5 mager
fetten:
5 oelen, 9 schmieren
fetter Boden:
4 Klei
Fettgeschwür:
5 Lipom
Fetthenne:
5 Sedum, 11 Donnerkraut, 12 Mauerpfeffer
fettig:
5 oelig, 9 schmierig
Fettlage:
5 Speck
fettleibig:
9 korpulent
Fettleibigkeit:
9 Fettsucht, Korpulenz
Fettsalbe:
7 Lanolin
Fettstück:
6 Griebe
Fetzen:
4 Tuch, 6 Lappen, Lumpen, 7 Flicken, 9 Schnitzel
feucht:
4 nass, 5 humid, Klamm, tauig, 7 benetzt, 8 waessrig
Feuchtigkeitsmesser:
10 Hygrometer
Feuchtigkeitsmeßgerät:
9 Hygroskop
Feuchtigkeitsniederschlag:
6 Naesse
feuchtwarm:
7 schwuel
feuchtwarmes Wetter:
8 Schwuele
feudal:
5 adlig, nobel, 7 vornehm, 8 exklusiv, 14 herrschaftlich
feudaler Besitz:
5 Lehen
Feuer:
4 Glut, Lohe, 5 Brand, 6 Flamme
Feuerbestattungsgebäude:
11 Krematorium
Feuerentzünder:
5 Flint, 7 Fidibus, 9 Feuerzeug, Zuendholz, 10 Feuerstein, 11 Streichholz
feuerfester Ton:
9 Schamotte
feuerfestes Material:
6 Asbest
feuergefährlicher Stoff:
3 Oel, 6 Aether, Benzin, Benzol, 8 Spiritus
Feuergeist:
10 Salamander
Feuergottheit:
4 Loki, 6 Vulkan, 8 Hephaest, 10 Hephaistos
Feuerkröte:
4 Unke
Feuerkugel:
6 Meteor
feuern:
6 heizen, werfen, 9 schiessen
Feuersbrunst:
5 Brand, 10 Grossbrand
Feuerschwamm:
6 Zunder
feuerspeiender Berg:
6 Vulkan
Feuerstein:
3 Cer, 5 Flint, Silex, 6 Eolith
Feuerstelle:
4 Esse, Herd, Ofen, 5 Grill, Kamin
Feuerwaffe:
2 MG, 3 Pak, 4 Colt, Flak, 6 Gewehr, Kanone, Rakete, 7 Buechse, Moerser, Muskete, Pistole, 8 Browning, Drilling, Haubitze, Revolver, Terzerol, Tesching, 9 Geschuetz, Karabiner, 11 Minenwerfer, Panzerfaust, 15 Maschinengewehr, 16 Maschinenpistole
Feuerwarnruf:
6 feurio
Feuerwasser:
7 Schnaps
Feuerwehrutensil:
5 Pumpe, 6 Leiter, 7 Spritze
Feuerwehrwagen:
9 Loeschzug, 12 Geraetewagen, 13 Spritzenwagen
Feuerwelt:
10 Muspelheim
Feuerwerkerberuf:
13 Pyrotechniker, Sprengmeister
Feuerwerkertechnik:
11 Pyrotechnik
Feuerwerkskörper:
6 Rakete, 8 Feuerrad, 10 Knallerbse, 11 Knallfrosch, 13 Kanonenschlag
Feuerzeichen:
5 Fanal, 6 Signal
feurig:
6 brioso, 7 con brio, 8 vehement
Fiaker:
7 Kutsche, 8 Droschke, 14 Pferdedroschke
Fiasko:
6 Pleite, 7 Konkurs, Verlust, 8 Einbruch, Einbusse, 10 Fehlschlag, Misserfolg
Fibel:
6 Spange, 7 ABC-Buch, Brosche, 8 Lehrbuch, Lesebuch
Fiber:
5 Faser, Faser
Fibrille:
5 Faser, 11 Gewebefaser, Nervenfaser
Fibrom:
10 Geschwulst
Fibula:
6 Spange, 7 Brosche, Klammer, 9 Wadenbein
Fichtenspargelart:
8 Ohnblatt
fidel:
6 heiter, lustig, 9 froehlich, vergnuegt
Fidibus:
6 Papier, 8 Streifen, 9 Anzuender
Fieberarznei:
6 Chinin
Fiebererscheinung:
8 Delirium
fieberhaft:
6 febril, 8 hektisch
Fiebermittel:
7 Aspirin
fiebern:
6 gieren, 7 zittern
Fieberpflanze:
10 Eukalyptus
Fiebersymptom:
5 Hitze, 9 Aufregung
Fiedel:
5 Geige, 7 Violine
fies:
6 gemein
Fight:
5 Duell, Kampf, 6 Streit, 7 Gefecht, Treffen, 9 Zweikampf, 18 Auseinandersetzung

Fighter:
5 Boxer, 8 Kaempfer,
12 Draufgaenger
Figur:
4 Form, 6 Format, Statue,
7 Gebilde, Gestalt
Figur/Gestalt:
-am Naumburger Dom:
3 Uta, 8 Dietrich, Ekkehard
-aus Carmen:
4 Jose, 6 Zuniga, 7 Micaela,
8 Mercedes
-aus Der Barbier von Sevilla:
6 Figaro, Rosine, 7 Bartolo,
Basilio, 8 Fiorillo, 10 Marzelline
-aus Der fliegende Holländer:
5 Senta
-aus Der Rosenkavalier:
6 Annina, Sophie, 7 Faninal,
8 Oktavian, Quinquin,
11 Marschallin,
15 Feldmarschallin
-aus Der Zigeunerbaron:
5 Saffi, 6 Arsena
-aus Die Entführung aus dem Serail:
5 Osmin, Selim, 8 Belmonte,
Pedrillo, 9 Blondchen,
Konstanze
-aus Die Nibelungen:
3 Ute, 5 Etzel, 6 Gernot,
Rumolt, 8 Giselher, Ruediger
-aus Die Zauberflöte:
6 Pamina, Tamino, 8 Papagena,
Papageno, Sarastro
-aus Don Carlos:
5 Eboli
-aus Faust:
6 Frosch, Marthe, Siebel,
Wagner, 7 Brander, 8 Gretchen,
Mephisto, Valentin, 9 Margarete
-aus Maria Stuart:
8 Mortimer
-aus Minna von Barnhelm:
8 Tellheim
-aus Romeo und Julia:
7 Capulet, Lorenzo, 8 Montague,
9 Balthasar
-aus Tristan und Isolde:
5 Marke, Melot, 8 Kurwenal,
9 Brangaene
-aus Wallenstein:
3 Max, 4 Illo, Seni, 6 Gordon,
Terzky, Thekla, 7 Isolani,
Wrangel, 11 Piccolomini
-aus Zar und Zimmermann:
5 Marie, Peter, 6 Lefort,
7 Syndham, van Bett
-im Kartenspiel:
4 Bube, Dame, Ober, 5 Unter,
6 Koenig
-im Märchen:
3 Fee, 4 Hexe, Muck, 5 Riese,
Zwerg, 6 Gretel, Teufel,
7 Haensel
Figurant:
12 Schauspieler
figürlich:
8 bildlich
figürlicher Gesimsbereich:
5 Fries
Filet:
12 Rinderbraten
Filetstück:
9 Beefsteak
Filialbetrieb:
10 Niederlage, 11 Zweigstelle,
12 Zweigbetrieb,
13 Niederlassung,
14 Zweiggeschaeft
Filibuster:
5 Pirat, 6 Korsar, 10 Flibustier,
Seeraeuber
Film:
10 Lichtspiel
Filmarchiv:
7 Magazin
Filmaufnahmeatelier:
6 Studio
Filmbegeisterter:
7 Cineast
Filmberuf:
6 Cutter, Double, 9 Dramaturg,
Operateur, Regisseur,
10 Inspizient, Kameramann
Filmdrehbuch:
6 Skript
Filmfestspielstadt:
6 Berlin, Cannes
Filmgerät:
6 Kamera
Filmgröße:
4 Star
Filmkenner:
7 Cineast
Filmmanuskript:
8 Drehbuch
Filmpreis:
5 Bambi, Oscar
Filmsammlung:
10 Cinemathek
Filmtheater:
4 Kino, 6 Cinema,
14 Lichtspielhaus
Filmvorführer:
9 Operateur
Filmvorlage:
8 Drehbuch
Filmwitz:
3 Gag
Filou:
6 Gauner, Schelm, 9 Spitzbube,
10 Schlaukopf, Schwindler
Filtereinsatz:
4 Sieb
filtern:
6 sieben
Filtertuch:
6 Seiher
filzig:
6 geizig
Filzmütze:
6 Kalpak, Kolpak
Filzokratie:
17 Vetternwirtschaft
Filzzelt:
5 Jurte, 7 Kibitka
Fimmel:
4 Tick, 6 Spleen, 7 Marotte
Fin de Siècle:
12 Gruenderzeit
Finale:
4 Ende, 7 Endlauf, Schluss,
8 Endkampf, Endspiel,
9 Abschluss
Finanzamt:
6 Fiskus
Finanzen:
6 Gelder, 9 Vermoegen,
10 Geldmittel
Finanzhai:
8 Wucherer
finanzielle Unternehmumg:
11 Transaktion
Finanzplan:
4 Etat
Finanzspritze:
8 Zuschuss
Finanzunternehmer:
9 Finanzier
Findelkind:
5 Waise, 8 Findling
findig:
6 schlau, 7 pfiffig,
13 einfallsreich
Finesse:
5 Kniff, 8 Feinheit, Klugheit,
10 Kunstgriff, Schlauheit
Fingerabdrucktechnik:
13 Daktyloskopie
Fingererkrankung:
6 Umlauf
Fingerhutpflanze:
9 Digitalis

Fingerkrautgewächs:
10 Gaensefuss, Gaenserich,
11 Gaensegarbe
Fingerling:
9 Handschuh
Fingernagelhalbmond:
6 Lunula
Fingerreif:
4 Ring
Fingerspiel:
4 Mora
Fingerspitzengefühl:
11 Achtsamkeit, 4 Takt
Fingersprache:
14 Zeichensprache
Fingertier:
6 Aye Aye
Fingerweis:
3 Tip, 4 Wink, 7 Hinweis
Fingerzierde:
4 Ring, 7 Ehering, 8 Trauring
fingieren:
12 vortaeuschen
Finkenvogel:
5 Ammer, Spatz, Weber,
6 Gimpel, Zeisig, 7 Amadine,
Girlitz, Kanarie, Ortolan,
8 Buchfink, Kardinal, Sperling,
9 Goldammer, Gruenfink,
Gruenling, Rohrammer,
Stieglitz, 11 Gartenammer,
Kernbeisser, 13 Kanarienvogel,
Kreuzschnabel
finnisch für:
-Finnland:
5 Suomi
finnische:
-Hafenstadt:
3 Abo, 4 Kemi, Oulu
-Hauptstadt:
8 Helsinki
-Landschaft:
8 Karelien, Lappland
-Münze:
5 Penni
-Zither:
7 Kantele
finnischer:
-Architekt:
5 Aalto, 8 Saarinen
-Bildhauer:
8 Aaltonen
-Komponist:
9 Palmgreen
-Läufer:
5 Nurmi
-Nobelpreisträger für Chemie:
8 Virtanen
-Nobelpreisträger für Literatur:
11 Sillanpaeae
-Politiker/Politikerin:
6 Tanner, 8 Kekkonen
-See:
5 Enare, Inari, 8 Enaresee,
Inarisee
-Volksstamm:
5 Esten, Liven, 6 Lappen
-Wunderläufer:
5 Nurmi
finnisches:
-Dampfbad:
5 Sauna
-Nationalepos:
8 Kalevala, Kalewala
Finnmark:
6 Markka
finster:
6 dunkel, obskur, 7 duester
Finte:
4 Dreh, List, 5 Falle, Kniff,
Trick, 7 Vorwand, 9 Ausflucht,
13 Scheinangriff
Firlefanz:
4 Tand, 5 Posse, 6 Unsinn,
7 Torheit
firm:
4 fest, 6 sicher, 10 sattelfest
Firma:
7 Betrieb, 9 Geschaeft,
11 Unternehmen
Firmament:
6 Himmel, 11 Sternenzelt,
15 Himmelsgewoelbe
Firmenchef:
7 Manager
Firmeneigner:
4 Boss, Chef, 9 Produzent,
11 Unternehmer
Firmeneröffnung:
9 Gruendung
Firmenleitung:
9 Direktion
Firmenverbund:
6 Fusion, 7 Konzern
Firmenvertreter:
9 Reisender
Firmenvertretung:
7 Agentur, Filiale
Firmenzeichen:
5 Marke
Firn:
9 Altschnee
Firnis:
7 Leinoel
First:
4 Dach, Kamm, 6 Giebel, Gipfel
Fischart/Fisch:
3 Aal, Hai, 4 Alse, Anke, Bars,
Blei, Butt, Salm, Urbe, Wels,
5 Aitel, Aland, Alose, Hecht,
Lachs, Orade, Stint, Stoer,
Umber, 6 Barsch, Beluga,
Brasse, Dorade, Dorsch, Hausen,
Hering, Merlan, Rochen, Schlei,
Seeaal, Ukelei, Zander,
7 Blauhai, Brachse, Elbbutt,
Elritze, Felchen, Forelle,
Karpfen, Maraene, Scholle,
Sprotte, 8 Heilbutt, Kabeljau,
Seelachs, Seezunge, Tunfisch*,
9 Hammerhai, Knurrhahn,
Thunfisch, Zitteraal,
10 Flussbarbe, Goldbarsch,
Goldbrasse, Seeforelle,
11 Bachforelle, Blaufelchen,
Schellfisch, 12 Lanzettfisch,
Seepferdchen, Zitterrochen,
13 Korallenfisch, Teufelsrochen,
14 Spiegelkarpfen,
15 Schleierschwanz
Fischatmungskörperteil:
6 Kiemen
Fischbehälter:
8 Aquarium
Fischbein:
5 Barte, 8 Walbarte
fischblütig:
12 gefuehlskalt
Fischbrut:
5 Laich
Fischeier:
5 Rogen, 6 Kaviar
fischen:
6 angeln
Fischereischiff:
6 Kutter, 7 Trawler
Fischfang:
9 Fischerei
Fischfänger:
6 Angler
Fischfangutensil:
4 Netz, 5 Angel, Bunge, Reuse,
7 Harpune, Kescher, 9 Angelrute
Fischfett:
4 Tran
Fischflüssigkeit:
9 Lebertran
Fischfrau:
10 Seejungfer, 12 Meerjungfrau
Fischknochen:
6 Graete
Fischkonserve:
8 Anchovis, Rollmops,
9 Anschovis*, 10 Oelsardine,

11 Appetitsild, Gabelbissen, 14 Bismarckhering
Fischkutter:
7 Trawler
Fischmarderart:
5 Otter
Fischnetz:
4 Wate, 5 Hamen
Fischöl:
9 Lebertran
Fischreuse:
5 Bunge
Fischspeise:
8 Aalsuppe
Fischsteuer:
6 Flosse
Fischsuppe:
13 Bouillabaisse
Fischwissenschaft:
12 Ichthyologie
Fischzugsernte:
4 Fang
Fisimatenten:
5 Faxen, 11 Ausfluechte, Winkelzuege
fiskalischer Ausdruck:
12 Steuerklasse
Fiskus:
5 Aerar, 11 Staatskasse
fispeln:
9 fluestern
Fissur:
12 Knochenbruch
Fistelgesang:
7 Falsett
fit:
8 tauglich, 14 durchtrainiert, 15 leistungsfaehig
Fittiche:
7 Fluegel
Fitzbohnenpflanze:
12 Schnittbohne, Stangenbohne
fix:
5 eilig, flink, rasch, 6 sicher, 7 gewandt, schnell
fixe Idee:
4 Tick, 6 Spleen, 7 Marotte, 8 Schrulle, 17 Zwangsvorstellung
fixieren:
9 festlegen, 10 festhalten
Fixiermittel:
7 Fixativ, 8 Sikkativ, 9 Schellack, 10 Kolofonium*, Wasserglas, 11 Kolophonium
Fixstern:
4 Wega, 5 Atair, Deneb, Rigel, Sonne, 6 Castor, Kastor, Pollux, Sirius, Taurus, 7 Antares, Canopus, Capella, Kapella, Zentaur, 9 Aldebaran, Centaurus, 10 Alpha Tauri
Fixsternansammlung:
9 Sternbild
Fixumsbetrag:
6 Gehalt, 7 Entgelt, 9 Einkommen, Festbezug, 10 Festgehalt
Fjord:
5 Bucht, 11 Meeresbucht
FKK-Fan:
6 Nudist
flach:
4 eben, 5 banal, platt, 6 seicht
Flachbrusttier:
4 Kiwi, 7 Strauss
Flachdachgebäude:
8 Bungalow
Flachdrucktechnik:
6 Offset, 10 Lichtdruck, 11 Lithografie*, 12 Lithographie
flache:
-Bodenerhebung:
6 Huegel
-Kopfbedeckung:
12 Baskenmuetze, Tellermuetze
-Küstenbucht:
4 Haff
-Landschaft:
5 Ebene
-Meeresbucht:
4 Wiek
-Schale:
8 Kuevette
-Schüssel:
6 Platte, Schale
-Tasche:
5 Mappe
-Vertiefung:
5 Delle
Fläche:
4 Feld, 5 Areal, Boden, Ebene, 6 Gebiet, 7 Terrain
Flächengrenze:
4 Rand
Flächeninhalt:
5 Areal
Flächenmaß:
2 Ar, 4 Acre, 6 Hektar, Morgen
Flächenmesser:
10 Planimeter
flacher:
-Strandsee:
4 Haff, 6 Lagune
flaches:
-Boot:
3 Gig, 4 Kanu, 7 Einbaum, 8 Kanadier
flachgedrückt
5 platt
flachgestreckt:
6 rasant
Flachheit:
10 Platituede
Flachholz:
5 Brett
Flachland:
5 Ebene
Flachs:
4 Lein
Flachsbündel:
5 Riste
Flachsgranne:
3 Ahn
flackernde Flamme:
4 Lohe
flaggen:
6 hissen, 7 heissen
Flaggenform:
5 Fahne, 6 Banner, Goesch, Panier, 7 Stander, 9 Standarte
Flair:
7 Fluidum, 9 Spuersinn, 11 Atmosphaere
Flammenart:
4 Lohe, 5 Feuer
Flammenmergel:
5 Gault
Flammenzeichen:
5 Fanal
flanieren:
10 schlendern, 14 spazieren gehen*, spazierengehen
Flanke:
5 Seite, 6 Sprung, 7 Fluegel
Fläschchen:
6 Flakon
Flasche:
5 Kruke, Pulle, 6 Ballon, Buddel, 7 Gefaess, Karaffe, 9 Bouteille
Flaschenform:
11 Bocksbeutel
Flaschenkürbis:
9 Kalebasse
Flaschenlinie:
8 Batterie
Flaschenverschluß:
4 Kork, 5 Krone, 6 Korken, 8 Stoepsel, 10 Kronenkork

Flaschenzugapparat:
4 Gien, 5 Takel, Talje
Flaschnerberuf:
8 Blechner, Klempner, Spengler
Flattergras:
6 Milium, 9 Waldhirse
flatterhafter Mensch:
8 Irrwisch
Flattertier:
8 Flughund, 10 Fledermaus
flau:
3 mau, 4 matt, 5 muede,
7 schwach, 8 schlecht
Flaumfeder:
5 Daune, 10 Eiderdaune
Flaumhaare:
5 Wolle
Flause:
5 Getue, Luege, 7 Ausrede,
10 Geschwaetz
Flausen:
12 Fisimatenten
Flaute:
6 Baisse, Stille, 10 Windstille
Flechte:
4 Zopf, 9 Ausschlag,
13 Hautausschlag
Flechtmaterial:
4 Bast, Hanf, Jute, Rohr,
6 Schilf
Flechtwerk:
4 Korb, 5 Matte, Zaine,
8 Geflecht
Fleck:
6 Klecks
Fledermausart:
6 Kalong, Vampir, 8 Flughund,
9 Blattnase, 10 Flederhund,
12 Hufeisennase,
14 Fliegender Hund
Flegel:
5 Flaps, Rekel, 6 Bengel,
Ruepel, 7 Luemmel
Flegelei:
5 Unart, 13 Ungezogenheit
flehentlich:
10 instaendig
Fleischer:
7 Metzger, 10 Schlachter
Fleischextrakt:
6 Bruehe, Wuerze
Fleischfaserbündel:
6 Muskel
fleischfressende Pflanze:
8 Taublatt, 9 Fettkraut,
Sonnentau, 12 Fliegenfalle,
13 Kannenpflanze

Fleischfresser:
9 Karnivore
Fleischfüllung:
5 Farce
Fleischgericht/Fleischware:
5 Filet, Klops, Steak, 6 Braten,
Ragout, 7 Bulette, Eisbein,
Gulasch, Haschee, Pastete,
Roulade, 8 Kotelett, 9 Beefsteak,
Frikassee, Karbonade,
Roastbeef, Rumpsteak,
Schnitzel, 10 Frikadelle
fleischig:
7 pulpoes, 9 sukkulent
Fleischkloß:
5 Klops, 7 Bulette, 8 Boulette
Fleischkonserve:
8 Pemmikan, 10 Corned beef,
Cornedbeef*
Fleischkrem:
6 Mousse
Fleischkugel:
5 Kloss
fleischlich:
8 leiblich, 11 koerperlich
Fleischrolle:
7 Roulade
Fleischsaftgallert:
3 Jus
Fleischscheibe:
7 Tranche, 8 Transche*
Fleischschnitte:
5 Steak
Fleischsud:
6 Bruehe
Fleischsuppe:
8 Bouillon, Consomme,
11 Kraftbruehe
Fleischvergiftung:
10 Botulismus
Fleischzerkleinerungs-maschine:
4 Wolf
Fleiß:
5 Eifer, 7 Absicht,
12 Strebsamkeit, Tuechtigkeit
fleißig:
5 emsig, 6 eifrig, 8 strebsam,
9 arbeitsam
fleißiges Tier:
4 Imme, 5 Biene, 6 Ameise
flektieren:
6 beugen, 11 deklinieren,
konjugieren
flexibel:
7 beugbar, beugsam, dehnbar,
9 beweglich, elastisch

Flexionsform:
7 Beugung, Biegung,
11 Deklination, Konjugation
Flibustier:
5 Pirat, 6 Korsar, 10 Filibuster,
Seeraeuber
Flickarbeit:
9 Reparatur, 12 Ausbesserung,
14 Instandsetzung
Fiickode:
5 Cento
fliederfarben:
4 lila
Fliegenblumenart:
5 Orche, 8 Stapelie
fliegender:
-Fisch:
8 Flugbahn, 11 Hochflieger,
12 Meerschwalbe,
13 Stachelbarsch
fliegendes:
-Personal:
5 Pilot, 6 Funker, 7 Kopilot,
Steward, 9 Navigator,
10 Bordfunker, Stewardess
-Säugetier:
10 Fledermaus
Fliegenlarve:
4 Made
Fliegenschnäppervogel:
10 Grasmuecke, Rotschwanz,
11 Rohrsaenger
Flieger:
5 Pilot, 6 Segler, 9 Rennpferd,
10 Rennfahrer,
13 Radrennfahrer,
15 Flugzeugfuehrer
Fliegerbasis:
5 Horst
Fliehkraft:
16 Zentrifugalkraft
Fliesenform:
6 Kachel, Platte
Fließarbeitsgerät:
7 Rutsche, 9 Rolltisch,
10 Fliessband
fließen:
6 pulsen, 9 pulsieren
fließendes Wasser:
4 Bach, 5 Fluss, Strom,
7 Rinnsal
flink:
3 fix, 4 agil, 5 flott, rasch,
6 hurtig, munter, 7 behende,
gewandt, schnell, 8 behaende*,
10 aufgeweckt
Flint:
10 Feuerstein

Flintenart:
6 Gewehr, 7 Buechse, 10 Jagdgewehr
Flintglas:
12 Kristallglas
Flip:
8 Cocktail
Flirtelei:
8 Liebelei, Poussage, 9 Taendelei, 14 Techtelmechtel
Flitterkram:
9 Firlefanz
Flitterwochen:
9 Honigmond
Flitterzeug:
4 Kram, Tand, 7 Plunder, Troedel
Flor:
6 Bluete, 9 Wohlstand, 11 Kreppgewebe, 12 Blumenfuelle, 13 Bluetenfuelle
Florentiner:
8 Strohhut, 11 Nussgebaeck
-Adelsgeschlecht:
6 Medici
-Dichter:
5 Dante
-Politiker/Politikerin:
11 Machiavelli
-Reformator:
10 Savonarola
Florgewebe:
7 Pluesch
florieren:
7 bluehen, 8 gedeihen
Floskel:
9 Redensart, 11 Redewendung
Flöte/Flötenart:
6 Pfeife, 7 Okarina, 9 Panfloete, 10 Flageolett, Querfloete, 11 Blockfloete
flott:
4 chic, kess, 5 fesch, flink, smart, 6 leicht, schick*, 7 schnell, 9 schneidig, 10 burschikos, 11 schwungvoll
Flottenbasis:
11 Kriegshafen, Stuetzpunkt
Flottenkommandierender:
7 Admiral
Flottenstreitmacht:
6 Armada, Marine, 14 Schiffsverband
Flottenwesen:
6 Marine
flottieren:
8 schweben, 9 schwanken, schwimmen
Flözstollen:
5 Lager, 7 Schicht
Fluch:
7 Unsegen, 8 Anathema, 10 Laesterung
fluchen:
8 laestern
Flucht Mohammeds:
8 Hedschra
Fluchtburg:
8 Refugium
flüchtige:
-Flüssigkeit:
6 Aceton, Aether, Azeton, Benzin, Benzol, 7 Alkohol
-Zeichnung:
6 Skizze
flüchtiges:
-Erlebnis:
7 Episode
Flüchtigkeitsfehler:
9 Schnitzer
Flugabwehr:
4 Flak
Flugapparat:
6 Ballon, 7 Drachen
Flügel:
5 Anbau, Seite, Trakt, 6 Flanke, 8 Schwinge, 9 Seitenbau, 10 Seitenteil, 11 Seitentrakt, Tragflaeche
Flügelaltar:
9 Diptychon
Flügelhorn:
7 Kornett
flügelloses Insekt:
4 Floh, Laus
Flügelroß:
7 Pegasus
flugfähiges Säugetier:
10 Fledermaus
flugfähiges Tier:
5 Vogel
Fluggast:
9 Passagier
Fluggastbetreuer:
7 Steward
Fluggasttreppe:
6 Jetway
Flughafen:
5 Basis, Horst, 7 Airbase, Airport, 8 Aeroport
-Antwerpen:
6 Deurne
-Athen:
10 Hellenikon
-Bangkok:
8 Don Maang
-Barcelona:
8 Muntadas
-Basel:
9 Blotzheim
-Berlin:
5 Gatow, Tegel, 9 Tempelhof, 11 Schoenefeld
-Bern:
4 Belp
-Bilbao:
7 Sondica
-Budapest:
8 Ferihegy
-Buenos Aires:
6 Ezeiza
-Chicago:
6 Midway, 9 Sky Harbor
-Damaskus:
5 Mezze
-Delhi:
5 Palam
-Düsseldorf:
8 Lohausen
-Frankfurt-Main:
9 Rhein-Main
-Hannover:
11 Langenhagen
-Köln:
4 Wahn
-London:
7 Croydon, Gatwick, 8 Heathrow, Northolt
-München:
4 Riem, 17 Franz Josef Strauss
-New York:
8 Idlewild, 14 Kennedy Airport, 16 Laguardia Airport
-Paris:
9 Le Bourget, 15 Charles de Gaulle
-Parls:
4 Orly
-Rom:
8 Ciampino, 9 Fiumicino, 15 Leonardo da Vinci
-Tel Aviv:
9 Ben Gurion
-Wien:
9 Schwechat
-Zürich:
6 Kloten
Flughafenanlage:
6 Hangar, 8 Rollbahn,

9 Funkfeuer, Landebahn, Startbahn
Flughalle:
8 Terminal
Flughund:
5 Badul, 6 Kalong
Flugkörper:
6 Ballon, Rakete, 7 Drachen, 8 Flugzeug, Zeppelin, 10 Luftschiff
Flugpilotenkabine:
7 Cockpit
Flugpionier:
5 Balbo, 6 Fokker, Gronau, Wright, 7 Bleriot, Boelcke, Dornier, Eckener, Piccard, 8 Beinhorn, Parseval, Zeppelin, 9 Immelmann, Lindbergh, 10 Lilienthal, 11 Montgolfier, 12 Christiansen, 13 Messerschmitt
Flugregion:
8 Luftraum
Flugsandberg:
5 Duene
Flugschrift:
7 Traktat, 8 Pamphlet, 10 Broschuere
Flugtier:
5 Vogel
Flugtruppe:
9 Luftwaffe
Flugweg:
5 Kurve, 7 Parabel
Flugwesen:
7 Aviatik, 9 Luftfahrt, 10 Aeronautik
Flugzeug:
8 Aeroplan
Flugzeugantrieb:
15 Duesentriebwerk
Flugzeugart/-typ:
3 Jet, Mig, 4 Rata, 5 Comet, Jumbo, Klemm, Sabre, 6 Airbus, Boeing, Cessna, Condor, Fokker, Hawker, 7 Comuter, Curtiss, Dornier, Douglas, Gleiter, Heinkel, Junkers, Klipper, Rumpler, 8 Concorde, Fieseler, Noratlas, 9 Caravelle, Iljuschin, Koleopter, Skymaster, Turboprop, 10 Helikopter, Jagdbomber, 11 Starfighter, 12 Doppeldecker, Duesenjaeger, Hubschrauber, Jagdflugzeug, 13 Constellation, Messerschmitt, Segelflugzeug, Sportflugzeug, 14 Duesenflugzeug, Duesenmaschine
Flugzeugbesatzung:
4 Crew
Flugzeugführer:
5 Pilot, 7 Flieger
Flugzeughalle:
6 Hangar
Flugzeugkommandierender:
8 Kapitaen, 12 Flugkapitaen
Flugzeugleaser:
9 Charterer
Flugzeugleitung:
10 Navigation
Flugzeugschleuder:
8 Katapult
Flugzeugstartgerät:
7 Schlepp, 8 Katapult, 9 Seilwinde, 10 Motorwinde
Flugzeugteil:
4 Heck, 5 Duese, Rumpf, 6 Kabine, 7 Cockpit, Fluegel, 9 Propeller, Triebwerk, 11 Fahrgestell, Tragflaeche, 12 Luftschraube
Flugzeugverband:
7 Staffel, 10 Geschwader
Fluidum:
2 Od, 3 air, 8 Stimmung, 11 Atmosphaere, 12 Ausstrahlung
Fluktuation:
7 Wechsel, 9 schwanken, 10 Schwankung
Flunder:
4 Butt, 7 Scholle
Flur:
3 Ern, 4 Gang, 5 Acker, Boden, Diele, 6 Entree, 7 Vorraum, 8 Korridor, 9 Ackerland
Flurareal:
6 Gewann, 7 Gewende
Flurhüter:
11 Feldschuetz, Flurschuetz, 12 Feldpolizist
Flurschädigung:
11 Wildschaden
Flurverzeichnis:
8 Kataster
Fluß:
5 Strom, 9 Gewaesser, 10 Wasserlauf
-auf Borneo:
6 Barito, Rejang, 7 Mahakam
-auf dem Peloponnes:
5 Ladon, 6 Asopos, Pyrros, 7 Eurotas, Inachos, 8 Alpheios
-auf der Krim:
4 Alma
-auf Sardinien:
5 Tirso
-auf Sizilien:
5 Salso, 6 Simeto
-auf Sumatra:
4 Hari, Musi, 6 Kampar
-aus dem Bodensee:
5 Rhein
-aus dem Chiemsee:
3 Alz
-aus dem Harz:
4 Bode, Ilse, Oker
-aus dem Hohen Henn:
3 Rur
-aus dem Hunsrück:
4 Nahe, 5 Ruwer
-aus dem Riesengebirge:
4 Eibe, Elbe, 5 Bober
-aus dem Starnberger See:
5 Wuerm
-aus den Sudeten:
4 Elbe, Iser, Oder
-aus der Eifel:
3 Ahr, 4 Urft, 5 Nette, 6 Lieser
-aus der Schwäbischen Alb:
4 Rems
-bei Ravenna:
4 Reno
-der Balkanhalbinsel:
4 Drin, Save, 5 Donau, Drina, 6 Morava, Morawa, Wardar, 7 Maritza
-der griechischen Sage:
8 Eridanus
-der Ostalpen:
6 Isonzo
-der Pyrenäenhalbinsel:
4 Tajo, Tejo, 8 Guadiana, 12 Guadalquivir
-der Unterwelt:
4 Styx, 5 Lethe, 7 Acheron, Cocytus
-durch Amberg:
4 Vils
-durch Amsterdam:
6 Amstel
-durch Aschaffenburg:
4 Main
-durch Augsburg:
4 Lech, 7 Wertach
-durch Bad Kreuznach:
4 Nahe
-durch Bad Neuenahr:
3 Ahr
-durch Baden-Baden:
3 Oos

-durch Bamberg:
7 Regnitz
-durch Basel:
5 Rhein
-durch Belgrad:
4 Save, 5 Donau
-durch Berlin:
5 Havel, Panke, Spree
-durch Bern:
4 Aare
-durch Bingen:
4 Nahe, 5 Rhein
-durch Braunschweig:
4 Oker
-durch Bremen:
5 Weser
-durch Bremervörde:
4 Oste
-durch Budapest:
5 Donau
-durch Calw:
6 Nagold
-durch Coburg:
3 Itz
-durch Compiegne:
4 Oise
-durch Detmold:
5 Werre
-durch Dresden:
4 Elbe
-durch Düsseldorf:
5 Rhein
-durch Ellwangen:
5 Jagst
-durch Florenz:
4 Arno
-durch Freiburg:
7 Dreisam
-durch Gerona:
3 Ter
-durch Graz:
3 Mur
-durch Grenoble:
5 Isère
-durch Halle:
5 Saale
-durch Hamburg:
4 Elbe, 6 Alster
-durch Kempten:
5 Iller
-durch Kroatien:
3 Una, 4 Save
-durch Leningrad:
4 Newa
-durch London:
6 Themse
-durch Lüttich:
4 Maas
-durch Mannheim:
6 Neckar
-durch Moskau:
6 Moskwa
-durch München:
4 Isar
-durch Münster:
2 Aa
-durch Naumburg:
5 Saale
-durch Nürnberg:
7 Pegnitz
-durch Paris:
5 Seine
-durch Passau:
3 Ilz, Inn, 5 Donau
-durch Pisa:
4 Arno
-durch Prag:
6 Moldau
-durch Regensburg:
5 Regen
-durch Rom:
5 Tiber
-durch Saint Louis:
11 Mississippi
-durch Salzburg:
7 Salzach
-durch Toledo:
4 Tajo
-durch Turin:
2 Po
-durch Verden:
5 Aller
-durch Warschau:
8 Weichsel
-im Bayerischen Wald:
3 Ilz, 5 Regen
-im Elsaß:
3 Ill
-im Hades:
5 Lethe
-im Harz:
4 Bode, Bode, Ilse, Oker, 5 Selke
-im Hessischen Bergland:
5 Fulda
-im Irak:
6 Tigris, Tigris, 7 Euphrat
-im Iran:
3 Kor, 4 Aras, Mand, 5 Karun, Tilar
-im Kaukasus:
4 Aras, Kura, Rion, 5 Kuban
-im Kongo:
5 Ituri, Ogowe, Uelle, 6 Ubangi
-im Libanon:
3 Asi, 6 Litani
-im Rheinland:
3 Ahr, Rur, 4 Erft, Lahn, Nahe, Ruhr, Sieg, 5 Mosel, Niers, Rhein, Ruwer, 6 Wupper
-im Sauerland:
5 Lenne, 6 Ennepe
-im Schwarzwald:
3 Elz, Oos, 4 Murg, 6 Kinzig, 7 Dreisam
-im Spessart:
4 Lohr, Main, 7 Aschaff
-im Sudan:
3 Nil, 5 Niger, 7 Senegal, 9 Blauer Nil, 10 Weisser Nil
-im Vorderen Orient:
6 Jordan
-in Afghanistan:
5 Kabul
-in Afrika:
3 Nil, 4 Bani, Ruki, Tana, Vaal, 5 Benue, Komoe, Kongo, Niger, Sobat, Volta, 6 Atbara, Gambia, 7 Bandama, Dschuba, Limpopo, Sambesi, Senegal, 8 Komadugu, Okavango, 9 Blauer Nil, 10 Weisser Nil
-in Ägypten:
3 Nil
-in Alaska:
5 Yukon
-in Albanien:
3 Fan, Mat, 4 Drin, 5 Devol, Drino, Seman, 6 Devoli, Semeri
-in Amerika:
4 Ohio, Para, Paru, 5 Snake, Yukon, 6 Hudson, Kansas, Parana, 7 La Plata, Niagara, Orinoco, Potomac, San Juan, Uruguay, 8 Amazonas, Arkansas, Colorado, Delaware, Humboldt, Illinois, Klondike, Missouri, Paraguay, Red River, Rio Negro, St Lorenz, 9 Magdalena, Rio Grande, 11 Mississippi, Saint Lorenz, Yellowstone, 12 Rio de la Plata, Saskatchewan, 14 Tennessee River
-in Argentinien:
8 Rio Negro
-in Armenien:
4 Aras, Kura, 6 Tigris, 7 Euphrat
-in Aserbaidschan:
4 Kura
-in Asien:
2 Ob, 3 Tas, 4 Amur, Jana, Lena, Ural, 5 Indus, Kabul, Karun, Katun, Menam, Okawa, Usbej,

6 Ganges, Karasu, Kolyma, Mekong, Olenek, Saleph, Saluen, Salwen, Salwin, Tigris, Ussuri, 7 Euphrat, Hilmend, Hoangho, Hwangho, Irawadi, Irtysch, Jarkand, Selenga, Sikiang, Sungari, 8 Amudarja, Jenissei, Mahanadi, Menderes, Sinkiang, Syr Darja, 11 Brahmaputra, 12 Jangtsekiang

-in Äthiopien:
3 Nil, Omo, 5 Abeba, Ghela, Sagan, Uraga, 6 Atbara, Ganali, 9 Blauer Nil

-in Australien/Ozeanien:
3 Ord, 6 Cooper, Mooney, Murray, 7 Darling, Fitzroy, 8 Burdekin, Flinders, Wooramel, 9 Condamine, Mackenzie, Murchison, 10 Strickland, 11 Barwon River, Norman River, Palmer River, 12 Darling River, Derwent River, Gilbert River, Murrumbidgee, 13 Gascoyne River, Mitchell River, 14 Mackenzie River, 15 Diamantina River

-in Baschkirien:
4 Dema

-in Bayern:
3 Alz, Ilm, Inn, 4 Isar, Lech, Main, Naab, Rott, 5 Aisch, Ammer, Amper, Donau, Regen, Traun, Wuerm, 6 Laaber, Mindel, 7 Loisach, Pegnitz, Rednitz, Salzach, 8 Altmuehl, Pregnitz, Woernitz

-in Belgien:
3 Lys, 4 Maas, Yser, 5 Demer, Nethe, 6 Dender, Ourthe, Sambre, 7 Schelde

-in Böhmen:
4 Eger, Iser

-in Bolivien:
4 Beni, 5 Abuna, 6 Mamore

-in Bosnien-Herzegowina:
5 Bosna, Drina

-in Brasilien:
3 Ica, 4 Acre, Poti, 5 Manso, 6 Parana, 8 Amazonas, Rio Negro, 9 Rio Branco, 12 Sao Francisco

-in Bulgarien:
3 Lom, 4 Arda, 6 Struma, 7 Maritza

-in Chile:
3 Loa, 4 Lebu, 5 Maipo, 6 Bio Bio

-in China:
5 Paiho, Peiho, Tarim, 6 Liaoho, Liauho, 7 Hoangho, Hwangho, Jangtse, Sikiang, 10 Hsiankiang, 11 Jangtsekian, 12 Jangtsekiang, Yangtsekiang

-in Dänemark:
3 Arn

-in das Asowsche Meer:
3 Don, 4 Jeja, 5 Kuban

-in das Kaspische Meer:
4 Emba, Kuma, Kura, Ural, 5 Terek, Wolga

-in das Mittelmeer:
2 Po, 3 Nil, Ter, Tet, 4 Aude, Drin, Ebro, 5 Etsch, Piave, Rhone, Tiber, 8 Menderes, 11 Tagliamento, 12 Guadealaviar

-in das Nördliche Eismeer:
9 Mackenzie

-in das Schwarze Meer:
3 Bug, 4 Rion, 5 Donau, 6 Dnjepr, 7 Dnjestr, Sakarya

-in das Weiße Meer:
5 Dwina, Onega

-in den Alpen:
2 Po, 3 Inn, Mur, Sau, 4 Aare, Adda, Arve, Drau, Enns, Isar, Lech, Raab, Save, 5 Drave, Etsch, Isere, Rhein, Rhone, Traun, 6 Eisack, Maggia, 7 Durance, Salzach, 11 Tagliamento

-in den Aralsee:
3 Syr, 4 Amur

-in den Bodensee:
3 Ach, 4 Aach, 5 Argen, Rhein

-in den Cevennen:
4 Tarn

-in den Chiemsee:
4 Ache

-in den Comer See:
4 Adda, Mera

-in den Finnischen Meerbusen:
4 Luga, Newa, 5 Narwa

-in den Humber:
5 Trent

-in den Lago Maggiore:
4 Toce, 5 Tresa, 6 Maggia, Tessin

-in den Niederlanden:
3 Eem, Lek, Lek, Rur, 4 Maas, Roer, Roer, Waal, 5 Yssel, 6 Amstel, Dinkel, Hechte, Ijssel, 7 Schelde

-in den Ob-Busen:
3 Tas

-in den Pyrenäen:
5 Esera

-in der Bretagne:
3 Aff, 4 Oust, 5 Aulne, Elorn, Rance, 6 Blavet, Trieux

-in der Eifel:
3 Ahr, 4 Erft, Urft, 5 Nette, 6 Lieser

-in der Kirgisensteppe:
3 Ili, 4 Emba

-in der Lüneburger Heide:
3 Ise, 4 Luhe

-in der Mandschurei:
6 Liauho, 7 Sungari

-in der Mongolei:
3 Nun, 4 Tola, 7 Selenga

-in der Normandie:
4 Orne

-in der Prignitz:
5 Dosse

-in der Schweiz:
3 Inn, 4 Aare, Aare, Emme, Orbe, Thur, 5 Moesa, Reuss, Rhein, Rhone, Saane, 6 Brenno, Kander, Limmat, Maggia, Tessin, Ticino, 7 Tarmina

-in der Toscana:
3 Era, 4 Arno

-in der Tschechischen Republik:
6 Moldau

-in der Türkei:
6 Goeksu, Seyhan, 7 Euphrat, Sakaria, 8 Maeander, Menderes

-in der Ukraine:
3 Bug, 5 Desna

-in der Unterwelt:
4 Styx

-in Deutschland:
2 Aa, 3 Ahr, Elz, Ems, Enz, Ilz, Inn, Rur, 4 Aach, Bode, Breg, Dill, Eder, Elbe, Eltz, Erft, Gera, Glan, Ilme, Ilse, Isar, Jade, Lahn, Lech, Main, Naab, Nahe, Oder, Ruhr, Saar, Sieg, Urft, 5 Aisch, Aller, Amper, Bigge, Donau, Eider, Fulda, Havel, Iller, Jagst, Leine, Lenne, Lippe, Mosel, Mulde, Netze, Nidda, Nogat, Peene, Regen, Rhein, Ruwer, Saale, Spree, Swine, Traun, Trave, Uchte, Ucker, Werra, Weser, Wuerm, 6 Alster, Diemel, Elster, Ennepe, Gutach, Kinzig, Kocher, Moehne, Nagold, Neckar, Neisse, Pregel,

Tauber, Vechte, Warthe, Wupper,
7 Brigach, Dreisam, Emscher,
Ilmenau, Loisach, Pegnitz,
Pleisse, Rednitz, Regnitz,
Schwalm, Sprotte, Unstrut,
8 Altmuehl, Katzbach, Recknitz,
Schwarza, Stockach,
12 Weisse Elster,
14 Schwarze Elster
-in England:
3 Cam, Dee, Don, Exe, Nar,
Nen, Taw, Ure, Wye, 4 Aire,
Avon, Eden, Hull, Nene, Ouse,
Tees, Tyne, 5 Clyde, Stour,
Trent, Tweed, 6 Humber,
Kennet, Medway, Severn,
Themse
-in Estland:
2 Aa, 5 Narwa, 6 Embach
-in Finnland:
8 Kalajoki, 12 Kokemaenjoki
-in Franken:
7 Pegnitz
-in Frankreich:
3 Ain, Arc, Tet, 4 Arve, Aube,
Aude, Cher, Gard, Oise, Orne,
Tarn, Yser, 5 Aisne, Doubs,
Isère, Loire, Marne, Meuse,
Rhone, Saone, Seine, Sèvre,
Somme, 6 Allier, Ariege,
7 Durance, Garonne, Gironde,
Hérault, 8 Charente, Dordogne
-in Galizien:
3 San, 4 Lipa
-in Ghana:
3 Oti, 5 Volta
-in Griechenland:
3 Iri, 4 Arda, 5 Axios, Axios,
Ledon, 6 Alfios, Louros, Mestra,
Mestra, Pyrros, 7 Acheron,
Peneios, Strymon, Strymon,
8 Aliakmon, Alpheios, Alpheios,
9 Bouraikos, Salamvira,
Salamvria
-in Hessen:
4 Eder, Lahn, Main, 5 Fulda,
Rhein, Werra, 7 Schwalm
-in Hinterindien:
6 Saluen, 7 Irawadi
-in Honduras:
4 Ulua
-in Indien:
4 Kusi, 5 Indus, 6 Ganges,
Mekong, 7 Narbada, 8 Godavari,
Krischna, Mahanadi,
11 Brahmaputra
-in Indonesien:
4 Musi, 6 Barito, 10 Batang Hari
-in Innerasien:
3 Ili, 5 Tarim, 7 Selenga
-in Irland:
4 Erne, Erne, Nore, Suir,
6 Barrow, Liffey, Slaney,
7 Shannon, 10 Blackwater
-in Island:
8 Joekulsa
-in Israel:
5 Faria, 6 Jordan
-in Italien:
2 Po, 3 Era, 4 Adda, Anio, Arno,
Liri, Mera, Nera, Reno, Sele,
Toce, Tosa, Tose, 5 Adige, Allia,
Etsch, Oglio, Parma, Piave,
Piave, Sacco, Sesia, Tiber,
6 Isonzo, Rubico, Tanaro,
Tessin, Ticino, 7 Bradano,
Busento, Rubikon
-in Japan:
8 Schinano
-in Jugoslawien:
3 Lim, Sau, Una, 4 Drau, Ibar,
Kupa, Save, Tara, 5 Drina,
6 Theiss, 7 Narenta, Neretva
-in Kambodscha:
3 Sen, 6 Mekong
-in Kamerun:
3 Deo, Lom
-in Kanada:
5 Yukon, 6 Albany, Fraser,
Ottawa, 8 Klondike,
9 Athabaska, Mackenzie,
Saint John, 12 Saskatchewan,
13 St.- Lorenz-Strom
-in Kasachstan:
3 Ili
-in Kolumbien:
7 Orinoko
-in Korea:
3 Han, Kum, 4 Jalu, 5 Tuman
-in Lettland:
2 Aa
-in Luxemburg:
3 Syr, 4 Ernz, Sure, Wark,
5 Eisch, Mamer, Sauer, Wiltz,
6 Chiers, 7 Alzette
-in Mähren:
5 Iglau, March
-in Marokko:
3 Dra, Gru, Sus, 4 Sebu
-in Mecklenburg:
6 Warnow
-in Mesopotamien:
6 Tigris, 7 Euphrat
-in Mexiko:
5 Verde, 6 Sonora, 8 Rio Hondo,
Rio Verde, 9 Rio Grande
-in Mittelamerika:
7 San Juan, 10 Usumacinta
-in Mittelasien:
3 Syr, 5 Tarim
-in Nahost:
6 Jordan
-in Neubrandenburg:
5 Peene
-in Niedersachsen:
4 Elbe, Luhe, Oste, 5 Aller,
Leine, Leine, Weser
-in Nigeria:
4 Modu, 7 Gongola
-in Nordamerika:
4 Ohio, 5 Snake, Yukon,
6 Hudson, Kansas, Mohawk,
8 Arkansas, Canadian, Colorado,
Columbia, Delaware, Missouri,
Red River, 9 Rio Grande,
Tennessee, 10 Sacramento,
11 Mississippi, Yellowstone,
13 St Lorenz Strom
-in Nordbayern:
7 Pegnitz
-in Nordrhein-Westfalen:
2 Aa, 3 Ems, 5 Lippe, Rhein,
Weser
-in Norwegen:
3 Nea, 4 Alta, Rena, Sira, Tana,
6 Glomma
-in Oberfranken:
4 Main
-in Österreich:
3 Inn, 4 Ager, Dran, Enns, Isel,
Raab, Sill, 5 Krems, March,
Muerz, Salza, Steyr, Thaya,
Traun, 6 Ziller, 7 Saalach,
Salzach
-in Ostpreußen:
4 Alle, Arge, 5 Neide, Pissa,
6 Inster, Pregel, 8 Passarge
-in Pakistan:
3 Nal, 4 Nara, 5 Indus, 6 Sutlej,
9 Satledsch
-in Palästina:
6 Jordan
-in Pandschab:
6 Chenab
-in Patagonien:
5 Chico
-in Peru:
3 Ene, 4 Napo, 5 Tigre, Uritu,
7 Maranon
-in Polen:
3 Bug, Leg, Ner, San, 4 Nida,
Obra, 5 Narew, Wasta, Wista,
6 Neisse, Warthe 8 Weichsel

-in Pommern:
4 Ihna, Leba, Oder, Rega, 5 Peene, 6 Stolpe, Wipper, 8 Persante
-in Portugal:
3 Tua, 4 Sado, Tejo, 5 Douro, Minho, 8 Guadiana, 12 Guadalquivir
-in Rumänien:
3 Alt, Olt, 4 Bega, 5 Mures, 6 Moldau
-in Russland:
2 Ob, Om, 3 Don, Oka, Ufa, 4 Amur, Kama, Lena, Newa, Ural, 5 Onega, Terek, Wolga, 6 Dnjepr, Moskwa, 7 Dnjestr, Irtysch, 8 Jenissei, Jenissej, 9 Indigirka, Petschora
-in Sachsen:
4 Elbe, 5 Mulde, 7 Pleisse, 8 Mueglitz, Zschopau
-in Sachsen-Anhalt:
4 Elbe, 5 Saale
-in Schlesien:
4 Lohe, Oder, Ohle, Orla, 5 Bober, 6 Neisse, Stober, 7 Bartsch, 8 Katzbach, Klodnitz, Malapane, 9 Weistritz
-in Schottland:
3 Dee, Don, 4 Geln, Ness, Ness, Spey, 5 Clyde, Tweed
-in Schweden:
3 Dal, 5 Byske, Goeta, Kalix, 6 Ljunga
-in Serbien:
6 Morava, Morave, Morawa
-in Sibirien:
3 Tas, 4 Lena
-in Spanien:
3 Ter, 4 Ebro, Elsa, Tajo, Tera, 5 Duero, Minjo, 6 Aragon, 12 Guadalquivir
-in Südamerika:
6 Parana, 7 La Plata, Orinoco, Uruguay, 8 Amazonas, Rio Negro, 9 Tocantins
-in Südasien:
11 Brahmaputra
-in Tansania:
4 Umba
-in Texas:
8 Colorado
-in Thailand:
3 Nan, 5 Menam
-in Thüringen:
3 Ilm, 4 Orla, 5 Nesse, Saale, 7 Unstrut
-in Tirol:
3 Inn, 5 Etsch
-in Togo:
3 Oti
-in Ungarn:
3 Sed, 4 Raab, 5 Gyoer
-in Venezuela:
5 Apure, Apusa, 7 Orinoco
-in Vorderasien:
6 Tigris, 7 Euphrat
-in Vorderindien:
7 Narbada
-in Weißrussland:
3 Ula
-zum Balchaschsee:
3 Ili
-zum Bodensee:
5 Rhein
-zum Dollart:
3 Ems
-zum Eismeer:
3 Tas
-zur Elfenbeinküste:
3 Ibo, 4 Lobo
-zur Ostsee:
5 Trave
Flußbarschart:
6 Bersig
Flußbett:
4 Wadi
Flußfisch:
6 Bricke, Pricke
Flußgestade:
4 Ufer
Flußgott der Griechen:
6 Asopos, Peneos, 7 Alpheus, Penelos, 8 Acheloos, Alphaios
flüssig:
6 liquid
flüssige:
-Speise:
5 Sauce, Sosse*, Suppe, Tunke
flüssiger:
-Bodenschatz:
3 Oel, 6 Erdoel
-Dünger:
6 Jauche
-Mörtel:
5 Speis
flüssiges:
-Fett:
3 Oel, 4 Tran
-Gestein:
4 Lava
-Nahrungsmittel:
5 Milch
Flüssiggas:
5 Gasol
Flüssigkeit:
4 Nass, Saft, Seim, 5 Lauge, 6 Bruehe, Wasser, 8 Getraenk
Flüssigkeitsausstoß:
6 Erguss
Flüssigkeitsentnahmegerät:
7 Pipette
Flüssigkeitsgefäß:
4 Fass, Glas, Napf, Tank, 5 Eimer, Kanne, Pokal, Tonne, Zuber, 6 Ballon, Flakon, Kessel, 7 Flasche, Karaffe, 8 Kanister
Flüssigkeitsleitung:
4 Rohr
Flüssigkeitsmischung:
7 Loesung, 8 Emulsion
Flüssigkeitsreinigungseinsatz:
6 Filter
Flüssigkeitsüberrest:
5 Neige
Flußinsel:
6 Werder
Flußknick:
4 Knie
Flußlandestelle:
6 Laende
Flußlandschaft:
2 Au
Flußmündungsgebiet:
5 Delta
Flußmuschel:
6 Najade
Flußniederung:
2 Au, 3 Aue
Flußpferd:
8 Nilpferd, 12 Hippopotamus
Flußrand:
4 Ufer
Flußregulierung:
13 Kanalisierung
Flußstein:
4 Kies
Flußtal:
2 Au, 3 Aue
Flußüberweg:
4 Furt, Steg, 7 Bruecke
Flußwindung:
8 Maeander
flüstern:
6 raunen, 7 Geraune, 9 Getuschel, Gezischel
Flut:
4 Tide, 5 Menge, Strom, 7 Steigen
Flutbrandung:
5 Barre
Föderation:
4 Bund, 11 Staatenbund,

Vereinigung,
15 Zusammenschluss
föderatives Organ:
9 Bundesrat
Fohlen:
5 Enter, 7 Fuellen
Föhre:
5 Forle, 6 Kiefer
Fokus:
10 Brennpunkt
Folge:
5 Reihe, Serie, 6 Zyklus,
7 Sequenz, 8 Ergebnis, Resultat,
10 Auswirkung, 11 Fortsetzung
folgenschweres Ereignis:
11 Katastrophe
folgerichtig:
7 logisch, 10 konsequent,
11 konstruktiv, 12 systematisch
folgerichtiges Entwickeln:
5 Logik
Folgerichtigkeit:
10 Konsequenz
folgern:
8 ableiten, urteilen, 10 schliessen
Folgerung:
7 Schluss, 10 Konsequenz
folgewidrig:
9 unlogisch, 12 inkonsequent
Folgewidrigkeit:
7 Unlogik, 12 Inkonsequenz
Folgezeitraum:
7 Zukunft
folglich:
4 also, ergo, 5 daher, 7 deshalb,
8 deswegen, 13 infolgedessen
folgsam:
4 brav, 5 artig, 7 fuegsam,
8 gehorsam
Folie aus Zinn:
8 Stanniol
folkloristische Bekleidung:
6 Tracht
foltern:
7 martern, quaelen, 8 peinigen
folternder Schmerz:
4 Pein
Folterqual:
4 Qual, 6 Marter, Tortur,
12 Misshandlung
Fön:
12 Haartrockner
foppen:
4 uzen, 6 narren, necken,
7 prellen, 9 betruegen,
duepieren, 11 hintergehen,
ueberlisten
Fopperei:
2 Uz
Force:
5 Zwang, 6 Gewalt, 7 Staerke
Förde:
5 Bucht, 9 Meerbusen,
11 Meeresbucht
Förderer:
6 Helfer, Maezen, 7 Goenner,
Sponsor, 9 Protektor
Fördergerät:
4 Hund, Lore
fordern:
9 Verlangen
Förderung:
5 Gunst, Hilfe, 9 Gewinnung,
10 Protektion, 14 Unterstuetzung
Forderungsausspruch:
6 Begehr, 8 Begehren, Postulat,
Zumutung, 9 Verlangen
Forderungssicherheitsleistung:
5 Pfand
Forderungsübergang:
7 Zession
Förderwerk:
8 Elevator
Forke:
5 Gabel, 8 Heugabel,
9 Mistgabel
Form:
3 Typ, 4 Plan, 5 Figur, Model,
Modus, Typus, 6 Fasson, Kontur,
Modell, Schema, 7 Gestalt,
Schnitt, 8 Struktur,
10 Gestaltung
-der Energie:
6 Waerme, 9 Atomkraft,
11 Magnetismus, Wasserkraft,
13 Elektrizitaet
-der Materie:
15 Aggregatzustand
-der Nachrichtenübermittlung:
10 Telegrafie*, 11 Telegraphie
-der Zellkernteilung:
6 Mitose
-des Ausdrucks:
4 Stil
-des Daseins:
5 Leben
-des Dramas:
9 Tragoedie, 11 Trauerspiel
-des gesellschaftlichen Umgangs:
8 Etikette
-des Sauerstoffs:
4 Ozon
Formalie:
9 Formsache, 10 Vorschrift,
12 Hoeflichkeit,
13 Foermlichkeit,
15 Aeusserlichkeit
Formänderung:
11 Deformation
Formatfestlegung:
4 Mass, Norm 6 Niveau,
7 Gestalt, 9 Dimension,
11 Normgroesse
Formation:
5 Reihe, 6 Truppe, 7 Bildung,
Gefuege, Verband,
10 Schichtung
formbar:
9 plastisch
Formbarkeit:
12 Plastizitaet
Formblatt:
8 Formular, Vordruck
Formel:
4 Norm, 5 Regel, 6 Gesetz,
7 Begriff, Floskel, Wendung,
Zeichen, 8 Ausdruck, Terminus,
10 Bestimmung, Vorschrift,
11 Redewendung
Formelglied:
4 Term
formelhafte Wendung:
7 Floskel
formell:
5 steif, 9 foermlich,
11 aeusserlich
formen:
6 bilden, 7 praegen, 9 gestalten,
11 modellieren
Formensprachlehre:
9 Grammatik
Former:
8 Designer, 9 Modelleur
Formgebungskunst:
7 Styling, 10 Gestaltung
formieren:
6 bilden, 13 konstituieren
förmlich:
6 formal, 7 formell, 9 offiziell,
10 formaliter, 11 Zeremoniell,
zeremonioes, 13 konventionell
Förmlichkeit:
8 Etikette, 9 Formalien,
Zeremonie, 11 Formalitaet
formlos:
5 leger, 6 amorph,
10 burschikos, nonchalant
formloses Einverständnis:
9 Agreement
Formlosigkeit:
11 Nonchalance

Formosa:
6 Taiwan
Formsache:
11 Formalitaet,
15 Aeusserlichkeit
Formularblatt:
6 Muster, 8 Vordruck,
9 Formblatt
Formveränderung:
11 Deformation
Formwechsel:
11 Anamorphose,
12 Metamorphose
forsch:
5 flott, 6 munter, 9 schneidig,
10 burschikos
forschen:
9 studieren
Forscher:
9 Gelehrter, 15 Wissenschaftler
Forschung:
12 Untersuchung, Wissenschaft
Forschungsanstalt:
5 Labor, 8 Institut,
12 Laboratorium,
13 Observatorium
Forschungsraum:
5 Labor, 12 Laboratorium
Forschungsunternehmung:
10 Expedition
Forschungsvorgehen:
7 Methode
Forst:
4 Wald, 7 Waldung
Forstbeschäftigter:
8 Foerster, Forstrat,
10 Waldhueter, Wildhueter,
12 Forstgehilfe, Forstmeister,
Jagdaufseher, 14 Revierfoerster
Forstbestand:
6 Gehege, 8 Dickicht,
Hochwald, Jungholz, Laubwald,
Schonung, 9 Gestruepp,
Mischwald, Nadelwald,
Pflanzung, Unterholz
Forstbezirk:
6 Beritt, Revier
Forstschädlingsinsekt:
5 Nonne, 7 Spanner, Spinner,
12 Borkenkaefer
Forstschule:
13 Forstakademie
fort:
7 Festung, 11 Befestigung,
12 Festungswerk
Fortbestehen:
5 Dauer
Fortbewegungsform:
5 gehen, 6 laufen, reiten, rennen,
7 fliegen, 8 springen,
9 schwimmen
Fortdauer:
10 Stetigkeit, 12 Kontinuitaet
fortdauernd:
6 stetig, 14 kontinuierlich
Fortgang:
7 Verlauf, 11 Entwicklung
fortlaufend:
10 kursorisch
Fortpflanzung:
10 Vermehrung,
12 Reproduktion
Fortpflanzungszelle:
2 Ei, 4 Same, 5 Gamet
Fortsatz des Blinddarms:
8 Appendix
fortschreitende Weiterentwicklung:
9 Evolution
fortschrittlich:
10 progressiv
Fortschrittsprozeß:
8 Progress, 9 Besserung,
11 Entwicklung, Progression,
12 Verbesserung
Fortsetzung:
5 Folge, 9 Anschluss,
14 Weiterfuehrung,
Wiederaufnahme
Fortsetzungsfolge:
5 Serie
Fortwenden:
6 Abkehr
Forum:
5 Markt, Runde, 7 Gericht,
10 Marktplatz, 11 Gerichtshof,
Versammlung, 12 Richterstuhl,
15 Gespraechsrunde
fossiles Harz:
9 Bernstein
fossiliertes Tier:
7 Ammonit, Saurier, Urvogel,
13 Archaeopterix
Foto:
4 Bild, 8 Aufnahme, 9 Lichtbild
Fotoapparat:
3 Box, 6 Kamera,
14 Polaroidkamera,
19 Spiegelreflexkamera
Fotograf:
12 Lichtbildner
fotografischer:
-Begriff:
3 Bad, Dia, 4 Film, Foto*,
5 Labor, Photo, 6 Blende,
Kamera, Platte, Stativ, 7 Positiv,
8 Aufnahme, Farbfilm, Kassette,
Objektiv, 9 Ausloeser, Fixierbad,
10 Belichtung, Blitzlicht,
Diapositiv, Entwickler,
Gegenlicht, Irisblende,
12 Dunkelkammer,
14 Tiefenschaerfe
Fotokopie:
10 Ablichtung
Fotozubehör:
4 Film, 6 Platte, Stativ,
8 Farbfilm, Rollfilm, UV-Filter,
10 Blitzlicht, Gelbfilter,
11 Lichtfilter, Lichtmesser,
15 Selbstausloeser,
17 Belichtungsmesser,
Entfernungsmesser
Foyer:
7 Vorraum, 8 Vorhalle,
11 Wandelhalle,
16 Erfrischungsraum
Fracht entladen:
8 loeschen
Frachter/Frachtschiff:
6 Tanker, 8 Lastkahn, Leichter,
9 Oeltanker, 15 Containerschiff
Frachtgut:
5 Cargo*, Kargo, 6 Ladung,
7 Ladegut, 12 Transportgut
Frachtkahn:
5 Prahm, Zille, 8 Leichter
Frachtkosten:
4 Zoll, 9 Lagergeld
Frachtnachlaß:
8 Refaktie
Frachtraum:
7 Tonnage
Frachtstück:
5 Kiste, Paket, 6 Ballen, Karton,
Kasten, 9 Container
Frachtverkehr:
14 Warentransport,
15 Guetertransport
Frachtvertrag:
7 Charter
Frage:
7 Problem, Raetsel,
11 Erkundigung
fragend:
12 interrogativ
Fragespiel:
4 Quiz
Fragestellung:
7 Problem
Fragewort/-fürwort:
2 wo, 3 was, wem, wen, wer,
wie, 4 wozu, 5 warum, wieso,

woher, wohin, 6 wofuer,
7 weshalb, 8 weswegen,
12 interrogativ
fraglich:
6 dubios, 8 ungewiss, unsicher,
11 zweifelhaft
Fraglichkeit:
11 Problematik
Fragmentstück:
5 Torso, 10 Stueckwerk,
Unfertiges, 11 Bruchstueck,
13 Unvollendetes
fragwürdig:
6 obskur, 7 ominoes, suspekt,
10 mysterioes, 11 verdaechtig,
zweifelhaft
Fraktion:
6 Gruppe, 10 Vertretung,
12 Parteigruppe
Fraktur:
4 Buch, 5 Bruch, 7 Schrift,
12 Druckschrift, Knochenbruch
Frankenherrscher:
4 Karl, 6 Pippin, 8 Chlodwig
Frankenweinflasche:
11 Bocksbeutel
Frankfurter:
-Bauwerk:
6 Roemer, 11 Paulskirche
-Hauptgeschäftsstraße:
4 Zeil
Franktireur:
8 Partisan
Franse:
4 Saum, 8 Posament,
9 Fadensaum
Fransenteil:
6 Quaste, 7 Troddel
Franziskanerorden:
9 Kapuziner, Klarissen,
Minoriten, 10 Tertiarier,
11 Spiritualen
Franzosengras:
7 Raygras, 10 Glatthafer
Franzosenkraut:
10 Knopfkraut
französisch für:
-Abend:
4 soir
-Abendessen:
5 diner
-acht:
4 huit
-alsdann:
5 alors
-Arbeit:
7 travail
-Arm:
4 bras
-auch:
5 aussi
-Ball:
3 bal
-Bauer:
6 paysan
-Baum:
5 arbre
-Beleidigung:
7 affront
-Berg:
4 mont
-Bergspitze:
3 pic
-blau:
4 bleu
-Blume:
5 fleur
-danke:
5 merci
-der:
2 le
-deutsch:
8 allemand
-die:
2 la
-Dienst:
7 service
-Dorf:
7 village
-drei:
5 trois
-du:
2 tu
-Duft:
5 odeur
-durch:
3 par
-durchaus:
7 partout
-Durchgang:
7 passage
-Ehre:
7 honneur
-Eindruck:
10 impression
-einfarbig:
3 uni
-eins:
2 un
-Eintracht:
8 concorde
-Eisen:
3 fer
-Ende:
3 fin
-er:
2 il
-Erde:
5 terre
-Fahne:
7 drapeau
-Fahrkarte:
6 billet
-Fahrt:
6 voyage
-Farbe:
7 couleur
-Fehltritt:
7 fauxpas
-Feld:
5 champ
-Feuer:
3 feu
-Frankreich:
6 France
-Frau:
5 femme
-Fräulein:
12 mademoiselle
-Geist:
6 esprit
-geistreiches Witzwort:
6 bonmot
-Gepäck:
6 bagage
-Gesetz:
3 loi
-Gold:
2 or
-Gott:
4 dieu
-gut:
3 bon
-halb:
4 demi
-Hundert:
4 cent
-Hut:
7 chapeau
-ja:
3 oui
-Katze:
4 chat
-Kinderfrau:
5 bonne
-klein:
5 Petit
-König:
3 roi
-krank:
6 malade
-Kreis:
6 cercle

-Kreuz:
5 croix
-Kugel:
5 boule
-Leben:
3 vie
-Liebe:
5 amour
-Luft:
3 air
-man:
2 on
-Mann:
5 homme
-Meister:
6 maitre
-Mitternacht:
6 minuit
-Morgen:
5 matin
-Mut:
7 courage
-Nacht:
4 nuit
-nein:
3 non
-neun:
4 neuf
-nichts:
4 rien
-Null:
4 zero
-oder:
2 ou
-Ohr:
7 oreille
-Osten:
3 est
-Regenschirm:
9 parapluie
-Reise:
6 voyage
-Ritter:
9 chevalier
-rot:
5 Rouge
-Ruhm:
6 gloire
-sechs:
3 six
-See:
3 lac
-sieben:
4 sept
-Sonne:
6 soleil
-Spiel:
3 jeu
-Straße:
3 rue, 5 route, 6 chemin
-Streife:
10 patrouille
-tausend:
5 mille
-Tod:
4 mort
-Tür:
5 porte
-und:
2 et
-Verzeihung:
6 pardon
-vier:
6 quatre
-von:
2 de
-vorwärts:
5 allez
-Wasser:
3 eau
-Wein:
3 vin
-weiß:
5 blanc
-wenig:
3 peu
-Weste:
5 gilet
-zehn:
3 dix
-zwanzig:
5 vingt
-zwei:
4 deux
-zwischen:
5 entre
-zwölf:
5 douze

französische:

-alte Münze:
3 Sou, 5 Livre, 8 Louisdor, 11 Napoleondor
-Anrede:
4 Sire, 6 Madame, 8 Monsieur, 12 Mademoiselle
-Automarke:
7 Citroen, Peugeot, Renault
-Chansonnette:
4 Piaf
-Festung:
4 Laon, Metz, Toul, 5 Brest, Lille, Sedan, 6 Epinal, 8 Maubeuge
-Flagge:
9 Trikolore
-Fluggesellschaft:
9 Air France
-Fürstenanrede:
4 Sire
-Geheimsekte:
10 Albigenser
-Hafenstadt:
5 Brest, 6 Calais, 7 Bayonne, 8 Bordeaux, 9 Cherbourg, Dunkerque, Marseille, 11 Duenkirchen
-Halbinsel:
8 Cotentin
-Hauptstadt:
5 Paris
-Herrscheranrede:
4 Sire
-Insel:
3 ile, 7 Korsika, 11 Noirmoutier, 12 Porquerolles
-Käsesorte:
4 Brie, 8 Romadour, 9 Camembert, Roquefort
-Landschaft:
4 Brie, Foix, 5 Anjou, 6 Elsass, Poitou, 7 Burgund, Savoyen, 8 Armagnac, Bretagne, 9 Normandie
-Majestätsanrede:
4 Sire
-Nationalhymne:
12 Marseillaise
-Protestanten:
10 Hugenotten
-Rotweinsorte:
8 Bordeaux, 10 Beaujolais

französischer:

-Adelstitel:
2 de, 3 Duc, 4 Pair, 5 Baron, Comte, 6 Prince, 7 Baronne, Marquis, Vicomte, 8 Comtesse, Duchesse, Marquise, 9 Baronesse, Chevalier, Princesse
-Ägyptologe:
11 Champollion
-alter Tanz:
9 Quadrille
-Aperitif:
6 Pernod, Ricard
-Apfelbranntwein:
8 Calvados
-Artikel:
2 la, le, un, 3 les, une
-Arzt:
6 Carrel, 7 Laveran, 8 Cournand
-Bakteriologe:
7 Nicolle, Pasteur

-Ballonfahrer:
6 Rozier, 9 Blanchard, 11 Montgolfier
-Bildhauer:
3 Arp, 4 Adam, 5 Pilon, Puget, Rodin, 6 Braque, Houdon, Pompon, 7 Colombe, Despiau, Laurens, Lemoyne, Maillol, Pigalle, Richier, 9 Bourdelle
-Biologe:
5 Henri, 6 Carrel, 7 Lamarck, Pasteur
-Branntwein:
6 Cognac, Kognak, 8 Armagnac, Calvados, Salignac
-Chemiker:
6 Perrin, 7 Moissan, Pasteur, 8 Grignard, Sabatier, 9 Lavoisier
-Dramatiker:
6 Racine, 9 Corneille
-Dudelsack:
7 Musette
-Entdecker/Entdeckerin:
5 Curie, Monge, Papin, 6 Besson, Joliot, Lenoir, 7 Braille, Pasteur, 8 Daguerre, Foucault
-Festungsbaumeister:
6 Vauban
-Filmregisseur:
5 Carne, Clair, Malle, 6 Godard, Guitry, Renoir
-Filmstar:
6 Morgan
-Fluss:
3 Arc, 4 Arve, Gard, Isle, Oust, 5 Isere, Loire, Marne, Meuse, Rhone, Saone, Seine, Sevre, 7 Garonne, Gironde, 8 Dordogne
-Frauenname:
3 Eve, 4 Lulu, Rose, 5 Aimee, Alice, Julie, Manon, Marie, Odile, 6 Anette, Denise, Gisele, Janine, Jeanne, Louise, Lucile, Marion, Mignon, Mylene, Nadine, Nicole, Odette, Yvonne, 7 Annette, Babette, Blanche, Colette, Dorette, Lisette, Lucille, Martine, Nanette, Natalie, Suzanne, 8 Fabienne, Germaine, Hortense, Isabelle, Juliette, Mireille, Nathalie, 9 Albertine, Angelique, Francoise, Genevieve, Jeannette, Josephine, Madeleine, Valentine, 10 Antoinette, Blanchette, Florentine, Marguerite, 11 Marie Louise
-Historiker:
8 Voltaire
-Kardinal:
9 Richelieu
-Komponist:
5 Bizet, Ravel, 6 Albert, Franck, Gounod, Rameau, 7 Berlioz
-Kriegshafen:
5 Brest, 6 Toulon
-Kronprinz:
7 Dauphin
-Maler:
4 Dufy, 5 Degas, Manet, Monet, Redon, 6 Braque, Ingres, Lebrun, Renoir, Rigaud, Seurat, Signac, Sisley, Vernet, 7 Cezanne, Daumier, Gauguin, Matisse, Utrillo, 8 Pissarro, Rousseau, 9 Delacroix
-Männername:
4 Jean, 5 Alain, Henri, Raoul, 6 Gaston
-Nobelpreisträger für Chemie:
5 Curie, 6 Joliot, 7 Moissan, 8 Grignard, Sabatier, 11 Joliot-Curie
-Nobelpreisträger für Frieden:
5 Passy, 6 Briand, Cassin, 7 Buisson, Jouhaux, Renault, 9 Bourgeois
-Nobelpreisträger für Literatur:
4 Gide, 5 Camus, 6 France, Sartre, 7 Bergson, Mauriae, Rolland
-Nobelpreisträger für Medizin:
6 Richet, 7 Dausset, Laveran, Nicolle
-Nobelpreisträger für Physik:
5 Curie, Dirac, 6 Perrin, 7 Broglie, Kastler, 8 Lippmann, 9 Becquerel, Guillaume
-Politiker/Politikerin:
4 Blum, Lang, Veil, 5 Debre, Dumas, Faure, Favre, Juppe, Laval, Maret, Mayer, Nicot, Pinay, Sully, 6 Briand, Carnot, Chirac, Combes, Fleury, Fouche, Gaulle, Guizot, Jaures, Jospin, Lebrun, Monnet, Necker, Petain, Philip, Pineau, Pleven, Rocard, 7 Barthou, Brisson, Colbert, Cresson, Dufaure, Giscard, Herriot, Maginot, Malraux, Reynaud, Schuman, Tardieu, 8 Balladur, Daladier, de Gaulle, Loucheur, Mirabeau, Poincare, Pompidou, 9 Beregovoy, Lafayette, Lamartine, Mitterand, Richelieu, Trautmann, 10 Clemenceau, Mitterrand, Richellieu, Talleyrand, 12 Mendes France, 14 Francois Poncet
-Schauspieler/Schauspielerin:
4 Tati, 5 Boyer, Delon, Gabin, 6 Guitry, Marais, Rachel, 8 Barrault, 9 Depardieu
-Schriftsteller/Schriftstellerin:
4 Gide, Hugo, Sade, Sand, Zola, 5 Camus, Dumas, Duras, Genet, Sagan, Simon, Stael, 6 Aragon, Arnoux, Balzac, Breton, Celine, Daudet, Musset, Proust, Sartre, Villon, 7 Anouilh, Chabrol, Chenier, Claudel, Cocteau, Colette, Diderot, Ionesco, Malraux, Mistral, Moliere, Molière, Prevost, Regnard, Rimbaud, Rolland, Ronsard, 8 Barbusse, Beauvoir, Beranger, Corbiere, Flaubert, Fontaine, Laforgue, Mallarme, Perrault, Rabelais, Rousseau, Stendhal, Voltaire, 9 Montaigne, 10 Baudelaire, La Fontaine, Lafontaine, Maupassant, 11 Montherlant, 12 Beaumarchais, Saint Exupery, 13 Chateaubriand, Madame de Stael, Rochefoucauld

französisches:
-Departement:
3 Ain, Lot, 4 Aube, Aude, Cher, Eure, Gard, Jura, Nord, Oise, Orne, Tarn, 5 Aisne, Doubs, Indre, Isere, Loire, Marne, Meuse, Rhone, Seine, Somme, 6 Landes, Loiret, Manche, Sarthe, Savoie, Vendée, 7 Ardeche, Belfort, Garonne, Gironde, Moselle, 8 Ardennes, Calvados, Dordogne, Pyrénées
-Farbfernsehsystem:
5 Secam
-Flächenmaß:
3 Are
-Herrschergeschlecht:
5 Anjou, 7 Bourbon, 10 Kapetinger
-hinweisendes Fürwort:
2 ce, 3 cet, 5 cette
-Kaiserhaus:
9 Bonaparte
-Kartenglücksspiel:
6 Pharao

-Kugelspiel:
5 Boule
-Küstengebirge:
7 Esterel
-Losungswort der Revolution:
7 Egalite, Liberte, 10 Fraternite
-Schloß:
3 Pau, 5 Biron, Blois, 6 Annecy, Chinon, Loches, Nantes, Saumur, 7 Amboise, Brissac, chateau, Trianon, 8 Chambord, Cheverny, Tarascon, 9 Perpignan, 10 Chateaudun, Versailles, 11 Chenonceaux, Rambouillet, 13 Fontainebleau
-Seebad:
5 Nizza, 6 Cannes, Dieppe, Menton, 7 Antibes, 8 Biarritz, St Tropez
frappierend:
8 treffend, 9 schlagend, 10 auffallend, 13 ueberraschend
Fraß:
6 Futter, 9 Korrosion, 10 Tierfutter, Viehfutter, Zersetzung, 11 Zerstoerung
Frater:
6 Bruder, 11 Laienbruder, 12 Ordensbruder, 13 Klosterbruder
Fraternisierungsvorgang:
13 Verbruederung
Fratze:
8 Grimasse, Zerrbild, 9 Karikatur, Spottbild
Frau:
4 Dame, Frau, Weib, 6 Gattin, 7 Ehefrau, 8 Gemahlin, 11 Evastochter
Frau/Gattin von:
-Abraham:
4 Sara, 5 Hagar, Sarah
-Adam:
3 Eva
-Aga Khan:
5 Begum
-Agamemnon:
12 Klytemnestra, 13 Klytaemnestra
-Ahab:
6 Isabel, Isebel
-Ahasver:
6 Esther
-Alkinoos:
5 Arete
-Amenophis:
9 Nofretete
-Amenophis IV:
9 Nofretete
-Amphitryon:
7 Alkmene
-Äneas:
6 Kreusa
-Armin:
9 Thusnelda
-Arminius:
9 Thusnelda
-Augustus:
5 Livia
-Bacchus:
7 Ariadne
-Balder Baldur:
5 Nanna
-Baldur:
5 Nanna
-Bernadotte:
7 Desiree
-Bismarck:
7 Johanna
-Brahma:
9 Saraswati
-Claudius:
9 Agrippina, Messalina
-David:
6 Michal, Michol, 7 Abigail, 8 Bathseba, 9 Bethsabee
-Dionysos:
7 Ariadne
-Dogen:
9 Dogaressa
-Donar:
3 Sif
-Erebus:
3 Nox
-Etzel:
6 Helche, 9 Kriemhild
-Fro:
5 Freia, 6 Freyja
-Gunther:
8 Brunhild, 9 Bruenhild, Brunhilde
-Hephaistos:
9 Aphrodite
-Herakles:
4 Hebe, 8 Deianira
-Hermann dem Cherusker:
9 Thusnelda
-Iason:
5 Medea, 6 Glauke, Kreusa
-Isaak:
7 Rebecca, Rebekka
-Jakob:
3 Lea, 5 Rahel, 6 Rachel
-Jason:
5 Medea
-Jupiter:
4 Juno
-Kaisers Claudius:
9 Agrippina, Messalina
-Kaisers Justinian:
8 Theodora
-Kalifen Ali:
6 Fatima
-Kandaules:
7 Rhodope
-Kepheus:
8 Cassiope, 10 Kassiopeia
-Kronos:
4 Rhea, 5 Rheia
-Landgrafen Ludwig von Thüringen:
9 Elisabeth
-Lohengrin:
4 Elsa
-Ludwig Bonaparte:
8 Hortense
-Luther:
4 Bora, 9 Katharina
-Marke:
6 Isolde
-Menelaos:
6 Helena
-Mohammed:
6 Aischa, 10 Chadidscha
-Mussolini:
7 Rachele
-Napoleon III:
7 Eugenie
-Odin:
4 Fria, 5 Frigg, Frija, 6 Frigga
-Ödipus:
7 Iokaste
-Odysseus:
8 Penelope
-Okeanos:
6 Tethys
-Orkus:
10 Proserpina
-Orpheus:
8 Eurydike
-Osiris:
4 Isis
-Othello:
9 Desdemona
-Paris:
6 Oinone
-Peleus:
6 Thetis
-Pelops:
11 Hippodameia
-Peron:
5 Evita

-Perseus:
9 Andromeda
-Philemon:
6 Baucis
-Pluto:
10 Persephone
-Poseidon:
10 Amphitrite
-Priamos:
6 Hekabe, Hekuba
-Ptah:
7 Sechmet
-Rama:
4 Sita
-Rembrandt:
6 Saskia, 9 Hendrikje
-Salomo:
5 Salme
-Siegfried:
9 Kriemhild
-Sokrates:
9 Xanthippe
-Theseus:
7 Antiope, Phaedra, 9 Hippolyta
-Uranos:
4 Gaea, Gaia
-Urias:
8 Bathseba
-Vulkan:
4 Maja
-Wagner:
5 Minna, 6 Cosima
-Xerxes:
6 Esther
-Zeus:
4 Hera, Here
Frauenberuf:
4 Amme, Zofe, 6 Modell, Oberin, 7 Aerztin, Hebamme, Koechin, Weberin, 8 Cutterin, Friseuse, Lehrerin, Lektorin, Modistin, Naeherin, Wirkerin, 9 Ansagerin, Ballerina, Bueglerin, Kellnerin, Mannequin, Pianistin, Saengerin, Schwester, Stickerin, Waschfrau, Zugehfrau, 10 Arbeiterin, Direktrice, Erzieherin, Gaertnerin, Grafikerin*, Reporterin, Souffleuse, Stewardess, 11 Assistentin, Graphikerin, Kassiererin, Kontoristin, Schneiderin, Sekretaerin, 12 Arzthelferin, Buchhalterin, Fonotypistin*, Fuersorgerin, Journalistin, Putzmacherin, Telefonistin*, 13 Datentypistin, Haushaelterin, Modeberaterin, Phonotypistin, Stenotypistin, Telephonistin, 14 Bibliothekarin, Blumenbinderin, Garderobenfrau, Schauspielerin, Zimmermaedchen, 15 Hausangestellte, Kinderpflegerin, Korrespondentin, Platzanweiserin, 16 Kindergaertnerin, 18 Sprechstundenhilfe
Frauenbewegung:
10 Feminismus, 12 Emanzipation
Frauenflachspflanze:
9 Leinkraut
Frauengestalt:
-Berlins:
8 Berolina
-Deutschlands:
8 Germania
-Frankreichs:
8 Marianne
Frauengewand:
5 Kleid
Frauenhaar:
8 Adiantum, Milzfarn, 9 Federgras, Hasenbrot, 10 Zittergras
Frauenhasser:
7 Misogyn
Frauenheilkunde:
12 Gynaekologie
Frauenheld:
6 Gigolo, 7 Don Juan, Playboy, 8 Casanova, 15 Schuerzenjaeger
Frauenkittel:
6 Kasack
Frauenkosename:
4 Anni, Elli, Emmi, Irmi, Lili, Loni, Mali, Mimi, Resi, Rosi, Susi, 5 Betti, Cilli, Fanni, Gundi, Gusti, Hanni, Jenni, Lissi, Nanni, Nelli, Walli, Zenzi, Zilli, 6 Gretel, Gustel, Liesel, Steffi
Frauenmantelpflanze:
5 Sinau, 8 Ohmkraut, Taublatt, 9 Hasenklee, 10 Alchemilla, Milchkraut, 11 Marienkraut, Silberkraut, 12 Marienmantel
Frauenmediziner:
11 Gynaekologe
Frauenname:
3 Ada, Eva, Ida, Ina, Ira, Lia, Oda, Pia, Ria, Uta, Ute, 4 Afra, Alma, Anna, Anne, Asta, Dina, Dora, Elke, Ella, Elsa, Else, Emma, Erna, Ilka, Ilse, Ines, Inge, Irma, Kora, Lena, Lene, Lina, Lisa, Lise, Lola, Lona, Loni, Lore, Meta, Mona, Nora, Olga, Resi, Rike, Rita, Rosa, Ruth, Suse, Susi, Thea, Toni, Ulla, Vera, Zita, 5 Adele, Agnes, Alice, Almut, Anita, Beate, Bella, Berta, Betti, Betty, Cilli, Doris, Edith, Eiske, Elisa, Elise, Ellen, Erika, Fanni, Gerda, Grete, Hanna, Hanne, Heike, Helga, Helma, Henni, Henny, Herta, Hilda, Hilde, Hilma, Hulda, Ilona, Irene, Jenni, Julia, Julie, Jutta, Jutte, Kaete, Karin, Karla, Klara, Laura, Liane, Liese, Lilli, Linda, Lotte, Lucia, Luise, Luzia, Lydia, Magda, Manon, Maria, Marie, Marta, Minna, Nelli, Nette, Norma, Paula, Petra, Sally, Selma, Senta, Sofie, Sonja, Tilla, Toska, Trude, Walli, Wanda, Wilma, Xenia, Zenzi, Zilli, Ziska, 6 Agathe, Aglaia, Alwine, Amalie, Amanda, Andrea, Angela, Bertha, Birgit, Carmen, Carola, Dagmar, Daphne, Editha, Elvira, Emilia, Emilie, Ermina, Esther, Evelyn, Fatima, Frieda, Gisela, Gritta, Gudrun, Gudula, Hedwig, Helene, Hertha, Ingrid, Isolde, Judith, Kaethe, Karola, Kosima, Lenore, Lilian, Louise, Margit, Margot, Marion, Martha, Mignon, Monika, Ortrud, Pamela, Regina, Regine, Renata, Renate, Sabine, Sigrid, Silvia, Sophia, Sophie, Stella, Thekla, Thilde, Traute, Ulrike, Ursula, Yvonne, 7 Annette, Antonia, Antonie, Augusta, Auguste, Babette, Barbara, Beatrix, Bettina, Christa, Claudia, Corinna, Dolores, Dorothy, Elsbeth, Ernesta, Eugenie, Eulalia, Eulalie, Eveline
Frauenrechtlerin:
6 Emanze, 11 Suffragette
Frauensingstimme:
3 Alt, 6 Sopran, 11 Mezzosopran, 15 Koloratursopran
Frauensperson:
4 Weib
Frauenunterrock:
5 Jupon, 9 Krinoline

Fräulein:
7 Jungfer, 10 Demoiselle
fraulich:
7 feminin
frech:
4 keck, kess, 6 dreist, kiebig, patzig, 11 impertinent
freche Göre:
5 Range
frecher Bub:
6 Bengel, 7 Lausbub
Frechheit:
11 Impertinenz, 12 Dreistigkeit
frei:
4 leer, 5 ledig, 6 franko, vakant, 7 umsonst, 9 kostenlos, 10 ungebunden, 11 emanzipiert, unabhaengig, 13 unentgeltlich
freiberufliche Entlohnung:
7 Honorar
Freibeuter:
5 Pirat, 6 Korsar, 10 Filibuster, Seeraeuber
Freibrief:
7 Charter, 8 Privileg
Freidenker:
9 Dissident, Freigeist
freie Zeit:
5 Musse
Freier:
6 Werber, 8 Bewerber, 11 Brautwerber
Freifrau:
7 Baronin
Freifräulein:
6 Freiin, 9 Baronesse
Freigebühr:
6 franko
Freigehege:
8 Reservat
Freigericht:
4 Feme
freigestellt:
10 fakultativ
freigiebig:
5 nobel, 6 guetig, 8 generoes, splendid, 9 spendabel, 11 grosszuegig
freigiebiger Mann:
6 Maezen
freihängendes Netz:
11 Haengematte
Freiheit:
8 Privileg, 14 Souveraenitaet, Ungebundenheit, 15 Unabhaengigkeit, 16 Selbstaendigkeit
freiheitlich:
7 liberal
Freiheitsdelikt:
7 Drohung, 10 Kidnapping, Kindesraub, 11 Entfuehrung, 12 Menschenraub
Freiheitsentzug/-strafe:
4 Haft, 5 Knast, 6 Arrest, Kerker, 9 Zuchthaus, 10 Gefaengnis, 12 Festungshaft, Inhaftierung, Jugendarrest, 21 Sicherheitsverwahrung
Freiheitsgesinnung:
12 Liberalismus
Freiheitsheld in Tirol:
5 Hofer
Freiheitslehre:
14 Aequilibrismus
Freiherr:
5 Baron
Freikaufbetrag:
9 Loesegeld
Freikirche:
9 Baptismus
Freikörperkultur:
3 FKK, 8 Nudismus, 10 Naturismus
freilebend:
4 wild
Freilichttheater:
12 Naturtheater
freiliegend:
9 exponiert
freimachen:
8 befreien, 9 losloesen, 10 frankieren, 11 entbloessen
Freimaurerbund:
4 Loge
Freimaurermitglied:
11 Logenbruder
Freimaurerzeichen:
5 Kelle
Freischärler:
8 Guerilla, Partisan, 11 Franktireur, 14 Heckenschuetze
freisinnig:
7 liberal
Freisinnigkeit:
12 Liberalismus
Freisprechen:
10 Absolution
Freistatt:
4 Asyl, 6 Obdach, 8 Zuflucht
freistehender Turm:
9 Campanile
Freistilprofiringer:
7 Catcher
Freitag vor Ostern:
10 Karfreitag
Freiübungen:
9 Gymnastik
freiwillig:
7 spontan, 10 fakultativ, 11 ungezwungen
freiwillig nichts essen:
6 fasten
Freiwilligentruppe:
6 Legion
Freiwilliger:
9 Volontaer
Freizeit:
5 Pause, 6 Ferien, Urlaub, 8 Erholung
Freizeitablenkung:
5 Hobby, 7 Basteln, Passion, Spielen, 11 Liebhaberei, 12 Steckenpferd
Freizeitsportler:
7 Amateur
fremd:
6 extern
fremdartig:
8 exotisch
Fremde:
5 Ferne, Weite, 7 Ausland
Fremdenführer:
8 Cicerone
Fremdengebäude:
5 Hotel, Motel, 6 Hospiz, 7 Gasthof, Pension, 8 Gasthaus
Fremdenverkehrsindustrie:
9 Tourismus, Touristik
Fremder:
4 Gast, 9 Fremdling, 10 Auslaender
Fremdkapital:
4 Borg, Pump, 5 Leihe, 8 Hypothek, 10 Obligation
fremdländisch:
8 exotisch
Fremdregime:
9 Knechtung
fremdsprachiger:
-Frauenname:
4 Hera, Ulla, 5 Bette, Hanja, Marie, 6 Ariett, Bianca, Louise, 10 Antoinette
-Männemame:
3 Luc, Pie, 4 Jean, 5 Mario
fremdstoffig:
9 heterogen
Fremdwort für:
-acht:
4 okta

-all:
3 Pan
-allein:
4 mono
-Altertum:
6 Antike
-anders:
5 alias
-angst:
6 phobie
-auf:
3 epi
-aus:
2 ek, ex
-auseinander:
2 di, 3 dis
-ausschließlich:
8 exklusiv
-außen:
4 ekto
-außer:
3 exo, 5 extra
-bei:
3 par, 4 para
-Berg:
5 monte
-binnen:
5 intra
-danke:
5 merci
-drei:
3 tri
-durch:
3 per
-ebenso:
4 item
-Erd:
3 geo
-Ermüdbarkeit:
10 Apokamnose
-erwachsen:
5 adult
-falsch:
6 pseudo
-fern:
4 tele
-Fernsehen:
10 television
-fünf:
5 penta
-ganz und gar:
5 total
-gegen:
4 anti, 6 kontra
-Geheimermittler:
15 undercoveragent
-gesamt:
3 pan, 5 panto
-Geschlecht:
5 genus
-gleich:
3 isa, iso, 4 homo
-groß:
4 mega, 5 makro
-Hautausschlag:
4 Akne
-Heftig:
4 akut
-Hochebene:
7 Plateau
-im Jahre:
4 anno
-Meinungsumfrage:
10 Demoskopie
-Mitlaut:
9 Konsonant
-Pöbel:
5 Plebs
-Selbstlaut:
5 Vokal
-Soll:
5 Debet
-Vernunft:
5 Ratio
-Werbeschlagwort:
6 Slogan
frenetisch:
6 rasend, tobend, 10 stuermisch
frequentieren:
8 besuchen
Frequenzbereich:
5 Kanal
Fressen:
5 Frass, 6 Atzung, Futter,
10 Tierfutter
Frettchenart:
5 Iltis
Freudenausbruch:
5 Jubel
Freudengefühl:
4 Lust, 5 Gaudi, Jubel, Spass,
Wonne, 7 Gaudium, 8 Frohsinn,
9 Ergoetzen, 10 Vergnuegen
Freudenhaus:
7 Bordell
Freudenlied:
9 Halleluja
Freudenschrei:
3 hei, 5 alaaf, helau, 6 heissa,
8 hosianna
freudig:
4 froh, 6 heiter, 10 begeistert
freudlos:
5 trist
Freund:
6 Kumpel, 7 Intimus, Partner,
9 Begleiter, Gefaehrte,
Liebhaber, 10 Vertrauter
-der Madame de Stael:
8 Constant
-des Achill:
9 Patroklos, Patroklus
-des Patroklos:
6 Achill, 8 Achilles, 9 Achilleus
-des Sadismus:
6 Sadist
-Friedrichs des Großen:
5 Katte
-Goethes:
5 Carus, 6 Moritz, Zelter,
8 Behrisch
-Luthers:
11 Melanchthon
Freundin:
-des Odysseus:
5 Circe, 7 Kalypso, 8 Nausikaa
-des Praxiteles:
6 Phryne
-Goethes:
5 Stein, 7 Vulpius, 8 Willemer,
9 Schroeter, 10 Schulthess,
11 Goechhausen
-Kaiser Franz Josephs:
7 Schratt
-Schillers:
4 Kalb
freundlich:
4 nett, 6 heiter, 11 ansprechend,
liebenswert, sympathisch,
12 plaesierlich,
14 liebenswuerdig
-gestimmt:
7 zugetan
freundliche
-Gesinnung:
5 Guete, Gunst
freundlicher:
-Hinweis:
3 Rat
-Unterstützer:
7 Goenner
Freundschaft:
9 Sympathie, Zuneigung,
13 Kameradschaft,
Verbundenheit
Freundschaftsinseln:
11 Tongainseln
Frevel:
6 Suende, 7 Unrecht,
8 Vergehen, 10 Laesterung,
Verbrechen, 13 Versuendigung
frevelhaftes Tun:
6 Hybris

Frevler:
7 Suender, 10 Verbrecher,
11 Uebeltaeter
Friede/Frieden:
3 Pax, 6 Stille, 8 Harmonie,
9 Einigkeit
Friedensbewegung:
10 Pazifismus
Friedensgott:
7 Forseti
Friedensgöttin:
5 Irene, 6 Eirene
Friedenslehre:
6 Irenik
Friedensliebe:
10 Pazifismus
Friedensrichter:
11 Schiedsmann
Friedensversprechen:
7 Urfehde
Friedhofsanlage/Friedhof:
4 Grab, 5 Gruft, 7 Grabmal,
8 Kirchhof, Totenmal,
9 Grabkreuz, Grabstein,
Mausoleum, 10 Grabhuegel,
Grabstelle, Totenacker,
11 Gottesacker
friedlich:
4 zahm, 5 ruhig, still,
9 arkadisch, gutmuetig,
idyllisch, 10 harmonisch,
zutraulich, 12 vertraeglich
friedliches:
-Nebeneinander:
10 Koexistenz
Frieselstoff:
7 Frottee
friesische Insel:
4 Roem, Sylt, 5 Amrum, Fanoe,
Foehr, Habel, Hooge, Juist,
Manoe, Oland, Texel, 6 Borkum,
Groede, Roemoe, 7 Ameland,
Baltrum, 8 Langeoog, Pellworm,
Suedfall, 9 Langeness,
Norderney, Norderoog,
Suederoog, Wangeroog,
10 Boschplaat, Nordstrand,
Spiekeroog, Wangerooge,
11 Rottumeroog, 12 Terschelling
Friggs Botin:
3 Gna
frigid:
12 gefuehlskalt
frisch:
3 neu, 4 jung, 5 alert, 6 gesund,
munter, rezent, 7 lebhaft
frischer Schnee:
4 Neue, 9 Neuschnee
frischer Wind:
5 Brise
Frischhalteanlage/-gerät:
9 Eiskuebel, Kuehlfach,
10 Eisschrank, Kuehltruhe,
11 Kuehltasche, 12 Gefriertruhe,
Kuehlschrank, 13 Tiefkuehlfach,
14 Tiefkuehltruhe,
16 Tiefkuehlschrank
Frischhalteform:
13 Konservierung
Frischluftzufuhr im Bergwerk:
11 Bewetterung
Friseur:
6 Figaro, 7 Barbier, Stylist,
8 Coiffeur
Friseurladen:
5 Salon
Frisierberuf:
8 Coiffure
Frisiermittel/-gerät:
4 Foen, Kamm, 5 Haube,
6 Pomade, Schere, 7 Buerste,
Shampoo, 8 Haarnetz,
9 Haarspray, 10 Haarklemme,
Haarspange, Haarwasser,
11 Brennschere, Haarbuerste,
12 Haarfestiger, Rasiermesser,
Trockenhaube,
13 Lockenwickler
Frisiertisch:
8 Toilette
Frist:
6 Spanne, 8 Aufschub, Zeitraum,
9 Intervall, Zeitpunkt,
10 Bedenkzeit, Zeitspanne,
14 Zahlungstermin
Fristgewährung:
8 Stundung
Fristverlängerung:
12 Prolongation
Frisur:
10 Haartracht, 11 Haarschnitt
frivol:
5 frech, 8 schamlos,
12 leichtfertig
froh:
6 heiter, jovial, lustig, munter,
9 froehlich, 10 beschwingt
Frohgefühl:
6 Freude
fröhliche Feier:
4 Fest
frohlocken:
6 jubeln, 8 jauchzen,
10 jubilieren
Frohsinn:
10 Heiterkeit, 13 Froehlichkeit
fromm:
8 glaeubig, 9 religioes,
10 andaechtig, tugendhaft,
15 gottesfuerchtig
fromme:
-Handlung:
5 Gebet, 7 Andacht,
12 Gottesdienst
Frömmelei:
10 Bigotterie,
16 Scheinheiligkeit
frömmelnd:
5 devot, 6 bigott
frommer:
-Büßer:
5 Asket
-Wanderer:
6 Pilger, 10 Wallfahrer
Frömmigkeit:
7 Pietaet, 12 Gottesfurcht,
13 Gottvertrauen, Religiositaet
Fron:
4 Last, 12 Zwangsarbeit,
Zwangsdienst
Front:
5 Block, 10 Stirnseite,
11 Vorderseite, 12 Grenzflaeche,
13 Gefechtslinie,
16 Kriegsschauplatz
Froschlarve:
10 Kaulquappe
Froschtier:
3 Aga, 4 Unke, 6 Kroete,
8 Bergunke, 9 Erdkroete,
Taufrosch, 10 Grasfrosch,
Laubfrosch, 11 Teichfrosch,
12 Wasserfrosch
Frost/Frosterscheinung:
3 Eis, 4 Reif, 6 Kaelte, Schnee,
7 Raureif*, 8 Eisblume, Glatteis,
Rauhreif, 11 Eiskristall
frostig:
5 eisig
Frostschutzmittel:
6 Glykol
frottieren:
8 abreiben
Frucht:
-der Betelpalme:
9 Arekanuss
-der Buche:
5 Ecker
-der Eiche:
6 Eichel
-der Heckenrose:
9 Hagebutte
-der Palme:
6 Dattel, 9 Kokosnuss

-der Rebe:
6 Traube, 9 Weinbeere,
10 Weintraube
-der wilden Rose:
9 Hagebutte
-des Getreides:
4 Korn
-des Granatbaumes:
11 Granatapfel
-des Mangobaumes:
5 Mango
-des Nadelbaumes:
6 Zapfen
-mit harter Schale:
4 Nuss
Frucht/Fruchtart:
4 Kiwi, 5 Apfel, Beere, Birne, Ecker, Erbse, Linse, Olive, 6 Banane, Eichel, Mandel, Melone, Tomate, Traube, 7 Kirsche, Kuerbis, Walnuss, Zitrone, 8 Erdbeere, Himbeere, Pfirsich, Zwetsche, 9 Bickbeere, Blaubeere, Brombeere, Haselnuss, Kartoffel, Mandarine, Mirabelle, Zwetschge, 10 Grapefruit, Pampelmuse, Topinambur, 11 Heidelbeere, Navelorange, 12 Preiselbeere, Sauerkirsche, Stachelbeere, 13 Johannisbeere, 15 Schattenmorelle
Fruchtäther:
5 Ester
fruchtbar:
6 fertil, 9 produktiv
fruchtbare:
-Fläche:
6 Boerde
-Küstenniederung:
6 Marsch
fruchtbarer:
-Boden:
4 Klei, 5 Humus, Loess
Fruchtbarkeit:
11 Fertilitaet
Fruchtbarkeitsgott:
4 Faun, Frey, 5 Freyr, 6 Faunus, Hermes, 7 Priapos, 8 Dionysos
Fruchtbarkeitsgöttin:
3 Deo, 5 Ceres, Freia, Freya, 6 Freyja, 7 Artemis, Demeter
Fruchtbonbon:
5 Drops
Fruchtbrei:
3 Jam, Mus, 5 Gelee, 9 Marmelade, 10 Konfituere
Fruchtdolde:
6 Traube
Früchte:
4 Obst
Früchte einbringen:
6 ernten
Fruchteinbringung:
5 Ernte
Fruchtflüssigkeit:
4 Saft
Fruchtform:
5 Beere, 6 Traube
Fruchtgetränk:
4 Most, Saft, 8 Limonade, Obstsaft, 9 Orangeade, 11 Traubensaft
Fruchtgirlande:
6 Feston
Fruchthülle:
6 Huelse, Kapsel, Schale, Schote
Fruchtinnenstein:
4 Kern
Fruchtknoten:
7 Pistill, Stempel
Fruchtkonzentrat:
4 Saft, 7 Extrakt
Fruchtmark:
4 Pulp, 5 Pulpe
Fruchtpresse:
6 Kelter
Fruchtsaft:
3 Jus, 4 Most
Fruchtstand:
5 Aehre, Dolde, 6 Kolben, Spirre, Traube, Wickel, Zapfen, 9 Kaetzchen
Fruchtwissenschaft:
10 Karpologie
Fruchtzuckerform:
8 Fructose, Fruktose
frugal:
7 einfach, maessig, 9 kaerglich
Frühaufführung:
7 Matinee
frühchristlicher:
-Kirchenbau:
8 Basilika
frühchristliches:
-Liebesmahl:
5 Agape
-Symbol:
5 Fisch
Frühdruck:
9 Inkunabel, 11 Wiegendruck
früher:
4 eher, 5 einst, 6 vorher, 7 ehemals, einstig, 8 ehemalig, zeitiger
frühere Bezeichnung für:
-Freund:
8 Gevatter
-Friseur:
7 Barbier
-Kneifer:
8 Pincenez
-Onkel:
5 Oheim
-Zeitung:
7 Gazette
frühgeschichtlicher:
-Zeitabschnitt:
7 Eiszeit, 9 Eisenzeit, Steinzeit, 10 Bronzezeit
frühgeschichtliches:
-Blasinstrument:
4 Lure
Frühjahrszeit:
4 Lenz, 5 Maien, 9 Fruehling, Maienzeit
Frühling:
4 Lenz
Frühlingsgewächs:
7 Flieder
Frühlingsgott:
6 Baldur
Frühlingsgöttin:
6 Ostara
Frühlingshauptfest:
6 Ostern
Frühlingsmonat:
3 Mai, 4 Juni, 5 April, Maerz, 7 Lenzing, 9 Ostermond, Wonnemond
Frühlingspflanze:
5 Tulpe, 6 Krokus, 8 Narzisse, Veilchen, 10 Osterblume, Osterluzei, 11 Osterglocke, 13 Maigloeckchen, 15 Schluesselblume, 16 Traubenhyazinthe
Frühmesse:
5 Mette
frühstücken:
7 lunchen
Frühstückspeck:
5 Bacon
Frustrationserscheinung:
13 Enttaeuschung
fuchsen:
7 aergern
Füchsin:
5 Faehe
Fuchsschwanz:
5 Lunte, Saege, 9 Standarte
fuchsteufelswild:
10 aergerlich

Fuchtel:
4 Rute, 5 Degen, Gerte, Knute, Stock, 8 Peitsche
fuchteln:
13 gestikulieren
fudeln:
8 pfuschen
Fuge:
3 Nut, 4 Nute, 5 Kanon, Ritze, Spalt, 6 Furche, Runzel
fugenlos:
7 nahtlos
Fugenschnitt:
4 Falz
Fügung:
3 Los, 5 Fatum, 7 Gefuege, 8 Geschick, 9 Schicksal
fühlbar:
13 einschneidend, 8 palpabel
fühlbarer Herzschlag:
4 Puls
Fühler:
6 Taster, 7 Antenne, 8 Tentakel
fühllos:
8 blutleer
Fühlungsaufnahme:
7 Kontakt
Fuhrbetriebsinhaber:
9 Spediteur
Fuhre:
5 Fuder, 6 Fracht, Ladung
führen:
6 leiten, lenken, 7 steuern, 10 dirigieren
führender französischer Jakobiner:
11 Robespierre
Führer:
6 Leiter
-der Argonauten:
5 Jason
-der Griechen vor Troia:
9 Agamemnon
-der Hugenotten:
7 Coligny
-des römischen Sklavenaufstandes:
9 Spartacus, Spartakus
-durch unbekanntes Gebiet:
5 Lotse
-einer Räuberbande am Rhein:
14 Schinderhannes
-eines Schiffes:
8 Kapitaen
-im Bauernkrieg:
5 Geyer, Goetz
Fuhrhalter:
9 Spediteur

Führung:
5 Regie, 7 Leitung, 9 Direktion
Führungsgremium:
4 Stab
Führungsinstanz:
15 Leitungsgremium
Führungsrinne:
3 Nut, 4 Nute
Führungsschicht:
5 Elite
Fuhrwerk:
5 Karre, Wagen, 6 Karren, 7 Gespann, Kutsche, 9 Lastwagen, 10 Schubkarre
fuhrwerken:
9 hantieren
Fuhrwerkfahrer:
8 Kutscher
Fülle:
5 Masse, Menge, 7 Andrang, 8 Reichtum, 10 Ueberfluss
Füllen:
5 Enter, 6 Fohlen, 9 Jungpferd
Füller:
12 Schreibstift
füllig:
4 dick
Füllsel:
8 Fuellung
Füllstoff:
5 Kapok
Füllung:
5 Farce, Masse, 6 Inhalt, 8 Fuellsel
Fundament:
4 Fuss, 5 Basis, Boden, Grund, 6 Sockel, 8 Grundbau, Unterbau, 9 Grundlage
fundamental:
11 grundlegend
Fundation:
8 Stiftung
Fundgrube:
6 Quelle
fundieren:
10 begruenden
Fundort vorgeschichtlicher Menschen:
6 La Tène, 10 Neandertal
Fundus:
5 Grund, 6 Mittel, 7 Bestand, 9 Grundlage
Fünfeck:
8 Pentagon
Fünfergruppe:
8 Quintett
Fünfmaß:
10 Pentameter

Fünfstromland:
9 Pandschab
fungieren:
6 wirken, 7 agieren
Funkdarbietung:
7 Sendung
Funkmeßtechnik:
5 Radar
Funkortungsgerät:
5 Radar
Funkspruch:
8 Depesche
Funkstation:
6 Sender
Funkstille:
10 Sendepause
Funktechnik:
5 Radio, 10 Telegrafie*, 11 Telegraphie
Funktion:
5 Zweck, 7 Aufgabe, 9 Beziehung, 10 Bestimmung, Taetigkeit, 11 Verrichtung
Funktionsfaserbündel:
4 Nerv
Funktionstest:
5 Probe
Funktionsträger:
5 Organ
Funkturm:
9 Sendemast
Funkutensil:
7 Antenne
Funzel:
5 Kerze, Lampe, Licht
für:
3 per, pro
Furche:
3 Nut, 4 Fuge, 5 Falte, Rille, 6 Graben, Runzel, 9 Querrinne, 10 Vertiefung
furchen:
6 riefen, 7 riefeln
Furcht:
5 Angst, Bange, 6 Grauen, 7 Schreck, 9 Schrecken, 12 Unsicherheit
furchtbar:
8 horribel
furchtbare Tat:
9 Greueltat, 10 Graeueltat*
furchtlos:
5 mutig
Furchtsteigerung:
5 Angst
förderhin:
7 spaeter

Furie:
7 Erinnye, 12 Kratzbuerste, Rachegoettin
Furnierholz:
5 Limba
Furnierholzplatte:
9 Sperrholz
Furor:
3 Wut, 4 Rage, Zorn
Furore:
7 Beifall, Raserei, 8 Aufsehen, 11 Bewunderung, 12 Begeisterung
Fürsorgeform:
5 Obhut, 6 Pflege, 9 Betreuung, Wohlfahrt, 10 Versorgung, 11 Sozialhilfe
Fürsorgegesellschaft:
7 Caritas, 10 Rotes Kreuz, 13 Innere Mission, 17 Arbeiterwohlfahrt, 19 Deutsches Rotes Kreuz
Fürsorgeheim:
17 Erziehungsanstalt
Fürsorgeinstitution:
4 Heim, Hort, 9 Armenhaus, 10 Altersheim, Waisenhaus, 11 Blindenheim, 15 Obdachlosenasyl
Fürsprechen:
5 Gunst, 9 Fuerbitte
Fürst:
5 Prinz, 6 Herzog, Kaiser, Koenig, Regent, 7 Monarch, 8 Erbprinz, Potentat, 9 Erzherzog, Herrscher, Imperator, 10 Landesherr, 11 Grossherzog, Prinzregent
-im Islam:
5 Kalif, 6 Sultan
-im Orient:
3 Bey, Ras, 4 Chan, Emir, Khan, 5 Mogul, Schah, 9 Padischah, 10 Grossmogul
-in England:
4 Duke, King, 6 Prince
-in Frankreich:
3 Duc, Roi, 8 Empereur
-in Indien:
11 Maharadscha
-in Japan:
5 Tenno, 6 Mikado
-in Österreich:
9 Erzherzog
-in Persien:
5 Schah
-in Rußland:
3 Zar
-in Spanien:
6 Infant
-von Monaco:
7 Rainier
Fürstengeschlecht:
8 Dynastie
Fürstenhaus:
8 Dynastie
Fürstenhaushalt:
3 Hof
Fürstenhof:
8 Residenz
Fürstensitz:
5 Thron
Fürstentitel:
3 Aga, Bei, Ras, roi, Zar, 4 Duke, Emir, Khan, 5 Bojar, Kalif, Mogul, Nabob, Negus, Schah, Tenno, 6 Infant, Mikado, Prince, Sultan, 7 Radscha, 8 Empereur, 9 Erzherzog, Padischah, 10 Grossmogul, 11 Grossfuerst, Maharadscha
Fürstin:
8 Duchesse, Herzogin, Kaiserin, Koenigin, 10 Prinzessin, 11 Erzherzogin, 13 Grossherzogin
fürstliche Anredeform:
6 Hoheit, 8 Erlaucht, 9 Majestaet, 11 Durchlaucht
fürstlicher Diener:
5 Lakai
fürstliches Emblem:
5 Krone, 6 Zepter
Furunkel:
7 Abszess, 14 Eitergeschwuer
Fürwort:
8 Pronomen
Fusel:
7 Alkohol
füsilieren:
6 toeten
fusionieren:
10 verbuenden
Fusionsform:
13 Verschmelzung, 15 Zusammenschluss
Fuß:
5 Basis, Grund, 6 Sockel
Fußabtreter:
5 Matte
Fußangel:
7 Arglist
Fußausflug:
11 Spaziergang
Fußballausdruck:
2 EM, WM, 3 Elf, Tor, 4 Ball, Ecke, FIFA, Foul, Hand, Netz, Pass, UEFA, 5 Derby, Latte, Leder, Mauer, Pokal, 6 Abwurf, Balken, Finale, Flanke, Libero, 7 Abpfiff, Abseits, Abstoss, Angriff, Anpfiff, Anspiel, Anstoss, Deckung, Eckball, Einwurf, Torraum, Torwart, Trainer, Treffer, Weltcup, 8 Abschlag, Eckstoss, Elfmeter, Endspiel, Halbzeit, Kopfball, Stuermer, Torlinie, 9 Ausgleich, Flutlicht, Freistoss, Handspiel, Querlatte, Selbsttor, Spielfeld, Strafraum, Torhueter, Torjaeger, 10 Bundesliga, Mittelfeld, Querbalken, Seitenwahl, Spieldauer, Strafstoss, 11 Mittellinie, Seitenlinie, Spielmacher, Sturmspitze, 12 Abseitsfalle, Platzverweis, 13 Elfmeterpunkt, Pfostenschuss, 15 Fallrueckzieher
Fußballberuf:
17 Bundesligatrainer
Fußballspieler:
6 Keeper, Libero, 7 Stopper, Tormann, Torwart, 8 Stuermer, 9 Ausputzer, Torhueter, 11 Linksaussen, Verteidiger, 12 Rechtsaussen, 13 Doppelstopper, Innenstuermer, 14 Aussenstuermer, Mittelstuermer, 15 Angriffsspieler, Deckungsspieler, 17 Mittelfeldspieler
Fußballteam:
3 Elf
Fußballwette:
4 Toto
Fußballwettspiel:
4 Toto
Fußbank:
11 Fussschemel, 6 Hocker, 7 Schemel
Fußbodenart/-belag:
6 Dielen, Fliese, 7 Balatum, Estrich, Laeufer, Parkett, 8 Linoleum, Stragula, Terrazzo
Fußbodenerhöhung:
7 Estrade
Fußbodenfeudel:
3 Mop
Fußbodenholzbrett:
5 Diele

Fußbodenmittel:
11 Bohnerwachs
Fußbodenplattierung:
6 Fliese
Fussel:
5 Fluse
Fußgänger:
7 Passant, 8 Wanderer
Fußgestell:
6 Podium, Sockel, 9 Piedestal
Fußglied:
3 Zeh, 4 Zehe
Fußhebel:
5 Pedal
Fußkleidung:
5 Boots, Clogs, Schuh, Socke, 6 Opanke, 7 Pantine, Sandale, Stiefel, Strumpf, 8 Galosche, Latschen, Skischuh, 9 Fuessling, Hausschuh, Holzschuh, Pampusche, Pantoffel, Pelzschuh, Schlappen, Soeckchen, Turnschuh, 10 Lederschuh, Sandalette, Sportschuh, Ueberschuh, 11 Lackstiefel, Stiefelette, 12 Schnuerschuh, 13 Schaftstiefel, Strassenschuh, 14 Schnuerstiefel, Wildlederschuh
Fußknöchel:
5 Enkel
Fußleiste:
13 Scheuerleiste, 6 Sockel, 7 Lambrie, 8 Lamperie
fußlose Larve:
4 Made
fußloses Tier:
4 Wurm, 8 Schlange
Fußmißbildung:
9 Klumpfuss
Fußnagelpflege:
9 Pedikuere
Fußnote:
6 Glosse, 9 Anmerkung
Fußpflegeladen:
9 Pedikuere
Fußpilz:
6 Mykose
Fußpunkt:
5 Basis, Nadir
Fußreise:
11 Spaziergang
Fußrücken:
4 Rist, 5 Spann
Fußschemel:
5 Tritt
Fußsoldat:
9 Fuesilier, Grenadier, 11 Infanterist
Fußspur:
7 Faehrte, 5 Tapfe, 6 Stapfe, Tapfen
Fußstütze:
7 Bandage, Einlage, 11 Fersenkappe, Fersenleder, 12 Einlegesohle
Fußteil:
3 Zeh, 4 Zehe, 5 Ferse, Sohle, 6 Ballen, Fessel, Fessel, Gelenk, Hacken, 8 Knoechel, 12 Sprunggelenk
Fußtruppe:
10 Infanterie
Fußweg:
3 Weg, 4 Steg, 5 Steig, Stieg, 8 Gehsteig, Trottoir, 12 Buergersteig
Fußwurzelknochen:
10 Sprungbein
futsch:
8 verloren
Futterage:
7 Nahrung
Futteral:
4 Etui, 6 Beutel, Huelle, Kapsel, 7 Scheide, 8 Ueberzug
Futterbehältnis:
4 Napf, Trog, 5 Raufe, 6 Krippe, 9 Fressnapf
Futterform:
5 Frass, 6 Furage, 7 Nahrung
Futtergewächs:
4 Gras, Klee, Mais, 5 Hafer, Spark, Wicke, 6 Gerste, 7 Ruebsen, Spergel, 9 Kartoffel, 10 Esparsette, Serradella, Topinambur, 11 Runkelruebe
Futtergras:
3 Ray
Futterkrippe:
5 Raufe
Futtermittel:
3 Heu, 4 Korn, 5 Kleie, Samen, Stroh, 6 Schrot, 7 Eicheln, Knollen, Wurzeln, 8 Getreide, 9 Fischmehl
füttern:
5 atzen
Futternapf:
4 Trog
Futterspeicher:
4 Silo
Futterstoff:
5 Serge, Twill, 6 Koeper, 9 Gloriette
Futterstroh:
8 Haecksel
Futtertrog:
6 Krippe
Fütterung:
6 Atzung

Gabe:
5 Dosis, Opfer, 6 Spende, Talent, 8 Begabung, Geschenk, 9 Angebinde, Vermoegen, 10 Faehigkeit, 11 Befaehigung, Veranlagung
Gabel:
5 Forke, Trage, 6 Geweih, 9 Essgeraet
Gabelteil:
5 Zacke, Zinke
Gabelung:
8 Nebenast, 10 Abzweigung, 11 Seitenlinie
Gabler:
4 Bock, 6 Hirsch, 7 Rehbock
gackern:
9 kraechzen
Gaffelsegel:
5 Besan
gaffen:
9 zuschauen
Gagat:
3 Jet, 4 jett, 9 Pechkohle
Gage:
4 Lohn, 7 Entgelt, Honorar, 9 Bezahlung
Galadiner:
9 Festessen
Galan:
8 Liebster, 9 Geliebter, Liebhaber
galant:
10 aufmerksam, ritterlich, 12 zuvorkommend
Galanterie:
12 Hoeflichkeit, 14 Ritterlichkeit
Galeerensklave:
6 Galeot
Galerie:
4 Gang, Rang, 6 Museum, 8 Sammlung, 13 Kunsthandlung, 16 Gemaeldesammlung
Galgenvogel:
4 Lump, 6 Bandit, Gauner, 9 Betrueger
Galionsfigur:
20 Identifikationsfigur
Gallenfarbstoff:
9 Bilirubin
Gallenwirkstoff:
6 Cholin
Gallert/Gallertmasse:
3 Gel, 5 Aspik, Gelee, 8 Gelatine
Gallerterzeuger:
6 Pektin, 8 Agar-Agar, 11 Knochenleim
Gallien:
10 Frankreich
gallig:
10 spoettisch
gallischer Volksstamm:
5 Bojer, 6 Aeduer, 8 Arverner, Eburonen
Galon:
5 Borte, Litze, 6 Tresse
Galopp:
6 Kanter
Galosche:
10 Gummischuh, Ueberschuh
Gambe:
9 Kniegeige
gammelig:
9 altbacken
Gams:
5 Gemse, 6 Gaemse*
Gang:
3 Weg, 5 Bande, Stufe, 7 Galerie, 8 Korridor
Gangart:
4 Trab, 6 Galopp, Kanter, 7 Passage, Schritt, 8 Karriere
-der Hohen Schule:
5 Volte, 6 Levade, Pesade, Piaffe, 7 Lancade, 8 Capriole, 9 Courbette, Pirouette
-von Pferden:
4 Pace, Trab, Zelt, 6 Galopp, Kanter, 7 Passage, Schritt, 8 Karriere
gangbar:
8 moeglich
Gängelband:
5 Leine, 8 Aufsicht, 9 Laufleine
gängeln:
6 lenken
gängig:
7 begehrt
Gangstergruppe:
5 Bande
Ganove/Gangster:
4 Dieb, 6 Bandit, Gauner, 7 Raeuber, 9 Betrueger, 10 Verbrecher
Ganovensprache:
13 Gaunersprache
Gänschen:
7 Goessel
Gänseart/-vogel:
4 Ente, Gans, 6 Saeger, Schwan, 8 Baumente, Graugans, Hausgans, 9 Bisamente, Brandente, Brandgans, Eiderente, Pfeifente, Pfeifgans, Ruderente, Stockente, 10 Haubenente, Meeresente, Reiherente, Schellente, Schneegans, Sporengans, 11 Hoeckerente, Moschusente, Spiegelgans, 12 Kuckucksente, Schwanengans, 13 Baumpfeifgans, Hoeckerschwan, Meertauchente, 15 Dampfschiffente, Schwarzkopfente, 18 Weisskopfruderente
Gänsedistel:
9 Hasenkohl, 10 Milchkraut, 12 Milchlattich, Schweinekohl
Gänsefüßchen:
18 Anfuehrungszeichen
Gänsewein
6 Wasser
ganz:
3 gar, 5 total, 6 gesamt, intakt, 7 restlos, voellig, 8 komplett, 10 unversehrt, 12 vollstaendig
Gänze:
8 Ganzheit
Ganzheit:
10 Totalitaet, 15 Geschlossenheit
gänzlich:
5 total, 8 komplett, 11 ausnahmslos
Garant:
6 Buerge
Garantie:
7 Gewaehr, Haftung, 10 Sicherheit, 11 Buergschaft, Verbuergung, 14 Sicherstellung
Garde:
5 Wache, 9 Leibwache
Garderobe:
6 Gewand, 10 Bekleidung, 12 Ankleideraum, Umkleideraum, 13 Kleiderablage
Gardine:
5 Store, 6 Stores, 7 Vorhang
Gardinenleiste:
13 Vorhangstange
Gardinenpredigt:
6 Sermon
Gardinenstoff/-gewebe:
4 Mull, 5 Tuell, 10 Filettuell, 11 Marquisette
gären:
7 saeuern
gärender Most:
5 Suser, 6 Sauser, 12 Federweisser
Gärfutter:
6 Silage

Gärfutterbehälter:
4 Silo
Gärmittel/-erreger:
4 Hefe, 5 Enzym, 7 Ferment, 8 Weinhefe
Garnaufwickler:
5 Spule
Garnele:
5 Krebs, 6 Granat, Krabbe, 8 Krevette
garnieren:
10 schmuecken
Garnitur:
3 Set
Garnrolle:
5 Spule, 6 Haspel
Garnstrang:
5 Docke
Garten Gottes:
4 Eden, 8 Paradies
Gartenammer:
7 Ortolan
Gartenanlage:
4 Beet, Park, 5 Rasen, 7 Rondell
Gartenbau:
11 Hortikultur
Gartenbeet:
7 Rabatte, Rondell
Gartenerzeugnis/ Gartenblume:
4 Iris, Kohl, Obst, Rose, 5 Apfel, Beere, Birne, Blume, Erbse, Gurke, Kalla, Lilie, Malve, Nelke, Phlox, Salat, Tulpe, Winde, 6 Akelei, Azalee, Dahlie, Enzian, Lupine, Melone, Mimose, Porree, Primel, Quitte, Spinat, Tomate, Zinnie, 7 Anemone, Begonie, Endivie, Fuchsie, Geranie, Gewuerz, Karfiol, Karotte, Kirsche, Lattich, Levkoje, Mangold, Marille, Petunie, Pflaume, Rotkohl, Spargel, Tagetes, Wirsing, Zwiebel, Zyklame, 8 Aprikose, Eisenhut, Erdbeere, Georgine, Gladiole, Gloxinie, Goldlack, Goldwurz, Himbeere, Kraeuter, Magnolie, Maiblume, Oleander, Orchidee, Pastinak, Portulak, Rosmarin, Sellerie, Veilchen, 9 Blaukraut, Brombeere, Buschrose, Dickblatt, Goldregen, Gruenkohl, Herzblume, Hortensie, Kartoffel, Knoblauch, Kopfsalat, Mohnblume, Mohrruebe, Reneklode, Rhabarber, Samtblume, Stockrose, Zaunwinde, 10 Blumenkohl, Christrose, Federnelke, Feuerlilie, Gartenmohn, Heidekraut, Helianthus, Immortelle, Leberblume, Marguerite, Mauerraute, Montbretie, Nachtkerze, Osterblume, Pelargonie, Schneeball, Silberwurz, Sonnenrose, Steinnelke, Sternblume, Strohblume, Topinambur, Trollblume, 11 Artischocke, Becherblume, Fingerkraut, Gartennelke, Goldmelisse, Reineclaude, Ringelblume, Schildblume, Sonnenblume, 12 Becherglocke, Chrysantheme, Fuchsschwanz, Glockenblume, Mittagsblume, Rhododendron, Stachelbeere, Windroeschen, 13 Endiviensalat, Gelbweiderich, Kokardenblume, Kuckucksblume, Maerzveilchen, Maigloeckchen, Schwarzwurzel, Tausendschoen, 15 Gaensebluemchen, 16 Schneegloeckchen, Stiefmuetterchen, Vergissmeinnicht, 17 Himmelsschluessel
Gartenhaus:
5 Laube, 8 Pavillon
Gartenmeister:
8 Gaertner
Gartenmöbel:
10 Liegestuhl, 12 Sonnenschirm
Gartenstück:
8 Parzelle
Gartentheater:
6 Tivoli
gärtnerische Anlage:
4 Beet, 5 Rasen, 7 Rabatte, Rondell, 11 Steingarten
Gärung:
7 Aufruhr, 12 Fermentation
Gasbehälter:
9 Gasometer
Gasbrand:
9 Wundbrand
gasförmiger:
-Brennstoff:
5 Butan, 6 Methan, Propan, 8 Acetylen, Azetylen
gasförmiges:
-Element:
4 Neon, Ozon, 5 Argon, Radon, Xenon, 6 Helium, Thoron, 7 Aktinon, Edelgas, Krypton, 9 Emanation, 10 Sauerstoff, Stickstoff, 11 Wasserstoff
Gashülle der Erde:
4 Luft, 11 Atmosphaere
Gasmesser:
6 Gasuhr
Gasse:
3 Weg, 7 Hohlweg, Passage, Strasse, 9 Durchgang
Gassenjunge:
5 Gamin
Gassenvogel:
5 Spatz, 8 Sperling
Gast:
7 Fremder, 8 Besucher, 9 Hospitant
Gastgeber/Gastgeberin:
4 Wirt, 6 Wirtin
Gastgeschenk:
5 Xenie
Gasthausbesitzer:
4 Wirt, 8 Gastwirt, 9 Gastronom
Gasthausrechnung:
5 Zeche
gastlich:
8 wirtlich
Gastmahl:
5 Diner, Essen, 7 Bankett
Gastpflanze:
11 Schmarotzer
Gastronom:
4 Wirt, 8 Gastwirt, Hotelier, 12 Restaurateur
Gastspielreise:
7 Tournee
Gaststätte/Gasthaus:
3 Bar, 4 Café, 5 Beisl, Beize, Logis, Lokal, Pinte, 6 Beisel, Budike, Butike, Hospiz, Huette, Klause, Kneipe, 7 Gasthof, Kantine, Pension, Schenke, Taberne, Tanzbar, Taverne, 8 Bierhaus, Destille, Dorfkrug, Herberge, Milchbar, Rasthaus, Schaenke, Spelunke, Teestube, 9 Bierlokal, Bierstube, Boutiquee*, Kaschemme, Kretscham, Weinlokal, Wirtshaus, 10 Biergarten, Bierkeller, Fremdenhof, Kaffeehaus, Konditorei, Nachtlokal, Ratskeller, Restaurant, Trinkhalle, Trinkstube, Weinkeller, Wirtschaft, 11 Fremdenheim, Gartenlokal, Imbisshalle,

Kaffeestube, Raststaette,
Waldschenke, Winzerstube,
12 Bierschwemme, Restauration,
Schutzhuette,
16 Erfrischungsraum,
Speisewirtschaft,
18 Bahnhofswirtschaft
Gastwirt:
9 Gastronom, 12 Restaurateur
Gatte:
4 Mann, 6 Gemahl, 7 Ehemann,
10 Ehepartner
Gatte von:
-Abigail:
5 David, Nabal
-Alkeste:
7 Admetos
-Antiope:
7 Theseus
-Aphrodite:
8 Hephaest, 10 Hephaestus,
Hephaistos
-Arete:
8 Alkinoos
-Ariadne:
8 Dionysos, Dionysus
-Baucis:
8 Philemon
-Brunhilde:
7 Gunther
-Deianira:
8 Herakles
-Elsa von Brabant:
9 Lohengrin
-Enite:
4 Erek
-Eurydike:
7 Orpheus
-Eva:
4 Adam
-Freia:
3 Fro
-Frigg:
4 Odin, 5 Wodan, Wotan
-Hekabe:
7 Priamos, Priamus
-Helena:
5 Paris, 8 Menelaos, Menelaus
-Hera:
4 Zeus
-Iokaste:
7 Oedipus
-Juno:
7 Jupiter
-Kriemhild:
5 Etzel, 9 Siegfried
-Maria:
6 Joseph
-Maria Theresia:
5 Franz
-Marie-Louise:
8 Napoleon
-Medea:
5 Jason
-Nofretete:
8 Echnaton, 9 Amenophis
-Penelope:
8 Odysseus
-Persephone:
5 Hades
-Rhea:
6 Kronos, Uranos
-Thusnelda:
5 Armin, 7 Hermann, 8 Arminius
-Venus:
10 Hephaestos, Hephaistos
-Xanthippe:
8 Sokrates
Gatter:
4 Zaun, 6 Gehege, Gitter, Pferch
Gattung:
3 Art, Typ, 5 Genus, Rasse,
Sorte, Typus, 6 Gruppe, System,
7 Familie, Ordnung, 9 Kategorie,
10 Geschlecht
Gau:
6 Bezirk, Gebiet, Region,
7 Provinz, 10 Landstrich
Gaudium/Gaudi:
3 Jux, Ulk, 5 Spass, 6 Freude,
7 Streich
Gaukler:
5 Fakir, 6 Magier, 8 Zauberer,
9 Betrueger, 14 Taschenspieler,
15 Zauberkuenstler
Gauklerblume:
9 Braunwurz, 10 Affenblume,
11 Maskenblume
Gaul:
4 Ross, 5 Pferd, 6 Maehre,
7 Klepper, 12 Arbeitspferd
Gaumenzäpfchen:
3 Huk
Gauner:
4 Dieb, 6 Ganeff, Ganove,
Nepper, 7 Stehler, 8 Gangster,
Heuchler, 9 Betrueger, Erpresser,
10 Einbrecher, Langfinger,
11 Galgenvogel, Hochstapler,
Taugenichts, 13 Bauernfaenger,
Erbschleicher
Gaunergehilfe:
3 Ede, 6 Hehler
Gaunersprache:
5 Argot, 9 Rotwelsch
Gaunerwort für:
-Diebesgut:
4 Sore
-Gefängnis:
5 Knast
-Geld:
4 Kies, Moos, 5 Pinke
-Münzfälscher:
6 Kipper, Wipper
-Polizist:
5 Bulle, Polyp
Gaunerzeichen:
5 Zinke, 6 Zinken
Gazegewebe:
6 Etamin
Gazelle:
8 Antilope
Gazette:
7 Zeitung
geachtet:
9 angesehen
geartet:
9 veranlagt
geäußerter Wunsch:
5 Bitte
gebackene:
-Kartoffelklößchen:
9 Kroketten, 10 Croquetten
-Speise:
7 Auflauf
-Weißbrotschnitte:
6 Pafese
gebackenes:
-Kartoffelscheibchen:
5 Chips
Gebäcksorte/Gebäck:
4 Brot, Keks, Laib, Weck,
5 Kranz, Torte, 6 Baiser, Brezel,
Eclair, Kipfel, Kuchen, Printe,
Semmel, Stuten, Waffel,
7 Biscuit, Biskuit, Brioche,
Krapfen, Krokant, Makrone,
Strudel, 8 Feinbrot, Schrippe,
Zwieback, 9 Broetchen,
Gugelhupf, Lebkuchen,
Negerkuss, Weissbrot,
10 Grahambrot, Napfkuchen,
Plaetzchen, Salzbrezel,
Weizenbrot, Windbeutel,
11 Bienenstich, Florentiner,
Knaeckebrot, Pfannkuchen,
Spekulatius, 12 Apfelstrudel,
Pumpernickel, Russischbrot,
Vollkornbrot, 13 Liebesknochen,
Schillerlocke,
19 Berliner Pfannkuchen
Gebälk:
10 Balkenwerk

geballt:
12 konzentriert
gebändigt:
4 zahm
Gebärde:
5 Geste, 7 Zeichen, 8 Bewegung, 9 Attituede
Gebärdensprache:
13 Gestikulation
Gebaren:
7 Habitus
gebären:
8 kreissen, 9 entbinden, 12 niederkommen
Gebarung:
18 Geschaeftsfuehrung
gebaucht:
7 gebogen
Gebäude:
3 Bau, 4 Burg, Haus, 5 Kiosk, Laube, Villa, 6 Palais, Palast, 7 Scheuer, Scheune, Schloss, 8 Bungalow, Hochhaus, Pavillon, Schuppen, 9 Blockhaus
Gebäudeabbruch:
6 Abriss
Gebäudeanbau:
7 Veranda
Gebäudeerweiterung:
5 Anbau
Gebäudestütze:
6 Saeule, 7 Pfeiler
Gebäudeteil:
3 Tor, 4 Dach, Esse, Raum, Tuer, 5 Anbau, Boden, Erker, Etage, Front, Halle, Stock, Stube, Tuere, 6 Balkon, Giebel, Kammer, Kuppel, Loggia, Portal, Saeule, Schlot, Sockel, Traufe, Treppe, Zimmer, 7 Fassade, Fenster, Gebaelk, Pfeiler, Veranda, 8 Geschoss, Hausflur, Lichthof, Mansarde, Speicher, 9 Dachboden, Dachstuhl, Fundament, Stockwerk, 11 Erdgeschoss, Giebelseite, Schornstein, Treppenhaus
Gebäudewart:
11 Hausmeister
gebefreudig:
9 freigebig, spendabel
Gebeinaschegefäß:
4 Urne
Gebeinurne:
8 Ossarium
geben:
7 reichen
Gebetbuch:
7 Brevier, Missale
gebeten:
7 geladen
Gebetsende:
4 Amen
Gebetsform:
10 Rosenkranz
Gebetsmantel:
6 Tallit, 7 Tallith
Gebetsschluß:
4 Amen
Gebetsstunde:
4 Hora, None
Gebettel:
8 Bettelei
Gebiet:
3 Gau, 4 Fach, Land, Raum, 5 Areal, Boden, 6 Bezirk, Gegend, Region, Sektor, 7 Bereich, Branche, Sektion, Terrain, 8 Gelaende, 9 Abschnitt, 10 Landesteil, Landstrich, 11 Territorium
gebieten:
6 walten, 8 befehlen, 9 herrschen, 12 kommandieren
Gebieter:
6 Regent, 8 Potentat, 9 Herrscher, Oberhaupt, 10 Machthaber
gebieterisch:
8 herrisch
Gebietsausschluss:
7 Exklave
Gebietseinschluß:
7 Enklave
Gebietskörperschaft:
4 Land, 8 Gemeinde
Gebietsstreifen:
4 Zone
Gebilde:
4 Ding, Form, 5 Sache, 6 Objekt, 7 Gestalt, Koerper, 8 Struktur, 10 Gegenstand
gebildet:
7 belesen, gelehrt, 8 studiert
Gebirge/Gebirgszug:
9 Bergkette, Bergstock, 10 Berggruppe, Bergmassiv, 12 Gebirgsstock
-am Kaspischen Meer:
6 Elbrus
-am Peloponnes:
10 Erymanthus
-auf der Balkanhalbinsel:
6 Balkan, Pindus
-auf Kreta:
3 Ida
-der Dolomiten:
5 Sella, 9 Marmolata, 11 Rosengarten
-der Kalkalpen:
9 Karwendel
-der Salzburger Alpen:
9 Dachstein
-im Apennin:
4 Meta
-im Elsaß:
7 Vogesen
-im Iran:
6 Elbrus, Elwend
-in Afghanistan:
10 Hindukusch
-in Afrika:
3 Rif, 5 Atlas, Kenia, 9 Ruwenzori, 14 Kilimandscharo
-in Ägypten:
5 Sinai
-in Algerien:
5 Atlas, Aures
-in Amerika:
5 Anden, 10 Blaue Berge, 11 Kordilleren, Sierra Madre, 12 Sierra Nevada, 14 Rocky Mountains
-in Anatolien:
3 Ida, 6 Taurus
-in Argentinien:
5 Anden, 11 Kordilleren
-in Asien:
4 Alai, 5 Altai, Pamir, Sinai, 6 Elburs, Taurus, 7 Kwenlun, Libanon, 8 Himalaja, Kaukasus, 9 Karakorum, Tienschan, 10 Hindukusch, 11 Antilibanon
-in Australien:
10 Blaue Berge, 12 Darlingkette
-in Bayern:
11 Frankenwald, 14 Fichtelgebirge, 15 Bayerischer Wald
-in Belgien:
9 Hohes Venn
-in Böhmen:
10 Kaiserwald
-in Bolivien:
5 Anden, 11 Kordilleren
-in Brasilien:
3 Mar, 11 Sierra do Mar
-in Bulgarien:
4 Rila, 6 Balkan
-in Chile:
5 Anden, 11 Kordilleren

-in China:
7 Kwenlun, 8 Himalaja
-in der Mongolei:
7 Changai
-in der Sahara:
3 Tir, 7 Ahaggar
-in der Schweiz:
4 Rigi, 5 Alpen, 7 Bernina, 8 Gotthard, Raetikon, 9 Monte Rosa, 14 Gotthardmassiv
-in der Slowakei:
5 Tatra, 8 Karpaten, 10 Erzgebirge
-in der Tschechischen Republik:
7 Sudeten
-in der Türkei:
3 Ida, 6 Taurus, 8 Kaukasus
-in Deutschland:
3 Alb, Elm, Ith, 4 Haar, Harz, Jura, 5 Eifel, Hardt, Rhoen, 6 Osning, Taunus, 7 Solling, 8 Idarwald, Odenwald, Spessart, 9 Hohes Venn, Hunsrueck, 10 Erzgebirge, Haarstrang, Niederwald, Westerwald, 11 Boehmerwald, Eggegebirge, Frankenwald, Schwarzwald, Steigerwald, 12 Lennegebirge, Pfaelzer Wald, 13 Riesengebirge, Siebengebirge, 14 Allgaeuer Alpen, Fichtelgebirge, Rothaargebirge, Thueringer Wald, 15 Bayerischer Wald
-in Ecuador:
5 Anden, 11 Kordilleren
-in Europa:
4 Ural, 5 Alpen, Karst, Tatra, 6 Balkan, Tauern, 7 Apennin, Sudeten, Vogesen, 8 Abruzzen, Ardennen, Beskiden, Cevennen, Karpaten, 9 Apenninen, Dolomiten, Hohe Tatra, Marmolata, Pvrenaeen, Silvretta, 10 Karawanken, Wasgenwald, 11 Boehmerwald, Isergebirge, 12 Eulengebirge, 13 Kaisergebirge, Riesengebirge
-in Frankreich:
4 Jura, 5 Alpen, 7 Vogesen, 8 Ardennen, Cevennen, 9 Pyrenaeen, 13 Zentralmassiv
-in Griechenland:
4 Ossa, 5 Olymp, 6 Pelion, Pindos, 7 Helikon, Liakura, Parnass, 8 Taigetos, 10 Pentelikon
-in Indien:
6 Nigiri, 7 Satpura, 8 Kardamom
-in Innerasien:
4 Alai, 5 Altai, Pamir, 6 Kunlun, 7 Kwenlun, 8 Himalaja, 9 Karakorum, Tienschan
-in Iran:
6 Zagros
-in Italien:
4 Meta, 7 Apennin, 8 Abruzzen, 9 Apenninen, Dolomiten, Marmolata, 14 Albanergebirge
-in Katalanien:
10 Montserrat
-in Kleinasien:
3 Ida, 6 Taurus, 8 Kaukasus
-in Kolumbien:
5 Anden, 11 Kordilleren
-in Luxemburg:
8 Ardennen
-in Marokko:
3 Rif, 5 Atlas
-in Mexiko:
11 Kordilleren, Sierra Madre
-in Nepal:
8 Himalaja
-in Nordafrika:
3 Rif, 5 Atlas
-in Nordamerika:
10 Appalachen, 12 Sierra Nevada
-in Österreich:
5 Alpen, 6 Tauern, 10 Hohe Tauern, Karawanken, Wienerwald, 13 Kaisergebirge, Tennengebirge, 15 Mangfallgebirge
-in Persien:
6 Elburs, Zagros
-in Peru:
5 Anden, 11 Kordilleren
-in Polen:
5 Tatra, 8 Beskiden, Karpaten, Lysagora, 9 Hohe Tatra
-in Rumänien:
5 Banat, 8 Karpaten
-in Rußland:
4 Ural, 5 Jaila, 8 Kaukasus
-in Schottland:
9 Highlands
-in Schwaben:
3 Alb, 4 Jura
-in Sibirien:
4 Ural, 5 Pamir, Sajan, 9 Tienschan
-in Spanien:
9 Maladetta, Pyrenaeen, 12 Sierra Morena, Sierra Nevada
-in Südamerika:
5 Anden, 11 Kordilleren
-in Südeuropa:
9 Pyrenaeen
-in Südosteuropa:
6 Balkan
-in Tadschikistan:
5 Pamir
-in Tansania:
8 Usambara
-in Tibet:
6 Dangla, Kunlun
-in Uganda:
9 Ruwenzori
-in Ungarn:
5 Matra, 10 Bakonywald
-zwischen Bayern und Böhmen:
11 Boehmerwald
-zwischen Böhmen und Schlesien:
7 Sudeten
-zwischen Europa und Asien:
4 Ural
-zwischen Spanien und Frankreich:
9 Pyrenaeen
-zwischen Werra und Fulda:
5 Rhoen, 8 Meissner, 13 Kaufunger Wald
gebirgig:
6 bergig
Gebirgsbahn:
4 Lift, 7 Skilift, 8 Seilbahn, 10 Haengelift, Sessellift, 11 Kabinenbahn, Schlepplift, Zahnradbahn, 12 Materialbahn, 13 Drahtseilbahn, 15 Seilschwebebahn
Gebirgsbildung:
9 Orogenese
Gebirgseinschnitt:
3 Tal 4 Klus, Pass, 5 Klamm, Kluft, Mulde, Senke, 6 Kessel, 8 Schlucht
Gebirgserhebung:
3 Pic, Pik, Piz, 4 Berg, Kamm, Peak, 5 Hoehe, Kuppe, Spitz, Zinne, 6 Gipfel, Klippe, Sierra, Spitze, 7 Anhoehe, Ruecken
Gebirgsfluß:
4 Ache, 8 Wildbach
Gebirgshaus:
6 Huette, 9 Almhuette, 10 Schutzhaus, 12 Schutzhuette

Gebirgskamm:
4 Grat
Gebirgskette:
6 Sierra
Gebirgsnische:
3 Kar
Gebirgspfad:
5 Steig
Gebirgspflanze:
4 Arve, Erle, 6 Arnika, Enzian, 7 Aurikel, 8 Gemswurz, Siegwurz, 9 Almrausch, Alpenklee, Alpenrose, Edelraute, Edelweiss, 10 Alpenlilie, Gemskresse, Silberwurz, Steinbrech, Trollblume, 11 Almenrausch, Wohlverleih, 12 Zirbelkiefer, 13 Alpenveilchen, Schwarzkiefer, Teufelskralle
Gebirgsschlucht:
3 Kar, 5 Klamm
Gebirgsteil:
3 Pik, Piz, 4 Berg, Grat, Kamm, 5 Kuppe, Zacke, Zinne, 6 Gipfel, Klippe
Gebirgstier/-wild:
4 Gams, 5 Gemse, 6 Gaemse*, 9 Steinbock, Steinhuhn, 10 Murmeltier, Schneehase, Schneehuhn, Steinadler, 12 Laemmergeier, 15 Alpensalamander
Gebirgsübergang:
4 Pass
Gebiß:
6 Zaehne, 8 Prothese, 10 Zahnersatz, 12 Zahnprothese
Gebläse/Gebläsevorrichtung:
9 Blasebalg, Lederbalg, 10 Entluefter, Kompressor, Ventilator
gebleichtes Wachs:
7 Zeresin
geblümt:
9 gemustert
Geblüt:
6 Erbgut, 8 Erbmasse, Herkunft, 10 Abstammung, Geschlecht
gebogen:
4 rund, 5 krumm, 6 konkav, konvex
gebogene:
-Hiebwaffe:
6 Saebel
gebogener:
-Metallstift:
5 Haken
-Nagel:
6 Kramme, Krampe
geborgen:
6 sicher
Geborgenheit:
3 Hut, 5 Obhut, 6 Schutz, 9 Fuersorge, 10 Sicherheit
Gebot:
5 Order, Regel, 6 Befehl, Erlass, Gesetz, 9 Anweisung, Forderung
geboten:
6 noetig
Gebotsübertretung:
6 Suende, 8 Vergehen, Verstoss
gebrannte:
-Tonware:
7 Keramik
gebrannter:
-Baustein:
6 Ziegel
-Ton:
10 Terrakotta
-Zucker:
7 Karamel, 8 Karamell*
gebratenes:
-Fleischstück:
5 Steak, 9 Beefsteak, Karbonade, Rumpsteak, Schnitzel
Gebrauch:
3 Uso, 4 Usus, 5 Sitte, 6 Praxis, 9 Anwendung, Benutzung, 10 Verwendung
gebrauchen:
8 benutzen, 9 benuetzen
gebräuchlich:
6 normal, usuell, 7 gaengig, ueblich
Gebrauchsgegenstände:
10 Utensilien
Gebrauchsmöbel:
4 Bett, 5 Stuhl, Tisch, 7 Schrank
gebrechen:
7 mangeln
Gebrechen:
6 Fehler, Leiden, Mangel, 7 Schaden, 9 Krankheit, Schwaeche
gebrechlich:
5 siech, 6 taprig, 7 schwach
gebrochen:
10 deprimiert
Gebühr:
4 Maut, Taxe, Zoll, 5 Porto, 6 Abgabe, 7 Beitrag, Entgelt, Honorar, Praemie
gebührend:
10 angemessen
Gebührenliste:
5 Tarif
gebündelt:
9 abgepackt
gebunden:
6 latent
Geburt:
8 Herkunft, 10 Abstammung, Entbindung, 11 Niederkunft
Geburtenregelung:
10 Verhuetung, 13 Kontrazeption, 15 Familienplanung
Geburtshelferin:
7 Hebamme
Geburtshilfeoperation:
13 Kaiserschnitt
Geburtsland:
10 Heimatland
Geburtsort:
6 Heimat, 10 Heimatdorf, Vaterstadt, 11 Heimatstadt
Geburtsort von:
-Beethoven:
4 Bonn
-Dürer:
9 Nuernberg
-Goethe:
9 Frankfurt
-Luther:
8 Eisleben
-Mozart:
8 Salzburg
-Schiller:
7 Marbach
Geburtstag Mohammeds:
6 Mewlud
Gebüschformation:
5 Hecke
Gebüschpflanzung:
7 Boskett
Geck:
4 Beau, Gent, Narr, Snob, 5 Laffe, Stenz, 7 Angeber, Flaneur, Stutzer, 8 Lackaffe, Modenarr, 10 Schoentuer
Geckenhaftigkeit:
9 Snobismus
gedacht:
6 ideell
Gedächtnis:
5 Mneme, 8 Andenken, Gedenken, 10 Erinnerung
Gedächtnisbrücke:
12 Eselsbruecke
Gedächtnisfeier:
9 Jubilaeum

Gedächtniskraft:
20 Erinnerungsvermoegen
Gedächtnisleistung:
10 Erinnerung
Gedächtnisschwäche:
15 Vergesslichkeit
Gedächtnisspiel:
6 Memory
Gedächtnisstätte:
7 Denkmal, Mahnmal, 8 Ehrenmal
Gedächtnisstütze:
5 Notiz, 6 Agenda, 7 Vermerk, 8 Merkbuch, 9 Notizbuch, 10 Denkzettel, 12 Eselsbruecke, 14 Terminkalender
gedämpft:
8 halblaut
Gedanke:
4 Idee, Plan, 6 Grille, 7 Einfall, 9 Eingebung, Vorschlag, 11 Inspiration, Vorstellung
Gedankenflug:
8 Fantasie*, 9 Phantasie
gedankenlos:
10 mechanisch
Gedankensplitter:
10 Aphorismus
Gedankenübertragung:
10 Telepathie
Gedankenverbindung:
11 Assoziation
gedankenvoll:
12 nachdenklich
Gedankenwelt:
13 Gesichtskreis
gedanklich:
11 theoretisch
Gedärm:
7 Kutteln, 8 Gekroese, 9 Kaldaunen, 10 Eingeweide
Gedeck:
3 Set, 4 Menu, 5 Menue, 6 Kuvert
gedeckter Tisch:
5 Tafel
gedeihen:
9 florieren, 12 prosperieren
gedeihlich:
9 nuetzlich
Gedenkbuch:
5 Album
Gedenken:
5 Gruss, 10 Erinnerung, 11 Gedaechtnis
Gedenkfeier:
9 Jubilaeum
Gedenkstätte:
7 Denkmal, Mahnmal, Marterl, Obelisk, 8 Ehrenmal, Monument, 9 Siegestor, 12 Triumphbogen
-gegenüber Bingen:
17 Niederwalddenkmal
-im Teutoburger Wald:
15 Hermannsdenkmal
-in Laboe:
14 Marineehrenmal
-in Masuren:
17 Tannenbergdenkmal
-in Norddeutschland:
15 Hermannsdenkmal
Gedenktag:
9 Jubilaeum
Gedichtabschnitt:
7 Strophe
Gedichtform:
3 Ode, 4 Epos, Lied, Poem, 5 Epode, Hymne, 6 Ekloge, Elegie, Sonett, 7 Ballade
Gedichtgattung:
7 Kasside
Gedichtsammlung:
5 Diwan, 10 Anthologie
gedickter Obstsaft:
5 Gelee
gediegen:
4 fest, rein, 5 reell, solid, 6 Massiv, solide, 7 serioes
gedienter Soldat:
7 Veteran
Gedinge:
6 Akkord, 10 Akkordlohn, Stuecklohn, 12 Akkordarbeit, Stueckarbeit, 13 Gruppenakkord
Gedöns:
6 Gerede
gedrängt:
3 eng, 5 knapp, 8 massiert, 11 haufenweise, komprimiert, massenweise
gedrechselt:
7 verzier
gedrehte Schnur:
5 Litze, 6 Kordel
gedrehtes Band:
6 Schnur
gedroschenes Getreide:
4 Korn
gedrückt:
10 deprimiert
gedruckte Anzahl:
7 Auflage
Gedrücktheit:
10 Depression
gedrungen:
7 kompakt, 8 staemmig
Geduld:
4 Ruhe, 7 Langmut, 8 Ausdauer, Grossmut, 9 Gleichmut, Nachsicht, 11 Duldsamkeit
geduldig:
8 gelassen
Geduldsspiel:
6 Puzzle, 8 Patience
geehrt:
9 angesehen
geeignet:
4 reif, 6 faehig, 12 qualifiziert
geeist:
8 gekuehlt
Gefahr:
3 Not, 6 Krisis, Risiko, 7 Drohung, Notlage, 9 Bedrohung, 11 Bedraengnis, Gefaehrdung
-für Alpinisten:
6 Lawine, 11 Schneebrett, Steinschlag, Wettersturz, 14 Wetterumschlag
-für Schiffe:
4 Riff, 5 Orkan, Sturm, 6 Klippe, 7 Packeis, 8 Treibeis
gefährdet:
9 exponiert
Gefahrenmeldung:
5 Alarm
gefährlich/gefahrvoll:
5 boese, 7 drohend, 8 kritisch, 9 boesartig, 10 bedrohlich, unheilvoll, 13 beaengstigend
gefährliche:
-Filmszene:
5 Stunt
-Giftschlange:
15 Brillenschlange
-Infektionskrankheit:
8 Gasbrand
-Lage:
5 Krise, 6 Krisis
-Tierseuche:
7 Tollwut
-Unternehmung:
6 Risiko, 7 Wagnis, 9 Abenteuer
gefährlicher:
-Raubfisch:
3 Hai
-Raufbold:
13 Messerstecher
-Stoff:
4 Gift
Gefährte:
6 Freund, Kumpan, Sozius,

7 Genosse, Kamerad, Kollege, Partner, 9 Begleiter, 11 Busenfreund
Gefährtin:
8 Freundin, 9 Kameradin, Partnerin, Vertraute, 11 Begleiterin
Gefallen:
4 Lust, 6 Dienst, Freude, 8 Belieben, 9 Geschmack, Sympathie, Zuneigung, 12 Liebesdienst
gefällig:
6 kulant, 9 hilfreich
Gefälligkeit:
5 Gunst, 6 Dienst, 8 Gefallen, 14 Entgegenkommen
gefälligst:
9 tunlichst
gefallsüchtig:
5 eitel, 6 kokett
gefälscht:
6 unecht
Gefangenenhaus:
12 Strafanstalt
Gefangener:
9 Arrestant, Haeftling, 10 Straefling, 11 Verhafteter, 13 Zuchthaeusler
Gefangenschaft:
4 Haft, 6 Arrest, 12 Einkerkerung, Inhaftierung
Gefängnis/-raum:
5 Knast, Zelle, 6 Kerker, 7 Verlies, 9 Gewahrsam, Zuchthaus, 11 Haftanstalt, 12 Strafanstalt, 15 Vollzugsanstalt
gefärbt:
4 bunt, 6 farbig, 10 parteiisch, 11 tendenzioes
gefärbtes Mineral:
6 Apatit
Gefasel:
7 Rederei, 9 Gequassel, 10 Geschwaetz
Gefäß/Behältnis:
4 Ader, Dose, Glas, Krug, Kump, Pott, Tank, Trog, Urne, Vene, 5 Bowle, Buett, Eimer, Kanne, Kruke, Molle, Satte, Tasse, Tonne, Zuber, 6 Bassin, Becken, Boiler, Flacon, Flakon, Kessel, Kuebel, Phiole, Roehre, Roemer, Schaff, Seidel, Teller, 7 Amphora, Amphore, Ampulle, Bottich, Buechse, Karaffe, Retorte, Traenke, 8 Aquarium, Kanister, Kochtopf, Messglas, Schoppen, 9 Badewanne, Kalebasse, Schuessel, 10 Bratpfanne, Giesskanne, Messbecher, Wassersack, 11 Bettflasche, Feldflasche, Reagenzglas, Sektkuehler, 14 Thermosflasche, 15 Schnellkochtopf
-für Blumen:
4 Vase
-für Fische:
6 Bassin, Becken, 8 Aquarium
-für Kleintiere:
9 Terrarium
-für Stimmzettel:
4 Urne
-für Tierfutter:
4 Napf, Trog, 6 Krippe
-für Wassertiere:
6 Bassin, Becken, 8 Aquarium, 11 Schaubecken
-im Labor:
7 Retorte, 11 Reagenzglas
-zum Färben:
5 Kuepe
-zum Schmelzen:
6 Tiegel
Gefecht:
5 Kampf, 6 Assaut, 8 Bataille, 12 Scharmuetzel
Gefechtsübung:
8 Manoever
gefeiert:
9 angesehen
Gefeierter:
7 Jubilar
gefeit:
5 immun, 6 bereit, 9 gewappnet, resistent, 10 geschuetzt, 17 widerstandsfaehig
Gefieder:
6 Federn
Gefiederwechsel:
6 Mauser
Gefilde:
5 Lande, 6 Gegend, Region, 10 Landschaft
Geflecht:
4 Korb, Netz, 5 Matte, 6 Gewebe, Gitter, 10 Gitterwerk, Verbindung
gefleckt:
9 gemustert
geflissentlich:
11 absichtlich
geflochtener:
-Behälter:
4 Korb
geflochtenes:
-Haar:
4 Zopf
Geflügel:
4 Ente, Gans, Hahn, Huhn, Pfau, Pute, 5 Erpel, Fasan, Henne, Puter, Taube, 6 Gockel, Kueken, 7 Taeuber, 8 Enterich, Perlhuhn, Poularde, Truthahn, 9 Federvieh, 10 Taeuberich
Geflügelprodukt:
2 Ei, 5 Daune, Feder
Geflügelräuber:
5 Fuchs, 7 Habicht
Geflügelrumpf:
8 Karkasse
geflügelte:
-Liebesgötter:
6 Eroten
geflügeltes:
-Dichterroß:
7 Pegasus
-Wort:
5 Zitat, 6 Bonmot, 9 Redensart
Geflüster:
7 Klatsch
Gefolge:
4 Stab, 5 Staat, Tross, 6 Anhang, Geleit, 8 Hofstaat, 10 Begleitung
Gefolgsleute:
6 Mannen
Gefolgsmann:
5 Degen, 6 Vasall, 7 Paladin, 8 Getreuer
geformt:
9 gestaltet, 10 profiliert
geformtes Brot:
4 Laib
gefragt:
6 begehr
Gefriergerät:
10 Eisschrank, 12 Kuehlschrank, 14 Tiefkuehltruhe
gefrorener Tau:
4 Reif
Gefrorenes:
3 Eis, 7 Eiskrem, 8 Eiscreme, 9 Fruchteis, Speiseeis
Gefüge:
3 Bau, 6 Aufbau, 8 Struktur, 9 Anordnung, 10 Gliederung, Organismus, Schichtung
gefügig:
4 brav, zahm, 5 kirre, 8 gehorsam

Gefühl:
4 Sinn, Takt, 5 Seele, 6 Ahnung, Gemuet, 7 Feeling, 8 Instinkt, 9 Empfinden, Sentiment, Unbehagen, 10 Empfindung, 11 Einstellung, 12 Verstaendnis
-bei unerfüllter Erwartung:
13 Enttaeuschung
-bei zuteilgewordener Hilfe:
11 Dankbarkeit
-der Bloßstellung:
5 Scham
-der Sicherheit:
10 Beruhigung
-der Zufriedenheit:
7 Behagen
-des Abscheus:
4 Ekel
-für Recht und Unrecht:
8 Gewissen
-vom Wert der eigenen Person:
17 Selbstbewusstsein
gefühlsbedingtes Verhalten:
4 Reue, 5 Laune, 6 Affekt, Regung, 7 Emotion, 8 Stimmung
Gefühlsbereich:
6 Gemuet
gefühlsbetont:
8 affektiv, 9 emotional, 10 pathetisch
Gefühlsbewegung:
6 Regung, 8 Erregung
Gefühlserregung:
6 Pathos
gefühlskalt/gefühllos:
3 roh, 4 hart, 6 brutal, frigid, 7 grausam, lieblos, 10 gemuetsarm, hartherzig, 11 abgestumpft, 13 unempfindlich
gefühlsmäßig:
8 intuitiv, 9 emotional, 10 emotionell, instinktiv
gefühlsmäßige:
-Handlung:
6 Affekt, 7 Emotion
gefühlsmäßige Erkenntnis:
9 Intuition
Gefühlsmensch:
11 Sanguiniker
Gefühlsregung:
4 Reue
gefühlvoll:
10 empfindsam, seelenvoll, 11 sentimental
gefüllt:
4 voll, 7 besetzt
gefüllte:
-Mehlspeise:
7 Strudel
gefüllter:
-Eierkuchen:
13 Palatschinken
gefülltes:
-Schmalzgebäck:
7 Beignet
gefürchtet:
8 verhasst, 9 unbeliebt, 11 gefaehrlich
gegebenenfalls:
9 eventuell
Gegebenheit:
4 Fakt, 6 Fakten, Faktum, Status, 7 Umstand, 8 Tatsache, 9 Realitaet
Gegebenheiten:
9 Umstaende
gegen:
3 gen, per, 4 anti, fast, nach, rund, 5 wider, zirka, 6 contra, kontra, 9 ungefaehr
Gegenaktion/-maßnahme:
6 Abwehr, Paroli, Reflex, 7 Aufruhr, 8 Aufstand, Meuterei, Reaktion, Revanche, 9 Rebellion, 10 Auflehnung, Opposition, Revolution, 11 Reformation
Gegenbehauptung:
9 Antithese
Gegenbewegung:
10 Widerstand
Gegenbild:
7 Pendant, 13 Doppelgaenger
Gegend:
3 Gau, 4 Zone, 6 Gebiet, Region, 7 Bereich, 8 Umgebung, 9 Erdstrich, 10 Landschaft
Gegendruck:
8 Reaktion
Gegenfüßler:
8 Antipode
Gegengift/Gegenmittel:
7 Antidot, 9 Antidotum, Antitoxin
Gegenpol:
-zur Anode:
6 Katode*, 7 Kathode
-zur Kathode:
5 Anode
Gegenrede:
6 Replik, 10 Entgegnung, Erwiderung, 11 Widerspruch
Gegensatz:
8 Kontrast, 9 Antithese, Umkehrung, Widerpart, Zwiespalt, 10 Antithesis, 11 Feindschaft, Kontroverse, Widerspruch, Widerstreit, 12 Antagonismus
Gegensatz/-teil von:
-Abend:
6 Morgen
-absolut:
7 relativ
-abstrakt:
7 konkret
-alles:
6 nichts
-allgemein:
7 einzeln
-alt:
3 neu, 4 jung
-Angebot:
9 Nachfrage
-Antipathie:
9 Sympathie
-arm:
5 reich
-Aufstieg:
9 Untergang
-Ausland:
6 Inland
-außen:
5 innen
-Belastung:
10 Entlastung
-bissig:
4 zahm
-böse:
3 gut
-breit:
6 schmal
-brutto:
5 netto
-contra:
3 pro
-Deflation:
9 Inflation
-dick:
5 duenn
-dunkel:
4 hell
-dünn:
4 dick
-Dynamik:
6 Statik
-Ehre:
7 Schande
-einzeln:
9 allgemein
-Erlaubnis:
6 Verbot

-Export:
6 Import
-fein:
4 grob
-fest:
4 lose, 6 locker
-Flaute:
4 Wind
-Frau:
4 Mann
-frei:
6 unfrei, 9 abhaengig
-Frieden:
5 Krieg
-geschlossen:
5 offen
-gesund:
5 krank
-glatt:
3 rau*, 4 rauh
-Glück:
4 Pech
-grob:
4 fein
-groß:
5 klein
-gut:
5 boese, 8 schlecht
-hart:
5 weich
-Haß:
5 Liebe
-Hausse:
6 Baisse
-heiß:
4 kalt
-Heiterkeit:
5 ernst
-hell:
6 dunkel
-her:
3 hin
-Herr:
6 Knecht
-Himmel:
6 Hoelle
-hoch:
4 tief
-Höhe:
5 Tiefe
-Hölle:
6 Himmel
-horizontal:
8 vertikal
-hungrig:
4 satt
-Idealist:
7 Realist

-Import:
6 Export
-Inflation:
9 Deflation
-Inland:
7 Ausland
-innen:
6 aussen
-jung:
3 alt
-kalt:
5 heiss
-klein:
5 gross
-Knecht:
4 Herr
-krank:
6 gesund
-Krankheit:
10 Gesundheit
-Krieg:
7 Frieden
-labil:
6 stabil
-Leben:
3 Tod
-leer:
4 voll
-Licht:
8 Schatten
-Liebe:
4 Hass
-links:
6 rechts
-Lob:
5 Ruege, Tadel
-lose:
4 fest
-Mann:
4 Frau
-Materialist:
8 Idealist
-Morgen:
5 Abend
-Nacht:
3 Tag
-Nadir:
5 Zenit
-nah:
4 fern
-naß:
7 trocken
-negativ:
7 positiv
-netto:
6 brutto
-nichts:
5 alles

-Niederlage:
4 Sieg
-oben:
5 unten
-offen:
2 zu, 11 geschlossen
-Okzident:
6 Orient
-Orient:
8 Okzident
-passiv:
5 aktiv
-Pech:
6 Glueck
-peripher:
7 zentral
-Poesie:
5 Prosa
-positiv:
7 negativ
-pro:
6 contra
-Prosa:
6 Poesie
-Realist:
8 Idealist
-Recht:
7 Unrecht
-rechts:
5 links
-reich:
3 arm
-satt:
7 hungrig
-sauer:
5 suess
-Schande:
4 Ehre
-scharf:
6 stumpf
-Schatten:
5 Licht
-Scherz:
5 Ernst
-schlecht:
3 gut
-Schwimmer:
14 Nichtschwimmer
-selten:
3 oft
-stabil:
5 labil
-Statik:
7 Dynamik
-stumpf:
6 scharf
-süß:
5 sauer

-Sympathie:
10 Antipathie
-Synthese:
7 Analyse
-Tadel:
3 Lob
-Tag:
5 Nacht
-tief:
4 Hoch
-Tiefe:
5 Hoehe
-Tod:
5 Leben
-Traum:
12 Wirklichkeit
-trocken:
4 nass, 6 feucht
-über:
5 unter
-unten:
4 oben
-unter:
5 ueber
-Untergang:
7 Aufgang, 8 Aufstieg
-verbieten:
8 erlauben
-Verbot:
9 Erlaubnis
-vertikal:
10 horizontal
-voll:
4 leer
-weich:
4 hart
-wild:
4 zahm
-Wirklichkeit:
5 Traum
-zahm:
4 wild
-Zenit:
5 Nadir
-zentral:
8 peripher
-zu:
5 offen
gegensätzlich:
7 paradox, 8 kontraer,
10 adversativ, 12 antithetisch,
14 antagonistisch,
16 widerspruechlich
Gegenschlag:
6 Konter, 8 Reaktion
gegenseitig:
6 mutual, 7 mutuell, 8 reziprok
gegenseitiger Wechsel:
9 Austausch
Gegenspiel:
9 Widerpart
Gegenspieler/-seite:
8 Antipode, Opponent,
9 Widerpart, 10 Antagonist,
11 Widersacher
Gegenstand:
4 Ding, 5 Sache, Stoff, Thema,
6 Gehalt, Objekt, 7 Gebilde,
Koerper, Materie, 8 Material,
Substanz
Gegenströmung:
8 Reaktion
Gegenstück:
7 Pendant, 12 Entsprechung
gegenüber:
9 diametral
Gegenvorschlag:
11 Alternative
Gegenwart:
5 Heute, 8 Praesens, Praesenz,
9 Jetztzeit, 11 Aktualitaet
gegenwärtig:
2 da, 3 nun, 5 jetzt, 7 aktuell,
derzeit, 8 anwesend, momentan,
14 augenblicklich
gegenwartsbezogen:
6 modern
Gegenwehr:
9 Defensive, 10 Widerstand,
12 Verteidigung
Gegenwert:
5 Preis, 6 Valuta, 7 Entgelt,
11 Aequivalent
Gegenwirkung:
8 Reaktion
gegerbtes Ziegenleder:
7 Saffian
Gegner:
5 Feind, 6 Rivale, 8 Antipode,
Opponent, 10 Konkurrent,
11 Widersacher, 12 Gegenspieler
Gegner Luthers:
3 Eck
gegnerisch:
13 oppositionell
Gegnerschaft:
9 Widerpart
gegorene:
-Milch:
6 Jogurt*, 7 Joghurt
-Stutenmilch:
5 Kumys
gegorener:
-Agavensaft:
6 Pulque
-Honigsaft:
3 Met
-Traubensaft:
4 Wein
gegorenes:
-Getränk aus Brot:
5 Kwass
Gehabe:
5 Getue, 7 Alluere, Gebaren
gehacktes Schweinefleisch:
4 Mett
Gehalt:
4 Gage, Lohn, Sold, Wert,
5 Heuer, Wesen, 6 Inhalt, Salaer,
7 Entgelt, Honorar, 9 Bedeutung,
Besoldung, Einkommen
gehaltvoll/-reich:
4 voll, 8 ergiebig, wertvoll,
9 praegnant, 12 konzentriert
gehärtetes Eisen:
5 Stahl
gehässig:
6 odioes, 11 schadenfroh,
12 hinterlistig, 13 hinterhaeltig
Gehäuse:
3 Tor, 6 Huelle, Kapsel, Kasten,
9 Behaelter
Gehege:
6 Pferch, 7 Paddock, Zwinger,
8 Aviarium, 9 Fasanerie
geheiligter Brauch:
5 Ritus
geheim:
6 anonym, latent, okkult, sekret,
7 diskret, 8 heimlich,
9 verborgen, 10 esoterisch,
11 vertraulich
Geheimagent:
8 Emissaer
Geheimbund:
-auf Sizilien:
5 Mafia, 6 Maffia
-der Antike:
6 Mysten, 8 Orphiker
-in den USA:
10 Ku-Klux-Klan
-in Italien:
9 Karbonari
-in Neapel:
7 Camorra, Kamorra
Geheimbündelei:
12 Konspiration
Geheimgericht:
4 Feme
Geheimlehre:
6 Gnosis, 7 Kabbala, 8 Esoterik,
11 Okkultismus

Geheimnis:
4 Hehl, 7 Arkanum, Raetsel,
9 Mysterium
geheimnisvoll:
6 okkult, 8 mystisch, nebuloes,
9 verborgen, 10 mysterioes,
11 raetselhaft
geheimnisvolle:
-Ausstrahlung:
2 Od
-Schale:
4 Gral
-Weissagung:
6 Orakel
Geheimschriftschlüssel:
4 Code, Kode
Geheimwissenschaft:
11 Okkultismus
Geheimzeichen:
7 Chiffre
Geheiß:
5 Order, 6 Befehl, 9 Anordnung,
Anweisung
gehemmt:
11 gehandikapt
Gehilfe:
6 Helfer, 7 Adlatus, Famulus,
Geselle, 8 Adjutant, Komplice,
Komplize, 9 Assistent,
11 Mitarbeiter
Gehirnschlag:
9 Apoplexie
Gehöft/-teil:
3 Gut, Hof, 9 Bauernhof,
Einoedhof
Gehölz:
4 Baum, Hain, Wald, 5 Busch,
Forst, 8 Gebuesch, Schonung,
9 Gestruepp, Waeldchen,
11 Strauchwerk,
12 Holzgewaechs
Gehörknöchelchen:
6 Amboss, Hammer,
11 Steigbuegel
gehörlos:
4 taub
Gehörn:
6 Geweih
gehörnter:
-Paarhufer:
3 Gnu, Jak, Kuh, Yak, 4 Anoa,
Arni, Bock, Gams, Kudu, Zebu,
5 Bison, Gemse, Ochse, Schaf,
Stier, Ziege, 6 Gaemse*,
Hammel, Muffel, Widder,
Wisent, 7 Bueffel, Gazelle,
Karakul, Mufflon, 8 Antilope,
9 Bergziege, Schafbock,
Steinbock, 11 Moschustier,
12 Breitschwanz
-Ehemann:
7 Hahnrei
Gehörorgan:
3 Ohr
gehorsam:
4 brav, 5 artig, 7 folgsam
Gehrock:
3 Cut, 7 Cutaway
Gehstange:
6 Stelze
Gehsteig/-weg:
3 Weg, 4 Pfad, 7 Fussweg,
12 Buergersteig
Geier/-art:
6 Kondor, 8 Aasgeier,
9 Kammgeier, 11 Gaensegeier,
12 Koenigsgeier, Laemmergeier,
Moenchsgeier
Geige:
5 Gambe, Viola, 6 Fiedel,
7 Violine, 8 Bratsche,
11 Violoncello
Geigenbauer:
5 Amati, Klotz, 7 Stainer,
Testore, 8 Guarneri,
10 Stradivari
Geigenharz:
10 Kolofonium*,
11 Kolophonium
Geigenteil/-zubehör:
4 Hals, Steg, 5 Boden, Bogen,
Decke, Saite, 6 Buegel,
8 Daempfer, Schnecke,
10 Griffbrett, 11 Kinnstuetze,
12 Saitenhalter, Wirbelkasten
Geigenvirtuose:
5 Stern, Varga, 6 Kremer,
7 Heifetz, Menuhin, Tartini,
Toselli, 8 Oistrach, Paganini,
12 Schneiderhan
Geißbart:
8 Wollgras, 10 Maedesuess,
Ziegenbart, 11 Krampfkraut
Geißblattgewächs:
8 Holunder, Mausholz,
10 Schneeball, 11 Tintenbeere
Geißelbruder:
10 Flagellant
Geist/-erscheinung:
3 Fee, Nus, 4 Elfe, Gnom, Hexe,
Nixe, 5 Drude, Troll, Wesen,
6 Daemon, Essenz, Kobold,
Schrat, Teufel, 8 Gespenst,
Irrlicht, Irrwisch, Spiritus,
Ungetuem, 9 Beelzebub,
Nachtmahr, Ruebezahl,
Ungeheuer, 13 Klabautermann
Geisterbeschwörer:
8 Exorzist
Geisterglaube:
11 Okkultismus, Spiritismus
Geistesanlage:
8 Ingenium
geistesarm:
4 dumm, fade
Geistesarmut:
7 Einfalt, 8 Dummheit,
15 Beschraenktheit
Geistesblitz:
4 Idee, 7 Einfall, 9 Eingebung,
Intuition
Geisteserkrankung:
8 Psychose
geistesgestört/-krank:
3 irr, 5 bloed, 6 bloede, dement,
8 paranoid, 9 idiotisch,
10 paranoisch, 11 schizophren,
14 psychopathisch
Geistesgröße:
5 Genie, 11 Genialitaet
Geisteskranke:
4 Irre
Geisteskranker:
5 Irrer, 10 Psychopath
Geisteskrankheit:
5 Manie, 8 Paranoia, Psychose,
9 Monomanie, 10 Umnachtung,
13 Schizophrenie
geistesschwach:
5 debil
Geisteswerk:
4 Buch, Opus
Geisteswissenschaft/-disziplin:
4 Jura, 5 Ethik, Logik, 6 Metrik,
Poetik, 7 Melodik, 8 Didaktik,
Dogmatik, Exegetik, Historik,
9 Aesthetik, Denklehre,
Dialektik, Ontologie, Theologie,
10 Ethnologie, Genealogie,
Geschichte, Metaphysik,
Mythologie, Paedagogik,
Philologie, Soziologie,
11 Chronologie, Dramaturgie,
Germanistik, Philosophie,
Psychologie, Rechtskunde,
Seelenkunde, Sittenlehre,
Sprachkunde, Staatsrecht,
12 Archaeologie,
13 Anthropologie,
Psychosomatik,
15 Kunstgeschichte
geistig:
6 ideell, mental, 9 spiritual,

spirituos, 10 spirituell,
spirituoes, 11 immateriell,
13 intellektuell
-gesund:
6 normal
geistige:
-Ausdrucksform:
4 Stil
-Fähigkeit:
11 Intelligenz
-Getränke:
11 Spirituosen
-Hilfe:
3 Rat
-Vorstellung:
7 Gedanke
geistiger:
-Diebstahl:
7 Plagiat
-Gehalt:
4 Sinn
geistlich:
10 spirituell
geistliche:
-Amtskleidung:
4 Albe, 5 Orale, Ornat, Stola, Talar, Tiara, 6 Barett, Sutane, 7 Soutane, 8 Beffchen, Chorhemd, Messrock
-Behörde:
12 Konsistorium
-Komposition:
5 Credo, Kyrie, Messe, Missa, Psalm, 6 Choral, Tedeum, 7 Kantate, Litanei, Passion, Requiem, 9 Kyrieleis, Oratorium
-Ordensgemeinschaft/Orden:
7 Templer, 8 Jesuiten, Paulaner, Serviten, 9 Kapuziner, Minoriten, Theatiner, 10 Albigenser, Augustiner, Barfuesser, Basilianer, Guttempler, Johanniter, Kartaeuser, Trappisten, 11 Dominikaner, Trinitarier, 12 Benediktiner, Franziskaner, Kluniazenser, Tempelherren, 13 Zisterzienser, 14 Ursulinerinnen
-Schrift/Buch:
5 Bibel, 7 Brevier, Missale, 9 Gebetbuch, 10 Evangelium, Gesangbuch, 11 Katechismus
Geistlicher:
6 Kaplan, Pastor, 7 Pfarrer, 8 Priester
geistlicher:
-Amtsbereich:
6 Bistum, 7 Pfarrei, 8 Dechanei, Dioezese, Gemeinde, 10 Kirchspiel
-Titel/Amt:
3 Abt, 4 Pope, 5 Dekan, Papst, Pater, Prior, Vikar, 6 Diakon, Kaplan, Moench, Oberer, Oberin, Pastor, 7 Bischof, Dechant, Dekanat, Domherr, Eminenz, Nuntius, Pfarrer, Praelat, 8 Kardinal, Prediger, Priester, Superior, Vikariat, 9 Episkopat, Kapitular, Patriarch, Presbyter, 10 Erzbischof, Kirchenrat, Metropolit, Pontifikat, 11 Weihbischof, 14 Oberkirchenrat, Superintendent
geistlos:
5 schal
geistreich:
4 klug, 6 witzig
geistreiche:
-Verspottung:
10 Persiflage
geistreicher:
-Ausspruch:
6 Bonmot
-Einfall:
3 Gag, 4 Idee, 6 Apercu, 10 Aphorismus
Geiz:
7 Habgier, 8 Geldgier, Habsucht, Raffgier, 11 Sparsamkeit, 13 Knauserigkeit
geizen:
8 knausern
Gejammer:
5 Klage, 7 Lamento, 8 Gewinsel
Gejauchze:
5 Jubel, 8 Hosianna
gekästelt:
7 kariert
gekelterter Fruchtsaft:
4 Most
gekocht:
3 gar
gekochter Obstbrei:
3 Mus
gekochtes Obst:
7 Kompott
gekränkt:
7 pikiert
gekrönter:
-Herrscher:
5 Prinz, 6 Fuerst, Herzog, Kaiser, Koenig
gekrümmte Linie:
5 Bogen, Kurve, 8 Schlange, Zickzack, 10 Serpentine
gekünstelte Haltung:
4 Pose
Gel:
7 Kolloid
Gelächter:
5 Spott, 6 Lachen, 7 Kichern, 10 Heiterkeit
geladenes:
-Atom:
3 Ion, 5 Anion, 6 Kation
Gelage:
5 Orgie, 7 Bankett, 8 Gastmahl, Zecherei, 9 Bacchanal, Zechabend
Gelände/-form:
3 Tal, 4 Berg, Land, Moor, 5 Ebene, Geest, Heide, Mulde, Senke, 6 Gebiet, Huegel, Kessel, Marsch, 7 Anhoehe, Flaeche, Gebirge, Terrain, 8 Erhebung, Tiefland, 9 Flachland, Hoehenzug, Talkessel, 10 Huegelland, 11 Hochgebirge, 13 Mittelgebirge, 14 Flussniederung
Geländebeschreibung:
10 Topografie*, 11 Topographie
geländegängiges Fahrzeug:
4 Jeep, 6 Panzer, 7 Traktor, Trecker
Geländer:
6 Reling, 9 Bruestung, 10 Balustrade
Geländerstütze:
8 Baluster
Geländerteil:
8 Handlauf
Gelaß:
4 Raum, 5 Zelle, 6 Gemach, Kammer, Zimmer, 8 Kemenate
gelassen:
5 ruhig, 7 gefasst, stoisch
Gelassenheit:
7 Fassung, Haltung, 10 Contenance
Gelatine:
4 Leim, 7 Gallert, 8 Gallerte, 11 Knochenleim
geläufig:
9 habituell

gelb:
4 gehl
Gelbbleierz:
8 Wulfenit
gelbblühende:
-Blume:
7 Teerose
-Ölpflanze:
4 Raps
gelbblühender:
-Strauch:
7 Ginster, Mahonie
gelbe:
-Rasse:
10 Mongoliden
gelber:
-Farbstoff:
7 Auramin
Gelber:
-Fluß:
7 Hoangho, Huangho, Hwangho
gelber:
-Pflanzenfarbstoff:
6 Flavon
-Schmuckstein:
5 Topas, 6 Citrin, 9 Tigerauge
gelbes:
-Bergkristall:
6 Oitrin, Zitrin
-Gewürz:
6 Safran
gelbgrünes Gas:
5 Chlor
Gelbguß:
7 Messing
gelbliche Farbe:
4 falb, kaki*, 5 beige, khaki,
7 chamois, 10 sandfarben
Gelbling:
9 Tagfalter, 10 Kleefalter,
13 Schmetterling
gelbrot:
6 orange
Gelbsucht:
7 Ikterus
Geld:
4 Kies, Moos, Note, 6 Mammon,
Muenze, Schein, 8 Banknote,
14 Zahlungsmittel
Geldadel:
11 Plutokratie
Geldaufnahme:
4 Borg, Pump, 6 Kredit,
7 Anleihe, 8 Darlehen
Geldbeutel/-behälter:
4 Safe, 6 Boerse, Tresor,
8 Spardose, 9 Geldkatze,
Portmonee*, 10 Geldbeutel,
Geldboerse, 11 Sparbuechse,
Sparschwein, 12 Portemonnaie
Geldbezug:
-im Alter:
5 Rente, 7 Pension, 8 Ruhegeld
Geldeinzahlung:
7 Einlage
Geldeinziehung:
7 Inkasso
Gelder:
5 Fonds, 8 Finanzen
Geldgeber:
7 Sponsor, 8 Kreditor,
9 Financier, Finanzier*,
10 Glaeubiger
Geldherrschaft:
11 Plutokratie
Geldinstitut:
4 Bank, 9 Sparkasse,
13 Postsparkasse
geldlich:
8 monetaer, 9 pekuniaer,
10 finanziell
geldloser Handel:
6 Tausch
Geldmacht:
11 Plutokratie
Geldmann:
7 Bankier, 9 Financier,
Finanzier*
Geldnehmer:
7 Debitor, 9 Schuldner
Geldprägeanstalt:
6 Muenze
Geldrollenpaket:
5 Grupp
Geldsendung:
9 Anweisung, 12 Ueberweisung
Geldstück:
6 Muenze
Geldsumme:
6 Betrag, 7 Kapital
Gelee:
3 Jus, 5 Juice, 7 Gallert,
8 Gallerte
gelegen:
5 Recht, 6 genehm, zupass,
8 guenstig, 10 willkommen
Gelegenheit:
6 Anlass, Chance, Zufall,
8 Okkasion, 12 Moeglichkeit
Gelegenheitsarbeit:
3 Job
Gelegenheitsgedicht:
6 Karmen
Gelegenheitskauf:
8 Occasion, Okkasion
gelegentlich:
10 episodisch
gelegentlich vorkommend:
10 sporadisch
Gelehrter:
8 Forscher, 9 Professor,
10 Akademiker, Studierter,
15 Wissenschaftler
-des Mittelalters:
6 Hraban, 8 Hrabanus
-von Rotterdam:
7 Erasmus
-von Sevilla:
6 Isidor
Geleit:
6 Schutz, 7 Eskorte, Gefolge,
Komitat, Kondukt, 9 Bedeckung,
Bewachung, Sicherung
Geleitwort:
5 Motto, 6 Devise, 7 Sentenz
Gelenk:
5 Angel, 6 Zapfen, 9 Drehpunkt,
Scharnier
-des Armes:
8 Ellbogen, 10 Ellenbogen
-des Beines:
4 Knie, 8 Knoechel
Gelenkentzündung:
5 Gicht, 9 Arthritis
Gelenkleiden:
5 Gicht, 6 Rheuma, 9 Arthritis,
12 Rheumatismus
gelernter Handwerker:
7 Geselle, Meister
Geliebte:
5 Buhle, 6 Schatz, 8 Liebchen,
9 Favoritin, Konkubine,
Kurtisane, Maetresse, Maitresse
Geliebte/Geliebter von:
-Adonis:
9 Aphrodite
-Amor:
6 Psyche
-Antonius:
9 Cleopatra, Kleopatra
-Aphrodite:
6 Adonis
-Aristoteles:
7 Phyllis
-Cäsar:
9 Cleopatra, Kleopatra
-Catull:
6 Lesbia
-Dante Alighieri:
8 Beatrice
-Eros:
6 Psyche

-George Sand:
6 Chopin, Musset
-Helios:
6 Klytia
-Hero:
7 Leander
-Isolde:
7 Tristan
-Julia:
5 Romeo
-Jupiter:
6 Latona
-Kalypso:
8 Odysseus
-Kleopatra:
6 Caesar, 8 Antonius
-Kybele:
5 Attis
-Lady Hamilton:
6 Nelson
-Ludwig XV von Frankreich:
7 Dubarry, 9 Pompadour, 15 Madame Pompadour
-Nelson:
12 Lady Hamilton
-Odysseus:
5 Circe, 7 Kalypso
-Perikles:
7 Aspasia
-Petrarca:
5 Laura
-Radames:
4 Aida
-Romeo:
5 Julia
-Samson:
6 Dalila, Delila
-Sappho:
5 Phaon
-Selene:
8 Endymion
-Zeus:
2 Io, 4 Leda, Leto, 6 Semele
Geliebter:
5 Buhle, Galan, 6 Schatz, 9 Liebhaber
Gelingen:
4 Sieg, 6 Erfolg, Glueck
Gelöbnis:
3 Eid, 5 Votum, 6 Schwur, 8 Geluebde
gelockt:
5 kraus, 6 wellig
geltende Gesetze:
5 Recht
Geltung:
3 Ruf, 4 Wert, 7 Ansehen, 8 Einfluss, Prestige, Renommee, 9 Bedeutung
Gelüste:
8 Begehren, Begierde, 9 Verlangen
Gemahl:
4 Mann, 5 Gatte, 7 Ehemann
gemahlener Schnupftabak:
5 Rapee
Gemahlin:
4 Frau, 6 Gattin, 7 Ehefrau, 9 Ehegattin
Gemälde/-form:
4 Bild, 6 Fresko, 7 Bildnis, Gouache, Oelbild, Pastell, Tableau, 8 Aquarell, Portraet, Portrait, 9 Konterfei, Stilleben, 10 Stillleben*
Gemäldeentwurf:
6 Skizze, Studie
Gemäldesammlung:
7 Galerie, 10 Pinakothek, 12 Kunstgalerie
Gemarkung:
4 Flur, 5 Grund, 6 Gebiet
gemäß:
4 laut, nach, 6 analog, 10 angemessen, 12 entsprechend
gemästetes Junghuhn:
6 Poulet
gemauerte Uferstraße:
3 Kai, 4 Mole
gemein:
4 fies, 5 infam, 7 ruchlos, vulgaer, 8 ordinaer, schoflig, 15 niedertraechtig
Gemeinde:
3 Ort, 4 Dorf, 5 Markt, Stadt, 7 Kommune, 8 Sprengel, 10 Kirchspiel, 13 Koerperschaft, 14 Genossenschaft
Gemeindebezirk:
9 Gemarkung
Gemeindehelfer:
6 Diakon
Gemeindehelferin:
10 Diakonisse
Gemeindekirchenrat:
12 Presbyterium
Gemeindeland:
8 Allmende
Gemeindevertreter/-vertretung:
7 Schulze, 8 Stadtrat, 9 Magistrat, 11 Gemeinderat, 14 Buergermeister, 18 Oberbuergermeister
Gemeindevorsteher:
7 Schulze, 11 Schultheiss, 14 Buergermeister
Gemeindezentrum:
7 Rathaus
Gemeinheit:
7 Infamie, 10 Schurkerei, 12 Niedertracht
gemeinhin:
5 vulgo
gemeinnützig:
6 sozial
Gemeinplatz:
9 Plattheit, 10 Platituede
gemeinsam:
8 simultan, 9 kollektiv, 11 solidarisch
gemeinsames:
-Gespräch:
10 Kolloquium
Gemeinschaft:
3 Ehe, 4 Bund, Clan, Klub, Team, 5 Bande, Sippe, Staat, Stamm, 6 Gruppe, Klasse, Nation, Partei, Verein, 7 Familie, 8 Buendnis, 10 Konsortium, 12 Gesellschaft
gemeinschaftlich:
6 kommun, 9 kollektiv
Gemeinschaftsarbeit:
8 Teamwork
Gemeinschaftserziehung:
11 Koedukation
gemeinschaftsfähig:
6 sozial
Gemeinschaftsgesang:
4 Chor, 5 Kanon
Gemeinschaftslied:
10 Rundgesang
Gemeinschaftssinn:
12 Freundschaft, 13 Kameradschaft, Verbundenheit
Gemeinsinn:
12 Solidaritaet, 13 Kameradschaft
Gemeinwesen:
4 Dorf, 5 Staat, Stadt, 7 Flecken, Kommune, 8 Gemeinde, Siedlung
gemessen:
11 zeremoniell, zeremonioes, 13 gravitaetisch
Gemetzel:
7 Blutbad, 8 Massaker, Schlacht, 10 Massenmord, 13 Schlaechterei

Gemisch/Gemenge:
6 Mixtur, 7 Gemisch, Loesung, Melange, 8 Emulsion, Mischung, 11 Konglomerat
-aus Sauerstoff und Wasserstoff:
8 Knallgas
-zum Mauern:
7 Moertel
Gemse:
4 Gams
Gemsenhorn:
6 Krucke
Gemunkel:
4 Fama, 6 Gerede, 7 Klatsch, 8 Geruecht, 11 Hoerensagen, Quatscherei
Gemüse/-art:
5 Salat, 7 Rotkohl, Spargel, 13 Schwarzwurzel
Gemüsesuppe:
8 Julienne, 10 Minestrone
gemustertes:
-Gewebe:
5 Batik
Gemüt/Gemütsart:
5 Seele, Wesen, 8 Naturell, 9 Charakter, 10 Empfindung, 11 Temperament
Gemütskrankheit:
5 Manie, 7 Raserei, 8 Tobsucht, 9 Schwermut, 11 Melancholie
Gemütsruhe:
6 Geduld, 9 Gleichmut, 10 Stoizismus, 12 Gelassenheit
Gemütsstimmung:
5 Laune
Gemütszustand:
5 Laune, 8 Stimmung
Gemütszustand/-bewegung:
3 Wut, 4 Hass, Rage, Reue, Zorn, 5 Angst, Grimm, Scham, 6 Aerger, Freude, Furcht, Trauer, 7 Emotion, 8 Erregung, 9 Empoerung, 11 Entruestung, 12 Begeisterung, Enthusiasmus, Leidenschaft
gemütvoll:
10 seelenvoll, 11 sentimental
genäselt:
5 nasal
genau:
5 exakt, 6 subtil, 7 akkurat, korrekt, praezis, richtig, 8 praezise, 9 minuzioes, 10 ordentlich, pedantisch, 11 sorgfaeltig, 12 gewissenhaft
Genauigkeit:
7 Akribie, 9 Exaktheit, 10 Pedanterie, Praezision, 11 Akkuratesse, Korrektheit
Genealogie:
14 Ahnenforschung, 15 Sippenforschung, 17 Familienforschung
Genehmigung:
5 Recht, 6 Placet, Plazet, 7 Konsens, 9 Billigung, Erlaubnis, Zulassung, 10 Konzession, 12 Einwilligung
Geneigtheit:
4 Huld
General:
-Napoleons I.:
5 Murat, 6 Maison
-Wallensteins:
4 Illo, 11 Piccolomini
Generalsekretär der UNO:
3 Lie, 5 Annan, Utant, 6 U Thant, 7 Cuellar, 8 Waldheim, 9 De Cuellar, 11 Butros Ghali, 12 Boutros Ghali, 13 Hammarskjoeld
Generalsrang:
9 Marschall, 13 Feldmarschall
Generator:
6 Dynamo, 13 Stromerzeuger
generell:
9 allgemein, 16 allgemeingueltig
generös:
9 freigebig, spendabel, 10 edelmuetig, hochherzig, 11 grossmuetig, grosszuegig
Genesender:
14 Rekonvaleszent
Genesis:
6 Werden, 8 Ursprung, 9 Erzeugung, Werdegang, 10 Schoepfung, 11 Entwicklung, Erschaffung
Genesung:
7 Heilung, 9 Gesundung, 12 Konvaleszenz, 14 Rekonvaleszenz
Genesungsstätte:
10 Sanatorium, 13 Erholungsheim
Genetik:
8 Erblehre
Genfer Reformator:
6 Calvin
Genfer Seewind:
5 Rebat
genial:
4 klug, 6 begabt, 8 begnadet, 13 schoepferisch
Genießer:
7 Aesthet, Gourmet, Sybarit, 8 Gourmand, Lebemann, 9 Schlemmer, 10 Leckermaul, 13 Feinschmecker
Genitalien:
10 Schamteile, 16 Geschlechtsteile
Genitiv:
7 Wesfall
Genius:
14 Schoepferkraft
Genosse:
6 Freund, Kumpan, Kumpel, Sozius, 7 Kamerad, Kollege, Partner, 8 Komplice, Konsorte, 9 Gefaehrte, 14 Parteimitglied
Genossenschaft:
4 Bund, 9 Sozietaet, 10 Konsortium
Genre:
3 Art, Typ, 4 Stil, 7 Gattung
genuesischer:
-Fürst:
4 Doge
-Kurort:
5 Nervi
-Seeheld:
5 Doria
-Verschwörer:
6 Fiesco
genug:
5 basta, 7 punktum, sattsam, 11 ausreichend
genügen:
7 reichen
genügsam:
10 bescheiden, 11 spartanisch, 12 anspruchslos
Genugtuung:
5 Busse, 6 Suehne, 7 Triumph, 8 Revanche, 12 Befriedigung, Satisfaktion
Genus:
7 Gattung, 10 Geschlecht
Genuß:
4 Lust, 5 Spass, Wonne, 6 Freude, Labsal, Nutzen, Profit, 7 Verzehr, 10 Vergnuegen
Genußmensch:
8 Lebemann, 9 Epikureer, Geniesser
Genußmittel:
3 Kat, Tee, 4 Bier, Coca, Kola, Mate, Sekt, Wein, 5 Betel,

Kakao, Tabak, 6 Kaffee, Likoer, 7 Alkohol, Coffein, Koffein, Nikotin, Schnaps
genußsüchtig:
9 materiell
Geodät:
10 Feldmesser, 13 Landvermesser
geographische:
-Lage:
11 Breitengrad, Laengengrad
-Raumeinheit:
6 Geotop
geographischer:
-Begriff/Fachausdruck:
3 Ort, Pol, See, Tal, 4 Berg, Dorf, Land, Meer, Moor, Oase, 5 Ebene, Fluss, Heide, Insel, Kanal, Ozean, Staat, Stadt, Strom, 6 Eiland, Huegel, Kueste, Wueste, 7 Erdteil, Erosion, Gebirge, Nordpol, Suedpol, 8 Aequator, Archipel, Festland, Gradnetz, Horizont, Meridian, Weltmeer, 9 Formation, Geodaesie, Gewaesser, Kontinent, Landkarte, Polarzone, Subtropen, 10 Kartennetz, Landschaft, 11 Laengengrad, Polargebiet, 12 Luftaufnahme, Schneegrenze, 14 Erdoberflaeche
geologische:
-Formation/Zeitabschnitt:
3 Dan, 4 Dyas, Jura, Kulm, Lias, Malm, Perm, Raet, Sima, 5 Devon, Rhaet, Senon, Silur, Trias, Turon, 6 Danien, Dogger, Eozaen, Karbon, Keuper, Kreide, 7 Azoikum, Eiszeit, Emscher, Miozaen, Molasse, 8 Alluvium, Diluvium, Holozaen, Kambrium, Pliozaen, Quartaer, Tertiaer, 9 Algonkium, Archaikum, Oligozaen, Paleozaen, 10 Mesozoikum, Ordovizium, 11 Muschelkalk, Pleistozaen, 12 Palaeozoikum
geologischer:
-Begriff/Fachausdruck:
4 Kies, Lehm, Salz, Sand, 6 Basalt, Erdoel, Fossil, Granit, Kaolin, Mergel, Syenit, 7 Porphyr, 8 Erdrinde, Schiefer, Warmzeit, 9 Erdkruste, Formation, Fossilien, Kalkstein, Sandstein, Zechstein, 10 Auffaltung, Braunkohle, Gipsmergel, Steinkohle, 11 Plattenkalk, Schichtform, Vulkanismus, 12 Bruchfaltung, Dachschiefer, Rotliegendes, 13 Buntsandstein
geometrischer:
-Begriff/Fachausdruck:
3 Lot, 5 Achse, Bogen, Ebene, Hoehe, Kegel, Kreis, Kugel, Kurve, Linie, Punkt, Raute, Sehne, Seite, 6 Gerade, Prisma, Radius, Sektor, Trapez, Winkel, Wurzel, 7 Dreieck, Ellipse, Flaeche, Kathete, Koerper, Parabel, Quadrat, Rhombus, Segment, Sekante, Vieleck, Viereck, Volumen, Wuerfel, 8 Hyperbel, Pyramide, Rechteck, Scheitel, Schenkel, Tangente, Zylinder, 9 Diagonale, Parallele, 10 Hypotenuse, Peripherie, 11 Mittelpunkt, 12 Kegelschnitt, 14 Parallelogramm
-Körper/Figur:
5 Kegel, Kreis, Kugel, Raute, 6 Prisma, Trapez, 7 Ellipse, Parabel, Quadrat, Vieleck, Wuerfel, 8 Hyperbel, Pyramide, Zylinder, 14 Parallelogramm
geordnetes Verzeichnis:
5 Liste
georgische Königin:
6 Tamara
Gepäckstück/Gepäck:
6 Bagage, Beutel, Koffer, Ranzen, Tasche, 7 Buendel, 8 Rucksack, 9 Felleisen, 10 Handtasche, 11 Reisetasche
gepflegt:
6 adrett, sauber, 7 elegant, 9 soigniert
-gekleidet:
7 elegant, 13 geschmackvoll
gepflegte Grünfläche:
5 Rasen
Gepflogenheit:
4 Usus, 5 Sitte, 6 Brauch, Praxis, 9 Herkommen, 10 Gewohnheit
Geplänkel:
12 Scharmuetzel
Geplauder:
7 Plausch, Schwatz, 9 Gespraech, 12 Konversation, Unterhaltung
gepökeltes Fleischgericht:
7 Eisbein, 8 Kasseler
gepolsterter Brustschutz:
8 Plastron
Gepräge:
3 Art, 4 Form, Stil, 5 Wesen, 6 Cachet, 7 Merkmal, 9 Charakter, Wesensart
geprägtes:
-Geld:
6 Muenze
Gepränge:
4 Pomp, 5 Luxus, Prunk, 6 Pracht
gequetschte Nährmittel:
7 Flocken
gerade:
4 eben, just, 5 jetzt, Linie, 6 direkt, Flucht, soeben, 7 ehrlich, 8 aufrecht, momentan, vertikal
geradeaus:
7 stracks
Geräteschuppen:
6 Remise
Gerätesportler:
6 Turner
Gerätschaft:
9 Apparatur
Gerätschaft/Gerät:
7 Apparat, Utensil, 8 Material, Requisit, Werkzeug, 10 Instrument
-der Altsteinzeit:
9 Faustkeil
-der Erdarbeiter:
5 Hacke, 6 Spaten, 8 Schaufel
-der Seeräuber:
10 Enterhaken
-des Bergmanns:
6 Forkel
-des Bergsteigers:
4 Seil, 6 Pickel, 8 Rucksack
-des Chemikers:
7 Retorte, 11 Reagenzglas
-des Maurers:
3 Lot, 5 Kelle, 11 Wasserwaage
-des Schneiders:
5 Nadel, 6 Schere
-des Winzers:
6 Kelter
-im Büro:
6 Lineal, Schere, 7 Stempel, 9 Bleistift, 11 Aktenordner, Radiergummi, 12 Zeichenbrett, 14 Kugelschreiber, 15 Schreibmaschine
-zum Aufwickeln:
5 Spule
-zum Aufzeichnen der Erdbeben:
10 Seismograf*, 11 Seismograph

-zum Bestimmen der Himmelsrichtung:
7 Kompass
-zum Dreschen:
6 Flegel
-zum Fischfang:
5 Angel, Reuse, 7 Harpune
-zum Krankentransport:
5 Bahre, Trage, 9 Tragbahre
-zum Lochstechen:
4 Ahle
-zum Mähen:
5 Sense, 6 Sichel, 11 Rasenmaeher
-zum Messen der Geschwindigkeit:
10 Tachometer
-zum Messen der Wassertiefe:
3 Lot, 7 Echolot
-zum Messen von Schwingungen:
11 Seismometer
-zum Messen von Winkeln:
10 Goniometer
-zum Spalten:
3 Axt, 4 Beil, Keil
-zum Umgraben:
6 Spaten
-zum Wärmemessen:
11 Thermometer
-zum Zeichnen:
6 Lineal, Zirkel, 9 Reisszeug, 12 Kurvenlineal
-zum Ziehen von Notenlinien:
7 Rastral
-zur Flüssigkeitsentnahme:
7 Pipette
-zur Gewichtsbestimmung:
5 Waage
-zur Strahlenzählung:
13 Geigerzaehler
-zur Unterwasserortung:
5 Sonar
geräucherte Fleischware:
5 Speck, 6 Salami, 8 Schinken, Zervelat, 9 Mettwurst
geräucherter Fisch:
7 Sprotte, 9 Bueckling, 11 Raeucheraal, 13 Schillerlocke, 14 Raeucherhering
Geräusch:
3 Ton, 5 Knall, Krach, Laerm, 6 Sausen, Schall, 7 Klingen, Knallen, Rattern, 8 Knattern, Prasseln, Rascheln, 9 Widerhall, 11 Plaetschern
-des Wassers:
7 Brausen, Rieseln, 11 Plaetschern
-des Windes:
6 Heulen, Sausen, 7 Brausen, Pfeifen
-von Feuer:
8 Prasseln
-von Rädern:
7 Rattern
-von welkem Laub:
8 Rascheln
Gerechtigkeit:
6 Justiz, 8 Justitia, Justizia*
Gerede:
4 Fama, Salm, 6 Phrase, Tirade, 7 Bombast, Gefasel, Klatsch, Rederei, Tratsch, 8 Geruecht, Larifari, 10 Geschwaetz
geregeltes Vorgehen:
10 Systematik
gereinigt:
10 raffiniert
gereizt:
6 erregt, 7 graetig, nervoes, pikiert, 8 kribblig, 10 cholerisch
gereizter Zustand:
8 Spannung
Gericht:
4 Mahl, 5 Essen, 6 Speise, 7 Instanz, 8 Mahlzeit, 11 Strafkammer, Zivilkammer
gerichtlich:
10 forensisch
gerichtliche/Gerichtsentscheidung:
4 Haft, 6 Arrest, Strafe, Urteil, 9 Geldbusse, 10 Freispruch, Gefaengnis, Geldstrafe, 12 Schuldspruch, Verurteilung, 13 Urteilsspruch, 15 Freiheitsstrafe
Gerichtsarzt:
6 Anatom, 9 Pathologe
Gerichtsbarkeit:
12 Jurisdiktion, Justizhoheit
Gerichtsbeisitzer:
8 Assessor, Schoeffe, 12 Geschworener
Gerichtsbeschluß:
6 Urteil
Gerichtsdiener:
7 Buettel, Heiduck, Scherge, 8 Haescher
Gerichtshof:
5 Forum, 6 Kammer, 8 Tribunal
Gerichtsplatz:
8 Tribunal
Gerichtsschreiber:
6 Aktuar
Gerichtsstand:
7 Instanz
Gerichtsverfahren:
7 Prozess
Gerichtswesen:
6 Justiz
Gerippe:
6 Schema, 7 Skelett, 14 Knochengeruest
gerippter Stoff:
4 Cord*, Kord, Rips, 9 Gabardine, 11 Stretchcord
gerissen:
5 smart, 6 clever, findig, listig, 7 gewieft, 8 gerieben, 10 raffiniert, routiniert, 12 durchtrieben
Germanien:
11 Deutschland
germanische:
-Dichtung:
4 Edda
-Gefallenenhalle:
7 Walhall, 8 Walhalla
-Gewandnadel:
5 Fibel
-Götterbotin:
3 Gna
-Gottheit:
3 Ase, 4 Dise, Wane, 5 Norne, 8 Walkuere
-Göttin:
3 Hel, Ran, Syn, Urd, 4 Erke, Frea, Idun, Laga, Nott, Saga, Vara, 5 Frigg, Frija, Iduna, Nanna, Rinda, Skuld, 6 Freyja, Frigga, Loeffa, Ostara, 7 Loeffna, Sjoefna
-Grabstätte:
10 Huenengrab
-Hauptwaffe:
5 Frame
-Heldenjungfrau:
8 Walkuere
-Heldensage:
4 Edda
-Riesentochter:
5 Skadi
-Sagengestalt:
3 Ask, Nix, Ute, 4 Egil, Gnom, Groa, Hati, Heid, Nixe, Surt, Ymir, 5 Alfar, Baugi, Eldir, Embla, Fylla, Galar, Hagen, Hugin, Mimir, Nunin, Uller, 6 Fafnir, Fjalar, Gernot, Gudrun, Rother, Sigurd, Volker, Widolf,

7 Alfadur, Gungnir, Gunther, Wieland, 8 Alberich, Dietrich, Farbaute, Giselher, Neidhard, Siegmund, 9 Brunhilde, Siegfried, 10 Hildebrand, Kriemhilde
-Schicksalsgöttin:
5 Norne
-Volksversammlung:
5 Thing
-Waffe:
3 Ger, Sax
germanischer:
-Adliger:
7 Edeling
-Buchstabe:
4 Rune
-Donnergott:
4 Thor
-Drachentöter:
9 Siegfried
-Eisenmesser:
3 Sax
-Gott:
2 We, 3 Ase, Nix, Tyr, 4 Loki, Odin, Thor, 5 Donar, Freyr, Wodan, Wotan, 6 Baldur, 7 Forseti, 8 Heimdall
-Volksstamm/-gruppe:
5 Goten, Ubier, 6 Bayern, Jueten, Salier, Sueben, 7 Chatten, Franken, Gepiden, Kimbern, Sachsen, Zimbern, 8 Ostgoten, Semnonen, Silingen, Teutonen, Vandalen, Wikinger, 9 Alemannen, Burgunder, Cherusker, Normannen, Westgoten, 11 Langobarden, Markomannen
germanisches:
-Asenheim:
6 Asgard
-Blasinstrument:
4 Lure
-Götterreich:
6 Asgard
-Schriftzeichen:
4 Rune
-Seefahrervolk:
7 Chauken, 8 Wikinger, 9 Normannen
-Totenreich:
3 Hel
-Ungeheuer:
10 Fenriswolf
gerodet:
5 urbar
Geröll:
4 Kies, 6 Schutt
Geröllhalde:
4 Gand
geröstetes Brot:
5 Toast
Gerstenkorn:
5 Werre
Gerte:
4 Rute, 5 Zweig, 8 Peitsche
Geruch:
3 Ruf, 4 Arom, Duft, 5 Aroma, Blume, Hauch, Odeur, 6 Bukett, 7 Gestank, 9 Witterung
Geruchsorgan:
4 Nase
Geruchsstoff:
6 Essenz
Geruchsverschluß:
6 Siphon
Gerücht:
4 Fama, 5 Odium, Ondit, 6 Gerede, 8 Nachrede
Gerüchtemacher:
10 Kolporteur
geruhsamer Sport:
6 Angeln
Gerümpel:
4 Kram, 6 Abfall, 7 Altware, Plunder, 8 Altwaren, 10 Krimskrams
Gerüst:
7 Gefuege, Gerippe, Gestell, 8 Tragwerk, 9 Gestaenge
gerüstet:
5 parat, 7 armiert
Gesalbter:
8 Christus
gesalzener Fisch:
8 Anchovis, Sardelle, 9 Anschovis*
gesammelte Schriftstücke:
5 Akten
gesamt:
4 ganz, 5 total, 8 komplett, 9 universal, 10 universell, 11 vollzaehlig, 12 vollstaendig
Gesamtamerika:
10 Panamerika
Gesamtbetrag:
5 Summe
Gesamthaftung:
14 Solidarhaftung
Gesamtheit:
5 Summe, 6 Gaenze, 8 Ganzheit, 9 Inbegriff, 10 Totalitaet, 14 Universalitaet
-an Fahrzeugen:
8 Fuhrpark
-der Abwässeranlagen:
12 Kanalisation
-der Ausdrucksbewegung:
6 Gestik
-der baltischen Staaten:
8 Baltikum
-der bedeutenden Persönlichkeiten:
9 Prominenz
-der Betriebsangehörigen:
8 Personal, 11 Belegschaft
-der Bischöfe:
9 Episkopat
-der Druckerzeugnisse:
9 Literatur
-der Eigenschaften:
9 Charakter
-der Erbanlage:
6 Erbgut, 7 Genotyp, 8 Erbmasse
-der Erdbevölkerung:
10 Menschheit
-der eßbaren Dinge:
7 Nahrung, 12 Lebensmittel
-der Gebärden:
6 Gestik
-der Gesetze:
5 Recht
-der Güterproduktion:
9 Industrie
-der katholischen Bischöfe:
9 Episkopat
-der Lehrerschaft:
9 Kollegium
-der Leibesübungen:
5 Sport
-der Medizin:
9 Heilkunde
-der menschlichen Eigenschaften:
5 Wesen, 8 Naturell, 9 Charakter, 11 Veranlagung
-der Nutzvögel:
9 Gefluegel
-der Pflanzen der Erde:
5 Flora
-der Schöpfung:
5 Natur
-der Schriftwerke:
9 Literatur
-der Seeschiffe:
6 Marine
-der Theaterausstattung:
6 Fundus
-der vorhandenen Dinge:
7 Bestand

-der Zähne:
6 Gebiss
-der Zeitungen:
6 Presse
-derErdbevölkerung:
10 Menschheit
-des Flugverkehrs:
9 Luftfahrt
-des Fremdenverkehrs:
9 Touristik
-des Zeitungswesens:
6 Presse
-eines Menschenalters:
10 Generation
-von Bergen und Hochflächen:
7 Gebirge
Gesamtlänge:
5 Trakt
Gesamtvergütung:
9 Pauschale
Gesamtwissen:
13 Enzyklopaedie
Gesandter:
5 Legat, 8 Diplomat,
11 Botschafter, 13 Unterhaendler
Gesandtschaft:
8 Legation
Gesang:
4 Lied, 5 Melos, 6 Cantus
Gesangschule:
14 Konservatorium
Gesangsdarbietung:
4 Arie, Lied, 7 Chanson
Gesangsgruppe:
4 Chor, 8 Ensemble,
10 Doppelchor, Frauenchor,
Kinderchor, 11 Kirchenchor,
Maennerchor
Gesangsvortrag/-stück:
3 Duo, 4 Arie, Lied, Solo, Song,
Trio, 5 Duett, 6 Arioso, Choral,
Hymnus, Kantus, 7 Chanson,
Kantate, Passion, 8 Belcanto,
Belkanto*, Parlando, Schlager,
9 Kantilene, Psalmodie,
Rezitativ, Spiritual, Volkslied
Gesangverein:
4 Chor
Gesäß:
2 Po, 4 Popo, 5 Sterz, 7 Hintern,
10 Hinterteil, Hosenboden
gesättigt:
4 satt, voll, 8 gefuellt, 9 saturiert
Geschäft:
3 Job, 4 Werk, 5 Beruf, Buero,
Firma, Laden, 6 Arbeit, Handel,
Metier, 7 Betrieb, 8 Einnahme,
10 Profession, Taetigkeit,
11 Transaktion, Unternehmen,
12 Arbeitsplatz
geschäftiges Treiben:
6 Trubel
geschäftlicher Gewinn:
6 Ertrag
Geschäftsauftrag:
10 Kommission
Geschäftsbereich:
5 Zweig, 6 Sparte, 7 Branche,
8 Dezernat
Geschäftsbrauch:
6 Usance
Geschäftsbuch:
6 Kladde, 7 Journal, 8 Inventar,
Memorial, 9 Hauptbuch
Geschäftseinlage:
4 Mise, 7 Kapital
Geschäftsführer:
7 Manager, 8 Direktor,
9 Prokurist
Geschäftsgewinn:
6 Ertrag
Geschäftsinhaber:
4 Chef, 9 Prinzipal
geschäftskundig:
11 pragmatisch
Geschäftslage:
10 Konjunktur
Geschäftsleitung:
9 Direktion
Geschäftsmann:
7 Manager, 8 Haendler,
Kaufmann, 9 Fabrikant,
Produzent, 11 Unternehmer
Geschäftsnebenstelle:
7 Agentur, Filiale
Geschäftsordnung:
6 Statut, 7 Satzung, 9 Reglement
Geschäftspartner:
6 Sozius, 9 Kompagnon,
Teilhaber, 14 Gesellschafter
Geschäftsraum:
5 Buero, 6 Kontor
Geschäftsreisender:
6 Kommis, 9 Vertreter
Geschäftsschulden:
7 Passiva
Geschäftsservice:
12 Kundendienst
Geschäftsstelle:
5 Buero, Depot, 6 Kontor,
7 Agentur, Filiale, Kanzlei,
11 Sekretariat
Geschäftsstille:
6 Flaute
Geschäftssymbol:
13 Firmenzeichen
Geschäftsträger:
8 Resident
geschäftstüchtig:
5 smart, 6 clever
Geschäftsunkosten:
6 Spesen
Geschäftsvermittler:
5 Agent, 6 Makler
Geschäftsvermögen:
6 Aktiva
Geschäftsvollmacht:
7 Prokura
Geschäftswerbung:
7 Reklame
Geschäftswert:
8 Goodwill
Geschäftszimmer:
5 Buero
Geschäftszusammenbruch:
7 Konkurs
Geschäftszweig:
7 Branche
gescheckt:
7 meliert
Geschehen:
3 Tat, 5 Drama, 7 Vorfall,
Vorgang, 8 Begebnis, Ereignis,
Handlung, 9 passieren,
11 Begebenheit
Geschehensablauf:
10 Geschichte
Geschehnisfolge:
4 Zeit
gescheit:
4 klug, 5 weise, 6 begabt,
11 intelligent
Geschenk:
4 Gabe, 6 Spende, 8 Dotation,
Praesent, Stiftung, 9 Angebinde,
Zuwendung, 10 Dedikation,
11 Mitbringsel, 13 Gratifikation,
14 Aufmerksamkeit
Geschichte:
5 Story, 7 Chronik, 8 Historie,
10 Erzaehlung
geschichtlich:
10 historisch
Geschichtsaufzeichnung:
7 Chronik
Geschichtsepoche/-abschnitt:
6 Antike, Urzeit, 7 Eiszeit,
Neuzeit, Vorzeit, 8 Altertum,
9 Gegenwart, Steinzeit,
10 Bronzezeit, Kupferzeit,
11 Mittelalter, Neolithikum,
12 Altsteinzeit, Mesolithikum,
14 Palaeolithikum

Geschichtsforscher:
10 Historiker
Geschichtsschreiber:
8 Chronist, 13 Historiograph
Geschichtswerk:
7 Annalen, Chronik
Geschicklichkeit/Geschick:
4 Gabe, 5 Fatum, 6 Talent,
7 Eignung, Routine,
8 Begabung, 9 Schicksal,
10 Faehigkeit, Fertigkeit,
11 Befaehigung, Gewandtheit
Geschicklichkeitskünstler:
8 Jongleur
Geschicklichkeitsspiel:
4 Jojo, 6 Mikado, 7 Diabolo
geschickt:
5 habil, 6 clever, patent, wendig,
9 praktisch
Geschirr/-teil:
4 Joch, Zaum, 5 Kanne, Tasse,
6 Platte, Teller, Trense, Zuegel,
7 Terrine, 8 Teekanne,
9 Porzellan, Schuessel,
10 Untertasse, 11 Kaffeekanne
Geschirrsatz:
7 Service
Geschirrschrank:
6 Buffet, 7 Buefett
Geschlecht:
3 Sex, 5 Genus, Sexus, Sippe,
Stamm, 7 Familie, Gattung,
Gebluet
Geschlechterkunde:
10 Genealogie
geschlechtlich:
6 sexual, 7 sexuell
geschlechtlich kalt:
6 frigid
Geschlechtlichkeit:
11 Sexualitaet
geschlechtsbetont:
4 sexy
Geschlechtsdrüse:
6 Gonade
Geschlechtshormon:
6 Prolan, 8 Androgen, Gestagen,
9 Oestrogen, 11 Androsteron,
Progesteron, Testosteron
Geschlechtskälte:
11 Frigiditaet
Geschlechtskrankheit:
4 Lues, 7 Tripper, 8 Schanker,
Syphilis, 9 Gonorrhoe
Geschlechtsleben:
6 Erotik
Geschlechtsreifung:
9 Pubertaet
Geschlechtsteile:
10 Genitalien, Schamteile
Geschlechtstrieb:
6 Libido
Geschlechtswort:
7 Artikel
Geschlechtszelle:
5 Gamet
geschliffene:
-Fläche:
7 Facette, 8 Fassette*
-Glasflasche:
7 Karaffe
geschliffener:
-Diamant:
8 Brillant
geschliffenes:
-Benehmen:
3 Pli
-Glas:
8 Kristall
geschlossen:
2 zu, 8 allesamt, gesperrt,
9 einmuetig, versperrt,
10 abgerundet
geschlossene Kurve:
5 Kreis, 7 Ellipse
Geschmack:
4 Stil, 5 Aroma, 7 Eleganz,
8 Gefallen, 9 Empfinden,
10 Empfindung
geschmackvoll:
4 chic, fein, 5 apart, 6 dezent,
schick*, 7 anmutig, elegant,
vornehm, 8 gediegen, stilvoll,
9 gefaellig, 11 aesthetisch
Geschmeide:
7 Juwelen, Schmuck,
9 Pretiosen, Preziosen,
10 Bijouterie, Edelsteine,
Kleinodien
geschmeidig:
4 rank, 6 grazil, 7 biegsam,
8 flexibel, gelenkig,
9 beweglich, elastisch,
10 schmiegsam
Geschmeiß:
3 Kot, Mob, 6 Poebel,
7 Gewuerm, 8 Gesindel,
Vogelkot
geschnittener Stein:
5 Gemme, Kamee, 6 Glyphe
geschnittenes Holz:
4 Stab, 5 Bohle, Brett, Latte,
6 Balken, Leiste
Geschöpf:
4 Baby, Kind, Tier, 5 Wesen,
6 Mensch, 7 Kreatur,
9 Erzeugnis, Lebewesen
Geschoß:
5 Etage, Kugel, Pfeil, Stock,
6 Bolzen, Keller, Rakete,
7 Granate, Harpune, Torpedo,
8 Mansarde, Parterre, Speicher,
9 Projektil, Stockwerk,
10 Souterrain
Geschoßdrehung:
5 Drall
Geschossdurchmesser:
7 Kaliber
geschraubt:
8 prezioes
Geschraubtheit:
5 Getue, 6 Gehabe, 8 Ziererei
Geschrei:
3 Ruf, 5 Laerm, 6 Geheul,
8 Gebruell, 11 Zetermordio
geschriebene Buchstabenreihe:
5 Zeile
geschriebenes Recht:
6 Gesetz
Geschützabteilung:
8 Batterie
Geschützfeuer:
8 Kanonade
Geschützraum:
9 Kasematte
geschützt:
6 gefeit
Geschütztruppe:
10 Artillerie
Geschütztyp/Geschütz:
3 Pak, 4 Flak, 6 Kanone, Werfer,
7 Moerser, 8 Haubitze,
Kartaune, 11 Minenwerfer
Geschwader:
7 Eskader
Geschwaderführer:
9 Kommodore
geschwänzter Lurch:
5 Molch
Geschwätz:
4 Kohl, 6 Gerede, Sermon,
7 Klatsch, Rederei, Tratsch,
8 Larifari, 11 Galimathias
Geschwindigkeit:
4 Eile, Elan, Hast, 5 Tempo,
6 Rasanz, 7 Schwung,
13 Schnelligkeit
Geschwindigkeitsbegrenzung:
10 Tempolimit
Geschwindigkeitsgrad:
7 langsam, schnell
Geschwindigkeitsmesser:
5 Tacho, 10 Tachometer

Geschwister:
7 Brueder, 9 Drillinge, Mehrlinge, Vierlinge, Zwillinge, 10 Schwestern
Geschwisterkind:
4 Base, 5 Kusin, Neffe, 6 Cousin, Kusine*, Nichte, Vetter, 7 Cousine
Geschworener:
12 Laienrichter
Geschwulst:
4 Myom, 5 Lipom, Tumor, Zyste, 6 Sarkom, 8 Karzinom
gesegnet:
8 benedeit
Geselle:
6 Helfer, 7 Gehilfe, Genosse, Kamerad, 9 Gefaehrte
gesellig:
8 soziabel, 11 umgaenglich, 13 extravertiert
gesellige:
-Runde:
10 Stammtisch
-Sportart:
6 Kegeln
-Unterhaltung:
12 Konversation
-Veranstaltung:
4 Ball, Fete, 5 Spiel, 6 Soiree, 7 Bankett, Empfang, 9 Ballabend, Tanzabend, 10 Kegelabend, Kraenzchen
geselliger:
-Kreis:
4 Club, Klub*, 5 Runde, 6 Verein, Zirkel, 10 Kraenzchen, Stammtisch, 11 Liedertafel
geselliges:
-Beisammensein:
5 Party
-Gespräch:
12 Unterhaltung
-Mahl im Freien:
8 Picknick
Gesellschaft:
2 AG, IG, KG, 3 OHG, 4 Bund, Club, GmbH, Klub*, 5 Firma, Kreis, Runde, Union, 6 Gruppe, Klasse, Verein, 9 Sozietaet, 11 Foederation, Unternehmen, Vereinigung, 12 Bevoelkerung, 14 Genossenschaft
Gesellschafter:
6 Sozius, 7 Partner, 9 Aktionaer, Kompagnon, Teilhaber, 10 Mitinhaber, 12 Kommanditist
gesellschaftlich:
6 sozial, 8 soziabel, 9 offiziell
gesellschaftliche:
-Abschließung:
11 Kastengeist
-Sitte:
8 Etikette
-Stellung:
4 Rang
-Taktlosigkeit:
7 Fauxpas
gesellschaftlicher:
-Aufwand:
15 Repraesentation
-Kreis:
4 Klub, 6 Cercle, Zirkel
Gesellschaftsanzug:
5 Frack, 7 Smoking
Gesellschaftsform:
11 Matriarchat, Patriarchat
Gesellschaftshaus:
6 Kasino
Gesellschaftskunde:
10 Soziologie
Gesellschaftskundler:
9 Soziologe
Gesellschaftsraum:
4 Saal, 5 Salon
gesellschaftsschädlich:
7 asozial
Gesellschaftsschicht:
5 Kaste, Stand, 10 Buergertum, 11 Mittelstand, Proletariat, 12 Aristokratie
Gesellschaftsspiel:
4 Dame, Quiz, Skat, 5 Halma, Lotto, Poker, 6 Boccia, Bridge, Domino, Kegeln, Mau Mau, Mikado, Muehle, Pokern, Puzzle, Schach, Tarock, 7 Billard, Canasta, Knobeln, Krocket, Malefiz, Roulett, Tombola, 8 Lotterie, Monopoly, Quartett, Roulette, Scrabble, Wuerfeln, 9 Blindekuh, Federball, 10 Brettspiel, Doppelkopf, Kegelspiel, Schafskopf, Verstecken, 11 Kartenspiel, Sackhuepfen, 13 Pfaenderspiel
Gesellschaftstanz:
5 Blues, Combo, Limbo, Mambo, Polka, Raspa, Rumba, Samba, Tango, Twist, 6 Boston, Walzer, 7 Madison, Onestep, 8 Cakewalk, Foxtrott, Kotillon, 9 Jitterbug, Paso doble*, Polonaese*, Polonaise, 10 Charleston, 12 Boogie Woogie, Rheinlaender
Gesellschaftswissenschaft:
10 Soziologie
Gesellschaftswissenschaftler:
9 Soziologe
Gesellschaftszimmer:
5 Salon
Gesenk:
4 Anke, Form, 12 Schmiedeform
Gesetz:
3 Lex, 4 Norm, 5 Gebot, Nomos, Regel, 9 Anordnung, Grundsatz, 10 Bestimmung, Rechtsnorm, Rechtssatz, Verordnung, Vorschrift
Gesetzbuch/Gesetz:
3 BGB, BHG, HGB, 4 ABGB, StGB, 5 Codex, Kodex, Thora, 6 Talmud, 10 Pentateuch, 12 Code Napoleon, 14 Sachsenspiegel
Gesetzesnachtrag:
7 Novelle
Gesetzessammlung:
12 Kodifikation
Gesetzesvorlage:
7 Novelle
Gesetzeswiderspruch:
9 Antinomie
gesetzgebende Gewalt:
11 Legislative
Gesetzgebung:
10 Legislatur
gesetzlich:
5 legal, 7 legitim, 9 rechtlich, 12 rechtmaessig
Gesetzlichkeit:
10 Legalitaet
Gesetzlosigkeit:
8 Anarchie
gesetzmäßig:
5 legal, 6 normal
gesetzwidrig:
7 illegal, 9 illegitim
Gesicht:
5 Traum, 6 Visage, 7 Ansehen, Antlitz, 8 Grimasse, 9 Angesicht, 10 Augenlicht, 12 Physiognomie
Gesichtsausdruck:
5 Miene, Mimik, 11 Mienenspiel, 12 Physiognomie
Gesichtsausschlag:
4 Akne
Gesichtsbehaarung:
4 Bart, 5 Braue

Gesichtsfalte:
6 Runzel
Gesichtsfarbe:
5 Teint
Gesichtshaare:
4 Bart, 5 Braue, 6 Wimper
Gesichtshaut:
5 Teint
Gesichtsknochen:
6 Kiefer, 8 Jochbein, Keilbein, Siebbein, 9 Nasenbein, Stirnbein, 10 Oberkiefer, 11 Traenenbein, Unterkiefer, 13 Schlaefenbein
Gesichtskreis:
4 Kimm, 6 Niveau, 7 Sphaere, 8 Horizont, Weltbild
Gesichtsmaske:
5 Larve
Gesichtsnerv:
8 Facialis, 10 Trigeminus
Gesichtspartie/-teil:
3 Lid, Ohr, 4 Auge, Bart, Kinn, Mund, Nase, 5 Backe, Braue, Falte, Lippe, Stirn, Wange, 6 Kiefer, Runzel, Stirne, Wimper, 8 Kinnlade, Schlaefe, 9 Gruebchen, Nasenbein, Oberlippe, 10 Augenbraue, Oberkiefer, Unterlippe, 11 Augenwimper, Unterkiefer
Gesichtspflege:
7 Massage, Packung, 8 Kosmetik
Gesichtspickel:
4 Akne, 8 Mitesser
Gesichtspunkt:
6 Aspekt, Moment, 7 Ansicht, 8 Position, 9 Vermutung, 10 Auffassung, Standpunkt
Gesichtsverfärbung:
5 Roete
Gesichtsverkleidung:
5 Larve, Maske
Gesichtsverzerrung:
6 Fratze, 8 Grimasse
Gesichtswinkel/-feld:
8 Horizont, Sehkreis, 11 Blickwinkel, Perspektive
Gesichtszüge:
12 Physiognomie
Gesims:
5 Wulst, 9 Vorsprung
Gesimsstreifen:
5 Fries
Gesinde:
8 Personal, 11 Dienstboten, 12 Dienerschaft, 15 Hausangestellte
Gesindel:
3 Mob, 4 Pack, 6 Bagage, Poebel, 7 Gesocks, 8 Abschaum, Kanaille, Packzeug, 9 Unterwelt, 10 Lumpenpack
Gesinnung:
5 Ethos, Moral, 7 Denkart, Haltung, 9 Charakter, 11 Einstellung, Mentalitaet, 12 Grundhaltung, 14 Weltanschauung
gesinnungslos:
5 feige, infam, 6 falsch, untreu, 8 verlogen
Gesinnungswechsel:
6 Umfall
gesittet:
5 human, zivil, 10 kultiviert, manierlich
gesondert:
7 separat
Gesottenes:
3 Sud
Gespann:
8 Fuhrwerk
Gespannkolonne:
5 Treck
gesparte Beträge:
10 Ruecklagen
Gespenst:
4 Spuk, 5 Geist, Troll, 7 Phantom, 11 Erscheinung, Spukgestalt, 13 Klabautermann
Gespensterfurcht:
11 Aberglauben
Gespensterstory:
14 Spukgeschichte
Gespenstertier:
10 Koboldmaki
gespenstische Erscheinung:
4 Spuk
Gespinst:
4 Netz, 5 Faden, 6 Gewebe, 7 Einfall, Filuere, 11 Inspiration, Spinnennetz
Gespinstpflanze:
4 Lein, 6 Nessel, 9 Baumwolle
Gespräch:
4 Rede, 6 Dialog, Disput, 7 Diskurs, Plausch, 9 Plauderei, 10 Diskussion, Kolloquium, 11 Disputation, 12 Konversation, Unterhaltung
Gesprächsleiter:
9 Moderator
Gesprächsstoff:
5 Thema
gespreizt:
12 theatralisch
Gespreiztheit:
11 Manierismus
gesprenkelt:
7 meliert
Gestäbe:
6 Staket
Gestade:
4 Ufer, 6 Kueste, Strand
Gestalt:
4 Form, 5 Figur, 6 Format, Kontur, 7 Gebilde, Gefuege, Koerper, 8 Aussehen, Struktur, 16 Erscheinungsbild
gestalten:
6 bilden, formen, 7 praegen, 10 figurieren, 11 formulieren, konzipieren, 12 konstruieren
gestaltend:
9 plastisch
Gestalter:
11 Organisator
Gestaltlehre:
11 Morphologie
gestaltlos:
6 amorph
Gestaltung:
9 Formation, 12 Konstruktion
Geständnis:
7 Beichte, 10 Bekenntnis
gestattet:
7 erlaubt, 9 bewilligt, genehmigt, zulaessig, 12 sanktioniert
Geste:
4 Wink, 5 Blick, Gruss, 6 Winken, 8 Abwinken, Gebaerde, 10 Fingerzeig, 12 Achselzucken, Handbewegung, 14 Kopfschuetteln
gestehen:
7 zugeben, 8 beichten, bekennen
Gestein/Gesteinsart:
3 Erz, 4 Bims, Fels, Lava, Tuff, 5 Gneis, Quarz, 6 Basalt, Diorit, Felsen, Felsit, Flysch, Gabbro, Granit, Kaolin, Kiesel, Marmor, Oolith, Perlit, Syenit, 7 Dendrit, Dolerit, Mylonit, Peperin, Phyllit, Porphyr, Trachyt, 8 Granulit, Melaphyr, Obsidian, Schiefer, Vulkanit, 9 Bimsstein, Kalkstein, Leukophyr, Sandstein, 11 Muschelkalk, 13 Buntsandstein, Tiefengestein, 14 Eruptivgestein, 15 Sedimentgestein

Gesteinsader:
6 Flaser
Gesteinsflüssigkeit:
3 Gur
Gesteinsverwitterung:
9 Korrosion
Gestell:
4 Bock, 5 Regal, 6 Rahmen, 7 Chassis, Geruest, 8 Schragen, Stellage, Unterbau
gestellt:
8 situiert
gestern:
13 Vergangenheit
Gestikulation:
8 Gebaerde, 11 Mienenspiel
Gestirn:
4 Mond, 5 Komet, Sonne, Stern, 6 Planet, 14 Himmelskoerper
Gestirnskonstellation:
9 Sternbild
Gestöber:
10 Schneefall, 13 Schneetreiben
gestohlene Ware:
4 Sore
gestreckt:
4 lang, 6 rasant
gestreiftes Wildpferd:
5 Zebra
gestrenge Herren:
10 Eisheilige
Gestrüpp:
5 Busch, Hecke, 8 Dickicht, 9 Buschwerk, Unterholz
Gestüt:
5 Zucht, 9 Rennstall, 11 Pferdezucht
Gesuch:
5 Bitte, 6 Antrag, 7 Eingabe, 8 Ansuchen, Ersuchen, Petition, 9 Bewerbung, 11 Bittschrift
Gesundbrunnen:
8 Jungborn, 10 Heilquelle
gesunden:
7 genesen
Gesundheit:
8 Wohlsein, 11 Wohlergehen, 12 Wohlbefinden
gesundheitlich:
8 sanitaer, 10 hygienisch
gesundheitsgefährdend:
6 giftig
Gesundheitslehre:
7 Hygiene
gesundheitsschädlicher Stoff:
4 Gift
Gesundung:
7 Heilung, 8 Erholung, Genesung, 14 Rekonvaleszenz
Getäfel:
8 Wabenbau, 15 Holzverkleidung
Getändel:
5 Flirt
geteilt:
4 halb
geteiltes Land:
5 Korea
Getier:
5 Fauna
Getöse:
5 Krach, Laerm, Radau, 7 Poltern, 8 Gepolter
Getränk/Trank:
3 Ale, Gin, Rum, Tee, 4 Bier, Cola, Grog, Korn, Limo, Most, Pils, Saft, Sake, Sekt, Wein, 5 Bowle, Fusel, Juice, Kakao, Kefir, Milch, Mokka, Trank, Trunk, Wodka, 6 Brandy, Brause, Cognac, Enzian, Kaffee, Kognak, Likoer, Pernod, Punsch, Sherry, Wasser, Weisse, Wermut, Whisky, 7 Aquavit, Brunnen, Campari, Chianti, Genever, Kuemmel, Marsala, Pilsner, Rotwein, Schnaps, Schorle, Selters, Sprudel, 8 Aperitif, Bockbier, Coca Cola, Cocktail, Heuriger, Limonade, Malzbier, Obstwein, Portwein, Vermouth, 9 Eiskaffee, Gluehwein, Orangeade, Weinbrand, Weisswein, 10 Branntwein, Champagner, Chartreuse, Fruchtsaft, Malzkaffee, Schaumwein, Sodawasser, 11 Buttermilch, Maerzenbier, Magenbitter, Quellwasser, Traubensaft, 13 Mineralwasser, Selterswasser
Getränkerest:
5 Neige
Getratsch:
6 Gerede, 7 Klatsch, 10 Geschwaetz
Getreide:
4 Korn, 9 Zerealien
Getreide/-art:
3 Tef, 4 Dara, Dari, Mais, Reis, 5 Durra, Hafer, Hirse, Spelz, 6 Durrha, Gerste, Roggen, Sorgho, Weizen, 7 Einkorn, Kukuruz, Sorghum, 10 Buchweizen
Getreidebündel:
5 Docke, Garbe
Getreideerzeugnis:
4 Mehl
Getreidefrucht:
4 Korn
Getreidefruchtstand:
5 Aehre
Getreidehalm:
7 Stengel, 8 Staengel*
Getreidehaufen:
5 Dieme, Feime, 6 Stadel, 7 Schober
Getreidehülse:
6 Spelze
Getreidekorn:
6 Graupe
Getreidekrankheit:
4 Rost, 5 Brand, 7 Mehltau, 8 Gelbrost, 9 Maisbrand, 10 Mutterkorn
Getreidemahlgut:
6 Griess
Getreidemaß:
3 Imi, 4 Immi, 6 Bushel, Malter, Simmer
Getreideprodukt:
4 Mehl
Getreidereiniger:
5 Tarar, 6 Trieur, 8 Windfege
Getreideschädling:
9 Blattlaus, Engerling, Kornmotte, Mehlmotte, 10 Kornkaefer, 12 Mehlzuensler, 13 Getreidemotte
Getreidesieb:
6 Reiter
Getreidespeicher:
4 Silo, 7 Scheuer, Scheune
Getreidestengel:
4 Halm
Getreideunkraut:
4 Rade, 6 Quecke, 8 Kornrade, 9 Kornblume
getrennt:
7 separat, 9 separiert
Getrennthaltung:
9 Isolation
getreue Nachbildung:
9 Faksimile
Getreuer:
7 Paladin, 9 Anhaenger, 11 Gefolgsmann
Getriebe:
6 Rummel, 7 Betrieb, Gewuehl, Treiben, Verkehr, 8 Mechanik,

9 Apparatur, Gestaenge, Triebwerk, 10 Raederwerk, 11 Maschinerie, Mechanismus
Getriebeflüssigkeit:
5 Fluid
Getriebeteil:
3 Rad, 5 Achse, Hebel, Raste, Stift, Welle, 6 Gelenk, Kurbel, Sperre, Stange, 7 Scheibe, Zahnrad, 8 Schraube, 9 Zahnkranz, 12 Differential, Differenzial*
getrocknete:
-Früchte:
6 Hutzel, 9 Doerrobst
-Orchideenknolle:
5 Salep
-Weinbeere:
6 Rosine, 8 Korinthe, 9 Sultanine
getrocknetes:
-Gras:
3 Heu
Getue:
5 Faxen, Mache, 6 Gehabe, 7 Flausen, 8 Allueren, Ziererei, 11 Affektation
Getümmel:
6 Tumult, 7 Auflauf, Aufruhr, Gewuehl, 13 Durcheinander
Getuschel:
8 Gemunkel
geübt:
8 versiert, 9 bewandert, 10 routiniert
geübter Praktiker:
9 Routinier
Geübtheit:
7 Routine, 12 Versiertheit
Gevatter:
4 Pate
Gewächs:
4 Baum, 5 Blume, Sorte, 6 Staude, 7 Pflanze, Strauch, 10 Geschwulst
gewachsener Stein:
4 Fels, 6 Felsen
Gewächshaus:
9 Orangerie, Treibhaus
Gewächsteil:
3 Ast, 5 Blatt, Dolde, Ranke, Rispe, Stamm, Trieb, Zweig, 6 Bluete, Frucht, Spross, Wurzel, 11 Fruchtstand
gewagt:
7 riskant, 11 gefaehrlich, risikoreich
gewagtes Geschäft:
11 Spekulation
gewagtes Unternehmen:
10 Experiment
gewählte:
-Parlamentarier:
11 Abgeordnete
-Volksvertretung:
9 Parlament
gewähren:
11 konzedieren
Gewährleistung/Gewähr:
7 Haftung, Kaution, 8 Garantie, 10 Sicherheit, 11 Buergschaft
Gewahrsam:
4 Haft, 5 Obhut, 6 Arrest
Gewährsmann:
5 Zeuge, 6 Buerge, Garant
Gewalt:
5 Kraft, Macht, Zwang, 8 Befugnis, 10 Herrschaft
Gewaltherrschaft:
8 Despotie, Diktatur, Tyrannei
Gewaltherrscher:
6 Despot, Tyrann, 8 Diktator
gewaltig:
5 enorm, gross, 6 immens, riesig, 8 imposant, kolossal, 9 kraftvoll, machtvoll, 10 exorbitant, gigantisch, monumental, 11 titanenhaft, 12 unermesslich
gewaltiger Jäger:
6 Nimrod
gewaltsam:
10 tyrannisch
gewaltsame:
-Aneignung:
4 Raub, 8 Annexion
-Auflehnung:
7 Revolte
-Ausbeutung:
7 Raubbau
-Entwendung:
4 Raub
gewaltsamer:
-Bezwinger:
8 Eroberer
gewalttätig:
3 roh, 6 brutal, rabiat, 7 radikal
Gewaltverbrechen/-tat:
4 Mord, Raub, 8 Attentat, Bankraub, Raubmord, 9 Blutrache, Noetigung, Piraterie, Rebellion, Totschlag, Ueberfall, 10 Kindesraub, Raufhandel, 11 Meuchelmord, Pluenderung, 12 Menschenraub, 13 Brandstiftung
Gewaltverbrecher/-täter:
5 Pirat, 7 Moerder, Raeuber, 10 Seeraeuber, 11 Bankraeuber, Raubmoerder
Gewand/Kleidungsstück:
4 Robe, 5 Anzug, Kleid, Kluft, 6 Montur, Tracht, 7 Kostuem
-Beduinen:
3 Aba
-der alten Griechen:
6 Chiton, Peplos, 7 Chlamys, 8 Himation
-der alten Römer:
4 Toga, 5 Palla, Sagum, Stola, 6 Tunica, Tunika
-der Araber:
3 Aba, 6 Burnus
-der Fußballer:
5 Dress, 6 Trikot, 13 Spielkleidung
-der Inderinnen:
4 Sari
-der Indonesierinnen:
6 Sarong
-der Japanerinnen:
6 Kimono
-der Landsknechte:
4 Wams, 10 Pluderhose, 11 Schlitzwams
-der Malaien:
6 Sarong
-der Naturvölker:
6 Schurz, 12 Lendenschurz
-der Russinnen:
7 Sarafan
-der Schotten:
4 Kilt
-der Soldaten:
6 Montur, 7 Uniform, 8 Drillich, 10 Waffenrock
-der Ulanen:
6 Ulanka, 8 Tschapka
Gewandspange:
5 Fibel, 6 Fibula, 7 Agraffe, Brosche
gewandt:
3 fix, 5 alert, smart, 6 behend, munter, wendig, 7 behaend*, behende, 8 behaende*, gelenkig, 9 geschickt, 10 routiniert
Gewandteil:
5 Knopf, 6 Aermel, Kragen, Spange, Tasche, 8 Schnalle
Gewässer:
3 Bai, Bay, See, 4 Bach, Golf, Maar, Meer, 5 Bucht, Delta,

Fjord, Fluss, Kanal, Ozean, Strom, Teich, 6 Bodden, Foerde, Gracht, Quelle, Weiher, 7 Rinnsal, Stausee, 8 Flussarm, Muendung, Weltmeer, Wildbach, 9 Binnensee, Kratersee, Talsperre, 10 Binnenmeer, Gebirgssee, Wattenmeer
-am Feldberg:
7 Titisee
-am Südrand der Alpen:
8 Gardasee
-bei den Sundainsein:
8 Timorsee
-bei Garmisch:
10 Riessersee
-bei Rom:
7 Nemisee
-im Bayerischen Wald:
9 Rachelsee
-im Salzkammergut:
7 Mondsee, 8 Attersee
-im Schwarzwald:
9 Mummelsee
-in Kärnten:
11 Woerther See, 15 Millstaetter See
-in Münster:
5 Aasee
-in Nordamerika:
7 Eriesee
-in Tirol:
8 Achensee
-in Ungarn:
10 Plattensee
-zwischen Europa und Afrika:
10 Mittelmeer
Gewässerbeschreibung:
12 Hydrographie
Gewässerkunde:
10 Krenologie
Gewässerrand:
3 Kai, 4 Damm, Mole, Pier, Ufer, Wehr, 6 Felsen, Kueste, Strand, 7 Gestade, 9 Boeschung
Gewässersediment:
7 Schlamm
Gewebe:
4 Netz, Zeug, 5 Stoff, 7 Gefuege, 8 Gespinst
Gewebe/Geweheart:
4 Cord*, Filz, Flor, Gaze, Jute, Kaki*, Kord, Lama, Mako, Mull, Netz, Opal, Samt, Taft, 5 Crepe, Drell, Flaus, Foule, Fries, Khaki, Koton, Krepp, Loden, Mungo, Natte, Nylon, Pikee, Rasch, Satin, Seide, Tuell, Tweed, Wolle, Zefir, 6 Batist, Brokat, Chintz, Cotton, Damast, Felbel, Frotte, Gingan, Jersey, Kaliko, Kattun, Lampas, Lastex, Leinen, Madras, Mohaer*, Mohair, Molton, Nessel, Pepita, Perlon, Rupfen, Sammet, Struck, Textur, Tricot, Velvet, Zephir, 7 Bobinet, Cheviot, Chiffon, Dueffel, Elastik, Filuere, Flanell, Flausch, Frottee, Gingham, Kalmuck, Kambrik, Kanevas, Krimmer, Lasting, Lavable, Luester, Marengo, Mokette, Mollino, Nanking, Organdy, Organza, Orleans, Ottoman, Pluesch, Popelin, Stramin, Swanboy, Trevira, Velours, Welline, Zanella, 8 Bourette, Buckskin, Cretonne, Drillich, Duvetine, Gabardin, Homespun, Jacquard, Kamelott, Kammgarn, Kaschmir, Kretonne, Leinwand, Marocain, Musselin, Organsin, Popeline, Rohseide, Schotten, Tarlatan, Zibeline, 9 Baumwolle, Bourrette, Changeant, Charmeuse, Covercoat, Georgette, Glencheck, Gregseide, Halbseide, Kamelhaar, Krepeline, Madapolam, Schirting, Trikoline, Vigoureux, Wachstuch, 10 Beiderwand, Ekrueseide, Kunstseide, Manchester, Mousseline, Rippensamt, Scharmeuse*, Waschseide, Zindeltaft, 11 Napolitaine, Streichgarn, 13 Kraeuselkrepp
Gewebebindung:
6 Koeper, Leinen, 8 Jacquard
Gewebeflüssigkeit:
6 Lymphe
Gewebeimprägnierung:
8 Appretur
Gewebekante:
4 Egge, 7 Salband, 9 Salleiste
Gewebekette:
5 Werft
Gewebeknoten:
5 Noppe
Gewebekrumpfung:
7 Dekatur
Gewebelehre:
10 Histologie
Geweberand:
8 Borduere
Gewebeschwund:
8 Atrophie
Gewebestreifen:
4 Band, 5 Borte, Litze
Gewebeteil:
5 Faden, Faser, Noppe, 8 Schleife, Schlinge
Gewebeveredelung:
8 Appretur
Gewebeverpflanzung:
15 Transplantation
Gewebewassersucht:
5 Oedem
Gewebsentfernung:
9 Resektion
Gewehr:
6 Flinte, 7 Buechse, Stutzen, 9 Karabiner
Gewehrteil:
4 Hahn, Korn, Lauf, 5 Abzug, Kimme, 6 Kolben, Visier, 7 Schloss
Geweih:
7 Gehoern, Gewicht, 8 Schaufel, 9 Schaufeln
Geweiherneuerung:
9 Aufsetzen
geweiht:
6 sakral
Geweihteil:
4 Ende, 6 Stange
gewellt:
5 kraus
gewelltes Haar:
6 Locken, 9 Krauskopf, 10 Lockenhaar, Lockenkopf
Gewerbe:
3 Job, 5 Beruf, 6 Arbeit, Metier, 8 Handwerk, 10 Profession
Gewerbebetrieb:
6 Fabrik
Gewerbetreibender:
8 Kaufmann, 10 Handwerker, 11 Unternehmer
Gewerbezweig:
8 Handwerk
gewerbsmäßige Unzucht:
12 Prostitution
Gewerk:
5 Zunft, 6 Innung, 8 Handwerk
Gewicht:
4 Last, 5 Druck, Kraft, Masse, Wucht, 6 Buerde, Ladung, 7 Ballast, Schwere, 9 Bedeutung, Nachdruck
Gewichtigkeit:
7 Schwere

Gewichtsausgleich:
7 Ballast
Gewichtseinheit:
3 Lot, Ton, 4 Kilo, Unze, 5 Gramm, Karat, Pfund, Tonne, 6 Barrel, Talent, 7 Zentner, 9 Dekagramm, Dezigramm, Kilogramm, 10 Milligramm, Zentigramm, 13 Doppelzentner
Gewichtsklasse:
5 Feder, 6 Bantam, Leicht, Welter, 7 Fliegen, 10 Halbschwer, 12 Federgewicht, Mittelschwer, 13 Bantamgewicht, Leichtgewicht, Mittelgewicht, Schwergewicht, Weltergewicht, 14 Fliegengewicht, 17 Halbschwergewicht
Gewichtsmesser:
5 Waage
gewieft:
6 clever, schlau, 8 gerissen, 10 raffiniert
Gewinde:
5 Kranz, 7 Spirale, Strauss, 8 Girlande
Gewindebolzen:
8 Schraube
Gewinn/Erlös:
4 Lohn, Sieg, 6 Ertrag, Frucht, Nutzen, Profit, 7 Vorteil, 9 Verdienst, 10 Reinerloes, 11 Ueberschuss
Gewinnanteil:
5 Bonus, 7 Praemie, 8 Tantieme, 9 Dividende
Gewinnanteilschein:
3 Los, 5 Kupon*, 6 Coupon
gewinnbringend:
8 lukrativ, rentabel
Gewinner:
6 Erster, Sieger, 7 Meister
Gewinnsucht:
7 Habgier, 9 Pleonexie, 10 Profitgier
gewinnsüchtig:
9 habgierig, materiell
gewirkter Stoff:
6 Trikot
Gewirr:
5 Chaos, 8 Wirrwarr, 9 Charivari, Unordnung, 10 Mischmasch, 11 Verwicklung, 13 Durcheinander
gewiß:
7 positiv
Gewissen:
13 Verantwortung
gewissenhaft:
5 exakt, genau, 7 penibel, sorgsam, 8 praezise, 9 pfleglich, 10 ordentlich, 11 sorgfaeltig, 12 zuverlaessig
gewissenlos:
5 infam, 7 perfide, 10 skrupellos
Gewissensbiß:
4 Reue, 5 Scham, 7 Skrupel, 13 Schuldgefuehl
gewissermaßen:
5 quasi, 9 gleichsam, sozusagen
Gewißheit:
6 Wissen, 10 Sicherheit, 12 Bestimmtheit, Ueberzeugung
Gewitter:
8 Unwetter
Gewittererscheinung:
5 Blitz, Regen, Sturm, 6 Donner, 7 Graupel, Schauer, 9 Regenguss, 10 Platzregen
Gewitterschutz:
13 Blitzableiter
Gewitterwolke:
12 Kumulonimbus
gewitzt:
6 schlau
Gewogenheit:
4 Huld, 5 Gnade, Gunst, 7 Neigung, 9 Sympathie, 10 Wohlwollen, 11 Geneigtheit
Gewohnheit:
3 Uso, 4 Usus, 5 Sitte, 6 Brauch, Manier, Uebung, 7 Routine, 9 Tradition, 13 Gepflogenheit
gewohnheitsmäßig:
9 habituell, 10 mechanisch
Gewohnheitsrecht:
9 Observanz
Gewohnheitstrinker:
11 Alkoholiker
gewöhnlich:
5 banal, vulgo, 6 billig, gemein, 7 einfach, ueblich, vulgaer, 8 primitiv, 9 allgemein
Gewöhnung:
5 Sucht, 6 Laster, 7 Routine, 9 Anpassung, 12 Angewohnheit
Gewölbe:
5 Bogen, 6 Kuppel, 7 Rotunde, 8 Woelbung, 10 Mauerbogen
Gewölbebogen:
6 Arkade
Gewühl:
6 Trubel, 8 Gewimmel, 9 Gedraenge
gewürfelt:
7 kariert
gewürfeltes Muster:
4 Karo
Gewürzinseln:
8 Molukken
Gewürzknospe:
5 Kaper, Nelke
Gewürzlikör:
8 Anisette
gewürzlos:
4 fade
Gewürzpflanze/Gewürz:
4 Anis, Dill, Malz, Salz, Senf, Zimt, 5 Asant, Curry, Essig, Kaper, Mazis, Minze, Nelke, Raute, Sesam, 6 Dragon, Dragun, Kaneel, Kassia, Kassie, Kresse, Kubebe, Meiran, Muskat, Piment, Safran, Salbei, 7 Beifuss, Cayenne, Fenchel, Ketchup, Kuemmel, Lorbeer, Majoran, Oregano, Paprika, Pfeffer, Sukkade, Thymian, Vanille, Zwiebel, 8 Estragon, Kapsikum, Ketschup*, Lavendel, Mostrich, Rosenoel, Rosmarin, Sellerie, Zichorie, Zitronat, 9 Basilikum, Engelwurz, Knoblauch, Koriander, Tripmadam, Wacholder, 10 Muskatnuss, Petersilie, 11 Bohnenkraut, Krauseminze, Meerrettich, Pfefferminz, Waldmeister, 12 Gewuerznelke, Lorbeerblatt, Pfefferkraut, Schnittlauch
Gewürzständer:
6 Menage
gewürzt:
6 pikant
gewürzte Soße:
9 Remoulade
gewürzter Aufguß:
8 Marinade
Gewürzwaren:
10 Spezereien
Gewürzwein:
5 Bowle, 6 Punsch, 9 Gluehwein
Geysir:
6 Quelle, 12 Springquelle
gezahntes Schneidewerkzeug:
5 Saege, 9 Lochsaege
Gezeiten:
4 Ebbe, Flut, Tide, 5 Tiden
Gezeitendifferenz:
8 Tidenhub

geziert:
8 prezioes, 9 etepetete,
10 affektiert, manieriert,
zimperlich
geziertes Benehmen:
5 Getue, 6 Gehabe,
10 Stutzertum, 14 Affektiertheit
gezogener Wechsel:
6 Tratte, 7 Rimesse
gezogenes Metall:
5 Draht
gezuckert:
5 suess, 8 gesuesst, kandiert
gezuckerte Mandeln:
7 Krokant
gezwungen:
7 geniert, 8 forciert
Gibbonaffe:
3 Lar, 6 Hulock, 7 Siamang
Gicht:
9 Arthritis, 10 Zipperlein
Gichtbeere:
8 Ahlbeere
Gichtrose:
7 Paeonie, 11 Pfingstrose
Giebel:
5 First
Giebelwand:
5 Gehre
Gier:
4 Lust, 5 Drang, Sucht,
6 Hunger, 7 Geluest,
8 Begehren, Begierde,
9 Verlangen
gierig:
7 erpicht
Gießerei:
8 Formerei
Gießprodukt:
4 Guss
Gift:
5 Toxin, 7 Toxikum,
9 Pharmakon
-der Brechnuss:
9 Strychnin
-der Chinarinde:
6 Chinin
-der Fieberrinde:
6 Chinin
-der Herbstzeitlose:
9 Kolchizin
-der Kaffeebohne:
7 Koffein
-der Mohnpflanze:
5 Opium
-der Teepflanze:
4 Tein
-der Tollkirsche:
7 Atropin
-des Eisenhutes:
8 Aconitin, Akonitin
-des Kokastrauches:
6 Kokain
-des Rizinussamens:
5 Rizin
-des Tabaks:
7 Nikotin
-Eibe:
5 Taxin
-im Kaffee:
7 Coffein, Koffein
-im Kokastrauch:
6 Cocain, Kokain
-im Mohn:
5 Opium
-im Opium:
8 Morphium
-im Tabak:
7 Nikotin
-im Tee:
4 Tein
-in der Tollkirsche:
7 Atropin
giftfest:
5 immun
Giftgas:
4 Cyan, Lost, Zyan, 5 Chlor,
6 Pikrin, 7 Adamsit, Lewisit,
Phosgen, 9 Blaukreuz,
Gelbkreuz, 10 Blausaeure,
Gruenkreuz, Kohlenoxid,
13 Kohlenmonoxid
giftig:
7 toxisch, 11 miasmatisch
giftige:
-Ausdünstung:
6 Miasma
-Spinne:
8 Tarantel, 11 Kreuzspinne
-Waldstaude:
4 Aron
giftiger:
-Zierstrauch:
10 Seidelbast
giftiges:
-Salz:
8 Zyankali
Giftpilz:
7 Lorchel, 8 Erdstern,
9 Faelbling, Gichtpilz,
10 Schirmling, 11 Fliegenpilz,
Giftreizker, 12 Gichtmorchel,
Giftegerling, Stinkmorchel,
14 Riesenroetling,
15 Tigerritterling,
19 Knollenblaetterpilz
Giftschlange:
4 Haie, 5 Aspis, Kobra, Mamba,
Otter, Viper, 9 Hornviper,
Puffotter, Sandviper,
10 Aspisviper, Kreuzotter,
11 Grubenotter,
15 Brillenschlange,
Klapperschlange
Giftstoff/-pflanze:
4 Arum, Mohn, Zink, 5 Arsen,
Chrom, Opiat, Opium, Porst,
Tabak, Virus, 6 Akonit, Barium,
Chinin, Cocain, Codein, Curare,
Cyanid, Germer, Heroin,
Kodein, Kokain, Kupfer, Phasin,
Primin, Sumach, Zyanid,
7 Alkohol, Atropin, Cytisin,
Gleisse, Koffein, Nikotin,
Solanin, Vitriol, 8 Aconitum,
Akonitin, Alkaloid, Aronstab,
Cyclamin, Einbeere, Eisenhut,
Kornrade, Magsamen, Mezerein,
Morphium, Muskarin, Nieswurz,
Phosphor, Ranunkel, Spartein,
Sturmhut, Thallium, Tollkorn,
Zyankali, 9 Alpenmohn,
Aronsstab, Brechnuss,
Colchicin, Digitalis, Dullkraut,
Feigbohne, Fingerhut,
Giftwende, Goldregen,
Haschisch, Marihuana, Spaltpilz,
Strychnin, Tollbeere, Tollkraut,
10 Belladonna, Blausaeure,
Feuerblume, Hahnenfuss,
Kellerhals, Schierling,
Seidelbast, Stechapfel,
Tollgerste, Wolfsbeere,
Wolfsmilch, 11 Bilsenkraut,
Convallarin, Klatschmohn,
Mottenkraut, Schlafbeere,
Taumellolch, Teufelsauge,
Teufelswurz, Tollkirsche,
Wiesenlolch, Wiesenraute,
12 Moenchskappe, Purgierkraut,
Schoellkraut, Teufelsbeere
Giftwarnungszeichen:
9 Totenkopf
Gigant:
5 Huene, Riese, 6 Koloss
gigantische Märchenwesen:
6 Riesen
Gigolo:
10 Eintaenzer
Gilde:
5 Zunft, 6 Innung, Verein,
12 Gesellschaft

Gimpel:
3 Tor, 5 Tropf, 8 Dummkopf, 14 Einfaltspinsel
Ginsterkatze:
7 Genette, 10 Zibetkatze
Gipfel:
3 Pik, Piz, 4 Peak, Pico, Ziel, 5 Krise, Kuppe, Zenit, 6 Spitze, Wipfel, 8 Scheitel, 10 Hoehepunkt
-auf Kreta:
3 Ida
-der Berner Alpen:
5 Toedi, 8 Wildhorn
-der Hohen Tauern:
7 Ankogel, 15 Dreiherrnspitze
-der Pyrenäen:
5 Aneto
-der Venedigergruppe:
6 Geiger
-des Kilimandscharo:
7 Mawensi
-des Killmandscharo:
4 Kibo
-des Riesengebirges:
11 Schneekoppe
gipfeln:
11 kulminieren
Gipsarbeit:
5 Stuck, 9 Stuckatur*, Stukkatur
Gipsart:
9 Alabaster
Gipser:
10 Stuckateur*, Stukkateur
Gipsmischung:
12 Marmorzement
Gipsornamentik:
5 Stuck
giraffenartiges Tier:
5 Okapi
Giraffengazelle:
7 Gerenuk
Gischt:
6 Schaum, 8 Brandung, 12 Spruehwasser, Wellenschaum
Gitarrenart/Gitarre:
5 Banjo, 6 Bordun, 7 Klampfe, Ukelele, 9 Balalaika
Gitter:
4 Netz, Rost, Zaun, 6 Gatter, Raster
Gittergewebe:
5 Tuell, 6 Etamin, 7 Kanevas, Stramin
Gitterschlange:
6 Python
Gitterstab:
6 Tralje
Gladiole:
8 Siegwurz, 9 Schwertel, 12 Schwertlilie
Glanz:
4 Pomp, Ruhm, 5 Eklat, Glast, 6 Glorie, Pracht, Schein, Strahl, 7 Flitter, 8 Schimmer, 10 Schoenheit, Spiegelung
glänzen:
7 funkeln, 8 gleissen, 9 schillern
glänzend:
5 blank, 8 Brillant, 9 fulminant
glänzender:
-Stoff:
4 Silk, Taft, 5 Lurex, Rayon, Reyon, Satin, Seide, 6 Damast
glänzendes:
-Metall:
4 Gold, 5 Chrom, 6 Platin, Silber
Glanzkattun:
6 Chintz
glanzlos:
4 matt
Glanzpunkt/-nummer:
4 Clou, 9 Sensation, 10 Attraktion
Glanzschicht:
-bei Muscheln:
8 Perlmutt, 10 Perlmutter
Glanzüberzug:
4 Lack, 5 Email, Lasur, 6 Glasur, 7 Emaille
glanzvoll:
8 splendid
glasartig:
6 hyalin
Glasbarsch:
5 Snook, 6 Chanda
Glasermaterial:
4 Blei, Glas, Kitt
Glasflasche:
6 Ballon, Flakon, Phiole, 7 Karaffe
glasglänzendes Mineral:
6 Orthit, Pennin
glasierte Tonware:
6 Kachel, 7 Fayence, 8 Majolika
glasklarer Kunststoff:
9 Plexiglas
Glaslichtbild:
3 Dia, 10 Diapositiv
Glasmacherwerkzeug:
10 Nabeleisen
Glasopal:
6 Hyalit
Glasröhrchen:
7 Ampulle, 8 Buerette, 11 Reagenzglas
Glasschmelzfluss:
5 Email
Glasschneider:
7 Diamant, 8 Stahlrad
Glasschrank:
7 Etagere, Vitrine
Glasur:
7 Schmelz, 8 Ueberzug, 10 Zuckerguss
glatt:
4 eben, Plan, 8 muehelos, rutschig, 11 reibungslos
glätten:
8 polieren, 9 planieren
Glattrochen:
6 Fleten
Glättwerkzeug:
5 Feile
Glatze:
6 Platte, 8 Kahlkopf
Glaubensabtrünniger:
6 Ketzer, 7 Renegat, 9 Dissident, 10 Haeretiker
Glaubensbekenntnis/Glaube:
5 Credo, Kredo, 7 Meinung, 8 Religion, Zutrauen, 9 Vertrauen, 10 Bekenntnis, Konfession, 12 Ueberzeugung
Glaubensbewegung:
11 Reformation
Glaubensbuch:
5 Bibel, Koran, 6 Talmud
Glaubenseiferer:
5 Zelot, 9 Fanatiker
Glaubensgemeinschaft:
5 Sekte, 6 Kirche, 10 Bekenntnis, Konfession
Gleichberechtigung:
8 Paritaet, 12 Emanzipation
gleichbleibend:
7 dauernd, 8 konstant, 9 andauernd, anhaltend, 10 bestaendig, 12 fortwaehrend, unveraendert
gleichermaßen:
2 so, 4 auch, dito, item, 6 ebenso, ferner, 9 ebenfalls
gleichfalls:
4 auch, item, 6 ferner
gleichförmig:
7 monoton, Uniform
Gleichförmigkeit:
8 Einerlei
gleichgerichtet:
8 parallel

gleichgeschlechtlich:
8 homophil, 11 homosexuell,
12 homoerotisch
gleichgestaltig:
8 isomorph
gleichgestimmt:
11 sympathisch
Gleichgewicht:
4 Ruhe, 5 Waage, 6 Bilanz,
7 Balance, 8 Harmonie,
14 Ausgewogenheit
Gleichgewichtslehre:
6 Statik
gleichgültig:
3 lau, 4 egal, 8 indolent,
9 apathisch, 11 indifferent,
12 phlegmatisch, teilnahmslos,
15 desinteressiert
Gleichgültigkeit:
7 Phlegma, 12 Desinteresse
Gleichheit:
9 Egalitaet, Kongruenz,
10 Identitaet
Gleichklang:
4 Reim
gleichlaufend:
8 parallel, synchron
gleichlautend:
7 homonym
gleichmachen:
10 angleichen, 11 nivellieren,
12 emanzipieren
Gleichmaß:
4 Takt, 8 Harmonie, Rhythmus,
9 Symmetrie, 10 Proportion
gleichmäßig:
4 eben, egal, Pari, 6 analog,
7 homogen, synonym, Uniform,
9 kongruent, 10 rhythmisch,
11 symmetrisch
Gleichmäßigkeit:
12 Uniformitaet
Gleichmut:
10 Stoizismus
gleichmütig:
7 stoisch, 8 gelassen
gleichmütiger:
7 Stoiker
gleichnamig:
7 homolog, homonym
Gleichnis:
4 Bild, 6 Symbol, 7 Parabel,
8 Sinnbild, 9 Allegorie
gleichnishafte Redewendung:
8 Metapher
Gleichrichterröhre:
5 Diode
gleichsam:
3 wie, 5 quasi, 9 sozusagen,
14 gewissermassen
gleichseitiges Parallelogramm:
5 Raute, 7 Rhombus
gleichsetzen:
14 identifizieren
Gleichstellung:
8 Paritaet, 12 Emanzipation
Gleichwert:
4 Pari
gleichwertig:
11 Aequivalent
Gleichwertigkeit:
8 Paritaet, 11 Aequivalenz,
14 Kongenialitaet,
15 Ebenbuertigkeit
gleichzeitig:
8 simultan, synchron
Gleis/-anlage:
4 Damm, 6 Signal, Weiche,
7 Oberbau, Schiene,
8 Bahndamm, Schotter,
Schranke, Schwelle, 9 Prellbock,
Vorsignal, 10 Abzweigung,
Handweiche, Signalmast,
11 Bahnkoerper, Blockstelle,
Drehscheibe, Hauptsignal,
12 Abstellgleis, Rangiergleis,
13 Rangierhuegel,
Ueberfuehrung, Unterfuehrung
Gleisabschnitt:
7 Strecke
Gleisbautrupp:
5 Rotte
Gleisner:
8 Heuchler, Simulant,
14 Scheinheiliger
gleißend:
4 hell, 5 grell
Gleitbahn:
7 Rutsche
Gleitbahngerüst:
5 Riese
gleiten:
8 Rutschen
gleitend:
9 Glissando
gleitende Tonfolge:
8 Arpeggio, 9 Glissando
Gleitschiene:
4 Kufe
Gletscher:
4 Kees, 6 ferner, Firner,
7 Eisfeld, Glacier, 8 Eisstrom
Gletscherbrocken:
7 Eisberg
Gletschereinschnitt:
4 Riss, 5 Bruch, 6 Spalte
Gletscherfloh:
13 Springschwanz
Gletscherschlucht:
3 Kar
Gletscherschnee:
4 Firn
Glibber:
4 Seim, 5 Gelee, 7 Gallert,
Pudding, Schleim, 8 Gallerte,
Schmiere
Glied:
4 Teil, 5 Organ, Penis,
7 Segment, 11 Extremitaet,
Koerperteil, 15 Geschlechtsteil
Gliederband:
5 Kette
Gliederfüßerklasse:
6 Krebse, 7 Spinnen, 8 Insekten,
14 Tausendfuesser
gliedern:
6 ordnen, reihen, 10 gruppieren
Gliederpuppe:
10 Hampelmann, Marionette
Gliederreißen:
6 Rheuma
Gliederung:
4 Plan, 5 Kette, Reihe, 6 Aufbau,
System, 7 Ordnung, 8 Struktur,
9 Formation, 10 Aufteilung,
11 Disposition
Gliederungseinheit:
7 Kolonne
Gliederzittern:
6 Tremor
Gliedmaße:
11 Extremitaet
Gliedstaat:
4 Land, 6 Kanton,
10 Bundesland
glimmen:
8 schwelen
glimmendes Feuer:
4 Glut
Glimmstengel:
7 Zigarre, 9 Zigarette
glitzern:
8 gleissen
global:
6 gesamt, 9 allgemein,
umfassend
Globetrotter:
13 Weltenbummler,
Weltreisender
Globus:
7 Erdball, 8 Erdkugel

Glöckchen:
7 Schelle
Glocke:
7 Klingel, Schelle
Glockenblume:
7 Lobelie, 9 Kampanula
Glockenklang:
8 Gelaeute
Glockenschläger:
6 Rapier
Glockenschwengel:
8 Kloeppel
Glockenton:
3 bam, bim
Glockenturm:
9 Campanile, Kampanile
Glockenwalzenspiel:
11 Leierkasten
Glockenzeichen:
7 Angelus
Glosse:
9 Anmerkung, Bemerkung, Kommentar, 10 Definition, Erklaerung, 13 Randbemerkung
Glück:
4 Heil, 5 Segen, Tyche, 6 Erfolg, Freude, Massel, Zufall, 7 Bonheur, 8 Geschick, 9 Schicksal, Seligkeit
Glucke:
4 Huhn, 5 Henne, 9 Bruthenne
glückliche:
-Gegend:
6 Dorado
Glücksaussicht:
6 Avance, Chance
Glücksbringer:
7 Amulett, 8 Talisman, 9 Kleeblatt, 11 Maskottchen, 16 Schornsteinfeger
Glückseligkeit:
5 Wonne, 10 Eudaemonie, Verzuecken
Glücksfall:
6 Chance
Glücksgöttin:
5 Tyche, 7 Fortuna
Glückskäfer:
12 Marienkaefer
Glückspflanze:
9 Kleeblatt
Glücksspiel:
5 Lotto, Makao, Poker, 6 Hasard, Mau Mau, Pokern, 7 Knobeln, Roulett, 8 Baccarat, Lotterie, Roulette, 15 Siebzehnundvier
Glücksspieler:
9 Hasardeur
Glücksspielmarke:
4 Chip, 5 Jeton, 6 Plaque
Glückssymbol:
9 Kleeblatt
Glücksvertrag:
5 Wette
Glückwunsch:
11 Gratulation
Glückwünschender:
9 Gratulant
Glühkörper:
5 Birne, 10 Neonroehre, 11 Heizspirale
Glut:
4 Lohe, 5 Feuer, Hitze, 7 Passion
Glutin:
6 Kleber
Gnade:
4 Huld, 5 Guete, Segen, 6 Ablass, 8 Erbarmen, Schonung, 9 Nachsicht, Vergebung, Verzeihen, 10 Verzeihung
Gnadenbrief:
6 Brevet
Gnadenmittel:
9 Sakrament
Gnom:
5 Geist, Troll, Wicht, Zwerg, 6 Kobold, 8 Erdgeist
Gnome:
10 Denkspruch, Sinnspruch
Gnosis:
8 Einsicht, 10 Erkenntnis, 14 Gotterkenntnis
Gnu:
11 Kuhantilope
Goethes:
-Freund:
9 Tischbein
-Jugendliebe:
5 Brion
-Mutter:
3 Aja
-Sekretär:
9 Eckermann
Gold der Ostsee:
9 Bernstein
Goldamsel:
5 Pirol
Goldauflage:
6 Dublee
Goldblume:
12 Chrysantheme
Goldbrasse:
5 Orade, 6 Dorade
Goldbutt:
7 Scholle
Golddistel:
8 Eberwurz
Golddukaten:
5 Taler
Goldene Stadt:
4 Prag
goldgelb:
6 orange
Goldgräber:
6 Digger
Goldgräberanteil:
5 Claim
Goldhase:
5 Aguti
Goldklumpen:
6 Nugget
Goldland:
5 Ophir, 6 Dorado, 8 Eldorado
Goldmacher:
9 Alchemist, Alchimist
Goldmacherkunst:
8 Alchemie, Alchimie
Goldmakrele:
6 Dorade
Goldmünze:
4 Onza, 5 Agnel, Altin, Altyn, Dobra, Eagle, Krone, Toman, 6 Condor, Doblon, Escudo, Florin, Fonduk, Guinee, Gulden, Rijder, 7 Dublone, Dukaten, Fiorino, Guelden, Hidalgo, Pistole, Solidus, Zechine, 8 Caroldor, Dareikos, Florenus, Louisdor, 9 Augustdor, Rosenoble, 11 Napoleondor, 12 Christiandor, 13 Friedrichsdor
Goldorfe:
5 Aland
Goldschmied:
8 Juwelier
Goldwurz:
6 Akelei
Golf:
3 Bai, 5 Bucht, 9 Meerbusen, 11 Meeresbucht
Golfschläger:
4 Iron, Wood, 5 Spoon, 6 Driver, Mashie, Putter, 7 Brassie, Loeffel, Niblick, Treiber
Golfschlägerträger:
5 Caddy, 6 Caddie
Golfziel:
4 Hole, Loch

Gondel:
4 Boot, Korb, 6 Schiff,
8 Schaukel, 10 Ballonkorb
Gondelführer:
10 Gondoliere
Gondellied:
9 Barkarole
Gondelstadt:
7 Venedig
Gong:
6 Tamtam
Gönner:
6 Maezen, 7 Sponsor,
9 Foerderer, Protektor,
10 Schirmherr
gönnerhaft:
6 jovial
Gönnerschaft:
10 Protektion
Gorgo:
6 Medusa, Meduse, Stheno
Gose:
9 Weissbier
Gosse:
5 Rinne, 9 Rinnstein
gotische:
-Schrift:
7 Fraktur
gotischer:
-Bibelübersetzer:
7 Ulfilas, Wulfila
-Spitzgiebel:
7 Wimperg
gotisches:
-Türmchen:
5 Fiale
Gott:
4 Odin, Thor, 5 Wodan, Wotan,
7 Demiurg
-der Azteken:
12 Quetzalcoatl
-der Dichtkunst:
5 Apoll, Braga, 6 Apollo,
7 Apollon
-der Dürre:
4 Seth
-der Ehe:
5 Hymen
-der Fruchtbarkeit:
3 Pan, 4 Faun, 5 Freyr, 6 Faunus,
Hermes, 7 Bacchus, 8 Dionysos,
Saturnus
-der Gesundheit:
8 Aeskulap, 9 Asklepios
-der Heilkraft:
8 Aesculap, Aeskulap,
9 Asklepios, 11 Aesculapius
-der Juden:
5 Jahwe, Jahwe, 6 Jehova,
Jehova
-der Kraft:
6 Kratos
-der Liebe:
4 Amor, Eros, 6 Cupido
-der Mohammedaner:
5 Allah
-der Natur:
3 Pan
-der nordamerikanischen Indianer:
6 Manitu
-der Quellen:
5 Silen, 7 Silenos
-der Sonne:
2 Ra, Re, 3 Hor, Sol, Tum,
4 Aton, Atum, 6 Helios, Osiris,
7 Serapis
-der Träume:
8 Morpheus
-der Unterwelt:
5 Hades, Orkus, Pluto, 6 Anubis,
Erebus, Pluton, 7 Serapis
-der Winde:
6 Aeolus, Zephir*, Zephyr,
8 Zephiros*, Zephyros
-der Zeit:
5 Janus, 6 Kronos
-des Ackerbaus:
4 Faun, 6 Faunus, Saturn,
8 Saturnus
-des Donners:
4 Thor, 5 Donar
-des Feuers:
4 Agni, 6 Vulkan, 8 Hephaest,
Vulcanus, Vulkanus,
10 Hephaestos, Hephaestus,
Hephaistos
-des Friedens:
5 Freyr, Janus, 7 Forseti
-des Gewitters:
4 Thor, 5 Donar
-des Handels:
6 Hermes, Merkur
-des Islam:
5 Allah, Allah
-des Krieges:
4 Ares, Mars, Odin, 5 Wodan,
Wotan
-des Lichtes:
5 Apoll, 6 Apollo, Balder,
Baldur, Baldur, 7 Apollon,
Mithras
-des Meeres:
5 Aegir, 6 Neptun, Nereus,
Pontos, Triton, 7 Okeanos,
Proteus, 8 Poseidon
-des Regens:
7 Pluvius
-des Reichtums:
6 Plutos
-des Scherzes:
5 Jocus, Jokus
-des Schlafes:
6 Hypnos, Somnus, 8 Morpheus
-des Todes:
4 Loki, 5 Soker, 6 Anubis,
Osiris, 8 Thanatos
-des Totenreiches:
5 Hades, Pluto
-des Waldes:
3 Pan, 4 Faun, 5 Satyr, 6 Faunus
-des Weines:
7 Bacchus, Bacchus,
8 Dionysos, Dionysos
-des Windes:
6 Aeolus, Boreas, Zephir*,
Zephyr, 8 Zephiros*, Zephyros
Götterberg:
5 Olymp
Götterbote:
6 Hermes, Merkur
gottergeben:
5 devot
göttergleicher Held:
5 Heros
Gotterkenntnis:
6 Gnosis
Gotterlebnis:
11 Offenbarung
Götterlehre:
10 Mythologie
Göttersage:
5 Mythe, 6 Mythos, Mythus
Götterspeise:
8 Ambrosia
Götterspruch:
6 Orakel
Göttertrank:
6 Nektar
Göttervater:
4 Odin
Gottesacker:
8 Friedhof, Kirchhof
Gottesbote:
5 Engel, 8 Erzengel
Gottesdienst:
5 Messe, Ritus, 6 Kultus, Ritual,
7 Andacht, 9 Verehrung
gottesdienstliche Handlung:
5 Opfer, Segen, 7 Andacht,
Beichte, 9 Abendmahl,

Kommunion, 10 Absolution, Einsegnung
Gottesdienstordnung:
6 Agende
Gotteserscheinung:
10 Theophanie
Gottesfurcht:
7 Eusebie
gottesfürchtig:
5 fromm, 8 glaeubig, 9 religioes
Gottesgabe:
9 Begnadung
Gottesgelehrter:
8 Theologe
Gottesgelehrtheit:
9 Theologie
Gottesglaube:
7 Deismus
Gotteshaus:
3 Dom, 6 Kirche, Tempel, 7 Kapelle, 8 Basilika, Muenster, 10 Kathedrale
Gotteslästerung:
6 Frevel, 8 Sakrileg, 10 Blasphemie, Entweihung
Gottesleugner:
7 Atheist
Gottesleugnung:
9 Atheismus
Gottesmutter:
7 Madonna
Gottesname:
-im Alten Testament:
5 Eloah, 6 Elohim
-im Islam:
5 Allah
Gottessohn:
5 Jesus, 7 Heiland, 8 Christus, 13 Jesus Christus
Gottesurteil:
5 Ordal
Göttin:
-der Armut:
5 Penia
-der Blumen:
5 Flora
-der Ehe:
4 Hera, Juno
-der Eintracht:
8 Harmonia, 9 Concordia
-der Erde:
4 Gaea
-der ewigen Jugend:
4 Hebe, Idun, 5 Iduna, 8 Juventus
-der Familie:
4 Hera, Juno
-der Freiheit:
8 Libertas
-der Fruchtbarkeit:
3 Deo, 5 Ceres, Freia, Freya, 7 Artemis, Demeter, Ischtar
-der Gartenfrüchte:
6 Pomona
-der Gerechtigkeit:
3 Mat, Syn, 4 Dike, 6 Themis, 7 Astraea, 8 Justitia, Justizia*
-der Gesetzlichkeit:
7 Eunomia
-der Gesundheit:
7 Hygieia
-der Hoffnung:
4 Spes, 5 Elpis
-der Jagd:
5 Diana, 7 Artemis
-der Jahreszeiten:
4 Dike, Hore
-der Jugend:
5 Iduna
-der Klugheit:
5 Metis, 6 Athena
-der Künste:
6 Athene, 7 Minerva
-der Liebe:
4 Lada, 5 Freia, Venus, 9 Aphrodite
-der milden Lüfte:
4 Aura
-der Morgenröte:
3 Eos, 6 Aurora
-der Nacht:
3 Nyx, 6 Hekate
-der Ordnung:
7 Eunomia
-der Quellen:
6 Egeria, Najade
-der Rache:
5 Furie, 6 Alekto, 7 Erinnye, Megaere, Nemesis, 8 Eumenide, 9 Tisiphone
-der schönen Künste:
4 Clio, Klio, 5 Erato, 6 Thalia, Urania, 7 Euterpe, 8 Calliope, Kalliope, 10 Polyhymnia
-der Schönheit:
5 Venus, 6 Freyja, 9 Aphrodite
-der Sonne:
3 Sol, 5 Neith
-der Sorgen:
4 Cura
-der strafenden Gerechtigkeit:
7 Nemesis
-der Treue:
5 Fides
-der Unsterblichkeit:
5 Iduna
-der Unterwelt:
3 Hel, 6 Hekate, 10 Persephone, Proserpina
-der Verblendung:
3 Ate
-der Vergeltung:
7 Nemesis
-der Weisheit:
6 Athena, Athene, 7 Minerva
-der Wissenschaft:
6 Athena, Athene
-der Zeit:
4 Dike, Hore, 6 Eirene, 7 Eunomia
-der Zwietracht:
4 Eris, 9 Discordia
-des Ackerbaus:
5 Ceres, 7 Demeter
-des Erdwachstums:
4 Maja
-des Erntesegens:
3 Ops
-des Friedens:
3 Pax, 6 Eirene
-des Frühlings:
6 Ostara
-des Gedächtnisses:
9 Mnemosyne
-des Glücks:
5 Tyche, 7 Fortuna
-des Handwerks:
7 Minerva
-des Herdes:
4 Frea, 5 Frigg, Frija, Vesta, 6 Hestia
-des Krieges:
5 Neith, 7 Bellona, Sachmet, Sechmet
-des Meeres:
3 Ino, Ran, 6 Thetis, 7 Nereide
-des Mondes:
4 Luna, 6 Selene
-des Rechts:
6 Themis, 8 Justitia, Justizia*
-des Regenbogens:
4 Iris
-des Regens:
7 Plejade
-des Schachs:
6 Caissa
-des Schicksals:
3 Ate, Urd, 5 Moira, Norne, Skuld, 6 Ananke, Hather, 7 Atropos, 8 Lachesis

-des Sieges:
4 Nike, 8 Victoria, Viktoria
-des Todes:
3 Hel, 5 Keren, 6 Hather, Hathor
-des Unheils:
3 Ate
-des Weinstocks:
6 Libera
-des Zufalls:
5 Tyche
Göttinger Dichterbund:
8 Hainbund
göttliches Walten:
9 Vorsehung
Gottloser:
7 Atheist
Gottlosigkeit:
6 Asebie, 9 Atheismus
Gottmensch:
8 Christus
Gottseibeiuns:
5 Satan, 6 Teufel
Gottvertrauen:
6 Glaube
Götze/Götzenbild:
4 Baal, Idol, 6 Abgott, 7 Fetisch
Götzendienst:
9 Idolatrie
Gouvernante:
10 Erzieherin
Gouvernement:
6 Bezirk, 7 Provinz, 8 Distrikt,
9 Regierung, 10 Verwaltung
Gouverneur:
10 Kommandeur, 11 Statthalter,
12 Befehlshaber
Grab/-stätte:
5 Gruft, 8 Monument, Pyramide,
9 Katakombe, Mausoleum,
Nekropole, 10 Epitaphium,
Grabkammer, Huegelgrab,
Huenengrab, 11 Totenhuegel
Graben:
4 Dole, Siel, 5 Draen, Fleet,
Gosse, Kanal, Rinne, 6 Gracht
Grabgefäß:
4 Urne
Grabgerät:
6 Spaten, 8 Schaufel
Grabgewölbe:
5 Gruft
Grabinschrift:
7 Epitaph
Grad:
4 Rang, 7 Ausmass,
9 Abstufung, 10 Einstufung,
Einteilung, 12 Unterteilung
Gradeinheit:
-beim Thermometer:
6 Kelvin, 7 Celsius,
10 Fahrenheit
Gradeinteilung:
5 Skala
Gradierwerk:
6 Saline, 10 Rieselwerk
Grafentitel:
-in England:
4 Earl, Lord, 8 Viscount
-in Frankreich:
5 Comte, 7 Marquis
-in Italien:
5 Conte, 8 Marchese
Gralskönig:
8 Amfortas
Gralsritter:
7 Titurel, 8 Amfortas, Lanzelot,
Parzival, 9 Lohengrin
Gram:
4 Leid, 6 Kummer, Trauer
Grammatik:
11 Sprachlehre
Grammatikbegriff:
4 Satz, Verb, 5 Dativ, Futur,
Kasus, Modus, Stamm, Vokal,
6 Objekt, Passiv, Plural, Tempus,
Umlaut, 7 Artikel, Beugung,
Einzahl, Genitiv, Neutrum,
Perfekt, Satzbau, Subjekt,
Zukunft, 8 Adjektiv, Attribut,
Fuerwort, Mehrzahl, Nennform,
Numerale, Praesens, Singular,
Zahlwort, Zeitwort, 9 Akkusativ,
Gegenwart, Hauptsatz,
Imperfekt, Indikativ, Infinitiv,
Nebensatz, Nominativ,
Praedikat, 10 Beifuegung,
Geschlecht, Konjunktiv,
Maskulinum, Substantiv,
Superlativ, 11 Deklination,
Konjugation
Granatapfelsaft:
7 Sorbett, 9 Scherbett
Grandezza:
6 Hoheit, Wuerde
Graphik/graphisches Erzeugnis:
6 Plakat, 8 Gravuere,
9 Radierung, 10 Stahlstich,
11 Holzschnitt, Kupferstich,
Lithografie*, Xylographie,
12 Lithographie
graphischer:
-Beruf:
6 Aetzer, Setzer, 7 Drucker,
Metteur, 8 Kolorist, Typograf*,
9 Korrektor, Lithograf*,
Typograph, 10 Lithograph,
11 Buchdrucker, Lichtsetzer,
12 Stereotypeur
-Betrieb:
6 Verlag, 8 Binderei, Setzerei,
9 Druckerei, Druckhaus,
12 Buchbinderei,
13 Buchdruckerei
graphisches:
-Erzeugnis:
4 Band, Buch, 5 Druck, Repro,
6 Grafik*, 7 Collage, Foliant,
Graphik, Katalog, Traktat,
Zeitung, 8 Exlibris, Kalender,
Prospekt, Vignette, 9 Faksimile,
Flugblatt, 10 Broschuere,
11 Zeitschrift, 12 Illustrierte,
Reproduktion
-Verfahren:
9 Radierung, 11 Kupferstich,
Lithografie*, 12 Lithographie
Graphologie:
18 Handschriftenkunde,
20 Handschriftendeutung
Gras:
-der Dünen:
11 Strandhafer
Grasart:
4 Aira, 5 Lolch, 6 Liesch, Schilf
Grasebene Nordamerikas:
7 Praerie
Grasfläche:
5 Rasen, Wiese
Grasflur mit Bäumen:
7 Savanne
Grasland/-landschaft:
3 Alm, Alp, 5 Anger, Egart,
Pampa, Weide, Wiese, 6 Pussta,
Steppe, 7 Praerie
Grasschnitt:
7 Grummet
grassieren:
6 wueten
Grasspitze:
5 Spier
Grasstengel:
4 Halm
Grassteppe:
-in Afrika:
7 Savanne
-in Nordamerika:
7 Praerie
-in Südamerika:
5 Pampa, 6 Pampas
-in Ungarn:
6 Puszta

Grat:
4 Kamm, 5 Kante, 8 Schneide, 9 Kammlinie
Gratifikation:
6 Zulage, 7 Praemie, 9 Zuwendung, 10 Verguetung, 12 Sonderzulage
gratis:
4 frei, 7 umsonst, 9 kostenlos, 13 unentgeltlich
Gratulation:
12 Glueckwunsch
grau:
4 gris, 5 gries
Grau-in-Grau-Malerei:
9 Grisaille
Graubär Nordamerikas:
6 Grisly, 7 Grizzly
Grauen:
5 Angst, 6 Furcht, Greuel, Horror, 7 Graeuel*, 8 Schauder, 9 Entsetzen, Schrecken
graues Einerlei:
6 Alltag
graugelb:
4 falb
graugelbes Pferd:
5 Falbe, 8 Isabelle
Graukehlchen:
9 Braunelle
Graupapagei:
4 Jaco, Jako
grausam:
3 roh, 4 wild, 6 brutal, 7 herzlos, 8 viehisch, 10 barbarisch, 12 unbarmherzig
grausamer:
-altrömischer Kaiser:
4 Nero
-Mensch:
6 Barbar, Sadist
Grausamkeit:
6 Terror, 8 Sadismus
Grausen:
6 Furcht, Greuel, 7 Abscheu, Graeuel*, 8 Schauder, 9 Entsetzen
Grautier:
4 Esel
Gravität:
6 Wuerde
Gravitation:
11 Schwerkraft, 18 Erdanziehungskraft
Grazie:
5 Anmut, 6 Aglaia, Thalia, 8 Liebreiz, 10 Euphrosyne
graziös/grazil:
4 rank, zart, 5 apart, 8 lieblich
greifbar:
4 real, wahr, 7 konkret, 8 palpabel, wirklich, 9 materiell
Greifer:
6 Bagger
Greifvogel:
5 Adler, Falke, Geier, 7 Bussard, Habicht, Sperber
Grenzpassierdokument:
4 Pass, 7 Triptyk
Grenzstein:
3 Mal, 5 Terme, 6 Therme*
Grenzziehung:
11 Demarkation
Grieche:
6 Danaer, 7 Hellene
Griechenland:
6 Hellas
griechisch für:
-allein:
4 mono
-auf:
2 ep, 3 epi
-auf hinauf:
3 ana
-gegen:
4 anti, anti
-gleich:
3 iso, iso
-groß:
4 mega, mega
-Leben:
3 bio
-neu:
3 neo
-reich:
5 pluto
-vier:
5 tetra
-zehn:
4 deka
griechische:
-Baumgottheit:
6 Dryade
-Bergnymphe:
6 Oreade
-Bibelübersetzung:
11 Septuaginta
-Buhlerin:
7 Hetaere
-Dichterin:
6 Sappho, 7 Corinna, Korinna
-Fechtschule:
9 Palaestra
-Freiheitsbewegung:
4 EOKA
-Friedensgöttin:
6 Eirene
-Glücksgöttin:
5 Tyche
-Götterbotin:
4 Iris
-Göttermutter:
4 Hera
-Göttin:
3 Ate, Eos, Nyx, 4 Dike, Eris, Eros, Gaea, Gaia, Hera, Klio, Leto, Nike, Styx, 5 Elpis, Erato, Tyche, 6 Athene, Eirene, Hestia, Peitho, Selene, Tethys, Thalia, Thetis, Urania, 7 Artemis, Demeter, Eunomia, Euterpe, Nemesis, Plejade, 8 Erinnyen, Harmonia, Kalliope, 9 Aphrodite, Mnemosyne, Tisiphone, 10 Amphitrite, Persephone, 12 Pallas Athene
-Göttin der Anmut:
5 Penia, 6 Charis, Thalia, 8 Charitin
-Göttin der Ehe:
4 Hera
-Göttin der Erde:
4 Gaea
-Göttin der Gerechtigkeit:
4 Dike, 6 Themis, 7 Nemesis
-Göttin der Gesetzlichkeit:
7 Eunomia
-Göttin der Gesundheit:
7 Hygieia
-Göttin der Jagd:
7 Artemis
-Göttin der Kunst:
4 Muse, 6 Athene
-Göttin der Liebe:
9 Aphrodite
-Göttin der milden Lüfte:
4 Aura
-Göttin der Morgenröte:
3 Eos
-Göttin der Nacht:
3 Nyx, 6 Hekate
-Göttin der Schönheit:
9 Aphrodite
-Göttin der strafenden Gerechtigkeit:
7 Nemesis
-Göttin der Unterwelt:
6 Hekate, 10 Persephone, Proserpina
-Göttin der Verblendung:
3 Ate

-Göttin der Vergeltung:
7 Nemesis
-Göttin der Weisheit:
6 Athene
-Göttin der Zeit:
4 Dike, Hore, 6 Eirene, 7 Eunomia
-Göttin der Zwietracht:
4 Eris
-Göttin des Ackerbaus:
7 Demeter
-Göttin des Friedens:
6 Eirene
-Göttin des Glücks:
5 Tyche
-Göttin des Herdes:
6 Hestia
-Göttin des Meeres:
6 Thetis, 7 Nereide, 10 Amphitrite
-Göttin des Rechts:
6 Themis
-Göttin des Regenbogens:
4 Iris
-Göttin des Schicksals:
5 Moira, 6 Klotho, 7 Atropos, 8 Lachesis
-Göttin des Sieges:
4 Nike
-Göttin des Streits:
4 Eris
-Göttin des Zufalls:
5 Tyche
-Grabsäule:
5 Stele
-Halbinsel:
5 Athos, Morea, 6 Attika, 7 Argolis, 10 Chalkidike, Peloponnes
-Hauptstadt:
5 Athen
-Helden:
10 Argonauten
-Hetäre:
5 Thais
-Insel der Seligen:
7 Elysium
-Insel/-gruppe:
3 Kos, Los, 5 Chios, Delos, Korfu, Kreta, Naxos, Paros, Samos, Telos, Thera, Thira, 6 Aegina, Euboea, Ikaria, Ithaka, Lemnos, Lesbos, Lipsos, Patmos, Rhodos, Skyros, 7 Kefalos, Kerkyra, Kythera, Mykonos, Nikaria, Salamis, 8 Mytilene, Santorin, Skiathos, Skopelos, 10 Chalkidike, Samothrake, 11 Kephallenia, Samothrakei
-Inselgruppe:
9 Dodekanes
-Kolonie in Unteritalien:
4 Kyme, 5 Cunae
-Kriegerin:
7 Amazone
-Landschaft:
4 Elis, 6 Achaia, Attika, Epirus, Phokis, 7 Argolis, 8 Aetolien, Arkadien, Boeotien, Lakonien, Thrakien, 9 Messenien, 10 Makedonien, Mazedonien, Thessalien
-Meernymphe:
6 Thetis, 7 Galatea, Nereide, 8 Okeanide
-Meerschlange:
5 Hydra
-Mönchsrepublik:
5 Athos
-Mondgöttin:
6 Phoebe, Selene
-Münze:
5 Obole, 6 Lepton, Obolos, Obolus, Talent, 7 Drachme
-Nationaltracht:
10 Fustanella
-Naturgottheit:
3 Pan, 6 Nymphe
-Nymphe:
6 Dryade, Najade, Oreade, Syrinx, 8 Arethusa, Kastalia, Okeanide
-Orakelstätte:
6 Delphi
-Philosophenschule:
4 Elea, Stoa
-Rachegöttin:
7 Erinnye, Erinnys, 8 Eumenide
-Sagengestalt:
3 Ino, 4 Ajax, Leda, 5 Jason, Medea, Orest, 6 Achill, Helena, Ikaros, Ikarus, Zyklop, 7 Alkyone, Ariadne, Jokaste, Oedipus, Orpheus, Theseus, 8 Antigone, Daedalos, Daedalus, Eurydike, Herakles, Herkules, Odysseus, Penelope, 9 Agamemnon, Iphigenie, 10 Prometheus
-Säulenhalle:
4 Stoa
-Schäferin:
7 Phyllis
-Schale:
6 Phiale
-Siegesgöttin:
4 Nike
-Sopranistin:
6 Callas
-Stadtburg:
9 Akropolis
-Tempelstadt:
6 Delphi
-Tonhalle:
5 Odeon
-Übersetzung des Alten Testaments:
11 Septuaginta
-Unterwelt:
5 Hades, 8 Tartarus
-Volksgruppe/-stamm:
5 Dorer, 6 Dorier, Ionier, 7 Aeolier
-Volksversammlung:
5 Agora
-Währung:
7 Drachme
-Waldnymphe:
6 Dryade
-Weissagerin:
6 Pythia
-Weissagung:
6 Orakel
-Zauberin:
5 Circe, Kirke, 6 Hekate

griechischer:
-Arzt:
5 Galen, 11 Hippokrates
-Baumeister:
9 Sostratos, 11 Kallimachos
-Berg:
3 Ida, 5 Athos, Olymp
-Bildhauer:
5 Myron, 6 Skopas, 7 Phidias, 8 Lysippos, Pheidias, Polyklet, 9 Alkamenes, Anthemios, 10 Praxiteles
-Buchstabe:
2 My, Ny, Pi, Xi, 3 Chi, Eta, Phi, Psi, Rho, Tau, 4 Beta, Jota, Iota, Zeta, 5 Alpha, Delta, Gamma, Kappa, Omega, Sigma, Theta, 6 Lambda, 7 Epsilon, Omikron, Ypsilon
-Dessertwein:
5 Samos, 8 Jenerodi
-Erntegott:
6 Kronos
-Fabeldichter:
5 Aesop
-Feldgeist:
3 Pan

-Feldherr:
4 Ajax, 8 Leonidas, Timoleon, 9 Agamemnon, Miltiades, Pelopidas, 10 Alkibiades, Lysimachos
-Flötenspieler:
7 Marsyas
-Fluß der Unterwelt:
4 Styx, 5 Lethe
-Flußgott:
7 Inachos
-Freiheitsdichter:
5 Rigas
-Fußsoldat:
6 Hoplit
-Geistlicher:
4 Pope
-Geograph:
6 Strabo, 7 Strabon, 10 Ptolemaeus
-Gerichtshof:
7 Areopag
-Geschichtsschreiber:
7 Herodot, Zosimus, 8 Polybios, Xenophon, 10 Thukydides
-Gesetzgeber:
5 Solon, 6 Drakon
-Gott:
3 Pan, 4 Ares, Eros, Zeus, 5 Apoll, Hades, Pluto, 6 Aeolus, Apollo, Asopos, Erebos, Helios, Hermes, Hypnos, Kronos, Peneos, Pluton, Triton, Uranos, 7 Anteros, Apollon, Bacchus, Chronos, Okeanos, Phoebus, Proteus, 8 Aeskulap, Dionysos, Morpheus, Poseidon, Thanatos, 9 Asklepios, Hymenaeos, 10 Hephaestos, Hephaistos
-Gott der Dichtkunst:
5 Apoll, 6 Apollo
-Gott der Fruchtbarkeit:
7 Priapos
-Gott der Heilkunde:
8 Aeskulap, 9 Asklepios
-Gott der Liebe:
4 Eros
-Gott der Unterwelt:
5 Hades, Pluto, 6 Erebus, Pluton
-Gott der Winde:
6 Zephir*, Zephyr, 8 Zephiros*, Zephyros
-Gott der Zeit:
6 Kronos, 7 Chronos
-Gott des Ackerbaus:
6 Kronos
-Gott des Feuers:
8 Hephaest, 10 Hephaestus, Hephaistos
-Gott des Krieges:
4 Ares
-Gott des Meeres:
6 Nereus, Triton, 7 Okeanos, Proteus, 8 Poseidon
-Gott des Schlafes:
6 Hypnos, 8 Morpheus
-Gott des Totenreiches:
5 Hades, Pluto, 6 Erebus, Pluton
-Gott des Traumes:
8 Morpheus
-Gott des Weines:
8 Dionysos
-Götterberg:
5 Olymp
-Götterbote:
6 Hermes
-Hafengott:
8 Palaemon
-Halbgott:
5 Heros
-Held vor Troja:
4 Ajax, 6 Nestor, 8 Achilles, Odysseus, 9 Achilleus, Agamemnon
-Himmelsforscher:
7 Eudoxus, 8 Hipparch, 10 Hipparchos, Ptolemaeus, Ptolemaios
-Hirtengott:
3 Pan
-Hochverräter:
9 Ephialtes
-Hochzeitsgott:
5 Hymen
-Höllenhund:
8 Kerberos, Zerberus
-Jubelruf:
4 evoe
-Jüngling:
6 Adonis, Ephebe, 7 Narziss
-Klosterberg:
5 Athos
-König der Sage:
5 Minos, 6 Augias, 7 Oedipus, 8 Menelaos, 9 Agamemnon
-Königsname:
4 Otto, Paul, 5 Georg, 9 Alexander
-Kultort:
5 Delos, 6 Delphi, 7 Eleusis, Olympia
-Lustspieldichter:
12 Aristophanes
-Mantel:
7 Chlamys
-Markt:
5 Agora
-Mathematiker:
5 Heron, 6 Euklid, Thales, 7 Hippias, 10 Apollonius, Archimedes, Diophantos, Pythagoras, 11 Hippokrates, 12 Eratosthenes
-Mönch:
7 Barlaam
-Nobelpreisträger für Literatur:
6 Elytis, 7 Seferis
-Philosoph:
4 Bias, 5 Plato, Solon, 6 Chilon, Epikur, Euklid, Pappus, Platon, Plotin, Thales, 7 Epiktet, Eudoxus, Hippias, Phaedon, Phaidon, 8 Aristipp, Demokrit, Diogenes, Heraklit, Menippos, Plutarch, Sokrates, 9 Euhemeros, Periander, 10 Anaxagoras, Aristippos, Demokritos, Empedokles, Protagoras, Pythagoras, Xenophanes, 11 Anaximander, Aristoteles, Poseidonios
-Philosophenschüler:
5 Eleat, 7 Stoiker
-Physiker:
5 Heron, 10 Archimedes
-Politiker/Staatsmann:
5 Kleon, Timon, 6 Lykurg, 7 Kanaris, Simitis, 8 Perikles, 9 Aristides, Papandreu, Venizelos, 10 Karamanlis, Mitsotakis, Papandreou, 11 Kleisthenes, 12 Papadopoulos, Themistokles
-Priester:
7 Kalchas
-Redner:
11 Demosthenes
-Reeder:
7 Onassis
-Riese der Sage:
5 Argus, Atlas, Titan
-Rundbau:
6 Tholos
-Sagenfluß:
5 Lethe
-sagenhafter Flieger:
6 Ikaros, Ikarus, 8 Daedalos, Daedalus
-Sagenheld:
4 Ajax, 5 Orest, Orion, 6 Achill, Hektor, Nestor, 7 Aktaeon,

Orestes, Theseus, 8 Herakles, Tantalus, 9 Agamemnon
-Sänger:
5 Arion, 7 Orpheus
-Satiriker:
6 Lukian
-Schriftsteller/Schriftstellerin:
5 Aesop, Arion, Homer, 6 Appian, Ibykos, Pindar, Platon, Sappho, 7 Alkaios, Herodot, Korinna, Musaeus, 8 Diodorus, Menander, Plutarch, Xenophon, 9 Aeschylus, Aischylos, Euripides, Pausanias, Simonides, Sophokles, 10 Thukydides, 11 Archilochos, Demosthenes, Kazantzakis, 12 Aristophanes
-Schwerbewaffneter:
6 Hoplit
-Sonnengott:
6 Helios, 8 Hyperion
-Tempelsklave:
9 Hierodule
-Tragödiendichter:
9 Euripides
-Vasenmaler:
9 Andokides
-Versfuß:
8 Daktylus, 9 Distichon
-Volkstanz:
7 Sirtaki
-Wächter:
5 Argus
-Waldgeist:
5 Satyr
-Waldgott:
3 Pan
-Weiser:
5 Solon, 6 Nestor, Thales, 8 Sokrates
-Wettkampf:
4 Agon
griechisches:
-Bauwerk:
8 Theseion, 9 Parthenon, 11 Erechtheion
-Dichterroß:
7 Pegasus
-Gebirge:
4 Ossa, 6 Pindos, Pindus
-Geschichtswerk:
8 Anabasis
-Gewand:
6 Chiton, Peplos
-Gewicht:
6 Lepton, Talent
-Göttergeschlecht:
7 Titanen
-Heiligtum:
7 Olympia
-Heldengedicht:
5 Ilias, 6 Iliade, 7 Odyssee
-Hochzeitslied:
5 Hymen
-Liebesmahl:
5 Agape
-Musikinstrument:
4 Lyra, 7 Kithara, 8 Barbiton
-Nationalfest:
9 Olympiade
-Ornament:
8 Akanthus
-Paradies:
7 Elysium
-Preislied:
5 Paean
-Sagenschiff:
4 Argo
-Sagenungeheuer:
6 Medusa
-Saiteninstrument:
4 Lyra, 8 Barbiton
-Totenreich:
5 Hades, 6 Erebus, 8 Tartarus
-Trinkgelage:
9 Symposion, Symposium
-Ungeheuer:
5 Gorgo, Hydra, 6 Skylla, 9 Charybdis, 10 Minotaurus
-Wegemaß:
7 Stadion
Griesgram:
14 Spielverderber
Griff:
4 Heft, 5 Knauf, Stiel, 6 Halter, Henkel, Klinke, 8 Handhabe
Griffbrett:
8 Tastatur
Grill:
4 Rost, 8 Barbecue, Bratrost
Grille:
5 Zirpe, 6 Insekt, Zikade, 8 Heimchen, 11 Heuschrecke
grillenhaft:
7 grotesk
Grimasse:
6 Fratze
Grimbart:
5 Dachs
Grimm:
3 Wut, 4 Zorn, 5 Groll, 6 Aerger, 7 Unwille
grimmig:
11 baerbeissig
Grind:
4 Kopf, 5 Dreck, 7 Flechte, Schmutz, 9 Ausschlag
Grippe:
9 Influenza
Grips:
8 Klugheit, Verstand, 9 Koepfchen, 11 Intelligenz
grob:
3 rau*, roh, 4 derb, rauh, 5 ruede, 6 barsch, massiv, rabiat, ruppig, 8 ordinaer, 11 hanebuechen
Grobgetreide:
6 Schrot
grobe:
-Beleidigung:
7 Affront
-Feile:
6 Raspel
-Pferdedecke:
7 Woilach
grober:
-Filter:
4 Sieb
-Mensch:
7 Rohling
-Stoff:
5 Drell, 6 Nessel, Rupfen, 10 Beiderwand
-Wollstoff:
3 Aba
grobes:
-Geröll für Straßenbau:
8 Schotter
-Gewebe:
5 Drell, 6 Nessel, Rupfen, 10 Beiderwand
Grobheit:
9 Frechheit
Grobian:
5 Rowdy, 6 Flegel
Groll:
3 Pik, 4 Hass, Zorn, 5 Grimm, Hader, 11 Erbitterung
grollen:
7 donnern
grönländischer:
-Apostel:
5 Egede
-Bewohner:
6 Eskimo
-Hauptort:
7 Godthab
grönländisches:
-Boot:
5 Kajak, Umiak

-Kap:
8 Farewell
Grönlandwal:
8 Glattwal
großartig:
5 famos, super, 6 feudal,
8 grandios, imposant,
9 bedeutend, praechtig,
10 prachtvoll
Großbauernhof:
3 gut
Großbehälter:
9 Container
Großbuchstabe:
6 Versal, 7 Initial, Unziale,
8 Majuskel, Versalie
große:
-Algenart:
7 Seetang
-Ansiedlung:
5 Stadt
-Antilleninsel:
4 Kuba, 5 Haiti, 7 Jamaika,
10 Puerto Rico
-Auswahl an Waren:
9 Sortiment
-Eile:
4 Hast
-Einfahrt:
3 Tor
-Einkaufsstätte:
9 Warenhaus, 10 Supermarkt
-Eulenart:
3 Uhu
-Freude:
5 Jubel
-Gartenanlage:
4 Park
-Gewichtseinheit:
5 Tonne
-Grundbesitzungen:
11 Latifundien
-Hitze:
4 Glut
-Kälte:
5 Frost
-Kirche:
3 Dom, 8 Muenster,
10 Kathedrale
-Meeresbucht:
3 Bai, Bay
-Pforte:
6 Portal
-Rosine:
6 Zibebe
-Sportarena:
7 Stadion
-Trockenheit:
6 Duerre
-Wärme:
5 Hitze
-Welle:
4 Woge
Größe:
6 Format, 7 Ausmass,
9 Dimension, Koryphaee,
10 Ausdehnung
Größenfestsetzung:
7 Normung
Größenlehre:
10 Mathematik
Größenordnung:
9 Dimension
Größenverhältnis:
6 Format, 10 Proportion
Größenwahn:
11 Megalomanie
großer:
-Abstand:
5 Ferne, Weite
-Anfangsbuchstabe:
7 Initial
-Aufbewahrungsraum:
5 Halle
-Baumbestand:
4 Wald
-Behälter:
6 Kessel
-Eingang:
6 Portal
-Fluß:
5 Strom
-Mensch:
5 Huene, Riese, 6 Gigant
-Menschenaffe:
7 Gorilla, 9 Orang Utan
-Raum:
4 Saal, 5 Halle
größere:
-Blutentnahme:
8 Aderlass
größerer:
-Ort:
5 Stadt
-Truppenteil:
5 Armee, 8 Division
-Zeitabschnitt:
6 Epoche
größeres:
-Gewässer:
3 See
großes:
-Beil:
3 Axt
-Gewässer:
4 Meer, 5 Ozean
Großfamilie:
4 Clan, 5 Sippe
Großflosser:
9 Makropode
Großgräser:
4 Rohr
Großgrundbesitz:
3 Gut, 9 Rittergut
Großgrundbesitzer:
8 Agrarier
Großhandel:
6 Engros
Großhändler:
8 Grossist
großherzig:
4 edel
Großherzigkeit:
5 Guete, 7 Edelmut
Großherzog von Luxemburg:
4 Jean
Großherzogin von Luxemburg:
9 Charlotte
Großindustrieller:
6 Magnat, 11 Schlotbaron
großjährig:
7 muendig
Großkatze:
4 Puma 5 Irbis, Loewe, Tiger,
6 Jaguar, Panter*, 7 Leopard,
Panther
Großmacht:
3 Usa, 8 Imperium
Großmachtbestrebungen:
13 Imperialismus
Großmarkt:
5 Messe
Großmaul:
5 Protz, 7 Angeber, Prahler,
9 Bramarbas, 11 Wichtigtuer,
12 Aufschneider
Großmogul:
5 Akbar
Großmut:
5 Guete, 7 Edelmut
großmütig:
4 edel, 6 guetig, 7 gnaedig,
8 generoes, tolerant
Großmutter:
3 Oma
Großpflanzung:
8 Plantage
Großraumdüsenflugzeug:
5 Jumbo, 8 Jumbo Jet
Großsortiment:
6 Grosso

Großspeicher:
4 Silo
Großstadtbahn:
5 Metro, S-Bahn, U-Bahn,
14 Untergrundbahn
größte:
-Insel der Erde:
9 Groenland
-Insel Deutschlands:
6 Ruegen
größter:
-Breitenkreis:
8 Aequator
-deutscher Binnensee:
8 Bodensee
-Energiespender der Welt:
5 Kohle
-Erdteil:
5 Asien
-italienischer Dichter:
5 Dante
-Strom Afrikas:
3 Nil
größtes:
-Hochland der Erde:
5 Tibet
Großvater:
3 Opa
Großwesir:
7 Premier
großzügig:
5 nobel, 6 kulant, 8 generoes,
9 freigebig
grotesk:
6 bizarr, 7 komisch, seltsam,
8 verzerrt, 10 eigenartig,
wunderlich, 11 exzentrisch,
fantastisch*, verschroben,
12 phantastisch
Grotte:
6 Hoehle
Grottenmolch:
3 Olm
Grube:
4 Grab, Mine, 5 Falle, Gruft,
Kuhle, Zeche, 8 Bergwerk
Grübelei:
10 Reflektion
grübeln:
9 sinnieren
Grubengas:
6 Methan
Gruft:
4 Grab, 6 Krypta
Grünanlage:
4 Park, 5 Rasen, 6 Garten
grünblau:
4 bleu

Grund:
4 Sinn, 5 Boden, Motiv,
6 Anlass, Faktor, 7 Anstoss,
Terrain, Ursache, Vorwand
Grundbegriff:
9 Kategorie
Grundbesitz:
10 Immobilien, 11 Laendereien,
14 Liegenschaften
Grundbesitzer:
6 Magnat, 8 Gutsherr
Grundbuch:
8 Kataster
Gründer:
7 Ahnherr, Stifter
-der Heilsarmee:
5 Booth
-der neuzeitlichen Olympischen Spiele:
9 Coubertin
-der Pfadfinderbewegung:
11 Baden Powell
-der Quäker:
3 Fox
-der Sowjetunion:
5 Lenin
-der SPD:
5 Bebel, 10 Liebknecht
-der UdSSR:
5 Lenin
-des ägyptischen Reiches:
5 Menes
-des Deutschen Reiches:
8 Bismarck
-des Jesuitenordens:
6 Loyola
-des Protestantismus:
6 Luther
-des Roten Kreuzes:
6 Dunant
-des türkischen Reiches:
5 Osman
-Roms:
5 Remus, 7 Romulus
Grundfarbe:
3 Rot, 4 Blau, Gelb
Grundfläche:
5 Areal, Basis
Grundform/-satz:
3 Typ, 6 Schema, 7 Prinzip,
9 Infinitiv
Grundgedanke:
4 Idee, 5 Thema
Grundgehalt:
5 Fixum
Grundgesetz:
6 Charta, Statut, 10 Verfassung

Grundkapital:
5 Stock
Grundlage:
4 Fond, 5 Basis, 6 Fundus,
7 Prinzip, 8 Unterbau, Ursprung,
9 Fundament
grundlegend:
9 elementar, 11 fundamental
gründlich:
5 exakt, genau, 7 profund,
radikal, 8 intensiv,
11 sorgfaeltig, 12 gewissenhaft
Grundlinie:
5 Basis
grundlos:
10 unfundiert, 11 unmotiviert,
12 unbegruendet
Grundpfandrecht:
8 Hypothek
Grundschulfach:
5 Lesen, Musik, Sport, 6 Turnen,
Werken, 7 Rechnen,
9 Sachkunde, Schreiben
Grundstein:
9 Fundament
Grundstoff:
7 Element
-für Farben:
6 Anilin
-für Kerzen:
7 Stearin
-für Puder:
4 Talk
-für Salben:
7 Lanolin, 8 Vaseline
Grundstück:
6 Besitz, 7 Anwesen, 8 Parzelle,
9 Besitztum, Immobilie,
12 Liegenschaft
Grundstückseinfriedung:
4 Rain, Zaun, 6 Gatter
Grundstücksmiete:
5 Pacht
Grundstücksvermittler:
6 Makler
Grundstücksverzeichnis:
8 Kataster
Grundton:
6 Tonika
Grunzochse:
3 Jak, Yak
Gruppe:
4 Chor, 5 Block, Herde, Rotte,
Rudel, Schar, Serie, Sippe,
Zweig, 6 Partei, 7 Familie,
Gattung, Sektion, 8 Fraktion,
9 Abteilung, Kategorie,
Kollektiv

Gruppenakkord:
7 Gedinge
Gruppentanz:
6 Reigen, 8 Laendler, 9 Polonaese*, Polonaise, Quadrille
Gruppenunterkunft:
4 Heim
Gruppierung:
13 Konstellation
Gruß/-art:
3 Ade, Ave, 5 Kotau, Salut, Salve, 6 Diener, Knicks, Servus, 7 Tschues, 8 Handkuss, Honneurs, Reverenz, Umarmung, 9 Bueckling, 10 Handschlag, Kompliment, Verbeugung, 11 Hutabnehmen
grüßen:
10 salutieren
guatemaltekische:
-Hauptstadt:
9 Guatemala
-Münze:
7 Quetzal
-Ureinwohner:
4 Maya, 5 Mayas
guatemaltekischer:
-Berg:
5 Fuego, 6 Tacema, 9 Tajamulco
-Nobelpreisträger für Literatur:
8 Asturias
Guckkasten:
7 Diarama, 11 Kaleidoskop
Guerilla:
8 Partisan, 11 Franktireur, 14 Heckenschuetze
Guillotine:
8 Fallbeil
Gullivers Zwergenland:
7 Liliput
gültig:
7 perfekt, wirksam, 9 abgemacht, anerkannt, offiziell, 11 verbindlich
Gummibaum Australiens:
10 Eukalyptus
Gummilack:
9 Schellack
Gummireifen:
4 Pneu
Gummiüberschuh:
8 Galosche
Gunst:
4 Huld, 5 Gnade, Hilfe, 9 Zuneigung, 10 Protektion, Wohlwollen
-Gottes:
5 Segen
günstig:
8 opportun
günstiger Zeitpunkt:
6 Chance, 8 Okkasion, 11 Gelegenheit
Günstling:
7 Protege, 8 Liebkind, Liebling, 11 Schuetzling
Gurgel:
4 Hals, 5 Kehle, 7 Schlund
Gurkenkraut:
4 Dill, 9 Borretsch
Gurt:
4 Band, 6 Riemen, 7 Guertel
Gurt/Gürtel:
4 Band, 6 Koppel, Riemen, 9 Halteband, Halterung, 10 Leibriemen, 11 Hueftriemen
Gürtellinie:
6 Taille
Gürtelweite:
6 Taille
Gurtförderer:
10 Fliessband
Gußbarren:
6 Massel
Gußform:
7 Kokille, 8 Coquille
-in Druckereien:
5 Mater
gut:
-gekleidet:
7 elegant
-gekocht:
3 gar
gut erzogen:
5 artig
gut/Gut:
3 Hof, 4 fein, Habe, Ware, wohl, 6 Besitz, Fracht, 7 Anwesen, Domaene, 8 Eigentum, 9 Besitztum
Gutachten:
5 Votum, 6 Attest, 7 Zeugnis, 9 Expertise, Konsilium, 10 Zertifikat, 11 Beurteilung
Gutachter:
7 Experte, 17 Sachverstaendiger
gutartig:
4 brav, 7 benigne
gutartige Geschwulst:
4 Myom, 6 Adenom
Gutdünken:
4 Wahl, 6 Wunsch, 7 Meinung, 8 Belieben, Erachten
gute:
-Eigenschaft:
5 Demut, Guete, Milde, Treue, 6 Tugend, 7 Edelmut, Langmut, 8 Grossmut, Sanftmut, 9 Offenheit, 10 Tapferkeit, 11 Ehrlichkeit, Sparsamkeit
-Entwicklung:
8 Gedeihen
-Kondition:
7 Fitness
-Laune:
5 Humor
Güte:
4 Wert, 5 Gunst, Milde, 7 Edelmut, 8 Bonitaet, Grossmut, Sanftmut, 9 Qualitaet, 10 Humanitaet
guter:
-Bekannter:
6 Freund, 7 Kamerad, Kollege, 10 Vertrauter
-Bodenzustand:
4 Gare
-Geist:
6 Genius
Güteraustausch:
6 Handel
Güterbeförderung:
9 Transport
gutes:
-Benehmen:
3 Pli, 7 Anstand
-Ergebnis:
6 Erfolg
-Wetter:
12 Sonnenschein
Guthaben:
6 Kredit
gutheißen:
8 billigen, 13 sanktionieren
gütig:
4 mild, 5 human, Milde, sanft, 7 gnaedig, 8 herzlich, 9 gefaellig
Gutmütigkeit:
8 Bonhomie
Gutsarbeiter:
5 Inste
Gutsbesitzer:
8 Agrarier
Gutschein/-schrift:
3 Bon, 5 Kupon*, 6 Coupon, Rabatt, Skonto, 8 Guthaben
Gutshof:
7 Gehoeft
Gutspersonal:
7 Gesinde

Haar:
4 Bart, 5 Braue, Flaum, Locke, Welle, 6 Frisur, Maehne, Schopf, 8 Bueschel, Straehne
Haaraufsatz:
6 Toupet, 8 Peruecke
Haarausfall:
14 Glatzenbildung
Haarbusch:
7 Panasch
Haarbüschel:
5 Tolle, 6 Schopf, 8 Straehne
Haarfarbe:
4 grau, 5 blond, 7 schwarz
Haarfärbemittel:
5 Henna
haarfein:
8 kapillar
Haargarnteppich:
6 Boucle
haargenau:
5 exakt
haarig:
7 behaart
Haarklammer:
6 Spange, 9 Haarnadel
Haarkleid:
4 Fell, Pelz, 5 Vlies, Wolle
haarklein:
5 genau
Haarklemmen:
4 Klip*, 5 Clips, Klips
Haarknoten:
4 Dutt, 7 Chignon
Haarkünstler:
7 Friseur, Frisoer*
Haarlocke:
5 Tolle, Welle
Haarpflegegerät/-mittel:
4 Kamm, 5 Spray, 6 Pomade, 7 Buerste, Shampoo, 8 Festiger, Haarfett, Haarnetz, Shampoon, 9 Haarnadel, 10 Haarklemme, Haarspange, Haarwasser, Kopfwasser, 11 Brennschere, Brillantine, Haarbuerste, Kopfbuerste
Haarpfleger:
5 Bader, 6 Figaro, 7 Barbier, Friseur, Frisoer*, 8 Coiffeur
Haarröhrchen:
9 Kapillare
Haarschopf:
5 Tolle
Haarspalter:
6 Pedant, 7 Kasuist, 8 Rabulist, 11 Dialektiker, Wortklauber
Haarspalterei:
9 Kasuistik, 10 Rabulistik, 13 Wortklauberei
Haarspange:
7 Agraffe
Haarstoff:
4 Filz
Haartracht:
4 Pony, Zopf, 6 Fasson, Frisur, Tonsur, 7 Chignon, 8 Bubikopf, Igelkopf, Pilzkopf, 9 Pagenkopf, Tituskopf, 10 Dauerwelle, Mozartzopf, Ponyfrisur, 11 Wasserwelle
Haartrockner:
4 Foen
Haarwaschmittel:
7 Shampoo
Haarwickel:
9 Papillote
Haarwild:
3 Reh, 4 Elch, 5 Dachs, Fuchs, Iltis, 6 Hirsch, Marder, 9 Kaninchen, Rothirsch, 11 Wildschwein
Haarwuchs:
4 Bart, 6 Maehne
Habe:
3 Gut, 4 Geld, 6 Besitz, 7 Kapital, 8 Eigentum, Mobilien, 9 Vermoegen, 10 Immobilien
Haben:
6 Kredit
Habgier/Habsucht:
4 Geiz, Neid, 8 Geldgier, Raffgier
habgieriger Mensch:
6 Raffke, 7 Knauser, 8 Geizhals, 10 Geizkragen
habil:
9 geschickt
Habit:
5 Anzug, Kleid, 8 Kleidung, 9 Garderobe
Habitus:
5 Kraft, 7 Gebaren, Gestalt, Haltung, 9 Auftreten, 11 Erscheinung, 12 Konstitution
habsüchtig:
9 habgierig
hacheln:
6 hobeln
Hacken:
5 Ferse, 6 Absatz
Hackfleisch:
4 Mett, 7 Haschee, 13 Schabefleisch
Hackfrucht:
5 Ruebe, 6 Moehre, Wrucke, 7 Karotte, 8 Erdapfel, 9 Kartoffel, Kohlruebe, Mohrruebe, 11 Wasserruebe, Zuckerruebe
Hader:
4 Zank, 5 Fehde, Groll, Zwist, 6 Fetzen, Lumpen, Streit, 7 Gezaenk
Hades:
5 Orkus, 6 Hoelle, 9 Unterwelt, 10 Totenreich
Hafenanlage:
3 Kai, 4 Dock, Kran, Mole, Pier, 5 Dalbe, Reede, 6 Poller, 11 Schwimmkran
Hafenarbeiter:
6 Stauer, 11 Schauermann
Hafenboot:
4 Kahn, 5 Prahm, 6 Kutter, Schute, 8 Barkasse, Leichter
Hafenbrücke:
4 Pier
Hafendamm:
3 Kai, 4 Mole, Pier
Hafengebühr:
8 Ufergeld
Hafenpfahlgruppe:
5 Dalbe
Hafenstadt:
-am Asowschen Meer:
6 Rostow, 8 Schdanow, Taeanrog
-am Dollart:
5 Emden
-am Finnischen Meerbusen:
5 Reval, 7 Tallinn, 8 Helsinki, 9 Kronstad
-am Frischen Haff:
6 Elbing
-am Gelben Meer:
6 Dairen, 8 Tsingtau
-am Golf von Ägina:
7 Piraeus
-am Golf von Akaba:
5 Elath
-am Golf von Genua:
5 Genua
-am Golf von Salerno:
6 Amalfi
-am Indischen Ozean:
4 Aden, 6 Bombay, 7 Colombo, 8 Djakarta, Kalkutta
-am Kaspischen Meer:
7 Derbent, Pahlewi
-am Mittelmeer:
4 Bari, Oran, Sfax, Suez, Susa,

5 Adana, Athen, Ceuta, Fiume, Genua, Haifa, Izmir, Jaffa, Kotor, Nizza, Palma, Saida, Sidon, Split, Tunis, Zadar, 6 Algier, Ankona, Beirut, Durres, Malaga, Neapel, Patras, Rijeka, Rimini, Skikda, Tarent, Tirana, Tobruk, Toulon, Triest, 7 Almeria, Antalya, Catania, Durazzo, Korinth, Latakia, Livorno, Messina, Palermo, Piraeus, Salerno, Syrakus, Venedig, 8 Alicante, Brindisi, Damiette, La Spezia, Molfetta, Saloniki, Tripolis, Valencia, 9 Barcelona, Cartagena, Dubrovnik, Marseille, Tarragona, 10 Alexandria, 13 Philippeville
-am Ontariosee:
8 Hamilton
-am Öresund:
12 Haelsingborg
-am Oslofjord:
6 Horten, 7 Drammen
-am Persischen Golf:
5 Dubai
-am Roten Meer:
4 Sues, 5 Akaba, Akiba, Assab, 6 Djidda, 7 Massaua, 8 Dschidda
-am Schwarzen Meer:
5 Batum, Jalta, 6 Odessa, Rostow
-am Skagerrak:
12 Kristiansand
-an der Adria:
4 Bari, 5 Fiume, Split, 6 Ancona, Durres, Rijeka, Triest, 7 Durazzo, Pescara, Venedig, Venezia, 8 Brindisi, Molfetta, 9 Dubrovnik
-an der Agäis:
5 Athen, 6 Smyrna, 8 Saloniki
-an der Ägäis:
5 Athen, Izmir, 8 Saloniki
-an der Elbe:
7 Hamburg, 8 Cuxhaven
-an der Elbmündung:
8 Cuxhaven
-an der Emsmündung:
5 Emden
-an der Kanalküste:
5 Dover, Gorey, 6 Calais, Dieppe, 7 Le Havre, 8 Plymouth, 9 Cherbourg, 11 Southampton
-an der Nordsee:
4 Hull, Leer, 5 Emden, Husum, 6 Bremen, Narvik, 7 Hamburg, 8 Cuxhaven, 9 Rotterdam, Stockholm, 10 Folkestone, Zeebruegge, 11 Bremerhaven, 13 Wilhelmshaven
-an der Ostsee:
4 Kiel, Riga, 5 Libau, Memel, Pitea, Wisby, 6 Danzig, Wiborg, Wismar, 7 Luebeck, Rostock, 9 Stockholm, Stralsund
-an der Weser:
6 Bremen, 11 Bremerhaven
-auf Borneo:
12 Bandjarmasin
-auf Cypern:
7 Larnaka, 8 Limassol
-auf der Krim:
5 Jalta
-auf Fünen:
6 Nyborg
-auf Hondo:
4 Kure
-auf Island:
9 Reykjavik
-auf Istrien:
4 Pola, Pula
-auf Jamaica:
8 Kingston
-auf Java:
7 Batavia, 8 Semarang
-auf Korsika:
6 Bastia
-auf Kreta:
5 Kanea, Sitia, 6 Chania, Kandia, 9 Heraklion, 10 Herakleion, Hierapetra
-auf Kuba:
8 Matanzas, Santiago, 10 Cienfuegos
-auf Madagaskar:
7 Majunga
-auf Neuguinea:
6 Madang
-auf Neuseeland:
8 Auckland, 10 Wellington
-auf Samoa:
4 Apia
-auf Sizilien:
5 Patti, 6 Cefalu, Mazara, 7 Catania, Marsala, Messina, Palermo, Trapani
-auf Taiwan:
5 Takao
-im Baltikum:
4 Riga, 5 Reval, 7 Tallinn
-im Irak:
5 Basra
-im Iran:
6 Abadan, 8 Schahpur
-im Jemen:
4 Aden
-im Libanon:
5 Saida, Sidon, 6 Beirut, 7 Tripoli
-in Abessinien:
7 Massaua
-in Afrika:
3 Eil, 4 Bata, Bone, Lome, Oran, Sues, Suez, 5 Accra, Assab, Beira, Ceuta, Dakar, Derna, Duala, Lagos, Rabat, Sirte, Tunis, 6 Agadir, Algier, Bamako, Bissau, Durban, Luanda, Skikda, Sollum, Tanger, Tetuan, 7 Abidjan, Bengasi, Berbera, Cabinda, Conakry, Malindi, Massaua, Mombasa, Schinde, 8 Bathurst, Freetown, Kapstadt, Kisimaju, Monrovia, Mosambik, Port Said, Tripolis, 9 Dschibuti, Inhambane, Luederitz, Port Sudan, 10 Alexandria, Casablanca, Daressalam, Libreville, Mogadischu, Mossamedes, Swakopmund, 13 Port Elizabeth
-in Ägypten:
4 Daba, Sues, Suez, 6 Abukir, 7 Kosseir, 8 Port Said, 10 Alexandria
-in Alaska:
6 Juneau, Seward
-in Albanien:
5 Vlore, 6 Durres, Valona, 7 Durazzo, Sarande
-in Algerien:
4 Oran, 6 Algier, Annaba, Bejaia, Bougie, Skikda, 13 Philippeville
-in Angola:
6 Lobito, Luanda, 8 Benguela
-in Argentinien:
7 Rosario, 11 Buenos Aires
-in Australien:
5 Derby, Eucla, Perth, 6 Albany, Cairns, Sydney, 7 Bunbury, Wyndham, 8 Adelaide, Brisbane, Canberra, 9 Melbourne
-in Belgien:
4 Gent, 7 Bruegge, Ostende, 9 Antwerpen
-in Brasilien:
3 Rio, 5 Belem, Natal, 6 Ilheus, Recife, 7 Camocim, Sao Luiz, 8 Belmonte, Blumenau, Salvador, 9 Caravelas, Joinville, 10 Pernambuco,

11 Porto Alegre,
12 Rio de Janeiro
-in Bulgarien:
5 Varna, 6 Burgas
-in Chile:
5 Arica, Yanes, 7 Caldera,
8 Valdivia, 10 Concepcion,
San Antonio, Valparaiso,
11 Puerto Montt
-in China:
4 Wusi, 5 Macao, 6 Dairen,
Kanton, Ningpo, Taipeh,
7 Anschan, Nanking, Tschifu,
8 Anschang, Hongkong,
Shanghai, Tientsin, 9 Ninghsien,
Schanghai, Weihaiwei,
10 Hangtschou, 11 Tschinkiang
-in der Bretagne:
5 Brest
-in der Türkei:
5 Adana, 8 Istanbul
-in El Salvador:
8 Acajutla, Libertad
-in England:
4 Bath, Hull, 5 Dover, Hythe,
Leith, Poole, 6 Dundee, Exeter,
London, Maldon, 7 Bristol,
Cardiff, Harwich, Ipswich,
Newport, Norwich, 8 Brighton,
Hastings, Plymouth,
9 Blackpool, Liverpool,
Newcastle, 10 Eastbourne,
Folkestone, Portsmouth,
Sunderland, 11 Bournemouth,
Southampton
-in Finnland:
4 Kemi, Nemi, Oulu, 5 Borga,
Hanko, Turku, Vaasa, 6 Hangoe,
8 Helsinki, Uleaborg
-in Frankreich:
4 Nice, 5 Brest, Nizza, 6 Calais,
Nantes, Toulon, 7 Bayonne,
Le Havre, 8 Bordeaux,
Boulogne, Rochelle,
9 Cherbourg, Marseille,
Martigues, 10 Concarneau,
Douarnenez, 11 Duenkirchen,
12 Saint Nazaire
-in Griechenland:
5 Athen, Bolos, 6 Kabala, Patras,
Pyrgos, 7 Kalamae, Kalamai,
Korinth, Piraeus, Prebeza,
8 Nauplion, Saloniki,
9 Epidauros, Heraklion,
12 Thessalonike,
15 Alexandroupolis
-in Indien:
6 Bombay, Madras, 7 Kalikat,
8 Kalkutta
-in Indonesien:
6 Padang, 8 Djakarta, Semarang
-in Irland:
4 Cork, 5 Sligo, 6 Dublin,
8 Limerick, 9 Waterford
-in Israel:
5 Eilat, Elath, Haifa, Jaffa
-in Italien:
4 Bari, 5 Genua, Grado, Paola,
6 Amalfi, Ancona, Neapel,
Reggio, Rimini, Tarent, Triest,
7 Catania, Livorno, Messina,
Palermo, Salerno, Venedig,
8 Brindisi, Cagliari
-in Japan:
4 Kobe, 5 Akita, Kochi, Osaka,
Tokio, Tokyo, 6 Nagoja,
Nagoya, Numazu, 7 Tschiba,
8 Hakodate, Jokohama,
Nagasaki, Yokohama
-in Kanada:
6 Quebec, 7 Halifax, Toronto,
8 Montreal, 9 Vancouver
-in Kolumbien:
9 Cartagena, 12 Buenaventura
-in Kroatien:
4 Omis, Pula, 5 Fiume, Split,
Zadar
-in Kurland:
6 Windau
-in Lettland:
4 Riga, 5 Libau, 6 Windau
-in Libyen:
5 Derna, Sirte, 6 Tobruk,
7 Bengasi, 8 Misurata, Tripolis
-in Marokko:
5 Ceuta, Rabat, 6 Agadir,
Tanger, Tetuan, 10 Casablanca
-in Mecklenburg:
6 Wismar, 7 Rostock
-in Mexiko:
7 Tampico, 8 Acapulco, Veracruz
-in Mosambik:
5 Beira
-in Neuseeland:
6 Nelson, 7 Dunedin,
8 Auckland, 10 Wellington
-in Nordamerika:
5 Tampa, 7 Buffalo, New York,
Norfolk, Oakland, Seattle,
8 Portland, 9 Baltimore,
10 Los Angeles, Sacramento,
12 Philadelphia
-in Norwegen:
4 Oslo, 6 Bergen, Horten,
Narvik, 7 Alesund, Arendal,
Drammen, 8 Kirkenes,
9 Haugesund, Stavanger,
10 Hammerfest, 12 Kristiansand,
Kristiansund
-in Pakistan:
9 Karatschi
-in Panama:
5 Colon, 6 Balboa, Panama
-in Peru:
3 Ilo, 5 Chala, Pisco, 6 Callao,
7 San Juan
-in Polen:
6 Danzig, 7 Gdingen, Stettin
-in Portugal:
4 Faro, 5 Porto, 7 Setubal,
8 Lissabon
-in Rumänien:
6 Galati, Galatz, 9 Constanta,
Konstanza
-in Russland:
6 Moskau, 8 Murmansk,
11 Archangelsk, Wladiwostok,
15 Sankt Petersburg, Sankt-
Petersburg*
-in Saudi-Arabien:
6 Damman, Djidda
-in Schottland:
5 Perth, 6 Dundee, Irvine,
7 Glasgow, 8 Aberdeen,
9 Edinburgh
-in Schweden:
5 Kivik, Lulea, 6 Kalmar,
Malmoe, 8 Halmstad,
9 Goeteborg, Nykoeping,
Stockholm, 10 Karlskrona,
Trelleborg, 12 Haelsingborg
-in Somalia:
7 Berbera, 10 Mogadischu
-in Spanien:
4 Adra, Vigo, 5 Cadiz, Ceuta,
Gijon, Palma, 6 Bilbao, Malaga,
7 Almeria, 8 Alicante,
La Coruna, Valencia,
9 Algeciras, Barcelona,
Cartagena, Santander,
12 San Sebastian,
15 Palma de Mallorca
-in Südafrika:
6 Durban, 8 Kapstadt
-in Syrien:
3 Sur, 6 Banias, 7 Latakia
-in Tansania:
5 Tanga, 10 Daressalam
-in Texas:
9 Galveston

-in Tunesien:
4 Sfax, Susa, 5 Tunis, 6 Sousse, 7 Bizerta
-in Uruguay:
10 Montevideo
-von Athen:
7 Piraeus
-von Rostock:
11 Warnemuende
Haferflockenbrei:
6 Muesli, 8 Porridge
Haff:
5 Bucht, 6 Lagune, 7 Ufersee, 9 Strandsee
Hafner:
7 Toepfer, 9 Keramiker
Hafnerei:
9 Toepferei
Haft:
6 Arrest, Kerker, 14 Gefangenschaft, 15 Freiheitsstrafe
haftbar:
22 schadenersatzpflichtig
haften:
7 buergen, 11 garantieren
Häftling:
10 Gefangener, Straefling
Haftraum:
5 Zelle
Haftraum/-anstalt:
5 Knast, Zelle, 6 Kerker, 7 Verlies, 9 Zuchthaus, 10 Gefaengnis, 15 Vollzugsanstalt
Haftung:
7 Gewaehr, 8 Garantie, 11 Buergschaft
Haftzeher:
5 Echse, Gecko, 6 Tockee, 8 Eidechse, 10 Mauergecko
Hagelkorn:
7 Graupel, 8 Schlosse
Hagens Beiname:
6 Tronje
hager:
5 duerr, mager, 6 schmal, 9 asketisch, 10 ausgezehrt
Hagestolz:
11 Junggeselle, 13 Einzelgaenger
Hahnenfußgewächs:
7 Anemone, 8 Eisenhut, Nieswurz, Ranunkel, 9 Haarkraut, 10 Trollblume, 11 Dotterblume, Teufelsbart, 14 Adonisroeschen, Kuechenschelle, Schwarzkuemmel, 15 Scharbockskraut, 16 Sumpfdotterblume
Haifisch/-art:
7 Blauhai, Dornhai, Grauhai, Rauhhai, 9 Hammerhai, Katzenhai, 10 Heringshai, Weisser Hai, 11 Hammerfisch, Menschenhai
haifischartiges Tier:
6 Rochen, 10 Seedrachen
Haifischflosse:
5 Finne
Hain:
3 Loh
Hakenbüchse:
8 Arkebuse
Hakenschlinge:
4 Oese
Halbaffe:
4 Lori, Maki, 5 Indri, Katta, Lemur, Potto, 6 Kukang, Lemure, Mongoz, 8 Faulaffe, 9 Duennleib, Ohrenmaki, 10 Fingertier
halbamtlich:
9 offizioes
Halbblut:
5 Zambo, 7 Bastard, Mestize, Mulatte, 9 Mischling
Halbdunkel:
7 Daemmer, 8 Schummer, 9 Zwielicht, 10 Daemmerung, 12 Daemmerlicht
Halbedelstein:
4 Jade, Onyx, 5 Achat, Gagat, Topas, 6 Adular, Jaspis, Korund, 7 Karneol, Spinell, 8 Almandin, Haematit, Heliodor, Malachit, Sardonyx, 9 Aquamarin, Blutstein, Chalzedon, 11 Lapislazuli
Halbfreier:
4 Lite, 8 Hoeriger
Halbgefrorenes:
6 Sorbet
Halbinsel:
-am Vierwaldstätter See:
12 Buergenstock
-an der Adria:
7 Istrien
-an der Ostsee:
5 Darss
-an der Westküste Schleswig-Holsteins:
10 Eiderstedt
-bei Danzig:
4 Hela
-im Persischen Golf:
5 Katar
-im Roten Meer:
5 Sinai
-im Schwarzen Meer:
4 Krim, 5 Taman
-in Ägypten:
5 Sinai
-in Alaska:
6 Seward
-in Amerika:
6 Alaska, 7 Florida, 8 Labrador, 11 Kalifornien
-in Asien:
5 Korea, Sinai, 7 Arabien, Malakka, 11 Kamtschatka
-in China:
8 Liaotung, Liautung, 9 Schantung
-in der Ägäis:
5 Athos
-in England:
5 Wales, 8 Cornwall
-in Europa:
4 Hela, Kola, Krim, 5 Athos, Kanin, 6 Attika, 7 Istrien, Porkula, Samland, 8 Bretagne, Cornwall, Cotentin, Juetland, 9 Chersones, 10 Chalkidike, Peloponnes, 12 Skandinavien
-in Finnland:
7 Porkula, 8 Porkkala
-in Frankreich:
5 Medoc, 8 Bretagne, Cotentin, 9 Normandie
-in Griechenland:
5 Athos, 6 Attika, 9 Kassandra, 10 Chalkidike, Peloponnes
-in Kanada:
8 Labrador
-in Kolumbien:
7 Goajira
-in Mexiko:
7 Yukatan
-in Nahost:
7 Arabien, 10 Kleinasien
-in Neufundland:
6 Avalon
-in Nordamerika:
6 Alaska, 7 Florida, 8 Labrador, 11 Kalifornien
-in Nordeuropa:
12 Skandinavien
-in Pommern:
5 Darss
-in Rußland:
4 Kola, Krim

Halbjahr:
8 Semester
Halbkontinent:
11 Suedamerika
Halbmesser:
6 Radius
Halbmetall:
5 Arsen, Selen, 6 Tellur,
7 Antimon, 8 Silicium, Silizium,
9 Germanium
halbplastisches Bildwerk:
6 Relief
Halbporzellan:
7 Fayence, 8 Majolika
halbrund:
6 Exedra
Halbschaf:
5 Nahur
Halbschlaf:
6 Doesen, 9 Schlummer
Halbschmarotzerstrauch:
6 Mistel
Halbschuh:
6 Opanke, 7 Slipper
halbseitiger Kopfschmerz:
8 Migraene
Halbstiefel:
11 Stiefelette
Halbteil:
7 Haelfte
Halbton in der Musik:
1 b, 2 es, 3 ais, ces, cis, des, dis,
eis, fes, fis, ges, gis
Halbwelt:
9 Demimonde
Halbweltdame:
7 Kokotte, 9 Kurtisane
Halbwüchsige:
6 Teenie, 8 Teenager
Halbwüchsiger:
4 Teen, Twen, 8 Teenager
halbzahmer Vogel:
5 Taube
Halbziege:
4 Thar
Halfter:
4 Joch, Zaum, 6 Kummet
halftern:
7 zaeumen
Hall:
3 Ruf, 4 Echo, 5 Klang,
6 Schall, 8 Resonanz
Halle:
4 Aula, Saal, 8 Basilika, Peristyl
Hallenkirche:
8 Basilika
Hallensische Münze:
7 Haeller
Hallig:
5 Habel, Hooge, Oland,
6 Groede, 8 Suedfall,
9 Langeness, Norderoog,
Suederoog, 10 Nordstrand
Hallighügel:
5 Warft
Halmgewächs:
4 Gras
Halsabschneider:
8 Wucherer
Halsbekleidung:
5 Schal, 6 Kragen
Halsbinde:
6 Binder, Fliege, 7 Schlips,
8 Krawatte, Plastron, Schleife
Halseisen:
7 Garotte, Pranger, 8 Garrotte
Halsentzündung:
6 Angina
Halskette:
7 Kollier
Halskrankheit:
10 Diphtherie
Halskrause:
6 Fraese, Kroese
Halsschmuck:
5 Kette, 7 Collier, Kollier
halsstarrig:
4 stur, 7 trotzig, 8 obstinat,
11 eigensinnig
Halsteil:
5 Kehle, Kropf, Zunge,
6 Genick, Gurgel, Nacken,
Rachen, 7 Schlund, 8 Kehlkopf,
10 Adamsapfel, Luftroehre,
12 Schilddruese, Speiseroehre
Halstuch:
5 Stola, 8 Cachenez
Halswirbel:
5 Atlas
Halt:
4 Rast, Stop, 5 Stopp, 7 Station,
10 Stillstand
haltbar:
5 solid, 6 robust, solide, stabil,
7 durabel, 9 dauerhaft,
10 bestaendig, konsistent,
17 widerstandsfaehig
Haltbarkeit:
10 Soliditaet
Halteband:
4 Gurt
Haltebolzen:
4 Niet
Haltegestell:
8 Staender
Haltepflock:
5 Pilar
Halter:
5 Griff
Haltestelle:
4 Stop, 7 Station
Haltevorrichtung:
6 Bremse
haltlos:
5 labil, 7 schwach
Haltung:
4 Pose, 5 Tenue, 6 Gehabe,
7 Fassung, Gebaren, Positur,
8 Benehmen, 9 Attituede,
Auftreten, 10 Kontenance
Halunke:
4 Dieb, Lump, 6 Bandit, Gauner,
Schuft, 7 Schurke
Hamburger:
-Promenade:
13 Jungfernstieg
-Sehenswürdigkeit:
5 Hafen, 6 Michel, 7 Rathaus,
10 Wasserturm, 11 Sprinkenhof,
12 Zoo Hagenbeck,
15 Michaeliskirche,
Planten un Blomen
-Stadtkanal:
5 Fleet
-Stadtteil:
5 Lurup, 6 Altona, Eilbek,
7 Barmbek, 8 Ottensen,
9 Wandsbeck, 10 Blankenese,
Eidelstedt, Uhlenhorst,
Winterhude, 12 Harvestehude
-Vergnügungsviertel:
10 Reeperbahn
-Wahrzeichen:
6 Michel
-Weihnachtsmarkt:
3 Dom
-Witzfigur:
4 Erna, 6 Hummel, 9 Klein Erna
hämisch:
9 malizioes
Hamitenstamm/-volk:
3 Pul, 4 Gogo, Hima, Nama,
5 Fulbe, Galla, Nandi, Omoro,
6 Korana, Massai, Somali,
Wahuma, 7 Watussi
Hammerklavier:
5 Piano, 10 Pianoforte
hamstern:
6 horten
Handarbeit:
5 Weben, 6 Naehen, 7 Haekeln,
Sticken, Stopfen, 8 Stricken

Handballausdruck:
3 Tor, 4 Ecke, 6 Abwurf, Anwurf, 7 Eckwurf, Einwurf, 8 Freiwurf, Torlinie, 11 Mittellinie, Seitenlinie, 12 Torraumlinie, 13 Freiwurflinie
Handbeutel:
9 Pompadour
Handbewegung:
4 Wink, 5 Geste, 8 Zuwinken, 10 Fingerzeig
Handbuch:
6 Manual, 9 Leitfaden, 10 Kompendium
Händeklatschen:
7 Applaus, Beifall
Handel:
4 Kauf, 7 Einkauf, Verkauf, 9 Geschaeft
-für fremde Rechnung:
20 Kommissionsgeschaeft
Händel:
6 Streit
Handeln:
3 tun, 7 agieren
handelnd:
5 aktiv, 6 taetig
Handelnder:
6 Akteur
Handelsbrauch:
4 Usus, 6 Usance
Handelsgut:
4 Ware, 7 Artikel, Produkt
Handelsmann:
7 Butiker, Kraemer, 8 Grossist, Kaufmann, Troedler, 9 Hausierer, Importeur, 10 Boutiqueer*, 13 Grosshaendler, 14 Einzelhaendler
Handelsmarke:
9 Trademark
Handelsniederlassung:
5 Depot, 7 Filiale, 8 Faktorei, 10 Vertretung
Handelsplatz:
5 Markt, 6 Boerse
Handelsschiff:
6 Tanker, 8 Frachter, 10 Kauffahrer, 11 Kuehlschiff, 13 Frachtdampfer, 15 Containerschiff
Handelsvertreter:
5 Agent, 6 Makler, 9 Reisender
Handelsvollmacht:
7 Prokura
Handelswaren:
6 Gueter
Handfertigkeit:
7 Technik
Handfeuerwaffe:
4 Colt, 6 Flinte, Gewehr, Mauser, 7 Buechse, Pistole, Stutzen, 8 Browning, Drilling, Revolver, Terzerol, Tesching, 9 Karabiner, 10 Jagdgewehr, Parabellum, 16 Maschinenpistole
Handfischnetz:
5 Hamen
Handgepäck:
5 Mappe, 6 Koffer, Tasche, 8 Rucksack, Tragkorb, 9 Reisekorb, Tornister, 10 Handkoffer, Handtasche, 11 Reisetasche, 12 Hutschachtel
handgezogener Wagen:
6 Karren
Handglied:
6 Daumen, Finger
handgreiflich:
8 manifest, 9 drastisch, materiell
Handgriff:
5 Hebel, Knauf, 6 Buegel, 8 Schlaufe, Schlinge, 12 Manipulation
handhaben:
9 hantieren
Handhabung/Handhabe:
4 Dreh, 5 Griff, 6 Praxis, Umgang, 7 Technik, 8 Gebrauch, 10 Hantierung, 12 Manipulation
Handikap/Handicap:
7 Vorgabe, 8 Nachteil, 11 Behinderung
Handklapper:
11 Kastagnette
Handknöchel:
6 Knobel
Händler:
7 Kraemer, Tandler, 8 Troedler, 11 Marketender
Handlesekunst:
10 Chirologie, 11 Chiromantie
handlich:
6 bequem, 9 nuetzlich, praktisch
Handliniendeuter:
9 Chiromant
Handluftwedler:
7 Faecher
Handlung:
3 Akt, Tat, 6 Ablauf, Aktion, 7 Vorgang, 8 Ereignis, Fortgang, 10 Geschehnis
Handlungsbevollmächtigter:
9 Prokurist
Handlungsvollmacht:
3 ppa, 7 Prokura
Handlungsweise:
3 Tun
Handmähgerät:
5 Sense, 6 Sichel
Handpflege:
9 Manikuere
Handpflegemittel:
3 Oel, 4 Fett, Krem, 5 Creme, Paste, Seife, 8 Glyzerin, 9 Nagellack, 10 Nagelfeile, 11 Nagelschere
Handpuppe/-figur:
6 Gretel, Kasper, 8 Kasperle, 11 Grossmutter
Handreichung:
5 Hilfe, 7 Service, 9 Assistenz
Handsäge:
12 Fuchsschwanz
Handschelle:
6 Fessel
Handschrift:
5 Codex, Kodex, 7 Papyrus, 9 Pergament, 10 Manuskript, Palimpsest
Handschriftendeuter:
9 Grafologe*, 10 Graphologe
Handschriftendeutung:
10 Grafologie*, 11 Graphologie
Handschuhleder:
3 Kid, 5 Glacé, Nappa, 6 Glacee*
Handstandüberschlag:
10 Flickflack
Handstempel:
9 Petschaft
Handstreich:
4 Coup, 6 Putsch
Handtäschchen:
8 Ridikuel
Handteil:
4 Rist, 5 Nagel, 6 Ballen, Daumen, Finger, 8 Knoechel, 9 Nagelbett, 11 Fingerkuppe, Fingernagel, Zeigefinger, 12 Fingerspitze
Handtrommel:
8 Tamburin, 9 Tambourin
Handturngerät:
4 Stab, 5 Keule, 6 Hantel, Reifen, 8 Expander
Handwagen:
5 Karre, 6 Karren
Handwärmer:
4 Muff

Handwerk:
6 Gewerk, Metier
Handwerker/-werksberuf:
5 Maler, Weber, 6 Dreher, Former, Gipser, Glaser, Nieter, Setzer, Wirker, 7 Baecker, Faerber, Fraeser, Friseur, Frisoer*, Giesser, Graveur, Metteur, Metzger, Mueller, Optiker, Sattler, Selcher, Spinner, Toepfer, 8 Gaertner, Konditor, Schuster, Spengler, Zimmerer, Ziseleur, 9 Boettcher, Emailleur, Fleischer, Hutmacher, Kloeppler, Lackierer, Lohgerber, Polsterer, Schlosser, Schneider, Schreiner, Taeschner, Uhrmacher, 10 Buchbinder, Dachdecker, Fassbinder, Kuerschner, Mechaniker, Schlachter, Schweisser, Stuckateur*, Stukkateur, Tapezierer, Zimmermann, 11 Feilenhauer, Galvaniseur, Goldschmied, Knopfmacher, Stellmacher, 12 Bauschlosser, Fleischhauer, Fliesenleger, Installateur, Parkettleger, 13 Autoschlosser, Kesselschmied, Kupferschmied, Metallstecher, 14 Werkzeugmacher, 16 Schornsteinfeger
Handwerkertitel:
7 Geselle, Meister, 12 Zunftmeister
Handwerkervereinigung:
5 Gilde, Zunft, 6 Innung
handwerklich Erfahrener:
9 Praktiker
Handwerksgehilfe:
5 Stift, 7 Geselle
Handwerkszeug:
3 Axt, 4 Ahle, 5 Feile, Hobel, Saege, Zange, 6 Bohrer, Hammer, Pinsel, Raspel, Spaten, 7 Buerste, Stichel, 8 Requisit, Schaufel, 9 Zollstock, 10 Brecheisen, Loetkolben, Stemmeisen, 11 Wasserwaage, 12 Bohrmaschine, 15 Schraubenzieher, Schweissbrenner
Hanfabfall:
4 Werg
Hanffaser:
5 Sisal
Hanfpflanze:
4 Aloe
Hang:
5 Halde, Piste, 7 Neigung, Tendenz, 8 Vorliebe, 9 Boeschung
Hannibals Bruder:
9 Hasdrubal
Hansestadt:
4 Riga, 5 Emden, Halle, Koeln, Lemgo, Memel, Soest, 6 Berlin, Bremen, Danzig, Elbing, Goslar, Krakau, Wismar, Zwolle, 7 Arnheim, Bruegge, Einbeck, Hamburg, Luebeck, Pleskau, Rostock, Stettin, Utrecht, 8 Deventer, Duisburg, Hannover, Muenster, 9 Amsterdam, Antwerpen, Falsterbo, Lippstadt, Lueneburg, Magdeburg, Salzwedel, Stralsund, 10 Osnabrueck, 11 Koenigsberg, 12 Braunschweig
Hanswurst:
4 Narr, 5 Clown, 6 Kasper, 8 Kasperle
Happen:
6 Bissen, Imbiss, Stueck
Happening:
7 Meeting, 8 Ereignis, 10 Geschehnis, 13 Veranstaltung
Haremssklavin:
8 Odaliske
Haremswächter:
6 Eunuch
harfenartiges Instrument:
4 Lyra, 5 Leier
Harlekin:
4 Narr, 9 Hanswurst
Harm:
4 Gram, Leid, 6 Kummer, 7 Schmerz
harmlose Schlange:
12 Ringelnatter
Harmonie:
7 Einheit, Frieden, 8 Einklang, 9 Einigkeit, Eintracht, 12 Einvernehmen
harmonieren:
14 sympathisieren, zusammenpassen, 15 uebereinstimmen
Harmonika:
9 Akkordeon, Bandoneon, Euphonium, 10 Konzertina, 15 Schifferklavier
harmonische:
-Klangfolge:
7 Melodie
-Tonfolge:
7 Melodie, 8 Einklang, 16 Uebereinstimmung
harmonischer:
-Ton:
5 Klang
-Zustand:
6 Friede
harmonisches:
-Wesen:
16 Ausgeglichenheit
Harnisch:
3 Wut, 4 Zorn, 6 Panzer, 7 Kuerass, 8 Ruestung
Harpune:
5 Speer, 6 Spiess, 10 Wurfspiess
Harpunenwerfer:
9 Harpunier, 11 Harpunierer
harren:
6 warten
hart:
6 streng, 7 rigoros
harte:
-Tonart:
3 Dur
Härte:
7 Strenge
harter:
-Innenteil:
4 Kern
-Tonschiefer:
6 Adinol
hartes:
-Metall:
5 Titan, 6 Tantal
-Mineral:
5 Stein
-Platinmetall:
7 Iridium
Hartgeld:
6 Muenze
Hartgussform:
7 Kokille
Hartholz:
6 Makore, 9 Eisenholz
Hartkäse:
7 Cheddar, Chester, Gruyere, 10 Emmentaler
hartnäckig:
4 stur, 9 verbissen, 11 halsstarrig
Hartnäckigkeit:
10 Persistenz, 11 Obstination, 15 Halsstarrigkeit
Hartriegelgewächs:
6 Cornus, 8 Liguster

Hartschalenfrucht:
4 Nuss, 6 Mandel, 7 Walnuss, 8 Paranuss, 9 Haselnuss
Hartung:
6 Januar, 7 Jaenner
Hartwurst:
6 Salami
Harz/-art:
5 Myrre*, 6 Benzoe, Dammar, Mastix, Myrrhe, Styrax, 7 Galipot, 8 Sandarak, 9 Bernstein, Kautschuk, Schellack, Weihrauch
Harzkurort:
9 Bad Sachsa, Braunlage
Harzöl:
9 Terpentin
Harzprodukt:
10 Kolofonium*, 11 Kolophonium
harzreiches Nadelholz:
4 Kien
Hasard:
6 Glueck, Zufall, 12 Gluecksspiel
Haschisch:
9 Marihuana
Haselmaus:
5 Relle, 9 Schlaefer
Haselschwamm:
7 Porling
Haselwurz:
6 Asarum
Haselwurzkampfer:
6 Asaron
hasenartiges Tier:
9 Kaninchen, Karnickel, 10 Chinchilla, Murmeltier
Hasenbein:
4 Lauf
Hasenbock:
7 Rammler
Hasenfell:
5 Kanin
Hasenlager:
5 Sasse
Hasenmännchen:
7 Rammler
Hasenmaus:
10 Chinchilla
Hasenpanier:
5 Angst, 6 Furcht, 8 Feigheit
Häsin:
5 Zibbe, Zippe
Haß:
5 Groll, Odium, 7 Abscheu, 11 Feindschaft
häßlich:
4 mies
Hast:
4 Eile, 5 Hetze, Tempo, 6 Unrast, 8 Ungeduld
hasten:
5 eilen
hastig:
5 eilig, rasch, 7 schnell
Haube:
4 Dach, Helm, 5 Kappe, 7 Kalotte
Haubenpapagei:
6 Kakadu
Haubitze:
9 Geschuetz
Hauch:
4 Atem, Duft, Odem, Spur, 5 Puste, 6 Anflug, Pneuma, 7 Luftzug, 8 Spiritus
hauchen:
5 atmen
Haudegen:
5 Recke, 6 Soldat, 7 Veteran
Haue:
5 Hiebe, Keile, 7 Dresche, Pruegel, 8 Schlaege, 9 Abreibung
Haufen:
4 Pulk, Wust, 5 Masse, Menge, Schar, 6 Anzahl, Stapel
Haufenwolke:
7 Kumulus
häufig:
3 oft, 8 staendig, 10 wiederholt
Häufung:
12 Akkumulation
Haumesser:
7 Machete
Haun:
3 Uhu
Haupt:
4 Boss, Chef, Kopf, 6 Leiter, Spitze, 7 Fuehrer, 8 Scheitel, 9 Anfuehrer
Hauptbegriff:
6 Essenz
Hauptbetriebszeit:
8 Campagne*, Kampagne
Haupteingang:
6 Portal, 8 Haustuer
Hauptfach:
12 Spezialitaet
Hauptfigur:
11 Protagonist, 12 Titelgestalt
Hauptfluß:
5 Strom
Hauptgedanke:
5 Thema, 11 Quintessenz
Hauptgeschäftszeit:
6 Saison
Hauptgeschoss:
8 Beletage
Hauptinhalt:
7 Extrakt, 11 Quintessenz
Hauptinsel Japans:
5 Hondo, 6 Honshu, 8 Hokkaido, Schikoku
Hauptkirche:
3 Dom, 8 Basilika, Muenster, 10 Kathedrale
Hauptmasse:
4 Gros
Hauptperson einer Feier:
7 Jubilar, 9 Jubilarin
Hauptpreis:
9 Grand Prix
Hauptpunkt:
6 Pointe
Hauptreisezeit:
6 Saison
Hauptsache:
4 Clou, Kern, 6 Gehalt, Pointe, 7 Extrakt, Zentrum, 8 Substanz, 9 Kernpunkt, 11 Quintessenz
Hauptschlagader:
5 Aorta
Hauptstadt:
8 Kapitale, Residenz, 9 Metropole, 14 Regierungssitz
-der Azoren:
15 Angrado Heroismo
-der Bahamas:
6 Nassau
-der Balearen:
5 Palma
-der Dominikanischen Republik:
12 Santo Domingo
-der Elfenbeinküste:
7 Abidjan
-der Färöer-Inseln:
9 Thorshavn
-der Fidschi-Inseln:
4 Suva
-der Hebriden:
9 Stornoway
-der Insel Fünen:
6 Odense
-der Kapverdischen Inseln:
5 Praia
-der Komoren:
6 Moroni

-der Krim:
10 Simferopol
-der Malediven:
4 Male
-der Mongolei:
9 Ulan Bator
-der Niederlande:
7 Den Haag, 9 Amsterdam
-der Orkneyinseln:
8 Kirkwall
-der Philippinen:
6 Manila, 10 Quezon City
-der Republik China:
6 Taipeh
-der Republik Irland:
6 Dublin
-der Republik Korea:
5 Seoul
-der Riukiuinseln:
4 Naha
-der Sandwich-Inseln:
8 Honolulu
-der Schweiz:
4 Bern
-der Shetlandinseln:
7 Lerwick
-der Slowakischen Republik:
9 Pressburg, 10 Bratislava
-der Steiermark:
4 Graz
-der Südafrikanischen Republik:
8 Pretoria
-der Toskana:
7 Florenz
-der Tschechischen Republik:
4 Prag
-der Türkei:
6 Ankara
-der Ukraine:
4 Kiew
-der USA:
10 Washington
-der Volksdemokratischen Republik Korea:
10 Pjoengjang
-der Volksrepublik China:
6 Peking
-der Zentralafrikanischen Republik:
6 Bangui
-des aksumitischen Reiches:
5 Aksum
-des Allgäus:
7 Kempten
-des alten Israel:
7 Samaria
-des alten Lydien:
6 Sardes
-des alten Medien:
8 Ekbatana
-des Assyrerreiches:
5 Assur, 6 Ninive
-des babylonischen Reiches:
7 Babylon
-des Ermlandes:
10 Braunsberg
-des Hedschas:
5 Mekka
-des Hethiterreiches:
7 Hattusa
-des Inkareiches:
5 Cuzco
-des Irak:
6 Bagdad
-des Iran:
7 Teheran
-des Kongo:
11 Brazzaville
-des Libanon:
6 Beirut
-des Malaiischen Bundes:
11 Kuala Lumpur
-des Saarlandes:
12 Saarbruecken
-des Sudan:
7 Khartum
-des sumerischen Reiches:
2 Ur, 3 Uru, 4 Urim
-des Tschad:
8 Fort Lamy
-in Afrika:
10 Daressalam
-in Südamerika:
4 Lima, 5 La Paz, Quito,
6 Bogota, 7 Caracas,
8 Asuncion, Brasilia, Santiago,
10 Montevideo, 11 Buenos Aires
-von Afghanistan:
5 Kabul
-von Ägypten:
5 Kairo
-von Albanien:
6 Tirana
-von Algerien:
6 Algier
-von Angola:
6 Loanda, Luanda
-von Argentinien:
11 Buenos Aires
-von Äthiopien:
10 Addis Abeba
-von Baden-Württemberg:
9 Stuttgart
-von Barbados:
10 Bridgetown
-von Bayern:
8 Muenchen
-von Belgien:
8 Bruessel
-von Birma:
6 Rangun
-von Bolivien:
5 La Paz
-von Brandenburg:
7 Potsdam
-von Brasilien:
8 Brasilia
-von Bulgarien:
5 Sofia
-von Chile:
15 Santiago de Chile
-von Dänemark:
10 Kopenhagen
-von Deutschland:
6 Berlin
-von Eritrea:
6 Asmara
-von Estland:
5 Reval
-von Finnland:
8 Helsinki
-von Frankreich:
5 Paris
-von Gabun:
10 Libreville
-von Gambia:
6 Banjul, 8 Bathurst
-von Ghana:
5 Akkra
-von Griechenland:
5 Athen
-von Großbritannien:
6 London
-von Guinea:
7 Conakry
-von Haiti:
12 Port au Prince
-von Hessen:
9 Wiesbaden
-von Holland:
9 Amsterdam
-von Indonesien:
8 Djakarta
-von Irland:
6 Dublin
-von Island:
9 Reykjavik
-von Italien:
3 Rom
-von Japan:
5 Tokio

-von Jemen:
4 Sana
-von Jordanien:
5 Amman
-von Jugoslawien:
7 Belgrad
-von Kambodscha:
8 Pnompenh
-von Kamerun:
6 Jaunde
-von Kärnten:
10 Klagenfurt
-von Kenia:
7 Nairobi
-von Kolumbien:
6 Bogota
-von Kreta:
9 Heraklion
-von Kuba:
7 Havanna
-von Kuwait:
6 Kuwait
-von Laos:
9 Vientiane
-von Lesotho:
6 Maseru
-von Lettland:
4 Riga
-von Liberia:
8 Monrovia
-von Libyen:
8 Tripolis
-von Liechtenstein:
5 Vaduz
-von Litauen:
5 Wilna
-von Malawi:
8 Lilongwe
-von Mali:
6 Bamako
-von Marokko:
5 Rabat
-von Mecklenburg-Vorpommern:
8 Schwerin
-von Nepal:
8 Katmandu
-von Neuseeland:
10 Wellington
-von Nicaragua:
7 Managua
-von Niedersachsen:
8 Hannover
-von Niger:
6 Niamey
-von Nigeria:
5 Lagos
-von Nordirland:
7 Belfast
-von Nordrhein-Westfalen:
11 Duesseldorf
-von Norwegen:
4 Oslo
-von Oberösterreich:
4 Linz
-von Österreich:
4 Wien
-von Pakistan:
9 Islamabad
-von Paraguay:
8 Asuncion
-von Peru:
4 Lima
-von Polen:
8 Warschau
-von Puerto Rico:
7 San Juan
-von Rheinland-Pfalz:
5 Mainz
-von Rhodesien:
9 Salisbury
-von Ruanda:
6 Kigali
-von Rumänien:
8 Bukarest
-von Sachsen:
7 Dresden
-von Sachsen-Anhalt:
9 Magdeburg
-von Sambia:
6 Lusaka
-von San Marino:
9 San Marino
-von Sankt Helena:
9 Jamestown
-von Sardinien:
8 Cagliari
-von Saudi-Arabien:
4 Riad
-von Schleswig-Holstein:
4 Kiel
-von Schottland:
9 Edinburgh
-von Senegal:
5 Dakar
-von Sizilien:
7 Palermo
-von Somalia:
10 Mogadischu
-von Spanien:
6 Madrid
-von Syrien:
8 Damaskus
-von Taiwan:
6 Taipeh
-von Tansania:
10 Daressalam
-von Thailand:
7 Bangkok
-von Thüringen:
6 Erfurt
-von Tibet:
5 Lhasa
-von Togo:
4 Lome
-von Tunesien:
5 Tunis
-von Uganda:
7 Kampala
-von Ungarn:
8 Budapest
-von Uruguay:
10 Montevideo
-von Venezuela:
7 Caracas
-von Wales:
7 Cardiff
-von Zaire:
8 Kinshasa
-von Zypern:
7 Nikosia
Hauptstraße:
-in Düsseldorf:
12 Koenigsallee
-in London:
10 Piccadilly
-von Berlin:
15 Kurfuerstendamm
Hauptverkehr:
8 Rush-hour, Rushhour*,
9 Stosszeit
Hauptversammlung:
18 Generalversammlung
Hauptwerk:
-Humboldts:
6 Kosmos
Hauptwort:
5 Nomen, 8 Dingwort,
10 Substantiv
Hauptzeit:
6 Saison
Hauptzeuge:
9 Kronzeuge
Haus:
4 Heim, 5 Villa, 7 Bauwerk,
8 Bungalow, Gebaeude,
12 Mietskaserne
Hausanbau:
5 Erker
Hausangestellte:
7 Koechin, 8 Maedchen,
13 Haushaelterin,

14 Dienstmaedchen, Wirtschafterin
Hausangestellter:
6 Butler, 7 Bursche, 11 Hausmeister
Hausbewohner:
6 Mieter, 7 Insasse
Hausboot:
6 Sampan
Hauseingang:
3 Tor, 4 Tuer, 6 Pforte, Portal
Häuserkomplex:
5 Block, Reihe, 8 Quartier, Siedlung
Hauserweiterung:
5 Anbau
Häuserzwischenraum:
7 Bauwich
Hausfest:
4 Fete, 5 Party
Hausflur:
3 Ern, 4 Gang, 5 Diele, Flett, Fletz, 8 Korridor
Hausfront:
7 Fassade
Hausgeist:
4 Puck, 5 Wicht, Zwerg, 6 Kobold
Hausgötter der Römer:
5 Laren, Manen, 7 Penaten
Hausgrille:
8 Heimchen
Haushalt:
4 Etat, 6 Budget
Haushaltsgefäß/-gerät:
4 Foen, Herd, Sieb, Topf, 5 Besen, Eimer, Kanne, Kelle, Reibe, Tasse, 6 Ascher, Leiter, Messer, Pfanne, Teller, Tiegel, 7 Flasche, Terrine, 8 Backofen, Kochherd, Kochtopf, 9 Schrubber, Staubtuch, 10 Kasserolle, Muelleimer, 11 Abfalleimer, Buegeleisen, Kohleneimer, Salzstreuer, Scheuertuch, Staubsauger, 12 Dosenoeffner, Kuehlschrank, 13 Waschmaschine, 14 Kaffeemaschine, Tiefkuehltruhe, 15 Schnellkochtopf
Haushaltsplan:
4 Etat, 6 Budget
Hausherr:
4 Wirt
Haushofmeister:
6 Butler, 9 Marschall
Hausierer:
6 Hoeker
Hausierhandel:
10 Kolportage
Hausknecht:
3 Enk
Häuslerwohnung:
4 Kate
Hausmeister:
7 Portier, 8 Hauswart, 9 Kalfakter, Kastellan
Hausrat:
6 Moebel, 8 Geschirr, Mobiliar
Hausrock:
5 Joppe, 6 Janker
Hausschuh:
6 Latsch, 9 Pantoffel, Schlappen
Hausse:
4 Boom
Haussier:
9 Spekulant
Haustier:
3 Kuh, Sau, 4 Eber, Ente, Gans, Hahn, Huhn, Hund, Kalb, Lama, Lamm, Pfau, Pute, Rind, Zebu, 5 Bulle, Geiss, Henne, Kamel, Kater, Katze, Pferd, Schaf, Stier, Stute, Zicke, Ziege, 6 Eselin, Ferkel, Fohlen, Ganter, Glucke, Hammel, Hengst, Kueken, Tauber, Zickel, 7 Bueffel, Fuellen, Hamster, Huendin, Kuecken, Rentier, Schoeps, Schwein, 8 Dromedar, Enterich, Perlhuhn, Poularde, Truthahn, 9 Kaninchen, Schafbock, Truthenne, 11 Goldhamster, 13 Kanarienvogel, Wellensittich
-der Lappen:
3 Ren, 7 Rentier
-der Wüstenländer:
5 Kamel
-des Orients:
5 Kamel, 8 Dromedar
-in Südamerika:
4 Lama
Haustürklingel:
6 Glocke, 7 Schelle
Hausvorbau:
5 Altan, Erker, 6 Balkon, Loggia, 7 Veranda
Hauswart:
7 Portier
Hauswirt:
9 Vermieter
Haut:
4 Balg, Fell, 5 Derma, Leder, Pelle, 6 Huelle, Schale, 7 Schicht, 9 Epidermis
Hautabschürfung:
8 Schrunde
Hautabsonderung:
8 Schweiss
Hautarzt:
11 Dermatologe
Hautatmung:
12 Perspiration
Hautausschlag:
4 Akne, 5 Ekzem, Grind, 6 Schorf, 7 Flechte, Roseola, Roseole
Hautbewuchs:
4 Bart, Haar, 5 Flaum
Häutchen:
4 Film
Haute Couture:
4 Mode
Hautentzündung:
5 Ekzem, 10 Dermatitis
Hauterkrankung:
9 Ausschlag
Hautfalte:
6 Runzel
Hautfärbemittel:
8 Schminke
Hautfarbstoff:
7 Pigment
Hautfarbstoffmangel:
10 Albinismus
Hautfleck:
3 Mal, 7 Sprosse, 9 Muttermal, 13 Sommersprosse
Hautflügler:
4 Emse, Imme, 5 Biene, Wespe, 6 Ameise, Drohne, Hummel, Weisel, 8 Hornisse
Hautkrankheit:
4 Akne, 5 Ekzem, 6 Herpes, 7 Flechte, 8 Furunkel, 10 Dermatitis, 15 Schuppenflechte
Hautoberschicht:
9 Epidermis
Hautöffnung:
4 Pore
Hautpflegemittel:
5 Creme, Puder, Salbe
Hautplättchen:
7 Schuppe
Hautsalbe:
5 Creme
Hautverfärbung:
5 Roete
Hautverzierung:
12 Taetowierung

Hauwerkzeug:
3 Axt, 4 Beil, 6 Hammer
Havarie:
11 Schiffbruch
Hawaii-Insel:
4 Maui, Oahu, 5 Kaula, Lanai, 6 Hawaii, 7 Molokai, 8 Kahulaui
Hawaiigitarre:
7 Ukulele
Headline:
11 Schlagzeile
Hebebewegung:
3 Hub
Hebegerät/-vorrichtung:
4 Baum, Dock, Gien, Kran, Lift, 5 Spill, Takel, Talje, Winde, 6 Aufzug, Haspel, 8 Elevator, Hebebaum, Schleuse, 9 Fahrstuhl, Gangspill, 11 Flaschenzug, Paternoster, 12 Gabelstapler, Lastenaufzug
Heber für Flüssigkeiten:
7 Pipette, 8 Saugrohr, 9 Giftheber
Hebewerk für Schiffe:
4 Dock, 8 Schleuse
hebräische:
-Münze:
5 Sekel, 7 Schekel
hebräischer:
-Buchstabe:
3 Mem, 5 Aleph, Gimel, Lamed, Sajin, Schin
-Dichter:
5 Perez, 12 Jehuda Halevi
-Gruß:
6 Shalom, 7 Schalom
Hebriden-Insel:
3 Rum, 4 Eigg, Jura, Muck, Nist, Skye, 5 Barra, Canna, Lewis, Tiree, 6 Harris, Staffa
Hechtbarsch:
6 Zander
hechten:
8 springen
Hecke:
3 Hag, 5 Busch
Heckenpflanze/-gewächs:
5 Buchs, 8 Liguster, 9 Feldahorn, Hagebuche, Hainbuche, Sauerdorn, Weissdorn
Heckenrose:
8 Hagedorn, 9 Hundsrose
Heckenschütze:
8 Guerilla, Partisan, 11 Franktireur
Hede:
4 Werg
Hederich:
12 Ackerrettich
Heer:
5 Armee, 6 Truppe, 11 Streitmacht
Heeresabteilung:
5 Armee, Korps, 8 Division, Kompanie, Regiment, 9 Bataillon
Heeresangehöriger:
6 Soldat, 8 Offizier
Heeresgefolge:
5 Tross
Heeresspitze:
4 Tete
Heerfahne:
6 Panier
Heerführer:
7 General, 8 Feldherr, Stratege, 9 Marschall
Heerschar:
7 Einheit, Verband
Heerwesen:
8 Militaer
Hefe:
4 Germ, Pilz, 6 Baerme
Hefegebäck:
7 Krapfen, 8 Berliner, Schnecke, 11 Pfannkuchen
Heft:
5 Stiel, 7 Journal, Magazin, 11 Zeitschrift
heftig:
4 akut, jaeh, 5 stark, 8 impulsiv, vehement, 9 ungestuem
heftige:
-Abneigung:
4 Hass
-Erregung:
6 Affekt
-Gefühlsregung:
6 Affekt
-Sehnsucht:
7 Heimweh
-Wut:
4 Rage
heftiger:
-Fall:
5 Sturz
-Unwille:
4 Zorn
-Wind:
5 Sturm
-Zank:
6 Streit
heftiges:
-Verlangen:
4 Gier, 5 Manie, Trieb, 8 Begehren, Begierde
Heftigkeit:
6 Gewalt, 7 Violenz, 8 Schaerfe, Vehemenz, 9 Ungestuem
Heftmaschine:
6 Tacker
Heftzwecke:
10 Reissnagel, Reissstift
Hegemonie:
13 Vorherrschaft, 16 Vormachtstellung
hegen:
6 hueten, 7 pflegen, schonen
Hegezeit:
9 Schonzeit
Hehler:
8 Komplice
Hehlerware:
9 Diebesgut
hehr:
6 sublim
Heidekraut:
5 Erika, 6 Azalee, 12 Glockenheide
Heidelbeere:
9 Bickbeere, Blaubeere, Waldbeere, 12 Schwarzbeere
Heidelberger:
-Hofnarr:
6 Perkeo
-Sehenswürdigkeit:
7 Schloss, 8 Karlstor, 11 Alte Bruecke, Brueckentor, Grosses Fass, 17 Heiliggeistkirche
Heidenapostel:
6 Paulus
Heidenbekehrer:
7 Apostel, 9 Missionar
Heidentum:
10 Paganismus
Heideschaf:
12 Heidschnucke
Heidestrauch/-pflanze:
5 Erika, 7 Ginster, 9 Machandel, Wacholder, 10 Krahnewitt
heidnische:
-Brandopferstätte:
5 Altar
-Glaubensform:
9 Idolatrie, 11 Abgoetterei, 12 Fetischismus, Polytheismus, 13 Goetzendienst

heidnischer:
-Zauberer:
6 Theurg
heidnisches:
-Brauchtum:
5 Magie, 8 Zauberei,
9 Tieropfer, 10 Rauchopfer,
Totenopfer, Trankopfer,
13 Menschenopfer
Heiduck:
5 Lakai, 7 Laeufer, 8 Soeldner
Heiermann:
6 Muenze
heikel:
7 delikat, prekaer, 8 diffizil
heil/Heil:
4 ganz, Wohl, 5 Gnade, 6 Gloria,
intakt, 8 Gedeihen, 10 unversehrt
Heiland:
5 Jesus, 8 Christus, Erloeser
Heilanzeige:
10 Indikation
Heilbad:
6 Kurort
Heilbäderkunde:
11 Balneologie
Heilbehandlung:
3 Kur, 8 Therapie
-durch Fußsohlenmassage:
18 Reflexzonenmassage
-durch Nadelstiche:
10 Akupunktur
-durch Punktmassage:
10 Akupressur
Heilbehelf:
10 Medikament
Heilbutt:
7 Scholle, 10 Plattfisch,
11 Pferdezunge
heilen:
7 genesen, 8 gesunden, kurieren,
sanieren
Heilerde:
3 Bol, 4 Moor, 5 Bolus
Heilfasten:
5 Diaet
heilfroh:
5 selig
Heilgehilfe:
4 Sani, 5 Bader, 7 Masseur,
10 Sanitaeter
Heilgetränk:
11 Kamillentee
heilig:
4 hehr, 5 sankt, 6 sakral,
10 sakrosankt
heilige Handlung:
5 Taufe, Weihe, 7 Trauung,
9 Abendmahl, Sakrament
heilige Nacht:
11 Christnacht
Heiligenlehre:
10 Hagiologie
Heiligenschein:
6 Glorie, Korona, 7 Aureole,
8 Gloriole, Mandorla
Heiligenschrein:
9 Reliquiar
Heiliger Vater:
5 Papst
Heiliges Land:
10 Palaestina
Heiligsprechung:
12 Kanonisation,
13 Kanonisierung
Heiligtum:
6 Tempel
-der alten Griechen:
5 Olymp, 6 Delphi, 7 Eleusis,
Olympia
-des Islam:
5 Kaaba
heilkräftig:
6 gesund, 8 lindernd, nahrhaft,
9 staerkend, wohl tuend*,
wohltuend, 11 bekoemmlich
Heilkunde:
7 Medizin
Heilkundiger:
4 Arzt, 9 Mediziner
Heilkundiger Kentaur:
6 Chiron
Heillosigkeit:
13 Verfahrenheit
Heilmaßnahme:
3 Kur
Heilmittel:
5 Droge, Pille, Salbe, 6 Arznei,
7 Aspirin, Insulin, Medizin,
8 Borsalbe, 9 Pharmakon,
10 Medikament, Penicillin,
11 Sulfonamide
Heilmittelhersteller:
9 Apotheker, 10 Pharmazeut
Heilmittelrohstoff:
5 Droge
Heilmittelverschreibung:
6 Rezept
Heilnahrung:
5 Diaet, 9 Schonkost
Heilpaste:
5 Salbe
Heilpflanze:
4 Aloe, Anis, Senf, Ysop,
5 Asant, Inula, Minze, Raute,
Sesel, Ziest, 6 Akonit, Arnika,
Dorant, Enzian, Hopfen, Ingwer,
Kassia, Mistel, Salbei, Wermut,
7 Beifuss, Bryonie, Eibisch,
Fenchel, Gleisse, Guensel,
Kamille, Kuemmel, Majoran,
Melisse, Rettich, Rizinus,
Schlehe, Theriak, Thymian,
8 Baerlapp, Baldrian, Blutwurz,
Eberwurz, Faulbaum, Holunder,
Labkraut, Nieswurz, Rosmarin,
Sturmhut, Wallwurz, Wegerich,
Wurmfarn, Zichorie,
9 Aberraute, Digitalis,
Engelwurz, Fetthenne,
Gichtrose, Hauhechel,
Kreuzdorn, Leinkraut, Sabadille,
Steinwurz, Weissdorn,
10 Augentrost, Belladonna,
Berberitze, Bitterklee,
Bitterwurz, Brennessel,
Eisenkraut, Loewenzahn,
Pimpernell, Schierling,
Taubnessel, Tormentill,
11 Brennnessel*, Krauseminze,
Waldmeister, 12 Baerentraube,
Koenigskerze, Liebstoeckel,
Pfefferminze,
15 Benediktenkraut,
19 Tausendgueldenkraut
Heilpraktiker:
9 Naturarzt, 10 Homoeopath,
11 Magnetiseur,
14 Chiropraktiker
Heilquelle:
13 Thermalquelle
Heilsbotschaft:
10 Evangelium
Heilschlamm:
5 Fango
Heilstätte/-anstalt:
6 Klinik, Spital, 7 Kurhaus,
Spittel, 8 Hospital,
9 Armenhaus, 10 Pflegeheim,
Sanatorium, 11 Muetterheim
Heiltrank:
3 Tee, 7 Elixier
Heilung:
8 Erholung, Genesung,
9 Gesundung
Heilverfahren:
3 Kur, 10 Akupunktur,
Allopathie, Diathermie,
11 Magnetismus
Heilwurzel:
5 Alant, 7 Galgant, Ginseng

Heim:
4 Asyl, Hort, 6 Krippe,
7 Wohnung, 8 Herberge,
Internat, 10 Waisenhaus
Heimarbeiter:
6 Faktor
Heimat:
6 Daheim, 7 Wohnort, Zuhause,
9 Vaterhaus, Vaterland,
10 Geburtsort, 11 Geburtsland
-der Apfelsine:
5 China
-der Aprikose:
5 China
-der Banane:
9 Ostindien
-der Baumwolle:
4 Peru, 6 Indien, Mexiko
-der Bohne:
6 Mexiko
-der Gurke:
5 China
-der Hanfpflanze:
5 China
-der Kartoffel:
4 Peru, 5 Chile, 8 Bolivien
-der Kirsche:
8 Kaukasus
-der Sonnenblume:
4 Peru, 8 Bolivien
-der Zitrone:
5 China, 6 Indien
-des Abraham:
2 Ur
-des heiligen Franziskus:
6 Assisi
-des Kaffees:
10 Abessinien
-des Kautschuks:
9 Brasilien
-des Mais:
4 Peru
-des Mohns:
5 China
-des Odysseus:
6 Ithaka
-des Pfirsichs:
5 China
-des Rhabarbers:
5 China
-des Spinats:
9 Turkestan
-des Weizens:
10 Abessinien
-des Zimts:
6 Ceylon
heimatberechtigt:
11 einheimisch
Heimatboden:
7 Scholle
Heimatloser:
7 Apolide
Heimatplanet:
4 Erde
Heimatvertriebener:
9 Umsiedler, 11 Fluechtling
heimelig:
8 traulich, 9 idyllisch
heimischer Straßenvogel:
5 Spatz, Taube, 8 Schwalbe
heimisches Wildtier:
4 Hase, 5 Fuchs, Otter,
6 Marder, Wiesel
heimlich:
6 latent, mental, okkult,
9 inkognito, unbemerkt
heimlicher:
-Beobachter:
5 Luxer, Spion, 7 Kiebitz,
Spanner, Spitzel, 8 Lauscher,
Naseweis, 9 Zutraeger,
10 Schleicher, 11 Drahtzieher,
Leisetreter, Schnueffler,
16 Geheimniskraemer
-Groll:
12 Ressentiment
heimliches:
-Gericht:
4 Feme
Heimlichkeit:
9 Geheimnis, 10 Diskretion,
13 Leisetreterei
Heimlichtuerei:
18 Geheimniskraemerei
Heimreise:
9 Rueckkehr, 10 Rueckfahrt
Heimschule:
8 Internat
Heimtücke:
7 Arglist, Bosheit, 8 Perfidie,
9 Heuchelei, 10 Falschheit,
Hinterlist, 12 Niedertracht
heimtückisch:
6 perfid
Heimweh:
9 Nostalgie
Heimwerker:
7 Bastler
Heimzahlung:
5 Rache, 8 Revanche,
10 Vergeltung
Heimzögling:
7 Interne, 8 Interner
Heinzelmännchen:
4 Gnom, 5 Troll, Wicht, Zwerg
Heirat:
7 Trauung, 8 Hochzeit,
14 Eheschliessung
Heiratsantrag:
6 Freite, 7 Werbung
Heiratsgut:
7 Mitgift, 8 Dotation,
9 Aussteuer
heiratslustiger Mann:
6 Freier
Heiratsmöglichkeit:
6 Partie
Heiratssymbol:
7 Ehering, 8 Trauring,
10 Brautkranz, 11 Myrtenkranz,
13 Myrtenstrauss
heiße:
-Quelle:
6 Geysir
-Zone:
6 Tropen
heißer:
-Wüstenwind:
5 Samum, 6 Kamsin
heißes:
-alkoholisches Getränk:
4 Grog, 6 Punsch,
16 Feuerzangenbowle
Heißhunger:
9 Kohldampf
Heißluftbad:
5 Sauna
Heißluftdusche:
4 Foen
Heißsporn:
8 Hitzkopf, 9 Desperado,
Fanatiker, 10 Choleriker,
12 Draufgaenger
Heißwasserbereiter:
6 Boiler, 17 Durchlauferhitzer
Heißwelle:
10 Ondulation
heiter:
4 froh, klar, 6 jovial, lustig,
munter, 8 amuesant, 9 froehlich,
humorvoll, vergnuegt,
12 plaesierlich
heitere:
-Erzählung:
8 Anekdote
-Stimmung:
13 Froehlichkeit
heiteres:
-Bühnenstück:
5 Posse, 7 Schwank, 8 Burleske,
Komoedie, 9 Lustspiel
Heiterkeit:
8 Frohsinn

Heiterkeitsausdruck:
4 Witz, 5 Gaudi
Heiterkeitserfolg:
6 Lacher
Heizgas:
5 Butan, 6 Propan
Heizgitter:
4 Rost
Heizmaterial:
3 Gas, Oel, 4 Holz, Koks, 5 Grude, Kohle, Masut, 6 Erdgas, Rohoel, 7 Brikett, Heizoel, 9 Anthrazit, Holzkohle, 10 Braunkohle, Steinkohle
Heizungsanlage:
4 Ofen, 5 Kamin, 7 Gasofen, Oelofen, 8 Strahler, 9 Heizsonne, 10 Oelheizung, 11 Elektroofen, 14 Zentralheizung, 16 Fussbodenheizung
Hekatombe:
5 Opfer, 8 Opferung, 11 Massenopfer
Held:
5 Heroe, Heros, Recke, 7 Krieger
-der Edda:
3 Dam, Dan
-der griechischen Sage:
6 Hektor, 7 Theseus, 8 Achilles
-der indischen Sage:
3 Nal, 4 Manu
-der keltischen Sage:
6 Ossian
-der mittelalterlichen Sage:
8 Parsifal
-eines deutschen Volksbuches:
5 Faust, 10 Fortunatus
-eines Räuberromans:
9 Rinaldini
-in Walhall:
9 Einherier
Heldendarsteller:
8 Tragoede
Heldendarstellerin:
7 Heroine
Heldenepos:
3 Cid, 7 Odyssee
Heldenerzählung:
4 Sage
Heldengedicht:
4 Epos, 7 Epopoee
heldenhaft:
8 heroisch
Heldenlied:
9 Rhapsodie
Heldentempel:
6 Heroon
Heldentum:
9 Heroismus
Heldin:
6 Heroin, 7 Heroine
Helenenkraut:
5 Alant
Helfer:
6 Maezen, Retter, 7 Famulus, Gehilfe, 8 Beistand, 9 Assistent, Sekundant
Helfershelfer:
8 Komplice, Komplize, 9 Mitwisser, 10 Hintermann
Helikopter:
12 Hubschrauber
Helikopterdrehflügel:
5 Rotor
Heliodor:
6 Beryll
Hellas:
12 Griechenland
Helldunkelmalerei:
11 Clairobscur
helle:
-durchsichtige Farbschicht:
5 Lasur
-Flamme:
4 Lohe
-Freude:
5 Jubel
hellenistische Umgangssprache:
5 Koine
heller:
-Schein:
5 Licht
-Stern:
4 Wega, 5 Rigel, 10 Abendstern
helles:
-englisches Bier:
3 Ale
Hellespont:
11 Dardanellen
hellgelbgrau:
5 beige
hellgrüner Kunstsaphir:
6 Amaryl
hellhaarig:
5 blond
hellhaarige Frau:
8 Blondine
hellhäutig:
9 leukoderm
Helligkeit:
5 Glanz, 6 Strahl
Hellsehen:
9 Prophetie, 14 Zweites Gesicht
Helmbiene:
6 Drohne
Helmbusch:
7 Panasch
Helmschmuck:
6 Zimier
Hemd:
6 Chiton, Kittel, Tunika, 11 Leibwaesche
hemdsärmelig:
5 leger, 11 ungezwungen
Hemdteil:
6 Kragen, 11 Manschetten
Hemisphäre:
9 Halbkugel, 10 Erdhaelfte
Hemlocktanne:
5 Tsuga
hemmen:
7 bremsen, hindern, 9 sistieren, 11 okkludieren
hemmend:
9 repressiv
Hemmnis:
7 Skrupel
hemmungslos:
10 skrupellos
Hemmvorrichtung:
6 Bremse
Hengst Odins:
8 Sleipnir
Hengst Siegfrieds:
5 Grane
Henkel:
5 Griff, 9 Handgriff
Henkelgefäß:
4 Krug, Topf, Vase, 5 Tasse, 7 Karaffe
Henkergerüst:
6 Galgen, 8 Schafott, 10 Guillotine
Henkerseil:
6 Strang, Strick
Henne:
4 Huhn, 6 Glucke
herab:
6 nieder, 8 abwaerts, herunter
herabhängende:
-Hautfalte:
5 Wamme, Wampe
herabsetzen:
6 senken, 10 reduzieren, 14 diskriminieren
Herabsetzung:
9 Reduktion, 11 Degradation, 12 Degradierung, Ermaessigung,

13 Deklassierung,
15 Diskriminierung
herabstürzende Schneemasse:
6 Lawine
herabwürdigen:
11 degradieren, erniedrigen,
12 deklassieren
Heraldik:
11 Wappenkunde
heraldisches Abzeichen:
6 Wappen
Herantransport:
6 Anfuhr
Heranwachsender:
8 Teenager, 9 Juengling,
12 Jugendlicher
herausbekommen/-finden:
7 erraten, 8 eruieren,
9 entdecken, ermitteln,
11 entraetseln
Herausforderer:
11 Provokateur
herausfordern:
6 reizen, 7 trotzen,
11 provozieren
herausfordernd:
9 provokant, 10 ostentativ,
12 provozierend
Herausforderung:
5 Duell, 7 Reizung,
11 Provokation
Herausgabe:
7 Edition, 11 Publikation
herausgeben:
7 edieren, 11 publizieren
Herausgeber:
6 Editor, 8 Verleger, 9 Publizist
herausziehen:
11 extrahieren
herb:
3 rau*, 4 rauh, 5 ernst, sauer,
6 bitter, streng, 7 sproede
herbeibringen:
11 apportieren
Herberge:
5 Hotel, Motel, 6 Hospiz,
Obdach, 8 Quartier
Herbergswirt:
6 Balbos
Herbstblume:
5 Aster, Malve, 6 Dahlie,
8 Eisenhut, Georgine, Zeitlose,
9 Goldraute, Stockrose,
10 Herbstrose, Stockmalve,
12 Chrysantheme,
14 Herbstzeitlose
Herbstmonat:
7 Oktober, 8 Dezember,
November, 9 September
Herbstmond:
9 September
Herbstrose:
5 Malve
Herd:
4 Rost, 5 Grill, Grude, 6 Kocher,
8 Bratrost, Ursprung,
9 Gaskocher, 10 Kochplatte,
Kochstelle
Herde:
5 Horde, Kette, Menge, Meute,
Rotte, Rudel, Schar, 7 Schwarm
Herdenmensch:
10 Mitlaeufer
Herdentier der Lappen:
3 Ren
hereditär:
7 erblich, 9 angeboren
Hergang:
7 Prozess, Verlauf, 9 Geschehen
Heringsart:
4 Ihle, 6 Matjes, 7 Sardine,
Sprotte, 8 Rollmops, Sardelle,
9 Bueckling
Heringsbrühe:
4 Lake
Herkommen:
7 Abkunft, 8 Ursprung,
9 Observanz, Tradition,
10 Deszendenz, Herleitung,
Provenienz
herkömmlich:
12 traditionell, 13 konventionell
Herkunft:
6 Quelle, Wurzel, 8 Ursprung,
9 Herkommen, 10 Abstammung,
Deszendenz
Herleitung:
9 Deduktion, Induktion
Hermann der Cherusker:
5 Armin, 8 Arminius
Hermanns Gegner:
5 Varus
Hermelin:
6 Wiesel
Hermelinfell:
5 Lasky
heroisch:
10 heldenhaft
Heros:
4 Held, 8 Halbgott
Herr:
-auf Englisch:
3 Sir, 6 Master, Mister
-auf Indisch:
5 Sahib
-auf Italienisch:
6 Signor, 7 Signore
-auf Lateinisch:
7 Dominus
-auf Russisch:
8 Gospodin, 13 Towarischtsch
-auf Spanisch:
3 Don, 5 Senor
-auf Türkisch:
6 Efendi
-der bösen Geister:
9 Beelzebub
-in Afrika:
5 Bwana
-in der Hölle:
5 Satan
-in England:
3 Sir, 6 Mister
-in Frankreich:
8 Monsieur
-in Indien:
5 Sahib
-in Italien:
6 Signor, 7 Signore
-in Malaia:
4 Tuan
-in Portugal:
6 Senhor
-in Spanien:
3 Don, 5 Senor
-in Südamerika:
5 Senor, 6 Senhor
Herrenbekleidung/-bekleidungsstück:
4 Hemd, Hose, 5 Anzug, Frack,
Sakko, 6 Mantel, Schuhe, Ulster,
7 Paletot, Smoking, 8 Havelock,
Pullover, 9 Unterhemd,
Unterhose
Herrendienst:
4 Fron
Herrenhaus der Ritterburg:
5 Palas
Herrenhut:
6 Melone, 7 Homburg
Herrenjackett:
5 Sakko
Herrenklubjacke:
6 Blazer
herrenloses Gebiet:
12 Niemandsland
Herrenmantel:
6 Ulster, 7 Paletot, 8 Havelock
Herrenreiterin:
7 Amazone

Herrenschoßrock:
3 Cut, 5 Frack
herrichten:
9 frisieren
Herrin:
6 Domina
herrisch:
6 barsch, bruesk, 9 anmassend,
10 despotisch, tyrannisch
herrlich:
5 famos, 7 bestens, 9 glanzvoll,
koestlich, triumphal, wunderbar,
10 grossartig, prachtvoll,
wundervoll
Herrlichkeit:
5 Macht, 6 Gloria, 9 Majestaet
Herrschaft:
5 Macht, 6 Gewalt, Regime,
8 Regiment, 10 Oberhoheit,
12 Staatsgewalt
herrschaftlich:
6 feudal, 7 vornehm
herrschaftliche Kutsche:
8 Equipage
herrschaftlicher Diener:
5 Lakai
Herrschaftsaneignung:
10 Usurpation
Herrschaftsbereich:
7 Domaene
Herrschaftsgebiet:
11 Territorium
herrschen:
7 fuehren, 8 gebieten, regieren
Herrscher:
6 Despot, 7 Monarch, 8 Diktator,
9 Souveraen
-des Aztekenreiches:
9 Montezuma
-des Islam:
5 Kalif
-von Babylon:
6 Nimrod
-von Korinth:
9 Periander
Herrscher/-titel:
3 Zar, 4 Herr, 5 Kalif, Mogul,
Negus, Tenno, 6 Fuerst, Kaiser,
Koenig, Regent, Sultan,
11 Grossherzog, Maharadscha,
Prinzregent
Herrschergeschlecht:
8 Dynastie
Herrscherhaus:
8 Dynastie, 10 Geschlecht
Herrscherin:
8 Fuerstin, Kaiserin, Koenigin,
10 Gebieterin
Herrschersitz:
5 Thron
Herrscherstab:
6 Zepter
Herrschersymbol:
5 Krone, 6 Diadem, Zepter,
11 Reichsapfel
hersagen:
10 memorieren, rezitieren,
11 deklamieren
herstellen:
11 fabrizieren, produzieren
Hersteller:
6 Macher, 8 Erzeuger,
9 Produzent
Herstellung:
10 Produktion, 11 Fabrikation
Herstellungsverfahren:
7 Technik
herumgehen:
11 zirkulieren
herumraten:
8 raetseln
Herumtreiber:
7 Gammler, Stromer, 8 Faulpelz,
Vagabund, 9 Bummelant,
13 Landstreicher,
14 Stadtstreicher
hervorbringen:
6 zeugen, 8 erzeugen,
10 erschaffen, 11 produzieren
hervorgehen:
11 resultieren
hervorheben:
7 betonen, 10 exponieren,
12 akzentuieren,
14 unterstreichen
hervorragen:
10 dominieren
hervorragend:
7 eminent, 8 dominant,
9 exzellent, prominent, trefflich,
11 dominierend, vorzueglich,
12 vortrefflich, 13 ausgezeichnet
hervorwachsen:
9 spriessen
herzanregendes Mittel:
9 Digitalis
Herzeleid:
6 Trauer, 7 Schmerz
Herzerkrankung:
12 Kardiopathie
Herzkrampf:
14 Angina pectoris
herzlich:
5 innig, intim, 7 kordial
herzlos:
3 roh, 4 hart, 5 boese, 6 brutal,
7 grausam, inhuman,
10 gefuehllos
Herzmittel:
7 Koffein, 9 Digitalis,
11 Strophantin
Herzmuskel:
7 Myokard
Herzog:
-auf Englisch:
4 Duke
-auf Französisch:
3 Due
-der Gallier:
13 Vercingetorix
-der Normannen:
5 Rollo, 7 Tankred
-der Sachsen:
8 Widukind
-der Ungarn:
5 Arpad
-von Bayern:
7 Tassilo
-von Spanien:
4 Alba
-von Toledo:
4 Alba
Herzogin:
8 Duchesse
Herzschlag:
4 Puls, 7 Systole, 8 Diastole
Herzstromkurve:
3 EKG, 18 Elektrokardiogramm
Herzvorkammer:
6 Atrium
Hessen:
7 Chatten
hessische:
-Stadt:
3 Orb
Hetäre:
4 Hure, 5 Metze, 13 Prostituierte
-des griechischen Altertums:
5 Thais, 6 Phryne, 7 Aspasia
hethitische Hauptstadt:
7 Hattusa
hethitischer Herrscher:
8 Labarnas, Mursilis, Telepinu,
10 Hattusilis, 12 Suppiluliuma
Hetze:
4 Hatz, 6 Pogrom, Unrast,
9 Agitation
hetzen:
5 jagen, 6 hasten
Hetzer:
8 Agitator, Demagoge
Hetzhund:
5 Ruede, 6 Packer, 9 Hatzruede

Hetzjagd:
4 Hatz
Heuchelei:
3 Lug, 5 Getue, Luege, Mache, 10 Bigotterie, Falschheit, Gleisnerei, Lobhudelei, Simulation, 11 Falschspiel
Heuchler:
8 Gleisner, Hypokrit, Simulant, Tartueff, Tartuffe, 9 Froemmler, 10 Pharisaeer
heuchlerisch:
12 pharisaeisch
heuchlerischer Frömmler:
6 Mucker
Heugabel:
5 Forke
Heugestell:
5 Reute, 6 Heinze, Reiter, Reuter
Heumond:
6 Heuert
Heuschnitt:
5 Grumt, 7 Grummet
Heuschober:
6 Stadel
Heuschrecke/ Heuschreckenart:
6 Grille, 10 Heuhuepfer, 11 Grashuepfer, 15 Gottesanbeterin
Heutrockengestell:
6 Reuter
Hexe:
5 Drude, 8 Daemonin, Zauberin
hexen:
7 zaubern
Hexenbesen:
6 Mistel, 8 Wollgras
Hexenfest:
14 Walpurgisnacht
Hexenmeister:
6 Magier, 8 Zauberer
Hexenring:
8 Feenring, Pilzring, 9 Elfenring, Pilzkreis, 14 Elfentanzplatz
Hexenschuß:
7 Lumbago, 13 Muskelschmerz
Hexer:
6 Magier, 8 Zauberer
Hexerei:
5 Magie, 6 Zauber, 8 Zauberei
Hexode:
8 Sechspol, 14 Sechspolroehre, 16 Elektronenroehre
Hibernia:
6 Irland
Hibiskus:
6 Ibisch, 7 Eibisch
Hieb:
3 Hau, 5 Treff, 6 Schlag, 7 Streich
Hiebe:
5 Senge, 7 Dresche, Pruegel, 8 Schlaege
Hiebwaffe:
6 Saebel, 7 Schwert, 10 Hellebarde
Hiebwunde:
8 Schmarre
Hierarchie:
9 Rangfolge, 11 Rangordnung
hierarchisch:
9 abgestuft
Hieroglyphen:
13 Bilderschrift, 14 Schriftzeichen
Hifthorn:
8 Jagdhorn, 10 Signalhorn
Highjacker:
9 Luftpirat
Highsociety:
11 Oberschicht
Hilfe/-leistung:
6 Schirm, Schutz, 7 Rettung, Stuetze, Sukkurs, 8 Beistand, 9 Assistenz, Errettung
Hilferuf:
3 CQD, SOS
hilflos:
6 ratlos
hilfloser Zustand:
12 Ratlosigkeit
hilfreich:
-Gesinnung:
5 Guete
-Hausgeister:
16 Heinzelmaennchen
-Vorschlag:
3 Rat
Hilfsarbeiter:
10 Handlanger
hilfsbereit:
9 kollegial
Hilfsgeistlicher:
5 Vikar, 6 Kaplan
Hilfsgelder:
9 Subsidien
Hilfskraft:
8 Adjutant, Schoeffe, 9 Assistent, Beisitzer, 11 Mitarbeiter
Hilfsmittel:
8 Material, Requisit, 10 Instrument, Ressourcen, Utensilien
Hilfspolizistin:
9 Politesse
Hilfszeitwort:
4 sein, 5 haben, 6 moegen, sollen, werden, 7 koennen, muessen
Himalajabewohner:
7 Tibeter, 8 Nepalese
Himalajagipfel:
11 Gaurisankar, Nanga Parbat, 12 Mount Everest
Himalajastaat:
5 Nepal, 6 Bhutan
himbeerfarben:
6 fraise
Himmel:
5 Feste, 6 Aether, 8 Jenseits, Paradies, 9 Baldachin, Firmament, 11 Sternenzelt
himmelblau:
4 azur, 5 azurn
Himmelsbeschreibung:
12 Uranographie
Himmelsbote:
5 Engel
Himmelsbrot:
5 Manna
Himmelserscheinung:
8 Abendrot, 9 Morgenrot, Nordlicht, 10 Polarlicht, 14 Wetterleuchten
Himmelsfärbung:
5 Roete, 8 Abendrot, 9 Morgenrot
Himmelsforscher:
8 Astronom
Himmelsgerste:
6 Dinkel
Himmelsgewölbe:
7 Sphaere, 9 Firmament
Himmelsgöttin:
4 Juno
Himmelskönigin:
5 Maria, 7 Madonna
Himmelskörper:
4 Mond, Nova, 5 Sonne, Stern, 6 Planet, 7 Gestirn, 8 Fixstern, Meteorit, 9 Planetoid, 11 Wandelstern, 13 Sternschnuppe
Himmelskugel:
7 Sphaere
Himmelskunde:
10 Astronomie
Himmelsleiter:
10 Sperrkraut
Himmelslichter:
6 Sterne

Himmelspförtner:
6 Petrus
Himmelsrichtung:
3 Ost, 4 Nord, Sued, West, 5 Osten, 6 Norden, Sueden, Westen, 7 Nordost, Suedost, 8 Nordwest, Suedwest, 9 Nordosten, Suedosten, 10 Nordwesten, Suedwesten
Himmelsring:
10 Regenbogen
Himmelsstürmer:
10 Prometheus
Himmelszelt:
9 Firmament
himmelweit:
4 fern
himmlisch:
10 aetherisch, ambrosisch, 12 paradiesisch
himmlisches Wesen:
5 Engel, 8 Erzengel
hinablaßbare Schiffstreppe:
8 Fallreep
hinausschmeißen:
9 entlassen
hinderlich:
7 hemmend, 8 stoerend
hindern:
7 stoeren
Hindernis:
6 Huerde, Sperre, 7 Engpass, Hemmnis, 8 Barriere, Blockade, Schranke, 9 Barrikade, Hemmschuh
-beim Pferdesport:
4 Oxer, Wall, 5 Mauer, 6 Gatter, Graben
-für die Schiffahrt:
4 Riff, 5 Nebel, 7 Eisberg, Untiefe, 8 Sandbank, Schleuse, Treibeis
-im Verkehr:
5 Nebel, 8 Glatteis, Sperrung
Hindernisbahn:
8 Parcours
Hinderung:
7 Hemmnis, Hemmung
Hindufest:
3 Hul
Hinduheiliger:
6 Saddhu
hinduistische:
-Gottheit:
4 Agni, Kali, Maja, Rama, 5 Durga, Shiva, Surja, 6 Brahma, Schiwa, Varuna, Vishnu, 7 Krishna, Parvati, Parwati, Wischnu, 8 Karikeja, Krischna, Lakschmi
-göttliche Dreifaltigkeit:
8 Trimurti
-heilige Schrift:
4 Veda, Weda
-Sekte:
4 Sikh
hinduistischer:
-Lehrer:
4 Guru
Hindukusch-Stamm:
6 Pathan
hineingehen:
8 betreten
Hinfahrt:
7 Anfahrt, Anreise
hinfallen:
8 stuerzen
hinfällig:
5 elend, siech
hinfort:
7 spaeter
Hingabe/Hingebung:
4 Kult, Lust, 5 Eifer, Liebe, 7 Passion, 11 Aufopferung, 12 Begeisterung, Leidenschaft
Hingang:
3 Tod
hingehen:
7 sterben
hinhaltend:
11 dilatorisch
hinlänglich:
5 genug, 9 genuegend, 10 suffizient, 11 ausreichend, zulaenglich
hinlegen:
9 plazieren, 10 platzieren*
Hinreise:
7 Anfahrt, 8 Hinfahrt
hinreißend:
10 oratorisch
Hinrichtung:
9 Exekution
Hinrichtungskommando:
7 Peloton
Hinrichtungsstätte:
8 Schafott
Hinsicht:
5 Bezug, 8 Einblick, 9 Beziehung
hinterbringen:
8 verraten, zutragen
hinterer:
-Autositz:
4 Fond
-Teil des Halses:
6 Genick, Nacken
hinteres:
-Körperende:
6 Steiss
-Schiffsteil:
4 Back, Heck, 12 Achterschiff
Hintergedanke:
4 List, 6 Tuecke, 7 Arglist, 10 Heimtuecke, Hinterlist
hintergehen:
9 betruegen
Hintergrund:
4 Fond, 5 Folie, Tiefe, 8 Prospekt, 10 Background
Hinterhalt:
5 Falle, Lauer, 8 Versteck
hinterhältig:
6 gemein, perfid, 8 verlogen, 9 arglistig, intrigant, 10 raenkevoll, 13 heimtueckisch, 15 niedertraechtig
Hinterindien:
12 Suedostasien
hinterindische:
-Halbinsel:
7 Malakka
-Völkergruppe:
4 Thai
hinterindischer:
-Strom:
5 Menam, 6 Mekong, 7 Irawadi
hinterindisches:
-Königreich:
4 Laos, 10 Kambodscha
-Volk:
5 Karen
-Wildrind:
5 Gayal
Hinterlader:
6 Gewehr, 9 Geschuetz
Hinterlassenschaft:
4 Erbe, 7 Erbteil, 8 Nachlass
Hinterlegtes:
5 Depot
Hinterlist:
6 Betrug, Raenke, Tuecke, 7 Arglist, Intrige, 8 Rankuene, 10 Heimtuecke, Taeuschung, 12 Machenschaft
Hinterschiff:
4 Back, Heck, 12 Achterschiff
Hinterseite:
7 Ruecken, 9 Kehrseite, 10 Rueckseite
Hintertreffen:
6 Verzug, 8 Nachteil, 10 Rueckstand

hintertreiben:
10 sabotieren, 14 konterkarieren
Hintertreppenliteratur:
10 Kolportage
hinterwäldlerisch:
11 provinziell
Hinterziehung:
6 Betrug, 12 Defraudation, Veruntreuung, 14 Unterschlagung
hinweg:
4 fort, 5 davon
Hinweis:
3 Rat, Tip, 4 Wink, 8 Auskunft, 9 Andeutung, Ratschlag, 10 Fingerzeig
hinweisend:
9 deiktisch
hinweisendes Fürwort:
2 da, 4 dies, dort, jene, 5 diese, jener, jenes, 6 dieser, dieses, solche, 7 solcher, solches
Hinweiser:
6 Zeiger
Hinweiszeichen:
5 Pfeil
hinzufügen:
8 addieren
Hinzufügung:
6 Anlage, 8 Addition, Nachtrag, 10 Ergaenzung, 11 Nachschrift
hinzuzählen:
8 addieren
hinzuzuzählende Zahl:
7 Summand
Hiob:
3 Job
Hiobsbotschaft:
16 Ungluecksmeldung
Hippie:
7 Gammler, 10 Blumenkind
Hirn:
6 Bregen, 7 Braegen, 8 Verstand
Hirnanhangdrüse:
9 Hypophyse
Hirngespinst:
6 Utopie, 7 Phantom, 8 Fantasie*, Illusion, Trugbild, Wahnidee, 9 Phantasie, 10 Einbildung, 11 Luftschloss
Hirnhautentzündung:
10 Meningitis
hirnverbrannt:
4 irre, 6 absurd, 7 sinnlos, 8 toericht, unsinnig
Hirschart:
3 Dam, Reh, Ren, 4 Elch, Elen, Sika, 6 Wapiti, 7 Rentier, 8 Elentier
Hirschfänger:
6 Messer
Hirschkuh:
5 Hinde, 6 Hindin, 7 Rottier
Hirschling:
7 Reizker
Hirschziege:
8 Antilope
Hirseart:
5 Fench, 7 Fennich
Hirtenbrief:
13 Sendschreiben
Hirtenflöte:
6 Syrinx, 8 Schalmei, 9 Panfloete
Hirtengott:
3 Pan
Hirtenlied:
6 Ekloge, Idylle, 8 Madrigal, 9 Pastorale
Hirtenlieddichter:
9 Bukoliker
Hirtenvolk:
5 Tussi, 6 Lappen, Massai, Tuareg, 7 Jakuten, Nomaden, 8 Beduinen
Hirtenwaffe:
14 Steinschleuder
Histörchen:
7 Episode, 8 Anekdote, Schnurre
Historie:
10 Geschichte
Historik:
15 Geschichtskunde
historische:
-Aufzeichnungen:
7 Annalen, Chronik
-Flotte Spaniens:
6 Armada
-spanische Provinz:
8 Galicien
-Waldwiese im Kanton Uri:
6 Ruetli
historischer:
-Name der Schweiz:
17 Eidgenossenschaft
-Name von Frankreich:
7 Gallien
historisches:
-Gebäude in Dresden:
7 Zwinger
-spanisches Gebiet:
9 Aragonien
Hit:
6 Erfolg, 10 Bestseller
Hitinterpret:
15 Schlagersaenger
Hitze:
4 Glut, 5 Feuer, 6 Waerme, 12 Leidenschaft
Hitzebläschen:
6 Pustel
Hitzemesser:
9 Pyrometer
hitzig:
6 furios
Hitzkopf:
9 Desperado, Fanatiker, 10 Choleriker, Heisssporn, 12 Draufgaenger
Hobby:
11 Liebhaberei, 12 Steckenpferd
Hobbyfischer:
6 Angler
Hobelabfall:
4 Span, 6 Spaene, 9 Saegemehl
Hobelmaschine:
6 Fraese
Hochachtung:
6 Tribut, 7 Respekt, 8 Reverenz, 9 Verehrung
Hochamt:
5 Messe
hochanständig:
9 ehrenhaft
hochbedeutsam:
7 epochal
Hochbehälter:
15 Wasserreservoir
hochbetagt:
3 alt, 5 greis, uralt, 8 steinalt
Hochbetrieb:
3 Run, 6 Trubel, 7 Andrang, Ansturm, 8 Campagne*, Kampagne
hochblicken:
8 aufsehen
hochbringen:
7 erheben
Hochburg:
7 Zentrum, 9 Keimzelle
Hochdruckgebiet:
4 Hoch, 11 Antizyklone
Hochdruckkrankheit:
10 Hypertonie
Hochebene:
7 Flateau
-an der Donau:
4 Baar
-in Asien:
5 Pamir, Tibet
-in Schweden:
6 Fjaell

-in Spanien:
6 Meseta
Hochehrwürden:
10 Monsignore
hochempfindlich:
8 explosiv, sensibel, sensitiv, 10 explosibel, feinnervig, 11 feinfuehlig, 12 feinfuehlend
hochexplosiv:
7 brisant
hochfahrend:
10 cholerisch, 11 aufbrausend
Hochfläche:
7 Plateau
-im oberen Leinetal:
9 Eichsfeld
-im Rheinischen Schiefergebirge:
9 Hohes Venn
-in Skandinavien:
5 Fjeld, Fjell
Hochfrequenzgleichrichter:
8 Detektor
hochgebildet:
10 kultiviert
Hochgebirge:
-in Amerika:
5 Anden, 11 Kordilleren
-in Asien:
8 Himalaja, Nanschan, 9 Karakorum
-in Europa:
5 Alpen
-in Südamerika:
5 Anden
-in Zentralasien:
8 Nanschan
Hochgebirgsblume:
6 Enzian, 9 Edelweiss
Hochgebirgsrind:
3 Yak
Hochgebirgsweide:
3 Alm, Alp
Hochgebirgsziege:
9 Steinbock
hochgeboren:
5 adlig, 6 adelig
Hochgefühl:
5 Stolz, Wonne, 8 Euphorie, 15 Glueckseligkeit
hochgemut:
5 Stolz, 12 selbstsicher
Hochgericht:
6 Galgen, 8 Schafott
hochgestimmt:
5 selig, 10 euphorisch
hochgewachsen:
4 lang, rank, 5 gross, 7 schlank
Hochglanz:
5 Wachs, 7 Politur
hochgradig:
11 ausgepraegt
hochgradig Begeisterter:
3 Fan
hochgradiger Schwachsinn:
7 Idiotie
Hochhaus:
13 Wolkenkratzer
hochheben:
7 stemmen
hochheilig:
10 sakrosankt
hochherzig:
4 edel, 8 generoes, 9 freigebig, selbstlos, 10 edelmuetig
Hochherzigkeit:
7 Edelmut
hochkant:
8 aufrecht
Hochkonjunktur:
4 Boom, 6 Hausse
Hochland:
-in Asien:
4 Iran, 5 Dekan, Pamir, Tibet, 6 Dekhan, 8 Armenien, Mongolei, 9 Kurdistan
-in Äthiopien:
6 Amhara
-in China:
7 Juennan
-in Südamerika:
4 Puna
-in Südfrankreich:
8 Auvergne
-in Vorderasien:
8 Armenien, 9 Kurdistan
-in Vorderindien:
5 Dekan
-zwischen Werra und Fulda:
5 Rhoen
Hochländer:
7 Schotte
Hochlautung:
11 Hochsprache
höchlichst:
4 sehr
Hochmeister:
-des Deutschen Ordens:
7 Hermann, Winrich, 8 Albrecht, Heinrich
hochmögend:
8 maechtig
Hochmut:
7 Duenkel, Hoffart, 8 Arroganz, 9 Eitelkeit, 12 Blasiertheit, 16 Ueberheblichkeit
hochnäsig:
5 eitel, 8 arrogant, blasiert
Hochofenwerk:
11 Eisenhuette, Stahlhuette
Hochruf:
5 Hurra, Vivat, 8 Hosianna, 9 Halleluja
Hochschätzung:
7 Achtung
Hochschulabsolvent:
10 Akademiker
Hochschulbesuch:
7 Studium
Hochschule:
2 PH, TH, TU, 3 ETH, 7 College, 8 Akademie, 9 Alma mater, 12 Universitaet
Hochschuleinrichtung:
7 Seminar
Hochschüler:
7 Student
Hochschulfestsaal:
4 Aula
Hochschulhalbjahr:
8 Semester
Hochschullehrer:
6 Dozent, 9 Professor, 10 Ordinarius, 12 Privatdozent, 15 Extraordinarius
Hochschulleiter:
6 Rektor, 10 Praesident
Hochschulreife:
6 Abitur, Matura
Hochschulsaal:
10 Auditorium
Hochsitz:
6 Kanzel
Hochsprungleiste:
5 Latte
Hochsprungstil:
4 Flop, 8 Straddle
höchst:
4 sehr, 7 maximal, 8 ueberaus, 9 aeusserst
Hochstapler:
6 Gauner, 9 Betrueger, 10 Schwindler
höchstbegabt:
6 genial
Höchstbegabung:
5 Genie
höchste:
-Begeisterung:
7 Ekstase
-Glückseligkeit im Buddhismus:
7 Nirwana
-Spielkarte:
2 As

höchster:
-Beamter im alten Athen:
6 Archon, 7 Archont
-Berg Amerikas:
9 Aconcagua
-Berg auf Kreta:
3 Ida
-Berg der Anden:
9 Aconcagua
-Berg der britischen Inseln:
8 Ben Nevis
-Berg der Erde:
12 Mount Everest
-Berg der Ostalpen:
7 Bernina
-Berg der Türkei:
6 Ararat
-Berg des Bayrischen Waldes:
5 Arber
-Berg des Riesengebirges:
11 Schneekoppe
-Berg Deutschlands:
9 Zugspitze
-Berg Europas:
9 Montblanc
-Berg im Harz:
7 Brocken
-Berg in Afrika:
14 Kilimandscharo
-Berg in Asien:
12 Mount Everest
-Berg in Australien:
15 Mount Kosciuszko
-Berg in Japan:
11 Fudschijama
-Berg in Österreich:
13 Grossglockner
-Berg Sachsens:
11 Fichtelberg
-englischer Orden:
14 Hosenbandorden
-Gebirge Griechenlands:
5 Olymp
-Gebirgszug der Karpaten:
5 Tatra
-Gerichtshof im alten Athen:
7 Areopag
-Gott der Germanen:
5 Wodan
-griechischer Gott:
4 Zeus
-jüdischer Feiertag:
9 Jom Kippur
-jüdischer Gerichtshof in der Römerzeit:
9 Sanhedrin
-Punkt des Himmelsgewölbes:
5 Zenit

höchstes:
-deutsches Gericht:
17 Bundesgerichtshof
-Gebirge der Erde:
8 Himalaja
-Gebirge Europas:
5 Alpen
-päpstliches Gericht:
4 Rota, 10 Rota Romana
-Wesen:
4 Gott
hochstilisieren:
10 verfeinern
Hochstimmung:
8 Euphorie
Höchstmaß:
7 Optimum
Höchststufe:
10 Superlativ
höchstwahrscheinlich:
11 anscheinend
Höchstwert:
5 Atout, 6 Trumpf, 7 Maximum
Höchstwert/-leistung:
5 Atout, 6 Rekord, 7 Maximum, 10 Superlativ
Hochtal:
-im Berner Oberland:
11 Grindelwald
-in Graubünden:
6 Greina, 7 Engadin
-in Tirol:
9 Stubaital
Hochtourist:
8 Alpinist, 9 Kletterer, 11 Bergsteiger
hochtrabend:
7 pompoes, 11 bombastisch, schwuelstig
Hochverrat:
12 Landesverrat
Hochverräter:
5 Spion, 9 Putschist, 11 Attentaeter, Staatsfeind
Hochwasser:
4 Flut, 8 Sintflut, 10 Springflut, 15 Ueberschwemmung
Hochwasserschutz:
4 Damm, 5 Deich, 8 Stauwehr, 9 Talsperre
Hochweide:
3 Alm, 4 Alpe
hochwertig:
5 prima, 8 exquisit, 9 exzellent, 11 meisterhaft, vorzueglich, 12 hervorragend, vortrefflich, 13 ausgezeichnet

hochwüchsig:
5 gross
hochwuchten:
7 stemmen
Hochwürden:
8 Reverend
Hochzahl:
8 Exponent
Hochzeit:
6 Heirat, 7 Trauung, 14 Eheschliessung
Hochzeiter:
10 Braeutigam
Hochzeiterin:
5 Braut
Hochziel:
5 Ideal, 7 Vorbild
hocken:
6 kauern
Hocker:
7 Schemel, 8 Taburett
Höcker:
6 Buckel
höckerloses Kamel:
4 Lama
Höckertier:
4 Zebu, 5 Kamel, 8 Dromedar
Hoden:
8 Testikel
Hof:
3 Gut, 6 Besitz, 7 Anwesen, 8 Residenz
Hofbeamter:
9 Kaemmerer, Truchsess, 10 Hofmeister, Mundschenk, Seneschall
Hoferbe:
6 Anerbe
hoffärtig:
11 duenkelhaft
Hoffnung:
5 Trost, 6 Ausweg, 8 Aussicht, 9 Erwartung, Sehnsucht, Verlangen, 10 Optimismus, Zuversicht
hoffnungslos:
8 desperat, 11 enttaeuscht, verzweifelt
höflich:
4 nett, 5 artig, urban, 6 galant, 10 freundlich, kultiviert, manierlich, ritterlich
höfliche:
-Anrede:
3 Sie
höflicher:
-Mensch:
8 Kavalier

höfliches:
-Benehmen:
3 Pli, 7 Anstand, Schliff
Höflichkeit:
9 Artigkeit, 10 Courtoisie, Galanterie, Kompliment
Höflichkeitsbezeugung:
5 Gruss, 10 Handschlag, Verneigung
Höfling:
8 Kavalier, Schranze
Hofritter:
7 Paladin
Hofsitte:
8 Etikette
Hoftracht:
4 Gala
hohe:
-Begabung:
6 Talent
-Behörde:
11 Ministerium
-Gesittung:
10 Humanitaet
-Schneiderkunst:
12 Haute Couture
-Spielkarte:
6 Trumpf
-Stangen mit Trittklötzen:
7 Stelzen
-Temperatur:
5 Hitze
-Wiedergabetreue:
4 Hifi
Höhe:
4 Berg, 5 Kuppe, 6 Gipfel, Niveau, Spitze, 8 Erhebung
Hoheit:
9 Grandezza, Majestaet
Hoheitsrecht:
5 Regal
Hoheitszeichen:
5 Fahne, 6 Banner, Emblem, Flagge, Symbol, Wappen, 7 Stander, 9 Standarte, 11 Wahrzeichen
Höhenkrankheit:
7 Soroche
Höhenlage:
6 Niveau
Höhenmesser:
7 Echolot, Sextant, 9 Aerometer
Höhenruder:
8 Leitwerk
Höhensonne:
9 Strahlung, 10 Quarzlampe, 11 Bestrahlung
Höhensteuer:
8 Leitwerk
Höhenunterschied:
8 Gefaelle
Höhenzug:
7 Gebirge
-bei Alfeld:
4 Hils
-bei Braunschweig:
3 Elm
-bei Einbeck:
4 Hils
-bei Hannover:
3 Ith, 7 Deister
-bei Oschersleben:
3 Huy
-bei Paderborn:
4 Egge
-bei Wolfenbüttel:
4 Asse
-der Eifel:
9 Schneifel, 11 Schneeeifel*
-im Eichsfeld:
4 Duen
-im Harzvorland:
3 Elm
-im Lennegebirge:
6 Homert
-im Sauerland:
4 Ebbe, Haar
-im Weserbergland:
3 Ith, 4 Hils, 7 Solling, Suentel, 11 Bueckeberge
-in Baden-Württemberg:
3 Alb, 4 Jura, 11 Schwarzwald
-in der Pfalz:
6 Haardt
-in der Schweiz:
9 Morgarten
-in Niedersachsen:
3 Elm, 4 Hils, 7 Deister, Solling
-in Nordostfrankreich:
8 Argonnen
-in Schwaben:
3 Alb, 4 Jura
-in Thüringen:
5 Finne, 9 Hainleite, 11 Kyffhaeuser
-in Westfalen:
4 Haar
-zwischen Leine und Weser:
3 Ith, 7 Solling
Hohepriester:
3 Eli, 5 Aaron
Höhepunkt:
4 Clou, 5 Zenit, 6 Finale, Gipfel, Klimax, Spitze, 7 Maximum, 9 Sensation
hoher:
-Beamter im alten China:
8 Mandarin
-Beamter im alten Rom:
7 Praetor
-englischer Geistlicher:
4 Dean
-evangelischer Feiertag:
10 Karfreitag
-Offizier:
7 Admiral, General
-Offizier bei den Römern:
5 Legat
-Staatsbeamter:
8 Minister
höhere:
-geistliche Behörde:
10 Ordinariat
-Kochkunst:
11 Gastronomie
-Kriegskunst:
9 Strategie
-Mathematik:
8 Analysis
-Schule:
6 Lyzeum, Pennal, 9 Gymnasium, 10 Oberschule, Realschule
-Wichtigkeit:
7 Vorrang
höherer:
-Beamter:
3 Rat, 8 Assessor, Direktor
-Schüler:
8 Primaner, Sextaner, 9 Pennaeler, Quartaner, Quintaner, Tertianer, 10 Gymnasiast, Sekundaner, 12 Oberprimaner, Oberschueler, Realschueler, 13 Obertertianer, Unterprimaner, 14 Obersekundaner, Untertertianer, 15 Untersekundaner
-türkischer Titel:
3 Bei
-türkischer Verwaltungsbeamter:
4 Wali
-Vorgesetzter beim Militär:
8 Offizier
Hoherpriester:
3 Eli
hohes:
-Ansehen:
4 Ruhm
-Streben:
10 Idealismus

hohl:
6 konkav
Hohlbauwerk:
6 Tunnel
Höhle:
3 Bau, 4 Loch, 6 Grotte, Roehre, Tunnel, 7 Kaverne, Schacht, Stollen, 8 Hohlraum
-auf Capri:
11 Blaue Grotte
-in der Dordogne:
7 Lascaux
-in Spanien:
8 Altamira
Hohleisen:
10 Stemmeisen
Höhlenbewohner:
5 Dachs
Höhlengans:
7 Casarca, Tadorna
Höhlenkunde:
12 Spelaeologie
Höhlenmensch:
12 Neandertaler
Hohlhering:
4 Ihle
Hohlkopf:
4 Depp, Geck, 6 Fatzke, 7 Angeber, 9 Duemmling
Hohlkörper:
4 Rohr, 5 Blase, Kugel, Tubus, 6 Ballon, Roehre, 8 Zylinder
Hohlmaß/Raummaß:
4 Ster, 5 Eimer, Kanne, Liter, Metze, 6 Malter, 8 Scheffel, 9 Deziliter, 10 Hektoliter, Zentiliter
Hohlnadel:
7 Kanuele
Hohlorgan:
5 Blase
Hohlpflanze:
4 Rohr
Hohlspiegel:
9 Reflektor
Hohltier:
5 Polyp, 6 Qualle, 7 Koralle, Schwamm, Seerose, 8 Seefeder, 10 Blumentier, Nesseltier, Seeanemone, 11 Ohrenqualle, 12 Leuchtqualle
Hohlweg:
7 Defilee, Engpass
Hohlwurz:
12 Lerchensporn
Hohlziegel:
6 Hourdi
Hohn:
5 Spott, 6 Ironie, 8 Zynismus, 9 Sarkasmus
höhnisch:
7 zynisch, 8 ironisch, 10 spoettisch, 11 sarkastisch, schadenfroh
Hokuspokus:
3 Jux, Ulk, 4 Witz, 5 Spass, Unfug, 6 Unsinn, Zauber, 8 Zauberei, 11 Schabernack
Holdseligkeit:
5 Anmut, 6 Charme, Scharm*, 8 Liebreiz
Holland:
11 Niederlande
Hölle:
5 Hades, Orkus, 7 Inferno, 9 Totenwelt, Unterwelt
Höllenfürst:
5 Hades, Pluto, Satan, 6 Teufel, 8 Mephisto, 9 Beelzebub
Höllenhund:
8 Zerberus
Höllenstein:
5 Lapis, 12 Silbernitrat
höllisch:
6 rasant, 8 infernal, 12 infernalisch
höllisches Tempo:
6 Rasanz
Holunder:
6 Holder, Holler, 7 Flieder
Holz:
8 Baustoff, 10 Brennstoff
Holzbearbeitungswerkzeug:
3 Axt, 4 Beil, 5 Saege, 6 Raspel
Holzbehälter:
5 Kiste, Truhe, 6 Kasten, 7 Schrank
Holzbestandteil:
6 Lignin, 9 Zellulose
Holzblasinstrument:
4 Oboe, 6 Fagott, Floete, 8 Hautbois, 10 Klarinette, 11 Blockfloete, 12 Englischhorn
Holzblatt:
7 Furnier
Holzbottich:
5 Zuber
Holzbrett:
5 Bohle, Diele, Latte, 6 Balken, Leiste
Holzeinlegearbeit:
8 Intarsie, 9 Intarsien
hölzerne:
-Fußform:
7 Leisten
-Lagerstätte:
8 Pritsche
hölzerner:
-Behälter:
4 Fass, 5 Kiste, 6 Kasten
-Spleißnagel:
3 Fid
Holzfaß:
4 Kufe
Holzflößung:
5 Trift
Holzfußboden:
5 Diele, 6 Dielen, Riemen, 7 Parkett
Holzgeist:
8 Methanol
Holzgewächs/-art:
4 Arbe, Baum, Eibe, Erle, Espe, Iper, Teak, Ulme, 5 Ahorn, Birke, Birne, Buche, Eiche, Eller, Esche, Linde, Myrte, Palme, Pinie, Tanne, Taxus, Weide, Zeder, 6 Akazie, Fichte, Forche, Jasmin, Kiefer, Mispel, Pappel, Quitte, 7 Eibisch, Flieder, Ginster, Heister, Laerche, Latsche, Lorbeer, Oelbaum, Platane, Robinie, Rotdorn, Schlehe, Syringe, 8 Birnbaum, Ebenholz, Faulbaum, Hibiskus, Holunder, Kastanie, Liguster, Magnolie, Mahagoni, Nussbaum, Oleander, Rotbuche, Rottanne, Sykomore, Weichsel, Zypresse, 9 Apfelbaum, Buchsbaum, Eberesche, Edeltanne, Forsythie, Goldregen, Gummibaum, Hagebuche, Haselnuss, Korkeiche, Machandel, Mangobaum, Quebracho, Sauerdorn, Tamariske, Wacholder, Weissdorn, 10 Bergkiefer, Eukalyptus, Feigenbaum, Kirschbaum, Kokospalme, Mammutbaum, Palisander, Schlehdorn, Stechpalme, Steineiche, 11 Dattelpalme, Trauerweide, Walnussbaum, Weisspappel, 12 Faecherpalme, Haselstrauch, Maulbeerbaum, Pfirsichbaum, Pflaumenbaum, Rhododendron, Rosskastanie, Silberpappel, Zirbelkiefer, Zitterpappel, 13 Affenbrotbaum, Aprikosenbaum, Vogelbeerbaum,

Zwetschenbaum,
14 Zwetschgenbaum
Holzhütte:
4 Bude, 5 Baude
holzige Kletterpflanze:
5 Liane
Holzknecht:
6 Holzer
Holzkohlenhersteller:
7 Koehler
Holzkonservierungsmittel:
11 Karbolineum
Holzkugelspiel:
6 Boccia
Holzmessgerät:
6 Kluppe
Holzraummaß:
5 Faden, 7 Klafter, 9 Festmeter, Raummeter
Holzrohrpflanze:
6 Bambus
Holzschädling:
5 Nonne, 7 Spanner, Spinner, 8 Holzwurm, Totenuhr, 12 Borkenkaefer
Holzschlag:
5 Maiss
Holzschneidekunst:
11 Xylographie
Holzschuh:
4 Clog, 7 Pantine
Holzspaltwerkzeug:
3 Axt, 4 Beil, Keil
Holzsplitter:
4 Span, 8 Schiefer
Holzstange:
5 Latte
Holzstreifen:
6 Leiste
Holzstück:
4 Span, 5 Brett, Latte, Speil, 6 Leiste
Holztäfelung:
6 Paneel
Holzung:
3 Hau, 4 Hieb, 9 Einschlag
Holzverpackung:
5 Kiste, 6 Kasten
Holzweg:
4 Irre, 6 Irrweg
Holzwurm:
8 Totenuhr
Holzzaun:
6 Gatter
Holzzeichnung:
5 Maser, 8 Maserung
Holzzucker:
6 Xylose
homerische:
-Versform:
9 Hexameter
-Dichtung:
5 Ilias, 7 Odyssee
homogene Körper:
9 Kristalle
honett:
6 ehrbar, 9 ehrenhaft, 11 respektabel
Honigbiene:
4 Imme
Honigbranntwein:
3 Met
Honigdachs:
5 Ratel
Honiggras:
6 Meddel
Honiginsekt:
5 Biene
Honigkuchen:
9 Lebkuchen, Lebzelten, 11 Pfeffernuss
honigliebendes Tier:
4 Baer
Honiglikör:
8 Drambuie, 10 Baerenfang
Honigpilz:
10 Hallimasch
Honigsaft:
4 Seim, 6 Nektar
Honigseim:
6 Nektar, 11 Bluetensaft
Honigwabe:
5 Rosse
honorig:
9 ehrenhaft
honoris causa:
11 ehrenhalber
Hopfen:
10 Bierwuerze
Hopfensteckling:
7 Fechser
Hora:
6 Stunde, 12 Gebetsstunde
Hörapparat:
8 Hoerrohr
hörbarer Ton:
4 Laut, 5 Klang
hörbares Zeichen:
6 Signal, 7 Fanfare
horchen:
8 lauschen
Horcher:
5 Spion
Horde:
5 Meute, Rotte, Schar, 6 Haufen
horieren:
7 flirten, 8 taendeln, umwerben, 9 schoentun
Horizont:
4 Kimm, 6 Niveau, 7 Kimming, Kimmung, 8 Sehkreis, 13 Gesichtskreis
Horizontale:
10 Waagrechte
Hormon:
6 Inkret, Prolan, 7 Insulin, Oestron, 8 Androgen, Cortison, Gestagen, Histamin, 9 Adrenalin, 10 Aldosteron, Angiotonin
Hormonpräparat:
10 Anabolikum
Horn:
7 Kornett
hornartige Körpersubstanz:
4 Haar
Hörnchen:
6 Gipfel, Kipfel
Hornhautübertragung:
13 Keratoplastik
Hornhautverdickung:
5 Warze
Hornstoff:
7 Keratin
Horntier:
3 Ren, 4 Elch, Gams, Rind, 5 Gemse, Schaf, Ziege, 6 Gaemse*, Hirsch, 7 Rentier, 8 Antilope
Hörorgan:
3 Ohr
Horror:
5 Angst, 6 Furcht, 7 Abscheu, Grausen, 9 Entsetzen
Hörsaal:
10 Auditorium
Horst:
4 Nest, 6 Genist, 9 Vogelnest
hörunfähig:
4 taub
Hose:
4 Buex, Buxe, 5 Jeans, 6 Shorts, 8 Breeches, Pantalon, 9 Beinkleid, Blue Jeans*, Bluejeans, Pantalons, 13 Knickerbocker
Hospital:
6 Klinik, Spital, 8 Lazarett, 11 Krankenhaus
Hospiz:
5 Hotel, 8 Gasthaus, Herberge, 11 Krankenhaus

Hostie:
6 Oblate, 14 Abendmahlsbrot
Hostiengefäß:
5 Pyxis, 8 Ziborium,
9 Monstranz, 10 Tabernakel
Hostienteller:
6 Patene
Hotelangestellte:
7 Koechin, 9 Kellnerin
Hotelangestellter:
3 Boy, 4 Koch, Ober,
7 Barmann, Liftboy, Portier,
9 Pfoertner, 10 Hausdiener
Hotelbesitzer:
8 Hotelier
Hotelboy:
4 Page
Hotelgewerbe:
10 Hotellerie, 11 Gastronomie
Hotelhalle:
6 Lounge
Hotelwohnung:
11 Appartement
Hottentottendorf:
4 Kral
Hottentottenführer:
7 Witbooi
Hottentottenhütte:
6 Pontok
Hottentottenstamm:
4 Nama, 6 Korana
hübsch:
4 nett, 5 apart, fesch, flott,
6 adrett, schoen
Hubschrauber:
8 Autogiro, 10 Helikopter
Hubschrauberlandeplatz:
8 Heliport
hudeln:
8 pfuschen
Hüfte:
5 Lende
Hüftgelenksverrenkung:
8 Luxation
Hüftgicht:
7 Ischias
Hüfthalter:
6 Mieder, 7 Korsett, 9 Korselett
Huftier:
3 Gnu, Kuh, 4 Elch, Esel, Rind,
5 Kamel, Pferd, 6 Hirsch,
7 Elefant, Giraffe, Nashorn,
Schwein, 8 Antilope, Maulesel,
Maultier
hüftlange Bluse:
6 Kasack
Hüftumfang:
6 Taille

Hüftweh:
7 Ischias
Hügel:
5 Buehl, Hubel
-bei Rom:
9 Janiculus
-in Athen:
7 Areopag
-in den Marschen:
4 Warf, 5 Warft, Wurte
-in Rom:
7 Aventin, Caelius, Kapitol,
Palatin, Viminal, 8 Esquilin,
Quirinal
-über Troja:
9 Hissarlik
hügelig:
6 bergig
hügellos:
4 eben
Hugenottenführer:
5 Rohan, 7 Coligny
Huhn:
5 Henne, 6 Glucke, Hinkel,
Poulet, 8 Poularde
Hühnerauge:
8 Schwiele
Hühnerhund:
6 Setter
Hühnerprodukt:
2 Ei
Hühnervogel/-rasse:
4 Guan, Pfau, 5 Fasan, 6 Cochin,
7 Leghorn, Rebhuhn, Wachtel,
8 Auerhahn, Auerhuhn,
Birkhuhn, Feldhuhn, Perlhuhn,
Truthahn, 9 Edelfasan,
Goldfasan, Haselhuhn,
Jagdfasan, Steinhuhn,
10 Andalusier, Brahmahuhn,
Schneehuhn, 11 Blausperber
Huld:
5 Gnade, 10 Wohlwollen
huldigen:
5 ehren, 7 froenen
Huldigung:
7 Ovation, 9 Adoration
huldvoll:
7 gnaedig, 11 wohl wollend*,
wohlwollend
Hülle:
4 Etui, 5 Bezug, Decke, Pelle,
6 Kapsel, Kuvert, Mantel,
Schutz, 8 Futteral, Ueberzug,
Umschlag, 10 Umhuellung,
Verpackung
hüllenlos:
5 nackt, 10 entkleidet

Hülsenfrucht:
5 Bohne, Erbse, Linse, Wicke,
6 Lupine, 7 Erdnuss, 8 Saubohne
human:
8 tolerant, 10 menschlich,
wohltaetig
humanisieren:
15 vermenschlichen
Humanismus:
12 Zivilisation
Humanist:
6 Hutten, 7 Erasmus, 8 Petrarca,
10 Pirkheimer, 11 Melanchthon
Humanmediziner:
4 Arzt
Humbug:
5 Unfug, 6 Unsinn, 7 Nonsens,
Quatsch, 9 Flunkerei, Schwindel
Hummer:
5 Krebs, 8 Languste
Humor:
4 Witz, 5 Laune, Spass,
8 Frohsinn, 10 Heiterkeit
humorvoll/humoristisch:
6 heiter, 7 burlesk, drollig,
grotesk, komisch, 8 ironisch,
9 satirisch
humpeln:
6 hinken
Humpen:
12 Trinkgefaess
Humuserde:
11 Mutterboden
humusreich:
5 humos
Hund:
5 Toele, 6 Koeter
hundeartiges Raubtier:
4 Wolf, 5 Dingo, Fuchs,
6 Fennek, Hyaene, Kojote,
7 Schakal, 10 Polarfuchs
Hundegebell:
8 Geklaeff
Hundegras:
6 Quecke
Hundehütte:
4 Kaue, 6 Kotter
Hundekrankheit:
6 Raeude, Staupe, 7 Tollwut
Hundelaute:
6 Bellen, Gebell
Hundeleben:
3 Not, 5 Armut, 6 Jammer,
Misere
Hundemännchen:
5 Ruede
Hundepack:
8 Kanaille

Hunderasse:
3 Fox, 4 Chin, 5 Boxer, Dogge, Pudel, Spitz, 6 Barsoi, Beagle, Bracke, Collie, Dackel, Saluki, Scotch, Setter, Teckel, 7 Bobtail, Griffon, Pointer, Sheltie, Spaniel, Terrier, 8 Airedale, Chihuana, Chow Chow, Elchhund, Hovawart, Komondor, Malteser, Papillon, Pekinese, Windhund, 9 Bulldogge, Dachshund, Greyhound, Schnauzer, Tibethund, Tigerhund, Windspiel, Zwerghund, 10 Bologneser, Dalmatiner, Foxterrier, Rottweiler, Sennerhund, Wolfsspitz, Zwergpudel, Zwergspitz, 11 Bullterrier, Huehnerhund, Irish Setter, Irishsetter*, Seidenspitz, Skyeterrier, Vorstehhund, Wachtelhund, Zwergdackel, 12 Bernhardiner, Schaeferhund, Schweisshund, Welshterrier, Zwergspaniel, 13 Affenpinscher, Bullenbeisser, Cockerspaniel, Fleischerhund, Irischterrier, Rattenfaenger, Rauhaardackel*, Scotchterrier, 14 Neufundlaender, Rauhhaardackel, Samojedenspitz, 15 Riesenschnauzer
hundertäugiger Riese:
5 Argus
Hundertjahrfeier:
11 Zentenarium
Hundertsatz:
7 Prozent, 11 Prozentsatz
Hundertschaft:
8 Zenturie
Hundertschaftsführer:
8 Zenturio
Hundeweibchen:
7 Huendin
Hundezecke:
8 Holzbock
Hundezüchter:
8 Kynologe
Hundezwinger:
6 Kennel
Hundsgras:
6 Quecke
Hundskopfaffe:
5 Magot, Makak, 6 Pavian, Rhesus, 8 Mandrill, 9 Meerkatze
Hundsstern:
6 Sirius
Hüne:
5 Riese, 6 Gigant
Hünenstein:
6 Dolmen, Menhir
Hunger:
4 Gier, 7 Appetit, 8 Begierde, 9 Kohldampf
Hungerblümchen:
5 Wesel
Hungerkur:
6 Fasten
Hungerleider:
5 Armer, 7 Bettler, 10 Habenichts
Hungertyphus:
11 Fleckfieber
Hunnenkönig:
5 Etzel, 6 Attila
Hürde:
6 Pferch, 8 Barriere, 9 Hindernis
Hürdenläufer:
8 Steepler
Hurenhaus:
4 Puff, 7 Bordell, 11 Freudenhaus
Hurrikan:
5 Orkan, 6 Taifun, 7 Tornado, 11 Wirbelsturm
hurtig:
3 fix, 5 rasch, 7 behende, eilends, schnell, 8 behaende*
Husar:
6 Reiter, 11 Kavallerist
Husarenaffe:
5 Patas
Husarenjacke:
6 Dolman
Husarenmütze:
6 Kalpak, 7 Tschako
huschelig:
11 nachlaessig
Hustenmittel:
6 Kodein, Salbei, 7 Salmiak, 8 Guajakol, 10 Eukalyptus
Hutaffe:
5 Makak, 6 Mahadu, Makadu
hüten:
7 sichern, 8 bewachen, 9 schuetzen
Hüter:
4 Hirt, 5 Hirte, 6 Patron, 8 Bewacher, Waechter
-des heiligen Grals:
7 Titurel
-des Nibelungenhorts:
8 Alberich
-von Kleinkindern:
10 Babysitter
Hüterin:
-der Ehe:
4 Hera
-der Erde:
4 Hera
Hutform/-typ:
6 Melone, 7 Filzhut, 8 Sombrero, Strohhut, Zylinder, 9 Dreispitz, Zweispitz, 10 Schlapphut, 11 Florentiner
Hutmacherin:
8 Modistin, 12 Putzmacherin
Hutmaterial:
4 Filz, 5 Stroh
Hutrand:
6 Krempe
hutschen:
9 schaukeln
Hutstroh:
5 Tagal
Hütte:
4 Bude, Kote, 5 Baude, Gaden, 8 Schuppen, 9 Haeuschen, Verschlag, 10 Schutzhaus
Hüttenkunde:
11 Metallurgie
hutzelig:
6 faltig
Hybride:
7 Bastard
Hybris:
8 Uebermut, 9 Frevelmut, 13 Vermessenheit
Hydra:
5 Polyp, 6 Untier, 8 Schlange
Hygiene:
16 Gesundheitslehre
hygienisch:
8 sanitaer
hygienische:
-Maßnahme:
11 Quarantaene, 12 Desinfektion
Hyksos-König:
5 Assis, Chian
Hymne:
3 Ode, 4 Lied, 7 Loblied, 9 Lobgesang
Hypophyse:
10 Hirnanhang, 16 Hirnanhangdruese
Hypothese:
7 Annahme, Theorie, 9 Vermutung, 13 Unterstellung, Voraussetzung
Hysterie:
7 Neurose, 11 Reizzustand

Ibis:
11 Storchvogel
Ichbezogenheit:
11 Selbstsucht
Ichsucht:
8 Egoismus, 10 Egozentrik, Eigenliebe, Eigensucht, 11 Selbstsucht
Ichthyismus:
15 Fischvergiftung
ideal/Ideal:
7 Vorbild, 8 Leitbild, 9 Leitstern, 10 vollkommen, 11 Leitgedanke, vorbildlich
idealisieren:
5 loben
Idealismus:
8 Opfermut, 9 Opfersinn
Idee:
4 Bild, Kern, Plan, 5 Linie, Thema, 6 Gehalt, 7 Einfall, Gedanke, 9 Intuition, 11 Leitgedanke, Vorstellung
ideenarm:
11 einfallslos, fantasielos*, 12 phantasielos
Ideenlehre:
9 Ideologie
Identifikationsfigur:
7 Vorbild
Identifizierungsmittel:
13 Fingerabdruck
identisch:
12 wesensgleich
Identität:
10 Gleichheit, 16 Uebereinstimmung
Idiot:
4 Narr, 6 Kretin, 7 Trottel, 15 Schwachsinniger
Idiotenhügel:
12 Uebungspiste
idiotisch:
4 dumm
Idol:
6 Abgott, 7 Fetisch, 11 Goetzenbild
Idyll:
13 Stimmungsbild
idyllisch:
5 still, traut, 8 traulich, 9 arkadisch, laendlich, 10 gemuetlich, 11 beschaulich
ignorieren:
10 missachten
Ikone:
12 Andachtsbild
Ileus:
14 Darmverschluss
illegitim/illegal:
8 verboten, 9 unehelich, 10 irregulaer, 12 gesetzwidrig, ungesetzlich, 14 unrechtmaessig
illoyal:
6 untreu, 9 unredlich
Illusion:
5 Traum, 6 Schein, Utopie, 8 Fantasie*, Trugbild, 9 Phantasie, 10 Einbildung, Wunschbild, 11 Imagination
Illusionist:
7 Fantast*, 8 Phantast, Traeumer
illusorisch:
10 unwirklich
Illustration:
4 Bild, Foto*, 5 Photo, 6 Grafik*, 7 Graphik, 8 Diagramm, 9 Abbildung, Schaubild, Zeichnung, 11 Darstellung, 17 Veranschaulichung
illustrativ:
11 anschaulich
Iltisart:
9 Frettchen
imaginär:
6 irreal, 10 unwirklich, 11 eingebildet
Imagination:
8 Fantasie*, 9 Phantasie, 10 Einbildung
Imbiss:
5 Snack, 8 Brotzeit, Mahlzeit
Imitation:
7 Parodie, 10 Faelschung, Falsifikat, Nachahmung
Imitator:
7 Epigone, 9 Nachahmer
imitieren:
9 nachahmen
Imker:
14 Bienenzuechter
immateriell:
10 koerperlos
Immatrikulationsliste:
8 Matrikel
Imme:
5 Biene
immens:
5 gross, 6 riesig, 8 gewaltig, 10 gigantisch, 12 unermesslich
immerfort:
13 unaufhoerlich
Immergrün:
4 Efeu
immergrünes Gewächs:
8 Oleander, 9 Buchsbaum
immerwährend:
4 ewig, 6 stetig, 8 staendig
Immigrant:
11 Einwanderer
Immigration:
12 Einwanderung
immigrieren:
10 einwandern
immobil:
11 unbeweglich
Immobilienhändler:
6 Makler
immun:
4 tabu, 6 gefeit, 9 straffrei, 10 geschuetzt, 12 unangreifbar, 13 unempfindlich
Immunisierung:
7 Impfung, 13 Schutzimpfung
Imperium:
5 Reich, 9 Weltreich, 11 Kaiserreich, 12 Machtbereich
impertinent:
6 dreist, 7 laestig, vorlaut, 10 ungehoerig, 11 zudringlich, 12 aufdringlich, unverschaemt
Impfung:
13 Immunisierung
implizieren:
13 einschliessen
implodieren:
7 platzen
Import:
7 Einfuhr
Impotenz:
20 Zeugungsunfaehigkeit
impraktikabel:
13 unausfuehrbar
Impresario:
7 Manager
Impression:
8 Eindruck, 10 Empfindung
Imprimatur:
13 Druckfreigabe
Improvisation:
9 Extempore, Impromptu, 13 Stegreifspiel
Impuls:
6 Anreiz, 7 Ansporn, Anstoss, Antrieb, 8 Anregung
impulsiv:
7 spontan
inaktiv:
4 faul, 6 traege, 8 untaetig
Inbegriff:
5 Ideal, Summe, Wesen, 6 Ganzes, Inhalt, 7 Ausbund,

Komplex, Vorbild, 8 Prototyp, Substanz, 9 Charakter, Innerstes, 10 Gesamtheit, Wesenskern, 11 Quintessenz
-alles Seienden:
4 Welt
-der Persönlichkeit:
9 Charakter
-des Bösen:
5 Satan, 6 Daemon, Teufel
-seelischer Gefühle:
6 Gemuet
Inbesitznahme:
9 Eroberung
Inbrunst:
4 Glut, 5 Hitze, 7 Passion, 12 Enthusiasmus, Leidenschaft
indem:
2 da
Inder:
5 Hindu
Index:
11 Verzeichnis
Indianer:
7 Rothaut
Indianerfrau:
5 Squaw
Indianerkleidungsstück:
7 Leggins
Indianerpferd:
7 Mustang
Indianerschuh:
8 Mokassin
Indianerstamm/-sprache:
4 Hopi, Inka, Maja, Maya, 5 Sioux, 6 Dakota, Indios, Navaho, Navajo, 7 Apachen, Azteken, Olmeken, 8 Delaware, Irokesen, Mixteken, Tolteken, 9 Apatschen, Mohikaner, Zapoteken, 10 Zapotheken*, 11 Komantschen, 12 Kommantschen
Indianerwaffe:
8 Tomahawk
Indianerzelt:
4 Tipi, 6 Wigwam
indianische:
-Friedenspfeife:
7 Calumet, Kalumet
-Gottheit:
6 Manitu
-Herrscherschicht im alten Peru:
4 Inka
-Streitaxt:
8 Tomahawk
-Trophäe:
5 Skalp
indianisches:
-Kulturvolk:
4 Maya
-Pfeilgift:
6 Curare, Kurare
-Stammeszeichen:
5 Totem
-Steppenpferd:
7 Mustang
indifferent:
7 neutral, 8 tolerant, 10 unbestimmt, 13 gleichgueltig
Indignation:
11 Entruestung
Indigopflanze:
4 Anil
Indikativ:
17 Wirklichkeitsform
indische:
-Amtssprache:
5 Hindi
-Bauernkaste:
5 Sudra
-Brillenschlange:
5 Kobra
-Gesellschaftsschicht:
5 Kaste
-Gottheit:
4 Agni, Deva, Jama, Jami, Kali, Kama, Rama, Rati, Soma, Yama, 5 Aditi, Indra, 6 Brahma, Kubera, Schiwa, 7 Ganesha, Wischnu, 8 Krischna
-Göttin:
9 Saraswati
-Hafenstadt:
6 Bombay, Madras, 8 Kalkutta
-Halbziege:
4 Tahr, Thar
-Inselgruppe:
9 Andamanen, Nikobaren, 10 Lakkadiven
-Kaste:
5 Paria, Sudra, 6 Parias, Shudra, 8 Vaischya, 9 Brahmanen, Brahminen, 10 Kschatriya, 11 Radschputen
-Kriegerkaste:
11 Radschputen
-Münze:
3 Pie, 4 Anna, Lakh, 5 Rupie
-Nachrichtenagentur:
3 PTi
-Panzerechse:
6 Gavial
-Priesterkaste:
9 Brahmanen
-Provinz:
3 Goa, 4 Kurg, 5 Assam, Bihar, 6 Katsch, Orissa, Punjab, 7 Manipur, Tripura, 8 Bengalen, Kaschmir, 9 Pandschab, 10 Haidarabad, 11 Radschastan
-Religion:
10 Buddhismus, Hinduismus, 11 Brahmaismus, 12 Dschainismus
-Sagengestalt:
3 Nal, 4 Manu, Rama
-Schleichkatze:
5 Mungo
-Schrift/Sprache:
4 Gond, Urdu, Weda, 5 Hindi, Munda, 6 Purana, 8 Sanskrit
-Sekte:
5 Sikhs
-Währungseinheit:
5 Rupie
-Witwe:
4 Sati
-Wüste:
5 Tharr
indischer:
-Ameisenbär:
8 Pangolin
-Asket:
4 Jogi, 5 Sadhu
-Bettelmönch:
5 Fakir
-Bundesstaat:
5 Assam, Bihar
-Büßer:
5 Fakir
-Dämon:
3 Ahi
-Dichter:
5 Amaru, 6 Tagore, 7 Bilhana, 8 Kalidasa
-Ehrentitel:
7 Mahatma
-Elefantenjäger:
5 Fadni
-Elefantentreiber:
5 Mahut
-Feigenbaum:
6 Banian
-Fluß:
6 Ganges, 8 Krischna, 11 Brahmaputra
-Fürstentitel:
4 Raja, 5 Nisam, Nizam, Radja, 7 Radscha

-Gaukler:
5 Fakir
-Gelehrtentitel:
6 Pandit
-Großfürst:
11 Maharadscha
-Hauptgott:
5 Indra
-Heiliger:
4 Guru, Jogi
-Held:
8 Krischna
-Herrscher:
5 Akbar
-König:
7 Aschoka
-Kopfjäger:
5 Nagas
-Krähenvogel:
3 Ani
-Landsmann:
7 Bengale
-Langarmaffe:
3 Lar
-Lehrer:
4 Guru
-Lendenschurz:
5 Dothi
-Liebesgott:
4 Kama
-Nobelpreisträger:
5 Raman, 6 Tagore
-Nobelpreisträger für Literatur:
6 Tagore
-Nobelpreisträger für Physik:
5 Raman
-Philosoph:
6 Tagore
-Physiker:
5 Raman
-Politiker und Staatsmann:
5 Nehru, 6 Gandhi
-Politiker/Politikerin:
5 Nehru, 6 Ghandi
-Religionsstifter:
6 Buddha
-Singvogel:
8 Buelbuel
-Staatsmann:
5 Nehru, 6 Gandhi, 7 Shastri
-Stand:
5 Kaste
-Tagelöhner:
4 Kuli
-Tempel:
6 Pagode
-Volksstamm:
8 Marathen
-Vorkämpfer der Unabhängigkeit:
6 Gandhi
-Wallfahrtsort:
4 Puri, 7 Benares
-Wandermönch:
5 Sadhu
-Wasserbüffel:
7 Kerabau
indisches:
-Buckelrind:
4 Zebu
-Frauengewand:
4 Sari
-Gewicht:
3 Guz, Ser, 4 Seer, Sihr, Tola, 7 Chittak
-Götterepos:
11 Mahabharata
-Grabmal in Agra:
11 Tadsch Mahal
-Kleidungsstück:
4 Sari
-Krokodil:
6 Gavial
-Längenmaß:
3 Guz
-Liebeslehrbuch:
9 Kamasutra
-Nationalepos:
8 Ramajana, Ramayana
-Nationalspiel:
6 Carrom
-philosophisches System:
4 Joga
-Rind:
4 Zebu
-Wickelgewand:
4 Sari
-Wildrind:
4 Gaur
Indiskretion:
7 Rederei, Tratsch, 11 Klatscherei, 13 Taktlosigkeit, 15 Vertrauensbruch
Individualität:
8 Eigenart, 15 Einzigartigkeit, Persoenlichkeit
Individuum:
6 Person, 11 Einzelwesen, 12 Einzelperson
Indiz:
7 Hinweis, 9 Anzeichen, 15 Verdachtsmoment
indogermanischer Stamm/Völkergruppe:
5 Arier, 6 Balten, Italer, Kelten, Slawen, 7 Illyrer, Iranier, Romanen, Thraker, 8 Germanen, Griechen, Hethiter
indonesische:
-Hafenstadt:
6 Padang, 8 Semarang, Surabaja
-Insel:
4 Bali, Buru, Cebu, Java, Sawu, 5 Banka, Ceram, Ceres, Timor, Wetar, 6 Borneo, Flores, Madura, Sebuku, 7 Celebes, Sumatra, Sumbawa, 8 Molukken, Sulawesi, 10 Sulainseln, 11 Sundainseln, Tigerinseln, 12 Nassauinseln, 14 Mentaweiinseln
-Landessprache:
6 Bahasa, 9 Indonesia
-Münze:
3 Sen, 6 Rupiah
-Stadt:
5 Medan, 6 Padang, 7 Bandung, Batavia, 9 Palembang, 10 Dschakarta
-Universitätsstadt:
7 Bandung, 8 Djakarta, Surabaja
indonesischer:
-Berg:
4 Gede, 5 Dempo, Kelut, 6 Leuser, Merapi, Semeru, 7 Tambora, 10 Papantajan, 12 Puntjak Djaya
-Politiker/Politikerin:
5 Hatta, 7 Suharto, Suharto
-Singvogel:
6 Drongo, 8 Reisfink
-Volksstamm:
4 Gede, 5 Batak, Dajak, Moken, 7 Lampong, Malaien
indonesisches:
-Frauengewand:
6 Sarong
-Gewicht:
4 Tale, 5 Picul, Thail
-Kleidungsstück:
6 Sarong
-Pfeilgift:
4 Upas
-Reisgewürz:
7 Sambals
Induktionsapparat:
8 Induktor, 13 Transformator
Industriediamant:
4 Bort
Industriekonzern:
4 Pool
Industrienorm:
3 DIN

infam:
6 gemein, 11 schaendlich, 15 niedertraechtig
Infanteriewaffe:
2 MG, MP, 6 Gewehr, 7 Pistole, 8 Bajonett, Revolver, 9 Karabiner, 11 Handgranate, Panzerfaust, 12 Granatwerfer, Seitengewehr, 15 Maschinengewehr, 16 Maschinenpistole, 18 Schnellfeuergewehr
Infanterist:
7 Landser, 8 Schuetze, 9 Fuesilier, Grenadier, Musketier
Infektion:
6 Seuche, 8 Epidemie, 10 Ansteckung
Infektionskrankheit:
3 Tbc, 4 Aids, Pest, Ruhr, 5 Lepra, Mumps, Polio, 6 Pocken, Seuche, Typhus, 7 Aussatz, Cholera, Malaria, Tetanus, Tollwut, Trachom, 8 Blattern, Syphilis, Wundrose, 9 Gonorrhoe, Milzbrand, 10 Diphtherie, Gelbfieber, Paratyphus, 11 Fleckfieber, Flecktyphus, Starrkrampf, Tuberkulose, 12 Denguefieber, Genickstarre, 13 Poliomyelitis, Wechselfieber, 14 Kindbettfieber, Kinderlaehmung, 15 Schlafkrankheit, Wundstarrkrampf
Inferno:
5 Chaos, 6 Hoelle, 9 Unterwelt
Inflation:
14 Geldentwertung
Information/-smittel:
4 Buch, 5 Radio, 6 Presse, 7 Journal, Lexikon, Meldung, Zeitung, 8 Auskunft, Einblick, Rundfunk, Sachbuch, 9 Belehrung, Fernsehen, Nachricht, 10 Broschuere, Mitteilung, 11 Flugschrift, Zeitschrift, 12 Illustrierte, Orientierung
Ingenieurschule:
2 TH, TU, 3 ETH, 9 Technikum, 13 Polytechnikum
Ingenieurwissenschaft:
7 Technik
Inhaber:
6 Eigner, 8 Besitzer, 11 Eigentuemer
Inhaberpapier:
5 Aktie, 10 Obligation, Pfandbrief
inhaftieren:
9 verhaften, 10 festnehmen
Inhalt:
4 Saft, Sinn, 5 Tenor, 6 Gehalt, Ladung, 7 Inneres, Materie, Volumen, 8 Fuellung, Handlung, Substanz, Wortlaut, 9 Bedeutung
Inhaltsangabe:
6 Expose, Rubrum, 8 Register, Resuemee, 10 Gliederung, Uebersicht, 11 Deklaration, Verzeichnis
Inhaltslosigkeit:
5 Leere, 6 Vakuum
Inhaltsübersicht:
8 Resuemee
Initiative:
7 Antrieb, 8 Befugnis, 10 Ausloesung, 14 Inangriffnahme, 15 Entschlusskraft
Initiator:
7 Anreger, Urheber, 9 Anstifter, 10 Inspirator
Injektionsnadel:
7 Kanuele
Inkakaiser:
9 Atahualpa
inkognito:
6 geheim, 8 heimlich, 9 unerkannt
Inkrimination:
7 Anklage, 13 Anschuldigung, Beschuldigung
Inkunabel:
10 Fruehdruck, 11 Wiegendruck
inmitten:
8 zwischen
innehalten:
9 pausieren
Innenhof:
6 Atrium
Innenohr:
9 Labyrinth
Innenraum:
9 Interieur
innerasiatische:
-Wüste:
4 Gobi
innerasiatischer:
-Fluß:
3 Ili, 5 Tarim
innerasiatisches:
-Gebirge:
4 Alai, 5 Altai
innere:
-Einstellung:
9 Attituede
-Harmonie:
7 Frieden
-Ordnung:
7 Gefuege
-Organe:
10 Eingeweide
-Rindenschicht:
4 Bast
-Unruhe:
5 Sorge
innerhalb:
5 darin, innen, 6 binnen
innerlich:
5 innen, 6 intern
innewohnend:
8 immanent, 9 inhaerent
innig:
4 lieb, 5 intim
Innung:
5 Gilde, Zunft, 6 Gewerk, 11 Korporation
Insasse:
8 Bewohner, Fahrgast, Fluggast, 9 Mitfahrer, Passagier
-einer Pflegeanstalt:
7 Kranker, Patient
-einer Strafanstalt:
9 Haeftling, 10 Gefangener
Inschrift:
7 Legende, Widmung, 8 Epigramm, Epigraph, 11 Inskription
Insekt/Insektenart:
4 Imme, Laus, 5 Biene, Nonne, Wanze, Wespe, Zirpe, 6 Ameise, Bremse, Dassel, Fliege, Grille, Hummel, Kaefer, Muecke, Spinne, Zikade, 7 Erdfloh, Libelle, Moskito, Reblaus, Schnake, Termite, 8 Heimchen, Hornisse, Kakerlak, Kerbtier, Kopflaus, 9 Baumwanze, Blattlaus, Gallwespe, Grabwespe, Maikaefer, 10 Bienenlaus, Blattwanze, Blattwespe, Feldgrille, Mauerwespe, Schildlaus, Zuckergast, 11 Faltenwespe, Goldjungfer, Heuschrecke, 12 Hirschkaefer, 13 Eintagsfliege, Schmetterling, Springschwanz, 14 Gluehwuermchen, 15 Silberfischchen, Tausendfuessler

Insektenbekämpfungsmittel:
7 Kampfer, 10 Insektizid, 11 Mottenkugel, 12 Mottenpulver
insektenfressende Pflanze:
9 Fettkraut, Nepenthes, 12 Fliegenfalle, 14 Wasserschlauch
Insektenfresser:
4 Igel, 5 Vogel, 9 Spitzmaus, 10 Fledermaus
Insektenlarve:
4 Made, 5 Puppe, Raupe, 9 Engerling
Insektenpuppe:
5 Kokon
Insektenwaffe:
7 Stachel
Insel:
5 Atoll, 6 Eiland, Hallig, 7 Schaere
Insel/Inseln:
-am St-Lorenz-Golf:
11 Neufundland
-an der Ostküste Nordamerikas:
10 Long Island
-bei Afrika:
5 Malta, Pemba, 7 Reunion, Sao Tome, Sokotra, 8 Sansibar, 9 Mauritius, 10 Madagaskar, 11 Fernando Poo
-bei Australien:
5 Timor, 9 Neuguinea, Tasmanien, 10 Neuseeland
-bei Cuxhaven:
10 Scharhoern
-bei Italien:
7 Korsika, 8 Sizilien, 9 Sardinien
-bei Kreta:
5 Elasa
-bei Mallorca:
7 Cabrera, 9 Dragonera
-bei Malta:
4 Gozo, 6 Comino
-bei Marseille:
2 If
-bei Mauritius:
9 Rodriguez
-bei Neuguinea:
3 Kei
-bei Neuseeland:
3 Ata
-bei New York:
11 Ellis Island
-bei Rügen:
3 Oie, 4 Vilm
-bei Sardinien:
7 Asinare
-bei St Helena:
9 Ascension
-bei Sumatra:
4 Nias, 6 Bangka, 8 Belitung
-bei Venezuela:
6 Tobago, 7 Tortuga, 8 Trinidad, 9 Margarita
-der Azoren:
4 Pico, 5 Fayal, 8 Graciosa, Sao Jorge, Terceira, 9 Sao Miguel
-der Bahamas:
3 Cat, Lee, 5 Abaco, Exuma, 6 Acklin, Caicos, Inagua, 9 Eleuthera, Mariguana, 13 Watlingsinsel
-der Balearen:
5 Ibiza, 7 Menorca, 8 Mallorca, 10 Formentera
-der Färöer:
5 Vagoe, 6 Sandoe, 7 Osteroe, Syderoe, 8 Stroemoe, 10 Norderoeer
-der Großen Antillen:
4 Cuba, Kuba, 5 Haiti, 7 Jamaika, 8 Trinidad, 10 Puerto Rico
-der Hawaii-Gruppe:
4 Maui, Oahu, 5 Kauai, Lanai, 6 Hawaii, Niihau, 7 Molokai
-der Kanaren:
5 Ferro, Palma, 6 Gomera, Hierro, 9 Lanzarote, Teneriffa, 11 Gran Canaria, 13 Fuerteventura
-der Karolinen:
3 Jap, Ruk, Yab, 6 Ponape
-der Kleinen Antillen:
7 Bahamas, Grenada, 8 Barbados, Bermudas, 10 Carriaceen, Grenadinen, Martinique, 12 Caicosinseln, Caymaninseln, Virgininseln, 13 Leewardinseln, 14 Jungferninseln, Windwardinseln
-der Kykladen:
5 Naxos, Paros
-der Marianen:
4 Guam, Rota, 5 Pagan, 6 Saipan, Tinian
-der Molukken:
3 Obi, 4 Buru, 5 Ambon, Ceram, Seram, 9 Halmahera
-der Neuen Hebriden:
3 Api, Epi, Mai, Mau, 4 Aoba, 5 Efate, Tanna, 8 Eromanga, Malekula, 13 Espiritu Santo
-der Niederlande:
9 Walcheren
-der Niederländischen Antillen:
4 Saba, 5 Aruba, 7 Bonaire, Curacao, 8 St Martin, 9 St Maarten, 11 St Eustatius
-der Philippinen:
4 Cebu, 5 Bohol, Leyte, Luzon, Panay, Samar, 6 Negros, 7 Mindoro, Palawan, 8 Mindanao
-der Shetlands:
4 Unst, Yell, 6 Walsey, 7 Bressay, 8 Mainland
-des Dodekanes:
3 Kos, 5 Samos, 6 Ikaria, Patmos, Rhodos
-des Tuamotu-Archipels:
3 Hao, 4 Toau, 6 Arutua, Makemo, 7 Apataki
-im Ärmelkanal:
4 Sark, 5 Wight, 6 Jersey, Wright, 7 Aurigny, 8 Alderney, Guernsey
-im Atlantik:
6 Island, 7 Madeira, 9 Ascension
-im Bodensee:
6 Mainau, 9 Reichenau
-im Golf von Neapel:
5 Capri, 7 Procida
-im Indischen Ozean:
6 Ceylon, 7 Reunion, Sokatra, 8 Sri Lanka, 9 Mauritius, 10 Madagaskar
-im Kattegat:
6 Anholt
-im Kleinen Belt:
5 Alsen
-im Mittelmeer:
3 Kos, 4 Elba, 5 Capri, Chios, Delos, Ibiza, Korfu, Kreta, Leros, Malta, Milos, Naxos, Samos, 6 Euboea, Ischia, Ithaka, Lemnos, Lesbos, Rhodos, Zypern, 7 Cabrera, Korsika, Menorca, Minorca, Salamis, 8 Mallorca, Santorin, Sizilien, Skorpios, 9 Dragonera, Sardinien
-im Nil:
11 Elephantine
-im Nordatlantik:
6 Island
-im Nordkanal:
5 Arran, Islay

-im Ostchinesischen Meer:
6 Taiwan, 7 Formosa
-im Pazifik:
4 Guam, 5 Timor, 6 Hawaii, Tahiti, Taiwan, 7 Kiuschu, 8 Eniwetok
-im Polarmeer:
11 Baereninsel
-im Rhein:
11 Nonnenwerth
-im Roten Meer:
3 Eri
-im Stillen Ozean:
4 Ebon, 5 Nauru, 6 Taiwan, 7 Formosa, 9 Neuguinea, 13 Neukaledonien
-in der Ägäis:
3 Kos, 5 Chios, Imroz, Samos, 6 Imbros, Lemnos, Lesbos, Limnos, 7 Kythira, Thassos, 8 Mytilini, 10 Samothraki
-in der Irischen See:
3 Man
-in der Nordsee:
3 Als, 4 Roem, Sylt, 5 Amrum, Fanoe, Foehr, Hooge, Juist, Texel, 6 Borkum, Mellum, Roemoe, 7 Ameland, Baltrum, Neuwerk, 8 Langeoog, Pellworm, Trischen, Vlieland, 9 Helgoland, Norderney, Wangeroog, 10 Nordstrand, Spiekeroog, 12 Terschelling
-in der Ostsee:
3 Fyn, Oie, 4 Moen, Moon, Poel, Vilm, 5 Alsen, Dagoe, Oesel, Ruden, 6 Fuenen, Oeland, Ruegen, Samsoe, Ummanz, Usedom, Wollin, 7 Falster, Fehmarn, Gotland, Laaland, Lolland, Seeland, 8 Bornholm, Saaremaa, 9 Hiddensee, Langeland
-in Westindien:
4 Kuba, 5 Haiti, 8 Trinidad
-vor der Ostküste Sibiriens:
8 Sachalin
-vor Indien:
6 Ceylon, 8 Sri Lanka
-vor Kanada:
8 Bathurst, Melville, Somerset, 9 Anticosti, Vancouver, 10 Baffinland, Parryinsel, 11 Neufundland, 13 Viktoriainsel
-vor Malakka:
6 Penang
-vor Neapel:
5 Capri, 6 Ischia
-vor Schweden:
7 Gotland, 8 Bornholm
-vor Sizilien:
5 Malta, 6 Lipari, Salina, Ustica, 7 Alicudi, Vulcano, 9 Lampedusa, Stromboli, 11 Pantelleria
Inselbewohner:
3 Ire, 5 Brite, 7 Japaner, 9 Insulaner
Inseleuropäer:
3 Ire, 5 Brite, Korse, Sarde, 6 Kreter, 7 Schotte, 8 Malteser, Zypriote, 9 Islaender, 10 Englaender, Sizilianer, 12 Groenlaender
Inselgruppe:
8 Archipel
-bei Alaska:
7 Aleuten
-bei Irland:
4 Aran
-bei Schottland:
7 Orkneys, 8 Faeroeer, Hebriden, Shetland
-des Malaiischen Archipels:
11 Philippinen
-im Ägäischen Meer:
8 Kykladen, Sporaden, Zykladen, 9 Dodekanes
-im Arabischen Meer:
9 Lakediven
-im Atlantik:
6 Azoren, 8 Bermudas, 16 Kanarische Inseln
-im Bengalischen Meerbusen:
9 Andamanen, Nikobaren
-im Indischen Ozean:
7 Komoren, 9 Amiranten, Andamanen, Kerguelen, Malediven, Nikobaren, 10 Lakkadiven, Maskarenen, Seychellen, 11 Kokosinseln, 13 Keelinginseln, 14 Tschagosinseln
-im Marmarameer:
13 Prinzeninseln
-im Mittelmeer:
8 Kykladen, Pityusen, Sporaden
-im Nördlichen Eismeer:
8 Nordland, 11 Spitzbergen
-im Nordpolarmeer:
12 Nowaja Semlja
-im Pazifik:
5 Samoa
-im Stillen Ozean:
6 Hawaii, 7 Aleuten, Fidschi, Kurilen, 8 Marianen, 9 Galapagos, Karolinen, Marquesas, Salomonen, 10 Melanesien, Neuseeland, Polynesien, 11 Tongainseln, 12 Neue Hebriden, 13 Gilbertinseln, 15 Galapagosinseln
-in der Ostsee:
5 Aland
-vor Cornwall:
12 Scillyinseln
-vor Ecuador:
9 Galapagos
-zwischen Alaska und Sibirien:
7 Aleuten
Inselstaat:
4 Cuba, Eire, Kuba, 5 Haiti, Japan, Malta, Nauru, Samoa, Tonga, 6 Ceylon, Cypern, Irland, Island, Tuvalu, Zypern, 7 Fidschi, Jamaica, Jamaika, 8 Kiribati, Malaysia, Sri Lanka, 9 Mauritius, 10 Indonesien, Madagaskar, Neuseeland, 11 Philippinen, 15 Grossbritannien, 17 Trinidad und Tobago
-im Pazifik:
5 Tonga
Inselwelt:
-der Ägäis:
9 Dodekanes
-im Pazifik:
8 Ozeanien, 10 Polynesien, 11 Mikronesien
-im Stillen Ozean:
8 Ozeanien, 10 Polynesien, 11 Mikronesien
Inserat:
7 Annonce, Anzeige
insgesamt:
4 ganz, 5 alles, 8 pauschal, zusammen, 9 gaenzlich
Insignien:
7 Embleme, Symbole, 9 Abzeichen, 11 Amtszeichen, 12 Ehrenzeichen
Inspektion:
8 Aufsicht, Behoerde, 9 Kontrolle, 12 Besichtigung, Ueberwachung, 13 Ueberpruefung
Inspektionsleiter:
10 Inspekteur

Inspiration:
7 Einfall, 8 Anregung,
11 Erleuchtung
Installateur:
7 Monteur, 10 Handwerker
Instandhaltung:
7 Service, Wartung,
12 Kundendienst
Instandsetzung:
9 Reparatur, 11 Renovierung,
12 Ausbesserung, Restauration,
13 Restaurierung
Instinkt:
5 Trieb, 6 Ahnung, 7 Gefuehl
Instruktion:
9 Anleitung, Anweisung,
Belehrung, 10 Vorschrift,
13 Unterrichtung
Instrument:
6 Geraet, 7 Apparat,
8 Werkzeug, 11 Hilfsmittel,
Vorrichtung
-der Militärkapelle:
4 Tuba, 5 Pauke, 7 Posaune,
8 Trompete, 10 Querpfeife,
11 Kesselpauke,
12 Schellenbaum
-der Optik:
4 Lupe, 6 Brille, Kamera,
7 Episkop, 8 Fernglas, Fernrohr,
9 Mikroskop, Projektor,
Reflektor, Theodolit
-des Arztes:
5 Nadel, Sonde, 7 Kanuele,
Spritze, 8 Pinzette, Skalpell,
10 Stethoskop,
11 Wundklammer,
12 Seziermesser
-zum Messen des Luftdrucks:
9 Barometer
-zur Ermittlung der Geschwindigkeit:
10 Tachometer
Instrumentalorchester:
7 Kapelle
Intellekt:
3 Nus, 5 Geist, 8 Vernunft,
Verstand
intelligent:
4 klug, 6 begabt, 8 gescheit,
10 aufgeweckt
Intelligenz:
8 Klugheit, 12 Gescheitheit,
14 Aufgewecktheit
Intention:
4 Plan, Ziel, 7 Absicht, Vorsatz,
8 Vorhaben, 11 Vorstellung,
12 Zielrichtung

Interesse:
4 Lust, Sinn, 6 Belang, Wunsch,
7 Neigung, 9 Teilnahme,
11 Anteilnahme, Beteiligung
Interessengruppe:
5 Lobby, 7 Kartell
Interessent:
8 Bewerber, 10 Teilnehmer,
12 Parteifreund
Interessenvertreter:
5 Agent, 7 Manager
international:
17 zwischenstaatlich
internationale:
-Arbeitsorganisation:
3 ILO
-Fernmeldeunion:
3 ITU
-Hilfssprache:
9 Esperanto
-Kriminalpolizei:
8 Interpol
-Kulturorganisation:
6 UNESCO
-Organisation:
2 EG, EU, UN, 3 EWG, UNO,
4 NATO, 5 SEATO, 6 UNICEF,
16 Vereinte Nationen
-Polizeiorganisation:
8 Interpol
-Satellitenorganisation:
8 Inmarsat
-Schriftstellervereinigung:
3 PEN
-Sportwettkämpfe:
9 Olympiade,
17 Weltmeisterschaft,
19 Europameisterschaft
-Staatengemeinschaft:
2 EG
-Staatenorganisation:
2 UN, 3 UNO
-Verteidigungsgemeinschaft:
4 NATO, 5 SEATO
-Wirtschaftsgemeinschaft:
3 EWG
internationaler:
-Fußballverband:
4 FIFA
-Schwimmverband:
4 FINA
internationales:
-Bündnis:
4 Liga, Pakt, 7 Allianz
-Olympisches Komitee:
3 IOC
-Seenotzeichen:
3 SOS

-Verrechnungsverfahren:
8 Clearing
internieren:
9 isolieren, 11 inhaftieren
Interpretation:
7 Deutung, 9 Auslegung,
10 Erklaerung
Intervall:
4 Sext, Terz, 5 Quart, Quint,
6 Dezime, Oktave, 7 Abstand,
Sekunde, Septime, 8 Tonstufe,
10 Tonabstand, Zeitspanne,
11 Zeitabstand,
12 Zwischenraum
intim:
5 innig, 8 vertraut
intime:
-Anrede:
2 du
intimes:
-Lokal:
3 Bar
Intimität:
15 Vertraulichkeit
Intoleranz:
13 Unduldsamkeit
Intrige:
6 Raenke, 8 Komplott,
12 Machenschaft
Invasion:
7 Einfall, 9 Besetzung
Inventar:
11 Aufstellung, Einrichtung,
Verzeichnis
investieren:
7 anlegen, 9 einsetzen,
einweisen, 10 einfuehren
inwendig:
5 innen, intus, 6 intern
ionische:
-Insel:
5 Korfu, 6 Ithaka, Leukas,
Zantes, 9 Zakynthos
ionischer:
-Philosoph:
11 Anaximander
-Tempel:
11 Erechtheion
Iran:
7 Persien
iranische:
-Gottheit:
7 Mithras
-Hafenstadt:
5 Abbas, 6 Abadan
-Hauptstadt:
7 Teheran

-Heilige Schrift:
6 Avesta, Awesta
-Münze:
4 Rial, 5 Dinar
-Religion:
9 Parsismus
-Rohrflöte:
3 Nei
iranischer:
-Geistlicher:
6 Mullah, 9 Ayatollah
-Religionsstifter:
9 Zoroaster, 11 Zarathustra
-Revolutionsführer:
8 Khomeini
iranisches:
-Gewicht:
3 Man
-Längenmaß:
3 Gam
-Perlengewicht:
4 Abas
Irenik:
13 Friedenslehre
irische:
-Bucht:
9 Dingle Bay
-Erzählerin:
5 Bowen
-Insel:
6 Achill, Mullet, 8 Valentia
irischer:
-Berg:
6 Keeper, Nephin, 7 Brandon, Errigal
-Branntwein:
3 Gin
-Dichter:
4 Shaw, 5 Joyce, Synge, Yeats, 6 Steele, 7 Beckett, Durrell
-Missionar:
6 Gallus, 8 Columban
-Name von Irland:
4 Eire
-Nationalheiliger:
7 Patrick
-Nobelpreisträger für Frieden:
8 Corrigan, Mac Bride, Williams
-Nobelpreisträger für Literatur:
7 Beckett
-Nobelpreisträger für Physik:
6 Walton
-Philosoph:
7 Erigena
-Physiker:
7 Tyndall
-Sagenheld:
6 Fingal
-Schriftsteller:
5 Joyce, 7 Beckett
-See:
3 Ree, 4 Derg, 6 Erisee
-Tanz:
4 Reel
-Volksstamm in Schottland:
6 Skoten
irisches:
-Dorf:
5 Adare
-Parlament:
11 Dail Eireann
-Wahrzeichen:
8 Shamrock
Irland:
4 Eire
Ironie:
5 Spott, 10 Spoettelei
Irreführung:
5 Bluff, 10 Taeuschung
irregulär:
7 illegal, 12 ungesetzlich, 14 unregelmaessig, 15 ungesetzmaessig
irrereden:
10 delirieren, 11 fantasieren*, 12 phantasieren
Irrglaube:
10 Aberglaube
irrgläubig:
9 heterodox
Irrlehre:
8 Haeresie, Ketzerei
Irrtum:
6 Fehler, 7 Erratum, 8 Versehen, 10 Denkfehler, Fehlurteil
Islamit:
6 Moslem, Muslim, 12 Mohammedaner
israelische:
-Hafenstadt:
5 Eilat, Haifa, Jaffa
-Münze:
6 Agorot
-Wüste:
5 Negev
israelischer:
-Autor:
6 Kishon
-Berg:
5 Tabor, 6 Jermak, Karmel, Semawe, 7 Oelberg
-Dirigent:
9 Barenboim
-Gesetzgeber:
5 Moses
-Gott der Heerscharen:
7 Zebaoth
-König:
3 Asa, 4 Abia, Ahab, Saul, 5 David, 6 Salomo, 7 Herodes, Salomon
-Nobelpreisträger für Frieden:
5 Begin, Peres, Rabin
-Nobelpreisträger für Literatur:
5 Agnon
-Politiker/Politikerin:
5 Begin, Dajan, Ebban, 7 Schasar, Sharett, 8 Goldmann, 9 Ben Gurion
-See:
8 Tiberias, 10 Genezareth
-Stamm:
3 Dan, 4 Juda, Levi, 5 Asser, Ruben, 6 Joseph, Simeon, 7 Sebulon, 8 Benjamin, Naphtali
-Stammvater:
3 Ham, Sem, 4 Noah, 5 Jakob, 6 Japhet, 7 Abraham
israelisches:
-Kollektiv:
6 Kibbuz
-Parlament:
7 Knesset
Istanbul:
6 Byzanz, 7 Stambul, 14 Konstantinopel
Istanbuls:
-Altstadt:
7 Stambul
-früherer Name:
6 Byzanz, 14 Konstantinopel
italienisch für:
-Abend:
4 sera
-acht:
4 otto
-Apotheke:
8 farmacia
-Arzt:
6 medico
-Bad:
5 bagno
-Badestrand:
4 lido
-Bahnhof:
8 stazione
-Bart:
5 barba
-Berg:
5 monte
-Bier:
5 birra

-bitte:
5 prego
-Brief:
7 lettera
-Brot:
4 pane
-Brücke:
5 ponte
-Buch:
5 libro
-Dame:
7 signora
-danke:
6 grazie
-drei:
3 tre
-ein:
2 un
-eine:
3 una
-eins:
3 uno
-Engel:
6 angelo
-Familie:
8 famiglia
-Feuer:
5 fuoco
-Flasche:
9 bottiglia
-Frau:
7 signora
-Fräulein:
9 signorina
-fünf:
6 cinque
-Gasthaus:
7 osteria
-Geld:
5 soldi
-Gendarmerie:
11 carabinieri
-genug:
5 basta
-gestern:
4 ieri
-Gold:
3 oro
-Graf:
5 conte
-Hand:
4 mano
-Haus:
4 casa
-heilig:
3 san, 5 santa, santo
-Herr:
6 signor, 7 signore
-heute:
4 oggi
-hundert:
5 cento
-ich:
2 io
-Insel:
5 isola
-Italien:
6 Italia
-ja:
2 si
-Jahr:
4 anno
-Junge:
7 ragazzo
-klein:
7 piccolo
-Kleinkind:
7 bambino
-krank:
6 malato
-Kunst:
4 arte
-Land:
8 campagna
-Leben:
4 vita
-Lebewohl:
4 ciao, 5 addio
-Liebe:
5 amore
-Lied:
7 canzone
-Mädchen:
7 ragazza
-Mailand:
6 Milano
-Marktplatz:
6 piazza
-Meer:
4 mare
-Milch:
5 latte
-Mittagsruhe:
6 siesta
-Mond:
4 luna
-Mutter:
5 madre
-Neapel:
6 Napoli
-nein:
2 no
-neun:
4 nove
-nichts:
6 niente
-Onkel:
3 zio
-Palast:
7 palazzo
-sechs:
3 sei
-See:
4 lago
-sieben:
5 sette
-Sohn:
6 figlio
-Sonne:
4 sole
-Stadt:
5 citta
-Straße:
3 via, 6 strada
-Stunde:
3 ora
-Tag:
6 giorno
-tausend:
5 mille
-Theater:
6 teatro
-Tochter:
6 figlia
-Tor:
5 porta
-Turm:
5 torre
-Vater:
5 padre
-vier:
7 quattro
-Vorspeise:
9 antipasto
-vorwärts:
6 avanti
-Weg:
3 via
-Wein:
4 vino
-Zahn:
5 dente
-zehn:
5 dieci
-Zeit:
5 tempo
-Zug:
5 treno
-zwanzig:
5 venti
-zwei:
3 due

italienische:
-Adelsfamilie:
4 Este, 6 Borgia, Medici, Orsini, 7 Farnese, 8 Borghese, 9 Malatesta
-Anrede:
6 signor, 7 signora, 9 signorina
-Autobahn:
10 autostrada
-Automarke:
4 Fiat, 6 Abarth, Lancia, 7 Ferrari, 8 Maserati, 9 Alfa Romeo, 11 Autobianchi
-Autorennstrecke:
5 Monza
-Blutrache:
8 Vendetta
-Elitetruppe:
11 Bersaglieri
-Exkönigin:
5 Elena
-Filmdiva:
5 Loren
-Filmfestspiele:
8 Biennale
-Gaststätte/-haus:
7 albergo, osteria, taverne, 9 trattoria
-Gebirgstruppe:
6 Alpini
-Goldmünze:
6 Florin
-Hafenstadt:
4 Bari, 5 Gaeta, Genua, 6 Amalfi, Ancona, Neapel, Reggio, Tarent, Triest, 7 Catania, Marsala, Messina, Palermo, Salerno, Syrakus, Venedig, 8 Brindisi, La Spezia, Molfetta, Sorrento, 12 Castellamare
-Halbinsel:
7 Apulien, 9 Kalabrien
-Hauptstadt:
3 Rom, Rom
-Insel:
4 Elba, 5 Capri, 6 Ischia, Lipari, 7 Alicudi, Asinara, Caprera, Pianosa, Tremiti, Vulcano, 8 Filicudi, Sizilien, 9 Favignana, Lampedusa, Sardinien, Stromboli, 11 Monte Cristo
-Jägertruppe:
11 Bersaglieri
-Landschaft:
5 Aosta, 6 Emilia, Friaul, Latium, 7 Apulien, Piemont, Romagna, Toskana, Umbrien, 8 Abruzzen, Benevent, Etrurien, Sizilien, Venetien, 9 Kalabrien, Kampanien, Lombardei, Sardinien, 10 Monferrato
-Luftverkehrsgesellschaft:
8 Alitalia
-Münze:
4 Lira, Lire, 9 Centesimo
-Musiknote:
2 do, fa, la, mi, re, si
-Novellensammlung:
9 Dekameron
-Nudelart:
8 Spagetti*, 9 Makkaroni, Spaghetti
-Pasteten aus Nudelteig:
7 Ravioli
-Pflaumenart:
6 Susine
-Porzellanmanufaktur:
11 Capo di Monte
-Provinz:
4 Bari, 5 Lecce, Massa, Padua, Parma, Pavia, Siena, Terni, Turin, 6 Mantua, Novara, Pesaro, Tarent, Trient, Verona, 7 Bologna, Brescia, Caserta, Cosenza, Ferrara, Florenz, Livorno, Mailand, Messina, Ravenna, Viterbo, 9 Frosinone
-Teigwaren:
9 Canelloni, 10 Tortellini
-Weinbaustadt:
4 Asti
-Weinsorte:
4 Asti, Fara, Faro, Giro, 5 Soave, Zucco, 6 Epomeo, 7 Chianti, Lacrima, Moscato, Vesuvio, 8 Malvasia, Prosecco, 9 Bardolino
-Wurstsorte:
6 Salami, 10 Mortadella

italienischer:
-Abschiedsgruß:
4 adio
-Adelstitel:
8 Contessa, Marchese, Visconte
-Adriahafen:
6 Ancona, Pesaro, Triest, 7 Pescara, Venedig, Venezia
-Artikel:
1 i, 2 il, la, le, lo, 3 gli
-Arzt:
8 Morgagni
-Astronom:
5 Ricco, 7 Galilei, 12 Schiaparelli
-Atomphysiker:
5 Fermi
-Badeort:
4 Como, Riva, 5 Grado, Ostia, 6 Amalfi, Ancona, Limone, Rimini, 7 Alassio, Sorrent, 8 Sorrento
-Bannerträger:
12 Gonfaloniere
-Barockbaumeister:
7 Carlone
-Baumeister:
7 Bernini, 8 Bramante, 9 Borromini, 12 Brunelleschi, 15 Leonardo da Vinci
-Berg/Gebirge:
5 Aetna, Vesuv, 6 Cimone, Ortler, Tofana, 7 Antelao, Apennin, Bernina, Rotondo, 8 Abruzzen, Cevedale, 9 Dolomiten, Gran Sasso, Marmolata, Monte Rosa, 11 Pramaggiore, Rosengarten, 12 Gran Paradiso
-Bildhauer:
5 Paggi, Puget, 6 Canova, Majano, Pisano, 7 Cellini, Fiesole, Quercia, Sartori, Solario, 9 Sansovino, 10 Giacometti, Verrocchio, 12 Brunelleschi, Michelangelo
-Buchdrucker:
6 Bodoni
-Bürgermeister:
7 Podesta
-Bußprediger:
10 Savonarola
-Chemiker:
5 Natta
-Diktator:
9 Mussolini
-Dirigent:
3 Gui, 6 Abbado, Sabata, 9 Toscanini
-Dramatiker:
2 Fo
-Erfinder:
5 Volta, 7 Marconi, 10 Torricelli
-Exkönig:
7 Umberto
-Filmregisseur:
7 Fellini, 8 Pasolini, Visconti, 10 Rossellini
-Filmschauspieler/ Filmschauspielerin:
5 Loren, 6 de Sica, Masina, 7 Mangano, 9 Cardinale, 11 Mastroianni, 12 Lollobrigida
-Forschungsreisender:
9 Marco Polo

-Frauenheld:
8 Casanova

-Frauenname:
3 Pia, 4 Gina, Mona, Rita, Tina, 5 Bella, Elena, Lucia, Maria, Norma, Paola, Viola, 6 Angela, Bianca, Editta, Elvira, Giulia, Marina, Porzia, Renata, Teresa, 7 Antonia, Claudia, Mirella, Valeria, 8 Beatrice, Carlotta, Eleonora, Fiametta, Lucretia, Teresina, Vittoria, 9 Maddalena, Margarita

-Frauenverführer:
8 Casanova

-Freiheitskämpfer:
7 Mazzini, 9 Garibaldi

-Geheimbund:
5 Mafia, 6 Maffia, 7 Camorra, Kamorra

-Geigenbauer:
5 Amati, 7 Maggini, Ruggeri, 8 Bergonzi, Guarneri, Storioni, 10 Stradivari

-Geigenvirtuose:
6 Viotti, 7 Tartini, Vivaldi, 8 Paganini

-Geograph:
6 Nobile, 9 Marco Polo

-Gesangsstil:
8 Belcanto, Belkanto*

-Gondelführer:
10 Gondoliere

-Hartkäse:
8 Parmesan

-Heiliger:
5 Franz, 8 Antonius, 10 Franziskus, 14 Franz von Assisi

-Historiker:
5 Croce

-Ingenieur:
8 Bramante

-Instrumentenbauer:
10 Cristofori

-Jongleur:
8 Rastelli

-Käse:
5 Grana, 6 Asagio, Romano, 7 Casiddi, Fontina, Robiola, 8 Bel Paese, Parmesan, 10 Gorgonzola, Mozzarella, Stracchino

-Kirchenkomponist:
10 Palestrina

-Komödiendichter:
5 Gozzi, 7 Goldoni

-Komponist:
3 Gui, 4 Paer, 5 Abaco, Boito, Lotti, Verdi, Ziani, 6 Busoni, Pacini, 7 Bellini, Casella, Menotti, Piccini, Puccini, Rossini, Salieri, Tartini, Toselli, Vivaldi, Zarlino, 8 Albinoni, Clementi, Giordano, Marenzio, Mascagni, Respighi, Spontini, Steffani, 9 Cherubini, Donizetti, Malipiero, Paisiello, Pergolesi, Scarlatti, Stradella, 10 Boccherini, Monteverdi, Zingarelli, 11 Frescobaldi, Leoncavallo

-König:
7 Emanuel, Umberto

-Künstler:
5 Vinci, 12 Michelangelo

-Küstenfluß:
4 Sele

-Liebesabenteurer:
8 Casanova

-Likör:
8 Rosoglio

-Maler:
4 Afro, Reni, 5 Carra, Dolei, Lippi, Preti, Sarto, 6 Giotto, Guardi, Sodoma, Tizian, 7 Alberti, Bellini, Bernini, Chirico, Cimabue, Cortono, da Vinci, Francia, Gozzoli, Martini, Raffael, Tiepolo, 8 Angelico, Boccioni, Carracci, Crivelli, Leonardo, Mantegna, Masaccio, Perugino, Pissarro, Veronese, 9 Canaletto, Carpaccio, Correggio, Pisanello, 10 Botticelli, Modigliani, Tintoretto, 12 Michelangelo, 15 Leonardo da Vinci

-Männername:
4 Aldo, Gian, Luca, Nino, Tino, Tito, Vico, 5 Beppo, Carlo, Guido, Mario, Paolo, Peppo, 6 Amedeo, Arturo, Benito, Cesare, Curzio, Emilio, Enrico, Ermano, Gianni, Giulio, Jacopo, Mattia, Nicola, Pietro, 7 Antonio, Claudio, Ermanno, Eugenio, Gasparo, Giacomo, Lorenzo, Niccolo, Odoardo, Santino, Umberto, 8 Agostino, Giovanni, Giuliano, Giuseppe, Marcello, Ottorino, 9 Benedetto, Francesco, 10 Alessandro, Bartolomeo, Bernardino, Cristoforo, Gioacchino, Sebastiano

-Marschall:
8 Badoglio

-Mathematiker:
7 Cardano, Ferrari, Galilei, 8 Beltrami, 9 Cavalieri, 10 Torricelli

-Mediziner:
5 Porro, 6 Pacini, 8 Lombroso, Malpighi, 9 Eustachio, 10 Montessori

-Naturforscher:
7 Galvani

-Nobelpreisträger für Chemie:
5 Natta

-Nobelpreisträger für Frieden:
6 Moneta

-Nobelpreisträger für Literatur:
2 Fo, 7 Deledda, Montale, 8 Carducci, Garducci, 9 Quasimodo, 10 Pirandello

-Nobelpreisträger für Medizin:
5 Bovet, Golgi, 8 Dulbecco, 14 Levi-Montalcini

-Nobelpreisträger für Physik:
5 Fermi, 6 Rubbia, 7 Marconi

-Opernkomponist:
5 Verdi, 9 Donizetti

-Ordensbruder:
3 Fra, 6 Frater

-Ordensgründer:
4 Neri, 5 Franz, 8 Benedikt, 10 Franziskus, 11 Filippo Neri, 14 Franz von Assisi

-Ordenspriester:
5 padre

-Philosoph:
5 Bruno, Croce, 7 Gentile, 8 Guardini, 13 Giordano Bruno

-Physiker:
5 Fermi, Segre, Volta, 7 Galilei, Marconi, 8 Avogadro, 10 Torricelli

-Politiker/Politikerin:
4 Moro, Zoli, 5 Craxi, Nenni, Nitti, Rumor, 6 Cavour, Crispi, Scelba, Sforza, 7 Cairoli, Colombo, Einaudi, Fanfani, Gasperi, Orlando, Saragat, 8 Badoglio, Tambroni, 9 De Gasperi, Garibaldi, Mussolini, Togliatti, 10 Berlinguer, 11 Machiavelli

-Prediger:
10 Savonarola

-Prinzenhofmeister:
3 Ajo

-Räuberhauptmann:
9 Rinaldini, 10 Fra Diavolo
-Reformator:
7 Damiani, Flacius
-Religionsphilosoph:
8 Guardini
-Revolutionär:
7 Mazzini, 9 Garibaldi
-Rotwein:
7 Chianti
-Sänger/Sängerin:
5 Gigli, Lanza, Moffo, 6 Caruso, 7 Tebaldi, 9 del Monaco
-Schauspieler/Schauspielerin:
4 Duse, 5 Loren, 9 Cardinale, 12 Lollobrigida
-Schimmelkäse:
10 Gorgonzola
-Schriftsteller/Schriftstellerin:
3 Eco, 4 Rosa, 5 Betti, Dante, Negri, Pocci, Svevo, Verga, 6 Alvaro, Amicis, Ariost, Marino, Papini, Pavese, Silone, Vasari, 7 Alfieri, Aretino, Boiardo, Chirico, Colonna, Deledda, Goldoni, Guarini, Manzoni, Moravia, Pascoli, 8 Annunzio, Carducci, Petrarca, 9 Alighieri, Bartolini, Boccaccio, Guareschi, Malaparte, Marinetti, Mirandola, Pogazzaro, Ungaretti, 10 Cavalcanti, Metastasio, Pirandello, 11 Castiglione, 14 Dante Alighieri
-See:
8 Comersee, Gardasee
-Seefahrer:
8 Columbus, Vespucci
-Söldnerführer:
8 Colleoni
-Süßwein:
7 Marsala
-Tanz:
6 Pavane, 10 Saltarello, Tarantella
-Tenor:
5 Gigli, Lanza, 6 Caruso
-Überseehafen:
5 Genua
-Volksstamm:
6 Umbrer, 7 Sabiner, 8 Samniter
-Volkstanz:
10 Tarantella
-Vulkan:
5 Aetna, Vesuv, 9 Stromboli
-Weinort:
4 Asti, 6 Tramin, 7 Termeno
italienisches:
-Adelsgeschlecht:
4 Este, 6 Borgia, Medici, Orsini, 7 Farnese, 9 Malatesta
-Adelsprädikat:
2 di
-Fingerspiel:
4 Mora
-Gebirge:
7 Apennin, 8 Abruzzen, 9 Dolomiten
-Gondellied:
9 Barcarole
-Kaffeegetränk:
8 Espresso
-Kugelspiel:
6 Boccia
-Maisgericht:
7 Polenta
-Nudelgericht:
7 Lasagne
-Reisgericht:
7 Risotto
-Rivieraseebad:
7 San Remo
-Universalgenie:
12 Michelangelo
-Volk:
5 Osker, 7 Volsker, 8 Etrusker
-Wirtshaus:
7 osteria, 9 trattoria
-Zahlwort:
3 due, sei, tre, uno, 4 nove, otto, 5 cento, dieci, sette, venti, 6 cinque, 7 quattro

Jacke/Jackenart:
4 Rock, 5 Joppe, Weste, 6 Bolero, Kittel, 7 Jackett, Spenzer
Jackett:
5 Jacke
Jagd/Jagdart:
4 Hatz, 5 Beize, Tempo, 6 Ansitz, Pirsch, 7 Anstand, 8 Beizjagd, Waidwerk, Weidwerk, 9 Treibjagd, 10 Verfolgung, 12 Parforcejagd
jagdbarer:
-Vogel:
5 Fasan, 7 Rebhuhn, 8 Schnepfe
jagdbares:
-Tier:
3 Reh, 4 Hase, Wild, 6 Hirsch, 11 Wildschwein
Jagdbeute:
4 Fang, 8 Trophaee
Jagdbezirk:
5 Forst, Jagen, 6 Revier
Jagdexpedition:
6 Safari
Jagdflugzeug:
6 Jaeger, 11 Nachtjaeger, 12 Abfangjaeger
Jagdfrevel:
12 Wilddieberei
Jagdgehilfe:
7 Treiber
jagdgerecht:
13 waidmaennisch
Jagdhorn:
6 Piston, 8 Hifthorn
Jagdhund:
3 Fox, 6 Dackel, Setter, Teckel, 7 Terrier, 10 Foxterrier, 11 Huehnerhund
Jagdkanzel:
6 Ansitz, 8 Hochsitz
Jagdmunition:
4 Blei, 6 Schrot, 10 Bleischrot, Vogeldunst
Jagdpferd:
6 Hunter
Jagdrevier:
6 Gehege
Jagdruf:
6 Halali
Jagdtasche:
8 Weidsack
Jagdvergehen:
7 Wildern, 10 Wildfrevel, 12 Wilddieberei
Jagdwaffe/-gewehr:
3 Ger, 5 Bogen, Lanze, Speer, 6 Flinte, Gewehr, 7 Buechse, Harpune, Stutzen, 8 Armbrust, Bumerang, Saufeder, Tesching, Wurfholz, 9 Schleuder, 10 Jagdmesser, Wurfspiess, 13 Hirschfaenger
jagen:
6 hetzen, 8 pirschen
Jäger:
8 Schuetze, Waidmann, 9 Gruenrock, 11 Jagdflieger, 12 Jagdflugzeug
Jägeranstand:
8 Hochsitz
Jägerei:
4 Jagd, 8 Weidwerk
Jägerwarte:
6 Ansitz
jäh:
5 steil, 6 abrupt, 7 schroff, 8 impulsiv, 10 blindlings, ploetzlich, 12 unvermittelt
-abstürzende Felswand:
4 Fluh
-ansteigend:
5 steil
jähe:
-Wut:
5 Furor
jäher:
-Fall:
5 Sturz
-Windstoß:
3 Boe
jählings:
10 ploetzlich
Jahrbuch/-bücher:
7 Annalen, Chronik, 8 Almanach, Tagebuch
jahrelang:
11 langjaehrig
Jahresabschluß:
6 Bilanz, 9 Silvester
Jahreskarte:
10 Abonnement
Jahresteil:
5 Monat, 7 Quartal, 8 Semester, 9 Trimester
Jahreswende:
7 Neujahr, 9 Silvester
Jahreszeit:
4 Lenz, 6 Herbst, Saison, Sommer, Winter, 9 Fruehjahr, Fruehling
Jahrhundert:
8 Saekulum
Jahrmarkt:
3 Dom, 5 Messe, 6 Kirmes, Rummel, 9 Kirchweih, Volksfest
Jahrmarktsvergnügen:
8 Schaukel, 9 Karussell, Riesenrad, 10 Achterbahn, 11 Autoscooter, Geisterbahn, Schiessbude, 12 Luftschaukel, 14 Berg- und Talbahn, 15 Kettenkarussell
Jahrtausend:
10 Millennium
Jahrzehnt:
9 Dezennium
jähzornig:
6 rabiat, 10 cholerisch, 11 aufbrausend
Jakobs:
-Bruder:
4 Esau
-Frau:
3 Lea, 5 Rahel, 6 Rachel
-Vater:
5 Isaak
Jalousette:
12 Fensterladen
Jalousie:
8 Rolladen, 9 Rollladen*, 10 Eifersucht, 12 Sonnenschutz
Jammer:
4 Leid, Pech, Pein, 5 Elend, Klage, 6 Kummer, 7 Notlage, Schmerz, 8 Unglueck, Wehklage
jammern:
6 heulen, weinen, 7 greinen
jammervoll:
9 klaeglich
Janhagel:
6 Poebel
Janker:
5 Jacke, 9 Hausjacke
Januar:
7 Eismond, Hartung, Jaenner, 10 Schneemond
Janusköpfigkeit:
18 Gegensaetzlichkeit
Japan:
6 Nippon
japanische:
-Adelsschicht:
7 Samurai
-Automarke:
5 Honda, Mazda, 6 Datsun, Subaru
-Blumensteckkunst:
7 Ikebana
-Buddhastatue:
8 Daibutsu

-Dämonen:
3 Oni
-Dichterin:
8 Murasaki
-Ehrenregel:
8 Buschido
-Gitarre:
7 Samisen
-Hafenstadt:
7 Kiuschu, 8 Hokkaido, Schikoku
-Hauptstadt:
5 Tokio
-Hirschart:
4 Sika
-Insel:
4 Sado, 5 Hondo, Osumi, 7 Honschu, Kiuschu, 8 Hokkaido, Schikoku
-Jacke über dem Kimono:
5 Haori
-Kleinschnitzerei:
7 Netsuke
-Kunst der Selbstverteidigung:
4 Judo, 6 Aikido, 8 Jiu-Jitsu
-Münze:
3 Jen, Rin, Sen, Yen
-Nachrichtenagentur:
5 Kyodo
-Nationaltracht:
3 Obi, 6 Kimono
-Religion:
8 Tenrikyo, 10 Buddhismus, 12 Schintoismus
-Richtung des Buddhismus:
3 Zen
-Schrift:
8 Hiragana
-Selbstmordart:
7 Seppuku, 8 Harakiri
-Selbstverteidigung:
4 Judo, 6 Aikido, Karate, 8 Jiu-Jitsu
-Silbenschrift:
8 Hiragana, Katakana
-Sonnengöttin:
9 Amaterasu
-Trommel:
5 Kakko
-Universität:
5 Todai
-Universitätsstadt:
4 Kobe, 5 Kioto, Kyoto, Tokio, 6 Nagoja, Sendai
japanischer:
-Admiral:
4 Togo
-Badeort:
7 Atakawa, Odawara
-Bakteriologe:
4 Hata
-Berg:
3 Aso, 4 Akan, Hida, 5 Oakan, 7 Abukuma, Fujisan, 8 Kitagami, 11 Fudschijama
-Buddhismus:
3 Zen
-Feldherrentitel:
6 Shogun
-Feuergott:
5 Atago
-Fluß:
8 Schinano
-General:
3 Oku
-Herrschertitel:
5 Tenno, 6 Mikado
-Holzschnittkünstler:
7 Sharaku, 8 Harunobu, Toyokuni
-Hosenrock:
6 Hakama
-Kaiser:
7 Akihito, 8 Hirohito, 9 Mutsuhito
-Kaisertitel:
5 Tenno
-Kampfsport:
4 Budo, Judo, Sumo, 5 Kendo, 6 Aikido, Karate, 8 Jiu-Jitsu, 9 Taekwondo
-Kriegerstand:
7 Samurai
-Kultspiegel:
6 Kagami
-Maler:
5 Korin, 7 Hokusai, Utamaro, 9 Mitsunaga
-Mediziner:
8 Kitasato
-Name von Japan:
6 Nippon
-Nobelpreisträger für Chemie:
5 Fukui
-Nobelpreisträger für Frieden:
4 Sato
-Nobelpreisträger für Literatur:
8 Kawabata
-Nobelpreisträger für Physik:
6 Yukawa, 8 Tomonaga
-Physiker:
6 Yukawa
-Politiker/Politikerin:
3 Ito, 4 Sato, 5 Ikeda, Okuma, 6 Komura, 8 Hatoyama, Joschida, Yamagata
-Reichstag:
5 Kokai
-Reiswein:
4 Sake
-Ringkampf:
4 Sumo
-Schriftsteller/Schriftstellerin:
2 Oe, 8 Kawabata
-Theaterstil:
2 No, 6 Kabuki, 7 Bunraku
-Todesflieger:
8 Kamikaze
-Ureinwohner:
4 Aino, Ainu
-Vorhafen von Tokio:
8 Yokohama
-Vulkan:
11 Fudschijama
-Wandschirm:
5 Biobu, Byobu
-Wohlstandsgott:
6 Hiruko
-Zwergbaum:
6 Bonsai
japanisches:
-Brettspiel:
2 Go
-Fabelwesen:
5 Tengu
-Flächenmaß:
3 Tan, 4 Kung, Tang, 5 Tsubu, 6 Tsjubo
-Frauengewand:
6 Kimono
-Gewand:
6 Kimono
-Gewicht:
2 Go, Ri, To, 3 Fun, Ken, Kin, Rin, Sai, Tan, 4 Scho, Tael, 5 Picul, Tschi, Tsubo
-Kleidungsstück:
3 Obi, 6 Kimono
-Längenmaß:
2 Bu, Ma, 3 Ken, Sun, 4 Keng, Sasi, 6 Schaku
-Maskenspiel:
2 No
-Musikinstrument:
4 Biwa, Koto, 7 Samisen
-Nationalgetränk:
3 Tee, 4 Sake, 8 Reiswein
-Puppenspiel:
6 Joruri, 7 Bunraku
-Ringen:
4 Sumo

-Saiteninstrument:
4 Koto
-Schwertfechten:
5 Kendo
japsen:
5 atmen
Jargon:
5 Slang, 7 Mundart, 11 Fachsprache, 12 Kauderwelsch, 14 Ausdrucksweise
jäten:
13 herausreissen
jauchzen:
10 frohlocken
Jazzbegriff/-ausdruck:
3 Bop, Cat, Rag, 4 Band, Cool, Jump, Riff, Scat, 5 Blues, Brass, Combo, Drive, Shake, Sound, Swing, 6 Bounce, Gospel, Leader, 7 Hardbop, Oldtime, Skiffle, Twobeat, 8 Cool Jazz, Cooljazz*, 9 Dixieland, Headgroup, Spiritual, 10 Bandleader, Commercial
Jazzensemble:
4 Band, 5 Combo, 7 Bigband
Jazzinstrument:
4 Bass, 5 Banjo, Drums, Piano, 6 Becken, Timbal, Zymbal, 7 Gitarre, Klavier, Posaune, Saxofon*, Violine, 8 Saxophon, Trompete, Vibrafon*, 9 Vibraphon, 10 Klarinette, Schlagbass, Schlagzeug, 11 Synthesizer, 12 Hammondorgel
Jazzmusiker/-komponist:
3 May, Ory, 4 Byrd, Getz, 5 Basie, Brown, Ellis, Young, 6 Barnet, Bechet, Dorsey, Garner, Joplin, Kenton, Miller, Oliver, Parker, 7 Brubeck, Coleman, Goodman, Hampton, Jackson, Johnson, Rollins, Webster, 8 Gershwin, King Cole, Mulligan, 9 Armstrong, Doldinger, Ellington, Gillespie, Reinhardt, 12 Mangelsdorff
Jazzstil:
3 Hot, 4 Cool, 5 Bebop, Blues, Dixie, Swing, 6 Gospel, 9 Spiritual
Jeanstyp:
7 Gammler
jederzeit:
5 immer, stets, 8 staendig
jedoch:
4 aber, 5 indes, 6 allein
jenseitig:
9 himmlisch, 12 transzendent
Jenseits:
6 Himmel, Hoelle, 7 Drueben, 9 Fegefeuer, Unterwelt
Jesus:
7 Heiland, 8 Christus, 10 Gottessohn
Jet:
14 Duesenflugzeug, Duesenmaschine
jetziger Vorrat:
7 Bestand
jetzt:
4 eben, just, 5 heute, 6 sofort, 7 derzeit, 8 momentan, 12 gegenwaertig, 14 augenblicklich
Job:
5 Beruf, 6 Arbeit, 9 Geschaeft, Verdienst, 10 Taetigkeit, 12 Arbeitsplatz, 14 Beschaeftigung
Jobber:
6 Makler
Joch:
4 Last, 6 Buerde, Travee
Jodverbindung:
5 Jodat, Jodid, Jodit, 8 Jodoform
Jogaform:
10 Meditation
Johannisbeere:
8 Ahlbeere, 10 Gichtbeere
Johannisnacht:
8 Sonnwend, 10 Mittsommer, 11 Sonnenwende
Johanniter:
8 Malteser
Jokus:
3 Jux, Ulk, 5 Spass, 6 Scherz, 11 Schabernack
Jollenkreuzer:
5 Jacht*, Yacht
Jongleur:
12 Aequilibrist
Joppe:
4 Rock, Wams, 5 Jacke, Sakko, 6 Janker
jordanische:
-Hafenstadt:
5 Akaba
-Hauptstadt:
5 Amman
-Währungseinheit:
4 Fils, 5 Dinar
jordanischer:
-Exkönig:
5 Talal
-König:
7 Hussein
Journal:
5 Blatt, 7 Magazin, Zeitung, 8 Tagebuch, 11 Zeitschrift
Journalist:
8 Reporter, 9 Redakteur, 13 Korrespondent, 16 Berichterstatter
jovial:
9 leutselig, 11 goennerhaft, wohl wollend*, wohlgesinnt, wohlwollend
Jubelfeier:
9 Jubilaeum
jubeln:
8 jauchzen, 10 frohlocken, jubilieren
Jubiläum:
7 Festtag, 8 Ehrentag, 9 Gedenktag, Jahrestag, 11 Gedenkfeier, Jahresfeier
Jude:
7 Israeli, 8 Hebraeer, Israelit
Judenfeindlichkeit:
14 Antisemitismus
Judenkirche:
8 Synagoge
Judentum:
9 Judaismus
Judenviertel:
5 Getto*, 6 Ghetto
jüdisch:
8 mosaisch
jüdische:
-Bibelauslegung:
8 Midrasch
-Mystik:
7 Kabbala
-Religion:
9 Mosaismus
-Sagengestalt:
5 Golem
-Schriftrolle:
5 Thora
-Unterwelt:
6 Scheol
jüdischer:
-Feiertag:
5 Purim, 6 Passah, Sabbat, 8 Chanukka, 10 Wochenfest, 15 Laubhuettenfest, Versoehnungstag

-Frauenname:
5 Rahel, Tikva, 6 Avital, Judith, Rachel, 7 Menahem, Rebekka
-Frühlingsmonat:
5 Nisan
-Fürst der bösen Geister:
6 Asmodi
-Gebetsmantel:
6 Tallit, 7 Tallith
-Gebetsriemen:
8 Tefillin, 9 Tephillim
-Geistlicher:
8 Rabbiner
-Gelehrter:
5 Rabbi
-Gesetzgeber:
5 Moses
-gottesdienstlicher Ritus:
6 Minhag
-heiliger Berg:
5 Horeb, Sinai
-Hoherpriester:
3 Eli, 5 Aaron, 7 Kaiphas
-König:
3 Asa, Ela, 4 Ahas, Saul, 5 David, Josia, 6 Hiskia, 7 Herodes, Manasse, Salomon, 8 Rehabeam
-Männername:
5 Moshe, 6 Baruch, Isidor, Nathan, Salman, Shmuel, 7 Amschel
-Monatsname:
4 Adar, 5 Nisan
-Passahmonat:
5 Nisan
-Philosoph:
5 Buber, Cohen, 6 Maimon, Philon, 7 Gabirol, Spinoza, 10 Maimonides, 11 Mendelssohn
-Politiker/Politikerin:
4 Meir, 5 Begin, Dajan, Peres, 8 Weizmann, 9 Ben Gurion
-Prediger:
8 Rabbiner
-Priester:
3 Eli, 4 Esra, 7 Ananias, Kaiphas
-Religionslehrer:
8 Rabbiner
-Religionsphilosoph:
5 Buber
-Religionsstifter:
5 Moses
-Schriftgelehrter:
4 Esra
-Schriftsteller:
4 Asch
-Staat:
6 Israel
-Überrock:
6 Kaftan
jüdisches:
-Brot:
5 Matze
-Fest:
5 Purim, 6 Passah, 7 Zukkoth, 8 Chanukka, 15 Laubhuettenfest, 16 Versoehnungsfest
-Freudenfest:
5 Purim
-Gebet am Sabbat:
6 Mincha
-Gebetbuch:
7 Tefilla
-Gesetzbuch:
5 Thora, 6 Talmud, 8 Midrasch, 10 Pentateuch
-Gotteshaus:
8 Synagoge
-Losfest:
5 Purim
-Neujahrsfest:
13 Rosch Haschana
-Obergewand:
6 Kaftan
-Priestergeschlecht:
10 Makkabaeer
-Religionsbuch:
6 Talmud
-Versöhnungsfest:
9 Jom Kippur
Judograd:
3 Dan
Jugendgöttin:
5 Iduna
Jugendliche:
4 Girl, 8 Maedchen, Teenager
Jugendlicher:
4 Twen, 5 Junge, Knabe, 7 Bursche, 8 Teenager
Jugendorganisation:
10 Pfadfinder
Jugendschriftsteller:
3 May
Jugendzeit:
4 Lenz, 8 Kindheit, 9 Pubertaet
Jugoslawe:
5 Serbe, 13 Montenegriner
jugoslawische:
-Hauptstadt:
7 Belgrad, Beograd
-Münze:
4 Para, 5 Dinar
-Währungseinheit:
5 Dinar
jugoslawischer:
-Staatsmann:
4 Tito
Junge:
3 Bub, 4 Bube, 5 Knabe, 6 Knirps
junge:
-Birke:
4 Maie
-Gans:
7 Goessel
-Kuh:
4 Kalb, 6 Faerse
-Waldanpflanzung:
8 Schonung
-Ziege:
4 Kitz, 8 Kitzlein, Zicklein
junger:
-Fuchs:
5 Welpe
-Hund:
5 Welpe
-Knecht:
3 Enk
-Mann:
4 Twen, 7 Bursche
-Masthahn:
6 Kapaun, 7 Poulard
-Mensch:
4 Baby, Kind
-Pflanzenspröß:
5 Trieb, 7 Ableger
-Seehund:
6 Heuler
-Trieb:
6 Schoss, Spross, 11 Schoessling
-Wein:
4 Most, 6 Sauser, 12 Federweisser
Jünger Jesu:
5 Judas, Lukas, Simon, 6 Markus, Paulus, Petrus, Thomas, 7 Andreas, Apostel, Jakobus, 8 Johannes, Matthias, 9 Matthaeus, Philippus, Thaddaeus, 13 Bartholomaeus
junges:
-Haustier:
4 Kalb, Lamm, 5 Enter, Farre, Fasel, Kalbe, Welpe, 6 Ferkel, Fohlen, Kueken, 7 Fuellen, Goessel
-Mädchen:
4 Girl, Maid, 8 Teenager, 9 Backfisch
-Militärpferd:
7 Remonte

-Pferd:
5 Enter, 6 Fohlen, 7 Fuellen
-Reh:
4 Kitz, 7 Rehkalb, Rehling
-Rind:
4 Kalb
-Schaf:
4 Lamm
-Schwein:
6 Ferkel, 7 Laeufer
-Wildschwein:
10 Frischling
-Zuchttier:
4 Brut, Wurf, 5 Fasel
Jungfer:
8 Maedchen, 10 Demoiselle
Jungfernzeugung:
14 Parthenogenese
Jungfrau Maria:
7 Madonna
Jungfräulichkeit:
11 Virginitaet
Junggeselle:
7 Lediger, 9 Hagestolz
Jungherr:
6 Junker
Jüngling:
4 Twen, 5 Junge, Knabe, 6 Ephebe, 7 Bursche
Jünglingsalter:
10 Adoleszenz
Jungpferd:
6 Fohlen, 7 Fuellen, Remonte
Jungrind:
4 Kalb, 6 Faerse
Jungschaf:
4 Lamm
jüngst:
7 neulich, 9 kuerzlich
Jungsteinzeit:
11 Neolithikum
Jungtiere:
4 Brut
Jungwald:
5 Maiss
Junker:
8 Agrarier
Jupitermond:
5 Elara, 6 Ananke, 7 Ganymed, 8 Kallisto
Jura:
5 Recht, 14 Rechtsprechung
Jurist:
5 Notar, 6 Anwalt, 7 Richter, 8 Syndikus, 9 Anklaeger, Justitiar, Justiziar*, 11 Verteidiger, 12 Rechtsanwalt, Staatsanwalt
Juristenmantel:
5 Talar
juristischer Begriff:
3 Tat, 4 Haft, StGB, 5 Frist, Klage, Notar, Recht, Zeuge, 6 Beweis, Delikt, Gesetz, Klient, Mandat, Schuld, Schwur, Strafe, Taeter, Tatort, Urteil, 7 Anklage, Aussage, Kaution, Klaeger, Klausel, Mandant, Meineid, Prozess, 8 Amnestie, Berufung, Paragraf*, Revision, Schoeffe, Vergehen, Verstoss, 9 Einspruch, Festnahme, Kassation, Paragraph, Plaedoyer, Protokoll, Verfahren, Vergleich, 10 Bestrafung, Bewaehrung, Freispruch, Haftbefehl, Tateinheit, Verbrechen, Vernehmung, 11 Angeklagter, Gestaendnis, Lokaltermin, Strafantrag, Strafgesetz, Verjaehrung, 12 Beweismittel, Geschworener, Gnadengesuch, Nebenklaeger, Strafprozess, Strafvollzug, Verurteilung, Zivilprozess, 13 Rechtsbeugung, Schwurgericht, Strafaufschub, Strafregister, 14 Beweisaufnahme, Rechtsbeistand, Wiederaufnahme
juristisches Beweismittel:
3 Eid, 5 Indiz
Jury:
12 Kampfgericht, Preisgericht
just:
4 eben, 6 gerade
Justiz:
12 Rechtspflege
Justizbehörde:
7 Gericht, 17 Oberlandesgericht
Juwel:
5 Perle, 7 Kleinod, Schmuck, 9 Edelstein, 11 Kostbarkeit, 13 Schmuckstueck
Juwelengewicht:
5 Karat
Juwelier:
11 Goldschmied, 13 Silberschmied
Jux:
3 Ulk, 5 Jokus, Spass, 6 Scherz

Kabale:
4 List, 6 Raenke, 7 Intrige,
8 Komplott, 11 Raenkespiel,
12 Machenschaft
Kabarett:
6 Brettl, 10 Drehplatte,
Drehteller, Kleinkunst,
16 Kleinkunstbuehne
Kabarettlied:
4 Song, 7 Chanson
Kabarettsänger:
10 Chansonier*, 11 Chansonnier
Kabarettsängerin:
11 Chansonette
Kabarettszene:
6 Sketch, 7 Parodie, Sketsch*,
8 Black-out*, Blackout
kabbeln:
6 zanken
Kabel:
3 Tau, 4 Seil, 5 Draht, 6 Trosse,
7 Leitung, 9 Drahtseil,
Telegramm
Kabeljau:
6 Dorsch, 10 Klippfisch,
Stockfisch, 11 Schellfisch
Kabine:
5 Zelle, 6 Abteil, 10 Schlafraum,
12 Umkleideraum
Kabinett:
6 Gemach, Zimmer,
9 Regierung, 11 Nebenzimmer,
13 Beratungsraum
Kabuff:
11 Abstellraum
Kabylenstamm:
3 Rif
Kachel:
6 Fliese, Platte
Kadaver:
3 Aas, 10 Tierleiche
Kader:
5 Stamm, 13 Stammpersonal
Kadett:
8 Zoegling, 9 Faehnrich
Käfer/-art:
7 Brenner, Erdfloh, Maiwurm,
8 Gelbrand, Hausbock, Totenuhr,
9 Aaskaefer, Maikaefer,
Oelkaefer, Schreiner,
Totenwurm, Trotzkopf,
10 Bockkaefer, Drehkaefer,
Eichenbock, Gerberbock,
Kornkaefer, Laufkaefer,
Mistkaefer, Pappelbock,
Rosskaefer, Skarabaeus,
Spiessbock, 11 Blattkaefer,
Blattroller, Brachkaefer,
Buchdrucker, Glanzkaefer,
Goldschmied, Moschusbock,
Rosenkaefer, Sandlaeufer,
Schabkaefer, Siebenpunkt,
Stutzkaefer, Weichkaefer,
12 Baumruessler, Blattwickler,
Erbsenkaefer, Grundlaeufer,
Hirschkaefer, Kurzruessler,
Leuchtkaefer, Pillendreher,
Rebenstecher, Totengraeber,
13 Nashornkaefer,
Puppenraeuber,
14 Feldsandkaefer,
Gelbrandkaefer,
Gluehwuermchen,
Pflaumenbohrer, Schattenkaefer,
15 Kartoffelkaefer,
Trichterwickler,
16 Sonnenwendkaefer
Käferlarve:
9 Engerling
Kaff:
4 Nest
Kaffeeart:
5 Mokka, 6 Santos, 7 Melange,
8 Espresso, 10 Cappuccino
Kaffeedecke:
9 Tischtuch
Kaffeehaus:
4 Café, 9 Cafeteria,
10 Konditorei
Kaffeewirkstoff:
7 Koffein
Kaffeezusatz:
8 Zichorie
Kaffernhirse:
4 Dari, 6 Sorgho, 7 Sorghum
Kaffernstamm:
4 Zulu, 5 Bantu, Pondo, Swazi,
6 Basuto, 11 Betschuanen
Käfig:
4 Kaue, 5 Koben, 7 Voliere,
Zwinger, 9 Terrarium, Verschlag,
10 Vogelbauer
Kahlkopf:
6 Glatze, Platte
Kahn:
4 Boot, Trog, 6 Gondel, Nachen,
Schiff
Kains Bruder:
4 Abel
Kainsmal:
5 Makel
Kaiseite:
4 Kaje
Kaiser:
9 Imperator
-von Abessinien:
7 Menelik, 13 Haile Selassie
-von Annam:
6 Bao Dai
-von Äthiopien:
7 Menelik, 13 Haile Selassie
-von Brasilien:
5 Pedro
-von Byzanz:
3 Leo
-von China:
8 Kien-lung
-von Deutschland:
5 Franz, 7 Wilhelm, 9 Friedrich
-von Japan:
9 Mutsuhito
-von Österreich:
4 Karl, 5 Franz, 9 Ferdinand
-von Rußland:
9 Alexander
-von Westrom:
8 Honorius
Kaiserin:
-von Österreich:
4 Zita
-von Rußland:
9 Elisabeth, Katharina
kaiserlich:
10 caesarisch
kaiserlicher:
-Palast:
5 Pfalz
Kaiserreich:
8 Imperium
Kaiserstadt:
6 Aachen
Kaisertitel:
-im Iran:
5 Schah, 12 Schahinschah
-in Äthiopien:
5 Negus
-in Japan:
5 Tenno, 6 Mikado
-in Rußland:
3 Zar
Kajüte:
6 Kabine
Kaktee/Kakteenart:
6 Peyotl, 7 Opuntia,
10 Igelkaktus, 11 Blattkaktus,
Kugelkaktus, 12 Fackeldistel,
Feigenkaktus, Warzenkaktus,
13 Fluegelkaktus,
Melonenkaktus, Saeulenkaktus,
Seeigelkaktus,
14 Bischofsmuetze,
Korallenkaktus,
15 Schlangenkaktus

Kalamität:
3 Not, 4 Pech, 7 Notlage,
9 Missstand, 10 Uebelstand,
12 Verlegenheit
Kalauer:
4 Witz
kalben:
8 gebaeren
Kalbleder:
3 Kid, 7 Boxcalf, Boxkalf*
Kalbsmilch:
5 Bries, 6 Thymus
Kalbsnuss:
10 Frikandeau
Kaldaunen:
6 Flecke, 9 Innereien,
10 Eingeweide
Kaldaunengericht:
5 Fleck, 6 Tripes
Kalender:
8 Almanach
Kalendertage im alten Rom:
4 Iden, 5 Nonen, 8 Kalenden
Kalif von Bagdad:
5 Harun, Mamun
Kalifengeschlecht:
9 Abbasiden, Omaijaden
Kalifenname:
3 Ali, 4 Omar, 5 Harun,
6 Othman, 7 Abu Bekr, Ibrahim,
Soliman, 8 Almansor, Suleiman,
14 Harun al Raschid
kalifornische Stadt:
8 Pasadena, 10 Los Angeles,
Sacramento, 12 San Francisco,
San Franzisko
Kalkablagerung:
6 Sinter
Kalkart:
3 Gur
Kalkgesteinsrinnen:
6 Karren
Kalkhochfläche:
5 Karst
kalkreicher Ton:
5 Tegel
Kalkstein:
6 Donith, Kreide, Marmor,
9 Travertin
Kalkulation:
8 Rechnung, 10 Berechnung,
16 Kostenberechnung,
17 Kostenvoranschlag
Kalkulator:
7 Rechner, 9 Berechner
kalkulieren:
10 ausrechnen

Kalmativum:
17 Beruhigungsmittel
kalorienreich:
8 nahrhaft
kalt:
5 kuehl, 6 frigid, 7 frostig
Kaltblütigkeit:
12 Gelassenheit
kalte:
-Frauenschönheit:
4 Vamp
-Tage im Mai:
10 Eisheilige
Kälte:
5 Frost, 6 Kuehle, 11 Frigiditaet
Kälteprodukt:
3 Eis
kalter:
-Adriawind:
4 Bora
kaltes:
-Gericht:
5 Salat
Kältesteppe:
6 Tundra
kaltschnäuzig:
10 ungeruehrt
Kaltspeise:
3 Eis, 5 Salat
Kaltstarthilfe:
5 Choke
kaltstellen:
9 entlassen
Kaltwasserheilverfahren:
9 Kneippkur
Kalzifikation:
10 Verkalkung
Kalziumsilikat:
5 Augit
Kalziumverbindung:
4 Kalk, 6 Karbid
Kambodschaner:
3 Moi, 5 Khmer
Kamee:
5 Gemme
Kamel/kamelartiges Tier:
4 Lama, 6 Alpaka, 7 Guanako,
Vikunja, 8 Dromedar,
11 Trampeltier
Kamerad:
6 Freund, Kumpan, Macker,
7 Genosse, Partner, 9 Begleiter,
Gefaehrte, 10 Vertrauter
Kameradschaft:
5 Treue, 12 Gemeinschaft,
Zusammenhalt,
13 Verbundenheit

kameradschaftlich:
4 treu
Kamin:
4 Esse, 6 Schlot, 11 Feuerstelle,
Schornstein, 12 Felsschlucht
Kaminkehrer:
5 Feger
Kamisol:
4 Wams, 5 Weste, 10 Unterjacke
Kamm:
4 Grat, Hals, 6 Nacken,
7 Ruecken, 8 Scheitel,
11 Bergruecken, Rueckenteil
Kammeidechse:
6 Leguan
kämmen:
9 frisieren
Kammer:
5 Gaden, Laden, Lager,
6 Gemach, Zimmer, 7 Gericht,
8 Behoerde, Hohlraum,
Kabinett, Kemenate
Kammerdiener:
5 Lakai
Kammerfrau:
4 Zofe
Kammerjungfer:
4 Zofe
Kämmerlein:
8 Kemenate
Kammertuch:
7 Kambrik
Kammgarnstoff:
6 Melton
Kammzähner:
3 Hai
Kampagne:
6 Saison, 7 Feldzug,
9 Wahlkampf
Kampfaxt:
5 Barte
Kampfbeginn:
7 Angriff
kampfbereit:
9 streitbar
kämpfen:
6 Ringen, 7 Fechten
Kampferfolg:
4 Sieg
kampferhaltiges
Einreibemittel:
9 Opodeldok
kämpferisch:
8 militant
Kampfesweise:
7 Technik, 9 Strategie
Kampffahrzeug:
6 Panzer

Kampfgas:
4 Lost, 7 Phosgen
Kampfgefährte:
7 Genosse
Kampfgerät:
5 Waffe
Kampfgewinn:
4 Sieg
Kampfhandlung:
4 Raid, 7 Gefecht, Treffen,
8 Invasion, Schlacht,
9 Defensive, 10 Belagerung,
Kleinkrieg
Kampflinie:
5 Front
kampflustig:
12 streitbereit
Kampfplatz:
8 Walstatt, 12 Schlachtfeld
Kampfrichter:
14 Schiedsrichter
Kampfspiel:
5 Match, 7 Turnier,
9 Wettkampf, 10 Wettstreit
Kampfsport:
18 Selbstverteidigung
Kampfsportart:
4 Judo, 5 Boxen, 6 Karate,
Ringen, 7 Fechten, 9 Schiessen
Kampfstoff:
4 Lost, 6 Arsine, 9 Blaukreuz
kampfunfähig:
2 ko, 8 invalide
Kampfzeuge:
9 Sekundant
Kampfzone:
5 Front
kampieren:
6 lagern, zelten
Kamuffel:
8 Dummkopf
kanaanitische Königsstadt:
3 Dor
Kanaans Bewohner:
10 Kanaaniter
Kanadas Bewohner:
8 Kanadier
kanadische:
-Hafenstadt:
6 Quebec, 7 Halifax, Toronto,
8 Montreal, 9 Vancouver
-Hauptstadt:
6 Ottawa
-Provinz:
5 Yukon, 6 Quebec, 7 Alberta,
Ontario, 8 Columbia, Franklin,
Keewatin, Manitoba,
9 Mackenzie, 11 Neufundland
kanadischer:
-Nobelpreisträger für Medizin:
7 Banting
-Pianist:
5 Gould
-Politiker:
7 Trudeau
-See:
7 Eriesee, 8 Huronsee,
9 Baerensee, Oberer See,
10 Ontariosee, 11 Michigansee,
Winnipegsee
kanadisches:
-Ballspiel:
8 Lacrosse
Kanal:
5 Fleet, 6 Gracht
Kanalhafen:
5 Dover, 6 Calais, St Malo,
7 Le Havre, Ostende,
8 Boulogne, 9 Cherbourg,
10 Portsmouth,
11 Bournemouth, Southampton
Kanalinsel:
5 Lihou, Wight, 6 Jersey, Jethou,
7 Brechou, 8 Alderney,
Guernsey, 9 Eddystone,
Great Sark, 10 Little Sark
kanalisieren:
10 begradigen
Kanapee:
4 Sofa, 5 Diwan, Liege,
8 Ruhebett
Kanarische Insel:
5 Ferro, Palma, 6 Gomera,
Hierro, 7 La Palma,
8 La Gomera, 9 Lanzarote,
Teneriffa, 11 Gran Canaria,
13 Fuerteventura
Kandelaber:
8 Leuchter, 11 Lichthalter,
12 Kerzenhalter
Kandidat:
8 Aspirant, Bewerber,
9 Anwaerter, Pruefling
kandieren:
7 zuckern
Kaneel:
4 Zimt
Kaninehenrasse:
3 Loh, Rex, 6 Angora, Riesen,
Widder, 8 Schecken
Kanker:
11 Weberknecht
kannenartiges Gefäß:
4 Krug
Kannenkraut:
13 Schachtelhalm
Kannenschnabel:
6 Tuelle
Kannibale:
15 Menschenfresser
Kannibalismus:
14 Anthropophagie,
17 Menschenfresserei
Kanonenboot:
7 Monitor
kanonisieren:
14 heilig sprechen*,
heiligsprechen
Kante:
4 Ecke, Grat, Rand, Saum,
5 Kippe
Kantenstreifen:
4 Rand
kantig:
5 eckig
Kantine:
5 Messe, 6 Casino, Kasino,
7 Essraum, 10 Speiseraum,
12 Verkaufsraum,
14 Betriebskueche
Kanufahrer:
6 Kanute
Kanüle:
9 Hohlnadel
Kanzel:
5 Stand, Stuhl, 7 Anstand,
8 Hochsitz, Katheder,
11 Fuehrerraum, 12 Predigtstuhl,
13 Pilotenkabine
Kanzelrede:
7 Predigt
Kanzleiformat:
5 Folio
Kanzler:
7 Premier, 14 Regierungschef
Kap:
10 Vorgebirge
Kapelle:
4 Band, 6 Gruppe, 8 Ensemble,
Musikzug, 9 Orchester,
10 Gotteshaus, Kirchenbau
Kapellmeister:
8 Dirigent
Kapergut:
5 Prise
kapern:
10 aufbringen
Kaphase:
5 Tolai
Kapholländer:
4 Bure

Kapital:
4 Geld, 6 Besitz, Fundus, Gelder, 8 Substanz, 9 Vermoegen, 10 Grundstock
Kapitalanlage:
10 Investment, 11 Investition
Kapitale:
10 Hauptstadt
Kapitalertrag:
4 Zins, 6 Zinsen, 7 Rendite, 9 Dividende
Kapitalgesellschaft:
2 AG, KG, 3 OHG, 4 GmbH
Kapitalverbrechen:
4 Mord, Raub, 8 Attentat, Raubmord, 9 Piraterie, 10 Hochverrat, Kidnapping
Kapitän:
9 Hauptmann, Kommodore, 10 Kommandant, 11 Seeoffizier, 12 Spielfuehrer
Kapitel:
9 Abschnitt, Kollegium
Kapitelherr:
7 Domherr, 8 Chorherr, 9 Kapitular, 10 Stiftsherr
Kapitell:
11 Pfeilerkopf, Saeulenkopf
Kapitulation:
8 Ergebung, 9 Uebergabe, 13 Verpflichtung
Kappe:
5 Haube, 6 Deckel, Kaeppi, Kapuze, Muetze, 10 Verschluss, 11 Schuhspitze
Kapriole:
8 Narretei, 10 Bocksprung, Luftsprung, 11 Bockssprung, 13 Dressursprung, Dressuruebung
Kaprubin:
5 Pyrop
Kapsel:
4 Etui, 6 Huelle, Huelse, 8 Futteral, Gehaeuse, Satellit, 12 Raumfahrzeug
kaputt:
6 defekt, 8 ruiniert, 9 zerstoert
Kapuze:
8 Baschlik
Kapuziner:
5 Orden, 12 Franziskaner
Kapuzineraffe:
3 Sai, 7 Saimiri
Kapuzinerkresse:
12 Kletterkraut
Kapverdische Insel:
3 Sal, 4 Fogo, Maio, 5 Brava, Praia, 8 Boavista, Sao Antao, 10 Sao Vicente
Karacho:
5 Tempo, 6 Rasanz, 8 Karriere
Karaffe:
7 Flasche, 11 Glasflasche, Weinflasche, 13 Wasserflasche
Karaibenboot:
6 Piroge, 7 Piragua
Karakulschafpelz:
9 Persianer
Karambolage:
13 Zusammenprall, Zusammenstoss
karambolieren:
15 zusammenprallen, zusammenstossen
Karawanentier:
5 Kamel
Karawanserei:
3 Han, 8 Herberge, Quartier, 10 Unterkunft
Karbolsäure:
6 Phenol
Kardinalstitel:
7 Eminenz
Kardinaltugend:
5 Liebe, 6 Glaube, 7 Glauben, Staerke, 8 Hoffnung, Klugheit, Weisheit, 11 Maessigkeit, 13 Gerechtigkeit
karg:
5 knapp, 8 aermlich, duerftig, 9 spaerlich
karibische
See:
7 Karibik
Karies:
10 Zahnfaeule
Karikatur:
8 Zerrbild, 9 Spottbild
Karikaturenzeichner:
12 Karikaturist
Karikaturist:
3 Low
karitative Anstalt:
4 Heim, 5 Stift
Karneval:
8 Fasching, Fasnacht, 9 Fastnacht
Karnevalsausschuß:
8 Elferrat
Karnevalsrednerpult:
5 Buett, 6 Buette
Karnevalsruf:
5 Alaaf, Helau
Karnevalsveranstaltung:
10 Maskenball, 11 Kostuemball, 12 Mummenschanz, 15 Rosenmontagszug
Karo:
5 Farbe, Figur, Raute, 6 Dessin, Muster, 7 Viereck, 11 Kartenfarbe, 13 Wuerfelmuster
Karolineninsel:
3 Jap, Ruk, Yap, 6 Ponape
Karotte:
6 Moehre, 9 Mohrruebe, 10 gelbe Ruebe
Karpatenlandschaft:
8 Bukowina, 10 Buchenland
karpfenartiger Fisch:
4 Albe, Nase, 5 Aitel, Aland, Barbe, Laube, 6 Blicke, Brasse, Erling, Schlei, 7 Brachse, Elritze, Pfrelle, Ploetze, Schleie, 8 Blaunase, Nerfling, Peitzger, Schmerle, Schupper, Schuster, 9 Goldfisch, 10 Bitterling, Gruendling, 11 Bartgrundel, 14 Schlammbeisser, 15 Schlammpeitzger
Karree:
7 Quadrat, Viereck, 12 Haeuserblock
Karren:
5 Wagen, 7 Vehikel, 8 Karrette, 9 Handwagen, 10 Kleinwagen, Schubkarre
Karriere:
8 Laufbahn
Kartei:
9 Kartothek
Karteikartenreiter:
3 Tab
Kartenausteiler:
5 Geber
Kartenfarbe:
3 Pik, 4 Herz, Karo, 5 Kreuz
Kartenglücksspiel:
3 Jeu, 4 Poch, 5 Pharo, Poker, 6 Hasard, 7 Vingtun, 8 Bakkarat, 9 Mauscheln
Kartenskizze:
5 Kroki
Kartenspiel:
3 Jeu, 4 Skat, Tapp, Zego, 5 Poker, Rommé, Whist, 6 Boston, Bridge, Gaigel, Hasard, Lomber, Pharao, Ramsch, Rapuse, Rommee*, Tarock, 7 Besigue, Binokel, Canasta, 8 Bakkarat, Patience, Quartett, 9 Mauscheln, Quodlibet, Schafkopf, Vingt-et-

un, 10 Doppelkopf, Karnoeffel, Schafskopf, 13 Einundzwanzig, 14 Schwarzer Peter, 15 Sechsundsechzig, Siebzehnundvier
Kartenspielausdruck:
2 As, re, 3 Pik, Rot, 4 Auge, Bock, Bube, Dame, Daus, Hand, Herz, Karo, Null, Ober, Satz, Solo, 5 Blatt, Coeur, Ecker, Farbe, geben, Geber, Grand, Gruen, Joker, Junge, Kreuz, Pique, Runde, Stich, Treff, Unter, 6 Eckern, Eichel, Herzen, kontra, mauern, mogeln, passen, Trumpf, Wenzel, 7 Couleur, Einsatz, mischen, Schelle, Schwarz, Sequenz, Spieler, Vorhand, 8 bedienen, bekennen, Eckstein, Schellen, Schippen, 9 kiebitzen, schneiden, Schneider, 10 Hinterhand, Mittelhand, Nullouvert
Kartenstamm:
5 Talon
Kartenwissenschaft:
11 Kartografie*, 12 Kartographie
Kartenzeichen:
8 Signatur
Karthager:
6 Punier
karthagische:
-Gottheit:
6 Tanith
karthagischer:
-Feldherr:
8 Hamilkar, Hannibal, 9 Hasdrubal
-Seefahrer:
5 Hanno
Kartoffel:
8 Erdapfel, 10 Grundbirne
Kartoffelbrei:
6 Pueree
Kartoffelgift:
7 Solanin
Kartoffelkrankheit:
10 Nassfaeule, 11 Braunfaeule
Kartoffelmehl:
7 Staerke
Karton:
5 Pappe, 9 Schachtel, 13 Pappschachtel
kartoniertes Buch:
9 Paperback
Kartothek:
6 Kartei
Kartusche:
6 Ladung, Rahmen, 8 Ornament, 10 Zierstueck
Karwochentag:
10 Karfreitag, Karsamstag, 15 Gruendonnerstag
Kaschmirhirsch:
6 Hangul
Käseart/-sorte:
4 Brie, 5 Gouda, 6 Edamer, Harzer, Zieger, 7 Gervais, Gruyere, Mainzer, Stilton, 8 Liptauer, Parmesan, Tilsiter, 9 Allgaeuer, Camembert, Greyerzer, Handkaese, Limburger, Rahmkaese, Roquefort, Schweizer, 10 Emmentaler, Gorgonzola, Hollaender, Schabziger, 11 Schafskaese, Ziegenkaese
Kaseinkunststoff:
6 Akalit
Käsestoff:
6 Kasein
Käsewasser:
5 Molke
Kassenansturm:
3 Run
Kassenbestand:
3 Ist
Kassenführer:
9 Kassierer
Kassenschlager:
3 Hit, 6 Renner, 7 Reisser, 8 Knueller, 10 Bestseller
Kassenschrank:
4 Safe, 6 Tresor
Kassensturz:
8 Revision
Kassenzettel:
3 Bon, 5 Beleg, 8 Quittung
Kasserolle:
4 Topf
Kassette:
6 Huelle, Kasten, 9 Behaelter, Kaestchen, Schatulle
kastanienbraun:
5 maron
Kaste:
5 Stand, 6 Klasse, 7 Schicht
Kaste Ostindien:
5 Cudra
Kastell:
4 Burg, Fort, 5 Feste, 7 Festung, Schloss, 12 Festungswerk
Kasten:
3 Box, 4 Lade, 5 Kiste, Truhe, 7 Schrank, Schrein, 9 Behaelter, Schublade, 10 Turngeraet
kastenloser Inder:
5 Paria
Kastors:
-Bruder:
6 Pollux
-Mutter:
4 Leda
-Vater:
4 Zeus
Kastrat:
6 Eunuch
kastrierter:
-Bulle:
5 Ochse
-Hahn:
6 Kapaun
kastriertes:
-Pferd:
7 Wallach
Katalog:
10 Uebersicht, 11 Aufstellung, Verzeichnis, 16 Warenverzeichnis
katalogisieren:
6 ordnen
Katapult:
9 Schleuder, 12 Wurfmaschine, 14 Startschlitten, 17 Flugzeugschleuder
Kataster:
8 Flurbuch, 9 Grundbuch
Katastrophenart/Katastrophe:
4 Ruin, 5 Chaos, 6 Seuche, Unheil, 7 Debakel, Havarie, 8 Einsturz, Epidemie, Unglueck, Unwetter, 9 Explosion, Kollision, Tragoedie, Untergang, 10 Deichbruch, Grossbrand, Hochwasser, Hungersnot, 11 Schiffbruch, 12 Lawinensturz, 14 Vulkanausbruch, 15 Ueberschwemmung, 16 Schiffsuntergang
Kate:
6 Huette, 12 Bauernhuette
Kategorie:
6 Gruppe, Klasse, 7 Gattung, Ordnung
Kater in der Fabel:
4 Murr, 6 Murner
Katheder:
4 Pult, 6 Kanzel, 9 Lehrstuhl, 10 Rednerpult

Kathedrale:
3 Dom, 8 Muenster,
14 Bischofskirche
Kathedrale in Paris:
12 Invalidendom
katholische:
-Aktion:
14 Laienapostolat
-Andacht:
6 Novene
-Bischofsversammlung:
6 Konzil
-Frühmesse:
8 Matutina
-Geistlichkeit:
6 Klerus
-Heilige:
4 Afra, 5 Lydia, 7 Barbara,
9 Katharina
-Leichenfeier:
8 Exequien
-Ordensfrau:
5 Nonne
-Priesterschaft:
6 Klerus
-Zentralverwaltung:
5 Kurie
katholischer:
-Altardiener:
7 Akoluth, 10 Ministrant
-Bettelorden:
9 Kapuziner, Minoriten,
10 Augustiner, Karmeliter,
11 Dominikaner,
12 Franziskaner
-Feiertag:
11 Allerseelen, 12 Fronleichnam,
13 Allerheiligen
-Frauenorden:
12 Klarissinnen,
15 Karmeliterinnen,
Salesianerinnen
-Geistlicher:
5 Vikar, 6 Diakon
-Gottesdienst:
5 Messe
-Hilfspriester:
5 Kurat
-Kirchenlehrer:
8 Augustin, 10 Augustinus
-Meßdiener:
10 Ministrant
-Orden:
8 Jesuiten, 9 Kapuziner,
Minoriten, 10 Augustiner,
Karmeliter, Kartaeuser,
Trappisten, 11 Dominikaner,
12 Benediktiner, Franziskaner,
13 Zisterzienser
-Pfarramtsverweser:
5 Kurat
katholisches:
-Bittgebet:
7 Litanei
-Gebet:
7 Angelus, 8 Ave Maria
-Gnadenmittel:
6 Ablass, 8 Nachlass,
10 Absolution, 12 Lossprechung
-Meßbuch:
6 Missal, 7 Missale
-Priestergewand:
4 Albe, 5 Stola
-Sakrament:
3 Ehe, 5 Busse, Taufe, 6 Oelung,
7 Firmung, 9 Abendmahl
-Stundengebet:
4 Hora, None
Katze/Katzenart:
3 Rex, 4 Eyra, Onze, Puma,
Unze, 5 Birma, Fossa, Irbis,
Korat, Loewe, Mungo, Tiger,
6 Jaguar, Kuguar, Ozelot,
Panter*, Pardel, Serval,
7 Leopard, Panther, 8 Manguste,
9 Bergloewe, Siamkatze,
Wildkatze, 10 Chinchilla,
Kartaeuser, Zibetkatze,
11 Angorakatze, Perserkatze,
Pharaoratte, 12 Ginsterkatze,
Koenigstiger
katzenartiges Raubtier:
5 Luchs, 6 Serval
Katzenauge:
5 Quarz, 9 Edelstein,
13 Rueckstrahler
Katzendarm:
6 Katgut
Katzengold:
6 Biotit, 7 Glimmer
Katzenjammer:
5 Kater
Katzenlaut:
4 miau
Katzenmusik:
6 Jaulen, Miauen, 7 Gedudel,
8 Gejammer, Gewimmer,
9 Charivari, Geklimper,
Klimperei
Katzensilber:
7 Glimmer, 8 Muskovit,
11 Kaliglimmer
Kauf:
5 Bezug, 6 Erwerb,
11 Anschaffung
Käufer:
5 Kunde, 8 Abnehmer, Erwerber,
9 Konsument, 11 Verbraucher
Kaufhaus:
10 Supermarkt
Kaufherrengeschlecht in Augsburg:
6 Fugger, Welser
käuflich:
4 feil, 9 unredlich,
11 bestechlich, erhaeltlich
kaufmännische:
-Lieferungsanweisung:
5 Abruf
kaufmännischer:
-Beruf:
6 Makler, 7 Manager, 8 Grossist,
Haendler, 9 Expedient,
Importeur, Kassierer, Kontorist,
Reisender, Vertreter,
10 Buchhalter, Einkaeufer,
Konzipient, Verkaeufer,
12 Filialleiter,
14 Einzelhaendler,
Verkaufsleiter, 15 Vertriebsleiter,
17 Geschaeftsfuehrer
kaufmännisches:
-Angebot:
7 Offerte
Kaufmannsgehilfe:
6 Kommis
Kaugummi:
9 Bubble Gum
Kaukasier:
5 Aware
kaukasische:
-Wollkapuze:
8 Baschlik
kaukasischer:
-Mantel:
5 Burka
-Teppich:
5 Kasak, Kelim, Sumak,
6 Kasach
-Volksstamm:
5 Lasen, 6 Alanen,
12 Tscherkessen,
13 Tschetschenen
Kaukasusgipfel:
6 Elbrus, Kasbek
kausal:
11 begruendend, ursaechlich
Kautabak:
5 Priem
Kaution:
5 Pfand, 8 Garantie,
9 Haftsumme, 11 Buergschaft

Kautschuk/-art:
4 Buna, 5 Latex
kautschukähnliche Masse:
11 Guttapercha
Kautschukbaum:
5 Ficus, 9 Castilloa, Gummibaum
Kautschukmilch:
5 Latex
Kauz:
4 Eule, 10 Sonderling
Kavalier:
9 Gentleman
Kavallerieangriff:
7 Attacke
Kavallerieeinheit:
8 Eskadron, 9 Schwadron
Kavallerist:
4 Ulan, 5 Husar, 6 Reiter, 8 Dragoner, 10 Kuerassier
Kaviar:
6 Beluga, 8 Malossol
Kaviarfisch:
5 Stoer
Kaviarlieferant:
5 Stoer, 6 Hausen, Scherg, 7 Sterlet
keck:
5 frech, 6 munter, 9 schneidig
Keckheit:
7 Schneid, 9 Frechheit, 10 Forschheit, 13 Ungeniertheit
Keeper:
7 Torwart
Kegel:
5 Konus
Kegelbruder:
6 Kegler
kegelförmig:
7 konisch
kegelförmiger Berggipfel:
5 Kofel, Kogel
kegelförmiger Zapfen:
5 Konus
Kegelschnittlinie:
5 Kreis, 7 Ellipse, Parabel, 8 Hyperbel
Kegelwurf:
5 Schub
Keglergruß:
7 Gut Holz
Kehlkopf:
6 Gurgel
Kehlkopfspiegelung:
13 Laryngoskopie
Kehlkopfteil:
6 Deckel, 8 Kehlsack, 9 Stimmband
Kehraus:
6 Finale, 11 Schlusstanz
Kehrbesen:
5 Feger
Kehrbild:
7 Negativ
kehren:
5 fegen, 6 wenden, 8 saeubern
Kehrflaumer:
4 Mopp
Kehrgerät:
5 Besen, 8 Schaufel, 9 Handfeger
Kehricht:
5 Dreck, Muell, Staub, 6 Abfall, Schutt, 7 Schmutz
Kehrschleife:
10 Serpentine
Kehrseite:
6 Envers, Revers, 7 Ruecken, 9 Gegenteil, 10 Rueckseite, 11 Hinterseite, 13 Schattenseite
kehrtmachen:
8 umkehren
keifen:
8 schelten
Keile:
7 Pruegel, 8 Schlaege, 9 Abreibung
Keiler:
4 Eber
Keilschriftmaterial:
8 Tontafel
Keim:
4 Same, 5 Samen, 6 Ansatz, 7 Erreger, 8 Bakterie, Ursprung
Keimdrüse:
6 Gonade, 10 Germinalie
keimen:
9 spriessen
keimfrei:
6 steril
Keimfreiheit:
7 Asepsis, 11 Sterilitaet
Keimkorn:
5 Spore
Keimling:
6 Frucht
keimtötend:
12 antiseptisch
Keimträger:
2 Ei, 4 Same
Keimzelle:
2 Ei, 5 Gamet
kein Fachmann:
4 Laie
kein Regelfall:
8 Ausnahme
keiner:
7 niemand
keinerlei:
6 nichts
keinesfalls:
3 nie, 7 niemals
keineswegs:
10 unmoeglich
Kelch:
4 Glas, 5 Pokal, 6 Becher, Bluete, Huelle, 7 Gefaess
Kelle:
12 Biberschwanz, 14 Maurerwerkzeug, Schoepfloeffel
Kellerei:
9 Weinlager
Kellergeschoss:
10 Souterrain
Kellermeister:
6 Kuefer
Kellerungeziefer:
5 Assel, 6 Schabe
Kellner:
4 Ober, 7 Ganymed, Steward
Kellnerin:
10 Stewardess, 11 Serviererin
Kellnerlehrling:
7 Pikkolo
Kelten:
4 Iren, 6 Gaelen, 8 Bretonen, Schotten, Walliser
Kelterer:
6 Winzer
Kelterrückstand:
6 Treber, 7 Trester
keltische:
-Erzählung:
10 Mabinogion
-Feenkönigin:
3 Mab
-Gottheit:
4 Donn, Esus, 5 Dagda, 6 Ogmios, 7 Taranis, 8 Teutalus
-Sagengestalt:
4 Erek, 5 Artus, 6 Isolde, Merlin, Ossian, 7 Tristan, 8 Parsifal, Parzifal
keltischer:
-Barde:
6 Ossian
-Priester:
6 Druide
-Sänger:
5 Barde, 6 Ossian
-Volksstamm:
5 Bojer, 6 Skoten, 7 Galater,

Noriker, Senonen, 8 Bretonen, Sequaner, 9 Helvetier, Tiguriner
kennbar:
9 kenntlich
Kenner:
7 Experte, Koenner, 8 Fachmann, 10 Kapazitaet, 17 Sachverstaendiger
kennerisch:
13 fachmaennisch
Kenntnis:
5 Kunde, Notiz, 6 Wissen, 8 Einblick, 9 Erfahrung
kenntnisreich:
8 gebildet
Kennwort:
5 Motto, 6 Losung, Parole, 7 Chiffre
Kennzahl:
6 Nummer, 7 Chiffre
Kennzeichen:
3 Mal, 4 Norm, Zahl, 5 Kreuz, Punkt, 6 Emblem, Signal, 7 Merkmal, Symptom, 8 Attribut, Signatur, 9 Charakter, Kriterium, 14 Charakteristik
kennzeichnen:
9 markieren
kennzeichnend:
7 markant, typisch, 16 charakteristisch
Kennzeichnung:
10 Markierung, 11 Signalement, 14 Charakteristik
Kentaur:
6 Chiron, Nessos, Nessus
kentern:
6 kippen, 10 umschlagen
keppeln:
8 schelten
keramische:
-Gussmasse:
6 Engobe
keramischer:
-Isolierstoff:
5 Calit
keramisches:
-Erzeugnis:
4 Krug, Vase, 6 Kachel, Roehre, Teller, Ziegel, 7 Klinker, Tonware, 8 Geschirr, Steingut, 9 Porzellan, Steinzeug, 10 Terrakotta
Kerbe:
5 Kimme, Rille, Rinne, 6 Furche, 7 Scharte, 10 Einschnitt
Kerbtier:
4 Kerf, 6 Insekt
Kerker:
4 Turm, 5 Bagno, 7 Verlies, 9 Zuchthaus, 10 Gefaengnis
Kerl:
4 Held, Lump, 6 Flegel, 7 Bursche
Kernenergie:
9 Atomkraft, 11 Atomenergie, 14 Nuklearenergie
Kernforschung:
13 Nuklearphysik
Kerngehäuse des Obstes:
6 Griebs
kernig:
4 urig
kernlose Mandarine:
10 Klementine
kernlose Rosine:
9 Sultanine
Kernobst:
5 Apfel, Birne, 6 Quitte
Kernreaktor:
4 Pile, 10 Atommeiler, 11 Uranbrenner, 16 Schneller Brueter
Kernschleife:
9 Chromosom
Kernspruch:
10 Aphorismus
Kernstück:
10 Hauptsache
Kernteilchen:
5 Foton*, Meson, Quant, Quark, 6 Photon, Proton, 7 Neutron, Nukleon, 8 Elektron, Negatron, Positron
Kernwaffe:
9 Atombombe, 11 Heliumbombe, 14 Neutronenbombe, 16 Wasserstoffbombe
Kerosin:
10 Flugbenzin
Kerwa:
9 Jahrmarkt
Kerze:
5 Licht
Kerzenmaterial:
4 Talg, 5 Wachs, 7 Stearin, 8 Paraffin, 11 Bienenwachs
keß:
4 keck, 5 flott, 6 dreist, schick, 7 vorlaut, 12 selbstsicher
Kessel:
4 Tank, 6 Becken
Kesselflicker:
11 Drahtbinder
Kesseltreiben:
4 Jagd, 5 Hetze, 9 Treibjagd, 12 Hetzcampagne*, Hetzkampagne
Kette:
5 Faden, Folge, Serie, 6 Fessel, Kordon, 8 Girlande, 10 Armschmuck, 11 Halsschmuck
Kettenfahrzeug:
4 Tank, 6 Panzer, 7 Traktor, 9 Bulldozer, 12 Planierraupe
Kettengeräusch:
8 Gerassel
Kettengesang:
5 Kanon
Kettenglied:
6 Schake
Kettenpanzer:
7 Bruenne, 8 Harnisch, Ruestung
Kettenschleppschiff:
5 Tauer
Ketzer:
7 Renegat, 10 Haeretiker
Ketzerei:
8 Haeresie, Irrlehre
Ketzergericht:
8 Autodafé, 11 Inquisition
Keule:
5 Waffe, 8 Schenkel, Schinken, Schlegel, 10 Schlagholz
Keulenfleisch:
8 Schinken
Keulenstück des J250 Rindes:
4 Ziem
Keuschheit:
8 Reinheit, Unschuld, 11 Virginitaet
Kfz-Kennzeichen:
-Aachen:
2 AC
-Aalen:
2 AA
-Ahaus:
2 AH
-Ahrweiler:
2 AW
-Aichach-Friedberg:
3 AIC
-Alb-Donau-Kreis:
2 UL
-Alfeld:
3 ALF
-Alsfeld:
3 ALS

-Altena:
2 AL
-Altenkirchen:
2 AK
-Altötting:
3 AOE
-Alzenau:
3 ALZ
-Alzey-Worms:
2 AZ
-Amberg:
2 AM
-Anklam:
3 ANK
-Ansbach:
2 AN
-Arnsberg:
2 Ar
-Aschaffenburg:
2 AB
-Augsburg:
1 A
-Aurich:
3 AUR
-Backnang:
2 BK
-Bad Aibling:
3 AIB
-Bad Brückenau:
3 BRK
-Bad Doberan:
3 DBR
-Bad Dürkheim:
4 DUEW
-Bad Ems:
3 EMS
-Bad Gandersheim:
3 GAN
-Bad Homburg:
2 HG
-Bad Kissingen:
2 KG
-Bad Kreuznach:
2 KH
-Bad Mergentheim:
3 MGH
-Bad Neustadt:
3 NES
-Bad Oldesloe:
2 OD
-Bad Reichenhall:
3 REI
-Bad Schwalbach:
3 SWA
-Bad Segeberg:
2 SE
-Baden-Baden:
3 BAD
-Baden-Württemberg:
3 BWL
-Balingen:
2 Bl
-Bamberg:
2 BA
-Bayern:
3 BYL
-Bayreuth:
2 BT
-Beckum:
2 BE
-Beilngries:
3 BEI
-Berchtesgaden:
3 BGD
-Bergheim:
2 BM
-Bernkastel:
3 BKS
-Biedenkopf:
3 BID
-Bielefeld:
2 BI
-Bingen:
3 BIN
-Birkenfeld:
3 BIR
-Böblingen:
2 BB
-Bocholt:
3 BOH
-Bochum:
2 BO
-Bodenseekreis:
2 FN
-Bogen:
3 BOG
-Bonn:
2 BN
-Borken:
3 BOR
-Bottrop:
3 BOT
-Brake:
3 BRA
-Braunlage:
3 BRL
-Braunschweig:
2 Bs
-Bremervörde:
3 BRV
-Brilon:
3 BRI
-Bruchsal:
2 BR
-Büdingen:
4 BUED
-Bundesbahn:
2 DB
-Bundesgrenzschutz:
2 BG
-Bundespost:
2 BP
-Bundesregierung:
2 BD
-Bundeswehr:
1 Y
-Burgdorf:
2 BU
-Burglengenfeld:
3 BUL
-Burgsteinfurt:
2 BF
-Büsingen:
4 BUES
-Calw:
2 CW
-Castrop-Rauxel:
3 CAS
-Celle:
2 CE
-Chemnitz:
1 C
-Clausthal-Zellerfeld:
3 CLZ
-Cloppenburg:
3 CLP
-Coburg:
2 CO
-Coesfeld:
3 COE
-Cottbus:
2 CB
-Crailsbeim:
2 CR
-Cuxhaven:
3 CUX
-Dachau:
3 DAH
-Dannenberg:
3 DAN
-Darmstadt:
2 DA
-Deggendorf:
3 DEG
-Delmenhorst:
3 DEL
-Deutsche Bundesbahn:
2 DB
-Deutsche Bundespost:
2 BP
-Dieburg:
2 Dl
-Diepholz:
2 DH

-Diez:
3 DIZ
-Dillenburg:
3 DIL
-Dillingen:
3 DLG
-Dillkreis:
3 DIL
-Dinkelsbühl:
3 DKB
-Dinslaken:
3 DIN
-Diplomatisches Corps:
2 CD
-Donaueschingen:
2 DS
-Donauwörth:
3 DON
-Dortmund:
2 DO
-Dresden:
2 DD
-Duderstadt:
3 DUD
-Duisburg:
2 DU
-Düren:
2 DN
-Düsseldorf:
1 D
-Ebermannstadt:
3 EBS
-Ebern:
3 EBN
-Ebersberg:
3 EBE
-Eberswalde:
2 EW
-Eckernförde:
3 ECK
-Eggenfelden:
2 EG
-Ehingen:
3 EHI
-Eichstätt:
3 EIH
-Einbeck:
3 EIN
-Emden:
3 EMD
-Enzkreis:
2 PF
-Erbach:
3 ERB
-Erding:
2 ED
-Erfurt:
2 EF
-Erkelenz:
3 ERK
-Erlangen:
2 ER
-Eschenbach:
3 ESB
-Eschwege:
3 ESW
-Essen:
1 E
-Esslingen:
2 ES
-Euskirchen:
2 EU
-Eutin:
3 EUT
-Fallingbostel:
3 FAL
-Feuchtwangen:
3 FEU
-Flensburg:
2 FL
-Flöha:
4 FLOE
-Forchheim:
2 FO
-Frankenthal:
2 FT
-Freiburg:
2 Fr
-Freising:
2 FS
-Freudenstadt:
3 FDS
-Friedrichshafen:
2 FN
-Fürstenfeldbruck:
3 FFB
-Fürth:
3 FUE
-Füssen:
4 FUES
-Garmisch-Partenkirchen:
3 GAP
-Geilenkirchen-Heinsberg:
2 GK
-Gelnhausen:
2 GN
-Gelsenkirchen:
2 GE
-Gemünden:
3 GEM
-Gera:
1 G
-Germersheim:
3 GER
-Gerolzhofen:
3 GEO
-Gießen:
2 GI
-Gladbeck:
3 GLA
-Glauchau:
2 GC
-Göppingen:
2 GP
-Goslar:
2 GS
-Göttingen:
3 GOE
-Grafenau:
3 GRA
-Grevenbroich:
2 GV
-Griesbach:
3 GRI
-Groß-Gerau:
2 GG
-Gummersbach:
2 GM
-Günzburg:
2 GZ
-Gütersloh:
2 GT
-Hagen:
2 HA
-Halle Westfalen:
2 HW
-Hamburg:
2 HH
-Hammelburg:
3 HAB
-Hanau:
2 HU
-Hannover:
1 H
-Hansestadt Lübeck:
2 HL
-Hechingen:
3 HCH
-Heidelberg:
2 HD
-Heilbronn:
2 HN
-Heinsberg:
2 HS
-Herne:
3 HER
-Hersbruck:
3 HEB
-Hildburghausen:
3 HBN
-Hildesheim:
2 HI
-Hochtaunuskreis:
2 HG

-Hof:
2 HO
-Hofgeismar:
3 HOG
-Hofheim:
3 HOH
-Holzminden:
3 HOL
-Homberg:
2 HR
-Homburg:
3 HOM
-Höxter:
2 HX
-Hünfeld:
4 HUEN
-HUSUM:
3 HUS
-Illertissen:
3 ILL
-Ilmenau:
2 IL
-Ingolstadt:
2 IN
-Iserlohn:
2 IS
-Italien:
1 I
-Jever:
3 JEV
-Jülich:
4 JUEL
-Jüterbog:
2 JB
-Kaiserslautern:
2 KL
-Kamenz:
2 KM
-Karlsruhe:
2 KA
-Kassel:
2 KS
-Kaufbeuren:
2 KF
-Kehl:
3 KEL
-Kelheim:
3 KEH
-Kemnath:
3 KEM
-Kempen-Krefeld:
2 KK
-Kempten:
2 KE
-Kiel:
2 KI
-Kirchheimbolanden:
3 KIB

-Kitzingen:
2 KT
-Kleve:
3 KLE
-Koblenz:
2 ko
-Köln:
1 K
-Königshofen:
4 KOEN
-Konstanz:
2 KN
-Konsularisches Korps:
2 CC
-Korbach:
2 KB
-Köthen:
4 KOET
-Kötzting:
4 KOEZ
-Krefeld:
2 KR
-Kronach:
2 KC
-Krumbach:
3 KRU
-Kulmbach:
2 KU
-Kusel:
3 KUS
-Landau Isar:
3 LAN
-Landau Pfalz:
2 LD
-Landshut:
2 LA
-Laufen:
2 LF
-Leer:
3 LER
-Leipzig:
1 L
-Leverkusen:
3 LEV
-Lichtenfels:
3 LIF
-Limburg-Weilburg:
2 LM
-Lingen:
3 LIN
-Lippstadt:
2 LP
-Lohr:
3 LOH
-Lörrach:
3 LOE
-Luckau:
2 LC

-Lüdenscheid:
2 LS
-Ludwigsburg:
2 LB
-Lüneburg:
2 LG
-Lünen:
4 LUEN
-Main-Taunus-Kreis:
3 MTK
-Mainburg:
3 MAI
-Mainz:
2 MZ
-Mallersdorf:
3 Mal
-Mannheim:
2 MA
-Marktheidenfeld:
3 MAR
-Marktoberdorf:
3 MOD
-Marktredwitz:
3 MAK
-Mayen-Koblenz:
3 MYK
-Meißen:
3 MEI
-Mellrichstadt:
3 MET
-Memmingen:
2 MM
-Meppen:
3 MEP
-Mergentheim:
3 MGH
-Merseburg:
3 MER
-Meschede:
3 MES
-Mettmann:
2 ME
-Miesbach:
2 MB
-Miltenberg:
3 MIL
-Mindelheim:
2 MN
-Moers:
2 MO
-Mönchengladbach:
2 MG
-Monschau:
3 MON
-Montabaur:
2 MT
-Mosbach:
3 MOS

-Münchberg:
4 MUEB
-München:
1 M
-Münsingen:
4 MUEN
-Münster:
2 MS
-Nabburg:
3 NAB
-Naila:
3 NAI
-Neu-Ulm:
2 NU
-Neubrandenburg:
2 NB
-Neumarkt:
2 NM
-Neumünster:
3 NMS
-Neuruppin:
2 NP
-Niedersachsen:
2 NL
-Norden:
3 NOR
-Nördlingen:
3 NOE
-Northeim:
3 NOM
-Nürnberg:
1 N
-Nürtingen:
2 NT
-Oberhausen:
2 OB
-Offenbach:
2 OF
-Offenburg:
2 OG
-Oldenburg/Holstein:
3 OLD
-Oldenburg/Oldenburg:
2 OL
-Oldesloe:
2 OD
-Olpe:
2 OE
-Opladen:
2 OP
-Oschatz:
2 OZ
-Oschersleben:
2 OC
-Ostalbkreis:
2 AA
-Otterndorf:
3 OTT
-Ottweiler:
3 OTW
-Paderborn:
2 PB
-Parchim:
3 PCH
-Parsberg:
3 PAR
-Passau:
2 PA
-Pegnitz:
3 PEG
-Peine:
2 PE
-Pfaffenhofen:
3 PAF
-Pfarrkirchen:
3 PAN
-Pforzheim:
2 PF
-Pinneberg:
2 PI
-Pirmasens:
2 PS
-Plön:
4 PLOE
-Prüm:
4 PRUE
-Quedlinburg:
3 QLB
-Rastatt:
2 RA
-Ratzeburg:
2 RZ
-Ravensburg:
2 RV
-Recklinghausen:
2 re
-Regen:
3 REG
-Regensburg:
1 R
-Rehau:
3 REH
-Remscheid:
2 RS
-Reutlingen:
2 RT
-Rheinland-Pfalz:
3 RPL
-Rheydt:
2 RY
-Ribnitz-Damgarten:
3 RDG
-Riedenburg:
3 RID
-Riesa:
3 RIE
-Rinteln:
2 RI
-Rockenhausen:
3 ROK
-Roding:
3 ROD
-Rosenheim:
2 RO
-Rostock:
3 HRO
-Rotenburg Fulda:
3 ROF
-Rotenburg Wümme:
3 ROW
-Roth:
2 RH
-Rottweil:
2 RW
-Saarbrücken:
2 SB
-Saarburg:
3 SAB
-Saarland:
3 Sal
-Saarlouis:
3 SLS
-Säckingen:
4 SAEK
-Salzgitter:
2 Sz
-Sankt Goar:
3 GOA
-Sankt Goarshausen:
3 GOH
-Sankt Wendel:
3 WND
-Saulgau:
3 SLG
-Scheinfeld:
3 SEF
-Schleiden:
3 SLE
-Schleswig:
2 SL
-Schleswig-Holstein:
2 Sh
-Schlüchtern:
4 SLUE
-Schongau:
3 SOG
-Schrobenhausen:
3 SOB
-Schwabach:
2 SC
-Schwäbisch Gmünd:
2 GD
-Schwäbisch Hall:
3 SHA

-Schwabmünchen:
4 SMUE
-Schwalm-Eder-Kreis:
2 HR
-Schwandorf:
3 SAD
-Schweinfurt:
2 SW
-Schweiz:
2 CH
-Selb:
3 SEL
-Siegburg:
2 SU
-Siegkreis:
2 SU
-Sigmaringen:
3 SIG
-Simmern:
3 SIM
-Soest:
2 So
-Solingen:
2 Sg
-Soltau:
3 SOL
-Sonthofen:
2 SF
-Speyer:
2 SP
-Springe:
3 SPR
-Stade:
3 STD
-Stadtsteinach:
3 SAN
-Staffelstein:
3 STE
-Starnberg:
3 STA
-Steinburg:
2 IZ
-Steinfurt:
2 ST
-Stendal:
3 SDL
-Stockach:
3 STO
-Straubing:
2 SR
-Stuttgart:
1 S
-Sulzbach-Rosenberg:
3 SUL
-Syke:
2 SY
-Tauberbischofsheim:
3 TBB
-Tecklenburg:
2 TE
-Templin:
2 TP
-Tettnang:
2 TT
-Tirschenreuth:
3 TIR
-Titisee-Neustadt:
3 NEU
-Tönning:
4 TOEN
-Torgau:
2 Tg
-Traunstein:
2 TS
-Trier:
2 TR
-Tübingen:
3 TUE
-Uelzen:
2 UE
-Uffenheim:
3 UFF
-Unna:
2 UN
-Usingen:
3 USI
-Vaihingen:
3 VAI
-Vechta:
3 VEC
-Viechtach:
3 VIT
-Viersen:
3 VIE
-Vietnam:
2 VN
-Villingen-Schwenningen:
2 Vs
-Vilshofen:
3 VOF
-Vohenstrauß:
3 VOH
-Völklingen:
2 VK
-Waldeck:
2 WA
-Waldmünchen:
4 WUEM
-Wangen:
2 WG
-Wanne-Eickel:
3 WAN
-Warburg:
3 WAR
-Warendorf:
3 WAF
-Wattenscheid:
3 WAT
-Wegscheid:
3 WEG
-Weiden:
3 WEN
-Weilburg:
3 WEL
-Weimar:
2 WE
-Wertingen:
3 WER
-Wesel:
3 WES
-Westerstede:
3 WST
-Wetzlar:
2 WZ
-Wiedenbrück:
2 WD
-Wiesbaden:
2 WI
-Wilhelmshaven:
3 WHV
-Witten:
3 WIT
-Wittenberg:
2 WB
-Wittlage:
3 WTL
-Wittlich:
3 WIL
-Wolfach:
3 WOL
-Wolfratshausen:
3 WOR
-Wolfsburg:
3 WOB
-Wolfstein:
3 WOS
-Worbis:
3 WBS
-Worms:
2 WO
-Wunsiedel:
3 WUN
-Wuppertal:
1 W
-Zerbst:
2 ZE
-Ziegenhain:
3 ZIG
-Zoll:
1 Z
-Zwickau:
1 Z

Kfz-Kennzeichen international:
-Afghanistan:
3 AFG
-Ägypten:
2 ET
-Albanien:
2 AL
-Algerien:
2 DZ
-Andorra:
3 AND
-Antillen:
2 NA
-Argentinien:
2 RA
-Äthiopien:
3 ETH
-Australien:
3 AUS
-Bahamas:
2 Bs
-Bahrain:
3 BRN
-Bangladesch:
2 BD
-Barbados:
3 BDS
-Basutoland:
2 Bl
-Belgien:
1 B
-Belize:
2 BH
-Betschuanaland:
2 BP
-Bolivien:
3 BOL
-Botswana:
2 RB
-Brasilien:
2 BR
-Brunei:
3 BRU
-Bulgarien:
2 BG
-Burundi:
2 RU
-Chile:
3 RCH
-Columbien:
2 CO
-Dahomey:
2 DY
-Dänemark:
2 DK
-Dominikanische Republik:
3 Dom
-Ecuador:
2 EC
-Fidschi:
3 FJI
-Finnland:
2 SF
-Frankreich:
1 F
-Gambia:
3 WAG
-Ghana:
2 GH
-Gibraltar:
3 GBZ
-Grenada:
2 WG
-Griechenland:
2 Gr
-Großbritannien:
2 GB
-Guatemala:
3 GCA
-Guernsey:
3 GBG
-Haiti:
2 RH
-Holland:
2 NL
-Hongkong:
2 HK
-Indien:
3 IND
-Indonesien:
2 RI
-Insel Jersey:
3 GBJ
-Insel Malta:
1 M
-Insel Man:
3 GBM
-Irland:
3 IRL
-Island:
2 IS
-Jamaika:
2 JA
-Japan:
1 J
-Jordanien:
3 JOR
-Jugoslawien:
2 YU
-Kambodscha:
1 K
-Kamerun:
3 CAM
-Kanada:
3 CDN
-Kolumbien:
2 CO
-Kongo:
3 RCB
-Laos:
3 LAO
-Lesotho:
2 LS
-Libanon:
2 RL
-Liberia:
2 LB
-Libyen:
3 LAR
-Litauen.
2 LT
-Luxemburg:
1 L
-Madagaskar:
2 RM
-Malaysia:
3 Mal
-Mali:
3 RMM
-Malta:
1 M
-Marokko:
2 MA
-Mauretanien:
3 RIM
-Mauritius:
2 MS
-Monaco:
2 MC
-Neuguinea:
3 NGN
-Neuseeland:
2 NZ
-Nicaragua:
3 NIC
-Niederlande:
2 NL
-Niger:
2 RN
-Nigeria:
3 WAN
-Njassaland:
2 NP
-Norwegen:
1 N
-Österreich:
1 A
-Panama:
2 PA
-Paraguay:
2 FY
-Peru:
2 PE

-Polen:
2 PL
-Portugal:
1 P
-Ruanda:
3 RWA
-Rumänien:
2 RO
-Sambia:
1 Z
-San Marino:
3 RSM
-Schweden:
1 S
-Senegal:
2 SN
-Seychellen:
2 SY
-Sierra Leone:
3 WAL
-Singapur:
3 SGP
-Slowakei:
2 SK
-Slowenien:
3 SLO
-Somalia:
2 SP
-Spanien:
1 E
-Surinam:
3 SME
-Swasiland:
2 SD
-Syrien:
3 SYR
-Tansania:
3 EAT
-Togo:
2 RT
-Tunesien:
2 TN
-Türkei:
2 TR
-Uganda:
3 EAU
-Ukraine:
2 UA
-Ungarn:
1 H
-USA:
3 USA
-Vatikanstadt:
1 V
-Venezuela:
2 YV
-Vereinigte Staaten von Amerika:
3 USA
-Weißrussland:
2 BY
-Westsamoa:
2 WS
-Zaire:
3 ZRE
-Zambia:
1 Z
-Zentralafrikanische Republik:
3 RCA
Khmer-Republik:
11 Kamputschea
Kick:
5 Stoss, Tritt
Kicker:
10 Fussballer, 15 Fussballspieler
Kickstarter:
8 Anlasser
Kidnapper:
10 Entfuehrer, 13 Kindesraeuber, 16 Kindesentfuehrer
Kieferchirurg:
8 Zahnarzt
Kieferkrampf:
10 Maulsperre
Kiefernart:
5 Pinie, 6 Foehre, Forche, Zirbel, 7 Latsche, 9 Legfoehre
Kiefernholz:
4 Kien
Kiefernzapfen:
9 Kienapfel
Kieferteil:
8 Kinnlade, 9 Kinnbacke
Kielwasser:
3 Sog, 4 Spur
Kiemen:
9 Branchien
Kiemenschlitzaal:
6 Cuchia
Kienspan:
6 Fackel
Kieselalge:
8 Diatomee
Kieselsäure:
7 Aerosil
kiesetig:
11 waehlerisch
kiffen:
7 rauchen
Killer:
7 Moerder
Kilt:
12 Schottenrock
Kimm:
8 Horizont, Sehkreis
Kimme:
5 Kerbe, 10 Einschnitt
Kimmung:
8 Horizont
Kimonogürtel:
3 Obi
Kind:
4 Baby, 5 Junge, Knabe, 8 Maedchen, 9 Saeugling, 11 Sproessling
Kinderbuch:
13 Struwwelpeter
Kinderei:
6 Unsinn
Kinderfahrzeug:
6 Roller, 7 Dreirad, Kettcar, 10 Tretroller
Kinderfrau:
5 Bonne, Nurse, 11 Gouvernante
Kindergärtnerin:
9 Hortnerin
Kinderheilkunde:
10 Paediatrie
Kinderkrankheit:
5 Krupp, Mumps, Polio, 6 Masern, 7 Braeune, Roeteln, 8 Rachitis, 9 Scharlach, 10 Diphtherie, Skrofulose, Windpocken, 11 Keuchhusten, Ziegenpeter, 14 Kinderlaehmung
Kinderlähmung:
5 Polio
Kinderspeise:
3 Mus, 4 Brei
Kinderspiel:
6 Fangen, 7 Haschen, Kriegen, 10 Verstecken, 12 Seilspringen
Kinderspielzeug:
4 Ball, Tute, 5 Puppe, Teddy, 6 Rassel, Roller, 7 Dreirad, Kreisel, 8 Schaukel, 9 Baukasten, Stofftier, Teddybaer, 11 Puppenstube
Kindertagesstätte:
4 Hort
Kindertrompete:
4 Tute
Kindeskind:
5 Enkel, 7 Enkelin
Kindesräuber:
9 Kidnapper
Kindheit:
6 Jugend
kindisch:
6 albern, pueril, 8 infantil, 9 laeppisch

kindlich:
4 naiv, 6 pueril, 8 infantil, 10 unbefangen
Kino:
11 Filmtheater, 17 Lichtspieltheater
Kinostück:
4 Film, 7 Tonfilm, 8 Farbfilm, 9 Spielfilm
Kirche/Kirchenbauwerk:
3 Dom, 6 Tempel, 7 Kapelle, Moschee, 8 Basilika, Muenster, Synagoge, 10 Gotteshaus, Kathedrale
-in Istanbul:
11 Hagia Sophia
-in Paris:
9 Notre Dame
-in Reval:
4 Olai
Kirchenältester:
9 Presbyter
Kirchenanbau:
9 Sakristei
Kirchenausschluß:
4 Bann, 15 Exkommunikation
Kirchenbann:
7 Anathem, 8 Anathema
Kirchendiener:
6 Mesner, 7 Kuester, Messner*, 8 Kirchner, 9 Gloeckner
Kirchenerneuerung:
11 Reformation
Kirchenfürst:
7 Bischof, 8 Kardinal
Kirchengemeinde:
6 Pfarre, 7 Pfarrei, 8 Ecclesia, 11 Pfarrbezirk
Kirchengemeinschaft:
8 Oekumene
Kirchengesang:
5 Psalm, 6 Choral, 7 Motette
Kirchengesetz:
5 Kanon
Kirchenhistoriker:
8 Eusebius
Kirchenlehrer:
8 Basilius, 9 Bellarmin, 11 Bonaventura
Kirchenlied/-musik:
5 Credo, Hymne, Kredo, Kyrie, Messe, Missa, 6 Choral, Gloria, Tedeum, 7 Motette, 9 Halleluja, Oratorium
Kirchenmusiker:
6 Kantor, 8 Organist
Kirchenmusikinstrument:
5 Orgel
Kirchenraub:
8 Sakrileg
Kirchenraum:
4 Chor, 7 Kapelle
Kirchensonntag:
5 Okuli, 6 Exaudi, Judika, Rogate, 7 Kantate, Laetare, 8 Estomihi, Jubilate, Palmarum, 9 Invokavit, 10 Trinitatis, 11 Palmsonntag, Reminiszere
Kirchenspaltung:
7 Schisma
Kirchenspiel:
7 Pfarrei
Kirchenstaat:
7 Vatikan
Kirchenvater:
8 Cyrillus, Justinus, 9 Ambrosius, Cyprianus, 10 Augustinus, Hieronymus, 12 Chrysostomus
Kirchenversammlung:
6 Konzil, Synode
Kirchenvorstand:
12 Presbyterium
Kirchenvorsteher:
5 Dekan, 7 Dechant
Kirchgang:
12 Gottesdienst
Kirchhof:
8 Friedhof, 10 Totenacker, 11 Gottesacker
kirchliche:
-Handlung:
5 Gebet, Messe, Segen, Taufe, 6 Ablass, 7 Andacht, Beichte, Firmung, Predigt, Requiem, Trauung, 8 Totenamt, 9 Kommunion, Sakrament, 10 Prozession, Totenmesse, 12 Konfirmation, 13 Priesterweihe
kirchlicher:
-Bezirk:
6 Bistum, 8 Dioezese
-Bittgesang:
7 Litanei
-Feiertag:
6 Ostern, 9 Pfingsten, 10 Karfreitag, 11 Allerseelen, Himmelfahrt, Weihnachten, 12 Fronleichnam, 13 Allerheiligen, Erntedankfest, 16 Reformationsfest
-Gesang:
7 Eleison
-Umzug:
10 Prozession
-Würdenträger:
8 Kardinal, 10 Erzbischof
kirchliches:
-Bauwerk:
3 Dom, 6 Kirche, Tempel, 7 Kapelle, 8 Basilika, Muenster, 10 Kathedrale
-Einkommen:
8 Kommende, Pfruende
-Gnadenmittel:
9 Sakrament
Kirchturm in Italien:
9 Campanile, Kampanile
Kirgisendorf:
3 Aul
Kirgisenhütte:
5 Jurte
Kirmes:
9 Jahrmarkt
Kirmesfahrzeug:
9 Karussell, Riesenrad, 10 Achterbahn
kirre:
4 zahm
Kirschenart:
7 Morelle, 12 Sauerkirsche, 15 Schattenmorelle
Kismet:
9 Schicksal
Kissen:
7 Polster
Kissenbezugsstoff:
6 Inlett
Kissenhülle:
5 Bezug
Kiste:
6 Kasten
Kittchen:
5 Knast, 10 Gefaengnis, 12 Strafanstalt
Kitzbühler Alpenpaß:
5 Thurn
Kitzel:
4 Reiz
Kitzler:
8 Klitoris
Kladde:
4 Heft, 7 Diarium, 8 Tagebuch, 14 Geschaeftsbuch
kläffen:
6 bellen
Klage:
7 Lamento, Querele, Seufzer, 8 Gestoehn, Gewimmer, 10 Beschwerde
Klagegeschrei:
7 Lamento

Klagelaut:
6 Geheul
Klagelied:
6 Elegie, 7 Lamento,
9 Jeremiade
klagen:
7 jammern
klagend:
8 elegisch
Klamauk:
3 Fez, Ulk, 5 Spass, 6 Scherz,
Unsinn
Klammeraffe:
9 Breitnase, Kapuziner
Klamotten:
6 Lumpen
Klang:
3 Ton, 4 Echo, Hall, Name,
5 Musik, 6 Gesang, Schall
Klangfarbe:
6 Timbre, 7 Tonfall
Klangfülle:
5 Sound
klanglich:
9 akustisch
klanglos:
5 still, stumm
klangvoll:
5 sonor, 10 euphonisch,
harmonisch
Klangwirkung:
7 Akustik
Klappe:
6 Deckel
Klapper:
6 Rassel, 7 Ratsche,
11 Kastagnette
Klapperschlange:
5 Otter
Klaps:
6 Schlag
klar:
4 hell, rein, 6 lauter, sauber,
7 praezis, 8 deutlich, praezise,
9 eindeutig, 11 startbereit,
transparent, 12 durchsichtig
klare Wahl:
12 Entscheidung
klarer Schnaps:
4 Korn
Klarheit:
7 Evidenz
Klasse:
5 Kaste, Stand, 6 Gruppe,
Rubrik, 7 Schicht, 9 Abteilung,
Kategorie
-im Gymnasium:
5 Prima, Sexta, 6 Quarta,
Quinta, Tertia, 7 Sekunda
Klassenleiter:
10 Ordinarius
klassischer:
-Philologe:
5 Snell
klassisches:
-Altertum:
6 Antike
Klatsch:
6 Gerede, 7 Rederei, Tratsch,
8 Geruecht, 10 Geschwaetz,
11 Hoerensagen, Verleumdung
Klause:
Zelle, 9 Eremitage,
10 Pianoforte, 11 Einsiedelei
Klausner:
6 Eremit, 10 Einsiedler
Klaviatur:
8 Tastatur
Klavierspieler:
7 Pianist
Klavierteil:
5 Pedal, Taste
Klebemittel/-stoff:
3 Ago, 4 Kitt, Leim, 5 Gummi,
Klebe, 6 Gluten, 7 Dextrin,
Kleiber, Staerke
kleben:
6 haften, kitten, pappen,
9 kleistern
klebendes Verbandsmaterial:
8 Pflaster
klebrig:
4 zaeh, 6 pappig, viskos
Kleeblatt:
9 Trifolium
Kleefalter:
8 Gelbling
Kleid:
4 Robe, 5 Anzug, Dress,
6 Gewand, Tracht, 7 Kostuem
Kleid der Vögel:
6 Federn
Kleidausschnitt:
9 Dekolleté, 10 Dekolletee*
Kleideraufhänger:
6 Buegel
Kleiderbesatz:
5 Litze, 6 Braeme, Falbel,
Spitze, Volant, 7 Ruesche
Kleiderbestand:
9 Garderobe
Kleidermode:
4 Maxi, Midi, Mini
Kleidernaht:
8 Abnaeher
Kleiderrand:
4 Saum
Kleidersäumchen:
5 Biese
Kleiderschnitt:
5 Facon, 6 Fasson
Kleiderschrank:
5 Spind
Kleiderstoff:
4 Samt, Tuch, 5 Satin, Seide,
Serge, Tweed, 7 Trevira,
8 Musselin
Kleiderteil:
4 Hose, Rock, 5 Bluse, Jacke,
Kleid, Weste, 6 Tasche
Kleiderumschlag:
4 Saum
Kleiderverzierung:
7 Ruesche
Kleiderzubehör/-verschluß:
4 Oese, 5 Haken, Knopf,
7 Guertel, 8 Schnalle,
9 Knopfloch, 15 Reissverschluss
Kleidung/Kleidungsstück:
3 Hut, 4 Cape, Hemd, Hose,
Muff, Pelz, Rock, Slip, Toga,
Tuch, 5 Anzug, Bluse, Frack,
Gilet, Haube, Jabot, Jacke,
Jupon, Kappe, Kleid, Kutte,
Pulli, Pumps, Schal, Schuh,
Socke, Talar, Weste, 6 Anorak,
Bikini, Binder, Burnus, Dessou,
Fliege, Gewand, Jumper,
Kaeppi, Kasack, Kittel, Kragen,
Mantel, Muetze, Socken, Stulpe,
Tresse, Turban, Umhang,
7 Guertel, Jackett, Kostuem,
Overall, Sandale, Schlips,
Smoking, Spenzer, Stiefel,
Strumpf, Sweater, Tschako,
Uniform, 8 Badehose, Galosche,
Halstuch, Kniehose, Kopftuch,
Krawatte, Oberhemd, Polohemd,
Pullover, Reifrock, Reithose,
Schleier, Schuerze, Strohhut,
Zierrock, 9 Badeanzug,
Ballkleid, Halbschuh,
Handschuh, Hausjacke,
Hausschuh, Hosenrock,
Kaeppchen, Pantoffel, Pelzjacke,
Regenhaut, Soeckchen,
Sporthose, Turnschuh,
Unterhemd, Unterhose,
Unterrock, Wollsocke,
10 Bademantel, Faltenrock,
Lederjacke, Lodenanzug,

Morgenrock, Pelzmantel, Pluderhose, Sakkoanzug, Sportanzug, Sportschuh, Suedwester, Wollmuetze, 11 Kniestrumpf, Kombination, Ledermantel, Pudelmuetze, Regenmantel, Reisemantel, Strickjacke
-der Inderin:
4 Sari
-der Indonesierin:
6 Sarong
-in Japan:
6 Kimono
-Kleidung/Kleidungsstück:
4 Kilt
klein:
6 fipsig, gering, winzig, 8 zierlich, 10 bescheiden, 11 unbedeutend, 12 geringfuegig
kleinasiatische:
-Sauermilch:
5 Mazun
-Stadt:
5 Milet, 7 Ephesus
Kleinbär:
5 Koala, Panda, 6 Schupp, 9 Nasenbaer, Waschbaer, 11 Katzenfrett
Kleinbild:
8 Miniatur
Kleinbuchstabe:
8 Minuskel
kleinbürgerlich:
8 spiessig, 11 philistroes, 13 philisterhaft
kleine:
-Abteilung:
5 Schar, Trupp, 6 Gruppe
-Anhöhe:
6 Huegel
-Ansiedlung:
3 Ort, 4 Dorf, 6 Weiler, 7 Flecken
-antike Statue:
8 Figurine
-Antilleninsel:
5 Aruba, 6 Tobago, 8 Dominica, Trinidad, 10 Martinique
-Apfelsine:
7 Satsuma, 9 Mandarine, 10 Klementine
-Beule:
5 Delle
-Brücke:
4 Steg
-Deichschleuse:
4 Siel
-Eule:
4 Kauz
-Fahne:
6 Wimpel, 7 Stander
-Feier:
5 Party
-Furche:
3 Nut, 4 Nute
-Geldspende:
7 Almosen, 10 Scherflein
-Gemeinde:
6 Weiler
-Hakenschlinge:
4 Oese
-Handfeuerwaffe:
8 Tesching
-Heringsart:
7 Sprotte
-Heuschrecke:
6 Grille
-Höhle:
6 Grotte
-Hütte:
4 Bude, Kate
-Insel im Wattenmeer:
6 Hallig
-Kirche:
7 Kapelle
-Marderart:
5 Iltis
-Menge:
5 Dosis
-Musikerbesetzung:
3 Duo, 5 Combo
-Pferderasse:
4 Pony
-Platzdecke:
3 Set
-Rechnung:
4 Nota
-Rille:
6 Furche
-Robbe:
6 Heuler
-Schar:
5 Trupp, 6 Truppe
-Schellentrommel:
8 Tamburin
-Skulptur:
9 Statuette
-Spielkugel:
6 Murmel
-Spinnentiere:
6 Milben
-sprachliche Einheit:
6 Phonem
-Sundainsel:
4 Bali, 5 Solor, Timor, Wetar, 6 Flores
-Verletzung:
4 Riss
-Verrücktheit:
4 Tick
-Zeitspanne:
5 Weile, 10 Augenblick
-Ziergegenstände:
6 Nippes, 10 Nippsachen
-Zigarre:
9 Zigarillo
kleiner:
-abgetrennter Raum:
4 Koje, 5 Zelle
-Bach:
7 Rinnsal
-Bahnhof:
7 Station
-Banktresor:
4 Safe
-Behälter:
4 Dose, Etui
-Beitrag:
6 Obolus
-Betrüger:
6 Mogler
-Bohrer:
5 Fritt
-Buchstabe:
8 Minuskel
-Deckelbehälter:
4 Dose
-dicklicher Mensch:
6 Moppel
-Erdgeist:
4 Gnom, 5 Zwerg
-Fahrzeugschaden:
5 Panne
-Feldbahnwagen:
4 Lore
-Fluß:
2 Au, 4 Ache
-Handziehwagen:
5 Karre
-Heringsfisch:
7 Sardine, Sprotte, 8 Anchovis, Sardelle, 9 Anschovis*
-Imbiss:
5 Snack
-Junge:
5 Pimpf
-Kanal:
5 Fleet, 6 Gracht
-Kerl:
5 Pimpf, Wicht, 6 Knirps, 7 Steppke

-Mensch:
4 Kind
-Nagel:
5 Stift
-Papageienvogel:
7 Sittich
-Raum:
5 Zelle
-Schrank mit Aufsatz:
7 Vertiko
-Spaziergang:
6 Bummel
-Stein:
6 Kiesel
-Stuhl ohne Lehne:
6 Hocker, 8 Taburett
-Teppich:
5 Matte, 7 Bruecke
-Tropenvogel:
7 Kolibri
-Wald:
3 Hag, 4 Hain
-Zeitungsaufsatz:
7 Artikel
-Zweig:
4 Reis
kleines:
-Beiboot:
5 Dingi
-Bild:
8 Miniatur
-Blutgefäß:
9 Kapillare
-chirurgisches Messer:
8 Skalpell
-Eiterbläschen:
6 Pustel
-Federdeckbett:
7 Plumeau
-Feldhuhn:
7 Wachtel
-Fenster:
4 Luke
-Fließwasser:
4 Bach
-Gartenhaus:
5 Laube, 8 Pavillon
-Gefährt:
6 Karren
-Gefecht:
12 Scharmuetzel
-Gehölz:
3 Hag, 4 Hain
-Gewässer:
4 Bach, 5 Teich
-Gewicht:
4 Gran, Unze, 5 Gramm
-Grundstück:
8 Parzelle
-Jazzorchester:
5 Combo
-Kind:
4 Baby, 9 Saeugling
-Motorboot:
8 Barkasse
-Nagetier:
4 Maus, 5 Ratte, 7 Hamster
-Raubtier:
5 Iltis, 6 Marder
-stehendes Gewässer:
6 Teiche, 7 Tuempel
-Tanzlokal:
3 Bar
-vorlautes Mädchen:
4 Goer, 5 Goere
-Wasserfahrzeug:
4 Boot, Kahn, Kanu, 5 Dingi,
6 Nachen
-Wesen:
5 Zwerg
Kleinformat bei Büchern:
6 Duodez
Kleingarten:
14 Schrebergarten
Kleingartenanlage:
13 Laubenkolonie
Kleingebäck:
4 Keks, 6 Waffel, 7 Biskuit,
Cracker
kleingemusterte Seidengewebe:
6 Armure
kleingewichtig:
6 leicht
Kleinholz:
5 Bruch
Kleinigkeit:
4 Fitz, Idee, Spur, 6 Bissen,
Imbiss, Nuance, 8 Bisschen,
Fitzchen, 9 Bagatelle
Kleinigkeitskrämer:
6 Pedant, 11 Haarspalter
kleinkariert:
8 borniert, 10 pedantisch
kleinkariertes Gewebe:
6 Pepita
Kleinkraftrad:
4 Mofa, 5 Moped, 6 Mokick
Kleinkram:
7 Plunder
Kleinkunstbühne:
6 Brettl, 8 Kabarett
kleinlaut:
5 scheu, 9 bedrueckt, verstimmt,
10 deprimiert
kleinlich:
8 pingelig, pinselig, 9 engherzig,
10 pedantisch
kleinliche:
-Auslegung:
8 Deutelei
kleinlicher:
-Mensch:
6 Pedant, 7 Banause, 8 Spiesser
Kleinod:
5 Bijou, 6 Schatz, 7 Schmuck,
8 Pretiose, 9 Edelstein
Kleinodien:
7 Juwelen, 9 Pretiosen
Kleinschmetterling:
5 Motte
Kleinsiedlung:
6 Weiler
Kleinstaat in Europa:
6 Monaco, 7 Andorra, Vatikan,
9 Luxemburg, San Marino,
12 Vatikanstaat, Vatikanstadt,
13 Liechtenstein
kleinste:
-bedeutungstragende Spracheinheit:
5 Monem
-deutsche Münze:
7 Pfennig
-Energiemenge:
5 Quant
-Lebewesen:
5 Viren, 8 Mikroben
-Menschen der Erde:
8 Pygmaeen
-Republik der Erde:
9 San Marino
-Stadt Deutschlands:
10 Hauenstein
kleinster:
-Erbgutträger:
2 Id
-Erdteil:
10 Australien
kleinstes:
-Längenmaß:
6 Mikron
-Teilchen eines chemischen Grundstoffes:
4 Atom
Kleinstlebewesen:
7 Mikrobe
-im Wasser:
8 Plankton
Kleinstrennwagen:
6 Go-Kart, Gokart*
Kleintaxi:
7 Minicar

Kleinverkauf:
12 Detailhandel
Kleinwohnung:
9 Apartment, 11 Appartement
Kleister:
4 Leim
Klemme:
7 Dilemma, Notlage,
10 Kalamitaet
Klemmer:
7 Kneifer, 8 Pincenez
Klempner:
8 Blechner, Spengler,
9 Schlosser, 12 Installateur
Kleptomane:
4 Dieb
Klettereidechse:
5 Gecko
Kletterer:
8 Alpinist, 11 Bergsteiger
Klettererausrüstung:
4 Seil, 5 Haken, 6 Hammer,
Pickel, 10 Reepschnur,
Steigeisen, 11 Kombihammer,
14 Kletterguertel
klettern:
7 klimmen, steigen
Kletterpflanze:
4 Efeu, 5 Bohne, Liane,
6 Hopfen, Klimme, 7 Bryonie,
Glyzine, 8 Klematis, Wistaria
Klettertier:
4 Affe, 6 Leguan,
13 Eichhoernchen
Klettervogel:
6 Specht, 7 Kleiber,
9 Wendehals
Klicker:
6 Murmel
Klient:
5 Kunde, 7 Mandant,
12 Auftraggeber
Klientel:
10 Kundschaft
Klimaanpassung:
15 Akklimatisation
Klimakunde:
12 Klimatologie
Klingel:
6 Bimmel, Glocke, 7 Schelle
klingen:
6 toenen
Klinik:
6 Spital, 8 Hospital,
11 Krankenhaus
Klinker:
6 Ziegel, 10 Hartziegel,
11 Ziegelstein

Klippe:
4 Fels, Riff, 6 Felsen
Klippfisch:
6 Dorsch, 8 Kabeljau
Klischee:
9 Abklatsch, 10 Druckstock
klopfen:
6 pulsen, 9 pulsieren
Klopffestigkeitsmaß für Kraftstoffe:
9 Oktanzahl
Klopfkäfer:
8 Totenuhr, 9 Totenwurm,
Trotzkopf
Klosett:
2 WC, 5 Abort, 8 Toilette
Kloß:
5 Klops, 7 Klumpen, Knoedel
Kloster:
5 Abtei, Stift, 7 Konvent,
9 Zoenobium
-am Bodensee:
5 Hegau, 6 Birnau, 9 Reichenau
-am Main:
4 Banz
-an der Donau:
4 Melk, 10 Weltenburg
-an der Weser:
6 Corvey
-bei Garmisch:
5 Ettal
-bei Hannover:
6 Loccum
-bei Höxter:
6 Corvey
-bei Lhasa:
4 Sera
-im Schwarzwald:
12 Sankt Blasien
-in Bayern:
5 Ettal, 10 Wessobrunn
-in Bulgarien:
4 Rila
-in der Schweiz:
8 St Gallen, 13 Sankt Bernhard,
Sankt-Bernhard*
-in Frankreich:
5 Cluny, 6 Corbie, Fleury,
10 Chartreuse
-in Griechenland:
5 Athos
-in Irland:
6 Cashel
-in Niederösterreich:
4 Melk
-in Oberfranken:
4 Banz

-in Österreich:
4 Melk
-in Portugal:
5 Belem
-in Prüm:
6 Regino
-in Schlesien:
8 Gruessau
Klosterberg in Griechenland:
5 Athos
Klosterbruder/-insasse:
5 Pater, 6 Frater, Moench,
11 Laienbruder
Klosterfrau/-insassin:
5 Nonne, 7 Novizin,
14 Laienschwester
Klosterschlafsaal:
11 Dormitorium
Klosterspeisesaal:
11 Refektorium
Klosterstadt im Schwarzwald:
10 Alpirsbach
Klosterteil:
5 Zelle, 6 Remter, 7 Klausur,
11 Dormitorium, Refektorium
Klostervorsteher:
3 Abt, 5 Prior, 6 Oberer
Klostervorsteherin:
6 Oberin, 9 Aebtissin
Klotz:
5 Block, Trumm, 6 Kloben
Klub/Club:
6 Verein, Zirkel, 11 Vereinigung
Kluft:
4 Riss, 5 Klamm, 6 Spalte,
7 Abgrund, Abstand, Distanz,
8 Schlucht, 9 Differenz
klug:
5 weise, 6 clever, findig, schlau,
8 vigilant, 10 aufgeweckt,
11 intelligent, verstaendig
Klugredner:
9 Raesoneur
Klumpen:
6 Batzen, 7 Brocken, Scholle
Klytämnestras Mann:
9 Agamemnon
knabbern:
5 nagen
Knabe:
3 Bub, 4 Bube, 5 Junge
Knabenchor:
8 Kurrende
knabenhaft:
5 pueril
Knall:
5 Krach, Stoss, 6 Schlag,

9 Explosion, 10 Detonation, Feuerstoss
Knalleffekt:
6 Pointe
knapp:
3 eng, 4 kaum, kurz, 5 klamm, 6 gering, schmal, stramm, 7 lapidar, 9 lakonisch, 12 aphoristisch
Knappe des Don Quichote:
11 Sancho Pansa
Knarre:
6 Rassel
Knast:
10 Gefaengnis, 11 Haftanstalt, 12 Strafanstalt
Knäuel:
3 Ile
Knauser:
8 Geizhals, 10 Geizkragen
Knecht:
3 Enk, 6 Diener
knechten:
6 knuten
knechtisch:
6 servil
Kneifer:
7 Klemmer, Zwicker, 8 Pincenez
Kneipe:
5 Lokal, Pinte, 7 Schenke, 9 Bierabend, Kaschemme, 10 Wirtschaft
knetbar:
9 plastisch
Knetkur:
7 Massage
Knetmasse:
3 Ton, 4 Teig, 5 Knete, 9 Plastilin
knickrig:
6 geizig, 9 knauserig
kniefreie Hose:
6 Shorts
Kniegeige:
5 Cello, Gambe, Viola, 11 Violoncello
Knieholz:
6 Kiefer, 7 Latsche, 9 Legfoehre
knielanger Anorak:
5 Parka
knifflig:
7 spinoes
Knobel:
7 Wuerfel, 8 Knoechel, 12 Handknoechel
Knoblauchbestandteil:
6 Alliin
Knoblauchpilz:
9 Mousseron
Knöchel:
5 Enkel
Knochen:
7 Gebeine
-des Brustkorbs:
5 Rippe, 9 Brustbein, 13 Schulterblatt, 14 Schluesselbein
-des Schädels:
6 Kiefer
Knochenbestand:
4 Kalk, Mark
Knochenbruch:
7 Fraktur
Knochenerkrankung:
10 Leontiasis
Knochenerweichung:
8 Rachitis, 18 englische Krankheit
Knochenfischart:
3 Aal, 4 Wels, 5 Hecht, Lachs, 7 Karpfen, Scholle, 9 Seeteufel, 10 Kugelfisch, Zitterwels
Knochenfraß:
6 Karies
Knochengelenk:
4 Knie, 10 Ellenbogen
Knochenhauer:
7 Metzger, 9 Fleischer, 10 Schlachter
Knochenhaut:
7 Periost
Knocheninneres:
4 Mark
Knochenkunde:
10 Osteologie
Knochenlücke am kindlichen Schädel:
10 Fontanelle
Knochennaht:
5 Sutur
Knochennarbe:
6 Kallus
Knochenriß:
6 Fissur
Knochenverbindung:
6 Gelenk
Knochenverletzung:
4 Riss, 5 Bruch
Knollengemüse:
5 Ruebe, 7 Rettich, Zwiebel, 8 Kohlrabi, 9 Kartoffel
Knollengewächs:
6 Krokus
knopfartiger Griff:
5 Knauf
Knorpelfisch:
3 Hai, 5 Stoer, 6 Rochen
Knorpelscheibe im Kniegelenk:
8 Meniskus
Knoten:
7 Knorren
Knotenschnur der Inka:
5 Khipu, Quipu, 6 Quippu
Knöterichgewächs:
6 Ampfer, 9 Rhabarber
knotige Hauterhebung:
5 Warze
Knüller:
7 Reisser, 8 Schlager, 9 Sensation, 10 Bestseller
Knüppel:
5 Stock, 7 Knittel, Pruegel
Knute:
8 Peitsche
Koalition:
5 Union, 7 Allianz, 8 Buendnis, 10 Verbindung, 15 Zusammenschluss
Kobel:
5 Stall
Kobold:
4 Gnom, Puck, 5 Butze, Geist, Troll, Wicht, Zwerg, 8 Erdgeist, 9 Hausgeist, Waldgeist, 13 Klabautermann
Kobra:
15 Brillenschlange
Kochbrühe:
3 Sud
kochen:
6 sieden
Kocher:
7 Rechaud
Kochgefäß:
4 Topf, 6 Kessel, Pfanne, 7 Braeter, Samowar, 8 Kochtopf, 9 Teekessel, 10 Bratpfanne, Kasserolle
Kochsalz:
14 Natriumchlorid
Kochsalzlösung:
4 Lake, Sole
Kochstelle:
4 Herd, 7 Gasherd, 11 Elektroherd
Kode:
13 Geheimschrift
Köder:
3 Aas, 5 Luder, 10 Lockmittel, Lockspeise

Koedukation:
22 Gemeinschaftserziehung
Kogge:
6 Galion, 7 Galeone, Galione, 9 Karavelle
Kognakglas:
9 Schwenker
kognitiv:
17 erkenntnismaessig
Kohlart:
7 Rotkohl, Wirsing, 9 Weisskohl, 10 Blumenkohl
Kohldampf:
6 Hunger
Kohlehydrat:
6 Zucker, 7 Staerke
Kohlenabbaufront:
5 Streb
Kohlenberg:
5 Halde
Kohlenbergwerk:
5 Zeche
Kohlenbrenner:
7 Koehler
Kohlenprodukt:
3 Gas, 4 Grus, Koks, Russ, Teer, 6 Benzin, Benzol, 7 Brikett, Heizoel, 8 Gichtgas, Methanol, Paraffin, 9 Dachpappe, Farbstoff, Kokskohle, 10 Kunststoff, Naphthalin
Kohlenraum:
6 Bunker
kohlensaures Natrium:
4 Soda
Kohlenschicht:
5 Floez
Kohlenstaub:
4 Russ
Kohlenstoffverbindung:
6 Karbid
Kohlenwasserstoff:
6 Aethan, Methan, Olefin, Pentan, 10 Naphthalin
Kohlenwasserstoffgas:
5 Butan
Kohlepapier:
10 Pauspapier
Köhlerhaufen:
6 Meiler
Kohlgemüse:
8 Brokkoli
Kohlpflanzenkrankheit:
6 Hernie
Kohlrübe:
10 Steckruebe
Koinzidenz:
12 Zusammenfall
Koje:
11 Schiffsbett
Kokainsüchtiger:
6 Kokser
kokeln:
9 anzuenden
kokettes Spiel:
5 Flirt
kokettieren:
7 flirten
Kokosgebäck:
7 Makrone
Kokosinseln:
13 Keelinginseln
Kokosnußprodukt:
5 Kopra
Koks:
5 Grude
Koksschlacke:
6 Zinder
Kokswerk:
7 Kokerei
Kolbenfrucht:
4 Mais
kolchische Königstochter:
5 Medea
Kollaborateur:
9 Verraeter
Kollaps:
6 Schock, 13 Zusammenbruch, 15 Schwaecheanfall
Kolleg:
7 Anstalt, 8 Institut, 9 Vorlesung
Kollege:
11 Mitarbeiter, 13 Berufsgenosse, 14 Arbeitskamerad
Kollegmappe:
11 Schultasche
Kollekte:
8 Sammlung
Kollektion:
7 Auswahl, 8 Sammlung, 9 Sortiment
Kollektiv:
8 Kolchose, Kombinat, 12 Gemeinschaft, 14 Genossenschaft
Kollektivierung:
10 Enteignung
Kollier:
9 Halskette
Kollision:
5 Zwist, 6 Streit, 11 Widerstreit, 13 Zusammenprall, Zusammenstoss
Kolloid:
3 Gel
Kolloquium:
9 Gespraech
Kölner:
-Karnevalsruf:
5 Alaaf
-Oberbürgermeister:
8 Adenauer
-Popgruppe:
3 BAP
-Stadtteil:
5 Deutz
-Witzfigur:
6 Schael, 7 Tuennes
Kolonialwaren:
12 Genussmittel, Lebensmittel, Suedfruechte
Kolonnade:
11 Saeulengang
Kolonne:
5 Reihe, 9 Abteilung
Kolonnennachbar:
9 Nebenmann
Kolonnenspitze:
4 Tete
Koloratur:
7 Triller
kolorieren:
7 faerben
Koloß:
5 Huene, Riese, 6 Gigant, 13 Riesengebilde
kolossal:
5 enorm, 6 riesig, 8 gewaltig, 10 gigantisch
kolportieren:
9 mitteilen
kolumbianische:
-Hafenstadt:
9 Cartagena, 12 Barranquilla, Buenaventura
-Halbinsel:
7 Goajira
-Hauptstadt:
6 Bogota
-Münze:
4 Peso, 7 Centavo
kolumbianischer:
-Autor:
7 Marquez
-Berg:
5 Huila, 6 Cumbal, Purace, Tolima
-Nobelpreisträger für Literatur:
7 Marquez, 13 Garcia Marquez

Kombination:
8 Garnitur, Synthese,
10 Verbindung
Komet:
4 Wolf, 5 Biela, Encke, Kopff,
6 Brooks, Halley, Olbers,
Tempel, 8 Kohoutek, Winnecke,
9 Bradfield
komfortabel:
6 bequem, 8 wohnlich,
9 behaglich, 10 gemuetlich
Komiker:
8 Humorist, 10 Komoediant,
11 Spassmacher
komisch:
4 urig, 7 grotesk, skurril,
9 originell
komische:
-Dichtung:
8 Burleske
-Figur:
4 Type, 7 Pierrot, 9 Pierrette
-Figur in der Oper:
5 Buffo
-Prosadichtung:
8 Groteske
komischer:
-Einfall:
3 Gag, 4 Witz
komisches:
-Bühnenwerk:
5 Posse
Kommandeur/Kommandant:
7 General, 8 Kapitaen, Offizier,
12 Befehlshaber
kommandieren:
9 anfuehren, 10 befehligen
Kommanditist:
9 Teilhaber, 14 Gesellschafter
Kommando:
4 Wort, 6 Befehl, Signal,
13 Befehlsgewalt
Kommentar:
6 Glosse, Kritik, 7 Deutung,
9 Anmerkung, Auslegung,
Bemerkung, 10 Erklaerung,
12 Erlaeuterung
Kommilitone:
14 Studiengenosse
Kommiss:
6 Barras, 8 Militaer
Kommissär:
12 Beauftragter
Kommunalbeamter:
7 Landrat
Kommune:
8 Gemeinde
Kommunikation:
7 Verkehr, 10 Mitteilung,
Verbindung
Kommunikationsmittel:
6 Medium
Kommunion:
9 Abendmahl, 11 Eucharistie
Komödiant:
4 Mime
Komödie:
3 Ulk, 5 Posse, 6 Sketch,
7 Schwank, Sketsch*,
8 Burleske, 9 Lustspiel
kompakt:
4 fest, hart, 5 dicht, 6 massiv,
stabil, 9 gedrungen
Komparse:
7 Statist
Kompaßscheibe:
8 Windrose
Kompaßstift:
5 Pinne
kompetent:
6 befugt, 10 zustaendig
Kompetenz:
7 Instanz, 8 Befugnis
komplett:
7 perfekt, 9 vollendet,
12 vollstaendig,
13 abgeschlossen
komplette Briefmarkenserie:
4 Satz
komplettes Essen:
5 Menue
Komplex:
6 Gebiet, Gruppe, 7 Bereich,
8 Psychose, 12 Verknuepfung
Komplize:
5 Spezi, 6 Helfer, 7 Gehilfe,
Genosse, 8 Konsorte,
9 Mittaeter, Mitwisser,
13 Helfershelfer
kompliziert:
9 schwierig, 10 verwickelt
Komplott:
7 Intrige, 13 Verschwoerung
Komponist:
10 Tondichter
Kompositionsabschnitt:
4 Satz
Kompositionsstil:
9 Polyfonie*, 10 Polyphonie
Kompresse:
7 Verband, 8 Umschlag
Kompression:
11 Verdichtung
Kompromiß:
9 Ausgleich, Vergleich,
13 Uebereinkunft,
14 Uebereinkommen,
15 Zwischenloesung
kompromittieren:
9 blamieren, 12 blossstellen
Kondition:
7 Zustand, 9 Bedingung,
10 Verfassung
Konditorei:
13 Feinbaeckerei
Konditorenware:
5 Torte, 11 Apfelkuchen,
12 Apfelstrudel
Konfekt:
6 Bonbon, 7 Praline,
10 Zuckerware
Konferenz:
6 Tagung, 7 Sitzung, 8 Beratung,
Kongress, 13 Zusammenkunft
Konfessionskunde:
8 Symbolik
Konfessionsloser:
9 Dissident
Konfirmation:
10 Einsegnung
Konfiskation:
10 Einziehung,
13 Beschlagnahme
Konflikt:
6 Streit, 9 Differenz, Zwiespalt,
11 Kontroverse
Konfliktforschung:
11 Polemologie
Konfrontation:
18 Gegenueberstellung
konfus:
3 irr, 4 wirr
Kongreß:
6 Tagung, 9 Konferenz,
Parlament, 11 Versammlung,
13 Zusammenkunft
Konifere:
9 Nadelholz
König/Königin:
-der Azteken:
9 Montezuma, 10 Cuauhtemoc
-der Elfen:
6 Oberon
-der englischen Sage:
4 Lear, 5 Artus, 6 Arthur
-der Etrusker:
7 Porsena
-der Franken:
4 Karl, 6 Pippin
-der Gemüse:
7 Spargel
-der griechischen Sage:
5 Kreon, Midas, Minos, Thoas,

6 Augias, Danaus, Nestor, 8 Menelaos, Menelaus, 9 Agamemnon
-der Hunnen:
5 Etzel, 6 Attila
-der Lüfte:
5 Adler
-der Markomannen:
6 Marbod
-der Merowinger:
8 Chlodwig, Dagobert
-der Niederlande:
7 Beatrix, Juliana, 8 Hortense, 10 Wilhelmina
-der Ostgoten:
4 Teja, 6 Totila, 7 Witigis, 8 Dietrich, 10 Theoderich, 11 Amalasuntha
-der Steppe:
5 Loewe
-der Sueben:
8 Ariovist
-der Wandalen:
7 Gelimer, 9 Geiserich
-der Westgoten:
6 Eurich, 7 Alarich, Athaulf, 8 Roderich, 9 Amalarich
-der Zwerge:
6 Laurin
-eines persischen Epos:
5 Mobed
-im Nibelungenlied:
5 Etzel, 7 Gunther, 8 Siegmund, 9 Siegfried
-in der Tristansage:
5 Marke
-von Abessinien:
9 Theodorus
-von Ägypten:
4 Fuad, Teje, 5 Menes, Necho, Zoser, 6 Amasis, Apries, Cheops, Hophra, Ramses, 8 Chephren, Echnaton, 9 Amenophis, Kleopatra, Sesostris, Thutmosis, 10 Psammetich, 11 Hatschepsut
-von Akkad:
5 Argon
-von Albanien:
4 Zogu
-von Argos:
4 Abas, 8 Diomedes
-von Assyrien:
6 Sargon, 8 Sanherib, 9 Semiramis, 12 Assurbanipal
-von Babylon:
8 Belsazar, 12 Nebukadnezar
-von Bayern:
6 Ludwig, 10 Maximilian
-von Belgien:
6 Astrid, 7 Fabiola, Leopold, 8 Baudouin
-von Böhmen:
6 Rudolf, Wenzel, 8 Corvinus, 9 Ferdinand
-von Bulgarien:
9 Ferdinand
-von Burgund:
7 Gunther, 8 Gundahar
-von Dänemark:
6 Ingrid, 9 Margarete, Margrethe
-von Deutschland:
9 Friedrich
-von Elis:
6 Augias
-von England:
4 Karl, 5 Georg, Jakob, Maria, 6 Alfred, Eduard, Johann, 8 Heinrich, Viktoria
-von Epirus:
7 Pyrrhus
-von Frankreich:
4 Karl, 5 Capet, Franz, 6 Ludwig, 7 Philipp, 8 Heinrich, 9 Katharina
-von Georgien:
6 Tamara, Thamar
-von Griechenland:
4 Otto, Paul, 5 Georg, 9 Alexander, 10 Konstantin
-von Israel:
3 Asa, Ela, 4 Abia, Ahab, Saul, 5 David, Hosea, 6 Hiskia, Salomo, 7 Herodes, Hiskias, Manasse, Salomon, Zedekia, 8 Rehabeam
-von Italien:
4 Hugo, 6 Viktor, 7 Umberto, 8 Berengar
-von Jerusalem:
7 Balduin
-von Jordanien:
7 Hussein
-von Juda:
5 Achaz, Josia, Ozias, 6 Asarja, Joahas, Josias, Jotham
-von Kastilien:
6 Alfons, Sancho
-von Kreta:
5 Minos
-von Libyen:
5 Idris
-von Lokris:
4 Aias, Ajas, Ajax
-von Lydien:
4 Atys, 5 Gyges, 7 Kroesus
-von Marokko:
6 Hassan, 8 Mohammed
-von Mazedonien:
7 Philipp, 9 Alexander, Demetrios
-von Mykene:
6 Atreus, 9 Agamemnon
-von Navarra:
6 Sancho
-von Neapel:
5 Roger, 6 Robert
-von Norwegen:
4 Olaf, 5 Hakon, Oskar
-von Numidien:
8 Jugurtha, 9 Masinissa
-von Ostfranken:
9 Brunhilde
-von Palmyra:
7 Zenobia
-von Pergamon:
7 Attalus, Eumenes
-von Phrygien:
5 Midas
-von Polen:
6 Hedwig, Johann, Ludwig, 7 Kasimir, 8 Boleslaw, Sobieski, 9 Wladislaw, 10 Stanislaus
-von Pontus:
11 Mithridates
-von Portugal:
5 Pedro, 6 Manuel, Sancho, 7 Emanuel
-von Preußen:
5 Luise, 7 Wilhelm, 9 Friedrich
-von Pylos:
6 Neleus, Nestor
-von Rumänien:
5 Carol, 7 Michael
-von Sachsen:
6 Albert
-von Salamis:
4 Aias, Ajas, Ajax
-von Sardinien:
5 Enzio
-von Schottland:
11 Maria Stuart
-von Schweden:
4 Karl, 5 Erich, Oskar, 6 Gustaf, Silvia, 9 Christian, Christine
-von Serbien:
5 Milan, 9 Alexander
-von Sizilien:
4 Karl, 7 Tankred
-von Spanien:
4 Karl, 6 Alfons, 7 Philipp,

8 Isabella, 9 Elisabeth, Ferdinand, 10 Juan Carlos
-von Sparta:
4 Agis, 8 Leonidas, Menelaos, 9 Agesilaus, 10 Archidamos
-von Syrakus:
6 Hieron
-von Taurien:
5 Thoas
-von Thailand:
7 Sirikit
-von Theben:
5 Kreon, Niobe, 6 Kadmos, 7 Oedipus, 10 Amphitryon
-von Troja:
7 Priamus
-von Ungarn:
4 Zita, 6 Ludwig, Rudolf, 7 Andreas, Stephan, 8 Corvinus, 9 Ferdinand, Sigismund, Wladislaw
königlich:
5 royal
Königreich:
9 Monarchie
-in Afrika:
6 Libyen, 7 Burundi, Marokko
-in Asien:
4 Laos, Siam, 5 Nepal, 8 Thailand, 9 Jordanien, 10 Kambodscha
-in Europa:
7 Belgien, Holland, Spanien, 8 Norwegen, Schweden, 9 Daenemark, 11 Niederlande, 15 Grossbritannien
-in Nahost:
9 Jordanien
-in Südostasien:
4 Siam, 8 Thailand
Königsberger:
-Komponist:
6 Albert
-Philosoph:
4 Kant
königstreu:
5 royal, 12 royalistisch
Königstreue:
10 Royalismus
Konjunkturrückgang:
9 Rezession
konkret:
4 real, 8 leibhaft, 11 anschaulich, koerperlich, sinnfaellig
Konkurrent:
6 Rivale, 11 Mitbewerber, Widersacher
Konkurrenz:
10 Rivalitaet
Konkurs:
4 Gant, Ruin, 6 Pleite, 8 Bankrott, 9 Bankerott, 12 Fallissement
Könner:
7 Experte, Meister, 8 Virtuose, 9 Koryphaee, Routinier, 10 Kapazitaet
Konsequenz:
7 Schluss, 8 Ausdauer, 9 Folgerung, Weiterung, 10 Zaehigkeit
Konsonant:
7 Mitlaut
Konsorte:
7 Genosse, 8 Komplize, 9 Mittaeter
Konspiration:
13 Verschwoerung
konstant:
3 fix, 4 stet, 6 stetig, 10 bestaendig, 15 unveraenderlich
Konstitution:
7 Zustand, 8 Eigenart, Struktur, 10 Verfassung, 14 Beschaffenheit
Konstruktion:
6 Aufbau, Bauart, 10 Gestaltung
Konsultation:
8 Beratung, 9 Befragung
Konsum:
7 Verzehr, 9 Verbrauch
Kontakt:
8 Fuehlung, 10 Verbindung, 12 Stromschluss
kontaktfreudig:
8 gesellig
Kontenabschluß:
5 Saldo, 6 Bilanz
Kontenseite:
4 Soll, 5 Haben
Konterfei:
4 Bild, 7 Bildnis, 8 Ebenbild, Portrait
Kontertanz:
9 Quadrille
Kontinent:
5 Asien, 6 Afrika, Europa, 7 Amerika, Erdteil, 9 Antarktis, 10 Australien
Kontingent:
6 Anteil
Kontor:
5 Buero, 13 Niederlassung
Kontoseite:
4 Soll, 5 Debet, Haben
Kontrabasstuba:
7 Helikon
Kontrahent:
6 Gegner
Kontrakt:
4 Pakt, 7 Vertrag, 8 Abkommen, 9 Abmachung, 10 Konvention, 12 Vereinbarung
Kontrollbildschirm:
7 Monitor
Kontrolle:
5 Probe, 8 Pruefung, Revision, 10 Inspektion, 12 Nachpruefung, Ueberwachung
Kontur:
6 Umriss, 9 Randlinie, 11 Umrisslinie
Konus:
5 Kegel
Konvent:
7 Kloster, 13 Zusammenkunft, 15 Zusammenschluss
Konvention:
6 Brauch, 7 Vertrag, 8 Abkommen, 9 Herkommen, Tradition, 13 Uebereinkunft
Konversation:
9 Gespraech, Plauderei, 12 Unterhaltung
Konzentrationsausgleich:
6 Osmose
Konzept:
6 Skizze, 7 Entwurf, 8 Programm
Konzern:
5 Trust
Konzertunternehmer:
10 Impresario
Konzession:
8 Befugnis, 9 Erlaubnis, Zulassung, 11 Einraeumung, Genehmigung, 13 Zugestaendnis
Koog:
6 Polder
Kopenhagener Volkspark:
6 Tivoli
Kopf:
5 Haupt, 8 Schaedel, 9 Oberhaupt
Kopf der Säule:
8 Kapitell
Kopfbedeckung:
3 Hut, Ros, 4 Tuch, 5 Haube, Inful, Mitra, Tiara, Toque, 6 Barett, Birett, Kaeppi, Kalpak, Kolpak, Melone, Muetze,

Panama, 7 Homburg, Kalotte, Kapotte, Tschako, 8 Kopftuch, Peruecke, Strohhut, Tschapka, Zylinder, 9 Dreispitz, Kapotthut, Sturzhelm, Zweispitz, 10 Kalabreser, 12 Baskenmuetze
Kopffüßer:
5 Krake, Polyp, 6 Kalmar, 7 Ammonit, 8 Nautilus, Seepolyp, 11 Schiffsboot, Tintenfisch
Kopfjäger in Assam:
4 Naga
Kopfkohl:
5 Kabis
Kopflosigkeit:
5 Panik, 10 Verwirrung, 13 Durcheinander
Kopfschlagader:
7 Carotis
Kopfschmuck:
4 Haar, Zopf, 5 Feder, Krone, Locke, Mitra, Tiara, 6 Diadem, Spange, 7 Gehoern, 8 Aigrette, Schleife, 9 Stirnband, Stirnreif
Kopfschutz:
4 Helm
Kopfsprung:
11 Hechtsprung
Kopfteil:
3 Ohr, 4 Auge, Haar, Kinn, Mund, Nase, Zahn, 5 Backe, Lippe, Stirn, 6 Gebiss, Genick, Kiefer, Nacken, Wimper, 7 Gesicht, Wimpern, 8 Augenlid, Schaedel, Schlaefe, 9 Oberlippe, 10 Augenbraue, Oberkiefer, Unterlippe, 11 Unterkiefer, 12 Ohrlaeppchen
-bei Tieren:
4 Kamm, Maul, 5 Licht, 6 Geweih, 7 Gehoern, Ruessel, 8 Lauscher, Schnabel, Schnauze
Kopie:
5 Repro, 6 Doppel, 8 Duplikat, 9 Abschrift, 10 Ablichtung, 11 Durchschlag, Nachbildung, 12 Reproduktion, Zweitschrift
Koralleninsel:
4 Riff, 5 Atoll
-im Stillen Ozean:
5 Nauru
Korallentier:
7 Koralle, Seerose, 8 Seefeder, 9 Madrepore, 10 Seeanemone, 12 Steinkoralle, Sternkoralle
Koranabschnitt:
4 Sure
Koranschule:
8 Medresse
Koranteil:
5 Sunna
Korbballspiel:
10 Basketball
Korbblütler:
5 Aster, Inula, 6 Cosmea, Dahlie, Klette, Kosmee, Wermut, Zinnie, 7 Endivie, Kamille, Tagetes, 8 Eberwurz, Georgine, Goldrute, Masslieb, Zichorie, 9 Bocksbart, Edelweiss, Kornblume, 10 Huflattich, Knopfkraut, Schafgarbe, 11 Berufskraut, Gaenseblume, Kugeldistel, Ringelblume, Sonnenblume, Wucherblume, 12 Chrysantheme, Flockenblume, Massliebchen, 13 Habichtskraut, 14 Studentenblume
Korbflasche:
6 Ballon, 8 Demijohn
Kordart:
10 Manchester
Kordon:
5 Kette, 7 Spalier, 10 Absperrung, 11 Postenkette
Kork:
7 Stopfen, 8 Pfropfen, Stoepsel
Kormoran:
7 Scharbe, Seerabe
Kornblume:
4 Rade, 5 Zyane
Körnerfrucht:
4 Mais, Reis, 5 Emmer, Hafer, Hirse, 6 Dinkel, Gerste, Roggen, Weizen, 8 Getreide
Kornett:
6 Piston, 9 Faehnrich
körnig:
9 granuloes
körniger Hochgebirgsschnee:
4 Firn
Körper:
4 Ding, Leib, Soma, 5 Sache, 6 Korpus, Objekt, 10 Gegenstand
Körperabsonderung:
4 Harn, Urin, 5 Galle, 7 Traenen, 8 Schweiss
Körperart in der Geometrie:
5 Kegel, 6 Prisma, Quader, 7 Wuerfel, 8 Pyramide, Zylinder
Körperausstrahlung:
2 Od
Körperbau:
6 Statur, 7 Habitus, 12 Konstitution
Körperbautyp:
8 Pykniker, 9 Leptosome, 10 Astheniker, Athletiker
Körperbedeckung:
4 Haut
Körperbewuchs:
5 Haare
Körpererfrischung:
3 Bad, 6 Dusche
Körperertüchtigung:
5 Sport, 6 Turnen, 7 Jogging, 9 Gymnastik
Körperfleck:
3 Mal, 9 Muttermal, 10 Leberfleck, 13 Sommersprosse
Körperfunktionsteil:
5 Organ
Körpergelenk:
4 Knie, 10 Ellenbogen
Körpergewebe:
6 Chalon
Körperglied:
3 Arm, 4 Bein, Fuss, Hand
Körperkraft:
7 Staerke, 14 Brachialgewalt
körperlich:
7 konkret, kubisch, 8 physisch, 9 materiell, somatisch
körperliche:
-Anspannung:
6 Stress
-Beschaffenheit:
6 Physis
-Verfassung:
9 Kondition
körperlicher:
-Wirkstoff:
6 Hormon
Körperlichkeit:
7 Plastik, 12 Plastizitaet
Körpermitte:
5 Nabel
Körperorgan:
4 Darm, Herz, Milz, Nerv, 5 Blase, Galle, Leber, Lunge, Magen, Niere, 6 Druese, Gehirn, Muskel, 8 Dickdarm, Mastdarm, 9 Blinddarm, Duenndarm, Harnblase, 11 Gallenblase, 12 Wurmfortsatz
Körperpartie:
5 Bauch, Brust, Lende, 6 Huefte

Körperpflege:
3 Bad, 7 Hygiene, 8 Kosmetik, 9 Manikuere, Pedikuere
Körperreinigung:
3 Bad
Körperschaft:
6 Innung, Verein, 7 Verband, 11 Vereinigung, 12 Gesellschaft, 14 Genossenschaft
Körperschwäche:
8 Asthenie
Körperspray:
9 Deodorant
Körperteil/-gegend:
3 Arm, Ohr, 4 Auge, Bein, Fuss, Hals, Hand, Kinn, Knie, Kopf, Mund, Nase, Nerv, Zehe, 5 Bauch, Brust, Kreuz, Lende, Magen, Rumpf, Stirn, Wange, 6 Achsel, Becken, Daumen, Druese, Finger, Gebiss, Gehirn, Gelenk, Genick, Huefte, Kiefer, Leiste, Nacken, Steiss, Taille, Weiche, Wirbel, 7 Gerippe, Gesaess, Gesicht, Knochen, Knorpel, Oberarm, Ruecken, 8 Ellbogen, Schaedel, Schenkel, Schulter, Unterarm, 9 Brustkorb, Rueckgrat, Unterleib, 10 Ellenbogen, 12 Oberschenkel, 13 Unterschenkel
Körperverfassung:
12 Konstitution
Körperwäsche:
3 Bad
Körperwuchs:
5 Figur, 6 Statur
Körperzuckungen:
3 Tic
korrekt:
5 exakt, 7 richtig, 8 tadellos, 10 ordentlich, 11 einwandfrei, 12 gewissenhaft
Korrektur:
8 Revision, 12 Berichtigung, Verbesserung
Korrekturabzug:
5 Fahne, 10 Druckfahne
Korrespondent:
12 Briefpartner, 16 Berichterstatter
Korrespondenz:
12 Briefwechsel
Korridor:
4 Flur, Gang, 5 Diele, 8 Hausflur
korrigieren:
10 revidieren, verbessern, 11 berichtigen
korrupt:
11 bestechlich
Korsar:
5 Pirat, 8 Bukanier, 10 Flibustier, Freibeuter, Seeraeuber
Korsett:
6 Mieder, 8 Leibchen
korsische Hauptstadt:
7 Ajaccio
Korso:
5 Umzug, 7 Festzug, 8 Auffahrt
Kosakenabteilung:
6 Sotnie
Kosakenbluse:
6 Kasack
Kosakenführer:
6 Ataman, Hetman, Otaman
Kosakenpeitsche:
5 Knute, 7 Nagaika
Kosename:
-der Großmutter:
3 Oma
-der Kaiserin von Österreich:
5 Sissi
-der Mutter:
4 Mama
-des Großvaters:
3 Opa
-des Vaters:
4 Papa, Papi, Paps, 5 Daddy
Kosmetik:
10 Hautpflege, 13 Koerperpflege, 17 Schoenheitspflege
kosmetischer:
-Artikel/Verfahren:
3 Bad, Oel, 5 Creme, Henna, Puder, Spray, 6 Parfum, Pomade, 7 Parfuem, Shampoo, 8 Schminke, 9 Badeseife, Fettpuder, Nagellack, Zahncreme, Zahnpasta, 10 Hautlotion, Nachtcreme, 11 Lippenstift, 13 Wimperntusche, 15 Reinigungsmilch, 16 Augenbrauenstift, 18 Nagellackentferner
kosmetischer Begriff:
7 Peeling
kosmischer Kleinkörper:
6 Meteor
Kosmonaut:
9 Astronaut, 14 Weltraumfahrer
Kosmos:
3 All, 4 Welt, 7 Weltall, 9 Universum
Kost:
5 Essen, 6 Speise, 7 Nahrung, 10 Ernaehrung, 11 Verpflegung
Kost und Wohnung:
7 Pension
kostbar:
7 erlesen, 8 prezioes, splendid, wertvoll
kostbarer:
-Besitz:
6 Schatz
kostbares:
-Andenken:
8 Reliquie
-Gewebe:
4 Samt, 5 Seide, 6 Brokat
-Kleid:
4 Robe
Kostbarkeit:
6 Schatz, 7 Kleinod, Schmuck, 10 Geschmeide
kosten/Kosten:
6 Spesen, 7 Aufwand, 8 Auslagen, 9 Gebuehren, probieren, versuchen, 11 degustieren
Kostenanschlag:
4 Etat, 11 Kalkulation
Kostenaufteilung:
6 Umlage
kostenfrei:
4 frei, 6 gratis, 7 umsonst, 13 unentgeltlich
Kostenrechnung:
11 Liquidation
köstlich:
5 prima, 6 lecker, 7 delikat, 9 delizioes, 11 appetitlich, schmackhaft
Kostschüler im Heim:
6 Alumne
kostspielig:
5 teuer
kostspielige Lebensführung:
5 Luxus
Kostümfest:
9 Maskerade, 10 Maskenball
Kostümzeichnung:
8 Figurine
Kot:
8 Faekalie, 9 Exkrement
Kot des Wildes:
6 Losung
Kotelett:
9 Karbonade, 12 Rippenstueck
Krabbe/Krebstier:
5 Krebs, 6 Hummer, Krabbe, 7 Garnele, 8 Languste,

Seepocke, 9 Rollassel, Seespinne, 10 Flusskrebs, Mauerassel, Strandfloh, Wasserfloh, Wollkrabbe, 11 Krustentier, Zehnfuesser, 12 Muschelkrebs, Strandkrabbe, Taschenkrebs, 14 Wollhandkrabbe, 15 Einsiedlerkrebs
Krach:
5 Knall, Laerm, Radau, Zwist, 6 Rabatz, Streit, Tumult, 7 Getoese, Krakeel, Krawall, 8 Stoerung, 9 Spektakel, 11 Kontroverse, Zerwuerfnis, 14 Kladderadatsch
krachen:
7 bersten, 9 krepieren
Kraft:
5 Macht, Wucht, 6 Gewalt, 7 Dynamik, Staerke, 9 Nachdruck, 11 Intensitaet
Kraftarm:
5 Hebel
Kraftbrühe:
8 Bouillon, Consomme, 9 Konsommee
Kraftdroschke:
4 Taxe, Taxi
Krafteinheit:
4 Pond
Kraftfahrer:
6 Lenker, 9 Chauffeur, Schoffoer, 12 Automobilist
Kraftfahrzeug:
3 Bus, Lkw, Pkw, 4 Auto, Mofa, Taxe, Taxi, 5 Kombi, Moped, Truck, 6 Laster, 7 Lastzug, Omnibus, Trecker, 8 Kleinbus, Kraftrad, Lastauto, Motorrad, Roadster, 9 Automobil, Lastwagen, Limousine, Tankwagen, 10 Kabriolett, Kombiwagen, Lieferauto, Sportwagen, 11 Fernlastzug, Lieferwagen, Motorroller, 12 Kleinomnibus, 15 Sattelschlepper
-für Land- und Wasserfahrt:
17 Amphibienfahrzeug
kraftgespannt:
9 dynamisch
kräftig:
5 prall, stark, 6 deftig, robust, stabil, 8 intensiv
Kräftigungsmittel:
7 Tonikum
kraftlos:
3 fad, 4 flau, matt, 7 schlapp, schwach
Kraftlosigkeit:
8 Asthenie
Kraftmaschine:
5 Motor, 7 Turbine, 9 Generator
Kraftmaß:
3 Vis
Kraftmensch:
6 Athlet
Kraftstoff:
6 Benzin, Benzol, Diesel
Kraftstoffbehälter:
4 Tank, 8 Kanister
Kraftstoffstation:
10 Tankstelle
Kraftübertragung:
12 Transmission
Kraftwagen:
4 Auto, 9 Automobil
-mit zurückklappbarem Verdeck:
6 Kabrio, 10 Kabriolett
Kraftwagenaufbau:
10 Karosserie
Kraftwagenführer:
6 Fahrer, 9 Chauffeur
Kraftwagengestell:
7 Chassis
Kragstein:
7 Konsole
Krake:
11 Tintenfisch
Krakeel:
6 Streit, Unruhe
Kram:
4 Tand, 7 Krempel, Plunder, Troedel, 8 Schamott, 9 Firlefanz
Kramladen:
6 Butike, 9 Boutiquee*
Krampe:
5 Haken, 6 Kettel, 7 Klammer
Krampf:
7 Spasmus, 10 Konvulsion
Krampfadern:
7 Varizen
krampfartig:
9 spasmisch
Krampfzustand:
6 Starre
Kranichvogel:
6 Trappe
krank:
5 siech, 6 malade, 7 leidend, 11 unpaesslich
Krankenbahre:
5 Trage
Krankenbehandlung:
8 Therapie
Krankenbericht:
8 Bulletin
Krankenbesuch:
6 Visite
Krankenbetreuer:
7 Pfleger, 11 Heilgehilfe
Krankenfahrzeug:
9 Rollstuhl
Krankengymnast:
15 Physiotherapeut
Krankenhaus:
6 Klinik, Spital, 8 Hospital, 10 Poliklinik, Sanatorium
-in Berlin:
7 Charite, Charité
-in Paris:
7 Bicetre
Krankenhausabteilung:
7 Station, 8 Ambulanz
Krankenkost:
5 Diaet, 9 Schonkost
Krankenliege:
5 Bahre, Trage
Krankenpfleger:
10 Sanitaeter
Krankenpflegerin:
9 Schwester, 10 Diakonisse
Krankensalbung:
6 Oelung
Krankentrage:
5 Bahre
Krankentransportwagen:
8 Ambulanz
Kranker:
7 Patient
krankhaft:
6 abnorm, morbid, 7 anormal, 12 pathologisch
krankhaftes:
-Verlangen:
5 Manie, Sucht
Krankheit:
2 TB, 3 Tbc, 4 Lues, Pest, Rose, Ruhr, Star, 5 Brand, Ekzem, Gicht, Krebs, Kropf, Lepra, Mumps, Polio, 6 Angina, Asthma, Grippe, Katarr*, Leiden, Masern, Pocken, Raeude, Rheuma, Seuche, Typhus, 7 Anaemie, Aussatz, Basedow, Cholera, Flechte, Katarrh, Malaria, Neurose, Roeteln, Skorbut, Tetanus, 8 Beriberi, Blattern, Epidemie, Karzinom, Migraene, Neuritis, Paralyse, Pellagra, Rachitis,

Siechtum, Sklerose, 9 Epilepsie, Gebrechen, Gelbsucht, Geschwuer, Leukaemie, Milzbrand, Neuralgie, Scharlach, Schnupfen, Veitstanz, 10 Bronchitis, Diphtherie, Gelbfieber, Geschwulst, Paratyphus, Skrofulose, 11 Fleckfieber, Guertelrose
Krankheitsanzeichen:
7 Symptom
Krankheitsbehandlung:
8 Therapie
Krankheitsbericht:
8 Bulletin
Krankheitsbeschreibung:
11 Nosographie
Krankheitsbestimmung:
8 Diagnose
Krankheitserkennung:
8 Diagnose
krankheitserregend:
8 pathogen, virulent
Krankheitserreger:
4 Keim, 5 Virus, 6 Kokkus, Vibrio, 7 Parasit, 8 Bakterie, Bazillus, Trichine, Tuberkel
Krankheitserscheinung:
6 Anfall, Fieber, Husten, Niesen
krankheitsfrei:
6 gesund
Krankheitsherd:
5 Fokus
Krankheitsheuchler:
8 Simulant
Krankheitshöhepunkt:
4 Akme
Krankheitslehre:
10 Pathologie
Krankheitssymptom:
6 Fieber, 7 Schmerz, 9 Erbrechen, 11 Ohrensausen
Krankheitsursache:
4 Noxe
Krankheitsvorgeschichte:
8 Anamnese
Krankheitszeichen:
7 Symptom
Kränklichkeit:
11 Morbositaet
Kränkung:
7 Affront, Injurie, 9 Invektive, 10 Schmaehung, Verletzung, 11 Beleidigung
Kranzleiste:
7 Karnies
Krapfen:
7 Beignet
kraß:
6 extrem
Kratersee bei Rom:
4 Nemi
Krätze:
7 Skabies
Kratzer:
4 Riss, 8 Schramme
Kräuselstoff:
5 Krepp
Kräuselung:
6 Falbel
Kräutersoße:
9 Remoulade, 11 Vinaigrette
krautige Pflanze:
4 Farn, 6 Staude, 8 Wegerich
Krawall:
5 Laerm, Radau, 6 Unruhe, 7 Aufruhr
Krawattenart:
6 Binder, Fliege, 7 Schlips, 12 Selbstbinder
kraxeln:
8 klettern
Kreatur:
4 Tier, 6 Mensch, 7 Pflanze, 9 Geschoepf, Lebewesen
Krebs:
6 Krabbe
Krebsgeschwulst:
8 Karzinom
Krebstierlarve:
8 Nauplius
Kredenz:
8 Anrichte
Kredit:
7 Anleihe, 8 Darlehen
Kreditanstalt:
4 Bank, 9 Sparkasse, 12 Geldinstitut
Kreditaufnahme:
7 Anleihe
Kreditbrief:
10 Akkreditiv
Kreditor:
10 Glaeubiger
Kreditwürdigkeit:
8 Bonitaet
Kreidefelsen auf Rügen:
13 Stubbenkammer
Kreidegebirge auf Kreta:
3 Ida
Kreidezeichnung:
7 Pastell
Kreis:
4 Ring, 5 Kurve, Runde, 6 Cercle, Gebiet, Gruppe, Korona, Zirkel, Zyklus, 7 Bereich, 8 Distrikt, 12 Kegelschnitt
Kreisabschnitt:
7 Segment
Kreisachtel:
6 Oktant
kreisartig:
4 rund
Kreisausschnitt:
6 Sektor
Kreisberührungslinie:
8 Tangente
Kreisel:
5 Rotor
Kreiselbewegung der Erdachse:
11 Praezession
kreisförmig:
4 rund, 8 zirkular, zyklisch, 9 zirkulaer
Kreishalbmesser:
6 Radien, Radius
Kreislauf:
11 Zirkulation
kreisrunde Schneehütte:
4 Iglu
kreisrunder Haarausschnitt:
6 Tonsur
kreisrundes Gemälde:
5 Tondo
Kreisschnittlinie:
7 Sekante
Kreisumfang:
10 Peripherie
Krem/Creme:
5 Creme, Pasta, Paste, Salbe
krepieren:
7 platzen, sterben, 8 umkommen, verenden, 10 detonieren, 11 explodieren
Kreppgewebe:
6 Krepon
Kretin:
5 Idiot
kretischer Sagenkönig:
5 Minos
Kreuzbild Jesu:
8 Kruzifix
Kreuzblütler:
4 Kohl, Raps, 6 Crambe, Isatis, Kresse, 7 Levkoje, Rettich, Ruebsen, 8 Meerkohl, 9 Kruzifere, Rosenkohl, 10 Nachtviole, 11 Schaumkraut
Kreuzbruder:
8 Geissler, 10 Flagellant
Kreuzesinschrift:
4 INRI

Kreuzfahrer:
7 Tankred
Kreuzgeflecht:
6 Gitter
Kreuzigungsstätte Jesu:
8 Golgatha, 13 Kalvarienberg
Kreuzkraut:
10 Greiskraut, 11 Jakobskraut
Kreuzstab des Papstes:
6 Ferulu
Kreuzträger Jesu:
5 Simon
Kricketkeule:
3 Bat
kriechen:
6 ducken, 8 krabbeln, krauchen, rutschen
kriechend:
6 servil
Kriecher:
5 Lakai
kriecherisch:
6 servil
Kriechtier:
3 Boa, 4 Wurm, 5 Agame, Echse, Gecko, Kobra, Otter, Skink, Viper, Waran, 6 Gavial, Kaiman, Leguan, Natter, Python, Reptil, 7 Karette, Saurier, 8 Eidechse, Krokodil, Schlange, 9 Alligator, 10 Chamaeleon, Flugdrache, Mauergecko, 12 Schildkroete, 14 Blindschleiche
Kriechtierordnung:
9 Eidechsen, Krokodile, Schlangen, 13 Schildkroeten
Krieg:
5 Orlog
Krieger:
6 Kaempe, Soldat, 7 Landser, 8 Kaempfer, Soeldner, Streiter
kriegerisch:
11 martialisch
Kriegerstand im Mittelalter:
6 Ritter
Kriegsauszeichnung:
2 EK, 5 Orden
kriegsbereit:
5 mobil
Kriegsentschädigung:
10 Reparation
Kriegsfahrzeug:
4 Tank, 6 Panzer
Kriegsflugzeug:
5 Stuka, 6 Bomber, Jaeger, 10 Jagdbomber
Kriegsflugzeugverband:
5 Kette, 6 Gruppe, 7 Staffel, 10 Geschwader, Luftflotte
Kriegsführung:
6 Taktik, 9 Strategie
Kriegsgebiet:
5 Front
Kriegsgott:
-der alten Griechen:
4 Ares
-der alten Römer:
4 Mars
-der Germanen:
3 Ziu
-der nordischen Sage:
3 Tiu, Tyr, Ziu
Kriegsgöttin:
5 Neith, 7 Bellona, Sachmet, Sechmet
Kriegskunst:
6 Taktik, 9 Strategie
Kriegsmaschine:
6 Widder, 8 Katapult, 9 Rammklotz, Schleuder, 10 Schutzdach, Sturmhaken
kriegsmäßige Truppenübung:
8 Manoever
Kriegsministerium der USA:
8 Pentagon
Kriegsschar:
5 Horde
Kriegsschiff:
4 Hulk, 5 U-Boot, 6 Bireme, Galion, Tender, Triere, 7 Galeere, Kreuzer, Liburne, Monitor, Pentere, Trireme, 8 Fregatte, Galeasse, Korvette, Wachboot, 9 Karavelle, 10 Zerstoerer, 11 Minensucher, Schnellboot, Torpedoboot, 12 Linienschiff, Unterseeboot, 14 Schlachtschiff, 15 Flugzeugtraeger
Kriegsschule der USA:
9 Westpoint
Kriegsvolk:
10 Soldateska
Kriemhilds:
-Gatte:
9 Siegfried
-Mutter:
3 Ute
Kriminalpolizei:
5 Kripo
kriminell:
14 verbrecherisch
kriminelles Vergehen:
4 Mord, Raub
Kringel:
6 Brezel
Kristallbildung:
15 Kristallisation
Kristallform:
8 Pinakoid Sphenoid
Kristallgestein:
5 Druse
kristalliner:
-Kalkstein:
6 Marmor
-Schiefer:
5 Gneis
kristallisierter Zucker:
6 Kandis
Kriterium:
7 Merkmal, 8 Massstab
Kritik:
8 Pruefung, 9 Rezension, 11 Beurteilung, 13 Stellungnahme
Kritikaster:
8 Meckerer, Noergler
Kritiker:
9 Rezensent
kroatische:
-Hafenstadt:
5 Fiume, 6 Rijeka
-Hauptstadt:
5 Agram, 6 Zagreb
-Insel:
5 Ciovo, Silba
kroatischer:
-Physiker:
5 Tesla
-Politiker/Politikerin:
7 Tudjman
-Würdenträger:
3 Ban
Krokodil:
6 Gavial, Kaiman, Kaiman, 9 Alligator
Krokusart:
6 Safran
Krone des Papstes:
5 Tiara
Kronfeldherr:
10 Konnetabel
Kronleuchter:
7 Luester
Kronprinz:
6 Infant, 7 Dauphin, 9 Thronerbe, 10 Zarewitsch, 11 Thronfolger
-in Frankreich:
7 Dauphin
-in Großbritannien:
13 Prince of Wales

-in Russland:
10 Zarewitsch
-in Spanien:
6 Infant
Krönungsmantel:
8 Pluviale
Kropf:
6 Struma
Kropfstorch:
6 Marabu
Krötengift:
9 Bufotalin
Krug:
5 Kruke
Krume:
7 Broesel, Brosame, Kruemel
krumme Linie:
7 Spirale
Krummholzart:
6 Kiefer, 7 Latsche,
10 Bergkiefer
Krummsäbel:
7 Jatagan
Krümmung/Kurve:
5 Kurve, 7 Biegung,
10 Abweichung
Kruste:
5 Borke, Rinde, 6 Schale, Schorf
Krustentier:
5 Krebs, 6 Hummer, 7 Garnele,
8 Krevette, Languste
kubanische:
-Hauptstadt:
6 Habana, 7 Havanna
-Währungseinheit:
4 Peso, 7 Centavo
kubanischer:
-Berg:
8 Turquino
-Dichter:
5 Casal
-Maler:
3 Lam
-Modetanz:
5 Rumba
-Mulatte:
5 Pardo, 6 Moreno
-Politiker/Politikerin:
6 Castro, 11 Fidel Castro
-Rackenvogel:
8 Tokororo
Kübel:
4 Fass, 7 Bottich, 8 Holzfass
Kübelwagen:
4 Jeep
Küchenabfall:
5 Muell
Kuchenauflage:
8 Streusel
Küchenbecken:
7 Ausguss, 10 Spuelstein
Küchenchef:
4 Koch
Küchendunst:
6 Wrasen
Küchengegenstand/-gerät:
4 Form, Sieb, Topf, 5 Eimer,
Grill, Kelle, Mixer, Reibe, Tasse,
6 Pfanne, Platte, Teller,
7 Buerste, 8 Kochtopf,
Teekanne, Trichter, 9 Backblech,
Nudelholz, Reibeisen, Schuessel,
10 Bratpfanne, Kasserolle,
Kuchenform, Roemertopf,
Topflappen, Untertasse,
11 Kochloeffel, Ruehrgeraet,
Schneebesen, Waffeleisen,
12 Dosenoeffner, Kaffeemuehle,
Schoepfkelle,
15 Buechsenoeffner
Kuchengewürz:
4 Anis
Küchengewürz:
4 Anis, Dill, Salz, Senf, Zimt,
5 Chili, Curry, Essig, Nelke,
6 Kerbel, Kresse, Piment,
Safran, Salbei, Wermut,
7 Borrago, Fenchel, Lorbeer,
Majoran, Oregano, Paprika,
Pfeffer, Thymian, Vanille,
Zwiebel, 8 Estragon, Rosmarin,
9 Basilikum, Borretsch,
Knoblauch, Koriander,
Wacholder, 10 Muskatnuss,
Petersilie, 11 Bohnenkraut,
Gurkenkraut, Suppenkraut,
12 Gewuerznelke, Liebstoeckel,
Muskatbluete, Schnittlauch
Küchenmöbel/-einrichtung:
4 Herd, 6 Boiler, Spuele,
8 Anrichte, Backofen, Bratofen,
Kochherd, 10 Eisschrank,
Spuelstein, 11 Abfalleimer,
Spuelbecken, Wrasenabzug,
12 Brotmaschine, Kuehlschrank,
14 Kaffeemaschine,
15 Geschirrschrank
Küchenschabe:
8 Kakerlak
Küchenungeziefer:
6 Schabe, 8 Kakerlak
Kuchenzutat:
4 Anis, Mehl, 6 Rosine,
8 Zitronat
Kuckuck/kuckucksartiger Vogel:
3 Ani, 9 Wiedehopf
Kufenfahrzeug:
3 Bob, 9 Schlitten
Küfer:
9 Boettcher
Kugel:
4 Ball, 6 Kuller
Kugelabschnitt:
7 Kalotte, Segment
Kugelarmbrust:
8 Balester
Kugelbakterie:
5 Kokke, 6 Kokkus
Kügelchen:
5 Pille, 8 Pastille
kugelförmiger Glasbehälter:
6 Ballon
Kugelkappe:
7 Kalotte
Kugelspiel:
6 Boccia, Pelota, 7 Billard,
8 Roulette
Kuhantilope:
3 Gnu, 11 Haartebeest
Kuhblume:
10 Hahnenfuss, Loewenzahn,
16 Sumpfdotterblume
Kuhhandel:
10 Kompromiss
Kuhknecht:
9 Schweizer
kühl:
4 kalt, 5 steif, 6 frigid, 7 frostig,
8 sachlich, 10 reserviert,
13 unpersoenlich,
14 zurueckhaltend
Kuhle:
4 Loch, 5 Grube, Mulde
kühn:
4 keck, 5 mutig, 6 tapfer,
7 beherzt, 8 verwegen,
9 wagemutig, waghalsig,
13 unerschrocken
kühne Unternehmungslust:
7 Wagemut
kujonieren:
12 schikanieren,
13 unterdruecken
kulinarische Genüsse:
12 Tafelfreuden
Kult:
8 Anbetung, 9 Verehrung,
13 Vergoetterung,
15 Gottesverehrung
Kultbild der Ostkirche:
5 Ikone

Kulthandlung:
5 Gebet, Opfer, 7 Predigt
kultische Bräuche:
5 Riten, 7 Rituale
kultiviert:
8 gebildet
Kultrequisit:
9 Weihrauch
Kultstätte:
6 Tempel
Kultur:
5 Anbau, 6 Pflege, 7 Bildung, 9 Erziehung, Gesittung, Lebensart
Kulturboden:
4 Gare
Kulturerscheinung:
5 Kunst, 9 Literatur, 12 Zivilisation
Kulturform/-epoche:
5 Gotik, 6 Antike, Barock, Empire, Rokoko, 7 Klassik, Moderne, Neuzeit, Romanik, 8 Altertum, Dekadenz, Romantik, Seicento, 9 Steinzeit, 10 Bronzezeit, Humanismus, Idealismus, 11 Biedermeier, Mittelalter, Renaissance, 12 Klassizismus
Kulturhochzeit:
7 Klassik
Kulturpflanze der Tropen:
3 Tee, 4 Mate, Reis, 5 Kakao, Tabak, 6 Kaffee, Orange, 7 Erdnuss, Oelbaum, 10 Kaffeebaum
Kulturstätte:
4 Oper, 6 Museum, 7 Theater, 8 Akademie, 10 Bibliothek, Pinakothek, 12 Konzerthalle
Kümmelbranntwein:
4 Koem, 7 Aquavit
Kummer:
4 Crux, Gram, Leid, 5 Sorge, 7 Schmerz, 13 Enttaeuschung
kümmerlich dahinleben:
10 vegetieren
Kumpel/Kumpan:
7 Genosse, Kamerad, 8 Komplize, 9 Gefaehrte, Teilhaber
Kunde:
4 Maer, Sage, 5 Lehre, 6 Klient, 7 Mandant, Meldung, 8 Kenntnis, 9 Konsument, Nachricht, 11 Information, Verbraucher
Kundendienst:
7 Service
Kundenwerber:
11 Akquisiteur
Künder:
5 Seher, 6 Mahner, 7 Prophet, 9 Weissager
Kundgebung:
8 Manifest, 11 Versammlung, 13 Demonstration, Protestmarsch
kundiger Schiffsführer:
5 Lotse
Kundschaft:
8 Klientel
Kundschafter:
5 Agent, Spion, 7 Spaeher, Spitzel, 8 Emissaer
künftig:
5 in spe
Kunst:
4 Epik, Tanz, 5 Musik, 6 Grafik*, 7 Graphik, Malerei, Plastik, 8 Dichtung, Dramatik, 9 Bildnerei, 11 Architektur, Bildhauerei
-der Metallbildnerei:
8 Toreutik
-der Selbstverteidigung:
4 Judo, 6 Karate, 8 Jiu-Jitsu
-der Verhandlung:
10 Diplomatie
Kunstausstellung:
5 Salon
Kunstbutter:
9 Margarine
Kunstdünger:
4 Kali
Künstelei:
6 Manier
Kunstepoche:
5 Gotik, 6 Barock, Rokoko, 7 Klassik, Moderne, Romanik, 8 Romantik, 9 Dadaismus, 10 Jugendstil, 11 Biedermeier, Renaissance, 12 Klassizismus, 15 Expressionismus, Impressionismus
Kunstfaser:
4 Rhoa, 5 Acryl, Arnel, Fiber, Lycra, Nylon, Orlon, Rayon, Reyon, Saran, 6 Antron, Dacron, Diolen, Dralon, Perlon, Tricel, Vestan, 7 Acrylan, Helanca, Leacril, Nyltest, Trevira, 8 Meraklon, Terylene, 9 Crimplene, Zellwolle, 10 Customagic, Kunstseide
kunstfertig:
7 virtuos, 8 versiert, 10 routiniert
Kunstfertigkeit:
7 Routine, Technik, 12 Virtuositaet
Kunstflugfigur:
5 Rolle, 7 Looping
Kunstförderer:
6 Maezen
Kunstfreund:
7 Aesthet
kunstgerecht:
9 technisch
kunstgewerbliche Handarbeit:
7 Gobelin, Keramik, Teppich
Kunstglied:
8 Prothese
Kunstgöttin:
4 Muse
Kunstgriff:
5 Finte, Kniff, Trick, 7 Finesse, Praktik, 8 Manoever
Kunstgummi:
4 Buna
Kunsthandlung:
7 Galerie
Kunstharz:
5 Resol, 6 Ebonit, 7 Bakelit
Kunstharzbeschichtung für Bratgeschirr:
6 Teflon, 9 Hostaflon
Kunstharzkitt:
6 Asplit
Kunstkautschuk:
4 Buna
Kunstleder:
4 Skai
Künstlerhonorar:
4 Gage
Künstler/-beruf:
4 Poet, 5 Autor, Maler, 6 Geiger, Magier, Solist, 7 Dichter, Gaukler, Literat, Musiker, Pianist, Saenger, Taenzer, 8 Dirigent, Dompteur, Fotograf*, Grafiker*, Organist, Zauberer, Zeichner, 9 Architekt, Bildhauer, Graphiker, Komponist, Regisseur, Rezitator, Romancier, 10 Choreograf*, Kunstmaler, Librettist, Photograph, 11 Choreograph, Chorsaenger, Illustrator, Kabarettist, 12 Opernsaenger, Schauspieler, 14 Schriftsteller, 16 Filmschauspieler
Künstlerfete:
11 Atelierfest

Künstlergruppe:
8 Ensemble
Künstlerin bei Bühne und Film:
4 Diva, Star, 9 Saengerin, Taenzerin
künstlerisch:
7 musisch
künstlerischer Leiter einer Bühne:
9 Intendant
Künstlerkolonie bei Bremen:
9 Worpswede
Künstlerpaar:
3 Duo
Künstlertruppe:
8 Ensemble
Künstlerunterschrift:
9 Autogramm
Künstlerviertel:
-von München:
9 Schwabing
-von Paris:
10 Montmartre, 12 Montparnasse
Künstlerwerkstatt:
6 Studio, 7 Atelier
Künstlerzeichen:
8 Signatur
künstlich:
6 unecht, 8 imitiert
künstliche:
-Atmung:
14 Wiederbelebung
-Höhle:
6 Grotte
-Sprache:
3 Ido, 8 Volapuek, 9 Esperanto
-Wasserstraße:
5 Kanal
-Weltsprache:
3 Ido, 6 Novial, 7 Mondial, 9 Esperanto, Volapueck
künstlicher:
-Damm:
4 Wall, 5 Buhne, Deich
-Hügel im Marschland:
5 Warft, Wurte
-Lichtspender:
5 Kerze, Lampe, 7 Leuchte
-Mensch:
7 Android, 10 Homunkulus
-Süßstoff:
9 Saccharin
-Wasserlauf:
5 Kanal
-Zahnersatz:
5 Krone, 6 Gebiss, 7 Bruecke, 8 Prothese
künstliches:
-Wasserbecken:
6 Bassin
Kunstliebhaber:
9 Dilettant
Kunstrichter:
8 Kritiker
Kunstrichtung:
4 Epik, Stil, 5 Lyrik, Musik, Prosa, 6 Grafik*, Poesie, 7 Graphik, Keramik, Malerei, 8 Baukunst, Dichtung, 9 Dadaismus, Literatur, 10 Jugendstil, Schauspiel, 11 Architektur, Bildhauerei, Manierismus, 12 Naturalismus, Surrealismus, 15 Expressionismus, Impressionismus, Kupferstecherei
Kunstsammlung:
6 Museum, 7 Galerie, 8 Kabinett
-in Amsterdam:
11 Rijksmuseum
-in Essen:
8 Folkwang
-in Florenz:
5 Pitti, 8 Bargello, Uffizien
-in Frankfurt am Main:
7 Staedel
-in Madrid:
5 Prado
-in München:
10 Pinakothek
-in Paris:
6 Louvre
-in Wien:
9 Albertina
Kunstseide:
5 Reyon, 6 Acetat*, Azetat
Kunstsprung:
5 Salto
Kunststoff:
3 PVC, 4 Buna, Skai, 5 Acryl, Akryl, 6 Teflon, 7 Bakelit, Eternit, Plastik, Resopal, Silikon, 8 Hostalen, Polyamid, 9 Duroplast, Kunstharz, Moltopren, Plexiglas, Zelluloid, Zellulose, 10 Polystyrol, 12 Polyaethylen
Kunststück:
8 Leistung, 11 Meisterwerk
Kunsttanz:
7 Ballett
Kunsttänzer:
7 Stepper
Kunsttischler:
7 Ebenist
Kunstwerk:
3 Bau, Dom, 4 Oper, Opus, 5 Drama, Posse, 6 Fresko, Grafik*, Kirche, Statue, 7 Ballett, Graphik, Musical, Plastik, 8 Aquarell, Gemaelde, Komoedie, Portrait, Skulptur, 9 Standbild, Tonstueck, Tragoedie, 11 Holzschnitt, Komposition, Kupferstich, 13 Buehnenstueck
Kunterbunt:
8 Allerlei, 10 Mischmasch
Kupfer-Zinn-Legierung:
6 Bronze
Kupfererz:
3 Aes
Kupferlegierung:
6 Bronze, 7 Messing, 9 Neusilber
Kupferoxid:
6 Patina
Kupferschaum:
7 Tirolit
Kupferstecher:
6 Aetzer
Kupferstechkunst:
13 Chalkographie
Kupferstich:
8 Gravuere, 9 Radierung
Kupferstichverfahren:
9 Aquatinta
Kupon:
8 Quittung, 9 Abschnitt, Gutschein
Kuppel:
8 Gewoelbe, 9 Kugeldach
Kuppelaufsatz:
7 Laterne
Kuppelbau:
7 Rotunde
Kur:
7 Heilung, 8 Erholung, Therapie, 14 Heilbehandlung
Kuranstalt:
10 Sanatorium
kürbisähnliche Frucht:
5 Gurke, 6 Melone
Kürbisflasche:
9 Kalabasse, Kalebasse
Kurdenstamm:
6 Awrami, Kalhur
Kurfürstentum:
9 Elektorat

Kurier:
4 Bote
kurieren:
6 heilen, 9 behandeln
Kuriosum:
15 Merkwuerdigkeit
Kurort:
3 Bad, 7 Heilbad
-am Bodensee:
10 Radolfzell
-am Brenner:
8 Steinach
-am Chiemsee:
5 Prien
-am Deister:
7 Muender
-am Eggegebirge:
7 Driburg
-am Fernpass:
7 Lermoos
-am Fuße der Jungfrau:
13 Lauterbrunnen
-am Fuße des Matterhorns:
7 Zermatt
-am Fuße des Rigi:
7 Vitznau
-am Gardasee:
4 Riva, Salo, 6 Limone,
7 Gardone, Torbole
-am Genfer See:
5 Evian, Ouchy, Vevey,
6 Thonon, 8 Montreux
-am Hohen Venn:
3 Spa
-am Lago Maggiore:
6 Ascona, Stresa, 7 Locarno
-am Lech:
7 Fuessen
-am Meer:
6 Seebad
-am Montblanc:
8 Chamonix
-am Neckar:
7 Wimpfen
-am Rhein:
6 Honnef, 8 Waldshut,
9 Godesberg, 10 Rolandseck,
14 Assmannshausen
-am Schliersee:
12 Bayrisch-Zell
-am Starnberger See:
5 Leoni
-am Taunus:
7 Homburg, Nauheim,
10 Schwalbach, 11 Koenigstein
-am Tegernsee:
5 Egern, Gmund, 7 Wiessee
-am Vierwaldstätter See:
6 Weggis, 7 Brunnen,
12 Buergenstock
-am Wörthersee:
6 Velden, 11 Poertschach
-an der Ahr:
8 Neuenahr
-an der Bergstraße:
10 Heppenheim
-an der Etsch:
5 Meran
-an der Fränkischen Saale:
8 Neustadt, 9 Kissingen
-an der Fulda:
8 Hersfeld
-an der Gotthardbahn:
6 Schwyz
-an der Isar:
5 Toelz
-an der italienischen Riviera:
5 Nervi, 10 Bordighera
-an der Lahn:
3 Ems, 6 Nassau
-an der Nahe:
8 Muenster, 9 Kreuznach
-an der Neiße:
6 Muskau
-an der Ostsee:
4 Binz, 5 Dahme, 6 Sellin,
Zoppot, 8 Groemitz,
10 Scharbeutz
-an der Riviera:
5 Nervi, Nizza, 6 Cannes,
7 Mentone, Rapallo, 8 St Tropez
-an der Saale:
6 Koesen, 11 Duerrenberg
-an der Schwarzen Elster:
11 Liebenwerda
-an der Spree:
12 Fuerstenberg
-an der Tauber:
11 Mergentheim
-an der Weinstraße:
9 Duerkheim
-an der Werra:
15 Sooden-Allendorf
-an der Zugspitze:
7 Grainau
-bei Bonn:
13 Niederbreisig
-bei Cannes:
6 Grasse
-bei Detmold:
10 Oeynhausen
-bei Genua:
7 Rapallo
-bei Hannover:
6 Eilsen, 8 Nenndorf
-bei Lübeck:
9 Schwartau
-bei Rostock:
7 Doberan
-bei Wien:
5 Baden
-im Allgäu:
7 Fuessen, 9 Sonthofen,
10 Nesselwang, Oberstdorf
-im Bayrischen Wald:
3 Lam, 7 Zwiesel
-im Berner Oberland:
6 Gstaad, Saanen, Wengen,
9 Adelboden, 10 Interlaken,
Kandersteg, 11 Grindelwald
-im Engadin:
4 Sils, 5 Davos, 8 St Moritz
-im Erzgebirge:
14 Oberwiesenthal
-im Harz:
5 elend, Grund, Thale,
7 Altenau, 8 Harzburg, Schierke
-im Odenwald:
6 Erbach
-im Pinzgau:
4 Zell
-im Riesengebirge:
9 Warmbrunn, 12 Brueckenberg,
Schmiedeberg
-im Salzkammergut:
5 Ischl, 6 Aussee, Fuschl
-im Schwarzwald:
7 Triberg, Wildbad
-im Tessin:
6 Ascona
-im Teutoburger Wald:
8 Meinberg, 11 Lippspringe,
Rothenfelde
-im Thüringer Wald:
5 Ruhla, 7 Oberhof, 8 Steinach,
11 Blankenburg, Liebenstein
-im Vogtland:
6 Elster, 8 Brambach
-im Weserbergland:
7 Pyrmont, 8 Meinberg,
9 Salzuflen, 10 Oeynhausen
-im Wienerwald:
5 Baden, 8 Moedling,
9 Mayerling
-in Ägypten:
5 Luxor, 6 Heluan
-in Baden:
10 Baden-Baden,
11 Badenweiler
-in Belgien:
6 Knokke, 7 Ostende
-in Böhmen:
8 Karlsbad, 9 Marienbad

-in den Dolomiten:
7 Cortina, Ortisei, 8 St Ulrich,
10 San Martino
-in den Hohen Tauern:
10 Badgastein
-in den Karpaten:
6 Sinaia
-in der Eifel:
4 Daun, 8 Bertrich,
10 Gerolstein, 13 Muenstereifel
-in der Holsteinischen Schweiz:
5 Eutin, 7 Malente
-in der Schweiz:
5 Arosa, Davos, Flims, Scuol,
6 Ascona, Gstaad, Lugano,
Maloja, 7 Locarno, Zermatt,
8 Klosters, 9 Adelboden,
Andermatt, 10 Interlaken
-in der Slowakei:
7 Pistyan
-in der Steiermark:
6 Admont, 9 Mariazell,
10 Schladming, 12 Gleichenberg
-in Deutschland:
3 EMS, Orb, 4 Boll, 5 Berka,
Bibra, Essen, Grund, Imnau,
Soden, Stuer, Sulza, Toelz,
6 Abbach, Buchau, Dueben,
Eilsen, Elster, Honnef
-in Frankreich:
3 Aix, Pau, 4 Nice, 5 Evian,
Nizza, Vichy, 6 Annecy, Cannes,
Menton, 7 Mentone, 8 Biarritz,
St Tropez
-in Graubünden:
4 Sils, Zuoz, 5 Arosa, Davos,
Flims, 6 Maloja, 7 Samaden,
Samedan, 8 Klosters, St Moritz,
10 Churwalden, Pontresina,
Silvaplana
-in Hessen:
6 Vilbel, 7 Homburg, Nauheim,
9 Wildungen
-in Italien:
4 Como, Riva, 5 Acqui, Nervi,
Ostia, 6 Rimini, 10 Bordighera
-in Kärnten:
6 Gmuend, Velden, 7 Ossiach,
Villach
-in Mittelfranken:
8 Zirndorf
-in Monaco:
10 Monte Carlo
-in Niederösterreich:
9 Gloggnitz, Reichenau
-in Niedersachsen:
6 Eilsen, 7 Pyrmont
-in Niederschlesien:
9 Salzbrunn, Warmbrunn,
12 Schreiberhau
-in Oberbayern:
5 Egern, Toelz, 6 Kreuth,
7 Wiessee, 9 Tegernsee,
10 Schliersee
-in Oberösterreich:
4 Hall, 5 Ischl, 10 St Wolfgang
-in Österreich:
4 Hall, Lech, Zell, 5 Baden,
Ischl, Zuers, 6 Aussee, Fuschl,
Ramsau, Reutte, Velden,
7 Bad Hall, Gmunden, Seefeld,
St Anton, Villach, 8 St Gilgen,
10 Badgastein
-in Pommern:
6 Polzin
-in Rumänien:
6 Sinaia
-in Schwaben:
11 Woerishofen
-in Schweden:
3 Are
-in Slowenien:
4 Bled
-in St Gallen:
5 Ragaz
-in Südfrankreich:
3 Dax
-in Südtirol:
5 Bozen, Meran, 6 Levico
-in Thüringen:
7 Ilmenau, Oberhof, 8 Lehesten,
9 Koestritz, Salzungen,
11 Langensalza,
13 Frankenhausen
-in Tirol:
4 Hall, 5 Lienz, 7 Lermoos,
Seefeld, 10 Kitzbuehel
-in Unterfranken:
8 Amorbach
-in Vorarlberg:
7 Schruns
Kurpfuscher:
10 Scharlatan, 11 Quacksalber
Kurs:
4 Lauf, Wert, 5 Piste, Preis,
Stand, 6 Kursus, 7 Gelaeuf,
Strecke, 8 Parcours, Rennbahn,
11 Rennstrecke, Rundstrecke,
12 Flugrichtung,
13 Fahrtrichtung
Kursabschlag:
6 Deport, 7 Disagio
Kursanstieg:
6 Hausse
Kursbestimmung:
10 Navigation
Kursbuch:
8 Fahrplan
kursieren:
11 zirkulieren
Kursunterschied:
4 Agio, 5 Ekart
Kursus:
8 Lehrgang, 10 Unterricht
Kurve:
5 Kehre, Kreis, Wende,
7 Biegung, Ellipse, Parabel,
Rundung, Spirale, 8 Hyperbel,
9 Kruemmung
Kurvenberührungslinie:
8 Tangente
Kurvenmesser:
10 Kartometer, Kurvimeter
kurvenreiche Bergstraße:
10 Serpentine
kurz und bündig:
7 lapidar
kurz und treffend:
9 lakonisch
kurz zusammengefaßt:
10 summarisch
Kurzatmigkeit:
6 Asthma
kurze:
-Abhandlung:
5 Essay
-Äußerung:
9 Bemerkung
-Entfernung:
5 Naehe
-Entspannung:
5 Pause
-Erzählung:
7 Novelle
-heitere Geschichte:
8 Anekdote
-Hose:
6 Shorts
-Jacke:
4 Wams, 6 Bolero
-Kabarettszene:
6 Sketch, 7 Sketsch*
-Lanze:
6 Spiess
-Reise:
4 Trip
-Ruhepause:
4 Rast
-Übersicht:
6 Abriss, Skizze
Kürzel:
5 Sigel

kürzeste Entfernung:
9 Luftlinie
kürzeste Verbindung zweier Punkte:
6 Gerade
Kurzgeschichte:
5 Story, 7 Episode, Novelle
Kurzhalsgiraffe:
5 Okapi
kurzlebiges Insekt:
13 Eintagsfliege
kurzlockig:
5 kraus
Kurzrockmode:
4 Mini
Kurzschrift:
5 Steno, 11 Stenografie*, 12 Stenographie
Kurzschriftschreiber:
9 Stenograf*, 10 Stenograph
Kurzschrifttext:
5 Steno, 10 Stenogramm
Kurzschwanzaal:
6 Kuchia
Kurzsichtigkeit:
6 Myopie
Kurzstreckenläufer:
8 Sprinter
Kurzübersicht:
6 Abriss, Skizze
Kürzung:
5 Abzug, 6 Rabatt, Skonto, 8 Nachlass
Kurzunterschrift:
6 Signum
Kurzware:
4 Band, Garn, 5 Faden, Knopf, Litze, Nadel, Wolle, Zwirn, 8 Naehgarn, 9 Bindfaden, Naehseide
Kurzweil:
5 Spass, 12 Unterhaltung, Zeitvertreib
Kurzwort/-form für:
-Abitur:
3 Abi
-Akkumulator:
4 Akku
-Alphabet:
3 Abc
-Aluminium:
3 Alu
-Amerikaner:
3 Ami
-Artillerie:
3 Ari
-Autobus:
3 Bus
-Automobil:
4 Auto
-Autoreifen:
4 Pneu
-Berliner Hauptstraße:
6 Kudamm
-Diapositiv:
3 Dia
-Durchgangszug:
4 D-Zug
-Düsenflugzeug:
3 Jet
-Düsseldorfer Hauptstraße:
3 Koe
-einen Polizisten:
6 Schupo
-einen Schiedsrichter:
6 Schiri
-Elektrizität:
3 Elt
-Fernschreiben:
5 Telex
-Fernsehen:
2 TV
-Festlichkeit:
4 Fete
-Flugzeugabwehrkanone:
4 Flak
-Gangsterbande:
4 Gang
-Gefängnis:
4 Loch, 5 Knast
-Geschwindigkeitsmesser:
5 Tacho
-internationale Kriminalpolizei:
8 Interpol
-Jagdbomber:
4 Jabo
-Japaner:
4 Japs
-Kriminalpolizei:
5 Kripo
-Laboratorium:
5 Labor
-Lokomotive:
3 Lok
-Luftreifen:
4 Pneu
-Mietauto:
4 Taxe, Taxi
-Mikron:
2 MY
-Panzerabwehrkanone:
3 PAK
-Pariser U-Bahn:
5 Metro
-Personenwagen:
3 Pkw
-Pullover:
5 Pulli
-Rio de Janeiro:
3 Rio
-Rundfunkgerät:
5 Radio
-Sanitäter:
4 Sani
-Schnellbahn:
5 S-Bahn
-Schutzpolizei:
6 Schupo
-Spielmarke:
4 Chip, 5 Jeton
-Stabsfeldwebel:
6 Spiess
-Straßenbahn:
4 Tram
-Tiergarten:
3 Zoo
-Transformator:
5 Trafo
-Universität:
3 Uni
-Untergrundbahn:
5 U-Bahn
-Unterseeboot:
5 U-Boot
-Volkswagen:
2 VW
-Zustimmung:
2 ok
kuschen:
9 gehorchen
Kusine:
4 Base, 8 Vetterin
Kuß:
5 Bussi, 6 Bussel, 7 Busserl, Schmatz
Küstenbucht:
4 Haff
Küstenfahrzeug:
4 Ewer, 5 Sloop, Tjalk, 6 Feluke, Kutter, Logger, 9 Schaluppe
Küstenflachmeer:
6 Schelf
Küstenform/-art:
3 Bay, Kap, 4 Golf, Haff, Riff, Ufer, Watt, 5 Bucht, Delta, Fjord, Kliff, 6 Bodden, Foerde, Lagune, Strand, 7 Gestade, Nehrung, 9 Halbinsel, Meerbusen, Steilufer, Strandsee, 10 Meeresufer
Küstenfrachtsegler:
8 Galeasse
Küstengewässer:
10 Wattenmeer

Küstenhochland:
5 Geest
Küstenkatastrophe:
9 Sturmflut
Küstenlandschaft:
-an der Adria:
9 Dalmatien
-in Arabien:
9 Hadramaut
-in Südfrankreich:
7 Riviera, 8 Camargue
Küstenschiffahrt:
8 Kabotage
Küstenvogel:
5 Moewe
Küstenzone:
7 Litoral
Küster:
6 Mesner, 7 Messner*,
8 Kirchner, 9 Gloeckner,
Sakristan
Kutsche:
5 Coach, Coupe, Wagen,
6 Fiaker, 7 Karosse, 8 Droschke,
Fuhrwerk, 11 Einspaenner,
12 Zweispaenner
Kutscher:
6 Fahrer, Fiaker, Lenker
Kutte:
9 Ueberrock, 11 Moenchsrock
Kuvert:
6 Huelle, 8 Umschlag,
9 Enveloppe, 13 Briefumschlag
Kykladeninsel:
3 Kos, los, 4 Keos, 5 Delos,
Milos, Naxos, Thira,
7 Mykonos, Serifos, 8 Santorin
Kyklop in Homers Odyssee:
8 Polyphem
Kynologe:
11 Hundekenner,
13 Hundezuechter
kyrillisches Alphabet:
6 Asbuka

Lab:
7 Ferment
Labans Tochter:
3 Lea, 5 Rahel
Labbe:
4 Mund
Label:
7 Etikett
labern:
8 sprechen
Labial:
10 Lippenlaut
labil:
6 unstet, 8 unsicher,
10 schwankend, 12 unbestaendig
Laborbehältnis:
6 Kolben, Tiegel, 10 Glaskolben,
11 Reagenzglas,
13 Schmelztiegel
Laborgehilfe:
8 Laborant
laborieren:
9 behandeln
Laborutensil:
5 Tubus, 6 Ballon, Filter,
7 Pipette, 8 Dreifuss,
9 Exhaustor, Konverter
Labsal:
5 Trank, Trost, 6 Balsam,
7 Wohltat, 9 Staerkung,
10 Erquickung, 11 Erfrischung
Labyrinthfisch:
6 Gurami, 9 Makropode
Lache:
7 Pfuetze
lächerlich:
5 banal, 6 albern, 7 komisch,
skurril, 8 ridikuel
lächerlicher Vorgang:
7 Blamage
Lächerlichkeit:
5 Komik
lachsartiger Fisch/Lachs:
4 Asch, Salm, 5 Lodde, Renke,
Stint, 6 Aesche, Huchen,
7 Felchen, Forelle, Kapelin,
Muraene, 8 Saibling,
9 Rheinsalm, Schnaepel,
11 Blaufelchen
Lackaffe:
4 Geck, 7 Angeber, Stutzer
lackieren:
9 streichen
Lade:
4 Fach, 5 Truhe, 9 Behaelter,
Schubfach
Ladebaum:
4 Kran, Mast, 8 Ausleger
Ladendiener:
6 Kommis
Ladenform:
5 Store, 6 Butike, 7 Magazin,
8 Boutique, 9 Boutiquee*,
Geschaeft
Ladengeschäft:
4 Shop
Ladenverkaufstisch:
5 Theke, 6 Tresen
lädieren:
11 ramponieren,
12 beschaedigen
Ladung:
4 Last, 5 Fuhre, 6 Buerde,
Fracht, 8 Nutzlast,
12 Aufforderung, 13 Elektrizitaet
Ladykiller:
10 Frauenheld
Laffe:
4 Fant, Geck, 5 Dandy, 6 Fatzke,
7 Stutzer
Lage:
3 Ort, 5 Platz, 6 Stelle,
7 Schicht, Zustand, 8 Position,
9 Situation, 11 Sachverhalt,
13 Konstellation
-der Dinge:
13 Konstellation
Lagebeschreibung:
4 oben, vorn, 5 innen, links,
unten, 6 aussen, hinten, mitten,
rechts
Lager:
4 Bett, Sofa, 5 Couch, Liege,
6 Vorrat, 7 Magazin, 8 Speicher
Lagerangestellter:
8 Lagerist
Lagerhaufen:
5 Halde, Miete
Lagergebäude:
4 Silo, 5 Depot, 7 Magazin,
8 Speicher
lagern:
5 ruhen, 6 liegen, rasten,
9 kampieren, speichern
Lagune:
4 Haff, 5 Bucht, 9 Strandsee
Laguneninsel bei Venedig:
6 Murano
Lagunenstadt:
7 Venedig
lahmen:
6 hinken
lähmend:
7 panisch
lähmende Angst:
6 Grauen
Lähmung:
8 Paralyse
laichen:
8 gebaeren
Laienbruderschaft:
9 Alexianer
Laiendarsteller:
7 Amateur, 9 Dilettant,
11 Ungelernter
laienhaft:
13 dilettantisch
Laienrichter:
8 Schoeffe, 12 Geschworener
Laken:
7 Bettuch
Lakonismus:
12 Wortkargheit
lamentieren:
6 klagen
Lamento:
5 Klage, 6 Jammer, 8 Geschrei,
Wehklage
Lammfell:
7 Karakul, Krimmer, 9 Persianer,
12 Breitschwanz
Lampe/Lampenart:
5 Ampel, 7 Laterne, Leuchte,
Luester, 8 Leuchter, 9 Spotlight,
10 Kandelaber, 12 Kronleuchter,
Scheinwerfer, Taschenlampe
Lampenfieber:
6 Unruhe, 11 Nervositaet
Lampion:
5 Ampel, 7 Laterne,
13 Papierlaterne
Land:
4 Erde, 5 Acker, Boden, Grund,
Staat, 7 Gefilde, 9 Kontinent
-am Jordan:
4 Moab
-am Tigris:
4 Elam
-der Bundesrepublik:
6 Bayern, Berlin, Bremen,
Hessen, 7 Hamburg, Sachsen,
8 Saarland, 10 Thueringen,
11 Brandenburg,
13 Niedersachsen, Sachsen-
Anhalt, 14 Rheinland-Pfalz,
17 Baden-Wuerttemberg,
Schleswig-Holstein,
18 Nordrhein-Westfalen,
21 Mecklenburg-Vorpommern
-der aufgehenden Sonne:
5 Japan
-der Kelten:
7 Gallien

-der Puszta:
6 Ungarn
-der tausend Seen:
8 Finnland
-der Zwerge:
7 Liliput
-des Lächelns:
5 China
-im Himalaja:
5 Tibet
-umgeben von Wasser:
5 Insel
Landbau:
14 Landwirtschaft
Landbeackerung:
8 Ackerbau
Landbewohner:
8 Haeusler
Landebahn:
8 Rollbahn
Landedelmann:
6 Junker
Landegelände für Flugzeuge:
5 Piste, 8 Flugfeld, Rollfeld,
9 Flughafen, Flugplatz
Landenge:
7 Isthmus
Landgut:
3 Gut, Hof, 5 Ranch,
7 Anwesen, Gehoeft, Gutshof,
8 Plantage, 9 Bauernhof,
10 Latifundie
Landeplatz für Schiffe:
3 Kai, 5 Hafen, Reede
Ländereibesitz:
10 Latifundie, 11 Grundbesitz,
16 Grossgrundbesitz
Landesbereich:
5 Kreis, 6 Bezirk, 7 Provinz
-der Tschechischen Republik:
7 Boehmen, Maehren
-von Bayern:
7 Franken, 8 Schwaben,
9 Oberpfalz, 10 Oberbayern,
11 Oberfranken,
12 Niederbayern, Unterfranken,
13 Mittelfranken
-von Dänemark:
8 Juetland
-von Vietnam:
5 Annam, 6 Tonkin, 7 Tonking
landesfremd:
6 extern
Landeshauptmann im alten Polen:
7 Starost
Landesherrscher:
7 Monarch, 8 Potentat,
9 Souveraen
Landesherrscher Jesu:
7 Herodes
Landessprache in Israel:
6 Iwrith
Landesverweser:
6 Regent
Landgut:
3 Hof, 4 Farm, 5 Ranch,
8 Estanzia
Landhaus:
5 Villa, 6 Chalet, 7 Datscha,
8 Bungalow
Landkartenbuch:
5 Atlas
Landkartenhersteller:
9 Kartograf*, 10 Kartograph
Landkreis:
6 Bezirk
ländlich:
5 rural, 8 rustikal, 9 arkadisch,
idyllisch, 10 baeuerlich
ländliche:
-Siedlung:
3 Ort, 4 Dorf
ländlicher:
-Besitz:
7 Anwesen, Gehoeft
ländliches:
-Leben:
6 Idylle
Landmann:
5 Bauer
Landmesser:
8 Geometer
Landpolizei:
11 Gendarmerie
Landschaft:
4 Moor, Wald, 5 Heide,
6 Gebiet, Gegend, Region,
7 Gefilde
-am Bodensee:
5 Hegau
-am Mittelmeer:
7 Riviera
-am Oberrhein:
7 Ortenau
-an der mittleren Donau:
5 Banat
-bei Düsseldorf:
10 Neandertal
-bei Paris:
4 Brie
-bei Wien:
5 Lobau
-im alten Palästina:
6 Judaea
-im Alten Testament:
7 Aramaea
-im Baltikum:
7 Kurland, Livland,
9 Semgallen, 10 Lettgallen
-in Afghanistan:
5 Balch
-in Ägypten:
5 Gosen
-in Arabien:
4 Asir, 6 Midian, 7 Nedschd,
8 Hedschas
-in Argentinien:
5 Pampa
-in Äthiopien:
4 Adal, 5 Kaffa, 6 Harrar,
Ogaden
-in Baden:
5 Hegau, 6 Albgau, 7 Ortenau,
8 Breisgau
-in Bayern:
9 Hallertau
-in Belgien:
5 Fagne, 6 Fagnes, Kempen,
7 Brabant, Limburg, 8 Ardennen,
Borinage, Flandern, Hennegau
-in Birma:
6 Arakan
-in Böhmen:
8 Egerland
-in Brandenburg:
6 Barnim, Zauche, 7 Altmark,
Kurmark, 8 Prignitz,
9 Uckermark
-in den Apenninen:
6 Molise
-in der Schweiz:
7 Engadin, 8 Emmental
-in Finnland:
8 Karelien, Lappland
-in Kleinasien:
5 Troas, 6 Ionien, 8 Phrygien
-in Mesopotamien:
8 Chaldaea
-in Niedersachsen:
7 Emsland, 9 Stedingen
-in Nordrhein-Westfalen:
10 Ruhrgebiet
-in Pakistan:
5 Bugti, 9 Pandschab
-in Palästina:
8 Galilaea
-in Portugal:
5 Beira

-in Rumänien:
5 Banat, 6 Moldau, 8 Bukowina, Walachei
-in Schleswig-Holstein:
6 Angeln, 8 Probstei, Stormarn, 12 Dithmarschen
-in Spanien:
8 Asturien, Galicien, 9 Aragonien, Kastilien, 10 Andalusien, Katalonien, 11 Estremadura
-in Westfalen:
7 Hellweg, 9 Sauerland
-zwischen Donau und Theiß:
5 Banat
-zwischen Mosel und Rhein:
5 Eifel
Landschaftsart:
3 Aue, Tal, 4 Berg, Moos, 5 Bruch, Ebene, Heide, Karst, 6 Kueste, Marsch, Steppe, Wueste, 7 Gebirge, 8 Bergland, Hochland, Tiefland, 9 Flachland, Niederung, 11 Hochgebirge, 13 Mittelgebirge
-in der Arktis:
6 Tundra
-in Norddeutschland:
5 Geest, Heide, 6 Marsch
-in Sibirien:
5 Taiga, 6 Tundra
-in Südamerika:
5 Pampa
-in Ungarn:
6 Pussta
Landschaftsbeschreibung:
10 Topografie*, 11 Topographie
Landschaftsgemälde:
8 Szenerie
Landsknechtsgemeinschaft:
5 Haufe
Landsknechtsstichwaffe:
4 Pike
Landsknechtswaffe:
10 Hellebarde
Landspitze:
3 Kap, 4 Riff, 5 Hoeft, Zunge, 6 Klippe, 9 Halbinsel, Vorsprung
Landstraße:
8 Chaussee
Landstreicher:
6 Penner, 7 Bettler, Strolch, Stromer, 8 Vagabund, 10 Pennbruder
Landstreitmacht:
4 Heer, 5 Armee, 6 Truppe
Landungsbrücke:
4 Pier
Landvermesser:
7 Geodaet, 8 Geometer
Landvogt Tell:
7 Gessler
Landvorsprung:
3 Kap, 5 Hoeft
Landwirt:
5 Bauer, 6 Farmer, 7 Agronom, Oekonom, 8 Agrarier, Pflanzer
Landwirtschaft:
9 Oekonomie, 10 Agrikultur
landwirtschaftlich genutzt:
5 agrar
landwirtschaftliche:
-Bodenutzung:
8 Ackerbau
-Fläche:
4 Beet, Feld, 5 Acker
-Nutzfläche:
4 Feld, 5 Acker
landwirtschaftlicher:
-Speicher:
4 Silo, 7 Scheune
landwirtschaftliches:
-Abwehrmittel:
8 Fungizid, Herbizid, 10 Insektizid, 20 Pflanzenschutzmittel
-Gebäude:
5 Stall, Tenne, 7 Scheune
-Gerät:
4 Egge, 5 Gabel, Harke, Pflug, Sense, 6 Fraese, Rechen, Spaten, 7 Grubber, 8 Heugabel, 9 Heuwender, Mistgabel, 12 Dreschflegel, Maehdrescher
-Produkt:
2 Ei, 5 Milch, 7 Fleisch, 8 Getreide, 9 Gefluegel, Kartoffel
-Unternehmen:
3 Gut, Hof, 8 Plantage, 9 Bauernhof, 10 Gaertnerei, 11 Huehnerfarm
-Zuggerät:
7 Traktor
Landwirtschaftsorganisation der UN:
3 FAO
Langarmaffe:
3 Lar
langbeiniger Vogel:
4 Ibis, 6 Storch, 8 Flamingo
langbeiniges Steppentier:
7 Giraffe
lange:
-Meeresbucht:
5 Fjord, 6 Foerde
-Stäbe:
7 Stangen
-türkische Tabakspfeife:
8 Tschibuk
Länge:
5 Dauer, 7 Ausmass, 9 Dimension
Längengrad:
8 Meridian
Längenmaß:
4 Elle, Fuss, Zoll, 5 Meile, Meter, 6 Mikron, 7 Klafter, 8 Seemeile, 9 Dezimeter, Kilometer, Nanometer, 10 Mikrometer, Millimeter, Zentimeter
lange:
-Reihe von Auswanderern:
5 Treck
langer:
-Pfahl:
4 Mast
-schmaler Umhang:
5 Stola
-Stock:
4 Stab
längere:
-Ausfahrt:
5 Reise
längerer:
-Vortrag:
4 Rede
lange:
-Mönchskleidung:
5 Kutte
langes:
-Festgewand:
4 Robe
-Gerede:
7 Palaver
-Obergewand:
5 Talar, 6 Kaftan
-Ruder:
5 Skull
Langfinger:
4 Dieb, 10 Kleptomane
langfristiger Kredit:
7 Anleihe
langhaariger Hühnerhund:
6 Setter
Langhalsflasche:
6 Phiole
langhalsige Gitarre:
5 Banjo
längliche:
-Rückentrage:
5 Kober

-Vertiefung:
3 Nut, 5 Riefe, Rille, 6 Furche
länglicher:
-Hohlkörper:
4 Rohr
längliches:
-Behältnis:
4 Trog
-Sitzbad:
5 Bidet
länglichrund:
4 oval
Langmütigkeit:
6 Geduld, 9 Nachsicht,
11 Duldsamkeit
Langobardenherrscher:
4 Tato, 6 Alboin, Audoin, Klaffo,
7 Aistulf, Aripert, Authari,
Rothari, 8 Walthari,
10 Desiderius
langsam:
4 faul, 6 traege, 9 saumselig
-in der Musik:
5 Largo, lento, 6 Adagio
langsame:
-Wiedergabe:
8 Zeitlupe
langsamer:
-englischer Tanz:
5 Blues, 7 Slowfox
-französischer Tanz:
7 Gavotte
-spanischer Tanz:
9 Sarabande
langsames:
-Musikstück:
5 Largo, 6 Adagio
Langschwanzpapagei:
3 Ara, 5 Arara
Längsrinne:
5 Riefe
Längsschnitt:
6 Profil
Langstreckenrennen:
6 Rallye, 9 Radrennen,
10 Autorennen,
12 Marathonlauf,
14 Motorradrennen,
15 Sechstagerennen
Languste:
5 Krebs, 11 Panzerkrebs,
Ritterkrebs
langweilend:
3 fad, oed, 4 fade, 6 mopsig,
7 monoton, 9 eintoenig,
langatmig
langweiliger:
-Schwätzer:
8 Salbader
langweiliges:
-Geschwätz:
6 Sermon
Lanze:
5 Speer, 6 Spiess, 10 Hellebarde
Lanzensoldat:
4 Ulan, 5 Husar, 7 Lancier,
8 Dragoner
lapidar:
4 kurz, 5 knapp
Lappalie:
9 Bagatelle, Petitesse,
10 Nebensache, 11 Kleinigkeit
Lappenzelt:
4 Kote
läppisch:
3 fad, 4 fade, 8 kindisch
Lärm:
5 Krach, Rumor, 6 Rabatz,
Trubel, Tumult, 7 Getoese,
Klamauk, Krawall, Skandal,
9 Spektakel
lärmen:
5 toben, Tosen, 7 poltern,
rumoren, 8 schreien,
9 krakeelen, kreischen,
11 randalieren
lärmend:
4 laut
lärmendes Treiben:
10 Remmidemmi
Lärmgerät:
6 Knarre, Rassel, 7 Klapper
Larve:
4 Made, 5 Mumme, Puppe,
Raupe, 9 Engerling
lasch:
3 lax, 5 leger, 6 salopp, 7 laessig
lässig:
5 lasch, leger, 6 locker, salopp,
7 langsam, 10 nonchalant,
11 ungezwungen
lässige Sprache:
5 Idiom, Slang
Lässigkeit:
7 Laxheit, 11 Nonchalance
Last:
4 Joch, 5 Muehe, 6 Buerde,
Ladung, 7 Gewicht
Lastenhebegerät:
4 Kran, 6 Bagger, 7 Stapler,
11 Flaschenzug, 12 Gabelstapler
Laster:
3 Lkw, 5 Manie, 6 Suende,
7 Unsitte
Lästerung:
5 Fluch, 6 Frevel,
12 Beschimpfung,
13 Verwuenschung
lästig:
9 penetrant, 10 unangenehm,
12 aufdringlich, beschwerlich
lästiges Tier:
4 Floh, Laus, 5 Wanze,
6 Bremse, Muecke, 7 Schnake
Lastkahn:
5 Prahm, 6 Schute, 8 Leichter
Lastkraftwagen:
5 Truck
Lasttier:
4 Esel, Muli, 5 Kamel, Pferd,
8 Dromedar, Maulesel, Maultier
Lasttransportfahrzeug:
4 Kahn, 6 Tanker, 8 Frachter,
11 Transporter,
15 Containerschiff
Lasur:
8 Ueberzug, 11 Farbschicht,
Lackschicht
lasziv:
10 unzuechtig
lateinamerikanischer Tanz:
5 Rumba, Samba
lateinisch für:
-aber:
3 sed
-Abgabe:
8 tributum
-Abscheu:
6 horror
-acht:
4 octo
-Acker:
4 ager
-also:
4 ergo
-anders:
5 alias
-Anstand:
5 mores
-arm:
5 miser, 6 pauper
-Arzt:
7 medicus
-aus:
2 ex
-Baum:
5 arbor
-Bedingung:
8 conditio
-bete:
3 ora

-Brot:
5 panis
-Bruder:
6 Frater
-Buch:
5 liber
-Buchstabe:
6 litera
-Bürger:
5 civis
-das Gute:
5 bonum
-deshalb:
4 ergo
-Dichter:
5 poeta
-Ding:
3 res
-drei:
4 tres
-durch:
3 per
-ebenso:
4 item
-Ehre:
5 honor
-eins:
4 unus
-Eisen:
6 ferrum
-Ende:
5 finis
-Erde:
5 terra
-Erinnerung:
7 memoria
-es ist erlaubt:
5 licet
-Fall:
5 casus
-feindlich:
6 hostil
-Feldherr:
9 imperator
-Fläche:
4 area
-folglich:
4 ergo
-Frau:
6 femina
-Freund:
6 amicus
-Freundin:
5 amica
-Frieden:
3 pax
-früher:
4 olim
-fünf:
7 quinque
-Gattung:
5 genus
-gegen:
6 contra
-Gegenwart:
8 praesens
-Geschlecht:
5 sexus
-Gesetz:
3 lex
-gewissermaßen:
5 quasi
-Glaube:
5 fides
-Glück:
7 fortuna
-glücklich:
5 felix
-Gold:
5 aurum
-Gott:
4 deus
-göttlich:
5 divin
-groß:
6 magnus
-gut:
5 bonus
-Hafen:
6 portus
-Hand:
5 manus
-handeln:
7 agieren
-Haus:
5 domus, villa
-Hund:
5 canis
-ich:
3 ego
-ich glaube:
5 credo
-ich kam:
4 veni
-ich liebe:
3 amo
-im ganzen:
6 in toto
-im Jahre:
4 anno
-immer:
6 semper
-innen:
5 intus
-ist:
3 est
-König:
3 rex
-Königin:
6 regina
-Körper:
6 corpus
-Kreis:
5 orbis
-Kreuz:
4 crux
-Krone:
6 corona
-Kunst:
3 ars
-Last:
4 onus
-lebe wohl:
4 vale
-Leben:
4 vita
-Licht:
5 lumen
-Liebe:
4 amor
-Löwe:
3 leo
-Luft:
3 aer
-Meer:
4 mare
-mittels:
3 per
-Mond:
4 luna
-Mühe:
4 onus
-Mutter:
5 mater
-nach Belieben:
9 ad libitum
-Nacht:
3 nox
-Name:
5 nomen
-nein:
3 non
-neun:
5 novem
-nicht:
2 ne
-nichts:
5 nihil
-Rad:
4 rota
-Recht:
3 ius
-Redner:
6 orator

-Sache:
3 res
-Schiff:
5 navis
-sechs:
3 sex
-sieben:
6 septem
-Sieg:
8 victoria
-siehe da:
4 ecce
-Sitten:
5 mores
-so:
3 ita, sic
-Sohn:
6 filius
-sondern:
3 sed
-Sonne:
3 sol
-Sprache:
6 lingua
-Stadt:
4 urbs
-Stein:
5 lapis
-Straße:
3 via
-Stunde:
4 hora
-Tag:
4 dies
-Teil:
4 pars
-Tochter:
5 filia
-und:
2 et
-unter:
3 sub
-Vater:
5 pater
-Vaterland:
6 patria
-Vernunft:
5 ratio
-Volk:
7 populus
-von Anfang an:
5 ab ovo
-vor:
4 ante, prae
-Vorzeichen:
4 omen
-Wasser:
4 aqua
-Weg:
3 via, 4 iter
-Werk:
4 opus
-Wolf:
5 lupus
-Wort:
6 verbum
-Zahl:
7 numerus
-Zauberer:
5 magus
-zehn:
5 decem
-Zeichen:
6 signum
-Zeit:
6 tempus
-zu den Akten:
6 ad acta
-zu diesem Zweck:
5 ad hoc
-zur Sache:
5 ad rem
-Zustand:
6 status
-zwei:
3 duo
-Zweifel:
6 dubium
-zweimal:
3 bis
-zwischen:
5 inter
lateinische:
-Bibelübersetzung:
5 Itala, 7 Vulgata
-Druckschrift:
7 Antiqua
lateinischer:
-Gruß:
3 ave, 5 salve
-Schriftsteller:
8 Ausonius, 10 Prudentius
Laternenform:
5 Lampe, 7 Aufsatz, Lampion, Leuchte
Latonas:
-Sohn:
5 Apoll, 6 Apollo, 7 Apollon
-Tochter:
5 Diana
Latrinenhaus:
5 Abort, Lokus, 7 Abtritt, 12 Donnerbalken
Latschenart:
6 Foehre, Kiefer, 8 Knieholz
Latte:
5 Brett, Laban, 6 Leiste, Stange, 8 Kantholz, Kerbholz
Lattengestell:
5 Horde
Lattenpferch:
6 Staket
Laubbaum:
4 Aspe, Erle, Espe, Iper, 5 Ahorn, Birke, Buche, Eiche, Eller, Ginko*, Linde, Weide, 6 Felber, Gingko, Mispel, 7 Hickory, Lorbeer, Oelbaum, Robinie, Ruester, Walnuss, 8 Holunder, Kastanie, Nussbaum, 9 Apfelbaum, Bergahorn, Buchsbaum, Eberesche, Hagebuche, Hainbuche, Mangobaum, Tamariske, 10 Eukalyptus, Massholder, Weissbuche, 11 Trauerweide
Laubbaumfrucht:
5 Ecker, 6 Eichel, Marone, 8 Kastanie, 9 Buchecker
Laubengang:
6 Arkade, 7 Pergola
Laubgewinde:
5 Kranz, 6 Feston, 8 Girlande
Laubvogel:
5 Fitis, 8 Zilpzalp, 12 Schwirrvogel
Lauchart/-gemüse:
5 Bolle, 6 Porree, 7 Zwiebel, 9 Knoblauch
Laufbahn:
3 Weg, 8 Karriere, 9 Werdegang
Laufbehinderung:
6 Graben, Huerde
Laufbereich des Schuhs:
5 Sohle
Laufbrett:
4 Steg
Laufbursche:
4 Bote
laufende Rechnung:
12 Kontokorrent
Laufentscheid:
6 Rennen
Läuferfigur:
6 Athlet, 7 Teppich, 8 Sprinter, 11 Schachfigur
Laufgraben:
5 Sappe
Laufkäfer:
11 Goldschmied, 13 Puppenraeuber,

14 Feldsandkaefer, Goldlaufkaefer
Laufleine für Reittiere:
5 Longe
Laufplanke:
4 Steg
Laufschiene:
4 Kufe
Laufschuhe:
6 Spikes
Laufsportart:
8 Marathon, 9 Dauerlauf
Lauftreppe:
7 Gangway, 8 Stelling
Laufvogel:
3 Emu, Moa, 4 Kiwi, 5 Nandu, 6 Kasuar, 7 Strauss
Laufweg:
4 Bahn, Gang, Kurs
Lauge:
4 Base
Launenhaftigkeit:
4 Lust, 6 Spleen, 7 Einfall, Kaprice, Marotte, 8 Kapriole, Schrulle, Stimmung
launenvoll:
6 bizarr, 10 kaprizioes
launig:
7 humorig
Lausbub bei Wilhelm Busch:
3 Max, 6 Moritz
lauschen:
7 horchen
Lauschorgan:
7 Horcher
Lausebengel:
5 Range, 6 Bengel, Knirps, Lauser, 9 Schlingel, 10 Frechdachs, 13 Dreikaesehoch
Lausei:
5 Nisse
laute:
-Äußerung:
5 Zuruf
-Betrübnis:
6 Jammer
-Heiterkeit:
5 Jubel, 6 Trubel
-Hektik:
6 Trubel
lautes:
-Trauern:
5 Klage
lauter:
3 pur, 4 rein, 6 schier, 7 integer, 8 gediegen
Lauterhaftigkeit:
11 Integritaet
läutern:
11 sublimieren
Läuterungsprozeß:
9 Katharsis, Reinigung
Lautgebung:
3 Ton, 4 Hall, 5 Klang, 6 Schall, 9 Geraeusch
lautgemäß:
10 phonetisch
lautlos:
5 leise, ruhig, still, 8 unbewegt
lautstarke Auseinandersetzung:
11 Krakeelerei
Lautstärkemaß:
3 Fon*, 4 Phon
Lautwissenschaft:
8 Phonetik
lax:
6 locker, 7 schlaff, 11 nachlaessig
Layoutvorschlag:
7 Entwurf, 10 Gestaltung, Gliederung
Leader:
13 Spitzenreiter
Leas Mann:
5 Jakob
Leasing:
8 Mietkauf
Lebemensch:
7 Playboy, 9 Bonvivant
Leben:
4 Sein, 6 Dasein, 8 Existenz
lebender Pferch:
5 Hecke
lebendig:
4 rege, 5 quick, vital, 7 beseelt, lebhaft, schnell, 9 organisch, 11 anschaulich
Lebendigkeit:
10 Vitalitaet
Lebensabschnitt:
5 Alter, 6 Jugend, 8 Kindheit
Lebensanfang:
6 Geburt
Lebensanschauung:
9 Denkweise
Lebensbaum:
5 Thuja
lebensbejahender Mann:
8 Optimist
Lebensbejahung:
10 Optimismus
Lebensbund:
3 Ehe
Lebensbündnis:
3 Ehe
Lebensflüssigkeit:
4 Blut, 7 Elixier
Lebensgrund:
6 Maxime
Lebenseinnahmen:
9 Unterhalt
Lebensende:
3 Tod, 6 Exitus
lebensentscheidend:
10 essentiell, essenziell*
Lebenserinnerungen:
8 Memoiren
Lebensform:
4 Stil, 6 Fasson
lebensfremd:
10 akademisch, 11 theoretisch
Lebensgefährte/-gefährtin:
4 Frau, Mann, 5 Gatte, 6 Gattin, Gemahl, 7 Ehefrau, Ehemann, 8 Gemahlin
Lebensgeist:
8 Spiritus
Lebensgemeinschaft
-mit Kindern:
7 Familie
-wilder Tiere:
5 Rudel
lebenskräftig:
5 vital
Lebenskunde:
8 Biologie
Lebenskünstler:
9 Geniesser
Lebenslage:
9 Situation
Lebensleitsatz:
5 Ethos, 6 Maxime
Lebensmaterial:
11 Protoplasma
lebensmißachtender Mensch:
9 Pessimist
Lebensmißachtung:
11 Pessimismus
Lebensmittel:
2 Ei, 4 Brot, Mehl, Obst, Reis, 5 Fisch, Kaese, Milch, Wurst, 6 Butter, Furage, Zucker, 7 Fleisch, Gemuese, 8 Proviant, 10 Viktualien
Lebensniveau:
8 Standard
Lebensrückblick:
8 Memoiren, 9 Biografie*, 10 Biographie
Lebensstärke:
10 Vitalitaet

Lebensunterhalt:
8 Alimente
lebenswichtiger Vorgang:
6 Atmung
Lebenswind:
4 Atem, Odem
Lebenszeichen:
9 Nachricht
Leberfleck:
9 Muttermal
Leberflüssigkeit:
5 Galle
Leberhaken:
9 Fausthieb
Leberkrankheit:
9 Hepatitis
Leberkraut:
9 Haselwurz
Lebewesen:
4 Tier, 6 Mensch, 7 Kreatur, 9 Geschoepf, 10 Individuum, Organismus
Lebewohlgruß:
3 Ade, 5 Adieu, Valet
lebhaft:
4 rege, 5 aktiv, alert, quick, vital, 6 munter, 8 impulsiv, 10 aufgeweckt, 15 temperamentvoll
lebhafte:
-Unterredung:
7 Debatte, 10 Diskussion
lebhafter:
-Mann:
11 Sanguiniker
lebhaftes:
-Musikstück:
5 Rondo, 7 Allegro
Lebhaftigkeit:
11 Temperament
Lebkuchen:
6 Printe
Lebkuchenmetropole:
9 Nuernberg
Lebkuchenteil:
6 Oblate
leblos:
3 tot, 5 starr
leck:
12 durchlaessig
lecker:
7 delikat, 9 koestlich, 11 appetitlich, schmackhaft
Leckerbissen:
8 Leckerei, 11 Delikatesse
Leckerschmecker:
7 Gourmet, 8 Gourmand, 9 Geniesser

Ledas:
-Sohn:
6 Castor, Kastor, Pollux
-Tochter:
6 Helena
Lederart:
3 Kid, 5 Nappa, 7 Boxcalf, Boxkalf*, Chagrin, Juchten, Korduan, Rindbox, Saffian, 8 Chevreau, Maroquin, Saemisch, 9 Wildleder, 11 Ziegenleder
lederartig:
4 zaeh
Lederverarbeitungsberuf:
6 Gerber, 7 Sattler, 8 Schuster, 11 Schuhmacher
Lederfleck:
7 Riester
Ledergeschirr:
5 Siele
Ledergurt:
6 Riemen, 7 Guertel
Lederimitation:
9 Alcantara
ledern:
4 zaeh
Lederpeitsche:
5 Knute, 7 Nagaika
Lederriemen:
4 Gurt, 7 Guertel
Lederschneider:
5 Kneif
Lederstreifen:
6 Riemen
Lederwams:
6 Koller
Lederwarenmetropole:
9 Offenbach
ledig:
4 frei, 6 allein, 10 ungebunden, 13 unverheiratet
lediglich:
3 nur, 5 bloss
Lee:
17 Windschattenseite
leer:
3 fad, 4 fade, hohl, inan, oede, 6 blanko, nichts, vakant, Vakuum, 7 nichtig, 9 unbesetzt
leere:
-Redensart:
6 Phrase
leerer:
-Zwischenraum:
6 Luecke

leeres:
-Gewäsch:
6 Schmus, 7 Schnack
Leergewicht:
4 Tara
Leergutbehälter:
5 Kiste, 6 Kasten, 7 Fastage, Fustage, 9 Behaelter, Container, 10 Pappkarton
leerpumpen:
6 lenzen
legal:
10 gesetzlich, 12 rechtmaessig, 13 gesetzmaessig
Legalität:
16 Rechtmaessigkeit
Legasthenie:
13 Leseschwaeche
Legation:
13 Gesandtschaft
Legebatterie:
13 Gefluegelfarm
Legende:
4 Saga, Sage, 10 Erklaerung, Erzaehlung, Geschichte, 16 Bildunterschrift
leger:
3 lax, 6 salopp, 7 laessig, 11 ungezwungen
Legföhre:
7 Latsche
legiert:
8 gebunden
Legierung:
5 Dural, Talmi, 6 Bronze, Tombak, 7 Messing
Legislative:
12 Gesetzgebung
legitim:
12 rechtmaessig
Legitimationsnachweis:
7 Ausweis, Urkunde, 8 Befugnis
Leguanart:
8 Basilisk
Lehen:
7 Benefiz
Lehmart:
3 Ton
lehnsfreies Gelände:
5 Allod
Lehnsnehmer:
6 Vasall
lehnsrechtlich:
6 feudal
Lehnstuhl:
8 Fauteuil
Lehnsverbund:
4 Clan

Lehnsverrat:
7 Felonie
Lehnswesen:
11 Feudalismus
Lehraufgabe:
6 Pensum
Lehrauftrag:
8 Dozentur, Lektorat,
9 Professur
Lehrausfahrt:
9 Exkursion
Lehrausflug:
9 Exkursion
Lehrbefähigungsnachweis:
8 Fakultas
Lehrberechtigung:
8 Fakultas
Lehrbuch:
5 Fibel, 10 Kompendium
Lehre:
-Mohammeds:
5 Islam
-vom Ackerbau:
9 Agronomie
-vom Blut:
9 Serologie
-vom Denken:
5 Logik
-vom Drama:
11 Dramaturgie
-vom Fliegen:
7 Aviatik
-vom Klima:
12 Klimatologie
-vom Körperbau:
8 Anatomie
-vom Leben:
8 Biologie
-vom Menschen:
13 Anthropologie
-vom richtigen Denken:
5 Logik
-vom Schall:
7 Akustik
-vom Sein:
9 Ontologie
-vom tierischen Verhalten:
9 Ethologie
-vom Wetter:
12 Meteorologie
-von den Bakterien:
13 Bakteriologie
-von den Fischen:
12 Ichthyologie
-von den Frauenkrankheiten:
12 Gynaekologie
-von den Giften:
11 Toxikologie
-von den Hautkrankheiten:
12 Dermatologie
-von den Kräften der Natur:
6 Physik
-von den Krankheitsformen:
10 Pathologie
-von den Nerven:
10 Neurologie
-von den Stoffen:
6 Chemie
-von den stofflichen Eigenschaften:
6 Chemie
-von den Verbrechensformen:
12 Kriminologie
-von den Wappen:
8 Heraldik
-von der Arzneimittelherstellung:
9 Pharmazie
-von der Bewegung:
7 Kinetik, 8 Mechanik
-von der Chemie in lebenden Organismen:
9 Biochemie
-von der Dichtkunst:
6 Poetik
-von der Energie:
9 Energetik
-von der Erde:
8 Geologie
-von der Erziehung:
10 Paedagogik
-von der Lebensweise der Tiere:
9 Ethologie
-von der Liebe:
6 Erotik
-von der Redekunst:
8 Rhetorik
-von der Sittlichkeit:
5 Ethik
-von der unbelebten Natur:
6 Physik
-von Gott:
9 Theologie
Lehre/Lehrsatz:
5 Dogma, Kunde, These,
7 Doktrin, Lektion, Theorie,
8 Schulung, 9 Erziehung,
10 Anschauung, Ausbildung,
12 Wissenschaft
Lehrer/Lehrender:
6 Dozent, Mentor, Pauker,
7 Trainer, 8 Erzieher, Magister,
9 Paedagoge, Professor,
10 Praezeptor
-Dürers:
8 Wolgemut
-Karls des Großen:
6 Alkuin
-Platons:
8 Sokrates
Lehrerausbildungsanstalt:
7 Seminar
Lehrertisch:
4 Pult, 8 Katheder
lehrhafte Fabel:
6 Apolog
Lehrgang:
4 Kurs, 6 Kursus, 8 Schulung
lehrhaft:
10 didaktisch
lehrhafte Geschichte:
5 Fabel
lehrhafter Sinnspruch:
5 Gnome
Lehrinstitut/-anstalt:
2 PH, TH, TU, 3 Uni, 6 Schule,
8 Akademie, Internat,
9 Gymnasium, Technikum,
10 Hochschule, Realschule,
11 Grundschule, Volksschule,
12 Berufsschule, Mittelschule,
Universitaet, 13 Handelsschule,
Kunstakademie,
Realgymnasium,
14 Konservatorium,
22 Technische Universitaet
Lehrling:
5 Azubi, Eleve, Stift, 7 Pikkolo,
14 Auszubildender
Lehrmeister:
7 Meister, 9 Ausbilder
Lehrplan:
8 Programm
lehrreich:
10 instruktiv, 11 interessant
Lehrstoff:
6 Pensum
Lehrstück:
7 Parabel
Lehrstuhl:
8 Dozentur, Lektorat,
9 Professur
Lehrstuhlinhaber:
15 Hochschullehrer
Leib:
5 Bauch, Wanst, 7 Abdomen,
Koerper
Leibbürge:
6 Geisel
Leibchen:
6 Mieder, 7 Korsett, 9 Korselett
leibeigen:
16 unselbststaendig

Leibeigenendienste:
4 Fron
Leibeigener:
6 Sklave
Leibeigenschaft:
9 Sklaverei
Leibeserziehung:
5 Sport, 6 Turnen, 9 Gymnastik
Leibesfrucht:
5 Fetus, 6 Embryo
Leibesübungen:
5 Sport, 6 Turnen, 9 Gymnastik
Leibgürtel:
8 Schaerpe
leibhaftig:
7 konkret, 8 dinghaft, wirklich
Leibrente:
7 Apanage
Leibriemen:
4 Gurt, 6 Koppel, 7 Guertel
Leibschmerz:
11 Magenkrampf,
12 Bauchgrimmen
Leibspeise:
14 Lieblingsessen
Leibwache:
5 Garde, 7 Eskorte, 9 Bedeckung
Leibwächter:
7 Trabant, 8 Satellit
-bayerischer Könige:
10 Hartschier
-orientalischer Herrscher:
10 Mamelucken
Leichenausgrabung:
11 Exhumierung
Leichenbegängnis:
10 Bestattung
Leichenfeierlichkeiten:
10 Funeralien
Leichenessen:
7 Schmaus
Leichenöffnung:
7 Sektion, 8 Autopsie,
9 Obduktion
Leichenrede:
7 Nachruf
Leichenschauhaus in Paris:
6 Morgue
Leichenverbrennungsanlage:
11 Krematorium
Leichenzug:
7 Kondukt
leicht:
5 flott, 7 einfach, 8 muehelos,
unschwer
-beeinflußbar:
5 labil
-zu reizen:
8 sensitiv
Leichtathlet/-athletin:
5 Geher, 6 Werfer, 7 Laeufer,
8 Springer, 11 Speerwerfer,
12 Diskuswerfer, Mehrkaempfer,
14 Huerdenlaeufer,
15 Marathonlaeufer
leichtathletische:
-Disziplin:
4 Lauf, Wurf, 5 Gehen, 6 Sprint,
Sprung, 7 Stossen, 8 Waldlauf,
9 Bahngehen, Speerwurf,
Zehnkampf, 10 Diskuswurf,
Dreisprung, Fuenfkampf,
Hammerwurf, Hochsprung,
Weitsprung, 11 Huerdenlauf,
Speerwerfen, Staffellauf,
12 Diskuswerfen,
Hammerwerfen, Kugelstossen,
Marathonlauf, 13 Hindernislauf,
Stafettenlauf,
14 Stabhochsprung,
16 Langstreckenlauf
leichtathletisches:
-Gerät:
4 Stab, 5 Kugel, Speer, 6 Diskus,
Hammer
leichtblütig:
6 lustig
leichte:
-Ausbeulung:
5 Delle
-Böe:
5 Brise
-einspännige Kutsche:
3 Gig, 5 Buggy
-Krankheit:
10 Erkaeltung
-Verletzung:
7 Kratzer
leichter:
-Betrug:
5 Schmu, 7 Mogelei
-Luftzug:
5 Hauch
-offener Wagen:
5 Break, 9 Britschka
-Rausch:
7 Schwips
-Schuh:
7 Sandale
-Stoff:
4 Kork
-Stoß:
5 Stups
leichtes:
-Holz:
5 Balsa
-Mädchen:
4 Hure, 5 Dirne, Nutte,
9 Flittchen
-Regnen:
7 Nieseln
leichtfertig:
6 frivol, 11 gedankenlos
leichtfertige Frau:
8 Grisette
Leichtfuß:
13 Schwerenoeter
leichtgläubig:
6 arglos
leichtlebig:
5 flott, 10 liederlich
Leichtmetallart:
3 Alu, 8 Duralium,
9 Aluminium, Beryllium,
Magnesium
Leichtöl:
6 Benzin, Benzol, Diesel,
7 Gasolin
leichtsinnig:
7 achtlos, sorglos,
10 unbesonnen, 11 fahrlaessig
leichtsinniger Mann:
7 Holdrio, 8 Hallodri
Leid:
4 Gram, Harm, 5 Uebel,
6 Kummer, 7 Schmerz,
8 Truebsal, Unglueck
Leideform:
6 Passiv
Leiden Christi:
7 Passion
leidend:
6 passiv
leidenschaftlich:
9 engagiert
leidenschaftliche:
-Wut:
4 Rage
leidenschaftlicher:
-Buchfan:
9 Leseratte, 11 Buecherwurm
-Eiferer:
9 Fanatiker
leidenschaftliches:
-Begehren:
12 Besessenheit
-Verlangen:
8 Begierde
Leidenschaftsausdruck:
5 Liebe, 6 Affekt, Pathos,

7 Passion, 8 Inbrunst,
12 Begeisterung, Enthusiasmus
Leidenschaftlichkeit:
6 Furore, 12 Enthusiasmus
Leidensweg Christi:
8 Kreuzweg
leidlich:
8 passabel
Leier:
4 Lyra
Leierkasten:
9 Drehorgel
Leim:
6 Kleber, 8 Kleister, 9 Klebstoff
leimartig:
6 viskos
Lein:
6 Flachs
Leine:
3 Tau, 4 Seil, 6 Riemen, Schnur, Strick, Zuegel, 7 Strippe
Leinengewebe:
5 Linon, 6 Linnen, 9 Weisszeug
Leinentuch:
5 Laken
Leinöl:
6 Firnis
Leinpflanze:
6 Flachs
Leipziger Buchhändler:
5 Reich
leise:
5 sacht, 6 sachte
-lachen:
7 kichern
-reden:
6 raunen, 9 fluestern
Leistungsentlohnung:
6 Akkord
leistungsfähig:
3 fit
Leistungsfähigkeit:
6 Potenz, 9 Kondition,
10 Kapazitaet, Spannkraft
Leistungskraft:
6 Potenz, 7 Energie
Leistungmöglichkeit:
3 Tat, 6 Arbeit, Dienst, Effekt, Ertrag, 8 Funktion
Leistungssportler:
6 Athlet
Leistungsstärkster:
6 Bester
Leistungssteigerung durch regelmäßiges Wiederholen:
6 Uebung, 8 Training
leiten:
6 lenken, 7 managen, 8 regieren,
9 bugsieren, vorstehen,
10 dirigieren
leitender Angestellter:
8 Direktor, 9 Prokurist,
14 Betriebsleiter,
16 Abteilungsleiter
Leiter:
4 Chef, 6 Lenker, Regens,
7 Manager, 8 Direktor
-der Regierung eines Staates:
7 Kanzler
-einer Abtei:
3 Abt, 5 Prior
-einer Fakultät:
5 Dekan
-einer Gebirgstour:
11 Bergfuehrer
-einer Schule:
6 Rektor, 8 Direktor
-einer Sportmannschaft:
8 Kapitaen, Teamchef,
11 Equipenchef
-einer Zeitungsredaktion:
13 Chefredakteur
-eines Aufbegehrens:
14 Raedelsfuehrer
-eines Bautrupps:
6 Polier, 7 Meister
eines Bühnenensembles:
9 Intendant
-eines Chors:
6 Kantor
-eines Ministeriums:
8 Minister
-eines Nonnenklosters:
9 Aebtissin
-eines Symphonieorchesters:
8 Dirigent, 13 Kapellmeister
-eines Theaters:
9 Intendant
Leiterin:
6 Chefin, 10 Direktrice
Leiterstück:
4 Holm, 7 Sprosse
Leitfaden:
5 Kanon, 6 Abriss, 8 Handbuch, Lehrbuch, 9 Vademekum,
10 Kompendium, 11 Instruktion
Leitgedanke/-motiv:
5 Ideal, Motiv, Motto, Thema, These, 6 Devise, Maxime
Leitorgan:
8 Zentrale
Leitperson:
5 Ideal
Leitsatz:
5 These, 7 Doktrin
Leitspruch:
5 Motto
Leitung:
4 Rohr, 5 Draht, Kabel, Kanal, Regie, 8 Fuehrung, 9 Direktion,
10 Management
Leitungsdraht:
5 Kabel, Litze
Leitwerk:
6 Steuer, 11 Hoehenruder, Seitenruder
Lektüreform:
4 Buch, 7 Zeitung, 9 Lesestoff, Literatur, 11 Zeitschrift
Lemuride/Lemur:
4 Maki, Vari, 5 Geist, Katta, Potto, 8 Gespenst, Halbaffe,
10 Totengeist
Lendenfleisch:
5 Filet
lenken:
6 fahren, 7 steuern, 8 regieren,
10 dirigieren
Lenkender:
5 Pilot, 6 Fahrer, 8 Kutscher,
9 Chauffeur
Lenkrad:
6 Steuer, Volant
Lenz:
5 Maerz, 7 Lenzing, 9 Fruehling
Lenzing:
5 Maerz
Leopardenart:
6 Panter*, 7 Panther
Leprageschwulst:
6 Leprom
Leprakrankheit:
7 Aussatz
lernender Mensch:
7 Student, 8 Lehrling, Schueler,
10 Praktikant
Lernstoff:
7 Lektion
Lernzeit:
5 Lehre
Lesart:
7 Deutung, Fassung, Version,
8 Variante, 10 Abwandlung
Lesbierin:
7 Tribade
Lese:
5 Ernte
Lesebuch für Erstklassler:
5 Fibel
Lesebühne:
4 Ambo
Lesehilfe:
4 Lupe, 6 Brille

Lesematerial:
8 Lektuere, 9 Literatur
Leseschwäche:
11 Legasthenie
Leseunfähigkeit:
9 Paralexie
Lethargie:
9 Traegheit,
18 Teilnahmslosigkeit
lethargisch:
5 muede, 6 passiv,
12 teilnahmslos
Letos:
-Sohn:
5 Apoll, 6 Apollo, 7 Apollon
-Tochter:
7 Artemis
Letterngießvorlage:
5 Mater
lettische:
-Gegend:
7 Kurland, Livland,
9 Semgallen, 10 Lettgallen
-Hauptstadt:
4 Riga
-Münze:
3 Lat
lettischer:
-Fluß:
5 Duena
letzte:
-Aufforderung:
9 Ultimatum
-Gemahlin Attilas:
6 Ildiko
-Kaiserin Österreichs:
4 Zita
-Mahlzeit vor der Hinrichtung:
11 Henkersmahl,
15 Henkersmahlzeit
-Nacht im Karneval:
9 Fastnacht
-Willenserklärung:
9 Testament
letzter:
-Aztekenführer:
9 Montezuma
-Kaiser Chinas:
4 Pu Yi
-König der Ostgoten:
4 Teja
-König der Wandalen:
7 Gelimer
-König des Reiches Israel:
5 Hosea
-König Italiens:
7 Umberto
-Minnesänger aus Tirol:
20 Oswald von Wolkenstein
-Mohikaner:
5 Unkas
-Rest in der Tasse:
5 Neige
-Ruheort:
4 Grab
-russischer Zar:
8 Nikolaus
-Schah von Persien:
11 Reza Pahlevi
-Tag im Monat:
6 Ultimo
-Wille:
9 Testament
letztes:
-Mittel:
11 Ultima ratio
Leu:
5 Loewe
Leuchte:
5 Kerze, Lampe, 7 Laterne,
Luester, 9 Koryphaee
leuchtendes Blau:
10 Ultramarin
Leuchter:
8 Flambeau, 10 Kandelaber
Leuchtinsekt:
9 Gluehwurm,
14 Gluehwuermchen
Leuchtkörper:
5 Ampel, Lampe, 7 Laterne,
Luester
Leuchtölart:
9 Petroleum
Leuchtsardinenart:
6 Iniomi
Leuchtstab:
10 Neonroehre,
12 Taschenlampe
Leuchtturm:
4 Faro, 6 Pharus
-von Alexandrien:
6 Pharos, Pharus
Leuchtzeichen:
5 Fanal
Leugner des Vorhandenseins der Dreifaltigkeit:
9 Unitarier
Leumund:
3 Ruf, 7 Ansehen, Geltung,
8 Renommee
Leute:
8 Menschen
leutselig:
6 jovial
libanesische Volksgruppe:
6 Drusen
Libation:
10 Trankopfer
Libellenart:
6 Agrion, 13 Wasserjungfer
liberal eingestellt:
10 freisinnig, 11 grosszuegig,
14 vorurteilsfrei
libysche:
-Hafenstadt:
5 Derna, 6 Tobruk, 7 Bengasi,
8 Tripolis
-Hauptstadt:
8 Tripolis
-Königsstadt:
7 Bengasi
-Mittelmeerbucht:
5 Syrte, 11 Grosse Syrte
-Nachrichtenagentur:
4 Jana
-Oase:
3 Gat, 5 Kufra
-Wüste:
5 Serir
libyscher:
-König:
5 Idris, 14 Idrisel Senussi
-Politiker/Politikerin:
7 Gaddafi, Kadhafi
Lichtband:
8 Spektrum
Lichtbild:
4 Foto*, 5 Photo, 8 Portrait,
10 Fotografie*, 12 Photographie
Lichtbildapparat:
6 Kamera, 10 Filmkamera,
11 Fotoapparat*,
12 Photoapparat
Lichtbildausstellung:
8 Fotothek*, 9 Photothek
Lichtbilddarsteller:
9 Projektor
lichtbildnerischer Künstler:
8 Fotograf*, 10 Photograph
Lichtbildstreifen:
4 Film
Lichtblick:
6 Chance, Freude, 8 Aussicht,
Hoffnung
lichtbrechendes Glas:
6 Prisma
Lichtbrechungsvorgang:
10 Refraktion
Lichtengel:
6 Cherub, Seraph

Lichterscheinung durch Entladung:
9 Nordlicht, 10 Polarlicht
Lichtgott:
5 Apoll, 6 Apollo, Balder, Baldur, 7 Apollon
-der Perser:
7 Mithras
Lichthof um die Sonne:
4 Halo, 7 Aureole
lichtleer:
6 dunkel, duster, 7 duester, finster
lichtloser Bereich:
4 Loch, 6 Kabuff, Kabuse, 7 Kabuese
Lichtmast:
10 Kandelaber
Lichtmessung:
10 Fotometrie*, 11 Photometrie
Lichtöffnung:
7 Fenster
Lichtquant:
5 Foton*, 6 Photon
Lichtschein um Sonne und Mond:
3 Hof, 4 Halo, 7 Aureole
Lichtschimmer:
6 Schein
Lichtspender:
7 Laterne
Lichtspiegelung:
5 Glanz
Lichtspielgebäude:
4 Kino, 11 Filmtheater
Lichtspielstück:
4 Film
Lichtspielwerk:
4 Film
Lichtstärke-Maßeinheit:
2 cd, 7 Candela
Lichtstärkemeßapparat:
9 Fotometer*, 10 Photometer
Lichtstromeinheit:
5 lumen
Lichttastatur:
8 Schalter
Lichtverstärker:
5 Laser
lichtvoller Zustand:
5 Helle
Lichtwissenschaft:
5 Optik
lieb:
4 nett, 5 artig, teuer, 7 huebsch, 11 sympathisch
Liebe/Liebelei:
5 Flirt, Minne, 7 Affaere, Hingabe, Neigung, 9 Zuneigung, 14 Techtelmechtel
liebenswert:
8 angenehm, charmant, hoeflich, 9 scharmant*, 12 zuvorkommend
Liebesapfel:
6 Tomate
Liebesdiener:
8 Charmeur, 9 Scharmeur*, 10 Schoentuer, 11 Schmeichler
Liebesdienerin:
4 Hure, 5 Dirne, 7 Hetaere, 8 Erostess, 13 Prostituierte, 15 Freudenmaedchen
Liebesfähigkeit:
6 Potenz
Liebesgeschenk:
6 Spende, 7 Almosen
Liebesgeschichte:
7 Romanze
Liebesgott:
4 amor, Eros, 6 Cupido
Liebesgötter:
6 Eroten
Liebesgöttin:
5 Freia, Freya, Venus, 6 Bastet, Freyja, 7 Astarte, 9 Aphrodite
Liebeskunst:
6 Erotik
Liebesleben:
11 Sexualitaet
Liebesnachweis:
4 Kuss
Liebestanz der Vögel:
4 Balz
Liebestrieb:
4 Eros, 6 Libido
liebevolle Zuneigung:
9 Innigkeit
Liebhaber/Liebhaberin:
5 Buhle, Galan, 6 Schatz, 8 Geliebte, Verehrer, 9 Anhaenger, Geliebter, 10 Verehrerin
Liebhabertum:
5 Hobby, 7 Passion, 12 Spezialitaet, Steckenpferd
Liebkosung:
8 Umarmung
Lieblingsjünger Buddhas:
6 Ananda
Liebreiz:
5 Anmut, 6 Charme, Grazie, Scharm*
Liebschaft:
7 Liaison
Liebschaften:
7 Amouren
Lied:
4 Arie, 5 Melos, Weise, 7 Chanson, Couplet, Melodie
Liedart:
3 Ode, 4 Arie, Song, 5 Blues, Kanon, 6 Gospel, Hymnus, 7 Chanson, Couplet, Kanzone, 8 Madrigal, Schlager, 9 Spiritual, Volkslied
liedartig:
7 lyrisch
Liedaufführung:
6 Gesang
Liedbestandteil:
7 Strophe
Lieferungsvorgang:
5 Fuhre, 6 Anfuhr, Ladung, 7 Sendung, Versand, 9 Transport, 10 Zustellung
Liege/-möbel:
4 Bett, Sofa, 5 Couch, 8 Ottomane, Pritsche, Ruhebett, 10 Doppelbett, 12 Chaiselongue
Liegenschaften:
10 Immobilien
Lift:
6 Aufzug, 9 Fahrstuhl, 11 Paternoster
Liga:
4 Bund, Pakt, 7 Allianz, Verband, 8 Buendnis, 9 Koalition, 11 Foederation, Vereinigung, 15 Zusammenschluss
Ligatur:
7 Bindung, 9 Koppelung
Lignose:
11 Sprengstoff
Liguster:
9 Rainweide
liierter Mensch:
10 Vertrauter, 12 Verbuendeter
Likörgetränk:
7 Advokat, Allasch, Curacao, Rosolio, 8 Advocaat, Anisette, Drambuie, 9 Cointreau, 10 Baerenfang, Eierlikoer, Maraschino, 11 Meschkinnis, Vieille Cure, 12 Benediktiner
Lilienart:
5 Agave, Lilie, Tulpe, 6 Funkie, Germer, 7 Spargel, Zwiebel, 8 Einbeere, Grasbaum, Maiblume, 9 Baerlauch, Goldstern, Graslilie, Hyazinthe, Weisswurz, 10 Agapanthus,

Feuerlilie, 11 Baerenlauch, Drachenbaum, Kaiserkrone, Tuerkenbund, 13 Madonnenlilie, Maigloeckchen, Schattenblume, 14 Herbstzeitlose
Liliputaner:
5 Zwerg, 15 Kleinwuechsiger
Limes:
4 Wall, 9 Grenzwall
Limit:
6 Grenze, 11 Preisgrenze
Limitierung:
10 Begrenzung
limos:
7 sumpfig, 9 schlammig
lind:
4 mild
lindern:
7 mildern, 12 abschwaechen
Linderungsanwendung:
6 Balsam
linear:
10 geradlinig, 13 linienfoermig
Linie:
5 Bogen, Kreis, Kurve, Sehne, 6 Gerade, Strich, Umriss, 7 Sekante, Spirale, Strecke, 8 Tangente, 9 Diagonale
Linienbild:
9 Guilloche
Linienführung:
6 Duktus
Linienführung der Straße:
6 Trasse
Liniengitter:
6 Raster
linke:
-Kontoseite:
4 Soll, 5 Debet
-Schiffsseite:
8 Backbord
linkes:
-Wagenpferd:
11 Sattelpferd
Linse:
4 Lupe, 6 Okular, 8 Objektiv, 13 Huelsenfrucht
Liparische Insel:
6 Lipari, Salina, 7 Alicudi, Vulcano, 8 Filicudi, 9 Stromboli
Lippe eines Tieres:
5 Lefze
Lippenblütler/-art:
4 Dost, Ysop, 5 Minze, Polei, 6 Andorn, Salbei, 7 Guensel, Majoran, Melisse, Thymian, 8 Brunelle, Lavendel, 9 Basilikum, 10 Floehkraut, Goldnessel, Taubnessel, Wolfstrapp, 11 Bohnenkraut, Wasserminze, 12 Pfefferkraut, 13 Basilienkraut, Schwarznessel
Lippenlaut:
6 Labial
Lippenverwachsung:
12 Hasenscharte
liquid:
8 fluessig, 14 zahlungsfaehig
liquidieren:
6 toeten, 9 aufloesen, umbringen
Lissabonner Kloster:
5 Belem
List:
5 Dolus, Falle, Kniff, Trick, 6 Tuecke, 7 Tarnung, 10 Taeuschung
Liste:
7 Katalog, Tabelle, 8 Register, 10 Uebersicht, 11 Aufstellung
litauische:
-Hauptstadt:
5 Wilna
-Währung:
3 Lit
litauisches:
-Herrschergeschlecht:
10 Jagellonen
literarisch:
-Tätiger:
14 Schriftsteller
literarische:
-Darstellungsform:
4 Epos, 5 Drama, Essay, Roman, 7 Ballade, Gedicht, Novelle, 8 Dichtung, Sachbuch, 10 Erzaehlung, Jugendbuch, Kinderbuch, 14 Kurzgeschichte
-Erzählung:
7 Novelle
literarischer:
-Aufsatz:
5 Essay
literarisches:
-Jahrbuch:
8 Almanach
Literaturform:
8 Dichtung, 10 Schrifttum
Literaturwissenschaft:
10 Philologie
Literaturwissenschaftler:
9 Philologe
Liturgiehandlung:
5 Ritus, 6 Kultus, 13 Wechselgesang
liturgische:
-Kleidung:
4 Albe, 7 Soutane
liturgisches:
-Utensil:
5 Kelch, Kreuz, 6 Hostie, Kanzel, 8 Reliquie, 9 Monstranz, 10 Tabernakel, 12 Raeucherfass
Litze:
4 Band, 5 Borte, 6 Besatz, Schnur, Tresse
livländischer Kümmelschnaps:
7 Allasch
Lizensierung:
8 Befugnis, 9 Zulassung, 10 Konzession, 11 Genehmigung
Lobby:
7 Vorraum, 8 Vorhalle, 10 Wandelgang, 11 Wandelhalle, 16 Interessengruppe
Lobeserhebung:
5 Eloge
lobpreisen:
9 benedeien
Lobrede:
5 Eloge
Lobsprache:
4 Ruhm, 5 Hymne, Preis, 7 Beifall, 8 Laudatio, 10 Kompliment, Wuerdigung, 11 Anerkennung
Loch:
4 Leck, 5 Kuhle, Ritze, 6 Hoehle, Krater, Luecke, 8 Oeffnung
lochen:
10 ausstanzen, 11 durchbohren, perforieren
löcherig:
6 poroes
Lochstechapparat:
4 Ahle
Lochungsvorgang:
11 Perforation
lockend:
9 einladend
lockende Sache:
6 Anreiz
Lockenwickler:
9 Papillote
locker:
3 lax, 4 lose, 9 spongioes
lockerer Faserstoff:
5 Watte
Lockmittel:
5 Luder, 6 Koeder

Lockspitzel:
5 Agent, Spion,
16 Agent provocateur
lodernde:
-Glut:
6 Flamme
loderndes:
-Feuer:
4 Lohe
Lofoteninsel:
6 Hindoe, Mosken
logarithmisches Maß:
5 Pegel
Logbuch:
15 Schiffstagebuch
Logenmitglied:
10 Freimaurer
logieren:
6 hausen, wohnen,
11 beherbergen
Logis:
6 Bleibe, 10 Unterkunft
Logos:
8 Vernunft
Lohengrins Gattin:
4 Elsa
Lohengrins Vater:
8 Parzival
Lohn:
4 Gage, 5 Heuer, 6 Ertrag,
Gehalt, 7 Entgelt, Honorar,
9 Einkommen, Verdienst
Lohnabzug für Arbeitnehmer:
10 Lohnsteuer,
12 Krankenkasse,
13 Kirchensteuer
lohnend:
8 lukrativ, rentabel
Lohnhöhe:
5 Tarif
Lohnkutschfahrer:
6 Fiaker
Lokalbesitzer:
4 Wirt
Lokalität:
3 Bar, 5 Beize, 6 Kneipe,
7 Gasthof, Stehbar, Tanzbar,
8 Gasthaus, Nachtbar, Spelunke,
9 Diskothek, 10 Restaurant,
Wirtschaft, 11 Gaststaette,
14 Gastwirtschaft
Lokomotivanhänger:
6 Tender
lombardische Adelsdynastie:
8 Visconti
Londoner:
-Aktienhändler:
6 Jobber
-Brücke:
11 Tower Bridge
-Burg:
5 Tower
-Flughafen:
7 Croydon, 8 Heathrow
-Gebäude:
5 Tower, 6 St Paul, 9 Saint Paul,
11 Tower Bridge,
16 Buckinghampalast,
Westminster Abtei,
Westminsterabtei
-Stadtteil:
3 Lee, 4 City, Soho, 5 Brent,
7 Chelsea, Croydon, Eastend,
Westend, 8 Richmond,
9 Greenwich, Tottenham,
Wimbledon
-Theater:
5 Globe
Lorbeerrose:
6 Kalmia
Los:
7 Fuegung, 9 Schicksal,
10 Bestimmung,
14 Lotterieschein
Los ohne Gewinnausschüttung:
5 Niete
Löschung:
6 Storno
lose:
6 locker, 9 schuetter
losen:
7 knobeln
löslich:
7 solubel
Loslösungvorgang:
10 Abtrennung
Lossprechungsformel:
10 Absolution
Lostrennung:
7 Schisma, 9 Sezession
Losung:
6 Devise, Parole, Slogan,
9 Stichwort
Lösung:
8 Ergebnis, Resultat,
10 Verteilung
-aus Kochsalz:
4 Lake, Sole
-eines Verbrechens:
11 Aufklaerung
Lösungsherausforderung:
7 Raetsel
Lösungsmittel:
6 Aceton, Azeton, Benzin,
Benzol, Glykol, Toluol,
7 Alkohol, Dekalin, 9 Terpentin,
10 Chloroform
Lot:
8 Senkblei
Lötblei:
3 Lot
lothringisches Eisenerzvorkommen:
7 Minette
Lotosblume:
10 Wasserrose
lotrechter Dachfirst:
6 Giebel
lotrecht stehend:
8 vertikal, 9 senkrecht
lotsen:
7 fuehren, 9 bugsieren
Lotsenfischart:
5 Pilot
Lotterieanteilschein:
3 Los
Lotterieausdruck:
3 Los, 5 Niete, 6 Gewinn,
7 Einsatz, Ziehung
Lotteriefehllos:
5 Niete
Lotterieform:
5 Lotto, 7 Tombola, 9 Verlosung
Lotterwirtschaft:
11 Augiasstall
Löwe beim Dichter:
3 Leu
loyal:
4 treu, 7 redlich
Lübecker:
-Bauwerk:
10 Holstentor
-Leckerei:
8 Marzipan
-Schriftstellerfamilie:
4 Mann
Lücke:
5 Ritze, Spalt, 6 Spalte,
7 Bresche, 8 Oeffnung,
9 Desiderat, Durchlass
lückenhaft:
14 unvollstaendig
Luder:
4 Lump, 6 Koeder, 7 Kadaver
Luderjahn:
5 Luder, 7 Saeufer, Trinker,
8 Saufbold, Tagedieb,
10 Nichtsnutz, Tunichtgut,
11 Taugenichts
Luftangriff:
12 Bombardement
Luftautoreifen:
4 Pneu

Luftbewegung/-strömung:
3 Zug, 4 Wind, 5 Brise, Hauch, Orkan, Sturm, 6 Trombe, 8 Windhose, 10 Luftwirbel, Wirbelwind, 11 Wirbelsturm
luftdicht:
10 hermetisch
Luftdichtemeßapparat:
9 Aerometer
Luftdruckanzeiger:
7 Aneroid
Luftdruckmaß:
3 atm, Bar, 4 Atue, Torr, 8 Millibar, 11 Atmosphaere
Luftdruckmeßapparat:
9 Barograph, Barometer
luftdurchlässig:
6 poroes
Lufteintrübung:
4 Smog, 5 Dunst, Nebel
luftelektrische Entladung:
5 Blitz
lüften:
5 heben
Luftfahrtmitbegründer:
10 Lilienthal
Luftfahrtwesen:
7 Aviatik, 10 Aeronautik
Luftfahrzeug:
6 Ballon, Rakete, 7 Drachen, 8 Flugzeug, Zeppelin, 10 Helikopter, Luftschiff, 12 Hubschrauber, 13 Segelflugzeug, Sportflugzeug, Sportmaschine, 14 Duesenflugzeug, 15 Heissluftballon
Luftfeuchtigkeitsmesser:
10 Hygrometer
Luftforschung:
9 Aerologie
Luftgeist:
5 Ariel, 6 Sylphe, 8 Sylphide
Luftikus:
8 Windhund, 9 Hansdampf, 10 Leichtfuss
Luftkissenbahn:
9 Aerotrain
Luftkissengefährt:
10 Hovercraft
Luftklappe:
6 Ventil
luftleere Räumlichkeit:
6 Vakuum
Luftmangel:
6 Asthma
Luftmeßapparat:
9 Aerometer
Luftpirat:
8 Hijacker
Luftreiniger:
6 Filter
Luftreise:
4 Flug
Luftröhre:
7 Trachea, Trachee
Luftröhrenteil:
8 Bronchie
Luftrolle:
5 Salto
Luftsaugapparat:
8 Geblaese, 9 Exhaustor, 10 Ventilator
Luftschicht:
12 Troposphaere
Luftschiff:
8 Zeppelin
Luftschiff Amundsens:
5 Norge
Luftschiffahrt:
10 Aeronautik
Luftschiffahrer:
8 Aeronaut
Luftschloßgebilde:
6 Utopie, 8 Illusion, 9 Schimaere, Traumbild
Luftschraube:
9 Propeller
Luftschutzunterstand:
6 Bunker
Luftspiegelung:
11 Fata Morgana
Luftsportart:
14 Drachenfliegen
Luftsportfahrzeug:
13 Segelflugzeug
Luftsprung:
5 Salto, 8 Kapriole
Lüftung:
11 Ventilation
Luftverkehrszentrale:
9 Flughafen
Luftverschmutzung:
8 Emission, 9 Immission
Luftvorwärmer:
11 Regenerator
Luftwaffenteil:
7 Staffel, 10 Geschwader
Luftwechsel:
11 Ventilation
Luftwirbel:
3 Sog, 6 Trombe, 9 Turbulenz
Lüge:
4 Trug, 6 Betrug, 9 Geflunker, Heuchelei, Schwindel, 10 Unwahrheit
lugen:
7 blicken
Lügenbaron:
12 Muenchhausen
lügenhaft:
9 unredlich
Lügner:
9 Betrueger, 10 Schwindler
lukrativ:
7 lohnend, 8 rentabel, 12 eintraeglich, 14 Gewinn bringend*, gewinnbringend
lukullisch:
6 ueppig, 13 schwelgerisch
Lümmel:
5 Flaez, Laffe, Rowdy, 6 Bengel, Flegel, Ruepel
lümmelhaft:
10 unhoeflich
Lummenart:
3 Alk, 6 Teiste
Lumpen:
6 Fetzen, Lappen, 7 Plunder
Lumpenkerl:
6 Ganove, Gauner, Schuft, 7 Halunke, Schurke, 8 Kanaille
Lumpenpack:
3 Mob, 8 Gesindel
Lumpenproletariat:
8 Abschaum
Lumperei:
7 Infamie
Lunch:
11 Fruehstueck, 16 Gabelfruehstueck
Lungenbläschen:
8 Alveolen
Lungenerkrankung:
8 Silikose, 9 Pneumonie
Lungenschwindsucht:
11 Tuberkulose
Lungentätigkeit:
6 Atmung
Lupe:
5 Linse, 19 Vergroesserungsglas
Lurch/-tier:
3 Olm, 4 Unke, 5 Molch, 6 Frosch, Kroete, 8 Amphibie, 10 Laubfrosch, Salamander
Lust:
5 Eifer, Spass, Trieb, 6 Begehr, Freude, Genuss, Libido, 7 Geluest, Neigung, 8 Begierde, 9 Interesse, Verlangen
Lustbarkeit:
4 Fest

Lustgarten:
7 Elysium, 8 Paradies
lustig:
6 heiter, munter, 7 komisch, 8 amuesant, 9 froehlich, vergnuegt
lustige:
-Dichtung:
9 Humoreske
-Idee:
3 Gag, 4 Witz, 6 Pointe
-Person:
5 Clown, 7 Bajazzo, 8 Harlekin, 9 Hanswurst
lustiger:
-Streich:
6 Possen
-Unsinn:
3 Fez, Ulk
Lüstling:
9 Wuestling
Lustschloß:
-bei Paris:
7 Trianon, 9 Malmaison
-bei Potsdam:
9 Sanssouci
-in Wien:
11 Schoenbrunn
Lustspiel für die Bühne:
5 Farce, Posse, 6 Sketch, 7 Schwank, Sketsch*, 8 Burleske, Komoedie
Lustwäldchen:
7 Boskett
lustwandeln:
9 spazieren, 11 promenieren
Lutheraner:
10 Protestant
luxemburgische:
-Hauptstadt:
9 Luxemburg
-Region:
7 Gutland, Oesland
-Stadt:
4 Esch, 7 Vianden, 10 Echternach
luxemburgischer:
-Naturwissenschaftler:
8 Lippmann
luxuriöse:
-Wohnung:
9 Apartment
luxuriöses:
-Bett:
10 Himmelbett
Luxus:
4 Pomp, 6 Pracht, 7 Aufwand, 9 Wohlleben
Luxusfahrzeug:
8 Equipage
Luzerner Berg:
7 Pilatus
Luzifer:
5 Satan, 6 Teufel, 11 Morgenstern
Lymphorgan:
4 Milz
Lyra:
5 Leier
Lyrik:
6 Poesie, 8 Dichtung, 10 Dichtkunst
lyrisch:
13 stimmungsvoll
lyrische:
-Dichtungsform:
5 Epode
lyrisches:
-Gesangswerk:
7 Kantate
-Werk:
3 Ode, 4 Lied, 5 Hymne, 6 Elegie, Idylle, Sonett, 7 Gedicht, Kanzone

Mache/Machenschaft:
5 Getue, 6 Raenke, 7 Intrige, Umtrieb, 8 Komplott, 9 Winkelzug, 11 Raenkespiel
machen:
3 tun, 6 bilden, 7 handeln, 8 bereiten, bewirken, fertigen, schaffen, 10 herstellen, 11 fabrizieren, produzieren
Machete:
9 Haumesser, 11 Buschmesser
Machtabusus:
8 Willkuer
Machtausübung:
5 Kraft, 6 Gewalt, Regime, 7 Groesse, Staerke, 8 Regiment, 9 Nachdruck, Regierung, Vermoegen, 10 Herrschaft, 12 Staatsgewalt
Machtbereich:
7 Sphaere
machtgierig:
9 ehrgeizig
Machtinhaber:
6 Despot, Regent, 7 Monarch, 8 Diktator, Gebieter, Potentat, 9 Herrscher, 11 Gewalthaber
mächtig:
5 stark, 6 massig, massiv, 7 wirksam, 8 gewaltig, kraeftig, 9 souveraen, 10 ueberlegen, 12 beherrschend, wirkungsvoll, 13 einflussreich
Machtposition:
14 Fuehrungsrolle
Machwerk:
6 Pfusch, 8 Elaborat
Mädchen:
4 Girl, Maid, 6 Maedel, 8 Teenager, 9 Backfisch
mädchenhaft:
10 jugendlich
Mädchenoberschule:
6 Lyzeum
Mademoiselle:
9 Fraeulein
Madenwurm:
6 Oxyure
madig:
12 ungeniessbar
Madjar:
5 Ungar
Madonnengestalt:
5 Maria, 12 Gottesmutter
Magazin:
5 Lager, 6 Kammer, 8 Speicher
magazinieren:
6 lagern
Magenerkrankung:
9 Gastritis
Magenflüssigkeit:
3 Lab
Magengrube:
11 Epigastrium
Magenkrampf:
5 Kolik
Magensaftbestandteil:
6 Lipase, Pepsin
Magenspiegelung:
12 Gastroskopie
mager:
5 duerr, hager
Magerkeit:
8 Kargheit
Magier:
8 Zauberer
magische:
-Inschrift:
10 Drudenfuss, Pentagramm
magischer:
-Gegenstand:
7 Amulett, Fetisch, 8 Talisman, 11 Maskottchen
Magnat:
18 Grossgrundbesitzer
Magnesiumoxid:
10 Bittererde
Magnesiumsilikat:
4 Talk, 6 Talkum, 10 Meerschaum
Magnetnadel:
7 Kompass
Magnetteil:
5 Anker
Magyar:
5 Ungar
Mahl/-zeit:
5 Essen, Jause, Menue, 6 Brunch, Dinner, Imbiss, Souper, Speise, 7 Bankett, Schmaus, 8 Brotzeit, Dejeuner, Picknick, 9 Abendbrot, 10 Abendessen, 11 Fruehstueck, Fuenfuhrtee, Mittagessen
Mahlrückstand:
5 Kleie
Mahnansprache:
9 Paraenese
Mähne:
5 Tolle, 6 Schopf
mahnen:
8 monieren
Mahnmal:
7 Denkmal, 8 Monument
Mahnschrei:
7 Memento, 9 Menetekel
Mahnschreiben:
7 Epistel, Monitum
Mahnung:
7 Memento, Monitum
Mähutensil:
5 Sense, 6 Sichel, 11 Rasenmaeher
Maifisch:
4 Alse
Maik:
5 Lucke
Maikäferlarve:
9 Engerling
Mailänder:
-Adelsgeschlecht:
6 Sforza
-Opernhaus:
5 Scala
-Silbermünze:
7 Filippo
Mainhattan:
9 Frankfurt
Mainmetropole:
9 Frankfurt
Mais:
7 Kukuruz
Maischemaß:
5 Eiche
Maisgericht:
7 Polenta
Maispfannkuchen:
8 Tortilla
Maisschnaps:
6 Pulque, 10 Tschitscha
Majestät:
6 Hoheit, Wuerde, 11 Erhabenheit
majorisieren:
12 ueberstimmen
Majorität:
8 Mehrheit, 15 Stimmenmehrheit
makaber:
11 schauerlich, 16 Schauder erregend*, schaudererregend
Makel:
5 Fleck, Odium, 7 Schande, 11 Schandfleck
makellos:
6 sauber, 7 richtig, 8 tadellos, 10 unbefleckt, vollkommen, 11 einwandfrei
mäkeln:
8 kritteln, noergeln, 10 bekritteln, 11 raesonieren
Maki/Makiaffe:
5 Katta, Lemur, 6 Lemure

Maklerberuf:
6 Broker, Sensal, 7 Mittler, 10 Vermittler
Maklergebühr:
8 Courtage, Sensalie, Sensarie
mäklig:
11 waehlerisch
Makrelenart:
8 Tunfisch*, 9 Thunfisch
Makrelenhecht:
5 Saira
Mal:
5 Makel, Marke, 7 Zeichen, 10 Markierung, 11 Kennzeichen
malade:
5 krank
Malaiendolch:
4 Kris
Malaiengewand:
6 Sarong
Malaienmusikorchester:
7 Gamelan, 8 Gamelang
malaiische:
-Gedichtform:
6 Pantum
-Halbinsel:
7 Malakka
-Volksgruppe:
5 Batak, Bukit, Dajak
malaiischer:
-Archipel:
9 Insulinde, 12 Australasien
-Bundesstaat:
5 Kedah, Perak, 6 Pahang, Perlis, 8 Kelantan, Selangor
-Staat:
8 Malaysia
malaiisches:
-Hackmesser:
6 Parang
Malaise:
3 Not
Malariaheilmittel:
6 Chinin
Malariainsekt:
7 Moskito, 9 Anopheles
Malepartus:
8 Fuchsbau, 11 Fuchshoehle
Maler:
11 Anstreicher
Malerfarbe:
5 Siena, Umbra
Malereiprodukt:
5 Farbe
malerisch:
9 pittoresk
Malerkreis der Romantik:
9 Nazarener
Malerwerk:
8 Gemaelde
Malgerät/-material:
4 Lack, 5 Farbe, Tinte, 6 Pinsel, Tusche, 7 Palette, 8 Oelfarbe, 9 Staffelei, 11 Plakatfarbe, Wasserfarbe, 12 Terpentinoel
Malheur:
6 Pleite, Unfall, 8 Unglueck, 12 Missgeschick
maliziös:
7 boshaft, 8 haemisch
malnehmen:
14 multiplizieren
Maloche:
6 Arbeit
malträtieren:
11 misshandeln, 12 schikanieren
malvenfarbig:
4 lila, 5 mauve
Malvenpflanze:
6 Ibisch, 7 Eibisch, 8 Hibiskus
Mamille:
10 Brustwarze
Mammon:
4 Geld, 8 Reichtum
Mammutbaum:
7 Sequoie
mampfen:
5 essen
Managerkrankheit:
6 Stress
mancherlei:
8 allerlei
Mandant:
6 Klient, 12 Auftraggeber
Mandarinenart:
7 Satsuma, 10 Klementine
Mandat:
7 Auftrag, Vertrag, 9 Vollmacht
Mandatar:
12 Abgeordneter
Mandelbitterstoff:
6 Amarin
Mandelerkrankung:
6 Angina
Mandelgebäck:
7 Makrone
Mandelkrähe:
4 Rake
Mangel:
3 Not, 5 Minus, 6 Defekt, Fehler, 7 Defizit, Schaden, 9 Desiderat, 10 Beduerfnis, Entbehrung
-an Ausdauer:
8 Ungeduld
-an Erfahrung:
7 Unreife
Mangelerkrankung:
7 Skorbut, 8 Beriberi, Rachitis
mangelhaft:
8 defektiv
mangelnde:
-Anerkennung:
6 Undank
mangelndes:
-Vertrauen:
10 Misskredit
Mängelmitteilung:
11 Reklamation
Manier/Manieren:
4 Hang, Stil, 5 Sucht, Weise, 7 Neigung, 8 Benehmen, Betragen, Eigenart, 9 Lebensart, 12 Besessenheit, Leidenschaft
manierlich:
5 artig
manifest:
8 offenbar
Manifest:
8 Programm, 10 Erklaerung, Kundgebung
Maniküreinstrument:
10 Nagelfeile, 11 Nagelschere
Maniokmehl:
7 Tapioka
Maniokwurzel:
7 Kassawa
Manipulation:
5 Kniff, Trick, 7 Methode, 10 Kunstgriff, 12 Machenschaft
manipulieren:
7 steuern, 9 handhaben, 12 beeinflussen
manisch-depressiv:
12 gemuetskrank
Mann:
4 Kerl
-im Paradies:
4 Adam
-mit großem Reichtum:
5 Nabob
-ohne Schatten:
9 Schlemihl
-von Lebensart:
9 Gentleman
Mannen Siegfrieds:
10 Nibelungen
Mannequin:
6 Modell, 12 Vorfuehrdame
Männergesangsstimme:
4 Bass, 5 Tenor, 7 Bariton
Männerhaß:
9 Misandrie

Männerkleidungsstück:
5 Joppe, Sakko
Männername:
3 Alf, Edi, Kai, Leo, Lou, Max, Per, Pit, Tim, Udo, Ulf, Uli, Uwe, 4 Adam, Alex, Arne, Arno, Bert, Bodo, Carl, Dirk, Egon, Eike, Emil, Erek, Erik, Fred, Gero, Golo, Hans, Hein, Hugo, Ilja, Immo, John, Jost, Jupp, Karl, Klas, Kuno, Kurt, Lutz, Nils, Olaf, Paul, Ralf, Rolf, Rudi, Sepp, Theo, Tilo, Toni, Veit, 5 Achim, Adolf, Alban, Alois, Aloys, Anton, Armin, Artur, Bernd, Boris, Bruno, Claus, Edgar, Edwin, Erich, Ernst, Eugen, Ewald, Felix, Frank, Franz, Georg, Goetz, Guido, Harri, Harry, Heinz, Ignaz, Jakob, Joerg, Josef, Klaus, Malte, Oskar, Otmar, Peter, Ralph, Roger, Simon, Urban, Willi, Willy, 6 Adrian, Albert, Alfred, Anatol, Arnold, Arnulf, August, 7 Amadeus,-Andreas, Balduin, Bastian, Bertram, Dankrad, Dietmar, Dominik, Emanuel, Erasmus, Florian, Friedel, Gabriel, Gerhard, Gisbert, Guenter, Helmuth, Herbert, Hermann, Joachim, Juergen, Kasimir, Lambert, Leopold, Manfred, Michael, Philipp, Richard, Severin, Steffen, Stephan, Tankred, Theodor, Tilmann, Walther, Wolfram, 8 Augustin, Benedikt, Benjamin, Berthold, Burkhard, Dietrich, Eberhard, Giselher, Gottlieb, Heinrich, Heribert, Hubertus, Leonhard, Matthias, Nikolaus, Ruprecht, Siegbert, Theobald, Traugott, Valentin, Winfried, Wladimir, Wolfgang, 9 Balthasar, Christian, Ferdinand, Friedhelm, Gottfried, Karlheinz, Sebastian, Siegfried, 10 Hildebrand
Manneskraft:
6 Potenz
Mannesschmuck:
4 Bart
mannigfaltig:
11 vielfaeltig
männlich:
8 maskulin
männliche:
-Biene:
6 Drohne
-Ente:
5 Erpel
-Gans:
6 Ganser, Ganter
-Gesangstimme:
4 Bass, 5 Tenor, 7 Bariton
-Hanfpflanze:
5 Femel
-Katze:
5 Kater
-Wildkatze:
5 Kuder
männlicher:
-Anverwandter:
3 Opa, 5 Enkel, Kusin, Neffe, Onkel, Vater, 6 Bruder, Vetter, 7 Urenkel, 10 Grossvater
-Artikel:
3 der
-Blutsverwandter:
5 Agnat
-Fisch:
7 Milcher, 8 Milchner
-Haarschmuck:
4 Bart
-Hase:
7 Rammler
-Hund:
5 Ruede
-Kanarienvogel:
6 Roller
-Vogel:
4 Hahn, 5 Erpel, 6 Roller, Tauber
männliches:
-Alpentier:
4 Gams
-Haustier:
4 Eber, Hahn, 5 Bulle, Kater, Ochse, Stier, 6 Hammel, Hengst, 7 Rammler, 8 Truthahn, 10 Ziegenbock
-Huhn:
4 Hahn
-Kaninchen:
7 Rammler
-Kind:
4 Sohn, 5 Junge, Knabe
-Kleidungsstück:
5 Frack
-Pferd:
6 Hengst
-Reh:
4 Bock
-Rind:
5 Bulle, Ochse, Stier
-Schaf:
6 Hammel, Widder, 7 Schoeps
-Wildschwein:
6 Keiler
Mannsbild:
4 Kerl
Mannschaft:
4 Crew, Team, 6 Equipe, 8 Aufgebot, 9 Besatzung, Formation
Mannschaftsdienstrang:
9 Gefreiter
Mannschaftsführer:
8 Kapitaen, 12 Spielfuehrer
Mannschaftsraum auf Schiffen:
5 Logis
mannstolle Frau:
11 Nymphomanin
Mannstollheit:
11 Nymphomanie
Mannweib:
6 Virago
Manöver:
10 Kunstgriff, 13 Truppenuebung, 15 Scheinmassnahme
Mansarde:
11 Dachwohnung
Mansch:
7 Schlamm
Manschetten:
7 Stulpen
Mantel/-art:
6 Raglan, Ulster, Umhang, 7 Haenger, 8 Havelock, 9 Redingote, 10 Dufflecoat, Trenchcoat
mantelartiger Umhang:
6 Poncho
Mantelaufschlag:
6 Revers
Mantelstoff:
5 Loden, Tweed, 7 Marengo, 8 Popeline, 9 Covercoat
Manteltarifvertrag:
11 Rahmentarif
Manteltier:
5 Salpe, 8 Tunikate, 10 Seescheide
Mantelzuschnitt:
6 Raglan, Ulster
manuell:
10 mit der Hand
Manufaktur:
10 Handarbeit

Manufakturerzeugnis:
9 Textilien
Manuskript:
4 Text, 8 Original, 9 Urschrift, 11 Handschrift
Manuskripthalter:
7 Tenakel
Manuskriptleser:
6 Lektor
Mappe:
11 Aktentasche
Mär:
4 Fama, Saga, Sage, 5 Kunde, 9 Nachricht, 10 Erzaehlung
Märcheneiland:
6 Orplid
Märchenfigur/-gestalt:
3 Alp, Fee, Rok, 4 Elfe, Hexe, Muck, Nixe, Oger, Puck, Spuk, 5 Engel, Geist, Holle, Hulda, Kater, Prinz, Riese, Troll, Vogel, Zwerg, 6 Adebar, Drache, Gretel, Kobold, Moloch, Nimrod, Nymphe, Riesin, Schrat, Undine, 7 Ali Baba, Alraune, Haensel, Isegrim, Olifant, Reineke, Zwergin, 8 Alberich, Erdgeist, Genoveva, Grimbart, Gulliver, Irrwisch, Joringel, Klingsor, Koenigin, Lanzelot, Meerfrau, Nikolaus, Rapunzel, Ruprecht, Sandmann, Zauberer, Zauberin, 9 Beelzebub, Berggeist, Daeumling, Eiskoenig, Frau Holle, Goldmarie, Huckebein, Pechmarie, Ruebezahl, Zwerg Nase, 10 Mann im Mond, Prinzessin, Waldschrat, Wassermann, 11 Drosselbart, Kalif Storch, 12 Aschenputtel, Dornroeschen, Froschkoenig, Gaenseliesel, Hans im Glueck, Meerjungfrau, Rotkaeppchen, Suppenkaspar, 13 Aschenbroedel, Baerenhaeuter, Rattenfaenger, Sandmaennchen, Struwwelpeter, Zappelphilipp, 14 Schneewittchen, Weihnachtsmann, 15 Rumpelstilzchen, 16 Heinzelmaennchen, 17 Gestiefelter Kater
märchenhaft:
9 fabelhaft, sagenhaft, wunderbar, 10 mirakuloes, 11 fantastisch*, 12 phantastisch
Märchenland:
7 Liliput, 15 Schlaraffenland
Märchenland der griechischen Sage:
3 Aea
Märchenriese:
4 Oger
Märchenvogel:
3 Rok, 4 Roch
Marderart:
4 Mink, Nerz, 5 Dachs, Frett, Iltis, Otter, Skunk, Zobel, 6 Wiesel, 8 Hermelin, Seeotter, 9 Frettchen, Stinktier, 10 Fischotter
Marderhund:
4 Enok
Marge:
6 Spanne, 9 Spielraum
Marianeninsel:
4 Guam, Rota, 5 Agana, Pagan, 6 Saipan, Tinian
Marienabbildung:
11 Siebenpunkt
Marienbildnis:
7 Madonna
Marihuana:
4 Hanf, 9 Haschisch, 10 Rauschgift
Marille:
8 Aprikose
Marinade:
5 Beize
Marineboot:
7 Pinasse
Marineführung:
12 Admiralitaet
Marineoffiziersanwärter:
6 Kadett, 9 Seekadett
Mariner:
7 Matrose
Marinerang:
4 Maat, 7 Admiral, Matrose, 8 Kapitaen, 9 Bootsmann, 11 Vizeadmiral, 13 Konteradmiral, 17 Fregattenkapitaen, Korvettenkapitaen
marinierte Blütenknospe:
5 Kaper
Marionettenpuppe:
12 Gliederpuppe
maritim:
9 ozeanisch
markant:
10 auffaellig, auffallend, 11 einpraegsam, 13 eindrucksvoll
Marke:
7 Merkmal, Stempel, Zeichen, 11 Kennzeichen, 12 Warenzeichen, 13 Firmenzeichen, 15 Postwertzeichen
Markgraf:
7 Marques, Marquis, 8 Marchese, Marquess
markig:
4 kurz, 5 stark
märkischer Dichter:
5 Arnim, 7 Fontane
Markomannenherrscher:
6 Marbod
Markt:
5 Messe
-im alten Griechenland:
5 Agora
-im alten Rom:
5 Forum
-im Orient:
5 Basar, Bazar
marktbeherrschende Stellung:
5 Trust
Marktbeobachtung:
9 Marketing
Marktbude:
5 Stand
Marktforscher:
8 Demoskop
marktgängig:
7 begehrt
Marktschreier:
10 Scharlatan
marktschreierisch:
11 reisserisch
Marktwert:
4 Kurs, 5 Preis
Marmel:
6 Marbel, Murmel
Marmeladenzubereitung:
3 Mus, 7 Kompott, 10 Konfituere
marod:
5 krank
marokkanischer:
-Freiheitskämpfer:
9 Abd el Krim
-König:
6 Hassan
-Volksteil:
6 Berber, Mauren
marokkanisches:
-Gebirge:
3 Rif, 5 Atlas
-Sultansschloß:
6 Kasbah

Marotte:
4 Tick, 5 Laune, 6 Spleen,
8 Eigenart, Schrulle, 9 Eigenheit
Marsch/-boden:
3 Kog, 4 Fenn, Klei, Koog,
6 Polder, 7 Neuland, Schlick,
11 Musikstueck
Marschformierung:
7 Kolonne
Marschgepäck:
9 Tornister, 11 Ausruestung
Marschgruppe:
5 Rotte
Marschinseln im Wattenmeer:
8 Halligen
Marschkolonnenspitze:
4 Tete
Marschland:
4 Koog
Marschunterbrechung:
4 Rast, 5 Biwak
Marschverpflegung:
8 Proviant
Marsmond:
6 Deimos, Phobos
Marter:
4 Pein, Qual, 6 Folter, Leiden,
Tortur
Märtyrer/Märtyrerin:
5 Alban, Georg, Simon,
7 Barbara, Blasius, Erasmus,
Florian, 8 Polykarp,
9 Margareta, Sebastian,
10 Laurentius, Pankratius,
Valentinus
Masche:
3 Gag, 8 Schlaufe, Schleife,
Schlinge
Maschenware:
6 Gewirk
Maschine:
5 Motor, Pumpe, Ramme,
6 Bagger, Geraet, 7 Turbine,
Windrad, 8 Motorrad,
9 Generator, Triebwerk,
11 Mechanismus
-für Erdarbeiten:
5 Ramme, 6 Bagger, 7 Skraper
-zum Verdichten:
10 Kompressor
-zum Zerschneiden von Baumstämmen:
11 Gattersaege
Maschinengewehr:
2 MG
maschinenmäßig:
10 maschinell, mechanisch
Maschinenmensch:
7 Roboter
Maschinensatz:
8 Aggregat
maschinenschriftliches Manuskript
10 Typoskript
Maschinentechniker:
7 Monteur
Maschinenteil:
3 Rad, 4 Keil, 5 Achse, Backe,
Kette, Konus, Niete, Rolle, Stift,
Welle, 6 Bremse, Kolben, Ventil,
Zapfen, 7 Zahnrad, 8 Anlasser,
Excenter*, Exzenter, Getriebe,
Kupplung, Zylinder, 9 Gestaenge
Maschinerie:
7 Apparat, Betrieb, 9 Apparatur,
11 Mechanismus
Masernerkrankung:
7 Roeteln
Maserung:
4 Ader, 7 Geaeder
Maskareneninsel:
7 Reunion, 9 Mauritius,
Rodriguez
Maske:
5 Larve, 6 Huelle,
10 Kopfschutz
Maskenfest:
7 Redoute, 9 Maskerade,
11 Kostuemfest,
12 Mummenschanz
Maskerade:
11 Verkleidung
Maskottchen:
7 Amulett, 8 Talisman
Maß:
6 Format, Mensur, 7 Quantum,
8 Standard
Massaker:
7 Blutbad, 8 Gemetzel
Masse:
5 Menge, Stoff, 7 Materie,
8 Mehrheit, Substanz,
10 Quantitaet
Massenaufmarsch:
10 Kundgebung,
13 Demonstration, Protestaktion
Massenherstellung von Bekleidung:
10 Konfektion
Massenkrankheit:
6 Seuche, 8 Epidemie, Pandemie
Massenmedium:
9 Fernsehen
Massenwahn:
5 Panik
Massenwarenbehältnis:
6 Bunker, 9 Container
Masseteilchen:
9 Korpuskel
maßgebend:
8 normativ, 9 gewichtig,
kompetent, 10 autoritaer,
11 autoritativ
maßgebende:
-Persönlichkeit:
10 Autoritaet
maßgebender:
-Umstand:
6 Faktor
massig:
5 breit, stark, 6 robust,
7 kompakt, wuchtig, 8 kraeftig,
maechtig
mäßig:
3 mau, 4 flau, 6 gering
-warm:
3 lau
mäßiger Wind:
5 Brise, Hauch
Mäßigkeit:
9 Temperenz
maßlos:
5 enorm, 6 ueppig, 9 unbaendig,
10 exorbitant
maßlose Anmaßung:
4 Gier, 5 Manie, Sucht
Maßnahme:
3 Tat, 6 Aktion, 8 Regelung,
Vorgehen
Maßstab:
4 Norm, 5 Kanon, 6 Lineal,
8 Standard, 9 Zollstock
Mast:
5 Besan, 7 Vortopp, 8 Fockmast,
9 Grossmast
Mastbaumbefestigung:
3 Gei
Mastgeflügelart:
6 Kapaun, Poulet, 8 Mastgans,
Poularde
Masthahn:
6 Kapaun
Mastix:
4 Harz
Mastoberpunkt:
4 Topp
mastloses Boot:
4 Kahn, 5 Barke, 6 Gondel
Mastteil:
3 Raa, 4 Bram, Mars, Rahe,
Stag, Topp, 5 Royal, Wante,
6 Brasse, Saling, Spiere, Stenge,
7 Pardune

Matador:
6 Torero, 8 Toreador, 13 Stierkaempfer

Match:
5 Kampf, Spiel, 6 Partie, 7 Treffen, 9 Wettkampf

Mater:
4 Form, 7 Matrize

Material:
5 Stoff, 6 Gehalt, Mittel, 8 Substanz, 9 Werkstoff

-der Elefantenstoßzähne:
9 Elfenbein

-des Töpfers:
3 Ton

-zum Dachdecken:
9 Teerpappe

Materialverlust:
6 Abrieb

Materie:
5 Masse, Stoff, 8 Substanz

materiell:
12 substantiell, substanziell*

materieller Schaden:
7 Verlust

Mathematiker:
5 Gauss, Riese, 6 Cantor, Euklid, Ludolf, Newton, Pascal, 7 Cardano, Lambert, Leibniz, Riemann, 8 Lagrange, Pluecker, 9 Descartes, 10 Archimedes, Pythagoras

Mathematikteilgebiet:
7 Algebra, 9 Geometrie, 10 Arithmetik, 12 Stereometrie, 13 Trigonometrie

mathematische:

-Figur:
5 Kegel, Kreis, Kugel, Raute, 6 Quader, Trapez, 7 Quadrat, Rhombus, Viereck, Wuerfel, 8 Zylinder

-Linie:
6 Gerade

-Zeichnung:
8 Diagramm

mathematischer:

-Begriff:
3 Lot, Pol, 4 Zahl, 5 Achse, Basis, Binom, Bogen, Bruch, Fokus, Glied, Hoehe, Kante, Kegel, Kreis, Kubus, Kugel, Kurve, Linie, Punkt, Radix, Raute, Sinus, Summe, 6 Faktor, Formel, Gerade, Mittel, Nenner, Potenz, Prisma, Quader, Radius, Sektor, Strahl, Trapez, Winkel, Wurzel, 7 Divisor, Dreieck, Ellipse, Flaeche, Kathete, Komplex, Kosinus, Loesung, Maximum, Minimum, Parabel, Produkt, Prozent, Quadrat, Rhombus, Segment, Sekante, Sphaere, Tangens, Vieleck, Viereck, Zaehler, 8 Abszisse, Addition, Dezimale, Dividend, Division, Exponent, Funktion, Hyperbel, Integral, Ordinate, Primzahl, Pyramide, Quotient, Resultat, Tangente, Zylinder, 9 Asymptote, Diagonale, Differenz, Gleichung, Grundzahl, Halbkreis, Kongruenz, Konstante, Kubikzahl, Parallele, Quersumme, Vertikale, 10 Brennpunkt, Grundlinie, Halbmesser, Hypotenuse, Koordinate, Peripherie, Proportion, Regeldetri, Senkrechte, 11 Durchmesser, Horizontale, Koeffizient, Logarithmus

mathematisches:

-Zeichen:
4 Plus, 5 Minus

Matratzenmaterial:
5 Drell

Mätresse:
5 Buhle, 8 Geliebte

Mätresse Ludwigs XIV:
9 Fontanges, 10 Lavalliere

Mätresse Ludwigs XV:
7 Dubarry, 9 Pompadour

Matrose:
7 Seemann, 9 Blaujacke

Matrosenbett:
11 Haengematte

Matrosenlied:
6 Shanty

Matrosenlöhnung:
5 Heuer

Matrosenunterhemd:
6 Troyer

matt:
3 mau, 4 flau, 5 muede, 6 truebe, 7 schwach, 8 glanzlos

mattfarbig:
5 blass

Mattkohlenart:
5 Durit

Matura:
6 Abitur, 13 Reifepruefung

mau:
4 flau, matt, mies

Mauer:
4 Wand, 9 Steinwand, 10 Ziegelwand

Mauerbelag:
4 Putz, 7 Verputz

Mauerbrei:
5 Speis

Mauerbruch:
7 Bresche

Mauerleiste:
4 Sims

Mauerlücke:
7 Scharte

Mauerpfeiler:
6 Lisene

Mauerritze:
4 Fuge

Mauersalatpflanze:
7 Lattich

Mauerstein:
6 Ziegel

Mauerstreifen:
6 Lisene

Mauervertiefung:
6 Nische

Mauervorsprung:
5 Erker

Mauerzierde:
4 Sims, 5 Fries, 7 Risalit

Maul:
6 Fresse, Rachen, 7 Schlund, 8 Schnauze

Maulaffe:
6 Gaffer

Maulausprägung:
7 Ruessel

Maulesel:
4 Muli, 5 Mulus

Maulheld:
7 Poltron

Maulschelle:
8 Ohrfeige, Watschen, 10 Backpfeife, 13 Backenstreich

Maulwurfsgrille:
5 Werre

Maurerutensil:
5 Kelle, 7 Senklot, 8 Senkblei, Spachtel, 11 Richtscheit, Wasserwaage

Mauser:
12 Federwechsel

Mausoleum:
7 Grabmal

Maxime:
5 Motto, 6 Devise, 9 Grundsatz, 11 Richtschnur

Maya-Gott:
7 Hurakan, Itzamna, 8 Kukulkan

Mäzen:
7 Goenner
Mechanikteilgebiet:
6 Statik, 7 Dynamik,
9 Kinematik
mechanisch:
9 technisch, 10 maschinell,
12 selbsttaetig
mechanische:
-Arbeitsgeräte:
9 Maschinen
mechanisches:
-Musikinstrument:
11 Orchestrion
Mechanismus:
4 Werk, 8 Getriebe, 9 Triebwerk,
11 Maschinerie
mecklenburgische:
-Adelsdynastie:
6 Buelow, Moltke, 10 Bernstorff
-Ostseeinsel:
6 Usedom, Wollin
mecklenburgischer:
-Dichter:
6 Reuter
-Fluß:
5 Peene
Medeas Heimatland:
7 Kolchis
Medikament:
6 Arznei, 7 Medizin,
9 Praeparat, 10 Heilmittel
Medikamentform:
5 Pille, 6 Dragee, Kapsel,
Pulver, 8 Pastille, Tablette,
9 Zaepfchen
Mediziner:
4 Arzt, 6 Doktor, 7 Medikus
medizinisch für:
-Abführmittel:
6 Laxans
-Anfall:
6 Insult
-Benommenheit:
5 Amenz
-Blase:
5 Bulla
-Blasengeschwulst:
5 Zyste
-Boden eines Hohlorgans:
6 Fundus
-Darmverschluß:
5 Ileus
-den Fetus betreffend:
5 fetal
-die Lenden betreffend:
6 lumbal
-Hals:
6 Collum
-Kehlkopf:
6 Larynx
-Knochengeschwulst:
6 Osteom
-krankhafte Angst:
6 Phobie
-Krankheit:
6 Morbus
-Kurzsichtigkeit:
6 Myopie
-Leber:
5 Hepar
-Lunge:
5 Pulmo
-Narbenbildung:
5 Ulose
-Nerv:
6 Nervus
-Schmerz:
5 Dolor
-schwanger:
6 gravid
-Streuherd einer Infektion:
5 Fokus
-Teillähmung:
6 Parese
-Tollwut:
5 Lyssa
medizinische:
-Betäubungsmaßnahme:
7 Narkose, 11 Anaesthesie
-Pflanze:
9 Heilkraut
medizinisches:
-Instrument:
5 Sonde, Zange, 7 Spritze,
8 Pinzette, Skalpell
Medusa:
5 Gorgo, 7 Gorgone,
9 Ungeheuer
Meduse:
6 Qualle
Meer:
5 Ozean, 7 Eismeer, Nordsee,
Pazifik, Suedsee, 8 Atlantik,
9 Polarmeer, 10 Mittelmeer,
12 Stiller Ozean,
14 Indischer Ozean,
16 Pazifischer Ozean
Meerdrachen:
6 Rochen
Meerenge:
4 Gatt, Sund
-bei Istanbul:
8 Bosporus
-der westlichen Ostsee:
4 Belt
-in Nordeuropa:
4 Belt, Sund
-in Südosteuropa:
8 Bosporus, 10 Hellespont,
11 Dardanellen
-zwischen Ostsee und Kattegat:
4 Sund
Meeresbewegung:
4 Ebbe, Flut, Tide, 7 Duenung,
Seegang, 8 Brandung, Grundsee,
Sturzsee, 9 Sturmflut,
10 Springflut
Meeresbucht:
3 Bay, 4 Golf, Haff, 5 Bucht,
Fjord, 6 Bodden, Foerde
-an der Emsmündung:
7 Dollart
Meeresfee:
8 Melusine
Meeresgewächs:
4 Alge, Tang, 9 Gruenalge,
11 Meerlattich
Meeresgott/-göttin:
5 Aegir, 6 Neptun, Nereus,
Pontos, Triton, 7 Okeanos,
Proteus, 8 Poseidon,
10 Amphitrite
Meereskrebstier:
6 Granat, Hummer, Krabbe,
7 Garnele, 8 Languste,
15 Einsiedlerkrebs
Meeresküste:
4 Ufer, 6 Strand, 7 Gestade,
9 Steilufer
Meeresrand:
6 Kueste, Strand, 7 Gestade
Meeresmuschel:
6 Auster
Meeressäugetier:
3 Wal, 5 Robbe, 6 Delfin*,
Narwal, Seekuh, 7 Blauwal,
Delphin, Finnwal, Walross
Meeresschlamm:
7 Schlick
Meeresschnecke:
6 Nerite
Meeresströmung:
5 Drift, Trift
Meerestiefenmeßapparat:
7 Echolot
Meerestier:
3 Hai, Wal, 4 Seal, 5 Fisch,
Krake, Robbe, 6 Auster, Delfin*,
Hering, Hummer, Krabbe,
Qualle, Rochen, Seekuh,
7 Blauwal, Delphin, Finnwal,

Flunder, Koralle, Makrele, Pottwal, Sardine, Scholle, Seebaer, Seehund, Seeigel, Walross, Zahnwal, 8 Butzkopf, Grindwal, Kabeljau, Languste, Plankton, Seelachs, Seestern, Seezunge, Tuemmler, 9 Steinbutt, 10 Braunfisch, Meereichel, Meerteufel, Schwertwal, See-Elefant, Seeelefant*, 11 Meerschwein, Schellfisch, Tintenfisch, 12 Seepferdchen

Meeresvogel:
4 Lund, 5 Moewe, 7 Pinguin, Toelpel, 8 Albatros, Kormoran, 10 Eistaucher, Seetaucher, 11 Tropikvogel, 12 Fregattvogel

Meeresweichtier:
8 Nautilus

Meereswellung:
5 Welle

Meereswind:
7 Seeluft

Meereswissenschaft:
13 Ozeanographie

Meerfrau:
8 Melusine

Meerkatze:
5 Diana, 7 Mangabe, 8 Mandrill

Meerrettich:
4 Kren

Meerteufel:
6 Rochen

Meerzwiebel:
6 Szilla

Megaphon:
10 Sprachrohr

Megäre:
5 Furie, 7 Erinnye

Mehlkloß:
5 Nocke

Mehlschwitze:
4 Roux, 9 Einbrenne

Mehlspeise:
7 Auflauf, Omelett, 8 Omelette, 11 Pfannkuchen

mehrarmige Flußmündung:
5 Delta

mehrarmiges Ankergerät:
7 Draggen

mehrdeutig:
5 ambig, 8 aequivok, 10 ambivalent

Mehrdeutigkeit:
10 Amphibolie

mehrere:
6 einige, 7 etliche

mehrfach:
3 oft, 7 haeufig, 10 wiederholt

mehrfarbig:
4 bunt, 9 gemustert

Mehrheit:
4 Gros, 5 Masse, 9 Ueberzahl, 10 Majoritaet, 11 Pluralitaet

mehrjähriges Grüngewächs:
6 Staude

Mehrphasenstrom:
9 Drehstrom, 12 Wechselstrom

mehrsätziges Tonstück:
4 Fuge, 5 Suite, 6 Sonate, 8 Sinfonie

mehrsprachig:
9 polyglott

mehrstimmig:
7 polyfon*, 8 polyphon

mehrstimmige:
-Vokalkomposition:
7 Motette

mehrstimmiges:
-Tonstück:
5 Kanon

mehrteilige Musikkomposition:
9 Oratorium

Mehrzahl:
6 Plural

Meidungsgebot:
4 Tabu

Meierei:
8 Molkerei

Meiereierzeugnis:
4 Rahm, 5 Kaese, Sahne, 6 Butter

Meinung:
6 Urteil, 7 Ansicht, Glauben, 10 Auffassung, Schaetzung, Standpunkt, 12 Dafuerhalten, Ueberzeugung

Meinungsaustausch:
7 Debatte, 10 Diskussion

Meinungsforschung:
7 Umfrage, 9 Befragung, 10 Demoskopie

Meinungsunterschied:
7 Dissens, 9 Divergenz

Meisenart:
7 Kleiber, 9 Blaumeise, Kohlmeise, 10 Gruenmeise, Sumpfmeise

Meister:
6 Kenner, Lehrer, 7 Koenner, Maestro, 8 Fachmann, Lehrherr, Magister, Virtuose, 9 Rekordler

meisterhaft:
7 virtuos, 9 bravuroes*, exzellent, 10 bravouroes, 11 erstklassig, 12 hervorragend

meisterhaftes Geschick:
5 Kunst

Meistersängerlied:
3 Bar

Meisterschaft:
10 Championat, 12 Virtuositaet

Meisterschütze der nordischen Sage:
4 Egil

Meistersinger:
4 Zorn, 5 Foltz, Moser, Ortel, Sachs, 6 Pogner, 7 Kothner, Schwarz, 8 Stolzing

Meistersingerstadt:
9 Nuernberg

Meiststufe:
10 Superlativ

Mekkareisender:
7 Hadschi

Melancholie:
9 Schwermut, Truebsinn

Meldereiter:
8 Ordonanz*, Stafette, 9 Ordonnanz

meliert:
8 scheckig, 9 gescheckt, 11 gesprenkelt

Melodie:
4 Lied, Sang, 5 Weise, 9 Kantilene

Melonenbaum:
6 Papaya, Papaye

Memento-Aufforderung:
7 Mahnruf, Mahnung

Memme:
9 Angsthase, Hasenfuss

Memoiren:
12 Erinnerungen, 13 Lebensbericht

Memorial:
7 Journal

memorieren:
6 lernen, pauken

Menageriegelände:
3 Zoo, 8 Tierpark, 10 Tiergarten

Mendikant:
12 Bettelmoench

mengen:
7 mischen

Mengenbegriff:
4 Gros, viel, Zahl, 5 Masse, 6 Anzahl, Fuelle, Haufen, 7 Quantum, 8 Vielfalt, Vielzahl, 10 Quantitaet

Mensch:
4 Frau, Kind, Mann, 6 Person

-der Antike:
7 Germane
-der Vorzeit:
12 Neandertaler
-des Ostens:
5 Asiat
-mit Schönheitssinn:
7 Aesthet
-von hoher Denkart:
8 Idealist
Menschenaffe:
6 Gibbon, 7 Gorilla,
9 Orang Utan, 10 Schimpanse
Menschenangst:
14 Anthropophobie
Menschenart:
5 Rasse
menschennahe Zauberwurzel:
7 Alraune
menschenähnliches Tier:
4 Affe
Menschenalter:
10 Generation
Menschenansammlung:
7 Auflauf
Menschenfresser:
9 Kannibale, 13 Anthropophage
menschenfreundlich:
5 human, 6 sozial,
10 humanitaer,
15 philanthropisch
Menschengewühl:
9 Gedraenge
Menschenhai:
7 Blauhai
Menschenhasser:
10 Misanthrop
Menschenkunde:
13 Anthropologie
Menschenrasse:
5 Arier, Neger, 7 Mongole,
8 Dinarier, Eskimide
Menschenraub:
10 Kidnapping, 11 Entfuehrung,
13 Verschleppung
Menschenschlag:
5 Rasse
Menschenwissenschaft:
11 Psychologie
menschenunwürdig:
7 inhuman
menschlich:
5 human
menschliche:
-Erblehre:
12 Humangenetik
-Natur:
5 Wesen
menschliches:
-Gemeinwesen:
5 Staat
Menschlichkeit:
10 Humanitaet
Menschwerdung:
11 Inkarnation
Mensurerinnerung:
7 Schmiss
mental:
7 geistig, 10 gedanklich
Mentor:
7 Berater, 8 Ratgeber
Menü:
11 Speisefolge
Menüverzeichnis:
11 Speisekarte
merkantilistisch:
13 kaufmaennisch
Merkbuch:
6 Agenda, 8 Memorial,
9 Notizbuch, Notizheft,
10 Memorandum
Merkmal:
5 Marke, 6 Signum, 7 Zeichen,
8 Attribut, Eigenart, Gepraege,
9 Charakter, Kriterium,
Wesenszug, 10 Indikation,
Markierung, 11 Kennzeichen,
12 Besonderheit,
16 Charakteristikum
Merksatz:
7 Sentenz, 8 Epigramm
merkwürdig:
6 bizarr, kurios, 9 sonderbar,
10 eigenartig
Merkwürdigkeit:
8 Kuriosum, 11 Kuriositaet
Mesner:
7 Kuester, 13 Kirchendiener
Mesopotamien:
8 Assyrien, 10 Babylonien,
13 Zweistromland
Meßband:
9 Metermass
meßbar:
10 mensurabel
Meßbuch der Priester:
6 Missal, 7 Missale
Meßdiener:
6 Mesner, 7 Messner*,
9 Sakristan, 10 Ministrant
Messerblatt:
6 Klinge, 8 Schneide
Messerwunde:
7 Schnitt
Messestadt:
-der Industrie:
8 Hannover
-der Photographie:
5 Koeln
-der Spielwaren:
9 Nuernberg
-des Buchhandels:
7 Leipzig, 9 Frankfurt
-für Lederwaren:
9 Offenbach
Meßgesangbuch:
8 Graduale
Messias:
7 Heiland, 8 Erloeser
Meßinstrument/-gerät:
3 Lot, Uhr, 5 Waage, 6 Kluppe,
Lineal, Nonius, 7 Kompass,
Sextant, 8 Massstab, Messstab,
Metronom, 9 Aerometer,
Barograph, Manometer,
Messlatte, Metermass, Zollstock,
10 Hygrometer, Messschnur,
Schublehre, Tachometer,
11 Amperemeter, Chronometer,
Schieblehre, Thermometer,
Wasserwaage, 13 Geigerzaehler
Meßkleidung:
4 Albe, 5 Kasel
Meßtisch:
6 Mensel, Mensul
Metall:
3 Zer, 4 Blei, Gold, Uran, Zink,
Zinn, 5 Chrom, Eisen, Titan,
6 Kalium, Kobalt, Kupfer,
Mangan, Nickel, Platin, Radium,
Silber, Tellur, Wismut,
7 Antimon, Cadmium, Hafnium,
Iridium, Kadmium, Kalzium,
Lithium, Natrium, Rhodium,
Terbium, Thorium, Wolfram,
8 Francium, Polonium,
Rubidium, Samarium,
Scandium, Silizium, Thallium,
Thullium, 9 Aluminium,
Beryllium, Germanium,
Magnesium, Palladium,
Plutonium, Ruthenium,
Strontium, Zirkonium,
10 Technetium, 11 Quecksilber,
12 Protactinium
-mit Goldüberzug:
6 Dublee
Metallbarren:
5 Ingot
Metallbehälter:
6 Kessel

Metallberuf:
6 Dreher, Nieter, 7 Fraeser, Giesser, Schmied, 9 Schlosser, 10 Schweisser
Metallbetrieb:
8 Schmiede, 9 Giesserei, 10 Klempnerei, 11 Schlosserei
Metallblatt:
5 Folie
Metallblock:
5 Ingot
Metallfaden:
5 Draht
Metallfadengewebe:
4 Lame
Metallfraß:
4 Rost, 9 Korrosion
Metallgeld:
6 Muenze
Metallgemisch:
9 Legierung
Metallgestaltung:
8 Toreutik
Metallkunde:
11 Metallurgie
Metalllegierung:
6 Alpaka, Tombak, 7 Messing
Metallniet:
5 Stift
Metallplatte:
5 Blech
Metallring:
4 Oese
Metallschmückung:
6 Niello, 8 Filigran
Metallstange:
6 Barren
Metallstift:
4 Niet, 5 Nagel, 6 Bolzen
Metallüberbleibsel:
7 Schrott
Metallüberzug:
7 Emaille
Metallverzierung:
6 Niello
Metallzeichnung:
6 Gravur
Meteorid:
5 Bolid, 13 Sternschnuppe
Meteorologie:
11 Wetterkunde
meteorologischer:
-Begriff:
4 Hoch, Tief, 5 Klima, 7 Isobare, 9 Kaltfront, Warmfront, 10 Hitzewelle, 11 Windstaerke, 12 Niederschlag
Meteorströmung:
7 Lyriden, 8 Leoniden, 9 Perseiden, 12 Quadrantiden
Methode:
3 Art, Weg, 4 Stil, 6 System, 9 Verfahren
Metier:
4 Fach, 5 Beruf, 6 Gebiet, Sparte, 7 Gewerbe
metrische Gewichtseinheit:
5 Gramm, Tonne, 9 Kilogramm
Metronom:
9 Taktgeber, 10 Taktmesser
Metropole:
10 Hauptstadt, 11 Mittelpunkt, 16 Landeshauptstadt
Metzelei:
7 Blutbad, 8 Gemetzel, Massaker
Metzgereierprodukt:
5 Wurst, 7 Fleisch, 8 Schinken
Meute:
5 Horde, Rudel, Schar, 6 Koppel
mexikanische:
-Goldmünze:
7 Hidalgo
-Halbinsel:
7 Yucatan, Yukatan
-Hauptstadt:
10 Mexico City
-Insel:
6 Blanca, Cedros, 7 Clarion, Socorro, 9 Guadelupe, Magdalena, 10 Maria Madre
-Münze:
4 Peso, 7 Centavo
-Währung:
4 Peso
mexikanischer:
-Badeort:
7 Orizaba, 8 Acapulco
-Dichter:
5 Nervo
-Fluß:
5 Verde, 6 Sonora
-Hut:
8 Sombrero
-Indianer:
4 Maya, 5 Indio, 6 Azteke, 8 Zapoteke, 9 Zapotheke*
-Kaktus:
6 Peyote, Peyotl
-Melonenbaum:
6 Papaye
-Nobelpreisträger:
3 Paz
-Präsident:
7 Zedillo
mexikanisches:
-Kleidungsstück:
6 Poncho
-Nationalgetränk:
6 Pulque
-Raubtier:
6 Ozelot
-Umschlagtuch:
5 Serap
mickerig:
7 schwach, 16 zurueckgeblieben
Miederteil:
7 Korsage, Korsett, 9 Korselett, 11 Huefthalter
-der Schwarzwaldtracht:
5 Libli
Miene:
3 Air
Mienenspiel:
5 Mimik
mies:
4 flau, 5 uebel, 8 schlecht
Miesmacher:
8 Noergler, Querkopf, 9 Griesgram, Pessimist
Miesmacherei:
11 Defaetismus
Mietfahrzeug/-wagen:
4 Taxe, Taxi, 8 Droschke
Mietverhältnis:
5 Pacht, 7 Leasing
Mietzins:
4 Feim, Zins, 5 Dieme, Feime, 8 Wohnzins
Mikroskopart:
7 Binokel
Mikrowellenapparat:
5 Maser
Milcheiweiß:
6 Kasein
Milchfett:
4 Rahm
Milchkaffee:
7 Melange
Milchkrautpflanze:
12 Frauenmantel
Milchprodukt/-art:
4 Rahm, 5 Kaese, Kefir, Molke, Obers, Quark, Sahne, 6 Butter, Jogurt*, 7 Joghurt, Schmant, 9 Vollmilch, 10 Magermilch, Sauermilch, 11 Buttermilch, Schlagsahne, 12 Kondensmilch
Milchschleuder:
10 Zentrifuge
Milchschorf:
5 Grind

Milchschüssel:
5 Satte
Milchstraßensystem:
7 Galaxis
Milchwirtschaftsbetrieb:
7 Meierei, 8 Molkerei
mild:
3 lau, 4 zart, 5 sacht, sanft,
6 guetig
Milde:
5 Guete, 9 Nachsicht
Milde Gabe:
6 Spende, 7 Almosen
mildern:
7 lindern, 9 maessigen,
12 abschwaechen
Milderungsanlaß:
14 Entschuldigung
mildtätig:
9 karitativ
Milieu:
6 Umwelt, 8 Umgebung
Militär:
4 Heer, 5 Armee, 6 Truppe,
7 Kommiss, 9 Wehrmacht
Militärakademie in den USA:
9 West Point
Militärbündnis:
7 Entente
Militärhospital:
8 Lazarett
militärische:
-Einheit:
3 Zug, 5 Korps, Rotte,
7 Brigade, Staffel, 8 Batterie,
Division, Eskadron, Kompanie,
Regiment, 9 Abteilung,
Bataillon, Flottille, Schwadron,
10 Armeekorps, Geschwader
-Führung:
4 Stab, 8 Kommando,
11 Generalstab,
13 Hauptquartier
-Kopfbedeckung:
7 Tschako
-Löhnung:
4 Sold, 8 Wehrsold
-Übung:
5 Drill, 8 Manoever,
10 Exerzieren
militärischer:
-Befehl:
8 Kommando
-Dienstgrad:
4 Maat, 5 Major, 6 Charge,
Kadett, Oberst, Rekrut, Soldat,
Spiess, 7 Admiral, General,
Kornett, Matrose, 8 Adjutant,
Kanonier, Kapitaen, Korporal,
Leutnant, Obermaat, Offizier,
Schuetze, Sergeant,
9 Bootsmann, Faehnrich,
Feldwebel, Gefreiter, Grenadier,
Hauptmann, Kommodore,
Marschall, 10 Kommandant,
Kommandeur, Zugfuehrer,
11 Rittmeister, 12 Fahnenjunker,
Generalmajor, Oberleutnant,
13 Feldmarschall, Generaloberst,
Oberfeldwebel, Obergefreiter,
Unteroffizier, 14 Oberstleutnant,
Stabsfeldwebel,
15 Generalleutnant
-Ehrengruß:
5 Salut
-Gruß:
5 Salut, Salve
-Nachschub:
5 Tross
militärisches:
-Abendsignal:
13 Zapfenstreich
-Bündnis:
4 Pakt
-Feldlager:
5 Biwak
-Geleit:
7 Eskorte
-Hinterland:
6 Etappe
-Kennwort:
6 Parole
-Musikstück:
6 Marsch
-Seewesen:
6 Marine
-Stammpersonal:
5 Kader
Militärkrankenhaus:
8 Lazarett
Militärmediziner:
9 Feldscher, Stabsarzt
Militärmusiker:
7 Pfeifer, Tambour, 9 Spielmann,
12 Tambourmajor
Militärpferd:
7 Remonte
Militärpolizist:
10 Feldjaeger
Militärregierung:
5 Junta
Miliz:
11 Buergerwehr
milliardenfach:
4 giga
millionenfacher Wert einer Tonne:
9 Megatonne
Milzentzündung:
8 Lienitis
Mime:
10 Darsteller, Komoediant,
12 Schauspieler
Mimik:
11 Mienenspiel
Mimosengewächs:
6 Akazie
Mimosenpflanze:
11 Sinnpflanze
Minarett:
11 Moscheeturm
minder:
7 weniger, 8 geringer
Minderausgabe:
9 Ersparnis
Minderheit:
10 Minoritaet
Minderheitengebiet:
5 Getto*, 6 Ghetto
mindern:
7 kuerzen, 8 abnehmen,
10 reduzieren, verringern,
12 beschraenken
minderwertig:
7 wertlos, 8 schlecht,
9 miserabel, schludrig,
10 mangelhaft, schluderig
minderwertige:
-Ware:
4 Tand, 6 Kitsch, Schund,
7 Gelumpe, Plunder,
9 Ausschuss
minderwertiger:
-Alkohol:
5 Fusel
-Tabak:
7 Knaster
minderwertiges:
-Buch:
8 Schwarte, 9 Schmoeker
Mine:
5 Bombe, Grube, Zeche,
8 Bergwerk, 13 Sprengkoerper
Minenbauer:
6 Minfur
Mineral:
3 Erz, Wad, 4 Jade, Kalk, Opal,
Oxid*, Oxyd, Spat, Talk,
5 Augit, Borat, Flinz, Gagat,
Jodit, Pyrit, Quarz, Sphen, Trass,
6 Adular, Asbest, Azurit, Bauxit,
Blende, Bromit, Galmei, Grafit*,
Jaspis, Kainit, Kalzit, Karbid,

Korund, Kreide, Nitrat, Nitrid, Nitrit, Olivin, Sulfat, Sulfid, Sylvin, Uranit, Zirkon, 7 Asphalt, Chlorit, Chromit, Dolomit, Fluorit, Glimmer, Graphit, Ilmenit, Limonit, Melanit, Monazit, Nephrit, Porphyr, Quarzit, Realgar, Silikat, Spinell, Steatit, Wurtzit, Zeolith, 8 Akantith, Aluminit, Aragonit, Arkansit, Bismutit, Erythrin, Haematit, Idrialit, Kalkspat, Karbonat, Kieserit, Kristall, Kryolith, Lazulith, Magnesit, Malachit, Manganit, Markasit, Muskovit, Pegmatit, Periklas, Phosphat, Salpeter, Schwefel, Spodumen, Tellurit, Vesuvian, Wulfenit, Zinkspat, 9 Alabaster, Anthrazit, Beinbrech, Chalzedon, Eisenkies, Eisenspat, Glaukodot, Glaukonit, Gruenerde, Karnallit, Kieselgur, Lanthanit, Orthoklas, Serpentin, Skapolith, Steinsalz, Stephanit, Travertin, Vanadinit, Zinnstein, 10 Bittererde, Braunstein, Chalkolith, Chrysolith, Eisenglanz, Feuerstein, Hausmannit, Hornblende, Indigolith, Kassiterit, Katzenauge, Kobaltkies, Kupferkies, Meerschaum, Pechblende, Plagioklas, Rauschgelb, Schwerspat, Steinkohle, Zinnwaldit, 11 Glaubersalz, 12 Bergkristall, Schwefelkies

Mineraliengewinnung:
5 Abbau

mineralische Ablagerung:
6 Sinter

Mineralkörner:
4 Kies, Sand

Mineralöl/-produkt:
6 Benzin, Erdoel, 7 Asphalt, Heizoel, Naphtha, 9 Dieseloel, Petroleum, Schweroel

Mineralwachs:
7 Zeresin

Mineralwasser:
7 Brunnen, Selters

Mineralölweiterverarbeitung:
11 Raffinieren, 12 Destillieren

Mineralwissenschaft:
13 Gesteinskunde

Ministerpräsident:
7 Kanzler, Premier, 14 Regierungschef

Ministerrat:
8 Kabinett

Minne:
5 Liebe

Minnesänger:
10 Troubadour

Minorat:
14 Juengstenrecht

Minorität:
10 Minderheit, Minderzahl

Minoritätengebiet:
5 Getto*, 6 Ghetto

Minusbetrag:
6 Fehler, Mangel, 7 Defizit, Verlust, 10 Fehlbetrag

minuziös:
7 penibel, 9 haargenau, kleinlich, 10 pedantisch, 12 gewissenhaft

Mirakelform:
6 Wunder, 9 Wundertat

Misanthrop:
13 Menschenfeind, 14 Menschenhasser

Misch-/Mixgetränk:
4 Fizz, Flip, 5 Bowle, Daisy, Drink, Shake, Spezi, 6 Cooler, Punsch, 7 Cobbler, Schorle, 8 Cocktail, 9 Gluehwein, 11 Krambambuli, Tuerkenblut

Mischbehälter:
6 Shaker

Mischbrett des Malers:
7 Palette

mischen:
5 mixen, 6 mengen, 8 melieren, panschen, 9 vermengen

Mischflüssigkeit bei der Bierherstellung:
7 Maische

Mischling:
5 Chino, Cubra, Zambo, 6 Cafuso, Kreole, 7 Bastard, Hybride, Mestize, Mulatte, 8 Halbblut, Mameluco, 9 Terzerone

Mischmedikament:
6 Mixtur

Mischspeise/-gericht:
5 Salat, 6 Ragout, 7 Eintopf

Mischung/Mischmasch:
7 Gemenge, Gemisch, Melange, 8 Pelemele, 9 Charivari, Gemengsel, Legierung, Potpourri, Quodlibet, 12 Sammelsurium, 13 Durcheinander

miserabel:
5 Uebel, 8 schlecht, 9 klaeglich, 11 erbaermlich, jaemmerlich, schaendlich, 13 bedauernswert

Mißbildung:
8 Anomalie, 11 Abnormitaet, Deformation

Mißbilligung:
5 Ruege, Tadel, 9 Ablehnung

Mißbrauch:
6 Abusus

Missetat:
5 Untat, 6 Frevel, Suende, 10 Verbrechen

Missetäter:
7 Frevler, Suender, 10 Boesewicht, Delinquent, Verbrecher, 11 Uebeltaeter

Mißfallensausdruck:
5 Unmut, 7 Abscheu, 8 Verdruss, 10 Widerwille

Mißgeburt:
8 Monstrum

Mißgeschicklichkeit:
4 Pech, 5 Panne, 6 Pleite, Unbill, 7 Malheur, 8 Desaster, Reinfall, Unglueck, 10 Fatalitaet, Fehlschlag, Kalamitaet

mißgestaltet:
9 monstroes, 10 deformiert

mißglückte Dichtung
7 Gereime

Mißgriff:
4 Bock, 6 Fehler, Lapsus, 7 Fauxpas, 8 Verstoss, 9 Fehlgriff

mißgünstig:
6 scheel, 8 neidisch

mißgünstiger Mann:
6 Neider

mißhandeln:
13 maltraetieren

Mißhandlung:
9 Quaelerei

Mißheirat:
11 Mesalliance

Mission:
7 Auftrag, Sendung, 9 Botschaft, 13 Gesandtschaft

Missionar:
-am Rhein:
4 Goar
-der Burgunder:
8 Columban
-der Deutschen:
10 Bonifatius

-der Eskimos:
5 Egede
-der Friesen:
10 Willibrord
-der Grönländer:
5 Egede
-der Slawen:
6 Kyrill, 9 Methodius
-der Westgoten:
7 Ulfilas
missionarisches Ergebnis:
9 Bekehrung
Mißklang/-ton:
9 Dissonanz, 10 Kakophonie,
11 Disharmonie
mißliche Lage:
5 elend
mißliche Verfassung:
10 Uebelstand
Mißmutsäußerung:
6 Aerger, 8 Verdruss,
12 Verbitterung
Mißökonomie:
10 Korruption, Vergeudung,
17 Vetternwirtschaft
Mißstand:
5 Uebel, 10 Kalamitaet
mißtönend:
9 dissonant, 12 unharmonisch,
13 disharmonisch
Mißtrauen:
7 Argwohn, Skepsis
mißtrauische Frau:
11 Skeptikerin
Mißvergnügen:
6 Unlust
mißverständlich:
6 unklar
Mißverständnis:
6 Irrtum
mißverstehen:
5 irren
Mist:
4 Dung, 7 Duenger, Kompost
Mistgabel:
5 Forke
Mistkäfer:
10 Rosskaefer, Skarabaeus,
12 Pillendreher
mit Vorliebe:
4 gern
Mitarbeiter:
6 Helfer, 7 Famulus, Gehilfe,
Gespann, Kollege, 9 Assistent
Mitarbeitergemeinschaft:
4 Stab, Team

Mitbegründer:
-der amerikanischen Unabhängigkeit:
7 Steuben
-der Zeisswerke:
4 Abbe
-des Marxismus:
6 Engels
-Roms:
5 Remus, 7 Romulus
Mitbeschuldigter:
8 Komplize
Mitbesitzer/-inhaber:
6 Sozius, 7 Associe, Partner,
9 Kompagnon, Teilhaber
Mitbewerber:
6 Rivale, 10 Konkurrent
Miteigentum:
6 Anteil
Miteigentümer:
6 Sozius, 7 Partner,
9 Kompagnon, Teilhaber
miteinander:
8 zusammen, 9 gemeinsam,
16 gemeinschaftlich
Miterfinder:
-des Automotors:
4 Benz, Otto, 6 Diesel,
7 Daimler
Mitesser:
4 Akne, 6 Pickel, Pustel
Mitfahrer:
6 Sozius
Mitgefühlsäußerung:
5 Guete, 6 Anteil, 7 Mitleid,
9 Interesse, Teilnahme,
10 Humanitaet, 11 Anteilnahme,
14 Barmherzigkeit,
Naechstenliebe
Mitglied:
7 Kollege, 13 Vereinsbruder,
Vereinsfreund
-der Regierung:
8 Minister
-des englischen Hochadels:
4 Earl, Lord, Peer
-einer Familie:
4 Kind, 5 Vater, 6 Mutter
-eines Parlaments:
11 Deputierter, 12 Abgeordneter
Mithilfe:
7 Beitrag
mithin:
4 also, ergo, 5 somit, 8 folglich
Mitläufer:
8 Fussvolk, 9 Stimmvieh
Mitlaut:
9 Konsonant

mitleidlos:
4 hart, 6 streng
Mitra:
5 Infel, 14 Bischofsmuetze
mitreissend:
6 furios, 9 fulminant,
11 begeisternd
Mitschüler:
14 Klassenkamerad
Mitspieler:
4 Aide, 7 Partner
Mitstudent:
11 Kommilitone
Mittagskreis:
8 Meridian
Mittagsmahlzeit:
5 Diner, Lunch
Mittagspause:
6 Siesta
Mittäter:
6 Hehler, Kumpan, 8 Komplice,
Komplize, Konsorte,
13 Helfershelfer
Mitte:
7 Zentrum, 10 Brennpunkt
mitteilen:
6 melden, 7 kundtun,
9 berichten, eroeffnen
Mitteilungsform:
5 Brief, 6 Angabe, Report,
8 Kundgabe, 9 Botschaft,
Nachricht, 11 Information,
13 Kommunikation
Mittel:
6 Arznei, Medium,
10 Medikament, 12 Durchschnitt
-des Ausdrucks:
5 Geste
-gegen Heiserkeit:
9 Emser Salz
mittelalterliche:
-Befestigung:
4 Burg
-Besitzform:
5 Lehen
-Gefolgsleute:
8 Vasallen
-Handwerkervereinigung:
5 Gilde
-Hinrichtungsstätte:
14 Scheiterhaufen
-Kragenkapuze:
5 Gugel
-Philosophie:
10 Scholastik
-Schlagwaffe:
11 Morgenstern

-Schußwaffe:
8 Arkebuse, Armbrust
-Seuche:
4 Pest, 8 Blattern
-Vereinigung:
5 Gilde, Zunft
-Waffe:
4 Pike, 6 Spiess, 7 Schwert, 8 Armbrust, 11 Morgenstern
mittelalterlicher:
-Adliger:
6 Ritter
-Ausrufer:
6 Herold
-Edelmann:
6 Ritter
-Goldmacher:
5 Adept, 9 Alchimist
-Humanist:
7 Erasmus
-Kaufmannsbund:
5 Hansa, Hanse
-norwegischer Dichter:
6 Skalde
-Sänger:
10 Troubadour, 12 Minnesaenger
-Schandpfahl:
7 Pranger
-Städtebund:
5 Hanse
mittelalterliches:
-geistliches Drama:
5 Ludus
-geistliches Schauspiel:
7 Mirakel, 14 Mysterienspiel
-Kriegsschiff:
7 Galeere, Galeone
-Segelschiff:
5 Kogge, 7 Galeere, 9 Karavelle
-Tanzlied:
5 Rondo, 7 Rondeau
mittelamerikanische:
-Inselgruppe:
10 Westindien
-Inselwelt:
8 Antillen
-Wasserstraße:
11 Panamakanal
mittelamerikanischer:
-Indianerstamm:
4 Maya, 5 Mayas, 7 Azteken, Kariben, 8 Karaiben, Misteken, Tolteken, 9 Zapoteken, 10 Zapotheken*
-Mischling:
6 Ladino
-Staat:
6 Belize, Mexiko, Panama, 8 Honduras, 9 Costa Rica, Guatemala, Nicaragua, 10 El Salvador
Mittelasiat:
7 Kirgise
mittelbar:
8 indirekt
mitteldeutsche Region:
4 Harz, 6 Anhalt, 7 Lausitz, Pommern, Sachsen, 9 Havelland, Spreewald, Uckermark, 10 Thueringen, 11 Brandenburg, Mecklenburg
Mittellinie:
5 Achse
mittellos:
3 arm, 10 beduerftig
mittelloser Mann:
10 Habenichts
Mittellosigkeit:
3 Not, 5 Armut, elend, 14 Beduerftigkeit
Mittelmeerfisch:
5 Orade, 7 Muraene, Sardine, 8 Tunfisch*, 9 Thunfisch
Mittelmeerinselgruppe:
8 Balearen, Kykladen, Pityusen, Sporaden
Mittelmeerinsulaner:
5 Korse, 6 Kreter, 8 Malteser
Mittelmeerküste:
7 Riviera
Mittelmeerpflanze:
5 Myrte
Mittelmeerstaat:
5 Malta, 6 Israel, Libyen, Monaco, Syrien, Zypern, 7 Italien, Libanon, Marokko, Spanien, Tuerkei, 8 Aegypten, Albanien, Algerien, Kroatien, Tunesien, 9 Slowenien, 10 Frankreich, 11 Jugoslawien, 12 Griechenland
Mittelmeerteil:
5 Adria, Syrte, 7 Aegaeis, 11 Grosse Syrte, Kleine Syrte, 13 Ionisches Meer, 15 Aegaeisches Meer, Ligurisches Meer, 16 Adriatisches Meer, 17 Tyrrhenisches Meer
Mittelpunkt:
4 Kern, 7 Zentrum, 8 Zentrale, 10 Brennpunkt, Hauptsache, 11 Schwerpunkt
Mittelsmann:
5 Agent, 6 Makler, 7 Mittler, 10 Vermittler
Mittelwert:
7 Schnitt, 12 Durchschnitt
Mittelwort:
8 Partizip, 11 Partizipium
mitten:
7 zentral
Mitternachtsmeßfeier:
5 Mette, 7 Vigilie
Mittler:
6 Medium
Mittönen:
8 Resonanz, 9 Widerhall
Mittun:
5 Hilfe, 7 Beitrag, 9 Teilnahme, 11 Kooperation
Mittwoch nach Karneval:
14 Aschermittwoch
mitunter:
8 zuweilen
Mitwirkung:
11 Kooperation
Mixgefäß:
6 Shaker
Mixtur:
8 Mischung
Möbelbezugstoff:
7 Epingle
Möbelstil:
10 Jugendstil, 11 Biedermeier, Chippendale
Möbelstück:
4 Bett, Bord, Pult, Sofa, 5 Couch, Liege, Regal, Spind, Stuhl, Tisch, 6 Hocker, Sessel, 7 Buefett, Kanapee, Kommode, Kredenz, Schrank, Schrein, Spiegel, 8 Esstisch, Fussbank, Ottomane, Sitzbank, Sitzecke, Teewagen, 9 Bettcouch, Garderobe, Lehnstuhl, Stehlampe, 10 Blumenbank, Doppelbett, Korbsessel, Nachttisch, Rauchtisch, 11 Ohrensessel, Wandschrank, 12 Ausziehtisch, Besenschrank, Buecherregal, Schreibtisch, 13 Schaukelstuhl, 14 Buecherschrank, Kleiderschrank, Kuechenschrank, Schirmstaender
mobil:
5 aktiv, flink, 7 behende, 8 behaende*, 9 beweglich
Mobiliargegenstände:
6 Moebel, 8 Inventar, 11 Ausstattung, Einrichtung

Mode:
5 Sitte, 6 Brauch, 7 Fashion, 13 Zeitgeschmack
Modegeck/-narr:
4 Beau, Snob, 5 Dandy, Stenz, 6 Gigerl, 7 Elegant, Stutzer
Modeladen:
8 Boutique
Modell:
3 Typ, 6 Muster, 7 Entwurf, Vorbild, 8 Prototyp, 9 Mannequin
Modellentwerfer:
8 Designer
Moderator:
7 Ansager, 8 Sprecher
Moderbestandteil des Bodens:
5 Humus
modern:
7 modisch, zeitnah, 8 neuartig, 11 neuzeitlich
moderndes Fleisch:
3 Aas
moderne:
-Drucktechnik:
9 Siebdruck
-Kunstfaser:
5 Nylon, 6 Dralon, Perlon
-Rechenapparatur:
3 EDV, 8 Computer, 17 Elektronenrechner
moderner:
-Transportbehälter:
9 Container
modernes:
-Ortungsverfahren:
5 Radar
-Personentransportgefährt:
4 Auto, 8 Flugzeug
Modernität:
7 Neuheit
Modeschöpfer:
9 Couturier
Modeschöpfung:
8 Creation, Kreation
Modifikation:
10 Abwandlung, 12 Veraenderung
modisch:
6 schick, 7 en vogue
-gekleidet:
7 Elegant
modische:
-Feinheit:
7 Eleganz
modischer:
-Aufwand:
7 Eleganz
-Damenhut:
4 Bibi
modisches:
-Zubehör:
11 Accessoires
Modistin:
9 Midinette, 11 Hutmacherin, 12 Putzmacherin
modus vivendi:
10 Koexistenz
mögen:
6 lieben, wollen, 8 gefallen
möglich:
7 machbar, 10 potentiell, potenziell*, 11 praktikabel
möglicher Erwerber:
11 Interessent
möglicherweise:
9 eventuell, 10 vielleicht
Möglichkeit:
13 Eventualitaet
Möglichkeitsfall:
10 Konjunktiv
Mohammedaner:
6 Moslem, Muslim, 7 Islamit, 8 Muselman, Sarazene
mohammedanische:
-Geistlichkeit:
5 Ulema
-Kopfbedeckung:
6 Turban
-Sekte:
8 Schiiten, Sunniten, 10 Wahhabiten
-Wallfahrtsstätte:
5 Mekka, 6 Medina
mohammedanischer:
-Fastenmonat:
7 Ramadan
-Fürstentitel:
4 Emir
-Gebetsrufer:
7 Muezzin
-Gelehrter:
5 Ulema
-Heiliger:
7 Marabut
-Männername:
3 Ali, 7 Mustafa
-Name für Jesus:
3 Isa
-Rechtswissenschaftler:
4 Kadi, 5 Mufti
-Richter:
4 Kadi
-Ruf:
9 Bismillah
-Titel:
4 Kadi, 5 Kalif, Mufti, Ulema, Wesir
-Versroman:
5 Eneit
-Vorbeter:
4 Imam
mohammedanisches:
-Frauengemach:
5 Harem
-Gotteshaus:
7 Moschee
-Heiligtum:
5 Kaaba
-Religionsbuch:
5 Koran
Mohammeds:
-Lieblingsfrau:
6 Aischa
-Nachfolger:
4 Omar, 5 Osman, 7 Abu Bekr
-Tochter:
6 Fatima
Mohrrübenpflanze:
6 Moehre, 7 Karotte, 10 gelbe Ruebe
Molch:
3 Olm, 5 Lurch, 10 Salamander
Mole:
4 Damm, Pier, 10 Hafenmauer
Molekulargewicht:
3 Mol
Molkereibetrieb:
7 Meierei
Molukkeninsel:
3 Obi, 4 Buru, 5 Ambon, Ceram, Seram, 9 Halmahera
Moment:
2 Nu, 9 Zeitpunkt, 10 Augenblick, 13 Gesichtspunkt
Momenterlebnis:
13 Schnappschuss
Monacos:
-Einwohner:
10 Monegassen
-Fürstendynastie:
8 Grimaldi
-Landesherr:
7 Rainier
-Landesherrin:
6 Gracia, 14 Gracia Patricia
Monarch:
6 Fuerst, Herzog, Kaiser, Koenig, Regent, 9 Herrscher
Monarchist:
8 Royalist

Monatsbeginn:
6 Erster
Monatsblutung:
5 Regel, 7 Periode, 12 Menstruation
Monatsname:
3 Mai, 4 Juli, Juni, 5 April, Feber, Heuet, Maerz, 6 August, Heuert, Januar, 7 Brachet, Eismond, Ernting, Februar, Hartung, Heumond, Hornung, Jaenner, Julmond, Lenzing, Neblung, Oktober, 8 Dezember, Eismonat, Gilbhart, Heumonat, Lenzmond, Nebelung, November, Weinmond, Windmond, 9 Brachmond, Erntemond, Lenzmonat, Nebelmond, Ostermond, Rosenmond, Scheiding, September, Weidemond, Weinmonat, Wonnemond, 10 Brachmonat, Christmond, Herbstmond, Ostermonat, Schneemond, Wandelmond, Wintermond, Wonnemonat, 11 Christmonat, 14 Fruehlingsmond
Monatsschluß:
6 Ultimo
Mönch:
3 Abt, 5 Pater, Prior, 6 Frater, Oberer, 7 Profess, 8 Guardian, Klausner, 10 Einsiedler, Ordensmann, 12 Ordensbruder
-am letzten Zarenhof:
8 Rasputin
Mönchsorden:
8 Jesuiten, Paulaner, 9 Kapuziner, Theatiner, 10 Augustiner, Basilianer, Johanniter, Kartaeuser, 11 Dominikaner, Karthaeuser, Trinitarier, 12 Benediktiner, Franziskaner, 13 Zisterzienser
Mönchssiedlung:
5 Skete
Mönchsrepublik in Hellas:
5 Athos
Mönchsunterkunft:
5 Zelle, 6 Klause, 7 Kloster, 11 Einsiedelei
Mond:
5 Monat, 7 Trabant, 8 Satellit, 14 Himmelskoerper
-des Jupiter:
2 Io, 6 Europa, 7 Ganymed, 8 Kallisto
-des Mars:
6 Deimos, Phobos
-des Neptun:
6 Triton, 7 Nereide
-des Saturn:
4 Rhea, 5 Mimas, Titan, 6 Phoebe, Tethys, Themis, 7 Japetus, 8 Hyperion, 9 Enceladus
-des Uranus:
5 Ariel, 7 Miranda, Titania, Umbriel
mondän:
7 elegant, vornehm
Monderläuterung:
13 Selenographie
Mondgott:
5 Chons, Thoth, 6 Chonsu
Mondgöttin:
4 Luna, 6 Selene, 8 Bubastis
Mondphase:
7 Neumond, 8 Halbmond, Vollmond
Mondrinsternis:
7 Eklipse
Mondsenke:
4 Mare
Mondsonde:
4 Luna, 5 Lunik, 6 Apollo, Ranger
Mondgestein:
6 Adular, 8 Feldspat
Mondzeiger:
6 Epakte
Mongolenbehausung:
5 Jurte
Mongolenfürst/-herrscher:
5 Timur, 6 Kublai
Mongolenstamm/-volk:
4 Boja, 5 Schan, 6 Hunnen, 7 Tataren, 8 Giljaken, Ostjaken, Tungusen, 9 Burjaeten, Dsungaren, Samojeden, 10 Kalmuecken
mongolische:
-Gazelle:
6 Dseren
-Nationaltracht:
3 Del
mongolischer:
-Fluß:
3 Nun, 4 Tola, 7 Selenga
-Nomade:
5 Hunne
Monitorgerät:
10 Bildschirm, Empfaenger
Monogamie:
6 Einehe
Monokel:
7 Einglas
Monomanie:
8 fixe Idee
Monopol:
8 Vorrecht
monoton:
5 trist, 9 eintoenig, 10 einfoermig, langweilig
Monstranz:
7 Gefaess, 12 Altargefaess, Schaugefaess, 14 Hostientraeger
monströs:
13 missgestaltet, ungeheuerlich
Monstrum:
8 Scheusal, 9 ungeheuer, 10 Missgeburt, 11 Missbildung
Montageumrahmung:
7 Chassis
Montagevorgang:
6 Einbau, 11 Befestigung, Zusammenbau, 12 Installation
Monteurkleidung:
7 Overall
Monument:
3 Mal, 6 Statue, 7 Denkmal, Mahnmal, 9 Standbild
Moor:
4 Fenn, Moos, Ried, 5 Bruch, Sumpf, 6 Morast
Moorgewächs:
9 Sonnentau
Moorleuchten:
8 Irrlicht, Irrwisch
Moorprodukt:
4 Torf
Moral:
4 Ehre, 5 Ethik, 12 Sittlichkeit
moralischer Begriff/Gesinnung:
5 Ethos
Morast:
4 Moor, Ried, 5 Sumpf, 6 Modder, 7 Schlamm
morbid:
10 kraenklich, 12 schwaechlich, zerbrechlich
morden:
6 killen, toeten
Mörder:
6 Killer
-Agamemnons:
7 Aegisth, 9 Aegisthus, Aigisthos
-Heinrich IV:
9 Ravaillac
-Kotzebues:
4 Sand

-Siegfrieds:
5 Hagen
Mordverbrechen:
8 Attentat
Mordwut:
4 Amok
Morelle:
7 Kirsche, 12 Sauerkirsche
Morgengabe:
7 Mitgift, 9 Aussteuer
Morgengebet:
4 Prim
Morgenland:
6 Nahost, Orient, 7 Levante, 10 Naher Osten
Morgenlandbewohner:
6 Araber, 9 Orientale, 10 Levantiner
morgenländisch:
12 orientalisch
morgenländischer Gebieter:
5 Kalif, Mogul, 6 Sultan
Morgenrock:
7 Neglige, 9 Hausanzug
Morgenstern:
5 Keule, Venus, Waffe, 7 Luzifer, 8 Hesperos, 10 Phosphoros
morsch:
6 morbid, muerbe, 8 bruechig, 9 verrottet
Morsegerät:
8 Telegraf*, 9 Telegraph
morsen:
6 funken
Mörtel:
5 Speis
Mosaikbodenbelag:
8 Paviment
Moschee-Gebetsbereich:
6 Mihrab
Moscheenturm:
8 Minarett
Moschus:
5 Bisam
Moskauer:
-Bauwerk:
5 Kreml
-Gedenkstätte:
14 Leninmausoleum
Mostrich:
4 Senf
Motiv:
4 Idee, 5 Grund, Thema, 6 Anlass, 10 Beweggrund
Motor:
7 Antrieb, 8 Maschine
Motorboot:
8 Barkasse
Motorfahrrad:
4 Mofa, 5 Moped
Motorfahrzeug:
4 Auto, 5 Moped, 7 Omnibus, Traktor, Trecker, 8 Motorrad, 9 Lastwagen
Motorlauf ohne Gang:
8 Leerlauf
Motorschlepper:
7 Traktor, Trecker
Motorstarter:
8 Anlasser
Mottenkraut:
9 Honigklee
Mottengegenmittel:
5 Eulan, 9 Nexalotte, 10 Naphthalin
Motto:
6 Devise, 8 Kennwort, 10 Wahlspruch
Mozartstadt:
8 Salzburg
Mücke/Mückenart:
6 Gnitte, Gnitze, 7 Moskito, Schnake, 9 Anopheles
Muckertum:
7 Moralin, 10 Bigotterie
müde:
4 matt, 6 kaputt, marode, 10 abgespannt, erschoepft, schlaefrig
Müdigkeitszeichen:
7 Gaehnen
mühelos:
6 leicht, 7 einfach, 15 unproblematisch
Mühlenabfallprodukt:
5 Kleie
Mühlenerzeugnis:
4 Mehl, 5 Kleie, 6 Griess
Mühlenfachmann:
7 Mueller
Mühlensandstein:
4 Grit
Mühsal/Mühe:
5 Plage, 6 Buerde, Kummer, 9 Plackerei, 10 Schinderei, 11 Anstrengung
mühsam:
8 diffizil, 11 strapazioes
Mulde:
5 Grube, Kuhle, Senke, 6 Becken
Müll:
5 Unrat, 6 Abfall, 7 Schmutz, 8 Kehricht
Müllabladeort:
7 Deponie
multipel:
11 vielfaeltig
Mumm:
3 Mut, 4 Elan, 7 Schneid, Schwung
Mummenschanz:
9 Maskerade, 10 Maskenball, Maskenfest, 11 Verkleidung
Mumpserkrankung:
11 Ziegenpeter
Münchener:
-Baumeister:
5 Seidl, 6 Klenze
-Bildhauer:
6 Knappe, Koelle
-Festplatz:
5 Wiesn, 14 Theresienwiese
-Gemäldegalerie:
10 Pinakothek
-Jahrmarkt:
4 Dult
-Komiker:
8 Valentin, 10 Weissferdl
-Parkanlage:
16 Englischer Garten
-Rockgruppe:
5 Relax
-Sportanlage:
14 Olympiastadion
-Symbolfigur:
7 Bavaria, 14 Muenchner Kindl
-Vergnügungsviertel:
9 Schwabing
-Verkehrszentrum:
7 Stachus, 10 Karlsplatz
-Volksfest:
11 Oktoberfest
-Wahrzeichen:
12 Frauenkirche
Mundart:
5 Idiom, 7 Dialekt
mündelsicher:
8 pupillar, 12 pupillarisch
munden:
9 schmecken
Munderkrankung:
7 Aphthen
Mundfessel:
6 Knebel
mündig:
8 majorenn, 11 volljaehrig, 12 grossjaehrig
Mundlappen:
9 Serviette
Mundlaut:
4 Oral

mündlich:
4 Oral, 6 verbal
mündliche Überlieferung:
4 Sage
Mundschenk des Zeus:
7 Ganymed
Mundteil:
4 Zahn, 5 Lippe, Zunge, 6 Gaumen, Gebiss, Kiefer, Rachen, 7 Schlund
Mündungsarm:
-der Donau:
5 Kilia, 6 Sulina, 10 Sankt Georg
-der Memel:
4 Alge, 5 Gilge
-der Oder:
5 Peene, Swine, 8 Dievenow
-des Nils:
7 Rosette, 8 Damiette
-des Rheins:
3 Lek, 4 Oude, Waal, 7 Merwede
Mündungsform:
5 Delta, 8 Trichter
Mündungsgebiet der Garonne:
7 Gironde
Mundvorrat:
6 Furage, Ration, 7 Zehrung, 8 Proviant, 11 Verpflegung
Münster:
3 Dom, 6 Kirche, 10 Kathedrale
munter:
4 agil, froh, rege, 5 aktiv, alert, flink, mobil, 6 forsch, heiter, 7 behende, lebhaft, 8 behaende*, lebendig, 10 aufgeweckt
Munterkeit:
11 Temperament
Münze:
10 Geldmittel, Geldstueck, Metallgeld, 14 Zahlungsmittel, 16 Waehrungseinheit
Münzhersteller:
6 Praege
Münzprüfer:
7 Wardein
Münzrückseite:
6 Revers
Münzvorderseite:
5 Avers
mürbe:
6 morsch, 8 bruechig, 9 broecklig, verfallen
Murmel:
5 Kugel, 6 Marbel, Marmel, 7 Klicker, 8 Schusser
murren:
7 knurren, raunzen, 8 noergeln
mürrisch:
7 grantig
mürrischer Mann:
9 Griesgram
Murrkopf:
4 Unke, 6 Muffel, 9 Griesgram, 10 Miesepeter, Miesmacher
Muschel:
6 Auster, 8 Bohrwurm, Molluske, 9 Pfahlwurm, 11 Bohrmuschel, Herzmuschel, Miesmuschel, Perlmuschel, 12 Flussmuschel, Malermuschel, Teichmuschel
muschelartiges Organsegment:
6 Koncha
Muschelerzeugnis:
5 Perle, 8 Perlmutt, 10 Perlmutter
Muschelwährung:
5 Kauri
Muse:
-der Astronomie:
6 Urania
-der epischen Dichtung:
8 Kalliope
-der Geschichte:
4 Klio
-der Komödie:
6 Thalia
-der Liebesdichtung:
5 Erato
-der Musik:
10 Polyhymnia
-der Sternkunde:
6 Urania
-des Gesangs:
10 Polyhymnia
-des Lustspiels:
6 Thalia
Muselman:
6 Moslem, Muslim, 7 Islamit, 12 Mohammedaner
Musenquelle:
10 Hippokrene
Musenroß:
7 Pegasus
Museum:
8 Kabinett, Sammlung, 10 Glyptothek, Pinakothek, 13 Kunstsammlung
-in Amsterdam:
11 Rijksmuseum
-in Florenz:
5 Pitti, 8 Bargello, Uffizien
-in London:
5 Soane, Tower, 11 Tate Gallery, 15 National Gallery
-in Madrid:
5 Prado
-in München:
10 Glyptothek, Pinakothek, 15 Deutsches Museum
-in Paris:
6 Louvre
-in Rom:
10 Engelsburg
Museumsangestellter:
6 Kustos
Musical-Komponist:
5 Loewe, 5 Porter, 8 Gershwin
Musik:
8 Tonkunst
Musikalien:
5 Noten, 10 Partituren
musikalisch:
-alle:
5 tutti
-ausdrucksvoll:
10 espressivo
-bebend:
7 tremolo, vibrato
-ein wenig:
4 poco
-einstimmig:
7 unisono
-erregt:
7 agitato
-feierlich:
8 maestoso
-fließend:
7 andante
-gebunden:
6 legato
-gemäßigt:
8 moderato
-gleitend:
9 glissando
-heiter:
7 allegro
-langsam:
5 lento, 6 adagio
-laut:
5 forte
-lebhaft:
7 allegro
-leidenschaftlich:
7 furioso
-leise:
5 piano
-lustig:
7 scherzo

-mittel:
5 mezzo
-ruhig:
10 tranquillo
-scherzhaft:
11 capriccioso
-schnell:
6 presto, rapido, 7 allegro
-schwingend:
7 tremolo, vibrato
-sehr leise:
10 pianissimo
-stark:
5 forte
-stürmisch:
7 furioso
-traurig:
5 mesto
-viel sehr:
5 molto, tanto
-weniger:
4 meno
-Wiederholung:
6 da capo
-wild:
7 furioso
-zärtlich:
7 amoroso
-zurückhaltend:
8 ritenuto
-Zwischenspiel:
5 Piece
musikalische:
-Ehrung:
5 Tusch
-Einleitung:
8 Vorspiel
-Einzeldarbietung:
4 Solo
-Meisterschaft:
12 Virtuositaet
-Taktbezeichnung:
8 Rhythmus
-Verzierung:
7 Triller
-Vortragsbezeichnung:
5 Segno
musikalischer:
-Ausdruck:
5 largo, 6 a tempo, adagio, atempo, 7 andante
-Intervall:
4 None, Prim, Sext, Terz, 5 Prime, Quart, Quint, Sexte, 6 Dezime, Oktave, Quarte, Quinte, 7 Sekunde, Septime
-Trompetenstoß:
5 Tusch
musikalisches:
-Bühnenwerk:
4 Oper, 5 Revue, 7 Musical, 8 Operette, 9 Singspiel
-Thema:
5 Motiv
-Übungsstück:
6 Etuede
-Vorspiel:
7 Prelude, 10 Ouvertuere, Praeludium, 12 Introduktion
Musikaufführung:
4 Oper
Musikaufführungshalle:
5 Odeon, Odeum, 7 Orpheum
Musikautomat:
7 Jukebox, 8 Musikbox
Musikdarbietung/-stück:
4 Arie, Lied, Oper, Satz, Tanz, Trio, 5 Credo, Duett, Hymne, Kanon, Kyrie, Missa, Rondo, 6 Choral, Etuede, Gesang, Marsch, Pavane, Reigen, Sonate, Tedeum, 7 Ballett, Kantate, Konzert, Musical, Passion, Prelude, Requiem, Romanze, 8 Berceuse, Chaconne, Fantasie*, Kavatine, Laendler, Madrigal, Nokturno, Notturno, Operette, Serenade, Sinfonie, Sonatine, 9 Capriccio, Humoreske, Kantabile, Kantilene, Larghetto, Oratorium, Pastorale, Phantasie, Polonaese*, Polonaise, Potpourri, Quadrille, Rezitativ, Rhapsodie, Sarabande, Symphonie, Variation, 10 Intermezzo, Ouvertuere, Paraphrase, Praeludium, 11 Kammermusik, Komposition, Passacaglia, 12 Divertimento
Musikensemble:
4 Band, Chor, 5 Combo, 7 Kapelle, 8 Musikzug, 9 Orchester, 10 Sinfoniker, 11 Blaskapelle, Kirchenchor, Symphoniker, 14 Philharmoniker
Musiker:
6 Geiger, 7 Blaeser, Cellist, Hornist, Pfeifer, Pianist, 8 Floetist, Trommler, 9 Streicher, Trompeter, 11 Holzblaeser, 12 Blechblaeser, Schlagzeuger
Musikgerät:
11 Orchestrion
Musikinstrument:
4 Bass, Drum, Horn, Lyra, Oboe, Tuba, 5 Banjo, Cello, Fidel, Geige, Harfe, Leier, Orgel, Pauke, Piano, Regal, 6 Becken, Cornet, Cymbal, Fagott, Fiedel, Floete, Glocke, Pfeife, Piston, Tamtam, Zinken, Zither, 7 Alphorn, Bandura, Bassett, Bombard, Cembalo, Clairon, Fluegel, Gitarre, Helikon, Klampfe, Klapper, Klavier, Kornett, Mandola, Okarina, Pikkolo, Posaune, Psalter, Saxofon*, Spinett, Trommel, Violine, Xylofon*, 8 Bratsche, Jagdhorn, Saxophon, Schalmei, Tamburin, Triangel, Trompete, Vibrafon*, Waldhorn, Xylophon, 9 Akkordeon, Balalaika, Bombardon, Dudelsack, Hackbrett, Harmonika, Harmonium, Kniegeige, Mandoline, Oktachord, Sousaphon, Vibraphon, 10 Bombardino, Flageolett, Klarinette, Kontrabass, Querfloete, Querpfeife, Schlagzeug, 11 Blockfloete, Fluegelhorn, Kesselpauke, Leierkasten, Orchestrion, Violoncello, 12 Glockenspiel, Hammondorgel, Schellenbaum, 13 Mundharmonika, Pikkolofloete, Ziehharmonika, 15 Schifferklavier
Musikkapelle:
4 Band, 5 Combo, 9 Orchester, 10 Musikkorps, 12 Philharmonie, 13 Spielmannszug
Musiknote:
2 as, be, es, 3 ais, bis, ces, des, dis, eis, fes, fis, ges, gis
Musikpinte:
12 Tingeltangel
Musikschule:
14 Konservatorium
Musiküberarbeitung:
11 Arrangement
Musikveranstaltung:
7 Konzert
Musikzeichen:
4 Note, 14 Bassschluessel, 16 Violinschluessel
Muskelantreiber:
4 Herz
Muskatblüte:
5 Mazis

Muskelerschlaffung:
6 Atonie
Muskelfaser:
5 Fiber, Sehne
Muskelkraft:
7 Staerke
Muskelreißen:
6 Rheuma, 12 Rheumatismus
Muskelschmerz:
6 Krampf
Muskelschwund:
8 Atrophie
Muskelsystem:
10 Muskulatur
Muskelverkrampfung:
7 Tetanie, 10 Katalepsie
Muskelwissenschaft:
8 Myologie
Muskelzittern:
6 Tremor
Muskelzucken:
3 Tic
muskulös:
8 kraeftig, 10 athletisch,
14 durchtrainiert
Muslim:
6 Moslem, 8 Muselman,
12 Mohammedaner
Muße:
4 Ruhe, 5 Otium, 6 Ferien,
Urlaub, 8 Freizeit, 9 Nichtstun
müßig:
6 traege, 13 ueberfluessig
Müßiggänger:
7 Bummler, Flaneur, Gammler,
8 Faulpelz, Tagedieb,
9 Bummelant, Faulenzer,
10 Nichtstuer, Schlaraffe
mustergültig:
8 normativ, 10 vollkommen,
11 meisterhaft, vorbildlich,
12 exemplarisch
Musterhersteller:
8 Designer, 11 Dessinateur
Musterstickerei:
11 Applikation
Musterung:
8 Maserung
Mustervorlage:
4 Form, Plan, 5 Dekor, Ideal,
Model, 6 Fasson, Modell,
Schema, 7 Aufriss, Entwurf,
Vorbild, Vorlage, 8 Beispiel,
Exemplar, Formular, Prototyp,
9 Schablone
Mut:
4 Mumm, 6 Bravur*, 7 Bravour,
Courage, Schneid, Wagemut,
9 Kuehnheit, 10 Tapferkeit,
15 Furchtlosigkeit
mutig:
5 kuehn, 6 tapfer, 9 bravuroes*,
schneidig, 10 bravouroes,
couragiert
mutlos:
7 verzagt, 10 resigniert,
12 decouragiert
mutmaßen:
8 annehmen, vermuten
mutmaßlich:
10 praesumtiv
Mutter:
-der Antigone:
7 Iokaste, Jokaste
-der Artemis:
4 Leto
-der Aurora:
5 Theia
-der Demeter:
4 Rhea
-der Diana:
6 Latona
-der Dioskuren:
4 Leda
-der Elektra:
13 Klytaemnestra
-der Eos:
5 Theia
-der Freia:
5 Skadi
-der Hebe:
4 Hera
-der Helena:
4 Leda
-der Hera:
5 Rheia
-der Hermione:
6 Helena
-der Iphigenie:
13 Klytaemnestra
-der Ismene:
7 Iokaste, Jokaste
-der Juno:
4 Rhea
-der Kassandra:
6 Hekabe, Hekuba
-der Kriemhild:
3 Ute
-der Lavinia:
5 Amata
-der Leto:
6 Phoibe
-der Maria:
4 Anna
-der Musen:
9 Mnemosyne
-der Nausikaa:
5 Arete
-der Nibelungen:
3 Ute
-der Salome:
8 Herodias
-des Abel:
3 Eva
-des Achill:
6 Thetis
-des Amor:
5 Venus
-des Ares:
4 Hera, Here
-des Buddha:
4 Maja
-des Caligula:
9 Agrippina
-des Castor:
4 Leda
-des Cupido:
5 Venus
-des Daniel:
7 Abigail
-des Dionysos:
6 Semele
-des Eros:
9 Aphrodite
-des Esau:
7 Rebekka
-des Gunther:
3 Ute
-des Hektor:
6 Hekabe, Hekuba
-des Herakles:
7 Alkmene
-des Hermes:
4 Maia, Maja
-des Ismael:
5 Hagar
-des Jakob:
7 Rebekka
-des Joseph:
5 Rahel, 6 Rachel
-des Jupiter:
4 Rhea
-des Kain:
3 Eva
-des Kastor:
4 Leda
-des Kronos:
4 Gaea
-des Neptun:
4 Rhea, 5 Rheia
-des Nero:
9 Agrippina
-des Ödipus:
7 Iokaste

-des Odysseus:
8 Antiklea
-des Paris:
6 Hekabe, Hekuba
-des Pegasus:
6 Medusa
-des Perseus:
5 Danae
-des Pollux:
4 Leda
-des Poseidon:
4 Rhea, 5 Rheia
-des Salomo:
8 Bathseba
-des Samuel:
5 Hanna
-des Seth:
3 Eva
-des Siegfried:
9 Sieglinde
-des Somnus:
3 Nox
-des Telemach:
8 Penelope
-des Thor:
6 Frigga
-des Tiberius:
5 Livia
-des Triton:
10 Amphitrite
-des Tyr:
6 Frigga
-Goethes:
3 Aja
-Jesu:
5 Maria
-von Hänsel und Gretel:
7 Gertrud
Mutteranrecht:
11 Matriarchat
Muttermörder bei den alten Griechen:
7 Orestes
Mutterschwein:
3 Sau
Muttersohn:
5 Memme, 8 Feigling, 9 Angsthase
Mutterwitz:
5 Humor, 8 Schlaeue
Mutwilligkeit:
8 Uebermut, 9 Frechheit, 10 Leichtsinn
Mützenabzeichen:
7 Kokarde
Myrtengewächs:
10 Eukalyptus
mysteriös:
6 obskur, unklar, 7 seltsam, 11 raetselhaft, 13 geheimnisvoll
Mystifikation:
10 Taeuschung, 11 Verdunklung, 13 Vorspiegelung
mythisches Drachentier:
8 Lindwurm, 9 Leviathan, Leviathan
mystische Untersagung:
4 Tabu
Mythos:
7 Legende, 10 Heldensage

Nabelschwein:
6 Pekari
Nabenbohrgerät:
5 Naber
nach:
-oben:
5 empor
-unten:
5 hinab
nachahmen:
8 kopieren
Nachahmer:
7 Epigone, 8 Imitator,
9 Plagiator
Nachahmung/Nachbildung:
5 Kopie, Repro, 6 Mimese,
Modell, 7 Parodie, Plagiat,
8 Klischee, 9 Faksimile,
Imitation, 10 Faelschung,
Falsifikat, Wiedergabe,
12 Reproduktion
-der Erdkugel:
6 Globus
-einer Handschrift:
9 Faksimile
-eines Edelsteins:
6 Simili
-eines Kunstwerkes:
5 Kopie
Nachbarschaft:
5 Naehe, 8 Umgebung
Nachbesserung:
8 Retusche
nachdenken:
6 sinnen, 9 sinnieren,
10 ueberlegen, 12 reflektieren
Nachdichtung im Scherz:
7 Parodie
Nachdruck/-erzeugnis:
7 Gewicht, Reprint, 8 Betonung,
11 Intensitaet, 12 Reproduktion
nachdrücklich:
10 emphatisch, ostentativ,
11 kategorisch, 12 eindringlich
Nachen:
4 Boot, Kahn, 6 Schiff
Nachfolger:
4 Erbe, 7 Epigone, Juenger,
8 Schueler, 9 Anhaenger
Nachfolgeregelung:
10 Sukzession
Nachforschung:
7 Enquete, 8 Fahndung,
9 Erkundung, Recherche,
10 Ermittlung
Nachfrage:
8 Kauflust, 9 Interesse,
10 Beduerfnis
nachgeben:
7 weichen
Nachgericht:
7 Dessert
nachgeboren:
6 postum, 7 posthum
Nachgebührbetrag:
10 Strafporto
nachgemachtes Leder:
5 Nubuk
nachgiebig:
5 weich, 7 formbar
Nachhall/-klang:
4 Echo, 8 Resonanz
nachher:
9 hinterher
Nachhilfelehrer:
9 Repetitor
Nachholbedarf:
6 Mangel
nachjagen:
9 verfolgen
Nachkomme:
4 Erbe, Kind, Sohn, 5 Enkel,
7 Enkelin, Tochter, 9 Enkelkind,
10 Kindeskind, 11 Sproessling,
Stammhalter
-des Ham:
5 Hamit
-des Moses:
3 Eli
-des Sem:
5 Semit
Nachkömmling:
9 Spaetling, 12 Nesthaekchen
Nachlaßberechtigter:
4 Erbe
Nachlaßberechtigte:
5 Erbin
Nachlaßform:
4 Erbe, 6 Rabatt, Skonto,
7 Diskont, 8 Erbmasse,
Kuerzung, 9 Erbschaft,
Reduktion, 12 Ermaessigung
Nachlaßteil:
5 Legat
nachlässig:
5 leger, 6 salopp, 9 schlampig,
schludrig, 10 nonchalant,
schluderig
nachlaufen:
9 verfolgen
nachmachen:
10 karikieren, parodieren
Nachmittagsessen:
5 Jause, 6 Vesper,
11 Fuenfuhrtee
nachprüfen:
10 revidieren
Nachprüfer:
7 Revisor
Nachrangigkeit:
14 Posterioritaet
Nachrede:
6 Epilog, 7 Affront, Tratsch,
8 Gemunkel, Munkelei,
10 Laesterung, 11 Verleumdung
Nachricht:
4 Avis, News, 5 Kunde,
7 Meldung, 8 Bescheid,
9 Botschaft, Schreiben,
11 Information
Nachrichtenagentur:
2 AP, 3 ADN, DPA, UPI
Nachrichtenbringer:
4 Bote
Nachrichtengerät:
5 Radio, 6 Presse, 7 Telefon,
Zeitung, 8 Rundfunk, Telegraf*,
9 Fernsehen, Telegraph,
12 Fernsprecher,
13 Fernschreiber
Nachrichtenmagazin:
11 Zeitschrift
Nachrichtensoldat:
6 Funker
Nachrichtensprecher:
7 Ansager
nachrücken:
13 aufschliessen
Nachruf:
6 Epilog, 8 Grabrede, Nekrolog,
10 Wuerdigung
Nachsatz:
12 Postskriptum
Nachschlaghandbuch:
7 Lexikon, 8 Handbuch,
10 Kompendium,
11 Woerterbuch,
13 Enzyklopaedie
Nachschlüssel:
8 Dietrich, 12 Passepartout
Nachschrift:
2 PS, 10 Postskript,
12 Postskriptum
Nachschubregion:
6 Etappe
Nachschubwesen:
8 Logistik, 10 Versorgung
nachsehen:
10 revidieren
nachsichtig:
4 mild, 6 guetig, 7 duldsam,
gnaedig, 8 geduldig, tolerant,

10 glimpflich, langmuetig, weitherzig
Nachsichtigkeit:
6 Geduld, 7 Langmut, 8 Schonung, 9 Indulgenz
Nachsilbe:
6 Suffix
nachsinnen:
10 meditieren
Nachsommerzeit:
15 Altweibersommer
Nachspeise:
3 Eis, 4 Obst, 7 Dessert, Pudding, 8 Eiscreme, Fruechte
Nachspiel:
5 Folge, 6 Epilog
Nächstenliebe:
7 Karitas, 10 Altruismus, Humanitaet, 14 Barmherzigkeit, Mildtaetigkeit
Nachströmung:
3 Sog
Nachtbaumschlange:
5 Boiga
Nachteil:
5 Manko, Minus, 6 Mangel, 7 Verlust, 8 Einbusse
Nachtfalter:
4 Eule, 5 Nonne, 6 Glucke, 12 Kupferglucke, 14 Fichtenspinner, Schwammspinner
Nachtgespenst:
4 Mahr, 5 Drude, 7 Inkubus, 9 Nachtmahr
Nachtgottesdienst:
5 Mette
Nachtgöttin:
3 Nyx, 6 Hekate
nächtigen:
8 logieren
Nachtkleidung:
6 Pyjama, 9 Nachthemd, 11 Schlafanzug
Nachtlokal:
3 Bar, 7 Tanzbar, 9 Discothek, Diskothek, Nightclub, Nightklub*
Nachtmusik:
8 Nocturne, Notturno, Serenade
Nachtragsgesetz:
7 Novelle
Nachtsäugetier:
10 Fledermaus
Nachtschattenpflanze:
5 Tabak, 6 Tomate, 7 Paprika, 9 Aubergine, Kartoffel, 11 Bilsenkraut, Eierpflanze, Tollkirsche
Nachtvogel:
3 Uhu, 4 Eule, Kauz, 10 Nachtigall
Nachweis:
5 Beleg, 6 Attest, Quelle, 7 Urkunde, 8 Dokument, 13 Bescheinigung
Nachwort:
6 Epilog
Nachzahlungsbetrag:
9 Abfindung
Nackenpartie:
6 Genick
nackt:
5 bloss, 10 huellenlos
Nacktdarstellung:
3 Akt
Nacktheit:
8 Nuditaet
Nacktkulturform:
3 FKK, 8 Nudismus, 17 Freikoerperkultur
Nadelbaum/-holz:
4 Arbe, Eibe, 5 Pinie, Tanne, Tsuga, Zeder, Zirbe, 6 Fichte, Foehre, Kiefer, 7 Laerche, Sequoie, 8 Konifere, Zypresse, 9 Blautanne, Douglasie, Edeltanne, Legfoehre, Wacholder, 10 Lebensbaum, Mammutbaum, 12 Zirbelkiefer, 13 Douglasfichte
Nadelmacher:
6 Nadler
Nadelrips:
7 Epingle
Nadelwald:
4 Tann
Nagel:
5 Stift, 6 Zwecke, 11 Metallstift, Reisszwecke
Nagelpflege:
9 Manikuere, Pedikuere
nagende Trauer:
4 Gram
Nagetier/-art:
4 Hase, Maus, Paka, 5 Aguti, Biber, Otter, Ratte, 6 Ziesel, 7 Erdmaus, Hamster, 8 Eichhorn, Feldmaus, Goldhase, Waldmaus, 9 Eichkatze, Hausratte, Kaninchen, Karnickel, 10 Bisamratte, Chinchilla, Murmeltier, Pampashase, Springmaus, 11 Goldhamster, Praeriehund, Wanderratte, Wasserratte, 12 Erdhoernchen, 13 Eichhoernchen, Eichkaetzchen, 14 Stachelschwein, 15 Meerschweinchen
nahe:
3 eng, 5 dicht
naher Angehöriger:
4 Sohn, 5 Vater, 6 Bruder
Näherin:
8 Grisette
Nähfaden:
4 Garn, 5 Zwirn
Nähgarn:
5 Zwirn
Nähgerät:
5 Nadel
Nählinie:
4 Naht
Nahostregion:
6 Orient, 7 Levante
Nährboden:
8 Substrat
Nährbodengelatine:
8 Agar-Agar
Nährmittel:
4 Fett, 7 Eiweiss, Vitamin, 11 Mineralsalz, 12 Kohlenhydrat
Nährmutter:
4 Amme
Nahrung:
5 Essen, 6 Futter, 7 Fressen, 8 Proviant, 9 Naturalie, 12 Lebensmittel
Nahrungsmittel/Nährmittel:
2 Ei, 4 Brot, Korn, Mais, Mehl, Obst, Reis, Sago, 5 Fisch, Honig, Kaese, Milch, Speck, Wurst, 6 Butter, Graupe, Nudeln, Roggen, Weizen, Zucker, 7 Fleisch, Gebaeck, Gemuese, Schmalz, 8 Backware, Schinken, 9 Gefluegel, Kartoffel, Margarine, Marmelade, Suessware, 10 Schokolade, 12 Haferflocken
Nährwertmenge:
5 Joule, 7 Kalorie, 11 Kilokalorie
Nahtbesatz:
6 Paspel
Nähwerkzeug/-material:
5 Faden, Nadel, Wolle, Zwirn, 6 Schere, 9 Fingerhut, Naehseide, 10 Stecknadel
naiv:
4 dumm, 5 offen, 6 arglos,

8 kindisch
Name:
-aus der deutschen Fabel:
5 Nobel, 6 Adebar, 7 Isegrim, Reineke, 8 Grimbart
-britischer Flüsse:
4 Avon
-der ersten Mondfähre:
5 Eagle
-der letzten vier Wochen vor Weihnachten:
6 Advent
-der Muttergottes:
5 Maria, 7 Madonna
-der Pariser Untergrundbahn:
5 Metro
-des alten Babylonien:
5 Sumer
-des Bären:
4 Petz, 5 Teddy
-des Dachses:
8 Grimbart
-des Fuchses:
7 Reineke
-des Gebietes zwischen Euphrat und Tigris:
12 Mesopotamien
-des Hasen:
5 Lampe
-des Löwen:
3 Leu, 5 Nobel
-des Wolfes:
7 Isegrim
-für Astarte:
5 Istar, 7 Ischtar
-für Attila:
5 Etzel
-für das Kaiserreich Japan:
6 Nippon
-für den Igel:
5 Mecki
-für Donar:
4 Thor
-für Griechenland:
6 Hellas
-für Irland:
4 Eire
-für Jerusalem:
4 Zion
-für Kreta:
6 Kandia
-für Libyen:
5 Barka
-für Noah:
3 Noe
-für Persien:
4 Iran
-für Tokio:
3 Edo
-für Troja:
5 Ilion
-für Zigeuner:
4 Roma, 5 Sinti
-Gottes im Alten Testament:
6 Elohim, 7 Jehovah
-Gottes im Islam:
5 Allah
-von Heiligen:
8 Ignatius
Namenswissenschaft:
12 Onomatologie
namenlos:
6 anonym
Namensunterschlagung:
9 inkognito
Namenszug/-zeichen:
6 Signum, 7 Paraphe, 8 Initiale, Signatur, 9 Autogramm, Monogramm, 12 Unterschrift
namhaft:
8 beruehmt, illuster, populaer, 9 angesehen, bedeutend, 10 renommiert
Nansens Expeditionsschiff:
4 Fram
napfförmiger Gegenstand:
5 Satte, 9 Schuessel
Napfkuchen:
9 Gugelhupf
Narbe:
7 Schmiss, 8 Schmarre
Narkose:
10 Betaeubung, 11 Anaesthesie
Narkosemittel/Narkotikum:
6 Aether, Kokain, Kurare, 7 Lachgas, 8 Aethylen, 10 Chloroform
Narr:
4 Jeck, 5 Clown, 6 Kasper, 7 Bajazzo, 8 Harlekin, 9 Hanswurst
Narretei:
3 Jux, 5 Posse, Unfug, 12 Mummenschanz
närrisch:
4 jeck, 6 albern, lustig, 9 vergnuegt
Narzissenpflanze:
5 Agave, 6 Clivia, Klivie
Naschwerk:
5 Nugat*, 6 Nougat, 8 Leckerei, Pralinen
näselnd:
5 nasal
Nasenheilkunde:
10 Rhinologie
Nasenkrankheit:
6 Ozaena
Nasenlaut:
5 nasal
Nasenwucherungen:
7 Polypen
naseweis:
5 frech, 7 altklug, vorlaut, 9 vorwitzig
Nashorn:
10 Rhinozeros
naß:
5 humid
Nassauer:
9 Schnorrer
Nation:
4 Volk
Nationalfahne Frankreichs:
9 Trikolore
Nationalgetränk:
-der Deutschen:
4 Bier
-der Franzosen:
4 Wein
-der Holländer:
7 Genever
-der Mexikaner:
6 Pulque
-der Russen:
5 Wodka
-der Schotten:
6 Whisky
Nationalheld:
-Albaniens:
10 Skanderbeg
-der Schweiz:
4 Tell, 11 Wilhelm Tell
-Italiens:
9 Garibaldi
Nationalheldin:
-der Franzosen:
11 Jeanne d'Arc, 18 Jungfrau von Orleans
-der Tschechen:
7 Libussa
Nationalhymne der BRD:
15 Deutschlandlied
nationalistisch:
14 chauvinistisch
Nationalspiel der Basken:
6 Pelota, 9 Chiestera
Nationalzeichen:
6 Emblem, Flagge, 9 Trikolore
nativ:
9 angeboren, 12 naturbedingt

Natriumprodukt:
4 Soda, 6 Natron, 8 Kochsalz, 10 Aetznatron, 11 Glaubersalz
Natur:
4 Mist, 5 Guano, Trieb, Wesen, 6 Anlage, Jauche, 8 Instinkt, 9 Charakter, Wesenszug, 11 Temperament
Naturalentlohnung:
7 Deputat
Naturereignis/-scheinung:
3 Eis, Tau, 4 Reif, Wind, 5 Blitz, Brise, Foehn, Frost, Hagel, Hitze, Nebel, Orkan, Regen, Sturm, Wolke, 6 Donner, Lawine, Monsun, Passat, Schnee, Taifun, Zyklon, 7 Raureif*, Schauer, 8 Abendrot, Erdbeben, Gewitter, Hurrikan, Irrlicht, Rauhreif, Seebeben, Unwetter, Windhose, 9 Elmsfeuer, Nordlicht, Sturmflut, 10 Kugelblitz, Polarlicht, Regenbogen, 11 Wirbelsturm, Wolkenbruch, 13 Sternschnuppe, 14 Meeresleuchten, Mondfinsternis, Vulkanausbruch, 16 Sonnenfinsternis
Naturerzeugnisse:
10 Naturalien
naturfarben:
5 beige
Naturgeist:
3 Elf, 4 Elfe
naturgemäß:
6 genuin
Naturgummi:
9 Kautschuk
Naturheilkunde:
10 Physiatrie
Naturheilkundler:
6 Kneipp
Naturkraft:
2 Od, 11 Magnetismus
natürlich:
4 echt, naiv, 7 erdhaft, 8 naturell, schlicht
natürliche:
-Begabung:
6 Talent
natürlicher:
-Brennstoff:
5 Kohle
-Dünger:
4 Dung, Mist
-Goldklumpen:
6 Nugget
-Kopfschmuck:
4 Haar
-Schutz der Augen:
3 Lid, 5 Braue
-Zaun:
3 Hag, 5 Hecke
Naturmusikgerät:
7 Fanfare
Naturpark:
-in Afrika:
8 Kalahari, 9 Serengeti, 11 Kruegerpark
-in den USA:
4 Zion, 7 Sequoia, 8 Yosemite, 11 Yellowstone
-in der Schweiz:
7 Engadin
-in Norddeutschland:
16 Lueneburger Heide
-in Schwaben:
8 Federsee
-in Schweden:
6 Abisko
-in Tansania:
9 Serengeti
Natursteinblock:
6 Quader
Naturtheaterplatz:
15 Freilichtbuehne
Naturtrieb:
8 Instinkt
Naturunglück:
5 Orkan, 6 Lawine, Taifun, 7 Tornado, 8 Erdbeben, Hurrikan, Sintflut, 9 Erdrutsch, 10 Hochwasser, 14 Vulkanausbruch, 15 Ueberschwemmung
Naturvölker:
9 Primitive
Naturwissenschaft:
5 Optik, 6 Chemie, Physik, Statik, 7 Akustik, Botanik, Dynamik, Genetik, Kalorik, Kinetik, Medizin, 8 Biologie, Geologie, Mechanik, Zoologie, 9 Biochemie, Biophysik, Geophysik, Kinematik, 10 Astronomie, Atomphysik, Kernphysik, Mathematik, 11 Mineralogie, 12 Klimatologie, Meteorologie
Naturwissenschaftler:
7 Biologe, Geologe, Zoologe, 8 Astronom, Chemiker, Physiker, 9 Botaniker, Genetiker, 10 Mineraloge, 11 Biochemiker, Biophysiker, Klimatologe, Meteorologe
Naumburger Domgestalt:
3 Uta
Nautik:
16 Schiffahrtskunde, 17 Schifffahrtskunde*
Nautiker:
5 Lotse, 8 Kapitaen, 9 Navigator, 10 Steuermann
Navigationsvorgang:
6 Ortung
neapolitanischer Tanz:
10 Tarantella
Nebel:
5 Dampf, Dunst, 6 Brodem, Wrasen
Nebelalarmgerät:
7 Foghorn
nebelhaft:
6 unklar
nebelig:
6 diesig
Nebelmonat:
8 November
Nebenabsicht:
13 Hintergedanke
Nebenart:
8 Variante, 9 Variation
nebenbei:
5 extra
Nebenbuhler:
6 Rivale, 10 Konkurrent, 12 Gegenspieler
Nebeneinanderstellung:
9 Vergleich
nebeneinanderverlaufend:
8 parallel
Nebeneinwohner:
7 Nachbar
Nebenfluß:
-der Aare:
2 Aa, 3 Sur, 4 Emme, Orbe, Suhr, 5 Reuss, Saane, Simme, 6 Kander, Limmat, Wigger
-der Ahr:
5 Wirft, 6 Adenau
-der Aller:
3 Aue, Ise, 4 Fuse, Ihma, Ilme, Ilse, Oker, 5 Ecker, Fusse, Leine, Wiehe, 6 Boehme, Lachte, Lehrde, Oertze, Wietze
-der Amper:
5 Wuerm
-der Donau:
2 Ob, Oh, 3 Ach, Alt, Ilm, Ilz, Inn, Ipf, Lom, Nar, Nau, Ohe, Olt, Pek, Sau, Sed, Sil, Vid, Vit,

4 Aach, Aist, Asma, Bera, Drau, Egan, Egau, Elta, Enns, Erfa, Gran, Isar, Lanz, Lech, Lone, Naab, Oltu, Osem, Osma, Paar, Riss, Rodl, Save, Skit, Vils, Waag, Wied, 5 Abens, Aluta, Arzer, Biber, Bider, Brenz, Drann, Drave, Eipel, Erlau, Iller, Isker, Kapos, Krems, March, Muehl, Pruth, Rakos, Ranna, Regen, Serul, Shill, Temes, Timok, Traun, Ussel, Zamma, Zusam, 6 Ablach, Aistba, Bakony, Gaissa, Jalpug, Jantra, Lauter, Mindel, Morava, Morawa, Neutra, Rottum, Sartiz, Sereth, Trasen, 7 Agostul, Argesul, Arschis, Bielach, Cibrica, Kamlach, Koeroes, Ostrach, Sarming, Wolfach, 8 Altmuehl, Aschbach, Sereskul, Woernitz

-der Drau:
3 Mis, Mur, 4 Ache, Dran, Gail, Glan, Gurk, Isel, Miss, Okor, Rina, Sill, 5 Miess, Moell, 6 Bednya, Genest, Lavant, Lieser, 7 Bisztra, Vellach, 8 Plicicza, 9 Poessnitz, 11 Weissenbach

-der Drina:
3 Lim, 4 Piva, Tara, 5 Draca, Jadar, Praca

-der Dwina:
3 Wym, 4 Meha, Obol, Waga, 5 Jemza, Witba, Wyler, 6 Pinega, 8 Wyschora, 10 Wytschegda

-der Elbe:
3 Aue, Upa, 4 Aupa, Eger, Elde, Este, Iser, Ohra, Oste, Sude, 5 Aland, Biela, Bille, Havel, Luehe, Medem, Nuthe, Saale, Stoer, Uchte, 6 Alster, Elster, Erlitz, Loucna, Moldau, Orlice, Polenz, 7 Cidlina, Ilmenau, Tetrowa, 8 Pantsche, Rossbach, Schwinge, 10 Weisseritz, 11 Weisswasser

-der Ems:
3 Ahe, 4 Hase, Leda

-der Enz:
5 Eyach, Glems, 6 Metter, Nagold

-der Etsch:
3 Nos, 4 Noce, 5 Alpon, Fibia, Solda, Tasso, 6 Eisack, Fratta, 7 Valsura

-der Fulda:
3 Ufe, 4 Ahne, Eder, Haun, Solz, 5 Beise, Losse, 6 Nieste, Schmer

-der Garonne:
3 Lot, Lys, 4 Gers, Noue, 5 Baise, Ciron, Dropt, 6 Seoune, Touche, 8 Dordogne

-der Havel:
4 Rhin, 5 Doeln, Nuthe, Plane, Spree, 6 Briese, Polzow, 7 Stremme, Wublitz

-der Isar:
3 Rot, 4 Riss, 5 Ammer, Amper, 6 Jachen, Mosach, 7 Ellbach, Loisach, Moosach, Rottach, 8 Mossbach, 9 Muehlbach, Pfettrach, Steinbach, 10 Hirschbach, Zellerbach

-der Lahn:
3 Aar, Ems, Ohm, 4 Dill, Weil

-der Lena:
3 Sin, 4 Anga, Beri, 5 Witim, 6 Wiljuj

-der Loire:
4 Ance, Aron, Cher, 5 Arzon, Bebre, Borne, Erdre, Indre, Maine, Sevre, 6 Allier, Nievre, Vienne, 7 Mayenne

-der Maas:
3 Bar, Kil, 4 Amer, Chee, Geul, Jaar, Neer, Roer, 5 Anden, Domel, Lesse, Niers, Vaise, Vence, 6 Barnob, Chiers, Houile, Hoyoux, 7 Wiseppe

-der Moldau:
5 Sazau, 6 Beraun, Sazawa, 7 Maltsch, Wottawa

-der Mosel:
3 Alf, Bey, Elz, 4 Cone, Eltz, Orne, Saar, 5 Brohl, Luetz, Ruwer, Sauer, Seile, 6 Lieser, Seille, 7 Meurthe, Vologne

-der Nahe:
4 Glan, Idar, 6 Simmer

-der Oder:
3 Aal, 4 Ihne, Lohe, Obra, Olsa, Oppa, Rega, 5 Bober, Finow, Lupow, Ochel, Peene, Swine, Zinna, 6 Birsau, Neisse, Ploene, Stolpe, Warthe, 7 Bartsch, Pleiske, Proskau, 8 Birnitza, Katzbach, Klodnitz, Malapane, Persante, Stradune, 9 Weistritz

-der Oise:
3 Cam, Don, Nar, Ure, 4 Lark, Yore, 5 Aisne, Gland, Ouzel, Trent, Verse, 6 Avelon, Breche, Calder, Viasne, 7 Ailette, Brandon, Derwent, Noirien, Nonette, Therain, 8 Authonne

-der Oka:
3 Pra, Upa, 4 Guss, 6 Moskwa

-der Oker:
4 Gose, Ilse, 5 Radau

-der Regnitz:
5 Aisch, 7 Wiesent

-der Rhone:
3 Ain, 4 Arve, Dalo, Fier, Flon, Gere, Gier, Glan, 5 Berre, Binna, Dalla, Dolon, Doubs, Drome, Garon, Isere, Morge, Saone, Vinxt, 6 Aygues, Bancel, Borgne, Erieux, Eygues, Gardon, 7 Allaine, Bourbre, Durance, Galaure, Roubion, Salance

-der Ruhr:
3 Neb, 4 Else, 5 Lenne, Roehr, Sorpe, Valme, Wenne, 6 Moehne

-der Saale:
3 Ilm, 4 Bode, Roda, 5 Fuhne, Lauer, Luppe, Rinne, Salza, 6 Barget, Elster, Geisel, Lamitz, Laucha, Leutra, Ziethe, 7 Gleisse, Loquitz, Regnitz, Selbitz, Sorbitz, Unstrut, 8 Schwarza

-der Saar:
4 Bist

-der Salzach:
3 Arl

-der Save:
3 Una, 5 Bosna, Bosne, Drina, Vrbas

-der Seine:
4 Aube, Eure, Oise, 5 Aisne, Loing, Marne, Nauxe, Ource, Sarce, 6 Brevon, 7 Aubette, Laignes

-der Sieg:
5 Agger, 6 Nister

-der Spree:
5 Dahme, Panke, Wuhle

-der Themse:
3 Lea, 4 Cole, Cray, 5 Brent

-der Warthe:
3 Lis, Oxa, 5 Lenza, Netze, 6 Glowna, Grabia, Prosna, Samica, 7 Lutinja, 8 Sadkowka 3 Bug, Leg, San, 4 Laka

-der Weichsel:
4 Nida, Ossa, Raba, Sola, 5 Brahe, Brake, Ferse, Grime, Ilash, Liebe, Nidda, 6 Bosura,

Czarna, Pilica,
Wieprz,
7 Drewenz,
Dunajec,
Radomka,
Wisloka,
8 Kamienna,
Liplanka,
Przemsza
-der Werra:
3 Dam, 4 Elte, 7 Hoersel
-der Weser:
3 Aue, Ils, 4 Alen, Esse, Lune,
5 Aller, Baune, Bever, Exter,
Fulda, Hunte, Lenne, Lesum,
Ochte, Werra, Werre, 6 Diemel,
Geeste, Niemen
-der Wolga:
3 Oka, 4 Ilet, Kama, Neja, Pura,
Sura, 5 Ainga, Dubna, Jelan,
Kudma, Rudka, Tmaka, 6 Alatyr,
Besdna, Mologa, Samara, Sestra,
Twerza, Unscha, 7 Karaman,
Kotoros, Swijaga, Wetluga,
8 Kostroma, Scheksna
-des Amazonas:
4 Jary, Paru, 5 Jurua, Purus,
Teffe, Xingu, 6 Japura, Uatuma,
Yapura, 7 Jamunda, Madeira,
Tapajoz, Ucayali, 8 Putumayo,
Rio Negro, 9 Trombetas
-des Amur:
3 Gan, Tyr, Una, 4 Seja,
5 Amgun, 6 Bureja, Ussuri
-des Arno:
4 Elsa, Pesa, 5 Sieve, 6 Ombone,
Pescia
-des Bug:
3 Lug, 5 Ingul, Narew,
6 Bushok, Kodyma, 8 Sjnjucha
-des Colorado:
4 Gila
-des Dnjepr:
3 Ros, Soz, Wop, 4 Orel, Psel,
Ross, Sosh, Suba, Sura, Udai,
5 Desna, Irput, Psiol, Sosch,
6 Pripet, Samara, 7 Ingulez,
Pripjet, Tiasmin, Worskla,
8 Beresina, Konskaja, Trubesch,
9 Studoniza
-des Don:
3 Sal, 5 Donez, Hawia, Jelan,
Karai, Usman, 6 Bitjug, Mescha,
Tschir, 7 Bolanda, Ilowlja,
Kalitwa, Manesch, Tichaja,
8 Manytsch, 9 Karamysch,
Woronesch

-des Ebro:
3 Coa, Ega, Oca, Tua, 4 Arba,
Arya, Esla, Nela, 5 Adaja,
Duero, Grado, Paiwa, Sabor,
Segre, 6 Agueda, Aragon,
Arvigo, Orbigo, Riazza, Tamega,
Tormes, 7 Araduey, Arlanza,
Duraton, Guarena, Linares,
8 Arlanzon, Pisuerga, Rituerto,
9 Zapardiel
-des Ganges:
8 Dschamna
-des Inn:
4 Ache, Alpe, Rott, Sill,
5 Achen, Glonn, 6 Mattig, Ziller,
7 Salzach
-des Jenissei:
6 Abakan, Angara
-des Main:
3 Iff, Itz, 4 Aalb, Erfa, Kahl,
Kell, Lohr, Unke, Wern,
5 Mudau, Nidda, Rodau, Saale,
6 Kinzig, Rodach, Tauber,
Vokach, 7 Aschaff, Baunach,
Erdbach, Regnitz
-des Mississippi:
8 Arkansas, Illinois, Missouri,
9 Wisconsin
-des Missouri:
11 Yellowstone
-des Neckar:
3 Elz, Enz, 4 Aich, Fils, Murr,
Rems, 5 Ammer, Echaz, Glatt,
Jagst, Ulfen, 6 Echatz, Kocher,
Lauter, 7 Koersch, Starzel,
8 Leinbach, Steinach
-des Niger:
4 Bani, 5 Benue, 6 Sokoto
-des Ob:
3 Ass, Kot, Sob, Tom, 4 Agan,
Alei, Bija, Inja, 5 Jugan, Matyn,
Salym, Sinja, Susun, Tabla,
Wagai, 6 Kaslim, 7 Irtysch
-des Paraguay:
9 Pilcomayo
-des Parana:
7 Iguassu
-des Po:
3 Mae, 4 Adda, Arda, Nura,
Nure, Reno, Taco, Taro,
5 Banne, Grana, Lonoa, Oglio,
Parma, 6 Agogne, Bianco,
Brenta, Chiese, Lambro,
Lemina, Ongina, Panaro, Tessin,
Ticino, 7 Chisola, Chisone,
Metette, Rifiuto, Sangone,
Trebbia, 8 Crostola, Giandone,
Staffora

-des Rhein:
3 Ahr, Alb, Eck, Elz, Erg, Ren,
Sar, 4 Aare, Erft, Lahn, Maas,
Main, Nahe, Ruhr, Sayn, Selz,
Sieg, Sorn, Thur, Wied, 5 Acher,
Agger, Biber, Brohl, Issel, Itter,
Lippe, Modau, Moder, Mosel,
Nette, Nolla, Pfinz, Rench,
Sauer, Toess, Wehra, Wehre,
Wiese, 6 Aubach, Birsig,
Durach, Ergolz, Fechte, Kander,
Kinzig, Lauter, Neckar, Queich,
Wupper, Wutach, 7 Emscher
-des Sambesi:
6 Schire
-des Severn:
3 Wye, Yeo
-des Tiber:
3 Nar, 4 Anio, Nera, 5 Farfa,
Treja, Vezza, 6 Chiana,
7 Cateria, Cremera, Gateria,
Trebbia, 8 Teverone
-Unstrut:
5 Heime
Nebenfrau:
5 Kebse
Nebenfrau Abrahams:
5 Hagar
Nebengebäude:
5 Anbau, 10 Dependance
Nebengewässer des Atlantiks:
6 Ostsee, 7 Nordsee,
10 Mittelmeer
Nebenhandlung:
7 Episode, 13 Zwischenspiel
Nebenmann:
7 Nachbar
Nebenraum:
7 Alkoven, 8 Kabinett
Nebenraum der Kirche:
9 Sakristei
Nebensache:
8 Lappalie, 9 Bagatelle,
11 Kleinigkeit
nebensächlich:
8 peripher, 10 episodisch
Nebensächlichkeit:
19 Bedeutungslosigkeit
Nebenstelle:
7 Filiale, 11 Zweigstelle
Nebenstraße:
7 Landweg
Nebenverfügung:
7 Klausel
neblig:
5 trueb, 6 diesig, truebe,
7 dunstig, 9 verhangen

nebst:
4 samt
Necessaire:
12 Kulturbeutel
necken:
4 uzen, 6 foppen, reizen, 7 spotten, 8 frotzeln, haenseln, sticheln
neckischer:
-Geist:
6 Kobold, Schrat
-Mensch:
4 Narr, 6 Schalk
Neffe:
6 Nepote
Neffe Abrahams:
3 Lot
Negationsform:
10 Verneinung
negativ:
-geladenes Atom:
5 Anion
-geladenes Teilchen:
8 Elektron
negative:
-Auswirkung:
7 Schaden, 8 Nachteil
-Elektrode:
6 Katode*, 7 Kathode
negatives:
-Elementarteilchen:
8 Elektron
Negermusikinstrument:
7 Marimba
Negerort:
4 Kral
Negerrunddorf:
4 Kral
Negerstamm:
3 Ewe, For, Ibo, Kru, Tiv, Vai, 4 Luba, Madi, Nuba, Zulu, 5 Bantu, Bongo, Duala, Lunda, Musgu, 6 Baluba, Basuto, Batusi, Herero, Jaunde, Joruba, Kololo, Massai, Obongo, Ovambo, Owambo, Somali, Ubangi, Wahuma, 7 Amakosa, Kaffern, Suaheli, Watussi, 8 Aschanti, Pygmaeen, 12 Buschmaenner, Hottentotten
Neglige:
10 Morgenrock
Neidhammel:
6 Neider
neidisch:
6 scheel, 12 missguenstig, 13 eifersuechtig
neigen:
6 beugen, 9 tendieren, 11 inklinieren
Neigung:
4 Hang, Lust, 5 Drang, Gusto, Trieb, 6 Abhang, Faible, 7 Tendenz, 8 Schraege, Vorliebe, 9 Interesse, Schwaeche, Sympathie, 11 Inklination
Neinsager:
8 Negierer, Nihilist
Nekrolog:
7 Nachruf
Nekropole:
8 Friedhof
Nelkenpflanze:
5 Knaul, Miere
Nelkenpfeffer:
6 Piment
nennenswert:
17 aussergewoehnlich
Nenner:
6 Teiler, 7 Divisor
Nennform:
9 Infinitiv
Nepotismus:
17 Vetternwirtschaft, 21 Guenstlingswirtschaft
Nepp:
6 Betrug
Nereide:
6 Nymphe, Thetis, 10 Amphitrite, Meernymphe
Nerven betreffend:
6 neural
Nervenentzündung:
8 Neuritis
Nervenerkrankung:
9 Neuralgie
Nervenmediziner:
9 Neurologe, 10 Psychiater
Nervenerschütterung:
6 Schock
Nervenfaser:
8 Fibrille
Nervenheilkunde:
10 Neurologie
Nervenkitzel:
9 Sensation
Nervenknoten:
8 Ganglion
nervenkrank:
12 gemuetskrank
Nervenkrankheit/-störung:
7 Neurose, 8 Hysterie, Neuritis, Psychose, 9 Neuralgie
Nervenmittel:
8 Baldrian, Lezithin
Nervenschmerz:
9 Neuralgie
nervenschwach:
9 aufgeregt
Nervenzelle:
6 Neuron
Nervenzentrale:
4 Hirn, 6 Gehirn
Nervierung:
7 Aderung
nervös:
7 rastlos, reizbar, 8 hektisch
Nerz:
4 Mink, 6 Marder
Nesselgewächs:
5 Ramie
Nesselqualle:
5 Polyp, 6 Meduse
Nest:
4 Heim, 5 Horst
-des Adlers:
5 Horst
-des Eichhörnchens:
5 Kobel
-mit Eiern:
6 Gelege
Nesthäkchen:
13 Nachkoemmling
Nestinhalt:
6 Gelege
nestjunge Vögel:
4 Brut
Nestor:
10 Altmeister
Nestorpapageienart:
3 Kea
nett:
5 artig, 6 adrett, 11 sympathisch
Nettigkeit:
10 Kompliment
netto:
4 rein
Netz:
4 Garn, 5 Falle, 8 Geflecht, Gespinst
netzartig:
7 filiert
netzartiges Gewebe:
5 Tuell
Netzhaut des Auges:
6 Retina
Netzhersteller:
6 Seiler
Netzschlange:
6 Python
Netzstoff:
5 Filet

neu:
9 unbenutzt
Neu-Amsterdam:
7 New York
Neuaufführung:
6 Remake
Neubearbeitung:
7 Revival
Neubekehrter:
8 Proselyt
Neudruck:
12 Reproduktion
Neue Welt:
7 Amerika
neuerdings:
10 seit kurzem
Neuerer:
10 Reformator
neuerlich:
6 wieder
Neuerscheinung:
8 Novitaet
Neuerwerbung:
11 Akquisition
neugeborenes Kind:
4 Baby, 9 Saeugling,
11 Kleinstkind
Neugestaltung:
6 Reform, 11 Renovierung
Neugetaufter:
7 Neophyt
Neugierde:
10 Wissbegier, 12 Wissensdurst
Neugierige:
6 Gaffer
Neuguinea:
5 Irian
Neuguineas Ureinwohner:
5 Papua, 6 Papuas
Neuheit/Neuerung:
5 Novum, 8 Novitaet,
11 Fortschritt, Renovierung
neuindische Sprache:
7 Bengali
Neuland vor dem Deich:
6 Groden
Neuling:
6 Novize, 9 Anfaenger,
Debuetant, 13 Gruenschnabel
Neun Töchter des Zeus:
5 Musen
Neunaugenart:
8 Lamprete
Neuneck:
7 Nonagon
Neuntonintervall:
4 None

Neuordnung:
6 Reform, 14 Reorganisation
neureicher Mann:
5 Protz, 6 Raffke, 7 Parvenu,
8 Parvenue,
14 Emporkoemmling
neuseeländische:
-Hauptstadt:
10 Wellington
-Inselgruppe:
14 Aucklandinseln
-Ureinwohner:
5 Maori
neuseeländischer:
-Schnepfenstrauß:
4 Kiwi
-Singvogel:
3 Poe
Neusteinzeit:
11 Neolithikum
neutral:
8 objektiv, sachlich, 9 parteilos,
saechlich, 10 unbefangen,
12 unparteiisch
Neuzeit:
7 Moderne
New Yorker:
-Börsenviertel:
10 Wallstreet
-Chinesenviertel:
9 Chinatown
-Geschäftsstraße:
8 Broadway
-Künstlerviertel:
16 Greenwich Village
-Negerviertel:
6 Harlem
Nibelungenfigur:
3 Ute, 4 Atli, Mime, 5 Hagen,
6 Attila, Gernot, Volker,
7 Gunther, 8 Alberich, Brunhild,
Dankwart, Giselher,
9 Kriemhild, Siegfried,
10 Hildebrand
Nibelungenmutter:
3 Ute
Nibelungenstadt:
5 Worms
Nibelungenvolk:
9 Burgunder
Nibelungenwaffe:
7 Nothung
nicht:
-alt:
4 jung
-amtlich:
11 inoffiziell

-aufhörend:
9 unendlich
-außen:
5 innen
-beachten:
10 ignorieren, uebersehen
-begabt:
12 untalentiert
-behelligen:
10 verschonen
-berufsmäßiger Sportler:
7 Amateur
-billig:
5 teuer
-breit:
6 schmal
-dick:
5 duenn
-dunkel:
4 hell
-ertragreich:
10 unrentabel
-exakt:
7 ungenau
-fest:
8 fluessig
-gebraucht:
3 neu
-gesund:
5 krank
-glatt:
3 rau*, 4 rauh
-hart:
5 weich
-häufig:
6 selten
-hoch:
7 niedrig
-hungrig:
4 satt
-jung:
3 alt
-kalt:
4 warm
-klug:
4 dumm
-kurz:
4 lang
-langsam:
7 schnell
-laut:
5 leise, ruhig, still
-lebendig:
3 tot
-mehr als:
3 nur
-nah:
4 fern, weit

-naß:
7 trocken
-oben:
5 unten
-öffentlich:
6 geheim, privat
-oft:
6 selten
-positiv:
7 negativ
-reich:
3 arm
-schmal:
5 breit
-sprechen:
9 schweigen
-umkehrbar:
12 irreversibel
-verschwiegen:
9 indiskret
-vertieft:
5 flach
-viel:
5 wenig
-wirklich:
6 irreal
Nichtbefolgung/-achtung:
10 Ungehorsam, Verachtung, 11 Versaeumnis
Nichtbeteiligung:
12 Neutralitaet
Nichtchrist:
5 Heide
nichtig:
4 inan, 5 eitel, 7 wertlos
Nichtiges:
4 Tand
Nichtigkeit:
8 Lappalie
Nichtjude:
3 Goi
Nichtkönner:
4 Laie, 9 Dilettant, Liebhaber
Nichtleiter:
8 Isolator
Nichtmohammedaner:
5 Giaur, Kafir
nichtrostender Stahl:
7 Nirosta
Nichts:
4 Null, Zero, 6 Vakuum
nichts:
-als:
3 nur, 5 bloss, 9 lediglich
nichtseßhafter Mann:
6 Nomade
Nichtskönner:
8 Stuemper
Nichtsnutz:
4 Lump, 11 Taugenichts
Nichtsoldat:
8 Zivilist
nichtssagend:
5 banal, platt
Nichtstuer:
7 Gammler, 8 Faulpelz, Tagedieb, 9 Faulenzer, 14 Muessiggaenger
Nichtstun:
5 Musse, 8 Freizeit, 11 Muessiggang
nichtswürdig:
9 miserabel
Nichtswürdiger:
4 Lump, 6 Schuft, 7 Halunke
Nickel-Eisen-Erdkern:
4 Nife
Nickel-Kupfer-Legierung:
5 Monel
niederdeutsch für:
-Bauer:
3 Bur
-betrunken:
4 duhn
-Erle:
5 Eller
-Feldstück:
4 Kamp
-Fohlen:
5 Enter
-Geisterseher:
13 Spoekenkieker
-Haff:
4 Noor
-klein:
5 luett
-Köter:
5 Toele
-Mädchen:
5 Deern
-Meister:
4 Baas
-Schwanz:
5 Stert
-Schwanzende:
5 Sterz
-Stadtkanal:
5 Fleet
-Tagelöhner:
5 Inste
-Trockenraum:
5 Stove
niederdeutsche:
-Mundart:
5 platt
niederdeutscher:
-Schriftsteller/Schriftstellerin:
4 Fock, 5 Groth, Raabe, Storm, 6 Reuter, 8 Claudius
niedere:
-Pflanze:
4 Alge, Moos, 7 Flechte
-Umgangssprache:
5 Slang, 6 Jargon
-Wasserpflanze:
4 Alge
niederer:
-Adel bei den Inkas:
6 Curaca
niederes:
-Lebewesen:
4 Wurm, 5 Echse, 6 Amoebe, 9 Einzeller, Regenwurm
-Volk:
5 Plebs, 6 Poebel
Niedergang:
4 Ruin, 7 Abstieg, Verfall, 9 Untergang, 12 Degeneration
niedergeschlagen:
6 mutlos, 7 traurig, 9 depressiv, 10 deprimiert
Niedergeschlagensein:
10 Depression
Niederholzbereich:
8 Dickicht, 9 Gestruepp, Unterholz
Niederkommen:
6 Geburt, 10 Entbindung
Niederlage:
6 Abfuhr, 7 Debakel, Verlust, 8 Schlappe
niederländische:
-Antilleninsel:
4 Saba, 5 Aruba, 7 Bonaire, Curacao, 8 St Martin
-Fluggesellschaft:
3 KLM
-Hafenstadt:
6 Helder, 9 Amsterdam, Rotterdam
-Hauptstadt:
7 Den Haag, 9 Amsterdam
-Insel:
5 Texel, 6 Rottum, 7 Ameland, 9 Walcheren, 12 Terschelling
-Käseart:
5 Gouda, 6 Edamer
-Käsestadt:
4 Edam, 7 Alkmaar
-Königin:
7 Beatrix, Juliana, 8 Hortense, 10 Wilhelmina

-Münze:
4 Cent, Deut, Duit, 6 Florin, Gulden, Rijder
-Provinz:
7 Geldern, Seeland, 9 Friesland, Groningen, 11 Nordbrabant, Nordholland, Suedholland
-Residenzstadt:
7 Den Haag
niederländischer:
-Abenteurer:
8 Ripperda
-Bildhauer:
5 Vries, 6 Floris, Leyden, Sluter
-Branntwein:
7 Genever
-Chemiker:
4 Hoff
-Dirigent:
6 Kempen, 10 Mengelberg
-Flugzeugkonstrukteur:
6 Fokker
-Forscher:
6 Jansen, 11 Leeuwenhoek, 13 Musschenbroek
-Historiker:
5 Kalff, 8 Huizinga
-Humanist:
7 Erasmus, Grotius
-Komponist:
5 Isaac, Lasso, 6 Pijper, 8 Willaert, 10 Andriessen
-Kupferstecher:
6 Rubens
-Liedermacher:
7 van Veen
-Maler:
3 Vos, 4 Dyck, Eyck, Gogh, Hals, Laer, 5 Bosch, David, Goyen, Hooch, Hoogh, Metsu, Noort, Steen, Velde, 6 Mander, Massys, Patini, Rubens, Scorel, 7 Beyeren, Hobbema, Memling, Snyders, Teniers, van Dyck, van Eyck, van Gogh, Vermeer, 8 Breughel, Brueghel, Jordaens, Mondrian, Ruisdael, Terborch, 9 Honthorst, Rembrandt, Steenwijk, Wouwerman
-Mathematiker:
6 Stevin, 7 Brouwer, 8 Snellius
-Mediziner:
6 Camper, Ruysch, 7 Swieten, 9 Boerhaave, 10 Halbertsma
-Naturwissenschaftler:
5 Vries, 7 Huygens, 11 Leeuwenhoek
-Nobelpreisträger für Chemie:
9 van't Hoff
-Nobelpreisträger für Frieden:
5 Asser
-Nobelpreisträger für Medizin:
7 Eijkman, 9 Einthoven, Tinbergen
-Nobelpreisträger für Physik:
7 Lorentz, Zernike, 10 van der Meer, 11 van der Waals, 15 Kamerlingh Onnes
-Physiker:
6 Bakker, Stevin, 7 Huygens, Lorentz, Zernike
-Politiker/Politikerin:
4 Witt, 5 Hoorn, 7 Grotius
-Schriftsteller/Schriftstellerin:
5 Beets, Costa, Hooft, Klaas, Leeuw, Maehl, 6 Gorter, Hartog, Luyken, Merode, Nyhoff, Verway, Vondel, 8 Couperus, Gossaert, Hinrichs, Schendel
-Seefahrer:
6 Tasman, 7 Barents
-Zoologe:
11 Leeuwenhoek
niederländisches:
-Fürstenhaus:
7 Oranien, 13 Nassau-Oranien
-Seebad:
9 Noordwijk, Zandvoord, 12 Scheveningen
Niederlassungsstelle:
4 Dorf, 5 Depot, Lager, 7 Agentur, Filiale, 10 Dependance, 11 Zweigstelle
niedersächsischer:
-Höhenzug:
3 Elm, Ith, 4 Hils, 7 Deister, Solling, Suentel
niedersächsischer Dichter:
5 Raabe
Niederschlag:
3 Eis, 4 Reif, 5 Dunst, Hagel, Regen, 6 Schnee, 7 Graupel, Schauer, 8 Sediment, 10 Dauerregen, 11 Wolkenbruch
Niederschlag beim Boxkampf:
2 ko, 8 Knock-out*, Knockout
niederschlagarme Gegend:
6 Wueste
Niederschlagsflüssigkeit:
9 Kondensat
niederschmetternd:
12 katastrophal
Niederschrift:
5 Notiz, 6 Diktat, 9 Protokoll, 10 Manuskript, Stenogramm
niederträchtig:
5 infam, 6 gemein, 9 malizioes
Niederträchtigkeit:
7 Bosheit, Infamie, 8 Gaunerei, 10 Gemeinheit
Niederung:
3 Aue, Tal, 5 Ebene, Mulde, Senke
Niederwild:
4 Hase, 5 Fuchs, Iltis, 6 Marder, 8 Schnepfe, Wildgans, 9 Kaninchen, 12 Waldschnepfe, 13 Sumpfschnepfe
niedlich:
6 putzig, 7 drollig, reizend, 8 zierlich, 11 possierlich
niedrig:
4 tief, 5 flach, 6 gemein
niedrige:
-Kaste in Indien:
5 Paria
-Umgangssprache:
5 Slang, 6 Jargon
niedriges:
-Lebewesen:
6 Amoebe, 9 Einzeller
-Liegesofa:
8 Ottomane
Niedrigstand:
4 Ebbe
niemals:
3 nie, 6 nimmer, 10 nimmermehr
niemand:
6 keiner
Nierenbaum:
6 Acajou
Nierenerkrankung:
8 Nephrose, 9 Nephritis
Nierenflüssigkeit:
4 Harn, Urin
Nießbrauchsrecht:
13 Nutzungsrecht
Niet:
6 Bolzen
Niete:
4 Null, 8 Versager
Niger-Talsperre:
6 Kainji
Nilinsel:
6 Philae, 11 Elephantine
Nilland:
6 Nubien
Nimbus:
4 Ruhm, 8 Prestige, 14 Heiligenschein

nimmer:
3 nie, 7 niemals
nimmermüde:
7 rastlos, 9 unentwegt
Nimmersatt:
4 Ibis, 6 Marabu, Storch
Nimrod:
6 Jaeger, 8 Waidmann, Weidmann
Nirgendland:
6 Utopia
Nische:
5 Apsis, 6 Exedra
Nischenwölbung:
6 Koncha, Konche
Niveau:
4 Rang, 5 Level, Stand, Stufe
Niveauunterschied:
7 Neigung, 8 Gefaelle, Schraege
Nixe:
6 Undine, 7 Lorelei, 8 Melusine, 11 Wassergeist
Noahs Schiff:
5 Arche
nobel:
4 edel, 7 honorig, vornehm, 10 kultiviert
Nobelpreisträger:
-für Chemie:
4 Hahn, Hoff, Kuhn, Todd, Urey, 5 Aston, Bosch, Curie, Debye, Diels, Eigen, Ernst, Flory, Haber, Huber, Libby, Moore, Natta, Soddy, Stein, Synge, 6 Baeyer, Barton, Calvin, Harden, Hassel, Hevesy, Joliot, Karrer, Martin, Michel, Molina, Mullis, Nernst, Perutz, Porter, Ramsay, Sanger, Sumner, Werner, Wittig, 7 Bergius, Buchner, Fischer, Giauque, Haworth, Kendrew, Moissan, Norrish, Onsager, Ostwald, Ruzicka, Seaborg, Stanley, Wallach, Wieland, Windaus, Ziegler, 8 Grignard, Herzberg, Langmuir, McMillan, Northrop, Richards, Robinson, Sabatier, Semjonow, Svedberg, Tiselius, Vigneaud, Virtanen, 9 Arrhenius, Butenandt, Hauptmann, Wilkinson, Zsigmondy, 10 Rutherford, Staudinger, 11 Deisenhofer, Hinshelwood, 12 Euler-Chelpin, Willstaetter
-für Frieden:
4 King, Mott, Pire, Root, Tutu, 5 Bajer, Balch, Begin, Dawes, Fried, Gobat, Lange, Passy, Rabin, 6 Angell, Arafat, Brandt, Briand, Bunche, Butler, Cremer, Dunant, Moneta, Nansen, Quidde, Wilson, 7 Borlaug, Buisson, Jouhaux, Luthuli, Pauling, Pearson, Renault, Suttner, 8 Branting, Ducommun, Marshall, Sacharow, 9 Arnoldson, Beernaert, Henderson, Kissinger, Noel-Baker, Ossietzky, Roosevelt, 10 Schweitzer, Soederblom, Stresemann, 13 Hammarskjoeld
-für Literatur:
4 Buck, Gide, Mann, Shaw, 5 Boell, Bunin, Camus, Eliot, Hesse, Heyse, Lewis, Sachs, Simon, White, Yeats, 6 Andric, Eucken, France, Hamsun, Heaney, Jensen, Mahfus, Neruda, Sartre, Tagore, Undset, 7 Beckett, Bergson, Deledda, Jimenez, Kipling, Laxness, Mauriac, Mistral, Mommsen, Montale, Reymont, Rolland, Russell, Seferis, 8 Carducci, Faulkner, Gordimer, Kawabata, 9 Benavente, Bjoernson, Churchill, Gjellerup, Hauptmann, Hemingway, Lagerloef, Pasternak, Quasimodo, Spitteler, Steinbeck, 10 Aleixandre, Galsworthy, Heidenstam, Lagerkvist, Pirandello, Scholochow, 11 Maeterlinck, Pontoppidan, Sienkiewicz, Sillanpaeae, 12 Solschenizyn
-für Medizin:
4 Cori, Hess, Hill, Katz, Koch, Ross, 5 Bloch, Bovet, Chain, Crick, Golgi, Hench, Krebs, Loewi, Luria, Lynen, Monod, Neher, Ochoa, Tatum, Temin, 6 Adrian, Bekesy, Carrel, Domagk, Enders, Finsen, Frisch, Huxley, Kocher, Morgan, Muller, Pawlow, Porter, Richet, Watson, Weller, 7 Banting, Behring, Ehrlich, Fleming, Hershey, Hopkins, Huggins, Kendall, Lipmann, Macleod, Mueller, Nathans, Robbins, Sakmann, Theiler, Waksman, Warburg, Whipple, Wilkins, 8 Cournand, Hartline, Kornberg, Meyerhof, Richards, 9 Delbrueck, Einthoven, Forssmann, Goldstein, 10 Reichstein, Sutherland, 11 Landsteiner, Metschnikow, Sherrington, 13 Wagner-Jauregg
-für Physik:
3 Lee, 4 Bohr, Born, Lamb, Laue, Mott, Neel, Perl, Rabi, Ryle, Wien, Yang, 5 Bethe, Bloch, Bragg, Braun, Curie, Dirac, Esaki, Fermi, Hertz, Hulse, Kusch, Segre, Stark, Stern, Waals, 6 Cooper, Franck, Gennes, Glaser, Hewish, Jensen, Perrin, Planck, Powell, Reines, Taylor, Townes, Walton, Wigner, Wilson, Yukawa, Zeeman, 7 Bardeen, Broglie, Charpak, Giaever, Kastler, Lorentz, Marconi, Purcell, Richter, Thomson, Zernike, 8 Anderson, Appleton, Blackett, Brattain, Bridgman, Chadwick, Davisson, Einstein, Klitzing, Lawrence, Lippmann, Millikan, Rayleigh, Roentgen, Shockley, Tomonaga, 9 Becquerel, Cockcroft, Guillaume, Josephson, Rainwater, 10 Heisenberg, Hofstadter, Moessbauer, Richardson, Schrieffer, 11 Chamberlain
-für Wirtschaftswissenschaften:
5 Coase, Lucas, North, Simon, 6 Allais, Frisch, 8 Leontief, 9 Samuelson, Tinbergen, 10 Modigliani
Nobilität:
4 Adel
Noblesse:
4 Adel, 7 Edelmut, 11 Vornehmheit
Nomade:
7 Beduine, 11 Wanderhirte
Nomadenbehausung:
5 Jurte
Nomadenzeltstadt:
3 Aul
Nominativ:
7 Werfall
nominell:
10 vorgeblich
Nominierung:
9 Ernennung
nonchalant:
7 formlos, laessig, 11 ungezwungen

Nonne:
6 Oberin
Nonnenorden:
14 Ursulinerinnen,
17 Benediktinerinnen
Nonnenschleier:
6 Weihel
Nonsens:
6 Unsinn, 7 Quatsch
Noppengewebe:
6 Boucle
Nordafrikaner:
5 Maure, 6 Araber, Berber,
Libyer, 7 Beduine, Numider,
8 Aegypter, Algerier, Tunesier,
10 Marokkaner, 11 Mauretanier
nordafrikanische:
-Grasart:
5 Halfa
-Wüste:
6 Sahara
nordafrikanischer:
-Staat:
5 Sudan, 6 Libyen, 7 Marokko,
8 Aegypten, Algerien, Tunesien,
11 Mauretanien
nordafrikanisches:
-Gebirge:
3 Rif, 5 Atlas
-Gericht:
6 Kuskus
-Gewicht:
5 Uckia
-Mischvolk:
6 Mauren
-Reiterkampfspiel:
8 Fantasia
Nordamerikaner:
6 Yankee
nordamerikanische:
-Beutelratte:
7 Opossum
-Farm:
5 Ranch
-Goldmünze:
5 Eagle
-Grasebene:
7 Praerie
-Halbinsel:
6 Alaska, 7 Florida, 8 Labrador
-Hirschart:
6 Wapiti
-Inselkette:
7 Aleuten
-Panzerechse:
9 Alligator
nordamerikanischer:
-Bär:
6 Grisly, 7 Baribal, Grizzly,
9 Waschbaer
-Bauernhof:
4 Farm, 5 Ranch
-Büffel:
5 Bison
-Erfinder:
6 Edison
-Farmer:
7 Rancher
-Indianerschlitten:
8 Toboggan
-Nußbaum:
7 Hickory
-See:
7 Eriesee, 9 Baerensee,
Oberer See, 10 Ontariosee
-Wasserfall:
7 Niagara
-Wirbelsturm:
7 Tornado
nordamerikanisches:
-Indianerzelt:
6 Wigwam
-Kap:
4 Nome
-Rentier:
6 Karibu
-Wildpferd:
7 Mustang
Nordatlantikpakt:
4 NATO
nordchinesische Hochebene:
8 Mongolei
norddeutsche:
-Landschaftsform:
5 Geest, Heide, 6 Marsch
norddeutscher:
-Dichter:
4 Fock, Leip, 5 Groth, Storm,
6 Geibel, Reuter
-Fluß:
3 Ems, 5 Peene, Trave, 6 Alster
-Höhenzug:
3 Elm
-Maler:
5 Runge, 9 Modersohn
Norddeutscher:
6 Friese
norddeutsches:
-Gericht:
8 Labskaus
Nordeuropa:
12 Skandinavien
Nordeuropäer:
5 Daene, Finne, 7 Schwede,
8 Norweger, 9 Islaender,
12 Skandinavier
nordeuropäische:
-Hafenstadt:
4 Oslo, 5 Lulea, 6 Aarhus,
Bergen, Malmoe, Narvik,
7 Aalborg, 8 Helsinki,
9 Stockholm, 10 Kopenhagen
-Halbinsel:
12 Skandinavien
-Hauptstadt:
4 Oslo, 8 Helsinki, 9 Reykjavik,
Stockholm, 10 Kopenhagen
-Meerenge:
4 Belt, Sund
nordeuropäischer:
-Staat:
6 Island, 8 Finnland, Norwegen,
Schweden, 9 Daenemark
nordeuropäisches:
-Königreich:
8 Norwegen, Schweden,
9 Daenemark
-Volk:
4 Iren, 6 Daenen, Finnen,
Lappen, 8 Norweger, Schweden,
9 Islaender
nordfranzösische:
-Hafenstadt:
6 Calais, 7 Le Havre,
8 Boulogne, 9 Cherbourg
-Landschaft:
8 Bretagne, 9 Normandie
nordfriesische:
-Insel:
4 Sylt, 5 Amrum, Foehr, Hooge,
8 Pellworm, 10 Nordstrand
Nordgermane:
6 Friese, 8 Normanne, Waraeger,
Wikinger
nordgriechische Halbinsel:
10 Chalkidike
nordische:
-Dichtung:
4 Edda, Saga
-Götter:
4 Asen
-Götterbotin:
3 Gna
-Gottheit:
3 Ase
-Göttin:
3 Hel, Ran, 4 Idun, 5 Freia,
Iduna, Norne, 6 Gefion, Ostara
-Insel:
6 Irland, Island, 9 Groenland,
15 Grossbritannien

-Meeresgöttin:
3 Ran
-Münze:
4 Oere, 5 Krone
-Sagengestalt:
4 Egil, 6 Fafnir, 8 Walkuere
-Schicksalsgöttin:
5 Norne
-Wurfwaffe:
3 Ger
nordischer:
-Dichter:
6 Skalde
-Fürstentitel:
4 Jarl
-Gott:
3 Tyr, Ziu, 4 Loki, Odin, Thor, 5 Aegir, Bragi, Donar, Wotan, 6 Baldur
-Götterhimmel:
6 Asgard
-Kobold:
5 Troll
-Männername:
3 Age, Ole, 4 Arne, Enar, Erik, Knut, Lars, Nils, Olaf, Tage, 5 Einar, Niels, 6 Gunnar
-Meeresgott:
5 Aegir
-Sagenriese:
6 Fafner, Fafnir
-Sagenschütze:
4 Egil
-Sagenzwerg:
6 Nordri
-Trinkspruch:
4 Skol
nordisches:
-Großwild:
4 Elch, Elen
-Haustier:
3 Ren
-Schicksalswesen:
5 Idise, Norne
-Totenreich:
3 Hel
Nordlandtier:
3 Ren, 4 Elch, Elen, 7 Rentier
nördlich:
6 boreal
nördlicher:
-Hügel Roms:
6 Pincio
nördlichste:
-Stadt Europas:
10 Hammerfest
nördlichster:
-Punkt der Erde:
7 Nordpol
-Punkt Europas:
7 Nordkap
-Teil Skandinaviens:
8 Lappland
Nordlicht:
10 Polarlicht
Nordmeerinsel:
6 Island
Nordosteuropäer:
4 Este, 5 Balte, Finne, Lette, Russe, 7 Litauer
Nordostwind:
4 Bise
Nordpolargebiet:
6 Arktis
nordrussische Halbinsel:
4 Kola, 5 Kanin
Nordschottland:
10 Kaledonien
Nordseebadeort:
5 Juist, 6 Borkum, Buesum, Kampen, 7 Baltrum, 8 Cuxhaven, Langeoog, 9 Helgoland, Norderney, 10 Spiekeroog, Wangerooge, Westerland
Nordseebucht:
7 Dollart, 9 Jadebusen
Nordseehafenstadt:
5 Brake, Emden, 6 Bremen, 7 Hamburg, 8 Cuxhaven, 11 Bremerhaven, 13 Wilhelmshaven
Nordseehalbinsel:
10 Eiderstedt
Nordseeinsel:
4 Sylt, 5 Amrum, Fanoe, Foehr, 6 Borkum, Hallig, 7 Baltrum, 8 Langeoog, Pellworm, 9 Helgoland, Norderney, 10 Nordstrand, Spiekeroog, Wangerooge
Nordseekrebs:
5 Porre, 6 Granat, Krabbe
Nordskandinavier:
5 Lappe
Nordwesteuropäer:
3 Ire, 5 Brite, 7 Schotte, Waliser, 9 Islaender, 10 Englaender
nordwesteuropäische Insel:
6 Irland
nordwesteuropäischer Staat:
4 Eire, 6 Irland, Island, 15 Grossbritannien
Nordwind:
6 Boreas, 7 Mistral
nörgeln:
6 maulen murren
nörglerischer Mensch:
7 Maekler, 8 Meckerer, 9 Querulant, 11 Kritikaster
Norm:
3 DIN, 5 Kanon, Regel, 6 Muster, 8 Standard
normabweichend:
6 abnorm
normal:
8 regulaer, 10 regelrecht
Normandiehalbinsel:
8 Calvados, Cotentin
Normanne:
8 Waraeger, Wikinger
Normannenherrscher:
5 Roger, 7 Tankred, 8 Guiscard
Normannenstamm:
3 Rus
normannische Insel:
4 Herm, Sark, 5 Sercq, 6 Jersey, 8 Alderney, Guernsey
normen:
10 typisieren, 15 standardisieren, 16 vereinheitlichen
Normeneinheit:
3 DIN
Norne:
3 Urd, 5 Skuld, 8 Verdandi, Werdandi
Norwegen in der Landessprache:
5 Norge
norwegische:
-Dichterin:
6 Undset
-Eiskunstläuferin:
5 Henie
-Hafenstadt:
4 Oslo, 6 Bergen, 9 Stavanger
-Hauptstadt:
4 Oslo
-Insel:
5 Andoe
-Inselgruppe:
7 Lofoten, 11 Spitzbergen
-Königin:
5 Sonja
-Meeresbucht:
5 Fjord
-Münze:
4 Oere, 5 Krone
-Schriftsprache:
6 Bokmal

-Volksvertretung:
8 Storting
norwegischer:
-Dichter im Mittelalter:
6 Skalde
-Erzähler:
5 Bojer, 6 Hamsun
-Komponist:
5 Grieg, 7 Sinding
-König:
4 Erik, Knut, Olaf, Olav, 6 Haakon, Magnus, Sigurd, Sverre
-Maler:
4 Dahl, Lund, 5 Munch
-Mediziner:
6 Hansen
-Nobelpreisträger für Chemie:
6 Hassel
-Nobelpreisträger für Frieden:
5 Lange, 6 Nansen
-Nobelpreisträger für Literatur:
6 Hamsun, Undset, 9 Bjoernson
-Polarforscher:
6 Nansen, 8 Amundsen, Sverdrup
-Politiker/Politikerin:
3 Lie, 6 Hambro, Nansen, 8 Quisling
-Schriftsteller:
3 Lie, 6 Hamsun, 11 Gulbranssen
-Schriftsteller/Schriftstellerin:
3 Lie, 5 Ibsen, 6 Hamsun, 9 Bjoernson
-Verwaltungsbezirk:
5 Fylke, Troms, 6 Opland, 7 Hedmark, Oppland, Ostfold
-Volkswirtschaftler:
6 Frisch
norwegisches:
-Längenmaß:
4 Alen
-Oberhaus:
7 Lagting
-Parlament:
8 Storting
-Unterhaus:
9 Odelsting
Not/-lage:
5 Elend, 6 Klemme, Mangel, Misere, 7 Dilemma, 10 Kalamitaet
Notbleibe:
4 Asyl, 6 Obdach
notdürftig:
12 provisorisch, 14 behelfsmaessig
Noten:
10 Musikalien
Notenzeichen:
5 Bogen
notgedrungen:
12 nolens volens
Notgeld:
9 Ersparnis
Nothelfer:
5 Georg, Vitus, 7 Barbara, Blasius, Erasmus, 8 Achatius, Aegidius, Cyriakus, 9 Dionysius, Katharina, Margareta, Pantaleon, 10 Eustachius, 13 Christophorus
nötig:
7 obligat, 8 dringend, 9 notwendig, 12 erforderlich
Nötigung:
5 Zwang, 8 Pression
Notiz:
7 Eintrag, Vermerk, 9 Anmerkung, Bemerkung, 12 Aufzeichnung
Notizheft:
6 Agenda, 8 Merkbuch, Merkheft
notleidend:
3 arm, 5 elend
Notlösung:
6 Behelf, 11 Provisorium
Notlüge:
7 Ausrede, Vorwand, 9 Ausflucht
notorisch:
7 bekannt, 11 offenkundig
Notruf:
3 SOS, 5 Hilfe
Notstopfen:
6 Ersatz, 11 Provisorium
notwendig:
6 noetig, 7 obligat, 13 obligatorisch
November:
8 Windmond, 9 Windmonat, 10 Nebelmonat
Novität:
5 Novum, 7 Neuheit, 8 Kreation, 9 Neuigkeit
Nu:
6 Moment, 7 Sekunde, 10 Augenblick
Nuancierung:
4 Idee, Spur, 7 Toenung, 8 Feinheit, Schatten, 9 Abstufung
nüchtern:
8 besonnen, objektiv, sachlich
nudeln:
7 maesten
Nudelspeise:
5 Nocke, 7 Lasagne, Nockerl, 8 Spaetzle, Spagetti*, 9 Makkaroni, Spaghetti, 10 Tortellini
Null:
-beim Kartenspiel:
6 Trumpf
-beim Roulette:
4 Zero
numidischer Herrscher:
4 Iuba, Juba, 5 Iobas, Jobas
Nummer:
4 Zahl, 6 Numero, Ziffer
nun:
4 dann, 5 jetzt
nur:
6 allein, 9 lediglich
nur gedacht:
6 ideell
Nürnberger:
-Bildhauer:
5 Stoss, 6 Krafft
-Buchdrucker:
6 Hergot
-Buchhändler:
4 Palm
-Erfinder der Taschenuhr:
7 Henlein
-Erzgiesser:
7 Vischer
-Kupferstecher:
5 Beham
-Maler:
5 Beham, 6 Duerer
-Meistersinger:
5 Sachs, 9 Hans Sachs
-Sehenswürdigkeit:
10 Duererhaus
-Spezialität:
9 Lebkuchen
Nurse:
5 Bonne, 10 Babysitter, Kinderfrau
Nußart/-sorte:
7 Erdnuss, Walnuss, 9 Haselnuss, Kokosnuss, 10 Cashewnuss
Nußbaum:
7 Walnuss, 12 Haselstrauch
Nußfrucht:
5 Ecker, 6 Eichel, Mandel, 8 Kastanie, Pistazie, 9 Buchecker, 10 Pimpernuss
Nußgebüsch:
10 Haselbusch
Nußkonfekt:
5 Nugat*, 6 Nougat, 7 Krokant

Nute:
4 Fuge, 5 Kerbe, Rille, Rinne
Nuten einarbeiten:
7 fraesen
Nutria:
10 Biberratte
Nutzanwendung:
6 Praxis, 9 Paraenese
Nutzbodenfläche:
5 Acker
Nutzen:
6 Gewinn, Profit, 7 Vorteil
Nutzland:
4 Wald, 5 Acker, Weide,
6 Garten
Nutzleistung:
6 Output
nützlich:
8 opportun
nützlicher:
-Bodenbewohner:
9 Regenwurm
-Insektenfresser:
4 Igel
nützliches:
-Insekt:
4 Imme, 5 Biene, 10 Honigbiene
Nützlichkeitsanspruch:
13 Utilitarismus
Nutznießer:
8 Benutzer, 11 Interessent,
Schmarotzer
Nutztier:
3 Kuh, Sau, 4 Esel, Gans, Hahn,
Huhn, Rind, 5 Pferd, Schaf,
Ziege, 7 Schwein
-der Lappen:
3 Ren
-in südlichen Ländern:
4 Esel
Nutztiere:
4 Vieh
Nutzung:
-gegen Entgelt:
5 Miete, Pacht, 7 Leasing
Nutzungsrecht:
11 Niessbrauch
Nutzungszusage:
6 Lizenz
Nymphe:
4 Echo, 6 Dryade, Egeria,
Najade, 7 Galatea, Kalypso,
Nereide, 8 Okeanide
nymphoman:
9 mannstoll

Oase in:
-Ägypten:
4 Siwa, 6 Charga, 7 Alamein, Farafra, 8 Baharieh
-Algerien:
4 Tuat, 6 Biskra, 7 Gardaia
-Libyen:
5 Kufra, 6 Mursuk, 7 Audjila, Gadames
-Saudi-Arabien:
5 Hajil, Hufuf
-Turkmenistan:
4 Mary
Obacht:
8 Sorgfalt, 9 Augenmerk, 14 Aufmerksamkeit
Obdach:
4 Heim, 6 Bleibe, Schutz, 8 Herberge, Zuflucht, 12 Unterschlupf
Obduktion:
7 Sektion, 8 Autopsie
Ober:
7 Kellner
Oberarmmuskel:
6 Bizeps, 7 Trizeps
oberbayerische:
-Abtei:
5 Ettal
-Landschaft:
7 Allgaeu, 8 Chiemgau
oberbayerischer:
-Kur-/Badeort:
5 Kruen, Toelz, 6 Inzell, Kreuth, Murnau, 7 Aibling, Grassau, Wiessee, 9 Lenggries, 10 Bad Aibling, Bad Wiessee, Schliersee, 13 Berchtesgaden
-Passionsspielort:
12 Oberammergau
-See:
6 Eibsee, 8 Ammersee, Chiemsee, Wuermsee, 9 Kochelsee, Tegernsee, 10 Koenigssee, Schliersee, Staffelsee, Walchensee, 14 Starnberger See
oberbayerisches:
-Königsschloß:
9 Linderhof, 11 Nymphenburg, 12 Schleissheim, 14 Herrenchiemsee, Neuschwanstein
Oberbefehlshaber:
8 Feldherr, 13 Feldmarschall, 14 Generalissimus
obere:
-Erdschicht:
5 Boden
-Schicht der Atmosphäre:
13 Stratosphaere
oberer:
-Raumabschluß:
5 Decke, 6 Kuppel, 8 Gewoelbe
-Teil der Bühne:
12 Schnuerboden
-Teil der Scheune:
8 Heuboden
-Teil des menschlichen Rumpfes:
5 Brust, 8 Schulter
Oberetage:
8 Beletage
Oberflächenart:
3 rau*, 4 eben, rauh, 5 glatt
Oberflächenmaß:
6 Albedo
oberflächlich:
6 seicht, 7 ungenau, 9 fluechtig
oberflächlicher Mann:
8 Luftikus
Oberflächlichkeit:
14 Dilettantismus
oberfränkische Stadt:
6 Coburg, 8 Bayreuth
obergäriges Bier:
6 Weisse, 7 Altbier, Koelsch
Obergewalt:
8 Supremat, 10 Suprematie
Obergewand mit Ärmeln:
9 Dalmatika
oberhalb:
5 ueber
Oberhaupt:
4 Chef, 6 Leiter, Regent, 9 Herrscher, Souveraen
-der äthiopischen Kirche:
5 Abuna
-der katholischen Kirche:
5 Papst
-der Kosaken:
6 Hetman
-der Schiiten:
4 Imam
-des Lamaismus:
9 Dalai Lama
-einer Monarchie:
6 Kaiser, Koenig
-einer Republik:
16 Staatspraesident
-von Genua und Venedig:
4 Doge
Oberhaut:
9 Epidermis
Oberhirte:
5 Papst, 7 Bischof, 8 Kardinal
Oberkleidungsstück der Römer:
4 Toga, 6 Tunika
Oberkörperteil:
6 Achsel
Oberleitung:
9 Direktion
Oberleitungsfahrzeug:
4 Obus, 9 Eisenbahn, 12 Strassenbahn
Obermauer der Basilika:
5 Gaden
Oberon:
11 Elfenkoenig
Obers:
5 Sahne
Oberschicht:
5 Elite, 10 Hautevolee, Schickeria, 13 Establishment
oberschlau:
11 neunmalklug
Oberschule:
9 Gymnasium
Oberschulfach:
6 Latein
Oberschulklasse:
5 Prima, Sexta, 6 Quarta, Quinta, Tertia, 7 Sekunda, 9 Oberprima, 10 Obertertia, Unterprima, 11 Obersekunda, Untertertia, 12 Untersekunda
Oberschullehrer:
10 Studienrat
Oberschwelle:
5 Sturz
oberste:
-Lederschicht:
5 Narbe
-Öffnung des Hochofens:
5 Gicht
-Schiffswand:
4 Bord
-Staatsgewalt:
9 Regierung
-Verwaltungsbehörde:
11 Ministerium
oberster:
-Bischof eines Landes:
6 Primas
-Gott der alten Inder:
5 Indra
-Gott der Griechen:
4 Zeus
-Gott der Römer:
7 Jupiter

-Teufel:
9 Beelzebub
oberstes:
-Ende eines Mastes:
4 Topp
Oberstimme:
7 Diskant
Oberton:
9 Konsonanz
Obhutgeben:
6 Aegide, Schutz, 9 Fuersorge
Objekt:
4 Ding, 5 Sache, 10 Gegenstand
objektiv:
4 fair, real, 7 gerecht, neutral, 8 wirklich, 10 unbefangen, 12 tatsaechlich, unparteiisch, 13 vorurteilslos
Oblatenform:
6 Hostie
Obligationspapier:
7 Anleihe, 10 Wertpapier
Obmann:
6 Leiter, 12 Vorsitzender
Obrigkeitsnachweis:
10 Autoritaet
Observation:
12 Ueberwachung
Observatorium:
10 Sternwarte
obskur:
6 dunkel, 7 nebulos, 9 anruechig
Obst/-sorte:
5 Apfel, Birne, 6 Ananas, Banane, Limone, Orange, Traube, 7 Avocado, Kirsche, Pflaume, Renette, 8 Aprikose, Erdbeere, Pfirsich, Zwetsche, 9 Apfelsine, Blaubeere, Brombeere, Mirabelle, Reneklode, Zwetschge, 10 Clementine, Grapefruit, Klementine, Weintraube, 11 Heidelbeere, 12 Preiselbeere, Sauerkirsche, Stachelbeere, 13 Johannisbeere
Obstbrei:
3 Mus
Obstessen:
7 Kompott
Obstflüssigkeit:
4 Saft
Obstholz:
6 Mispel
Obstipationserscheinung:
11 Verstopfung
Obstkern:
5 Stein
Obstkerngehäuse:
6 Griebs
Obstkiste:
6 Steige
Obstmarmelade:
3 Jam
Obstpresse:
6 Kelter
Obstruktion:
10 Widerstand
Obstsaft:
4 Most
Obstschädling:
4 Made
Obstschnaps:
12 Himbeergeist
Obstspeise:
7 Kompott
Obszönität:
14 Anstoessigkeit
ochsen:
6 lernen
ocker:
9 hellbraun
öde:
4 leer, 5 wuest, 6 einsam, 10 langweilig
Odem:
4 Atem, 5 Hauch
Ödem:
13 Blutgerinnsel
Odeur:
6 Geruch
Odin:
5 Wodan, Wotan
Odins:
-Rabe:
5 Hugin, Munin
-Speer:
7 Gungnir
-Wolf:
4 Geri, 5 Freki
Odontiatrie:
13 Zahnheilkunde
Odyssee:
8 Irrfahrt
Oeuvre:
4 Werk
Ofenmetallgitter:
4 Rost
Ofensetzerberuf:
6 Hafner, 7 Haefner
offen:
5 frank, 6 vakant
offenbar:
7 evident, 8 flagrant, manifest, sichtbar
Offenbarungsart:
10 Apokalypse, 13 Manifestation
offene:
-Feuerstelle:
5 Kamin
-Verletzung:
5 Wunde
Offenheit:
14 Freimuetigkeit
offenherzig:
10 aufrichtig
offenkundig:
6 publik, 9 notorisch
offensichtlich:
10 ostentativ
offensiv:
9 streitbar
Offensive:
7 Angriff, Attacke
öffentlich:
5 offen, 6 publik, 9 allgemein, staatlich
öffentliche:
-Abgabe:
4 Maut, 6 Steuer, 7 Gebuehr
-Auszeichnung:
5 Orden, 6 Ehrung
-Darbietung:
13 Veranstaltung
-Empörung:
7 Aufruhr
-Erklärung:
8 manifest
-Mitteilung:
11 Bekanntgabe
öffentlicher:
-Ankläger:
12 Staatsanwalt
-Aushang:
8 Anschlag
-Park:
6 Anlage
-Werbeanschlag:
6 Plakat
öffentliches:
-Ärgernis:
5 Eklat, 7 Skandal
-Verkehrsmittel:
3 Bus, Zug, 4 Obus, Taxi, 5 S-Bahn, U-Bahn, 7 Autobus, Omnibus, 8 Hochbahn, 9 Eisenbahn, Stadtbahn, 10 Trolleybus, 11 Schwebebahn, 12 Strassenbahn, 14 Untergrundbahn
-Werbemittel:
6 Plakat

Öffentlichkeit:
8 Publikum, 13 Allgemeinheit
offerieren:
8 anbieten
Offertenart:
7 Angebot, 9 Vorschlag,
10 Anerbieten
Office:
5 Buero
offiziell:
7 amtlich, 9 foermlich
offizieller:
-Empfang:
7 Audienz
-Widerruf:
7 Dementi
Offiziersgehilfe:
8 Adjutant
Offiziershaus:
6 Kasino
Offiziersrang:
5 Major, 6 Oberst, 7 Admiral,
General, 8 Kapitaen, Leutnant,
9 Hauptmann, Marschall,
11 Rittmeister, 12 Generalmajor
Offiziersregierung:
5 Junta
Offiziersschüler:
6 Kadett, 9 Faehnrich,
Seekadett, 12 Fahnenjunker
Offizin:
8 Apotheke, 9 Druckerei
offiziös:
11 halbamtlich
Öffnungsbereich:
3 Tor, 4 Leck, Luke, Mund,
Tuer, 5 Ritze, Spalt, 6 Hoehle,
Luecke, Pforte, Portal, Zugang,
7 Ausgang, Bresche, Eingang,
Fenster, 9 Durchlass
öfter:
10 wiederholt
oftmals:
7 haeufig, 10 wiederholt
Oheim:
3 Ohm, 5 Onkel
ohne:
-Abzug:
6 brutto
-Bedürfnis:
4 satt, 9 zufrieden
-Begleitung:
4 solo, 6 allein
-Bezahlung:
6 gratis, 7 umsonst
-Erwerb:
7 brotlos, 10 arbeitslos
-Feuchtigkeit:
7 trocken
-Hörvermögen:
4 taub
-Inhalt:
4 leer
-Kunstverständnis:
8 amusisch
-Makel:
8 tadellos
-Namensangabe:
6 anonym
-Sehvermögen:
5 blind
-Sprechvermögen:
5 stumm
-Umweg:
6 direkt
-Verbindlichkeit:
5 quitt
-Vorbehalt:
7 absolut, 9 unbedingt
ohnegleichen:
17 aussergewoehnlich
Ohnmachtsanfall:
7 Kollaps
Ohr des Wildes:
5 Loser
Ohrenbereich:
6 Amboss, Hammer, Vorhof,
7 Muschel, 9 Laeppchen,
10 Gehoergang, 11 Trommelfell
Ohrenheilkunde:
8 Otologie
Ohrenkrankheit:
6 Otitis
Ohrenmediziner:
7 Otologe
Ohrenschmuck:
4 Klip*, 5 Clips
Ohrenspiegel:
7 Otoskop
Ohrenspiegelung:
9 Otoskopie
Ohrfeige:
7 Dachtel, 8 Watschen,
10 Backpfeife, 13 Backenstreich
Okeanide:
5 Doris, Hippo, Pluto, Tyche,
6 Eidyia, Lanthe, Peitho,
7 Elektra, Kalypso, Rhodeia,
8 Plexaure, Polydora,
10 Kallirrhoe
Okkasion:
11 Gelegenheit,
16 Gelegenheitskauf
okkasionell:
9 unueblich
okkult:
6 geheim, 7 magisch
Okkultismus:
11 Spiritismus
okkultistisches Treffen:
6 Seance
Okkupant:
8 Besatzer
Okkupationsfolge:
9 Besetzung
Ökonom:
8 Landwirt, 9 Verwalter,
Volkswirt
Ökonomiesparte:
10 Wirtschaft, 11 Haushaltung,
13 Rentabilitaet,
14 Landwirtschaft,
16 Wirtschaftslehre,
18 Wirtschaftlichkeit,
23 Wirtschaftswissenschaft
ökonomisch:
7 sparsam, 14 wirtschaftlich
ökonomische:
-Kategorie:
4 Wert, 6 Ertrag
ökonomischer:
-Begriff:
6 Absatz
Oktober:
8 Gilbhard, Weinmond
Okzident:
9 Abendland
Ölbaumfrucht:
5 Olive
Ölbaumharz:
5 Elemi
Ölbaumpflanze:
7 Flieder, 8 Liguster
Oleander:
12 Rosenlorbeer
Ölgefäß:
4 Tank
Ölgewächs:
4 Hanf, Lein, Nuss, Raps, Soja,
5 Kapok, Olive, Sesam,
7 Erdnuss, Oelbaum, Ruebsen,
8 Oelpalme, 9 Baumwolle,
10 Kokospalme,
11 Sonnenblume
Ölhafen des Iran:
6 Abadan
ölig:
6 fettig
ölige:
-Arzneimittel:
6 Oleosa
-Flüssigkeit:
8 Glyzerin

öliges:
-Fischfett:
4 Tran
olivgrüner Papagei:
3 Kea
Olm:
8 Amphibie
Ölsäure:
5 Olein
ölsaures Salz:
5 Oleat
Omelettespeise:
6 Plinse, 10 Eierkuchen,
11 Pfannkuchen
Omen:
9 Anzeichen, 10 Vorzeichen
ominös:
9 anruechig
Omnibus:
3 Bus, 7 Autobus
Onkel:
3 Ohm, 5 Oheim
Oper von:
-Adam:
17 Wenn ich Koenig waer
-Auber:
10 Fra Diavolo
-Beethoven:
7 Fidelio
-Berg:
4 Lulu, 6 Wozzek
-Berlioz:
16 Benvenuto Cellini,
Fausts Verdammnis
-Bittner:
7 Bergsee
-Bizet:
6 Carmen, 13 Perlenfischer
-Bodart:
14 Abtruennige Zar,
Spanische Nacht
-Braunfels:
6 Voegel
-Britten:
11 Peter Grimes,
13 Albert Herring,
20 Ein Sommernachtstraum
-Busoni:
8 Turandot, 9 Brautwahl,
11 Doktor Faust
-Debussy:
19 Pelleas und Melisande
-Egk:
5 Circe, 7 Revisor, 8 Columbus,
Peer Gynt, 10 Der Revisor
-Einem:
7 Prozess, 10 Dantons Tod
-Fortner:
12 Bluthochzeit
-Glinka:
17 Leben fuer den Zaren
-Gluck:
5 Orfeo, 6 Armida, 7 Aleeste,
Orpheus, 8 Alkestis, Antigone,
Telemach, 14 Paris und Helena
-Händel:
4 Ezio, Poro, 5 Poros, Serse,
Siroe, Teseo, 6 Admeto, Alcina,
Almira, Oreste, Ottone, Xerxes,
7 Orlando, Rinaldo, 8 Atalanta,
Berenice, Deidamia,
9 Agrippina, Ariodante,
Feramonde, Radamisto,
Rodelinde, 12 Julius Caesar,
14 Acis und Galatea
-Haydn:
9 Apotheker,
15 Welt auf dem Monde
-Hindemith:
9 Cardillac, 12 Neues vom Tage,
14 Mathis der Maler,
15 Harmonie der Welt
-Honegger:
6 Judith, 8 Antigone,
11 Jeanne d'Arc
-Humperdinck:
13 Koenigskinder,
Marketenderin,
16 Haensel und Gretel
-Janacek:
6 Jenufa, 13 Katja Kabanowa
-Lortzing:
6 Undine, 9 Hans Sachs,
10 Opernprobe, 11 Wildschuetz,
13 Waffenschmied,
16 Zar und Zimmermann
-Meyerbeer:
7 Dinorah, Prophet, 9 Nordstern,
Struensee, 10 Hugenotten,
11 Afrikanerin
-Monteverdi:
5 Orfeo, 7 Orpheus
-Mozart:
5 Titus, Zaide, 7 Don Juan,
8 Idomeneo, 10 Lucio Silla,
11 Don Giovanni,
12 Cosi fan tutte, Zauberfloete,
15 Figaros Hochzeit,
18 Gaertnerin aus Liebe,
19 Bastien und Bastienne,
23 Entfuehrung aus dem Serail
-Offenbach:
21 Hoffmanns Erzaehlungen
-Orff:
4 Mond, 5 Kluge, 8 Antigone,
10 Bernauerin
-Pfitzner:
10 Palestrina, 13 Christelflein
-Puccini:
5 Edgar, Tosca, 6 Boheme,
Mantel, 8 La Boheme, Turandot,
9 Der Mantel, La Rondine,
12 Manon Lescaut,
14 Gianni Schicchi,
15 Madame Butterfly
-Rachmaninow:
5 Aleko
-Rossini:
7 Othello, 9 Semiramis,
11 Wilhelm Tell,
15 Diebische Elster,
17 Barbier von Sevilla
-Schostakowitsch:
4 Nase, 11 Lady Macbeth
-Smetana:
4 Kuss, 7 Dalibor, Libussa,
10 Zwei Witwen,
17 Die verkaufte Braut
-Strauss:
6 Daphne, Salome, 7 Ariadne,
Elektra, Guntram, 8 Arabella,
9 Capriccio, Feuersnot,
10 Intermezzo, 11 Friedenstag,
13 Liebe der Danae,
Rosenkavalier,
15 Ariadne auf Naxos,
16 Frau ohne Schatten,
18 Die schweigsame Frau
-Strawinsky:
5 Mavra, 10 Nachtigall,
Oedipus Rex, Petruschka
-Tschaikowsky:
7 Mazeppa, 9 Pique Dame,
11 Eugen Onegin
-Verdi:
4 Aida, 6 Aroldo, Ernani,
7 Macbeth, Nabucco, Othello,
8 Falstaff, 9 Don Carlos,
Rigoletto, 10 La Traviata,
Maskenball, Troubadour,
11 Luise Miller,
18 Macht des Schicksals
-Wagner:
4 Feen, 6 Rienzi, 8 Parsifal,
Walkuere, 9 Lohengrin,
Rheingold, Siegfried,
11 Tannhaeuser,
12 Liebesverbot,
13 Meistersinger,
16 Tristan und Isolde,

17 Goetterdaemmerung,
22 Der fliegende Hollaender
-Weber:
6 Oberon, 7 Silvana, 8 Preziosa,
9 Abu Hassan, Euryanthe,
10 Drei Pintos,
12 Peter Schmoll,
14 Der Freischuetz
-Weill:
16 Dreigroschenoper
Operationsart:
8 Eingriff, Manoever
Operationsinstrument:
8 Lanzette, Skalpell
Operationsmediziner:
7 Chirurg
operative Abnahme von Gliedern:
10 Amputation
Operette von:
-Benatzky:
13 Liebe im Schnee,
15 Im weissen Roessl,
16 Kleinstadtzauber,
Lachende Vagabund
-Dostal:
6 Clivia, Manina, Monika,
12 Vielgeliebte,
18 Ungarische Hochzeit
-Fall:
11 Fidele Bauer,
13 Liebe Augustin,
15 Bruederlein fein,
Madame Pompadour,
16 Dollarprinzessin
-Gilbert:
8 Puppchen, 9 Annemarie,
12 Autoliebehen, Kinokoenigin,
Weib in Purpur,
14 Frau im Hermelin,
Keusche Susanne
-Granichstaedten:
5 Orlow, 7 Lolotte,
11 Walzerliebe
-Kalman:
8 Bajadere, 12 Faschingsfee,
13 Graefin Mariza,
14 Herbstmanoever,
15 Csardasfuerstin,
Hollandweibchen,
16 Zirkusprinzessin
-Kollo:
8 Juxbaron, Marietta,
12 Frau ohne Kuss,
18 Drei alte Schachteln
-Künneke:
8 Liselott, 9 Traumland,
16 Glueckliche Reise,
12 Lady Hamilton,
Zauberin Lola,
13 Herz ueber Bord,
14 Dorf ohne Glocke,
Lockende Flamme,
15 Grosse Suenderin,
16 Glueckliche Reise,
Vetter aus Dingsda,
Wenn Liebe erwacht
-Lehar:
3 Eva, 6 Cloclo, 8 Giuditta,
Paganini, 9 Frasquita, Juxheirat,
10 Friederike, Zarewitsch,
11 Sterngucker, 12 Fuerstenkind,
Goettergatte, Ideale Gattin,
Libellentanz, Lustige Witwe,
Rastelbinder, Wiener Frauen,
13 Endlich allein,
Tangokoenigin, Zigeunerliebe,
16 Graf von Luxemburg,
Land des Laechelns,
Schoen ist die Welt
-Lincke:
6 Grigri, 8 Casanova, Frau Luna,
10 Lysistrata, 12 Berliner Luft,
13 Venus auf Erden,
14 Ein Liebestraum,
15 Nakiris Hochzeit
-Millöcker:
9 Gasparone, 13 Bettelstudent
-Offenbach:
8 Banditen, 10 Die Kreolin,
12 Madame Favart,
Pariser Leben,
13 Schoene Helena,
16 Herr und Frau Denis,
21 Orpheus in der Unterwelt
-Stolz:
5 Maedi, 7 Peppina,
11 Tanzgraefin,
12 Venus in Seide,
13 Gluecksmaedel,
Tanz ins Glueck,
14 Karneval in Wien,
15 Verlorene Walzer,
16 Eine einzige Nacht,
Prinzessin Titipa
-Strauss:
10 Fledermaus, Wiener Blut,
11 Waldmeister, Walzertraum,
13 Zigeunerbaron
-Suppé:
9 Boccaccio, Fatinitza,
Gascogner, 11 Afrikareise,
12 Donna Juanita,
14 Flotte Burschen,
15 Dichter und Bauer,
Schoene Galathee,
16 Banditenstreiche
Operettenart:
7 Musical
Operettenkomponist:
5 Kollo, Lehar, Stolz, 6 Kalman,
Lincke, 7 Gilbert, Strauss,
8 Benatzky, Kuenneke,
9 Offenbach
Operngesangsstück:
8 Kavatine
Opernhaus in:
-London:
12 Covent Garden
-Mailand:
5 Scala
-New York:
3 Met, 12 Metropolitan
-Paris:
5 Opera
Opernkomponist:
3 Egk, 4 Berg, Orff, 5 Bizet,
Gluck, Henze, Verdi, Weber,
6 Busoni, Mozart, Wagner,
7 Britten, Haendel, Menotti,
Puccini, Rossini, 8 Lortzing,
Pfitzner, 9 Beethoven,
Hindemith, 10 Monteverdi,
Mussorgski, Strawinsky
Opernlied:
4 Arie, 8 Kavatine
Opernteil:
3 Akt, 4 Arie, Chor, 5 Duett,
6 Aufzug, Finale, 9 Ouverture,
10 Intermezzo, Ouvertuere
Opfer:
6 Spende, Tribut, 7 Almosen,
Hingabe, 10 Scherflein
Opferbehältnis:
6 Phiale
Opferguss:
8 Libation
opfern:
7 spenden, 8 schenken
Opfertafel:
5 Altar
Opfertod:
9 Martyrium
Opiumbestandteil:
6 Kodein, 7 Morphin,
8 Morphium, Narkotin
Opiumnutzer:
6 Junkie
Opiumpflanze:
4 Mohn
Opponent:
5 Feind, 6 Gegner,
12 Gegenspieler

Oppositionspartei:
11 Gegenpartei
Optimismus:
10 Zuversicht,
14 Lebensbejahung
optischer:
-Telegraf:
8 Semaphor
optisches:
-Gerät:
4 Lupe, 6 Brille, Kamera,
8 Fernglas, Fernrohr, Objektiv,
Periskop, Teleskop,
9 Mikroskop, Opernglas,
10 Stroboskop, 11 Feldstecher,
Fotoapparat, 12 Zielfernrohr,
15 Scherenfernrohr
opulent:
6 ueppig, 9 reichlich
Opuntiengewächs:
12 Feigenkaktus
Opus:
4 Werk, 9 Kunstwerk,
11 Komposition
Orakel:
10 Weissagung
Orangenpflanze:
5 Navel, 9 Apfelsine, Mandarine,
Pomeranze, 10 Clementine
Oratorium von:
-Händel:
4 Saul, 5 Josua, 6 Esther,
Joseph, Salomo, Samson,
Semele, 7 Deborah, Jephtha,
Messias, Susanna, 8 Belsazar,
Herakles, Theodora,
13 Alexanderfest
-Haydn:
10 Schoepfung, 12 Jahreszeiten
Orchester:
4 Band, 7 Kapelle,
12 Philharmonie
Orchesterleiter:
8 Dirigent, 10 Bandleader,
13 Kapellmeister
Orchestermitglied:
7 Musiker
Orchesterstück von Händel:
15 Feuerwerksmusik
Orchesterwerk:
8 Sinfonie
Orchestrion:
12 Musikautomat
Orchidee/Orchideenart:
6 Orchis, 7 Ragwurz, 8 Cattleya,
Nestwurz, 9 Braunelle,
Zahnlippe, 10 Braendlein,
Venusschuh, 11 Frauenschuh,
Knabenkraut, 12 Korallenwurz,
13 Hummelstendel,
Kuckuckskraut, Waldhyazinthe
Orchideenwurzel:
5 Salep
Orden:
10 Dekoration,
12 Auszeichnung, Ehrenzeichen
Ordensband:
6 Kordon
Ordensbruder:
3 Fra, 6 Frater, Moench
Ordensfrau:
5 Nonne
Ordensgründer:
6 Loyola, 7 Chantal, Liguori,
9 Dominikus
Ordenskleidung:
5 Habit
Ordensmitglied:
5 Pater
Ordensoberer:
5 Prior
Ordensritter:
6 Komtur
Ordensschwester:
5 Nonne, 11 Klosterfrau
ordentlicher Universitätsprofessor:
10 Ordinarius
Order:
5 Edikt, 6 Befehl, 7 Auftrag,
Mission, 9 Anordnung
ordinär:
7 vulgaer, 11 alltaeglich
ordnen:
6 regeln, 7 sichten, 8 gliedern,
9 einteilen, rangieren,
10 regulieren, 12 organisieren
Ordnungsausdruck:
5 Reihe
-in der Biologie:
3 Art, 5 Rasse, 7 Gattung
Ordnungsbeamter:
6 Schupo, 7 Gendarm, Polizei,
8 Polizist
Ordnungsbehörde:
7 Polizei
Ordnungsfaktor:
5 Regel
Ordnungsform:
5 Nomos, 6 Schema,
8 Regelung, 9 Disziplin
ordnungsgemäß:
4 rite
Ordnungsgruppe:
9 Kategorie
Ordnungsprinzip:
6 System
Ordnungszahl:
6 Nummer
Organ:
4 Darm, Herz, Milz, 5 Blase,
Galle, Leber, Lunge, Magen,
Niere, 6 Gehirn
-der Kuh:
5 Euter
-im Hals:
12 Schilddruese
-im Mund:
5 Zunge
-im Rachen:
6 Mandel
Organisationsform:
6 Aufbau, 7 Ordnung, Verband,
10 Gliederung
-der UN:
3 FAO, ILO, IRO, WHO, WMO,
4 IAEO, 5 UNIDO, 6 UNCTAD,
UNESCO, UNICEF
Organisator:
6 Macher, 7 Manager
organische:
-Bestandteile des Bodens:
5 Humus
-Säure:
5 Olein, 11 Aminosaeure,
Essigsaeure, 13 Ameisensaeure,
Salizylsaeure, 14 Zitronensaeure
-Verbindung:
5 Furan, Indol, Keton, Orzin,
Purin, 6 Ketone, 7 Aldehyd,
Derivat
organischer:
-Giftstoff:
5 Toxin
-Wirkstoff:
5 Enzym, 7 Ferment
organisches:
-Fett:
4 Talg
organisierte Hilfe:
9 Fuersorge, Wohlfahrt,
11 Sozialhilfe
Organist:
6 Kantor
Orgelkünstler:
8 Organist
Orgelregister:
7 Fistula
Orgelteil:
5 Pedal, Taste, 6 Manual, Pfeife,
8 Register, Windwerk
Orgienfeier:
6 Exzess, Gelage, 9 Voellerei

Orient:
5 Osten, 6 Nahost, 7 Levante, 10 Morgenland
Orientale:
5 Kurde, Syrer, 6 Araber, Iraker, Iraner, Perser, Tuerke, 7 Israeli, 8 Libanese, 9 Jordanier, 10 Levantiner
orientalische:
-Flöte:
3 Nei
-Gedichtform:
5 Gasel, 6 Ghasel
-Gottheit:
2 Ea, 4 Baal, 5 Istar, 7 Astarte
-Kopfbedeckung:
3 Fes, Fez, 6 Turban, 8 Tarbusch
-Liebesgöttin:
5 Istar, 7 Astarte
-Märchenfigur:
6 Aladin
-Reisegesellschaft:
8 Karawane
-Reisspeise:
5 Pilau, Pilaw
-Wasserkanne:
5 Ibrik
-Wasserpfeife:
8 Nargileh
orientalischer:
-Bauer:
8 Fellache
-Bettelmönch:
5 Fakir, 8 Derwisch
-Frauenname:
6 Aischa, Fatima, 7 Suleika
-Gaukler:
5 Fakir, 8 Derwisch
-Gebetsteppich:
5 Konya, Ladik
-Märchenerzähler:
6 Meddah
-Markt:
5 Basar, Bazar
-Palast:
6 Serail
-Richter:
4 Kadi
-Teppich:
5 Kelim
-Titel:
3 Aga, Beg, Bei, Bey, Dei, Ras, 4 Emir, Imam, Kadi, Khan, Wali, 5 Begum, Kalif, Mudir, Mufti, Mulla, Nabob, Nisam, Schah, 6 Efendi, Mullah, Scheik, Sultan, 7 Effendi, Hadschi, Scheich
-Überrock:
6 Kaftan
orientalisches:
-Färbemittel:
5 Henna
-Frauengemach:
5 Harem
-Genußmittel:
3 Kat, 5 Betel, 9 Betelnuss, Haschisch
-Gewand:
6 Burnus, Kaftan
-Königreich:
5 Jemen, 9 Jordanien, 12 Saudi-Arabien
-Kosmetikum:
5 Henna
-Küstenschiff:
3 Dau
-Musikinstrument:
10 Kemantsche
-Trinkgeld:
10 Bakschisch
-Zauberwort:
5 Sesam
Orientteppich:
3 Mir, 4 Arak, Gohm, Nain, 5 Herat, Kelim, Mahal, Saruk, 6 Afghan, Anatol, Berber, Kerman, Kirman, Perser, Tabriz, 7 Bergama, Buchara, Hamadan, Isfahan, Isparta, Kaschan, Keschan, Keshuan, Mesched, Schiraz, Taebris, Teheran, 8 Meschhed, Serabend, 9 Chorassan, 10 Muschkabed, 13 Dschouschegan
Original:
4 echt, Kauz, 6 Urbild, 7 Vorlage, 9 Urfassung, Urschrift
originär:
13 urspruenglich
originell:
4 urig
Orion-Stern:
5 Rigel
Orkneyinsel:
3 Hoy, 4 Eday, Fara, 6 Burray, Flotta, Pomona, Sanday, 7 Westray, 8 Mainland, Stronsay
Ornament:
5 Dekor, 6 Zierde, 7 Spirale, 8 Arabeske, Laubwerk, Maeander, Zickzack, 10 Rankenwerk, Verzierung
Ornithologe:
12 Vogelkundler
Ort:
4 Dorf, 5 Stadt, 6 Stelle, Weiler, 7 Flecken, 8 Siedlung
-am Arlberg:
5 Zuers
-am Genfer See:
5 Evian
-auf Ameland:
3 Nes
-auf Sylt:
4 List, 6 Kampen, 10 Westerland
-bei Luxor:
6 Karnak
-der Geborgenheit:
10 Elternhaus
-der griechischen Götter:
5 Olymp
-der Karl-May-Festspiele:
8 Segeberg
-der nordischen Sage:
7 Walhall
-der Qual:
6 Hoelle, 7 Inferno
-der Seligkeit:
4 Eden, 7 Elysium, 8 Paradies
-in Tirol:
3 Erl
-verbotener Glücksspiele:
11 Spielhoelle
orten:
6 peilen, 12 lokalisieren
Orter:
5 Radar, 9 Navigator
orthodox:
13 rechtglaeubig, 14 strenggläubig
orthodoxer Geistlicher:
4 Pope
orthodoxer Klostervorsteher:
6 Igumen
örtlich:
-begrenzt:
3 eng, 5 lokal
örtliche:
-Betäubung:
16 Lokalanaesthesie
-Dienststelle für Sicherheit:
13 Polizeirevier
Örtlichkeit:
10 Lokalitaet
ortsansässig:
8 heimisch, 10 beheimatet, 11 eingesessen, einheimisch
Ortsansässige:
11 Einwohnerin
Ortsbestimmung:
12 Lokalisation

Paarhufer/-zeher:
3 Gnu, Kuh, Reh, Ren, Sau, 4 Elch, Gams, Lama, Rind, 5 Bison, Gemse, Kamel, Schaf, Ziege, 6 Alpaka, Gaemse*, Hirsch, Nilgau, Seekuh, Widder, 7 Bueffel, Gazelle, Giraffe, Mufflon, Rentier, Schwein, 8 Antilope, Dromedar, 9 Bergziege, Damhirsch, Schafbock, Steinbock, 10 Flusspferd, 11 Buckelochse, Trampeltier, Wildschwein, 12 Wiederkaeuer
Pacht:
5 Miete
Pachtgut:
3 Gut, 7 Domaene
Pachtzins:
4 Zins, 5 Miete, 8 Mietzins
Pack:
3 Mob, 6 Bagage, Poebel, 8 Gesindel, 9 Gelichter
Packen:
5 Paket, 6 Ballen, 7 Buendel
Packgefährt:
5 Wagon*, 6 Waggon
Packpapierbogen:
9 Emballage
Pädagoge:
6 Lehrer, 8 Erzieher, 15 Wissenschaftler
pädagogische:
-Akademie:
7 Seminar
pädagogischer:
-Begriff:
3 Lob, 4 Note, 5 Tadel, 6 Fleiss, Strafe, Zensur, 7 Zeugnis
Paddel:
5 Ruder
Paddelboot:
4 Kanu, 5 Kajak, 8 Faltboot, Kanadier
Pädiatrie:
15 Kinderheilkunde
Pädophiler:
15 Kinderschaender
Page:
3 Boy, 5 Groom, 6 Diener
Pagina:
5 Seite
paginieren:
11 nummerieren
Pairsamt:
6 Pairie
pakistanische:
-Amtssprache:
4 Urdu, 7 Bengali
-Hauptstadt:
9 Islamabad
-Landschaft:
9 Pandschab
-Münze:
5 Rupie
-Provinz:
5 Sindh
pakistanischer:
-Nobelpreisträger für Physik:
5 Salam
-Politiker/Politikerin:
6 Bhutto, 8 Ajub Khan
-Strom:
5 Indus
Pakt:
4 Liga, 7 Allianz, Entente, 8 Abkommen, Buendnis, Kontrakt, 9 Abmachung
Palast:
-bei Granada:
8 Alhambra
-des Sultans:
6 Serail
-in Florenz:
5 Pitti, 6 Medici, 7 Strozzi, Vecchio, 8 Bargello, Uffizien
-in Istanbul:
7 Topkapi
-in Leningrad:
12 Winterpalais
-in London:
16 Buckingham Palace
-in Paris:
6 Elysee
-in Rom:
7 Lateran, Vatikan, 8 Quirinal, 9 Barberini
-in Venedig:
11 Dogenpalast
Palasthund:
8 Pekinese
palästinensische:
-Autonomiegebiete:
4 Gaza, 12 Gazastreifen, 14 Westjordanland
-Befreiungsorganisation:
3 PLO
palästinensischer:
-Nobelpreisträger für Frieden:
6 Arafat
Palmblattfaser:
8 Piassava
Palme/Palmenart:
3 Dum, Eta, Ita, 6 Raphia, Rotang, 7 Palmito, Pandang, 8 Oelpalme, 9 Rohrpalme, Weinpalme, 10 Kokospalme, 11 Dattelpalme, Zuckerpalme, 12 Koenigspalme, Phoenixpalme
Palmenblattkopfbedeckung:
8 Sombrero
Palmenfaser:
6 Africe
Palmenfrucht:
6 Dattel, 9 Kokosnuss
Palmenmehl:
4 Sago
Palmliliengewächs:
5 Yucca
Palmsonntag:
8 Palmarum
Palmteil:
5 Wedel
Palmwein:
5 Toddy
palpabel:
7 tastbar
Pampashase:
4 Mara
Pampashirsch:
6 Guazuy
Pampasviehhirte:
6 Gaucho
Pampasvogel:
5 Nandu
Pampelmusenpflanze:
10 Grapefruit
Pamphlet:
11 Flugschrift
pampig:
5 frech
Panamaholz:
9 Sassafras
Pandschab:
14 Fuenfstromland
Pandurenanführer:
6 Trenck
Panflöte:
6 Syrinx
Panier:
5 Fahne, 6 Banner, 10 Wahlspruch
Paniermehl:
7 Broesel, 8 Weckmehl, 13 Semmelbroesel
panikartiges Anstürmen:
3 Run
Panikerscheinung:
10 Verwirrung, 11 Massenangst
Pankreas:
19 Bauchspeicheldruese

Pankreasausscheidung:
7 Insulin
Panne:
8 Stoerung, 10 Misserfolg
Panoptikum:
20 Wachsfigurenkabinett
Panoramastelle:
9 Rundblick
Pantherkatzenart:
4 Onze, 5 Irbis, 6 Jaguar
Pantoffelheld:
11 Duckmaeuser, Waschlappen, 12 Schwaechling
Pantoffelkino:
9 Fernsehen
Pantoffelpflanze:
10 Tigerblume, 11 Frauenschuh
Pantoffeltierchen:
14 Wimpertierchen, 15 Aufgusstierchen
Pantomimenform:
14 Gebaerdenspiel
Panzer:
4 Tank, 6 Schutz, 8 Harnisch, Ruestung, 10 Kampfwagen
Panzerabwehrrakete:
3 Pak, 7 Bazooka, 11 Panzerfaust, 13 Panzerschreck
Panzerechsenart:
6 Gavial, Kaiman, 8 Krokodil, 9 Alligator, 11 Nilkrokodil
Panzerhemd:
7 Bruenne
Panzerreiter:
10 Kuerassier
Panzerschrank:
4 Safe, 6 Tresor
Papagei/Papageienart:
3 Ara, 4 Jako, Kaka, Lori, 5 Arara, 6 Kakadu, Kakapo, Nymphe, Wellat, 7 Amazone, Corella, Sittich, 8 Arakanga, Ararauna, 11 Graupapagei, 13 Wellensittich, 14 Nymphensittich
Papageienkrankheit:
10 Psittakose
Paperback:
11 Taschenbuch
Papeterie:
15 Papiergeschaeft
Papier/-art:
5 Krepp, Pappe, Velin, 6 Karton, 7 Buetten, Papirin, Papyrin, 9 Oelpapier, Pergament, 10 Packpapier, 12 Offsetpapier, Seidenpapier, 14 Zeitungspapier, 16 Kunstdruckpapier
papierartiges Material:
7 Papyrus
Papierbehälter:
5 Tuete
Papierbeleuchtung:
7 Lampion
Papierformat:
3 DIN, 5 Folio, Oktav, Quart
Papiergröße:
5 Bogen
Papierkorb:
11 Abfalleimer
Papiermesser:
6 Cutter
Papierschnibbel:
8 Konfetti
Papierstaude:
7 Papyrus
Papierstück:
6 Zettel
Papierzählmaß:
4 Ries
Papierzahlungsmittel:
4 Note, 6 Schein, 8 Banknote, 9 Assignate
Pappbehälter:
6 Karton
Pappelart:
4 Aspe, Espe, 10 Graupappel, 11 Spitzpappel, 12 Silberpappel, Zitterpappel, 13 Schwarzpappel
Pappenstärke:
6 Karton
Papstkrone:
5 Tiara
päpstliche:
-Anrede:
13 Heiliger Vater
-Behörde:
4 Rota, 5 Kurie, 6 Kammer, 7 Datarie, 8 Signatur, 10 Sekretarie
-Gesandtschaft:
8 Legation, 9 Nuntiatur
-Kopfbedeckung:
7 Kalotte, 8 Pileolus
-Leibwache:
10 Nobelgarde, 14 Schweizergarde
-Rechtsentscheidungen:
10 Dekretalen
-Residenz:
7 Vatikan
-Zentralbehörde:
5 Kurie
päpstlicher:
-Botschafter:
7 Nuntius
-Entscheid:
9 Dekretale
-Erlaß:
5 Breve, Bulle
-Palast in Rom:
7 Lateran
päpstliches:
-Gewand:
5 Falda, Fanon, 6 Fanone
-Rundschreiben:
9 Enzyklika
Papstname:
3 Leo, 4 Paul, Pius, 5 Cajus, Donus, Eugen, Felix, Konon, Linus, Soter, 6 Calixt, Cletus, Fabian, Gregor, Johann, Julius, Kalixt, Lucius, Markus, Martin, Petrus, Sixtus, Viktor, 7 Adeodat, Anterus, Clemens, Damasus, Hadrian, Hilarus, Hyginus, Klemens, Marinus, Romanus, Sergius, Stephan, Theodor, Tomanus, Zosimus, 8 Agapetus, Anicetus, Fabianus, Formosus, Gelasius, Honorius, Innozenz, Johannes, Liberius, Nikolaus, Pelagius, Siricius, Vigilius, Vitalian, 9 Alexander, Coelestin, Cornelius, Deusdedit, Dionysius, Euaristus, Hormisdas, Marcellus, Paschalis, Severinus, Silverius, Sisinnius, Symmachus, Zacharias, Zoelestin, 10 Anastasius, Bonifatius, Eleutherus, Konstantin, Melchiades, Sabinianus, Simplicius, Zephirinus*, Zephyrinus, 11 Eutychianus, Marcellinus, Telesphorus, 12 Johannes Paul, 13 Christophorus
Papstpalast:
-in Rom:
7 Lateran, Vatikan
Papsttumanhänger:
6 Papist
Parabel:
9 Gleichnis, 12 Kegelschnitt
parabolisch:
12 sinnbildlich
Paradebettstatt:
8 Katafalk
Paradeform:
12 Truppenschau

Paradies:
6 Himmel, 7 Elysium,
8 Eldorado, 9 Seligkeit,
10 Garten Eden
Paradiesapfel:
6 Tomate
Paradiesaufseher:
6 Cherub
Paradiesgarten:
4 Eden
parallel:
13 gleichlaufend
Parallele:
9 Vergleich
Parallelogramm:
5 Raute, 7 Quadrat, Rhombus,
8 Rechteck
Parasit:
11 Schmarotzer
Parasol:
12 Sonnenschirm
Parasolpilz:
10 Schirmling
parat:
6 bereit, fertig, prompt
Pardelkatzeart:
6 Ozelot
Pardon:
10 Verzeihung,
14 Entschuldigung
Parfümbehälter:
6 Flacon, Flakon
Parfümduftstoff:
5 Ambra, 7 Moschus
Pariakaste:
6 Balahi
Pariser:
-Bauwerk:
10 Eiffelturm
-Bettler:
8 Clochard
-Flughafen:
4 Orly, 9 Le Bourget
-Kathedrale:
9 Notre Dame
-Kulturzentrum:
14 Centre Pompidou
-Kunstanstalt:
5 Odeon
-Künstlerviertel:
10 Montmartre
-Modeschöpfer:
4 Dior, Fath
-Modeschöpferin:
6 Chanel
-Museum:
6 Louvre
-Prachtstraße:
12 Champs Elyses
-Siegesdenkmal:
13 Arc de Triomphe
-Staatsgefängnis:
8 Bastille
-Universität:
8 Sorbonne
-Universitätsviertel:
13 Quartier Latin
-Untergrundbahn:
5 Metro
-Wahrzeichen:
10 Eiffelturm
Park:
6 Garten, Gehege,
11 Gruenanlage
Parkanlage:
12 Gruenflaeche
Parkstraße:
5 Allee
Parkweg:
6 Avenue
Parkzeitmesser:
10 Parkometer
Parlament:
4 Duma, Sejm, 5 Senat,
7 Knesset, Landtag,
9 Bundestag, Reichstag,
Unterhaus, 11 Nationalrat,
Volkskammer,
15 Nationalkonvent,
Volksvertretung,
16 Abgeordnetenhaus
Parlamentär:
13 Unterhaendler
Parlamentarier:
11 Delegierter, Deputierter,
12 Abgeordneter,
14 Volksvertreter
Parlamentariergemeinschaft:
8 Fraktion, 9 Koalition,
10 Opposition
parlamentarische:
-Abstimmung:
4 Wahl, 9 Ballotage,
12 Hammelsprung
-Beratung:
6 Lesung
Parlamentssitzungsfolge:
7 Session
Parodontitis:
18 Zahnbetterkrankung
Parole:
6 Devise, Losung, Slogan,
11 Losungswort
Paroli:
6 Abwehr, 9 Gegenwehr,
10 Widerstand
Part:
5 Rolle, 6 Anteil, Partie,
Stimme, 8 Teilhabe
Partei:
6 Clique, Gruppe, 8 Fraktion,
9 Kamarilla
Parteifreund:
7 Genosse
parteiisch:
8 befangen, 10 unsachlich,
11 tendenzioes,
14 voreingenommen
parteilos:
7 neutral
Parterre:
11 Erdgeschoss
Partie:
4 Part, Tour, Trip, 5 Reise, Rolle,
Runde, Spiel, 7 Ausflug
Partie des Oberkörpers:
5 Brust
Partisan:
8 Guerilla, 11 Franktireur,
13 Freischaerler,
14 Heckenschuetze
Partizip:
10 Mittelwort
partizipieren:
9 teilhaben
Partner:
6 Sozius, 7 Genosse,
9 Kompagnon, Teilhaber,
10 Mitinhaber
Party:
4 Fest, Fete, 8 Hausball,
Hausfest, 10 Gartenfest,
12 Gesellschaft
Parvenue:
14 Emporkoemmling
Parze:
6 Klotho, 7 Atropos, 8 Lachesis,
17 Schicksalsgoettin
Päsident der Bundesrepublik Deutschland:
6 Herzog
Paß in Graubünden:
6 Albula
passabel:
8 leidlich, 9 annehmbar
Passage:
9 Uebergang, 10 Durchfahrt,
Ueberfahrt

Passagier:
8 Fahrgast, Fluggast,
9 Reisender
Passagierbereich:
6 Abteil, Gondel, Kabine
Passah:
6 Ostern
Passahspeise:
5 Matze, 6 Matzen
passend:
5 habil, 8 angenehm, guenstig, opportun
Paßgängertier:
6 Zelter, 10 Lipizzaner
Passion:
4 Hang, 5 Liebe, 6 Faible, Leiden, 12 Leidenschaft, 17 Leidensgeschichte
Passionssonntag:
6 Judika, 7 Laetare
Passionsspielort:
3 Erl, 7 Selzach, 11 Sankt Gallen, 12 Oberammergau
Passionswoche:
8 Karwoche
passiv:
7 leidend, 8 untaetig, 12 teilnahmslos
Paßsichtvermerk:
5 Visum
Paste:
4 Krem, 5 Creme
Pastenbehälter:
4 Tube
Pastete/Pastetenart:
3 Pie, 7 Pirogge, Ravioli, Timbale, 8 Grisette, Krustade, 9 Piroschki
Pastorenamt:
8 Priester, 10 Seelsorger
Pastorenkleidung:
5 Talar
Pastorenkopfbedeckung:
6 Barett
Pate:
4 Gode, Gote, 8 Gevatter, 9 Taufzeuge
Patenkind:
8 Firmling, 9 Taeufling
patent:
8 tuechtig, 9 brauchbar, geschickt
Patentverschluß:
10 Druckknopf, 15 Reissverschluss
Paternosterart:
4 Lift, 6 Aufzug, 10 Vaterunser
Paternostererbse:
5 Abrus
pathologisch auffällig:
9 krankhaft
Patient:
6 Kurand, 7 Kranker
Patin:
5 Godel
Patinaform:
8 Edelrost
Patron:
9 Protektor, 10 Schutzherr, 14 Schutzheiliger
-der Angler:
6 Petrus
-der Apotheker:
6 Damian, Kosmas, 7 Michael
-der Bergsteiger:
8 Bernhard
-der Haustiere:
7 Egidius
-der Jäger:
8 Hubertus, 10 Eustachius
-der Juristen:
3 Ivo
-der Kinder:
8 Nikolaus
-der Kranken:
8 Johannes
-der Reisenden:
13 Christophorus
-der Schiffer:
6 Petrus, 8 Nikolaus, 13 Christophorus
-der Schützen:
9 Sebastian
-der Schweiz:
5 Klaus
-der Studenten:
8 Aloysius
-des Rundfunks:
7 Gabriel
-des Wetters:
6 Petrus
-gegen Gewitter:
7 Donatus
-von Bayern und München:
5 Benno
-von Venedig:
6 Markus
Patronenraum:
7 Magazin
Patronin:
-der Augenkranken:
5 Lucia
-der Bauern:
8 Notburga
-der Bergleute:
7 Barbara
-der Jungfräulichkeit:
5 Agnes
-der Kaufleute:
4 Anna
-der Malteser:
6 Agatha
-der Musik:
8 Caecilia
-der Mütter:
6 Monika
-der Zigeuner:
5 Sarah
-des Elsaß:
6 Odilia
-von Brüssel:
6 Gudula
-von Portugal:
6 Isabel
-von Schlesien:
6 Hedwig
Patrouillentrupp:
7 Streife, 10 Spaehtrupp
Patsche:
3 Not, 6 Klemme, 8 Klatsche
Pauke:
7 Timpani, Trommel
Paulusbriefempfänger:
7 Epheser, Galater, 8 Kolosser, 9 Korinther, Philipper
pauschal gefaßt:
9 insgesamt, 15 undifferenziert
Pausenzeit:
4 Ruhe, 8 Freizeit, Halbzeit
Pavianart:
6 Babuin, 8 Mandrill, 9 Dschelada, 12 Mantelpavian
Pavillon:
5 Kiosk, 10 Gartenhaus, Messehalle
Pechkohle:
5 Gagat
Pechleuchte:
6 Fackel
Pedal:
5 Hebel, 6 Kurbel, 9 Fusshebel
pedantisch:
7 penibel, 8 pingelig, 9 kleinlich
pedantischer Mensch:
11 Haarspalter
Peddigrohrpflanze:
6 Rattan
Pein:
4 Qual, 6 Marter, Tortur, 7 Schmerz, 8 Drangsal

peinlich:
6 genant, heikel, 7 delikat,
10 unangenehm
-berührt:
10 indigniert
-genau:
7 penibel, 11 sorgfaeltig
peinliche:
-Genauigkeit:
7 Akribie, 10 Pedanterie
-Lage:
11 Schwulitaet
-Sensation:
7 Skandal
peinlicher:
-Vorfall:
5 Eklat, 7 Affaere
peinliches:
-Aufsehen:
7 Skandal
-Empfinden:
5 Scham
Peitschenart:
5 Knute, 7 Fuchtel, Geissel,
Nagaika, 8 Kantschu,
10 Karbatsche, 12 Ochsenziemer
Pelikanartigvogel:
8 Kormoran
Pelle:
4 Darm, Haut
Pelz:
-der Biberratte:
6 Nutria
-des sibirischen Eichhörnchens:
3 Feh
Pelzart/-tier:
4 Baer, Hase, Mink, Nerz, Seal,
5 Biber, Bisam, Fuchs, Iltis,
Kanin, Luchs, Otter, Schaf,
Skunk, Zobel, 6 Angora, Marder,
Nutria, Ozelot, Suslik, Wiesel,
7 Karakul, Krimmer, Leopard,
Opossum, Seebaer, Seehund,
8 Hermelin, Maulwurf,
Rotfuchs, Sealskin, 9 Blaufuchs,
Pelzrobbe, Persianer, Stinktier,
Waschbaer, 10 Bisamratte,
Chinchilla, Edelmarder,
Murmeltier, 11 Silberfuchs,
12 Breitschwanz
Pelzkleidungsstück:
9 Nerzstola
Pelzkragen:
3 Boa
Pelzsamt:
6 Felbel
Pelzverarbeitungsmeister:
10 Kuerschner

Pelzwerk:
9 Rauchware
Pendant:
11 Gegenstueck
Pendel:
11 Perpendikel
Pendeluhr:
8 Penduele, 9 Regulator
Penelopes Gatte:
8 Odysseus
Penelopes Sohn:
8 Telemach, 10 Telemachos
Pension:
5 Rente, 11 Fremdenheim
Pensionär:
7 Rentner
Pensum:
7 Aufgabe, Lektion, 9 Lehrstoff,
Lernstoff
Pentagon:
8 Fuenfeck
Pentagramm:
10 Drudenfuss
perfekt:
9 abgemacht, vollendet,
10 vollkommen
Pergamentpapier:
5 Velin
Periode:
4 Aera, 6 Epoche, Umlauf,
Zyklus, 8 Zeitraum,
12 Menstruation
Periodenzahl:
8 Frequenz
Peripherie:
4 Rand, 6 Umfang, 7 Umkreis
Periskop:
7 Sehrohr
perlen:
10 moussieren
Perons Frau:
5 Evita
Perpendikel:
6 Pendel
Perron:
5 Rampe, 8 Auffahrt,
9 Bahnsteig, Plattform
Persianerschaf:
7 Karakul
Persien:
4 Iran
persische:
-Flöte:
3 Nei
-Fruchtbarkeitsgöttin:
7 Anaitis
-Gedichtform:
5 Gasel

-Gottheit:
5 Haoma, 6 Ormuzd, 7 Ahriman,
Mithras
-Hauptstadt:
7 Teheran
-Hauptstadt im Altertum:
4 Susa
-heilige Schrift:
6 Avesta, Awesta
-Münze:
4 Rial, 5 Dinar, Toman,
6 Schahi, 8 Dareikos
-Provinz:
4 Fars, 5 Gilan, 6 Kerman,
8 Kuhistan
-Reisspeise:
5 Pilaf, Pilaw
-Religion:
9 Mazdaznan, Parsismus
-Rohrflöte:
3 Nei
-Teppichstadt:
7 Hamadan, Taebris
-Wasserpfeife:
6 Kalian, Kaliun
persischer:
-Dichter:
4 Omar, 5 Hafis, 6 Nisami,
Nizami, 7 Firdusi, Marwasi,
8 Dschelal, Firdausi
-Exportartikel:
3 Oel, 7 Teppich
-Frauenname:
7 Suleika
-Kaisertitel:
5 Schah
-König:
5 Cyrus, Kyros, Nadir, 6 Darius,
Xerxes, 8 Kambyses,
9 Alexander, 10 Artaxerxes
-Lichtgott:
6 Ormuzd, 7 Mithras
-Lyriker:
5 Feisi
-Religionsstifter:
4 Mani, 5 Manes, 9 Zoroaster,
11 Zarathustra
-Statthalter:
6 Satrap
-Titel:
5 Mirsa, Mirza
Person:
6 Mensch, 10 Individuum,
11 Einzelwesen
Personalangehörige:
11 Belegschaft, Mitarbeiter,
12 Dienerschaft

Personalausweis:
4 Pass, 9 Kennkarte, Reisepass, 16 Identitaetskarte
Personenaufzug:
4 Lift, 9 Fahrstuhl, 11 Paternoster
Personenbehörde:
10 Standesamt
Personenbezeichnung:
4 Name
Personenkraftfahrzeug:
3 Pkw, 4 Auto, 8 Roadster, 9 Cabriolet, Limousine, 10 Kabriolett
Personenraub:
10 Kidnapping
persönlich:
5 eigen, 6 privat, selbst, 8 privatim, 9 subjektiv, 11 individuell
persönliche:
-Ausdrucksweise:
4 Stil
-Eigenart:
12 Angewohnheit
persönlicher:
-Festtag:
9 Namenstag, 10 Geburtstag, 12 Hochzeitstag
persönliches:
-deutsches Fürwort:
2 du, er, es, 3 ich, ihr, Sie, wir
-englisches Fürwort:
2 he, it, we, 3 she, you, 4 they
-französisches Fürwort:
2 il, je, tu, 3 ils, 4 elle, nous, vous, 5 elles
-Fürwort:
2 du, er, es, 3 dir, ich, ihm, ihr, Sie, uns, wir, 4 euch, 5 ihnen
Persönlichkeitsausprägung:
9 Charakter, 10 Individuum, 13 Personalitaet, 15 Individualitaet
Persönlichkeitsbild:
11 Psychogramm
Persönlichkeitsschutz:
10 Immunitaet
Perspektive:
8 Ausblick, Aussicht, 10 Durchblick, 11 Blickwinkel, Voraussicht
peruanische:
-Hafenstadt:
5 Chala, 6 Callao, 7 San Juan
-Hauptstadt:
4 Lima
-Herrscherkaste:
5 Inkas
-Münze:
3 Sol, 7 Centavo
-Provinz:
3 Ica, 4 Puno, 5 Piura, 6 Ancash, Callao, Loreto
peruanischer:
-Eroberer:
7 Pizarro
-Exportartikel:
4 Blei, Zink, 5 Eisen, Wolle, 6 Erdoel, Kaffee, Kupfer, Silber, 10 Zuckerrohr
-Schriftsteller:
7 Alegria
-See:
8 Titicaca, 11 Titicacasee
peruanisches:
-Gebirge:
5 Anden
-Schafkamel:
4 Lama, 6 Alpaka, 7 Guanako, Vikunja
pervers veranlagt:
7 abartig, 15 widernatuerlich
pessimistischer Mensch:
12 Schwarzseher
Pestname:
12 Schwarzer Tod
petrochemisches Unternehmen:
13 Oelraffinerie
Petschaft:
6 Siegel
Pfad:
3 Weg
Pfadfinder:
5 Scout
Pfahl:
6 Pflock, Stange, 7 Pfosten
Pfalzgraf:
7 Palatin
Pfandnahme:
6 Geisel, 7 Kaution, 10 Sicherheit
Pfannenmahlzeit:
7 Omelett, Ruehrei, 8 Omelette, 15 Kartoffelpuffer
Pfannkuchengericht:
7 Krapfen, Omelett, 8 Berliner, Omelette, 10 Eierkuchen, 13 Palatschinken
Pfarramt:
8 Pastorat
Pfarrer:
6 Pastor, 8 Priester, 10 Seelsorger, 11 Geistlicher
Pfefferfresser:
5 Tukan
Pfeffergurke:
9 Cornichon
Pfefferkuchen:
6 Printe
Pfefferstrauchfrucht:
6 Kubebe
pfeifen:
7 floeten
Pfeifenentzünder:
7 Fidibus
Pfeifengebüsch:
6 Jasmin, 10 Osterluzei, Schneeball
Pfeifenmaterial:
10 Meerschaum, 11 Bruyereholz
Pfeifentabak:
4 Shag
Pfeil:
8 Geschoss, 9 Wegweiser
Pfeilbehälter:
7 Koecher
Pfeiler:
6 Saeule, 7 Stuetze, 8 Pilaster, Staender
Pfeilerbüste:
5 Herme
Pfeileroberteil:
8 Kapitell
Pfeilerspiegel:
7 Trumeau
Pfeilgift:
4 Upas, 6 Kurare
Pfeilhecht:
6 Pikuda, 9 Barrakuda
Pfeilschußwaffe:
5 Bogen
Pfeilwurz:
7 Tapioka
Pfeilwurzmehl:
9 Arrowroot
Pfennigfuchser:
7 Knauser, 8 Geizhals, 10 Geizkragen
Pferch:
6 Huerde, Koppel, Korral, 8 Viehzaun, 11 Einzaeunung
Pferd des Don Quichotte:
9 Rosinante
Pferd/Pferdeart:
4 Gaul, Pony, 5 Enter, Falbe, Fuchs, Rappe, Stute, 6 Blesse, Fohlen, Hengst, Maehre, Rappen, Traber, 7 Brauner, Fuellen, Mustang, Wallach, 8 Schimmel, 9 Goldfuchs,

12 Grauschimmel,
13 Apfelschimmel
pferdeähnliches:
-Fabeltier:
7 Einhorn, Zentaur
-Tier:
5 Zebra
Pferdebürste:
8 Striegel
Pferdedecke:
7 Woilach
Pferdedressur:
10 Hohe Schule
Pferdeerkrankung:
4 Rehe, Spat, 5 Druse, Mauke, 6 Koller
Pferdefuhrwerk:
5 Karre, 7 Karosse, Kutsche, 8 Droschke, Equipage, Kalesche
Pferdefußbereich:
3 Huf
Pferdegangart:
4 Pace, Trab, 6 Galopp, Kanter, 7 Alluere, Schritt, 8 Karriere
Pferdegeschirr/-teil:
4 Zaum, 5 Sporn, 6 Sattel, Sielen, Sporen, Trense, 7 Halfter, Kandare, 11 Steigbuegel
Pferdehof:
7 Gestuet, 9 Rennstall
Pferdekutsche:
8 Droschke
Pferdeleine:
5 Longe
Pferdenasenteil:
7 Nuester
Pferdepflegeutensil:
11 Kardaetsche
Pferdeputzgerät:
8 Striegel, 11 Kardaetsche
Pferderasse:
3 Kob, 4 Pony, 6 Araber, Berber, Hunter, Perser, 7 Belgier, Hackney, Suffolk, 8 Halbblut, Kaltblut, Vollblut, Warmblut, 9 Haflinger, Trakehner, 10 Holsteiner, Lipizzaner, 11 Oldenburger, 12 Hannoveraner, Shetlandpony
Pferderennbahn:
9 Hippodrom
Pferderennplatz:
4 Riem, 5 Ascot, 8 Daglfing, 9 Iffezheim, 10 Baden Baden
Pferdesportart:
4 Polo, 6 Reiten, Rennen, 7 Dressur, 8 Military, Springen, 10 Hohe Schule, Jagdrennen, Trabrennen, 11 Flachrennen, Springderby, 12 Galopprennen, Jagdspringen, 13 Dressurreiten, Huerdenrennen, Turnierreiten, 15 Hindernisrennen
Pferdesportler:
6 Reiter, 12 Springreiter
Pferdestraßenbahn:
4 Tram
Pferdeunterstand:
3 Box
Pferdewagen:
7 Kutsche
Pferdewissenschaft:
10 Hippologie
Pferdezaum:
6 Trense
Pfiff:
5 Kniff
Pfingstblume:
7 Paeonie
Pfingstvogel:
5 Pirol
Pfirsichart:
9 Nektarine
Pflanze:
4 Baum, Gras, Mohn, Moos, Pilz, 5 Blume, Kraut, 7 Flechte, Strauch, 8 Gewaechs
-ohne Blüten:
10 Kryptogame, 13 Sporenpflanze
Pflanzenanbau:
6 Kultur, 8 Plantage, 10 Agrikultur, Baumschule
Pflanzenausschwitzung:
4 Harz, 5 Wachs
Pflanzenauszug:
6 Essenz, 7 Tinktur
Pflanzenessen:
5 Salat, 7 Gemuese, Rohkost
Pflanzenesser:
10 Vegetarier
Pflanzenfarbstoff:
7 Karotin, 11 Chlorophyll
Pflanzenfaser:
4 Hanf, 5 Sisal, 6 Flachs, 9 Baumwolle
Pflanzenfett:
9 Margarine
Pflanzenflüssigkeit:
9 Gummiharz, Kautschuk, 11 Guttapercha
Pflanzenglied:
5 Ranke
Pflanzenhormon:
5 Kinin
Pflanzenkeim:
4 Same, 5 Samen
Pflanzenkostesser:
10 Vegetarier
Pflanzenkrankheit:
4 Rost, 7 Mehltau
Pflanzenlaus:
10 Schildlaus
Pflanzenleim:
7 Staerke
Pflanzennährstoff:
4 Kali, 7 Duenger
Pflanzenreich:
5 Flora
Pflanzensaft:
5 Manna
Pflanzensammlung:
9 Herbarium
Pflanzenschädling:
7 Reblaus, 9 Blattlaus
Pflanzenschmuckornament:
8 Arabeske
Pflanzenschößling:
5 Trieb, 7 Ableger
Pflanzenschutzmittel:
8 Fungizid, Pestizid, 10 Bakterizid, Insektizid
Pflanzensproß:
5 Trieb, 6 Senker
Pflanzenstachel:
4 Dorn
Pflanzenstengel:
4 Halm, 5 Stiel
Pflanzenteil:
3 Ast, 4 Halm, Laub, 5 Beere, Blatt, Dolde, Faser, Nadel, Narbe, Rinde, Stamm, Stiel, Trieb, Wedel, Zelle, Zweig, 6 Bluete, Frucht, Knolle, Knospe, Spross, Traube, Wipfel, Wurzel, 7 Griffel, Stachel, Stempel, Stengel, 8 Staengel*, 9 Kaetzchen
Pflanzentrieb:
6 Spross, 7 Ableger
Pflanzenwelt:
5 Flora, 10 Vegetation
Pflanzenwissenschaft:
7 Botanik, 10 Phytologie
Pflanzenzuchtunternehmen:
10 Gaertnerei
Pflanzgut:
4 Saat
pflanzliches:
9 vegetabil, 11 vegetarisch
-Oberflächengewebe:
4 Kork

pflanzliche:
-Base:
8 Alkaloid
-Gewebeart:
7 Kambium
pflanzlicher:
-Farbstoff:
7 Karotin
pflanzliches:
-Färbemittel:
6 Safran
-Fasergewebe:
4 Bast
-Nahrungsmittel:
12 Vegetabilien
Pflanzungsgelände:
6 Kultur, 8 Plantage,
10 Baumschule
Pflaumenpflanze:
8 Spilling, Zwetsche,
9 Damaszene, Mirabelle,
Reneklode, Zwetschge,
11 Reineclaude
Pflaumenschnaps:
9 Slibowitz, Sliwowitz
Pflege:
5 Obhut, Sorge, 7 Wartung,
9 Betreuung, Fuersorge
Pflege der Gesundheit:
7 Hygiene
pflegen:
6 warten, 8 betreuen, umsorgen
Pfleger:
5 Tutor, 7 Kurator, Vormund,
Waerter, 9 Samariter,
10 Sanitaeter
Pflegling:
7 Muendel, Patient
Pflegschaft:
7 Kuratel
Pflicht:
5 Gebot, 6 Dienst, 7 Aufgabe,
12 Obliegenheit
Pflichtabnahmeanteil:
10 Kontingent
Pflichtgebot:
9 Imperativ
pflügen:
6 ackern, 7 rigolen
Pflugspur:
6 Furche
Pflugteil:
4 Baum, 5 Schar, 7 Grindel,
9 Pflugbaum
Pforte:
3 Tor, 6 Portal, 7 Eingang,
Einlass
Pförtner:
7 Portier, 9 Concierge
Pförtnerzimmer:
4 Loge
Pfosten:
5 Pfahl, 6 Balken, Strebe,
7 Pfeiler
Pfote:
5 Klaue, Tatze, 6 Pranke,
11 Handschrift
Pfriem:
4 Ahle
Pfropfbastard:
8 Chimaere
Pfropfen:
5 Spund, 6 Korken, 7 Stopfen,
8 Stoepsel
Pfründe:
6 Besitz, 7 Benefiz
Pfütze:
5 Lache
Phädras
Mann:
7 Theseus
Phänomen:
7 Vorgang, 8 Ereignis,
11 Erscheinung
Phantasie:
8 Trugbild, 10 Einbildung,
11 Vorstellung
phantastische Geschichte:
8 Groteske
Phantom:
8 Gespenst, Trugbild
Pharaonengrab:
8 Pyramide
Pharaonenname:
6 Cheops, Ramses, 8 Chephren,
Echnaton, 9 Amenhotep,
11 Tutenchamun
Pharisäer:
8 Heuchler
pharmazeutischer Beruf:
9 Apotheker
Phase:
7 Stadium
Philanthrop:
10 Wohltaeter,
14 Menschenfreund
Philatelist:
18 Briefmarkensammler
Philemons Gattin:
6 Baucis
Philharmonieraum:
9 Musiksaal
philippinische:
-Insel:
4 Cebu, 5 Leyte, Luzon, Panay,
6 Negros, Tablas, 7 Masbate,
Mindoro, Palawan, 8 Camiguin,
Mindanao
philippinischer:
-Diktator:
6 Marcos
-Einwohner:
6 Tagale, 7 Negrito
-Vulkan:
3 Apo, 8 Urdaneta
Philisterstadt im Alten
Testament:
5 Ekron
Philosoph:
5 Plato, 6 Denker, 11 Aristoteles,
12 Schopenhauer
philosophische:
-Schule:
5 Ethik, Logik, 6 Mystik,
7 Deismus, 8 Symbolik,
9 Aesthetik, Dialektik,
Dualismus, Ontologie, Sophistik,
10 Empirismus, Humanismus,
Idealismus, Metaphysik,
Nihilismus, Scholastik,
Stoizismus, 11 Pantheismus,
12 Nominalismus, Positivismus,
Pragmatismus, Relativismus,
13 Materialismus,
Rationalismus,
14 Subjektivismus,
16 Existentialismus,
Existenzialismus*
Phiole:
7 Flasche, Gefaess,
11 Glasflasche
Phlegmaform:
9 Traegheit, 14 Dickfelligkeit,
17 Schwerfaelligkeit
phönizische:
-Kolonie:
8 Karthago
-Stadt:
5 Sidon, 8 Karthago
phönizischer:
-Gott:
3 Bel, 4 Baal, 5 Taaut
Phrase:
6 Gerede, Tirade, 7 Floskel,
Wendung
phrasenförmig:
10 rhetorisch
phrygische Göttin:
6 Kybele
phrygischer König der Sage:
5 Midas

physikalische:
-Arbeitseinheit:
3 Erg
-Einwirkung:
8 Influenz
-Erscheinungsform:
15 Aggregatzustand
-Grundgröße:
5 Masse
-Krafteinheit:
4 Pond, 6 Newton
-Maßeinheit:
5 Neper
physikalischer:
-Begriff:
3 Gas, Ion, Weg, 4 Atom, Feld, Grad, Kern, Raum, Zeit, 5 Achse, Blitz, Druck, Ebene, Farbe, Hebel, Kraft, Kurve, Licht, Masse, Rolle, Stoss, Strom, Welle, 6 Dichte, Kaelte, Katode*, Ladung, Laenge, Magnet, Moment, Schall, Sender, Vakuum, Waerme, 7 Akustik, Biegung, Drehung, Einheit, Element, Energie, Gewicht, Kathode, Kreisel, Materie, Reibung, Schwere, Volumen, 8 Atomkern, Auftrieb, Bewegung, Brechung, Emission, Fernrohr, Frequenz, Influenz, Leistung, Maschine, Mechanik, Rotation, Spannung, Spektrum, Struktur, 9 Anziehung, Bildpunkt, Bildweite, Elektrode, Entladung, Induktion, Konstante, Luftdruck, Nullpunkt, Reflexion, Strahlung, Traegheit, 10 Brennpunkt, Brennweite, Entfernung, Fallgesetz, Instrument, Lichtstrom, Magnetfeld, Rauminhalt, Reichweite, Schwingung, Temperatur
physische Stärke:
5 Kraft
Pianist:
6 Chopin
Pianistin:
3 Ney
Picke:
5 Hacke
Pickelform:
4 Akne, 6 Pustel, 8 Mitesser
picken:
6 hacken, 7 stechen, 8 stochern
Pigmentanteil:
9 Farbstoff, 13 Hautfarbstoff
Pigmentmangelerscheinung:
10 Albinismus
pikant:
6 scharf, 8 gewuerzt, 9 prickelnd, 10 anzueglich
pikante:
-Brühe:
6 Braise
-Soße:
7 Ketchup, 8 Ketschup*, 9 Remoulade, 13 Bechamelsauce, Bechamelsosse*
Pikanterie:
4 Reiz
Pike:
5 Lanze, 6 Spiess
pikiert:
9 beleidigt, verstimmt
pilgern:
7 wandern, 10 wallfahren
Pilgerreise:
9 Wallfahrt
Pilgerreise nach Mekka:
5 Omrah, 6 Hadsch
Pilgerunterkunft:
6 Hospiz
Pillenform:
6 Dragee, 8 Pastille, Tablette, 17 Verhuetungsmittel
Pilot:
15 Flugzeugfuehrer
Pilotenkabine:
6 Kanzel, 7 Cockpit
Pilz/-art:
6 Bovist, Marone, 7 Lorchel, Morchel, Reizker, Schwamm, 8 Egerling, Trueffel, 9 Gruenling, Hexenpilz, Steinpilz, Suessling, Taeubling, 10 Champignon, Hallimasch, Satanspilz, Ziegenbart, 11 Fliegenpilz, Pfifferling, 19 Knollenblaetterpilz
Pilzerkrankung:
6 Mykose
Pilzfäden:
5 Myzel, 8 Myzelium
Pilzgeschwür:
6 Fungus
Pilzvernichtungsmittel:
8 Fungizid
Pilzwissenschaft:
9 Mykologie
Pimpernuß:
8 Pistazie
Pinakothek:
16 Gemaeldesammlung
Pionier:
11 Bahnbrecher, Vorkaempfer, Wegbereiter
Pirat:
10 Seeraeuber
Piratenutensil:
9 Enterbeil, 10 Enterhaken
Pirolart:
6 Buelow, 8 Bieresel, Bierhahn, 11 Kirschvogel
Pirsch:
4 Jagd
Piste:
11 Rennstrecke
Pistole:
8 Browning, Terzerol
Pistolenbehältnis:
7 Halfter
Pizzagewürz:
7 Oregano
Plage:
4 Pein, Qual, 5 Muehe, Uebel, 6 Leiden, 8 Strapaze, 11 Anstrengung
plagen:
7 quaelen, 8 schuften
Plakatform:
6 Poster, 8 Anschlag
Plakette:
8 Medaille, 9 Abzeichen, 12 Gedenkmuenze
Plan:
5 Karte, 6 Skizze, 7 Absicht, Konzept, Projekt, 8 Programm, Vorhaben, 9 Grundriss, Intention, Zeichnung, 10 Uebersicht
Planendecke:
5 Blahe, 6 Plache, 9 Abdeckung, 11 Regenschutz, Schutzdecke, 12 Wetterschutz
Planet:
4 Erde, Mars, 5 Pluto, Venus, 6 Merkur, Neptun, Saturn, Uranus, 7 Jupiter, 11 Wandelstern
Planetoid:
4 Eros, Juno, 5 Ceres, Vesta, 6 Pallas, 7 Ganymed, 9 Geografos*, 10 Geographos
planieren:
5 ebnen
Plänkelei:
5 Kampf, 6 Streit, 12 Scharmuetzel
Plankenbrett:
5 Bohle, Brett, Diele

planmäßig:
7 gezielt, 10 methodisch,
12 systematisch
planmäßiges Vorgehen:
7 Methode
Plantageneigentümer:
8 Pflanzer
planvoll:
8 taktisch
planvolle:
-Maßnahme:
6 Aktion
-Vorsorge:
6 Sparen, 12 Versicherung
Plastik:
5 Figur, 6 Bueste, Statue,
8 Skulptur
plastisches:
-Bildwerk:
8 Skulptur
-Schaubild:
7 Diorama
Plateaugelände:
9 Hochebene, Tafelland,
11 Hochflaeche
Platinmetall:
6 Osmium, 7 Iridium, Rhodium,
9 Palladium, Ruthenium
Platitüde:
7 Fadheit, 10 Banalitaet
platt:
3 fad, 4 eben, fade, plan,
5 banal, flach, 6 seicht, 7 trivial,
witzlos, 8 geistlos,
12 abgedroschen
Plättapparat:
5 Rolle, 6 Mangel,
11 Buegeleisen
Platte:
6 Fliese, Kachel, Teller,
7 Scheibe, Tablett, 9 Schuessel
plätten:
7 buegeln
Plattenspieler:
9 Grammofon*,
10 Grammophon
Plattenverpackung:
5 Cover
Plattenvorspielort:
9 Diskothek
Plattfisch:
4 Butt, Pole, 5 Zunge, 7 Aalbutt,
Flunder, Scholle, 8 Goldbutt,
Platteis, Rotzunge, Seezunge,
9 Steinbutt
Plattform:
5 Ebene, 6 Buehne, Podest,
7 Ausguck, 8 Terrasse

Plattwurm:
8 Bandwurm, 10 Grubenkopf
Platz:
3 Ort, 4 Rang, Raum, Sitz,
6 Posten, Stelle, 8 Position,
Quartier, 9 Spielfeld
Platzangsterscheinung:
11 Agoraphobie
Platzanweiser:
6 Ordner
Plätzchen:
8 Pastille
Plätzchengewürz:
4 Anis, 6 Nelken, 7 Vanille
Platzdecke:
3 Set
platzen:
7 bersten, knallen, 9 krepieren,
10 detonieren, 11 explodieren,
zerspringen
Platzmangel:
4 Enge, 11 Ueberfuelle
Plauderei:
7 Plausch, 12 Konversation,
Unterhaltung
Plauderer:
7 Causeur
plaudern:
7 kloenen
Pleitenfolge:
4 Ruin, 7 Konkurs, 8 Bankrott,
Reinfall
plötzlich:
4 jaeh, 6 abrupt, 11 unversehens,
12 unvermittelt
-auftretend:
4 akut
plötzliche:
-Angst:
7 Schreck, 9 Schrecken
-Idee:
7 Einfall
-Massenangst:
5 Panik
plötzlicher:
-Angriff:
9 Ueberfall
-Blutgefäßverschluß:
7 Embolie
-Schwächeanfall:
7 Kollaps
-Windstoß:
3 Boe
plötzliches:
-Schadenereignis:
6 Unfall
-Unwohlsein:
6 Anfall

plump:
9 boeotisch, 13 schwerfaellig
Plumps:
7 pardauz
Plunder:
4 Kram, Tand, 5 Talmi,
6 Ramsch, 7 Gelumpe, Krempel,
Troedel, 10 Krimskrams
plündern:
8 fleddern
Plüsch:
6 Mokett
Pluspol:
5 Anode
Pöbel:
3 Mob, 4 Pack, 5 Plebs,
6 Bagage, 7 Gesocks,
8 Gesindel, 9 Gelichter,
10 Lumpenpack
pöbelhaft:
10 plebejisch
Pockenvernarbung:
7 Blatter
Pockholz:
6 Guajak
Poesie:
6 Zauber, 8 Stimmung,
12 Versdichtung
Poet:
7 Dichter, Lyriker
poetisch für:
-Adler:
3 Aar
-Atem:
4 Odem
-Boot:
6 Nachen
-Brunnen:
4 Born, 5 Bronn, Brunn
-Frühling:
4 Lenz
-Gedicht:
4 Poem
-Glanz:
5 Glast
-Hauch:
4 Odem
-Hecke:
3 Hag
-Insel:
6 Eiland
-Lebenshauch:
4 Odem
-Liebe:
5 Minne
-Löwe:
3 Leu

-Schwanz:
7 Schweif
-Tod:
4 Hein
-Unwahrheit:
3 Lug
-Zimmer:
6 Gemach
poetisches:
-Werk:
3 Ode, 4 Poem, 7 Ballade, Gedicht
Pointe:
3 Gag, 4 Clou, Witz
Pokal:
3 Cup, 6 Becher, 7 Gefaess, 8 Trophaee, 10 Ehrenpreis
Pol:
9 Drehpunkt, Zielpunkt
polar:
8 arktisch, 11 antarktisch, unvereinbar, 14 gegensaetzlich
Polarerforscher:
6 Andree, 8 Amundsen
Polargegend:
6 Arktis, 9 Antarktis
Polarhund:
5 Laiki
Polarinsel:
9 Groenland
Polarmeer:
7 Eismeer
Polarschiff Nansens:
4 Fram
Polarstern:
9 Nordstern
Polartier:
7 Eisbaer, Pinguin, Walross, 9 Blaufuchs
Polder:
3 Kog, 4 Koog, 6 Marsch
polieren:
8 glaetten, 9 schleifen
Poliermittel:
7 Politur
Polierschiefer:
8 Bergmehl, 9 Kieselgur
poliert:
5 glatt
Politesse:
15 Hilfspolizistin
Politikwissenschaft:
11 Politologie
politische:
-Gemeinschaft:
4 Volk, 6 Nation
-Gruppe:
6 Partei
-Partei in den USA:
10 Demokraten, 12 Republikaner
-Vereinigung:
6 Partei
-Versammlung:
7 Meeting
-Werbung:
9 Agitation, 10 Propaganda
politischer:
-Begriff:
7 Junktim, 8 Anarchie, 10 Demokratie
-Handstreich:
6 Putsch
-Heißsporn:
9 Desperado
-Mordanschlag:
8 Attentat
-Theoretiker:
8 Ideologe
-Umsturz:
10 Revolution
politisches:
-Gebilde:
5 Staat
-Programm:
8 Manifest
Politurfolge:
5 Glanz, 7 Glaette, Schliff, 8 Ueberzug
Polizei:
-auf dem Lande:
11 Gendarmerie
-im Gaunerjargon:
6 Bullen, 7 Polypen
Polizeibeamter:
4 Sipo, 6 Schupo, 7 Gendarm, 10 Schutzmann, 11 Kriminalist, 12 Wachtmeister
Polizeifessel:
11 Handschelle, 12 Handschellen
Polizeigewahrsam:
4 Haft
Polizeihelm:
7 Tschako
polizeiliche:
-Aktion:
6 Razzia, Sperre, 8 Fahndung, 9 Festnahme, 10 Verhaftung, 11 Haussuchung
polizeilicher:
-Begriff:
5 Indiz, 6 Taeter, Tatort
Polizeistreife:
7 Streife, 11 Funkstreife
Polizeiwachgebäude:
6 Revier
Polizist:
6 Schupo, 10 Schutzmann
Pollux' Zwillingsbruder:
6 Castor, Kastor
polnische:
-Hafenstadt:
6 Danzig, 7 Gdingen, Stettin
-Hauptstadt:
8 Warschau
-Landschaft:
8 Galizien, Masowien, 10 Pomesanien, 11 Pommerellen
-Währungseinheit:
5 Zloty
polnischer:
-Adelstitel:
6 Magnat
-Chemiker:
5 Curie, 6 Fajans
-Komponist:
6 Chopin
-König:
7 Kasimir, 8 Jagiello, 10 Stanislaus
-Landeshauptmann:
7 Starost
-Marschall:
9 Pilsudski
-Nationaltanz:
7 Masurka*, Mazurka, 9 Krakowiak
-Nobelpreisträger für Frieden:
6 Walesa
-Nobelpreisträger für Literatur:
7 Reymont, 11 Sienkiewicz
-Pianist:
6 Chopin
-Politiker/Politikerin:
6 Gierek, Walesa, 7 Gomulka, 9 Pilsudski
-Schriftsteller:
4 Prus, 6 Hlasko, 7 Reymont, 11 Sienkiewicz
-Statthalter:
7 Woiwode
-Tanz:
9 Polonaese*, Polonaise
polnisches:
-Flächenmaß:
5 Morga, Wloka
-Herrscherhaus:
7 Piasten
-Parlament:
4 Sejm
Polstermaterial:
4 Akon, Werg, 5 Daune, Feder,

Watte, 6 Federn, 8 Rosshaar, 9 Federkern, Holzwolle, 11 Schaumgummi, Schaumstoff
Polstermöbel:
4 Bett, Sofa, 5 Couch, Liege, 6 Sessel, 8 Ottomane, 10 Clubsessel, Klubsessel*
polstern:
8 fuettern
Polsterstück:
6 Kissen, Pfuehl, 8 Matratze
Poltergeist:
6 Kobold, 13 Klabautermann
polynesische:
-Inselgruppe:
5 Samoa, 6 Hawaii
-Kultstätte:
5 Marae
polynesischer:
-Eingeborener:
6 Kanake
Polypen:
11 Wucherungen
Pomeranzenart:
10 Bergamotte
Pomp:
5 Prunk, 6 Pracht
Pop-Begriff:
3 Hit, 4 Band, Beat, Show, 5 Sound, 6 Reggae, 7 Session
Popularitätsbeweis:
11 Beliebtheit
porig:
6 poroes
Portal:
3 Tor, 6 Pforte, 7 Eingang
Portemonnaie:
10 Geldboerse
Portier:
4 Wart, 8 Hauswart, 9 Pfoertner
Portionierung:
4 Part, Teil, 5 Dosis, 6 Anteil, Ration, 7 Quantum, 8 Partikel
Porträt:
7 Bildnis, 8 Gemaelde, 9 Konterfei, 11 Nachbildung
portugiesische:
-Asienbesitzung:
5 Macao, Macau
-Gedichtsammlung:
10 Cancionero
-Hafenstadt:
5 Porto, 7 Setubal, 8 Lissabon
-Hauptstadt:
8 Lissabon
-Insel/-gruppe:
6 Azoren, Flores, 7 Madeira, 8 Berlenga, 9 Kapverden
-Kolonie:
5 Macao, Makao
-Landschaft:
5 Beira
-Münze:
7 Centavo
-Weinsorte:
8 Portwein
portugiesischer:
-Entdecker:
4 Diaz, 5 Pinto, 6 Cabral, 8 Magellan, 9 Magalhaes, 10 Magallanes, 11 Vasco da Gama
-Königsname:
5 Pedro, 6 Alfons, Manuel, 7 Alfonso, 8 Fernando, 9 Ferdinand
-Nobelpreisträger für Medizin:
5 Moniz
-Philosoph:
7 Spinoza
-Politiker/Politikerin:
4 Pais, 5 Eanes, Lopes, 6 Soarez, 7 Caetano, Salazar
-Schriftsteller/Schriftstellerin:
4 Dias, 5 Braga, Dinis, Pires, 6 Pessoa, 8 Pascoaes, 9 Fernandes, 10 Figueiredo
-Seefahrer:
4 Diaz, Gama, 5 Pinto, 6 Cabral, da Gama, 8 Magellan, 9 Magalhaes
-Statthalter in Ostindien:
11 Albuquerque
-Süßwein:
7 Madeira
Porzellanmanufaktur/-stadt:
4 Selb, Wien, 5 Delft, 7 Hoechst, Meissen, 10 Kopenhagen, 11 Frankenthal, 12 Fuerstenberg
Porzellanschmuck:
5 Dekor
Porzellanschnecke:
5 Kauri
Posament:
5 Borte, Galon, Gimpe, Litze, 6 Besatz, Kordel, Pompon, Quaste, Tresse, 7 Troddel
Pose:
5 Mache, 7 Haltung, 8 Gebaerde, Stellung, 9 Federkiel
Position:
3 Amt, 4 Lage, 6 Posten, 8 Stellung, 10 Anstellung, Taetigkeit, 14 Beschaeftigung
positiv:
6 gewiss, 8 bejahend, bestimmt, 10 zutreffend
positive:
-Elektrode:
5 Anode
positiver:
-Kontostand:
8 Guthaben
positives:
-Ergebnis:
6 Erfolg
Positur:
5 Figur, 7 Haltung, 8 Stellung
possenhaft:
7 burlesk
Possenmacher:
3 Ulk, 4 Witz, 5 Spass, Unfug, 6 Scherz, 7 Streich, 8 Burleske, Komoedie, 9 Lustspiel, 11 Schabernack
Possenreißer:
5 Clown, 6 Kasper, 7 Kasperl, 8 Harlekin, Witzbold, 10 Komoediant, Spassvogel, 11 Spassmacher
possierlich:
7 drollig
postalische Mitteilung:
9 Telegramm
Postbeamter:
9 Zusteller, 12 Brieftraeger
Postbehörde:
7 Postamt
Posten:
5 Wache, 6 Stelle, 7 Ausguck, 8 Position, Stellung, 10 Beobachter, Bleischrot, Teilbetrag
Postenkette:
6 Kordon
Poster:
6 Plakat
Postfrankierung:
5 Marke, 9 Freimarke, 10 Briefmarke
Postgebühr:
5 Porto
Postgut/-sendung:
5 Brief, Kabel, Paket, Telex, 7 Postgut, 8 Depesche, Eilbrief, Luftpost, Rohrpost, 9 Nachnahme, Paeckchen, Postkarte, Telegramm, Wertbrief, Wertpaket, Zahlkarte, 10 Drucksache, Warenprobe, 12 Einschreiben, Mischsendung,

Schnellpaket, Ueberweisung, Warensendung
Postkutschenfahrer:
8 Schwager, 9 Postillon
Postskript:
8 Nachsatz
Postskriptum:
11 Nachschrift
Postulat:
6 Antrag, 7 Annahme, 8 Begehren, 9 Forderung, Verlangen, 13 Voraussetzung
Postzusteller:
4 Bote, 8 Postbote, 12 Brieftraeger
Potentat:
9 Herrscher, 10 Machthaber
Prachterscheinung:
5 Prunk
Prachtgefährt:
7 Karosse
Prachtstraße:
6 Avenue
prachtvoll:
5 famos, prima, 6 superb, 7 kostbar, pompoes, 8 blendend, herrlich, 9 glaenzend, prunkvoll, 10 grossartig
Prachtwicke:
5 Donia, Donie
Prädikant:
8 Prediger
Prädikat:
4 Note, 6 Zensur, 7 Beiwort, 9 Bewertung, 11 Beurteilung
Prägeform:
5 Mater
Prägegerät:
8 Kalander
Prager:
-Burg:
9 Hradschin
-Stadtteil:
9 Hradschin, 10 Josefstadt
Prägestempel:
6 Stanze
prahlen:
7 angeben, protzen
Prahler:
5 Protz, 7 Angeber, Blender, 9 Bramarbas, Flunkerer, Grossmaul, 10 Gernegross, Windmacher, 12 Aufschneider, Schwadroneur, 15 Schaumschlaeger
Prahlerei:
6 Angabe
praktikabel:
7 machbar, 13 durchfuehrbar
Praktikant:
9 Volontaer, 14 Auszubildender
Praktikerkönnen:
7 Routine
praktisch:
6 patent, 11 pragmatisch
Pralineninhalt:
4 Nuss, 5 Creme, Nugat*, 6 Cognac, Nougat, 7 Krokant, 8 Marzipan
Pralinenpackung:
10 Bonboniere*, 11 Bonbonniere
prall:
4 dick, 6 stramm
Präludium:
8 Vorspiel
Prämienform:
5 Bonus, 7 Beitrag, Gebuehr, 8 Nachlass, Zuschuss, 9 Belohnung, 13 Gratifikation
Pranke:
5 Klaue, Pfote, Tatze
Präposition:
2 an, in, um, zu, 3 auf, aus, bei, von, vor, 4 fuer, nach, ohne, samt, seit, 5 durch, neben, nebst, statt, trotz, ueber, unter, wegen, 6 ausser, binnen, hinter, laengs, unweit, 7 naechst, zufolge, 8 jenseits, waehrend, zwischen, 9 diesseits, innerhalb, 10 ausserhalb
Präriereittier:
7 Mustang
Präriewolf:
6 Kojote
Präsentgabe:
4 Gabe, 8 Geschenk, 11 Mitbringsel
Präsenz:
9 Gegenwart, 11 Anwesenheit
Präsident der Bundesrepublik Deutschland:
5 Heuss, 6 Herzog, Luebke, Scheel, 8 Carstens, 9 Heinemann, 14 von Weizsaecker
Prasserei:
9 Voellerei
präzise:
5 exakt, genau, 8 treffend, 10 puenktlich, 12 gewissenhaft
Präzisionszeitmesser:
11 Chronometer
predigen:
6 mahnen, 9 vortragen
Prediger:
10 Praedikant
Predigerorden:
11 Dominikaner
Predigt:
6 Sermon
Predigtstuhl:
6 Kanzel
Predigtwerk:
8 Postille
Preis:
4 Wert, 5 Pokal, 6 Gewinn, Kosten, Tribut, 7 Entgelt, Gebuehr, Praemie, 9 Gegenwert
-der Beförderung:
6 Fracht, 12 Frachtkosten
-von Devisen:
11 Wechselkurs
Preisabsturz:
6 Baisse
Preisabzug:
6 Skonto, 8 Refaktie
Preisangebot:
7 Offerte
Preisanstieg:
8 Teuerung
Preiselbeerpflanze:
10 Kronsbeere
Preisgabe:
6 Rapuse, Verrat, 7 Aufgabe, 8 Verzicht, 12 Kapitulation
preisgekrönt:
9 praemiert, 10 praemiiert
Preisgericht:
4 Jury
Preisgrenze:
5 Limit
Preisliste:
7 Katalog, 8 Prospekt
Preisnachlaß:
6 Rabatt, Skonto
Preisschild:
7 Etikett
Preisspanne:
5 Marge
Preisträger:
6 Sieger, 8 Gewinner
Preistreiben:
6 Wucher
Preistreiber:
8 Wucherer
Preisverzeichnis:
5 Tarif
Preisvorschlag:
5 Gebot, 7 Angebot

preiswert:
6 billig, 8 wohlfeil
Preiszettel:
7 Etikett
prekär:
6 heikel, 7 kitzlig, 9 schwierig
Premierenfeier:
10 Eroeffnung,
13 Urauffuehrung
Pressearbeit:
12 Journalismus
Presseberichterstatter:
8 Reporter, 12 Bildreporter,
13 Korrespondent
Pressefeldzug:
8 Campagne*, Kampagne
Presseprodukt:
7 Gazette, Magazin, Zeitung,
11 Zeitschrift, 12 Illustrierte
Pressestelle:
9 Redaktion
Preßfalte:
7 Plissee
Presskohlenstück:
7 Brikett
Prestige:
5 Image, 7 Ansehen, Geltung,
8 Renommee
Preuße:
7 Borusse
preußische:
-Dynastie:
12 Hohenzollern
-Münze:
13 Friedrichsdor,
14 Silbergroschen
-Provinz:
5 Posen, 7 Pommern,
8 Hannover, 9 Schlesien,
Westfalen, 11 Brandenburg,
Ostpreussen
preußischer:
-Feldmarschall:
4 Roon, 6 Moltke, 7 Wrangel,
8 Bluecher, 9 Gneisenau
-General:
4 Roon, 5 Goltz, Yorck,
6 Moltke, 7 Wrangel,
8 Bluecher, 9 Gneisenau,
10 Clausewitz, Schlieffen,
11 Scharnhorst
-Kriegsminister:
4 Roon, 5 Stein
-Reformer:
5 Stein, 10 Hardenberg,
11 Scharnhorst
-Schlachtenort:
4 Jena, 6 Torgau, 9 Auerstedt
-Soldatenkönig:
16 Friedrich Wilhelm
-Staatsmann:
4 Dohm, Roon, 5 Beuth, Stein,
6 Abeken, Schoen, 7 Caprivi,
Zedlitz, 8 Bismarck, Humboldt,
9 Achenbach, Hansemann,
10 Hardenberg
prickelnd:
6 pikant, 8 reizvoll
Priemstück:
8 Kautabak
Priester der Ostkirche:
4 Pope
Priesteramt:
5 Pater, 6 Kaplan, Pastor,
7 Pfarrer, 8 Kleriker,
10 Seelsorger, 11 Geistlicher
Priesterherrschaft:
11 Hierokratie
Priesterin:
-der Venus:
4 Hero
-der Vesta:
8 Vestalin
-in Delphi:
6 Pythia
Priesterkleidung:
4 Albe, 5 Talar, 6 Sutane,
7 Soutane
Priesterschaft:
6 Klerus
Priesterumhang:
5 Stola
Priesterweihe:
10 Ordination
Primel/-art:
7 Aurikel, 13 Alpenveilchen,
15 Schluesselblume
primitive:
-Unterkunft:
4 Asyl, 6 Huette
-Waffe:
5 Keule
primitives:
-Schußgerät:
5 Bogen, Pfeil
-Wasserfahrzeug:
7 Einbaum
Pringstgrünpflanze:
4 Maie
Printerzeugnis:
4 Buch, Heft, 7 Chronik,
Journal, Lexikon, Magazin,
Zeitung, 8 Almanach, Prospekt,
9 Flugblatt, 10 Bilderbuch,
Flugzettel, 11 Flugschrift,
Taschenbuch, Zeitschrift,
12 Visitenkarte, Werbekatalog,
Werbeschrift, 13 Enzyklopaedie
Prinz:
-von Baden:
3 Max
-von Savoyen:
5 Eugen
Prinzipium:
9 Grundsatz
Prise:
5 Dosis, Zutat, 6 Schuss, Zusatz,
7 Portion, Quantum
Privatschuleinrichtung:
8 Internat
Privileg:
8 Vorrecht, 9 Freibrief,
11 Sonderrecht
pro:
2 je, 4 fuer
Probe:
4 Test, 7 Versuch, 8 Pruefung,
9 Kontrolle, 10 Experiment
Probeexemplar:
7 Andruck
Problem:
5 Frage, 7 Aufgabe, Raetsel,
9 Geheimnis
Produkt:
4 Ware, 8 Ergebnis, Resultat,
9 Erzeugnis
-aus Kohle:
4 Teer
-aus Kokosnüssen:
5 Kopra
-aus Tierhaut:
5 Leder
-der Textilindustrie:
5 Tuche, 6 Stoffe
-vom Rind:
10 Nierenfett
Produktionsform:
9 Fertigung, 10 Manufaktur,
11 Anfertigung, Fabrikation,
Herstellung
Produktionsstelle:
7 Betrieb
Profil:
6 Umriss, 7 Schnitt,
11 Querschnitt, 13 Seitenansicht
Profit:
6 Ertrag, Gewinn, Nutzen,
7 Vorteil, 9 Verdienst
Prognose:
6 Orakel, 10 Voraussage,
Vorhersage, 12 Prophezeiung
Programm:
6 Ablauf, 7 Absicht, 8 Vorhaben,

12 Nummernfolge, Tagesordnung, 13 Theaterzettel
Projekt:
4 Plan, 8 Vorhaben
Projektil:
5 Kugel, Pfeil, 8 Geschoss
Projektionsgerät:
7 Episkop, 9 Projektor, 10 Bildwerfer, Epidiaskop, 19 Tageslichtprojektor
Proklamation:
6 Appell, Aufruf, 11 Bekanntgabe, 14 Bekanntmachung
Prolog:
7 Vorrede, Vorwort, 8 Vorspiel, 10 Einleitung
Promenadenweg:
5 Korso, 10 Spazierweg
Promovierender:
9 Doktorand
Propaganda:
7 Reklame, 9 Agitation, Publicity
Prophet:
3 Eli, Gad, 4 Esra, Hiob, Jona, Nabi, 5 Elias, Elisa, Jonas, Josua, Nahum, Seher, 6 Haggai, Isaias, Jesaja, Nathan, Samuel, 7 Habakuk, Jeremia, Kuender, Nehemia, 8 Hesekiel, Jeremias, Maleachi, Mohammed, Sacharja, Zephanja, 9 Weissager, Zephanias, 10 Verkuender
Prophezeiung:
10 Vorhersage, Weissagung
Proportion:
8 Ebenmass, 10 Gleichmass, 11 Verhaeltnis
Prosadichtung/-werk:
5 Roman, Story, 7 Novelle, 10 Erzaehlung, 14 Kurzgeschichte
Prospektform:
7 Ansicht, 8 Aussicht, 10 Preisliste, 12 Werbeschrift, 13 Buehnenhimmel
Prostituierte:
5 Dirne, 7 Kokotte, 8 Callgirl, 14 Strichmaedchen, 15 Freudenmaedchen
Protestant:
6 Hussit, 9 Calvinist, Hugenotte, Kalvinist, 10 Lutheraner, 11 Zwinglianer, 12 Reformierter
protestantisch:
10 calvinisch, lutherisch, reformiert, 11 evangelisch
protestantische:
-Gottesdienstordnung:
6 Agende
protestantischer:
-Feiertag:
10 Karfreitag, 15 Reformationstag
Protestart:
4 Veto, 9 Einspruch, 10 Auflehnung, Opposition, Widerstand
Protokollform:
7 Bericht, Referat, 11 Zeremoniell, 13 Niederschrift
Prototyp:
6 Modell, Muster, Urbild
Protz:
7 Angeber, Prahler, 11 Wichtigtuer
Provenienz:
8 Herkunft, Ursprung, 10 Abstammung
provenzalische:
-Sprache:
9 Languedoc
provenzalischer:
-Minnesänger:
10 Troubadour
-Tanz:
8 Rigaudon, 9 Olivettes, 10 Faranduola
-Troubadour:
6 Arnaut
Proviantform:
6 Vorrat, 10 Mundvorrat, Wegzehrung, 11 Verpflegung
Provinz:
3 Gau, 4 Zone, 6 Gebiet
Provisionszahlung:
6 Anteil, 7 Gebuehr, 10 Verguetung, 12 Gewinnanteil
Prozedur:
7 Vorgang, 9 Verfahren
Prozeß:
7 Hergang, Verlauf, Vorgang, 12 Rechtsstreit, 17 Gerichtsverfahren
Prozession:
5 Umzug, 8 Bittgang, 9 Pilgerzug, Wallfahrt
Prozeßpapiere:
5 Akten
prüde:
7 geziert, sproede, 10 zimperlich
prüfen:
6 testen, 7 mustern, 8 erproben, 9 probieren, 10 beurteilen, revidieren
prüfend:
8 kritisch
Prüfer:
7 Revisor, 10 Examinator, Inspizient, 11 Kontrolleur
Prüfling:
8 Kandidat, 9 Examinand
Prüfstein:
9 Kriterium
Prüfung:
4 Test, 5 Probe, 6 Examen, 8 Revision, 9 Kontrolle, 10 Inspektion, 11 Exploration
-der Messgeräte:
6 Eichen
-im Griechischen:
7 Graecum
-im Lateinischen:
7 Latinum
-von Meßgeräten:
6 Eichen
Prüfungsnachweis:
6 Diplom
Prüfungsprädikat:
4 Note
Prügel:
5 Hiebe, Keile, Senge, 8 Schlaege
prügeln:
5 hauen, 8 schlagen, verhauen
Prügelstrafe:
9 Bastonade
Prunk:
4 Pomp, 5 Luxus, 6 Pracht
Prunkauto:
7 Karosse
prunklos:
8 schlicht
Prunksarg:
9 Sarkophag
prunkvoll:
7 pompoes, 9 luxurioes
prunkvolles Trinkgefäß:
5 Pokal
Psalmendichter:
5 David
Psalmengesang:
9 Psalmodie
Psalmenzeichen:
4 Sela
Pseudonym:
8 Deckname
Psyche:
5 Seele, Wesen, 11 Seelenleben
Psyches Geliebter:
4 Amor
Psychoanalytiker:
5 Freud

Pubertätszeit:
17 Entwicklungsalter, Entwicklungsjahre
publik:
7 bekannt, 11 oeffentlich
Publikation:
17 Veroeffentlichung
Publikum:
6 Gaeste, Hoerer, 8 Besucher, Zuhoerer, 9 Zuschauer, 15 Oeffentlichkeit
Publikumsliebling:
4 Idol
Publizist:
5 Autor, 6 Texter, 9 Redakteur, 10 Journalist, 14 Schriftsteller
Pudelschoßhund:
8 Malteser
Puder:
6 Pulver
Pudermaterial:
4 Talk, 6 Talkum
Puderzucker:
5 Farin, 8 Farinade
Puffmais:
7 Popcorn
Pullover:
7 Sweater, 11 Strickjacke
Puls:
10 Herzschlag
Pulsader:
7 Arterie, 10 Schlagader
Pult:
8 Katheder
Pulver:
5 Puder
Pump:
4 Borg, 5 Leihe, 6 Kredit
pumpen:
6 borgen, leihen
Pumphose:
13 Knickerbocker
Punkt:
3 Ort, 6 Stelle, 7 Flecken, 11 Satzzeichen
-der größten Sonnenferne eines Planeten:
5 Aphel
-der größten Sonnennähe eines Planeten:
7 Perihel
-in der Antarktis:
7 Suedpol
-in der Arktis:
7 Nordpol
pünktlich:
6 zeitig, 11 rechtzeitig, 12 zuverlaessig
Punschterrine:
5 Bowle
Puppe:
5 Larve
Puppenbühnentheater:
15 Kasperletheater, 18 Marionettentheater
Puppengestalterin:
5 Kruse
Puppenkörper:
4 Balg
Puppenspielform:
15 Kasperletheater, 16 Marionettenspiel
pur:
4 rein, 6 lauter, 13 unverfaelscht
Purgatorium:
9 Fegefeuer
Purzelbaum:
6 Kobolz
purzeln:
6 fallen, 8 stolpern
Pußtagaststätte:
6 Csarda
pusten:
6 blasen
Putsch/-versuch:
7 Umsturz, 8 Aufstand, Erhebung, 13 Staatsstreich
Putz:
6 Zierat, 7 Schmuck, Zierrat*
Putzbrett des Maurers:
11 Kartaetsche
putzen:
8 polieren
Putzmacherberuf:
8 Modistin, 9 Midinette, 11 Hutmacherin
Putzmittel:
8 Reiniger
Putzsucht:
9 Eitelkeit
putzsüchtig:
5 eitel
Putztuch:
6 Lappen
Pygmäenstamm/-volk:
4 Akka, Kivu, 5 Twide, 6 Bafoto, Semang, 7 Bambuti, 8 Negritos
Pyjama:
11 Schlafanzug
Pyramidenort in Ägypten:
5 Medum
Pyrenäenberg:
7 Canigou, 9 Maladetta, Mont Perdu, Vignemale
Pyrenäenbewohner:
5 Baske
Pyrenäenpaß:
9 Tourmalet
Pyrenäenstaat:
7 Andorra
Pyrenäenvolk:
6 Basken
Pyromane:
12 Brandstifter
Pyrotechniker:
11 Feuerwerker
Pythonschlange:
6 Assala

Quackelbeere/-busch:
9 Wacholder
Quacksalber:
8 Pfuscher, Salbader, 10 Medikaster, Scharlatan, 11 Kurpfuscher
Quaderstein:
5 Stein, 6 Prisma, 8 Baustein
Quadrant:
11 Kreissektor, 12 Viertelkreis
Quadratform:
6 Karree, 7 Viereck, 8 Rechteck
quadratischer Raum:
7 Geviert
Quadriga:
11 Viergespann
Quadrille:
10 Kontertanz
Quadrilleübung:
3 Ete
Quagga:
5 Zebra
Qual:
4 Last, Leid, Pein, 5 Plage, 6 Folter, Marter, Unheil, 7 Schmerz, 9 Martyrium
quälen:
13 maltraetieren
quälende:
-Arbeit:
5 Muehe
-Empfindung:
7 Schmerz
Quälgeist:
5 Drude
Qualitätsbegriff:
5 Marke
Qualitätsmerkmal:
5 Guete, 11 Eigenschaft, 14 Beschaffenheit
Qualitätsniveau:
8 Standard
Qualitätsstufe:
6 Niveau
Qualitätsware:
13 Markenartikel
Qualitätswein:
13 Beerenauslese
Qualle:
5 Polyp, 6 Meduse, 8 Hohltier
Qualm:
5 Dampf, Rauch, Wolke, 6 Brodem
Quantität:
5 Masse, Menge, 6 Anzahl, 7 Ausmass
Quantum:
5 Dosis, Menge, 6 Anteil, Ration, 7 Einheit, Portion
Quappe:
8 Truesche
Quarkspeise:
10 Weisskaese, 17 Elementarteilchen
Quartier:
6 Bezirk, Bleibe, 10 Unterkunft, 12 Stadtviertel
Quarzabart:
5 Mocha
Quarzsteinchen:
6 Kiesel
quasseln:
5 reden
Quast:
6 Pinsel
Quaste:
6 Bommel, Zottel, 7 Troddel, 8 Portepee, Posament
Quatsch:
5 Unfug, 6 Unsinn
Quecksilberverbindung:
7 Amalgam, Kalomel, 8 Sublimat
Queen:
8 Koenigin
Quelle:
5 Bronn, 7 Brunnen, Fundort, 8 Herkunft, Ursprung
Quellfluß:
-der Donau:
4 Breg, 7 Brigach
-der Dwina:
7 Suchona
-der Weser:
5 Fulda, Werra
-des Amazonas:
7 Maranon
-des Amur:
5 Argun, 7 Schilka
-des Euphrat:
6 Karasu
-des Kongo:
6 Lukuga, 7 Lualaba, Luapula
-des Nil:
6 Kagera, 9 Blauer Nil
-des Rhein:
11 Hinterrhein, Vorderrhein
-des Rio Negro:
5 Limay
-des Senegal:
6 Bafing, Bakhoi
-des Weißen Nil:
5 Sobat
Quellnymphe:
6 Najade
Quendel:
7 Thymian
quer:
6 zwerch, 7 travers, 8 diagonal
Querbeil:
7 Dechsel
Querele:
5 Klage, 6 Streit
Quergebälk:
8 Traverse, 9 Architrav
querköpfig:
4 stur, 8 obstinat, 11 hartnaeckig
Querlinie:
9 Diagonale, 12 Transversale
Querstange:
-am Schiffsmast:
3 Rah, 4 Rahe
-des Barrens:
4 Holm
Querstrich beim Druck:
6 Serife
Querulant:
8 Noergler, Quengler, 10 Miesmacher
Querversteifung:
8 Traverse
Quetschung:
9 Kontusion
Queuestab:
12 Billardstock
Quickborn:
9 Jungbrunn, 11 Jungbrunnen
Quinte:
9 Intervall
Quintessenz:
5 Wesen, 6 Pointe, 9 Inbegriff, Kernpunkt, 10 Hauptsache
quitt:
12 ausgeglichen
quittieren:
9 verlassen, 11 bestaetigen
Quittungsblatt:
3 Bon, 5 Beleg, Kupon, 12 Kassenzettel, 13 Bescheinigung
Quiz:
10 Fragespiel
Quizmannschaft:
8 Rateteam
Quodlibet:
8 Allerlei, Mischung, 9 Potpourri, 10 Kunterbunt, 13 Durcheinander
Quote:
4 Teil, 6 Anteil, 10 Teilbetrag

Rabatt:
6 Skonto, 8 Abschlag, Nachlass, 10 Verguetung, 13 Preisnachlass
Rabatte:
10 Blumenbeet
Rabauke:
8 Raufbold
Rabe/Rabenvogel:
5 Dohle, 6 Elster, Kraehe, 8 Kolkrabe, 10 Alpendohle, Saatkraehe, 11 Nebelkraehe, 12 Eichelhaeher, Tannenhaeher
rabiat:
12 unbarmherzig
rabiater Mann:
7 Grobian
Rabulistik:
10 Pedanterie
Rache:
8 Revanche, 10 Vergeltung
Rachegöttin:
6 Alekto, 7 Erinnye, Megaira, 8 Eumenide, 9 Tisiphone
Rachen:
4 Fang, 7 Schlund
rächen:
6 ahnden
Rachenblütler:
9 Fingerhut, Leinkraut, 10 Loewenmaul, 12 Koenigskerze
Rachenmandel:
8 Tonsille
Rachitis:
17 Knochenerweichung
Rachsucht:
8 Rankuene
Rackenvogel:
9 Wiedehopf
Radarmessung:
6 Ortung
Radau:
5 Krach, Laerm, 6 Unruhe
Radaubruder:
12 Stoerenfried
Rädergefährt:
5 Wagen
Räderwerk:
8 Getriebe, Mechanik, 11 Mechanismus
Radfahrer:
6 Radler
Radi:
7 Rettich
Radiatorgerät:
8 Strahler, 11 Heizkoerper
radieren:
12 ausstreichen
Radierung:
5 Stich, 8 Gravuere, 15 Kaltnadelarbeit
radikal:
6 extrem, 9 fanatisch
Radikalismus:
13 Unduldsamkeit
radioaktiver:
-Niederschlag:
7 Fall-out*, Fallout
radioaktives:
-Element:
4 Uran, 5 Radon, 6 Curium, Radium, 7 Astatin, Fermium, Thorium, 8 Aktinium, Francium, Polonium, Thallium, 9 Neptunium, Plutonium
Radioanstalt:
8 Rundfunk
Radiobegriff:
3 Ton, UHF, UKW, VHF, 4 Band, 5 Hertz, Welle, 6 Sender, Studio, 7 Antenne, Empfang, 8 Frequenz, Mikrofon*, Programm, 9 Kurzwelle, Langwelle, Mikrophon, Mischpult, Senderaum, 12 Wellenlaenge
Radiosender:
15 Rundfunkanstalt
Radioteil:
7 Antenne
Radius:
10 Halbmesser
Radkranz:
5 Felge
Radrennbahn:
8 Velodrom
Radsportbewerb:
12 Steherrennen, Tour de France, 14 Strassenrennen, 15 Sechstagerennen
Radsportler:
6 Steher, 7 Flieger, 14 Strassenfahrer
Radteil:
4 Nabe, Pneu, 5 Felge, 6 Reifen, Ventil, 7 Speiche
Raffel:
5 Reibe
raffen:
6 horten, reffen, zerren, ziehen, 8 hamstern, 9 drapieren, schuerzen
Raffgierigkeit:
4 Geiz, 7 Habgier, 8 Habsucht
Raffinadeprodukt:
6 Zucker
raffiniert:
6 schlau, 7 gewieft, 8 gerieben, gerissen, 12 durchtrieben
Rage:
3 Wut, 4 Zorn, 7 Raserei
Rahels Gatte:
5 Jakob
Rahenhalter:
4 Rack
Rahm:
5 Sahne
Rahmenform:
5 Frame, Kader, Raehm, Zarge, 7 Gestell, Traeger, 10 Einfassung
Rahmleckerei:
7 Karamel, 8 Karamell*
Rainweide:
8 Liguster
Raketenantriebsmittel:
8 Monergol
raketentechnischer Ausdruck:
5 Duese, Schub, Stufe, 8 Machzahl, Satellit, 9 Astronaut, Count-down*, Countdown, Kosmonaut, Raumanzug, Treibsatz, Wasserung, 10 Mondfaehre, Raumkapsel, Raumschiff, Startrampe, Umlaufbahn, 16 Schwerelosigkeit
Rammpfahl:
6 Pilote
Rampe:
6 Perron
Ramsch:
4 Kram, 6 Schund, 7 Plunder, Troedel, 13 Schleuderware
Rand:
4 Saum, 5 Kante, 6 Krempe
Randanmerkung:
6 Glosse, 10 Marginalie
Randbeet:
7 Rabatte
Randgebiet:
10 Peripherie
Randleiste:
4 Sims, 6 Gesims
Randmeer des Stillen Ozeans:
10 Beringmeer
Randverdickung:
5 Wulst
Randverzierung:
5 Sicke
Rang:
5 Stand, Stufe, 6 Balkon, Charge, Empore, Wuerde,

7 Ansehen, 8 Renommee, Stellung, 9 Bedeutung, 10 Dienstgrad
Rangältester:
5 Doyen
Rangbezeichnung:
5 Titel, 9 Praedikat
Range:
4 Goer, 5 Goere
rangmäßig:
7 gradual
Rangordnung:
10 Hierarchie
Rangzurückstufung:
12 Degradierung
Rankenform:
8 Ornament
Rankenpflanze:
4 Efeu, Wein, 5 Liane, 6 Hopfen
Ränkeschmied:
9 Intrigant
Ränkespiel:
6 Kabale, Tuecke, 7 Intrige, 8 Komplott, 12 Machenschaft, 13 Verschwoerung
Ranzen:
7 Raenzel, 8 Rucksack, 9 Felleisen, Tornister, 11 Schultasche
rapid:
5 rasch, 6 rasant, 7 schnell
Rapportmachen:
7 Bericht, Meldung
rar:
6 selten
Rarität:
10 Seltenheit
rasant:
6 rasend, 9 schneidig, 14 flachgestreckt
rasch:
5 flink, flott, flugs, 6 hurtig, prompt, rapide, sofort, 7 schnell, 9 geschwind
rasche:
-Bewegung:
4 Ruck
rasen:
5 toben
Rasen:
5 Wiese
Rasenbefeuchter:
9 Sprinkler
rasend:
4 toll, 6 furios, rabiat, rasant, 7 wuetend, 10 frenetisch
rasender:
-Beifall:
6 Furore
-Krieger:
9 Berserker
rasendes:
-Weib:
5 Furie, 7 Maenade, Megaere
Rasengewächs:
4 Gras
Rasensport:
4 Golf, 5 Rugby, 6 Hockey, 7 Krocket, 8 Fussball
Rasenstück:
4 Sode
Raserei:
3 Wut, 4 Amok, Rage, 5 Lyssa, 6 Furore
Raspel:
5 Feile
Rassehundart:
6 Beagle, 7 Afghane, Spaniel, 8 Pekinese
Rassentrennung:
9 Apartheid
Rassenwahn:
9 Rassismus
Rassepferd:
6 Araber
rassig:
5 apart, 9 schnittig
Rast:
4 Ruhe, 5 Pause
Raste:
11 Stuetzkerbe
rasten:
5 ruhen
rastlos:
7 nervoes
Rastlosigkeit:
6 Unruhe, 11 Nervositaet
Rat:
3 Tip, 4 Wink, 5 Senat, 7 Hinweis, 9 Magistrat
Ratenbetrag:
5 Quote, 6 Anteil, Betrag, 10 Teilbetrag, 11 Teilzahlung
Ratespiel:
4 Quiz
Ratgebender:
6 Beirat, 7 Berater, 9 Leitfaden, Vademekum, 10 Kompendium
-eines Fürsten:
7 Paladin
-Karls des Großen:
6 Alkuin
-Telemachs:
6 Mentor
rationieren:
8 dosieren, 9 einteilen
Rationsform:
4 Mass, 5 Dosis, Menge, 6 Anteil, 7 Portion
ratlos:
7 perplex
Rätselartform:
4 Quiz, 7 Homonym, Problem, 8 Scharade, Suchbild, 9 Kreuzwort, Mysterium, Palindrom, 10 Vexierbild, 11 Kryptogramm, 13 Roesselsprung, Silbenraetsel, Zahlenraetsel, 15 Schwedenraetsel, 16 Kreuzwortraetsel
Rätselfan:
5 Rater, 6 Loeser
rätselhaft:
10 mysterioes, 11 enigmatisch, 13 geheimnisvoll
rätselhafte Naturkraft:
2 Od
Ratsmitglied:
7 Senator, 8 Stadtrat
Raub:
4 Fang, 5 Beute, 6 Rapuse, 8 Kaperung, 9 Diebstahl, Piraterie
Räuber:
6 Bandit, 7 Brigant, 8 Gangster, 10 Verbrecher
räuberische:
-Eidechse:
5 Waran
-Tiere:
4 Baer, Puma, Ratz, 5 Dachs, Dingo, Iltis, Katze, Loewe, Mungo, Skunk, Tiger, 6 Gepard, Grisly, Jaguar, Kuguar, Marder, Panter*, Pardel, Serval, 7 Eisbaer, Grizzly, Leopard, Panther, 8 Hermelin, 9 Frettchen, Ichneumon, Stinktier, Waschbaer, Wildkatze, 10 Baummarder, Edelmarder, Fischotter, Polarfuchs, Zibetkatze, 11 Pharaoratte, Silberloewe, Steinmarder, 12 Koenigstiger
räuberischer:
-Singvogel:
7 Wuerger, 10 Neuntoeter
räuberisches:
-Insekt:
7 Libelle, 8 Gelbrand

Raubfisch:
3 Hai, 4 Salm, 5 Hecht, Lachs, 6 Barsch, Rochen, 7 Muraene, Piranha
Raubinsekt:
7 Libelle
Raubkatzenart:
4 Puma, 5 Irbis, Kuder, Loewe, Luchs, Tiger, 6 Gepard, Jaguar, Kuguar, Ozelot, Panter*, Serval, 7 Leopard, Panther
Raubtier:
4 Baer, Puma, Ratz, 5 Dachs, Dingo, Iltis, Katze, Loewe, Mungo, Skunk, Tiger, 6 Gepard, Grisly, Jaguar, Kuguar, Marder, Panter*, Pardel, Serval, 7 Eisbaer, Grizzly, Leopard, Panther, 8 Hermelin, 9 Frettchen, Ichneumon, Stinktier, Waschbaer, Wildkatze, 10 Baummarder, Edelmarder, Fischotter, Polarfuchs, Zibetkatze, 11 Pharaoratte, Silberloewe, Steinmarder, 12 Koenigstiger
Raubtiergebiß:
4 Fang
Raubtierpfote:
5 Klaue, Tatze, 6 Pranke
Raubvogeinest:
5 Horst
Raubvogel:
3 Uhu, 4 Kauz, Weih, 5 Adler, Falke, Geier, Greif, Milan, Weihe, 6 Kondor, Lanner, Merlin, 7 Bussard, Gaukler, Habicht, Harpyie, Sperber, 9 Sekretaer, Turmfalke
Rauch:
5 Abgas, Dunst, Qualm, 6 Brodem, Wrasen, 8 Schwaden
rauchen:
6 paffen
Raucherutensil:
6 Pfeife, 7 Fidibus, 9 Feuerzeug, 12 Aschenbecher, 14 Pfeifenstopfer
Räucherutensil:
5 Myrre*, 6 Myrrhe
Rauchfang:
4 Esse, 5 Kamin, 6 Schlot
Rauchkrautpflanze:
5 Tabak
Rauchware:
4 Fell, Pelz

Raufbold:
5 Rowdy, 8 Hooligan, 9 Schlaeger
Rauferei:
11 Handgemenge
rauh:
4 derb, grob, 6 Barsch, heiser
Rauhfutter:
3 Heu, 8 Haecksel
Rauhware:
6 Molton
Raum:
4 Saal, Welt, 5 Flett, Gaden, Halle, Pesel, Salon, Stube, 6 Gelass, Kabine, Kammer, Zimmer, 7 Kajuete, Weltall, 9 Universum, 10 Lokalitaet
-des Motorkolbens:
7 Hubraum
-für Kraftfahrzeuge:
6 Garage
-für Wertsachen:
11 Stahlkammer
-im antiken Tempel:
5 Cella
-in Burgen:
6 Remter, 8 Kemenate
-in Klöstern:
6 Klause, 11 Dormitorium, Refektorium
-unter dem Dach:
3 Oke, 5 Boden, 8 Speicher
Raumbegrenzung:
4 Wand, 5 Decke, 9 Fussboden
Raumbegriff:
5 Hoehe, 6 Breite, Laenge
Raumfahrer:
9 Astronaut, Kosmonaut
Raumfahrtbegriff:
5 Duese, Schub, Stufe, 8 Machzahl, Satellit, 9 Astronaut, Count-down*, Countdown, Kosmonaut, Raumanzug, Treibsatz, Wasserung, 10 Mondfaehre, Raumkapsel, Raumschiff, Startrampe, Umlaufbahn, 16 Schwerelosigkeit
Raumfahrtbehörde der USA:
4 NASA
Raumfahrtwesen:
11 Astronautik
Rauminhalt:
7 Volumen, 17 Fassungsvermoegen
räumlich begrenzt:
3 eng

Raummaß:
10 Kubikmeter
Raumschiff:
6 Kapsel, Rakete, 8 Satellit, 10 Mondfaehre
-der Amerikaner:
5 Sigma, 6 Apollo, Aurora, Gemini, 7 Freedom, 10 Friendship, 11 Liberty Bell
-der Russen:
5 Sojus, 6 Wostok, 7 Sputnik
-der Sowjets:
5 Sojus, 7 Woschod
Raumsehgerät:
10 Stereoskop
Raumsicht:
11 Perspektive
Raumsonde:
-der Amerikaner:
7 Mariner, Voyager, 8 Explorer, 10 Discoverer
-der Russen:
5 Lunik, 7 Sputnik
-der Sowjets:
7 Sputnik
Raumton:
11 Quadrofonie*, Stereofonie*, 12 Quadrophonie, Stereophonie
Raumüberwölbung:
6 Kuppel
raunen:
7 wispern
Rauschform:
5 Dusel, 6 Affekt, Taumel, 7 Schwips, 8 Erregung
Rauschgift:
3 LSD, 5 Opiat, Opium, 6 Heroin, Kokain, 7 Alkohol, Morphin, 8 Meskalin, Morphium, Muskarin, 9 Haschisch, Marihuana, 10 Narkotikum
Rauschgiftabhängiger:
4 User, 5 Fixer, 6 Junkie, 9 Narkomane
Rauschgifthändler:
6 Dealer, Pusher, 7 Puscher*
Rauschgold:
7 Flitter
Rauschgraspflanze:
5 Lolch
Rauschzustand:
8 Delirium
Raute:
4 Karo, 7 Pflanze, Rhombus, Strauch, Viereck, 14 Parallelogramm

Reagenstestmittel:
7 Lackmus
Reaktion:
12 Rueckwirkung
reaktionär:
6 feudal, 13 rueckstaendig
Reaktionsauslöser:
11 Katalysator
real:
7 konkret, 8 dinglich, effektiv, wirklich, 12 tatsaechlich
Realitätsbegriff:
8 Tatsache, 11 Gegebenheit, 12 Wirklichkeit
Rebell:
8 Meuterer, 9 Insurgent, 10 Aufruehrer
Rebenanbaulage:
5 Faber, 6 Merlot, 8 Riesling, Silvaner, Traminer, 9 Burgunder, Scheurebe, Veltliner, 10 Trollinger, 11 Muskateller, 14 Mueller-Thurgau, Spaetburgunder
Rebenfrüchte:
11 Weintrauben
Rebensaft:
4 Wein
Rebus:
13 Bilderraetsel
Rechen:
5 Harke
Rechenaufgabe:
7 Exempel
Rechenergebnis:
5 Fazit, Summe, 7 Produkt, 8 Endsumme, Resultat
Rechenform:
8 Addition, Division, Integral, 11 Subtraktion, 12 Differential, Differenzial*, 14 Multiplikation
Rechengerät:
3 EDV, 8 Computer, 12 Tischrechner, 16 Personalcomputer, 17 Elektronenrechner
Rechenkunst:
10 Arithmetik
Rechenpfennig:
5 Jeton
Rechenschaft:
7 Bericht, Rapport
Rechnen:
-mit Buchstaben:
7 Algebra
-mit Zahlen:
10 Arithmetik

Rechnungsart:
8 Addition, Division, 11 Subtraktion, 14 Multiplikation
Rechnungsaufstellung:
5 Zeche, 6 Faktur, 7 Faktura, 11 Kalkulation, Liquidation
Rechnungsbehörde/-amt:
5 Kasse, 7 Rentamt, 9 Finanzhof, Kaemmerei, Rendantur
Rechnungsbetrag:
6 Posten
Rechnungsführer:
7 Rendant
Recht:
3 Jus, 6 Gesetz, 8 Befugnis, 9 Erlaubnis, Vollmacht, 10 Konzession, 11 Genehmigung
rechte:
-Kontoseite:
5 Haben, 6 Kredit
-Schiffsseite:
10 Steuerbord
Rechte des Schutzherrn:
9 Patronate
Rechteckfigur:
5 Raute, 7 Quadrat, Viereck, 8 Orthogon, 14 Parallelogramm
rechteckig:
6 oblong
Rechtfertigungserklärung:
13 Justifikation
rechtgläubig:
8 orthodox
rechtliche Grundlage des Staates:
10 Verfassung
rechtmäßig:
5 legal, loyal, 7 legitim, 10 gesetzlich, juristisch
Rechtsanspruch:
5 Claim
Rechtsanwaltsberuf:
6 Jurist, 7 Advokat, 9 Justitiar, Justiziar*
Rechtsanwaltskunde:
6 Klient
Rechtsbeistand:
6 Anwalt
Rechtsbrauch:
4 Usus
rechtschaffen:
6 bieder, honett
Rechtschreibebuch:
5 Duden

Rechtschreibung:
11 Orthografie*, 12 Orthographie
Rechtsextremist:
7 Neonazi, 8 Faschist
Rechtsgelehrter der Mohammedaner:
5 Mufti, Ulema
Rechtsgrund:
5 Titel
Rechtsgrundlage:
6 Gesetz, 10 Verordnung
rechtsgültig:
11 authentisch
Rechtskundiger:
6 Jurist
Rechtslehre:
4 Jura, 12 Jurisprudenz
Rechtsmittel:
8 Berufung, Revision
Rechtsnachfolge:
10 Sukzession
Rechtsorgan:
7 Gericht
Rechtspflege:
6 Justiz, 8 Judizium
Rechtsprecher:
7 Richter
Rechtsprechungswesen:
9 Judikatur, 12 Jurisdiktion
Rechtsspruch:
6 Urteil
Rechtsstreit:
7 Prozess, 9 Verfahren
Rechtsverdreher:
8 Rabulist
Rechtsverdrehung:
10 Rabulistik
Rechtsverfahrensweg:
7 Instanz
Rechtsvergünstigung:
7 Benefiz
Rechtsvorschrift:
6 Gesetz, 10 Verordnung
rechtswidrig:
7 illegal, 8 verboten, 9 unerlaubt, untersagt, 12 ungesetzlich
Rechtswidrigkeit:
8 Verstoss
rechtwinklig:
10 orthogonal
rechtzeitig:
6 prompt, 10 puenktlich
Recke:
5 Riese, 6 Kaempe, 7 Krieger
Rede:
7 Vortrag, 9 Ansprache

Rede vor Gericht:
9 Plaedoyer
Rededuell:
6 Disput
Redekunst:
8 Rhetorik
redekünstlerisch:
10 rhetorisch
reden:
5 sagen
Redensart:
5 Idiom, 6 Phrase, 7 Floskel
Rederei:
7 Klatsch, Tratsch
Redeschlacht:
7 Debatte
redlich:
4 treu, 5 loyal, reell, 6 ehrbar, honett, wacker, 7 ehrlich, integer
Redner:
6 Rhetor, 8 Referent, Sprecher, 10 Rhetoriker, 12 Vortragender
rednerisch:
10 oratorisch
Rednerpodest:
4 Pult, 6 Podest, Podium, 8 Katheder
Referat:
7 Vortrag
Referent:
6 Redner, 9 Gutachter, 10 Bearbeiter
Referenzschreiben:
8 Auskunft, 10 Empfehlung
referieren:
9 berichten, vortragen
Reflektor:
7 Spiegel, 8 Fernrohr, Teleskop, 11 Hohlspiegel, 15 Spiegelteleskop
Reformator:
3 Hus, 6 Calvin, Luther, 7 Zwingli, 10 Bugenhagen, 11 Melanchthon
Reformbestrebung:
10 Erneuerung, Neuordnung, 12 Umgestaltung
Refrain:
8 Kehrreim
Regalmöbel:
4 Bord, Fach, 7 Gestell, 8 Staender, Stellage
rege:
5 aktiv, emsig, 7 rastlos, 10 betriebsam
Regel:
4 Norm, 5 Kanon, 6 Gesetz, 7 Komment, Ordnung, Periode, Prinzip, Satzung, 8 Leitsatz
Regeldetri:
8 Dreisatz
regelmäßig:
6 stetig, 8 geordnet, regulaer, zyklisch, 11 symmetrisch
regelmäßige:
-Versicherungsleistung:
5 Rente
regelmäßiger:
-Wechsel:
6 Turnus
regelmäßiges:
-Achteck:
7 Oktogon
-Lehren:
10 Unterricht
regeln:
6 ordnen, 7 richten, 9 justieren, 10 dirigieren, regulieren
regelrecht:
8 regulaer, 9 kanonisch
Regelverletzung im Sport:
4 Foul
regelwidrig:
6 abnorm, anomal
Regelwidrigkeit:
4 Foul, 8 Anomalie, 11 Abnormitaet
Regenauffangtonne:
5 Tonne, 8 Zisterne
Regengöttin:
7 Plejade
Regenmeßgerät:
11 Pluviometer
Regenschauer:
4 Guss
Regenschirm:
9 Parapluie
Regenschreiber:
9 Ombograph
Regenschutzkleidung:
6 Anorak, Kapuze, 7 Oelzeug, 8 Pelerine, 9 Windjacke, 10 Gummischuh, Trenchcoat, Waterproof, 11 Regenmantel
Regent:
7 Monarch, 8 Potentat, 9 Herrscher
Regenumhang:
8 Pelerine
Regenwasserbehälter:
8 Zisterne
Regenwolke:
6 Nimbus
Regie:
7 Leitung, 8 Fuehrung, 12 Spielleitung
Regieassistentin beim Film:
10 Scriptgirl
Regierungsbehörde:
11 Ministerium
Regierungschef:
7 Kanzler, Premier, 13 Bundeskanzler, 15 Premierminister, 18 Ministerpraesident
regierungsergeben:
5 loyal
Regierungsform:
6 Regime
Regierungsmitglied:
8 Minister
Regierungsorgan:
5 Senat, 6 Regime, 8 Kabinett, Regiment, 12 Gouvernement
Regierungsstadt:
8 Residenz, 10 Hauptstadt
Regierungsvertreter:
8 Resident, 10 Gouverneur
Region:
4 Zone, 6 Gebiet, Gegend, 8 Distrikt, 10 Landschaft
Regisseur:
11 Spielleiter
Registeraufstellung:
5 Liste, 10 Uebersicht, 11 Aufstellung, Verzeichnis
Registratur:
6 Ablage, 13 Aktensammlung
Regler:
6 Ordner, 8 Rheostat, 9 Regulator, 10 Thermostat
regungslos:
6 torpid
Regungslosigkeit:
6 Torpor
Reh:
4 Bock, Kitz, 5 Geiss, Ricke, 8 Spiesser
rehfarbig:
7 chamois
Reibeisen:
5 Reibe, 6 Raspel
Reibelaut:
8 Frikativ
Reibkeule:
7 Pistill
Reibung:
8 Friktion
Reich:
-der Mitte:
5 China

-der Riesen:
6 Utgard
-der Toten:
5 Hades, Orkus, 9 Unterwelt
-des Teufels:
6 Hoelle
reich/Reich:
7 betucht, opulent, 8 Imperium, 9 beguetert, 10 vermoegend, wohlhabend
reichen:
5 geben
reicher Mensch:
7 Kroesus, 10 Millionaer, 11 Milliardaer
reichlich:
7 opulent
Reichspräsident:
5 Ebert, 10 Hindenburg
Reichsritter:
5 Geyer, 6 Hutten, 9 Sickingen, 12 Berlichingen
Reichtum:
6 Mammon
Reichweite:
6 Radius, 13 Aktionsradius, Wirkungskreis
Reifen:
4 Pneu
Reifendruck:
4 Atue, Torr
Reifeprüfling:
8 Maturand, 10 Abiturient
Reifeprüfung:
3 Abi, 6 Abitur, Matura, 7 Maturum
Reifezeit:
9 Pubertaet
Reifrock:
9 Krinoline
Reihe:
5 Folge, Kette, Serie, 6 Zyklus, 7 Kolonne, Sequenz, 9 Formation
Reihe aus acht Tönen:
6 Oktave
Reihenfolge:
5 Serie, 6 Ablauf, Turnus, 7 Wechsel, 10 Gliederung
Reim:
4 Vers
reimlose Gedichtsform:
3 Ode
rein:
4 klar, 6 lauter, 8 gediegen
Reinekes wahrer Name:
5 Fuchs
reiner Quarz:
12 Bergkristall
Reinfall:
6 Fiasko, Pleite, 7 Blamage, 10 Misserfolg, Niederlage
Reingewicht:
5 Netto
Reinheit:
8 Puritaet
reinigen:
5 baden, fegen, 6 kehren, 7 spuelen, waschen, wischen
Reinigungsbetrieb:
10 Raffinerie
Reinigungsmittel/-gerät:
3 Mop, Ule, 5 Besen, Feger, Seife, 7 Buerste, Klopfer, Schwamm, 11 Staubsauger
Reinigungsvorgang:
9 Katharsis, Purgation, 10 Laeuterung
Reisbranntwein:
5 Arrak
Reise:
4 Tour, Trip, 5 Fahrt, 7 Ausflug
Reiseausweis:
9 Reisepass, 15 Personalausweis
Reisedecke:
5 Plaid
Reisegepäck:
6 Koffer, Tasche, 8 Rucksack, 10 Handkoffer
Reisegeschäft:
9 Tourismus, Touristik
Reisegesellschaft in Afrika:
6 Safari
Reisehandbuch:
8 Baedeker
Reisender:
7 Tourist, 8 Fluggast, 9 Passagier, 12 Globetrotter, 13 Weltenbummler
Reisesack:
9 Felleisen
Reisescheck:
15 Travellerscheck
Reiseverpflegung:
10 Mundvorrat, Wegzehrung
Reiseweg:
5 Linie, Route, 7 Strecke
Reisewohnwagen:
7 Caravan
Reisigbündel:
8 Faschine
Reismahlzeit:
5 Pilaf, 6 Paella, 7 Risotto, 8 Risi-Pisi
reißend:
6 rapide, rasant
Reißer:
3 Hit, 8 Knueller, Schlager, 10 Bestseller
Reißlinie:
11 Perforation
Reißverschluß:
4 Zipp
Reiswein:
4 Sake
Reit-/Lasttier:
4 Esel, Muli, 5 Kamel, Pferd, 8 Dromedar, Maulesel, Maultier, 11 Trampeltier
Reitbahn:
5 Arena, 6 Manege, 8 Parcours, 9 Hippodrom, 10 Tattersall
Reiter:
6 Jockey
Reiterabteilung:
6 Beritt, 9 Schwadron
Reiteraufzug:
9 Kavalkade
Reiterei:
10 Kavallerie
Reitereinheit:
9 Schwadron
Reiterfahne:
9 Standarte
Reiterin:
7 Amazone
Reiterkampfspiel im Mittelalter:
7 Turnier
Reitermannschaft:
6 Equipe
Reiteroffensive:
7 Attacke
Reiterposten:
7 Vedette
Reitersäbel:
8 Pallasch
Reiterschau:
-in Amerika:
5 Rodeo
Reitersitz:
6 Sattel
Reitersoldat:
4 Ulan, 5 Husar, 8 Dragoner, 10 Kuerassier, 11 Kavallerist
Reiterspiel:
4 Polo
Reiterstreifzug:
4 Raid
Reitertruppe:
10 Kavallerie

Reiterzug:
9 Kavalkade
Reitfigur der Hohen Schule:
5 Volte, 6 Levade, Pesade,
7 Lancade, 8 Kapriole,
9 Ballotade, Courbette, Pirouette
Reithose:
8 Breeches
Reitjacke:
7 Kollett
Reitkamel:
5 Mehar
Reitknecht:
5 Groom
Reitkunst:
10 Hohe Schule
Reitpeitsche:
5 Gerte
Reitpferd:
3 Kob
Reitsitz:
6 Sattel
Reitstiefelbeschlag:
5 Sporn
Reitstock:
5 Gerte
Reiz:
5 Anmut, 6 Charme, Scharm*,
9 Anziehung, 10 Attraktion,
Verlockung
reizbar:
7 nervoes, 10 cholerisch
reizen:
7 erregen, 10 irritieren,
11 provozieren
reizend:
8 charmant, 9 scharmant*
Reizker:
9 Gruenling, 10 Hirschling,
13 Birkenreizker
Reizleitung:
4 Nerv
reizlos:
3 fad, 4 fade, 10 langweilig
Reizmittel:
9 Stimulans
Reizstoff:
-für die Nasenschleimhaut:
10 Niespulver
-im Kaffee:
7 Koffein
-im Tee:
4 Tein
Reizung:
9 Affektion
reizvoll:
6 pikant, 7 huebsch,
9 anziehend, attraktiv,
11 interessant
Reklamationsbegehren:
9 Einspruch, 12 Beanstandung
Reklameform:
7 Werbung, 10 Propaganda
Reklamemittel:
4 Film, 6 Plakat, Schild,
7 Anzeige, Inserat, 9 Flugblatt,
10 Handzettel
Relation:
9 Beziehung
Religion:
5 Islam, 8 Judentum, Taoismus,
10 Buddhismus, Hinduismus,
11 Christentum,
12 Schintoismus
Religionsbekenntnis:
10 Konfession
Religionsbuch:
-der Christen:
5 Bibel
-der Inder:
4 Veda, Weda
-der Juden:
6 Talmud
-des Islam:
5 Koran
Religionsgemeinschaft:
5 Sekte, 6 Kirche, 8 Diaspora
Religionsgründer:
5 Jesus, Moses, 6 Buddha,
Laotse, 8 Christus, Konfutse,
Mohammed, 9 Konfuzius,
Kungfutse, Siddharta,
11 Zarathustra
Religionslehrer:
8 Katechet
Religionsloser:
5 Heide
Religionsmissetat:
8 Sakrileg
Religionsstudienbuch:
11 Katechismus
Religionsunterricht:
9 Katechese
Religionswissenschaft:
9 Theologie
religiöse:
-Ansprache:
7 Predigt
-Erneuerung:
11 Reformation
-Flugschrift:
7 Traktat
-Gemeinschaft:
5 Orden, Sekte
-Gesänge:
7 Psalmen
-Handlung:
5 Opfer
-Übung:
5 Gebet, 6 Askese, Fasten,
7 Andacht, 10 Meditation
religiöser:
-Brauch:
5 Ritus, 6 Ritual
-Eiferer:
5 Zelot
Reliquienschrein:
9 Reliquiar
Rembrandts Gattin:
6 Saskia, 9 Hendrikje
Reminiszenz:
10 Erinnerung
Remus' Zwillingsbruder:
7 Romulus
Rendezvous:
11 Verabredung, 12 Stelldichein
Rennanfang:
5 Start
Rennbahngelände:
4 Turf, 5 Arena, Korso, Piste
rennen:
5 eilen, 6 laufen, 8 preschen
Rennhindernis:
4 Oxer, 6 Huerde
Rennpferd:
6 Renner, Traber
Rennreiter:
6 Jockey
Rennruderboot:
5 Einer, 6 Achter, Vierer, Zweier
Rennschlitten:
3 Bob, 8 Skeleton, 9 Bobsleigh
Rennstall:
7 Gestuet
Rennstrecke:
5 Piste
-bei Speyer:
14 Hockenheimring
-in Berlin:
4 Avus
-in der Eifel:
12 Nuerburgring
Rennwette:
4 Toto
Renommee:
6 Nimbus, 7 Ansehen, Geltung
Rente:
7 Pension, 8 Ruhegeld
Rentier:
3 Ren, 7 Rentner
Rentner:
7 Rentier, 9 Privatier

Report:
7 Bericht, Meldung
Reproduktion:
10 Wiedergabe,
13 Fortpflanzung
Reptil/-art:
4 Teju, 5 Echse, Kobra, Otter,
Waran, 6 Kaiman, Natter,
Python, 8 Anakonda, Basilisk,
Krokodil, Schlange, 9 Alligator,
Sandviper, Schleiche,
10 Kreuzotter, Mauergecko,
11 Panzerechse, 12 Ringelnatter,
Schildkroete
Reserve:
6 Vorrat, 8 Vorsicht,
9 Ruecklage, 12 Ersatztruppe,
14 Zurueckhaltung
Residenz:
-des Papstes:
7 Vatikan
-in Paris:
9 Tuilerien
Resistenzfähigkeit:
8 Ausdauer, 9 Gegenwehr,
10 Haertegrad, Widerstand
resolut:
7 beherzt, 9 energisch,
11 tatkraeftig, 12 entschlossen
Resonanz:
4 Echo, 7 Wirkung, 8 Aufnahme,
9 Widerhall
Respekterweis:
7 Achtung, 9 Ehrfurcht
Respiration:
6 Atmung
Ressentiment:
4 Neid, 5 Groll, 9 Abneigung,
Vorurteil, 10 Antipathie
Rest:
5 Neige, 6 Relikt, 8 Fragment,
Rudiment, 10 Rueckstand,
13 Ueberbleibsel
-beim Kartengeben:
5 Talon
-im Becher:
5 Neige
Restaurant:
5 Lokal, 8 Gasthaus,
11 Speiselokal
restlos:
4 ganz, 5 total, 7 absolut, voellig
Restvorkommen:
6 Relikt
Resultat:
5 Fazit, 8 Ergebnis
Rettich:
4 Radi, 8 Hederich,
10 Radieschen
Rettung:
4 Heil, 5 Hilfe, 6 Ausweg,
7 Bergung, 9 Befreiung,
Erloesung
Rettungsauto:
8 Ambulanz
Rettungsgerät:
-in der Luftfahrt:
10 Fallschirm
-in der Schifffahrt:
9 Hosenboje
Reue:
8 Bedauern, 13 Gewissensbiss
Revanche:
5 Rache, 10 Vergeltung
Reverenzerweis:
5 Gruss, 10 Verbeugung
Revier:
6 Bezirk, Gebiet, 7 Bereich
Revision:
8 Pruefung, 13 Ueberpruefung
Revue:
4 Show, 5 Schau, 6 Parade
rezent:
3 neu, 6 frisch
Rezitation:
7 Vortrag, 9 Vorlesung,
11 Deklamation
Rheinfelsen:
7 Lorelei, Loreley
Rheinhafenstadt:
5 Basel, Koeln, Mainz, Wesel,
6 Bingen, 7 Koblenz,
8 Duisburg, Mannheim,
9 Karlsruhe, 10 Strassburg,
11 Duesseldorf
rheinisches Mittelgebirge:
5 Eifel, 6 Taunus
Rheinlachs:
4 Salm
Rheinmündungsarm:
3 Lek, 4 Oude, Waal,
7 Merwede
Rhesusaffe:
5 Makak
Rhetorik:
9 Redekunst
Rheumatismus:
7 Reissen
Rhinozeros:
7 Nashorn
Rhombus:
5 Raute
rhythmische Bewegungsform:
4 Tanz
Rhythmuslehre:
8 Rhythmik
Rhythmuswechsel:
5 Break
Richtblei:
3 Lot
richten:
8 urteilen, 9 justieren,
10 dirigieren, 11 orientieren
richterliche Anordnung:
10 Verfuegung
Richterorgan:
5 Senat
Richterspruch:
6 Urteil
richtig:
4 wahr, 7 korrekt, 8 treffend,
10 zutreffend
richtigstellen:
11 berichtigen, dementieren
Richtlinie/-schnur:
4 Norm, 5 Regel, 6 Maxime,
7 Prinzip, 8 Standard,
9 Anweisung, Direktive,
Leitfaden, Reglement,
11 Instruktion
Richtung:
4 Kurs, 5 Route, Trend,
7 Tendenz, 9 Direktion
Richtungsanzeiger:
5 Pfeil, 7 Blinker, Kompass,
9 Wegweiser
richtungweisend:
14 programmatisch
Riech-/Duftstoff:
5 Ambra, Bisam, Myrre*, Zibet,
6 Myrrhe, Parfum, 7 Moschus,
Parfuem, 8 Lavendel, Rosenoel,
15 Bittermandeloel
Riechfläschchen:
6 Flakon
Riechorgan:
4 Nase
Ried:
4 Moor, 5 Sumpf, 9 Roehricht
Riedgras:
5 Segge
Riegel:
5 Barre, 6 Balken, Sperre
Riemen:
4 Gurt, 5 Siele, 7 Guertel
Riemenfußbekleidung:
7 Sandale, 10 Sandalette
Riemenpeitsche:
5 Knute, 8 Kantschu,
10 Karbatsche

Riese:
4 Oger, 5 Huene, Recke, Titan, 6 Gigant, Koloss
-der deutschen Heldensage:
6 Fasold
-der griechischen Sage:
5 Argus, Atlas, 6 Kyklop, Zyklop
-im Alten Testament:
4 Enak, 7 Goliath
Riesenechsenart:
8 Krokodil
Rieseneidechsenart:
5 Waran
Riesenfernrohr:
9 Refraktor
Riesengeier:
6 Kondor
Riesengras:
6 Bambus
riesengroß:
8 kolossal, 10 gigantisch, huenenhaft
riesenhaft:
6 immens, 9 titanisch, 10 zyklopisch, 11 titanenhaft
Riesenheldenstandbild:
6 Koloss
Riesenhirschart:
4 Elch, Elen
Riesenkänguruh:
6 Boomer
Riesenkrabbe:
7 Simagan
Riesenlaufvogel Neuseelands:
3 Moa
Riesenpapagei:
3 Kea
Riesenrochen:
12 Teufelsfisch
Riesenschildkröte:
7 Karette, Tortuga
Riesenschlange:
6 Assala, Python, 8 Anakonda, 13 Tigerschlange, 14 Abgottschlange, Boa Constrictor, 15 Koenigsschlange
Riesentintenfisch:
5 Krake
Riesenvogel:
3 Ruk, 4 Dodo, Rock, 5 Greif, 6 Dronte
Riesenwuchs:
11 Akromegalie
riesig:
5 enorm, 8 kolossal
riesig stark:
10 herkulisch
riesige Wassermasse:
4 Meer, 5 Ozean
Riff:
4 Bank, Fels, 6 Felsen, Klippe
Rifftier:
7 Koralle
rigoros:
6 streng, 12 unerbittlich
Rille:
3 Nut, 5 Delle, Kerbe, Riefe, Rinne, 6 Furche
Rind:
3 Kuh, 4 Kalb, 5 Bulle, Ochse, Stier, 6 Faerse, Farren, Sterke
Rinde:
5 Borke, 6 Kruste
Rindenteil:
4 Bast, Kork
Rinderart:
4 Anoa, Gaur, Zebu, 5 Bison, Gayal, 6 Wisent, 7 Banteng, Bueffel, Kerabau
Rinderfett:
4 Talg
Rinderhirt:
6 Cowboy, Gaucho
Rindslendenfleisch:
5 Filet, Steak, 9 Beefsteak, Rumpsteak
Ring:
4 Reif, 6 Reifen
Ringelblume:
9 Calendula
Ringelkrebs:
5 Assel
Ringeltier:
4 Wurm
Ringelwurm:
4 Egel, 8 Blutegel, Sandwurm, 9 Regenwurm, 10 Pferdeegel, 11 Roehrenwurm
Ringergriff:
5 Hebel, 6 Nelson, 12 Doppelnelson
ringförmiges:
-Backstück:
7 Kringel
-Koralleneiland:
5 Atoll
Ringmauer:
6 Zingel
Rinne im Wattenmeer:
5 Priel
Rinnsal:
4 Bach
Rinnstein:
5 Gosse, Rinne
Rippenfell:
6 Pleura
Rippenfleisch:
6 Karree, 8 Kotelett, 9 Karbonade, Schnitzel
ripsartiges Material:
8 Popeline
Ripsgewebe:
7 Ottoman
Risiko:
6 Gefahr, Wagnis
riskant:
6 gewagt
Rispengras:
3 Poa
Riß:
4 Fuge, 5 Ritze, Spalt, 6 Spalte, Sprung, 7 Schlitz
Rist:
5 Spann, 11 Fussruecken, Handruecken
Ritter:
8 Edelmann, Kavalier, 9 Caballero
-der Artusrunde:
4 Erek, Owen, 5 Gawan, Iwein, 6 Gawein, Merlin, 7 Tristan, 8 Lancelot, Lanzelot, Parsifal, Parzifal, Parzival
-der französischen Sage:
8 Blaubart
ritterlich:
6 galant, 8 hoeflich, 11 chevaleresk, hilfsbereit, 12 zuvorkommend
ritterlicher:
-Liebhaber:
5 Galan
ritterliches:
-Kampfspiel:
5 Tjost, 6 Buhurt, 7 Turnier
Ritterorden:
7 Templer, 8 Malteser, 10 Johanniter
Ritterrüstung:
6 Panzer, 7 Bruenne, 8 Harnisch
Ritterschlag:
8 Akkolade
Ritual:
5 Opfer, 6 Brauch, Kultus, 9 Zeremonie, 12 Gottesdienst
Ritze:
4 Fuge, 6 Spalte
Ritzschneider:
8 Lanzette

Rivale:
6 Gegner, 8 Opponent,
10 Konkurrent, 11 Nebenbuhler
rivalisieren:
10 wetteifern, 12 konkurrieren
Rivalität:
10 Konkurrenz, Wettstreit
Robbe/Robbenart:
4 Seal, 7 Seehund, Walross,
8 Blaumann, Meerkalb,
Seeloewe, 9 Seemoench,
10 Ohrenrobbe, Seeelefant,
Seeleopard
Robbenfell:
4 Seal, 8 Sealskin
robust:
4 grob, 5 stark, 6 baerig,
8 kraeftig, 17 widerstandsfaehig
Rochen:
5 Manta, 6 Fleten,
10 Engelfisch, Saegefisch,
12 Zitterrochen
Rockaufschlag:
6 Revers
Rodel:
8 Skeleton, 9 Schlitten
Rodelbahn:
5 Piste
Rogen des Störs:
6 Kaviar
roh:
5 ruede, 6 brutal, 10 barbarisch
Rohbaumwolle:
4 Lint
rohe Beleidigung:
12 Beschimpfung
Roherdöl:
7 Naphtha
Rohkostessen:
6 Muesli
Rohling:
6 Barbar, Ruepel, 7 Grobian,
Wandale
Röhrchen:
7 Kanuele
Rohrdurchmesser:
7 Kaliber
Röhrennudeln:
9 Makkaroni
Röhricht:
4 Ried
Röhrling:
7 Boletus
Rohrpflanze:
4 Gras, Halm, 5 Binse,
6 Bambus, Schilf,
11 Hohlkoerper
Rohrverbindungsstück:
6 Nippel
Rohrverengung:
5 Duese
Rohschriftheft:
6 Kladde, 7 Konzept
Rohseide:
4 Ecru, 5 Ekrue, Grege
Rohstoff:
8 Material
-für Bier:
4 Malz, 6 Hopfen
-für Düngemittel:
8 Ammoniak
-für Kerzen:
5 Wachs, 7 Stearin
-für Parfüme:
5 Ambra, 7 Moschus
-für Textilien:
5 Seide, Wolle, 6 Leinen,
9 Baumwolle
Rohstoffe:
10 Naturalien
Rokokoornament:
8 Rocaille
Rolladen:
5 Rollo, 7 Markise, Rouleau,
8 Jalousie
Rollbahn:
5 Piste, 9 Landebahn, Startbahn
Rolle:
4 Part, Text, 5 Spule, 6 Partie
Rollenfach:
4 Alte, Held, 6 Heldin,
7 Heroine, 9 Bonvivant,
Liebhaber
Rollenlager:
10 Kugellager
Rollkörper:
3 Rad, 5 Walze
Roman von:
-Anzengruber:
13 Sternsteinhof
-Bachmann:
6 Malina
-Baum:
15 Menschen im Hotel
-Camus:
4 Pest
-Cervantes:
10 Don Quijote
-Charriere:
8 Papillon
-Colette:
4 Gigi, 6 Cherie
-Cooper:
12 Lederstrumpf
-Defoe:
14 Robinson Crusoe
-Dickens:
11 Oliver Twist,
16 David Copperfield
-Dostojewski:
5 Idiot, 15 Schuld und Suehne
-Du Maurier:
7 Rebecca
-Ferber:
8 Cimarron
-Feuchtwanger:
6 Erfolg, 8 Jud Suess
-Fielding:
8 Tom Jones
-Flaubert:
12 Madame Bovary
-Fontane:
8 Stechlin, 10 Effi Briest
-Freytag:
5 Ahnen, 12 Soll und Haben
-Frisch:
9 Homo Faber
-Goethe:
14 Wilhelm Meister
-Grass:
10 Hundejahre,
12 Blechtrommel
-Grimmelshausen:
14 Simplicissimus
-Hagelstange:
15 Altherrensommer
-Hartog:
4 Mary, 6 Stella
-Hemingway:
6 Fiesta
-Hesse:
6 Demian, 9 Unterm Rad,
11 Steppenwolf,
15 Glasperlenspiel
-Joyce:
7 Ulysses
-Kafka:
7 Prozess, Schloss
-Kästner:
6 Fabian
-Kerouac:
9 Unterwegs
-Kipling:
3 Kim
-Knittel:
7 El Hakim, Via Mala
-Kurz:
7 Vanadis
-Lagerlöf:
13 Goesta Berling
-Lawrence:
14 Lady Chatterley

-Lenz:
13 Deutschstunde
-Lesage:
7 Gil Blas
-Malaparte:
6 Kaputt
-Mark Twain:
9 Tom Sawyer,
15 Huckleberry Finn
-Maupassant:
6 Bel Ami
-Melville:
8 Moby Dick
-Meyrink:
5 Golem
-Mitchell:
15 Vom Winde verweht
-More:
6 Utopia
-Pasternak:
14 Doktor Schiwago
-Plievier:
10 Stalingrad
-Remarque:
12 Triumphbogen,
19 Im Westen nichts Neues
-Rinser:
7 Daniela
-Rousseau:
5 Emile
-Scheffel:
8 Ekkehard
-Stevenson:
11 Schatzinsel
-Tolstoi:
12 Anna Karenina,
Auferstehung,
15 Krieg und Frieden
-Traven:
11 Totenschiff
-Turgenjew:
15 Vaeter und Soehne
-Updike:
8 Ehepaare
-Voltaire:
7 Candide
-Werfel:
5 Verdi, 7 Barbara
-Woolf:
7 Orlando
-Zola:
4 Nana, 8 Germinal
Romanaufteilung:
7 Kapitel
romanischer Säulenteil:
15 Wuerfelkapitell
Romanschriftsteller:
9 Romancier
römische:
-Adelsfamilie:
6 Orsini, 8 Borghese
-Bezeichnung für Deutschland:
8 Germania
-Filmstadt:
9 Cinecitta
-Goldmünze:
6 Aureus
-Göttin:
3 Nox, Ops, Pax, 4 Cura, Fama,
Juno, Luna, Roma, Spes,
5 Ceres, Copia, Diana, Flora,
Furie, Suada, Vesta, 6 Aurora,
7 Fortuna, Majesta, Minerva,
Veritas, 8 Justitia, Justizia*,
Juventas, Libertas, Victoria,
9 Concordia, 10 Proserpina
-Göttin der Fruchtbarkeit:
5 Ceres
-Göttin der Gerechtigkeit:
8 Justitia, Justizia*
-Göttin der Jagd:
5 Diana
-Hausgötter:
7 Penaten
-Heereseinheit:
6 Legion
-Kaiserin:
9 Messalina
-Kalendertage:
4 Iden
-Liebesgöttin:
5 Venus
-Mondgöttin:
4 Luna
-Münze:
2 As
-Priesterin:
7 Sibylle, 8 Vestalin
-Quellnymphe:
6 Egeria
-Schicksalsgöttin:
5 Parze
-Totenklage:
6 Naenie
-Totenseelen:
5 Manen
-Unterwelt:
5 Orkus
-Wasserleitung:
9 Aquaedukt
römischer:
-Beamter:
6 Zensor, 7 Auditor, Duumvir,
Praetor, 8 Praefekt, Quaestor
-Dichter:
4 Atta, Ovid, 5 Horaz, 6 Caesar,
Catull, Ennius, Katull, Livius,
Seneca, Sueton, Tibull, Vergil,
7 Juvenal, Lucanus, Martial,
Plinius, Properz, Sallust, Tacitus,
8 Apulejus, Ausonius, Catullus,
Horatius, Phaedrus, Tibullus,
9 Lukretius, Vergilius
-Feinschmecker:
8 Lucullus
-Feldherr:
5 Varus, 6 Aetius, Caesar,
Marius, Narses, Scipio,
7 Agrippa, 8 Camillus, Pompejus
-Genießer:
8 Lukullus
-Geschichtsschreiber:
5 Nepos, 6 Livius, 7 Sallust,
Tacitus
-Gott:
3 Sol, 4 Amor, Faun, Mars,
Mors, 5 Janus, Pluto, 6 Apollo,
Cupido, Erebus, Faunus, Merkur,
Neptun, Saturn, Somnus,
7 Bacchus, Jupiter, Pluvius,
8 Favonius, Pilumnus, Silvanus,
Terminus, Vulcanus,
9 Mercurius, Vertumnus
-Götterbote:
6 Merkur
-Grenzwall:
5 Limes
-Hauptmann:
8 Centurio, Zenturio
-Heiliger:
4 Neri
-Hügel:
6 Pincio, 7 Aventin, Caelius,
Capitol, Kapitol, Palatin,
Pincius, Vatikan, Viminal,
8 Esquilin, Quirinal, 9 Janiculus
-Kaiser:
4 Nero, Otho, 5 Carus, Galba,
Nerva, Titus, 6 Decius, Gallus,
Julian, Probus, Trajan, 7 Gratian,
Hadrian, Severus, 8 Antonius,
Augustus, Aurelian, Berengar,
Caligula, Claudius, Domitian,
Galerius, Honorius, Julianus,
Oktavian, Tiberius, Valerian,
Valerius, 9 Caracalla, Gratianus,
Justinian, Maxentius,
Maximinus, Vespasian, Vitellius,
10 Diokletian, Konstantin,
Theodosius, 11 Valentinian,
12 Heliogabalus
-Kaisertitel:
9 Imperator

-König:
5 Ancus, 6 Tullus, 7 Romulus
-Kriegsgott:
4 Mars
-Liebesgott:
4 Amor
-Marktplatz:
5 Forum
-Name Frankreichs:
7 Gallien
-Redner:
6 Cicero
-Rhetoriker:
6 Cicero
-Schauspieler:
9 Histrione
-Soldat:
9 Legionaer
-Sonnengott:
3 Sol
-Staatsmann:
5 Sulla, 6 Caesar, Marius, 7 Crassus, 8 Pompejus
-Statthalter:
5 Varus
-Sturmbock:
5 Aries
-Titel:
6 Konsul, Tribun, Zensor, 7 Praetor, 8 Praefekt, 9 Imperator, Prokonsul
-Todesgott:
4 Mors
-Totengott:
5 Orkus
-Volksführer:
6 Tribun
-Volksteil:
8 Plebejer, Quiriten, 9 Patrizier
-Volkstribun:
6 Rienzi, 8 Gracchus
-Zensor:
4 Cato
römisches:
-Bauwerk:
7 Lateran, Vatikan, 8 Pantheon, Quirinal, 9 Kolosseum, 10 Engelsburg, 12 Peterskirche
-Buch aus Wachsschreibtafeln:
5 Codex
-Gewand:
4 Toga, 6 Tunika
-Kaisergeschlecht:
6 Julier, 7 Flavier, 8 Claudier
-Obergewand:
4 Toga
-Viergespann:
8 Quadriga

rosenförmige Ausschmückung:
7 Rosette
Rosengarten:
8 Rosarium
Rosenlorbeerpflanze:
8 Oleander
Rosenpflanze:
8 Moosrose, 10 Heckenrose, 11 Kletterrose
Rosenpflanzung:
8 Rosarium
Rosinenart:
6 Zibebe, 8 Korinthe, 9 Sultanine
Roß:
4 Gaul, 5 Pferd, 6 Maehre, 7 Klepper
Röstapparat:
5 Darre
Rostbratenfleisch:
8 Grillade, 9 Roastbeef
Röstbrot:
5 Toast
rösten:
6 darren
Rostschutzmittel:
7 Mennige
Rotation:
4 Tour, 6 Umlauf, 7 Drehung, 9 Umdrehung
Rotationsgerät:
6 Presse, 13 Schnellpresse
rotbraune Farbe:
5 Siena
rote:
-Gartenfrucht:
6 Tomate, 8 Erdbeere
-Rübe:
4 Bete, 5 Rahne, Rande
roter:
-Farbstoff:
5 Eosin, 6 Purpur, 7 Fuchsin, Phloxin, Ponceau, 8 Alizarin, Karmesin, Zinnober, 9 Karthamin, 11 Koschenille
-Farbton:
4 rosa, 5 krapp, Rubin, 6 Karmin, 7 purpurn, 8 Zinnober
-Planet:
4 Mars
Rothaut:
8 Indianer
rotierender Körper:
5 Rotor, Walze, 7 Kreisel
Rotte:
5 Rudel, Schar, 6 Gruppe, Haufen

Rotwein:
7 Rotspon
Rotwild:
3 Reh, 6 Hirsch
Rouletteausdruck/-begriff:
3 Jeu, rot, 4 Chip, noir, pair, zero, 5 Jeton, passe, Reihe, Rouge, 6 Cheval, impair, manque, 7 Drittel, schwarz, 8 Croupier
Route:
3 Weg, 4 Kurs, 7 Strasse, Strecke, 8 Reiseweg
Rübenart:
5 Rahne, Rande, 6 Moehre, 7 Karotte, 8 Kohlrabi, 9 Mohrruebe, 11 Runkelruebe, Zuckerruebe
Rübenflüssigkeit:
5 Sirup
Rubens' Gattin:
6 Helene, 8 Isabella
Rubrik:
4 Fach, 6 Klasse, Spalte, 7 Kolonne
ruchlos:
5 boese, infam, 6 gemein
rückbezüglich:
8 reflexiv
Rückbildungserscheinung:
10 Regression
Rückblick:
10 Erinnerung, 11 Reminiszenz
Rückbuchung:
6 Storno
Rückenmarkserkrankung:
5 Tabes
Rückenteil:
5 Kreuz, Lende, 9 Rueckgrat, 12 Wirbelsaeule
Rückentrage:
5 Kiepe
Rückerstattung:
11 Restitution
Rückfahrt:
9 Heimreise
Rückfall:
6 Relaps
Rückgang:
9 Rezession
Rückgratbestandteil:
6 Wirbel
Rückgriff:
7 Regress, 14 Ersatzanspruch
Rückhalt:
6 Schutz
Rücklagen:
7 Reserve, 9 Ersparnis

rückläufig:
9 regressiv
Rücknahme:
8 Ristorno
Rückschau:
13 Retrospektive
Rückschlag:
8 Dekadenz, 9 Atavismus
Rückschritt:
8 Reaktion
rückschrittlich:
11 reaktionaer
Rücksendung:
7 Retoure
Rücksicht:
7 Achtung, Respekt
Rücksichtnahme:
4 Takt
rücksichtslos:
4 hart, 6 bruesk, brutal, gemein, rabiat, 7 radikal, rigoros, 9 fanatisch
rücksichtslose Gewaltausübung:
6 Terror
rücksichtsvoll:
4 zart, 7 diskret
Rückstand:
4 Rest, 5 Neige, 6 Relikt, Verzug, 7 Passiva, 8 Rudiment
-aus Steinkohlenteer:
4 Pech
-bei der Erdölgewinnung:
5 Masut
-beim Brennen und Keltern:
7 Trester
-der Wundheilung:
5 Narbe
rückständig:
11 reaktionaer
rückständiger Schuldner:
7 Restant
Rückstoßfluggerät:
6 Rakete
Rückstrahler:
9 Reflektor, 10 Katzenauge
Rückstrahlung:
9 Reflexion, 10 Reflektion
Rücktritt:
9 Abdankung, Demission
Rückvergütung:
8 Refaktie
rückwirkend:
7 reaktiv, 9 regressiv
Rückwirkung:
8 Reaktion
Rückzahlungsbetrag:
10 Erstattung
rüde:
4 grob, 6 barsch, bruesk, 7 schroff, 10 unhoeflich
Rudelform:
5 Horde, Meute, Schar
Ruder:
5 Skull, 6 Paddel, Riemen, 8 Leitwerk
Ruderboot:
3 Gig, 4 Kanu, 5 Einer, Skiff, Skull, 6 Achter, Vierer
Ruderfüßer:
7 Pelikan, Toelpel, 8 Kormoran
Ruderlager:
5 Dolle
rudern:
7 skullen
Ruderschiff:
6 Bireme, Triere, 7 Galeere, Trireme
Ruderstange:
5 Stake
Ruf:
4 Fama, 6 Nimbus, 7 Ansehen, Leumund, 8 Prestige, Renommee, 10 Reputation
Rüffel:
5 Ruege, Tadel, 7 Verweis
Rufmord:
11 Verleumdung, 12 Diffamierung
Rufname:
7 Vorname, 8 Taufname
Rufverstärker:
7 Megafon*, 8 Megaphon
Rüge:
5 Tadel, 7 Monitum, Verweis
rügen:
8 monieren
Ruhebezüge:
5 Rente, 7 Pension
ruhelos:
6 unstet, 7 nervoes
Ruhelosigkeit:
6 Unrast, 11 Nervositaet
Ruhemöbel:
4 Bett, Sofa, 5 Couch, Liege, 7 Kanapee, 12 Chaiselongue
Ruhepause:
4 Rast, 6 Siesta
Ruhephase:
4 Rast, 5 Musse, Pause, 6 Schlaf, Siesta, Stille, 8 Erholung
Ruheplatz der Toten:
4 Grab, 5 Gruft, 6 Krypta
Ruheständler:
6 Emerit, 7 Rentier, Rentner, 10 Pensionaer
Ruhestörung:
5 Krach, Laerm, Radau, Rumor, 6 Randal, Tumult, 7 Getoese
Ruhetag:
7 Sonntag, 8 Feiertag
Ruhezeit:
5 Pause
ruhig:
5 leise, sacht, still, 7 stoisch, 8 gelassen
ruhiges:
-Musikstück:
7 Andante
Ruhm:
4 Ehre, 6 Gloria, Glorie, Nimbus
Ruhmesglanz:
6 Nimbus
Ruhmeshalle bei Regensburg:
8 Walhalla
Ruhmsucht:
9 Prahlerei
ruhmvoll:
7 glorios
rührselig:
11 sentimental
Rührseligkeit:
16 Sentimentalitaet
Ruhrstadt:
5 Essen
Ruin:
6 Misere, Pleite, 7 Debakel, Konkurs, Verderb, Verfall, 13 Zusammenbruch
Ruine:
8 Truemmer
Ruinenstadt:
-in der Türkei:
3 Ani
-in Griechenland:
6 Mykene, Tiryns, 7 Olympia
-in Italien:
7 Pompeji, 11 Herkulaneum
-in Kleinasien:
5 Troja, 7 Ephesus, 8 Pergamon
-in Mesopotamien:
6 Ninive
-in Syrien:
7 Baalbek, Palmyra
Ruinenstadt/-stätte:
-am Tigris:
5 Assur
rumänische:
-Adelsfamilie:
5 Ghika, 7 Sturdza

-Hafenstadt:
6 Braila, Galati, Galatz, 9 Konstanza
-Hauptstadt:
8 Bukarest
-Königin:
9 Elisabeth
-Landschaft:
6 Moldau, 8 Bukowina, Walachei, 10 Dobrudscha, 13 Siebenbuergen
-Münze:
3 Leu, 4 Bani, Banu
rumänischer:
-Berg:
5 Negoi, 6 Mandra, 7 Bihorul, Peleaga
-Bildhauer:
8 Brancusi
-Dirigent:
11 Celibidache
-Komponist:
6 Enescu
-König:
5 Carol, 7 Michael, 9 Ferdinand
-Politiker/Politikerin:
9 Ceausescu
rumänisches:
-Tafelland:
10 Dobrudscha
Rummel:
6 Trubel, Wirbel, 7 Betrieb, Treiben, 9 Jahrmarkt
Rumpf:
4 Leib
Run:
7 Ansturm
Rundbau:
7 Rotunde
Rundbeet:
7 Rondell
Rundblick:
8 Panorama
Runde:
5 Kreis, 6 Umlauf, Zirkel, 9 Spielzeit, Umdrehung
-bei Spielen:
6 Partie
runde:
-Öffnung:
4 Loch
-Schneehütte der Eskimos:
4 Iglu
-Stütze:
6 Saeule
runder:
-Griff:
5 Knauf
-Körper:
5 Kugel, Walze
rundes:
-Gebäck:
7 Kringel
-Schiffsfenster:
8 Bullauge
Rundfunkanstalt:
2 BR, HR, RB, 3 NDR, SDR, SFB, SWF, WDR, 4 Rias
Rundfunkgerät:
5 Radio, 11 Radiogeraet
Rundfunksprecher:
7 Ansager
Rundfunkstation:
6 Sender, Studio
rundfunktechnischer Ausdruck:
3 Ton, UHF, UKW, VHF, 4 Band, 5 Hertz, Welle, 6 Sender, Studio, 7 Antenne, Empfang, 8 Frequenz, Mikrofon*, Programm, 9 Kurzwelle, Langwelle, Mikrophon, Mischpult, Senderaum, 12 Wellenlaenge
Rundfunkteilnehmer:
6 Hoerer
Rundgang:
5 Ronde
Rundgesang:
5 Kanon
Rundkörper:
5 Rolle, Walze
Rundmaul:
6 Bricke, Pricke, 8 Neunauge, 10 Schleimaal
Rundornament:
7 Rosette
Rundreise:
7 Tournee
Rundschreiben:
8 Zirkular, 9 Enzyklika
Rundtanz:
5 Polka, 6 Reigen
Rune:
9 Buchstabe, 13 Geheimzeichen, 14 Schriftzeichen
Runenalphabet:
7 Futhark
Runenwissenschaftler:
8 Runologe
Runzel:
5 Falte
Rüpel:
6 Flegel, 7 Grobian, Luemmel, Rabauke
Rüsseltier:
5 Tapir, 7 Elefant, 11 Ameisenbaer
russisch für:
-halt:
4 stoj
-ja:
2 da
-nein:
4 njet
russische:
-Dynastie:
7 Romanow
-Geheimpolizei:
7 Ochrana
-Geige:
7 Pischna
-Halbinsel:
4 Krim
-Hauptstadt:
6 Moskau
-Heilige:
4 Olga
-Kaiserin:
9 Katharina
-Kohlsuppe:
10 Borschtsch
-Kosmonautin:
11 Tereschkowa
-Kronprinzessin:
7 Zarewna
-Landschaft:
8 Bukowina, Galizien, Podolien, 11 Bessarabien
-Laute:
5 Domra
-Nachrichtenagentur:
4 TASS
-Parteiprominenz:
5 Lenin, Rykow, 6 Jelzin, Jelzin, Stalin, 7 Gromyko, Kalinin, Kamenew, Mikojan, Molotow, Trotzki, 8 Andropow, Malenkow, Sinowjew, 9 Breschnew, 11 Gorbatschow, 13 Chruschtschow
-Pastete:
7 Pirogge, 8 Rastegai, 9 Kulebiaka, Piroschki, 10 Visnischki
-Sekte:
7 Skopzen
-Teemaschine:
7 Samowar
-Währungseinheit:
5 Rubel, 6 Kopeke
-Wüste:
7 Karakum, 8 Mujunkum

-Zarin:
4 Anna, 9 Katharina
russischer:
-Bauer:
7 Muschik
-Berg:
4 Alai, Moma, 5 Altai, 6 Elbrus, Kasbek, 8 Pik Lenin, Putorana, Stanowoi
-Bildhauer:
4 Gabo, 7 Zadkine, 10 Archipenko
-Branntwein:
5 Wodka
-Dichter:
5 Bunin, Fedin, Gogol, Gorki, 6 Gorkij, Herzen, 7 Lesskow, Nabokov, Tolstoi, 8 Puschkin, Saltykow, 9 Ehrenburg, Korolenko, Pasternak, Tschechow, Turgenjew, 10 Scholochow, 11 Dostojewski, Gontscharow, 12 Dostojewskij, Solschenizyn
-Feldherr:
7 Kutusow
-Frauenname:
4 Anja, Nina, Olga, Wera, 5 Irina, Katja, Marfa, Sonja, Tanja, 6 Galina, Jelena, Tamara, 7 Tatjana, 8 Kathinka, Natascha
-Fürst:
8 Potemkin
-Geistlicher:
4 Pope
-Großbauer:
5 Kulak
-Heiliger:
5 Boris, Georg, 7 Andreas
-Herrschertitel:
3 Zar
-Ikonenmaler:
6 Rublew
-Instrumentalvirtuose:
6 Kremer, 7 Richter, 8 Oistrach, Skrjabin, 14 Rostropowitsch
-Komponist:
3 Cui, 6 Glinka, 7 Borodin, Tanejew, 8 Glasunow, Skrjabin, 9 Balakirew, 10 Prokofieff, Strawinsky, 11 Miaskowskij, Mussorgskij, Rachmaninow, 12 Rachmaninoff, Tschaikowsky, 14 Rimsky Korsakow, 15 Schostakowitsch
-Kosmonaut:
6 Leonow, Wolkow, 7 Chrunow, Gagarin, Komarow, Kubasow, Schonin, Wolynow, 8 Bykowski, Gorbatko, Patsajew, Popovich, 9 Feokistow, Jelisajew, Nikolajew, Schatalow, 10 Feoktistow, Popowitsch, 11 Dobrowolski, 13 Filiptschenko
-Krondiamant:
5 Orlow
-Maler:
7 Chagall, Lewitan, 9 Kandinsky
-Männername:
4 Igor, Ilja, Iwan, Oleg, 5 Boris, Fedor, Jurij, Pawel, Pjotr, Serge, 6 Alexej, Andrej, Feodor, Georgi, Kyrill, Leonid, Nikita, Sascha, Sergej, Stepan, 7 Dimitri, Dmitrij, Michail, Nikolai, Nikolaj, Sergius, Steppan*, Wassili, 8 Grigorij
-Mediziner:
6 Pawlow, 8 Voronoff, 9 Bechterew
-Mönch:
8 Rasputin
-Musiker:
3 Cui, 6 Glinka, 7 Borodin, Tanejew, 8 Glasunow, Skrjabin, 9 Balakirew, 10 Prokofieff, Strawinsky, 11 Miaskowskij, Mussorgskij, Rachmaninow, 12 Rachmaninoff, Tschaikowsky, 14 Rimsky Korsakow, 15 Schostakowitsch
-Nobelpreisträger für Chemie:
8 Semjonow
-Nobelpreisträger für Frieden:
8 Sacharow
-Nobelpreisträger für Literatur:
5 Bunin, 9 Pasternak, 10 Scholochow, 12 Solschenizyn
-Nobelpreisträger für Medizin:
6 Pawlow, 11 Metschnikow, 12 Metschnikoff
-Nobelpreisträger für Physik:
4 Tamm, 5 Basow, Frank, 6 Landau, 7 Kapitza, Kapizza*, 9 Prochorow, 11 Tscherenkow
-Politiker/Politiker:
5 Lenin, Rykow, 6 Jelzin, Jelzin, Stalin, 7 Gromyko, Kalinin, Kamenew, Mikojan, Molotow, Trotzki, 8 Andropow, Malenkow, Sinowjew, 9 Breschnew, 11 Gorbatschow, 13 Chruschtschow
-Polizeispitzel:
4 Asew
-Reisewagen:
9 Britschka
-Reitersoldat:
5 Kosak
-Revolutionär:
5 Lenin, 6 Stalin, 7 Trotzki
-Schriftsteller/Schriftstellerin:
5 Bunin, Fedin, Gogol, Gorki, 6 Gorkij, Herzen, 7 Lesskow, Nabokov, Tolstoi, 8 Puschkin, Saltykow, 9 Ehrenburg, Korolenko, Pasternak, Tschechow, Turgenjew, 10 Scholochow, 11 Dostojewski, Gontscharow, 12 Dostojewskij, Solschenizyn
-Waldgürtel:
5 Taiga
-Windhund:
6 Barsoi
-Weltraumfahrer:
6 Leonow, Wolkow, 7 Chrunow, Gagarin, Komarow, Kubasow, Schonin, Wolynow, 8 Bykowski, Gorbatko, Patsajew, Popovich, 9 Feokistow, Jelisajew, Nikolajew, Schatalow, 10 Feoktistow, Popowitsch, 11 Dobrowolski, 13 Filiptschenko
-Zarenname:
4 Igor, Iwan, Oleg, Paul, 5 Pawel, Peter, Pjotr, 6 Alexej, Andrej, 7 Godunow, Michail, Nikolaj, 8 Dimitrij, Nikolaus, 9 Alexander
russisches:
-Bier:
5 Kwass
-Dreigespann:
6 Troika
-Feldmaß:
9 Desjatine
-Flußschiff:
5 Kivik
-Frauengewand:
7 Sarafan
-Gewicht:
3 Pud
-Grenzgebirge:
4 Ural, 5 Altai
-Heiligenbild:
5 Ikone
-Landhaus:
7 Datscha

-Längenmaß:
5 Werst
-Musikinstrument:
5 Domra, Gusla, 6 Dombra, 7 Pischna, 9 Balalaika
-Nationalgericht:
10 Borschtsch
-Parlament:
4 Duma
-Raumfahrtzentrum:
8 Baikonor
-Saiteninstrument:
9 Balalaika
-Verwaltungsgebiet:
6 Oblast
-Weltraumschiff:
5 Sojus, 6 Saljut, Wostok, 7 Sputnik, Woschod

rustikal:
5 plump, 10 baeuerlich
Rüstung/Rüstungsteil:
4 Helm, 6 Panzer, Visier, 7 Bruenne, 8 Harnisch
Rute:
4 Stab, 5 Gerte, Stock, Zweig
Rutsche:
7 Schurre, 9 Gleitbahn
rutschen:
7 gleiten

Saalgebäude:
5 Odeon, 9 Festhalle,
12 Philharmonie
Saaltochter:
9 Bedienung
Saatgut:
4 Same, 5 Samen
Saatzuchtbetrieb:
10 Baumschule
Sabbat:
7 Ruhetag, Samstag, 8 Feiertag,
9 Sonnabend
Sabbatjahr:
20 Kindererziehungsjahr
Sabber:
8 Speichel
Säbelform:
7 Sarrass, 8 Pallasch
Säbelquaste:
8 Portepee
säbelrasselnd:
7 protzig
sabotieren:
13 hintertreiben
Sabotierung:
11 Vereitelung
Sachbearbeiter:
8 Referent
Sachbereich/-gebiet:
4 Fach, 6 Gebiet, Sektor,
7 Ressort, 8 Dezernat
Sachbeschädigung:
8 Sabotage
sachbezogen:
8 objektiv, 11 pragmatisch
Sache:
4 Ding, Fall, 6 Objekt,
10 Gegenstand
sachgemäß:
13 fachmaennisch
Sachherrschaft:
9 Gewahrsam
Sachkenntnisse:
7 Realien
sachkundig:
11 pragmatisch
Sachkundiger:
8 Fachmann
Sachlage:
9 Situation
sachlich:
4 real, 8 objektiv, 9 nuechtern,
11 realistisch
Sachlichkeit:
13 Objektivitaet
Sachsenfürst:
6 Gibeke
Sachsenherzog:
8 Widukind, 9 Wittekind
Sachsenkaiser:
6 Ottone
sächsische:
-Burg Heinrichs I.:
5 Werla
-Evangeliendichtung:
7 Heliand
-Hauptstadt:
7 Dresden
sächsischer:
-Barockbaumeister:
5 Baehr
sächsisches:
-Adelsgeschlecht:
12 Liudolfinger
-Heiligtum:
11 Irminsaeule
-Herzogsgeschlecht:
9 Billunger
sacht:
5 leise, sanft, 8 behutsam
Sachverhalt:
10 Tatbestand
Sachverständigenaussage:
9 Expertise
Sachverständiger:
8 Fachmann, 9 Gutachter
Sachverzeichnisliste:
7 Katalog, 8 Register,
11 Repertorium
Sachwalter:
8 Defensor
Sachweiser:
8 Register
Sachwerte:
6 Besitz
Sack:
6 Beutel
Sackgasse:
6 Impass
Sackleinwand:
4 Jute
Sackpfeife:
7 Musette, 9 Dudelsack
Sadismus:
12 Perversitaet
Safari:
14 Jagdexpedition
Safe:
6 Tresor
Safran:
6 Krokus
Saftgetränk:
4 Most, 5 Juice
saftvoll:
9 sukkulent
Sage:
4 Fama, Maer, 5 Kunde,
6 Mythos, 7 Legende,
10 Erzaehlung
sagen:
5 reden
sagenhaft:
8 mythisch, 9 legendaer
sagenhafte:
-assyrische Königin:
9 Semiramis
-Erzählform:
7 Legende
-Gründerin von Prag:
7 Libussa
-Insel:
5 Thule, 8 Atlantis
-Königin von Lydien:
7 Omphale
-Königin von Theben:
5 Niobe
-Seeschlange:
5 Hydra
sagenhafter:
-Dänenkönig:
5 Beowa
-Dänenprinz:
6 Hamlet
-dänischer König:
3 Dan, 4 Gorm
-englischer König:
4 Lear, 5 Artus
-griechischer König:
6 Atreus, 10 Amphitryon
-griechischer Sänger:
7 Orpheus
-Gründer von Rom:
5 Remus, 7 Romulus
-König von Kreta:
5 Minos
-König von Phrygien:
5 Midas, 8 Tantalus
-König von Pylos:
6 Nestor
-König von Theben:
5 Kreon, 7 Oedipus
-König von Zypern:
9 Pygmalion
-Schweizer Nationalheld:
10 Winkelried
-Seefahrer aus 1001 Nacht:
7 Sindbad
-Vogel:
3 Rok, 7 Phoenix
sagenhaftes:
-asiatisches Frauenvolk:
8 Amazonen

-Goldland:
6 Dorado, 8 Eldorado
-Tier:
5 Greif, 6 Drache, 7 Einhorn, Phoenix, 8 Lindwurm
Sagenname Attilas:
5 Etzel
sagenumwoben:
9 legendaer
Sagenwissenschaft:
10 Mythologie
Sägerest:
4 Span
Sahneart:
4 Rahm, 5 Creme, Obers, 7 Schmant
Sahnebonbon:
6 Toffee, 9 Karamelle
Saison:
9 Hauptzeit, Reisezeit, 10 Jahreszeit
saisonal:
14 voruebergehend
Saiteninstrument:
4 Lyra, 5 Banjo, Cello, Geige, Harfe, Laute, Leier, Piano, Viola, 6 Fiedel, 7 Bandola, Cembalo, Fluegel, Gitarre, Klavier, Pianino, Psalter, Violine, 8 Bratsche, 9 Bassgeige, Kniegeige, Mandoline, Zupfgeige, 10 Klavichord, Kontrabass, 11 Violoncello
Sake:
8 Reiswein
sakral:
6 heilig
Sakrament:
3 Ehe, 4 Ordo, 5 Busse, Taufe, 6 Oelung, 7 Firmung, 9 Abendmahl, 13 Priesterweihe
Säkularisation:
10 Enteignung
Salamander:
6 Triton
salarieren:
6 zahlen
Salatgewächs:
6 Ampfer, Kresse, 7 Endivie, Mangold, 8 Chicoree, Zichorie, 9 Feldsalat, Kopfsalat
Salatsoße:
8 Dressing
Salbaderei:
6 Sermon, 7 Litanei
salbadern:
10 schwaetzen
Salbe:
5 Creme, Masse, Paste
salben:
9 einreiben
Salbenbasis:
8 Vaseline
Salböl in der katholischen Kirche:
7 Chrisam, Chrisma
Saldo:
18 Unterschiedsbetrag
Salomoneninsel:
4 Buka, Mala, 5 Bauro, 6 Bugotu, Isabel, 7 Malaita, Rennell, 11 Guadalcanar
Salomos:
-Mutter:
8 Herodias
-Vater:
5 David
Salon:
16 Ausstellungsraum
salonfähig:
7 korrekt
salopp:
5 leger, 7 laessig, 11 ungezwungen
Saloppheit:
15 Ungezwungenheit
Salut:
13 Boellerschuss
salutieren:
10 begruessen
Salz:
-der Aluminiumsäure:
8 Aluminat
-der Apfelsäure:
5 Malat
-der Blausäure:
6 Zyanid
-der Borsäure:
5 Borat
-der Bromsäure:
6 Bromat, Bromit
-der Essigsäure:
6 Acetat*, Azetat
-der Kieselsäure:
7 Silikat
-der Kohlensäure:
4 Kalk, Soda, 8 Karbonat
-der Milchsäure:
6 Lactat
-der Ölsäure:
5 Oleat
-der Phosphorsäure:
8 Phosphat
-der Pikrinsäure:
6 Pikrat
-der Salpetersäure:
6 Nitrat
-der salpetrigen Säure:
6 Nitrit
-der Salzsäure:
7 Chlorid
-der Schwefelsäure:
6 Sulfat
-der schwefligen Säure:
6 Sulfit
-der Weinsäure:
7 Tartrat
-der Zitronensäure:
6 Zitrat
-des Hämatins:
6 Haemin
Salzbildner:
7 Halogen
Salzgestein:
5 Halid
Salzgewinnungswerk:
6 Saline
Salzlösung:
4 Lake, Sole
Salzsee:
-in Algerien:
6 Schott
-in Australien:
7 Eyresee
-in Bolivien:
11 Titicacasee
-in Palästina:
9 Totes Meer
Salzwasser:
4 Sole
Salzwerk:
6 Saline
Salzwüste:
-im Iran:
3 Lut
-in Chile:
7 Atacama
Same:
4 Keim
Samen:
4 Saat
Samendarre:
6 Klenge
Samenflüssigkeit:
6 Sperma
Samenhülse:
6 Schote
Samenkapsel:
4 Kern
Sammelband:
8 Konvolut
Sammelbecken:
8 Zisterne, 9 Reservoir

Sammelbegriff für:
-Früchte:
4 Obst
-Getreide:
4 Korn
-jagdbare Tiere:
4 Wild
-Körnerfrüchte:
8 Getreide
-Leibesübungen:
5 Sport
-Nutztiere:
4 Vieh
Sammelheft:
5 Album
sammeln:
12 akkumulieren
Sammelort:
5 Depot
Sammelwerk:
9 Thesaurus
Sammlung:
8 Kollekte, 9 Sortiment,
10 Kollektion
-altnordischer Dichtung:
4 Edda
-berühmter Zitate:
3 Ana
-der Psalmen:
7 Psalter
-japanischer Lyrik:
8 Kokinshu
-jüdischer Gesetze:
6 Talmud
-von Aussprüchen:
3 Ana
-von Fahrplänen:
8 Kursbuch
-von Gemälden:
6 Museum, 7 Galerie
-von Wachsfiguren:
10 Panoptikum
Samoainsel:
5 Upolu, 6 Savaii
Samsons Geliebte:
6 Dalila, Delila
Samstag:
9 Sonnabend
Samtgewebe:
6 Velvet, 7 Velours,
10 Manchester
sämtliche:
4 alle
Samtpflanze:
7 Tagetes
Sandbank:
4 Riff, 5 Barre
Sandboden:
5 Geest
Sandelholzöl:
8 Santalol
sandfarben:
5 beige
Sandfloh:
6 Chique, Jigger
Sandhose:
6 Trombe
Sandstein:
6 Arkose, 7 Molasse,
9 Grauwacke
Sandsturm:
6 Haboob, 8 Scharaff,
9 Karaburan
Sandwichinseln:
6 Hawaii
Sandwüste:
4 Gobi
sanft:
4 zahm, zart, 5 ruhig, sacht, still,
weich
Sänfte:
8 Palankin, 11 Portechaise
Sanftmut:
5 Milde
sangbare Weise:
4 Lied, 7 Melodie
Sänger:
4 Bass, 5 Buffo, Tenor,
7 Bariton, Bassist
-der alten Germanen:
6 Skalde
-der alten Griechen:
8 Rhapsode
-der griechischen Sage:
7 Orpheus, 8 Rhapsode
-im Mittelalter:
9 Spielmann
-komischer Rollen:
5 Buffo
Sängerin:
6 Sopran, 8 Altistin, 9 Soubrette,
11 Mezzosopran
Sangesgruppe:
4 Chor, 8 Ensemble,
11 Kirchenchor, Maennerchor,
13 Gesangsverein
Saphir:
6 Korund
Sarahs Ehemann:
7 Abraham
Sardelle:
8 Anchovis, 9 Anschovis*
Sarggestell:
8 Katafalk
Sarkasmus:
4 Hohn, 5 Spott
Satan:
6 Belial, Samiel, Teufel,
7 Luzifer, 9 Beelzebub
Satellit:
4 Mond, 7 Trabant, 9 Begleiter
Satin:
5 Atlas
Satisfaktion:
10 Genugtuung
Satrapenamt:
11 Statthalter
satt:
9 zufrieden
Satte:
4 Napf, 6 Schale
Satteldecke:
10 Schabracke
sattelfest:
4 firm
Sättigung:
10 Saturation
Sattlerberuf:
6 Riemer, 9 Polsterer, Taeschner
Sattlerinstrument:
6 Pfriem
Saturnmond:
4 Rhea, 5 Dione, Titan,
6 Phoebe, Themis, Thetys,
7 Japetus, 8 Hyperion,
9 Enceladus
Satyr:
4 Faun, 6 Daemon, 9 Waldgeist
Satzaussage:
9 Praedikat
Satzform:
3 Set, 4 Text, 5 These, 6 Sprung,
9 Ausspruch
Satzgefüge:
7 Periode
Satzgegenstand:
7 Subjekt
Satzlehre:
6 Syntax
Satzung:
6 Statut, 7 Ordnung
Satzvorlage:
10 Manuskript
Satzzeichen:
5 Komma, Punkt, 7 Klammer,
8 Haekchen, 9 Beistrich,
Semikolon, 10 Parenthese,
11 Bindestrich, Doppelpunkt,
Strichpunkt, 12 Fragezeichen,
14 Ausrufezeichen,
Gedankenstrich,
15 Gaensefuesschen,

Trennungsstrich,
18 Abfuehrungszeichen,
Anfuehrungszeichen
Satzzeichenfolge:
13 Interpunktion
sauber:
4 rein, 5 blank, 6 adrett, frisch,
proper, 8 makellos
Sauberkeit:
8 Reinheit
säubern:
6 putzen, 8 reinigen
Säuberungsmaßnahme:
7 Waesche, 8 Hausputz,
9 Reinigung
sauer:
4 herb
Sauerdorn:
10 Berberitze
Sauerkirschenfrucht:
7 Marelle, 8 Amarelle, Weichsel,
15 Schattenmorelle
Sauerklee:
9 Hasenkohl, 11 Gluecksklee,
Hasenampfer
Sauerstoffverbindung:
4 Oxid*, Oxyd
Sauertopf:
9 Griesgram
Saugbläser:
9 Exhaustor
säugen:
7 naehren, stillen
Säugetier:
2 Ai, 3 Reh, Ren, Wal, 4 Affe,
Baer, Elen, Esel, Hase, Hund,
Igel, Lama, Maus, Rind, Wolf,
5 Biber, Fuchs, Kamel, Katze,
Loewe, Pferd, Ratte, Robbe,
Schaf, Tiger, Zebra, Ziege,
6 Delfin*, Hirsch, Hyaene,
Marder, Narwal, Primat, Seekuh,
Seekuh, 7 Delphin, Elefant,
Giraffe, Huftier, Leopard,
Nashorn, Pottwal, Schwein,
Seehund, 8 Antilope, Dromedar,
Faultier, Halbaffe, Nagetier,
Nilpferd, Raubtier, Tuemmler,
Zahnarme, 9 Kaenguruh,
Paarhufer, Paarzeher,
10 Beuteltier, Fledermaus,
11 Ameisenbaer, Flattertier,
Guerteltier, Ruesseltier,
Unpaarhufer, 12 Kloakentiere,
Schnabeltier, Schuppentier,
13 Pelzflatterer,
14 Flossenfuesser,
Klippschliefer,
15 Insektenfresser
Säugling:
4 Baby, 12 Neugeborenes
Säuglingsernährung:
4 Brei, Saft, 5 Milch
Säuglingswickeltuch:
6 Windel
Saugröhre:
7 Pipette
Saugströmung:
3 Sog
Saugwurm:
4 Egel, 8 Blutegel, 9 Leberegel
Säule:
7 Obelisk, Pfeiler, Stuetze
Säulenart:
8 Baluster
Säulenbogen:
6 Arkade
Säulendeckplatte:
6 Abakus
Säulenfußstück:
5 Basis
Säulengang:
9 Kolonnade
Säulenhalle:
4 Stoa, 8 Portikus
Säulenheiliger:
6 Stylit
Säulenknauf:
8 Kapitell
Säulenoberabschluß:
8 Kapitell
Säulenplatte:
6 Sockel, 7 Plinthe
Säulenvorbau:
8 Portikus
Sauls Sohn:
8 Jonathan
Saum:
4 Rand, 5 Biese, Borde,
6 Besatz, 8 Umschlag,
10 Einfassung
säumig:
4 faul, 6 traege
säumiger Schuldner:
7 Restant
Säumigkeit:
11 Schlendrian
saure Speisezutat:
5 Essig
sausen:
5 eilen, 7 brausen
Schabe:
8 Kakerlak
Schabefleischart:
4 Hack
schaben:
6 reiben, 7 kratzen
Schabernackspielen:
5 Posse, 6 Scherz, 7 Streich
Schablonenform:
4 Form, 6 Muster, Schema,
7 Vorlage
Schachbegriff:
3 Zug, 4 matt, patt, 5 Brett,
Pferd, remis, Runde, 6 Gambit,
gardez, Partie, 7 Rochade,
8 Offizier
schachern:
7 markten, 9 feilschen
Schachfigur:
4 Dame, Turm, 5 Bauer, Pferd,
6 Koenig, 7 Laeufer, Roessel,
8 Koenigin, Springer
Schachspieleröffnung:
6 Gambit
Schachtbau:
7 Stollen
Schachtel:
6 Karton, 7 Schuber
Schachtsohle:
5 Teufe
Schachweltmeister:
3 Tal, 6 Karpow, Lasker,
Morphy, 7 Fischer, Spasski,
8 Kasparow, Spasskij,
9 Anderssen, Botwinnik,
Petrosjan, 10 Capablanca
schade:
6 leider
Schädel:
4 Kopf
Schädeldach:
7 Kalotte
Schädelfüllung:
4 Hirn, 6 Gehirn
Schädelknochen:
6 Kiefer, 8 Jochbein, Keilbein,
Kinnlade, 9 Nasenbein,
Stirnbein, 10 Hirnschale,
Oberkiefer, 11 Unterkiefer,
13 Schlaefenbein
Schädelwissenschaft:
11 Kraniologie
Schadenersatzzahlung:
5 Busse, 7 Regress,
10 Reparation
schadenfroh:
8 haemisch
Schadensart:
5 Damno, Panne, 6 Defekt
Schadenversicherung:
5 Kasko, 9 Teilkasko, Vollkasko

schadhaft:
6 Defekt, kaputt
schadhafter Bereich:
4 Loch, Riss, 5 Bruch, 6 Defekt
schädlicher:
-Eisenbelag:
4 Rost
schädliches:
-Genußmittel/-gift:
7 Alkohol, Nikotin
-Insekt:
5 Motte, 7 Termite, 9 Maikaefer
-Nagetier:
4 Maus, 5 Ratte
Schädlichkeit:
4 Noxe
Schädlingstier:
7 Parasit, 11 Schmarotzer
Schaf/-art:
4 Bock, Lamm, 6 Hammel, Merino, Muffel, Widder, 7 Karakul, Mufflon, Schoeps, 8 Schnucke, Shetland, 12 Heidschnucke
schafähnliches Tier:
4 Thar
Schäferspiel:
9 Pastorale
Schaffell:
5 Vlies
schaffen:
8 kreieren, 11 produzieren
Schaffenskraft:
12 Kreativitaet
Schaffner:
10 Kondukteur
Schafkamel:
4 Lama
Schafkrankheit:
5 Maedi
Schafleder:
5 Nappa, 7 Chamois
Schafott:
10 Guillotine, 11 Blutgeruest, 12 Richtstaette
Schaft:
4 Halm, 5 Stiel
Schafwolle:
6 Merino
Schafwollfett:
7 Lanolin
Schäkerei:
9 Taendelei
schal:
3 fad
schalartiger Umhang:
5 Stola
Schale:
4 Haut, 5 Pelle, 6 Kruste
Schalenfrucht:
4 Nuss, 6 Mandel, 7 Erdnuss, Walnuss, 8 Kastanie, 9 Haselnuss, Kokosnuss, 11 Esskastanie
Schalentier:
5 Krebs, 6 Auster, Hummer, Krabbe, 7 Garnele, Muschel, 8 Languste
Schalk:
4 Narr, 6 Schelm
Schalkragen:
5 Fichu
Schall:
3 Ton, 4 Hall, 5 Klang, 9 Widerhall
schallen:
6 gellen, hallen, toenen, 7 krachen, 8 droehnen
Schallplattenfirma:
5 Label
Schallplattensammlung:
9 Diskothek
Schallplattenverpackung:
5 Cover
Schallreflexion:
4 Echo
Schallstärke:
11 Lautstaerke
Schalltechnik:
7 Akustik
Schalltrichter:
7 Megafon*, 8 Megaphon, 10 Sprachrohr
Schallumwandler:
8 Mikrofon*, 9 Mikrophon
Schallwarngerät:
4 Hupe
Schallwissenschaft:
7 Akustik
Schaltanlage:
7 Armatur
Schalteinrichtung:
6 Relais
Schalter:
5 Hebel, Knopf, Taste, 6 Regler, Relais
Schalterstellung:
2 an, on, 3 aus, ein, off
Schaltung:
6 Relais
Scham:
4 Reue, 5 Scheu
schamhaft:
6 keusch, 11 schuechtern
schamlos:
6 frivol, 7 obszoen
Schamteile:
10 Genitalien
Schande:
6 Unehre, 7 Blamage, Schimpf, Schmach, Skandal
schändlich:
5 infam, 6 ehrlos, gemein
Schändlichkeit:
7 Infamie
Schandmal:
5 Makel
Schandpfahl:
6 Staupe, 7 Pranger
Schandtat:
5 Untat, 10 Verbrechen
Schändung:
7 Stuprum
Schankgefäß:
4 Krug, 5 Kanne, 6 Siphon
Schankthresen:
3 Bar, 5 Theke, 6 Tresen, 8 Anrichte
Schanzwehr:
8 Palisade
Schanzwerk:
7 Redoute
Schar:
5 Menge, Meute, Rudel, Trupp, 6 Gruppe, Haufen
Scharadenspiel:
13 Silbenraetsel
Scharbockskraut:
8 Feigwurz, 10 Hahnenfuss, 12 Loeffelkraut
scharf:
4 akut, 6 bissig
-gebacken:
5 kross
-gewürzt:
6 pikant
-umrissen:
7 markant, 10 profiliert
scharfe:
-Kante:
4 Grat
-Kurve:
5 Kehre, 14 Haarnadelkurve
-Wurzel:
4 Kren, 11 Meerrettich
schärfen:
6 wetzen, 9 schleifen
scharfes:
-Geräusch:
5 Knall
-Gewürz:
7 Pfeffer

-Werkzeug:
4 Beil, 6 Messer, Schere
Scharfrichter:
6 Henker
scharfsinnig:
6 subtil, 9 geistvoll, ingenioes, 10 geistreich
Scharfsinnigkeit:
5 Geist, 6 Esprit, 8 Verstand, 9 Intellekt, 11 Intelligenz
Scharlatan:
10 Schwindler, 11 Kurpfuscher, Quacksalber
Scharmützel:
7 Gefecht, 10 Plaenkelei
Scharnier:
6 Gelenk
Scharte:
5 Kerbe
Schattenabbild:
10 Silhouette
Schattenreich:
8 Tartarus
Schattenzeichen:
6 Gnomon
Schattierung:
7 Toenung
Schatulle:
15 Schatzkaestlein
Schatz:
5 Juwel, 7 Kleinod, 8 Reichtum, 9 Vermoegen
Schätzer:
7 Taxator
Schätzung:
4 Taxe, 6 Zensus
Schau:
4 Show, 5 Revue
Schauauffahrt:
5 Korso
Schaubild:
8 Diagramm
Schaubühne:
7 Theater
Schauder:
6 Grauen, Horror, 7 Abscheu, Grausen
schauen:
5 lugen, 7 blicken
Schauer:
4 Guss
Schauergeschichte:
7 Moritat
schauerlich:
8 gruselig, stygisch
Schaufel:
7 Schippe
Schaufelgerät:
6 Bagger
schaufeln:
6 graben
Schaufenster:
7 Auslage, Vitrine
Schaufensterauslage:
7 Etalage
Schaufensterschmücker:
10 Dekorateur
Schaukämpfer:
7 Catcher, 9 Gladiator
Schaukästchen:
7 Vitrine
Schaukel:
5 Wippe, 8 Gautsche
Schaukelbett:
5 Wiege
Schaukelreck:
6 Trapez
Schaum:
6 Geifer, Gischt
Schaumgebäck:
6 Baiser, 7 Meringe
Schaumspeise:
6 Mousse
Schaumweinsorte:
4 Sekt, 8 Schampus, 10 Champagner
Schaupackung:
8 Attrappe
Schauplatz:
3 Ort, 5 Arena, Szene, 6 Buehne, 8 Szenerie
schaurig:
7 gruslig, 8 gruselig
Schauseite:
5 Avers, Front, 7 Fassade, Gesicht, 11 Vorderfront
Schauspiel von:
-Brecht:
4 Baal, 11 Mann ist Mann, 13 Mutter Courage, 15 Leben des Galilei
-Büchner:
10 Dantons Tod
-Camus:
8 Caligula
-Claudel:
12 Mittagswende
-Cocteau:
7 Bacchus
-Euripides:
8 Alkestis
-Frisch:
7 Andorra, Don Juan, 13 Graf Oederland
-Goethe:
5 Faust, Goetz, 6 Egmont, Stella, 7 Clavigo
-Goetz:
8 Ingeborg
-Gogol:
7 Revisor
-Goldoni:
11 Mirandolina
-Gorki:
9 Nachtasyl
-Grillparzer:
5 Medea, 6 Sappho, 7 Ahnfrau, Libussa
-Hauptmann:
5 Weber
-Ibsen:
4 Nora, 8 Peer Gynt
-Lessing:
6 Nathan
-Schiller:
9 Don Carlos
-Shakespeare:
4 Lear, 6 Hamlet, 7 Othello
-Shaw:
9 Pygmalion
Schauspieldichter:
10 Dramatiker
Schauspieler:
4 Mime, 6 Akteur, 10 Darsteller, Komoediant
Schauspielerhonorar:
4 Gage
Schauspielerin:
4 Diva, Star, 7 Aktrice
Schauspielerpart:
5 Rolle
Schauspielertruppe:
8 Ensemble
Schauspielhaus:
7 Theater
Schauspielkunst:
5 Mimik
Schauspielregie:
11 Dramaturgie
Schauspielschüler:
5 Eleve
Schauspielstück:
5 Drama, 13 Buehnenstueck, Theaterstueck
Schauspielwissenschaft:
11 Dramaturgie
Schaustellerberuf:
7 Gaukler
Schaustellung:
10 Exposition
Schautanzensemble:
7 Ballett

scheckig:
7 meliert
Scheibe:
4 Teil, 6 Diskus, Platte,
8 Schnitte
Scheibenkurbel:
8 Excenter*, Exzenter
Scheibenqualle:
6 Meduse
Scheichtum am Persischen Golf:
5 Katar, 6 Kuwait
Scheidelinie:
6 Grenze
Scheidung:
8 Trennung
Schein:
4 Trug, 5 Glanz, Licht, 6 Strahl,
8 Banknote, Dokument, Trugbild
scheinbar:
9 angeblich, imaginaer
Scheinbild:
7 Schemen
Scheingelehrter:
7 Sophist
Scheinhandlung:
5 Farce
scheinheilig:
6 bigott, falsch
Scheinheiligkeit:
9 Heuchelei, 10 Bigotterie
Scheinhieb:
5 Finte
Scheinmaßnahme:
8 Manoever
Scheinmedikament:
7 Placebo
Scheinwissen:
9 Sophistik
Scheitel:
6 Gipfel
Scheitelpunkt:
5 Zenit
Schelle:
7 Klingel, 8 Ohrfeige,
10 Backpfeife
Schellen:
7 laeuten, 8 klingeln
Schellenbaum:
7 Bumbass
Schellentrommel:
8 Tamburin
Schellfisch:
4 Leng, 6 Dorsch, Merlan,
Quappe, Seeaal, 8 Kabeljau
Schelm:
5 Filou, 6 Schalk, 8 Witzbold,
10 Spassvogel, 12 Eulenspiegel
Schelmenspiel:
14 Eulenspiegelei
Schema:
4 Plan, 6 Muster, 7 Vorlage,
9 Schablone
Schemel:
6 Hocker, 8 Fussbank, Taburett
Schemen:
8 Schatten
Schenke:
4 Krug, 5 Lokal, Pinte,
6 Kneipe, 8 Destille,
9 Ausschank, Kretscham,
Wirtshaus, 10 Wirtschaft
schenken:
5 geben, 6 opfern, widmen,
7 spenden, stiften, 9 bescheren
schenkende Liebe:
5 Agape
Schenker:
5 Geber, 7 Spender, Stifter
Schenkungform:
4 Gabe, 8 Dotation
Scherbengericht:
11 Ostrazismus
scherenloser Hummer:
8 Languste
Scherenschnitt:
10 Silhouette
Scherflein:
6 Obolus, Spende, 7 Almosen
Scherge:
7 Buettel, 8 Haescher
Scherz:
3 Jux, Ulk, 4 Witz, 5 Jokus,
Spass, 8 Allotria
Scherzartikel:
10 Knallerbse
scherzhaft für:
-Bär:
5 Teddy
-Binnenländer:
9 Landratte
-Bücherfreund:
9 Leseratte
-Friseur:
6 Figaro
-Gewehr:
6 Knarre
-Haft:
5 Knast
-Heimzahlung:
10 Denkzettel
-Ire:
3 Pat
-Lehrer:
6 Pauker
-Marschverpflegung:
10 Fresspaket
-schlechte Handschrift:
5 Klaue
-Schule:
5 Penne
scherzhafte Nachformung:
7 Parodie
scherzhaftes Musikstück:
7 Scherzo, 9 Capriccio
Scherzreim:
8 Limerick, 13 Schuettelreim
scheu/Scheu:
3 zag, 5 Angst
Scheuer:
6 Stadel, 7 Scheune, 8 Speicher
scheuern:
6 putzen, reiben
Scheuertuch:
6 Feudel
Scheunenboden:
5 Tenne
Scheunengebäude:
6 Stadel, 7 Scheuer, 8 Speicher
Scheusal:
4 Ekel, 7 Monster, 8 Monstrum,
9 Ungeheuer
scheußlich:
4 fies
Schichtauflage:
5 Belag, Floez, Kaste,
8 Ueberzug
Schichtbewölkung:
7 Stratus
schichten:
7 haeufen, stapeln
Schichtenkunde:
13 Stratigraphie
schick:
5 fesch, Flott, 7 elegant, Eleganz
schicken:
6 senden
schicklich:
6 dezent
Schicklichkeit:
7 Dekorum
Schicklichkeitsempfinden:
4 Takt
Schicksal:
3 Los, 5 Fatum, 6 Kismet,
Zufall, 7 Fuegung, 8 Geschick,
9 Schickung, Vorsehung
Schicksalsbestimmung:
5 Karma
Schicksalsdeutung:
6 Mantik, 10 Astrologie,
Divination

Schicksalsglaube:
10 Fatalismus
Schicksalsglaubender:
8 Fatalist
Schicksalsgöttin:
3 Ate, 5 Norne, Parze, Skuld, 6 Ananke, Hathor, 7 Atropos, 8 Lachesis, Werdandi
Schiebung:
6 Betrug, 12 Manipulation
Schiedsrichter:
6 Schiri, 7 Arbiter, 11 Pfeifenmann
Schiedsspruch:
6 Urteil
schief:
5 krumm, 6 scheel, 7 schraeg
schiefe Ebene:
5 Neige, 8 Schraege
Schieferfelsen:
3 Lei
Schiene:
4 Kufe, 5 Gleis, 7 Geleise
Schienenechse:
4 Teju
Schienengefährt:
3 Lok, Zug, 4 Tram, 5 Wagon*, 6 Tender, Waggon, 8 Dampflok, 10 Lokomotive
Schienenkippwagen:
4 Lore
Schienenstrang:
5 Gleis
schier:
4 fast, rein
Schießpulver:
6 Kordit
Schiff:
-der Argonauten:
4 Argo
-der griechischen Sage:
4 Argo
-der Kolumbusflotte:
5 Pinta
-des Kolumbus:
4 Nina, 5 Pinta, 10 Santa Maria
-mit einem Mast:
9 Einmaster
-Noahs:
5 Arche
Schiffahrtsamt:
6 Seeamt
Schiffahrtsbehinderung:
4 Riff, 6 Felsen, 7 Eisberg, Packeis, 8 Treibeis
Schiffahrtskunde:
6 Nautik, 10 Navigation
Schiffahrtsunternehmen:
8 Reederei
Schiffahrtsunternehmer:
6 Reeder
schiffbarer Stadtkanal:
5 Fleet
Schiffbruchunglück:
7 Havarie, 9 Strandung, Untergang
Schifferberuf:
4 Maat, 7 Matrose, Seemann
Schifferklavier:
8 Quetsche, 9 Akkordeon, Harmonika, 13 Handharmonika, Ziehharmonika
Schiffsanlandeplatz:
5 Hafen
Schiffsanlegeplatz:
3 Kai, 5 Hafen, Reede
Schiffsantrieb:
9 Propeller
Schiffsbalken:
5 Spant, 6 Planke, Steven
Schiffsbaugelände:
4 Dock, 5 Werft, 7 Helling
Schiffsbaum:
4 Mast
Schiffsbelader:
6 Stauer
Schiffsbesatzung:
4 Crew, 10 Mannschaft
Schiffsbeschädigung:
4 Leck, 7 Havarie
Schiffsbestand:
6 Flotte
Schiffsbrüstung:
6 Reling
Schiffsbugschmuck:
12 Galionsfigur
Schiffsdeck:
4 Bord
Schiffsdecköffnung:
4 Luke
Schiffsdurchgang:
4 Gatt
Schiffseigentümer:
6 Eigner
Schiffseigner:
6 Reeder
Schiffseinstieg:
3 Luk
Schiffsfenster:
8 Bullauge
Schiffsflaschenzug:
4 Gien, 5 Takel, Talje
Schiffsform:
4 Bark, Ewer, 5 Barke, Brigg, Jacht*, Kogge, U-Boot, Yacht, 6 Faehre, Kutter, Logger, Schute, Segler, Tanker, 7 Dampfer, Kreuzer, Pinasse, Schoner, Steamer, Trawler, 8 Barkasse, Frachter, Fregatte, 9 Schlepper, 10 Eisbrecher, 11 Dampfschiff, Faehrschiff, Segelschiff, 15 Flugzeugtraeger
Schiffsfrachtraum:
7 Tonnage
Schiffsführer:
5 Lotse, 8 Kapitaen, 9 Kommodore, 10 Steuermann
Schiffsführungstechnik:
10 Navigation
Schiffsgeist:
13 Klabautermann
Schiffsgeländer:
6 Reling
Schiffsgeschwindigkeit:
6 Knoten
Schiffsgeschwindigkeitsmesser:
3 Log
Schiffsglockenzeichen:
4 Glas
Schiffsgrundbalken:
4 Kiel
Schiffshaltetau:
4 Reep, Stag, 6 Trosse
Schiffsheckrundung:
5 Bille
Schiffsheimat:
5 Hafen
Schiffsjournal:
7 Logbuch
Schiffsjunge:
5 Moses
Schiffskoch:
6 Smutje
Schiffskommando:
3 Ree
Schiffskran:
5 Davit, 8 Ladebaum, Lademast
Schiffsküche:
8 Kombuese
Schiffsladung:
5 Cargo*, Kargo, 6 Fracht, 7 Ballast, Ladegut
Schiffsleinwand:
5 Segel, 10 Persenning
Schiffsmann:
4 Maat
Schiffsmannschaft:
4 Crew, 9 Besatzung
Schiffsmannschaftsraum:
5 Logis
Schiffsmast:
5 Besan

Schiffsober:
7 Steward
Schiffsoffizier:
8 Kapitaen, 10 Steuermann
Schiffsöffnung:
3 Luk, 4 Luke
Schiffsplanke:
5 Weger
Schiffsrandung:
4 Bord
Schiffsraum:
3 Gat, 4 Back, Gatt, Koje, 5 Logis, 6 Kabine, Pantry, 7 Kajuete, 8 Kampanje, Kombuese
Schiffsraummaß:
19 Bruttoregistertonne
Schiffsreisender:
9 Passagier
Schiffsrumpf:
5 Kasko
Schiffsseite:
3 Lee, Luv, 8 Backbord, 10 Steuerbord
Schiffssignalapparat:
9 Nebelhorn
Schiffsspeisekammer:
6 Pantry
Schiffstagebuch:
7 Logbuch
Schiffstau:
4 Reep, Stag, Want, 5 Kabel, 6 Brasse, Trosse, 7 Gording, Pardune
Schiffstaufe:
10 Stapellauf
Schiffstreppe:
8 Fallreep
Schiffsverband:
6 Flotte, Konvoi, 9 Flottille, Geleitzug, 10 Geschwader
Schiffsverpfändung:
8 Bodmerei
Schiffsvorderteil:
3 Bug
Schiffswinde:
5 Spill, 9 Gangspill, 10 Ankerspill
Schiffswohnraum:
5 Salon, 7 Kajuete
Schiffszubehör:
5 Anker
Schiitenführer:
4 Imam
schikanieren:
6 plagen, 8 schinden, 10 kujonieren, 13 maltraetieren

Schild:
6 Aegide, Plakat
Schildchen:
7 Etikett
Schilddrüsenkrankheit:
5 Kropf, 6 Struma
Schildkrötenart:
8 Matamata
Schildkröteninseln:
9 Galapagos
Schildlausart:
11 Koschenille
Schilf:
4 Ried, Rohr, 5 Binse, 9 Teichrohr
schillern:
8 glitzern
schillernde Gewebeform:
9 Changeant
Schimmelart:
4 Spor
Schimmern:
5 Glanz, 6 Schein
Schimpf:
7 Affront
schimpfen:
6 keifen, 7 fluchen, geifern
schinden:
7 drillen, quaelen
Schinderei:
5 Drill, 8 Schikane
Schindmähre:
7 Klepper, 9 Rosinante
Schirm:
7 Parasol, 9 Parapluie
Schirmdach:
9 Baldachin
Schirmherr:
6 Patron, 9 Protektor
Schirmherrschaft:
5 Obhut, 6 Aegide, 8 Patronat, 11 Protektorat
schirmlose Kopfbedeckung:
6 Barett
Schirmpilz:
7 Parasol
Schirrzeug:
6 Trense, Zuegel, 7 Kandare
Schisma:
8 Spaltung, 15 Kirchenspaltung
Schlacht:
5 Kampf, 8 Bataille
schlachten:
7 metzeln
Schlachterberuf:
7 Metzger, 9 Fleischer, 10 Charcutier, 12 Fleischhauer

Schlachtfeld:
8 Walstatt
Schlachtordnung:
7 Phalanx
Schlackenhügel:
5 Halde
Schlaf:
9 Schlummer
schlafähnlicher Zustand:
6 Trance
Schlafanzug:
6 Pyjama
Schlafbedarf:
10 Muedigkeit
schlafbedürftig:
5 muede
Schlafdecke:
6 Kolter
Schlafenszeit:
5 Nacht
Schlaferlebnis:
5 Traum
schlaff:
4 lose, 5 lasch, muede, weich, 6 torpid, traege, 7 schlapp
Schlaffheit:
6 Atonie, Torpor
Schlaflosigkeit:
7 Asomnie
Schlafnetz:
11 Haengematte
Schlafnische:
7 Alkoven
Schlafraum:
5 Gaden
schläfrig:
5 muede, 9 somnolent
Schlafstatt:
4 Bett
schlafwandelnd:
9 somnambul
Schlag:
4 Hieb, 5 Klaps, Stoss, 6 Schock, 7 Fuchtel
Schlagader:
5 Aorta, 7 Arterie
Schlagaderbewegung:
4 Puls
Schlaganfallsform:
9 Apoplexie
Schlagbaum:
5 Barre, 8 Barriere, Schranke
Schlagbecken:
4 Gong
Schläge:
5 Hiebe, Keile, 7 Dresche, Pruegel

Schlager:
3 Hit, 7 Reisser, 8 Knueller, 11 Gassenhauer, 14 Verkaufserfolg
Schläger:
7 Grobian, Rohling, 8 Raufbold
Schlagerwettbewerb:
9 Hitparade
schlagfertig:
6 witzig
Schlaggerät:
4 Rute, 5 Keule, Stock, 8 Peitsche
Schlaginstrument:
4 Gong, 5 Pauke, 6 Becken, Glocke, Rassel, Tamtam, Zimbal, 7 Klapper, Trommel, Xylofon*, 8 Tamburin, Triangel, Vibrafon*, Xylophon, 9 Vibraphon, 10 Schlagzeug, 11 Kastagnette, Kesselpauke, 12 Schellenbaum
Schlagwaffe:
5 Keule, 8 Tomahawk, 9 Streitaxt, 11 Morgenstern
Schlagwerkzeug:
6 Hammer
Schlagwort:
6 Parole, Slogan
Schlagzeile:
5 Titel, 12 Ueberschrift
schlaksiger Mann:
8 Lulatsch
Schlamm:
3 Kot, Mud, 5 Dreck, Sumpf, 6 Matsch, Morast, 7 Schlick
Schlammbank:
5 Barre
Schlammboden:
6 Morast
Schlammfang:
5 Gully, 10 Sinkkasten
Schlammfisch:
4 Wels
schlammig:
5 limos
Schlammpackung:
5 Fango
Schlange/Schlangenart:
3 Ara, Boa, 4 Haie, Naja, 5 Kobra, Mamba, Otter, Viper, 6 Natter, Python, 8 Anakonda, 9 Hornviper, Puffotter, Sandviper, 10 Aspisviper, Kreuzotter, 12 Buschmeister, Ringelnatter, 13 Aspisschlange, Tigerschlange, 14 Abgottschlange, Boa constrictor, 15 Brillenschlange, Klapperschlange, Koenigsschlange
schlangenartiger Fisch:
3 Aal, 7 Muraene
Schlangenbeschwörer:
5 Ophit
Schlangenlinie:
10 Serpentine
schlank:
4 rank, 5 duenn, hager, mager, 6 schmal
schlapp:
7 schlaff, schwach, 8 kraftlos
Schlappe:
4 Pech, 6 Fiasko, Schlag, 7 Verlust, 8 Einbruch, Einbusse, 10 Misserfolg, 12 Missgeschick
Schlapphut:
10 Kalabreser
schlau:
4 klug, 6 findig, 7 gewieft, gewitzt, pfiffig, 10 raffiniert
Schlauberger:
5 Filou, 9 Pfiffikus, 10 Schlitzohr
Schlauchpilzart:
7 Morchel
Schlaufe:
4 Oese, 6 Masche, 8 Schleife, Schlinge
Schlauheit:
7 Finesse, 10 Raffinesse
Schlawiner:
9 Schnorrer, 10 Tunichtgut
schlecht:
4 flau, mies, 5 boese, uebel, 9 miserabel, Missstand, verdorben, 12 minderwertig
-schmeckendes Getränk:
7 Gesoeff
schlechte:
-Angewohnheit:
5 Unart, 6 Laster
-Charaktereigenschaft:
4 Geiz, Gier, Hass, Neid
-Lichtquelle:
6 Funzel
-Luft:
4 Mief
schlechter:
-Branntwein:
5 Fusel
-Brauch:
7 Unsitte
-Geschäftsgang:
6 Flaute
-Mensch:
4 Lump, 5 Filou, 6 Gauner, 7 Schurke
-Ruf:
10 Misskredit
schlechtes:
-Fahrzeug:
7 Vehikel
-Pferd:
6 Maehre, 7 Klepper
schlechthin:
10 katexochen
Schlechtwettergebiet:
4 Tief
Schlehe:
11 Schwarzdorn
Schleicher:
11 Leisetreter
Schleichhandelsform:
9 Schmuggel
Schleichkatzenart:
6 Musang, Poiana, 7 Genette, 8 Manguste, 9 Ichneumon, 10 Zibetkatze, 11 Pharaoratte
Schleier:
8 Mantilla
schleierartiger Stoff:
4 Gaze, 5 Tuell, 7 Chiffon
schleierhaft:
6 unklar, 8 nebuloes
Schleiertuch:
8 Mantilla
Schleife:
7 Schlips, 8 Schlaufe, Schlinge
schleifen:
8 polieren
Schleiffläche:
7 Facette, 8 Fassette*
Schleifutensil:
9 Schmirgel
Schleimgeschwür:
5 Myxom, 6 Hygrom
Schleimhauterkrankung:
6 Katarr*, 7 Katarrh
schlemmen:
7 prassen
Schlemmer:
6 Lukull, 7 Gourmet, Sybarit, 8 Lukullus
Schlendrian:
5 Trott
schleppen:
6 ziehen, 9 bugsieren
schleppend:
11 dilatorisch
Schleppfahrzeug:
7 Traktor, Trecker

Schleppkahn:
5 Prahm, Zille, 6 Schute
Schleppnetz:
5 Zeese
schlesische:
-Hauptstadt:
7 Breslau
-Witzfigur:
5 Antek
schlesischer:
-Berggeist:
9 Ruebezahl
-Dichter:
5 Logau, Opitz, Stehr, 7 Fleming
-Groschen:
5 Beehm, Boehm
schlesisches:
-Fürstentum:
5 Pless
-Kloster:
6 Leubus
schleswig-holsteinische Insel:
4 Sylt, 5 Amrum, Foehr, Hooge, 7 Fehmarn, 10 Nordstrand
Schleuder:
8 Balliste, Katapult, 10 Zentrifuge
Schleuderwaffe:
4 Bola, 5 Speer, 8 Bumerang
Schleuderware:
6 Ramsch, Schund
schleunig:
4 bald, 7 schnell
schlicht:
6 simpel, 7 einfach, 11 spartanisch
Schlichtungsentscheid:
13 Schiedsspruch
Schlichtwerkzeug:
5 Feile
Schlick:
6 Morast, 7 Schlamm
Schließe:
6 Spange, 7 Agraffe, 8 Schnalle
Schließer:
7 Portier, 9 Pfoertner
Schließfach:
4 Safe, 6 Tresor
Schließmuskel:
8 Abduktor
Schließvorrichtung:
6 Riegel, 7 Schloss
Schliff:
5 Glanz, 7 Politur
schlimm:
3 arg, 4 boes, 5 boese, elend, uebel, 10 pernizioes
schlimme:
-Lebenslage:
3 Not, 5 elend
schlimmer:
-Vorgang:
6 Unheil
Schlinge:
4 Oese, 6 Masche, 8 Schlaufe, Schleife
-zum Vogelfang:
5 Dohne, 8 Sprenkel
Schlingel:
5 Range, 6 Bengel, 7 Lausbub
Schlingpflanze:
4 Efeu, 5 Liane, 10 Osterluzei
Schlips:
6 Binder, Fliege, 8 Krawatte, Schleife
Schlittengefährt:
3 Bob, 4 Akia, 5 Pulka, Rodel, 8 Skeleton, Toboggan, 9 Bobsleigh
Schlittschuhsportart:
7 Eislauf, 9 Eishockey
Schlitz:
5 Spalt, 6 Luecke, 7 Scharte
Schloß:
6 Palais, Palast, 7 Kastell
-an der Loire:
4 Usse, 5 Blois, 6 Saumur, 7 Amboise, 8 Cheverny
-an der Themse:
7 Windsor
-bei Bonn:
6 Bruehl
-bei Coburg:
7 Rosenau
-bei Darmstadt:
12 Kranichstein
-bei Dresden:
8 Pillnitz, 10 Moritzburg
-bei Füssen:
14 Hohenschwangau, Neuschwanstein
-bei Madrid:
8 Escorial
-bei Paris:
10 Versailles, 13 Fontainebleau
-bei Stuttgart:
8 Solitude, 9 Solituede
-in Baden-Württemberg:
7 Zollern, 11 Sigmaringen, 12 Hohenzollern, Schwetzingen
-in Bayern:
5 Elmau, 9 Linderhof, 11 Nymphenburg, 12 Schleissheim, 14 Herrenchiemsee, Neuschwanstein
-in Granada:
8 Alhambra
-in München:
11 Nymphenburg
-in Paris:
6 Louvre, 9 Tuilerien
-in Potsdam:
9 Sanssouci
-in Salzburg:
8 Mirabell, 9 Klessheim
-in Spanien:
8 Escorial
-in Versailles:
7 Trianon
-in Wien:
7 Hofburg, 11 Schoenbrunn
Schlossangestellter:
9 Kastellan
schloßartiges Haus:
7 Kastell
Schloßkeller:
7 Verlies
Schloßvogt:
9 Kastellan
Schlot:
4 Esse, 5 Kamin, 9 Rauchfang, 11 Schornstein
Schlucht:
5 Klamm, Kluft, 7 Abgrund, Couloir
schluchzen:
6 weinen
Schlummerzustand:
6 Schlaf
Schlund:
4 Hals, 6 Rachen
Schlüpfer:
4 Slip
schlüpfrig:
5 glatt, 6 lasziv, pikant, 7 obszoen
Schlüpfschuh:
7 Slipper
Schluß:
4 Ende, Fine, 6 Finale, 8 Ergebnis, Resultat
Schlußauftritt:
6 Finale
Schlüsselblume:
6 Primel
Schlüsselteil:
4 Bart
schlußfolgern:
11 kombinieren

Schlußfolgerung:
5 Fazit, 10 Konklusion,
11 Kombination
Schlußgag:
6 Pointe
Schlußgesang:
6 Exodos
Schlußlicht:
10 Ruecklicht
Schlußrede:
6 Epilog
Schlußresultat:
11 Endergebnis
Schlußsumme:
5 Fazit
Schlußteil:
6 Finale
Schlußwort:
4 Amen, 6 Epilog
Schlußzeichen:
5 Punkt
Schmach:
6 Unehre, 7 Schande, Schimpf
schmachten:
6 gieren, 8 duersten
schmächtig:
4 zart, 5 duenn, hager, mager,
6 schmal
schmackhaft:
6 lecker, 7 delikat
Schmähschrift:
6 Libell, 8 Pamphlet, Pasquill
Schmähung:
6 Anwurf, 7 Affront, Injurie,
9 Invektive, 11 Beleidigung,
12 Diffamierung
schmal:
3 eng, 5 duenn, hager
schmale:
-Brücke:
4 Steg
-Felsschlucht:
5 Klamm
-Meeresbucht:
6 Foerde
-Öffnung:
5 Ritze, Spalt
-Straße:
3 Weg, 5 Gasse
-Treppe:
6 Stiege
schmaler:
-Bergrücken:
4 Grat
-Durchgang:
4 Enge
-Fußweg:
4 Steg
-Gebirgspfad:
5 Steig
-Gewebestreifen:
4 Band
-Schrank:
5 Spind
-Spalt:
5 Ritze
schmales:
-Brett:
5 Latte, 6 Leiste
schmalwüchsig:
8 leptosom
Schmarotzer:
7 Parasit, 8 Entozoon, Nassauer,
9 Schnorrer
Schmarotzerpflanze:
6 Mistel
schmecken:
6 Kosten, munden
Schmeichelei:
5 Eloge, 9 Flatterie,
10 Kompliment
schmeicheln:
5 kosen, 8 hofieren
Schmeichler:
8 Charmeur, 9 Kalfaktor,
Scharmeur*
Schmelz:
6 Glasur
Schmelztopf:
6 Muffel, Tiegel
Schmerz:
4 Gram, Harm, Leid, Pein,
6 Kummer
schmerzhafte:
-Erkrankung:
6 Rheuma, 7 Ischias, 9 Arthritis
-Hornhautverdickung:
11 Huehnerauge
Schmerzlosigkeit:
9 Analgesie
Schmerzunempfindlichkeit:
11 Anaesthesie
Schmetterball:
5 Smash
Schmetterling/Schmetterlingsart:
5 Motte, Nonne, 6 Apollo,
Aurora, Falter, Glucke, Moench,
Ritter, 7 Admiral, Spanner,
Spinner, Zygaene, 8 Blaukopf,
Eisvogel, Gelbling, Kohleule,
Sandauge, 9 Blaeuling,
Gammaeule, Goldafter,
Kornmotte, Pelzmotte, Postillon,
Tagfalter, Totenkopf,
10 Holzbohrer, Mauerfuchs,
Ochsenauge, Ordensband,
Pfauenauge, Schwaermer,
Widderchen, 11 Augenfalter,
Brauner Baer, Goldene Acht,
Moenchseule, Nachtfalter,
Segelfalter, Tannenpfeil,
12 Apollofalter, Distelfalter,
Fichtenmotte, Frostspanner,
Glasfluegler, Kaisermantel,
Kupferglucke, Trauermantel,
Weidenbohrer,
13 Baerenspinner,
Kohlweissling, Landkaertchen,
Seidenspinner, Tagpfauenauge,
Taubenschwanz,
14 Fichtenspinner,
Kiefernspinner, Schillerfalter,
Schwammspinner,
Zitronenfalter,
15 Abendpfauenauge,
Blutstroepfchen,
Nachtpfauenauge,
16 Perlmutterfalter,
Schwalbenschwanz,
18 Oleanderschwaermer
Schmetterlingsblütler:
4 Klee, 5 Bohne, Erbse, Linse,
7 Erdnuss, Ginster, Luzerne,
Robinie, Tragant, 8 Hornklee,
9 Goldregen, 12 Besenginster
Schmetterlingsgespinst:
5 Kokon
Schmetterlingslarve:
5 Puppe, Raupe
Schmiedeform:
6 Gesenk
Schmiedeutensil:
4 Esse, 5 Zange, 6 Amboss,
Hammer, 9 Blasebalg
schmieren:
5 oelen, 6 fetten
Schmierheft:
6 Kladde
schmierig:
5 oelig, 6 fettig
Schmiermittel:
3 Oel, 4 Fett
Schminke:
5 Rouge
Schmöker:
8 Schwarte, 9 Scharteke
schmollen:
7 trotzen, zuernen
Schmorgefäß:
6 Tiegel, 10 Kasserolle
Schmorobst:
7 Kompott

Schmuck/Schmuckstück:
4 Band, Clip, Putz, Ring,
5 Dekor, Fibel, Gemme, Juwel, Kamee, Kette, Klips, Kreuz, Perle, 6 Diadem, Spange, Zierde, 7 Agraffe, Armband, Armreif, Brosche, Dekorum, Ehering, Kollier, Ohrring, 8 Halsband, Solitaer, 9 Anhaenger, Armspange, Edelstein, Halskette, 10 Dekoration, Geschmeide, Siegelring, 14 Krawattennadel
schmücken:
6 zieren, 9 garnieren, verzieren, 10 dekorieren
schmückend:
9 dekorativ, 10 ornamental
schmückende Zutat:
7 Zierart
Schmuckgewinde:
5 Kranz, 6 Feston, 8 Girlande
Schmuckkügelchen:
5 Perle
Schmucklade:
9 Schatulle
schmucklos:
8 schlicht
Schmuckmaterial:
4 Gold, 5 Email, 6 Silber, Strass, 7 Koralle, 8 Perlmutt, 9 Bernstein, Edelstein, Elfenbein
Schmuckring:
4 Reif
Schmuckspange:
5 Fibel, 6 Heftel, 7 Agraffe
Schmuckstein:
4 Jade, Onyx, Opal, 5 Achat, Gagat, Lapis, Quarz, Rubin, Topas, 6 Adular, Amaryl, Apatit, Citrin, Epidot, Euklas, Granat, Jaspis, Plasma, Prasem, Saphir, Zirkon, Zyanit, 7 Amaryll, Diamant, Girasol, Idokras, Karneol, Koralle, Lasurit, Nephrit, Smaragd, Spinell, Tuerkis, 8 Almandin, Amazonit, Amethyst, Brillant, Edelopal, Haematit, Heliodor, Hyazinth, Kaprubin, Labrador, Malachit, Rhodonit, Sardonyx, Tansanit, Turmalin, 9 Aquamarin, Aventurin, Bernstein, Brasilian, Chalzedon, Demantoid, Feueropal, Fischauge, Goldtopas, Grossular, Heliotrop, Hydrophan, Karfunkel, Mondstein, Tigerauge, 10 Alexandrit, Chrysolith, Chrysopras, Kascholong, Katzenauge, Labradorit, Rauchquarz, Rauchtopas, Rosenquarz, Speckstein, 11 Lapislazuli, Sonnenstein, 12 Bergkristall, Chrysoberyll, 13 Amazonenstein
Schmuckstreifen:
5 Fries
Schmuckverkäufer:
8 Juwelier
Schmuggelgut:
11 Konterbande
Schmuhgerede:
6 Gerede, Phrase, 7 Gefasel, 10 Geschwaetz, 12 Schoentuerei
Schmutz:
5 Dreck, Staub, Unrat
schmutzig:
7 dreckig
schmutziger Rückstand:
5 Muell, Unrat
Schmutzpunkt:
5 Fleck
Schnabelfisch:
6 Nilaal
Schnabelkrokodil:
6 Gavial
Schnalle:
7 Agraffe
Schnallenschuh:
8 Eskarpin
Schnapshersteller:
9 Brennerei
Schneckenart:
8 Molluske
Schneckenlinie:
7 Spirale
Schneckenornament:
6 Gordon
Schnee:
4 Firn, 6 Flocke, Harsch, 9 Neuschnee, 12 Pulverschnee
Schneeblume:
8 Nieswurz, 10 Christrose
Schneefahrzeug:
9 Schlitten
schneefrei:
4 aper
Schneekleidung:
6 Anorak
Schneeleopardenart:
5 Irbis
Schneemenge:
6 Lawine
Schneemensch:
4 Yeti, 6 Kangmi
Schneeschmelze:
9 Tauwetter
Schneeschuh:
3 Ski*, 4 Schi
Schneesturm in Nordamerika:
8 Blizzard
Schneesturm in Rußland:
5 Buran, Metel, Purga
Schneid:
4 Elan, Mumm, 6 Bravur*, 7 Bravour, Courage
Schneidefläche:
4 Grat, 6 Klinge, 14 Schnittflaeche
-am Pflug:
5 Schar
schneiden:
11 tranchieren, 12 transchieren*
Schneiderberuf:
8 Tailleur, 9 Couturier
Schneiderkunst:
12 Haute Couture
Schneidersitz:
11 Unterschlag
schneidig:
5 flott, 6 forsch, stramm, 9 schmissig
Schneise:
8 Lichtung
schnell:
5 eilig, flink, quick, rasch, 6 behend, hastig, hurtig, rapide, rasend, 7 behaend*, 9 geschwind
schnelle:
-Bewegung:
5 Husch, 6 Wirbel
-Schußfolge:
5 Garbe
schneller:
-Autofahrer:
5 Raser
-Tanz:
5 Polka, 10 Tarantella
schnelles:
-Kriegsschiff:
5 Aviso, 11 Schnellboot, Torpedoboot
-Musikstück:
7 Allegro
-Reitkamel:
6 Mehari
-Steppentier:
7 Gazelle
Schnelligkeit:
4 Eile, Hast, 5 Tempo
Schnellsegelschiff:
7 Clipper, Klipper

Schnellstraße:
8 Autobahn
schnelltrocknender Anstrich:
6 Firnis
Schnellzug:
4 D-Zug
Schnepfenstrauß:
4 Kiwi
Schnepfenvogel:
5 Knutt, 7 Kiebitz, 9 Bekassine, 10 Brachvogel, 11 Rotschenkel, 12 Kampflaeufer, Regenpfeifer, Waldschnepfe, 13 Strandlaeufer, 14 Austernfischer
Schnitt:
4 Form, 5 Facon, 6 Fasson
Schnitte:
5 Bemme, 7 Scheibe, 11 Brotscheibe
Schnitterutensil:
5 Sense, 6 Sichel
Schnittholzstück:
5 Bohle, Brett, Diele, Latte, 6 Balken, Leiste
Schnittlinie:
7 Sekante
Schnittverletzung:
6 Enkope
Schnittwerkzeug:
5 Saege, 6 Messer, Schere, 14 Schneidbrenner
Schnitzer:
6 Fehler, 9 Missgriff
Schnitzmaterial:
4 Bein, Holz, 9 Elfenbein
Schnupftabaksorte:
6 Makuba
Schnur:
4 Band, 5 Faden, Leine, Zwirn, 6 Kordel, 9 Bindfaden
Schnürleibchen:
6 Mieder
Schnurlochung:
4 Oese
Schnurre:
5 Posse, 7 Marotte
Schnurren:
8 Fazetien
schnurrig:
6 witzig, 7 drollig, 8 amuesant, 9 originell
Schnürsenkelband:
9 Schuhband, 12 Schuhbaendel
Schockzustand:
7 Schreck
Schokoladenbasis:
5 Kakao
Schokoladenstück:
5 Rippe
Schokoladenüberzug:
10 Kuvertuere
Scholar:
6 Vagant, 7 Student, 8 Schueler
Scholle:
4 Erde, Feld, Land, 5 Acker, Grund
Schollenfisch:
4 Butt, Pole, 5 Zunge, 7 Aalbutt, Flunder, 8 Goldbutt, Heilbutt, Rotzunge, Seezunge, 9 Steinbutt, 10 Hundszunge, Plattfisch
schon:
6 allein, 7 bereits, laengst
schön:
7 anmutig, reizend, 11 entzueckend
schöne:
-Frau der Antike:
6 Helena
-Regelmäßigkeit:
15 Ebenmaessigkeit
schöner:
-Jüngling:
6 Adonis, 8 Hyazinth
-Mann:
4 Beau
schönes:
-Mädchen im Islam:
4 Huri
schöngeistige Literatur:
12 Belletristik
schöngeistiger Mensch:
7 Aesthet, 9 Belesprit
Schönheitsausscheidung:
8 Misswahl
Schönheitsgöttin:
5 Venus, 9 Aphrodite
Schönheitslehre:
9 Aesthetik
Schönheitsmittel:
10 Kosmetikum
Schönheitspflaster:
6 Mouche, Musche
Schönheitspflege:
8 Kosmetik
Schönheitspflegeladen:
13 Kosmetiksalon
Schönheitsvorschriften:
5 Kanon
Schonkost:
5 Diaet
Schönschreibform:
11 Kalligrafie*, 12 Kalligraphie
schöntun
6 Schmus 8 hofieren, 10 flattieren, 11 schmeicheln
schonungslos:
6 brutal, streng, 7 radikal, rigoros, 12 unbarmherzig, 13 unnachsichtig
Schönwettergebiet:
4 Hoch
schöpfen:
8 kreieren schaffen
Schöpfer:
4 Gott, 7 Urheber, 8 Erfinder
-der Relativitätstheorie:
8 Einstein
-der Roten Armee:
7 Trotzki
-des Sherlock Holmes:
5 Doyle
-des Wiener Walzers:
6 Lanner
-humoristischer Bildgeschichten:
5 Busch
schöpferisch:
6 genial, 7 kreativ, 9 produktiv
schöpferische:
-Gestaltung:
5 Kunst
-Kraft:
6 Genius
schöpferischer:
-Augenblick:
6 Kairos
-Mensch:
5 Genie
Schöpferwesen:
4 Gott, 8 Herrgott
Schöpflöffel:
5 Kelle
Schöpfung:
4 Welt, Werk, 5 Natur, 8 Kreation, 9 Universum
Schöpfungserzählung:
7 Genesis
Schöps:
6 Hammel, 8 Dummkopf, 10 Schafskopf
Schorf:
5 Borke, Grind
Schornstein:
4 Esse, 5 Kamin, 6 Schlot, 9 Rauchfang
Schornsteindeckel:
9 Deflektor
Schoßhündchen:
8 Malteser, Pekinese

Schößling:
5 Trieb, 6 Spross, 7 Ableger
Schottenfamilie:
4 Clan
Schottengewebe:
5 Plaid, 6 Tartan
Schottenrock:
4 Kilt
Schottenstoff:
5 Plaid, 6 Tartan
Schotter:
7 Geroell
schottische:
-Dynastie:
6 Stuart
-Hauptstadt:
9 Edinburgh
-Insel/-gruppe:
3 Rum, 4 Coll, lona, Mull,
5 Barra, Islay, Tiree, 6 Harris,
Orkney, 8 Hebriden, Shetland
-Sippe:
4 Clan, Klan
schottischer:
-Branntwein:
6 Whisky
-Erfinder:
4 Watt, 6 Dunlop
-Feldherr:
7 Macbeth
-Golf:
10 Firth of Tay,
12 Firth of Clyde, Firth of Forth
-König:
5 Jakob, 6 Duncan, 7 Macbeth,
Malcolm
-Missionar:
11 Livingstone
-Physiker:
8 Brewster
-Reformator:
4 Knox
-Rock:
4 Kilt
-Schäferhund:
6 Collie
-See:
8 Loch Ness
-Volksstamm:
6 Pikten, Skoten
-Whisky:
6 Scotch
schottisches:
-Gewässer:
4 Ness
-Königshaus:
6 Stuart
-Musikinstrument:
9 Dudelsack
-Nationalgericht:
8 Porridge
schräg:
6 schief, 7 geneigt, travers,
8 diagonal
schräger:
-Schiffsbauplatz:
7 Helling
Schräglage:
7 Neigung, 8 Gefaelle
-Auffahrt:
5 Rampe
Schräglinie:
8 Traverse, 9 Diagonale
Schrägstütze:
6 Strebe
Schramme:
4 Riss, Ritz, 7 Kratzer
Schrank:
7 Schrein
Schrankabteil:
4 Fach
Schranke:
6 Huerde, Sperre, 8 Barriere,
10 Schlagbaum
schrankenlos:
4 frei
Schrankkochherd:
5 Grude
Schraubenantilope:
4 Kudu
Schraubengang:
7 Gewinde
Schraubenlinie:
7 Spirale, 8 Schnecke
Schraubenpalme:
7 Pandane, Pandang
Schraubenschlüssel:
8 Franzose, 10 Englaender
Schraubensicherung:
6 Mutter, Splint
Schraubhülse:
7 Fassung
Schraubstockgerät:
10 Feilkloben
Schrebergartenanlage:
13 Laubenkolonie
Schrebergartenhaus:
5 Laube
Schrebergärtner:
12 Laubenpieper
Schrecken:
5 Panik, 6 Furcht, Grauen,
Horror, Schock, 7 Grausen,
9 Entsetzen
Schreckensperson:
7 Monster, 9 Ungeheuer
Schreckensregime:
6 Terror
Schrecklähmung:
10 Kataplexie
schrecklich:
7 grausig, horrend, 9 furchtbar,
10 grauenhaft
Schrei:
3 Ruf
Schreibbüchlein:
6 Kladde
Schreiben:
5 Brief, 13 Schriftstueck
Schreiber:
5 Autor, 8 Chronist, 9 Kontorist,
Sekretaer
Schreiberling:
8 Skribent
Schreibflüssigkeit:
5 Tinte
Schreibform:
4 Stil, 7 Diktion
Schreibgerätschaft:
5 Feder, 7 Griffel, 9 Bleistift,
11 Federhalter,
14 Kugelschreiber
-der Antike:
6 Stilus, 7 Calamus
Schreibmaschinenteil:
4 Type, 5 Taste, Wagen, Walze,
8 Farbband, Tastatur, 9 Tabulator
Schreibmaterial:
5 Feder, Tinte, 6 Kreide, Papier,
9 Pergament
Schreibraum:
5 Buero, 6 Office, 7 Kanzlei
Schreibreihe:
5 Zeile
Schreibschrank:
9 Sekretaer
Schreibweise:
4 Stil
schreien:
5 rufen, 8 bruellen
Schrein:
4 Sarg, 5 Truhe, 7 Schrank
Schreiner:
8 Tischler
Schreinerwerkzeug:
5 Feile, Hobel, Saege, 6 Bohrer,
Hammer, Zwinge
Schreittanz:
6 Reigen
Schreitvogel:
4 Ibis, 6 Marabu, Reiher, Storch,
7 Kranich, 8 Flamingo, Kahlibis,

Loeffler, Waldrapp,
10 Nimmersatt, Rohrdommel,
11 Fischreiher, 13 Klaffschnabel,
Schuhschnabel
Schreivogel:
4 Rabe, 6 Kraehe
Schrift:
4 Buch, Text, 8 Skriptur,
10 Broschuere
Schriftart:
5 Didot, Times, 6 Bodoni,
Futura, kursiv, 7 Antiqua,
Fraktur, Gotisch, grotesk,
Memphis, Univers, 8 Garamond,
9 Mediaeval, 10 Egyptienne
Schriftenbündelung:
4 Akte
Schriftensammlung:
5 Aktei
Schriftform:
5 mager, 6 kursiv, 8 halbfett
Schriftgrad:
4 Perl, Text, 5 Petit, 6 Borgis,
Cicero, Mignon, 7 Diamant,
Garmond, Kolonel, 8 Brillant,
11 Nonpareille
schriftliche:
-Aufstellung:
5 Liste
-Bescheinigung:
8 Quittung
-Mitteilung:
5 Brief, Karte
-Niederlegung:
11 Beurkundung
-Unterlage:
5 Beleg
-Verpflichtung:
6 Revers
-Wiedergabe von Aussagen:
9 Protokoll
schriftlicher:
-Antrag:
7 Eingabe
-Vermerk:
5 Notiz
schriftliches:
-Machwerk:
8 Elaborat
Schriftrolle:
5 Thora, 7 Papyrus, 9 Pergament
Schriftsatz:
4 Text
Schriftsetzer:
7 Metteur
Schriftsprache im Buddhismus:
4 Pali
Schriftsprache im Hinduismus:
8 Sanskrit
Schriftstelle:
5 Zitat, 6 Passus
Schriftsteller:
5 Autor, 7 Dichter, Literat
Schriftstellervereinigung:
3 PEN
Schriftstück:
4 Akte, 6 Skript, 7 Urkunde,
8 Dokument, Skriptur,
9 Schreiben, 10 Manuskript
Schrifttilgung:
5 Rasur
Schrifttum:
9 Literatur
Schriftwechsel:
13 Korrespondenz
Schriftzeichen:
4 Rune, 6 Letter, 9 Buchstabe,
11 Hieroglyphe
Schriftzug:
6 Duktus
schrill:
4 laut, 5 grell, 6 scharf
Schrittleichtathlet:
5 Geher
Schrittmacher:
7 Pionier
Schrittweise:
3 Pas, 4 Step, 5 Stepp*, Tritt
Schrittzählgerät:
9 Hodometer, Pedometer,
Podometer
schroff:
4 grob, jaeh, 5 steil, 6 bruesk,
streng
Schrott:
6 Abfall, 8 Alteisen
schrottreifes:
-Schiff:
5 Wrack
Schrotwaffe:
6 Flinte
Schrulle:
4 Tick, 5 Laune, 6 Spleen,
7 Marotte
Schrumpfungsvorgang:
10 Retraktion, 11 Kontraktion
Schubfach:
4 Lade
Schubstange:
6 Pleuel
schüchtern:
5 scheu, 7 zaghaft, 8 verlegen
Schuft:
4 Lump, 5 Kujon, 6 Gauner,
7 Halunke, Schurke, 8 Kanaille
Schuhband:
6 Nestel, Senkel
Schuhflicken:
7 Riester
Schuhformutensil:
7 Leisten, Spanner
Schuhmacher:
8 Schuster
Schuhmachergerät:
4 Ahle, Dorn, 5 Zange,
6 Hammer, Raspel, 7 Leisten
Schuhputzmittel:
6 Wichse
Schuhteil/-zubehör:
5 Kappe, Leder, Sohle, Zunge,
6 Absatz, Hacken, Lasche,
Riemen, Schaft, Senkel,
10 Brandsohle
Schulaufgaben:
6 Pensum, 7 Aufgabe, Lektion,
11 Hausaufgabe
Schulbeginner:
11 Abc-Schuetze
Schulbewertung:
6 Zensur
Schuld:
4 Soll, 6 Frevel, Suende,
7 Pflicht, Unrecht
schuldbewußt:
5 reuig
Schuldbewußtsein:
4 Reue
Schuldeingestehung:
11 Gestaendnis
Schulden:
7 Passiva
Schuldentilgungsvorgang:
12 Amortisation
Schuldgefühl:
4 Reue, 8 Einsicht,
13 Gewissensbiss
Schuldiener:
6 Pedell
Schuldkonto:
5 Debet
Schuldlosigkeit:
8 Unschuld
Schuldner:
7 Debitor, Restant, 9 Debitoren
Schuldumwandlung:
8 Novation
Schuldverschreibungsform:
4 Bond, 7 Anleihe, 8 Promesse,
10 Obligation, Pfandbrief

Schule:
5 Penne, 11 Lehranstalt
Schüler:
5 Eleve, 7 Juenger, 8 Zoegling, 9 Anhaenger, Pennaeler
Schulfach:
5 Ethik, Lesen, Musik, Sport, 6 Chemie, Latein, Physik, Singen, Turnen, Werken, 7 Algebra, Botanik, Deutsch, Rechnen, 8 Biologie, Englisch, Erdkunde, Religion, Zeichnen, 9 Geografie*, Geometrie, Sachkunde, Schreiben, 10 Geographie, Geschichte, Griechisch, Handarbeit, Mathematik, Naturkunde, 11 Heimatkunde
Schulform:
6 Lyzeum, 7 College, Konvikt
schulfreie Zeit:
6 Ferien
Schulgänger:
8 Schueler
Schulleiter:
6 Rektor, 8 Direktor
Schulleseheft:
5 Fibel
Schulraum:
4 Aula, 6 Klasse
Schulsaal:
4 Aula
Schulstadt in England:
4 Eton, 6 Oxford, 9 Cambridge
Schultasche:
5 Mappe, 6 Ranzen
Schulter:
6 Achsel
Schulterbinde:
8 Schaerpe
Schulterknochen:
7 Guertel, 14 Schluesselbein
Schulterpasse:
6 Koller
Schulterstück:
6 Klappe, 9 Epaulette
Schultertuch:
5 Fichu, Schal, Stola
Schulterumhang:
8 Mantille
Schulübung:
6 Diktat
Schulunterabteilung:
6 Klasse
Schulutensil:
4 Heft, 5 Atlas, Fibel, Mappe, Stift, Tafel, Tinte, 6 Lineal, Ranzen, Zirkel, 7 Fueller, 8 Ringbuch
Schulveranstaltung:
11 Elternabend
Schund:
4 Kram, 6 Kitsch, Ramsch, Tinnef, 7 Plunder, Schmutz
Schuppengebäude:
5 Lager, 6 Hangar, Remise, 7 Scheune
Schuppenkriechtier:
5 Echse, Waran, 8 Eidechse
Schürfrecht:
5 Claim
Schurke:
4 Lump, 5 Kujon, 6 Schuft, 7 Halunke, 8 Kanaille
Schurkerei:
11 Bubenstueck
Schürzenjäger:
7 Don Juan, 10 Frauenheld, 13 Schwerenoeter
Schüsselform:
4 Napf, 5 Kumme, Satte, 6 Schale, 7 Terrine
Schußfolge:
5 Salve, 10 Breitseite
Schußlaut:
5 Knall
Schußwaffe:
4 Colt, 5 Bogen, 6 Flinte, Gewehr, 7 Pistole, 8 Armbrust, Blasrohr, Browning, Revolver, 9 Karabiner
Schustermesser:
5 Kneif
Schusternagel:
5 Pinne
Schutt:
8 Truemmer, 12 Bruchgestein
Schuttfeld:
4 Gand
Schutthügel:
5 Halde
Schüttstroh:
5 Streu
Schutzanlage:
4 Wehr, 5 Mauer, Obhut, 6 Schirm, 7 Deckung, 9 Sicherung, 10 Protektion, Sicherheit
Schutzanlage an Ufern:
4 Damm, Wehr, 5 Deich
Schutzauftrag:
6 Firnis
Schutzbeamter:
6 Schupo, 8 Polizist
Schutzbegleiter:
6 Geleit, 12 Leibwaechter
Schutzbild:
9 Palladium
Schutzblech:
10 Kotfluegel
Schutzdecke:
5 Plane
schützen:
6 decken, 7 sichern, 8 behueten
Schutzgeist:
3 Lar, 6 Genius, 11 Schutzengel
Schutzgeleit:
7 Eskorte
Schutzheiliger/Schutzheilige:
-der Apotheker und Drogisten:
5 Vitus
-der Autofahrer:
13 Christophorus
-der Bettler:
6 Martin
-der Feuerwehr:
7 Barbara, Florian
-der Fischer:
6 Petrus
-der Künstler:
5 Lukas
-der Männer:
8 Bernhard
-des Wetters:
6 Petrus
Schutzherrschaft:
6 Aegide, Mandat, 9 Patronage, 11 Protektorat
Schutzimpfungsmaßnahme:
11 Vakzination
Schutzkleidung:
7 Overall
Schützling:
6 Klient, 7 Muendel, Protegé
Schutzmarke:
9 Trademark, 12 Warenzeichen
Schutzraum:
6 Bunker, 9 Kasematte, 10 Unterstand
Schutzregion:
8 Reservat, 11 Protektorat
Schutzverband:
7 Bandage
Schutzverkleidung:
4 Etui, 6 Kuvert, 8 Futteral, Umschlag, 9 Fingerhut, 10 Persenning
Schutzwaffe:
6 Panzer, Schild, 8 Harnisch
schwäbische:
-Mehlspeise:
8 Spaetzle

-Spezialität:
11 Maultaschen
schwäbischer:
-Bildhauer:
6 Fehrle
-Höhenzug:
3 Alb, 4 Jura
-Komiker:
8 Reichert
-Schriftsteller:
5 Hauff, Hebel, 6 Kerner, Uhland, 7 Moerike, Wieland, 8 Schiller, 10 Hoelderlin
schwäbisches:
-Fürstengeschlecht:
7 Staufer, 10 Zaehringer, 12 Hohenstaufen, Hohenzollern
-Meer:
8 Bodensee
schwach:
4 lahm, matt, 5 elend, muede, 6 muerbe, 7 hilflos, 8 kraftlos
schwach zu hören:
5 leise
schwache:
-Hitze:
6 Waerme
Schwäche:
4 Hang, 6 Faible, 7 Bloesse
schwacher:
-Lichtschein:
8 Schimmer
-Mitlaut:
5 Lenis
Schwächezustand:
7 Kollaps
schwächlich:
10 asthenisch
Schwachsinn:
6 Demenz, 7 Idiotie, 10 Debilitaet
schwachsinnig:
5 debil
schwachsinniger Mensch:
5 Idiot, 6 Kretin
Schwadenform:
5 Dampf, Dunst, Nebel, Qualm, Rauch, 6 Wrasen
Schwadron:
8 Eskadron
Schwall:
4 Flut, 6 Fuelle
schwammig:
9 spongioes
Schwanenblumenpflanze:
5 Kanna
schwanger:
6 gravid
Schwank:
5 Posse, 8 Burleske, Komoedie, 9 Lustspiel
Schwänke:
8 Fazetien
schwanken:
7 pendeln, taumeln, wackeln, 10 schlingern
schwankend:
5 labil
Schwankungsgrad:
10 Fluktation
Schwanz:
4 Rute, 5 Blume, Fahne, Lunte, Sterz, Zagel, 7 Schweif
Schwanzende:
5 Sterz
Schwanzlurchart:
3 Olm, 5 Molch, 8 Kammolch, 9 Kammmolch*, 10 Salamander, Teichmolch, 13 Brueckenechse, 15 Feuersalamander
Schwäre:
5 Wunde
Schwärmer:
7 Fantast*, Utopist, 8 Idealist, Phantast, Traeumer, 9 Fanatiker, 10 Enthusiast, Romantiker
Schwärmerei:
6 Utopie
schwärmerisches Epos:
7 Romanze
schwarz:
5 Neger
Schwarzamselart:
5 Merle
Schwarzbrotart:
12 Pumpernickel
Schwarzdornpflanze:
7 Schlehe
schwarze:
-Metallverzierung:
6 Niello
schwarzer:
-Erdteil:
6 Afrika
-Klammeraffe:
5 Koata
-Tod:
4 Pest
-Vogel:
4 Rabe
schwarzes:
-Jura:
4 Lias
-Mineral:
6 Niobit, 8 Columbit
-Pferd:
5 Rappe
Schwarzfersenantilope:
6 Impala
Schwarzkitteltier:
11 Wildschwein
Schwarzmeerhafenstadt:
4 Ordu, Poti, 5 Bafra, Batum, Fasan, Gagry, Jalta, Sinop, Varna, Warna, 6 Batumi, Burgas, Eregli, Odessa, Rostow, Samsun, Sulina, 7 Cherson, Kertsch, Sotschi, Suchumi, Trabzon, 8 Schdanow, Taganrog, 9 Constanza, Konstanza, Nikolajew, Trapezunt, 10 Sewastopol, 11 Noworossisk
Schwarzseher:
9 Defaetist, Pessimist, 10 Miesmacher
Schwarzseherei:
11 Pessimismus
Schwarzwal:
5 Grind, 8 Grindwal
Schwarzwaldgipfel:
6 Kandel, 7 Kniebis, 8 Feldberg, 12 Hornisgrinde, Schauinsland
Schwarzwaldort:
7 Kniebis
Schwarzwaldsee:
7 Titisee, 9 Mummelsee
Schwarzwasserfieber:
7 Malaria
Schwarzwildart:
3 Sau, 4 Eber, 5 Bache, 6 Keiler, 7 Laeufer, 10 Frischling, 11 Wildschwein
schwatzen:
7 kloenen, 9 parlieren
Schwätzer:
7 Causeur, 8 Fabulant
schweben:
10 flottieren
Schwebestange:
6 Trapez
schwedische:
-Filmschauspielerin:
5 Garbo, 7 Bergman, Leander
-Hauptstadt:
9 Stockholm
-Insel:
6 Oeland, 7 Gotland, 8 Schaeren
-Königin:
6 Louise, Silvia, 9 Christine
-Landschaft:
7 Dalarna, Schonen, Smaland, 8 Lappland, Svealand, 9 Vaermland, 10 Norrbotten

-Münze:
4 Oere, 5 Krone
schwedischer:
-Asienforscher:
5 Hedin
-Astronom:
9 Angstroem
-Berg:
9 Areskutan, 10 Kebnekaise, 11 Ammarfjaell, Sarektjakko
-Bischof:
6 Tegner
-Botaniker:
5 Linné, 6 Agardh, 8 Afzelius
-Chemiker:
5 Nobel, 7 Bergman, Scheele, 8 Svedberg, 9 Arrhenius, Berzelius
-Filmregisseur:
7 Bergman
-Fundort der Jungsteinzeit:
6 Aloppe
-Ingenieur:
5 Laval, Ruths, 8 Ericsson
-Komponist:
4 Berg
-Königsname:
4 Karl, Olaf, 5 Adolf, 6 Gustav, 9 Christian
-Maler:
4 Zorn, 7 Larsson
-Mediziner:
6 Munthe
-Nobelpreisträger für Frieden:
8 Branting, 9 Arnoldson, 10 Soederblom, 13 Hammarskjoeld
-Nobelpreisträger für Literatur:
5 Sachs, 7 Johnson, 9 Karlfeldt, Lagerloef, Martinson, 10 Heidenstam, Lagerkvist
-Nobelpreisträger für Medizin:
5 Euler, 6 Granit, Wiesel, 8 Theorell, 10 Bergstroem, Gullstrand, Samuelsson
-Nobelpreisträger für Physik:
5 Dalen, 8 Siegbahn
-Nobelpreisträger für Wirtschaft:
5 Ohlin, 6 Myrdal
-Physiker:
5 Dalen
-Politiker/Politikerin:
5 Palme, 9 Arnoldson, 13 Hammarskjoeld
-Schriftsteller/Schriftstellerin:
6 Tegner, 7 Bellman, Johnson, 8 Lindgren, 9 Karlfeldt, Lagerloef, 10 Lagerkvist, Strindberg, 11 Gyllenstein
schwedisches:
-Autorenpaar:
6 Myrdal
-Königsgeschlecht:
4 Wasa
Schwefelkiesart:
5 Pyrit
Schwefelsäure:
5 Oleum
Schwefelverbindung:
6 Sulfat, Sulfid, Sulfit, 7 Vitriol
Schweifstern:
5 Komet
schweigsam:
5 stumm, 8 wortkarg, 12 verschwiegen
Schweigsamkeit:
4 Ruhe, 6 Stille
Schwein:
3 Sau, 4 Eber, 6 Ferkel
Schweineerkrankung:
7 Rotlauf
Schweinefett:
5 Speck, 6 Flomen, Liesen, Schmer, 7 Schmalz
Schweinefleisch:
4 Mett
Schweineparasit:
5 Finne, 8 Bandwurm, Trichine
Schweiß:
13 Transpiration
Schweiz:
8 Helvetia, 9 Helvetien
Schweizer:
10 Eidgenosse
schweizerische:
-Bergwiese:
6 Ruetli
-Bundeshauptstadt:
4 Bern
-Felswand:
4 Fluh
-Kantonshauptstadt:
3 Zug, 4 Bern, Chur, Genf, Sion, 5 Aarau, Basel, Stans, 6 Geneve, Glarus, Luzern, Sarnen, Schwyz, Sitten, 7 Altdorf, Herisau, Liestal, Zuerich, 8 Freiburg, Fribourg, Lausanne, St Gallen, 9 Appenzell, Neuchatel, Neuenburg, Solothurn, 10 Bellinzona, Frauenfeld, 11 Sankt Gallen, 12 Schaffhausen
-Landschaft:
7 Engadin, 8 Emmental
-Luftfahrtgesellschaft:
8 Swissair
-Münze:
6 Batzen, Rappen, 7 Franken, Kreuzer
-Währungseinheit:
6 Rappen, 7 Franken
schweizerischer:
-Begründer des Roten Kreuzes:
6 Dunant
-Berg:
3 Dom, Err, 4 Rigi, 5 Eiger, Etzel, Toedi, 6 Harder, Moench, Ortler, 7 Bernina, Pilatus, Piz Buin, Saentis, 8 Jungfrau, Piz Palue, 9 Monte Rosa, 10 Matterhorn, 14 Finsteraarhorn
-Bildhauer:
4 Bill, 5 Gieng, Rossi, 10 Giacometti
-Botaniker:
7 Naegeli
-Bundesstaat:
6 Kanton
-Chemiker:
5 Abegg, 6 Karrer, 7 Mueller, 10 Reichstein
-Clown:
5 Grock
-Dirigent:
6 Muench, 8 Ansermet
-Erzieher:
6 Girard, 10 Pestalozzi
-Gletscher des Monte Rosa:
6 Gorner
-Heiliger:
5 Fluee
-Historiker:
7 Tschudi, 8 Bachofen, 10 Burckhardt
-Humanist:
4 Wyle, 7 Lemnius, Neander, 9 Frischlin
-Jugenderzieher:
10 Pestalozzi
-Kanton:
3 Uri, Zug, 4 Bern, Genf, 5 Basel, Waadt, 6 Aargau, Glarus, Luzern, Schwyz, Tessin, Wallis, 7 Thurgau, Zuerich, 8 Freiburg, Obwalden, St Gallen, 9 Appenzell, Neuenburg, Nidwalden, Solothurn, 11 Graubuenden, Innerrhoden, Sankt Gallen, Unterwalden, 12 Ausserrhoden, Schaffhausen

-Komponist:
5 Bloch, Hegar, Huber, 6 Lauber, 7 Schoeck, 8 Honegger, 12 Sutermeister
-Kupferstecher:
6 Merian
-Luftkurort:
9 Adelboden
-Maler:
4 Bill, Klee, 5 Graff, 6 Hodler, 7 Fuessli, 8 Boecklin
-Mathematiker:
5 Euler, 6 Buergi, 7 Byrgius, 9 Bernoulli
-Mediziner:
3 His, 5 Forel, 6 Haller, Yersin, 7 Niehans
-Nationalheld:
4 Tell, 10 Winkelried
-Nobelpreisträger für Chemie:
6 Karrer, Prelog, Werner, 7 Ruzicka
-Nobelpreisträger für Frieden:
5 Gobat, Lange, 6 Dunant, 8 Ducommun
-Nobelpreisträger für Literatur:
5 Hesse, 9 Spitteler
-Nobelpreisträger für Medizin:
4 Hess, 5 Arber, 6 Kocher, 7 Mueller, 10 Reichstein
-Pass:
4 Ofen, 5 Furka, 6 Maloja, Pillon, 7 Bernina, Bruenig, Grimsel, Klausen, Simplon, 8 Gotthard, Spluegen, 13 San Bernardino, Sankt Bernhard, Sankt Gotthard, Sankt-Bernhard*
-Philosoph:
5 Barth
-Physiker:
5 Bloch, 9 Bernoulli
-Politiker/Politikerin:
4 Ador, Droz, Haab, Zemp, 5 Ruffy, Welti, 6 Forrer, Hammer, Schenk
-Psychologe:
4 Jung, 5 Meili, 6 Piaget
-Radierer:
12 Stauffer Bern
-Reformator:
6 Calvin, 7 Zwingli
-Schriftsteller/Schriftstellerin:
4 Heer, Zahn, 5 Meyer, Spyri, 6 Bodmer, Frisch, Keller, 7 Braeker, Lavater, 8 Zschokke, 9 Spitteler, 11 Duerrenmatt
-Theologe:
5 Barth, Bovet, 7 Lavater
-Wintersportort:
5 Davos, 6 Gstaad, 7 Zermatt, 9 Andermatt, 11 Sankt Moritz
schweizerisches:
-Bodenmaß:
3 Are
-Flächenmaß:
3 Are
-Häuschen:
6 Chalet
-Hochtal:
7 Engadin
-Käsegericht:
6 Fondue
schwelen:
6 russen, 7 qualmen
schwelendes Feuer:
4 Glut
schwelgerisch:
6 ueppig, 10 lukullisch
Schwellungshügel:
5 Beule, Delle
Schwemmgebiet:
6 Marsch, 7 Schlick
schwer:
6 massiv, 7 wuchtig, 9 schwierig, 11 kompliziert
Schwerathlet:
5 Boxer, Heber, 6 Ringer, 12 Gewichtheber
Schwere:
6 Haerte, 7 Gewicht, 11 Gravitation
schwere:
-Bürde:
4 Last
-Verleumdung:
7 Rufmord
schwerer:
-Bildhauerhammer:
5 Masse
-Sturm:
5 Orkan
-Traum:
3 Alp
-Wasserstoff:
9 Deuterium
schweres:
-Nervenleiden:
9 Veitstanz
Schwerfälligkeit:
7 Phlegma
schwerhörig:
4 taub
Schwerkraft:
11 Gravitation
Schwermetall:
4 Blei, Gold, Uran, Zink, Zinn, 5 Chrom, Eisen, 6 Kobalt, Kupfer, Mangan, Nickel, Platin, Silber, Tantal, Wismut, 7 Cadmium, Kadmium, Wolfram, 11 Quecksilber
schwermütig:
9 depressiv, 10 deprimiert
Schwermütigkeit:
10 Depression, 11 Melancholie
Schwerpunkt:
11 Baryzentrum
schwerreicher Mensch:
5 Nabob
Schwerspat:
5 Baryt
Schwertfechten:
5 Kendo
Schwertlilienart:
6 Krokus, 8 Gladiole, 9 Schwertel
Schwertverkleidung:
7 Scheide
Schwertwal:
8 Butskopf
Schwerverbrecher:
7 Moerder, Raeuber, 8 Gangster
Schwerverkäufliches:
11 Ladenhueter
Schwester:
5 Nonne
-der Burgunderkönige:
9 Kriemhild
-der Demeter:
4 Hera, 6 Hestia
-der Elektra:
9 Iphigenie
-der Eos:
6 Selene
-der Hera:
6 Hestia, 7 Demeter
-der Hestia:
4 Hera, 7 Demeter
-der Juno:
5 Ceres, Vesta
-der Lea:
5 Rahel, 6 Rachel
-der Iphigenie:
7 Elektra
-der Luna:
6 Aurora
-der Maria:
6 Martha
-der Selene:
3 Eos
-des Apoll:
5 Diana, 7 Artemis

-des Hänsel:
6 Gretel
-des Helios:
3 Eos, 6 Selene
-des Jupiter:
5 Ceres, Vesta
-des Kronos:
5 Rheia, 6 Themis
-des Orest:
7 Elektra, 9 lphigenie
-des Paris:
9 Kassandra
-des Poseidon:
4 Hera, 6 Hestia, 7 Demeter
-des Sol:
4 Luna, 6 Aurora
-des Zeus:
4 Hera, 6 Hestia, 7 Demeter
Schwiegersohn:
5 Eidam
Schwiegertochter:
6 Schnur
Schwiegervater:
9 Schwaeher
Schwiele:
5 Beule
schwierig:
6 subtil, 7 prekaer, 8 diffizil, 11 kompliziert, 13 problematisch
schwieriger Zustand:
3 Not, 5 Noete, 6 Klemme, 7 Dilemma, Notlage
Schwierigkeit:
9 Schererei, 11 Problematik, 12 Komplikation
Schwimmbassin:
6 Becken
schwimmendes Seezeichen:
4 Boje
Schwimminsekt:
10 Drehkaefer, 12 Taumelkaefer, 14 Gelbrandkaefer
Schwimmstil/-art:
5 Brust, Kraul, 6 Delfin*, 7 Delphin, Ruecken, 13 Schmetterling
Schwimmvogelart:
3 Alk, 4 Ente, Gans, 5 Lumme, Moewe, 6 Saeger, Schwan, 7 Pelikan, Pinguin, Scharbe, Taucher, Toelpel, 8 Albatros, Kormoran, 9 Eiderente, Lachmoewe, 10 Sturmvogel
Schwindel:
5 Luege, 6 Betrug, Humbug, Taumel, Unsinn, 7 Mumpitz
Schwindelei:
8 Gaunerei
Schwindelgefühl:
5 Dusel
schwindelig:
10 bluemerant
Schwindler:
9 Betrueger
Schwindsuchterkrankung:
11 Tuberkulose
Schwingblättchen:
7 Membran, 8 Membrane
Schwinge:
7 Fittich, Fluegel
schwingen:
7 pendeln, 9 vibrieren
Schwingkörper:
6 Pendel
Schwingungsausschlag:
9 Amplitude
Schwingungsdauer:
7 Periode
Schwingungsform:
9 Vibration, 11 Oszillation
Schwingungsmeßgerät:
12 Oszillograph
Schwingungszahl:
8 Frequenz
Schwingungszustand:
5 Phase
Schwingvogelart:
7 Kolibri
Schwips:
6 Rausch
Schwitzbad:
5 Sauna
schwitzen:
13 transpirieren
schwülstig:
11 bombastisch
Schwunderscheinung:
9 Abnutzung
Schwung:
4 Elan, 5 Drive, Kraft, Verve, Wucht, 6 Pathos, 7 Dynamik, 10 Vitalitaet, 11 Temperament
Schwungfeder:
8 Schwinge
schwungvoll:
5 flott, vital, 9 dynamisch
Schwur:
3 Eid, 9 Geloebnis
Schwurtext:
11 Eidesformel
Sechseck:
7 Hexagon, Sexagon
Sechsergruppe:
7 Sextett
Sechsflächner:
7 Wuerfel, 8 Hexaeder
sechsstufiges Intervall:
5 Sexte
Sedativum:
17 Beruhigungsmittel
Sedimentform:
10 Ablagerung
Sedimentgestein:
3 Ton, 4 Gips, Kies, Lehm, Sand, 6 Kreide, 9 Kalkstein, Sandstein
See:
-am Fuß der Zugspitze:
6 Eibsee
-bei Berchtesgaden:
10 Koenigssee
-bei Berlin:
7 Wannsee, 10 Mueggelsee, Tegeler See, 11 Krumme Lanke, 13 Glienicker See
-bei Rom:
7 Nemisee
-im Iran:
5 Niris, Urmia
-im Schwarzwald:
7 Titisee, 9 Mummelsee, 10 Schluchsee
-in Afrika:
7 Merusee, Tanasee, 9 Albertsee, Njassasee, Rudolfsee, Tschadsee, 11 Viktoriasee
-in Albanien:
10 Skutarisee
-in Asien:
7 Aralsee, 9 Baikalsee, Totes Meer
-in Äthiopien:
7 Tanasee
-in China:
6 Poyang
-in der Schweiz:
8 Urner See, Zuger See, 9 Genfer See, Murtensee, Thuner See, 10 Greifensee, 11 Brienzer See, 12 Zuericher See, 19 Vierwaldstaetter See
-in der Türkei:
3 Tuz, Wan
-in Europa:
8 Achensee, Bodensee, Comersee, Gardasee, Ilmensee, Lac Leman, Onegasee, Zugersee, 9 Peipussee, 10 Plattensee, 12 Lago Maggiore, 13 Neusiedler See, 19 Vierwaldstaetter See

-in Finnland:
5 Enare, Ensre, 6 Orisee,
8 Enaresee, Inarisee, Saimasee
-in Irland:
3 Ree, 4 Derg, 6 Erisee
-in Israel:
10 Genezareth
-in Italien:
7 Idrosee, 8 Comersee,
Gardasee, 10 Luganer See,
12 Lago Maggiore
-in Kanada:
8 Huronsee, 9 Baerensee,
Oberer See, 10 Ontariosee
-in Kärnten:
11 Woerthersee
-In Lappland:
8 Enaresee, Inarisee
-in Nordamerika:
7 Eriesee, 8 Huronsee,
10 Ontariosee
-in Österreich:
7 Mattsee, Mondsee,
8 Achensee, Attersee, Traunsee,
11 Wolfgangsee
-in Ostpreußen:
8 Mauersee, 11 Spirdingsee
-in Palästina:
10 Genezareth
-in Peru:
11 Titicacasee
-in Schleswig-Holstein:
9 Kellersee, 10 Ploener See
-in Schottland:
8 Loch Ness, Mareesee
-in Schweden:
8 Amungsee, 9 Maelarsee,
Siljansee, Vaenersee,
10 Vaettersee
-in Sibirien:
6 Baikal
-in Ungarn:
7 Balaton, 10 Plattensee
Seeanemonepflanze:
7 Aktinie
Seebad:
-am Atlantik:
5 Royan
-an der Adria:
6 Cervia, Rimini, 7 Abazzia,
Opatija
-an der Riviera:
5 Nizza, 6 Cannes, Savona,
7 Mentone, Rapallo, San Remo,
8 St Tropez
-auf Rügen:
4 Binz, 6 Sellin, 7 Goehren,
8 Sassnitz
-auf Sylt:
6 Kampen, 7 Hoernum,
10 Westerland
-auf Usedom:
6 Bansin, 7 Ahlbeck,
11 Heringsdorf
-bei Genua:
7 Rapallo
-bei Greifswald:
6 Eldena
-in Belgien:
6 Knokke, 7 Ostende
-in Bulgarien:
5 Varna
-in Pommern:
4 Binz, Deep, 6 Eldena, Sellin,
7 Ahlbeck, Goehren, Misdroy,
9 Zinnowitz, 11 Swinemuende
Seebär:
7 Seemann
Seebeute:
5 Prise
Seefahrtsbetrieb:
8 Reederei
Seefahrtslehre:
6 Nautik
Seefischart:
6 Hering, Rochen, 7 Flunder,
Makrele, Sardine, Scholle,
8 Heilbutt, Kabeljau, Seezunge,
9 Steinbutt, 11 Schellfisch
Seegang:
7 Duenung
Seegurke:
7 Trepang
Seehund:
5 Robbe
Seehundpelz:
4 Seal
Seejungfrau:
4 Nixe, 6 Sirene
Seekrankheit:
6 Nausea
Seekriegsbeute:
5 Prise
Seekriegsmacht:
6 Flotte, Marine
Seekuh:
6 Dugong, Sirene, 8 Lamantin
Seelachsfisch:
3 Sei
Seele:
5 Anima, 6 Gemuet, Psyche
Seelenamt:
10 Totenmesse, 7 Requiem
Seelenerkrankung:
8 Psychose
Seelenglaube:
9 Animismus
seelengut:
6 guetig
Seelenheilkunde:
11 Psychiatrie
Seelenkunde:
11 Psychologie
seelenlos:
3 tot
Seelenmediziner:
10 Psychiater
Seelenruhe:
8 Ataraxie
Seelenvogel:
7 Harpyie
Seelenwanderung:
12 Wiedergeburt,
13 Metempsychose,
Reinkarnation
seelisch:
9 psychisch
seelische:
-Beeinflussung:
10 Suggestion
-Erschütterung:
6 Schock, Trauma
-Verfassung:
5 Laune, 8 Stimmung
seelischer:
-Schmerz:
4 Leid
-Schwung:
5 Verve
Seelsorgeberuf:
5 Kurat, 6 Pastor, 7 Pfarrer,
8 Priester, 11 Geistlicher
seelsorgerisch:
8 pastoral
Seemann:
4 Maat, 7 Matrose
seemännisch für:
-an den Wind gehen:
5 luven
-Anrichte:
6 Pantry
-Aufwischer:
5 Dweil
-ausladen:
8 loeschen, 9 leichtern
-Bett:
4 Koje
-Bindung:
6 Musing
-Bootskran:
5 Davit
-Decköffnung:
4 Luke

-dreieckiges Segel:
7 Kluever
-hinten:
7 achtern
-hinteres Schiffsende:
4 Heck
-Horizont:
4 Kimm
-innere Schiffswand:
6 Schott
-Kompaß:
7 Bussole
-Küche:
8 Kombuese
-linke Schiffsseite:
8 Backbord
-Lohn:
5 Heuer
-Mastspitze:
3 Top
-Offiziersspeiseraum:
5 Messe
-Pfosten zum Festmachen:
6 Poller
-quer:
5 dwars
-rechte Schiffsseite:
10 Steuerbord
-Richtung bestimmen:
6 peilen
-Ruder:
6 Riemen
-rudern:
6 pollen
-rundes Schiffsfenster:
8 Bullauge
-Schiffsbrüstung:
6 Reling
-Schiffseßtisch:
4 Back
-Schiffsjunge:
5 Moses
-Schiffssteuer:
5 Ruder
-Schiffstau:
6 Trosse
-Seezeichen:
4 Bake, Boje
-Segel:
4 Fock
-Segelstange:
3 Raa, 4 Rahe, 6 Gaffel, Spriet
-Tauwindung:
5 Toern
-Treppe zum Schiff:
8 Fallreep
-vom Kurs abweichen:
6 gieren
-Winde:
5 Spill
-Windschattenseite:
3 Lee
-Windseite:
3 Luv
seemännischer:
-Anruf:
4 Ahoi
Seemannsentlohnung:
5 Heuer
Seemannsessen:
8 Labskaus
Seemannsgruß:
4 Ahoi
Seemannskleidung:
7 Oelzeug
Seemannskopfbekleidung:
10 Suedwester
Seemannsmatratze:
8 Bultsack
Seemannsschlafstatt:
4 Koje
Seemannssong:
6 Shanty
Seenot:
11 Schiffbruch
Seenotruf:
3 SOS
Seerabenvogel:
8 Kormoran
Seeräuber:
5 Pirat, 6 Korsar, 10 Flibustier, Freibeuter
Seerosenpflanze:
5 Lotos, 6 Mummel, 8 Nymphaea, 9 Teichrose, 10 Lotosblume, Purpurrose
Seesäugetier:
3 Wal, 5 Robbe, 6 Delfin*, 7 Delphin, Seehund, 8 Seeloewe
Seeschaden:
7 Havarie, 11 Schiffbruch
Seeskorpion:
5 Ulker
Seesperrung:
8 Blockade
Seestreitmacht:
6 Armada, Flotte, Marine, 12 Kriegsmarine
Seeungeheuer:
9 Charybdis
Seewissenschaftler:
9 Limnologe
Seezeichen:
4 Boje, 5 Tonne, 6 Pricke, Stange, 10 Leuchtturm, 11 Feuerschiff, Leuchtfeuer
Segel/-art:
4 Fock, 5 Besan, 7 Kluever, 8 Rahsegel, 9 Bramsegel, Focksegel, Marssegel, Spinnaker, 10 Grosssegel
Segelausflug:
5 Toern
Segelausrüstung:
8 Takelage, Takelung
Segelboot/-schiff:
4 Bark, Finn, Hulk, Star, 5 Brigg, Dingi, Jacht*, Jolle, Kogge, Sloop, Yacht, 6 Delfin*, Dinghi, Galion, Ketsch, Logger, Soling, 7 Clipper, Delphin, Drachen, Galeote, Klipper, Kreuzer, Schoner, Scooter, 8 Dschunke, Fregatte, Galeasse, Korvette, Starboot, Trimaran, 9 Karavelle, Katamaran, 10 Brigantine, Viermaster, Vollschiff, Zweimaster, 14 Flying Dutchman
Segelfalter:
6 Segler
Segelflugstart:
11 Windenstart, 12 Motorschlepp
Segelflugströmung:
7 Aufwind, Thermik
Segeljacht:
5 Sloop
Segelkommando:
3 Ree
Segelleine:
3 Gei, 5 Schot
Segelschlitten:
8 Eisjacht
Segelstange:
3 Rah, 4 Dirk, Rahe, Stag, 6 Gaffel, 9 Besanbaum, Bugspriet
Segeltau:
3 Gei, 5 Brass, Schot, 6 Brasse, Schote
Segeltaueinfassung:
4 Liek
Segeltuch:
10 Persenning
Segelwind:
5 Brise
Segen:
5 Weihe, 6 Glueck
Segment:
9 Abschnitt
segnen:
9 benedeien

Segnungsvornahme:
11 Benediktion
Seher:
7 Prophet, 9 Weissager
Sehergabe:
6 Mantik
Seherin aus Troja:
9 Kassandra
seherisch:
9 visionaer, 11 prophetisch
Sehkreis:
8 Horizont
Sehne:
7 Flechse
Sehnsuchtsgefühl:
7 Heimweh, 9 Nostalgie, Verlangen
Sehöffnung:
7 Pupille
Sehorgan:
4 Auge
sehr:
-alter Mann:
5 Greis
-betagt:
5 uralt
-erstaunt:
4 baff
-feucht:
4 nass
-groß:
6 riesig
-hell:
5 grell
-kalt:
5 eisig
-kurzer Rock:
4 Mini
-reicher Mann:
5 Nabob
-schlimm:
3 arg
-schnell:
6 rapide
-vertraut:
5 intim
-warm:
5 heiss
Sehunterstützung:
6 Brille, 12 Kontaktlinse
seicht:
4 fade, 5 banal, flach, 6 untief
seichte:
-Stelle im Meer:
7 Untiefe
seichter:
-Flußübergang:
4 Furt
seichtes:
-Bühnenstück:
8 Klamotte
Seichtheit:
10 Platituede
Seidelbast:
6 Daphne
Seidenfrotteestoff:
8 Bourette
Seidengewebe:
4 Taft, 5 Atlas, Ekrue, Japon, Satin, 6 Batist, Brokat, Damast, Faille, Ramage, 7 Chiffon, Foulard, Organza, 8 Eolienne, Florette
Seidenplüsch:
6 Felbel
Seidenstoff:
5 Toile
Seifenlösung:
5 Lauge
Seil:
3 Gei, Tau, 4 Reep, 6 Schnur, Strang, Strick
Seilbahnabteil:
6 Gondel
Seildreherberuf:
6 Seiler
Seilfährengefährt:
10 Gierfaehre
Seilmaterial:
4 Hanf, 5 Sisal
Seilscheibe:
6 Haspel
seiltanzen:
11 balancieren
Seiltanzkünstler:
12 Aequilibrist
Seilzug:
5 Winde
Sein/Dasein:
5 Leben, 8 Existenz
Seinestadt:
5 Paris
Seinswissenschaft:
9 Ontologie
Seite:
6 Flanke
-der Buchführung:
4 Soll, 5 Debet, Haben, 6 Credit, Kredit
Seitenansicht:
6 Profil
Seitengewehr:
8 Bajonett
Seitennummer:
6 Pagina
Seitenruder:
8 Leitwerk
Seitensprung:
8 Eskapade
Seitenstück:
7 Pendant
Seitensumme:
5 Latus
seitlich:
5 neben, 7 lateral
seitliche Ausdehnung:
6 Breite
Sekretär Ciceros:
4 Tiro
Sekte:
7 Quaeker, 8 Adamiten, Mormonen, 11 Adventisten
Sektgetränk:
8 Schampus, 10 Champagner, Schaumwein
Sektion:
6 Gebiet, 9 Abteilung, Obduktion, 15 Leichenoeffnung
Sektionsleiter:
16 Abteilungsleiter
Sektor:
4 Zone, 6 Bezirk
Sekundant:
5 Zeuge, 6 Helfer, 8 Beistand
Selbstachtung:
5 Stolz
selbständig:
6 autark, 7 autonom, 9 souveraen
Selbstbedienungshalle:
10 Supermarkt
Selbstbeeinflussungsfähigkeit:
14 Autosuggestion
Selbstbeherrschung:
5 Zucht, 9 Disziplin
Selbstbewußtsein:
5 Stolz, 7 Duenkel
selbstgefällig:
5 Eitel
selbstgenügsam:
6 autark
selbstgerecht:
12 pharisaeisch
selbstgerechter Mann:
10 Pharisaeer
Selbstgespräch:
7 Monolog
Selbstherrscher:
8 Autokrat
Selbstladewaffe:
8 Browning
Selbstlaut:
5 Vokal

Selbstlernender:
10 Autodidakt
selbstlos:
12 altruistisch,
14 uneigennuetzig
Selbstlosigkeit:
10 Altruismus
Selbstmordtod:
7 Freitod, 8 Harakiri
Selbstsüchtiger:
6 Egoist
Selbstsüchtigkeit:
8 Egoismus, 10 Egozentrik,
Eigenliebe
selbsttätig:
7 autogen
Selbsttäuschung:
8 Illusion, 10 Einbildung
Selbstüberhebung:
6 Hybris
Selbstverherrlichung:
8 Eigenlob
Selbstverliebtsein:
10 Narzissmus
selbstverständlich:
7 logisch
Selbstverstümmelung:
9 Autotomie
Selbstverwaltungstatus:
9 Autonomie
selig:
4 froh, 6 wonnig, 10 gluecklich
selige Stille:
7 Nirwana
Seligkeit:
5 Wonne
Seligsprechungsverfahren:
13 Beatifikation
selten:
3 rar
seltene:
-Blitzerscheinung:
10 Kugelblitz
-Erde:
3 Cer, Zer, 6 Neodym,
7 Holmium, Terbium, Thulium,
Yttrium, 8 Lutetium, Samarium,
Scandium, 10 Dysprosium,
Gadolinium, Promethium
seltenes:
-Naturschauspiel:
16 Sonnenfinsternis
Seltenheit:
8 Raritaet, 11 Kostbarkeit
seltsam:
6 kauzig, kurios, 7 grotesk,
skurril, 8 frappant, 9 sonderbar,
10 eigenartig, 11 merkwuerdig,
verschroben
Semantik:
15 Bedeutungslehre
Semiten:
5 Juden, Syrer, 6 Araber,
8 Aramaeer, Hebraeer,
10 Babylonier, Israeliten
semitische:
-Gottheit:
4 Baal, 5 Istar, 6 Moloch,
7 Astarte
semitisches:
-Volk:
5 Juden, 6 Araber, 8 Aramaeer,
Hebraeer, 10 Israeliten
Senatsangehöriger:
7 Senator
Sendbote:
7 Apostel, 8 Emissaer,
9 Missionar
Sendbrief:
5 Breve, 7 Epistel,
11 Hirtenbrief
Sendereihenfolge:
8 Programm
Sendungsart:
4 Post, 7 Auftrag, Mission,
8 Berufung
Senf:
8 Mostrich
Senfgas:
6 Yperit
Senfkohlsorte:
5 Rauke
Senkblei:
3 Lot
Senke:
3 Tal, 5 Grube, Mulde
Senker:
6 Spross, 7 Ableger
Senkgrube:
6 Kloake, 7 Latrine
Senkloch:
5 Gully, Gumpe
senkrecht:
8 lotrecht, vertikal
Senkrechte:
9 Vertikale
senkrechte:
-Achse:
8 Ordinate
-Stütze:
6 Saeule, 7 Pfeiler
senkrechter:
-Schleifenflug:
7 Looping
Senkung:
10 Depression
Senkwaage:
10 Araeometer
Senner:
6 Alpner
Sensenmann:
3 Tod
Sensenschneide:
6 Dengel
Sensenstiel:
5 Worbe
Sentenz:
6 Devise, Maxime, 9 Ausspruch,
10 Denkspruch, 11 Lebensregel
separat:
7 einzeln
separierte Glaubensgemeinschaft:
5 Sekte
September:
9 Scheiding, 10 Herbstmond
serbische:
-Hauptstadt:
7 Belgrad, Beograd
serbischer:
-Geheimbund:
8 Omladina
-Name der Drau:
5 Drave
-Physiker:
5 Tesla
Serie:
5 Folge, Reihe, 6 Gruppe
seriös:
9 ernsthaft, 10 anstaendig,
15 glaubenswuerdig
Serpentinenstraße:
5 Kehre, 7 Windung
Serum:
9 Impfstoff
Servierboden:
7 Tablett
Serviette:
8 Mundtuch
Sesselmöbel:
6 Chaise, 9 Lehnstuhl
Session:
6 Tagung, 7 Sitzung
Setter:
11 Huehnerhund
Setzapparat:
8 Linotype, Monotype,
Typograf*, 9 Intertype,
Typograph
Setzereichef:
6 Faktor

Seuche:
4 Pest, Ruhr, 6 Pocken, Typhus, 7 Cholera, 8 Epidemie
Sezessionserklärung:
8 Spaltung, Trennung, 11 Absonderung
Sezierschneider:
8 Skalpell
Shaker:
9 Mixbecher, 10 Mixgefaess
Shakespeares:
-Geburtsort:
9 Stratford
-Theater:
5 Globe
Shetlandinsel:
4 Unst, Yell, 6 Walsey, 7 Bressay, 8 Mainland
sibirische:
-Bucht:
3 Tar
-Kältesteppe:
6 Tundra
-Marder:
5 Zobel
-Waldsteppe:
5 Taiga
sibirischer:
-Frostnebel:
5 Morok
-Volksstamm:
7 Jakuten, Tataren, 8 Ostjaken, Tungusen, 9 Jukagiren, Samojeden, 12 Tschuktschen
sibirisches:
-Eichhörnchen:
3 Feh
sich:
-abwechseln:
11 alternieren
-beschweren:
11 reklamieren
-verbrüdern:
14 fraternisieren
-verstellen:
10 simulieren
Sichelschneide:
5 Hippe
sicher:
4 firm, 6 gefeit, gewiss
sicheres:
-Auftreten:
6 Aplomb
Sicherheitsamt:
7 Polizei
Sicherheitseinrichtung:
6 Riegel, 7 Schloss
Sicherheitsglas:
7 Sekurit, 11 Verbundglas
Sicherheitsklausel:
6 Kautel
Sicherheitsleistung:
5 Pfand, 6 Schutz, 7 Kaution, 8 Garantie, 10 Gewissheit, 11 Buergschaft
sichern:
11 garantieren
Sicherungsbeschlagnahme:
9 Pfaendung
Sicherungsgeleitschaft:
7 Eskorte
Sicherungsstift:
6 Splint
Sicherungstruppenteil:
6 Vorhut, 7 Nachhut
sichtbare:
-Auszeichnung:
5 Orden
sichten:
9 sortieren
Sichtung:
7 Siebung
Sichtweite:
8 Horizont
Sieb:
5 Seihe, 6 Filter, Seiher
Siebeneck:
8 Heptagon
Siebenergruppe:
7 Septett
Siebengestirn:
8 Plejaden
Siebenschläferart:
5 Bilch, 9 Bilchmaus
Siechtum:
9 Krankheit, 11 Morbositaet
Siedler:
8 Kolonist
Siedlerkollektiv:
6 Kibbuz
Siedlungsform:
3 Ort, 4 Dorf, 5 Stadt, 7 Flecken, Kolonie, 9 Ortschaft
Sieg:
6 Erfolg, Gewinn, 7 Triumph
Siegel:
9 Petschaft
Siegerpreis/-prämie:
3 Cup, 5 Pokal, 7 Lorbeer, 8 Medaille, Plakette, Trophaee
Siegesanwärter:
7 Favorit
Siegesgöttin:
4 Nike, 8 Victoria, Viktoria
Siegespokal:
8 Trophaee
Siegfrieds:
-Frau:
9 Kriemhild
-Mörder:
5 Hagen
-Mutter:
9 Sieglinde
-Schwert:
7 Balmung
-Vater:
8 Siegmund
sieghaft:
9 triumphal
Siegwurz:
8 Gladiole
Signal:
7 Zeichen
Signalflagge:
7 Stander
Signalgerät/-einrichtung:
4 Horn, Hupe, 6 Flagge, Glocke, Sirene, Wimpel, 7 Blinker, 9 Nebelhorn, 10 Leuchtboje
Signalmeßgerät:
6 Sensor
Signatur:
6 Signum, 7 Zeichen, 9 Namenszug, 12 Unterschrift
Signum:
5 Marke, 7 Zeichen
Silbenquiz:
8 Scharade
Silberfolie:
8 Alufolie, Stanniol, 9 Zinnfolie
Silberglanz:
8 Argentit
Silberlöwenart:
4 Puma
Silberpappelbaum:
4 Albe, 5 Abele
Silhouette:
6 Umriss, 12 Schattenbild, Schattenriss
Silo:
8 Speicher, 14 Futterspeicher, 16 Getreidespeicher
Sinfonie von:
-Beethoven:
6 Eroica, Neunte, 9 Pastorale
-Mendelssohn-Bartholdy:
11 Schottische, 12 Italienische
-Mozart:
6 Linzer, 7 Jupiter
-Schubert:
12 Unvollendete

-Tschaikowsky:
10 Pathetique
singbares:
-Gedicht:
4 Lied
-Tonwerk:
7 Melodie
Singfolge:
7 Melodie
Singspiel:
8 Operette
Singstimme:
3 Alt, 4 Bass, 5 Tenor, 6 Sopran, 7 Bariton, 11 Mezzosopran
Singularform:
7 Einzahl
Singvereinigung:
4 Chor
Singvogel:
4 Fink, Star, 5 Ammer, Amsel, Fitis, Meise, Pirol, Spatz, Weber, 6 Gimpel, Pieper, Roetel, Stelze, Zeisig, 7 Amadine, Amarant, Drossel, Girlitz, Kanarie, Ortolan, Schwirl, Tangare, Wuerger, 8 Bergfink, Buchfink, Calliope, Dompfaff, Kardinal, Schwalbe, Sperling, Spoetter, Sprosser, Zilpzalp, 9 Blaumeise, Blaumerle, Braunelle, Goldammer, Gruenfink, Gruenling, Haenfling, Kohlmeise, Stieglitz, 10 Distelfink, Feldlerche, Grasmuecke, Hausroetel, Nachtigall, Rotschwanz, Schmaetzer, Zaunkoenig
Sinken der Börsenkurse:
6 Baisse
Sinnbild:
6 Emblem, Symbol, 9 Allegorie, Gleichnis
sinnbildlich:
10 symbolisch
sinnen:
6 denken, 8 gruebeln, 10 meditieren, nachdenken, ueberlegen
sinnende Betrachtung:
10 Meditation
Sinnesart:
9 Charakter, Gesinnung, 11 Mentalitaet
Sinnesempfindung:
4 Aura
Sinnesinstrument:
5 Organ
Sinnesorgan:
3 Ohr, 4 Auge, Haut, Nase, Nerv, 5 Zunge, 6 Gehoer
Sinnestäuschung:
6 Vision, 8 Illusion, Trugbild, 11 Fata Morgana, 13 Halluzination
sinnfällig:
7 konkret
Sinngehalt:
9 Bedeutung
sinngleich:
7 synonym
sinnieren:
10 meditieren
Sinnlichkeit:
6 Erotik
sinnlos/-widrig:
7 abwegig, paradox, 8 toericht, unnoetig, 9 unlogisch
Sinnode:
5 Xenie, 6 Xenion, 8 Epigramm
Sinnpflanze:
6 Mimose
sinnvolle Wortfolge:
4 Satz
Sippe:
4 Clan, 7 Familie, Gattung
Sippenbund:
4 Klan
Sippenkunde:
10 Genealogie
Sippschaft:
6 Clique, 8 Kluengel
Sirupflüssigkeit:
8 Glyzerin
Sisalgewächs:
5 Agave
Sitte:
4 Mode, Usus, 5 Ethos, Nomos, 6 Brauch, 7 Anstand, 8 Benehmen, Manieren, 9 Herkommen, Tradition
Sitten:
5 Mores
Sittenlehre:
5 Ethik, Moral
Sittenprediger:
8 Moralist
sittenstreng:
11 puritanisch
Sittenverderbtheit:
10 Korruption, 14 Demoralisation
Sittenwissenschaft:
10 Ethognosie
Sittichpapageienart:
3 Ara
sittlich:
7 ethisch, 9 moralisch
-verderben:
14 demoralisieren
sittliche:
-Forderung:
5 Gebot
sittlicher:
-Begriff:
3 Ruf, 4 Ehre, 5 Ethos, Gebot, Luege, Moral, Treue, 6 Schuld, Suehne, Wuerde, 8 Gewissen, Wahrheit, 10 Humanitaet
Sittlichkeit:
5 Moral
sittsam:
6 dezent
Situation:
7 Umstand, Zustand, 8 Stellung
situiert:
8 gestellt
Sitz:
6 Mandat, Stimme, 7 Domizil, 8 Residenz
-der EG:
8 Bruessel
-der Musen:
7 Parnass
-der Regierung:
8 Residenz
-einer griechischen Philosophenschule:
4 Elea
-im Parlament:
6 Mandat
-im Theater:
4 Loge, Rang, 7 Galerie, Parkett, 9 Sperrsitz
Sitzbank Ruderboot:
5 Ducht
Sitzgelegenheit/-möbel:
4 Sofa, 5 Couch, Stuhl, 6 Hocker, Sessel, 8 Taburett, 13 Schaukelstuhl
Sitzsofa:
7 Kanapee
Sitzungsbericht:
9 Protokoll
Sitzungsfolge:
7 Session
Sitzungsveranstaltung:
6 Tagung, 7 Session, 9 Konferenz, 11 Besprechung
Sitzwaschbecken:
5 Bidet
sizilianische:
-Hauptstadt:
7 Palermo

sizilianischer:
-Geheimbund:
5 Mafia
Skaldenlied:
5 Drapa
Skalpell:
12 Seziermesser
skandalöses Ereignis:
5 Eklat, 8 Aufsehen
Skandinavier:
5 Daene, Finne, 7 Schwede, 8 Norweger, 9 Islaender
skandinavische:
-Fluggesellschaft:
3 SAS
-Meerenge:
4 Belt, Sund
-Währung:
4 Oere, 5 Krone
-Wühlmaus:
7 Lemming
skandinavischer:
-Meeresarm der Nordsee:
9 Skagerrak
-Staat:
6 Island, 8 Finnland, Norwegen, Schweden, 9 Daenemark
skandinavisches:
-Königreich:
8 Norwegen, Schweden, 9 Daenemark
Skatbegriff:
2 re, 4 Null, Solo, 5 Grand, Passe, 6 kontra, Ramsch, 10 Nullouvert
Skeletteil:
7 Gebeine, Gerippe
Skepsis:
7 Zweifel
Skeptiker:
8 Zweifler
Skifahrstrecke:
5 Loipe, Piste
Skiliftapparat:
8 Seilbahn, 10 Sesselbahn
Skipetar:
7 Albaner, 8 Albanier
Skirennen:
6 Slalom
Skiwettbewerb:
6 Super G, 7 Skiflug, 8 Biathlon, Langlauf, Springen, 11 Kombination, Skispringen, 12 Abfahrtslauf, Riesenslalom
Skizze:
6 Lay-out*, Layout, Sketch, Umriss, 7 Entwurf, Sketsch*, 9 Zeichnung
Sklave:
11 Leibeigener
Sklavenschiff:
7 Galeere
Skonto:
5 Abzug, 6 Rabatt, 8 Nachlass
Skorpion-Stern:
7 Antares
Skriptheft:
8 Drehbuch
Skrupel:
7 Zweifel, 8 Bedenken
Skulptur:
6 Bueste, Relief, Statue, 7 Plastik
Skythenstamm:
6 Alanen
Slalom:
7 Torlauf
Slang:
6 Jargon, 7 Dialekt, Mundart
Slawe:
4 Pole, 5 Russe, Serbe, Sorbe, Wende, 6 Kroate, 7 Bulgare, Kassube, Ruthene, Slowake, Slowene, 8 Kaschube, Tscheche, Ukrainer
Slawenapostel:
8 Cyrillus, 9 Methodius, 10 Konstantin
slawische:
-Gottheit:
7 Triglaw
-Liebesgöttin:
4 Lada
slawischer:
-Fürstentitel:
8 Gospodar
-Männername:
4 Igor, 5 Fedor, Pjotr, Wasil, 6 Feodor, 7 Kasimir, 8 Bogeslav, 9 Ladislaus
Slogan:
10 Schlagwort
slowakischer:
-Komponist:
5 Bella
-Politiker/Politikerin:
6 Dubcek, Meciar
-Schafskäse:
8 Liptauer
Snob:
4 Beau, Geck, 7 Angeber, Stutzer
so genannt:
5 alias
Sockelteil:
5 Basis, 9 Piedestal, Postament
Sodagetränk**:**
7 Sprudel
soeben:
4 just, 6 gerade
Sofamöbel:
7 Kanapee, 8 Sitzbank, 12 Chaiselongue
sofern:
4 wenn, 5 falls
sofort:
6 gleich, prompt, 8 umgehend, 13 unverzueglich, 14 augenblicklich
Softie:
9 Weichling
sogar:
4 auch
Sohn:
6 Filius, 11 Sproessling
Sohn von:
-Adam:
4 Abel, Kain, Seth
-Alkmene:
8 Herakles, Herkules
-Aphrodite:
4 Eros
-David:
6 Salomo, 7 Absalom, Salomon
-Frigga:
3 Tyr, 4 Thor
-Hermes:
3 Pan, 7 Daphnis
-Isaak:
4 Esau, 5 Jakob
-Jakob:
3 Dan, Gad, 4 Juda, Levi, 5 Asser, Josef, 6 Joseph, Simeon, 8 Isaschar, Naphtali
-Judas:
4 Onan
-Jupiter:
4 Mars, 5 Apoll, 6 Apollo, Kastor, Merkur, Pollux, 7 Apollon, Bacchus, 8 Herakles, Herkules, 9 Mercurius
-Kronos:
4 Zeus, 5 Hades, 6 Pluton, 8 Poseidon
-Leda:
6 Castor, Kastor, Pollux
-Noah:
3 Ham, Sem, 6 Japhet
-Odin:
3 Tyr, 4 Thor, 5 Widar, 6 Balder, Baldur, Hermod, Hoeder, Hoedur
-Rhea:
4 Zeus, 5 Hades, Orkus,

6 Neptun, Pluton, 7 Jupiter,
8 Poseidon
-Siegmund:
9 Siegfried
-Thor:
5 Magni
-Ute:
6 Gernot, 7 Gunther, 8 Giselher
-Venus:
4 Amor
-Zeus:
4 Ares, 5 Apoll, Minos,
6 Apollo, Castor, Hermes,
Kastor, Pollux, 7 Apollon,
Bakchos, Perseus, 8 Dionysos,
Hephaest, Herakles, Herkules,
Sarpedon, Tantalus,
10 Hephaestos, Hephaistos
Solarium:
16 Braeunungsstudio
solche:
9 derartige
solchermaßen:
2 so
Soldat:
7 Krieger, Landser, Veteran,
8 Soeldner, 9 Legionaer
Soldatenanzug:
7 Uniform
Soldatengeld:
4 Sold
Soldatenherberge:
7 Kaserne
Soldatenstand:
8 Militaer
Söldner:
7 Heiduck, 9 Legionaer,
11 Reislaeufer
Söldnerführer:
11 Condottiere
Söldnertrupp:
6 Legion
solenn:
7 erhaben
solid:
4 fest, 8 gediegen
Solidarisierung:
13 Verbruederung
Solistenvereinigung:
9 Orchester
Soll:
5 Debet
Söller:
5 Altan
solo:
6 allein
somit:
4 also
Sommerabschluß:
15 Altweibersommer
Sommerfrische:
3 Bad, 6 Kurort, 10 Urlaubsort
sommerliche:
-Erfrischung:
3 Bad, Eis
-Temperatur:
5 Hitze, 6 Waerme
sommerliches:
-Schuhwerk:
8 Sandalen
Sommersprossen:
9 Epheliden
Somnambulismus:
16 Mondsuechtigkeit
Somnolenz:
14 Schlaefrigkeit
sonach:
9 hinterher
Sonderart:
5 Abart
Sonderaufführung:
6 Zugabe, 7 Benefiz, Einlage
Sonderauflage:
10 Extrablatt
sonderbar:
6 bizarr, kurios, 7 paradox,
seltsam, skurril
Sonderdruck:
9 Separatum
Sonderfall:
8 Ausnahme
Sondergenehmigung:
17 Ausnahmeerlaubnis
Sonderklasse:
5 Elite
sonderlich:
7 seltsam
Sonderling:
6 Unikum, 8 Original,
13 Einzelgaenger
Sondermülldeponie:
16 Muellabladeplatz
sondern:
6 ordnen, 7 sichten, trennen,
9 isolieren, sortieren
Sonderraum:
7 Separee
Sonderrecht:
8 Privileg, Reservat
Sondervermögen:
5 Fonds
Sonderzahlung:
13 Gratifikation
sondieren:
10 vorfuehlen
Sonnabend:
7 Samstag
Sonnenblendstoff:
8 Jalousie
Sonnenferne:
5 Aphel
Sonnenfinsternis:
7 Eklipse
Sonnengott:
-der Ägypter:
2 Ra, Re, 4 Amun
-der Griechen:
6 Helios
-der Inder:
5 Indra, Surja
-der Römer:
3 Sol
Sonnengöttin:
5 Neith
sonnenhalb:
10 sonnseitig
Sonnenhof:
4 Halo
Sonnenkraft:
12 Solarenergie
Sonnennähe:
7 Perihel
Sonnenschirm:
7 Parasol
Sonnenstich:
10 Hitzschlag
Sonnentierchen:
9 Heliozoon
Sonnenüberdach:
7 Markise
Sonnenuhr:
6 Gnomon
Sonnenwendfeier:
12 Johannisfest,
13 Johannisfeuer
Sonntag:
-nach Ostern:
6 Exaudi, Rogate, 7 Kantate,
8 Jubilate, 12 Miserikordia,
15 Quasimodogeniti
-vor Ostern:
5 Okuli, 6 Judika, 7 Laetare,
8 Estomihi, Palmarum,
9 Invokavit, 11 Reminiszere,
Sexagesimae
sonst heißend:
5 alias
Sorge:
4 Leid, 5 Angst, 6 Kummer
sorgfältig:
5 genau, 7 akkurat,
10 gruendlich, 12 gewissenhaft

Sorgfältigkeit:
6 Obacht, 7 Bedacht, Umsicht, 8 Vorsicht
Sorghumhirse:
5 Durra
sorglos:
9 unbedacht
sorgsam:
5 eigen
Sorte:
3 Typ, 4 Form, 7 Gattung, Spezies
sortieren:
6 ordnen, 7 sichten, 8 auslesen
Sortiment:
7 Auswahl, 8 Sammlung, 10 Kollektion, 12 Warenangebot
Sortimenter:
12 Buchhaendler
Soßenart:
5 Beize, Tunke, 7 Beiguss, 8 Marinade, 9 Majonaese*, 10 Mayonnaise, 11 Hollandaise
Soßenbasis:
6 Coulis
Soubrette:
9 Saengerin, 18 Operettensaengerin
Souffle:
7 Auflauf
Souper:
9 Nachtmahl, 10 Abendessen
Souterrain:
14 Kellergeschoss
Souvenir:
8 Andenken, 10 Erinnerung
sowjetische:
-Jugendorganisation:
8 Komsomol
-Nachrichtenagentur:
4 TASS
-Presseagentur:
7 Nowosti
-Raumstation:
3 Mir
sowjetischer:
-Erdsatellit:
6 Poljot
-Forschungssatellit:
6 Kosmos
-Geiger:
6 Kremer
-Kosmonaut:
5 Sedow, Titow, 6 Leonow, Wolkow, 7 Gagarin, Jegerow, Komarow, Kubasow, Pazajew, Schonin, 8 Beljajew, Gorbatko, Patsajew, 9 Feokistow, Jelisejew, Nikolajew, Schatalow, 10 Jelissejew, Popowitsch, 11 Dobrowolski, 13 Filiptschenko, 14 Rukawischnikow
-Marschall:
6 Konjew, 7 Schukow
-Politiker/Politikerin:
5 Lenin, 6 Stalin, 7 Molotow, 8 Malenkow, 9 Breschnew, 11 Gorbatschow, 13 Chruschtschow
-Raumfahrer:
9 Kosmonaut
sowjetisches:
-Jagdflugzeug:
3 MIG
-Mondfahrzeug:
8 Lunochod
-Reisebüro:
9 Intourist
sozialdemokratischer Politiker:
5 Bebel, 6 Brandt, Wehner, 7 Schmidt, 9 Scharping, Schroeder, Schroeder, 10 Ollenhauer, Schumacher
Sozialpartner:
11 Arbeitgeber, 12 Arbeitnehmer
Sozialprodukt:
14 Volkseinkommen
Sozialversicherungsleistung:
16 Altersversorgung
Sozius:
9 Kompagnon, Teilhaber
sozusagen:
5 quasi
Spagat:
9 Bindfaden, 14 Spreizstellung
Späher:
5 Spion, 7 Spitzel, 10 Beobachter, 12 Kundschafter
Spähgruppe:
10 Patrouille
Spalte:
5 Kluft, Ritze, 6 Luecke, Rubrik, 7 Kolonne, Scharte, Schlitz, 8 Oeffnung
Spaltinstrument:
3 Axt, 4 Beil, Keil
Spaltkeil:
6 Fimmel
Spaltpilzart:
8 Bakterie, Bazillus
Spaltung:
7 Schisma, Teilung, 9 Sezession
Span:
6 Spliss, 8 Spleisse, Splitter
Spangenform:
5 Fibel, 6 Heftel, 7 Klammer, Schmuck
spanisch für:
-Abend:
5 tarde
-Bedienung:
8 servicio
-Fluß:
3 rio
-Frau:
4 dona, 6 senora
-Freund:
5 amigo
-Gebirgszug:
6 sierra
-Gipfel:
4 pico
-Haus:
4 casa
-Herr:
3 don, 5 senor
-Mutter:
5 madre
spanische:
-Anrede:
3 don, 4 Dona, 5 Senor, 6 Senora, 8 Senorita
-Bevölkerung:
6 Basken, 9 Kastilier, Katalanen
-Burg:
7 Alcazar, Alkazar, 8 Alcazaba
-Fluggesellschaft:
6 Iberia
-Gemäldesammlung:
5 Prado
-Grenzstadt:
4 Irun
-Hauptstadt:
6 Madrid
-Insel:
5 Ibiza, 7 Menorca, Minorca, 8 Mallorca, 9 Teneriffa, 10 Formentera
-Königin:
3 Ena, 6 Sophie, 8 Isabella
-kurze Jacke:
6 Bolero
-Küste:
10 Costa Brava, Costa Verde, 11 Costa Blanca, Costa del Sol, Costa Dorada, 12 Costa de la Luz, 13 Costa Smeralda
-Landschaft:
6 Aragon, Murcia, 7 Navarra, 8 Asturien, Galicien, La Mancha, 9 Aragonien,

Kastilien, 10 Andalusien, Baskenland, Katalonien, 11 Estremadura
-Münze:
4 Duro, Real, 6 Doblon, Peseta, 7 Centimo
-Provinz:
4 Jaen, Lugo, 5 Avila, Cadiz, 6 Burgos, Cuenca, Gerona, Huelva, Madrid, Malaga, Murcia, Orense, Oviedo, Toledo, 7 Almeria, Biscaya, Cordoba, Granada, Navarra, Segovia, Sevilla, 8 Albacete, Alicante, Baleares, La Coruna, Valencia, Zaragoza, 9 Barcelona, Castellon, Las Palmas, Salamanca, Santander, Tarragona, 10 Pontevedra, 11 Guadalajara
-Volksvertretung:
6 Cortes
-Währungseinheit:
6 Peseta, Pesete, 7 Centimo
spanischer:
-Adelstitel:
6 Grande, 7 Hidalgo
-Anfeuerungsruf:
3 Ole
-Architekt:
6 Donoso
-Artikel:
2 el, la, lo, 3 las, Los
-Bevölkerungsteil:
6 Basken, 8 Asturier, 9 Aragonier, Kastilier, Katalanen, 10 Andalusier
-Bildhauer:
4 Miro, 5 Silve, 7 Vazquez, 8 Montanez, 9 Moratillo, Valdevira
-Bürgermeister:
7 Alcalde
-Clown:
5 Rivel
-Dessertwein:
6 Malaga, Sherry, 9 Tarragona
-Entdecker:
5 Colon, 7 Pizarro
-Feldherr:
4 Alba
-Frauenname:
3 Ena, 4 Ines, Lola, 5 Elena, 6 Carmen, Teresa, 7 Dolores, 8 Isabella
-Freiheitskämpfer:
6 Pelayo
-Geiger:
8 Sarasate
-Hafen in Marokko:
5 Ceuta
-Herrschername:
4 Luis, 6 Alfons, Carlos, Felipe, 7 Alfonso, Philipp, 8 Fernando
-Jesuit:
6 Claver, Molina
-Kampfstier:
4 Toro
-Komponist:
7 Albeniz, Cassado, 8 Granados, Sarasate
-König:
10 Juan Carlos
-Maler:
4 Dali, Goya, Miro, 5 Greco, Saura, 6 Cerezo, Ribera, 7 El Greco, Murillo, Picasso, Ribalta, 9 Navarrete, Velasquez, Velazquez
-Männername:
4 Joan, Juan, Luis, 5 Diego, Pablo, Pedro, Ramon, 6 Carlos, Felipe, Manuel, Miguel, 7 Alfonso, Esteban, 9 Francisco
-Name des Kolumbus:
5 Colon
-Nationaltanz:
9 Madrelina
-Nobelpreisträger für Literatur:
7 Jimenez, 9 Benavente, Echegaray, 10 Aleixandre
-Nobelpreisträger für Medizin:
5 Cajal
-Pfeffer:
7 Paprika
-Philosoph:
5 Oliva
-Politiker/Politiker:
4 Alba, Dato, 5 Ayala, Azana, Maura, 6 Franco, 7 Narvaez, 8 Gonzales, Olivarez
-Prinz:
6 Infant, 9 Don Carlos
-Radierer:
6 Ribera
-Schriftsteller/Schriftstellerin:
4 Cela, Vega, 5 Lorca, Rioja, Rueda, 6 Aleman, Molina, 7 Gongora, Guillen, Jimenez, 8 Calderon, Saavedra, 9 Cervantes, Echegaray, 10 Lope de Vega, 11 Garcia Lorca
-Tanz:
5 Folia, Jaleo, 6 Bolero, 8 Fandango, Flamenco, Habanera, 9 Sarabande, 10 Seguidilla
-Ureinwohner:
6 Iberer
spanisches:
-Adelsgeschlecht:
6 Borgia
-Aussprachezeichen:
5 Tilde
-Hochland:
9 Kastilien
-Kap:
4 Gata, 5 Creus, 7 Ortegal, 9 Trafalgar, 10 Finisterre
-Kloster:
8 Escorial
-Kopftuch:
8 Mantilla
-Nationalgericht:
6 Paella
-Parlament:
6 Cortes
-Saiteninstrument:
7 Bandola, 9 Bandurria
-Volksfest:
6 Fiesta
spannend:
10 dramatisch
spannender Film:
7 Reisser, 8 Thriller
Spanner:
6 Voyeur
Spannkraft:
4 Elan, 5 Verve, 7 Schwung, 10 Vitalitaet, 12 Elastizitaet
Spannung:
8 Dramatik, Erregung, 9 Erwartung, 11 Nervositaet
Spannungsmeßgerät:
9 Voltmeter
Spannungsumwandlungsgerät:
13 Transformator
Spargelgemüse:
13 Schwarzwurzel
Spargelkohl:
8 Brokkoli
Spargelsorte:
9 Asparagus
spärlich:
4 karg, 5 knapp
sparsam:
9 rationell
spartanisch lebend:
4 hart, 6 streng, 7 einfach, 10 enthaltsam

spartanischer:
-Aristokrat:
8 Spartiat
-Bürger:
8 Perioeke
-Feldherr:
8 Leonidas, Lysander,
9 Pausanias
-Gesetzgeber:
6 Lykurg
-König:
4 Agis, 8 Leonidas, Menelaos,
9 Agesilaus
-Schwerbewaffneter:
6 Hoplit
-Senat:
7 Gerusia
-Senator:
6 Geront
-Staatssklave:
5 Helot
Sparte:
4 Fach, 5 Zweig, 9 Abteilung
Späße:
5 Faxen
spaßig:
5 ulkig, 7 burlesk
Spaßmacher:
4 Narr, 5 Clown, 6 Kasper, Schalk, Schelm, 7 Bajazzo, Kasperl, Komiker, 8 Harlekin, Witzbold, 13 Possenreisser
Spaßmacherei:
3 Fez, Jux, Ulk, 4 Witz, 5 Gaudi, Unfug, 6 Scherz, 7 Gaudium, 10 Vergnuegen
Spateisenstein:
5 Flinz
Spatz:
8 Sperling
Spaziergang:
6 Bummel, 9 Promenade
Spaziergänger:
7 Flaneur
Speaker:
8 Sprecher, 12 Vorsitzender
Specht/-art:
9 Wendehals, 10 Buntspecht
Spechtmeise:
7 Kleiber
Speckstein:
4 Talk, 6 Talkum
Speckwürfel:
6 Griebe, Griefe, 7 Grammel
Speer:
3 Ger, 5 Lanze, 6 Spiess
-beim Stierkampf:
10 Banderilla
-des Odin:
7 Gungnir
Speichel:
6 Geifer, Spucke
Speichellecker:
8 Kriecher
Speichergebäude:
4 Silo, 5 Boden, Depot, 7 Magazin, 9 Dachboden, Reservoir
Speise:
4 Kost, Mahl, 5 Essen, 7 Gericht
-der Götter:
8 Ambrosia
-der Juden in der Wüste:
5 Manna
-in Teighülle:
7 Pastete
Speisefett:
3 Oel, 4 Talg, 6 Butter, 7 Schmalz, 9 Margarine
Speisefisch:
3 Aal, 4 Butt, Leng, 5 Hecht, Lachs, Stoer, 6 Dorsch, Hering, Zander, 7 Flunder, Forelle, Karpfen, Makrele, Muraene, Sardine, Scholle, Sprotte, 8 Anchovis, Heilbutt, Kabeljau, Lamprete, Saibling, Sardelle, Seezunge, Tunfisch*, 9 Anschovis*, Thunfisch, 10 Goldbrasse, 11 Bachforelle
Speisefrüchte-Sammelname:
4 Obst
Speisegaststätte:
5 Lokal, 10 Restaurant
Speisegewürz:
4 Salz, Senf, Zimt, 5 Curry, Essig, 6 Ingwer, Muskat, 7 Ketchup, Paprika, Pfeffer, 8 Ketschup*, Mostrich
Speisekrebstier:
6 Hummer, 7 Garnele
Speisemuschelart:
6 Auster
speisen:
5 Essen, 8 dinieren
Speisenabfolge:
4 Menu, 5 Menue
Speisenservierbrett:
7 Tablett
Speisenteil:
5 Zutat
Speisenzubereiter:
4 Koch
Speisepilz:
6 Bofist, Marone, 7 Kuhmaul, Lorchel, Morchel, Rehling, 8 Egerling, Gehlchen, Gelbling, Hasenohr, Perlpilz, Rotkappe, Saftling, Tintling, Trueffel, 9 Braetling, Ellerling, Graukappe, Gruenling, Klumpfuss, Krempling, Mousseron, Steinpilz, Taeubling, 10 Birkenpilz, Butterpilz, Champignon, Dotterpilz, Hallimasch, Herrenpilz, Kaiserling, Ritterling, Schirmpilz, Schmerling, Ziegenbart, 11 Eierschwamm, Maronenpilz, Pfifferling, Stoppelpilz, 12 Habichtspilz, Rothaeubchen, Strubbelkopf, 13 Kapuzinerpilz, Totentrompete, 14 Herbsttrompete
Speisesaal:
5 Messe, 6 Kasino, 7 Kantine
Speisewurzelgewächs:
6 Moehre, 7 Rettich
Spektakelform:
5 Laerm, 7 Klamauk, 10 Schauspiel
Spekulierergemeinschaft:
6 Corner, Korner
Spekulierertypus:
6 Jobber, 13 Gluecksritter
Spelunke:
6 Stampe, 8 Destille, 9 Kaschemme
Spendengabe:
4 Gabe, 5 Opfer, 6 Obolus, 7 Almosen, 8 Geschenk, 10 Scherflein
Sperberfalke:
7 Habicht
Sperenzchen:
9 Umstaende, 12 Fisimatenten
Sperling:
5 Spatz
Sperrdauer:
6 Karenz, 9 Wartezeit, 11 Quarantaene
sperren:
10 arretieren
Sperrgestell:
8 Stellage
Sperrmaßnahme:
4 Wehr, Zaun, 6 Gitter, Riegel, 8 Barriere, Schranke, 9 Barrikade
Sperrschranke:
10 Schlagbaum
Sperrung:
9 Isolation

Sperrzeit:
11 Quarantaene
Spesen:
7 Aufwand, 8 Auslagen, Unkosten
Spezerl/Spezi:
6 Freund, 7 Intimus, Kollege, 10 Vertrauter
Spezialfach:
7 Domaene
Spezialwaffe:
3 Pak
speziell:
9 besonders
spezielle:
-Bildaufzeichnung:
13 Dokumentation
spezielle Ernährung:
5 Diaet
spezifisches Gewicht:
6 Wichte
Sphäre:
6 Umwelt, 7 Bereich, 8 Umgebung
Spiegelei:
6 Setzei
Spiegelfernrohr:
9 Refraktor
Spiegellinsenfernrohr:
6 Medial
spiegeln:
12 reflektieren
Spiegelsamtart:
5 Panne
Spiegelvorgang:
6 Reflex, 9 Reflexion, 11 Widerschein
Spiel:
4 Game, 5 Match, 6 Partie
Spielabfolge:
8 Programm
Spielareal:
11 Tummelplatz
Spielart:
6 Nuance, 8 Variante
Spielbankbeschäftigter:
8 Croupier
Spieler:
6 Akteur, 9 Hasardeur
Spielgerät beim Eishockey:
4 Puck
Spielkarte:
2 As, 4 Bube, Dame, Daus, Ober, 5 Bauer, Joker, Jolly, Unter, 6 Koenig, Wenzel
Spielkartenfarbe:
3 Pik, Rot, 4 Herz, Karo, 5 Coeur, Kreuz, Treff, 6 Eckern, Eichel, Herzen, 7 Schippe, 8 Eckstein, Schellen
Spielkugel:
6 Marbel, Marmel, Murmel
Spielleiter:
9 Regisseur
-beim Glücksspiel:
8 Croupier
-im Freizeitclub:
9 Animateur
Spielleitung:
5 Regie
Spielmann:
7 Hornist, Pfeifer, 8 Trommler
Spielmünze:
4 Chip, 5 Jeton, 6 Plaque
Spielplan:
8 Programm, 10 Repertoire
Spielraum:
5 Marge
Spielrunde:
6 Partie
Spielsumme:
7 Einsatz
Spielutensil:
4 Ball
Spielverzögerung:
5 Pause, 7 Wechsel, 8 Halbzeit
Spielwart:
10 Inspizient
Spielzeug/-gerät:
4 Ball, Reif, 5 Puppe, Teddy, 6 Ballon, Roller, 7 Klapper, 8 Spieluhr, 9 Baukasten, Eisenbahn, Teddybaer, 10 Hampelmann, Luftballon, 11 Puppenstube, 12 Bleisoldaten, Zinnsoldaten, 13 Schaukelpferd
spießbürgerlich:
11 philistroes
Spießer:
6 Hirsch, Pedant, 7 Banause, Rehbock, 9 Philister, 10 Kleingeist
Spießgeselle:
8 Konsorte, 13 Helfershelfer
Spießhirschart:
6 Mazama
Spießinstrument:
3 Ger, 5 Lanze, Speer, 10 Hellebarde
Spindel:
6 Kunkel
Spindmöbel:
4 Lade, 7 Schrank
Spinett:
7 Cembalo, 12 Clavicembalo
Spinnapparat:
9 Selfaktor
Spinne:
5 Milbe, Zecke, 6 Kanker, 8 Holzbock, Skorpion, Tarantel, 11 Kreuzspinne, Vogelspinne, Weberknecht, Wolfsspinne
Spinnenform:
10 Arachniden
Spinnenkrebs:
6 Krabbe
Spinnereiprodukt:
4 Garn, 5 Faden, Wolle
Spinnereirückstand:
4 Werg
Spinngerät:
6 Rocken
Spion:
5 Agent, 7 Spaeher, Spitzel, 11 Schnueffler
spiritistische:
-Mittelsperson:
6 Medium
-Sitzung:
6 Seance
Spiritus:
5 Sprit, 7 Alkohol, 9 Weingeist, 10 Branntwein
-rector:
6 Lenker, 7 Urheber, 9 Anstifter
Spital-Einrichtung:
6 Klinik, 8 Hospital, 10 Altersheim, 11 Krankenhaus
spitz:
4 Tete, 5 Krone, Nocke, 6 Gipfel, Vorhut
Spitzbartmode:
11 Henriquatre
Spitzbube:
4 Dieb, 6 Ganove, Gauner, 9 Betrueger, 10 Langfinger
Spitzdachgiebel:
7 Wimperg
Spitzel:
5 Agent, Spion
Spitzenleister:
2 As, 5 Crack, 9 Koryphaee
Spitzenleistung:
6 Rekord
Spitzenmann/-frau:
2 As, 5 Crack, 8 Champion
Spitzensong:
3 Hit
spitzer:
-Berggipfel:
3 Pik

spitzes:
-Instrument:
5 Nadel
-Stechwerkzeug:
4 Dorn, 5 Dolch, Nadel, 6 Pfriem
spitzfindig:
6 subtil, 11 kasuistisch, 12 rabulistisch, 15 haarspalterisch
Spitzfindigsein:
9 Kasuistik, Sophistik, 10 Rabulistik, 11 Sophisterei
Spitzhacke:
5 Picke, 6 Pickel
Spitzkeil:
5 Picot
Spitzname:
7 Beiname
Spitzpfeilerart:
7 Obelisk
Spitzturm:
5 Fiale
Spleen:
4 Tick, 5 Laune, 6 Fimmel, 7 Einfalt, Marotte, 8 Schrulle
splitterlose Glasscheibe:
7 Sekurit
Splitterstück:
4 Span, 6 Spliss, 8 Spleisse
spontan:
8 impulsiv
Sporadeninsel:
3 Kos, 5 Leros, Samos, 6 Chalke, Ikaria, Patmos, Rhodos, Skyros, Thasos, 8 Alonesos, Skiathos, Skopelos
Spore:
5 Zelle, 8 Keimkorn
Sporengewächs:
4 Farn, Moos, Pilz
Sporn:
4 Kufe, 6 Spitze, 7 Stachel, 8 Fortsatz
Sportanlage:
3 Bad, 4 Bahn, 5 Arena, Forum, Piste, 7 Bobbahn, Eisbahn, Freibad, Stadion, 8 Motodrom, Polofeld, Reitbahn, Rundkurs, Velodrom, 9 Flugplatz, Hallenbad, Reithalle, Rennplatz, Turnhalle, 10 Schwimmbad, 11 Radrennbahn, Rennstrecke, 13 Sprungschanze
Sportareal:
7 Stadion
Sportart/-disziplin:
4 Golf, Judo, Tanz, 5 Boxen, Heben, Rugby, 6 Angeln, Hockey, Karate, Laufen, Reiten, Rodeln, Rudern, Slalom, Tennis, 7 Billard, Bowling, Eislauf, Eistanz, Kricket, Krocket, Radball, Radpolo, Tauchen, Wandern, 8 Athletik, Baseball, Fussball, Handball, Korbball, Springen, 9 Bobfahren, Eishockey, Eislaufen, Gymnastik, Radfahren, Schiessen, Schwimmen, Skilaufen, Zehnkampf, 10 Basketball, Dreisprung, Fuenfkampf, Hochsprung, Kanuslalom, Slalomlauf, Trabrennen, Wasserball, Weitsprung, 11 Bodenturnen, Huerdenlauf, Skispringen, Speerwerfen, Tischtennis, Zwoelfkampf, 12 Diskuswerfen, Gewichtheben, Kugelstossen, Marathonlauf, Pferderennen, Segelfliegen
Sportbekleidung:
5 Dress, 6 Trikot
Sportboot:
3 Gig, 4 Kanu, 5 Kajak, Kanoe, 6 Achter, Vierer, 7 Skuller, 8 Faltboot, Kanadier
Sportbootfahrer:
7 Skuller
Sportbootinsasse:
6 Kanute
Sportehrenpreis:
3 Cup, 5 Pokal, 7 Urkunde, 8 Medaille, Plakette
Sportfischer:
6 Angler
Sportgemeinschaft:
3 Elf, 4 Crew, Team, 6 Equipe
Sportgerät:
3 Rad, Ski*, Tau, 4 Ball, Puck, Reck, Schi, Seil, 5 Angel, Bogen, Kegel, Keule, Rodel, Ruder, Speer, 6 Balken, Diskus, Flinte, Hammer, Hantel, Saebel, Skibob, Trapez, 7 Billard, Florett, Pistole, 8 Armbrust, Expander, Fussball, Rhoenrad, Skeleton, 9 Bobsleigh, Faustball, Prellball, Rollschuh, Schlaeger, Schlitten, Trampolin, 10 Basketball, Tennisball, Wasserball
Sportklasse:
4 Liga
Sportlehrer:
5 Coach, 7 Trainer
Sportlenker:
7 Manager
Sportlertreffen:
9 Olympiade
sportlich:
-anständig:
4 Fair
-in Form:
3 fit, 6 topfit
sportliche:
-Auszeichnung:
5 Pokal, 8 Medaille
-Höchstleistung:
6 Rekord
-Kleidung:
5 Dress
-Kniehose:
7 Breches
-Laufschuhe:
6 Spikes
-Wahlübung:
4 Kuer
sportlicher:
-Kraftmensch:
6 Athlet
-Vorkampf:
12 Ausscheidung
-Wettkampf:
7 Turnier
sportliches:
-Endspiel:
6 Finale
-Fahrzeug:
8 Roadster
-Jackett:
6 Blazer
Sportmaxime:
8 Fairness
Sportpaddelboot:
5 Kajak
Sportrennpferd:
6 Renner, Traber, 7 Flieger
Sportschlittengerät:
3 Bob, 5 Rodel, 8 Skeleton
Sportsegelboot:
5 Jacht*, Yacht, 9 Katamaran
Sportunterrichter:
7 Trainer
Sportveranstaltung:
5 Derby, Match, 6 Rallye, Rennen, 7 Turnier, 9 Olympiade, 12 Laenderkampf, Laenderspiel, 15 Sechstagerennen, 17 Weltmeisterschaft, 19 Europameisterschaft

Sportwettspiel:
4 Toto
Spottabbildung:
9 Karikatur
Spotten:
4 Hohn, 6 Ironie
spotten:
7 hoehnen
Spotten:
7 Parodie, 11 Verhoehnung
Spötter:
7 Zyniker, 8 Parodist, 9 Satiriker
spöttisch:
7 boshaft, zynisch, 9 hoehnisch, satirisch, 11 sarkastisch, schadenfroh
spöttische Anmerkung:
6 Glosse
Spottlied:
6 Satire, 8 Epigramm
Spottperson:
6 Popanz
Sprachanwender:
11 Dolmetscher
Sprachbesonderheit:
5 Idiom
Sprache:
6 Latein, 7 Deutsch, 8 Englisch, Epigramm, Russisch, Spanisch, 10 Griechisch, 11 Italienisch, 12 Franzoesisch
Sprachfehler:
8 stottern
Sprachheilkunde:
10 Logopaedie
sprachlos:
5 platt, stumm, 7 perplex
Sprachverstärker:
7 Megafon*, 8 Megaphon
Sprachwissenschaft:
10 Linguistik, Philologie
Sprachwissenschaftler:
8 Linguist, 9 Philologe
Sprachwissenschaftsdisziplin:
6 Syntax, 8 Phonetik, 9 Grammatik, 10 Etymologie, 11 Morphologie
Sprechapparatur:
10 Phonograph
sprechen:
5 reden, sagen, 8 plaudern, 9 vortragen, 10 referieren, rezitieren, 11 deklamieren
Sprecher:
7 Ansager, Speaker, 11 Kommentator, Wortfuehrer, 12 Conferencier
Sprechgesang:
8 Parlando, 9 Rezitativ
Sprechorgan:
4 Zahn, 5 Lippe, Zunge, 6 Stimme, 8 Kehlkopf
Sprechstunde:
10 Ordination
Spree-Athen:
6 Berlin
Spreizschritt:
6 Spagat
Sprenganschlag:
9 Explosion, 10 Detonation
Sprengelform:
7 Pfarrei, 8 Dioezese, 10 Amtsbezirk, Kirchspiel
sprengend:
7 brisant, 8 explosiv
Sprengfähigkeit:
7 Brisanz
Sprengkörper/-geschoss:
4 Mine, 5 Bombe, 6 Rakete, 7 Granate, 8 Luftmine, 10 Schrapnell, 11 Handgranate, Kartaetsche
Sprengstoff:
6 Lyddit, 7 Dynamit, Ekrasit, Kinetit, Melinit, Roburit, 8 Fulgurit, 13 Nitroglyzerin, Schiesspulver, Schwarzpulver
Spreu:
4 Kaff, 5 Spelz, 6 Abfall, Spelze
Sprichwort:
8 Paroemie
springendes Wasser:
8 Fontaene
Springquelle:
6 Geiser, Geysir
Sprinterlaufschuhe:
6 Spikes
Spritzen:
9 Injektion
Spritztour:
9 Abstecher
spröde:
6 pruede
Sprossengestell:
6 Leiter
Sprossenpilzpflanze:
4 Hefe
Sprossenteil:
5 Stufe, 8 Querholz, 9 Hautfleck
Sprößling:
5 Trieb, 6 Spitze, 9 Nachkomme, 11 Schoessling
Spruchdichtung:
7 Priamel
Spruchsammlung:
3 Ana
Spruchweisheit:
5 Xenie, 8 Epigramm
Sprudel:
6 Wirbel
sprudeln:
6 wallen
Sprühinstrument:
5 Duese
Sprühniederschlag:
11 Nieselregen
Sprühstoff:
5 Spray
Sprühwasser:
6 Gischt
Sprung:
4 Riss, Satz, 5 Salto, Spalt, 7 Kaskade, 8 Kapriole
Sprungbrett:
9 Trampolin
Sprunghindernis:
6 Huerde
Spukgestalt:
5 Geist, 8 Gespenst
Spule:
5 Rolle, Walze, 6 Huelse, 8 Wicklung
Spulenring:
6 Wirtel
Spur:
7 Faehrte, Merkmal, 11 Kennzeichen, 12 Anhaltspunkt
Spürsinn:
5 Flair, 7 Riecher, 10 Findigkeit
Sputnik:
8 Satellit
Staat:
5 Reich, 6 Nation
-am Persischen Golf:
5 Katar, 6 Kuweit
-der Balkanhalbinsel:
8 Albanien, 9 Bulgarien, Rumaenien, 11 Jugoslawien, 12 Griechenland
-im Atlantik:
6 Irland, Island, 15 Grossbritannien
-im Himalaja:
5 Nepal, 6 Bhutan, Sikkim
-im Mittelmeer:
6 Cypern
-im Nahen und Mittleren Osten:
4 Irak, Iran, Oman, 5 Jemen, Katar, Qatar, 6 Israel, Kuweit, Syrien, Zypern, 7 Bahrein,

Libanon, Tuerkei, 9 Jordanien, 11 Afghanistan, 12 Saudi-Arabien, 17 Vereinigte Emirate

-im Pazifik:
10 Neuseeland

-in Afrika:
4 Mali, Togo, 5 Gabun, Ghana, Kenia, Kongo, Niger, Sudan, Zaire, 6 Angola, Dahome, Gambia, Guinea, Libyen, Ruanda, Sambia, Tschad, Uganda, 7 Burundi, Kamerun, Liberia, Marokko, Nigeria, Senegal, Somalia, 8 Aegypten, Algerien, Tansania, Tunesien, 9 Obervolta, Rhodesien, Swasiland, 10 Abessinien, Aethiopien, Basutoland, Madagaskar, Suedafrika, 11 Mauretanien, Sierra Leone, 14 Suedwestafrika, 15 Elfenbeinkueste

-in Amerika:
3 USA, 4 Kuba, Peru, 5 Chile, Haiti, 6 Kanada, Mexiko, Panama, 7 Ecuador, Uruguay, 8 Bolivien, Honduras, Paraguay, 9 Brasilien, Guatemala, Kolumbien, Nicaragua, Venezuela, 11 Argentinien

-in Asien:
4 Irak, Iran, Laos, Oman, Siam, 5 Birma, Burma, China, Japan, Jemen, Katar, 6 Cypern, Israel, Kuwait, Kuweit, Syrien, Zypern, 7 Libanon, Persien, Vietnam, 8 Aegypten, Malaysia, Mongolei, Singapur, Thailand, 9 Jordanien, Nordkorea, Suedkorea, 10 Kambodscha

-in Mittelamerika:
4 Kuba, 5 Haiti, 6 Mexiko, Panama, 7 Jamaika, 8 Honduras, 9 Costa Rica, Guatemala, Nicaragua

-in Mitteleuropa:
5 Polen, 6 Ungarn, 7 Schweiz, 8 Slowakei, 9 Luxemburg, 11 Deutschland, Oesterreich, 13 Liechtenstein, 20 Tschechische Republik

-in Nordafrika:
6 Libyen, 7 Marokko, 8 Aegypten, Algerien, Tunesien

-in Nordamerika:
3 USA, 6 Kanada

-in Nordeuropa:
6 Island, 8 Finnland, Norwegen

-in Ostafrika:
5 Kenia, 6 Malawi, Ruanda, Uganda, 7 Somalia, 8 Tansania, 10 Aethiopien

-in Ostasien:
5 China, Japan, Korea, 6 Taiwan, 8 Mongolei, 9 Nordkorea, Suedkorea

-in Ozeanien:
5 Irian, Nauru, 7 Fidschi, 10 Australien, Neuseeland, 14 Papua Neuguinea

-in Südafrika:
6 Sambia, 7 Lesotho, 8 Botswana, 9 Rhodesien, 10 Suedafrika

-in Südamerika:
4 Peru, 5 Chile, 7 Ecuador, Surinam, Uruguay, 8 Bolivien, Paraguay, 9 Brasilien, Kolumbien, Venezuela, 11 Argentinien

-in Südasien:
6 Indien, 8 Pakistan

-in Südeuropa:
7 Andorra, Italien, Spanien, 8 Portugal, 9 San Marino

-in Südostasien:
4 Laos, 5 Birma, 7 Vietnam, 8 Malaysia, Thailand, 10 Indonesien

-in Südosteuropa:
8 Albanien, 9 Bulgarien, Rumaenien, 11 Jugoslawien, 12 Griechenland

-in Westafrika:
4 Mali, Togo, 5 Benin, Gabun, Ghana, Niger, 6 Angola, Guinea, 7 Kamerun, Liberia, Nigeria, Senegal, 9 Obervolta, 11 Mauretanien, Sierra Leone, 15 Elfenbeinkueste

-in Westeuropa:
6 Irland, 7 Belgien, 10 Frankreich, 11 Niederlande, 15 Grossbritannien

Staatenbund:
3 Uno, 5 Union, 7 Allianz, Entente, 11 Foederation, 14 Konfoederation

staatenloser Mensch:
7 Apolide

staatliche:

-Rechtspflege:
6 Justiz

-Stellenvermittlung:
10 Arbeitsamt

-Vorschrift:
6 Gesetz

staatliches:

-Ausfuhrverbot:
7 Embargo

Staatsabgabe:
7 Gebuehr

Staatsangehörigkeit:
13 Nationalitaet

Staatsbeschäftigter:
7 Beamter

Staatsetat:
6 Budget, 8 Haushalt

Staatsform:
8 Diktatur, Republik, Tyrannis, 9 Monarchie, 10 Demokratie, Oligarchie, Theokratie, 11 Kaiserreich, Koenigreich, 12 Absolutismus, Staendestaat, 13 Raeterepublik, 15 Volksdemokratie

Staatsgebiet:
11 Territorium, 13 Hoheitsgebiet

Staatsgegner:
9 Anarchist

Staatsgemeinschaft:
4 Volk, 6 Nation

Staatshaushaltsplan:
4 Etat, 6 Budget, 8 Finanzen

Staatshof:
7 Domaene

Staatskasse:
5 Aerar, 6 Fiskus

Staatskunst:
10 Diplomatie

Staatslenkung:
9 Regierung

Staatslenkungsorgan:
9 Regierung

Staatsmann:
9 Politiker

Staatsoberhaupt:
6 Regent, 7 Monarch, 10 Praesident

Staatsregierung:
8 Kabinett

Staatsschatz:
5 Aerar

Staatsstreich:
6 Putsch

Staatssymbol:
5 Fahne, 6 Flagge, Wappen

Staatsunterstützung:
10 Subvention

Staatsverfassung:
12 Konstitution

Staatsvergehen:
6 Putsch, 7 Aufruhr, Revolte,

8 Spionage, 9 Rebellion,
10 Hochverrat, Revolution,
12 Landesverrat
Staatsvertreter:
6 Konsul, 8 Diplomat,
9 Gesandter, 11 Botschafter
Staatsvolk:
6 Nation
Staatswagen:
7 Karosse, 8 Equipage
Stab:
5 Stock, 6 Stange, 7 Leitung,
Stecken
Stabholz:
5 Latte
stabil:
4 Fest, 9 dauerhaft, standfest
Stabreim:
12 Alliteration
Stabsoffizier:
5 Major, 6 Oberst,
14 Oberstleutnant
Stabtierchen:
8 Bakterie
Stabwerk:
6 Gitter, 8 Ornament
Stachelgewächs:
6 Distel, Kaktus
Stachelhäuter:
7 Seeigel, Trepang, 8 Seestern,
Seewalze, 9 Haarstern,
10 Holothurie,
14 Schlangenstern
Stachelkeule:
11 Morgenstern
Stachelspitze:
4 Dorn, 5 Sporn, 6 Spitze
-des Violoncellos:
5 Perno
Stacheltier:
4 Igel, 14 Stachelschwein
Stadelgebäude:
7 Scheune, Schober, 8 Schuppen
Stadionform:
5 Arena, 8 Rennbahn,
9 Hippodrom, 10 Sportplatz
Stadium:
5 Phase, Stufe, 7 Zustand
Stadt:
-am Amazonas:
4 Tefe, 6 Manaus, Obidos,
9 Tabatinga
-am Arno:
4 Pisa, 7 Florenz
-am Avon:
9 Stratford
-am Bober:
5 Sagan
-am Bodensee:
5 Arbon, 6 Lindau, 7 Bregenz,
8 Konstanz, 9 Meersburg,
Rorschach, 10 Allensbach,
Radolfzell, Romanshorn,
Wasserburg, 11 Ueberlingen,
15 Friedrichshafen
-am Dnjepr:
6 Orscha, 7 Cherson, Mogilew,
Nikopol, 10 Saporoshje,
11 Saporoschje,
15 Dnjepropetrowsk
-am Don:
4 Asow, 6 Rostow, 8 Kalatsch,
9 Woronesch
-am Dortmund-Ems-Kanal:
6 Meppen
-am Ganges:
5 Patna, 6 Kanpur, 7 Benares,
9 Allahabad, Bhagalpur
-am Gardasee:
4 Salo
-am Genfer See:
8 Lausanne
-am Harz:
5 Thale, 6 Goslar, Seesen,
8 Gernrode, Herzberg,
10 Nordhausen, 11 Ballenstedt,
Halberstadt, Quedlinburg,
Wernigerode
-am Hohentwiel:
6 Singen
-am Inn:
4 Hall, Rott, 6 Passau,
7 Braunau, Landeck, Simbach,
8 Kufstein, 9 Innsbruck,
Muehldorf, Rosenheim,
10 Wasserburg
-am Irtysch:
4 Omsk
-am Jadebusen:
5 Varel
-am Kocher:
5 Aalen
-am Kongo:
4 Boma, 5 Irebu, 6 Banana,
Lisala, Matadi, 7 Konkolo,
Nyangwe, 8 Kinshasa,
11 Brazzaville, 12 Leopoldville
-am Lago Maggiore:
5 Arona, 7 Locarno
-am Lech:
7 Fuessen, 8 Augsburg,
9 Landsberg
-am Main:
4 Lohr, 5 Hanau, 8 Kulmbach,
Wertheim, 9 Frankfurt,
Karlstadt, Kitzingen, Offenbach,
Wuerzburg, 10 Ochsenfurt,
11 Lichtenfels, Schweinfurt,
12 Ruesselsheim,
13 Aschaffenburg
-am Mittellandkanal:
5 Peine
-am Neckar:
4 Horb, Sulz, 7 Lauffen,
Marbach, 8 Eberbach,
Mannheim, Rottweil,
9 Besigheim, Esslingen,
Heilbronn, Oberndorf, Stuttgart,
Tuebingen, 10 Heidelberg,
Nuertingen, Reutlingen,
Rottenburg, 11 Ludwigsburg,
12 Schwenningen
-am Niger:
3 Abo, Gao, 4 Egga, Fafa,
5 Bamba, Dessa, Jebba,
6 Bamako, Karima, 8 Timbuktu
-am Nil:
5 Giseh, Gizeh, Kairo, Kerma,
Kodok, Luxor, 6 Assuan, Berber,
Luksor, 7 Dongola, El Minja,
Kareima, Khartum, 8 Beni Suef,
Mongalla, 9 Wadi Halfa,
10 Alexandria
-am Po:
5 Pavia, Turin, 7 Cremona,
Ferrara, 8 Piacenza
-am Regen:
4 Cham
-am Rhein:
4 Bonn, Kaub, Kehl, Linz, Porz,
Weil, 5 Basel, Koeln, Mainz,
Moers, Neuss, Wesel, Worms,
6 Bingen, Honnef, Sinzig,
Speyer, Xanten, 7 Arnheim,
Boppard, Homberg, Koblenz,
Neuwied, Remagen,
8 Dormagen, Duisburg, Eltville,
Emmerich, Kevelaer, Konstanz,
Loerrach, Mannheim,
9 Andernach, Bacharach,
Bad Honnef, Godesberg,
Karlsruhe, Oppenheim,
Wiesbaden, 10 Leverkusen,
Ruedesheim, 12 Ludwigshafen,
Schaffhausen
-am Roten Main:
8 Bayreuth
-am Roten Meer:
5 Akaba
-am Schwarzen Meer:
5 Jalta, Warna, 6 Odessa,
9 Konstanza, 10 Sewastopol
-am See Genezareth:
8 Tiberias

-am Tajo:
8 Aranjuez
-am Thüringer Wald:
8 Eisenach, 9 Sonneberg
-am Tiber:
3 Rom, 5 Ostia, 7 Perugia
-am Vesuv:
6 Neapel, 7 Pompeji
-an der Adria:
4 Bari, Fano, Pola, Zara, 5 Fiume, Split, Trani, Zadar, 6 Ancona, Pesaro, Ragusa, Rijeka, Rimini, Triest, 7 Otranto, Pescara, Spalato, Venedig, 8 Brindisi, 9 Dubrovnik
-an der Bergstraße:
8 Bensheim, Weinheim, 10 Heidelberg, Heppenheim
-an der Bode:
5 Thale
-an der Donau:
3 Ulm, 4 Gran, Linz, Wien, Ybbs, 5 Grein, Krems, 6 Braila, Galatz, Komorn, Passau, Semlin, 7 Belgrad, Neuburg, Neusatz, Novi Sad, 8 Budapest, 9 Karlowitz, Poechlarn, Pressburg, Straubing, Vilshofen, 10 Bratislava, Ingolstadt, Regensburg, Tuttlingen, 11 Donauwoerth, Sigmaringen, 14 Donaueschingen
-an der Donaumündung:
6 Sulina
-an der Drau:
5 Esseg, 7 Marburg, Maribor, Spittal, Villach
-an der Elbe:
5 Kolin, Riesa, Stade, Wedel, 6 Aussig, Coswig, Dessau, Torgau, 7 Dresden, Hamburg, Meissen, Rosslau, 8 Cuxhaven, Radebeul, Schandau, Tetschen, 9 Lauenburg, Magdeburg, Neuenburg, Pardubitz, 10 Leitmeritz, Wittenberg, 11 Glueckstadt, Koenigstein, Schoenebeck, Wittenberge, 12 Koeniggraetz, Tangermuende
-an der Elbmündung:
8 Cuxhaven
-an der Ems:
4 Leer, 5 Emden, 6 Greven, Lingen, Meppen, Rheine, 9 Emsdetten, Warendorf, 12 Wiedenbrueck
-an der Etsch:
3 Ala, 5 Bozen, Meran, 6 Trient, Verona, 8 Rovereto
-an der Garonne:
4 Agen, 8 Bordeaux, Toulouse
-an der Havel:
6 Werder, 7 Potsdam, 8 Rathenow, 11 Brandenburg, Oranienburg
-an der Iller:
7 Kempten
-an der Ilm:
6 Weimar
-an der Isar:
5 Toelz, 6 Landau, 8 Freising, Landshut, Moosburg, Muenchen, 14 Wolfratshausen
-an der Lahn:
3 Ems, 4 Diez, 6 Bad Ems, 7 Giessen, Limburg, Marburg, Wetzlar, 10 Biedenkopf, 13 Oberlahnstein
-an der Lausitzer Neiße:
6 Muskau, 8 Goerlitz
-an der Leine:
8 Hannover, Northeim, 10 Goettingen
-an der Lippe:
5 Wesel
-an der Loire:
5 Tours, 6 Angers, Nantes, Nevers, Roanne, 7 Amboise, Orleans
-an der Luhe:
6 Winsen
-an der Maas:
3 Huy, 5 Givet, Grave, Sedan, Venlo, 6 Verdun, 8 Beaumont, Luettich, Roermond, 10 Maastricht, 11 Charleville
-an der Marne:
7 Epernay
-an der Memel:
6 Tilsit
-an der Moldau:
4 Prag
-an der Mosel:
3 Ars, 4 Metz, Zell, 5 Trier, 6 Cochem, Epinal, 7 Koblenz, 10 Bernkastel, Thionville, 11 Diedenhofen
-an der Mulde:
6 Grimma, Wurzen
-an der Murg:
7 Rastatt
-an der Nagold:
4 Calw
-an der Nahe:
6 Bingen, 9 Kreuznach, 12 Bingerbrueck, 13 Idar-Oberstein
-an der Oder:
5 Brieg, Cosel, Ohlau, 6 Glogau, Oppeln, Ostrau, 7 Breslau, Crossen, Neusalz, Ratibor, Schwedt, Steinau, Stettin, 8 Kuestrin, 9 Frankfurt, 12 Fuerstenberg
-an der Oka:
6 Kaluga, Rjasan
-an der Ostsee:
4 Kiel, 6 Danzig, Wismar, 7 Gdingen, Luebeck, Rostock, Stettin, 9 Flensburg, Stockholm, Stralsund, 10 Greifswald, 11 Koenigsberg, Swinemuende, Travemuende, Warnemuende
-an der Peene:
6 Anklam, 7 Wolgast
-an der Rhone:
4 Genf, Lyon, 5 Arles, 6 Orange, Sitten, Vienne, 7 Avignon, Viviers, 8 Tarascon
-an der Riviera:
5 Nizza, 6 Cannes, Monaco, 7 San Remo
-an der Ruhr:
5 Essen, 6 Neheim, Witten, 7 Herbede, Kettwig, 8 Duisburg, Herdecke, Meschede, Muelheim, Schwerte, 9 Hattingen, 10 Oberhausen
-an der Saale:
3 Hof, 4 Jena, 5 Calbe, Halle, 8 Naumburg, Saalfeld, 9 Merseburg, 11 Weissenfels, 13 Schwarzenbach
-an der Saar:
6 Merzig, 8 Mettlach, Saarburg, 9 Dillingen, Saarlouis, 11 Voelklingen, 12 Saarbruecken
-an der Saone:
5 Cluny
-an der Save:
4 Brod, 5 Agram
-an der Schlei:
7 Kappeln
-an der Seine:
5 Paris, Rouen, 7 Le Havre, 13 Fontainebleau
-an der Spree:
6 Berlin
-an der Theiß:
3 Ada, 5 Senta

-an der Themse:
6 London, Oxford, 7 Windsor
-an der Weichsel:
8 Dirschau, Graudenz, Sandomir, Warschau
-an der Weichselmündung:
6 Danzig, Elbing, 10 Marienburg
-an der Weinstraße:
8 Neustadt, 9 Duerkheim, Edenkoben, 10 Bergzabern, Deidesheim, 12 Bad Duerkheim, 13 Bad Bergzabern
-an der Weißen Elster:
4 Gera, 5 Greiz, 7 Leipzig
-an der Werra:
5 Berka, 7 Muenden, 8 Eschwege, 9 Meiningen, 12 Witzenhausen, 14 Hildburghausen
-an der Weser:
4 Hoya, 6 Bremen, Hameln, Minden, 7 Hoexter, Muenden, Rinteln, 10 Holzminden, Karlshafen, 11 Bodenwerder, Bremerhaven
-an der Wolga:
5 Gorki, Kasan, Wolok, 6 Engels, Gorkij, Rschew, Samara, 7 Kalinin, Rybinsk, Saratow, 9 Astrachan, Jaroslawl, Wolgograd, 10 Kuibyschew
-an der Wolgamündung:
9 Astrachan
-an der Wupper:
7 Opladen
-auf Celebes:
8 Makassar
-auf Ceylon:
6 Jaffna, 7 Colombo, Negombo
-auf dem Peloponnes:
6 Sparta
-auf den Balearen:
5 Ibiza, Palma
-auf den Philippinen:
4 Cebu, 5 Laoag, 6 Manila, 7 Talikud, 8 Lingajen, 9 Zamboanga
-auf den Pityusen:
5 Ibiza
-auf der Krim:
5 Jalta, 7 Kertsch, 8 Feodosia, 9 Eupatoria, 10 Sewastopol, Simferopol
-auf Föhr:
3 Wyk
-auf Formosa:
3 Ako, 4 Kagi, 5 Kirin, Takau, 6 Kilung, Schoka, Tainan, Taipeh
-auf Fünen:
5 Aarup, 6 Odense, 9 Svendborg
-auf Gotland:
5 Wisby
-auf Gran Canaria:
9 Las Palmas
-auf Haiti:
12 Santo Domingo
-auf Java:
5 Bogor, Garut, 6 Blitar, Malang, 7 Bandung, 8 Djakarta, Semarang, Surabaja, 9 Surakarta, 10 Dschakarta
-auf Korsika:
6 Bastia, 7 Ajaccio, 9 Bonifacio
-auf Kreta:
6 Candia, Chania, Perama, Seteia, 9 Heraklion
-auf Kuba:
5 Sagua, 6 Habana, 7 Baracoa, Havanna, Holguin, 8 Camaguey, La Habana, Matanzas, Santiago, Trinidad, 10 Cienfuegos, Guantanamo, Manzanillo, Santa Clara
-auf Madagaskar:
8 Tamatave
-auf Madeira:
7 Funchal
-auf Mallorca:
5 Palma
-auf Neuseeland:
6 Nelson, 7 Dunedin, 8 Auckland, 10 Palmerston, Wellington, 12 Christchurch
-auf Rügen:
4 Binz, Garz, 6 Bergen, Putbus, 8 Sassnitz
-auf Sardinien:
5 Milis, Olbia, 6 Ozieri, 7 Sassari, Tortoli, 8 Cagliari, Oristano, 11 La Maddalena
-auf Sizilien:
4 Enna, Gela, 6 Adrano, Ragusa, Salemi, 7 Catania, Lentini, Marsala, Messina, Milazzo, Palermo, Paterno, Syrakus, Trapani, 8 Agrigent, Monreale, 12 Caltanisetta
-auf Sumatra:
5 Medan, 6 Padang, 9 Palembang
-auf Sylt:
10 Westerland
-auf Tasmanien:
6 Hobart
-auf Usedom:
11 Swinemuende
-auf Zypern:
7 Larnaka, Nikosia, 8 Limassol, 9 Famagusta
-bei Berlin:
5 Nauen, 6 Teltow, Werder, 7 Potsdam, 11 Oranienburg
-bei Magdeburg:
5 Egeln
-bei Mailand:
4 Lodi
-im Allgäu:
4 Isny, 6 Wangen, 7 Fuessen, Kempten, 9 Sonthofen, 10 Oberstdorf
-im alten Ägypten:
5 Luxor, 6 Theben, 7 Memphis, 10 Alexandria, Heliopolis
-im alten Griechenland:
5 Argos, Athen, Milet, 6 Mykene, Sparta, Theben
-im alten Persien:
8 Ekbatana
-im Baltikum:
4 Riga, 5 Memel, Reval, Wilna
-im Bergischen Land:
8 Solingen, 9 Remscheid, Wuppertal
-Im Bodensee:
6 Lindau
-im Breisgau:
8 Freiburg
-im Elsaß:
6 Colmar, 7 Hagenau, 10 Muelhausen, Strassburg, 11 Weissenburg
-im Erzgebirge:
3 Aue, Dux, 5 Lugau, 8 Oelsnitz, 9 Olbernhau, Stollberg, 10 Glashuette, Schneeberg, 12 Lichtenstein, 13 Schwarzenberg
-im Frankenwald:
5 Naila
-im Harz:
5 Grund, 9 Braunlage, 10 Lauterberg, 11 Blankenburg
-im Hennegau:
3 Ath
-im Hunsrück:
7 Morbach, Simmern, 10 Kastellaun
-im Irak:
2 Ur, 4 Uruk, 5 Arbil, Assur, Basra, Hilla, Mosul, 6 Bagdad, Kirkuk, Mossul, Ninive, 7 Babylon, Kerbela

-im Iran:
3 Kum, Lar, 4 Jesd, Sari, Susa,
5 Abbas, Babol, Urmia,
6 Abadan, Dezful, Gorgan,
Kaswin, Kirman, Rescht,
7 Ardebil, Isfahan, Kaschan,
Pahlewi, Schiras, Taebris,
Teheran, 8 Astrabad, Meschhed,
10 Persepolis, 11 Kermanschah
-im Jemen:
4 Sana, 5 Mokka, Sanaa,
7 Hodeida
-im Libanon:
3 Sur, 5 Saida, Seida, Sidon,
6 Batrum, Beirut, 7 Baalbek,
Tripoli, 8 Tripolis
-im Odenwald:
6 Erbach
-im Riesengebirge:
10 Hirschberg
-im Ruhrgebiet:
4 Hamm, Marl, Unna, 5 Essen,
Hagen, Herne, 6 Bochum,
Herten, Luenen, Witten,
7 Bocholt, Bottrop, 8 Dortmund,
Duisburg, Muelheim, Schwerte,
10 Oberhausen,
11 Wanne Eickel,
12 Wattenscheid,
13 Castrop Rauxel,
Gelsenkirchen,
14 Recklinghausen
-im Saarland:
6 Lebach, Merzig, Tholey,
7 Homburg, 8 Mettlach,
St Wendel, Sulzbach,
9 Dillingen, Dudweiler,
Ottweiler, Saarlouis, St Ingbert,
11 Blieskastel, Neunkirchen,
Puettlingen, Sankt Wendel,
Voelklingen, 12 Saarbruecken,
Sankt Ingbert, Sankt-Ingbert*
-im Sauerland:
4 Olpe, 5 Hagen, Hemer,
6 Brilon, Menden, 7 Werdohl,
8 Arnsberg, Iserlohn, Meschede,
9 Attendorn, 11 Plettenberg,
12 Luedenscheid
-im Schwarzwald:
4 Calw, Lahr, 5 Buehl, 6 Nagold,
7 Todtnau, Wildbad, 8 Freiburg,
Gaggenau, Loerrach, Neustadt,
Rottweil, Schoenau,
9 St Georgen, Villingen,
10 Alpirsbach, Baden Baden,
Furtwangen, Schopfheim,
Schramberg, 11 Baiersbronn,
12 Freudenstadt, Schwenningen
-im Spessart:
3 Orb
-im Spreewald:
7 Luebben, 9 Luebbenau
-im Sudan:
3 Wad, 6 Atbara, Sennar,
7 Chartum, Kassala, Khartum,
8 Omdurman, 9 Port Sudan
-im Taunus:
7 Idstein, 8 Bad Soden,
Kronberg, 9 Friedberg,
Oberursel, 10 Bad Homburg,
Bad Nauheim, 11 Koenigstein
-im Thüringer Wald:
5 Ruhla, 7 Lauscha
-im Vogtland:
6 Plauen, 8 Oelsnitz,
11 Reichenbach
-im Westerwald:
9 Montabaur
-in Afghanistan:
5 Herat, 8 Kandahar
-in Afrika:
3 Fes, 4 Sais, Sues, Suez,
5 Beira, Duala, Gizeh, Kairo,
Lagos, Tunis, 6 Agadir, Algier,
Banjul, Durban, Harare, Kigali,
Tanger, Tobruk, 7 Bengasi,
Entebbe, Kampala, Karthum,
Mombasa, Nairobi, Windhuk,
8 Freetown, Kapstadt, Kinshasa,
Monrovia, Pretoria, Tripolis,
Windhoek, 9 Dschibuti,
Kimberley, 10 Addis Abeba,
Casablanca, Marrakesch,
Mocambique, Tananarive,
11 Daressalaam,
12 Johannesburg
-in Ägypten:
4 Gisa, Gise, Kene, Sues, Suez,
5 Giseh, Gizeh, Kairo, Luxor,
Tanta, 6 Assiut, Assuan, Kharga,
Kosser, Luksor, Sollum, Theben,
7 Mansura, Memphis, Rosetta,
8 Damanhur, Ismailia, Port Said,
10 Alexandria
-in Alaska:
5 Aniak, 9 Anchorage, Fairbanks
-in Albanien:
5 Korce, Vlore, 6 Durres, Tirana,
7 Durazzo, Sarande, Skutari
-in Algerien:
4 Oran, 5 Batna, Blida, 6 Algier,
Bejaia, Biskra, Skikda,
11 Constantine
-in Amerika:
3 Ica, Rio, Uba, Ytu, 4 Gary,
Hull, Leon, Lima, Napa, Nome,
Para, Paya, Pina, Reno, Tome,
York, 5 Bahia, Belem, Colon,
Dover, Fargo, Flint, La Paz,
Miami, Quito, Tampa, Tulsa,
Utica, 6 Albany, Austin, Bogota,
Boston, Callao, Camden,
Campos, Canton, Dallas,
Dayton, Denver, Duluth, Easton,
El Paso, Fresno, Habana,
Manaos, Mexiko, Mobile,
Newark, Newton, Omaha,
Parana, Pierre, Potosi, Puebla,
Quebec, Recife, Santos, St Paul,
Tacoma, Toledo, Toluca, Topeca,
Tucson, 7 Atlanta, Augusta,
Bristol, Buffalo, Chatham,
Chester, Chicago, Chikago,
Cordoba, Detroit, Halifax,
Houston, Jackson, Key West,
La Plata, Madison, Memphis,
Milford, New York, Newport,
Norfolk, Oakland, Olympia,
Palmira, Pontiac, San Jose,
Santa Fe, Seattle, Spokane,
St Louis, Tampico, Toronto,
Trenton, Tucuman, Ventura,
Yonkers, 8 Amarillo, Asuncion,
Berkeley, Blumenau, Brasilia,
Cardenas, Columbia, Columbus,
Freeport, Las Vegas, Marlboro,
Montreal, New Haven,
Pamplona, Pasadena, Richmond,
San Diego, San Pedro,
Santa Ana, Santiago, Sao Paulo,
Scranton, Syracuse, Valdivia,
Valencia, Veracruz, Winnipeg,
9 Anchorage, Angostura,
Baltimore, Cartagena, Charlotte,
Cleveland, Davenport,
Des Moines, Elizabeth,
Fall River, Fort Wayne,
Fort Worth, Galveston,
Guayaquil, Hollywood,
Knoxville, Lakehurst, Lancaster,
Lexington, Long Beach,
Milwaukee, Nashville,
Palm Beach, Pensacola,
Princeton, South Bend,
Vancouver, Waterbury,
Worcester, 10 Birmingham,
Bloomfield, Charleston,
Harrisburg, Jersey City,
Kansas City, Los Angeles,
Manzanillo, New Bedford,
New Orleans, Paramaribo,
Pernambuco, Pittsburgh,
Providence, Sacramento,
San Antonio, Shreveport,

Somerville, Valparaiso, Washington, Wilmington, Youngstown, 11 Buenos Aires, Chattanooga, Grand Rapids, Minneapolis, San Salvador, 12 Indianapolis, Jacksonville, Oklahoma City, Philadelphia, Port au Prince, Rio de Janeiro, Salt Lake City, San Francisco

-in Argentinien:
5 Salta, 6 Arenas, Parana, Viedma, 7 Cordoba, Deseado, La Plata, Mendoza, Neuquen, Rosario, San Juan, Santa Fe, Ushuaia, 8 Porvenir, 9 Santa Cruz, 10 Corrientes, 11 Buenos Aires, Mar del Plata

-in Armenien:
7 Jerewan

-in Asien:
4 Aden, Baku, Kobe, Oman, Riad, Sana, 5 Amman, Delhi, Hanoi, Jaffa, Kabul, Lhasa, Mekka, Osaka, Seoul, Tokio, 6 Ankara, Bagdad, Beirut, Bombay, Kanton, Madras, Manila, Medina, Peking, Saigon, Taipeh, 7 Alma Ata, Bangkok, Colombo, Isfahan, Karachi, Sapporo, Teheran, Tel Aviv, 8 Djakarta, Hongkong, Neu Delhi, Shanghai, Singapur, 9 Hiroshima, Jerusalem, Phnompenh, Singapore, Ulan Bator, 10 Hiroschima, Pjoengjang

-in Äthiopien:
4 Adua, Dolo, 5 Assab, Harar, 6 Asmara, Gondar, Harrar, 8 Dschimma, 10 Addis Abeba

-in Australien und Ozeanien:
4 Suva, 5 Bowen, Derby, Numea, Perth, 6 Albany, Cairns, Darwin, Hobart, Nelson, Sydney, Timaru, 7 Bunbury, Dunedin, Fanning, Ipswich, Maytown, Winston, Wyndham, 8 Adelaide, Auckland, Bathurst, Brisbane, Canberra, Hamilton, 9 Carnarvon, Esperance, Fremantle, Geraldton, Granville, Melbourne, 10 Kalgoorlie, Wellington, 12 Alice Springs, Christchurch

-in Babylonien:
5 Babel, 7 Babylon

-in Baden-Württemberg:
3 Ulm, 4 Calw, Horb, Isny, Kehl, Lahr, 5 Aalen, Buehl, Lorch, 6 Hirsau, Nagold, Singen, 7 Ebingen, Ehingen, Haslach, Lauffen, Marbach, Rastatt, Saulgau, Wolfach, 8 Backnang, Balingen, Biberach, Breisach, Bruchsal, Fellbach, Freiburg, Gaggenau, Konstanz, Leonberg, Loerrach, Mannheim, Neustadt, Rottweil, Tettnang, Waldshut, Weinheim, Wertheim, 9 Besigheim, Duerrheim, Ellwangen, Esslingen, Ettlingen, Hechingen, Heilbronn, Karlsruhe, Maulbronn, Meersburg, Muellheim, Offenburg, Pforzheim, Stuttgart, Tuebingen, Vaihingen, Villingen, 10 Baden Baden, Bietigheim, Blaubeuren, Boeblingen, Crailsheim, Furtwangen, Geislingen, Goeppingen, Heidelberg, Heidenheim, Hockenheim, Kuenzelsau, Muensingen, Neckarsulm, Nuertingen, Plochingen, Radolfzell, Ravensburg, Reutlingen, Rottenburg, Tailfingen, Tuttlingen, Waiblingen, Weingarten, 11 Emmendingen, Ludwigsburg, Sigmaringen, Ueberlingen, 12 Freudenstadt, Kornwestheim, Schwenningen, Sindelfingen, 14 Donaueschingen, 15 Schwaebisch Hall, 17 Schwaebisch Gmuend, 18 Tauberbischofsheim

-in Bayern:
3 Hof, 4 Cham, Lauf, Lohr, Selb, 5 Bruck, Naila, Rehau, Toelz, 6 Amberg, Coburg, Dachau, Erding, Fuerth, Landau, Laufen, Lindau, Neu Ulm, Passau, Weiden, 7 Aichach, Altdorf, Alzenau, Ansbach, Arzberg, Bamberg, Fuessen, Hofheim, Kempten, Kronach, Nabburg, Neuburg, Pegnitz, Zwiesel, 8 Augsburg, Bad Toelz, Bayreuth, Erlangen, Freising, Garching, Garmisch, Krumbach, Kulmbach, Landshut, Muenchen, Neumarkt, Neunburg, Neustadt, Schongau, Steinach, Weilheim, Zirndorf, 9 Dillingen, Ebersberg, Forchheim, Friedberg, Griesbach, Hersbruck, Karlstadt, Kissingen, Kitzingen, Landsberg, Memmingen, Muehldorf, Nuernberg, Obernburg, Plattling, Rosenberg, Rosenheim, Schwabach, Sonthofen, Starnberg, Straubing, Uffenheim, Vilshofen, Wuerzburg, Wunsiedel, 10 Altoetting, Bad Aibling, Brueckenau, Deggendorf, Dingolfing, Eichstaett, Eschenbach, Hammelburg, Hoechstadt, Immenstadt, Ingolstadt, Kaufbeuren, Mindelheim, Muenchberg, Oberstdorf, Ottobeuren, Regensburg, Riedenburg, Rothenburg, Scheinfeld, Schwandorf, Traunstein, Vilsbiburg, Wasserburg, 11 Donauwoerth, Illertissen, Lichtenfels, Mallersdorf, Noerdlingen, Reichenhall, Schweinfurt, Taufkirchen, Weissenburg, 12 Dinkelsbuehl, Feuchtwangen, Gunzenhausen, Hilpoltstein, Marktredwitz, Pfaffenhofen, Pfarrkirchen, Staffelstein, 13 Aschaffenburg, Berchtesgaden, Ebermannstadt, Mellrichstadt, Oberviechtach, Tirschenreuth, 14 Bad Reichenhall, Burglengenfeld, Schrobenhausen, Schwabmuenchen, Wolfratshausen, 15 Marktheidenfeld

-in Belgien:
3 Spa, 4 Arel, Gand, Gent, Mons, 5 Aalst, Arlon, Eupen, Gheel, Halle, Herve, Jumet, Leuze, Namur, Ypern, 6 Aarlen, Bergen, Boussu, Deurne, Duffel, Izegem, Leuven, Loewen, Meenen, 7 Bruegge, Limburg, Lokeren, Malmedy, Mecheln, Ostende, Tournai, 8 Bastogne, Bruessel, Luettich, Mechelen, Verviers, 9 Antwerpen, Charleroi, 10 Anderlecht, Borgerhout, Maastricht, 13 Blankenberghe

-in Birma:
8 Mandalay, Moulmein

-in Bolivien:
5 La Paz, Oruro, Sucre

-in Bolivien:
6 Tarija
-in Bolivien:
8 Cochabam, 9 Riberalta, Santa Cruz, 10 Cochabamba
-in Bosnien-Herzegowina:
5 Tuzla, 6 Mostar, Zenica, 7 Travnik, 8 Sarajevo
-in Brabant:
5 Breda
-in Brandenburg:
5 Forst, Guben, Nauen, Sorau, 6 Belzig, Bernau, Kyritz, Luckau, Mahlow, Reppen, Soldin, Werder, Zossen, 7 Beeskow, Cottbus, Crossen, Neudamm, Potsdam, Schwedt, Templin, 8 Kuestrin, Prenzlau, Rathenow, 9 Frankfurt, Jueterbog, Neuruppin, Schwiebus, Spremberg, 10 Eberswalde, Fehrbellin, Friedeberg, 11 Angermuende, Brandenburg, Liebenwerda, Luckenwalde, Wittenberge, 12 Finsterwalde, 13 Fuerstenwalde
-in Brasilien:
3 Rio, 4 Para, 5 Bahia, Belem, Goyaz, Natal, 6 Campos, Caxias, Cuyaba, Maceio, Manaus, Recife, Santos, 7 Niteroi, Pelotas, 8 Belmonte, Blumenau, Brasilia, Campinas, Curitiba, Parahyba, Piranhas, Sao Paulo, 9 Cabedello, Caratinga, Fortaleza, Guarabira, Rio Grande, 11 Porto Alegre, Sao Salvador, 12 Rio de Janeiro, 13 Florianopolis
-in Bulgarien:
5 Sofia, Stara, Varna, Warna, 6 Burgas, Pernik, Pleven, Sliven, 7 Gabrovo, Plovdiv, 9 Dimitrovo
-in Burgund:
4 Dole, Sens, 5 Bourg, Dijon, Nancy, 6 Beaune, Epinal, 7 Auxerre, Belfort, 8 Besancon
-in Chile:
4 Lebu, 5 Talca, 6 Temuco, 7 Chillan, 8 Santiago, Valdivia, 10 Concepcion, Valparaiso, 15 Santiago de Chile
-in China:
4 Amoy, Ansi, Hami, Taku, Wuhu, 5 Aihun, Golmo, Hofei, Hsian, Jenan, Kalun, Lhasa, Lueta, Paoki, Penki, Tihwa, Wuhan, Wuhsi, 6 Anking, Antung, Dairen, Haikou, Hankou, Harbin, Juemen, Kanton, Kuefow, Minhou, Mukden, Pautou, Peking, Pengpu, Schasi, Tainan, Tsinan, 7 Charbin, Fuschun, Hanyang, Jarkand, Kunming, Kutscha, Kweilin, Mengtse, Nanking, Nanning, Nantung, Taijuan, Wanhien, 8 Fatschan, Futschou, Hangjang, Hsingtai, Pinkiang, Shanghai, Sotschou, Taiyuean, Tientsin, Tsingtau, Wutschou, 9 Kintschou, Lantschou, Schanghai, Suetschau, Tangschan, Tschengtu, Urumtschi, Wentschou, Wutschang, 10 Hangtschou, Kingtschou, Nantschang, 11 Tschinkiang
-in Costa Rica:
7 Cartago, Heredia, San Jose
-in Dänemark:
4 Aars, Hals, Ribe, 5 Aarup, Fakse, Koege, Skive, Thule, Varde, 6 Aarhus, Alborg, Gedser, Maribo, Nyborg, Odense, Roedby, Roenne, Skagen, 7 Aalborg, Esbjerg, Kolding, Korsoer, Randers, Tondern, 8 Apenrade, Roskilde, Slagelse, 9 Nykoebing, Svendborg, 10 Helsingoer, Kalundborg, Koebenhavn, Kopenhagen, 11 Hadersleben, Skanderborg, Soenderborg, 13 Frederikshavn
-in den Niederlanden:
3 Epe, Oss, 4 Edam, Haag, 5 Assen, Breda, Delft, Emmen, Gouda, Marum, Venlo, Weert, 6 Almelo, Arnhem, Ermelo, Huizen, Kampen, Leiden, Meppel, Renkum, Zwolle, 7 Alkmaar, Arnheim, Den Haag, Haarlem, Heerlen, Hengelo, Katwijk, Tilburg, Utrecht, 8 Deventer, Enschede, Nimwegen, Rijswijk, Roermond, 9 Amsterdam, Apeldoorn, Den Helder, Dordrecht, Eindhoven, Groningen, Hilversum, Rotterdam, Zandvoort, 10 Leeuwarden, Maastricht, Middelburg, Vlissingen, 11 Vlaardingen, 13 Herzogenbusch
-in den USA:
4 Reno, 5 Omaha, Salem, Tampa, 6 Albany, Boston, Dallas, Denver, Newark, 7 Atlanta, Buffalo, Chicago, Detroit, Houston, Lincoln, Madison, Memphis, New York, Oakland, Raleigh, Santa Fe, Seattle, 8 Amarillo, Columbus, Pasadena, Portland, Richmond, San Diego, Savannah, Syracuse, 9 Baltimore, Cleveland, Knoxville, Nashville, New Jersey, 10 Birmingham, Charleston, Harrisburg, Los Angeles, New Orleans, Sacramento, Washington, 11 Springfield, 12 Indianapolis, Philadelphia, San Francisco
-in der Altmark:
7 Stendal
-in der Eifel:
4 Daun, 5 Mayen, 7 Bitburg, 8 Wittlich, 10 Gerolstein
-in der Kirgisensteppe:
3 Uil
-in der Lausitz:
5 Calau, Forst
-in der Lüneburger Heide:
5 Celle, 6 Soltau, Uelzen, 7 Munster, 9 Lueneburg, Rotenburg, 13 Fallingbostel, Visselhoevede
-in der Mandschurei:
6 Mukden, 7 Charbin
-in der Normandie:
4 Caen, 5 Rouen, 6 Dieppe
-in der Schweiz:
3 Wil, Zug, 4 Bern, Biel, Brig, Chur, Genf, Sion, Thun, 5 Aarau, Arosa, Baden, Basel, Brugg, Davos, Flims, Rueti, Spiez, Stans, Stein, Vevey, 6 Aargau, Ascona, Geneve, Lugano, Luzern, Sitten, 7 Herisau, Liestal, Locarno, Yverdon, Zuerich, 8 Freiburg, Lausanne, 9 Appenzell, Neuenburg, Rorschach, Solothurn, 10 Bellinzona, Einsiedeln, Frauenfeld, Winterthur, 12 Schaffhausen
-in der Slowakischen Republik:
6 Neutra, Poprad, 7 Pistyan, Rosenau, Sillein, 9 Pressburg, Rosenberg, 10 Bratislava
-in der Toskana:
5 Siena

-in der Tschechischen Republik:
3 Dux, 4 Eger, Prag, Saaz, 5 Iglau, Plzen, Semil, Stein, Tabor, Tarna, Znaim, 6 Bruenn, Kladno, Ostrau, Pilsen, 7 Budweis, Gablonz, Olmuetz, Teplitz, Troppau, Zwittau, 8 Falkenau, Graslitz, Karlsbad, 9 Marienbad, Prossnitz, 10 Austerlitz, 12 Koeniggraetz
-in der Türkei:
4 Bolu, Enes, Enez, Kars, 5 Adana, Bafra, Bursa, Izmir, Konya, Maras, Sinop, 6 Ankara, Edirne, Manisa, Mersin, Samsun, Smyrna, Tarsus, 7 Antalya, Denizli, Erzurum, Isparta, Kayseri, Malatya, Trabzon, 8 Istanbul, 9 Gaziantep, Trapezunt, Zonguldak, 10 Adrianopel, Iskenderun, 14 Konstantinopel
-in der Uckermark:
7 Templin, 10 Eberswalde, 11 Angermuende
-in der Ukraine:
3 Bar, 4 Kiew, Sumy, 5 Jalta, 6 Donezk, Odessa, 7 Charkow, Cherson, Kertsch, Lemberg, Lugansk, Nikopol, Stalino, Winniza, 8 Gorlowka, Schdanow, Taganrog, 9 Kriwoi Rog, Makejewka, 10 Sewastopol, 11 Saporoschje, 15 Woroschilowgrad
-in Ecuador:
5 Quito, 6 Ambato, Cuenca, Ibarra, 8 Santa Ana, 9 Guayaquil
-in El Salvador:
8 Santa Ana, 11 San Salvador
-in England:
4 Bath, Eton, Hull, York, 5 Crewe, Derby, Dover, Epsom, Grays, Leeds, Luton, Poole, Rugby, Stoke, Wells, 6 Ashton, Dundee, Durham, Exeter, Harlow, Hexham, Ilford, Kendal, London, Oldham, Oxford, 7 Bedford, Bristol, Cardiff, Chelsea, Chester, Grimsby, Halifax, Harwich, Ipswich, Newport, Norfolk, Norwich, Reading, Rhondda, Salford, Westham, Windsor, 8 Barnsley, Bradford, Brighton, Coventry, Hastings, Kingston, Plymouth, Ramsgate, Richmond, Rochdale, Stafford, Yarmouth, 9 Blackburn, Blackpool, Cambridge, Doncaster, Gateshead, Greenwich, Lancaster, Leicester, Liverpool, Newcastle, Rochester, Rotherham, Salisbury, Sheffield, Southport, Stockport, Stratford, Tottenham, Tynemouth, Wakefield, Worcester, 10 Birmingham, Canterbury, Darlington, Folkestone, Manchester, Nottingham, Portsmouth, Sunderland, 11 Bournemouth, Northampton, Southampton, 12 Huddersfield, 13 Wolverhampton
-in Estland:
5 Tartu, 6 Dorpat, Paernu
-in Finnland:
3 Abo, Eno, 4 Kemi, Nemi, Vasa, 5 Hanko, Kotka, Lahti, Rauma, Turku, Vaasa, 7 Kokkola, Tampere, 8 Helsinki
-in Frankreich:
3 Aix, Apt, Ars, Dax, Gap, Pau, Puy, 4 Albi, Ales, Caen, Laon, Lens, Lyon, Metz, Nice, Sete, Toul, 5 Arles, Arras, Autun, Bourg, Brest, Cluny, Dijon, Dinan, Evron, Lagny, Laval, Lille, Nancy, Nimes, Nizza, Paris, Reims, Rouen, Sedan, Tours, Vichy, 6 Amiens, Angers, Bayeux, Calais, Cannes, Chinon, Cognac, Colmar, Dieppe, Epinal, Evreux, Grasse, Le Mans, Limoux, Nantes, Nantua, Nevers, Orange, Prades, Rennes, Sevres, Tarbes, Toulon, Troyes, Verdun, Vienne, 7 Alencon, Antibes, Auxerre, Avignon, Bayonne, Belfort, Beziers, Forbach, Hagenau, Le Havre, Limoges, Lourdes, Mentone, Orleans, Roubaix, Valence, 8 Aubusson, Aurillac, Beauvais, Besancon, Biarritz, Bordeaux, Boulogne, Chartres, Grenoble, Mulhouse, Narbonne, Poitiers, Soissons, Tarascon, Toulouse, 9 Cherbourg, Dunkerque, Luneville, Marseille, Montlucon, Perigueux, Perpignan, Rochefort, Saint Malo, St Etienne, St Nazaire, St Quentin, 10 La Rochelle, Muelhausen, Strasbourg, Strassburg, Versailles, 11 Montpellier, Muehlhausen, 12 Valenciennes
-in Gabun:
9 Lambarene
-in Gambia:
8 Bathurst
-in Geldern:
3 Ede
-in Georgien:
4 Gori, Poti, 7 Rustawi, 8 Kutaissi
-in Griechenland:
4 Volo, 5 Argos, Athen, Aulis, Bolos, Chios, Milet, 6 Aigion, Delphi, Janina, Kabala, Kroton, Megara, Mykene, Patras, Pyrgos, Sparta, Theben, Xanthi, 7 Chalkis, Eleusis, Kalamai, Korinth, Larissa, Laurion, Mykenae, Piraeus, Trikala, 8 Agrinion, Nauplion, Saloniki, 9 Epidaurus, Heraklion, 15 Alexandroupolis
-in Guatemala:
5 Coban
-in Hessen:
3 Orb, 5 Bebra, Fulda, Hanau, Lorch, Nidda, Soden, 6 Bad Orb, Erbach, Kassel, Langen, Sontra, 7 Alsfeld, Arolsen, Dieburg, Giessen, Hadamar, Herborn, Homberg, Homburg, Limburg, Marburg, Usingen, Waldeck, Wetzlar, 8 Eltville, Eschwege, Hersfeld, Schotten, Weilburg, 9 Allendorf, Bad Vilbel, Buedingen, Darmstadt, Frankfurt, Friedberg, Melsungen, Oberursel, Offenbach, Rotenburg, Wiesbaden, Wildungen, Wolfhagen, 10 Bad Homburg, Bad Nauheim, Dillenburg, Gelnhausen, Heppenheim, Lauterbach, Pfungstadt, 11 Bad Hersfeld, Frankenberg, Koenigstein, Neu Isenburg, 12 Ruesselsheim, Witzenhausen
-in Honduras:
4 Tela, 7 La Ceiba
-in Indien:
3 Goa, 4 Agra, Luni, Puna, 5 Delhi, Hubli, Indur, Kolar, Mirat, Patna, Poona, Salem, Simla, Surat, 6 Ambala, Bareli, Baroda, Bhopal, Bombay, Indore, Kanpur, Kolait, Madras, Madura, Maisur, Mysore,

Nagpur, Rampur, 7 Aligarh, Benares, Bikaner, Lakhnau, Udaipur, 8 Amritsar, Bareilly, Kalkutta, Kolhapur, Srinagar, 9 Bangalore, Dschaipur, Koimbatur, Moradabad, Scholapur, 10 Darjeeling, Haidarabad, Haiderabad, Trivandrum, 11 Dschalandar, Dschamnagar, Visagapatam, 12 Dardschiling
-in Indonesien:
5 Medan, 6 Melang, Padang, 7 Bandung, Batavia, 8 Djakarta, 9 Palembang, Pontianak, 10 Dschakarta
-in Irland:
4 Cork, 6 Dublin, Galway, 7 Dundalk, Wexford, 8 Limerick, 9 Tipperary, 10 Queenstown
-in Israel:
5 Afula, Akkon, Eilat, Haifa, Jaffa, 6 Eilath, 7 Askalon, Tel Aviv, 8 Nataniya, Nazareth, Rechovat, 9 Jerusalem, 10 Beerscheba
-in Italien:
3 Rom, 4 Asti, Bari, Como, Enna, Lodi, Nola, Pisa, Roma, Susa, Todi, 5 Anzio, Aosta, Arona, Bozen, Capua, Eboli, Forli, Genua, Goerz, Grado, Imola, Lecce, Locri, Lucca, Massa, Meran, Monza, Padua, Paola, Parma, Pavia, Rieti, Siena, Sutri, Terni, Trani, Turin, Udine, 6 Amalfi, Ancona, Andria, Arezzo, Ascoli, Ascona, Assisi, Brixen, Cesena, Foggia, Latina, Loreto, Mantua, Milano, Modena, Napoli, Neapel, Pesaro, Ragusa, Reggio, Rimini, Rovigo, Savona, Stresa, Tarent, Tivoli, Torino, Trient, Triest, Varese, Verona, 7 Belluno, Bergamo, Bologna, Brescia, Carrara, Catania, Cosenza, Cremona, Ferrara, Firenze, Florenz, Lignano, Livorno, Magenta, Mailand, Marsala, Messina, Otranto, Palermo, Paterno, Perugia, Pescara, Portici, Rapallo, Ravenna, San Remo, Sassari, Sorrent, Taranto, Tortona, Trapani, Treviso, Venedig, Venezia, Vicenza, Viterbo, 8 Agrigent, Barletta, Brindisi, Frascati, Grosseto, Molfetta, Monopoli, Piacenza, Pozzuoli, Rovereto, Vercelli, 9 Benevento, Catanzaro, Cerignola, Gallipoli, San Severo, Viareggio, 11 Alessandria, Villafranca, 12 Caltanisetta
-in Japan:
3 Mai, Ube, 4 Fuku, Gifu, Kobe, Kofu, Kure, Mito, Nara, Oita, Saga, Tari, 5 Esumi, Kioto, Kirju, Kyoto, Notsu, Omuta, Osaka, Otaru, Sakai, Tokio, Tokyo, Urawa, Usuki, 6 Aomori, Hikone, Jawata, Kokura, Kurume, Nagoja, Sasebo, Sendai, Yawata, 7 Fukuoka, Imabari, Kotschi, Niigata, Okajama, Sapporo, Tottori, 8 Hakodate, Hirosaki, Jamagata, Jokohama, Kanasawa, Kawasaki, Korijama, Kumamoto, Nagasaki, Wakajama, Yokohama, 9 Amagasaki, Hamamatsu, Hiroshima, Kagoshima, Matsumoto, Schizuoka, Tschoschi, 10 Kagoschima, Majebaschi, Schidsuoka, Tojohaschi, Tokuschima, 11 Kitakiuschu, 12 Schimonoseki
-in Jordanien:
5 Akaba, Amman, Bajer, 6 Hebron, Nablus, 7 Jericho
-in Kamerun:
4 Edea, Kona, 5 Duala, 6 Jaunde
-in Kanada:
4 Nain, 5 Canol, Chimo, Kovik, 6 Dawson, Ottawa, Quebec, Regina, 7 Calgary, Halifax, Sudbury, Toronto, Windsor, 8 Cochrane, Edmonton, Hamilton, Montreal, Winnipeg, 9 Saint John, Vancouver, 10 Saint Johns
-in Kasachstan:
6 Gurjew, 9 Karaganda, 13 Semipalatinsk
-in Kaschmir:
3 Leh
-in Kolumbien:
4 Anza, Bete, Buga, Cali, Tolu, Yamu, 5 Ariza, 6 Bogota, Cucuta, Pajaro, 8 Medellin, 9 Cartagena, Manizales, 11 Bucaramanga, 12 Barranquilla
-in Kroatien:
5 Agram, 6 Zagreb
-in Laos:
9 Vientiane
-in Lettland:
3 Ape, 5 Libau, Mitau, 6 Windau, 7 Jelgava, Liepaja, 9 Duenaburg
-in Liberia:
8 Monrovia
-in Libyen:
3 Gat, 4 Homs, 5 Barka, Derna, Sebha, 6 Bardia, Mursuk, Tobruk, 7 Bengasi, 8 Tripolis
-in Liechtenstein:
5 Vaduz
-in Litauen:
4 Seda, 5 Kauen, Kowno, Memel, Funia, Wilna, 6 Kaunas, 7 Pogegen, Vilnius, 8 Klaipeda, Schaulen, 9 Heydekrug, Tauroggen
-in Luxemburg:
4 Esch, 6 Mersch, 8 Clervaux, 9 Dudelange, Luxemburg, 10 Echternach, Ettelbruck, Luxembourg
-in Malaysia:
6 Penang, 7 Malakka, 11 Kuala Lumpur
-in Mali:
4 Kita, Samo, Segu, 5 Kayes, Segou, 6 Bamako, 8 Bougouni, Timbuktu
-in Marokko:
3 Fes, 4 Safi, Ujda, 5 Ceuta, Rabat, 6 Agadir, Tanger, Tetuan, 7 Melilla, Mogador, Tetouan, 10 Casablanca, Marrakesch
-in Mauretanien:
4 Atar
-in Mecklenburg:
5 Waren, 6 Anklam, Demmin, Wismar, 7 Doberan, Parchim, Rostock, 8 Schwerin, 11 Neustrelitz, Warnemuende
-in Mecklenburg-Vorpommern:
6 Wismar, 7 Doberan, Grimmen, Teterow, Wolgast, 8 Guestrow, Schwerin, 9 Stralsund, 10 Greifswald
-in Mexiko:
4 Leon, 5 La Paz, Tepic, 6 Colima, Jalapa, Merida, Nautla, Puebla, Tuxtla, 7 Camargo, Durango, Morelia, Orizaba, Tampico, Torreon, 8 Acapulco, Campeche,

Mexicali, Progreso, Veracruz,
9 Chihuahua, Monterrey,
Queretaro, 10 Guanajuato,
Mexico City, 11 Guadalajara,
Tehuantepec
-in Mocambique:
6 Maputo, 7 Nampula,
10 Mocambique,
15 Lourenco Marques
-in Montenegro:
3 Bar, 5 Kotor
-in Namibia:
7 Windhuk
-in Nepal:
6 Bandar, 8 Katmandu
-in Neuseeland:
6 Napier, Nelson, Oamaru,
7 Dunedin, 8 Auckland,
10 Wellington, 12 Christchurch
-in Nicaragua:
4 Leon, 5 Boaco, 6 Masaya,
7 Managua, 9 Matagalpa
-in Niedersachsen:
4 Elze
-In Niedersachsen:
4 Leer
-in Niedersachsen:
4 Syke, 5 Brake, Celle, Emden,
Jever, Melle, Peine, Stade, Varel,
6 Alfeld, Aurich, Bergen, Goslar,
Gronau, Hameln, Lingen,
Loehne, Meppen, Norden,
Soltau, Uelzen, Vechta, Verden,
Winsen, 7 Einbeck, Gifhorn,
Muenden, Muender, Rinteln,
Springe, 8 Bentheim, Burgdorf,
Cuxhaven, Diepholz, Hannover,
Herzberg, Neustadt, Nienburg,
Nordhorn, Northeim, Osterode,
Walsrode, Wittlage, Wittmund,
9 Braunlage, Buxtehude,
Helmstedt, Lueneburg,
Nordenham, Oldenburg,
Osterholz, Papenburg,
Rotenburg, Wolfsburg,
10 Aschendorf, Bueckeburg,
Dannenberg, Duderstadt,
Goettingen, Hildesheim,
Holzminden, Lauterberg,
Osnabrueck, Otterndorf,
Salzgitter, Stadthagen,
11 Cloppenburg, Delmenhorst,
Westerstede, 12 Bersenbrueck,
Braunschweig, Bremervoerde,
Quakenbrueck,
13 Wilhelmshaven,
Wolfenbuettel

-in Nigeria:
3 Ife, 4 Kano, Kuka, Yola,
5 Benin, Jebba, Lagos, Yerwa,
Zaria, 6 Ibadan, Sokoto
-in Nordirland:
6 Armagh, 7 Belfast,
11 Londonderry
-in Nordkorea:
10 Pjoengjang
-in Nordrhein-Westfalen:
4 Bonn, Haan, Hamm, Marl,
Olpe, Porz, Unna, Werl,
5 Ahaus, Ahlen, Essen, Hagen,
Hemer, Herne, Kamen, Kleve,
Koeln, Lemgo, Moers, Neuss,
Oelde, Rheda, Soest, Wesel,
6 Aachen, Beckum, Bochum,
Borken, Brilon, Bruehl, Dueren,
Ennepe, Geseke, Greven, Herten,
Hilden, Honnef, Huerth, Kalkar,
Kempen, Kerpen, Lennep,
Liblar, Loehne, Lohmar, Luenen,
Menden, Minden, Rheine,
Siegen, Witten, Xanten,
7 Bocholt, Bottrop, Detmold,
Dorsten, Duelken, Duelmen,
Frechen, Geldern, Haltern,
Herford, Hoexter, Homberg,
Juelich, Krefeld, Opladen,
Velbert, Viersen, Warburg,
8 Arnsberg, Bergheim,
Dortmund, Duisburg, Emmerich,
Erkelenz, Gladbeck, Iserlohn,
Meschede, Mettmann,
Monschau, Muelheim, Muenster,
Ratingen, Schwerte, Siegburg,
Solingen, 9 Attendorn,
Bad Honnef, Bielefeld,
Dinslaken, Ennepetal,
Godesberg, Hattingen, Lippstadt,
Luebbecke, Paderborn,
Remscheid, Salzuflen, Troisdorf,
Warendorf, Wuppertal,
10 Eschweiler, Euskirchen,
Guetersloh, Leverkusen,
Oberhausen, Sennestadt,
11 Duesseldorf,
Gummersbach,
Tecklenburg,
Wanne-Eickel,
12 Grevenbroich,
Luedenscheid,
Wattenscheid, Wiedenbrueck,
13 Burgsteinfurt, Castrop-
Rauxel, Geilenkirchen,
Luedinghausen,
14 Recklinghausen,
16 Bergisch Gladbach

-in Norwegen:
3 Eid, Gol, Lom, Nes, Tau,
4 Alen, Alta, Amot, Elga, Moss,
Oslo, Tana, 5 Banak, Skien,
6 Bergen, Namsos, Narvik,
7 Alesund, Arendal, Drammen,
Tromsoe, 8 Kirkenes, Levanger,
9 Drontheim, Kongsberg,
Stavanger, Trondheim,
10 Hammerfest, 12 Kristiansand
-in Oberfranken:
6 Coburg, 7 Bamberg,
8 Bayreuth, Kulmbach
-in Österreich:
4 Enns, Graz, Haag, Igls, Lech,
Linz, Melk, Ried, Wels, Wien,
Zell, 5 Baden, Bruck, Ischl,
Krems, Raabs, Steyr, Tulln,
6 Aspang, Kaprun, Krimml,
Reutte, Schwaz, 7 Bludenz,
Braunau, Bregenz, Ebensee,
Gmunden, Lambach, Seefeld,
Soelden, Spittal, Villach,
8 Eisenerz, Kufstein, Radstadt,
Salzburg, 9 Amstetten,
Gloggnitz, Hallstatt, Innsbruck,
10 Bad Gastein, Burghausen,
Eisenstadt, Hofgastein,
Kapfenberg, Kitzbuehel,
Klagenfurt, Sankt Anton,
Schladming, 11 Knittelfeld
-in Ostfriesland:
4 Leer, 5 Emden, Sande,
6 Aurich, Norden, Vechta
-in Pakistan:
3 Kar, 4 Pesh, 5 Dakka, Kalat,
Kelat, Lahur, 6 Lahore, Multan,
Quetta, 7 Karachi, Sialkot,
9 Hyderabad, Islamabad,
Karatschi, Peschawar,
10 Haiderabad, Rawalpindi
-in Panama:
5 Colon, David
-in Paraguay:
8 Asuncion, 10 Villarrica
-in Peru:
4 Lima, 5 Cuzco, Pisco, Tacna,
6 Callao, Huaraz, Sihuas,
7 Iquitos, 8 Arequipa, Trujillo
-in Polen:
4 Kulm, Lodz, 5 Konin, Kutno,
Lissa, Lomza, Nisko, Plock,
Posen, Radom, Thorn, Torun,
6 Danzig, Gnesen, Kielce,
Konitz, Krakau, Krakow,
Lodsch, Lublin, Tarnow,
7 Bielitz, Breslau, Gdingen,
Kalisch, Rzeszow, Siedlce,

Stettin, 8 Bromberg, Dirschau, Graudenz, Katowice, Petrikau, Przemysl, Sandomir, Warschau, Zakopane, 9 Bialystok, Kattowitz, Tomaschow, 13 Tschenstochau
-in Portugal:
4 Faro, 5 Braga, Lagos, Porto, Sines, 6 Aveiro, Guarda, Lisboa, Pombal, Sintra, Tavira, 7 Coimbra, Setubal, 8 Lissabon
-in Puerto Rico:
5 Ponce, 7 Arecibo, San Juan
-in Rheinland-Pfalz:
3 Ems, 4 Daun, Diez, Kaub, Konz, Zell, 5 Alzey, Mainz, Mayen, Trier, Worms, 6 Bingen, Cochem, Kandel, Landau, Nassau, Speyer, 7 Bitburg, Koblenz, Neuwied, Remagen, Simmern, 8 Neuenahr, Neustadt, Saarburg, Wittlich, 9 Ahrweiler, Andernach, Edenkoben, Kreuznach, Montabaur, Oppenheim, Pirmasens, 10 Bernkastel, Birkenfeld, Deidesheim, Westerburg, 11 Frankenthal, Germersheim, 12 Altenkirchen, Ludwigshafen, Rockenhausen, Zweibruecken, 13 St Goarshausen
-in Rhodesien:
9 Salisbury
-in Rumänien:
3 Sug, 4 Cluj, 5 Jassy, Sibiu, Turda, 6 Braila, Brasov, Galati, Galatz, Oradea, Resita, 7 Craiova, Ploesti, 8 Bistritz, Bukarest, 9 Bucuresti, Constanta, Konstanza, Kronstadt, Petroseni, Timisoara, 11 Klausenburg, Temeschburg, 12 Grosswardein, Hermannstadt
-in Rußland:
4 Omsk, Perm, 5 Gorki, Kasan, Kirow, Tomsk, 6 Maikop, Moskau, Rostow, 7 Irkutsk, Saratow, 8 Murmansk, Nowgorod, Smolensk, 9 Astrachan, Krasnodar, Wolgograd, 11 Archangelsk, 13 Jekaterinburg, 15 Sankt Petersburg, Sankt-Petersburg*
-in Sachsen:
3 Aue, 5 Borna, Pirna, Riesa, 6 Grimma, Kamenz, Loebau, Plauen, Taucha, Torgau, Werdau, Wurzen, Zittau, 7 Bautzen, Doebeln, Dresden, Freital, Leipzig, Meerane, Meissen, Oschatz, Zwickau, 8 Annaberg, Auerbach, Chemnitz, Freiberg, Glauchau, Goerlitz, Oelsnitz, Radeberg, Radebeul, Schandau, Zschopau, 9 Olbernhau, Stollberg, 10 Marienberg, 11 Grossenhain, Weisswasser
-in Sachsen-Anhalt:
4 Aken, Burg, 5 Calbe, Egeln, Halle, Leuna, Thale, Zeitz, 6 Artern, Dessau, Ilfeld, Koesen, Torgau, Zerbst, 7 Genthin, Koethen, Stendal, 8 Bernburg, Eisleben, Gernrode, Naumburg, Rossbach, 9 Altenburg, Eilenburg, Magdeburg, Merseburg, 10 Bitterfeld, Gardelegen, Nordhausen, Wittenberg, 11 Halberstadt, Quedlinburg, Weissenfels, Wernigerode, 12 Haldensleben, Sangerhausen
-in Sambia:
5 Mongu, 6 Lusaka
-in Saudi-Arabien:
4 Djuf, Riad, Taif, 5 Mekka, 6 Djidda, Er Riad, Medina, 7 Dhahran
-in Schlesien:
4 Oels, 5 Brieg, Cosel, Glatz, Jauer, Ohlau, Pless, Sagan, 6 Glogau, Haynau, Lauban, Lueben, Neisse, Oppeln, Wohlau, 7 Beuthen, Breslau, Bunzlau, Landeck, Ratibor, Reinerz, 8 Gleiwitz, Goerlitz, Liegnitz, Neustadt, Sprottau, Strehlen, Striegau, 9 Gruenberg, Kreuzburg, Landeshut, 10 Bad Reinerz, Gottesberg, Hindenburg, Loewenberg, Waldenburg, 11 Dittersbach, Reichenbach, Schweidnitz, 12 Frankenstein, Langenbielau, Schmiedeberg
-in Schleswig-Holstein:
4 Kiel, 5 Eutin, Heide, Husum, Ploen, Wedel, 6 Moelln, 7 Itzehoe, Luebeck, Malente, Meldorf, 8 Elmshorn, Niebuell, Oldesloe, Segeberg, Toenning, Uetersen, 9 Flensburg, Lauenburg, Pinneberg, Ratzeburg, Rendsburg, Schleswig, 10 Ahrensburg, 11 Bad Oldesloe, Bad Segeberg, Glueckstadt, Neumuenster, Norderstedt, Wesselburen, 12 Eckernfoerde
-in Schottland:
4 Wick, 5 Elgin, Perth, 6 Dundee, 7 Glasgow, 8 Aberdeen, Hamilton, Montrose, 9 Edinburgh, Inverness
-in Schweden:
3 Los, 4 Lund, Mora, Sala, Umea, 5 Boden, Boras, Falun, Lulea, Visby, Ystad, 6 Gaevle, Kalmar, Kiruna, Malmoe, Motala, 7 Boliden, Uppsala, Varberg, 9 Goeteborg, Haparanda, Karlskoga, Nykoeping, Stockholm, Sundsvall, Uddevalla, 10 Eskilstuna, Karlskrona, Landskrona, Linkoeping, Trelleborg, 11 Norrkoeping, 12 Haelsingborg, Kristianstad
-in Sibirien:
3 Ola, 4 Bisk, Iman, Ksyl, Merw, Omsk, Seja, Tara, Tura, 5 Aldan, Kansk, Kysyl, Narym, Tomsk, Witim, 6 Anadyr, Igarka, Kurgan, Surgut, Tjumen, Tommot, Turgai, Udinsk, 7 Alma Ata, Buchara, Dudinka, Irkutsk, Jakutsk, Ochotsk, Tobolsk, Tschita, 8 Chatanga, Powlodar, 9 Balchasch, Kasalinsk, Taschkent, 10 Aschchabad, Chabarowsk, 11 Krasnojarsk, Nowosibirsk, Wladiwostok, Woroschilow, 13 Petropawlowsk
-in Sierra Leone:
2 Bo, 8 Freetown
-In Somalia:
3 Eil, 5 Alula, 7 Berbera
-in Somalia:
10 Mogadischu
-in Spanien:
3 Tuy, 4 Adra, Irun, Leon, Pola, Reus, Vigo, 5 Alcoy, Altea, Bejar, Cadiz, Elche, Gijon, Jerez, Lorca, 6 Alcala, Bilbao, Burgos, Cuenca, Gandia, Gerona, Huesca, Lerida, Madrid, Mataro, Merida, Mieres, Molina, Murcia, Oviedo, Sagunt, Tarifa, Toledo, Tolosa, 7 Almeria, Badajoz, Cordoba, Granada, Logrono, Sagunto, Sevilla,

Tarrasa, Tortosa, Vitoria,
8 Albacete, Alicante, Badalona,
La Coruna, Paleneia, Pamplona,
Santiago, Valencia, Zaragoza,
9 Algeciras, Barcelona,
Cartagena, Castellon,
Salamanca, Santander,
Saragossa, Tarragona,
10 Hospitalet, Pontevedra,
11 Guadalajara, Puertollano,
San Fernando, 12 San Sebastian,
15 Palma de Mallorca
-in Südafrika:
6 Durban, 8 Kapstadt, Mafeking,
Pretoria, Upington,
10 East London,
12 Bloemfontein, Johannesburg,
13 Port Elizabeth
-in Südkorea:
5 Pusan, Seoul, Taiku
-in Südtirol:
5 Bozen, Meran, 6 Brixen,
Merano, 7 Bolzano
-in Syrien:
4 Hama, Homs, Nebk, 5 Esraa,
Haleb, Rakka, 6 Tartus, Tedmor,
7 Latakia, Massiaf, 8 Damaskus
-in Tansania:
5 Tanga, 6 Tabora,
10 Daressalam
-in Thailand:
3 Nan, Tak, 4 Ubon, 6 Konken,
Raheng, 7 Bangkok,
10 Battambang, Pitsamulok
-in Thüringen:
4 Auma, Gera, Jena, Suhl,
5 Gotha, Greiz, Kahla, Ruhla,
Weida, Zeitz, 6 Apolda, Erfurt,
Weimar, Worbis, 7 Ilmenau,
Schleiz, 8 Arnstadt, Eisenach,
Neustadt, Saalfeld, 9 Altenburg,
Eisenberg, Meiningen,
Poessneck, Schmoelln,
Soemmerda, Sonneberg,
10 Lobenstein, Nordhausen,
Rudolstadt, Zeulenroda,
11 Muehlhausen,
12 Schmalkalden,
13 Heiligenstadt, Sondershausen
-in Togo:
4 Lome, 5 Mango
-in Tunesien:
5 Gabes, Gafsa, Tunis, 7 Biserta,
Biserte, Kairuan
-in Uganda:
7 Entebbe, Kampala
-in Ungarn:
4 Baja, Eger, Mako, Pecs, Raab,
5 Erlau, Tokaj, 6 Mohacs,
Sopron, Szeged, 7 Miskolc,
Szolnok, 8 Budapest, Debrecen,
Kaposvar, 9 Oedenburg,
Tatabanya, 12 Steinamanger,
16 Stuhlweissenburg
-in Uruguay:
5 Salto, 6 Paloma, 7 Palmira,
10 Montevideo
-in Usbekistan:
7 Buchara, 9 Andischan,
Samarkand, Taschkent
-in Venezuela:
4 Coro, 5 Duaca, Unare,
6 Atures, 7 Bolivar, Caracas,
Nutrias, 8 Carupano,
9 Maracaibo, 12 Barquisimeto
-in Vietnam:
3 Hue, 5 Hanoi, 6 Cantho,
Cholon, Da Nang, Saigon,
8 Haiphong
-in Wales:
7 Cardiff, Swansea
-in Weißrussland:
5 Brest, Minsk
Stadt als Gemeinde:
7 Kommune
Stadtburg von:
-Athen:
9 Akropolis
-Braunschweig:
13 Dankwarderode
-Granada:
9 Alharnbra
-Krakau:
5 Wawel
-London:
5 Tower
-Malaga:
8 Alcazaba
-Moskau:
5 Kreml
-Prag:
9 Hradschin
-Rom:
10 Engelsburg
-Toledo:
7 Alcazar
Stadteingang:
3 Tor
Städter:
7 Buerger
Städtevereinigung im Mittelalter:
5 Hanse
städtisch:
8 kommunal
städtische:
-Grünfläche:
4 Park, 6 Anlage
städtischer:
-Versorgungsbetrieb:
10 Gasanstalt, Wasserwerk,
18 Elektrizitaetswerk
städtisches:
-Parlament:
8 Stadtrat
-Verkehrsmittel:
3 Bus, 4 Obus, Tram, 5 S-Bahn,
U-Bahn, 8 Hochbahn,
9 Stadtbahn, 12 Strassenbahn
Stadtkanal:
5 Fleet, 6 Gracht
Stadtmitte:
4 City, 7 Zentrum
Stadtoberhaupt:
14 Buergermeister
Stadtrat:
5 Senat, 9 Magistrat
Stadtstaat im alten Griechenland:
5 Polis
Stadtstreicher:
6 Penner, 8 Vagabund,
10 Pennbruder
Stadtteil:
-von Bonn:
5 Beuel
-von Bremen:
8 Vegesack
-von Budapest:
4 Pest
-von Danzig:
5 Oliva
-von Dortmund:
6 Hoerde
-von Hamburg:
6 Altona, 7 Barmbek, Harburg,
8 Wandsbek, 10 Blankenese,
Sankt Pauli, Stellingen
-von Hannover:
12 Herrenhausen
-von Istanbul:
4 Pera, 6 Galata, 7 Skutari,
Stambul
-von Köln:
4 Kalk, 5 Deutz, 8 Muelheim,
9 Ehrenfeld, 10 Braunsfeld
-von Lissabon:
5 Belem
-von London:
4 City, Soho, 5 Stoke, 6 Ealing,
7 Chelsea, Eastend, Westend,
8 Kingston, 9 Greenwich,
Southwark, 10 Kensington,

11 Westminster, Whitechapel
-von München:
4 Riem, 9 Schwabing,
11 Nymphenburg
-von New York:
5 Bronx, 6 Harlem, Queens,
7 Yonkers, 8 Brooklyn,
Richmond
-von Paris:
4 Orly, 7 Auteuil, 10 Montmartre
-von Stuttgart:
9 Cannstatt, Vaihingen
-von Venedig:
6 Rialto
-von Wien:
8 Grinzing, Nussdorf,
9 Schwechat
Stadtverwaltungsbehörde:
9 Magistrat
Stadtviertel:
8 Quartier
Stadtzentrum:
4 City
Stafette:
6 Kurier, 7 Eilbote, Staffel
Staffelläufer:
8 Stafette
Stahlpferd:
3 Rad, 7 Fahrrad
Stahlschrank:
4 Safe, 6 Tresor
Stahlseil:
5 Kabel, 6 Trosse
Stallbereich:
3 Box
Stalldung:
4 Mist
Stallform:
5 Koben
Stamm:
-der Maya:
6 Chorti
-der Polen:
6 Kurpen
stammeln:
8 stottern
Stammgast:
7 Habitue
Stammhalter:
4 Kind, Sohn
Stammtruppe:
5 Kader
Stammutter:
3 Eva, 4 Ahne
Stammvater:
3 Ahn, 4 Adam, 7 Ahnherr
-der Arkader:
5 Arkas
-der Hamiten:
3 Ham
-der Israeliten:
7 Abraham
-der Menschen:
4 Adam
Stampferutensil:
5 Keule, 7 Pistill, 8 Stoessel
Stand:
4 Adel, Bude, Rang, 5 Kaste,
6 Status, 8 Stellung
standardisieren:
6 normen, 16 vereinheitlichen
Standardisierung:
4 Mass, Norm, 11 Richtschnur
Standartentuch:
6 Banner
Standbeleuchtungskörper:
10 Kandelaber
Standbildform:
5 Figur, 6 Statue, 7 Denkmal,
8 Monument, 9 Statuette,
10 Bildsaeule
-am Naumburger Dom:
3 Uta
Ständchenaufführung:
8 Serenade
Stander:
6 Flagge, 14 Kommandoflagge
Ständermöbel:
7 Etagere, Gestell, 8 Stellage
standfest:
6 stabil
Standfestigkeit:
11 Stabilitaet
standhaft:
6 eisern
ständig:
5 immer, stets, 7 dauernd,
8 konstant, 9 permanent,
stereotyp
Ständigkeit:
9 Permanenz
Standort:
5 Platz, 6 Stelle
standörtlich:
10 stationaer
Standpauke:
12 Strafpredigt
Standpunkt:
7 Ansicht, Meinung,
10 Anschauung, Auffassung
Stange:
4 Stab, 5 Latte, Stake, Stock
Stangenbrot:
8 Baguette
Stangenpflanze:
7 Spargel
Stangenzimtpflanze:
6 Kaneel
Stanzapparat:
6 Presse
Stapel:
5 Stoss, 6 Haufen
Starenvogel:
3 Beo
stark:
6 robust, 8 intensiv, kraeftig
-abfallend:
11 abschuessig
-ansteigend:
5 steil
-mitgenommen:
10 ramponiert
Starkbiersorte:
8 Bockbier
starke:
-Abneigung:
4 Hass
-Gemütsbewegung:
6 Affekt
-Gemütserregung:
3 Wut
-Hitze:
4 Glut
Stärke:
5 Macht, 6 Anzahl,
11 Intensitaet, Kohlehydrat,
12 Kohlenhydrat
Stärkemehl:
4 Sago
stärkend:
7 tonisch
starker:
-Aufprall:
5 Stoss
-Handmesser:
5 Kneif, Kneip
-Kaffee:
5 Mokka, 8 Espresso
-Keiler:
5 Basse
-Strick:
3 Tau, 4 Seil
-Wind:
5 Orkan, Sturm
starkes:
-Brett:
5 Bohle, 6 Planke
-Fallen der Börse:
6 Baisse
-Fäulnisgift:
6 Neurin
-Gift:
8 Zyankali

-Haar:
6 Borste
-Papier:
5 Pappe, 6 Karton
-Schiffstau:
6 Trosse
-Seil:
3 Tau, 6 Strick
-Steigen der Börsenkurse:
6 Hausse
-Verlangen:
4 Gier
Stärkungsmedizin:
7 Tonikum
starr:
5 rigid, steif, stier, 10 regungslos
starrflügeliges Tier:
7 Libelle
Starrköpfigkeit:
5 Trotz
Starrkrampfform:
7 Tetanus
starrsinnig:
4 stur, 13 widerspenstig
Starrsucht:
10 Katalepsie
Start:
8 Aufbruch
Startfläche für Flugzeuge:
5 Piste, 8 Rollfeld
Starverehrer:
3 Fan
Station:
4 Rast, 7 Bahnhof,
10 Haltepunkt, 11 Haltestelle
Statistenrolle:
8 Figurant, Komparse
statistische Darstellung:
8 Diagramm
Stativträger:
8 Staender
Stätte:
3 Ort, 5 Platz, 6 Stelle
-zur Darbringung von Opfern:
5 Altar
statthaft:
7 erlaubt, 9 gestattet, zulaessig
Statthalter/-titel:
6 Satrap, 10 Gouverneur,
Vizekoenig
-der Niederlande:
4 Alba
-von Jerusalem:
7 Nehemia
stattlich:
10 ansehnlich, 14 repraesentabel
Statue:
7 Denkmal, 9 Standbild
Statuenüberbleibsel:
5 Torso
Statur:
5 Figur, 7 Gestalt
Status:
5 Stand, 8 Stellung
Statut:
7 Satzung, 10 Verordnung
Staubbesen:
3 Mop
Staubfädchen:
8 Filament
Staublunge:
8 Silikose
Staubsturm in Marokko:
5 Sahel
Staudenflüssigkeit:
3 Asa
Staudenform:
5 Raute, 6 Hopfen, 8 Einbeere,
Skabiose, Wegwarte
Staugelände:
4 Damm, Wehr, 9 Talsperre
Stauung:
8 Stockung, 10 Stagnation
Stechapparat:
4 Ahle, Dorn, 5 Nadel
stechendes:
-Pflanzenstück:
4 Dorn
-Tier:
5 Biene, Wespe, 6 Bremse
Stecherberuf:
7 Graveur
Stechhebeinstrument:
7 Pipette
Stechinsekt:
5 Breme, 6 Bremse, Dassel
Stechmücke:
6 Bremse, Dassel, 7 Moskito,
Schnake, 9 Anopheles
Stechpalmenart:
4 Ilex, Mate, 6 Huelse
Stechtorf:
4 Sode
Steckbauteil:
5 Modul
Steckdosenöffnung:
6 Buchse
Stecken:
4 Stab, 5 Stock
Steckenpferd:
5 Hobby, 11 Liebhaberei
Steckling:
8 Setzling
Steckrübenpflanze:
5 Wruke
Stegreifgedicht:
5 Silva
Stegreifstück:
6 Sketch, 7 Sketsch*
stehendes Wasser:
3 See, 5 Teich, 7 Tuempel
Stehlender:
4 Dieb
Stehlkrankheit:
11 Kleptomanie
steif:
5 Klamm, starr, 11 zeremoniell
steife:
-Tragtasche:
5 Mappe
steifer:
-Hut:
6 Bowler, Melone, 8 Zylinder
steifes:
-Papier:
5 Pappe
Steifheit:
6 Starre
Steifpapierform:
6 Karton
steigen:
8 klettern
Steigen der Börsenkurse:
6 Hausse
Steigerungsfall:
10 Komparativ, Superlativ
Steigerungsform:
9 Gradation, 10 Eskalation,
11 Progression
Steigutensil:
6 Leiter
steil:
4 jaeh, 7 schroff, 11 abschuessig
steile:
-Felswand:
4 Fluh
-Rinne im Gebirge:
7 Couloir
-Treppe:
6 Stiege
steile Schlucht:
5 Klamm
steiler:
-Abfall einer Felsenküste:
5 Kliff
-Weg:
5 Steig, Stieg
Steilufer:
5 Kliff
Steilwand:
4 Fluh
Steinblockart:
4 Fels, 6 Felsen

Steinbock:
3 Tur
Steinbrechpflanze:
9 Herzblatt, Hortensie
Steinchen:
6 Kiesel
Steindruckkunst:
11 Lithografie*, 12 Lithographie
Steinflasche:
5 Kruke
Steinfrüchte:
7 Kirsche, Pflaume, 8 Pfirsich, Zwetsche, 9 Mirabelle, Zwetschge, 11 Reineclaude
Steingartengelände:
7 Alpinum
Steingesellschaftsspiel:
6 Domino
Steingut:
7 Keramik, Tonware, 8 Irdengut
Steinkohle:
9 Anthrazit, 10 Glanzkohle, 12 Schwarzkohle
Steinkohlenentstehungszeit:
6 Karbon
Steinkohlenerzeugnis:
3 Gas, 4 Koks, Teer, 6 Benzol
Steinmal aus der Zeit der Kelten:
6 Menhir
Steinsarg:
9 Sarkophag
Steinsäule:
7 Obelisk
Steinschlag:
8 Schotter
Steinschleudergerät:
8 Balliste, Bombarde
Steinschneiderei:
7 Glyptik
Steinspiel:
6 Domino
Steinwand:
5 Mauer
Steinzeichnerberuf:
9 Lithograf*, 10 Lithograph
Steinzeitinstrument:
9 Faustkeil
Steinzeitperiode:
11 Neolithikum, 12 Mesolithikum, 14 Palaeolithikum
Stellagenform:
7 Etagere, Gestell, 8 Staender
Stelldichein:
10 Rendezvous
Stelle:
3 Ort, 5 Platz, 7 Staette
-in einem Text:
6 Passus
Stellgreifer:
5 Hebel
Stellung:
4 Lage, Rang, 5 Stufe, 6 Status, 7 Positur, 8 Position
Stellungnahme:
9 Gutachten, Kommentar
Stellvertreterposten:
4 Vize, 9 Substitut, 10 Ersatzmann
-des Abtes:
5 Prior
-des Rektors:
9 Konrektor, Prorektor
Stemmgerät:
6 Beitel, 7 Meissel
Stempelabdruck:
6 Siegel
Steppenart:
6 Llanos, Pampas, Tundra, 7 Praerie
Steppenfuchs:
6 Korsak
Steppenlandschaft:
5 Pampa
Steppenpferd:
7 Mustang
Steppentier:
5 Zebra, 6 Kojote, 7 Giraffe, Mustang, 8 Antilope
Steppenwolf:
6 Kojote
sterbend:
8 moribund
Sterbeort:
-Bismarcks:
13 Friedrichsruh
-Bruckners:
4 Wien
-Casanovas:
3 Dux
-Hauptmanns:
9 Hiddensee
-Hofers:
6 Mantua
-Shakespeares:
9 Stratford
-Wallensteins:
4 Eger
Sterblichkeit:
11 Mortalitaet
Stereogerät:
5 Tuner
Stereophonie:
7 Raumton, 9 Raumklang
steril:
8 keimfrei, 11 unfruchtbar
sterilisieren:
12 konservieren
Stern im Sternbild:
-der Jungfrau:
5 Spica, Spika
-der Krone:
5 Gemma
-der Leier:
4 Wega
-der Schlange:
4 Unuk
-der Zwillinge:
6 Castor, Pollux
-des Löwen:
7 Regulus
-des Orion:
5 Rigel
-des Pegasus:
4 Enif, 6 Sirrah
-des Perseus:
5 Algol, 7 Algenib
-des Schwans:
5 Deneb
-des Skorpions:
5 Akrab, 7 Antares
-des Stiers:
9 Aldebaran
-des Walfischs:
4 Mira
Sternbild:
4 Baer, Hase, Lyra, Netz, Pfau, Rabe, Wega, Wolf, 5 Adler, Altar, Fisch, Krebs, Kreuz, Leier, Loewe, Luchs, Lupus, Orion, Pfeil, Segel, Stier, Taube, Tukan, Waage, Wagen, 6 Becher, Bootes, Castor, Delfin*, Drache, Fische, Indier, Lineal, Oktant, Pollux, Schwan, Widder, Zirkel, 7 Centaur, Cepheus, Delphin, Einhorn, Fuellen, Giraffe, Kranich, Pegasus, Perseus, Phoenix, Sextant, 8 Eidechse, Eridanus, Fuhrmann, Herkules, Jungfrau, Schlange, Schuetze, Skorpion, Walfisch, 9 Andromeda, Jagdhunde, Luftpumpe, Steinbock, Tafelberg, Zwillinge, 10 Wassermann, 11 Grabstichel, Grosser Baer, Kleiner Baer, Kleiner Hund, 12 Grosser Loewe, Kleiner Loewe, Schwertfisch, 13 Paradiesvogel

Sterndeuter:
9 Astrologe
-Wallensteins:
4 Seni
Sterndeutungskunde:
10 Astrologie
Sternfahrtwettbewerb:
6 Rallye
Sternforscher:
13 Astrophysiker
Sternschnuppenanhäufung:
7 Lyriden, 8 Leoniden,
9 Perseiden
Sternschnuppenform:
6 Meteor, 8 Meteorit,
10 Feuerkugel
Sternwarte:
13 Observatorium
Sternwissenschaft:
10 Astronomie
Sternwissenschaftler:
8 Astronom
stete:
-Fröhlichkeit:
10 Heiterkeit
stetes:
-Zueinanderhalten:
5 Treue
Stethoskop:
8 Hoerrohr
Stetigkeit:
8 Konstanz, 12 Kontinuitaet
stets:
5 immer, 7 dauernd, 8 staendig,
9 permanent
Steuerabzeichen:
9 Banderole
Steuerart:
5 Ruder, 6 Abgabe, Lenker,
Umlage, 7 Beitrag, Lenkrad,
10 Lenkstange
steuern:
6 lenken
Steuerungslehre:
10 Kybernetik
Steuerungsscheibe:
8 Excenter*, Exzenter
Steuerverwaltung:
9 Finanzamt
Stewardess:
7 Hostess
Stichdatum:
6 Termin
stichhaltig:
7 triftig, 9 stringent,
10 schluessig
Stichprobenentnahme:
4 Test
Stichwaffe:
5 Degen, Dolch, Lanze,
7 Florett, Stilett
Stichwort:
5 Lemma
Stickerei:
6 Feston
Stickgerät:
6 Tambur
Stickstoff:
11 Nitrogenium
Stickstoffverbindung:
6 Nitrat, Nitrid, Nitrit, 7 Lachgas
Stieg:
3 Weg, 4 Pfad
Stiege:
6 Treppe
Stieglitzart:
10 Distelfink
Stielbrillenform:
9 Lorgnette
Stieleinglas:
7 Lorgnon
Stier:
5 Bulle
Stiergott:
4 Apis
Stierkämpfer:
5 Chulo, 6 Espada, Torero,
7 Matador, Picador, 8 Toreador,
12 Banderillero
Stierkämpfertuch:
4 Capa
Stierkämpferwaffe:
5 Spada
Stierkampfpfeil:
10 Banderilla
Stierkampfstadion:
5 Arena
Stift:
5 Nagel, 7 Kloster, 8 Lehrling
stiften:
8 dotieren, schenken
Stifterfigur im Naumburger Dom:
3 Uta
Stiftsherr:
7 Domherr, 9 Kapitular
Stiftskirche:
5 Abtei, 8 Muenster
Stiftsvorsteher:
6 Propst
Stiftsvorsteherin:
6 Domina
Stiftung:
8 Dotation, 10 Stipendium,
11 Institution
Stilform:
4 Note, 6 Bauart, 7 Diktion,
Machart, 8 Gepraege
still:
5 ruhig, 7 lautlos,
10 schweigsam
Stille:
4 Ruhe
stille Besinnung:
5 Gebet, 13 Kontemplation
Stiller Ozean:
7 Pazifik
Stillschweigen:
9 Silentium
Stillstehen:
4 Stau, Stop, 10 Stagnation
stillstehend:
8 statisch
Stimmbildungswissenschaft:
8 Phonetik
Stimme:
5 Organ, Votum
stimmen:
8 votieren
Stimmenmehrheit:
10 Majoritaet
Stimmenzug der Orgel:
8 Register
Stimmgabel:
8 Diapason
Stimmlage:
3 Alt, 4 Bass, 5 Tenor, 6 Sopran,
7 Bariton, Diskant,
11 Mezzosopran
Stimmritze:
7 Glottis
Stimmungslage:
5 Laune, 8 Euphorie,
10 Heiterkeit, 11 Atmosphaere
stimmungsvoll:
7 lyrisch, 8 poetisch,
10 romantisch
stimmungsvolle Gedichtform:
5 Lyrik
Stimmzettelkasten:
4 Urne, 8 Wahlurne
Stinkmarderart:
4 Ratz, 5 Iltis
Stinktier:
5 Skunk
Stirnband:
6 Diadem
Stirnbinde:
5 Inful
Stirnflecken:
6 Blesse

Stirnpartie:
5 Front, 7 Fassade, 11 Vorderseite

Stock:
4 Rute, Stab, 5 Gerte, 7 Pruegel, 8 Knueppel

Stocken:
4 Stau, 10 Stagnation

Stockwerk:
5 Etage, 8 Geschoss

Stoff:
5 Sujet, 6 Gewebe, 7 Materie, 8 Material, Substanz

Stoffärbetechnik:
4 Ikat

Stoffart/Gewebe:
4 Cord*, Filz, Jute, Kord, Mako, Samt, Taft, 5 Atlas, Drell, Drill, Krepp, Loden, Pikee, Satin, Seide, Tuell, Tweed, Voile, 6 Batist, Brokat, Damast, Jersey, Kaliko, Kattun, Leinen, Linnen, Nessel, Pepita, Sammet, Velour, 7 Chiffon, Flanell, Frottee, Plissee, Pluesch, Velours, 8 Chenille, Drillich, Kammgarn, Kaschmir, Musselin, Popeline, 9 Baumwolle, Gabardine

Stoffbedeckung:
9 Baldachin

Stoffbehältnis:
4 Sack, 6 Beutel

Stoffeinsatz:
7 Zwickel

Stoffhaus:
4 Zelt

stofflich:
9 materiell, 12 substantiell, substanziell*

stofflos:
11 immateriell

Stoffmusterung:
4 Karo, 6 Dessin

Stoffrand:
5 Borte

Stoffrest:
6 Lappen

Stoffrollen:
6 Ballen

Stoffsammlung:
10 Repertoire

Stoffschaden:
4 Riss

Stoffschmuck:
8 Draperie

Stoffstreifen:
4 Bahn, 5 Binde

Stoffstück:
6 Lappen

Stoffwechselart:
12 Metabolismus

Stoffwechselerkrankung:
5 Gicht

Stoffzerfall:
9 Verwesung

Stolz:
7 Hochmut, 8 Arroganz, 13 Selbstachtung

Stopffaden:
5 Twist

Stöpsel:
4 Zapf, 6 Korken, Pfropf, Zapfen, 8 Pfropfen

Störart:
6 Beluga, Hausen, 7 Sterlet

Storchenname:
6 Adebar

Storchenvogel:
4 Ibis, 6 Marabu, Reiher, 7 Kranich, Pelikan, 8 Flamingo

stören:
10 irritieren

störend:
10 behindernd, 12 unerfreulich

Störgeist:
10 Plagegeist

störrisch:
4 stur, 8 renitent, 11 dickkoepfig

Störrogen:
6 Kaviar

Störung:
5 Panne

Stoß:
4 Puff, 5 Knuff, Stups, 6 Schubs, 7 Pulsion

Stoßbewaffnung:
4 Pike, 5 Lanze, 6 Rapier, Spiess, 7 Florett, 9 Partisane, 10 Hellebarde

Stoßfänger:
6 Puffer

Stoßtrupp:
4 Raid

Stoßzeit:
6 Saison, 7 Andrang, 8 Campagne*, Kampagne, 11 Hochbetrieb

Strafanstaltsform:
9 Zuchthaus, 10 Gefaengnis

strafbar:
9 kriminell

strafbares Handeln:
6 Delikt, 8 Vergehen, 10 Verbrechen

strafen:
6 ahnden

straff:
5 drall, 6 stramm

straflos:
5 immun

Straflosigkeit:
11 Indemnitaet

Strafnachlaß:
8 Amnestie, 9 Indulgenz, 11 Begnadigung

Strafpredigt:
7 Epistel, Rueffel, 10 Standpauke

Strafrede:
15 Gardinenpredigt

Straftat:
4 Mord, Raub, Reat, 5 Untat, 6 Betrug, 8 Vergehen, Verstoss, 9 Totschlag, 10 Verbrechen

Straftäter:
10 Verbrecher

Strafverschickung:
11 Deportation

Strahlenbrecherglas:
6 Prisma

Strahlenbrechung:
10 Refraktion

strahlenförmig:
6 radial

Strahlenkranz:
6 Korona, Nimbus, 7 Aureole, 8 Gloriole

Strahlenmediziner:
13 Roentgenologe

Strahlenpilzerkrankung:
12 Aktinomykose

Strahlentierchen:
11 Radiolarien

Strahlenwissenschaft:
10 Radiologie

Strahlgerät:
8 Radiator

Strahltriebwerk:
3 Jet, 5 Duese

Strahlungsart:
4 Aura, 9 Emanation, Radiation

Strahlungsmesser:
13 Geigerzaehler

Strahlungspunkt:
7 Radiant

stramm:
5 drall, prall

Strandbad von Venedig:
4 Lido

Strandgelände:
5 Kueste, 7 Gestade

Strandsee:
4 Haff, Noor, 6 Lagune
Strapaze:
5 Muehe, Plage, 9 Plackerei,
11 Anstrengung
Straße:
3 Weg, 5 Allee, Gasse, 6 Avenue
-bei Rom:
8 Via Appia
-in New York:
8 Broadway, 10 Wallstreet
-in Paris:
13 Champs Elysees
Straßenbahnwagen:
4 Tram, 7 Tramway,
11 Elektrische
Straßenbaugerät:
5 Ramme, Walze
Straßenbaustoff:
5 Beton, 7 Asphalt, Bitumen,
8 Schotter
Straßenbelag:
7 Asphalt, Makadam
Straßenbenutzungsgebühr:
4 Maut
Straßendecke:
5 Belag, 8 Pflaster,
17 Kopfsteinpflaster
Straßengauner:
6 Bandit, 11 Wegelagerer
Straßenleuchtkörper:
5 Lampe, 7 Laterne
Straßenmenschen:
3 Mob
Straßensperrung:
9 Barrikade
Straßentier:
5 Toele, 6 Koeter
Straßenzug:
5 Trakt, 6 Trasse
Stratege:
8 Feldherr
strategisch:
8 operativ, taktisch
Strauchdieb:
12 Buschklepper
straucheln:
8 stolpern
Strauchfrucht:
5 Beere, 8 Himbeere,
9 Brombeere, Haselnuss,
12 Stachelbeere,
13 Johannisbeere
Strauchpflanze:
4 Efeu, 7 Flieder, Ginster,
8 Holunder, Liguster, Rosmarin
Straußenvogel/-art:
3 Emu, Moa, 4 Kiwi, 5 Nandu
Straußform:
4 Bund, 6 Bukett
Streben:
7 Tendenz, 8 Ambition,
9 tendieren
Strebsamkeit:
5 Eifer, 6 Fleiss, 7 Ehrgeiz
streckbar:
6 duktil
Strecke:
5 Linie, Piste, Route, 6 Etappe,
7 Distanz
Streckenende im Bergbau:
3 Ort
Streckmuskel:
8 Abduktor
Streckung:
7 Dehnung
Streich:
3 Jux, Ulk, 4 Hieb, 5 Farce,
Posse, Spass, Unfug, 6 Possen,
Scherz, Schlag, 11 Schabernack
streichbarer Stoff:
5 Paste
streicheln:
7 kraulen
streichen:
8 loeschen
Streichgarnstoff:
8 Buckskin
Streichinstrument:
4 Bass, 5 Cello, Geige, Viola,
7 Violine, 8 Bratsche,
9 Kniegeige, 10 Kontrabass,
11 Violoncello
Streife:
4 Raid
Streifen:
-an der Uniform:
5 Biese, Litze
-auf der Haut:
8 Striemen
streifig:
8 lamellar
Streifwache:
5 Ronde
Streifzug:
9 Exkursion
Streik:
8 Ausstand
Streit:
5 Fehde, Hader, Kampf, Krieg,
Zwist, 7 Querele, 8 Kabbelei,
Konflikt, Rauferei, Reiberei,
11 Kontroverse
Streitauseinandersetzung:
6 Disput, 7 Debatte, Polemik
streitbar:
8 militant, 9 aggressiv,
11 martialisch
streiten:
6 hadern
Streitgegenstand:
9 Zankapfel
Streitkunst:
9 Dialektik
Streitmacht:
4 Heer, 5 Armee
Streitschreiben:
8 Diatribe, Pamphlet
Streitstellung:
7 Problem
streitsüchtig:
9 aggressiv
Streitvorgang:
7 Affaere
Streitwagen der Antike:
4 Biga
streng:
4 herb, 6 strikt, 7 rigoros
Strenge:
6 Haerte, 12 Rigorositaet
strenge:
-Ausbildung:
5 Drill
-Kälte:
5 Frost
-Lebensweise:
6 Askese
strenger:
-Geschmack:
5 Herbe
-Lehrer:
6 Pauker
strenggläubend:
8 orthodox
Streufrucht:
6 Kapsel
Streupulver:
6 Talkum
Strich:
5 Linie, 6 gerade, 7 Strecke
Strichelung:
9 Schraffur
Strichpunkt:
9 Semikolon
Strick:
4 Seil, 5 Leine, 6 Schnur,
Strang, 9 Bindfaden
Strickbehälter:
9 Pompadour
Strickjacke:
8 Pullover, 10 Lumberjack
Strickkleidungsstück:
6 Jumper

Strickmaterial:
5 Wolle
Striegel:
11 Kardaetsche
strikte Absage:
3 nie
strikte Aussage:
6 Befehl
Strohblumenpflanze:
10 Immortelle
Strohhut:
6 Panama, 8 Sombrero,
11 Florentiner
Strohpuppe:
6 Popanz
Strohrest:
5 Streu
Strolch:
6 Schelm, 7 Stromer,
8 Vagabund, 13 Landstreicher
Strom:
13 Elektrizitaet
Stromeintrittspunkt:
5 Anode
Stromerzeugungsapparatur:
6 Dynamo, 8 Batterie,
9 Generator
Stromleitung:
5 Draht, Kabel, Litze
Strommaßeinheit:
3 Ohm, 4 Volt, Watt, 5 Farad,
6 Ampere
Strommesser:
9 Voltmeter, 10 Voltameter,
11 Amperemeter
Stromsammler:
9 Kollektor
Stromschnelle:
8 Katarakt, 10 Wasserfall
Stromspeichergerät:
4 Akku, 8 Batterie,
11 Akkumulator
Stromumformer:
13 Transformator
Strömung:
3 Sog, 5 Trend, 6 Wirbel,
7 Tendenz
Strophenbezeichnung:
4 Vers, 9 Versreihe
Strudelform:
3 Sog, 6 Wirbel, 10 Mehlspeise,
12 Wasserwirbel
Struktur:
4 Form, 6 Aufbau,
15 Zusammensetzung
strukturlos:
6 amorph
Struma:
5 Kropf
Strumpf:
5 Socke, 7 Stutzen, 9 Soeckchen
Strumpfhalter:
6 Straps
Stube:
4 Raum, 6 Kammer, Zimmer
Stubentier:
7 Papagei, 8 Kardinal,
13 Kanarienvogel, Wellensittich
Stück:
4 Teil, Werk
Stuckarbeit:
9 Stuckatur*, Stukkatur
Stuckhersteller:
10 Stuckateur*, Stukkateur
Stücklohnbezahlung:
6 Akkord
Stückzahlmenge:
4 Gros, 6 Mandel, 7 Dutzend
Studentenausschuß:
4 Asta
Studenteneßsaal:
5 Mensa
Studentenliederheft:
11 Kommersbuch
Studentenliste:
8 Matrikel
Studentenverbindung:
5 Korps, 11 Korporation
studentische:
-Sitte:
7 Komment
studentischer:
-Trinkgruß:
7 Fiduzit, 9 Schmollis
-Verbindungsdiener:
3 Fax
studentisches:
-Trinkgelage:
7 Kommers
Studienart:
6 Uebung, 7 Entwurf,
9 Vorarbeit
Studienausflug:
9 Exkursion
Studieneinschreibung:
15 Immatrikulation
Studienhalbjahr:
8 Semester
Studieninstitut:
3 Uni, 7 Seminar,
12 Universitaet
Studienvorlesung:
6 Kolleg
Studienzuschuß:
6 Bafoeg, 10 Stipendium
studieren:
6 hoeren, lernen, 8 forschen
Studierraum:
6 Studio
Studierter:
10 Akademiker
Studioraum:
7 Atelier
Stufe:
5 Phase, Tritt, 6 Absatz, Niveau,
7 Sprosse
Stufenfolge:
5 Skala, 9 Gradation
Stufengestell:
7 Etagere
Stufenhochgang:
6 Treppe, 10 Freitreppe,
12 Wendeltreppe
Stufenwasserfall:
7 Kaskade
stufenweise:
8 graduell
Stuhlteil:
4 Sitz, 5 Lehne
Stulle:
5 Bemme, 7 Scheibe, 8 Schnitte
stumm:
9 sprachlos, 10 schweigsam
stummer Bühnendarsteller:
7 Statist, 8 Komparse
Stümper:
8 Pfuscher, 9 Dilettant
Stumpf:
4 Rest, 6 Strunk
stumpfsinnig:
6 stupid, torpid
stunden:
12 prolongieren
Stundengebet:
4 Hora, Hore
Stundenglas:
7 Sanduhr
Stundungsvereinbarung:
8 Aufschub, 10 Moratorium
stur:
8 obstinat, 11 halsstarrig,
hartnaeckig
Sturmbock:
6 Widder
Sturmform:
5 Orkan, 5 Taifun, 7 Pampero,
Tornado, 8 Hurrikan
stürmisch:
6 furios, 9 turbulent, ungestuem
Sturmvogelart:
8 Albatros
Sturz:
4 Fall

Sturzbett:
9 Tosbecken
stürzende Schneemasse:
6 Lawine
Sturzsee im Meer:
7 Brecher
Stuss:
6 Unsinn, 7 Nonsens, Quatsch
Stütze:
4 Halt, 5 Hilfe, 6 Saeule, Strebe
stutzen:
8 kupieren
Stutzer:
4 Geck, Gent, 5 Dandy,
7 Angeber, elegant
Stützgebälk:
6 Strebe, 7 Traeger
Stützgewebeteil:
11 Bindegewebe
Stützkerbung:
5 Raste
Stützkleidung:
7 Korsett
Stützseil:
4 Want
Suada:
9 Redefluss, 11 Wortschwall
Subjekt:
10 Individuum,
14 Satzgegenstand
subjektiv:
10 parteiisch, unsachlich,
11 persoenlich
Subjektivität:
14 Unsachlichkeit
Sublimationsform:
12 Verfeinerung
submarin:
12 unterseeisch
submiss:
12 unterwuerfig
Subordinationszahlung:
8 Gehorsam
Substantiv:
8 Dingwort, 9 Hauptwort
substanzhaltig:
11 inhaltsvoll
substanzlos:
11 immateriell
subsumieren:
11 unterordnen
Subvention:
8 Beihilfe, Zuschuss,
14 Unterstuetzung
Subversion:
13 Verschwoerung
subversiv:
15 umstuerzlerisch

Suchapparat:
5 Sonde
suchen:
7 fahnden
Suchmeldung:
17 Vermisstenanzeige
Suchtausprägung:
5 Manie, 9 Verlangen,
10 Hoerigkeit
süchtig:
9 abhaengig
Südafrikaner:
4 Bure
südafrikanische:
-Antilope:
3 Gnu
-Kolonisten:
5 Buren
-Rassentrennung:
9 Apartheid
-Sprache:
4 Zulu, 5 Bantu, Sotho, Swasi,
Venda, 7 Ndebele
südafrikanischer:
-Arzt:
7 Barnard
-Fluß:
4 Vaal, 6 Oranje, 7 Limpopo,
Sambesi, 8 Okawango
-Nobelpreisträger für Frieden:
7 Mandela
-Nobelpreisträger für Medizin:
7 Theiler
-Politiker/Politikerin:
5 Botha, Smuts, 6 Flores,
Rhodes, 7 de Klerk, Hertzog,
Mandela, 8 Strijdom
-Regierungssitz:
8 Pretoria
-Schriftsteller/Schriftstellerin:
7 Lessing, 8 Gordimer,
11 Breytenbach
Südamerikaner:
7 Chilene, 8 Peruaner,
9 Uruguayer, 10 Bolivianer,
Paraguayer, 11 Argentinier,
Brasilianer, Kolumbianer,
Venezolaner, 12 Ecuadorianer
südamerikanische:
-Biberratte:
6 Nutria
-Echsenart:
5 Anoli, Iguan
-Farm:
8 Estanzia, Hazienda
-Goldmünze:
6 Condor

-Grassteppe:
5 Pampa, 6 Llanos, 7 Savanne
-Hirsch:
6 Huemul
-Holzart:
10 Palisander
-Kamelart:
4 Lama, 6 Alpaka, 7 Guanako
-Schlange:
3 Boa, 8 Anakonda,
15 Koenigsschlange
-Stechpalme:
5 Yerba
südamerikanischer:
-ärmelloser Mantel:
6 Poncho
-Bussard:
5 Aguja
-Eingeborener:
5 Indio
-Freiheitskämpfer:
7 Bolivar
-Geier:
5 Urubu, 6 Kondor
-Indianerstamm:
4 Inka, Pano, 5 Aruak, Guato,
6 Kreole, Tukano, 7 Guarani,
Kariben, 8 Karaiben, Ketschua,
9 Pueltsche
-Insektenfresser:
11 Ameisenbaer
-Kuckucksvogel:
3 Ani
-Mähnenwolf:
5 Guara
-Mischling:
5 Casco
-Papagei:
3 Ara
-Pfefferfresser:
5 Tukan
-Rackenvogel:
4 Hutu, 6 Motmot
-Raubfisch:
7 Piranha
-Staat:
4 Peru, 5 Chile, 6 Guyana,
7 Ecuador, Ekuador, Surinam,
Uruguay, 8 Bolivien, Paraguay,
9 Brasilien, Kolumbien,
Venezuela, 11 Argentinien,
17 Trinidad und Tobago
-Storch:
6 Jaribu
-Straußenvogel:
4 Rhea, 5 Nandu
-Strohhut:
8 Sombrero

-Tanz:
5 Mambo, Rumba, Tango, 9 Bossanova
-Vogel:
3 Ani, 5 Kazik, Tukan, Urubu, 6 Kassik
-Vulkan:
8 Cotopaxi, 10 Chimborazo
südamerikanisches:
-Baumharz:
6 Konima
-Edelholz:
10 Palisander
-Faultier:
2 Ai, 10 Zweifinger
-Gebiet:
6 Guyana, 7 Surinam
-Gebirge:
5 Anden, 11 Kordilleren
-Gebirgstier:
4 Lama
-Getränk:
4 Mate, 6 Chicha
-Halbwildpferd:
6 Bronco
-Nagetier:
4 Mara, 5 Aguti, 6 Nutria, 10 Chinchilla
-Pfeilgift:
6 Kurare
-Raubtier:
4 Puma, 6 Jaguar, Ozelot
-Säugetier:
11 Ameisenbaer
-Zweizehenfaultier:
2 Ai
sudanesische:
-Hafenstadt:
9 Port Sudan
sudanesischer:
-Fluß:
3 Nil, 5 Sobat, 6 Atbara
sudanesisches:
-Volk:
5 Banda, Gurma, Hausa
südarabische:
-Hafenstadt:
4 Aden
südarabisches:
-Gebiet:
4 Oman, 5 Jemen
-Sultanat:
4 Oman, 5 Dubai, Qatar, 6 Maskat
-Volk:
4 Asra
süddeutscher Höhenzug:
3 Alb, 5 Alpen, 11 Schwarzwald
Sudelei:
9 Kritzelei
Südeuropäer:
5 Ungar, 7 Bulgare, Grieche, Rumaene, Spanier, 8 Albanier, Malteser, 9 Italiener, Jugoslawe, 10 Portugiese
Südfruchtpflanze:
5 Feige, Mango, 6 Ananas, Banane, Limone, Melone, Orange, Rosine, Zibebe, 7 Zitrone, 9 Apfelsine, Pomeranze, 10 Bergamotte, Clementine, Grapefruit, Pampelmuse, 12 Johannisbrot, Zitrusfrucht
südländische:
-Hülsenfrucht:
4 Erve
-Pflanze:
5 Agave, Palme
südländischer:
-Nadelbaum:
5 Pinie, Zeder, 8 Zypresse
-Wein:
5 Samos, Xeres, 6 Malaga, Sherry, 7 Madeira, 8 Portwein, 9 Malvasier, Tarragona
südländisches:
-Kürbisgewächs:
6 Melone
südlichste:
-Spitze von Südamerika:
8 Kap Hoorn
südlichster:
-Teil Amerikas:
9 Feuerland
Südostasiat:
3 Lao, Moi, Tai, 4 Naga, Thai, 5 Khmer, Laote, 6 Malaie, 7 Annamit, Birmane, Siamese, 10 Vietnamese, 11 Thailaender, 13 Kambodschaner
südostasiatische:
-Gewürzpflanze:
6 Ingwer
-Halbinsel:
7 Malakka
-Insel:
4 Bali, Java, 5 Luzon, Timor, 6 Borneo, Taiwan, 7 Celebes, Formosa, Sumatra
-Inselgruppe:
8 Molukken
-Landenge:
3 Kra
-Schleichkatze:
8 Manguste
Südostasienpakt:
5 SEATO
Südosteuropäer:
5 Serbe, 6 Kroate, 7 Albaner, Bulgare, Grieche, Rumaene, Slowene, 8 Albanier, 9 Jugoslawe, 10 Mazedonier
Südpolarforscher:
5 Scott, 8 Amundsen
Südpolargebiet:
9 Antarktis
Südseeinsel/-gruppe:
5 Fidji, Samoa, Timor, Tonga, 6 Tahiti, 7 Fidschi, 8 Marianen, 9 Neuguinea
Südseeinsulaner:
5 Maori, Papua, 6 Kanake, 10 Melanesier, Polynesier, 11 Mikronesier
Südslawe:
5 Serbe, 6 Kroate, 7 Bulgare, Slowene, 9 Jugoslawe
Südtiroler Kurort:
5 Bozen, Meran, 6 Brixen
Südwestafrika:
7 Namibia
Südwestwind:
6 Zephir
Südwind in Italien:
5 Ostro
süffig:
11 schmackhaft
süffisant:
11 duenkelhaft
Sühnezeichen:
5 Busse, 6 Strafe
Suizid:
13 Selbsttoetung
sukzessive:
11 allmaehlich
Sukzessor:
10 Nachfolger
Sultanat:
-auf Celebes:
4 Boni
-in Arabien:
4 Oman
Sultansgebäude:
6 Serail
Sultansname:
5 Ahmed, Harun, Osman, 6 Achmed, Mehmed, 7 Mustafa, 8 Mohammed
Sultansverlautbarung:
5 Irade
Sülze:
5 Aspik, Gelee

Sumatra-Nashorn:
5 Badak
sumerische:
-Göttin:
5 Istar, 6 Ninlil, 7 Ischtar
-Unterwelt:
6 Arallu
sumerischer:
-Gott:
3 Anu, Sin, 6 Dumuzi, Sabitu, Tammuz, 9 Schamasch, 11 Ereschkigal
-Held:
10 Gilgamesch
-Stadtstaat:
6 Nippur
summarisch:
15 zusammenfassend
Summe:
6 Betrag, 7 Quantum, 8 Ergebnis, Resultat
Sumpferz:
3 Gur
Sumpffieber:
7 Malaria
Sumpfgas:
6 Methan
Sumpfgebiet:
4 Moor
Sumpfgelände:
4 Fenn, Luch, Moor, Ried, Venn, 5 Bruch, Pfuhl, 6 Morast
Sumpfgewächs:
5 Simse, 6 Schilf, 7 Papyrus, 9 Weiderich
Sumpfgrund:
3 Mud
Sumpfhuhn:
5 Ralle
sumpfig:
5 limos, 7 bruchig
Sumpfotter:
4 Nerz
Sumpfschnepfe:
9 Bekassine
Sumpftier:
6 Nutria
Sumpfvogel:
5 Ralle, 7 Kiebitz, Kranich, 8 Flamingo
Sumpfwald:
9 Dschungel
Sumpfwiese:
3 Loh
Sund:
8 Meerenge
Sundainsel:
4 Bali, Java, 5 Banka, Sumba, Timor, 6 Borneo, Flores, Lombok, 7 Celebes, Sumatra, Sumbawa
Sünde:
6 Frevel, Schuld, 8 Vergehen, Verstoss
Sündenbock:
12 Pruegelknabe
Sündenerlaß:
6 Ablass
Sündenverzeihen:
10 Absolution
sündigen:
7 freveln
Suppe:
6 Potage
Suppengemüse:
8 Julienne
Suppengeschirr:
7 Terrine
surrealistischer:
-Maler:
4 Dali, Miro, 5 Ernst, 9 Margritte
-Regisseur:
6 Bunuel
-Schriftsteller:
6 Aragon, Breton
süße Kartoffel:
6 Batate
Süßholzsaft:
8 Lakritze
Süßschnaps:
6 Likoer
Süßspeise:
5 Creme, 7 Dessert, Kompott, Pudding, 8 Flammeri, Pelemele, 13 Goetterspeise
Süßstoff:
9 Saccharin
Süßware/Süßigkeit:
5 Drops, Nugat*, 6 Bonbon, Dragee, Nougat, Toffee, 7 Fondant, Krokant, Praline, 10 Schokolade
Süßwasserfisch:
4 Anke, Salm, Wels, 5 Aitel, Barbe, Hecht, Lachs, 6 Doebel, Schlei, 7 Elritze, Forelle, Karpfen, Ploetze
Süßwasserpolyp:
5 Hydra
Süßwein:
5 Samos, 6 Malaga, 7 Madeira, Marsala, Tokaier, 8 Portwein, 9 Malvasier, Tarragona
Symbiosedasein:
13 Zusammenleben
Symbol für:
-Bolschewismus:
11 Sowjetstern
-Christentum:
5 Kreuz
-Eitelkeit:
4 Pfau, 7 Spiegel
-Evangelisten Johannes:
5 Adler
-Evangelisten Lukas:
5 stier
-Evangelisten Markus:
5 Loewe
-Evangelisten Matthäus:
5 Engel
-Feldherrnwürde:
13 Marschallstab
-Frieden:
5 Taube, 8 Oelzweig
-Gift:
9 Totenkopf
-Glück:
9 Kleeblatt
-Herrscherwürde:
5 Krone, 6 Zepter
-Hoffnung:
5 Anker
-Islam:
8 Halbmond
-Judentum:
6 Menora, 10 Davidstern
-Kraft:
5 Loewe, stier
-Kühnheit:
5 Adler
-Leben:
5 Sonne
-Lebensgefahr:
9 Totenkopf
-Liebe:
4 Herz
-Macht:
5 Adler, Krone, Loewe, 6 Zepter
-Standhaftigkeit:
4 Fels
-Tod:
7 Skelett
-türkische Krankenpflege:
13 Roter Halbmond
-Unfreiheit:
5 Kette
Symbolisches:
8 Sinnbild
Symptom:
7 Merkmal, Zeichen, 9 Anzeichen
Synagogenbereich:
6 Genisa, Geniza

Synthese:
10 Verbindung, 12 Verknuepfung
synthetische:
-Faser:
5 Nylon, Orlon, 6 Dralon, Perlon
synthetischer:
-Kautschuk:
4 Buna
synthetisches:
-Gummi:
4 Buna
syrische:
-Bibelübersetzung:
8 Peschita
-Christen:
9 Maroniten, 14 Thomaschristen
-Hauptstadt:
8 Damaskus
-Münze:
5 Pfund, 7 Piaster
syrischer:
-Sonnengott:
8 Elagabal
-Volksteil:
6 Drusen, Kurden
System:
4 Form, 6 Aufbau, 7 Ordnung, 8 Struktur
systematische:
-Arbeitsweise:
7 Methode, 8 Methodik
-Ausbildung:
8 Training
Szenenabfolge:
9 Szenarium
Szenenfolge:
6 Szenar
Szenerie:
10 Dekoration, Landschaft, 11 Buehnenbild

Tabakbehältnis:
9 Tabatiere
Tabakgiftstoff:
7 Nikotin
Tabakverbraucher:
7 Raucher
Tabakware/-sorte:
5 Priem, 6 Brasil, Orient, 7 Havanna, Stumpen, Sumatra, Zigarre, 8 Virginia, 9 Zigarette, Zigarillo, 11 Feinschnitt, Grobschnitt, 12 Pfeifentabak, Schnupftabak
Tabelle:
5 Tafel, 10 Uebersicht, 11 Aufstellung
Tabernakelschrank:
8 Ziborium
Tableau:
5 Tafel, 8 Gemaelde
Tablettart:
12 Servierbrett
Tablettenform:
5 Pille, 8 Pastille, 9 Komprette
tabu:
8 verboten, 11 unantastbar
tabuisieren:
9 verbieten
Taburett:
5 Stuhl, 6 Hocker
Tadelerklärung:
5 Ruege, 6 Kritik, 7 Rueffel, Schelte, Verweis
tadelfrei:
10 vollkommen
tadellos:
6 knorke
tadeln:
6 ruegen, 11 kritisieren
Tadler:
8 Kritiker
Tafel:
5 Tisch, 6 Platte, 9 Festessen
Tafelgeschirr:
7 Service
tafeln:
7 speisen, 9 schlemmen
Tafelrunde:
6 Korona
Täfelung:
6 Paneel
Taft:
5 Seide
Tagebuchheft:
7 Diarium, Journal, Logbuch
Tagedieb:
7 Gammler
Tagegeld:
6 Spesen
Tagegelder:
7 Diaeten
Tagelöhner:
8 Haeusler
Tagesbeginn:
6 Fruehe, Morgen
Tagesereignis:
11 Aktualitaet
Tagesfeststellung:
5 Datum
Tagesliste:
8 Kalender, 11 Kalendarium
Tagesmitteilung:
8 Bulletin
Tagesordnung:
6 Agenda, 8 Programm
Tagespresseprodukt:
7 Zeitung
Tagesredakteur:
10 Journalist
Tageszeit:
5 Abend, Nacht, 6 Mittag, Morgen, 10 Nachmittag
Tagewerk:
6 Pensum
Tagfalterart:
5 Fuchs, 6 Apollo, 7 Admiral, 8 Eisvogel, 9 Weissling, 10 Mauerfuchs, Ochsenauge, 11 Augenfalter, Goldene Acht, Segelfalter, 12 Apfelwickler, Apollofalter, Distelfalter, Trauermantel, 13 Kohlweissling, Tagpfauenauge, 14 Schillerfalter, Zitronenfalter
Tagraubvogel:
4 Weih, 5 Adler, Falke, Geier, Urubu, 6 Kondor, 7 Bussard, Sperber, 8 Seeadler, 10 Steinadler
Tagträumen:
8 Illusion, 9 Wachtraum
Tagundnachtgleiche:
12 Aequinoktium
Tagungsaufzeichnung:
9 Protokoll
Tagungsveranstaltung:
7 Meeting, Session, Sitzung, 8 Kongress, 9 Konferenz, 13 Zusammenkunft
Taille:
12 Guertellinie
Takt:
4 Werk, 6 Aktion, 7 Bildung, 8 Handlung
Taktgefühl:
12 Hoeflichkeit
taktlos:
9 indiskret, 11 beleidigend, instinktlos
Taktlosigkeit:
9 Schnitzer, 12 Indiskretion
taktmäßig:
10 rhythmisch
Taktmeßgerät:
8 Metronom
taktvoll:
7 diskret
Tal:
5 Mulde, Senke, Wanne
-an der Donau:
5 Lobau, 6 Wachau
-bei Korinth:
5 Nemea
-in den Dolomiten:
7 Ampezzo
-in der Schweiz:
7 Engadin
-in Graubünden:
5 Davos, Misox
-in Tirol:
5 Navis
Talar:
4 Robe, 5 Ornat, 6 Sutane, 10 Amtstracht
Talbrücke:
7 Viadukt
Talent:
6 Anlage, 7 Neigung, 8 Begabung
Talgleuchte:
5 Kerze
Talisman:
7 Amulett, 8 Maskotte, 11 Maskottchen, 14 Gluecksbringer
Talmudabschnitt:
6 Gemara, 7 Mischna
Talsperre:
8 Staudamm
Tand:
5 Talmi, 6 Ramsch, 7 Flitter, Plunder, Troedel, 9 Firlefanz
Tandler:
8 Troedler
Tändler:
8 Schaeker
Tangente:
16 Beruehrungslinie
tangieren:
9 beruehren

Tank:
6 Kessel, Panzer, 9 Behaelter,
11 Panzerwagen
tanken:
11 nachfuellen
Tankschiff:
6 Tanker
Tannenbaumutensil:
5 Kerze, Kugel, Stern
Tante:
5 Muhme
tantenhaft:
6 tuntig
Tanz:
3 Fox, 4 Jive, Step, 5 Bebop, Blues, Mambo, Polka, Rumba, Samba, Stepp*, Swing, Tango, 6 Bolero, Cancan, Pavane, Reigen, Shimmy, Walzer, 7 Csardas, Lambada, Madison, Masurka*, Mazurka, Menuett, Ragtime, Slowfox, 8 Anglaise, Cakewalk, Chaconne, Courante, Foxtrott, Habanera, Kotillon, Rundtanz, Schieber, 9 Bossanova, Jitterbug, Paso doble*, Pasodoble, Polonaese*, Polonaise, Quadrille, Quickstep, Rock n Roll, 10 Charleston, Kasatschok, Quickstepp*, Tarantella, 11 Blackbottom, 13 Schuhplattler
Tanzdrehung:
9 Pirouette
Tänzerin:
9 Ballerina, 11 Balletteuse, 14 Primaballerina
Tanzfeier:
4 Ball
Tanzfestschreibung:
12 Choreografie*, 13 Choreographie
Tanzfigur:
8 Arabeske
Tanzgruppe:
7 Ballett
Tanzkunst:
9 Choreutik
Tanzlokal:
5 Disko, 9 Diskothek
Tanzschritt:
3 Pas, 4 Step, 5 Stepp*, 6 Croise
Tanzschuh:
8 Eskarpin
Tanzveranstaltung:
4 Ball, Fest
Tanzvereinigung:
7 Ballett, 9 Formation
Tapetenleim:
8 Kleister
tapfer:
4 brav, 5 mutig, 9 bravuroes*, schneidig, 10 bravouroes, couragiert
Tapferkeit:
3 Mut, 7 Courage, Schneid, 11 Beherztheit
Tarantelart:
11 Wolfsspinne
Tarockfigur:
6 Kavall, Reiter
Tarockkarte:
5 Pagat, Skues
Tarpanart:
9 Wildpferd
Taschenbuch:
9 Paperback
Taschenform:
5 Mappe
Taschenklappe:
5 Patte
Taschenpistole:
8 Terzerol
Taschenschmuck:
5 Patte
Taschenspieler:
7 Gaukler, 8 Zauberer, 10 Eskamoteur
Taschenspielerkunststück:
5 Trick
Tastapparatur:
8 Tastatur
Tastaturteil:
5 Pedal, 6 Manual, 9 Klaviatur
tastbar:
8 palpabel
Tasteninstrument:
5 Orgel, Piano, 7 Cembalo, Fluegel, Klavier, Pianino, Pianola, 9 Akkordeon, Harmonika, Harmonium, 10 Klavichord, Pianoforte, 12 Hammondorgel, 15 Schifferklavier
Tastorgan:
-bei Tieren:
7 Fangarm, Fuehler, 8 Tentakel
-beim Menschen:
4 Hand, Haut
Tastsinnwissenschaft:
6 Haptik
Tat:
4 Werk, 6 Aktion, 8 Handlung
Tatbestand:
6 Faktor, Moment, 9 Situation, 11 Gegebenheit, Sachverhalt, 13 Konstellation
Täter:
10 Delinquent
Tatform:
5 Aktiv
tätig:
4 agil, rege, 5 Aktiv
-sein:
3 tun, 7 agieren, handeln, 8 arbeiten, 9 fungieren
Tätigkeitsdrang:
5 Trieb
Tätigkeitsform:
5 Beruf, 6 Aktion, Arbeit, Praxis, 10 Aktivitaet, 14 Beschaeftigung
Tätigkeitstrieb:
10 Aktivitaet
Tätigkeitswort:
4 Verb, 6 Verbum
tatkräftig:
9 dynamisch, energisch, zupackend, 12 entschlossen
tatkräftiges Handeln:
6 Fleiss
Tatkräftigkeit:
7 Energie, Hingabe, Passion, 10 Aktivitaet, Initiative, 12 Begeisterung, Enthusiasmus
tätlicher Angriff:
9 Ueberfall
Tätlichkeit:
8 Rauferei, 9 Pruegelei, 11 Schlaegerei
Tatmensch:
7 Realist
Tatmerkmal:
5 Indiz
Tatsache:
4 Fakt, 6 Faktum, 8 Ereignis, Wahrheit, 9 Realitaet, 12 Wirklichkeit
tatsächlich:
4 real, 7 de facto, konkret, 8 faktisch, wirklich
Tatze:
5 Pfote, 6 Pranke, Pratze
Tau:
4 Reep, Reif, Seil, 5 Leine, 6 Strick
taub:
12 hoerunfaehig
Taubenart:
4 Dodo, 6 Dronte, 9 Lachtaube, Wildtaube, 10 Brieftaube, 11 Felsentaube, Ringeltaube

Taubnesselart:
6 Lamium
Tauchboot:
5 U-Boot, 12 Unterseeboot
Taucherbezeichnung:
10 Froschmann
Taucherentenvogel:
6 Dueker
Tauchvogel:
5 Lumme, 7 Pinguin, Taucher,
10 Seetaucher
Tauende:
4 Tamp, 6 Tampen
Taufkirche:
12 Baptisterium
Taufname:
7 Vorname
Taufzeugen:
4 Pate, 5 Patin
Taugenichts:
7 Lorbass, 8 Faulpelz,
9 Bummelant, Faulenzer,
10 Tunichtgut
tauglich:
3 fit
Tauglichkeitsbeweis:
7 Eignung
Tauglichkeitsnachweis:
4 Test
Taumel:
12 Benommenheit,
Ueberschwang
taumeln:
7 torkeln
Tauschgeschäft:
7 Wechsel
Täuschung:
4 Dreh, List, Trug, 5 Bluff,
Finte, Kniff, Trick, 6 Betrug,
Humbug, Schein, 7 Arglist,
Phantom, 8 Gaunerei, Trugbild,
9 Blendwerk, Schwindel,
10 Einbildung, 11 Verstellung,
12 Irrefuehrung,
13 Halluzination, Mystifikation,
Vorspiegelung
Tausendfüßerart:
10 Kugelassel, 11 Schnurassel,
Skolopender
Tausendgüldenpflanze:
5 Aurin
Tausendsassa:
11 Teufelskerl, 14 Allerweltskerl
Tausendschönpflanze:
7 Amarant, 12 Massliebchen,
15 Gaensebluemchen
Tauwerk:
9 Kabelgarn

Taxus:
4 Eibe
Teamsportart:
8 Fussball, Handball,
10 Volleyball, Wasserball
Technikertitel:
9 Ingenieur
technische:
-Krafteinheit:
4 Pond
-Lehranstalt:
9 Technikum, 13 Polytechnikum
-Vorrichtung:
7 Apparat, 9 Apparatur
technischer:
-Abbau:
9 Demontage
-Aufbau:
7 Montage
Techtelmechtel:
5 Flirt, 8 Liebelei
Teeapparat:
7 Samowar
Teeinhaltsstoff:
4 Tein
Teenager:
4 Girl, 9 Backfisch
teeren:
6 pichen, 9 kalfatern,
12 asphaltieren
Teererzeugnis:
4 Pech, 6 Anilin, 7 Bitumen
Teerfarbe:
6 Anilin
Teermasse:
4 Pech, 7 Asphalt, Bitumen
Teesorte:
4 Mate, 6 Broken, 10 Darjeeling
Teichgewächs:
6 Kalmus
Teichgewässer:
6 Weiher, 7 Tuempel
Teichhuhn:
5 Ralle
teigige Hautbeule:
8 Myxoedem
Teigkugel:
5 Kloss
Teigrollapparat:
9 Nudelholz
Teigtreibmittel:
4 Hefe, 9 Sauerteig,
10 Backpulver
Teigwaren:
5 Nudel, 8 Spaetzle
Teil:
5 Glied, 6 Bissen, Partie, Sektor,
Stueck, 7 Portion, 9 Abschnitt,
11 Bruchstueck
-alter Festungsbauten:
6 Bastei
-am Auto:
11 Stossstange
-der Anrede:
7 Rufname
-der Bettwäsche:
5 Laken, 9 Bettbezug
-der Bibel:
14 Altes Testament,
Neues Testament
-der Blüte:
5 Kelch, 7 Stempel
-der Drehorgel:
5 Walze, 6 Kurbel
-der Eifel:
4 Venn
-der Elemente:
4 Atom
-der Erdatmosphäre:
10 Exosphaere, 11 Mesosphaere,
12 Troposphaere,
13 Stratosphaere
-der Funkeinrichtung:
6 Sender, 7 Antenne,
10 Empfaenger
-der Geige:
4 Hals, Steg, 5 Boden, Decke,
Saite, 6 Buegel, 9 Schalloch,
10 Griffbrett, Schallloch*
-der Gleisanlage:
6 Weiche, 7 Schiene, 8 Schwelle
-der Hand:
6 Daumen, Finger,
10 Ringfinger, 11 Zeigefinger,
12 Mittelfinger
-der indischen Literatur:
4 Veda, Weda
-der irdischen Lufthülle:
13 Stratosphaere
-der Karpaten:
8 Beskiden
-der Karteikarte:
3 Tab, 6 Reiter
-der Kerze:
5 Docht, 7 Stearin
-der Kletterpflanze:
5 Ranke
-der Leiter:
4 Holm, 7 Sprosse
-der Mathematik:
7 Algebra, 9 Geometrie
-der Molkerei:
8 Kaeserei
-der Mönchstracht:
9 Skapulier

-der Orgel:
5 Pedal, 6 Manual, Pfeife, 8 Register, Windlade, Windwerk
-der Physik:
5 Optik, 7 Akustik, 8 Mechanik
-der Rätischen Alpen:
7 Bernina
-der Raubtierpfote:
5 Tatze, 6 Kralle
-der Reitbahn:
6 Kalade, Manege
-der Scheune:
5 Tenne
-der Schraube:
7 Gewinde
-der Schreibmaschine:
4 Type, 5 Taste, Wagen, Walze, 8 Farbband, Tastatur, 9 Tabulator
-der Schulter:
6 Achsel, 13 Schulterblatt
-der Schwäbischen Alb:
5 Hardt
-der Streichinstrumente:
4 Steg
-der südlichen Kalkalpen:
10 Karawanken
-der Tennisanlage:
4 Netz
-der Treppe:
6 Podest
-der Tür:
6 Klinke
-der Uhr:
5 Unruh, 6 Pendel, Zeiger, 8 Gangwerk, 10 Schlagwerk, 11 Zifferblatt
-der ungarischen Tiefebene:
8 Batschka
-der Unterwelt:
6 Limbus
-der Westkarpaten:
8 Beskiden
-der Woche:
3 Tag
-der Wohnung:
3 Bad, 6 Balkon, Keller, Kueche, 8 Speicher, 10 Wohnzimmer, 12 Schlafzimmer
-der Wohnungseinrichtung:
6 Moebel, 8 Gardinen, Teppiche
-der Zentralheizung:
8 Radiator
-des Alphabets:
9 Buchstabe
-des Apennin:
8 Abruzzen
-des Armes:
4 Hand, 7 Oberarm, 8 Unterarm, 10 Ellenbogen, Handgelenk
-des Atlantiks:
7 Nordsee
-des Auges:
3 Lid, 4 Iris, 5 Linse, 7 Pupille, Sehnerv, Wimpern, 8 Hornhaut, Netzhaut, 9 Bindehaut, 14 Regenbogenhaut
-des Automotors:
6 Kolben, Ventil, 8 Vergaser, Zylinder, 10 Zuendkerze
-des Baltikums:
7 Estland, Litauen, Livland, 8 Lettland
-des Baumes:
3 Ast, 5 Blatt, Krone, Rinde, Stamm, Zweig, 6 Wurzel
-des Beines:
4 Fuss, Knie, Wade, 8 Schenkel, 12 Oberschenkel, 13 Unterschenkel
-des Bestecks:
5 Gabel, 6 Messer, 7 Loeffel
-des Blutfarbstoffes:
8 Haematin
-des Bodensees:
7 Obersee, 8 Untersee
-des britischen Parlaments:
8 Oberhaus, 9 Unterhaus
-des Bruches:
6 Nenner, 7 Zaehler
-des Buches:
5 Blatt, Seite, 6 Deckel, 7 Einband, 8 Umschlag, 14 Schutzumschlag
-des Bühnenbildes:
7 Kulisse
-des Daches:
5 First, 6 Giebel
-des Dramas:
3 Akt
-des Eßbestecks:
5 Gabel, 6 Messer, 7 Loeffel
-des Fahrgestells:
5 Achse
-des Fahrrades:
5 Gabel, Kette, Lampe, 6 Bremse, Lenker, Rahmen, Reifen, Sattel, 7 Klingel, 8 Freilauf, 10 Lenkstange, Ruecklicht, 14 Gepaecktraeger
-des Flughafens:
5 Tower, 8 Rollfeld
-des Flugzeuges:
5 Rumpf, 6 Duesen, 9 Propeller, 11 Fahrgestell, Tragfluegel
-des Gartens:
4 Beet
-des Gebisses:
6 Kiefer, Zaehne
-des Gedichtes:
4 Vers, 7 Strophe
-des Gesichts:
3 Ohr, 4 Auge, Bart, Mund, Nase, 5 Backe, Lippe, Stirn, 6 Kiefer, 8 Schlaefe, 10 Augenbraue
-des Gürtels:
8 Schnalle
-des Halses:
5 Kehle, 6 Genick, Gurgel, Nacken, 7 Mandeln, 8 Kehlkopf, 10 Luftroehre, Zungenbein, 12 Speiseroehre
-des Hauses:
4 Dach, Tuer, 5 Boden, 6 Giebel, Keller, Zimmer, 7 Fenster, 8 Speicher, 11 Schornstein
-des Hessischen Berglandes:
5 Rhoen
-des Hubschraubers:
5 Rotor
-des Klaviers:
5 Pedal, Saite, 8 Tastatur
-des Klosters:
5 Zelle, 6 Remter, 11 Dormitorium, Refektorium
-des Kopfes:
3 Ohr, 4 Auge, Kinn, Mund, Nase, 5 Augen, Braue, Ohren, Stirn, 6 Gehirn, Kiefer, 8 Kinnlade, Schaedel
-des Körpers:
4 Fuss, Hals, Hand, Knie, Kopf, Nase, 5 Bauch, Brust, Organ, Rumpf, 6 Taille, 7 Ruecken
-des Liedes:
7 Strophe
-des Menüs:
5 Suppe, 9 Nachtisch, 11 Hauptspeise
-des Messers:
5 Griff, 6 Klinge
-des Mittelmeeres:
5 Adria, Syrte, 7 Aegaeis
-des Motors:
6 Kolben, Ventil
-des Mundes:
5 Zunge, 6 Gaumen, Gebiss, Lippen, Zaehne
-des Ofens:
4 Rost, 8 Ofenrohr

-des Ohres:
7 Muschel, 8 Schnecke,
10 Ohrmuschel, 11 Trommelfell
-des Pazifiks:
7 Suedsee
-des Pfälzer Waldes:
6 Haardt
-des Pfluges:
5 Schar
-des Rades:
4 Nabe, 5 Felge, 6 Reifen,
8 Speichen
-des Radios:
6 Sender, 7 Antenne,
12 Lautsprecher
-des Rheinischen Schiefergebirges:
5 Eifel, 6 Taunus, 8 Ardennen,
9 Hunsrueck, 10 Westerwald,
13 Siebengebirge
-des Sauerlandes:
14 Bergisches Land
-des Schiffes:
3 Bug, 4 Deck, Heck, Kiel,
Mast, 5 Anker, Ruder, Segel,
6 Kabine, Steven, 7 Kajuete,
8 Kombuese, Laderaum
-des Schuhs:
5 Ferse, Kappe, Sohle, Zunge,
6 Absatz, Schaft
-des Skeletts:
7 Knochen
-des Stillen Ozeans:
7 Suedsee, 8 Sundasee,
10 Beringmeer, 12 Korallenmeer
-des Stuhles:
4 Bein, Sitz, 5 Lehne
-des Tages:
5 Abend, Nacht, 6 Mittag,
Morgen, 10 Nachmittag
-des Tierkopfes:
4 Maul, 5 Augen, Ohren,
6 Maehne, 8 Schnauze
-des USA-Parlaments:
5 Senat, 19 Repraesentantenhaus
-des Verdauungsapparates:
4 Darm, 5 Magen
-des Wagens:
5 Achse
-des Weinstocks:
4 Rebe
-des Weserberglandes:
7 Deister, Solling,
13 Wiehengebirge
-des Wiederkäuermagens:
6 Pansen
-des Wortes:
5 Silbe
-des Zaumzeugs:
6 Trense, 7 Kandare
-einer Burg:
4 Turm, 5 Zinne
-eines Metallbandes:
5 Glied, 11 Kettenglied
-von Großbritannien:
5 Wales, 7 England,
10 Nordirland, Schottland
Teilabschnitt:
6 Etappe, 9 Abschnitt
Teilbesitztum:
6 Anteil
Teilbetrag:
4 Rate, 5 Quote
Teilchen:
4 Atom, 8 Partikel
Teilgebiet:
-der Biologie:
7 Botanik, 8 Zoologie
-der Mathematik:
7 Algebra
Teilglied:
10 Komponente
teilhaben:
13 partizipieren
Teilhaberschaftsinhaber:
7 Partner, 9 Kompagnon,
12 Kommanditist,
14 Gesellschafter
Teilnahme:
7 Mitleid, 9 Interesse,
10 Mitgefuehl
teilnahmslos:
6 stumpf, 8 blasiert, 9 apathisch,
11 lethargisch, 13 gleichgueltig,
15 desinteressiert
Teilnahmslosigkeit:
7 Apathie, 9 Lethargie,
12 Desinteresse
Teilnehmender:
11 Partizipant
Teilstrich:
4 Grad
Teilstück:
7 Portion
Teilungsergebnis:
8 Spaltung, Trennung,
9 Zerlegung
teilweise:
8 partiell
Teilzahlungsbetrag:
4 Rate
Teint:
9 Hautfarbe, 13 Gesichtsfarbe
Telefonapparat:
12 Fernsprecher
Telegraf:
13 Fernschreiber
Telegramm:
8 Depesche
Telegrammverschlüsselung:
4 Code
telegraphieren:
6 kabeln, 7 drahten,
12 depeschieren
Telemachs:
-Mutter:
8 Penelope
-Vater:
8 Odysseus
Teleskop:
8 Fernrohr
Tempel:
-auf der Akropolis:
9 Parthenon
-für alle Götter:
8 Pantheon
-im Islam:
7 Moschee
-im Judentum:
8 Synagoge
Tempelbasis:
9 Krepidoma
Tempelberg der Juden:
4 Sion, Zion
Tempelfest der Juden:
8 Chanukka
Temperament:
9 Wesensart, 10 Gemuetsart,
Munterkeit
Temperaturmeßgerät:
11 Thermometer
Temperaturregelarmatur:
10 Thermostat
Temperaturstärke:
4 kalt, warm, 5 heiss, kuehl,
7 frostig
Tempo:
8 Zeitmass, 15 Geschwindigkeit
Tempobezeichnung in der Musik:
5 grave, largo, lento, 6 adagio,
presto, vivace, 7 allegro,
andante, 8 ritenuto, 10 allegretto,
diminuendo, largamente,
ritardando, stringendo,
11 accelerando, prestissimo,
vivacissimo
Tempomeßgerät:
5 Tacho, 10 Tachometer
Tempozulegen:
5 Spurt, 8 Endspurt,
12 Akzeleration

Tendenz:
4 Hang, Kurs, 5 Trend,
7 Neigung, Streben,
8 Stimmung, 9 Stroemung
Tennisbegriff/-ausdruck:
2 As, 3 Set, 4 Satz, 5 Match,
Mixed, 6 Doppel, Einzel,
Racket, Rakett, 7 Vorhand,
8 Backhand, Einstand, Flugball,
9 Aufschlag, Rueckhand,
10 Grundlinie, 11 Dameneinzel,
12 Aufschlaeger, Herreneinzel
Tennissatz:
3 Set
Tennissportgerät:
6 Racket, Rakett
Tennisstar:
5 Crack
tennisverwandtes Ballspiel:
6 Squash
Teppichart:
5 Ladik, Sumak, 6 Perser,
7 Bruecke, Buchara
Teppichform:
10 Bodenbelag
Teppichstickerei:
10 Tapisserie
Terminabsprache:
5 Datum, Frist, 9 Zeitpunkt
Terminliste:
6 Agenda
Terrain:
5 Boden, Grund, 8 Gelaende
Test:
7 Umfrage, Versuch, 8 Pruefung,
10 Experiment
Testamentsanhang:
8 Kodizill
Testat:
7 Zeugnis, 12 Bestaetigung,
13 Bescheinigung
Testatgeber:
9 Erblasser
teuer:
8 wertvoll, 11 kostspielig
Teuerungsrate:
15 Preissteigerung
Teufelsaustreiber:
8 Exorzist
Teufelsaustreibung:
10 Exorzismus
Teufelsbart:
10 Kuhschelle
Teufelsfigur:
5 Satan, Urian, 6 Belial,
Daemon, Samiel, 7 Luzifer,
8 Mephisto, 9 Beelzebub,
14 Mephistopheles
Teufelsfisch:
6 Rochen
Teufelskirsche:
10 Belladonna, 11 Tollkirsche
Teufelsrochen:
5 Manta
Teufelsweib:
4 Hexe
teuflisch:
9 satanisch, 10 daemonisch,
diabolisch
Text:
9 Inschrift, 10 Aufschrift,
Manuskript, 12 Formulierung
Text für Opernaufführungen:
8 Libretto
Textauslegung:
7 Exegese
Textilapparat:
8 Webstuhl
Textilberuf:
5 Weber
Textilfirma:
7 Weberei, 8 Wirkerei,
9 Spinnerei
Textilgrundstoff:
5 Faser, Seide, Wolle,
9 Baumwolle, 10 Kunstfaser
Textilprodukt:
4 Samt, Tuch, 5 Drell, Satin,
Seide, Stoff, 6 Gewebe, Leinen,
Spitze
Textloch:
6 Lakuna, Lakune
Textreproduktion:
7 Abdruck
Textstelle:
6 Passus
Textverfasser:
10 Librettist
thailändische:
-Amtssprache:
4 Thai
-Hauptstadt:
7 Bangkok
-Königin:
7 Sirikit
-Münze:
3 Bat, 5 Tikal, 6 Satang
thailändischer:
-Berg:
3 Kao
-Fluss:
3 Nan, 5 Menam
-König:
4 Rama
thailändisches:
-Umschlagtuch:
6 Panung
Theater:
6 Buehne, 9 Opernhaus,
11 Schaubuehne,
12 Kammerspiele,
14 Schauspielhaus
Theaterchef:
9 Intendant
Theaterheft:
8 Programm
Theatermanager:
10 Impresario
Theaterobjekt:
8 Requisit
Theaterpersonal:
8 Ensemble
Theaterrolle:
4 Part, 7 Rotulus
Theatersitzplatz:
4 Loge, Rang, 7 Galerie, Parkett,
9 Sperrsitz
Theaterspielplan:
10 Repertoire
thebanische:
-Königin:
5 Niobe
-Königstochter:
6 Semele
thebanischer:
-Dichter:
6 Pindar
-Feldherr:
9 Pelopidas, 11 Epaminondas
-Königssohn:
7 Oedipus
Thekentisch:
6 Tresen, 10 Ladentisch
Themenstellung:
8 Thematik
Themenwahl:
6 Inhalt, 7 Aufgabe, Gedanke,
9 Leitmotiv
Theologe:
5 Kurat, Vikar, 6 Pastor,
7 Pfarrer, 8 Prediger, Priester
Thermometerskala:
6 Kelvin, 7 Celsius,
10 Fahrenheit
These:
8 Leitsatz
Thorakrone:
5 Keter
thrakische
-Göttin:
5 Kotys, 6 Bendis

thrakischer:
-Volksstamm:
5 Myser
Thrillergenre:
5 Krimi, 7 Reisser,
10 Horrorfilm
Throndach:
9 Baldachin
Throndieb:
9 Usurpator
Thronfolger:
9 Kronprinz
Thronfolgeregelung:
10 Sukzession
Thusneldas Mann:
5 Armin, 7 Hermann, 8 Arminius
Thymianpflanze:
7 Quendel
tibetanische:
-Hauptstadt:
5 Lhasa
-Religion:
9 Lamaismus
tibetanischer:
-Buddhist:
7 Lamaist
-Grunzochse:
3 Jak
-Halbesel:
5 Kiang
-Lastträger:
6 Sherpa
-Mönch:
4 Lama, 5 Bonze
-Ochse:
3 Yak
-Steinhaufen:
3 Obo
tibetanisches:
-Kultgerät:
12 Gebetsmuehle
-Oberhaupt:
9 Dalai Lama
-Wildrind:
3 Jak, Yak
Tibethirsch:
5 Schou
Tick:
6 Fimmel, Spleen, 8 Schrulle
Ticketschein:
9 Fahrkarte, 14 Eintrittskarte
Tidengang:
4 Ebbe, Flut, 6 Gezeit
tief:
7 profund
Tiefdrucktechnik:
9 Radierung, 13 Heliogravuere
Tiefdruckzone:
7 Zyklone
tiefe:
-Abneigung:
4 Hass
-Bewußtlosigkeit:
4 Koma
-Frauenstimme:
3 Alt
-Männerstimme:
4 Bass
Tiefenmeßgerät:
3 Lot, 7 Echolot
Tiefenmessung:
6 Lotung
Tiefenstein:
6 Diorit
tiefer:
-Fall:
5 Sturz
tiefes:
-Bedauern:
4 Reue
tiefgreifend:
7 radikal
tiefgründig:
7 profund
Tiegelbehälter:
10 Kasserolle
Tierabrichter:
8 Dompteur
Tierabrichtung:
7 Dressur
Tierart/-gattung:
4 Wurm, 5 Fisch, Vogel,
6 Insekt, Reptil, 8 Amphibie,
Hohltier, 9 Amphibium,
Schaltier, Weichtier,
10 Saeugetier, Wirbeltier
Tierausstellung:
9 Menagerie
Tierbrut:
4 Wurf, 6 Gelege
Tiereingeweide:
7 Innerei
Tiererkrankung:
4 Spat, 5 Darre, 6 Laehme,
Nagana, Raeude, Staupe,
7 Tollwut, 9 Milzbrand,
10 Rinderpest, 11 Rauschbrand,
12 Schweinepest
Tierernährung:
6 Futter
Tierfangutensil:
4 Rute, 5 Angel, Eisen, Lasso,
Reuse, 8 Schlinge, 9 Fangeisen,
10 Mausefalle
Tierfell:
4 Pelz
Tierferment:
3 Lab
Tierfett:
4 Tran, 5 Speck, 7 Schmalz
Tierfuß:
3 Huf, 5 Klaue, Pfote, 6 Pranke
Tierfutter:
3 Heu, 4 Gras, Klee
Tiergemeinschaft:
5 Rudel
Tiergruppe:
3 Zug, 5 Herde, Horde, Meute,
Rudel, 7 Schwarm
Tierhaus:
3 Bau, 4 Nest, 5 Horst, Stall,
6 Gehege, Hoehle, Roehre,
7 Voliere, 8 Aquarium,
9 Exotarium, Terrarium,
10 Bienenkorb, 11 Hundehuette,
Vogelkaefig, 12 Taubenschlag
Tierhaut:
4 Fell, Pelz, 5 Decke
Tierhauterzeugnis:
5 Leder
Tierheim:
3 Bau, 4 Nest, 5 Stall, 7 Zwinger
Tierhöhle:
3 Bau
tierisch:
10 animalisch, 11 bestialisch
tierische:
-Milchdrüse:
5 Euter
tierischer:
-Duftstoff:
7 Moschus
-Kopfschmuck:
4 Horn, 5 Haube, 6 Geweih,
Maehne, 7 Gehoern
tierisches:
-Fett:
4 Talg, Tran
-Körperteil:
3 Huf, 4 Horn, Maul, 5 Euter,
6 Geweih, 7 Fluegel, Ruessel,
Schwanz, 8 Schnabel, Schnauze
Tierkadaver:
3 Aas
Tierkreiszeichen:
5 Krebs, Loewe, Stier, Waage,
6 Fische, Widder, 8 Jungfrau,
Schuetze, Skorpion, 9 Steinbock,
Zwillinge, 10 Wassermann
Tierkunde:
8 Zoologie

Tierlaus:
5 Milbe
Tierlaut:
4 miau
Tierleiche:
3 Aas, 7 Kadaver
Tierlippe:
5 Lefze
Tiermärchen:
5 Fabel
Tiermaul:
4 Maul, 5 Aeser, 8 Schnabel, Schnauze
Tiermediziner:
10 Veterinaer
Tierpark:
3 Zoo
Tierprodukt:
2 Ei, 4 Fett, Pelz, Talg, Tran, 5 Honig, Milch, Speck, Wolle, 7 Fleisch, 8 Schinken, 10 Flaumfeder
Tierschenkel:
5 Keule
Tierseite:
5 Wamme
Tiertrainer:
8 Dompteur, Dresseur
Tierversteinerung:
7 Zoolith
Tierwaffe:
4 Horn, Zahn, 5 Hauer, Klaue, Tatze, 6 Gebiss, Geweih, Kralle, Pranke, 7 Stachel, 9 Stosszahn
Tierwelt:
5 Fauna
Tierwissenschaftler:
7 Zoologe
Tierzehe:
5 Klaue, 6 Kralle
Tigerkatze:
6 Ozelot
Tigerpferd:
5 Zebra
Tigerschlange:
6 Python
tilgen:
8 loeschen
Tilgungsform:
9 Bezahlung, Loeschung, 11 Stornierung, 12 Amortisation
Tintenfederschreiber:
7 Fueller
Tintenfisch:
5 Polyp, Sepia, 8 Nautilus, Oktopode
Tintenfleck:
6 Klecks
Tintentrockenpapier:
12 Loeschpapier
Tipp:
4 Wink, 7 Hinweis, 9 Andeutung, 10 Empfehlung
Tirade:
5 Suada, 6 Erguss
Tiroler:
-Bauernmaler:
9 Defregger
-Bergmassiv:
9 Dolomiten
-Freiheitsheld:
5 Hofer
-Hauptstadt:
9 Innsbruck
-Kurort:
4 Igls, Oetz, 6 Woergl
-Maler:
9 Defregger, 10 Egger-Lienz
-Passionsspielort:
3 Erl
-Weinort:
6 Tramin, 7 Kaltern
-Zwergkönig:
6 Laurin
Tischdecke:
3 Set
Tischdeckenart:
9 Wachstuch
tischfertig:
3 gar
Tischgemeinschaft:
10 Tafelrunde
Tischglocke:
4 Gong
Tischlerberuf:
9 Schreiner
Tischlerüberbleibsel:
4 Span, 9 Saegemehl
Tischlerutensil:
5 Hobel, Saege, 6 Bohrer, Raspel, 9 Hobelbank, 10 Stemmeisen
Tischtennisvariante:
8 Pingpong
Tischtuch:
5 Decke
Tischzeug:
6 Gedeck, 7 Service, 9 Tischtuch, 10 Servietten
Titan:
5 Riese
Titanias Mann:
6 Oberon
Titel:
3 Rat, 6 Anrede, 7 Eminenz, 9 Exzellenz, 12 Ueberschrift
-asiatischer Fürsten:
4 Khan
-der Bürgermeister der Hansestädte:
11 Magnifizenz
-der Gattin Aga Khans:
5 Begum
-der Nachfolger Mohammeds:
5 Kalif
-der russischen Kaiserin:
5 Zarin
-des äthiopischen Kaisers:
5 Negus
-des iranischen Kaisers:
5 Schah
-des japanischen Kaisers:
5 Tenno, 6 Mikado
-des Oberhaupts der Tibetaner:
9 Dalai-Lama
-des Oberhaupts von Genua und Venedig:
4 Doge
-des russischen Kaisers:
3 Zar
-des spanischen Hochadels:
6 Grande
-einer indischen Fürstin:
4 Rani, 5 Begum, 8 Maharani
-eines indischen Fürsten:
4 Raja, 7 Radscha, 11 Maharadscha
Titelabbildung:
5 Cover
Titelbildchen:
8 Vignette
Titelgestalt bei:
-Anet:
6 Ariane
-Anouilh:
5 Medea, 8 Antigone, Eurydike
-Beethoven:
7 Fidelio
-Berg:
4 Lulu, 7 Wozzeck
-Berlin:
5 Annie
-Bizet:
6 Carmen
-Borodin:
4 Igor
-Britten:
8 Lukretia, 9 Billy Budd, 11 Peter Grimes, 13 Albert Herring
-Byron:
7 Manfred
-Colette:
4 Gigi, 6 Mitsou, 8 Claudine

-Corneille:
3 Cid
-Cronin:
9 Lucy Moore
-Deeping:
5 Kitty
-Defoe:
8 Robinson
-Donizetti:
5 Lucia
-Dostal:
6 Clivia, Monika
-du Maurier:
7 Rebecca, 8 Mary Anne
-Egk:
8 Columbus, Peer Gynt
-Euripides:
5 Orest
-Fall:
8 Augustin, 9 Pompadour
-Flaubert:
6 Bovary, 12 Madame Bovary
-Flotow:
6 Martha
-Freytag:
4 Ingo, 8 Ingraban
-Galsworthy:
12 Irene Forsyte
-Gershwin:
4 Bess, 5 Porgy
-Giraudoux:
6 Judith, Undine, 7 Elektra
-Gluck:
5 Paris, 6 Armida, Helena, 7 Alceste, Orpheus, 8 Eurydike
-Goethe:
5 Faust, Goetz, Tasso, 6 Egmont, Stella, 7 Clavigo, Hermann, Werther, 8 Dorothea, 9 Iphigenie
-Gounod:
5 Faust
-Grabbe:
5 Faust, 7 Don Juan, 8 Hannibal, Napoleon
-Grass:
5 Oskar
-Grillparzer:
5 Medea, 6 Sappho, 7 Libussa
-Händel:
6 Xerxes
-Hauptmann:
4 Elga, 5 Pippa, 7 Hannele, 8 Griselda, 9 Rose Bernd, 12 Florian Geyer, 13 Michael Kramer
-Hebbel:
5 Gyges, Julia, 6 Judith, 7 Herodes, 8 Genoveva, Mariamne
-Hindemith:
6 Mathis
-Honegger:
7 Johanna
-Humperdinck:
6 Gretel, 7 Haensel
-Ibsen:
4 Nora, 5 Brand, 8 Peer Gynt
-Krenek:
5 Jonny
-Lessing:
5 Minna, 6 Emilia, Nathan
-Lincke:
4 Luna, 8 Frau Luna
-Millöcker:
7 Dubarry, 8 Jonathan
-Moliere:
8 Tartuffe, 10 Amphitryon
-Molnar:
6 Liliom
-Monteverdi:
7 Orpheus, Poppaea
-Mozart:
6 Figaro, 7 Bastien, Don Juan, 9 Bastienne, 11 Don Giovanni
-Mussorgski:
12 Boris Godunow
-Nestroy:
17 Lumpazivagabundus
-Offenbach:
6 Helena, 7 Orpheus
-Pagnol:
5 Cesar, Fanny, 6 Marius
-Porter:
4 Kate
-Puccini:
5 Tosca, 9 Butterfly
-Rossini:
4 Tell, 7 Barbier
-Schiller:
4 Tell, 6 Fiesco, 9 Don Carlos, 11 Maria Stuart, Wallenstein
-Shakespeare:
4 Lear, 5 Julia, Romeo, 6 Caesar, Hamlet, 7 Macbeth, Othello, 8 Antonius, Coriolan
-Shaw:
4 Karl, 7 Johanna, 9 Androklus, Cleopatra, Pygmalion
-Sophokles:
4 Aias, Ajas, Ajax, 7 Elektra, Oedipus, 8 Antigone
-Strauß:
6 Salome, 7 Ariadne, Elektra, 8 Arabella
-Strawinsky:
7 Oedipus, 10 Oedipus Rex
-Strindberg:
5 Julie
-Thiess:
8 Isabelle
-Thomas:
6 Mignon
-Vaszary:
6 Monpti
-Verdi:
4 Aida, 7 Othello, 8 Falstaff, 9 Rigoletto
-Wagner:
6 Isolde, Rienzi, 7 Tristan, 8 Parsifal, 9 Lohengrin, Siegfried, 11 Tannhaeuser
-Weber:
6 Oberon, 9 Euryanthe
-Wedekind:
4 Lulu
-Wilde:
6 Salome, 10 Dorian Gray, 14 Lady Windermere
-Youmans:
7 Nanette
-Zola:
4 Nana
-Zuckmayer:
13 Katharina Knie, 14 Schinderhannes, 15 Barbara Blomberg
Titelinhaber:
7 Titular
Titelvergabe:
9 Ernennung
Titulierung:
6 Anrede
Toastart:
9 Roestbrot, 11 Trinkspruch
toben:
5 rasen
tobend:
6 rasend
tobsüchtig:
7 manisch
Tobsuchtsanfall:
4 Amok, 7 Raserei, Tollwut
Tochter von:
-Agamemnon:
9 Iphigenie
-Athene:
3 Bia
-Ceres:
10 Proserpina
-David:
6 Thamar

-Demeter:
10 Persephone
-Dione:
9 Aphrodite
-Gäa:
4 Rhea, 5 Rheia, 6 Phoibe, Tethys, Themis
-Helena:
8 Hermione
-Helios:
5 Circe, Kirke
-Hera:
4 Hebe
-Herodias:
6 Salome
-Hyperion:
3 Eos, 6 Aurora, Selene
-Juno:
8 Libertas
-Jupiter:
5 Diana, Irene, Venus, 7 Minerva, 10 Proserpina
-Kadmos:
3 Ino, 6 Semele
-Klytämnestra:
7 Elektra, 9 Iphigenie
-König Lear:
5 Regan, 7 Goneril, 8 Cordelia
-Kreon:
6 Glauke, Kreusa
-Kronos:
4 Hera, Here, 6 Hestia, 7 Demeter
-Laban:
3 Lea, Lia, 6 Rachel
-Latona:
5 Diana
-Leda:
6 Helena
-Leto:
7 Artemis
-Minos:
7 Ariadne
-Nereus:
6 Thetis, 7 Galatea, Nereide, 8 Galateia, 10 Amphitrite
-Okeanos:
5 Dione
-Priamos:
9 Kassandra
-Rhea:
4 Hera, Here, Juno, 5 Ceres, Vesta, 6 Hestia, 7 Demeter
-Tantalus:
5 Niobe
-Theia:
3 Eos, 6 Aurora, Selene
-Themis:
4 Dike, 6 Eirene
-Theoderich:
11 Amalasuntha, 12 Amalaswintha
-Uranos:
4 Rhea, 5 Rheia, Theia, 6 Phoebe, Phoibe, Tethys
-Ute:
9 Kriemhild
Tochtergeschwulst:
9 Metastase
Tod:
6 Exitus
Todesgott:
5 Hades, Orkus, 6 Anubis, Erebus, Pluton, 8 Thanatos
Todesgöttin:
3 Hel, 5 Keren, 6 Hather, Hathor
Todeskampf:
6 Agonie
Todesurteilsfolge:
11 Hinrichtung
Todeswüten:
4 Amok
todgeweiht:
8 moribund
tödlich:
5 letal
tödliche Krankheit:
4 Pest, 6 Pocken
Todsünde:
4 Geiz, Neid, Zorn, 7 Hochmut, Wollust, 10 Trunksucht
Toilettenort:
2 WC, 3 Klo, 13 Wasserklosett
tolerant:
7 duldsam
tolldreist:
5 frech, kuehn
Tolle:
5 Locke, 10 Haarschopf
tolle Idee:
8 Kapriole
Tollkirschenbeere:
10 Belladonna, 12 Teufelsbeere
Tollkirschengift:
7 Atropin
Tollkrautpflanze:
10 Schierling, 11 Bilsenkraut
Tolpatschiger:
7 Toelpel
Tomatenfertigsoße:
7 Ketchup, 8 Ketschup*
Tombolaveranstaltung:
9 Verlosung
Ton:
4 Laut, 5 Klang
Ton-Kalk-Gestein:
6 Mergel
Tonabfolge:
7 Melodie, Passage
tonangebend:
9 kompetent
Tonart:
3 Dur, 4 Moll
Tonband:
4 Tape
Tonbandapparat:
8 Recorder, Rekorder*, Tapedeck, 11 Magnetophon, 17 Kassettenrecorder, Kassettenrekorder*
Tonbezeichnung:
3 Ces, Des, Dis, Eis, Fis, Gis, His
Tondichtung:
11 Komposition
Tonerde:
5 Ocker
tönern:
5 irden
Tonfall:
6 Akzent, 8 Betonung, 10 Aussprache
Tonfärbung:
6 Timbre
Tonfilmband:
4 Take
Tonflasche:
5 Kruke
Tongainsel:
3 Ata, Eua, 4 Niue, Toku, 5 Tofua, 9 Tongatabu
Tongeschirr:
5 Hafen, 7 Keramik, 10 Roemertopf
Tongeschlecht:
3 Dur, 4 Moll
Tonhebung:
5 Iktus
Toninstrument:
7 Okarina
Tonintervall:
4 None, Prim, Sext, Terz, 5 Prime, Quart, Quint, Sexte, 6 Dezime, Oktave, Quarte, Quinte, 7 Sekunde, Septime
Tonkonserve:
12 Schallplatte
Tonkunst:
5 Musik
Tonkünstler:
7 Musiker, Saenger, 8 Dirigent, 9 Komponist

Tonlehre:
8 Phonetik
Tonleiter:
5 Skala
tonlos:
5 stumm
Tonmaß:
4 Takt
Tonne:
4 Fass, 6 Barrel
Tonschicht:
6 Letten
Tonschöpfer:
9 Komponist
Tonschöpfung:
11 Komposition
Tonsetzer:
9 Komponist
Tonspeichermaterial:
10 Magnetband, 12 Schallplatte
Tonspielhalle:
5 Odeon, Odeum, 7 Orpheum
Tonträgersammlung:
9 Phonothek
Tönungsfärbung:
6 Nuance
Tonware:
7 Fayence, Keramik, 8 Majolika, 9 Porzellan, 10 Terrakotta
Tonwiedergabeapparat:
8 Recorder, Rekorder*, 14 Plattenspieler, 17 Kassettenrecorder, Kassettenrekorder*
Tonzeichen:
4 Note, Note
Tonzusammenklang:
6 Akkord
Tonzwischenraum:
9 Intervall
Topf:
4 Pott
Topfanfaßgriff:
5 Stiel, 6 Henkel
Töpfergrundstoff:
3 Ton
Töpferkunsthandwerk:
7 Keramik
Töpferware:
6 Kachel, 7 Fayence, Keramik, 8 Steingut, 10 Terrakotta
Topfverschluss:
6 Deckel
Tor:
4 Narr, Tuer, 6 Pforte, Portal
Torflage:
4 Sode
Torheit:
6 Eselei, 8 Dummheit, Kinderei, Narretei, 9 Bloedsinn, Firlefanz, 10 Albernheit
töricht:
4 naiv, 6 unklug, 9 naerrisch
törichte Idee:
6 Flause
törichtes Gerede:
7 Gefasel, Nonsens
törichtes Reden:
6 Unsinn
Tornadoform:
11 Wirbelsturm
Tornister:
6 Ranzen, 8 Rucksack, 11 Schulranzen
Torschütze:
10 Goalgetter
Törtchen:
9 Tortelett, 10 Tortelette
Tortur:
4 Qual, 5 Plage, 6 Folter, Marter
Torwacht:
7 Portier, 9 Pfoertner
tot:
3 oed, 6 leblos, 8 entseelt
total:
4 ganz, 6 gesamt, 9 gaenzlich, 12 vollstaendig
Totalisatorbetrieb:
11 Wettannahme
totalitär:
10 autoritaer, 12 diktatorisch
tote Knochen:
7 Gebeine
Totenacker:
8 Friedhof
Totenbeschwörung:
11 Nekromantie
Totenehrung:
8 Nekrolog
Totenfährmann:
6 Charon
Totenführer:
6 Hermes
Totengedenkmesse:
7 Requiem
Totengeister:
5 Manen, 7 Lemuren
Totengeleit:
7 Kondukt
Totengott:
5 Hades, Orkus, Pluto, 6 Anubis, Erebus, Pluton, 8 Thanatos
Totengöttin:
3 Hel, 5 Keren, 6 Hather, Hathor
Totenklage:
6 Naenie
Totenkult:
8 Manismus
Totenlager:
4 Grab, 6 Krypta
Totennachruf:
8 Nekrolog
Totenort:
9 Nekropole, 10 Nekropolis
Totenreich:
5 Hades, Orkus, 6 Erebus, Hoelle, 9 Unterwelt
Totenschrein:
4 Sarg, 9 Sarkophag
Totenstein:
9 Grabstein
Totentrage:
5 Bahre
Totenvogel:
9 Steinkauz
toter:
-Körper:
6 Leiche, 8 Leichnam
-Tierkörper:
3 Aas, 7 Kadaver
Totschlägertyp:
6 Killer
Tötungsweise:
9 Ermordung, 11 Hinrichtung, Liquidation
Tour:
5 Fahrt, Reise, 9 Exkursion, Wanderung, 14 Gastspielreise
Tourismusindustrie:
14 Fremdenverkehr
Tourist:
8 Urlauber, 9 Reisender
Touristenbegleiter:
8 Animator, 11 Reiseleiter, 14 Fremdenfuehrer
Touristikfirma:
10 Reisebuero
Trabant:
8 Satellit, 9 Begleiter
Trabrenngerät:
5 Sulky
Trachtenoberjacke:
6 Janker
Trachtenstoff:
5 Loden
trächtig:
7 tragend
Traditionsform:
5 Sitte, 6 Brauch, 9 Herkommen, 14 Ueberlieferung
tragbar:
8 portabel, 13 transportabel

tragbarer:
-Behälter:
4 Korb, 5 Eimer, 8 Kanister
-Fernseher:
8 Portable
träge:
4 faul, 7 langsam, 9 apathisch, 12 phlegmatisch
Tragebett:
5 Trage, 9 Tragbahre
tragendes:
-Bauteil:
6 Balken, Strebe, 7 Pfeiler, Stuetze
Träger:
-der Erbanlagen:
3 Gen, 9 Chromosom
-der Golfgeräte:
6 Caddie
-im Himalaja:
6 Sherpa
Trägerart:
4 Mast, 6 Balken, Strebe, 7 Pfeiler, Stuetze, 8 Traverse
Traggebälk:
4 Holm, 9 Architrav
Traggestell:
5 Butte, Hotte, Kiepe
Trägheit:
6 Torpor, 7 Phlegma, 8 Faulheit, 9 Lethargie
Traghimmeldach:
9 Baldachin
Traglast:
6 Buerde
Tragleine:
4 Gurt
Tragödienaufführung:
11 Trauerspiel
Tragsäule:
7 Stuetze
Tragsitz:
7 Saenfte, 11 Portechaise
Tragstütze:
7 Pfeiler
Tragtier:
4 Esel, Lama, Muli, 5 Kamel, Pferd, 8 Dromedar, Maultier
Tragweite:
7 Ausmass
Train:
5 Tross
Trainer:
5 Coach, 11 Sportlehrer
trainieren:
5 ueben
Trainingseinheit:
6 Uebung
Trainingsgerät:
9 Simulator
Trajekt:
6 Faehre, 11 Faehrschiff
Traktat:
10 Abhandlung, 11 Flugschrift
Traktion:
12 Geburtshilfe
Traktor:
7 Trecker, 11 Zugmaschine
Tramp:
12 Globetrotter, 13 Weltenbummler
Tran:
3 Oel
Trancezustand:
14 Daemmerzustand, 19 Entrueckungszustand
Tränen heulen:
6 weinen
tranig:
7 langsam, 9 troedelig
Transaktionsleistung:
13 Bankgeschaeft, Geldgeschaeft
Transferaktion:
12 Ueberweisung, 13 Ueberfuehrung
Transfusion:
12 Uebertragung, 16 Bluttuebertragung
Transistor:
11 Verstaerker
Transit:
9 Durchfuhr, Durchgang
Translation:
12 Uebertragung
transparent:
12 durchsichtig, 14 durchscheinend
Transparentanstrich:
5 Lasur, 9 Lasierung
Transparentbild:
3 Dia, 10 Diapositiv
Transplantation:
17 Organverpflanzung
transportabel:
9 beweglich
Transportbehälter:
4 Fass, Sack, 5 Kiste, 6 Karton, 8 Kanister, 9 Container
Transportfahrzeug:
9 Lastwagen
Transportmittel:
3 Bus, 4 Bahn, Obus, Post, Tram, 5 U-Bahn, Wagen, 7 Omnibus, 8 Flugzeug, 9 Eisenbahn, Lastwagen
Transportunkosten:
13 Frachtgebuehr
Transportware:
6 Fracht, Ladung
Transportweise:
7 Versand, 12 Befoerderung
Transuran:
6 Curium, 7 Fermium, 8 Nobelium, 9 Americium, Berkelium, Neptunium, Plutonium, 10 Lawrencium, 11 Einsteinium, Mendelevium
Trapezfigur:
7 Viereck, 11 Schwebereck
Trapezkünstler:
6 Artist
Trasse:
4 Spur, 7 Faehrte
Tratsch:
7 Klatsch, 8 Gemunkel, 10 Geschwaetz
Tratsche:
11 Klatschbase
Traubenernte:
4 Lese, 8 Weinlese
Traubenpreßgerät:
6 Kelter
Traubensaft:
4 Most, Wein
Traubensorte:
5 Gamay, 6 Aramon, Merlot, 7 Elbling, Formint, Gutedel, Lagrein, 8 Cabernet, Riesling, Silvaner, Traminer, 9 Burgunder, Rulaender, 10 Trollinger, 11 Muskateller
Traubenzucker:
7 Glukose, 8 Dextrose
Trauer:
6 Wehmut, 8 Truebsal, 9 Tristesse, 10 Betruebnis, 11 Melancholie
Trauerband:
4 Flor
Trauerspiel:
9 Tragoedie
Trauerspieldichter:
8 Tragiker
Trauerzug:
7 Kondukt
traulich:
5 innig, 8 heimelig, 9 idyllisch
Traumdeuter:
9 Wahrsager
Träumer:
7 Fantast*, 8 Phantast

Träumerei:
7 Reverie, 8 Fantasie*,
9 Phantasie
Traumgebiet:
8 Eldorado
Traumgespinst:
3 Alb, Alp, 5 Geist
traumhaft:
9 visionaer, wunderbar,
10 unwirklich
Traumlehre:
11 Oneirologie
Traumvorstellung:
6 Vision, 8 Illusion, Trugbild,
9 Schimaere, 12 Hirngespinst
Traumzustand:
6 Trance
traurig:
7 desolat, 8 betruebt,
13 melancholisch
Traurigkeit:
8 Truebsal, 9 Truebsinn
traut:
8 traulich, vertraut, 9 behaglich
Traute:
3 Mut
Trauungszeremonie:
8 Hochzeit, 11 Vermaehlung,
14 Eheschliessung
Travellerpapier:
11 Reisescheck
travers:
4 quer, 7 schraeg
Traverse:
8 Ausleger, 10 Querbalken
Treber:
7 Trester
Treck:
7 Kolonne, 8 Karawane,
12 Wagenkolonne
Trecker:
7 Traktor, 9 Schlepper
Treckschute:
11 Schleppkahn
Treff:
5 Kreuz, 6 Eichel
Treffen:
9 Begegnung, 10 Rendezvous,
13 Zusammenkunft
treffend:
8 frappant, 9 praegnant
Treffer:
3 Hit, Tor, 5 Preis, 6 Erfolg,
Gewinn, 11 Gluecksfall
treffsicher:
9 praegnant
treibende Kraft:
5 Agens

Treibgas:
5 Butan, 6 Propan
Treibgeschoß:
6 Rakete
Treibhaus:
9 Kaldarium, 12 Gewaechshaus
Treibjagd:
13 Kesseltreiben
Treibladung:
9 Kartusche
Treibnetz:
5 Fleet
Treibstange:
12 Pleuelstange
Treibstoff:
3 Gas, 5 Butan, 6 Benzin,
Benzol, Diesel, Methan, Propan,
9 Dieseloel, 12 Leichtbenzin,
Schwerbenzin
Treibstoffüllraum:
4 Tank, 6 Barrel, Bunker, Kessel,
8 Kanister
Trend:
7 Neigung, Tendenz, 8 Richtung
Trendel:
7 Kreisel
Trennbereich:
11 Perforation
trennen:
6 teilen, 8 scheiden, 9 isolieren,
losloesen, 10 separieren
Trenner:
9 Separator
Trenngegenstand:
4 Wand, Zaun, 5 Mauer
Trennschleudergerät:
10 Zentrifuge
Trennung:
5 Bruch, 7 Teilung, 9 Scheidung,
10 Isolierung, Separation,
11 Separierung
Trennungsanwendung:
7 Dialyse, 12 Destillation
Trennungslinie:
6 Grenze
Trennungsstrich:
5 Divis
Trense:
10 Pferdezaum
Trepanation:
16 Schaedeloeffnung
Treppe:
6 Stiege, 7 Aufgang
Treppenabsatz:
6 Podest
Treppenbereich:
5 Stufe, 9 Gelaender

Treppenvorhalle:
9 Vestibuel
Tresen:
5 Theke, 10 Ladentisch,
11 Schanktisch
Tresorschrank:
4 Safe, 11 Geldschrank,
13 Panzerschrank
Tresse:
5 Borte, Litze, 6 Besatz, Galone
Trester:
6 Treber
Trethebel:
5 Pedal, 11 Kickstarter
treu:
7 ergeben, redlich, 9 verbunden,
11 anhaenglich
Treubruch:
6 Verrat
treuer Gefolgsmann:
7 Paladin
Treuhandauftrag:
6 Mandat
Treuhänder:
7 Kurator, 10 Sachwalter
treuherzig:
4 naiv, 6 arglos
treulos:
6 perfid, 7 perfide
treuloser Hintergeher:
9 Verraeter
Triangel:
7 Dreieck
Triasformation:
6 Keuper
Tribunal:
7 Gericht, 11 Gerichtshof,
12 Richterstuhl
Tribut:
4 Zoll, 6 Abgabe
Trick:
4 List, 5 Finte, 7 Finesse,
10 Kunstgriff, Taeuschung
trickreich:
6 listig, 11 verschlagen
Trident:
8 Dreizack
Triebform:
6 Impuls, Libido, 7 Ableger,
9 Verlangen
Triebkraft:
5 Motor, 7 Energie
triebmäßig:
10 instinktiv
Triebwerk:
5 Motor, 8 Maschine, Mechanik
triften:
8 floessen

triftig:
9 plausibel, 11 stichhaltig, 14 wohlbegruendet
trikolor:
10 dreifarbig
Trikotkleidung:
6 Jersey
Trimmer:
6 Jogger
Trinität:
13 Dreieinigkeit, 14 Dreifaltigkeit
Trinitatisfeier:
19 Dreifaltigkeitsfest
Trinkbedarf:
5 Durst
Trinkgefäß:
4 Glas, Horn, Mass, 5 Kelch, Molle, Tasse, 6 Becher, Humpen, Roemer, Seidel, 7 Stiefel, 8 Bierkrug, Schoppen, Stamperl, Teetasse, Weinkrug, 9 Obertasse, 10 Sektschale, 13 Schnabeltasse
-der Germanen:
7 Methorn
Trinkgelage:
8 Sauferei, Zecherei, 10 Besaeufnis
Trinkgesellschaft:
5 Runde
Trinklied der Studenten:
6 Kantus
Trinkopfer:
8 Libation
Trinkrohr:
9 Strohhalm
Trinkspruch:
4 Skal, 5 Toast, 6 Prosit
Trinkstätte:
6 Kneipe, 10 Wirtschaft
Trio:
7 Terzett
Trip:
5 Reise, 7 Ausflug
Trisektion:
11 Dreiteilung
trist:
4 oede, 7 traurig
Triste:
10 Heuschober
Triton:
12 Meergottheit
Triumvirat:
8 Dreibund, 16 Dreierherrschaft
trivial:
5 platt, 6 seicht, 11 gewoehnlich, 12 abgedroschen
trocken:
4 arid, 5 duerr
trockene:
-Ebene:
6 Steppe
-Getreidehalme:
5 Stroh
trockenes:
-Grasland:
6 Steppe
Trockenfutter:
3 Heu
Trockengerät:
5 Darre
Trockenheit:
6 Duerre
Trockenlegungsmaßnahme:
13 Entwaesserung
Trockenmalstil:
7 Pastell
Trockenpflanze:
10 Strohblume
trocknen:
6 darren
Trocknungsgestell:
5 Darre, 6 Reiter
Troddel:
6 Quaste
Troddelpflanze:
10 Soldanella
Trödelsachen:
4 Tand, 6 Ramsch, 7 Plunder, 10 Krimskrams
Trödlerberuf:
16 Altwarenhaendler
Troja:
5 Ilion, Ilium
trojanische:
-Burg:
8 Pergamon
-Sagenfigur:
6 Achill, Aeneas, Hekabe, Hektor, Helena, Nestor, 7 Priamos, Priamus, 8 Achilles, 9 Kassandra
trojanischer:
-Priester:
7 Laokoon
-Prinz:
7 Troilos
Trollfigur:
6 Unhold
Trommel:
5 Bongo, Cassa, Pauke, 6 Tamtam, Tomtom, 7 Timpani, 8 Tamburin
Trommelfeuer:
8 Kanonade
Trommelschläger:
7 Tambour
Trommelstöckchen:
8 Schlegel
Trommler:
7 Drummer, Tambour, 12 Schlagzeuger
Trompete:
7 Clairon, Fanfare
Trompetenbaum:
7 Katalpa
Trompetenblume:
8 Bignonie
Tropenfieber:
7 Malaria
Tropenfrucht:
5 Mango, 6 Ananas, Banane
Tropenhut:
8 Sombrero
Tropenkrankheit:
4 Pest, 5 Lepra, 7 Aussatz, Malaria, Trachom, 10 Gelbfieber, 15 Schlafkrankheit
Tropenpflanze:
5 Palme, 6 Akazie, 9 Mangobaum, 11 Dattelpalme, 13 Affenbrotbaum
Tropenvogel:
3 Ara, Beo, 4 Lori, 5 Tukan, 6 Kakadu, 7 Kolibri, Papagei
Tropenwind:
5 Samum, 6 Monsun, Passat
tropische:
-Ameise:
7 Termite
-Baumfrucht:
9 Kokosnuss
-Baumsteppe:
7 Savanne
-Blume:
8 Orchidee
-Echse:
5 Gecko, Skink, Waran, 6 Leguan, 8 Basilisk
-Edelholzart:
4 Teak, 8 Ebenholz, Mahagoni
-Faserpflanze:
5 Agave, Sisal
-Graspflanze:
6 Bambus
-Grassteppe:
7 Savanne
-Heilpflanze:
4 Aloe
-Holzart:
8 Mahagoni

-Knollenpflanze:
4 Taro, 6 Batate, Maniok
-Landschaftsform:
5 Busch, Pampa, 6 Steppe, Urwald, Wueste, 7 Savanne, 9 Dschungel, Regenwald
-Meeresschnecke:
5 Oliva
-Niederschlagsperiode:
9 Regenzeit
-Nutzpflanze:
3 Tee, 4 Coca, Reis, Soja, Taro, 5 Agave, Betel, Hirse, Kakao, Palme, Sesam, Sisal, Tabak, 6 Ananas, Batate, Kaffee, Limone, Maniok, Orange, Papaya, 7 Erdnuss, Oelbaum, Rizinus, Tapioka, 9 Tamarinde, 10 Topinambur, Zuckerrohr
-Schlingpflanze:
5 Liane
-Stechmücke:
7 Moskito
tropischer:
-Kuckucksvogel:
3 Ani
-Schwirrvogel:
7 Kolibri
tropischerr:
-Wirbelsturm:
6 Taifun
tropisches:
-Getreide:
4 Mais, Reis, 5 Hirse, 7 Kukuruz
-Gewächs:
5 Agave, Palme, 6 Bambus, Kaktus, Sapote, 7 Opuntie, 8 Orchidee, 9 Tamarinde, 13 Affenbrotbaum
-Gewürz:
4 Zimt, 5 Curry, 6 Muskat, 7 Pfeffer, Vanille
-Insekt:
7 Moskito, Termite
-Säugetier:
4 Affe, Puma, 5 Kamel, Loewe, Tiger, Zebra, 6 Jaguar, 7 Elefant, Gazelle, Giraffe, Leopard, Nashorn, 8 Antilope
Troß:
5 Train, 7 Gefolge, 10 Mitlaeufer
Trosse:
4 Seil, 10 Schiffstau, 11 Schiffsseil
Troßschiff:
6 Tender
Trost:
8 Beistand, Zuspruch
trostlos:
4 oede, 5 trist, 7 desolat, traurig
Trottel:
5 Idiot, 6 Kretin, 8 Dummkopf
Trottoirbereich:
7 Fussweg, 8 Gehsteig, 12 Buergersteig
Trotz:
5 Trutz, 9 Eigensinn, 15 Dickkoepfigkeit, 17 Widerspenstigkeit
trotzdem:
4 doch, 7 dennoch, 8 obgleich
trotzig:
8 renitent, 11 dickkoepfig, eigensinnig
Troubadour:
12 Minnesaenger
trübe:
6 diesig, neblig, 7 dunstig
Trubel:
5 Laerm, 6 Tumult, Unruhe, 9 Gedraenge
trübsinnig:
7 traurig, 10 deprimiert, 12 schwermuetig, 13 melancholisch
Trübsinnigkeit:
3 Not, 5 Elend, 6 Kummer, 9 Schwermut, Tristesse, 10 Depression, 11 Melancholie
Truchseß:
10 Hofbeamter, Seneschall
Trug:
4 List, 6 Schein, 10 Taeuschung, 16 Sinnestaeuschung
Trugbild:
6 Vision, 8 Illusion, Wahnbild, 11 Fata Morgana
Trugbildwahrnehmung:
13 Halluzination
trügerisch:
9 scheinbar, 10 unwirklich, 11 illusorisch, 12 irrefuehrend
Trugschluß:
6 Irrtum, 10 Denkfehler
Trümmerhaufen:
5 Ruine, Teile, Wrack, 6 Schutt, 8 Scherben, 12 Bruchstuecke
Trunkenbold:
7 Trinker, 11 Alkoholiker
Trunkenheit:
6 Rausch
Trunksuchtserkrankung:
12 Alkoholismus
Truppenart:
4 Heer, 6 Marine, 9 Luftwaffe, 12 Panzertruppe
Truppenfahne:
9 Standarte
Truppenkörper:
5 Kader
Truppenschau:
6 Parade
Truppenspitze:
4 Tete, 6 Vorhut
Truppenstandort:
8 Garnison
Truppenteil:
5 Armee, Korps, 7 Brigade, Einheit, 8 Division, Eskadron, Kompanie, Regiment, 9 Abteilung, Bataillon
Truppenübung:
8 Manoever
Truppenunterkunft:
7 Kaserne
Truppenverpflegung:
6 Menage
Truppenver-sorgungungsleistung:
8 Logistik
Trustgebilde:
4 Pool, 7 Kartell
Truthahn:
5 Puter
Truthenne:
4 Pute
Trutz:
6 Abwehr, 10 Widerstand
trutzig:
6 massiv, 8 maechtig
tschechisch für Prag:
5 Praha
tschechische:
-Münze:
5 Krone, 6 Heller
-Nationalheilige:
7 Libussa
-Stadt:
4 Eder, Eger, 6 Pilsen
tschechischer:
-Dirigent:
7 Kubelik
-Komponist:
6 Dvorak, 7 Smetana
-Landesteil:
7 Boehmen, Maehren
-Nobelpreisträger für Chemie:
9 Heyrovsky
-Nobelpreisträger für Medizin:
4 Cori

-Politiker/Politikerin:
5 Havel, Husak, 6 Dubcek
-Reformator:
3 Hus
-Schriftsteller:
5 Hasek, Havel, Kafka
Tubavariante:
7 Helikon, 9 Bombardon
Tube:
9 Behaelter
Tubeninhalt:
5 Paste
Tubifexart:
11 Brunnenwurm
Tubus:
12 Zwischenring, Zwischenrohr
Tuchfühlung:
7 Kontakt
tüchtig:
6 patent, wacker, 8 fleissig,
9 geschickt
Tüchtigkeit:
10 Faehigkeit
Tuchware:
5 Laken, Stoff, Wolle
Tücke:
4 List, 10 Hinterlist,
15 Verschlagenheit,
17 Hinterhaeltigkeit
tückisch:
9 arglistig, 12 hinterlistig
tüftelig:
9 schwierig
tüfteln:
8 gruebeln
Tugend:
3 Mut, 5 Treue
tugendhaft:
6 ehrbar, keusch, 7 sittsam,
8 zuechtig
Tugendlehre:
5 Ethik
Tugendwächter:
13 Moralprediger
Tülle:
7 Ausguss, 8 Schnauze
Tulpenbaumpflanze:
8 Magnolie
Tummelbereich:
10 Spielwiese,
16 Kinderspielplatz
Tümmlerart:
5 Taube, 6 Delfin*, 7 Delphin
Tumor:
10 Geschwulst
Tümpel:
5 Suhle, Teich

Tumult:
5 Krach, Laerm, 6 Unruhe,
7 Aufruhr, Getoese, 8 Wirrwarr
tumultuarisch:
9 aufgeregt
tünchen:
9 streichen
Tüncherberuf:
11 Anstreicher
tunesische:
-Hauptstadt:
5 Tunis
-Insel:
6 Djerba, 8 Dscherba
-Nationalbewegung:
6 Destur
tunesischer:
-Titel:
3 Dei
Tunke:
5 Sauce, Sosse*
tunlich:
12 zweckmaessig
Tunnel:
13 Unterfuehrung
Tupfen:
5 Fleck, Punkt, 8 Sprenkel
Tür:
6 Portal, 7 Ausgang, Eingang,
9 Durchlass
Türanfasser:
6 Klinke
turbieren:
7 stoeren, 11 beunruhigen
turbulent:
8 wirbelnd, 10 stuermisch
Turbulenz:
13 Durcheinander,
Wirbelbildung
Türenteil:
5 Angel, Griff, Haspe, Sturz,
6 Klinke, Rahmen, 7 Laibung,
Pfosten, Schloss, 8 Druecker,
Schwelle
Türhaken:
5 Haspe
Türke:
6 Osmane
Türkenwaffe:
7 Jatagan
türkische:
-Anrede:
3 Bei, 6 Efendi
-Dynastie:
11 Seldschuken
-Hauptstadt:
6 Ankara

-Insel:
3 Ada, 5 Imroz, 6 Imbros,
7 Tenedos
-Kopfbedeckung:
3 Fes
-Meerenge:
8 Bosporus, 11 Dardanellen
-Mehlspeise:
6 Boerek
-Münze:
4 Kuru, Para, 5 Kurus, Pfund,
7 Piaster
-Nationalspeise:
5 Dolma, 8 Tschorba
-Nomadenvölker:
6 Awaren, 8 Kirgisen
-Riemenpeitsche:
10 Karbatsche
-Tabakspfeife:
8 Tschibuk
-Wasserpfeife:
8 Nargileh
türkischer:
-Beamter:
3 Bei, 4 Vali, 5 Mudir, 6 Pascha,
7 Muschir
-Berg:
6 Ararat
-Bezirk:
6 Seyhan
-Branntwein:
4 Rake, Raki
-Feldherr:
8 Atatuerk
-Frauenname:
5 Selma, Uysal, Yeter, 6 Guenes,
Latife
-Gebetsteppich:
5 Milas
-Hausschuh:
8 Babusche
-Herrschertitel:
6 Sultan
-Männername:
7 Buelent, Mustafa
-Name von Smyrna:
5 Ismir, Izmir
-See:
3 Tuz, Wan
-Soldatenrock:
6 Gaitan
-Staatsmann:
8 Atatuerk
-Sultan:
5 Ahmed, Murad, Osman,
6 Mahmud, Mehmed, 7 Mustafa,
Soliman, 8 Mohammed,
Suleiman

-Titel:
3 Aga, Bei, Bey, 4 Baba, Gazi, 5 Mudir, 6 Efendi, Pascha, 7 Effendi
-Trachtenrock:
6 Dolman
-Verwaltungsbeamter:
4 Wali
türkisches:
-Gebirge:
6 Taurus
-Gewicht:
4 Okka
-Hochland:
9 Anatolien
Turktatare:
5 Aware, 6 Jakute, Usbeke, 7 Kasache, Kirgise, 8 Turkmene, 9 Baschkire
Turmdachform:
12 Zwiebelhaube, 13 Zwiebelkuppel
türmen:
7 fliehen
Türmer:
9 Gloeckner, 12 Turmwaechter
Turmschwalbe:
11 Mauersegler
Turmspitze:
4 Apex
Turngerät:
4 Ball, Bock, Reck, Seil, 5 Keule, Pferd, Ringe, 6 Barren, Kasten, Reifen, Stange, 9 Trampolin, 12 Sprossenwand, Stufenbarren, 13 Schwebebalken
Turnierreitsportlerin:
7 Amazone
Turnierveranstaltung:
9 Wettkampf, 10 Kampfspiel
Turnkünstler:
7 Akrobat
Turnübung:
3 Rad, 4 Kuer, 5 Felge, Hocke, Kerze, Kippe, Rolle, Welle, Wende, 6 Schere, Spagat, Stuetz, 7 Hangeln, Spreize, 8 Klettern, Klimmzug, 9 Handstand, Hockwende, Umschwung, 10 Aufschwung, Bodenrolle, 11 Doppelsalto, Riesenwelle, 12 Hueftschwung
turnusmäßige Abfolge:
7 Wechsel, 11 Reihenfolge
Turnvater:
4 Jahn
Türrahmen:
5 Zarge
Türschelle:
7 Klingel
Türverschluß:
6 Riegel, 7 Schloss
Türvorhang:
8 Portiere
Türvorleger:
5 Matte, 9 Fussmatte
Türwächter:
7 Portier, 9 Pfoertner
Türzapfen:
5 Angel, 6 Kloben
tuscheln:
9 fluestern
Tuschgeräusch:
6 Signal, 7 Fanfare
Tutel:
13 Vormundschaft
Tutinstrument:
10 Signalhorn
Tutor:
7 Vormund, 8 Erzieher
TV-Senderort:
13 Fernsehstudio
Typ:
3 Art, 5 Genre, 6 Macker, Modell, 7 Gattung, 9 Grundform, Kategorie
Type:
6 Letter
typisch:
13 kennzeichnend, 16 charakteristisch
Tyrann von:
-Athen:
8 Hipparch, 11 Pisistratus
-Gela:
5 Gelon
-Sparta:
5 Nabis
Tyrannei:
8 Diktatur
Tyrannenherrscher:
8 Diktator, 15 Gewaltherrscher

übel:
4 mies, 5 boese, 6 gemein, 8 schlecht
Übelbefindlichkeit:
7 Malaese*, Malaise
Übelgefühl:
6 Nausea, 9 Brechreiz, Schwindel
übellaunig:
7 grantig
übelnehmerisch:
11 empfindlich
Übeltat:
9 Schandtat
Übeltäter:
7 Suender, 10 Boesewicht, Delinquent, 11 Missetaeter
Übelwollen:
14 Boeswilligkeit
üben:
6 proben, 9 studieren, 10 exerzieren, trainieren
über:
3 via
Überangebot:
9 Inflation
Überanstrengungsursache:
6 Stress, 8 Strapaze
Überantwortung:
13 Aushaendigung
Überbein:
8 Ganglion
Überbleibsel:
5 Abhub, Neige, Ruine, Wrack, 6 Relikt, Stumpf, 7 Stummel, 8 Residuum, Rudiment, Truemmer
Überblicksveranstaltung:
5 Schau
Überbringender:
4 Bote, 6 Kurier
Überbrückungszeit:
9 Wartezeit
überdachter:
-Durchgang:
7 Passage
überdachtes:
-Schlafmöbel:
10 Himmelbett
überdeckend:
8 dominant
überdeckt:
8 rezessiv
Überdeckung:
9 Bedachung
überdenken:
8 erwaegen
überdeutlich:
5 krass
überdies:
5 zudem, 9 ausserdem
überdreht:
7 lebhaft
Überdruß:
6 Degout, 7 Abscheu, 9 Abneigung, 10 Widerwille
überdurchschnittlich:
9 trefflich
Überecklinie:
9 Diagonale
Übereifer:
4 Hast, 10 Fanatismus
Übereinkunft:
7 Vertrag, 8 Abkommen, 9 Abmachung, 10 Kompromiss, Konvention, 11 Arrangement
übereinstimmen:
11 akkordieren
übereinstimmend:
7 homolog, konform, 9 identisch, kongruent, 11 solidarisch, 13 gleich lautend*, gleichlautend
Übereinstimmung:
6 Akkord, 8 Analogie, 9 Einigkeit, Eintracht, 10 Konkordanz, 12 Solidaritaet
überempfindlich:
10 allergisch, 13 hypersensibel
Überempfindlichkeit:
8 Allergie, 18 Hypersensibilitaet
übererregt:
8 hektisch
Überfahrt:
7 Passage
Überfall:
4 Raid, 7 Angriff, Attacke, 8 Invasion, 10 Aggression
überfällig:
11 verschollen
überfeinert:
8 dekadent
Überfluß:
7 Opulenz, 8 Schwemme
überfromm:
6 bigott
überführen:
13 transferieren
Überführungsfahrt:
8 Transfer
Überfülle:
8 Plethora
Überfüllung:
9 Gedraenge
übergetretener Gläubiger:
9 Konvertit
Übergewand:
5 Kotze, 6 Mantel, Umhang
Übergewicht:
8 Mehrheit, 10 Majoritaet, Praevalenz, 13 Praeponderanz, Superioritaet
überglücklich:
5 selig
übergroß:
8 kolossal, 10 gigantisch
überheblich:
8 arrogant, 10 hochmuetig, hochnaesig, 11 duenkelhaft
Überheblichkeit:
6 Hybris, 7 Duenkel, Hochmut, 8 Arroganz
überholt:
3 out, 5 passe
Überholungsmaßnahme:
11 Renovierung, 12 Ausbesserung
überirdisch:
6 mental, 7 magisch, 8 abstrakt, jenseits, spukhaft, 9 himmlisch, spiritual, 10 aetherisch, daemonisch, unwirklich, 11 immateriell, 12 metaphysisch, transzendent, 13 unkoerperlich, 14 transzendental
überirdisches Wesen:
3 Fee, 5 Engel
überkleben:
10 kaschieren
überladen:
7 protzig, 11 bombastisch, schwuelstig
überlagernd:
8 dominant
Überlandweg:
8 Chaussee
überlassen:
8 abtreten, zedieren
Überlassungserklärung:
7 Zession, 9 Abtretung
Überläufer:
9 Deserteur
überlebt:
5 passe
überlegen:
6 denken, 8 erwaegen, 9 souveraen, 10 nachdenken
Überlegenheit:
13 Superioritaet
überlegt:
8 besonnen, 10 methodisch

Überlegung:
9 Reflexion
überliefert:
10 historisch, 12 traditionell
überlieferte Erzählung:
4 Maer, Sage
überlisten:
9 duepieren
übermäßig:
5 enorm, 7 horrend, 8 gewaltig, 9 ungeheuer
übermenschliche Gestalt:
6 Daemon
Übermut:
6 Hybris
übermütig:
6 albern
übernachten:
6 zelten, 8 logieren, 9 kampieren, 10 biwakieren
Übernahme:
9 Rezeption
Überordnung:
8 Supremat
Überpreis:
4 Nepp, 6 Wucher
Überprüfungsvorgang:
9 Kontrolle, 10 Inspektion
überragend:
6 genial, 7 erhaben
überraschend:
8 frappant, 10 ploetzlich, unerwartet
überrascht:
8 verdutzt, 10 verbluefft
überreden:
8 bekehren, 9 verleiten
überreichen:
13 praesentieren
Überrest:
6 Relikt
überschäumend:
12 bacchantisch
Überschlag:
7 Kalkuel, 10 Berechnung, Purzelbaum, Schaetzung
Überschrift:
8 Headline, 11 Schlagzeile
Überschuh:
8 Galosche
Überschußbetrag:
6 Ertrag, Gewinn, 8 Einnahme, 10 Reingewinn
überseeisch:
8 exotisch
Überseetelegramm:
5 Kabel
übersendeter Wechsel:
7 Rimesse
übersetzen:
11 dolmetschen
Übersetzer:
8 Dragoman, 11 Dolmetscher
Übersetzschiff:
6 Faehre
Übersichtsaufstellung:
6 Schema, 7 Tabelle, 8 Diagramm, 11 Aufstellung
übersinnlich:
12 transzendent
übersorgfältig:
7 penibel, 10 pedantisch
übersorgfältiger Mann:
6 Pedant
Überspanntheit:
10 Exaltation
übersteigerter Vaterlandsstolz:
12 Chauvinismus
überstimmen:
12 majorisieren
Überstrumpf:
8 Gamasche
Übertragungsvorgang:
4 Giro, 7 Zession, 8 Transfer, 11 Livesendung, Transfusion, Translation, 15 Transplantation
Übertretung:
8 Vergehen, Verstoss, 9 Fehltritt
übertrieben:
8 spleenig, 9 exaltiert, 10 exorbitant, verstiegen, 11 extravagant, exzentrisch, fantastisch*, verschroben, 12 phantastisch
übertriebene:
-Schnelligkeit:
7 Raserei
-Sparsamkeit:
4 Geiz
übertriebenes:
-Schmeicheln:
10 Lobhudelei
Übervorteilung:
6 Wucher
überwachen:
11 inspizieren, 13 kontrollieren
Überwachung:
8 Aufsicht, 9 Kontrolle
Überwachungsgerät:
12 Abhoergeraet
überwältigend:
7 eminent, 8 grandios
Überweisungsakt:
8 Transfer
Überwurfkleidungsstück:
5 Stola, 6 Umhang
Überwurfkragen:
8 Pelerine
Überzeugung:
7 Ansicht, Meinung, 10 Standpunkt
Überziehkleidungsstück:
7 Overall
Überzugbelag:
5 Email, Farbe, Lasur, 6 Glasur, 7 Emaille, Schicht, 8 Futteral
üble:
-Angewohnheit:
5 Unart, 6 Laster
-Geruchsform:
7 Gestank
-Lage:
10 Kalamitaet
-Nachrede:
11 Verleumdung, 12 Denunziation, 14 Verunglimpfung
üblich:
6 normal, usuell, 8 regulaer, 13 konventionell
übrigens:
7 apropos, 8 notabene
Übung:
5 Probe, 7 Routine, 8 Training
Übungen:
10 Exerzitien
Übungsapparat:
9 Simulator
Übungsgerät beim Boxen:
12 Punchingball
Übungsstück:
6 Etuede
Übungsvorsteher:
7 Trainer
Ufer:
6 Strand, 7 Gestade
Uferpflanze:
5 Binse, 6 Schilf
Uferschutz:
5 Deich
Uferschutzanlage:
4 Damm, Kaje, Mole, 5 Buhne, Deich, 8 Bollwerk
Uferweg:
3 Kai
Uhr:
10 Zeitmesser, 11 Chronometer
Uhrenteil:
5 Anker, Unruh, 6 Zeiger, 8 Gehaeuse, Zugfeder, 10 Schlagwerk, 11 Perpendikel, Zifferblatt

Uhrenvariante:
6 Wecker, 7 Atomuhr,
8 Quarzuhr, Stoppuhr,
9 Pendeluhr, 10 Armbanduhr,
Digitaluhr
Uhrpendel:
11 Perpendikel
Ukas:
6 Befehl, Erlass
ukrainische:
-Hafenstadt:
6 Odessa
-Hauptstadt:
4 Kiew
ukrainischer:
-Bildhauer:
10 Archipenko
-Fluß:
3 Bug, 6 Dnjepr, 7 Dnjestr
-Volksstamm:
7 Huzulen, 8 Ruthenen
ukrainisches:
-Adelsgeschlecht:
11 Rosumowskij
-Musikinstrument:
7 Bandola, Bandura
ulkig:
7 drollig, spassig
Ulkspiel:
3 Fez, Jux, 4 Witz, 5 Spass,
6 Scherz, 7 Klamauk,
11 Schabernack
Ulme:
7 Ruester
Ulmenart:
4 Iper
Umbruchsvorgang:
10 Revolution
Umdeutung:
10 Konversion
Umdrehung:
7 Torsion, Wendung, 8 Rotation,
9 Reversion
Umfang:
5 Dicke, 7 Ausmass, Groesse,
9 Dimension, 10 Ausdehnung,
Peripherie
umfangreich:
10 voluminoes
umfassend:
6 global, 8 komplett, 9 kollektiv,
universal, 10 universell,
12 erschoepfend,
15 enzyklopaedisch
Umformgerät:
13 Transformator
Umformung:
14 Transformation

Umfrageform:
7 Enquete, 8 Erhebung,
9 Recherche
umfriedeter Bereich:
3 Hag
Umfriedung:
4 Zaun, 5 Hecke, 6 Gatter,
Gehege, Gitter
Umgang:
7 Verkehr, 10 Prozession
umgänglich:
6 jovial, 8 soziabel,
10 konziliant
Umgänglichkeit:
10 Konzilianz
Umgangsformen:
7 Anstand, 8 Allueren,
Benehmen, Etikette, Manieren
Umgangssprache:
5 Slang, 6 Jargon, 7 Mundart
Umgebung:
6 Umwelt, 7 Sphaere,
13 Nachbarschaft
umgehend:
5 eilig, rasch, 6 prompt, sofort,
11 postwendend, schleunigst,
13 unverzueglich
umgekehrt:
6 invers, 8 kontraer, 9 diametral
umgeknickte Seite:
8 Eselsohr
Umgestaltungsmaßnahme:
6 Reform, 9 Aenderung,
11 Reformation,
12 Metamorphose
Umhang:
4 Cape, 5 Stola, 6 Poncho,
8 Pelerine
umherspazieren:
9 flanieren, 10 schlendern,
11 promenieren
umherziehendes Volk:
7 Gaukler, Nomaden,
8 Vaganten, 10 Spielleute,
12 Schausteller,
15 Strassensaenger
Umhüllung:
9 Emballage, 10 Verpackung
umkehrbar:
10 reversibel
umkehren:
11 invertieren
Umkehrphoto:
7 Negativ
Umkehrung:
7 Wendung, 9 Inversion,
Neubeginn, 10 Konversion,
Perversion

Umklammerung des Boxers:
6 Clinch
Umkleideraum:
6 Kabine, 9 Garderobe
Umkreis:
8 Umgebung, Umgegend,
13 Nachbarschaft
Umlagezahlung:
6 Steuer, 7 Beitrag
Umlauf:
4 Tour, 6 Turnus, 8 Rotation,
9 Kreisbahn, Kreislauf,
11 Zirkulation
umlaufen:
8 rotieren, 9 kursieren,
11 zirkulieren
umlaufender Aufzug:
11 Paternoster
Umlaut:
9 Diphthong
umnachtet:
8 verwirrt, 12 geisteskrank
Umrandung:
5 Bande, 10 Einfassung
umreißen:
10 skizzieren
Umriß:
6 Kontur, Profil
Umsatzanteil:
8 Tantieme, 9 Provision
Umschlag:
6 Kuvert, Umsatz, 7 Couvert,
Packung, Wechsel, 9 Enveloppe,
Kompresse
Umschlagwolltuch:
5 Schal
Umschließung:
9 Okklusion
umschmeicheln:
8 hofieren
Umschreibungsversuch:
10 Metaphrase, Paraphrase
Umschweifemachen:
10 Brimborium
Umschwung:
9 Peripetie, 10 Revirement
umsehen:
6 suchen, 8 erkunden,
11 orientieren
umsichtig:
8 besonnen, 9 ueberlegt
Umsichtigkeit:
7 Bedacht, 8 Sorgfalt,
11 Ueberlegung
umsonst:
6 gratis, 9 kostenlos,
10 vergeblich, 13 unentgeltlich

Umspanner:
13 Transformator
Umstandskrämer:
6 Pedant
Umstandswort:
2 da, 3 nie, nun, oft, 4 bald, dann, dort, ganz, hier, mehr, noch, sehr, viel, 5 einst, frueh, heute, immer, jetzt, lange, nicht, schon, stets, wenig, 6 abends, Adverb, bisher, damals, danach, ehedem, fortan, jemals, nachts, nimmer, oefter, selten, soeben, vordem, vorher, vorhin, 7 bereits, endlich, mittags, morgens, nachher, seitdem, 8 manchmal
umstellbar:
10 permutabel
Umstürzler:
9 Putschist, 10 Revoluzzer, 13 Revolutionaer
umstürzlerisch:
9 subversiv
Umsturzversuch:
6 Putsch, 7 Aufruhr, 8 Aufstand, 10 Revolution, 13 Staatsstreich
Umtriebe:
7 Intrige, 8 Komplott, 11 Machination, Raenkespiel
Umwandlung:
10 Konversion, 14 Transformation
umweltbedingt:
12 peristatisch
Umweltbereich:
6 Milieu, 11 Atmosphaere, Lebenskreis
Umweltschutzbegriff:
4 Smog, 5 Abgas, Laerm, Muell, Staub, 6 Abfall, Altoel, 7 Biozide, Dezibel, 8 Abwaerme, Abwasser, Emission, Endlager, 9 Abwaesser, Altreifen, Fluglaerm, Fungizide, Hausmuell, Herbizide, Immission, Oekologie, Pestizide, 10 Biosphaere, Bleigehalt, Entsorgung, Schadstoff, Sperrmuell, 11 Chemiemuell, Endlagerung, Insektizide, Klaeranlage, Laermschutz, Naturschutz, 12 Grossdeponie, Kanalisation, Klaerschlamm, Muelldeponie, Schallschutz, 13 Einwegflasche, Kompostierung, Naturhaushalt, Schmutzwasser, Verkehrslaerm, Wasserhygiene, 14 Entschwefelung, Laermminderung, Pflanzenschutz, Schalldaemmung, Smogwarndienst, Strahlenschutz, 15 Luftreinhaltung, Radioaktivitaet, 16 Einwegverpackung, Laermbekaempfung, Muellverbrennung, Oelverschmutzung, Wasserversorgung, 17 Abfallbeseitigung, Laermbelaestigung, Landschaftspflege, Strahlenbelastung, 18 Wasseraufbereitung, Wiederaufbereitung
Umweltschutzorganisation:
10 Greenpeace
Umweltwissenschaft:
9 Oekologie
umzäunte Weide:
6 Koppel, Pferch
Umzug:
10 Prozession, 13 Demonstration, 15 Wohnungswechsel
unabänderlich:
4 fest, 9 definitiv
unabänderliches Los:
5 Fatum, 6 Kismet
unabdingbar:
16 unveraeusserlich
unabgeschlossen:
10 unerledigt
unabhängig:
4 frei, 6 autark, 7 absolut, autonom, 12 selbstaendig
unabhängiger:
11 Independent
Unabhängigkeit:
8 Freiheit, 9 Autonomie, 14 Souveraenitaet
unablässig:
9 andauernd
unachtsam:
7 achtlos
Unachtsamkeit:
15 Fahrlaessigkeit
unangebracht:
10 deplaciert, deplaziert, inopportun, 11 deplatziert*
unangenehm:
5 fatal, 6 genant, leidig, widrig, 8 misslich, 9 unliebsam
unangenehme:
-Gewohnheit:
5 Unart
-Lage:
6 Klemme, 7 Dilemma
-Situation:
10 Bredouille
unannehmbar:
12 inakzeptabel
Unannehmlichkeit:
8 Malesche, 9 Schererei
unanständig:
7 obszoen
unanständiger Scherz:
4 Zote
unantastbar:
4 tabu, 6 gefeit, 10 geschuetzt, sakrosankt
Unantastbarkeit:
10 Immunitaet
unanzweifelbar:
10 felsenfest, 11 axiomatisch
unartiges Kind:
5 Goere, Range
unartikuliert:
10 undeutlich
unaufdringlich:
6 dezent
unaufhörlich:
5 immer, 6 stetig, 9 unendlich, 14 kontinuierlich
unauflösbar:
8 bleibend
unaufmerksam:
14 unkonzentriert, 15 desinteressiert
unaufrichtig:
12 hinterlistig
unausführbar:
13 impraktikabel
unausgebildet:
11 rudimentaer
unausgefüllt:
6 blanko
unbändig:
4 toll
unbare Zahlungsweise:
6 Scheck, 7 Wechsel, 11 Kreditkarte
unbearbeitet:
3 roh
unbebaut:
5 brach
unbedacht:
8 impulsiv, 11 gedankenlos, 12 leichtsinnig
unbedeckt:
5 nackt, offen

unbedeutend:
7 nichtig, wertlos,
12 nichts sagend*, nichtssagend
unbedeutende Sache:
8 Lappalie, 9 Bagatelle
unbedingt:
6 strikt, 7 absolut, 8 durchaus,
11 kategorisch, 12 peremtorisch,
13 ausdruecklich
unbefangen:
4 naiv, 8 objektiv
Unbefangenheit:
9 Naivitaet
unbefestigter Straßenrand:
7 Bankett
Unbeflecktheit:
8 Reinheit
unbefugt Jagender:
8 Wilderer
Unbehagen:
7 Missmut, 8 Verdruss,
12 Missstimmung
Unbehaglichkeit:
8 Ungemach
unbeherrschtes Reagieren:
6 Affekt
unbeirrbar:
6 eisern
unbekannt:
5 fremd, 6 anonym, obskur
unbekanntes Flugobjekt:
3 Ufo
unbekleidet:
5 nackt
unbelaubt:
4 kahl
unbelebt:
3 tot, 11 anorganisch
unbelehrbar:
4 stur
Unbelehrbarkeit:
8 Sturheit
unbeliebt:
10 missliebig
unbemittelt:
3 arm
unbenützt:
3 neu, 5 brach
unberechnet:
6 gratis, 7 umsonst
unberührbar:
4 tabu
unberührt:
6 intakt, 13 jungfraeulich
Unberührtheit:
11 Virginitaet
unbeschädigt:
4 heil, 6 intakt

unbescholten:
7 integer, sittsam
Unbescholtenheit:
11 Integritaet
unbeschränkt:
7 absolut, 12 schrankenlos
unbeschränkte Regierungsmacht:
12 Absolutismus
unbeschwert:
6 heiter, leicht, lustig,
9 vergnuegt
unbesetzt:
6 vakant
unbesetzte Stelle:
6 Vakanz
unbeständig:
5 labil, 6 unstet, 8 launisch,
9 wechselnd, 10 inkonstant,
12 inkonsequent, inkonsistent
Unbeständigkeit:
10 Inkonstanz, 12 Inkonsequenz,
16 Launenhaftigkeit
unbestimmt:
4 vage, 5 offen, 8 fraglich
unbestimmter:
-Artikel:
3 ein, 4 eine, 5 einer, eines
unbestimmtes:
-Fürwort:
3 man
-Zahlwort:
4 kein, viel, 5 alles, beide, etwas,
manch, wenig, 6 nichts,
7 niemand
unbeteiligt:
5 inert, 7 neutral
Unbeteiligtsein:
12 Desinteresse
unbeugbar:
10 inflexibel
unbeweglich:
4 stur, 5 starr, 6 leblos, stabil,
7 immobil
Unbeweglichkeit:
6 Starre, 12 Immobilitaet
unbewiesene Annahme:
9 Hypothese
unbewohnter Bereichl der Welt:
10 Anoekumene
unbezahlte Arbeit:
8 Ehrenamt
unbezahlter:
-Angestellter:
9 Volontaer
-Sportler:
7 Amateur

Unbill:
4 Tort, 5 Uebel
Unbotmäßigkeit:
15 Insubordination
unbrauchbares Zeug:
9 Geruempel
und:
4 Plus, 5 nebst
undicht:
4 leck
unduldsam:
10 intolerant
undurchsichtig:
4 opak, 5 trueb, 6 obskur, truebe
undurchsichtige Farben:
10 Deckfarben
uneben:
3 rau*, 4 rauh
unecht:
6 falsch, 8 imitiert, 9 illegitim,
10 kuenstlich, 11 artifiziell
Unechtes:
5 Talmi, 6 Simili, 7 Flitter,
9 Imitation
unehelich:
9 illegitim
unehelicher Abkömmling:
7 Bankert
unehrenhaft:
6 unfair
unehrlich:
7 illoyal
Unehrlichkeit:
5 Luege, 6 Betrug, 9 Schwindel,
10 Falschheit, Hinterlist
uneingeschränkt:
7 absolut
uneinheitlich:
9 heterogen, 11 verschieden
Uneinigkeit:
10 Diskordanz, Zwietracht,
11 Disharmonie
uneinsichtig:
4 stur
unempfänglich:
5 immun, 6 steril, 9 aseptisch,
10 refraktaer
unempfindlich:
8 indolent
unendlich:
4 ewig, 6 endlos, immens,
7 raumlos, zeitlos, 8 weltweit,
10 grenzenlos
Unendlichkeit:
3 All, 6 Kosmos, 8 Ewigkeit,
9 Universum
unentbehrlich:
7 obligat, 9 notwendig

unentgeltlich:
4 frei, 6 gratis, 9 kostenlos,
10 kostenfrei
unentgeltliches Tun:
8 Ehrenamt
unentschieden:
5 Remis
unentschlossen:
5 labil, 10 schwankend
unentwickelt:
8 infantil
unerbittlich:
6 streng, 7 rigoros
unerfüllbar:
8 utopisch
unerheblich:
9 belanglos, 10 irrelevant
unerhört:
5 enorm, 11 hanebuechen
unerkannt:
9 inkognito
unerklärlich:
10 mysterioes, 11 raetselhaft
unerläßlich:
7 obligat, 9 notwendig
unerlaubt:
4 tabu, 8 verboten, 9 untersagt
unermeßbar:
12 immensurabel
unermeßlich:
6 immens
unermüdlich:
10 ausdauernd
unersättlich:
10 nimmersatt
Unerschrockenheit:
3 Mut, 10 Tapferkeit
unerschütterlich:
7 stoisch
unersetzlich:
11 irreparabel
unfachmännisch:
9 laienhaft, 13 dilettantisch
Unfallgeschehen:
5 Panne, 7 Schaden, 8 Unglueck,
11 Karambolage, Katastrophe,
13 Zusammenstoss
unfehlbar:
10 infallibel
Unfehlbarkeitsdogma:
15 Infallibilitaet
unfein:
6 unfair, 8 ordinaer,
11 gewoehnlich
unfolgsam:
7 unartig
unförmig:
6 klobig, 9 monstroes

Unfreier:
6 Sklave
unfreundlich:
4 grob, 6 barsch, 8 unwirsch
Unfriede:
5 Hader, Krieg, 6 Streit,
10 Zwietracht
unfruchtbar:
4 oede, 6 steril, 8 infertil
unfruchtbares Land:
6 Wueste, 7 Oedland
Unfruchtbarkeit:
11 Sterilitaet
Unfug:
3 Jux, Ulk, 5 Spass, 6 Rabatz,
8 Allotria, 11 Schabernack
Ungar:
6 Magyar
ungarische:
-Gemüsepflanze:
7 Paprika
-Grassteppe:
6 Pussta
-Hauptstadt:
8 Budapest
ungarischer:
-Frauenname:
6 Aranka, Dorina, Eliana, Jelken
-Fußsoldat:
6 Honved, Pandur
-Heerführer:
5 Zriny, 7 Hunyadi
-Historiker:
7 Horvath
-Klaviervirtuose:
4 Anda, 5 Liszt, 6 Foldes
-Komponist:
5 Lehar, Liszt, 6 Bartok, Kalman
-König:
4 Bela
-Männername:
4 Bela, Imre, 5 Janos, Lajos,
6 Ferenz, Zoltan
-Mediziner:
10 Semmelweis
-Nationaltanz:
7 Czardas, 9 Kalamaika,
11 Tschardasch
-Nobelpreisträger für Medizin:
6 Bekesy, 13 Szent Gyoergyi
-Operettenkomponist:
6 Kalman, 7 Abraham
-Regisseur:
4 Baky
-Schafpelz:
5 Bunda
-See:
7 Balaton, 10 Plattensee

-Verwaltungsbezirk:
7 Komitat
-Volksstamm:
7 Szekler
-Wald:
6 Bakony
-Wein:
7 Tokaier
-Weinort:
4 Eger, 5 Erlau, Tokaj, Tokay
-Zigeunerkapellmeister:
6 Primas
ungarisches:
-Adelsgeschlecht:
6 Horthy, 7 Arpaden, Bathory,
Rakoczi, 9 Batthyany, Esterhazy
ungeachtet:
5 trotz
ungebetener Zeuge:
6 Voyeur, 7 Kiebitz, 8 Zaungast
ungebildet:
4 dumm, 9 boeotisch,
12 unkultiviert
Ungebildeter:
8 Ignorant
ungebildeter Mann:
9 Illiterat
ungeborenes Leben:
5 Fetus, 6 Embryo
ungebraucht:
3 neu
Ungebührlichkeit:
6 Fehler, 8 Verstoss
ungebunden:
4 frei, 5 ledig
ungebundenes Künstlerleben:
6 Boheme
Ungebundenheit:
8 Freiheit, 16 Selbstaendigkeit
ungefähr:
4 etwa, fast, rund, 5 circa,
zirka*, 6 global, 10 annaehernd,
16 schaetzungsweise
ungefällig:
8 inkulant
ungefärbt:
8 naturell
ungeformt:
6 amorph
Ungeheuer der griechischen Sage:
6 Skylla, 8 Chimaere,
9 Charybdis
ungeheuer/Ungeheuer:
5 Biest, enorm, 6 Bestie, Drache,
Unhold, 7 Drachen, Kaliban,
Monster, 8 Lindwurm,

Monstrum, Ungetuem,
10 gigantisch, Tatzelwurm
ungeheuerlich:
9 monstroes
ungehindert:
4 frei
ungehobelt:
4 derb, grob, 5 plump
ungehobelter Mann:
6 Flegel, Ruepel, 7 Grobian
ungehörig:
11 impertinent
Ungehorsamserweis:
15 Insubordination
ungeklärt:
5 offen, 6 dubios, 8 fraglich,
strittig, 11 raetselhaft
ungekocht:
3 roh
ungekochtes Essen:
7 Rohkost
ungekrümmter Strich:
6 Gerade
ungelegen:
10 inopportun
ungelogen:
4 wahr
Ungemach:
5 Uebel, 8 Verdruss,
10 Widrigkeit
ungemein:
4 sehr
ungemischt:
4 rein, 6 lauter
ungemustert:
3 uni
ungenannt:
6 anonym
ungenau:
3 vag, 7 inexakt, 9 inakkurat,
unpraezis
Ungenügen:
12 Insuffizienz,
17 Unzulaenglichkeit
ungeordnet:
6 diffus, 13 durcheinander
ungepflegt:
6 salopp, 9 schlampig
ungereimt:
6 absurd
ungereimte Dichtung:
5 Prosa
ungesäuertes Brot im Judentum:
5 Matze, 6 Matzen
ungeschickt:
8 linkisch, 11 toelpelhaft
ungeschickter:
-Mann:
7 Toelpel, 9 Tolpatsch,
10 Tollpatsch*
ungesetzlich:
7 illegal, 9 illegitim,
10 irregulaer, 12 gesetzwidrig,
rechtswidrig, 14 widerrechtlich
ungesetzliches Strafen:
11 Lynchjustiz
ungesittet:
5 ruede
Ungestörtheit:
4 Ruhe, 6 Stille
ungestüm:
8 vehement, 9 turbulent
ungesund:
5 krank, siech
ungetrübt:
4 klar, rein, 6 lauter,
12 durchsichtig
Ungetüm:
6 Gigant, Koloss
ungewaschen:
7 dreckig, 9 schmutzig
ungewiß:
3 vag, 5 offen, 6 dunkel,
8 fraglich, 11 zweifelhaft
ungewöhnlich:
6 abnorm, anomal, selten,
7 anormal, 9 sonderbar,
10 eigenartig, 11 merkwuerdig,
13 extraordinaer
ungezähmt:
4 wild
Ungeziefer:
4 Floh, Laus, Maus, 5 Milbe,
Ratte, Wanze, 6 Fliege, Muecke,
Schabe, 7 Reblaus, Schwabe,
8 Kakerlak, Kopflaus,
9 Kakerlake, 10 Schaedling,
Zuckergast, 11 Schmarotzer,
12 Stubenfliege,
13 Kuechenschabe,
15 Silberfischchen
Ungeziefervernichter:
12 Kammerjaeger
ungezogen:
5 frech, 6 pampig
ungezogener:
-Junge:
5 Range, 6 Bengel
ungezogenes:
-Mädchen:
4 Goer, 5 Goere
Ungezogenheit:
5 Unart, 8 Flegelei
ungezügelte Menge:
5 Horde
ungezwungen:
5 leger, 6 salopp, 7 laessig,
10 nonchalant
ungiftig:
8 atoxisch
ungiftige Schlangenart:
6 Natter
ungläubiger Mensch:
3 Goi, 5 Giaur, Heide, 7 Atheist
unglaublich:
10 skandaloes
unglaubwürdig:
9 legendaer
ungleich:
6 inegal, 9 different, inhomogen
ungleichartig:
8 disparat, 9 heterogen
Ungleichheit:
14 Inhomogenitaet
Ungleichmäßigkeit:
7 Ametrie, 10 Asymmetrie
Unglücklicher:
7 Elender
Unglücksbotschaft:
14 Hiobsbotschaft
Unglücksgöttin:
3 Ate
Unglücksvogel:
9 Pechvogel
Unglückszustand:
3 Not, 4 Pech, Ruin, 5 elend,
6 Jammer, Misere, 7 Debakel,
Malheur, 10 Kalamitaet,
11 Verhaengnis
unhaltbar:
12 inkonsistent
unheilbar:
9 inkurabel, 10 pernizioes
unheilig:
6 profan
unheilvoll:
7 ominoes
Unhold:
5 Troll, 7 Kaliban
Uniform:
6 Montur, 11 Dienstanzug
Uniformrock:
7 Litewka
Uniformteil:
5 Litze, Orden, 6 Emblem,
Kordel, Tresse, 7 Kokarde,
8 Portepee, 9 Epaulette,
10 Fangschnur, 12 Achselklappe,
Achselstueck, 13 Schwalbennest,
14 Schulterstueck

Unikat:
12 Einzelstueck
Unikum:
8 Original, 10 Sonderling
unintelligent:
4 dumm
Union:
4 Liga, 7 Allianz, 8 Buendnis, 11 Foederation, Staatenbund
universell:
8 weltweit, 9 allgemein
Universität:
9 Alma mater, 10 Hochschule
Universitätslehrstuhl:
9 Professur
Universitätsnutzer:
7 Student
Universitätsstadt:
-am Neckar:
9 Tuebingen, 10 Heidelberg
-in Australien:
6 Hobart
-in Belgien:
4 Gent, 6 Loewen, 8 Bruessel, Luettich
-in Dänemark:
5 Arhus, 10 Kopenhagen
-in den Niederlanden:
6 Leiden, 7 Utrecht, 8 Nimwegen, 9 Amsterdam, Groningen, Rotterdam
-in der Schweiz:
4 Bern, Genf, 5 Basel, 7 Zuerich, 8 Freiburg, Lausanne, 9 Neuenburg
-in Deutschland:
3 Ulm, 4 Bonn, Jena, Kiel, 5 Hagen, Halle, Koeln, Mainz, Trier, 6 Aachen, Berlin, Bochum, Bremen, Kassel, Passau, 7 Bamberg, Giessen, Hamburg, Leipzig, Marburg, Rostock, 8 Dortmund, Erlangen, Freiburg, Hannover, Konstanz, Mannheim, Muenchen, Muenster, 9 Bielefeld, Frankfurt, Hohenheim, Karlsruhe, Nuernberg, Stuttgart, Tuebingen, Wuerzburg, 10 Goettingen, Greifswald, Heidelberg, Regensburg, 11 Duesseldorf, 12 Braunschweig, Saarbruecken
-in Estland:
6 Dorpat
-in Frankreich:
4 Lyon, 5 Dijon, Lille, Nancy, Paris, Rouen, 6 Rennes, 8 Bordeaux, Grenoble, Poitiers, Toulouse, 9 Marseille, 10 Strasbourg, Strassburg
-in Großbritannien:
5 Leeds, 6 Dundee, London, Oxford, 7 Belfast, Bristol, Reading, 9 Cambridge, Edinburgh, Liverpool, Sheffield, 10 Manchester, Nottingham
-in Irland:
4 Cork, 6 Dublin
-in Italien:
3 Rom, 4 Pisa, 5 Genua, Padua, Parma, Pavia, Siena, Turin, 6 Modena, Neapel, Triest, Urbino, 7 Bologna, Catania, Ferrara, Florenz, Mailand, Perugia, Sassari, 8 Cagliari
-in Litauen:
5 Kowno, 6 Kaunas
-in Österreich:
4 Graz, Wien, 8 Salzburg, 9 Innsbruck
-in Polen:
5 Posen, 8 Warschau, 9 Kattowitz
-in Schweden:
4 Lund, 7 Uppsala, 9 Goeteborg, Stockholm
-in Spanien:
6 Bilbao, Madrid, Oviedo, 7 Granada, Sevilla, 8 Santiago, Valencia, Zaragoza, 9 Barcelona, Salamanca, Saragossa, 10 Valladolid
Universum:
3 All, 6 Kosmos, 7 Weltall
Unke:
6 Kroete
Unkenntnis:
8 Ignoranz, 12 Unwissenheit
unklar:
5 trueb, 6 dubios, obskur, 7 inexakt, nebulos, ungenau, 12 schleierhaft
unklug:
4 dumm, 8 toericht
unkompliziert:
7 einfach, 8 muehelos, primitiv
unkörperlich:
10 asomatisch, 11 immateriell
Unkostenbetrag:
7 Aufwand, 8 Ausgaben, Auslagen, 9 Gebuehren
Unkrautpflanze:
5 Lolch, Melde, Segge, Simse, Winde, 6 Distel, Trespe, Twalch, 7 Giersch, 8 Erdrauch, Erdraute, Hederich, Kornrade, 9 Gauchheil, 11 Ochsenzunge
Unkrautvernichtungsmittel:
8 Herbizid
unkultiviert:
9 boeotisch
Unkultivierter:
6 Barbar, Flegel, Ruepel
Unkundiger:
4 Laie, 9 Dilettant
unlauter:
6 unfair
unlebendig:
3 tot
unlogisch:
6 absurd, 7 abwegig, paradox, 11 widersinnig, 12 inkonsequent
Unlustigkeit:
11 Missbehagen
unmäßig:
6 gierig
unmäßiges Begehren:
4 Gier, 5 Manie
Unmensch:
6 Bestie
unmenschlich:
10 barbarisch, 11 bestialisch
Unmenschlichkeit:
10 Intoleranz, 11 Brutalitaet, 12 Bestialitaet, Inhumanitaet
unmittelbar:
6 sofort, 7 spontan
Unmögliches:
6 Utopie, 7 Nonsens, Phantom, 8 Illusion, 12 Hirngespinst
Unmut:
8 Verdruss
unnachgiebig:
4 stur, 7 rigoros, 10 konsequent, 12 unerbittlich
unnachgiebige Haltung:
6 Haerte, 8 Sturheit, 11 Obstination
unnachsichtig:
4 hart, 6 streng
unnahbar:
8 exklusiv
unnatürlich:
10 manieriert
unnützes Zeug:
4 Kram, Tand
UNO-Generalsekretär:
9 Kofi Annan, 3 Lie, 5 Ghali, 6 U Thant, 7 Cuellar, 8 Waldheim, 9 de Cuellar, 12 Boutros Ghali, 13 Hammarskjoeld, 14 Perez de Cuellar

unordentlich:
8 lodderig, 9 schlampig
Unordentlichkeit:
11 Schlamperei
unoriginell:
11 einfallslos, fantasielos*, 12 phantasielos
Unpaarhufer:
4 Esel, Muli, 5 Mulus, Pferd, Zebra, 7 Nashorn, 8 Maulesel, Maultier, 9 Wildpferd
unparteiisch:
7 neutral, 10 unbefangen, 13 unbeeinflusst, 16 unvoreingenommen
Unparteiischer:
7 Arbiter, 14 Schiedsrichter
Unparteilichkeit:
12 Neutralitaet
unpassender Augenblick:
6 Unzeit
unpäßlich:
6 malade, 10 kraenkelnd, 12 indisponiert
unpersönlich:
8 sachlich
Unrast:
4 Eile, Hast, 11 Nervositaet, 13 Ruhelosigkeit
Unrat:
3 Kot, 5 Dreck, Muell, 6 Abfall, 7 Schmutz
Unrecht:
4 Tort, 6 Unbill, 7 Injurie
unrechtmäßig:
7 illegal, 9 illegitim
unredlich:
7 illoyal, 9 malhonett
unregelmäßig:
10 irregulaer, sporadisch
unreiner Schnaps:
5 Fusel
unrichtig:
6 falsch, 9 inkorrekt
Unrichtigkeit:
6 Fehler, Lapsus
Unruhe:
5 Angst, Rumor, Sorge, 6 Rabatz, Tumult, 7 Krawall
Unruhebringer:
12 Stoerenfried
unruhig:
7 nervoes, rastlos, 10 schusselig
unsachlich:
9 subjektiv, 10 parteiisch, 14 voreingenommen
unsachlicher Vorstoß:
7 Polemik
unsauber:
7 dreckig, 9 schmutzig
unschicklich:
8 indezent
Unschuldigkeit:
8 Reinheit, 10 Keuschheit
Unschuldsbeweis:
5 Alibi
unsicher:
4 vage, 5 labil, 6 dubios, 8 fraglich, strittig
unsicher machen:
10 irritieren
unsichtbar werden:
6 tarnen
Unsinn:
5 Unfug, 6 Humbug, 7 Mumpitz, Nonsens, 8 Kinderei, Larifari
unsinnig:
6 absurd, 7 abstrus, sinnlos
Unsitte:
6 Laster
unsittlich:
8 verderbt
unsportlich:
6 unfair
unsterblich:
13 immerwaehrend, 14 unvergaenglich
Unsterbliches:
5 Seele
unsterbliches Lied:
9 Evergreen
Unsterblichkeit:
9 Athanasie
Unstern:
8 Desaster
unstet:
7 rastlos, unruhig
Unstimmigkeit:
6 Streit, 9 Differenz, 10 Diskrepanz, 11 Disharmonie
unstofflich:
11 immateriell
Untat:
6 Frevel, Greuel, 7 Graeuel*, 10 Verbrechen
untätig:
4 faul, 6 traege, 7 inaktiv, muessig
Untätigkeit:
11 Passivitaet
unter:
-keinen Umständen:
7 niemals
-Umständen:
9 eventuell
Unterarmteil:
4 Elle, 7 Speiche
Unterbau:
6 Sockel, 9 Fundament, Grundlage
Unterbrechungszeit:
5 Pause, 8 Stoerung
unterdrücken:
6 knuten
Unterdrücken:
9 Knechtung, 10 Repression
unterdrücken:
13 tyrannisieren
unterdrückend:
9 repressiv
Unterdrücker:
6 Tyrann, 8 Diktator
unterdrückte Wut:
5 Groll
untere Dachkante:
6 Traufe
Unterentwicklungs-erscheinung:
11 Hypotrophie
Unterfangen:
6 Risiko, Wagnis, 9 Abenteuer
Unterführungsröhre:
6 Tunnel
Untergang:
4 Ruin, 6 Sinken, 11 Vernichtung, Zerstoerung
Untergebene:
8 Personal, 10 Untertanen
untergeordnet:
8 inferior, 9 subaltern
Untergeschoß:
6 Keller, 10 Souterrain
Untergestell für Geschütze:
7 Lafette
Untergrund:
5 Boden, 9 Fundament
unterhaltend:
8 amuesant
unterhaltsames Tun:
5 Spiel
Unterhaltung:
5 Sport, 7 Diskurs, Schwatz, 9 Gespraech, 10 Diskussion, 12 Konversation
Unterhaltungsbücher:
12 Belletristik
Unterhaltungskünstler:
11 Entertainer
Unterhaltungsmoderator:
12 Conferencier
Unterhaltungssendeform:
8 Talkshow

Unterhändler:
12 Parlamentaer
unterirdische:
-Begräbnisstätte:
9 Katakombe
unterirdischer:
-Gang:
7 Stollen
-Kirchenraum:
6 Krypta
unterirdisches:
-Gewölbe:
6 Grotte
-Grabgewölbe:
9 Katakombe
Unterjacke:
7 Kamisol
unterjochen:
10 kujonieren
Unterkleid:
9 Petticoat, Unterrock
Unterkunft:
5 Hotel, Logis, Motel, 6 Bleibe, 8 Quartier, Zuflucht
Unterlage:
5 Beleg, Matte, 8 Substrat, 9 Fundament, Grundlage, Postament
Unterlassung:
11 Versaeumnis
Unterleib:
5 Bauch, 7 Abdomen
Unternehmensart:
4 Werk, 5 Firma, 6 Fabrik, 7 Betrieb, 9 Geschaeft, 10 Expedition
Unternehmensbündnis:
5 Trust, 7 Kartell
Unternehmensform:
2 AG, 3 OHG, 4 GmbH
Unternehmer:
9 Fabrikant, Produzent
Unternehmung:
6 Aktion
Unternehmungswille:
5 Eifer, 7 Energie, Schwung, 10 Aktivitaet, Initiative
Unteroffiziersrang:
4 Maat, 8 Korporal, Sergeant, 9 Feldwebel, 12 Wachtmeister
Unterordnungswille:
8 Gehorsam, 9 Disziplin, 13 Subordination
Unterredung:
7 Debatte, 9 Gespraech, 10 Diskussion
Unterricht:
6 Kolleg, Kursus, 8 Lehrgang, 9 Vorlesung, 11 Instruktion
Unterrichtsempfänger:
8 Schueler
Unterrichtsetappe:
7 Lektion
Unterrichtsinhalt:
5 Thema, 6 Pensum
Unterrichtsstelle:
6 Schule, 8 Internat, 9 Gymnasium, 10 Hochschule, 12 Universitaet
Unterrichtswissenschaft:
8 Didaktik, Methodik
Unterrichtungsform:
10 Mitteilung, 11 Information, 12 Orientierung
Unterrock:
5 Jupon, 9 Petticoat
Untersagungserklärung:
6 Verbot, 12 Interdiktion
unterscheiden:
7 sondern, trennen, 14 differenzieren
Unterscheidungspunkt:
9 Kriterium, 16 Charakteristikum
Unterschenkelbereich:
4 Wade
Unterschenkelknochen:
9 Wadenbein, 10 Schienbein
unterschiedlich:
6 anders, 9 different
-behandeln:
14 diskriminieren
Unterschiedlichkeit:
6 Spanne, 7 Abstand, 9 Differenz, Divergenz, 15 Verschiedenheit
Unterschiedsbetrag:
5 Saldo
Unterschlagungsvergehen:
12 Defraudation
Unterschlupfstelle:
4 Asyl, 6 Obdach, 8 Zuflucht
Unterschriftszug:
6 Signum, 8 Signatur, 9 Namenszug, 10 Signierung
unterseeisch:
8 submarin
untersetzt:
8 pyknisch, staemmig, 9 gedrungen
Unterstand:
6 Bunker, 9 Kasematte
unterstellen:
9 fingieren
Unterstellort:
5 Stall, 6 Garage, Hangar, 8 Schuppen
Unterstellung:
7 Fiktion, 11 Supposition
unterstreichen:
10 pointieren
unterstützend:
10 subsidiaer
Unterstützungsmaßnahme:
8 Beihilfe, Beistand, 9 Subsidien, 10 Foerderung, Subvention
untersuchen:
9 sondieren
Untersuchungsergebnis:
6 Befund, 8 Diagnose
Untersuchungsvorgang:
7 Enquete, 9 Expertise, Recherche, 11 Inquisition
untertänig:
5 devot, 7 folgsam, fuegsam, 11 ehrerbietig
Unterwäsche:
4 Slip, 6 Mieder, 7 Dessous, Korsett, 8 Leibchen, 9 Unterhemd, Unterhose, Unterrock, 10 Schluepfer
Unterwassergestein:
4 Riff
Unterwassermann:
7 Taucher
Unterwasserwaffe:
7 Torpedo
Unterweisungsform:
9 Anleitung, 11 Instruktion
Unterwelt:
5 Hades, Orkus, 6 Erebus, Hoelle, 7 Inferno, 8 jenseits, Tartaros, Tartarus, 10 Totenreich, 13 Schattenreich
Unterweltgewässer:
4 Styx, 5 Lethe, 8 Eridanus
unterweltlich:
12 acherontisch
Unterwerfungsvorgang:
8 Ergebung, 12 Kapitulation
unterwürfig:
5 devot, 6 servil, 8 demuetig
Unterwürfigsein:
5 Demut, 11 Servilitaet
unterzeichnen:
9 signieren
Untiefe:
4 Neer, Watt, 5 Barre, 8 Sandbank
Untier:
6 Bestie, 8 Monstrum

untreu:
7 perfide, 10 abtruennig
Untreue:
6 Verrat, 9 Treubruch
Untugend:
4 Geiz, Neid, 5 Unart, 6 Laster, 7 Untreue
untunlich:
10 inopportun
unumschränkt:
9 souveraen
unumschränkter:
-Machthaber:
6 Despot, Tyrann, 7 Monarch, 8 Diktator
ununterbrochen:
9 permanent
unveränderlich:
6 stabil, 8 konstant, 10 invariabel
unveränderlicher Wert:
9 Konstante
unverbesserlicher Meckerer:
9 Querulant
unverblümt:
5 offen, 6 direkt, 8 geradezu
unverbraucht:
6 frisch
unverdiente:
-Milde:
5 Gnade
unverdienter:
-Vorteil:
5 Dusel
unverdorben:
7 integer
unverdünnt:
3 pur
unvereinbar:
8 disparat, 14 gegensaetzlich, 15 inkommensurabel
unverfälscht:
3 pur, 4 echt, rein, wahr
Unverfrorenheit:
9 Frechheit
Unvergleichbarkeit:
20 Inkommensurabilitaet
unvergorene Obstflüssigkeit:
4 Most
unverhältnismäßig:
17 disproportioniert
unverheiratet:
5 ledig, 6 ehelos
unverholzte Pflanze:
5 Kraut
unverkaufte Zeitschriften:
11 Remittenden
unverkennbar:
9 eindeutig
unverletzbar:
6 gefeit
unverletzlich:
4 tabu, 10 sakrosankt
Unverletzlichkeit:
4 Tabu, 10 Immunitaet
unverletzt:
4 heil, 6 gesund, intakt
unvermählt:
5 ledig
unvermeidlich:
7 obligat
unvermischt:
8 gediegen
unvermittelt:
4 jaeh, 6 abrupt, 10 ploetzlich
unvermittelt erscheinend:
4 akut
unvernünftig:
6 absurd, 8 geistlos, toericht
unverschämt:
6 patzig, 8 insolent, 11 impertinent, schnodderig, 14 herausfordernd
unverschlossen:
5 offen
unversehrt:
4 ganz, heil, 6 intakt, 7 integer
Unversehrtheit:
11 Integritaet
Unversöhnlichkeit:
4 Hass
unverständig:
4 dumm
unverträglich:
12 inkompatibel
unverzagt:
6 tapfer, 9 standhaft, 10 beharrlich
unverzüglich:
6 gleich, prompt, sofort, 7 stracks, 8 umgehend
Unvollendetes:
5 Torso
unvollendetes Werk:
8 Fragment
unwägbar:
12 imponderabel
unwahre Erzählung:
12 Jaegerlatein, Seemannsgarn
Unwahrheit:
4 Trug, 5 Luege, 9 Schwindel, 10 Taeuschung
unwahrscheinlich:
9 legendaer
unweit:
3 nah
Unwettererscheinung:
8 Gewitter, 11 Hagelschlag
unwichtig:
9 belanglos, 10 irrelevant
unwillig:
10 indigniert
unwillkürlich:
10 instinktiv, mechanisch, 11 automatisch
unwirklich:
6 ideell, irreal, 8 utopisch, 9 imaginaer, 10 spirituell, 11 fantastisch*, illusorisch, 12 phantastisch
Unwirklichkeit:
4 Wahn, 7 Phantom, 8 Illusion, Trugbild, 12 Hirngespinst
unwirtlich:
3 rau*, 4 rauh
unwissend:
4 dumm, 10 ahnungslos
unwissender Mann:
8 Ignorant
Unwissenheit:
8 Dummheit, Ignoranz
unwohl:
6 mulmig
Unwohlbefinden:
9 Uebelkeit
Unzahl:
6 Legion, 7 Myriade
unzeitgemäßes Tun:
13 Anachronismus
Unzucht:
12 Prostitution
unzüchtig:
6 lasziv, 7 obszoen, 9 sittenlos, 11 unmoralisch, 13 pornografisch*, 14 pornographisch
unzulänglich:
12 insuffizient
unzulässig:
8 verboten
unzusammenhängend:
11 inkohaerent
unzuständig:
11 inkompetent
unzuverlässig:
5 labil, 9 inkorrekt, 11 flatterhaft, 12 wankelmuetig
unzweideutig:
8 praezise, 9 eindeutig
unzweifelhaft:
6 sicher, 9 eindeutig, 11 feststehend

üppig:
7 opulent, 9 luxurioes,
10 lukullisch
Üppigkeit:
7 Opulenz
uralte Erzählung:
4 Maer
Uranusmond:
5 Ariel, 6 Oberon, 7 Miranda,
Titania, Umbriel
Uranverwerter:
4 Pile, 6 Meiler, 7 Reaktor
Uraufführung:
8 Premiere
urbar werden lassen:
5 roden
Urbegriff:
4 Idee
Urbevölkerung:
-Amerikas:
5 Indio, 8 Indianer
-Borneos:
6 Dayaks
-der Kanarischen Inseln:
8 Guanchen
-der Philippinen:
4 Aeta, 7 Negrito
-Frankreichs:
7 Gallier
-Griechenlands:
8 Pelasger
-Haitis:
5 Taino
-Italiens:
6 Italer, 8 Italiker
-Japans:
4 Aino, Ainu
-Neuguineas:
5 Papua
-Neuseelands:
5 Maori
-Perus:
4 Inka
-Spaniens:
6 Basken, Iberer
-Westeuropas:
7 Gallier
Urbild:
3 Typ, 8 Prototyp,
10 Archetypus
urchristlicher Missionar:
8 Barnabas
urchristliches:
-Liebesmahl:
5 Agape
Urd:
5 Norne
Urform:
8 Archetyp
Urgrund:
7 Prinzip
Urheber:
9 Initiator, Verfasser
Urheberschutzvereinigung:
4 GEMA
Urian:
5 Satan, 6 Daemon, Teufel
Urin:
4 Harn
Urkanton der Schweiz:
3 Uri, 6 Schwyz,
11 Unterwalden
Urkontinent:
8 Gondwana
Urkunde:
5 Bulle, 6 Charta, Diplom,
Patent, 8 Dokument
Urkundenaufbewahrung:
6 Archiv
Urkundenwissenschaft:
10 Diplomatik
Urkundsamt:
10 Standesamt
Urkundsbestätiger:
14 Standesbeamter
Urlauber:
4 Gast, 7 Tourist
Urlaubsfolge:
6 Ferien, 8 Erholung
Urmasse:
5 Chaos
Urmaterial:
7 Element, Materie
Urmensch:
4 Ymir
Urnenraum:
11 Kolumbarium
Urochse:
9 Auerochse
Urpflanze:
4 Alge
Ursache:
5 Grund, Motiv, 6 Anlass
ursächlich:
6 kausal
Ursächlichkeit:
11 Kausalitaet
Urschrift:
8 Original
Ursprung:
6 Anfang, Beginn, Quelle,
7 Genesis, 8 Herkunft,
10 Abstammung, Schoepfung,
13 Ausgangspunkt
ursprünglich:
6 genuin, 7 autogen,
9 angeboren, originaer
Ursprünglichkeit:
13 Originalitaet
Urteil:
5 Votum, 6 Kritik, Spruch,
7 Verdikt, 9 Rezension,
12 Entscheidung,
13 Richterspruch
Urteilsaufhebungsspruch:
9 Kassation
Urteilsvollstreckung:
9 Exekution
Urtierchen:
6 Amoebe, 8 Protozoe,
9 Einzeller
urtümlich:
8 primitiv, 9 originaer
Urtyp:
8 Prototyp
uruguayische:
-Münze:
4 Peso, 9 Centesimo
-Stadt:
5 Salto, 6 Paloma, 7 Palmira,
10 Montevideo
uruguayischer:
-Fluß:
6 Dayman, 8 Rio Negro
Urwaldpflanze:
5 Liane, 8 Mangrove
Urwelttier:
6 Mammut, 11 Dinosaurier
urwüchsig:
9 elementar
US-Banner:
13 Sternenbanner
US-Bürger:
6 Yankee
US-Filmauszeichnung:
5 Oscar
US-Goldmünze:
5 Eagle
US-Raumfahrtbehörde:
4 NASA
US-Soldatensender:
3 AFN
Usus:
4 Maer, Sage, 5 Sitte, 6 Brauch,
10 Gewohnheit
Utopia:
9 Traumland
Utopie:
8 Fantasie*, Illusion,
9 Phantasie, 10 Wunschziel,
12 Hirngespinst

Vademekum:
8 Ratgeber, 9 Leitfaden,
10 Denkzettel
Vagabund:
5 Tramp, 7 Stromer, 8 Clochard,
12 Tippelbruder,
13 Landstreicher,
14 Stadtstreicher
vage:
6 unklar, 10 unbestimmt
vakant:
5 offen, 9 unbesetzt
Vakuumzustand:
6 Nichts, 8 Hohlraum,
9 Luftleere
Vakzination:
7 Impfung
Valuta:
13 Fremdwaehrung
Vampir:
8 Gespenst, 10 Blutsauger,
Fledermaus
Vanillesubstrat:
8 Vanillin
variabel:
9 wandelbar, 13 veraenderlich
Variationsform:
6 Lesart, Nuance, 8 Spielart,
9 Spielform, 10 Abwandlung,
15 Verschiedenheit
variativ:
16 wandlungsfreudig
Varieteschaffender:
6 Artist, 7 Akrobat, 8 Zauberer
variieren:
7 aendern
Vasall:
11 Gefolgsmann
Vater und Mutter:
6 Eltern
Vater von:
-Abel:
4 Adam
-Achill:
6 Peleus
-Aeneas:
8 Anchises
-Agamemnon:
6 Atreus
-Aida:
8 Amonasro
-Ajax:
7 Telamon
-Andromeda:
7 Kepheus
-Antigone:
7 Oedipus
-Ares:
4 Zeus
-Artemis:
4 Zeus
-Athene:
4 Zeus
-Bacchus:
4 Zeus, 7 Jupiter
-Benjamin:
5 Jakob
-Demeter:
6 Kronos
-Diana:
7 Jupiter
-Dike:
4 Zeus
-Dione:
6 Uranos
-Dionysos:
4 Zeus
-einem Riesengeschlecht:
4 Enak
-Eirene:
4 Zeus
-Elektra:
9 Agamemnon
-Eos:
8 Hyperion
-Esau:
5 Isaak
-Fatima:
8 Mohammed
-Galatea:
6 Nereus
-Hades:
6 Kronos
-Hannibal:
8 Hamilkar
-Hebe:
4 Zeus
-Hektor:
7 Priamos
-Helena:
4 Zeus
-Helios:
8 Hyperion
-Hephästos:
4 Zeus
-Hera:
6 Kronos
-Herakles:
4 Zeus
-Herkules:
7 Jupiter
-Hermione:
8 Menelaos
-Hestia:
6 Kronos
-Iphigenie:
9 Agamemnon
-Isaak:
7 Abraham
-Ismene:
7 Oedipus
-Jakob:
5 Isaak
-Japhet:
4 Noah
-Joseph:
5 Jakob
-Jupiter:
8 Saturnus
-Kain:
4 Adam
-Kassandra:
7 Priamos, Priamus
-Kastor:
4 Zeus
-Kronos:
6 Uranos
-Lea:
5 Laban
-Libertas:
7 Jupiter
-Lohengrin:
8 Parsifal, Parzival
-Mars:
7 Jupiter
-Minos:
4 Zeus
-Mnemosyne:
6 Uranos
-Nestor:
6 Neleus
-Niobe:
8 Tantalos, Tantalus
-Odysseus:
7 Laertes
-Okeanos:
6 Kronos
-Orkus:
6 Saturn
-Paris:
7 Priamos, Priamus
-Pluton:
6 Kronos
-Pollux:
4 Zeus
-Poseidon:
6 Kronos
-Proserpina:
7 Jupiter
-Sein:
4 Noah
-Selene:
8 Hyperion

-Semele:
6 Kadmos
-Seth:
4 Adam
-Siegfried:
8 Siegmund
-Telemach:
8 Odysseus
-Tethys:
6 Uranos
-Theia:
6 Uranos
-Themis:
6 Uranos
-Thor:
4 Odin, 5 Wodan, Wotan
-Thrake:
6 Uranos
-Tyr:
4 Odin, 5 Wodan, Wotan
-Zeus:
6 Kronos
Vaterland:
6 Heimat
vaterländisch eingestellt:
11 patriotisch, 15 nationalistisch
vaterländische Weise:
13 Nationalhymne
Vaterlandsliebe:
12 Patriotismus
Vaterlandsverehrer:
7 Patriot
Vaterliebe:
23 Familienanhaenglichkeit
Vatermörder:
6 Kragen, 10 Hemdkragen
Vaterrecht:
11 Patriarchat
Vatersname:
12 Familienname
Vaterunsergebet:
11 Paternoster
Vatikanstadt:
16 Citta del Vaticano
vegetarisch:
10 fleischlos
Vegetation:
13 Pflanzenwuchs
vegetieren:
5 leben
vehement:
7 lebhaft
Vehikel:
8 Gefaehrt
Veilchen:
5 Viole
veilchenfarbig:
7 violett
Veilchenpflanze:
16 Stiefmuetterchen
Veitstanz:
6 Chorea
Velo:
7 Fahrrad
Venenerkrankung:
9 Phlebitis
venezianische:
-Brücke:
6 Rialto
-Goldmünze:
7 Zechine
venezianischer:
-Forschungsreisender:
9 Marco Polo
-Gondelführer:
10 Gondoliere
-Maler:
5 Lotto, 6 Piombo, Tizian,
7 Bellini, Tiepolo, 8 Crivelli,
Veronese, 9 Giorgione,
10 Tintoretto
-Titel:
4 Doge
venezianisches:
-Geschlecht:
7 Dandolo
-Gondellied:
9 Barcarole, Barkarole
-Wasserfahrzeug:
6 Gondel
venezolanische:
-Hauptstadt:
7 Caracas
-Münze:
7 Bolivar, Centimo
venezolanischer:
-Fluß:
5 Apure, Apusa, 7 Orinoco
Venitis:
16 Venenentzuendung
Ventilationsvorgang:
8 Lueftung
ventilieren:
8 erwaegen
Venus:
13 Liebesgoettin
Venuspriesterin:
4 Hero
Verabfolgung:
9 Zuteilung
verabredetes Zeichen:
6 Signal
Verabredung:
6 Termin, 7 Treffen,
10 Rendezvous, 12 Stelldichein
verabsäumen:
11 unterlassen
verabschieden:
9 entlassen, entlassen,
12 suspendieren
Verabschiedung:
10 Entlassung, Suspension
Verächter:
7 Zyniker
verächtlich:
7 zynisch, 14 despektierlich
Verachtung:
7 Abscheu
veraltet:
8 unmodern, 10 altmodisch,
antiquiert
veraltet für:
-Adel:
8 Noblesse
-Ameise:
4 Emse
-Anspruch:
3 Fug
-Anstand:
6 Dezenz
-Anwalt:
7 Advokat
-Barbier:
5 Bader
-bescheiden:
6 modest
-Besuch:
6 Visite
-Bosheit:
6 Malice
-Bürgersteig:
8 Trottoir
-Diele:
6 Entree
-ehrbar:
7 honorig
-eilig:
8 pressant
-Fahrrad:
9 Veloziped
-Feindschaft:
5 Fehde
-Friseur:
5 Bader, 7 Barbier
-Gerichtsangestellter:
6 Aktuar
-Grundbesitzer:
5 Sasse
-Gutsbetrieb:
7 Meierei
-Hauspersonal:
7 Gesinde

-Intrige:
6 Kabale
-jetzt:
4 itzo, itzt, 5 jetzo
-Kirchendiener:
6 Mesner, 7 Messner*
-Kunde:
4 Maer
-Kusine:
4 Base
-Lehrherr:
9 Prinzipal
-Liebe:
5 Minne
-Mädchen:
4 Maid
-Onkel:
5 Oheim
-Orient:
10 Morgenland
-Pilger:
7 Pilgrim
-Rachsucht:
8 Rankuene
-Rentner:
9 Privatier
-Rückzug:
8 Retirade
-Schauspieler:
4 Mime
-Schwiegersohn:
5 Eidam
-Wunder:
7 Mirakel
-Zeitung:
7 Gazette
veralteter:
-Tanz:
5 Rondo, 6 Cancan, Reigen, 7 Menuett
veraltetes:
-Getreidemaß:
6 Malter
Veranda:
8 Terrasse
veränderlich:
7 mutabel, 8 flexibel, variabel, 9 wandelbar
Veränderlichkeit:
16 Unbestaendigkeit
verändern:
9 variieren
Veränderungsvorgang:
6 Wandel, 8 Mutation, 9 Variation, 12 Modifikation
verängstigen:
10 entmutigen
verankern:
8 festigen
Veranlagung:
6 Talent, 8 Naturell, 9 Charakter, 10 Faehigkeit, 11 Temperament
Veranlasser:
9 Initiator
Veranlassung:
5 Grund, 10 Motivation, 11 Instigation
veranschlagen:
11 kalkulieren
Veranschlagung:
11 Kalkulation
veranstalten:
7 managen, 11 arrangieren, 12 organisieren
Veranstaltungsmacher:
8 Promoter, 11 Organisator
Verantwortlicher:
10 Schuldiger
Verantwortlichkeit:
15 Kompatibilitaet
verargen:
11 uebel nehmen, uebelnehmen
Verband:
4 Liga, 5 Union, 7 Bandage, 12 Gemeinschaft, Organisation, 15 Zusammenschluss
Verbandmaterial:
4 Mull, 5 Watte, 8 Pflaster, 12 Heftpflaster
verbannen:
7 aechten, 10 ausstossen, 11 deportieren
Verbannungsinsel Napoleons:
8 St Helena
Verbannungsort Napoleons:
4 Elba
Verbannungszustand:
4 Exil, 10 Ausweisung
verbergen:
6 tarnen, 9 maskieren, 10 kaschieren
verbessern:
11 berichtigen, korrigieren, kultivieren, 12 retuschieren
Verbessernder:
8 Reformer
Verbesserungsmaßnahme:
6 Reform, 9 Korrektur
Verbeugung:
6 Diener, 9 Bueckling
Verbildlichungshilfe:
8 Metapher
verbinden:
7 koppeln, liieren, 9 alliieren, 11 kombinieren
verbindlich:
9 definitiv, 10 konziliant
Verbindlichkeit:
10 Konzilianz, Obligation
Verbindlichkeiten finanzieller Art:
7 Passiva
Verbindung:
5 Union, 6 Konnex, Textur, 7 Allianz, Kontakt, Liaison, 8 Kopplung, Synthese, 11 Assoziation, Kombination, Vereinigung, 13 Kommunikation, 14 Burschenschaft
Verbindungslinie zwischen Punkten gleicher Wärme:
9 Isotherme
Verbindungsmaterial:
4 Niet, 5 Nagel, Niete, Stift, 6 Bolzen, Lasche, 7 Klammer, 9 Scharnier
Verbindungspunkt:
4 Naht, 7 Kontakt
verbissen:
9 energisch, fanatisch, 12 starrkoepfig
verbittert:
6 gallig
verblüffend:
7 stupend, 8 frappant
verblüfft:
7 perplex, 12 konsterniert
verblüht:
4 welk
verborgen:
6 geheim, latent, 10 mysterioes, 13 geheimnisvoll
verboten:
4 Tabu, 9 untersagt
Verbotserklärung:
4 Tabu, 9 Interdikt, 11 Prohibition, Untersagung
Verbrauch:
6 Konsum, 7 Verzehr, 11 Verschleiss
Verbraucher:
9 Konsument
Verbrauchersachen:
4 Ware
Verbrauchsgenossenschaft:
6 Konsum
Verbrauchssteuer:
6 Akzise
Verbrechenstatbestand:
5 Untat, 6 Delikt, Verrat, 8 Einbruch, Raubmord, Sakrileg

Verbrecher:
6 Ganove, Gauner, 7 Moerder, Raeuber, 8 Gangster, 9 Kidnapper, Schaender, 10 Delinquent, 11 Krimineller, Missetaeter, 12 Brandstifter
Verbrechergemeinschaft:
4 Gang, 5 Bande
verbrecherisch:
9 kriminell
Verbrecherpinte:
8 Spelunke, 9 Kaschemme
verbreiten:
11 propagieren
Verbreitung:
12 Promulgation
-unwahrer Tatsachen:
11 Verleumdung
Verbrennungsfolge:
5 Feuer, Rauch, 6 Flamme
Verbrennungsort Verstorbener:
11 Krematorium
Verbrennungsrest:
4 Russ, 5 Asche, 8 Schlacke
Verbrennungswärmemaß:
5 Joule, 7 Kalorie, 8 Heizwert, 11 Kilokalorie
verbrüdern:
14 fraternisieren
Verbrüderungsgeschehen:
15 Fraternisierung
Verbundenes:
6 Koppel
verbündete Staaten:
9 Alliierte
verbürgt:
9 offiziell, 10 garantiert, 11 authentisch
Verbürgungserklärung:
8 Garantie
Verdacht:
7 Skepsis, 9 Vermutung, 10 Misstrauen, Mutmassung
verdächtig:
7 ominoes, suspekt, 11 fragwuerdig
Verdächtigung:
12 Insimulation
Verdachtsmoment:
5 Indiz
verdampfen:
11 evaporieren
Verdauung:
9 Digestion
Verdauungsferment:
3 Lab
Verdauungsflüssigkeit:
8 Speichel, 9 Magensaft
Verdauungskörperteil:
4 Darm, 5 Magen
Verdauungsstörung:
11 Indigestion
verdecken:
6 tarnen, 9 maskieren, 10 kaschieren
Verderb:
4 Ruin
Verderben:
6 Unheil, 8 Unglueck
verderblich:
7 ruinoes
Verderbnis:
6 Unheil, 8 Unglueck, 9 Untergang
verderbt:
7 korrupt, pervers
verdeutlichen:
12 illustrieren, 14 konkretisieren, 16 veranschaulichen
verdeutlichende Aussage:
10 Paraphrase
Verdeutlichung:
8 Klaerung
verdichten:
12 komprimieren, kondensieren
Verdichtermaschine:
10 Kompressor, 11 Kondensator
Verdichtetes:
9 Kondensat, 10 Konzentrat
Verdichtung:
11 Kompression, 12 Kondensation, 13 Konzentration
Verdickungsstelle:
6 Knolle, Knoten
Verdienst:
4 Lohn, Sold, 6 Erwerb, Gehalt, Gewinn, 7 Entgelt, Honorar
Verdienstbeweis:
5 Orden
Verdienste:
7 Meriten
Verdienstrate:
5 Marge
Verdoppelung:
8 Dublette, 11 Duplikation
verdorben:
7 korrupt
verdorren:
6 welken
verdorrt:
4 welk, 5 duerr
Verdrehung:
7 Torsion, 11 Entstellung
verdrießlich:
10 aergerlich, 11 baerbeissig
Verdrossenheit:
7 Missmut, 11 Verstimmung
verdunsten:
11 evaporieren
Verdunstung:
11 Evaporation
Verdunstungsflüssigkeit:
9 Kondensat
verdutzt:
7 perplex, 10 verbluefft
veredeln:
9 okulieren
veredelte Kohle:
4 Koks
veredeltes Eisen:
5 Stahl
Veredelungsvorgang:
10 Kopulation, 11 Raffination
verehren:
6 lieben, 9 benedeien
Verehrer des Reinen und Schönen:
7 Aesthet
Verehrung:
4 Kult, 7 Respekt, 11 Hochachtung
vereinbar:
10 kompatibel
vereinbarter Betrag:
9 Pauschale
Vereinbarung:
10 Konvention, 13 Uebereinkunft
vereinheitlichen:
6 normen, 15 standardisieren
Vereinheitlichungsstrategie:
7 Normung, 16 Standardisierung
Vereinigung:
4 Liga, 5 Junta, Union, 6 Verein, 9 Koalition, 11 Foederation, Kombination, 12 Gemeinschaft, Kongregation
vereinsamt:
7 desolat, 8 isoliert
Vereinsgaststätte:
8 Klubhaus
Vereinssatzung:
6 Statut
Vereinszeitung:
5 Organ
vereinzelt:
6 selten, 9 singulaer, 10 sporadisch
vereister Schnee:
6 Harsch

verenden:
9 krepieren, verrecken
Vererbungswissenschaft:
7 Eugenik, Genetik
verewigen:
12 eternisieren
Verfahrensart:
5 Modus, 6 Praxis, 7 Methode, Prozess, Technik, 8 Prozedur, 12 Rechtsstreit, 14 Handlungsweise
verfallen:
8 dekadent
verfallenes Gebäude:
5 Ruine
Verfallserscheinung:
4 Ruin, 8 Dekadenz, 9 Dekrement, 10 Korruption
verfassen:
11 konzipieren
Verfasser:
5 Autor, 7 Urheber
-der Evangelien:
12 Evangelisten
Verfassung:
6 Charta, 7 Zustand, 11 Grundgesetz, 12 Konstitution
Verfassungsurkunde:
6 Charta
Verfehlung:
6 Delikt, Irrung, Suende, 7 Unrecht, 8 Verstoss, 9 Missgriff
verfeinern:
11 sublimieren
verfeinert:
8 veredelt, 10 kultiviert, raffiniert
Verfeinerungsvorgang:
11 Raffination
Verflechtung:
8 Geflecht, 12 Zusammenhang
Verfluchungsausspruch:
8 Anathema
Verflüssigungsprozeß:
12 Kondensation
Verfolgung:
6 Pogrom, 8 Fahndung
Verfolgungswahn:
8 Paranoia
Verformungsfolge:
11 Deformation
verfrachten:
9 spedieren
verfügbar:
6 fertig, liquid, 10 disponibel
Verfügbarkeit:
15 Disponibilitaet
Verfügungserklärung:
6 Dekret, Erlass, 8 Reskript, 9 Anordnung, 10 Bestimmung, Verordnung
verführen:
8 becircen, bezirzen*
Verführer:
7 Don Juan, 8 Casanova
verführerisch:
9 betoerend
Vergangenheitsform:
7 Perfekt, 9 Imperfekt, 11 Praeteritum, 15 Plusquamperfekt
vergänglich:
7 ephemer
vergeblich:
7 umsonst, 11 illusorisch
Vergebung:
6 Pardon, 10 Verzeihung
Vergeltung:
4 Lohn, 5 Busse, 6 Strafe, Suehne, Undank, 7 Ahndung, 9 Belohnung, Retorsion, 10 Bestrafung, 12 Satisfaktion
Vergeltungsmaßnahme:
10 Reparation, 11 Repressalie, 14 Ersatzanspruch
Vergessenstrank:
5 Lethe
Vergewaltigung:
7 Stuprum
Vergiftungserscheinung:
12 Intoxikation
Vergleich:
6 Rezess, 10 Kompromiss, 11 Komparation
vergleichbar:
10 komparabel
Vergleichsform:
14 Praezedenzfall
vergleichsweise:
7 relativ
Vergleichung:
9 Kollation
Vergnügen:
3 Fez, 4 Lust, 5 Spass, 6 Freude, 8 Plaesier, 10 Amuesement
vergnüglich:
5 ulkig, 6 lustig, 7 spassig, 12 plaesierlich
vergnügt:
5 fidel, 6 heiter
Vergnügungsort:
5 Disco, Disko*, 6 Zirkus, 7 Variete, 11 Rummelplatz
Vergnügungsschiff:
5 Jacht*, Yacht
Vergnügungsviertel in:
-Hamburg:
10 Reeperbahn, Sankt Pauli
-München
9 Schwabing
Vergoldungsauflage:
6 Double, Dublee
vergotten
11 deifizieren
vergreist:
5 senil
Vergrößerungsapparat:
4 Lupe, 9 Mikroskop
Vergünstigung:
6 Rabatt, 7 Vorteil, 8 Nachlass, Privileg
vergüten:
10 honorieren
verhaften:
9 sistieren, 10 arretieren, festnehmen
Verhaftung:
4 Gage, Lohn, Sold, 5 Bonus, Heuer, 6 Gehalt, Salaer, 7 Apanage, Honorar, Praemie, 8 Tantieme, 9 Abfindung, Bezahlung, Provision, 10 Ergreifung, 11 Arretierung, 12 Bonifikation, Inhaftierung, 13 Gratifikation
verhalten:
6 dezent, 7 diskret, 11 distanziert
verhaltene Wut:
3 Wut, 5 Grimm, Groll
Verhaltensregel:
9 Anweisung, Direktive
Verhaltensvorlage:
7 Pattern
Verhaltenswissenschaft:
9 Ethologie
Verhaltenswissenschaftler:
6 Lorenz
Verhältnis:
7 Liaison, 8 Sachlage, 9 Beziehung, Situation, 10 Liebschaft, Proportion
Verhältnisgröße:
5 Modul, 7 Proporz, 8 Massstab, Relation, 10 Proportion
verhältnismäßig:
7 relativ, 12 proportional
Verhältnisteil:
5 Quote
Verhältniswahl:
7 Proporz
Verhältniswort:
2 ab, an, in, zu, 3 auf, aus, bei, bis, mit, von, vor, 4 fuer, nach,

ohne, samt, seit, 5 durch, neben, nebst, statt, trotz, ueber, unter, wegen, 6 ausser, binnen, hinter, laengs, unweit, 7 naechst, zufolge, 8 jenseits, zwischen, 9 diesseits, innerhalb, 10 ausserhalb, 12 Praeposition
verhandeln:
11 konferieren
Verhandlungsbericht:
9 Protokoll
Verhandlungskunst:
10 Diplomatie
Verhandlungstreffen:
6 Termin, 7 Debatte, Prozess, 9 Gespraech, Konferenz, 11 Besprechung, Eroerterung, Unterredung
Verhängnis:
6 Unheil, 10 Fatalitaet, 11 Katastrophe
verhängnisvoll:
3 arg, 4 boes, 5 boese, fatal, 12 katastrophal, 13 schicksalhaft
verharren:
7 bleiben
verheerendes Geschehen:
11 Katastrophe
Verheiratete:
6 Gatten, 8 Eheleute
Verheiratetsein:
8 Ehestand
Verherrlichung:
13 Glorifikation, 14 Glorifizierung
verhindernd:
10 prohibitiv
Verhöhnung:
5 Spott
Verhör:
10 Vernehmung
verhütend:
10 praeventiv, 14 prophylaktisch
Verhütungsmaßnahme:
10 Prophylaxe
Verkalkung:
8 Sklerose
Verkaufsabteilung:
8 Vertrieb
Verkaufsausstellung:
5 Messe
Verkaufsbude:
5 Kiosk
Verkaufschef:
9 Substitut
Verkaufseinnahme:
6 Erloes
Verkaufserfolg:
6 Renner, 10 Bestseller, Longseller
Verkaufsgerät:
7 Automat
Verkaufskartell:
8 Syndikat
Verkaufsschlager:
10 Bestseller
Verkaufsstätte:
5 Laden, 8 Boutique, 9 Geschaeft, Warenhaus, 10 Supermarkt
Verkaufstisch:
5 Theke, 6 Tresen
Verkehr:
6 Umgang, 13 Kommunikation
Verkehrshindernis:
3 Eis, 4 Stau, 5 Nebel, Regen, 6 Schnee, 7 Glaette, Stauung, 8 Glatteis, Schlange, 9 Baustelle, Umleitung, 10 Eisglaette
Verkehrsknotenpunkt:
7 Bahnhof
Verkehrslampe:
5 Ampel
Verkehrsmittel:
3 Bus, Jet, Lkw, Pkw, Rad, Zug, 4 Auto, Bahn, D-Zug, Krad, OBus, 5 Moped, S-Bahn, U-Bahn, 6 Faehre, Schiff, 7 Autobus, Fahrrad, Omnibus, 8 Flugzeug, Motorrad, 9 Automobil, Eisenbahn, Lastwagen, Stadtbahn, 10 Kraftwagen, Luftschiff, Triebwagen, 11 Motorroller, Zahnradbahn, 12 Hubschrauber, Strassenbahn, 14 Untergrundbahn
Verkehrsteilnehmer:
6 Radler, 9 Radfahrer, 10 Autofahrer, Kradfahrer, 11 Fussgaenger, Kraftfahrer, 12 Rollerfahrer, 14 Motorradfahrer
Verkehrsweg:
4 Bahn, 7 Strasse, 8 Autobahn, 9 Bahnlinie, 11 Landstrasse, 14 Schnellstrasse
Verklärung:
9 Apotheose
Verklebungszustand:
13 Agglutination
verkleiden:
9 maskieren
Verkleidung:
9 Maskerade, 12 Mummenschanz, 13 Kostuemierung
verkleinern:
10 dezimieren, reduzieren
verkleinertes Abbild:
6 Modell
Verkleinerungsform:
9 Diminutiv
Verknüpfung:
6 Knoten, 8 Synthese, 11 Kombination
Verkörperung:
11 Inkarnation, 16 Personifizierung
Verköstigung:
7 Pension
verkrusteter Schnee:
6 Harsch
verkümmert:
11 rudimentaer
Verkündender:
6 Herold, 8 Ausrufer
Verkündigungserklärung:
12 Proklamation, 14 Bekanntmachung
verkürzen:
7 Stutzen
verkürzte Unterschrift:
6 Signum
Verkürzung:
11 Perspektive
Verladebühne:
5 Rampe, 9 Laderampe
Verladegerät:
4 Kran
Verlagsabteilung:
8 Lektorat, Vertrieb, 11 Herstellung
Verlagsangestellter:
6 Lektor, 8 Layouter, 9 Redakteur, 10 Cheflektor, Hersteller, 13 Chefredakteur
Verlagsprodukt:
4 Buch, 7 Magazin, Zeitung
Verlagsrecht:
9 Copyright
Verlagszeichen:
6 Signet
Verlangen:
4 Lust, 5 Trieb, 6 Begehr, Wunsch, 7 Geluest, 8 Begehren, Begierde, heischen, 9 Forderung, Sehnsucht
Verlängerungsabkommen:
11 Prorogation
verlangsamen:
7 bremsen, stoppen

Verlass:
5 Fiduz, 8 Zutrauen
verlassen:
4 leer, oede, 6 einsam
verlassene Region:
7 Einoede
Verlassenheit:
10 Einsamkeit
verlässlich:
4 treu, 7 ergeben
Verläßlichkeit:
5 Treue, 16 Zuverlaessigkeit
Verlauf:
7 Prozess, 8 Fortgang, 9 Geschehen
Verlautbarung:
8 Bulletin, 10 Aeusserung
Verlegenheit:
6 Klemme, 7 Dilemma, 10 Bredouille, Zwangslage, 11 Schwulitaet, Zwickmuehle
Verleger:
6 Editor
Verleihung:
6 Lizenz, 10 Konzession
Verleihung des Doktorgrades:
9 Promotion
verletzen:
9 laedieren
verletzt:
4 wund, 8 laediert
Verletzung:
4 Riss, 5 Bruch, Wunde, 6 Fissur, Trauma, 7 Blessur, Fraktur, Zerrung, 8 Prellung, 10 Bluterguss, Brandblase, Erfrierung, Verrenkung, 11 Verbrennung, Verbruehung, 12 Knochenbruch, Verstauchung
verleugnen:
12 desavouieren
Verleumdung:
12 Denunziation, Diffamierung, 14 Verunglimpfung
verliebt:
8 amouroes
verlieren:
10 einbuessen
Verlies:
6 Kerker
Verlobte:
5 Braut
Verlobter:
10 Braeutigam
Verlockung:
6 Anreiz, 10 Anfechtung
verloren:
8 abhanden
Verlosung:
7 Tombola, 8 Lotterie
Verlust:
5 Damno, Minus, 6 Rapuse, 7 Ausfall, Defizit, Schwund, 8 Einbusse, 9 Minderung
Verlust der Erinnerung:
7 Amnesie
Verlustgefahr:
6 Risiko
Vermächtnis:
4 Erbe, 8 Nachlass, 9 Erbschaft, Testament
Vermählung:
6 Heirat, 7 Trauung, 8 Hochzeit
Vermehrung:
7 Zunahme, Zuwachs
vermeintlich:
7 putativ
vermerken:
8 notieren
Vermerkschreiben:
5 Notiz, 6 Glosse
vermessene Unverschämtheit:
9 Anmassung
Vermessungsgerät:
5 Jalon
Vermessungswissenschaft:
9 Geodaesie
vermindern:
12 subtrahieren
Verminderung:
9 Reduktion, 11 Diminuition, Reduzierung
-der Streitkräfte:
10 Abruestung
-der Zahlungsmittel:
9 Deflation
Vermischtes:
5 Varia
Vermittler:
5 Agent, 6 Makler, 10 Kommissaer, 13 Kommissionaer, Unterhaendler
Vermittlung:
12 Intervention
Vermittlungsentgeld:
9 Provision
Vermittlungsfirma:
7 Agentur
Vermodern:
12 Humifikation
Vermögen:
4 Habe, 6 Besitz, 7 Kapital, Koennen, 8 Finanzen, 10 Faehigkeit
vermögend:
5 reich, 10 wohlhabend
Vermögensrückgang:
7 Verlust
Vermögensurkunde:
5 Aktie, 10 Wertpapier
vermuten:
5 ahnen, 7 erraten
Vermutung:
7 Annahme, 9 Hypothese, 10 Mutmassung, 11 Spekulation
Vernehmung:
7 Verhoer, 11 Einvernahme
verneinen:
8 negieren
Verneinung:
8 Negation, 9 Negierung
Verneinungserklärung:
3 nie, 4 nein, 5 nicht, 7 niemals, niemand
vernichten:
10 zerstoeren
vernichtend:
12 peremtorisch
vernichtet:
6 kaputt, 9 zerstoert
Vernichtung:
11 Beseitigung, Destruktion, Zerstoerung
Vernunft:
5 Ratio, 6 Raeson, Raison, 8 Klugheit, Verstand, 9 Intellekt, 11 Intelligenz
Vernunfteinstellung:
13 Rationalismus
vernünftig:
8 rational, sinnvoll, 10 einsichtig
Vernünftigkeit:
13 Rationalitaet
Vernunftthese:
7 Apriori
vernunftwidrig:
7 paradox, 8 alogisch, 10 irrational
veröffentlichen:
7 edieren
Veröffentlichungsform:
7 Edition, 11 Publikation
Verordnung:
4 Ukas, 5 Edikt, Irade, 6 Dekret, Erlass, 9 Regulativ, 10 Bestimmung
Verpackung:
9 Emballage
Verpackungsgewicht:
4 Tara
Verpackungsmittel:
4 Dose, Fass, Sack, Tube,

5 Tuete, 6 Karton, Kasten, Papier, 9 Behaelter, Container, 10 Packpapier
verpflanzen:
15 transplantieren
Verpflanzung:
15 Transplantation
Verpflegung:
5 Essen, 7 Nahrung, 8 Proviant
Verpflegungsmenge:
6 Ration
verpflichtend:
13 obligatorisch
Verpflichtung:
6 Obligo, 7 Auflage, 10 Engagement, 12 Schuldigkeit
-zum Schadenersatz:
7 Haftung, 11 Haftpflicht
Verpflichtungspapier:
6 Revers, 10 Obligation
Verputzmaterial:
5 Stuck, 7 Moertel
Verrammelung:
9 Barrikade
Verrat:
7 Untreue, 9 Treubruch, Wortbruch, 15 Vertrauensbruch
verraten:
11 denunzieren
Verräter:
10 Denunziant
verrechnen:
12 kompensieren
verrecken:
9 krepieren
verrenken:
8 luxieren
Verrenkungsverletzung:
8 Luxation
Verringerung:
9 Reduktion
verrückt:
9 irrsinnig, meschugge, 15 geistesgestoert
Verrücktheit:
6 Unsinn, 7 Irrsinn, 8 Narretei
Verruf:
4 Bann, 10 Misskredit
verrufenes Lokal:
8 Spelunke, 9 Kaschemme
Versager:
5 Niete, 12 Blindgaenger, Schwaechling
Versammlung:
7 Konvent, Meeting, 9 Konsilium, 13 Zusammenkunft
Versammlungsort:
4 Aula, Saal
Versand:
9 Spedition
Versandbeschäftigter:
9 Expedient
Versandhandel:
9 Mailorder
Versbau:
6 Metrik
Versbetonung:
5 Arsis
Verschickung:
11 Deportation
verschieben:
9 rangieren
verschieden:
6 anders, 9 different, divergent, heterogen, 15 unterschiedlich
Verschiedenes:
8 Allerlei, Diverses
Verschiedenheit:
9 Divergenz, 14 Heterogenitaet
verschiedenkörperlich:
11 heteromorph
Verschlag:
4 Kaue, 5 Koben, Stall
verschlagen:
6 schlau, 10 trickreich, 12 hinterlistig
Verschlagenheit:
6 Tuecke, 7 Arglist, 10 Hinterlist
verschleiern:
6 tarnen
Verschleißerscheinung:
9 Abnutzung
verschleppen:
11 deportieren
Verschleppung:
11 Deportation, 12 Verzoegerung
verschließbares Behältnis:
8 Kassette
verschließen:
11 okkludieren
Verschluß:
6 Plombe, Riegel, Siegel, Ventil, 7 Drossel, Klausur, Schloss
verschlüsseln:
11 chiffrieren
Verschlußlaut:
4 Muta
Verschlußstreifen:
9 Banderole
Verschmelzung:
6 Fusion, 8 Synthese
Verschnittener:
7 Kastrat
verschnörkelt:
6 barock
verschobenes Quadrat:
5 Raute
Verschönerung:
4 Zier
verschroben:
7 seltsam, skurril, 11 exzentrisch
Verschrobenheit:
6 Spleen, 7 Marotte, 8 Schrulle
verschwenden:
5 aasen, 7 prassen
Verschwender:
7 Prasser
verschwenderisch:
9 luxurioes
Verschwendungsform:
5 Luxus
verschwiegen:
5 still, 7 diskret
Verschwiegenheits-verpflichtung:
10 Diskretion
verschwommen:
6 diffus, unklar
Verschwörung:
8 Komplott, 12 Konspiration
Versehen:
6 Irrtum, 7 Erratum, 9 Fehlgriff, Schnitzer
Verselbständigungsprozeß:
12 Emanzipation
versenden:
9 spedieren
Versender:
9 Expedient
Versendung:
9 Transport
Versenkung:
9 Reflexion, 10 Meditation, 13 Kontemplation
versessen:
7 erpicht
Versfuß:
5 Jambe, 6 Jambus, Metrum, 8 Daktylus, Dijambus, Spondeus, 9 Dibrachys, Dichoreus, Hexameter, Trochaeus, 10 Pentameter
Versicherung:
10 Assekuranz
Versicherungsbeleg:
6 Police
Versicherungsmakler:
5 Agent
versiert:
7 gewandt, 8 erfahren
Version:
7 Fassung, 10 Abwandlung, 12 Uebertragung

Verskunde:
6 Metrik
versmäßiger Gleichlaut:
4 Reim
versöhnlich:
10 konziliant
Versonnenheit:
10 Traeumerei
Versorgung:
6 Pflege, 9 Betreuung
Versorgungsgelder:
5 Rente, 7 Pension
Versorgungskahn:
6 Tender
Verspaar:
9 Distichon
versperren:
7 hindern, 10 blockieren
verspotten:
7 hoehnen, 11 ironisieren
Verspottung:
7 Parodie, 10 Persiflage
Versprechensform:
8 Geluebde
Versroman:
4 Epos
Verstand:
5 Grips, Ratio, 8 Vernunft, 9 Intellekt, 11 Intelligenz
verstandesmäßig:
8 rational, 13 intellektuell
verständig:
9 rationell, 11 intelligent
Verständigungsart:
13 Kommunikation
Verständigungsmittel:
7 Schrift, Sprache
verständlich:
9 plausibel, 12 einleuchtend
verständnisvoll:
5 loyal
Verständniszeigen:
8 Einsicht
Verstärkung:
14 Intensivierung
Verstauchung:
10 Distorsion
Versteck:
13 Schlupfwinkel
versteckt:
6 latent, 9 verborgen
versteckte Häme:
6 Ironie
verstehen:
8 kapieren
Versteifung:
6 Strebe, 8 Traverse
Versteigernder:
11 Auktionator
Versteigerung:
4 Gant, 7 Auktion
versteinert:
6 fossil
versteinerte:
-Reste von Lebewesen:
9 Fossilien
versteinerter:
-Kopffüßer:
7 Ammonit, 10 Ammonshorn
Versteinerung:
6 fossil, 9 Petrefakt
Versteinerungswissenschaft:
14 Palaeontologie
verstellbares Werkzeug:
10 Englaender
Verstellung:
5 Finte, 9 Heuchelei, 10 Simulation
verstiegen:
11 extravagant
verstimmt:
7 pikiert, 9 beleidigt
Verstimmung:
5 Groll, Unmut
Verstopfung der Adern:
7 Embolie, 9 Thrombose
Verstopfungserscheinung:
11 Obstipation, Obstruktion, 12 Konstipation
verstorben:
3 tot
Verstoß:
6 Delikt, Fehler, 7 Fauxpas, Unrecht, 8 Vergehen, 10 Verfehlung
verstreut:
10 sporadisch
Versuch:
5 Probe, 8 Pruefung, 10 Experiment
versuchen:
6 testen, 9 probieren
Versuchsbereich:
5 Labor, 12 Laboratorium
Versuchsbühne:
6 Studio
Versuchstyp:
8 Prototyp
Versuchung:
10 Anfechtung
versunkenes Reich:
8 Atlantis
Vertagung:
11 Prorogation
vertauschbar:
10 permutabel
Verteidiger:
8 Apologet, Defensor, 12 Fuersprecher, Rechtsanwalt
Verteidigung:
6 Abwehr, 8 Apologie, 9 Defensive
Verteidigungsbündnis:
4 NATO, 5 SEATO
Verteidigungserklärung:
9 Plaedoyer
Verteidigungsgerät:
5 Waffe
Verteidigungsministerium der USA:
8 Pentagon
Verteilungsvorgang:
12 Distribution
vertieft:
6 konkav
Vertiefung:
4 Nute, 5 Kerbe, Mulde, Riefe, Rille, 6 Graben
Vertikale:
3 Lot, 5 Hoehe, 10 Senkrechte
vertilgen:
9 ausrotten
vertonen:
11 komponieren
vertonte Ode:
4 Lied
verträglich:
10 kompatibel
Vertragsänderung:
8 Revision
Vertragsform:
6 Rezess, 8 Abkommen, Kontrakt, 10 Konvention, 12 Vereinbarung, 13 Uebereinkunft
Vertragspartner:
10 Kontrahent
Vertragsspieler:
14 Berufssportler
Vertragsvorbehalt:
7 Klausel
Vertragsvortext:
9 Praeambel
Vertragszustimmung:
12 Ratifikation
Vertrauen:
5 Fiducz, 7 Glauben, 8 Hoffnung, 10 Zuversicht, 12 Ueberzeugung
Vertrauensbruch:
7 Untreue, 12 Indiskretion
Vertrauensmann:
6 Obmann

vertrauensvoll:
6 arglos
vertraulich:
5 intim, 6 geheim, intern
vertrauliche Anredeform:
2 du
Vertraulichkeit:
10 Intimitaet
Vertrauter:
6 Freund, 7 Intimus, 9 Konfident
Vertreter:
9 Reisender, 13 Repraesentant,
18 Handlungsreisender
-der Anklage:
12 Staatsanwalt
-des Angeklagten:
11 Verteidiger
-des Volkes:
12 Abgeordneter,
14 Parlamentarier
-eines Staates:
8 Diplomat, 11 Botschafter
Vertreterentgeld:
9 Provision
Vertretung:
6 Ersatz, 8 Aushilfe
Vertretungsbefugnis:
9 Vollmacht
Vertrieb:
6 Absatz, Handel
vertrocknen:
6 welken
vertrocknet:
4 welk, 5 duerr
verulken:
10 parodieren
verunglimpfen:
11 diffamieren
Verunglimpfungsweise:
12 Diffamierung
Verunreinigungsfolge:
5 Fleck, Unrat, 7 Schmutz
Verunstaltung:
11 Deformation
Veruntreuungsdelikt:
14 Unterschlagung
verunzieren:
10 entstellen
vervielfachen:
14 multiplizieren
Vervielfachung:
14 Multiplikation
vervielfältigen:
6 pausen, 8 kopieren
Vervielfältigungsergebnis:
5 Kopie, Pause, Repro,
8 Duplikat, 9 Abschrift,
Fotokopie*, 10 Photokopie,
11 Durchschlag,
12 Reproduktion,
14 Multiplikation
Vervielfältigungsmaß:
6 Faktor
Vervollständigung:
10 Komplement, Supplement,
14 Komplettierung
Verwahrlosungserscheinung:
10 Korruption
Verwahrung:
4 Veto, 5 Obhut, 7 Protest,
9 Einspruch, 11 Deponierung,
12 Hinterlegung
Verwalter:
7 Kurator, 8 Aufseher, Waechter,
9 Inspektor, Sequester,
11 Hausmeister,
13 Administrator
-einer Stiftung:
7 Kurator
-eines Archivs:
8 Archivar
-eines Warendepots:
8 Lagerist
Verwaltung:
3 Amt, 8 Behoerde, 9 Direktion,
Inspektur, Magistrat,
12 Gouvernement,
14 Administration
Verwaltungsform:
6 Regime
Verwaltungshaus:
7 Rathaus
Verwandlungsvorgang:
9 Aenderung, 12 Metamorphose
Verwandte/Verwandter:
3 Ahn, Oma, Opa, 4 Mage,
Mama, Papa, Sohn, 5 Agnat,
Enkel, Neffe, Onkel, Tante,
Urahn, Vater, 6 Bruder, Kusine,
Mutter, Nepote, Nichte, Urahne,
Vetter, 7 Abkomme, Ahnfrau,
Ahnherr, Enkelin, Tochter,
9 Nachkomme, Schwester,
10 Grossneffe, Grossvater,
11 Grossmutter, Grossnichte
Verwandtschaft:
4 Klan, 5 Sippe, 7 Familie,
9 Vorfahren, 10 Sippschaft
verwegen:
9 tollkuehn, 11 uebermuetig
Verweis:
5 Ruege, Tadel, 7 Rueffel,
9 Ermahnung
Verwendbarkeit:
7 Eignung
Verwerfungserklärung:
8 Negation
verwesender Körper:
3 Aas, 5 Luder, 7 Kadaver
verwickelt:
7 komplex, 11 kompliziert
Verwicklung:
12 Komplikation
Verwindung:
7 Torsion
verwirklichen:
11 realisieren
Verwirklichung:
11 Realisation, 12 Realisierung
verwirrt:
6 konfus, 7 perplex, 9 irritiert,
10 derangiert
Verwirrung:
8 Wirrwarr, 9 Konfusion,
Unordnung, 13 Durcheinander
verwittertes Gestein:
4 Grus
Verwitterungsboden:
7 Laterit
verworren:
6 konfus, unklar, 7 abstrus
Verwunderung:
9 Befremden, Erstaunen
Verwundung:
7 Blessur, 10 Verletzung
Verwünschung:
5 Fluch
verzagt:
6 mutlos, 9 entmutigt,
12 decouragiert
verzaubern:
8 bezirzen
Verzehr:
5 Zeche, 6 Konsum
verzehren:
11 konsumieren
verzeichnen:
12 registrieren
Verzeichnis:
5 Index, Liste, 7 Katalog,
8 Matrikel, Register,
11 Aufstellung
verzeihende Nachsicht:
5 Gnade
Verzeihung:
6 Pardon, 9 Vergebung
Verzeihungsbitte:
7 Abbitte
verzerren:
10 karikieren
verzerrt:
7 grotesk, skurril

Verzicht:
7 Abandon, 9 Entsagung, 11 Bescheidung
verzichten:
6 passen, 8 abdanken, aufgeben, entsagen, 11 resignieren
verzieren:
9 garnieren, 10 dekorieren
verzierender Wandbereich:
5 Fries
Verzierung:
5 Dekor, Fries, 6 Zierde, 7 Rosette, Schmuck, 8 Arabeske, Filigran, 9 Kartusche, 10 Dekoration
Verzinsung:
5 Rente
Verzinsungssatz:
7 Rendite
Verzögerung:
11 Retardation
Verzögerungsvorgehen:
11 Obstruktion
Verzückungszustand:
7 Ekstase
verzweifelt:
7 verzagt, 8 desperat, 10 deprimiert, 12 hoffnungslos
Verzweifelter:
9 Desperado
Verzweiflung:
11 Desperation
verzweigt:
11 dendritisch
Verzweigung:
8 Gabelung
Vesperbild:
5 Pieta
Vestibül:
5 Halle, 6 Atrium, 7 Vorraum, 8 Vorhalle
Veterinärmediziner:
8 Tierarzt
Veto:
9 Einspruch, 10 Verwahrung
Vetternwirtschaft:
8 Kluengel, 10 Nepotismus, Protektion
vibrieren:
5 beben, 7 zittern, 9 schwingen, 11 tremolieren, tremulieren
Vieherkrankung:
7 Tollwut, 10 Rinderpest, 11 Tuberkulose
Viehhaus:
5 Stall
Viehhüter:
5 Hirte, 6 Cowboy, Gaucho
viehisch:
11 bestialisch
Viehlager:
5 Streu
Viehnahrung:
3 Heu, 4 Gras, Klee, 6 Rueben, Silage
Viehtrift:
3 Alm
Viehweide:
6 Koppel
Viehzaun:
6 Gatter, Pferch
Vieleck:
7 Polygon
Vielehe:
7 Bigamie, 9 Polygamie
Vielfalt:
5 Menge, 6 Fuelle
vielfältig:
7 komplex, 8 multipel
vielfarbig:
4 bunt, 9 polychrom
Vielflächner:
8 Polyeder
Vielfraß:
8 Gourmand, 10 Nimmersatt
Vielfresser:
9 Polyphage
vielgestaltig:
9 polymorph
Vielgötterei:
12 Polytheismus
vielleicht:
10 vermutlich, 14 wahrscheinlich, 15 moeglicherweise, voraussichtlich
Vielmännerei:
10 Polyandrie
vielschichtig:
7 komplex, 13 differenziert
Vielschreibender:
8 Skribent
vielseitig:
8 allround, versiert
vielsprachig:
9 polyglott
vielstimmend:
7 polyfon*, 8 polyphon
Vielweiberei:
9 Polygamie, Polygynie
Viereck:
5 Raute, 6 Karree, Trapez, 7 Quadrat, Rhombus, 8 Rechteck, Rhomboid, Tetragon, 9 Trapezoid, 10 Quadrangel, 14 Parallelogramm
Vierergruppe:
8 Quartett
Vierergzug:
8 Quadriga
Vierflächner:
9 Tetraeder
Vierkanalausstrahlung:
11 Quadrofonie*, 12 Quadrophonie
Vierkantholzstück:
6 Balken
vierschrötig:
6 robust
Viertel:
5 Quart
Vierteljahreszeitraum:
7 Quartal
Viertelkreis:
8 Quadrant
vietnamesische:
-Hauptstadt:
5 Hanoi
Viola:
8 Bratsche
violett:
4 lila
Violine:
5 Geige, 6 Fiedel
Violinspieler:
6 Geiger
Violoncello:
9 Kniegeige
Violonenart:
9 Bassgeige, 10 Kontrabass
Viperngattung:
9 Hornviper, 10 Aspisviper, Kreuzotter, 14 Lanzenschlange, 15 Klapperschlange
viril:
8 mannhaft, 9 maennlich
Virtuose:
7 Koenner, Meister, 9 Kuenstler
vis-a-vis:
10 gegenueber
Visage:
7 Gesicht
Visierbereich:
4 Korn, 5 Kimme, 10 Fadenkreuz
Vision:
8 Trugbild, 9 Schimaere, Traumbild
visionärer Mann:
5 Seher
Visitation:
12 Besichtigung

Visite:
6 Besuch, 10 Arztbesuch
Vitalität:
11 Lebenskraft, 12 Lebendigkeit, 13 Beweglichkeit
Vitamin:
9 Wirkstoff
Vitaminmangelfolge:
5 Oedem, 7 Skorbut, 8 Beriberi, Rachitis
Vogelart:
3 Aar, Alk, Ara, Beo, Emu, Kea, Poe, Uhu, 4 Ente, Eule, Fink, Gans, Huhn, Ibis, Kauz, Kiwi, Pfau, Pute, Rabe, Star, 5 Adler, Ammer, Amsel, Dohle, Erpel, Falke, Fasan, Geier, Kurol, Lumme, Meise, Milan, Moewe, Pirol, Puter, Racke, Ralle, Taube, Tukan, Weber, Weihe, 6 Dommel, Elster, Gimpel, Haeher, Kakadu, Kondor, Lanner, Lerche, Marabu, Merlin, Quesal, Reiher, Roetel, Schwan, Segler, Specht, Stelze, Storch, Zeisig, 7 Amadine, Bussard, Drossel, Eisente, Girlitz, Habicht, Kanarie, Kanario, Kiebitz, Kleiber, Kolibri, Kranich, Kuckuck, Ortolan, Papagei, Pelikan, Pinguin, Rebhuhn, Sittich, Sperber, Strauss, Taucher, Toelpel, Wachtel, Wuerger, 8 Aasgeier, Albatros, Auerhahn, Bergente, Bergfink, Birkhuhn, Buchfink, Dompfaff, Eisvogel, Flamingo, Graugans, Kardinal, Kolkrabe, Kormoran, Perlhuhn, Schnepfe, Schwalbe, Seeadler, Sperling, Spoetter, Sprosser, Truthahn, Truthuhn, Waldhuhn, Waldkauz, Wildente, Wildgans, Zilpzalp, 9 Bartgeier, Bartmeise, Baumfalke, Bekassine, Blaumeise, Blaumerle, Blessgans, Blesshuhn, Brandente, Braunelle, Eiderente, Goldammer, Goldamsel, Goldfasan, Grauammer, Graumeise, Gruenfink, Gruenling, Haenfling, Haselhuhn, Jagdfasan, Kohlmeise, Krickente, Lachmoewe, Raubmoewe, Rohrammer, Rohrspatz, Rosenstar, Salangane, Steinhuhn, Steinkauz, Stieglitz, Sumpfhuhn, Wendehals, Wiedehopf, 10 Bachstelze, Baumpieper, Blaesshuhn, Buntspecht, Distelfink, Feldlerche, Fischadler, Grasmuecke, Nachtigall, Neuntoeter, Schmaetzer, Schnaepper, Schneehuhn, Sumpfmeise, Zaunkoenig, 11 Gaensegeier, Gruenspecht, Heidelerche, Kernbeisser, Laubsaenger, Mauersegler, Ringeltaube, Rohrsaenger, Rotkehlchen, Seeschwalbe, Singdrossel, Steppenhuhn, Wanderfalke, 12 Blaukehlchen, Eichelhaeher, Gelbspoetter, Haubenlerche, Koenigsgeier, Mehlschwalbe, Schwanzmeise, Uferschwalbe, Ziegenmelker, 13 Kanarienvogel, Krammetsvogel, Kreuzschnabel, Maeusebussard, Rauchschwalbe, Riesenschwalk, Schwarzspecht, Seidenschwanz, Wellensittich, 14 Huehnerhabicht, Schwarzdrossel, Staffelschwanz, 16 Gartengrasmuecke, Krokodilwaechter
Vogelbau:
4 Nest
Vogelbeerpflanze:
9 Eberesche
Vogeleier:
6 Gelege
Vogelerbse:
5 Wicke
Vogelfänger aus der Zauberflöte:
8 Papageno
Vogelfangutensil:
8 Leimrute
Vogelfutter:
5 Miere
Vogelkäfig:
7 Voliere
Vogelkrankheit:
4 Pips
Vogelkrautpflanze:
8 Wegerich, 10 Knoeterich
Vogelmännchen:
4 Hahn
Vogelmist:
5 Guano
Vogelnachwuchs:
4 Brut
Vogelpaarungszeit:
4 Balz
Vogelprodukt:
2 Ei
Vogelscheuche:
6 Popanz
Vogelschwanz:
5 Sterz
Vogelwissenschaft:
12 Ornithologie
Vogesenregion:
6 Wasgau, 10 Wasgenwald
Vokabularsammlung:
10 Wortschatz, 11 Woerterbuch
Vokal:
10 Selbstlaut
Vokalgesang:
7 Kantate
Vokativ:
10 Anredefall
Volant:
6 Steuer, 7 Lenkrad, 9 Steuerrad
Volk:
5 Stamm, 6 Nation, 12 Bevoelkerung
-auf Neuseeland:
5 Maori
-der Arktis:
7 Eskimos
Völkerkunde:
10 Ethnologie, 11 Ethnografie*, 12 Ethnographie
Völkerkundler:
9 Ethnologe
Völkermord:
7 Genozid
völkerrechtlicher Zusammenschluß:
11 Staatenbund
Volksabstimmung:
9 Plebiszit, 10 Referendum
Volksaufhetzer:
8 Demagoge
Volksentscheid:
9 Plebiszit
Volksfest:
3 Dom, 4 Kerb, 5 Kerwe, Kilbe, Messe, 6 Kirmes, Rummel, 9 Jahrmarkt, Kirchweih, 13 Schuetzenfest
Volksheer:
5 Miliz
Volksheld in der Schweiz:
4 Tell
Volksherrschaft:
10 Demokratie
Volkskunde:
8 Folklore
Volkspark in Österreich:
6 Prater

Volksschulleiter:
6 Rektor
Volksstaatsform:
8 Republik, 10 Demokratie
volkstümlich:
7 beliebt, 8 populaer
volkstümlich für:
-Arzt:
7 Medikus
-Auto:
5 Karre, Kiste, 9 Untersatz, 11 Nuckelpinne
-bankrott:
6 pleite
-Dorf:
4 Kaff, Nest
-Durcheinander:
12 Kuddelmuddel
-Fernsehen:
6 Glotze, 13 Pantoffelkino
-Gefängnis:
3 Bau, 5 Knast
-Geld:
4 Kies, Moos, 6 Kohlen, Maeuse, Piepen, 7 Moneten
-Gewehr:
6 Knarre
-Glück:
5 Dusel, 7 Schwein
-Hunger:
9 Kohldampf
-Ischias:
11 Hexenschuss
-Konkurs:
6 pleite
-Lehrer:
6 Pauker
-Militär:
6 Barras, 7 Kommiss
-Motorrad:
10 Feuerstuhl
-Reifenpanne:
9 Plattfuss
-Schule:
5 Penne
-verdutzt:
4 baff
-Ziehharmonika:
8 Quetsche
-Zigarette:
9 Sargnagel, 12 Glimmstengel, 13 Glimmstaengel*
-Zigarettenstummel:
5 Kippe
Volksverhetzer:
8 Demagoge
Volksverhetzung:
9 Demagogie
Volksvertreter:
12 Abgeordneter, 14 Parlamentarier
Volksvertretungsorgan:
5 Senat, 7 Landtag, 9 Bundestag, Parlament
Volkswirtschafts-wissenschaftler:
7 Oekonom, 13 Sozialoekonom, 15 Nationaloekonom
Volkszählung:
6 Zensus
voll gereift:
4 reif, 12 ausgewachsen
Vollblütigkeit:
8 Plethora
Vollblutreitpferd:
6 Araber
vollbrachtes Tun:
3 Tat
vollbringen:
8 schaffen
vollendet:
6 fertig, 7 perfekt, 8 erledigt
Vollendungszustand:
6 Finish, 10 Perfektion
völlig:
4 ganz, 5 prall, total, 6 global, massiv
völlig gleich:
9 identisch
völlige:
-Dunkelheit:
10 Finsternis
-Gleichheit:
10 Identitaet
-Klarheit:
7 Evidenz
völliger:
-Zusammenbruch:
4 Ruin
volljährig sein:
7 muendig, 8 majorenn
vollkommen:
5 ideal, 7 perfekt, 8 makellos, tadellos
Vollkommenheit:
10 Perfektion
Vollmachtserklärung:
7 Prokura, 12 Autorisation
Vollschiff:
7 Klipper, 8 Fregatte, Korvette, 10 Dreimaster
vollständig:
4 ganz, 5 total, 8 komplett
Vollständigkeit:
10 Totalitaet
vollstrecken:
11 exekutieren
Vollstrecker der Hinrichtung:
6 Henker, 13 Scharfrichter
Vollstreckung:
9 Exekution, 13 Durchfuehrung
volltönend:
5 sonor
Volltrunkenheitsfolge:
13 Rauschzustand
Vollversammlung:
6 Plenum, 13 Plenarsitzung
Volontär:
9 Anwaerter, 10 Praktikant
vom:
-Bischof zelebrierte Messe:
13 Pontifikalamt
-Hundert:
7 Prozent
-Wind angehäufter Sandhügel:
5 Duene
von:
-Almosen Lebender:
7 Bettler
-außen kommend:
6 exogen
-drei Seiten begrenzte Figur:
7 Dreieck
-innen kommend:
7 endogen
-Rechts wegen:
6 de jure
-Wasser umgebenes Land:
5 Insel, 6 Eiland
Vorabbestellung:
12 Subskription
Vorahnungsgefühl:
4 Omen
vorankommen:
12 prosperieren
Voranschlagsaufstellung:
6 Budget, 11 Kalkulation, 13 Haushaltsplan
vorantreiben:
9 forcieren
Voranzeige:
4 Avis
Vorarbeit:
6 Skizze, Studie
vorausgesetzt:
5 falls, 6 sofern, 10 angenommen
Voraussage:
8 Prognose, 12 Prophezeiung
voraussagen:
11 prophezeien, 15 prognostizieren

vorausschauend:
11 prophetisch
Voraussetzung:
9 Bedingung, Praemisse,
11 Supposition, 12 Praesumption
Voraussicht:
6 Ahnung, 7 Planung
voraussichtlicher Gewinner:
7 Favorit
Vorauszahlungsbetrag:
9 Vorschuss
Vorbauform:
5 Erker, 6 Balkon, Loggia,
7 Soeller, Veranda
Vorbedeutung:
4 Omen, 12 Prognostikon
Vorbedingung:
9 Praemisse
Vorbehalt:
7 Klausel, Skepsis, 8 Reservat,
9 Bedingung, Kondition,
11 Reservation, Restriktion
vorbei:
5 passe
Vorbeimarschieren:
7 Defilee
vorbeimarschieren:
10 defilieren, paradieren
Vorbemerkung:
9 Praeambel
vorbestellen:
11 reservieren
vorbestimmtes Los:
6 Kismet
Vorbestimmung:
5 Fatum
Vorbeter im Islam:
4 Imam
vorbeugen:
13 praeservieren
vorbeugend:
10 prohibitiv, 14 prophylaktisch
vorbeugende Handlung:
7 Impfung, 13 Schutzimpfung
Vorbeugung:
10 Prophylaxe, 11 Praevention
Vorbild:
6 Modell, Muster, 8 Leitidee
vorbildlich:
12 beispielhaft, exemplarisch,
13 mustergueltig,
14 programmatisch
Vorbote einer Krankheit:
7 Symptom
Vorbühne:
5 Rampe, 10 Proszenium
Vorderansicht:
4 Face, 5 Avers, Front, 7 Fassade
Vorderasiat:
5 Kurde, Syrer, 6 Araber, Iraker,
Iraner, Perser, Syrier, Tuerke,
7 Afghane, Israeli, Jemenit,
8 Armenier, Libanese,
9 Jordanier
vorderasiatische:
-Halbinsel:
7 Arabien
-Hauptstadt:
4 Sana, 5 Amman, 6 Ankara,
Bagdad, Beirut, Er Riad,
7 Teheran, 8 Damaskus,
9 Jerusalem
-Meerenge:
11 Dardanellen
vorderasiatischer:
-Fluß:
6 Tigris, 7 Euphrat
-Staat:
4 Irak, Iran, Oman, 5 Jemen,
6 Israel, Syrien, 7 Arabien,
Libanon, Persien, Tuerkei,
9 Jordanien, 11 Afghanistan,
12 Saudi-Arabien
-Strom:
6 Jordan, Tigris, 7 Euphrat
vorderasiatisches:
-antikes Kulturvolk:
5 Juden, 6 Perser, 7 Akkader,
Assyrer, Iranier, Semiten,
Sumerer, 8 Hethiter,
9 Chaldaeer, Phoeniker,
10 Israeliten, Phoenizier
Vorderasien:
6 Nahost, Orient, 7 Levante
Vorderfront:
5 Front, 7 Fassade, 10 Stirnseite
vorderster Bühnenbereich:
10 Proszenium
Vorderteil:
10 Frontispiz
-des Schiffes:
3 Bug
vordringlich:
4 akut
Vordruckpapier:
8 Formular, 9 Formblatt,
10 Fragebogen
voreingenommen:
8 befangen
Voreingenommenheit:
9 Praejudiz, 10 Fanatismus,
Intoleranz, 12 Befangenheit,
Ressentiment, 14 Parteilichkeit
Vorentwurf:
7 Konzept
Vorfahre:
3 Ahn, 4 Ahne, 5 Urahn,
6 Urahne, 10 Altvordern
Vorfahrenliste:
10 Ahnentafel
Vorfall:
7 Affaere, Episode, Skandal,
8 Ereignis
Vorfilm:
7 Trailer
Vorflur:
9 Vestibuel
vorführen:
9 darbieten, 13 demonstrieren
Vorführer im Kino:
9 Operateur
Vorführfrau:
9 Mannequin
Vorführmann:
8 Dressman
Vorführung:
5 Revue, Schau,
13 Demonstration
Vorgang:
7 Hergang, Prozess, 8 Prozedur,
9 Geschehen, 11 Begebenheit
vorgeben:
9 fingieren, 10 simulieren
Vorgebirge:
3 Kap, Ras
vorgeblich:
6 fiktiv
Vorgefühl:
6 Ahnung
Vorgeschichte:
12 Praehistorie
Vorgeschichte bei Krankheiten:
8 Anamnese
vorgeschichtlicher:
-Begräbnisplatz:
9 Urnenfeld, 10 Hockergrab,
Huegelgrab, Huenengrab
-Eimer:
6 Situla
-Fundort:
7 Hallein, 8 Altamira, Aurignac,
9 Hallstatt, 10 Neandertal,
Willendorf
-Mensch:
8 Aurignac, 9 Cromagnon,
11 Homo sapiens,
12 Neandertaler, Pekingmensch
vorgeschichtliches:
-Blasinstrument:
4 Lure

-Kulturdenkmal:
6 Dolmen, Menhir, 8 Megalith, 10 Steinkreis
-Werkzeug:
8 Steinaxt, 9 Faustkeil
vorgeschobener Handelnder:
9 Strohmann
vorgeschriebene Menge:
5 Dosis
vorgesetzte Instanz:
9 Obrigkeit
Vorgesetzter:
4 Chef, 8 Direktor, Superior, Vorstand, 9 Prinzipal, Vorsteher, 10 Praesident
Vorhaben:
4 Plan, 7 Projekt, 9 Intention
vorhanden:
2 da, 8 anwesend, effektiv, existent, 12 gegenwaertig
vorhandene Güter:
7 Bestand
Vorhang:
5 Store, 7 Gardine, 8 Jalousie, Portiere, Rolladen, 9 Rollladen*
vorher:
4 erst, 5 zuvor, 7 frueher
Vorherbestimmtsein:
5 Fatum, 6 Kismet, 9 Schicksal, 15 Praedestination
Vorherrschaftsform:
8 Dominanz, Fuehrung, 9 Hegemonie, 14 Ueberlegenheit
vorherrschend:
8 dominant
Vorhersage:
6 Orakel, 8 Prognose, 9 Prophetie, 11 Offenbarung, 12 Prophezeiung
Vorhölle:
6 Limbus
Vorhut:
10 Avantgarde
vorisraelitisches Palästina:
6 Kanaan
vorjähriger Schnee:
4 Firn
Vorkämpfer:
7 Pionier, 11 Protagonist, Wegbereiter
Vorkehrung:
7 Schritt, 8 Handlung, 9 Massnahme
Vorkommnis:
5 Kasus, 7 Episode
vorladen:
8 zitieren
Vorlage:
6 Modell, Muster, Schema, 9 Schablone
Vorläufer:
7 Prodrom
Vorläufer des Fahrrades:
8 Draisine
vorläufig:
11 einstweilig, 12 provisorisch
vorläufige Abmachung:
7 Interim
vorlaut:
4 kess, 5 frech, 6 dreist, 8 Naseweis, 9 ungezogen, 10 fuerwitzig
Vorlegematte:
5 Matte, 9 Fussmatte
vorlegen:
13 praesentieren
Vorlesungsveranstaltung:
6 Kolleg, 7 Lektion
Vorliebe:
6 Faible, 7 Neigung, Passion
vormals:
5 einst, 6 ehedem
Vormerkheft:
9 Notizbuch, 14 Terminkalender
Vormittagsveranstaltung:
7 Matinee
Vormund:
5 Tutor, 7 Kurator
Vormundschaft:
7 Kuratel, 9 Fuersorge
Vorname:
7 Rufname, 8 Taufname
vornehm:
4 edel, 5 nobel, 7 elegant, 8 exklusiv, illuster, ladylike, 11 chevaleresk, fashionable, 12 distinguiert, 13 gentlemanlike, 14 aristokratisch
vornehme:
-Altrömer:
9 Patrizier
-Buhlerin:
9 Kurtisane
-Bürger:
9 Patrizier
-Gesellschaft:
8 Highlife, 10 Hautevolee
-Gesinnung:
7 Edelmut, 8 Noblesse
Vornehmheit:
7 Eleganz, 8 Noblesse
Vornehmtuer:
4 Snob
Vorort von:
-Danzig:
5 Oliva
-Den Haag:
12 Scheveningen
-Dresden:
9 Blasewitz
-Hamburg:
10 Blankenese
-Kalkutta:
5 Haura
-Lissabon:
5 Belem
-London:
7 Wembley, 9 Greenwich, Wimbledon
-Los Angeles:
8 Pasadena, 9 Hollywood, 11 Santa Monica
-New York:
7 Yonkers
-Paris:
6 Clichy, Sevres, 7 Neuilly, 10 Versailles
-Philadelphia:
7 Chester
-Potsdam:
10 Babelsberg
-Rom:
5 Ostia
-Venedig:
6 Mestre, 8 Marghera
-Warschau:
5 Praga
-Weimar:
7 Tiefurt
-Wien:
6 Aspern
-Zürich:
8 Zollikon
Vorrangigkeit:
6 Primat, 10 Prioritaet
Vorratslager:
4 Silo, 5 Depot, Lager, 6 Kammer, Keller, 7 Magazin, Scheune, 8 Speicher, 9 Lagerhaus, 12 Speisekammer
Vorratsmaterial:
7 Bestand, Reserve, 8 Proviant, 10 Repertoire
Vorratsraum auf Schiffen:
4 Gatt
Vorraum:
4 Flur, Gang, 5 Foyer, 6 Atrium, Entree, 8 Korridor, 9 Vestibuel
Vorrecht:
7 Monopol, 8 Privileg, 10 Prioritaet, 11 Sonderrecht

Vorrede:
6 Prolog, 10 Einleitung
Vorrichtung:
10 Instrument, 11 Mechanismus
vorrücken:
10 avancieren
Vorsatz:
7 Absicht, 8 Vorhaben,
9 Intention
vorsätzliches Töten:
4 Mord
Vorschiff:
3 Bug
Vorschlag:
3 Tip, 7 Offerte, 10 Empfehlung
vorschlagen:
5 raten, 9 empfehlen,
11 proponieren
Vorschlußtreffen:
10 Halbfinale, Semifinale
Vorschrift:
5 Edikt, Gebot, Kanon, Regel,
6 Formel, Gesetz, Rezept, Statut,
7 Satzung, 9 Anordnung,
Anweisung, Reglement,
10 Bestimmung, Richtlinie,
Verfuegung, Verordnung,
11 Instruktion
vorschriftsmäßig:
8 regulaer, 15 ordnungsgemaess
Vorschub:
8 Beihilfe, 13 Beguenstigung,
14 Unterstuetzung
Vorschußzahlung:
6 Avance, 8 Handgeld
Vorsegel:
4 Fock, 7 Kluever
Vorsehung:
3 Los, 5 Fatum, 6 Kismet,
7 Fuegung, 9 Schicksal
Vorsicht:
7 Skepsis
vorsichtig:
8 behutsam
Vorsichtsregel:
6 Kautel
Vorsilbe:
2 ab, an, er, in, un, zu, 3 aus, bei,
ein, ent, hin, mit, vor, 4 nach,
5 Affix, ueber, unter
Vorsitz:
10 Praesidium
Vorsitzender:
6 Obmann, 7 Praeses,
10 Praesident
Vorsorge:
6 Sparen, 9 Ersparnis,
12 Versicherung
Vorspeise:
5 Suppe, 6 Entree,
12 Hors d'oeuvre
Vorspiegelung:
5 Bluff, 10 Taeuschung
Vorspiel:
6 Prolog, 7 Prelude,
9 Ouverture, 10 Einleitung,
Ouvertuere, Praeludium
Vorsprecher:
9 Souffleur
vorspringender:
-Gebäudeteil:
4 Sims, 5 Altan, Erker
-Tragstein:
9 Kragstein
vorspringendes:
-Bollwerk:
6 Bastei, 7 Bastion
Vorsprung:
6 Avance
Vorsteckmetallstift:
6 Splint
Vorstecknadel:
7 Brosche
Vorsteher:
5 Prior, 6 Regens, 8 Direktor
-einer Fakultät:
5 Dekan
-eines Dorfes:
7 Schulze
-eines Klosters:
3 Abt, 5 Prior
-eines Stammes:
10 Haeuptling
-eines Theaters:
9 Intendant
vorstellbar:
10 imaginabel
Vorstellung:
4 Idee
Vorstellungsfähigkeit:
8 Fantasie*, 9 Phantasie
Vorstellungsidee:
5 Image
vortäuschen:
9 fingieren, markieren
Vortäuschung:
8 Blendung, Gaukelei, Illusion
Vorteil:
6 Ertrag, Gewinn, Nutzen, Profit
Vorteil bei der Wahl:
9 Amtsbonus
vorteilhaft:
8 guenstig, opportun,
10 erfreulich
Vorträger:
6 Dozent, Lehrer, Redner,
8 Referent, Sprecher,
9 Professor, Rezitator
Vortragsform:
7 Bericht, Referat, 9 Vorlesung,
10 Darbietung, 11 Deklamation
Vortragskünstler:
6 Diseur, 9 Rezitator,
10 Chansonier*, 11 Chansonnier
Vortragsreihe:
6 Zyklus
vortrefflich:
6 superb, 7 sueperb, 9 exzellent,
12 hervorragend
Vortriebskraft:
5 Schub
vorübergehen:
9 passieren
vorübergehend:
8 momentan, 9 temporaer,
10 zeitweilig, 13 kommissarisch,
14 interimistisch
vorübergehende:
-Anstellung:
3 Job
vorübergehender:
-Mensch:
7 Passant
vorurteilslos:
7 liberal, 8 objektiv
Vorurteilslosigkeit:
13 Objektivitaet,
14 Unbefangenheit
Vorwand:
7 Ausrede, 8 Notluege,
9 Ausflucht
vorwärts:
6 weiter
vorweg:
4 erst, 9 zunaechst
Vorwegnahme:
12 Antizipation
Vorweihnachtszeit:
6 Advent
vorweltlich:
6 fossil
vorwitzig:
5 frech, 6 dreist,
12 unverschaemt
Vorwort:
6 Prolog, 10 Einleitung,
12 Praeposition
Vorwurf:
5 Tadel, 6 Anwurf, Kritik,
7 Schelte
Vorzeichen:
4 Omen, 7 Prodrom,
12 Prognostikon

vorzeigen:
13 praesentieren
Vorzimmer:
6 Entree
Vorzimmerangestellte:
11 Sekretaerin
vorzüglich:
5 prima, 6 superb, 7 erlesen, sueperb, 8 exquisit, 9 exzellent
vorzugsweise:
8 speziell, 10 katexochen
votieren:
7 Stimmen
Votivdarstellung:
6 Exvoto
Votum:
6 Urteil, 8 Geluebde, 9 Gutachten
Voyeur:
7 Spanner
vulgär:
6 gemein, 8 ordinaer
Vulkan:
-am Südpol:
6 Erebus
-auf Hawaii:
3 Kea, Loa, 7 Kilauea
-auf Island:
5 Askja, Hekla
-auf Java:
6 Semeru
-auf Luzon:
5 Mayon
-auf Sizilien:
5 Aetna
-auf Teneriffa:
5 Teide
-bei Neapel:
5 Vesuv
-im Kaukasus:
6 Elbrus, Kasbek
-in Afrika:
4 Fako, 14 Kilimandscharo
-in Amerika:
6 Osorno, Sangay, Tolima, 8 Antisane, 9 Tajamulco, 10 Lassen Peak, 12 Popocatepetl
-in Chile:
6 Osorno
-in den USA:
10 Lassen Peak
-in der Antarktis:
6 Erebus
-in der Sundastraße:
8 Krakatau
-in Ecuador:
6 Sangay, 8 Cotopaxi
-in Indonesien:
4 Gede, 6 Semeru, 8 Krakatau
-in Italien:
5 Aetna, Vesuv, 9 Stromboli
-in Japan:
3 Aso, 5 Asama, 6 Asosan, 11 Fudschijama
-in Kolumbien:
6 Tolima
-in Mexiko:
7 Jorulla, 12 Popocatepetl
-in Peru:
5 Misti
Vulkangewässer:
4 Maar
vulkanische Steine:
4 Bims, Lava, Tuff, 5 Trass, 6 Basalt, Diabas, Diorit, Gabbro, Granit, Pikrit, Syenit, 7 Andesit, Dolerit, Liparit, Porphyr, Trachyt, 8 Obsidian, 9 Pechstein, Phonolith, Porphyrit
Vulkantätigkeit:
8 Eruption
Vulkantrichter:
6 Krater, 7 Caldera

waagerecht:
4 eben, plan, 10 horizontal
waagerechte:
-Segelstange:
4 Rahe
waagerechter:
-Dachstuhlbalken:
7 Pfetten
waagerechtes:
-Bauglied:
6 Gesims, 7 Traeger
wabbelig:
5 weich, 12 gallertartig
Wabengrundform:
5 Zelle
Wabenkröte:
4 Pipa
wach:
4 rege, 6 munter, 10 aufgeweckt
Wachbeamter:
8 Polizist
Wache:
5 Ronde, Runde, 6 Posten,
Revier, 10 Patrouille
Wachgang:
5 Ronde, 10 Patrouille
Wachhabender:
6 Posten
Wachmann:
8 Polizist, Waechter
Wacholderdrossel:
13 Krammetsvogel
Wacholderschnaps:
3 Gin, 7 Genever, 9 Machandel,
11 Kranewitter, Steinhaeger
wachrufen:
6 wecken
wachsam:
10 aufmerksam, hellhoerig,
vorsichtig
wachsame Blicke:
10 Argusaugen
Wachsbilden:
11 Zeroplastik
wachsbleich:
4 fahl, 5 blass
Wachsfigurenkabinett:
10 Panoptikum
Wachsgemälde:
9 Enkaustik
Wachsgravierung:
11 Zerographie
Wachsleuchte:
5 Kerze
Wachspalme:
9 Ceroxylon
Wachspaste:
5 Zerat
Wachspflaume:
9 Mirabelle
Wachssubstanz:
8 Paraffin
Wachstum:
9 Expansion
Wachstumsanstieg:
12 Akzeleration
Wacht:
5 Wache
Wächte:
9 Ueberhang
Wachtelkönig:
13 Wiesenlaeufer,
16 Wiesenschnarcher
Wächter:
5 Hirte, Wache, 6 Hueter,
7 Waerter, 8 Aufseher,
9 Aufpasser, 11 Beschuetzer
-der griechischen Sage:
5 Argus, 8 Zerberus
-der nordischen Sage:
8 Heimdall
-des Minos:
5 Talos
-des Nibelungenhortes:
8 Alberich
Wachtmeister:
8 Polizist
Wachtraumbild:
8 Illusion, Trugbild
wackelig:
8 unsicher, zitterig
wackeln:
7 pendeln, torkeln, 9 schwanken,
10 schlingern
wacker:
6 tapfer, 7 ehrlich, 8 tuechtig
Wadenbeinknochen:
6 Fibula
Wadenkleid:
7 Strumpf, 9 Struempfe
Wadenschutz:
7 Stutzen
Waffe:
3 Ger, 4 Colt, Mine, Tank,
5 Barte, Bombe, Degen, Gleve,
Keule, Lanze, Pfeil, Speer,
6 Gewehr, Kanone, Panzer,
Spiess, 7 Buechse, Moerser,
Muskete, Pistole, Schwert,
Stilett, Stutzen, 8 Arkebuse,
Armbrust, Bajonett, Balliste,
Browning, Flamberg, Haubitze,
Revolver, Terzerol, Tesching
-der Germanen:
3 Ger
-der Katzen:
7 Krallen
-der Piraten:
9 Enterbeil, 10 Enterhaken
-von Insekten:
7 Stachel
-von Tieren:
4 Horn, 6 Geweih, Kralle
Waffengattung:
4 Heer, 6 Marine, 8 Pioniere,
Reiterei, 9 Luftwaffe,
10 Artillerie, Infanterie,
Kavallerie, 12 Panzertruppe,
13 Gebirgstruppe,
15 Luftlandetruppe,
16 Fallschirmjaeger
Waffengürtel:
6 Gehenk
Waffenhersteller:
14 Buechsenmacher
Waffenkleidung:
6 Dolman, Ulanka, 7 Litewka,
Uniform
Waffenlager:
5 Depot, 7 Arsenal, Magazin
waffenlos:
11 unbewaffnet
waffenlose Selbstverteidigung:
4 Budo, Judo
Waffenmessen:
5 Kampf
Waffensport:
7 Fechten, 9 Schiessen
Wagemutigkeit:
9 Kuehnheit
Wagen:
4 Auto, 6 Chaise, Karren,
7 Karosse, 8 Droschke,
Fahrzeug, 9 Limousine,
riskieren, 10 Kraftwagen
Wagenaufbauten:
10 Karosserie
Wagenaufzug:
5 Korso, Treck
Wagenbauerberuf:
6 Wagner, 11 Stellmacher
Wagenbedeckung:
5 Plaid, Plane
Wagenbereich:
5 Coupe, Kupee
Wageneinstellbereich:
6 Garage, Remise
Wagenfahrender:
6 Fahrer, Lenker, 9 Chauffeur
Wagenfahrgestell:
7 Chassis
Wagenhalle:
6 Remise

Wagenkolonne:
4 Pulk, 5 Treck, 8 Schlange
Wagenlaken:
5 Plane
Wagenoberbau:
10 Karosserie, Karosserie
Wagenrücksitz:
4 Fond
Wagenschauauffahrt:
5 Korso
Wagenschuppen:
6 Garage
Wagenstange:
5 Runge, 8 Deichsel
Wagenteil:
3 Rad, 5 Achse, Runge,
7 Chassis, 10 Karosserie,
11 Fahrgestell
Wagenzuladung:
5 Fuder, Fuhre
waghalsig:
6 heikel, 9 tollkuehn,
wagemutig, 16 draufgaengerisch
waghalsiger Börsianer:
9 Spekulant
Wagner:
11 Stellmacher
Wagnis:
6 Risiko, 8 Mutprobe,
9 Abenteuer
Wahl:
4 Kuer, 5 Votum, 6 Option,
10 Abstimmung
Wahleltern:
13 Adoptiveltern
wählen:
6 kueren, 8 votieren,
9 abstimmen, 10 auswaehlen,
11 entscheiden
wählerisch:
7 maeklig, 13 anspruchsvoll
Wählerstimme:
5 Votum
Wählervotum:
6 Stimme
Wählerwille:
6 Mandat
wahlfrei:
10 alternativ, fakultativ
wahllos:
12 willkuerlich
Wahlmöglichkeit:
11 Alternative
Wahlredner:
8 Agitator
Wahlspruch:
5 Motto, 6 Losung, Maxime
Wahlverwandtschaft:
10 Affinitaet
Wahlwerbung:
8 Campagne*, Kampagne
Wahlzelle:
6 Kabine
Wahn:
8 Tagtraum, 9 Irrglaube,
Wachtraum, 11 Imagination,
12 Hirngespinst,
13 Halluzination
Wahnsinn:
7 Irrsinn, 9 Phrenesie
wahnsinnig:
3 irr, 7 manisch, 8 paranoid,
9 verrueckt, 12 geisteskrank,
15 geistesgestoert
Wahnsinnstat:
4 Amok
Wahnvorstellung:
7 Phantom, 8 fixe Idee
wahnwitzig:
9 tollkuehn
Wahnwitzigkeit:
8 Aberwitz
wahr:
7 richtig, 8 wirklich,
10 zutreffend
wahrhaft:
12 tatsaechlich
wahrhaftig:
10 aufrichtig
Wahrhaftigkeit:
14 Aufrichtigkeit, Wahrheitsliebe
Wahrheit:
9 Realitaet
Wahrheitsbeweis:
12 Verifikation
Wahrheitsliebe:
14 Aufrichtigkeit
wahrnehmbar:
8 fuehlbar, sichtbar
wahrnehmen:
12 registrieren
Wahrnehmungsgrund:
4 Reiz, 10 Empfindung
Wahrnehmungsorgan:
3 Ohr, 4 Auge, Nase, Nerv, Sinn,
6 Gehirn
Wahrsagelehre:
6 Mantik
Wahrsagender:
5 Seher, 7 Prophet, 8 Haruspex,
9 Astrologe, Chirologe,
Chiromant, Hellseher,
11 Sterndeuter
Wahrsagerei:
6 Mantik
wahrsagerhaft:
12 sibyllinisch
Wahrsagerin:
6 Pythia, 7 Sibylle
Währschaft:
10 Sicherheit
wahrscheinlich:
8 probabel, 10 praesumtiv,
vermutlich
Wahrspruch:
6 Urteil, 7 Verdikt
Wahrung:
9 Erhaltung,
17 Aufrechterhaltung
Währung:
6 Valuta
Wahrzeichen:
6 Symbol, Wappen, 7 Merkmal,
8 Sinnbild
-der Iren:
8 Shamrock
-von Aachen:
13 Elisenbrunnen
-von Athen:
9 Akropolis, Parthenon
-von Augsburg:
11 Perlachturm
-von Berlin:
8 Funkturm, 12 Siegessaeule,
16 Brandenburger Tor
-von Braunschweig:
13 Loewendenkmal
-von Bremen:
6 Roland
-von Danzig:
7 Krantor
-von Dresden:
7 Zwinger
-von Frankfurt:
6 Roemer
-von Hamburg:
6 Michel
-von Hannover:
11 Marktkirche
-von Köln:
3 Dom
-von London:
5 Tower, 6 Big Ben
-von Lübeck:
10 Holstentor
-von Luzern:
11 Maennliturm
-von Mannheim:
10 Wasserturm
-von Moskau:
5 Kreml
-von München:
12 Frauenkirche

-von New York:
15 Freiheitsstatue
-von Paris:
10 Eiffelturm
-von Rio de Janeiro:
9 Zuckerhut
-von Rom:
9 Kolosseum, 10 Engelsburg
-von Trier:
10 Porta Nigra
-von Ulm:
8 Muenster
-von Venedig:
11 Dogenpalast,
12 Markuskirche
-von Washington:
7 Capitol, Kapitol
-von Wien:
7 Steffel, 9 Riesenrad,
11 Stephansdom
Waidmann:
5 Heger, 6 Jaeger
waidmännisch für:
-Bein:
4 Lauf
-Fressen:
5 Aesen
-Jagdbeute:
7 Strecke
Waidmesser:
5 Hauer
Waidwerk:
4 Jagd
Walart:
6 Beluga, Delfin*, Narwal,
7 Blauwal, Delphin, Finnwal,
Pottwal, Zahnwal, 8 Doegling,
Glattwal, Weisswal, 9 Bartenwal,
Buckelwal, 10 Furchenwal,
11 Flussdelfin*, 12 Flussdelphin,
Groenlandwal
Waldabhang:
5 Tobel
Waldanpflanzung:
8 Schonung
Waldaufseher:
5 Heger
Waldbaum:
5 Birke, Buche, Eiche, Tanne,
6 Fichte, Foehre, Kiefer,
7 Laerche
Waldbereich:
4 Hain, 5 Forst, 7 Gehoelz
Waldbeschäftigter:
11 Holzfaeller
Waldblume:
6 Akelei, Primel, 8 Einbeere,
Eisenhut
Wäldchen:
4 Hain, 7 Gehoelz
Walddurchgang:
8 Schneise
Waldfrucht:
5 Beere, 8 Himbeere,
9 Brombeere, 11 Heidelbeere
Waldgang:
11 Spaziergang
Waldgeist:
4 Gnom, 6 Schrat
Waldgetreide:
6 Elymus
Waldgiraffe:
5 Okapi
Waldgottheit:
3 Pan, 4 Faun, 5 Satyr, 6 Faunus
Waldgöttin:
6 Nymphe
Waldhuhn:
8 Auerhuhn
Waldhüter:
5 Heger, 8 Foerster
Waldimmoblie:
3 Hag
Waldkleintier:
4 Hase, 5 Iltis,
13 Eichhoernchen
Waldlichtung:
8 Schneise
Waldnymphe:
6 Dryade
Waldpflanze:
4 Aron, Farn, Moos, Pilz,
10 Immergruen
Waldrevier:
5 Forst
Waldschädling:
7 Spinner, 9 Gallwespe,
12 Borkenkaefer
Waldschnepfe:
9 Bekassine
Waldteil:
5 Jagen
Waldtier:
3 Reh, 4 Hase, Igel, 5 Dachs,
Fuchs, 6 Hirsch, Marder, Wiesel,
11 Wildschwein,
13 Eichhoernchen
Waldvogel:
6 Specht, 7 Kuckuck,
12 Eichelhaeher
Waldwurz:
14 Fichtenspargel
Walfanginstrument:
7 Harpune
walisischer König:
5 Artus
Walke:
15 Verfilzmaschine
Walkie-Talkie:
16 Sprechfunkgeraet
Walkürenfigur:
8 Gerlinde, Helmwige, Ortlinde,
Siegrune, 9 Grimgerde,
Waltraute, 10 Rossweisse,
12 Schwertleite
Wall:
4 Damm, 8 Bollwerk
Wallach:
3 Run
Wallensteins Astrologe:
4 Seni
Wallfahrender:
6 Pilger, 7 Hadschi
Wallfahrtsort:
-an der Donau:
6 Beuron
-der Mohammedaner:
5 Mekka, 6 Medina
-in Argentinien:
5 Lujan
-in Deutschland:
10 Altoetting
-in Frankreich:
7 Lourdes
-in Indien:
4 Puri, 7 Benares
-in Italien:
3 Rom, 5 Padua, 6 Assisi
-in Polen:
13 Tschenstochau
-in Portugal:
6 Fatima
-in Tirol:
5 Absam
-in Westfalen:
4 Werl
Wallfahrtsreise:
12 Pilgerschaft
Wallungszustand:
10 Kongestion
Walnuß:
7 Juglans
Walöl:
4 Tran
Walprodukt:
4 Tran, 5 Ambra, Barte,
6 Walrat, 9 Fischbein
walten:
9 herrschen
Walze:
5 Rolle, 8 Zylinder
wälzen:
6 rollen

Walzenechse:
5 Skink

Walzerstadt:
4 Wien

Walzmetall:
8 Stanniol

Wampe:
5 Bauch

Wams:
5 Joppe, 7 Kamisol

Wand:
5 Mauer, 8 Paravent

-auf der Bühne:
7 Kulisse

Wandalenherrscher:
7 Wisumer, 8 Hunerich, 9 Geiserich, Gunderich, Hilderich

Wandalismus:
15 Zerstoerungswut

Wandausschmückung:
4 Bild, 6 Tapete, 7 Oelbild

Wandaussparung:
6 Nische

Wandbehang:
7 Gobelin, Teppich

Wandbekleidung:
6 Kachel, Tapete

wandelbar:
7 formbar, 8 variabel, 13 veraenderlich

Wandelform:
5 Abart

Wanderbursche:
8 Vagabund

Wandergewerbetreibender:
9 Hausierer

Wanderhirt:
6 Nomade

Wanderinsekt:
5 Wanze

Wandern:
5 Fahrt, 6 Marsch, 7 Ausflug, 9 Exkursion

-der Zugvögel:
9 Migration

wandernd:
8 ambulant

Wandertheater:
8 Schmiere

Wandertrieb:
5 Fugue

Wanderunterbrechung:
4 Rast, 7 Einkehr

Wandervolk:
4 Roma, 5 Sinti, 7 Nomaden, 8 Beduinen

Wandgemälde:
6 Freske, Fresko, 9 Sgraffito

Wandgestell:
5 Regal, 7 Konsole

Wandinsekt:
5 Wanze

Wandkleid:
6 Fliese, Kachel, Tapete

Wandlergerät:
5 Trafo, 13 Transformator

Wandmöbel:
4 Bort, 5 Regal, 7 Konsole

Wandöffnung:
4 Tuer, 7 Fenster

Wandpapierbekleidung:
6 Tapete

Wandplatte:
6 Fliese, Kachel

Wandschirm:
8 Paravent

Wandschmückung:
5 Fries

Wandstütze:
6 Lisene, 8 Pilaster

Wandtäfelung:
6 Paneel

Wandteppich:
7 Gobelin, Verdure, 10 Tapisserie

Wandvorsprung:
4 Sims, 7 Konsole

Wange:
5 Backe

Wangenknochen:
8 Jochbein, 13 Backenknochen

Wangenschminke:
5 Rouge

Wankelmut:
7 Untreue

wankelmütig:
5 labil, 6 unstet, 10 schwankend, 11 flatterhaft, 12 unbestaendig, 14 unentschlossen, unzuverlaessig, wetterwendisch

Wannenbehälter:
6 Becken, 7 Bottich

Wanst:
5 Bauch

Wapitihirsch:
3 Elk

Wappen:
6 Emblem, 9 Abzeichen

Wappenblume:
5 Lilie

Wappenflagge:
6 Banner

Wappenspruch:
6 Devise

Wappentier:
3 Aar, Leu, 4 Baer, 5 Adler, Loewe, 6 Drache, Widder, 7 Einhorn, 11 Doppeladler

-Indonesiens:
6 Garuda

Wappenträger:
6 Herold

Wappenvogel:
3 Aar

Wappenwissenschaft:
8 Heraldik

Warägerherrscher:
4 Oleg, 5 Rurik

Ware:
7 Produkt, 8 Fabrikat

Warenabgabe:
7 Verkauf

Warenabrechnung:
7 Faktura

Warenanforderung:
5 Abruf

Warenangebot:
9 Sortiment

Warenaufschrift:
7 Etikett

Warenaufstellung:
7 Katalog

Warenausschuß:
6 Ramsch

Warenauswahl:
9 Sortiment, 10 Kollektion

Warenballen:
5 Kollo

Warendepot:
5 Lager

Wareneinfuhr:
6 Import

Warenerwerb:
4 Kauf

Warengebergerät:
7 Automat

Warengesamtschau:
9 Sortiment

Warenhaus:
8 Kaufhaus, 10 Supermarkt

Warenimport:
7 Einfuhr

Warenlagergebäude:
4 Silo, 5 Stock, 6 Vorrat, 7 Magazin, 8 Speicher

Warenliste:
7 Katalog

Warenmarkt:
5 Messe

Warenmenge:
6 Partie, Posten

Warenprobe:
6 Muster
Warenprüfer:
6 Tester
Warenraum:
5 Laden, Lager
Warenrechnungsformular:
6 Faktur, 7.Faktura
Warenschau:
11 Ausstellung, Mustermesse
Warenschauveranstaltung:
5 Messe
Warenschild:
7 Etikett
Warenschmuggel:
11 Konterbande
Warensendung:
9 Lieferung
Warensorte:
7 Artikel
Warensperre:
7 Embargo
Warentransport:
12 Befoerderung
Warenverkehr:
6 Handel
Warenvorrat:
7 Bestand, 8 Inventar
Warenwert:
5 Preis
Warenzeichen:
5 Marke, 9 Trademark,
11 Schutzmarke,
12 Handelsmarke
Warenzulieferer:
9 Lieferant
warm:
5 heiss, 8 herzlich
warme:
-Heilquelle:
6 Therme
-Meeresströmung:
9 Golfstrom
Wärmeabnahme:
10 Abkuehlung
Wärmeentzug:
13 Unterkuehlung
Wärmegrad:
10 Temperatur
Wärmemeßgerät:
11 Kalorimeter, Thermometer
warmer:
-Anorak mit Kapuze:
5 Parka
-Aufwind:
7 Thermik
-Fallwind im Gebirge:
5 Foehn
-Fallwind im Mittelmeerraum:
8 Scirocco, 9 Schirokko
-Saharawind:
5 Leste
Wärmeregler:
10 Thermostat
warmes:
-alkoholisches Getränk:
4 Grog, 6 Punsch, 9 Gluehwein
Wärmeschutzgeschirr:
14 Thermosflasche
Wärmespender:
4 Ofen, 5 Kamin, Sonne,
9 Heizdecke, 10 Heizkissen,
11 Heizkoerper
Wärmestauung:
12 Ueberhitzung
Wärmewissenschaft:
7 Kalorik
warmherzig:
8 herzlich, 11 hilfsbereit,
mitfuehlend
Warmwasseraufbereiter:
6 Boiler
Warnapparat:
4 Hupe, 5 Ampel, 6 Sirene,
7 Klingel, 9 Nebelhorn,
11 Alarmsirene
warnen:
7 abraten
warnend:
12 exemplarisch
Warnlicht:
5 Ampel, 7 Blinker,
10 Blinklicht, 11 Leuchtfeuer
Warnzeichen:
4 Omen, 6 Signal, 9 Menetekel
Warp:
5 Kette, 6 Trosse, 9 Kettfaden,
10 Weberkette
Warpfaden:
9 Kettfaden
Warrantbeleg:
11 Lagerschein
Wartburgstadt:
8 Eisenach
Warte:
9 Wachtturm, 14 Aussichtspunkt,
16 Beobachtungsturm
Wartedauer:
5 Frist, 6 Karenz
Wärter:
7 Pfleger, 8 Betreuer
Wartung:
7 Service, 9 Betreuung
Warze:
7 Papille, 8 Karunkel
warzenhaft:
8 papillar
Warzenkaktus:
10 Mamillaria
Waschbeutel:
12 Kulturbeutel
Wäscheart:
9 Textilien, Unterzeug,
Weisszeug
Wäschehalterung:
7 Klammer
Wäscherei:
9 Reinigung
Wäscherolle:
6 Mangel
Wäschestoff:
5 Drell, Nylon, 6 Batist, Byssus,
Damast, Kreton, Leinen, Linnen,
Perkal, Perlon, 7 Finette, Flanell,
8 Barchent, Irisette, Kretonne,
Popeline
Wäschestück:
4 Hemd, Slip, 6 Mieder, Pyjama,
Shorts, 7 Dessous, Korsett,
8 Badetuch, Garnitur, Leibchen,
9 Bettbezug, Bettlaken,
Nachthemd, Unterhemd,
Unterhose, Unterrock,
10 Nachtjacke, Schluepfer,
Unterjacke, Unterkleid,
11 Strumpfhose
Waschflüssigkeit:
5 Lauge
Waschgefäß:
6 Lavabo
waschlappig:
14 willensschwach
Waschmaschine:
12 Waschautomat
Waschmittel:
4 Soda, 5 Seife, 9 Kernseife,
12 Seifenpulver
Waschung:
10 Laeuterung
Waschzimmer:
3 Bad, 4 Kaue, 8 Toilette,
10 Badezimmer
Waschzuber:
5 Balge, Wanne, Zuber, 6 Buette
Waschzwang:
17 Sauberkeitsfimmel
Wasen:
5 Dampf, Dunst,
11 Schindanger,
13 Reisigbuendel
Wasenmeister:
8 Abdecker

Wasserabfluß:
4 Gatt, 5 Gully, Rinne
Wasserablaufkehle:
5 Rinne
Wasserader:
6 Quelle
Wasseranwendung:
9 Kurmittel
Wasserbauwissenschaft:
12 Hydrotechnik
Wasserbecken/-behälter:
4 Tank, 5 Wanne, 6 Bassin, Boiler, 8 Kanister, Zisterne, 9 Reservoir
Wasserbewegung:
9 Stroemung
Wasserbewohner:
5 Fisch
Wasserblume:
5 Lotos, 7 Seerose
Wasserbüffel:
4 Arni
wasserdicht:
10 hermetisch, waterproof
Wasserfahrzeug:
4 Boot, Kahn, Kanu, 5 Floss, Kajak, 6 Gondel, Schiff, Schute, 8 Faltboot, Kanadier, Leichter, 9 Motorboot, Ruderboot, Schlepper, 11 Motorschiff, Segelschiff
Wasserfall:
7 Kaskade, 8 Katarakt, 13 Stromschnelle
Wasserfall in:
-Argentinien:
7 Iguassu
-Australien:
10 Wollomombi
-Chile:
10 Pilmaiquen
-Finnland:
6 Imatra
-Frankreich:
8 Gavarnie
-Island:
9 Dittifoss
-Italien:
4 Toce, Tosa
-Nordamerika:
7 Niagara
-Norwegen:
4 Kile
-Österreich:
6 Krimml, 7 Golling
Wasserfee/-geist:
4 Neck, Nixe, 5 Mimir, Noeck, 6 Nickel, Nymphe, Undine, 8 Melusine, 13 Klabautermann
Wasserflasche:
7 Karaffe
Wasserfloh:
7 Daphnie, 9 Kladozere
Wasserflugzeug:
9 Hydroplan
Wasserfontäne:
13 Springbrunnen
Wassergleiten:
11 Aquaplaning
Wassergraben:
6 Gracht
Wasserhose:
6 Trombe
Wasserhügel:
4 Woge, 5 Welle
Wasserhuhn:
5 Ralle, Zoppe
Wasserkultur:
10 Hydroponik
Wasserkur:
9 Kneippkur, 13 Hydrotherapie
Wasserlauf:
4 Bach, 5 Balge, Fluss, Kanal, Strom, 6 Graben, 7 Rinnsal, 8 Wildbach
Wasserleitung:
4 Rohr, 9 Aquaedukt
Wasserlinse:
5 Lemna
Wasserloch:
4 Kolk, 7 Tuempel
Wassermarder:
5 Otter
Wassermelone:
6 Arbuse
Wassernymphe:
6 Najade, 7 Nereide
Wasserpfeife:
5 Hocka, Hukah, 6 Kalian, 8 Nargileh
Wasserpflanze:
4 Alge, Tang, 5 Lotos, 7 Seerose, Taennel, 9 Hornblatt, 10 Blasentang, Froschbiss, Wassernuss, Wasserpest, Wasserrose, 11 Tannenwedel, 14 Wasserschlauch
Wasserpfütze:
5 Lache
Wasserrose:
5 Lotos
Wassersportart:
6 Rudern, Segeln, Surfen, 7 Paddeln, Surfing, Tauchen, 9 Kanusport, Schwimmen, Wasserski, 10 Wasserball
Wassersprenger:
8 Fontaene, 13 Springbrunnen
Wasserstandsmeßgerät:
5 Pegel
Wasserstauwerk:
4 Wehr, 8 Schleuse
Wasserstelle:
7 Brunnen
Wasserstoff:
11 Hydrogenium
Wasserstoffkern:
6 Proton
Wasserstoffverbindung:
6 Hydrat, Hydrid
Wasserstrahl:
8 Fontaene
Wasserstraße:
5 Fluss, Kanal
Wasserstrauch:
9 Hortensie
Wasserstrudel:
4 Neer
Wassersuchterkrankung:
5 Oedem, 7 Hydrops, 9 Hydropsie
Wasserverdrängung:
11 Deplacement
Wasservogel:
4 Ente, Gans, 5 Moewe, 6 Reiher, Saeger, Schwan, 7 Pelikan, Tadorna, Taucher, 8 Albatros, Flamingo, Kormoran, 9 Eiderente, Krickente, Stockente, 10 Knaeckente, 11 Loeffelente, 12 Gaensesaeger, 13 Haubentaucher
Wasservorrat:
7 Stausee, 8 Zisterne, 9 Talsperre, 10 Wasserturm
Wasserwehr:
4 Damm, Stau, 5 Deich, 8 Staudamm
Wasserwirbel:
3 Sog, 4 Neer, 7 Strudel
Wasserwolke:
5 Nebel
Watsche:
8 Ohrfeige
Wattebausch:
6 Tampon, Tupfer
Watteneiland:
6 Hallig
Wattenmeerfläche:
6 Helder
Watvogel:
4 Ibis, 5 Triel, 7 Kiebitz,

8 Schnepfe, 9 Bekassine,
10 Brachvogel, Sanderling
Webereiprodukt:
4 Tuch, 5 Loden, Stoff,
6 Gewebe, Leinen
Weberglas:
12 Fadenzaehler
Weberkamm:
4 Iler, Riet
Weberknecht:
6 Kanker, Spinne
Weberpflanze:
5 Karde
Webervogel:
5 Spatz, 8 Sperling
Webform:
6 Koeper
Webstreifen:
4 Band
Wechsel:
6 Akzept, Change, Tausch,
Tratte, Wandel, 7 Rimesse,
8 Wandlung, 9 Umschwung,
12 Umgestaltung, Veraenderung
-der Wohnung:
5 Umzug
-des Federkleides:
6 Mauser
-einer Wache:
9 Abloesung
Wechselbeten:
7 Litanei
Wechselbeziehung:
11 Korrelation,
14 Interdependenz
Wechselbezug:
8 Korrelat
Wechselbild:
12 Passepartout
Wechselbürgschaft:
4 Aval
Wechselfiebererkrankung:
7 Malaria
wechselhaft:
5 labil, 8 variabel,
10 schwankend,
13 veraenderlich
Wechselkonto:
6 Obligo
Wechsellied:
5 Kanon, 8 Antiphon
wechselnd:
12 alternierend
wechselnde Stimmung:
5 Laune
wechselseitig:
7 mutuell, 8 reziprok

Wechselsprache:
6 Dialog, 11 Zwiesprache,
13 Zwiegespraech
Wechseltier:
6 Amoebe
Wechselübertragung:
11 Indossament
Wechselverlängerung:
12 Prolongation
wechselwarme Tiere:
6 Fische, Lurche, 9 Amphibien,
Reptilien, 10 Wirbellose,
11 Kriechtiere
Wechselwirkung:
11 Interaktion
Weckruf:
6 Appell, Signal
Wedel:
5 Wisch, 7 Schwanz
Weg:
4 Bahn, Pfad, 5 Gasse, Route,
Steig, Stieg, 7 Strasse, Strecke
-des Kolbens:
3 Hub
-eines Flusses:
4 Lauf
Wegbereiter:
7 Pionier, 9 Initiator,
11 Protagonist, Vorkaempfer
Wegbiegung:
5 Kehre, Kurve
Wegekarte:
4 plan
Wegelagerer:
6 Bandit, 10 Raubritter,
11 Strauchdieb, 12 Buschklepper
Wegführungstrecke:
6 Trasse, 11 Trassierung
Weggang:
8 Abschied, 11 Ausscheiden
Weggebühr:
4 Maut
Weggenosse:
7 Kamerad, 9 Gefaehrte
wegjagen:
8 schassen
Wegkrümmung:
5 Kurve, 10 Serpentine
weglassen:
9 streichen
Wegmal:
7 Marterl, 9 Wegweiser
Wegmeßgerät:
9 Pedometer
Wegnahme:
6 Entzug
Wegrand:
4 Rain

Wegschnecke:
5 Arion
Wegstrecke:
4 Kurs, 5 Route
Wegzehrung:
8 Proviant, 10 Mundvorrat
Wegzeichen:
9 Wegweiser, 11 Meilenstein
Wegzeichnung:
4 Spur, 7 Faehrte
weh/Weh:
4 Gram, Leid, Pein, Qual,
6 Kummer, 7 Schmerz
Wehgeschrei:
5 Zeter, 7 Lamento,
11 Zetermordio
Wehle:
10 Wasserloch, 12 Kuestenbucht
wehleidig:
8 jammernd, 11 empfindlich
Wehmut:
6 Trauer, 7 Schmerz,
11 Melancholie
wehmütig:
8 elegisch, 11 nostalgisch
Wehr:
8 Stauwerk
wehrhaft:
13 kampftuechtig
Wehrmacht:
8 Militaer, 13 Streitkraefte
Wehrmachtsbereich:
4 Heer, 6 Marine, 9 Luftwaffe
Wehrturm:
9 Bergfried
Weib:
4 Frau, 7 Ehefrau
Weiberhasser:
7 Misogyn
weiblich:
7 feminin, 8 fraulich
weibliche:
-deutsche Sagengestalt:
3 Ute, 6 Gudrun, 9 Brunhilde,
Krimhilde
-Figur aus Lohengrin:
4 Elsa
-Figur aus Zauberflöte:
8 Papagena
-griechische Sagengestalt:
2 Jo, 4 Leda, 5 Kirke, Medea,
6 Hekuba, Helena, 7 Alkeste,
Ariadne, Elektra, 8 Antigone
-Kriegerin:
7 Amazone
-Naturgeister:
5 Elfen

-Singstimme:
3 Alt, 6 Sopran, 11 Mezzosopran
-Symbolfigur Deutschlands:
8 Germania
-Verwandte:
3 Oma, 5 Tante, 6 Kusine*, Mutter, Nichte, 7 Cousine, Enkelin, Tochter, 9 Schwester, 11 Grossmutter, Schwaegerin
-Ziege:
5 Zicke
weiblicher:
-Fisch:
7 Rogener
-Fuchs:
5 Faehe
-Geist:
3 Fee
-Hund:
5 Petze
-Pflegeberuf:
16 Krankenschwester
-Vorname:
3 Eva, Ida, Ira, Pia, Ria, Uta, 4 Alma, Anna, Elke, Elsa, Else, Erna, Ilse, Inge, Irma, Lina, Lisa, Lola, Lore, Nora, Olga, Rita, Suse, Susi, Ulla, Vera, 5 Agnes, Alice, Anita, Beate, Bella, Berta, Doris, Edith, Gerda, Grete, Heidi, Heike, Hilde, Ilona, Julia, Jutta, Karin, Lotte, Lucia, Magda, Maria, Petra, Sonja, Wilma, Xenia, 6 Agathe, Andrea, Bertha, Carmen, Frieda, Gisela, Hertha, Ingrid, Kaethe, Margot, Monika, Regina, Sabine, Sophie, Ursula, Yvonne, 7 Bettina, Christa, Corinna, Eulalia, Gertrud, Johanna, Marlene, Melanie, Sibylle, Susanna, Waltrud, 8 Adelheid, Angelika, Brigitte, Dorothea, Gabriele, Genoveva, Ingeborg, Kornelia, Mathilde, Theresia, Walpurga, Waltraud, 9 Anastasia, Annemarie, Charlotte, Christina, Elisabeth, Euryanthe, Franziska, Josephine, Katharina, Philomena, Sieglinde, Stephanie, 10 Christiane, Wilhelmine
-Wassergeist:
4 Nixe, 6 Undine
weibliches:
-Ballettmitglied:
9 Taenzerin
-Haustier:
3 Kuh, Sau, 4 Huhn, 5 Henne, Katze, Stute, Ziege, 7 Huendin
-Märchenwesen:
3 Fee
-Nachtgespenst:
5 Drude
-Pferd:
5 Stute
-Reh:
5 Ricke
-Rind:
3 Kuh
-Schaf:
5 Zibbe
-Schwein:
3 Sau
-Ungeheuer:
6 Medusa, Meduse
-Wild:
3 Reh, Sau, 5 Faehe, Geiss, Ricke
-Wildschwein:
5 Bache
weich:
4 soft, zart, 6 mollig, morbid
Weichbild:
11 Stadtgebiet
weiche:
-Gesteinsart:
4 Kalk, 6 Kreide
-Unterlage:
6 Kissen, 7 Polster
weiches:
-Gewebe:
6 Sammet
-Metall:
4 Blei, Gold
-Ziegenleder:
3 Kid
Weichfühligkeit:
5 Milde
weichherzig:
9 gutmuetig, 10 mildtaetig
Weichholzart:
4 Erle, 5 Linde, Tanne, 6 Fichte, Kiefer, Pappel, 7 Laerche
Weichkäseprodukt:
4 Brie, 5 Quark, 8 Romadour, 9 Camembert, Limburger, Roquefort, 10 Gorgonzola, 11 Butterkaese, 12 Schmelzkaese
Weichling:
8 Feigling, 9 Hasenfuss, 11 Duckmaeuser
Weichsel:
12 Sauerkirsche
Weichteile bei Lebewesen:
10 Eingeweide
Weichtier:
7 Muschel, 8 Schnecke
Weichtierlehre:
14 Malakozoologie
Weichtierwissenschaft:
11 Malakologie
Weideareal:
3 Alp, 5 Anger, Trift, Wiese, 6 Koppel, 8 Grasland
Weidemonat:
3 Mai
Weidenbaum:
6 Felber
Weidengerte:
4 Zain
Weidenstock:
5 Gerte
Weidezaun:
4 Fenz, 6 Gatter
weidlich:
8 tuechtig, 10 ordentlich
Weigerungserklärung:
6 Absage, 9 Ablehnung
Weihe:
5 Segen, 7 Segnung, 10 Ordination, 11 Benediktion, 12 Konsekration
Weiheerklärung:
5 Segen
Weihegabe:
9 Votivgabe
weihen:
12 konsekrieren
Weiher:
5 Teich, 7 Tuempel
weihevoll:
7 erhaben, 9 feierlich
Weihnachten:
10 Christfest
Weihnachtsaufführung:
12 Krippenspiel
Weihnachtsbaum:
10 Christbaum, Tannenbaum
Weihnachtsgebäck:
6 Printe, 7 Stollen, 9 Lebkuchen, 11 Spekulatius, 13 Christstollen
Weihnachtspflanze:
8 Nieswurz
Weihnachtsschmuck:
7 Lametta, 10 Engelshaar, Glaskugeln
Weihnachtssymbol:
6 Krippe
Weihnachtsvorzeit:
6 Advent

Weihwassergefäß:
3 Ama
Weile:
5 Dauer
Weinanbauer:
6 Winzer
Weinanpflanzung:
7 Wingert, 8 Weinberg,
10 Weingarten
Weinart:
4 Rose, 5 Gamay, 6 Merlot,
7 Eiswein, Formint, Lagrein,
Rotwein, 8 Cabernet, Riesling,
Silvaner, Suedwein, Traminer,
9 Rulaender, Weisswein,
11 Muskateller
Weinbauwissenschaft:
9 Oenologie
Weinbeere:
6 Rosine, Traube, 8 Korinthe,
9 Sultanine
Weinbereitung:
5 Lesen, 6 Gaeren, 7 Keltern
Weinberg:
7 Wingert
Weinboot:
3 Aak, 4 Aake
Weinbrandmarke:
6 Cognac, Kognak
Weindestillationsprodukt:
9 Weinbrand
Weineinbringung:
4 Lese
weinen:
7 flennen, 10 schluchzen
weinerlich:
9 larmoyant, 15 traenenerstickt
weinerlicher Meckerer:
7 Raunzer
Weinexperte:
7 Gourmet
Weingaststätte:
6 Bodega, 7 Taverne
Weingefäß:
4 Fass, 7 Flasche
Weingeist:
5 Sprit, 7 Alkohol, 8 Spiritus
Weingeruch:
6 Bukett
Weinglas:
5 Pokal, 6 Becher, Roemer
Weingottheit:
7 Bacchus, 8 Dionysos
Weinhefe:
6 Drusen
Weinkunde:
9 Oenologie

Weinmaß:
5 Fuder
Weinmonat:
7 Oktober
Weinort:
-am Rhein:
6 Bingen, 7 Boppard,
9 Bacharach, Nierstein,
Oppenheim, Sankt Goar,
10 Ruedesheim
-an der Ahr:
8 Altenahr
-an der Mosel:
3 Alf, 4 Neef, Zell, 5 Croev,
Erden, 6 Cochem, Graach,
Traben, Uerzig, Wehlen,
7 Enkirch, 8 Mesenich,
Neumagen, Piesport,
9 Zeltingen, 10 Bernkastel,
14 Bernkastel Kues,
Traben Trarbach
-an der Ruwer:
8 Sommerau, Waldrach,
10 Eitelsbach
-an der Saar:
6 Serrig, Wawern, 9 Wiltingen
-bei Rom:
8 Frascati
-in Baden:
5 Umweg
-in Frankreich:
6 Beaune, 8 Bordeaux
-in Italien:
4 Asti
-in Portugal:
5 Porto
-in Rheinland-Pfalz:
6 Landau, 8 Neustadt,
9 Duerkheim, Kallstadt,
10 Deidesheim, Wachenheim,
12 Bad Duerkheim
-in Spanien:
5 Jerez, 6 Malaga
-in Südtirol:
5 Bozen, Meran, 6 Brixen,
Tramin, 7 Kaltern
-in Ungarn:
5 Erlau, Tokaj
Weinpflanze:
4 Rebe, 9 Weinstock
Weinprädikat:
7 Auslese, 8 Kabinett,
9 Spaetlese, 13 Beerenauslese,
20 Trockenbeerenauslese
Weinrebe:
5 Vitis
Weinreife:
5 Firne

Weinschädling:
6 Meltau, 7 Mehltau, Reblaus,
13 Ruesselkaefer,
14 Traubenwickler
Weinstock:
4 Rebe
weise:
4 klug, 7 gereift, 8 erfahren,
10 abgeklaert, einsichtig
weisen:
6 lenken, zeigen, 8 schicken
weiser Mann:
6 Denker, 9 Philosoph
Weisheit:
6 Wissen, 15 Lebenserfahrung
Weisheitsgöttin:
6 Athena, Athene, 7 Minerva
weiß:
5 blass, 6 bleich
Weissager:
7 Prophet, 9 Hellseher
Weissagerin:
6 Pythia
Weissagungsspruch:
6 Orakel, 12 Prophezeiung
Weißblütigkeit:
9 Leukaemie
Weißbrotbrei:
6 Panade
Weißbrotsorte:
4 Weck, 6 Semmel, Stuten,
8 Schrippe
Weißbuche:
9 Hainbuche
Weißdorn:
8 Hagedorn, 9 Crataegus
weiße:
-Ameise:
7 Termite
-Tunke:
13 Bechamelsosse
weißer:
-Burgunderwein:
7 Chablis
-Käse:
5 Quark
-Stirnfleck:
6 Blesse, Flocke
-Strahlenkranz um die Sonne:
6 Korona
weißes:
-Blutkörperchen:
10 Leukozyten, 11 Lymphozyten
-Gold:
9 Porzellan
-Pferd:
8 Schimmel

Weißfisch:
4 Albe, Alet, Alse, 5 Aitel, 6 Ukelei, 7 Ploetze
Weißkäseprodukt:
5 Quark
Weißkohlart:
6 Kappes, Kappus
Weißkopfaffe:
4 Saki
Weißling:
6 Albino, Merlan
Weißpappel:
5 Abele
Weißpfennigpflanze:
5 Albus
Weißsucht:
10 Albinismus
Weißwalart:
6 Beluga
Weisungserklärung:
5 Order, 6 Befehl, 7 Geheiss, 9 Anordnung, Direktive, 11 Instruktion
weit:
5 gross, 9 geraeumig, 12 unermesslich
-hergeholt:
7 gesucht
Weite:
5 Ferne, 6 Breite, Umfang
weite:
-Kniehose:
13 Knickerbocker
weiter:
-ärmelloser Wettermantel:
8 Pelerine
-Herrenmantel:
6 Raglan, Ulster
-Maskenmantel:
6 Domino
-Zeilenabstand:
11 Durchschuss
Weiterentwicklungsprozeß:
8 Progress, 11 Fortschritt
weiterhin:
8 kuenftig, 9 ausserdem
Weiterung:
10 Konsequenz
weitherzig:
8 tolerant, 11 grosszuegig
weitläufig:
9 langatmig, 11 schwuelstig, 12 ausfuehrlich
weitreichend:
11 umfangreich
Weizenkleie:
5 Grand
Weizenmehl:
6 Glidin
Weizensorte:
5 Emmer, Spelt, 6 Dinkel, 7 Einkorn
Welfenpartei:
7 Guelfen
welk:
9 verblueht, 11 vertrocknet
Welle:
4 Woge, 8 Bewegung
Wellenbewegung:
10 Undulation
Wellenlinie:
5 Kurve, 8 Maeander
Wellenschaum:
6 Gischt
Wellenschlag:
8 Brandung
Wellenstopper:
4 Mole, 5 Buhne
Welschkohlart:
7 Wirsing
Welt:
3 All, 4 Erde, 5 Natur, 6 Globus, Kosmos, 9 Universum, 11 Makrokosmos
weltabgewandt:
13 introvertiert, 14 einsiedlerisch
Weltalter:
4 Aeon, 8 Ewigkeit
Weltanschauungsrichtung:
6 Glaube, 9 Ideologie, Realismus, 10 Fatalismus, Idealismus, Nihilismus, Optimismus, 11 Kommunismus
Weltarbeitsorganisation:
3 ILO
Weltbaumeister:
7 Demiurg
Weltenbummler:
12 Globetrotter
Weltenbürger:
10 Kosmopolit
Weltenende:
10 Apokalypse, 13 Weltuntergang
Weltenlenker:
4 Gott
Weltenschöpfer:
7 Demiurg
Weltentstehungslehre:
10 Kosmogonie, Kosmologie
Weltgeist:
3 Nus
Weltgeschichtsschreibung:
8 Historie
weltgewandt:
7 mondaen, 13 weltmaennisch
Welthilfssprache:
6 Novial, 7 Mondial, 9 Esperanto, 11 Interglossa
Weltkinderhilfswerk:
6 UNICEF
Weltkirchenbewegung:
8 Oekumene
Weltkugel:
6 Globus
weltlich:
6 profan, 8 saekular
Weltmacht:
3 USA, 5 UdSSR
Weltmachtanspruch:
13 Imperialismus
Weltmann:
8 Kavalier, 9 Gentleman, 11 Gentilhomme
weltmännisch:
5 urban
Weltmeer:
5 Ozean, 7 Pazifik, 8 Atlantik
weltoffen:
13 extravertiert
Weltordnung:
6 Kosmos
Weltordnungslehre:
10 Kosmologie
Weltorganisation:
3 UNO
Weltpostverein:
3 UPU
Weltraumfahrer:
9 Astronaut, Kosmonaut
Weltraumfahrt:
11 Astronautik
Weltraumhündin:
5 Laika
Weltraumkörper:
6 Rakete, 7 Sputnik, 8 Satellit, Telestar
Weltreich:
6 Empire, 8 Imperium
Weltreligion:
5 Islam, 8 Judentum, 10 Buddhismus, Hinduismus, 11 Christentum, 14 Konfuzianismus
Weltschmerzerscheinung:
11 Melancholie
Weltseele:
6 Pneuma, 7 Brahman, Demiurg
Weltsportschau:
9 Olympiade
Weltsprache:
4 Urdu, 8 Arabisch, Englisch,

Russisch, Spanisch,
10 Chinesisch, Hindustani,
12 Franzoesisch,
13 Portugiesisch
Weltstadt:
9 Metropole
weltumfassend:
11 oekumenisch
Weltumsegler:
4 Cook, 8 Magellan,
9 Magalhaes
weltumspannend:
6 global, 13 international
weltweite Jugendbewegung:
10 Pfadfinder
Wemfall:
5 Dativ
Wendel:
7 Spirale, 8 Schnecke
Wenden:
6 kehren, Sorben, 8 umkehren
Wendepunkt:
5 Krise, 6 Krisis, 9 Peripetie
wendig:
5 alert, 6 clever, 9 beweglich, geschickt
Wendung:
5 Kehre, Kurve, 6 Krisis, Umkehr, 7 Wechsel,
9 Umschwung
Wendung des Fechters:
5 Volte
Wenfall:
9 Akkusativ
weniger:
5 minus, 10 abzueglich
Wenigkeit:
11 Kleinigkeit
wenn:
5 falls, 6 sofern
Werbefilm:
4 Spot
Werbefirma:
7 Agentur
werben:
11 propagieren
Werbeposter:
6 Plakat
Werberedner:
8 Agitator
Werbeschreiben:
8 Prospekt
Werbespruch:
6 Slogan
Werbeträger:
6 Medium, Presse, 7 Magazin, Zeitung, 9 Fernsehen,
11 Zeitschrift, 12 Illustrierte
Werbungsaktivität:
7 Anzeige, Inserat, Reklame,
9 Agitation, Publicity,
10 Propaganda
Werden:
6 Genese, 7 Genesis,
10 Entstehung
Werfall:
9 Nominativ
werfen:
10 schmeissen
Werftbeschäftigter:
6 Nieter
Werftgelände:
6 Helgen, 7 Helling
Werg:
4 Hede
Werk:
3 Tat, 4 Opus, 6 Arbeit,
7 Produkt, 8 Handlung,
9 Erzeugnis, 10 Schoepfung, Taetigkeit
Werkmeister beim Bau:
6 Polier
Werkstatt für Künstler:
6 Studio, 7 Atelier
Werkstoff:
4 Glas, Holz, 5 Beton, Eisen, Leder, Pappe, Stahl, Stein,
6 Metall, Papier, 7 Plastik
Werktag:
6 Alltag, Montag, 7 Freitag, Samstag, 8 Dienstag, Mittwoch,
9 Sonnabend, Wochentag,
10 Donnerstag
Werktätiger:
8 Arbeiter
Werkzeug:
3 Axt, 4 Anke, Beil, Dorn, Haue, Kamm, Keil, Sech, 5 Feile, Hacke, Hobel, Karst, Nadel, Saege, Zange, 6 Amboss, Bohrer, Hammer, Kluppe, Kratze, Messer, Pinsel, Schere, Spaten, Stanze, Zirkel, Zwinge,
7 Buerste, Leisten, Meissel, Schaber, Spindel, Stichel,
8 Faeustel, Schaufel, Schlegel, Spachtel, 9 Geissfuss, Handsaege, Hobelbank, Hohleisen, Kanthaken, Laubsaege, Naehnadel, Rohrzange, Schlaegel, Weberkamm, 10 Beisszange, Flachzange, Instrument, Kombizange, Kreissaege, Loetkolben, Spitzhacke, Stecheisen, Stemmeisen, Stichsaege, 11 Drahtschere, Metallsaege, Wasserwaage,
12 Bohrmaschine, Fuchsschwanz, Schraubstock,
13 Gewindebohrer, Glasschneider, Schraubzwinge,
15 Schraubenzieher, Vorschlaghammer
Werkzeugmaschine:
6 Presse, Stanze, 8 Drehbank,
9 Hobelbank, 12 Bohrmaschine
Werkzimmer:
5 Labor
wert/Wert:
4 lieb, 5 Preis, Valor, 6 Belang, Nutzen, 7 Geltung, wuerdig,
9 bedeutsam, Qualitaet,
11 Wichtigkeit
Wertabzug:
7 Diskont
Wertarbeitsergebnis:
17 Qualitaetsprodukt
werten:
9 zensieren
Wertigkeit:
6 Valenz
wertloser:
-Abfall:
6 Abraum
-Gegenstand:
8 Klamotte
-Schmuck:
4 Tand, 7 Flitter
Wertloses:
4 Kaff, Tand, 5 Talmi, 6 Kitsch, Ramsch, Schund, Tinnef,
7 Flitter, Troedel, 9 Geruempel,
10 Krimskrams
Wertminderungsvorgang:
7 Schaden, 16 Deteriorisierung,
17 Beeintraechtigung
Wertorientierungsrahmen:
8 Massstab
Wertpapier:
5 Aktie, 7 Valoren, 8 Effekten,
10 Pfandbrief, 13 Staatsanleihe
Wertpapier-aufbewahrungsstelle:
5 Depot
Wertpapierausgabe:
8 Emission
Wertpapiererneuerungsschein:
5 Talon
Wertpapierhandel:
6 Boerse
Wertpapierinhaber:
9 Aktionaer

Wertpapierzins:
7 Rendite
Wertsachen:
7 Valoren
Wertsachenablage:
4 Safe, 6 Tresor, 11 Geldschrank, 13 Panzerschrank
Wertschätzer:
7 Taxator
Wertschätzung:
4 Taxe, 7 Achtung, Ansehen, 9 Taxierung
Wertstufe:
4 Rang
Werturteil:
6 Kritik, 9 Bewertung, Gutachten
wertvoll:
7 kostbar, 8 prezioes
wertvoller:
-Pelz:
4 Nerz, 5 Zobel, 9 Persianer, 10 Chinchilla
-Werkstoff:
10 Edelmetall
wertvolles:
-Mineral:
7 Diamant, 9 Edelstein
Wertzeichen:
5 Marke, 10 Briefmarke
wesenhaft:
12 substantiell, substanziell*
Wesenheit:
6 Essenz
Wesensart:
8 Naturell, 9 Charakter, 11 Temperament
Wesensbegriff:
4 Idee
wesenseigen:
12 naturgegeben
Wesenseinheit:
10 Identitaet
Wesensform:
3 Art, 5 Natur, 6 Gemuet, Person, 8 Naturell, 9 Charakter, Geschoepf, 10 Gemuetsart, 11 Temperament, Veranlagung
Wesensfülle:
9 Inbegriff
Wesensmal:
8 Eigenart
wesensverwandt:
11 sympathisch
Wesenszentrum:
4 Herz, 5 Seele, 6 Essenz, Pointe, 7 Extrakt, Zentrum, 10 Hauptsache, 11 Knalleffekt, Quintessenz
Wesenszug:
12 Charakterzug, 20 Charaktereigenschaft
wesentlich:
8 relevant, 9 bedeutsam, 10 essentiell, essenziell*, 12 substantiell, substanziell*
Wesentliches:
8 Substanz
weshalb:
5 warum, wieso
Wespenart:
8 Hornisse
Westen:
8 Okzident
Westeuropäer:
3 Ire, 5 Brite, Flame, 7 Belgier, Schotte, Spanier, 8 Franzose, 10 Englaender, Hollaender, Portugiese, 11 Luxemburger, 13 Niederlaender
westeuropäischer:
-Staat:
6 Irland, 7 Belgien, Spanien, 8 Portugal, 9 Luxemburg, 10 Frankreich, 11 Niederlande, 15 Grossbritannien
westeuropäisches:
-Gebirge:
5 Eifel, 7 Vogesen, 8 Ardennen, 9 Pyrenaeen
westfälische:
-Landschaft:
5 Senne, 9 Sauerland
westfälisches:
-Roggenbrot:
12 Pumpernickel, Pumpernickel
westfälisches Pferd:
6 Senner
westfriesische Insel:
5 Texel, 7 Ameland, 8 Vlieland, 12 Terschelling
Westgermane:
5 Suebe, Swebe, 6 Franke, Friese
Westgotenherrscher:
7 Alarich, 8 Roderich
westgotischer Kirchenmann:
7 Ulfilas, Wulfila
westindische:
-Insel/-gruppe:
4 Kuba, 5 Haiti, 6 Tobago, 7 Antigua, Bahamas, Curacao, Grenada, Jamaika, 8 Antillen, Barbados, Dominica, Trinidad, 9 Guadelupe, Portorico, 10 Guadeloupe, Martinique, Puerto Rico, Santa Lucia, 12 Virgininseln
westindischer:
-Baum:
10 Acajoubaum
-Indianerstamm:
5 Aruak, 8 Karaiben
-Pirat:
8 Bukanier, 10 Flibustier
-Wirbelsturm:
7 Tornado
westisch:
10 mediterran
westliche Vormacht:
3 USA
Westsibirier:
5 Mansi, 6 Wogule
westslawisches Volk:
6 Wenden
wett:
5 quitt, 12 ausgeglichen
Wettanzeige:
3 Tip
Wettbewerbswiderpart:
10 Konkurrent
wetteifern:
12 konkurrieren
wetten:
5 wagen, 6 tippen, 9 riskieren
Wetteranzeiger:
9 Barometer
Wetterdistel:
8 Eberwurz
Wetterkartenlinie:
7 Isobare
Wetterkleidung:
10 Trenchcoat, 11 Lodenmantel
Wetterlage:
5 Klima, 9 Witterung
wettern:
9 schimpfen
Wettersatellit:
4 Essa, 6 Meteor, Nimbus
Wetterschutzutensil:
6 Schirm, 11 Regenmantel
Wetterstoff:
5 Loden
Wetterumhang:
8 Pelerine
Wettervorhersager:
10 Laubfrosch
Wetterwarte:
13 Observatorium
wetterwendisch:
15 opportunistisch
Wetterwissenschaft:
12 Meteorologie

Wettkampf:
4 Agon, 5 Spiel, 6 Partie,
7 Turnier, 10 Konkurrenz
Wettkämpfer:
7 Spieler, 10 Konkurrent
wettkampfmäßig:
6 agonal
Wettkampfort:
5 Arena, 7 Stadion,
9 Kampfbahn
Wettlauf:
6 Rennen
Wettquote:
4 Odds
Wettspiel:
5 Kampf
Wettstreit:
10 Rivalitaet
Wettveranstaltung:
4 Toto, 5 Lotto
Wettvorhersage:
3 Tip
wetzen:
9 schaerfen, schleifen
Whisky-Insel:
5 Islay
Wicht:
4 Gnom, 5 Zwerg, 6 Kobold,
11 Heinzelmann
wichtig:
9 bedeutend, 10 wesentlich,
12 substantiell, substanziell*
wichtiges Vorkommnis:
8 Erlebnis
wichtigtuerischer Mann:
5 Protz, 7 Angeber, Prahler,
9 Grossmaul, 12 Aufschneider,
Besserwisser
Wickelbär:
7 Kinkaju
Wickelgewand aus Indien:
4 Sari
Wickelkind:
9 Saeugling
Wickelwinde:
6 Haspel
Widderart:
9 Schafbock
wider:
3 gen, 5 gegen, 6 kontra
widerborstig:
13 kratzbuerstig, widerspenstig
Widerhakenpflanze:
6 Klette
Widerhallerscheinung:
4 Echo, 8 Resonanz

widerlich:
4 fies, 8 ekelhaft, 9 haesslich,
10 abstossend
widernatürlich:
6 abnorm, 7 pervers
Widerpart:
6 Gegner, Rivale, 10 Antagonist
widerrechtlich:
7 illegal, 8 verboten, 9 illegitim,
10 irregulaer, 12 gesetzwidrig,
rechtswidrig
Widerrede:
7 Protest, 9 Einspruch,
10 Entgegnung, 11 Widerspruch
widerrufen:
11 annullieren
Widerrufserklärung:
7 Dementi, 15 Richtigstellung
Widerschein:
7 Abglanz, 9 Reflexion,
10 Spiegelung
widersetzlich:
8 renitent
widersinnig:
7 paradox, 9 unlogisch
widersinniger Vorgang:
9 Paradoxie
widerspenstig:
7 trotzig, 8 obstinat,
10 refraktaer, stoerrisch,
ungehorsam
Widerspiegeln:
9 Reflexion
widersprechen:
10 opponieren
widersprechend:
8 disparat
widersprüchlich:
8 kontraer, 16 kontradiktorisch
Widerspruchseinlegung:
7 Einwand, Protest, 9 Einspruch,
Gegensatz, 10 Diskrepanz,
Entgegnung, 15 Unvereinbarkeit
Widerspruchsklage:
18 Interventionsklage
Widerstand:
6 Abwehr, 7 Aufruhr,
9 Gegenwehr, Rebellion,
10 Opposition, Untergrund
widerstandsfähig:
6 gefeit, robust, 9 resistent
Widerstandskämpfer:
8 Partisan, 13 Freischaerler
Widerstandsmeßgerät:
8 Ohmmeter
Widerstreit:
9 Gegensatz, Kollision,
Zwiespalt, 12 Antagonismus

widerwärtig:
4 fies, 5 eklig, uebel, 6 odioes,
9 haesslich, 10 abstossend
Widerwärtigkeit:
8 Ungemach
Widerwille:
4 Ekel, 6 Degout, 7 Abscheu,
8 Aversion, 10 Antipathie
widmen:
10 dedizieren
Widmungsschreiben:
9 Zueignung, 10 Dedikation
widrig:
8 kontraer, 10 hinderlich
wiebeln:
7 stopfen, 10 ausbessern
wieder:
6 erneut, 8 abermals
Wiederauffrischungsphase:
12 Regeneration
Wiederbelebung:
8 Anabiose
Wiederbewaffnungsvorgang:
17 Remilitarisierung
Wiedereingliederung:
16 Resozialisierung
Wiedergabe:
7 Version, 11 Darstellung,
12 Reproduktion
wiedergeben:
13 reproduzieren
Wiedergeburt:
13 Reinkarnation
Wiedergenesung:
14 Rekonvaleszenz
Wiedergutmachung:
6 Suehne, 7 Regress,
8 Revanche, 10 Reparation,
Vergeltung, Verguetung,
12 Reparationen,
13 Kompensierung,
14 Entschaedigung,
Schadensersatz
Wiederherstellung:
9 Reparatur, 11 Renovierung,
13 Restaurierung
-der Gesundheit:
8 Genesung, 14 Rekonvaleszenz
wiederholen:
10 repetieren
wiederholt:
6 erneut
Wiederholung:
6 Dakapo, 7 Reprise,
9 Rueckfall, 10 Repetition,
14 Rekapitulation
Wiederholungsübung:
12 Repetitorium

Wiederkäuer:
3 Kuh, Reh, Ren, 4 Elen, Lama, Rind, Zebu, 5 Bison, Gemse, Kamel, Okapi, Schaf, Ziege, 6 Gaemse*, Hirsch, Seekuh, Wisent, 7 Bueffel, Gazelle, Giraffe, Moschus, Mufflon, Rentier, 8 Antilope, Dromedar, Nilpferd, 9 Steinbock, 10 Flusspferd, 11 Buckelochse, Trampeltier
Wiederkehr:
6 Turnus, Zyklus, 13 Periodizitaet
wiederkehrend:
9 remontant, 10 periodisch
wiederkehrender Abschnitt:
7 Periode
Wiederkunft:
9 Rueckkehr
Wiedertäuferanhänger:
10 Anabaptist
wiederum:
8 nochmals, 12 andererseits
Wiegendruckprodukt:
9 Inkunabel
Wiegenfeier:
10 Geburtstag
Wiegenlied:
8 Berceuse
Wiegenpflanze:
5 Alsem
Wiemen:
5 Latte
Wiener:
-Barockbaumeister:
16 Fischer von Erlach, 19 Lukas von Hildebrandt
-Bauwerk:
7 Hofburg, 8 Ringturm, 11 Burgtheater, Schoenbrunn, Stephansdom
-Belustigungspark:
6 Prater
-Dichter:
12 Hofmannsthal
-Droschke:
6 Fiaker
-Flughafen:
9 Schwechat
-Heurigentreffpunkt:
8 Grinzing
-Hügelland:
10 Wienerwald
-Komiker:
5 Moser, 9 Hoerbiger
-Komponist:
4 Nick, 5 Haydn, Lehar, Suppe, 6 Eysler, Kalman, Lanner, Mahler, Mozart, Straus, 7 Strauss, Ziehrer, 8 Schubert, 9 Heuberger, 10 Milloecker
-Maler:
5 Klimt, 6 Makart, 9 Kokoschka
-Mediziner:
5 Freud, 11 Semmelweiss
-Nervenarzt:
5 Freud
-Sehenswürdigkeit:
4 Burg, 6 Prater, 7 Hofburg, Steffel, 9 Belvedere, Riesenrad, 11 Burgtheater, Schoenbrunn, Stephansdom
-Stadtteil:
5 Lainz, 6 Aspern, Wieden, 7 Liesing, 8 Grinzing, Nussdorf, 9 Ottakring, Schwechat, Simmering
-Wahrzeichen:
9 Riesenrad, 11 Stephansdom
-Walzerkomponist:
6 Lanner, 7 Strauss
-Zitherspieler:
6 Karras
Wieselart:
6 Marder, 8 Hermelin
Wiesenareal:
2 Au, 3 Aue
Wiesenblume:
6 Akelei, Primel, 8 Baerwurz, 9 Bocksbart, Goldstern, Margerite, Weissklee, 10 Hahnenfuss, Kuhschelle, Loewenzahn, 11 Rittersporn, Wiesenraute, 13 Kuckucksblume, 15 Gaensebluemchen, Schluesselblume
Wiesengewächs:
4 Gras, Klee, 6 Akelei, Ampfer, 7 Luzerne, Strenze, 8 Wegerich, 9 Engelwurz, 10 Rispengras
Wiesengras:
10 Glatthafer
Wiesenunkrautpflanze:
13 Spitzwegerich
wieso:
5 warum
Wikingergefährt:
6 Drache, 13 Drachenschiff
wild:
6 furios, heftig, 7 wuetend, 9 ungestuem, 11 orgiastisch, 13 unzivilisiert
wild im musikalischen Sinn:
7 furioso
Wild/-art:
3 Reh, 4 Gams, Hase, 5 Fuchs, Gemse, 6 Gaemse*, Hirsch, Marder, Muffel, Wiesel, 7 Rebhuhn, 8 Auerwild, 11 Wildschwein
Wildansitz:
7 Anstand, 8 Hochsitz
Wildareal:
10 Jagdgebiet, Jagdrevier
Wildbretmahlzeit:
10 Rehruecken
wilde:
-Angst:
5 Panik
-Bande:
5 Horde
-Bestie:
6 Untier
Wildeber:
6 Keiler
Wildente:
9 Krickente
wilder:
-Apfel:
9 Holzapfel
-Krieger:
9 Berserker
wildes:
-Gelage:
5 Orgie, 9 Bacchanal
-Tier:
6 Bestie
Wildeselart:
6 Onager
Wildfährte:
4 Spur
Wildfang:
4 Kind, 5 Range, 6 Racker
Wildfleisch:
8 Wildbret
Wildgeflügel:
5 Fasan, 7 Rebhuhn, Wachtel, 8 Schnepfe, Wildgans
Wildgehege:
6 Gehege, 8 Tierpark, 10 Tiergehege
Wildgehege in Afrika:
9 Serengeti
Wildgemeinschaft:
5 Rudel
Wildgeschmack:
8 Hautgout
Wildheit:
5 Furor
Wildhund:
5 Dingo

Wildkatze:
5 Kuder
Wildkot:
6 Losung
Wildlederfußbekleidung:
9 Mokassins
Wildlederimitation:
5 Nubuk
Wildledersorte:
7 Chamois, 8 Saemisch
Wildnis:
7 Einoede, 9 Wuestenei
Wildpfad:
7 Wechsel
Wildpferd:
5 Zebra, 6 Quagga, Tarpan,
7 Mustang
Wildpschutz:
4 Hege
Wildragoutspeise:
12 Hasenpfeffer
Wildräuber:
8 Wilderer
Wildrindsorte:
2 Ur, 3 Jak, 4 Gaur, Zebu,
5 Bison, 6 Wisent, 7 Bueffel,
9 Auerochse
Wildschaf:
6 Argali, Muffel, 7 Mufflon
Wildschwein:
5 Bache, 6 Keiler, 10 Frischling,
13 Schwarzkittel
Wildspur:
7 Faehrte
Wildziege:
3 Tur, 5 Gemse, 6 Bezoar,
Gaemse*, 7 Markhor,
9 Steinbock
Wille:
7 Absicht, Vorsatz, 9 Intention
willenlos:
8 gefuegig, gehorsam
Willenloser:
6 Popanz
Willenskraft:
7 Energie, 8 Tatkraft
willentlich:
11 absichtlich, intentional
willig:
12 bereitwillig
Willkürhaftigkeit:
5 Laune
Willkürherrscher:
6 Tyrann
willkürlich:
9 arbitraer
Willkürmachthaber:
8 Diktator
Willkürregnum:
8 Diktatur, Tyrannei,
11 Despotismus
Wimpel:
6 Flagge, 9 Faehnchen
Wimperntusche:
7 Mascara
Wimpertierchen:
8 Ziliaten, 10 Infusorien
windabgewandte Seite:
3 Lee
Windabschirmung:
8 Paravent
Windbkleidung:
6 Anorak
Winde:
6 Haspel, 7 Spindel
Windform:
4 Bise, Bora, 5 Brise, Foehn,
Gibli, Orkan, Sturm, 6 Boreas,
Monsun, Passat, Taifun, Zephir,
Zyklon, 7 Chamsin, Chinook,
Mistral, Pampero, Tornado,
8 Blizzard, Haramata, Hurrikan,
9 Harmattan, Schirokko,
10 Tramontana
-am Gardasee:
3 Ora
-an der Adria:
4 Bora
-in Asien:
6 Monsun
Windgeist:
7 Harpyie
Windgott:
6 Aeolus, Boreas, Zephir*,
Zephyr, 8 Zephiros*, Zephyros
Windhauch:
7 Luftzug
Windhose:
6 Trombe
Windhund:
6 Saluki, 7 Afghane, Whippet,
9 Greyhound
windig:
8 unsicher, unsolide,
11 unglaubhaft
Windinstrument:
10 Aeolsharfe
Windmacher:
8 Geblaese
Windmeßgerät:
9 Areometer, 10 Anemometer
Windmonat:
8 November
Windpockenerkrankung:
11 Spitzpocken, 13 Spitzblattern
Windrose:
7 Anemone
Windsbraut:
10 Wirbelwind
Windschattenseite:
3 Lee
Windseite:
3 Luv
Windspielfiguren:
6 Mobile
Windstille:
5 Kalme, 6 Flaute
Windstoß:
3 Boe
Windung:
5 Kurve, 6 Wendel, Wirbel,
7 Drehung, Spirale, 8 Schnecke,
9 Kruemmung, 10 Serpentine
Windwaffe:
10 Luftgewehr
Windwissenschaft:
10 Anemologie
windzugewandte Seite:
3 Luv
Wingert:
8 Weinberg, 10 Weingarten
Wink:
3 Tip, 7 Hinweis, 9 Andeutung,
10 Fingerzeig
Winkel:
4 Ecke
Winkelband:
11 Winkeleisen
Winkelfunktion:
5 Sinus, 6 Sekans, 7 Cosinus,
Kosinus, Tangens, 8 Kosekans,
9 Cotangens, Kotangens
Winkelmaß:
4 Grad
Winkelmesser:
10 Goniometer
Winkelmessgerät:
6 Oktant, 7 Bussole, Sextant,
9 Theodolit
Winkelspitze:
8 Scheitel
Winkelteil:
4 Grad
Winkelzug:
4 List, 5 Kniff, Trick
Winker am Auto:
22 Fahrtrichtungsanzeiger
Wintergrüngewächs:
4 Efeu, 6 Mistel, 10 Immergruen
Winterknospe:
10 Hibernakel
winterlich:
8 hibernal

winterliche:
-Vereisung:
8 Glatteis
winterlicher:
-Niederschlag:
6 Schnee, 7 Raureif*, 8 Rauhreif
-Spaß:
15 Schlittenfahren,
18 Schneeballschlacht
Wintermonat:
5 Maerz, 6 Januar, 7 Februar,
8 Dezember
Winterpflanze:
12 Chrysantheme
Wintersportanlage:
4 Lift, 5 Piste, 7 Abfahrt,
Bobbahn, Skilift, 9 Rodelbahn,
10 Eisstadion, 12 Kunsteisbahn,
13 Sprungschanze
Wintersportart:
6 Rodeln, Slalom, 7 Bosseln,
Eislauf, Eistanz, Skilauf,
Torlauf, 9 Bobfahren, Eishockey,
10 Skijoering, 11 Skilanglauf,
Skispringen, 12 Abfahrtslauf,
Eiskunstlauf, 13 Eisschnellauf,
14 Eisschnelllauf*
Wintersportgerät:
3 Bob, Ski, 5 Rodel, 8 Skeleton,
9 Schlitten
Wintersportort:
-im Allgäu:
10 Oberstdorf
-im Erzgebirge:
14 Oberwiesenthal
-in Frankreich:
8 Chamonix, Grenoble
-in Graubünden:
5 Arosa, Davos, Flims,
11 Sankt Moritz
-in Japan:
7 Sapporo
-in Oberbayern:
6 Inzell, Kreuth
-in Tirol:
10 Kitzbuehel
Winzerapparat:
6 Kelter
Winzerberuf:
9 Weinbauer
winzig:
7 minimal, 11 zwergenhaft
winziger:
-Druckschriftgrad:
4 Perl
-Wasserlauf:
7 Rinnsal
winziges:
-Tier:
7 Kolibri, 10 Zaunkoenig
Winzigkeit:
5 Hauch, 6 Nuance,
11 Kleinigkeit
Wipfel:
6 Gipfel
Wippe:
8 Schaukel
Wirbel:
5 Sturm, 6 Tumult, 7 Strudel,
9 Turbulenz
wirbelloses Kleintier:
4 Wurm
wirbelnd:
9 turbulent
Wirbelsäule:
9 Rueckgrat
Wirbelsäulenbereich:
9 Kreuzbein
Wirbelsäulenerkrankung:
6 Buckel, 7 Lordose
Wirbelsäulenvorstufe:
6 Chorda
Wirbelströmung:
9 Turbulenz
Wirbelsturmart:
5 Orkan, 6 Taifun, Zyklon,
7 Tornado, 8 Blizzard, Hurrikan
Wirbeltier:
5 Fisch, Lurch, Vogel, 6 Reptil,
7 Saeuger, 8 Amphibie,
10 Kriechtier, Saeugetier
Wirkapparat:
15 Raschelmaschine
wirklich:
4 real, wahr, 7 aktuell, konkret,
8 effektiv, faktisch,
12 tatsaechlich
wirkliche Sachen:
7 Realien, 9 Tatsachen,
12 Sachverhalte
Wirklichkeit:
9 Realitaet
Wirklichkeitsfall:
9 Indikativ
wirklichkeitsfern:
8 utopisch, 11 lebensfremd,
13 unrealistisch
Wirklichkeitsmann:
7 Realist
Wirklichkeitsnähe:
12 Naturalismus
Wirklichkeitswissen:
9 Realismus
wirksam:
6 probat, 7 wirkend, 8 effektiv
Wirksamkeit:
10 Taetigkeit, Taetigsein
Wirkstoff:
-im Kaffee:
7 Coffein, Koffein
-im Tabak:
7 Nikotin
-im Tee:
4 Tein, 5 Thein, 7 Coffein,
Koffein
Wirkteppichprodukt:
7 Gobelin, 8 Aubusson,
10 Basselisse
Wirkung:
6 Effekt, 8 Ergebnis, Reaktion,
Resonanz, Resultat
Wirkungsfeld:
5 Orbis
Wirkungsgrad:
10 Nutzeffekt
Wirkungskreis:
5 Beruf, 7 Sphaere,
13 Aktionsradius
Wirkungslosigkeit:
15 Erfolglosigkeit
Wirkungsmöglichkeit:
6 Potenz, 9 Potential, Potenzial*
Wirkungsstärke:
7 Dynamik, Energie,
10 Faehigkeit
wirkungsvoll:
8 imposant, 10 effektvoll
Wirkungsweite:
13 Aktionsradius
Wirkwarenprodukt:
9 Charmeuse, Trikotage,
10 Scharmeuse*
wirr:
6 konfus, unklar,
13 durcheinander
Wirrsal:
9 Labyrinth
Wirrung:
6 Irrweg
Wirrwarr:
5 Chaos, 6 Trubel, Tumult,
Unruhe, 8 Menkenke,
9 Unordnung, 10 Kunterbunt,
Tohuwabohu, 13 durcheinander
wirsch:
6 barsch, zornig, 7 schroff
Wirt:
6 Schenk, 8 Hotelier,
9 Gastronom
Wirtschaft:
4 Beiz, 5 Lokal, 6 Kneipe,
8 Gasthaus, Schwemme,
9 Oekonomie, Weinstube,

10 Restaurant, Trinkstube,
11 Gaststaette, Imbisshalle
Wirtschafterin:
7 Mamsell, 13 Haushaelterin
wirtschaftlich:
8 rentabel, 11 oekonomisch
-unabhängig:
6 autark
wirtschaftliche:
-Aufbauvereinigung:
3 WAV
-Machtstellung:
7 Monopol
-Unabhängigkeit:
8 Autarkie
wirtschaftlicher:
-Ertrag:
5 Ernte, 6 Gewinn, 7 Rendite
-Rückgang:
9 Rezession
-Zusammenschluß:
5 Trust
Wirtschaftlichkeit:
9 Oekonomie
Wirtschaftsaufschwung:
4 Boom, 6 Hausse
Wirtschaftsbereich:
6 Handel, 7 Gewerbe,
9 Industrie
Wirtschaftsbetrieb:
5 Firma
Wirtschaftsfeindseligkeit:
7 Embargo, 8 Blockade,
13 Beschlagnahme
Wirtschaftslage:
10 Konjunktur
Wirtschaftsplanung:
10 Dirigismus, 14 Planwirtschaft
Wirtschaftsprüfer:
7 Revisor
Wirtschaftsteilbereich:
7 Branche
Wirtschaftsverband:
5 Trust, 7 Kartell, Konzern,
8 Syndikat, 10 Konsortium,
14 Genossenschaft
Wirtschaftsvertrag:
14 Handelsvertrag
Wirtschaftswissenschaftler:
4 Marx, 5 Smith, Weber,
6 Erhard, Keynes, 7 Mueller,
Sombart, 8 Schiller, 9 Schmoller,
10 Schumpeter
Wirtschaftszustand:
9 Oekonomie
Wirtseheleute:
4 Wirt, 6 Wirtin
Wirtshausrechnung:
5 Zeche
Wisch:
7 Buendel, 10 Putzlappen,
Staubwedel
Wischerstock:
5 Wedel
Wischlappen:
8 Putztuch
Wisentart:
5 Bison, 9 Auerochse
Wißbegehren:
7 Neugier, 9 Interesse
Wissen:
8 Kenntnis, 9 Erfahrung
wissender Mann:
5 Myste, 10 Esoteriker
Wissensbereich:
7 Domaene
Wissenschaft:
6 Chemie, Physik, 7 Medizin,
8 Biologie, Geologie, Zoologie,
9 Geografie*, Theologie,
10 Astronomie, Geographie,
Mathematik, Philologie,
Soziologie, 11 Philosophie,
Psychologie, 12 Archaeologie,
13 Anthropologie
-vom Denken:
5 Logik, 11 Philosophie
-vom Volkstum:
10 Ethnologie
-von den Gottheiten:
10 Mythologie
-von den Pflanzen:
7 Botanik
-von den Steinen:
11 Mineralogie
-von den Sternen:
10 Astronomie
-von den Tieren:
8 Zoologie
-von der Sprache:
10 Philologie
-von Gott:
9 Theologie
Wissenschaftler:
8 Forscher, 9 Gelehrter
wissenschaftliche:
-Abhandlung:
5 Essay
-Anstalt:
8 Institut
-Behauptung:
5 These
-Unterhaltung:
10 Kolloquium
-Untersuchung:
7 Analyse
wissenschaftlicher:
-Arbeitsraum:
5 Labor, 13 Observatorium
-Ausdruck:
5 Axiom, 7 Analyse, Methode,
8 Methodik, Synthese,
9 Hypothese, 10 Systematik
-Versuch:
4 Test
wissenschaftliches:
-Sammelwerk:
13 Enzyklopaedie
Wissenschaftsabteilung:
9 Fakultaet
Wissensdurst:
7 Neugier
Wissensschatz:
9 Thesaurus
wissenswert:
11 interessant
Wissenszweig:
6 Sparte
Witfrau:
5 Witwe
Witmann:
6 Witwer
Witterung:
5 Klima, 6 Wetter
Witterungserscheinung:
3 Eis, Tau, 5 Blitz, Frost, Hitze,
Nebel, Sturm, 6 Donner, Schnee,
8 Gewitter
Witwe:
5 Witib
Witwenpflanze:
6 Knatia, 7 Knautie, 8 Skabiose
Witzansprachen:
8 Fazetien
Witzelei:
10 Anspielung
Witzform:
3 Gag, Jux, Ulk, 5 Humor,
Spass, 6 Scherz, 7 Kalauer
witzig:
6 launig, lustig, 7 spassig,
10 geistreich
witzige:
-Idee:
3 Gag
witziger:
-Spott:
6 Satire
Witzwort:
6 Bonmot
Wochenbett:
8 Kindbett

Wochenende:
7 Weekend
Wochentag:
6 Montag, 7 Freitag, Samstag, Sonntag, Werktag, 8 Dienstag, Mittwoch, 9 Sonnabend, 10 Donnerstag
Woge:
5 Welle, 7 Brecher
wohingegen:
12 andererseits
wohl:
4 Nutz, 6 gesund, 8 angenehm
wohl oder übel:
12 nolens volens
Wohlfahrtsform:
9 Fuersorge
Wohlgefallenserscheinung:
9 Sympathie, Zuneigung
Wohlgefühl:
8 Euphorie
wohlgemerkt:
8 notabene
wohlgemut:
9 froehlich, 14 zuversichtlich
Wohlgenährtheitsein:
9 Eutrophie
wohlgesinnt:
4 hold, 7 geneigt
wohlgesonnener Mann:
6 Freund
wohlhabend:
5 reich, 10 vermoegend
wohlig:
8 angenehm, 9 behaglich
Wohlklang:
8 Harmonie
Wohlklingen:
8 Euphonie
wohllautend:
9 melodioes
Wohlriechen:
5 Aroma, Odeur
wohlriechend:
10 aromatisch
wohlriechende Blume:
4 Iris, Rose, 5 Lilie, Nelke, Viole, Wicke, 6 Reseda, Salvie, 7 Levkoje, 8 Edelrose, Gardenie, Goldlack, Lavendel, Veilchen, 9 Heliotrop
wohlschmeckend:
6 lecker, 7 delikat
Wohlstand:
4 Flor, 8 Gedeihen, 10 Ueberfluss, 12 Prosperitaet
Wohlstandsgewinner:
13 Establishment
Wohltat:
7 Benefiz, 9 Troestung, 10 Benefizium
Wohltäter:
7 Goenner, 9 Foerderer, Samariter
wohltätig:
10 humanitaer, mildtaetig
Wohltätigkeit:
7 Karitas
Wohltätigkeitsvereinigung:
7 Caritas
Wohlverleih:
6 Arnika
Wohlwollen:
5 Guete, Gunst, 9 Sympathie, Zuneigung
wohlwollend:
7 geneigt, zugetan
Wohnbereich:
-auf Schiffen:
6 Kabine, 7 Kajuete
-einer Burg:
5 Palas
wohnen:
8 logieren
Wohngebäude:
4 Haus, 5 Villa, 8 Bungalow, Hochhaus, 9 Mietshaus, 10 Doppelhaus, Reihenhaus
wohnlich:
10 anheimelnd, 11 komfortabel
Wohnort eines Einsiedlers:
9 Eremitage
Wohnraum:
5 Salon, Stube, 6 Gelass, Gemach, Kammer, Zimmer, 7 Boudoir, 9 Esszimmer, 12 Herrenzimmer, Kinderzimmer, Schlafzimmer, Speisezimmer, Wintergarten
Wohnsitz:
6 Bleibe, Obdach, 7 Domizil
-der Asen:
7 Idafeld
-der griechischen Götter:
5 Olymp
-des Staatsoberhauptes:
8 Residenz
-von Fürsten:
8 Residenz
Wohnung und Kost:
7 Pension
Wohnungsanschrift:
7 Adresse
Wohnungsentgeld:
5 Miete
Wohnungsflur:
8 Korridor
Wohnungsgeld:
8 Mietzins
Wohnungswechsel:
5 Umzug
Wohnwagenform:
7 Caravan
Wohnzins:
5 Miete
Wölbung:
5 Bogen, 7 Rundung
Wolf:
5 Lupus, 6 Kojote, 15 Fleischmaschine
Wölfin:
5 Faehe
Wolfsbohnenpflanze:
6 Lupine
Wolfsinsekt:
8 Tarantel
Wolfskind:
5 Welpe
Wolfsmann:
7 Werwolf
Wolfsmilchkraut:
6 Manick, 7 Manihot, 11 Bingelkraut
Wolkenform:
6 Nimbus, Zirrus, 7 Kumulus
Wolkenkratzer:
8 Hochhaus
Wolkenkuckucksheim:
9 Traumland
Wolldecke:
5 Plaid, Vlies
Wolle:
6 Angora, Merino, Mohaer*, Mohair
Wollensgrund:
5 Wille
Wollfett:
7 Lanolin
Wollgewebe:
5 Loden, Tibet, 6 Alpaka, Angora, Merino, Mohaer*, Mohair, 7 Flausch, Lasting, 8 Homespun, Kammgarn, Kaschmir, Zibeline, 9 Covercoat, Gabardine, Kamelhaar, 11 Streichgarn
Wollgewicht:
4 Pack
Wollhaar:
6 Lanugo
Wollschafrasse:
6 Merino

Wollustempfinden:
11 Lustgefuehl
Wonnegefühl:
6 Freude, Genuss,
10 Vergnuegen
Wonnemonat:
3 Mai
wonnevoll:
8 elysisch, 10 elysaeisch
wonnig:
12 paradiesisch
Wort:
7 Vokabel
Wortabwandeln:
11 Deklination
Wortbedeutungsforschung:
8 Semantik
Wortbestandteil:
5 Silbe, Stamm, 8 Vorsilbe,
9 Nachsilbe
Wortbetonung:
5 Iktus
Wortblindheit:
6 Alexie
Wortbruch:
6 Verrat, 7 Felonie, Untreue,
9 Treubruch, 13 Treulosigkeit
wortbrüchig:
6 untreu
Wortbrüchiger:
9 Verraeter
Worterguß:
5 Suada, 6 Tirade
Wortführender:
5 Doyen, 8 Sprecher
Wortgefüge:
4 Satz
Wortgesamtsinn:
7 Kontext
wortgetreu:
9 woertlich
Wortgleichlaut:
4 Reim
wortkarg:
5 still, 9 lakonisch,
10 schweigsam
Wortklauben:
9 Kasuistik, 11 Sophisterei,
13 Haarspalterei
Wortklauber:
7 Sophist, 8 Rabulist,
11 Haarspalter
Wortkürzungszeichen:
5 Sigel, 7 Kuerzel
Wortlaut:
4 Text, 5 Tenor
wörtlich:
6 verbal
wörtliches Wiedergeben:
5 Zitat
Wortlinie:
5 Zeile
Wortliste:
5 Duden, 7 Glossar, Lexikon,
9 Vokabular
wortlos:
10 schweigend
Wortmenge:
6 Sermon, Tirade, 9 Redundanz,
11 Verbositaet
wortreich:
13 weitschweifig
Wortreihenfolge:
4 Satz
Wortsammlung:
3 Ana
Wortschatzbuch:
9 Vokabular
Wortscherz:
7 Kalauer
Wortschwall:
4 Wust, 5 Suada, 6 Tirade
Wortspiel:
6 Bonmot, 9 Calembour,
10 Calembourg
Wortstreit:
10 Diskussion,
15 Streitgespraech
Wortverdreher:
7 Kasuist, Sophist, 8 Rabulist,
11 Dialektiker
Wortwechsel:
6 Disput, 9 Rededuell,
11 Disputation
Wortweiser:
8 Register
Wortwiederholung:
7 Anapher
Wortwissenschaft:
10 Etymologie
Wucherer:
15 Beutelschneider,
Halsabschneider
wuchernde Ausbildung:
6 Kallus, 10 Geschwulst,
16 Gewebeneubildung
Wuchs:
5 Figur, 6 Statur, 8 Wachstum,
10 Vegetation
Wuchsauslöser:
5 Auxin
Wucht:
5 Druck, 6 Gewalt, 7 Gewicht,
Schwere, Schwung, Staerke,
10 Heftigkeit
wuchtig:
6 heftig, massiv, 7 lapidar
wund:
5 offen, 8 verletzt
Wunde:
7 Laesion, 10 Verletzung
wunderbar:
8 herrlich, 9 praechtig,
10 mirakuloes, prachtvoll,
11 fantastisch*, unglaublich,
12 maerchenhaft, phantastisch
Wunderbaum:
15 Ricinus communis
Wunderding:
7 Mirakel
Wunderdoktor:
9 Eisenbart, 10 Scharlatan,
11 Kurpfuscher, Quacksalber
Wundergeschehen:
7 Mirakel, 9 Mysterium
Wunderglaube:
11 Mystizismus
Wunderhorn:
7 Olifant
wunderlich:
7 grotesk, seltsam, 8 launisch,
9 schrullig, sonderbar,
11 verschroben
Wunderlichkeit:
3 Tic, 4 Tick
Wundermedizin:
7 Panazee
Wunderpflanze:
9 Mirabilis
Wundflüssigkeit:
5 Eiter
Wundheilstoff:
5 Salbe
Wundmal:
5 Narbe, 6 Stigma, 7 Schmiss
Wundmediziner:
7 Chirurg, 9 Feldscher
Wundsekret:
5 Eiter
Wundstarrkrampfanfall:
7 Tetanus
Wundverband:
7 Bandage, 8 Pflaster
Wundverkrustung:
6 Schorf
Wunsch:
6 Begehr, 8 Anliegen, Begehren,
Begierde, 9 Sehnsucht,
Verlangen
Wünschelrute:
8 Detektor
wünschenswert:
11 desiderabel

Wunschgebiet:
6 Utopia, 7 Elysium, 8 Eldorado
Wunschträumerei:
5 Ideal, 6 Utopie, 11 Luftschloss
Würde:
4 Ehre, 6 Nimbus, 7 Achtung, Ansehen, 8 Renommee, 9 Grandezza
würdelos:
9 unachtbar, unwuerdig
würdevoll:
13 gravitaetisch, majestaetisch
würdigen:
5 ehren, 6 achten
Wurf mit gleichen Augen der Würfel:
5 Pasch
Würfel:
5 Kubus, 6 Knobel
würfelförmig:
7 kubisch
Wurfgeschoß:
10 Banderilla
Wurflehre:
9 Ballistik
Wurfscheibe:
6 Diskus
Wurfseil:
5 Lasso
Wurfspeer:
5 Lanze
Wurfspieß:
3 Ger
Wurfstock:
8 Bumerang
Wurfutensil:
3 Ger, 4 Pike, 5 Lanze, Speer
Würgefesselung:
6 Knebel
Wurmart:
4 Egel, 8 Bandwurm, Blutegel, Molluske, Saugwurm, Trichine, 9 Leberegel, Plattwurm, Prielwurm, Regenwurm, 10 Ringelwurm, 12 Essigaelchen
Wurmerkrankung:
13 Helminthiasis
Wurmfortsatz des Blinddarms:
8 Appendix
Wurmfortsatzerkrankung:
12 Appendicitis
Wurmmedizin:
14 Anthelminthica
wurmstichig:
5 marod, 10 zerfressen
Wurmzüngler:
10 Chamaeleon
wurstig:
13 gleichgueltig
Wurstkrautpflanze:
7 Majoran
Wurstsorte:
6 Lyoner, Salami, 8 Teewurst, 9 Bierwurst, Bratwurst, Jagdwurst, Mettwurst, 10 Leberwurst, Mortadella, 12 Bierschinken, 13 Schinkenwurst, Servelatwurst*, Zervelatwurst
Wurstverpackung:
5 Pelle
Wurzel:
5 Radix
Wurzelbohrer:
10 Hepialiden
Wurzelfüßer:
6 Amoebe
Wurzelgewächs:
4 Bete, Kren, 6 Moehre, 8 Kohlrabi, Sellerie, 11 Meerrettich, 13 Schwarzwurzel
Wurzelholz:
7 Bruyere
Wurzelschwamm:
10 Hallimasch
Würzflüssigkeit:
5 Essig
würzig:
6 pikant
Würztunke:
7 Ketchup, 8 Ketschup*, 9 Majonaese*, Remoulade, 10 Mayonnaise
wuselig:
7 lebhaft, nervoes, 11 geschaeftig
Wust:
6 Gewirr, Haufen, 8 Wirrwarr, 13 Durcheinander
wüst:
4 oede, wirr, 8 unbebaut, 12 unordentlich
Wüste:
-im Iran:
3 Lut
-in Afrika:
5 Namib, 6 Sahara, 8 Kalahari
-in Australien:
12 Gibsonwueste
-in der Mongolei:
4 Gobi, 6 Schamo
-in Innerasien:
4 Gobi
-in Israel:
5 Negeb, Negev
-in Zentralasien:
4 Gobi
Wüstenei:
6 Oednis, 7 Einoede
Wüstenflußtal:
4 Wadi
Wüstenform:
9 Eiswueste, 10 Salzwueste, Sandwueste, 11 Steinwueste
Wüstenfuchs:
5 Fenek, 6 Fennek
Wüstenlasttier:
5 Kamel, 8 Dromedar
Wüstenmensch:
7 Beduine
Wüstenschiff:
5 Kamel
Wüstentier:
5 Waran
Wüstenwasserstelle:
3 Bir
Wüstenwind:
5 Samum, 6 Kamsin, 7 Chamsin, 8 Scirocco, 9 Schirokko
Wüstenzuflucht:
4 Oase
wüstes Gelage:
5 Orgie, 9 Bacchanal
Wüstling:
5 Rowdy, 7 Rohling, 8 Libertin, Raufbold
Wut:
4 Zorn, 5 Furor, 6 Aerger, 7 Ingrimm, Raserei
Wutanfall:
6 Koller, Rappel, Raptus, 7 Raserei
wüten:
5 Rasen, toben
wütend:
5 boese, 6 erregt, furios, rabiat, rasend, 7 empoert, 9 enragiert, 11 aufgebracht
wütende Frau:
5 Furie, 7 Megaere
Wüterichpflanze:
10 Schierling

X-Koordinate:
8 Abszisse
x-mal:
7 haeufig, 8 vielmals
X-Strahlung:
16 Roentgenstrahlen
xanthochrom:
10 gelbfarbig, hellfarbig
xanthoderm:
11 gelbhaeutig
Xanthophyll:
13 Gelbfarbstoff
Xenie:
8 Epigramm, 10 Sinnspruch
Xenokratie:
15 Fremdherrschaft
Xenon:
7 Edelgas
xenophil:
17 fremdenfreundlich
xenophobisch:
16 fremdenfeindlich
Xerokopieprodukt:
12 Trockenabzug
Xylan:
9 Holzgummi
Xylol:
14 Loesungsmittel
Xylophonart:
8 Vibrafon*, 9 Vibraphon,
11 Marimbaphon
Xystos:
11 Saeulengang, 12 Saeulenhalle

Y-Koordinate:
14 Ordinatenachse
Yak-Tier:
10 Grunzochse
Yankee:
10 Amerikaner,
14 Nordamerikaner
Yerba:
4 Mate
Yeti:
12 Schneemensch
Yggdrasil:
9 Weltesche
Ymir:
5 Riese, 7 Urriese
Yogaanhänger:
5 Asket
Yogi:
7 Asketen
Youngster:
7 Neuling, 8 Newcomer
Yperit:
7 Senfgas, 9 Gelbkreuz
Yukkapflanze:
9 Palmlilie
Yuppie:
10 Neureicher

Zacke:
5 Zanke, Zinke, 6 Spitze
zackig:
6 straff, 7 drahtig, 9 schneidig
zagen:
7 zoegern
zaghaft:
6 mutlos, 11 schuechtern
zäh:
4 hart, 10 ausdauernd, 12 dickfluessig
zähflüssig:
6 viskos
Zahl:
3 elf, 4 acht, drei, eins, neun, null, vier, zehn, zwei, 5 fuenf, sechs, 6 Numero, Nummer, sieben, zwoelf, 7 Billion, hundert, Million, tausend, zwanzig, 8 Numerale, Trillion, 9 Milliarde, 11 Quadrillion, Quintillion
-ohne Wert:
4 Null
-über dem Bruchstrich:
7 Zaehler
-unter dem Bruchstrich:
6 Nenner
Zählarmatur:
9 Taxameter
Zahlchip:
5 Jeton
zählen:
10 numerieren, 11 nummerieren*
Zahlenabfolge:
5 Reihe
Zahlenendergebnis:
5 Summe, 6 Potenz, Wurzel, 7 Produkt, 8 Quotient, 9 Differenz
Zahlenliste:
7 Kolonne
zahlenmäßig:
9 numerisch
Zahlenspiel:
5 Lotto
Zahlentafel:
7 Tabelle
Zahlenübersicht:
7 Tabelle, 9 Statistik
Zahlenverhältnisbild:
8 Diagramm
Zahlenwissenschaft:
10 Arithmetik
Zählgerät:
8 Stoppuhr, 9 Zaehlwerk, 10 Tachometer
zahllos:
5 viele
Zählmaß:
4 Ries, 6 Ballen, Mandel, Stiege, Stueck, 7 Dutzend
Zahlraum:
5 Kasse, 12 Schalterraum
Zahltag:
6 Ultimo
Zahlungsabzug:
6 Skonto
Zahlungsanweisungsformular:
6 Scheck
Zahlungsaufforderungsschreiben:
7 Mahnung
Zahlungsaufschubsvereinbarung:
8 Stundung, 10 Moratorium
Zahlungsdatum:
5 Frist
Zahlungsende:
6 Pleite, 7 Konkurs
zahlungsfähig:
6 liquid, 7 solvent
Zahlungsfähiger:
6 Fallit
Zahlungsfähigkeit:
7 Solvenz
Zahlungsfristabsprache:
4 Ziel
Zahlungsmittel:
4 Geld, 6 Muenze, Scheck, 7 Bargeld, Devisen, 8 Banknote, Hartgeld, 11 Kreditkarte
Zahlungsnachweis:
5 Beleg, 8 Quittung
Zahlungsort:
7 Domizil
zahlungsunfähig:
6 pleite, 8 illiquid, 9 insolvent
Zahlungsunfähigkeit:
6 pleite, 7 Konkurs, 8 bankrott, 9 Insolvenz
Zahlungsvorgang:
9 Ausgleich, Loeschung, 12 Ueberweisung
Zahlwert:
6 Ziffer
zahm:
9 friedlich, 10 gebaendigt, zutraulich
Zahnbein:
6 Dentin
Zahnbereich:
5 Zacke, 6 Spitze
Zahnbettschwund:
11 Parodontose
Zahncreme:
5 Pasta
Zahnerkrankung:
6 Karies, 11 Paradentose, 12 Parodontitis
Zahnersatzform:
5 Krone, 6 Gebiss, 7 Bruecke, 9 Stiftzahn
Zahnfäulniserkrankung:
6 Karies
Zahnformen:
7 Eckzahn, 8 Mahlzahn, Nagezahn, 9 Milchzahn, Stosszahn, 12 Schneidezahn, 13 Weisheitszahn
Zahnfüllung:
6 Plombe
Zahnheilkunde:
10 Dentologie, 11 Odontologie
Zahnkarpfenart:
5 Guppy, Killi
Zahnlaut:
6 Dental, 8 Dentalis
Zahnmark:
5 Pulpa
Zahnpflanze:
11 Erythronium
Zahnprothese:
10 Zahnersatz
Zahnrädchen:
6 Ritzel
Zahntechnikerberuf:
7 Dentist
Zahnteil:
4 Nerv, 5 Krone, 7 Schmelz
Zahnung:
9 Dentition
Zahnwalart:
6 Delfin*, 7 Delphin, Pottwal, 11 Gruendelwal
Zanderfisch:
5 Hecht, 6 Barsch, Sander, Schiel, Schill, 7 Fogasch
Zangenform:
9 Rohrzange, 10 Beisszange, Blockzange, 13 Schmiedezange
Zank:
5 Krach, 6 Disput, Streit, 7 Gekeife, Krakeel, 8 Reiberei
zanken:
8 streiten
Zankerei:
8 Kabbelei
zänkisch:
7 grimmig, 14 streitsuechtig
zänkische:
-Frau:
7 Drachen, 9 Xanthippe

zänkischer:
-Mann:
12 Streithammel
Zankteufel:
9 Querulant
Zapfenstück:
6 Bolzen, Duebel, 8 Stoepsel
Zapfsäule:
10 Tankstelle
zappeln:
9 strampeln
zappenduster:
7 finster, 12 hoffnungslos
zapplig:
9 aufgeregt
Zarenpalast in Rußlands Hauptstadt:
5 Kreml
Zarensohn:
10 Zarewitsch
Zarentochter:
7 Zarewna
Zarenverfügung:
4 Ukas
Zarge:
6 Rahmen, 10 Einfassung
zart:
4 mild, 5 weich, 6 fragil, subtil, 7 delikat, 8 grazioes, sensibel, zierlich, 11 empfindlich, mimosenhaft
zarter:
-Bartwuchs:
5 Flaum
-Geruch:
4 Duft
Zartfühlen:
4 Takt, 11 Delikatesse
Zartheit:
5 Milde, 6 Grazie, 8 Feinheit
zärtlich:
5 innig, sanft, 9 liebevoll
zärtliches Ansprechen:
2 du
Zärtlichkeitsausdruck:
8 Schmusen
Zase:
5 Fluse
Zaster:
7 Moneten
Zäsur:
9 Ruhepunkt, 10 Einschnitt
Zauber:
6 Charme, Scharm*, 7 Hexerei, 14 Phantasmagorie
Zauberei:
7 Hexerei, 8 Gaukelei
Zauberer:
5 Seher, 6 Magier, 7 Gaukler, 16 Schwarzkuenstler
-der Artusrunde:
5 Dolin, 6 Merlin, 8 Klingsor
Zauberfrau:
4 Hexe, 5 Drude, Kirke, Medea, 6 Medeia
Zaubergegenmittel:
7 Amulett, 8 Talisman
zauberhaft:
7 magisch, 11 entzueckend
Zauberkraft der Naturvölker:
4 Mana, 6 Manitu, Orenda, 7 Mulungu, Wakanda
Zauberkunst:
5 Magie
Zauberkünstler:
10 Eskamoteur, 11 Illusionist
Zaubernuß:
9 Hamamelis
Zauberpflanze:
7 Elixier
Zauberpriester:
8 Schamane
Zauberspruch:
7 Abraxas, 10 Hokuspokus, Simsalabim, 11 Abrakadabra, 15 Sesam oeffne dich
Zauberutensil:
7 Alraune, Elixier, 14 Stein der Weisen
Zauberwurzel:
7 Alraune
zaudern:
7 zoegern, 5 zagen, 7 zoegern, 9 schwanken
Zaudernder:
9 Kunktator
Zaumriemen:
6 Zuegel, 7 Halfter, Kandare
Zaun:
4 Fenz, 5 Etter, Hecke, 6 Gatter, Gitter, Staket
Zaungast:
7 Kiebitz
Zaunstock:
7 Stakete
Zebraart:
6 Quagga, 10 Tigerpferd
Zeche:
5 Grube, 8 Bergwerk
Zechender:
7 Saeufer
Zechenteil:
5 Anbot
Zechereigelage:
5 Orgie, 6 Gelage
Zechgesteinsart:
9 Kalkstein
Zechine:
7 Dukaten, 11 Goldddukaten
Zeckentier:
8 Holzbock, 10 Blutsauger
Zedent:
10 Glaeubiger
Zeese:
11 Schleppnetz
Zehn:
5 Sanga, 10 Buckelrind
Zehn Gebote:
7 Dekalog
zehnarmiger Fisch:
6 Kalmar
Zehndollarmünze:
5 Eagle
Zehneck:
7 Dekagon
Zehner:
8 Groschen
Zehneraufteilung:
6 Dekade
Zehnerfolge:
13 Dezimalsystem
Zehnflächner:
8 Dekaeder
Zehnfußkrebs:
15 Einsiedlerkrebs
Zehnfußtier:
8 Dekapode
Zehnpfennigmünze:
8 Groschen
zehntägiger Zeitrahmen:
6 Dekade
zehnteilig:
9 dekadisch
Zehntschaft:
7 Dekurie
Zehrung:
7 Nahrung
Zeichen:
3 Tip, 4 Wink, 5 Fanal, Pfeil, 6 Signal, Signum, Wunder, 7 Hinweis, Merkmal
-der Herrscherwürde:
5 Krone
-des Schmerzes:
6 Traene
-gegen Zauberei:
10 Drudenfuss
Zeichenapparat:
6 Lineal, Zirkel, 10 Pantograph, 14 Storchschnabel
Zeichenaufschlüsselung:
7 Legende

Zeichenbrett:
6 Abakus
Zeichenflüssigkeit:
6 Tusche
Zeichenkommunikation:
13 Gestikulation
Zeichenkunst:
6 Grafik*, 7 Graphik
Zeichensetzungsabfolge:
13 Interpunktion
Zeichenstil:
9 Radierung
Zeichnerberuf:
8 Grafiker*, 9 Graphiker
zeichnerische Abbildung:
6 Grafik*, Schema, Skizze, 7 Graphik, 9 Abbildung, 10 Piktogramm
Zeichnung:
6 Muster, Skizze, 9 Abbildung
Zeichnungsberechtigter:
9 Prokurist
Zeidlerberuf:
5 Imker, 14 Bienenzuechter
Zeigefläche:
10 Flurstueck
zeigen:
6 weisen
Zeiger:
5 Zunge
zeihen:
11 bezichtigen, 12 beschuldigen
Zeilengießgerät:
8 Linotype
Zeilensprung:
11 Enjambement
Zeiselwägelchen:
11 Leiterwagen
Zeisigvogel:
4 Fink
Zeit:
5 Weile, 6 Epoche, Tempus
-der Ausbildung:
5 Lehre, 7 Studium
-des Feierns:
8 Fasching, Karneval
-nach der Hochzeit:
13 Flitterwochen
-vor Weihnachten:
6 Advent
Zeitabfolge:
11 Chronologie
zeitabhängige Entlohnung:
10 Akkordlohn, 11 Stundenlohn
Zeitabschnitt:
3 Tag, 4 Jahr, 5 Monat, Woche, 6 Minute, Stunde, 7 Sekunde, 11 Jahrhundert, Jahrtausend
Zeitalter:
4 Aeon, 6 Epoche, 7 Periode, 8 Saekulum
Zeitbegriff:
4 Aera, 5 Abend, Dauer, Frist, Nacht, Weile, 6 Dekade, Epoche, Spanne, 7 Zukunft, 9 Gegenwart, Jahrzehnt, 10 Augenblick, Millennium, 11 Jahrhundert, Jahrtausend, 13 Vergangenheit
Zeitbezogenes:
11 Aktualitaet
Zeiterzählung:
7 Chronik
Zeitfeststellung:
5 Datum, 7 Uhrzeit
Zeitform:
6 Tempus, 7 Zukunft, 9 Gegenwart, 13 Vergangenheit
Zeitgeistausprägung:
7 Moderne
zeitgemäß:
4 akut, 6 modern, 7 aktuell, 8 up to date
Zeitgenosse:
9 Mitmensch
Zeitgeschmack:
4 Mode
zeitgleich:
8 simultan, synchron
zeitig:
5 frueh, 7 morgens
zeitlich:
8 temporal
-immer andauernd:
4 ewig
zeitliche:
-Abstimmung:
6 Timing
Zeitlichkeit:
16 Vergaenglichkeit
Zeitliste:
8 Kalender
Zeitmangelfolge:
4 Hast, 6 Stress
Zeitmaß:
4 Takt, 8 Rhythmus
-in der Musik:
4 Takt, 5 Largo, Tempo, 6 Adagio, Presto, 7 Andante
Zeitmeßgerät:
3 Uhr, 11 Chronometer
zeitnah:
6 modern, 7 aktuell
Zeitpunkt:
5 Datum, 6 Termin
Zeitraum:
5 Frist, Weile, 6 Spanne, 7 Periode
Zeitrechnung:
4 Aera, 11 Chronologie
Zeitschriftenart:
5 Revue, 7 Journal, 12 Illustrierte
Zeitung:
5 Blatt, Organ
Zeitungsabhandlung:
7 Artikel, 9 Reportage
Zeitungsersteller:
9 Redaktion
Zeitungsfehlinformation:
4 Ente
Zeitungsgewerbe:
12 Journalismus
Zeitungsinserat:
7 Anzeige
Zeitungskäufer:
5 Leser
Zeitungskorrespondent:
16 Berichterstatter
Zeitungskunde:
12 Journalistik
Zeitungsmann:
6 Setzer, 8 Reporter, 9 Redakteur, 10 Journalist, 12 Bildreporter, 13 Chefredakteur, Korrespondent, 16 Berichterstatter
Zeitungsnachricht:
7 Meldung
Zeitungsspalte:
6 Rubrik, 7 Kolumne
Zeitungswerbung:
7 Annonce, Inserat
Zeitungswesen:
6 Presse, 11 Publizistik
Zeitungswissenschaft:
11 Publizistik, 12 Journalistik
Zeitungszuschrift:
10 Leserbrief
Zeitvertreib:
5 Spiel, Sport, 10 Vergnuegen, 11 Liebhaberei, Zerstreuung, 12 Steckenpferd
zeitweilig:
9 temporaer, 14 voruebergehend
zeitwidrig:
15 anachronistisch
Zeitwort:
4 Verb, 6 Verbum
zeitworthaft:
6 verbal

Zelebrator:
8 Priester
zellenartig:
8 zellular
Zellengewebsform:
7 Epithel
Zellenwissenschaft:
9 Zytologie
Zellgewebsfäserchen:
8 Fibrille
Zellglas:
9 Cellophan, Zellophan*
Zellinneres:
7 Nukleus
Zellkernschleife:
9 Chromosom
Zellstoffart:
9 Zellulose
Zellstoffverbindung:
7 Viskose
Zellsubstanz:
6 Plasma, 11 Protoplasma
Zelluloid:
8 Zellhorn
Zellwollenprodukt:
10 Spinnfaser
Zelot:
9 Fanatiker, 15 Glaubenseiferer
zelotisch:
9 fanatisch, 14 glaubenseifrig
Zelt:
5 Jurte, 6 Wigwam
Zeltertier:
10 Damenpferd
Zeltlager:
4 Camp, 5 Biwak
Zeltleben:
7 Camping
Zeltstadt der Nomaden:
3 Aul
Zeltstecken:
6 Hering
Zenitpunkt:
10 Hoehepunkt,
13 Scheitelpunkt
Zensor:
7 Pruefer
Zensuren:
7 Zeugnis, 8 Benotung,
9 Bewertung, 11 Beurteilung
Zent:
13 Hundertschaft
Zentimetermeßgerät:
9 Zollstock
zentralasiatische Hochebene:
5 Tibet
Zentralisationsvorgang:
15 Zusammenziehung
Zentrifugalkraft:
10 Fliehkraft
Zentrifuge:
9 Separator,
16 Trommelschleuder
Zentrum:
4 Kern, 5 Mitte, 10 Innenstadt,
11 Mittelpunkt
Zenturie:
13 Hundertschaft
Zeppelin:
10 Luftschiff
Zepterform:
13 Herrscherstab
zerbersten:
11 explodieren
Zerberus:
11 Hoellenhund
zerbrechlich:
6 fragil, morsch
zerbrochene Teile:
8 Scherben, Truemmer
Zerealien:
12 Feldfruechte
Zeremonie:
5 Ritus, 6 Ritual
zeremoniell/Zeremoniell:
5 Ritus, 6 Ritual, 9 feierlich,
foermlich
Zerfahrenheit:
13 Zerstreutheit
Zerfall:
10 Aufloesung, Zersetzung
Zerfallsreste:
5 Moder, 8 Schimmel
zergliedern:
13 spezifizieren
Zergliederung:
7 Analyse, 9 Zerlegung
zerkleinerte Steinchen:
8 Schotter
Zerkleinerungsbetrieb:
6 Muehle
zerklüftet:
9 gespalten
Zerknallgeräusch:
9 Explosion, 10 Detonation
Zerknirschung:
10 Kontrition
zerknittern:
8 knuellen
zerlegbar:
10 dissolubel
zerlegen:
8 sezieren
Zerlegungsvorgang:
7 Analyse, 10 Dispersion
zermalmend:
7 brisant
zernagend:
8 korrosiv
Zeroplastik:
10 Wachsfigur,
14 Wachsbildnerei
Zerrbild:
6 Fratze, 9 Karikatur
zerren:
6 ziehen
zerrissen:
8 schizoid
Zerrissenheit:
9 Zwiespalt, 11 Uneinigkeit
Zerschlagenheit:
10 Muedigkeit, 12 Erschoepfung
zerschlissen:
9 abgenutzt
zersetzend:
10 destruktiv
Zersetzungsgeruch:
5 Moder
Zerstäubungsflüssigkeit:
5 Spray
zerstören:
9 ruinieren, 10 demolieren
zerstört:
8 ruiniert
zerstörtes Gerät:
5 Wrack
Zerstörungswüten:
11 Vandalismus, Wandalismus
zerstörungswütig:
10 vandalisch, wandalisch
zerstoßen:
8 pilieren
zerstreut:
8 disparat, 9 erratisch,
10 sporadisch, 12 unaufmerksam
Zerstreuungsform:
11 Belustigung, 12 Unterhaltung
Zerstreuungvorgang bei Lichtstrahlen:
10 Dispersion
Zertifikat:
7 Urkunde, Zeugnis,
13 Bescheinigung
Zerwürfnis:
5 Hader, 6 Streit, 10 Zwietracht
zerzaust:
10 derangiert
Zettelkasten:
6 Kartei, 9 Kartothek
Zeug:
5 Stoff, 9 Textilien
Zeughaus:
7 Arsenal

Zeugnisdokument:
6 Testat, 7 Urkunde,
9 Bewertung, 10 Zertifikat
Zeugnisnote:
3 gut, 4 eins, rite, 7 sehr gut,
8 cum laude, 10 mangelhaft,
11 ausreichend, ungenuegend,
12 befriedigend
Zeugungsakt:
6 Koitus, 9 Beischlaf
Ziborium:
9 Altardach, 10 Tabernakel,
12 Hostienkelch
Ziefertier:
9 Federvieh
Ziegel:
7 Klinker, 9 Backstein
Ziegenart:
5 Hippe, Zibbe, Zicke, 6 Zickel
Ziegenleder:
3 Kid, 5 Glace, Nappa,
7 Chamois, 8 Chevreau,
Maroquin
Ziegenpetererkrankung:
5 Mumps
Ziehgelderzahlung:
8 Alimente
Ziehharmonikaform:
9 Akkordeon, Bandoneon,
10 Konzertina,
15 Schifferklavier
Ziehkind:
10 Pflegekind
Ziehmutter:
4 Amme, 12 Pflegemutter
Ziehungsvorgang:
9 Auslosung, 11 Ausspielung
Zielapparat:
7 Diopter
Zielbahnhof:
8 Terminal
zielbewußt:
10 konsequent
zielen:
8 visieren
ziellos:
7 planlos
zielorientiert:
11 intentional
Zielpunkt:
7 Absicht, 8 Endpunkt,
14 Bestimmungsort
-beim Ballspiel:
3 Tor
zielstrebig:
9 ehrgeizig, 10 konsequent
Zielstrebigkeit:
10 Konsequenz
Zielutensil:
4 Korn, 5 Kimme, 6 Visier
Zierbildchen:
8 Vignette
Zierde:
6 Pracht, 7 Rosette, Schmuck,
8 Ornament
zierend:
10 ornamental
Ziererei:
6 Gehabe, Gewese, 9 Pruederie,
11 Affektation, 14 Manieriertheit
Zierfischart:
5 Danio, Guppy, Platy,
6 Guppyi, Gurami, 7 Rasbora,
Scalare, Skalare, 8 Goldorfe,
9 Goldfisch, 13 Korallenfisch,
Teleskopfisch,
15 Schleierschwanz
Ziergewächs:
4 Efeu, Iris, Rose, 5 Canna,
Lilie, Myrte, Nelke, Palme,
Phlox, Winde, Yukka, 6 Akelei,
Azalea, Azalee, Azalie, Cissus,
Dahlie, Kaktus, Mimose, Primel,
Salvie, 7 Amarant, Aurikel,
Begonie, Fuchsie, Geranie,
Levkoje, Lobelie, Lorbeer,
Pandane, Rizinus, Teerose,
8 Akanthus, Gardenie, Georgine,
Geranium, Gloxinie, Monstera,
Narzisse, Oleander, Orchidee,
Ranunkel, Rosmarin, Tuberose,
9 Amaryllis, Araukarie,
Heliotrop, Hyazinthe, Zineraria,
Zinerarie, 10 Belladonna,
Feuerlilie, Frauenhaar,
Immergruen, Loewenmaul,
Nachtkerze, Nachtviole,
Pelargonie, Wachsblume,
11 Kalzeolarie, Rittersporn,
Zimmerlinde, Zimmertanne,
12 Philodendron,
Rhododendron,
13 Alpenveilchen,
Maigloeckchen
Zierlatte:
6 Leiste
zierlich:
4 zart, 6 grazil, 7 anmutig
zierliches Tier:
7 Gazelle
Zierlied:
9 Koloratur
Ziermaterial:
6 Nippes
Zierspargelart:
9 Asparagus
Zierstrauch:
5 Buchs, Myrte, 6 Azalee,
Jasmin, 7 Flieder, Ginster,
Kamelie, Lorbeer, 8 Hibiskus,
Liguster, Oleander, 9 Alpenrose,
Forsythie, Goldregen, Hortensie,
12 Philodendron, Rhododendron
Ziervogel:
4 Pfau
Ziffer:
4 Zahl
Zigarettenüberbleibsel:
5 Kippe, 7 Stummel
Zigarettenverpackung:
4 Etui
Zigarrensorte:
6 Brasil, 7 Havanna, Importe,
Sumatra, 8 Virginia
Zigarrenteil:
9 Deckblatt, 10 Bauchbinde
Zigarrentyp:
7 Stumpen, 9 Zigarillo
Zigeunerdirigent:
6 Primas
Zigeunerlager:
5 Tabor
Zigeunermusikinstrument:
6 Cymbal
Zigeunername:
4 Roma, 5 Sinti
Zigeunertanz:
8 Flamenco
Zikadenart:
5 Zirpe, 6 Grille
Zilie:
4 Haar, 11 Augenwimper
Zimmer:
4 Raum, 5 Salon, Stube,
6 Gemach, 8 Wohnraum,
9 Spielraum, 10 Schlafraum,
11 Arbeitsraum
Zimmerbereich:
4 Ecke
Zimmerdecke:
7 Plafond
Zimmereibetrieb:
13 Bautischlerei
Zimmerflucht:
5 Suite
Zimmergegenstände:
8 Mobiliar, 11 Moeblierung
Zimmermannsberuf:
11 Bautischler
Zimmeröffnung:
4 Tuer
Zimmerpflanze:
9 Araukarie

Zimmertier:
13 Kanarienvogel, Wellensittich
zimperlich:
6 pruede, 9 etepetete,
11 empfindlich
Zimperlichkeit:
9 Pruederie
Zimt:
6 Kaneel
Zimtapfel:
5 Anona
Zingel:
9 Ringmauer
Zinke:
5 Zacke, 6 Spitze
Zinken:
4 Nase, 7 Zeichen
Zinker:
7 Spitzel, 9 Verraeter
Zinkspat:
6 Galmei, 12 Zinkkarbonat
Zinkstein:
6 Galmei
Zinkweiß:
8 Zinkoxid*, Zinkoxyd
Zinngewächs:
6 Graupe, 13 Schachtelhalm
Zinnkiesel:
7 Stannin
Zinnmetallfolie:
8 Stanniol
Zinnober:
4 Zeug, 5 Getue
Zinnstein:
10 Kassiterit
Zinsabschnitt:
5 Talon
Zinsabzug:
7 Diskont
Zinsertrag:
7 Rendite
Zinsform:
6 Abgabe, Ertrag, Gewinn,
Tribut, 13 Kapitalertrag
Zinsschein:
5 Kupon*, 6 Coupon
Zinsvergütung:
7 Diskont
Zion:
9 Jerusalem
Zipfel:
4 Ecke, Ende
Zipperlein:
5 Gicht, 7 Podagra
Zirbeldrüse:
8 Epiphyse
Zirbelkiefer:
4 Arbe, Arve
Zirkel:
5 Kreis, 6 Gruppe,
13 Zeichengeraet
Zirkelkasten:
9 Reisszeug
Zirkularbrief:
13 Rundschreiben
Zirkulation:
9 Kreislauf, 13 Blutkreislauf
Zirkumskription:
12 Umschreibung,
13 Beschraenkung
Zirkus:
5 Revue, 9 Aufhebens
Zirkusbühne:
6 Manege
Zirkusmensch:
5 Clown, 7 Akrobat, 8 Dompteur
Zirpenart:
6 Zikade
zirpende Grille:
8 Heimchen
Zirrokumuluswolke:
15 Schaefchenwolke
Zirrostratuswolke:
13 Schleierwolke
Zirruswolke:
10 Faserwolke, Federwolke
Ziseleurberuf:
13 Metallstecher
Zisterne:
16 Auffangbehaelter
Zisterzienserkloster:
8 Eberbach, 9 Clairvaux,
Maulbronn, Port Royal
Zitatensammlung:
3 Ana, 9 Analekten
Zitronenpflanze:
7 Melisse, 9 Eberraute,
13 Punschpflanze
zitronensaures Salz:
6 Zitrat
Zitronensorte:
6 Limone
Zitronenstrauch:
6 Lippia, Lippie
Zitrusfrucht:
6 Limone, Orange, 7 Zitrone,
9 Apfelsine, Mandarine,
Pomeranze, 10 Grapefruit,
Klementine, Pampelmuse
zitterig:
10 hinfaellig
Zittern:
5 Beben, Trema, 6 Tremor,
9 Tatterich, vibrieren,
11 tremulieren
Zitterpflanze:
4 Espe
zivil:
7 maessig, 10 angemessen,
11 buergerlich
Zivilist:
7 Buerger, 11 Nichtsoldat
Zobelart:
6 Marder
Zodiakus:
9 Tierkreis
Zofe:
8 Dienerin
zögern:
7 saeumen
Zögling:
6 Alumne, Kadett, 8 Schueler
Zölibatsversprechen:
12 Ehelosigkeit
Zollbeamter:
8 Zoellner
Zolldelikt:
9 Schmuggel
Zollerklärung:
11 Deklaration
Zollgeld:
6 Abgabe, Akzise, Douane,
8 Wegegeld
Zollpassierschein:
6 Carnet
Zollstock:
8 Massstab, Messstab,
9 Meterstab
Zönakel:
11 Refektorium
Zone:
6 Gebiet, 7 Bereich
Zonengrenzstreifen:
17 Demarkationslinie
Zoogelände:
8 Tierpark, 10 Freigehege,
Tiergarten
Zoologie:
9 Tierkunde
Zopfgeflecht:
7 Flechte, 8 Geflecht,
12 Haargeflecht
Zoresmachen:
8 Wirrwarr, 13 Durcheinander
Zorn:
4 Rage, 7 Unwille, 8 Harnisch
Zornanfall:
6 Raptus
zornig:
7 wuetend
zornmütig:
10 jaehzornig

Zoroaster:
11 Zarathustra

zotig:
12 unanstaendig

zottig:
8 struppig

zottiges Waldgespenst:
6 Schrat

Zuave:
6 Kabyle

Zubehörteil:
5 Annex, 7 Beiwerk, 8 Requisit, 10 Accessoire, Utensilien

Zuber:
4 Trog, 5 Buett, Wanne, 7 Bottich

Zubringer:
4 Bote, 8 Conveyer, 9 Lieferant

Zuchtausscheidung:
5 Derby

Zuchtauswahl:
9 Selektion

Züchterberuf:
6 Farmer, 8 Landwirt, Pflanzer

Zuchtform:
5 Moral, Mores, Sitte, 6 Kultur, 7 Ordnung, 8 Benehmen, 9 Disziplin

züchtig:
4 rein, 6 keusch, 7 integer, sittsam, 10 tugendhaft, verschaemt, 11 unverdorben

züchtigen:
8 schlagen

Züchtigungsgerät:
5 Knute, Stock, 8 Peitsche, 9 Rohrstock

Züchtigungsvorgang:
7 Pruegel, 8 Ohrfeige, 10 Backpfeife

Zuchtinstitution:
7 Gestuet, 10 Baumschule, Gaertnerei

Zuchtlosigkeit:
6 Amoral, 14 Demoralisation

zuchtreifer Stier:
5 Farre

Zuchtrind:
5 Bulle, Stier

Zuchtschwein:
3 Sau, 4 Eber

Zuchtstammbuch:
8 Herdbuch

Zuchttier:
5 Stute, 6 Hengst

Zucken:
3 Tic, 4 Tick

Zuckerbäckerberuf:
8 Konditor

Zuckerdicksaft:
5 Sirup

Zuckerflüssigkeit:
5 Sirup

Zuckerform:
6 Kandis, 7 Glukose, 8 Dextrose, Fruktose, 9 Raffinade, 12 Fruchtzucker, 13 Traubenzucker

Zuckergußform:
6 Glasur

Zuckerinsel:
4 Kuba

Zuckerkranker:
10 Diabetiker

Zuckerkristalle:
6 Kandis

Zuckerl:
6 Bonbon

Zuckerleckereien:
6 Bonbon, 7 Fondant, Konfekt

Zuckermehl:
5 Farin

Zuckerpflanze:
11 Arengapalme

Zuckerrohr:
9 Saccharum

Zuckerrohrgetränk:
3 Rum

Zuckerverbindung:
6 Aldose

Zueignungserklärung:
10 Dedikation

zuerst:
7 primaer, 11 anfaenglich

Zufahrtsstrecke:
7 Anfahrt

Zufall:
5 Tyche

zufällig:
10 unerwartet, 12 akzidentiell

Zufluchtspunkt:
6 Obdach, 8 Refugium, Versteck, 13 Schlupfwinkel

zufrieden:
4 satt

zufriedengestellt:
9 saturiert

zufügen:
8 addieren, 9 ergaenzen, vermehren, 12 vergroessern

Zufuhr:
9 Nachschub, 10 Versorgung

Zug:
4 Bahn, Wind, 5 Treck, 7 Kolonne, Luftzug

Zugabe:
7 Beilage, Praemie, 8 Geschenk, 9 Dreingabe

Zugang:
4 Tuer, 6 Pforte, Portal, 7 Zutritt, 8 Eintritt, 9 Akzession

zugänglich:
5 offen, 10 verfuegbar

Zugbegleiter:
9 Schaffner, 10 Kondukteur, Zugfuehrer

zugegen:
8 anwesend

zugeknöpft:
10 reserviert

zügellos:
8 dissolut, 9 unbaendig, 11 hemmungslos

zügellose:
-Ausgelassenheit:
9 Orgiasmus

zügelloses:
-Gelage:
5 Orgie
-Treiben:
13 Ausschweifung

zugespitzt:
9 pointiert, 11 akzentuiert, 12 aphoristisch

Zugeständnisvereinbarung:
10 Kompromiss, Konzession

zugestehen:
11 konzedieren

zugetan:
7 gewogen

Zuggerät:
3 Lok, 7 Traktor, 9 Schlepper, 10 Lokomotive

zügig:
5 rasch, 7 schnell

zugkräftig:
9 anziehend, attraktiv, 12 werbewirksam

zugkräftige Ware:
7 Reisser, 10 Attraktion, 13 Sonderangebot

Zugkräftigkeit:
6 Anreiz

zugleich:
8 simultan, zusammen

Zugnummer:
10 Attraktion, Glanzpunkt

Zugraum:
5 Coupe, Kupee

Zugsicherungseinrichtung:
6 Indusi

Zugtierart:
3 Jak, Kuh, Yak, 4 Esel, Muli,

Rind, 5 Ochse, Pferd, 7 Rentier, 8 Maulesel, Maultier
Zugtiergeschirr:
6 Kummet
Zugvogel:
4 Fink, Star, 5 Ammer, Fitis, 6 Lerche, Reiher, Storch, 7 Drossel, Kiebitz, Kranich, Kuckuck, Wuerger, 8 Schnepfe, Schwalbe, Spoetter, Sprosser, Wildgans, 9 Wiedehopf, 10 Bachstelze, Grasmuecke, Nachtigall, Rotschwanz
Zuhause:
4 Heim
Zuhörerschaft:
8 Publikum, 10 Auditorium
Zuhörersitzplatz:
8 Tribuene
Zukunft:
5 Futur, 7 Futurum
Zukunftsform:
5 Futur
Zukunftskunde:
11 Futurologie
Zukunftsmahner:
5 Rufer
Zukunftsschwarm:
6 Utopie
Zukunftsvorstellung:
11 Perspektive
Zulagenzahlung:
6 Spesen, 7 Diaeten
zulässig:
9 gestattet, statthaft
zulässiges Abweichen:
8 Toleranz, 9 Spielraum
Zulassungsberechtigung:
9 Admission, 10 Konzession, 11 Approbation, Genehmigung
Zulassungseinschränkung:
14 Numerus clausus
Zulauf:
7 Zustrom, 8 Frequenz
zuletzt:
7 endlich, 12 schliesslich
Zulu:
5 Bantu, 6 Kaffer
Zuluwaffe:
7 Assagai
zumindest:
10 wenigstens
Zumutung:
8 Ansinnen
zunächst:
4 erst
Zuname:
8 Nachname, 12 Familienname
zündend:
9 fulminant
Zunder:
7 Pruegel, Schwamm
Zündhölzchen:
12 Schwefelholz
Zündschnur:
5 Lunte
Zündstab:
5 Lunte
Zündutensilien:
9 Feuerzeug, 14 Streichhoelzer
zunehmend:
10 progressiv
Zuneigung:
5 Liebe, 9 Affektion, Sympathie, 10 Wohlwollen
Zunftgemeinschaft:
5 Gilde, 6 Innung, Metier, 13 Berufsverband
zünftig:
10 ordentlich, 11 fachgerecht
Zunftkleidung:
6 Tracht
Zungenlaut:
7 Lingual
Zungenregister:
5 Regal
Zuordnung:
12 Koordination
Zupfinstrument:
4 Lyra, 5 Harfe, Laute, Leier, 6 Zither, 7 Bandola, Gitarre, Klampfe, 9 Balalaika, Mandoline, Zupfgeige
zurechtfinden:
11 orientieren
zurechtweisen:
9 abkanzeln
Zurechtweisung:
5 Tadel, 7 Lektion, Verweis, 12 Massregelung
Zurschaustellen:
10 Exhibition
zurück:
6 retour, 11 rueckwaerts
zurückblickend:
12 retrospektiv
zurückbringen:
11 apportieren
zurückführen:
10 reduzieren
Zurückführung:
9 Reduktion
zurückgeblieben:
11 rudimentaer
zurückgezoger Ort:
9 Eremitage, 11 Einsiedelei
zurückhaltend:
5 scheu, 6 dezent, passiv, 8 gemessen, 10 reserviert
Zurückhaltung:
5 Scheu, 7 Reserve
zurücklegen:
6 horten, sparen, 8 hamstern, 11 reservieren
zurückliegender Bereich:
13 Vergangenheit
Zurücknahmeerklärung:
8 Widerruf
Zurückschallphänomen:
9 Widerhall, 10 Reflektion
zurückschlagen:
7 kontern, 8 erwidern, parieren
zurücksenden:
11 remittieren, 12 retournieren
zurückstrahlen:
12 reflektieren
zurücktretend:
8 rezessiv
Zurückweisung:
9 Ablehnung
zurückwerfen:
8 spiegeln, 12 reflektieren
zusammen:
4 alle, 6 gesamt, 7 addiert, 9 inklusive, insgesamt, 11 miteinander
Zusammenarbeit:
8 Teamwork, 11 Kooperation
Zusammenballung:
11 Konglomerat, 13 Agglomeration
Zusammenbau:
12 Installation, Konstruktion
zusammenbauen:
9 montieren
Zusammenbruch:
4 Ruin, 6 Fiasko, 7 Debakel, Kollaps, Konkurs, Zerfall, 8 Desaster, 9 Untergang
Zusammendrücken:
11 Kompression
zusammendrücken:
12 komprimieren
Zusammenfall:
7 Kollaps, 10 Koinzidenz
zusammenfallend:
10 koinzident
Zusammenfassung:
5 Fazit, 7 Resumee, Synopse, 8 Resuemee, 10 Uebersicht, 14 Rekapitulation
zusammenflicken:
10 reparieren

Zusammenfügung:
10 Kompositum, Verbindung
zusammengedrängt:
3 eng, 5 dicht
zusammengefaßt:
10 summarisch
zusammengefegter Dreck:
8 Kehricht
Zusammengehörigkeitsempfin den:
10 Gemeinsinn, 12 Solidaritaet
zusammengekochtes Essen:
7 Eintopf
zusammengesetztes Stück:
10 Kompositum
Zusammengewürfeltes:
11 Konglomerat
Zusammenhalt:
7 Kontakt, 8 Harmonie, 9 Kohaesion, 10 Verbindung, 13 Einmuetigkeit
Zusammenhang:
6 Konnex, System, 7 Kontext, 8 Relation, 10 Verbindung, 12 Verknuepfung
zusammenhängend:
9 kohaerent
zusammenhängende Teile:
5 Kette
zusammenhanglos:
8 isoliert, 11 unverbunden
Zusammenklang:
8 Harmonie, Wohllaut, 9 Konsonanz
zusammenklappbarer Zylinderhut:
13 Chapeau claque
zusammenkleben:
6 kitten, leimen
zusammenklingend:
9 konsonant
Zusammenkommen:
6 Konzil, Tagung, 7 Konvent, Palaver, Session, Sitzung, 8 Beratung, Jamboree, Kongress, 9 Konferenz, Symposion, 11 Versammlung, 12 Stelldichein
Zusammenleben:
3 Ehe, 8 Symbiose, 18 Lebensgemeinschaft
zusammenlegbare:
-Tasche:
6 Beutel
zusammenlegbarer:
-Maßstab:
9 Zollstock
zusammenlegbares:
-Boot:
11 Klepperboot, 12 Schlauchboot
Zusammenlegung:
6 Fusion, 11 Vereinigung
zusammenpassend:
10 kompatibel
Zusammenprall:
5 Krach, 6 Unfall, 7 Havarie, 8 Konflikt, 9 Kollision, 11 Karambolage
Zusammenrottung:
7 Aufruhr, 9 Rebellion, 13 Demonstration
Zusammenschau:
8 Synthese, 10 Uebersicht, 15 Zusammenfassung
Zusammenschluß:
4 Klub, Pool, 5 Gilde, Union, Zunft, 6 Verein, 7 Allianz, Verband, 8 Syndikat, 11 Foederation, Integration, Vereinigung
Zusammenschmelzung:
9 Legierung
Zusammensein:
7 Treffen, 10 Rendezvous
Zusammensetzaufgabe:
6 Puzzle
Zusammensetzung:
6 Aufbau, 8 Struktur, 11 Komposition, 12 Konstruktion
Zusammenstellung:
6 System, 7 Katalog, Tabelle, 8 Diagramm, 9 Sortiment, 10 Kollektion, 11 Kombination
-beliebter Musik:
9 Potpourri
-verschiedener Waren:
9 Sortiment
-von Fachausdrücken:
11 Nomenklatur
zusammenstimmen:
11 harmonieren
Zusammentreffen:
8 Inzidenz, 9 Begegnung, 13 Konstellation, Simultanitaet, 16 Uebereinstimmung
Zusammentritt:
11 Versammlung
Zusammenwirken:
8 Synergie, 11 Kooperation
zusammenwirkend:
10 konzertant
zusammenzählen:
8 addieren, 9 summieren
Zusammenzählrechnung:
8 Addition
zusammenziehbar:
10 kontraktil
zusammenziehendes Medikament:
11 Adstringens
Zusammenziehung:
10 Retraktion, 11 Kontraktion, 13 Konzentration
Zusatz:
7 Additiv, 8 Appendix, Fussnote, 10 Ergaenzung, Supplement
Zusatzantrag:
10 Amendement
Zusatzerklärung:
7 Klausel
Zusatzgabe:
6 Extras, 7 Praemie, 13 Gratifikation, 16 Sonderverguetung
Zusatzgerät:
7 Adapter
zusätzlich:
4 plus, 10 ergaenzend
Zuschauer:
5 Zeuge, 6 Voyeur, 7 Kiebitz, Spanner, 10 Augenzeuge, Beobachter
Zuschauermenge:
8 Publikum
Zuschauerort:
8 Tribuene
Zuschauerplatz:
4 Loge, 8 Tribuene, 9 Sperrsitz
Zuschnitt:
6 Fasson, 7 Machart
Zuschuß:
10 Stipendium, Subvention
zusehends:
8 merklich, 11 offenkundig
Zusicherungserklärung:
11 Buergschaft, Versprechen, 15 Gewaehrleistung
Zuspeise:
9 Nachtisch, 10 Beigericht
Zuspitzung:
5 Krise, 10 Wendepunkt
Zuspruch:
5 Trost, 7 Andrang, Beifall, 8 gefallen, 11 Ermunterung
Zustand:
4 Lage, 6 Status, 7 Stadium, 9 Kondition, Situation, 10 Verfassung, 12 Konstitution, 14 Beschaffenheit
-der Bedrängnis:
3 Not

-der Not:
5 Elend, 6 Misere
-hoher Reizbarkeit:
11 Nervositaet
-tiefer Bewusstlosigkeit:
4 Koma
zuständig:
9 kompetent, 10 massgebend
zuständige Behörde:
7 Instanz
Zuständigkeit:
7 Instanz, Ressort, 8 Befugnis, 9 Kompetenz
Zustandsart:
5 Stufe, 7 Stadium
Zusteller:
4 Bote, 9 Lieferant, Spediteur
zustimmende Aussage:
2 ja, 6 jawohl
Zustimmung:
6 Plazet, 7 Konsens, 9 Erlaubnis, 11 Akklamation, 12 Ratifikation
Zustrom:
3 Run, 7 Ansturm
Zutat:
7 Beilage, 10 Ingrediens, Ingredienz
Zuteilungsmenge:
5 Prise, 6 Anteil, Ration, 9 Dosierung, 10 Kontingent
zutiefst:
7 voellig
Zuträger:
10 Denunziant, Kolporteur
zuträglich:
9 nuetzlich, 11 foerderlich
Zuträglichkeit:
10 Konvenienz
zutraulich:
5 kirre, 12 anschmiegsam
zutreffend:
4 wahr, 5 genau, 7 richtig
Zutritt:
6 Entree
Zutrunk:
5 Prost, 6 Prosit
Zutun:
5 Hilfe, 14 Unterstuetzung
zuverlässig:
5 reell, solid, 6 solide, 7 ergeben
Zuversicht:
9 Lebensmut, Vertrauen, 10 Optimismus, 14 Lebensbejahung
zuversichtliche Einstellung:
10 Optimismus
zuviel:
14 ueberschuessig
zuvor:
4 eher, 6 zuerst, 7 frueher
zuvörderst:
6 zuerst
zuvorkommend:
6 kulant, 8 hoeflich, 11 hilfsbereit
Zuwachsen:
8 Wachstum, 9 Inkrement, 10 Akkreszenz, Steigerung, 11 Progression, 14 Vergroesserung
Zuwanderer:
10 Neubuerger
zuweilen:
12 gelegentlich
Zuwendungform:
6 Spende, 8 Dotation, 9 Schenkung, 11 Anerkennung
zuwider:
8 entgegen
Zuwiderhandeln:
8 Verstoss, 10 Verfehlung, 12 Uebertretung
zuzählen:
8 addieren
Zuzug:
11 Immigration, 13 Uebersiedlung
zuzüglich:
4 plus
Zwang:
4 Gene, 5 Druck, 6 Befehl, 7 Drohung, 8 Pression, 9 Noetigung, Verlangen, 10 Erpressung, Kompulsion
zwanglos:
5 leger, 7 laessig
Zwanglosigkeit:
10 Degagement
Zwangsankündigung:
7 Drohung
Zwangsarbeit:
4 Fron
zwangsläufig:
9 notwendig, 13 obligatorisch
Zwangsmaßnahme:
6 Strafe, Verbot, 7 Embargo, 8 Blockade, Sanktion, Sperrung, 9 Ultimatum
Zwangsregierung:
8 Diktatur, Tyrannei
Zwangsschlaf:
7 Hypnose
Zwangssituation:
5 Krise, 6 Klemme, 7 Dilemma, 9 Zwiespalt, 11 Bedraengnis, Zwickmuehle
zwangsverschicken:
11 deportieren
Zwangsverschickung:
11 Deportation
Zwangsverwalter:
9 Sequester
Zwangsvollstreckung:
9 Pfaendung, 11 Eintreibung, 13 Versteigerung
Zwangsvorstellung:
5 Manie, 8 fixe Idee, 9 Obsession
Zwangszahlung:
4 Maut, Zoll, 6 Tribut
Zweck:
4 Ziel, 5 Motiv, 6 Nutzen, 7 Absicht
zweckbestimmt:
5 final, 11 intentional
zweckdienlich:
8 adaequat, 9 nuetzlich, 11 foerderlich
zweckgerecht:
11 funktionell
zweckmäßig:
8 opportun, sinnvoll, 10 angemessen, 11 funktionell, praktikabel
zweibeiniges Lebewesen:
6 Mensch
zweideutig:
8 aequivok, 11 schluepfrig
zweideutiger Scherz:
4 Zote
Zweideutigkeit:
11 Ambiguitaet
Zweiersystem:
12 Binaersystem
zweifach:
7 doppelt
Zweifel:
7 Skrupel, 8 Bedenken, 9 Vorbehalt
zweifelhaft:
6 dubios, obskur, 8 fraglich, unsicher, 13 problematisch
zweifellos:
6 gewiss, 7 fraglos, 10 unstreitig
Zweifelnder:
9 Skeptiker
Zweig:
3 Ast, 4 Rute, Zain, 6 Sparte, 7 Branche
-der bildenden Kunst:
7 Malerei
-der Landwirtschaft:
7 Imkerei, 8 Ackerbau, 9 Viehzucht, 11 Getreidebau

-des Bauwesens:
7 Hochbau, Tiefbau
-des Weinstocks:
4 Rebe
zweigeschlechtlich:
9 bisexuell, 16 hermaphroditisch
zweigesichtig:
12 januskoepfig
Zweigespann:
4 Biga
Zweiggeschäft:
7 Filiale, 13 Niederlassung
Zweiglein:
4 Reis
Zweigvereinigung:
7 Sektion
Zweiheitslehre:
9 Dualismus
zweihöckeriges Kamel:
11 Trampeltier
zweijährig:
7 biennal
zweijähriges Schwein:
6 Bacher
Zweikampf:
5 Duell, 6 Mensur
Zweikampfzeuge:
9 Sekundant
zweiköpfiges Bolzenstück:
4 Niet
Zweimaster:
10 Brigantine
zweipolig:
7 bipolar
Zweipolröhre:
5 Diode
Zweirad:
4 Mofa, 5 Moped, Vespa,
6 Mokick, Roller, 7 Fahrrad,
8 Motorrad, 11 Motorroller
zweirädriges Gefährt:
5 Sulky, 7 Rikscha
zweischneidige Waffe:
7 Stilett
zweiseitig:
9 bilateral
zweispaltig:
5 bifid
zweistimmige Musik:
3 Duo, 5 Duett
Zweistromland:
12 Mesopotamien
Zweitanfertigung:
5 Kopie, 6 Doppel, 8 Duplikat,
11 Durchschlag
zweiteilige Badekleidung:
6 Bikini
Zweiteilung:
10 Dichotomie
zweiter:
-Fall der Deklination:
7 Genitiv
-Sohn Adams:
4 Abel
zweites:
-Buch Moses:
6 Exodus
Zweitexemplar:
5 Kopie, 6 Doppel, 8 Duplikat
zweitgrößte Insel der Erde:
9 Neuguinea
zweitrangig:
9 sekundaer, 14 nebensaechlich
Zweizahl:
4 Dual, 6 Dualis
Zweizeiler:
9 Distichon
Zwerchfell:
10 Diaphragma
Zwergbaum:
7 Latsche, 9 Legfoehre
Zwergenfigur:
4 Gnom, 5 Troll, Wicht,
6 Kobold, 9 Daeumling,
11 Heinzelmann, Liliputaner,
Wichtelmann
Zwergenherrscher:
6 Laurin, 8 Alberich
Zwergenvolk in Afrika:
8 Pygmaeen
Zwerggeflügel:
5 Chabu, 6 Bantam
Zwerghirsch:
4 Pudu
Zwerghund:
8 Pekinese, 11 Rehpinscher
Zwergnegervolk:
4 Akka
Zwergpalme:
7 Palmito
Zwergrind:
4 Anoa
Zwergstaat in Europa:
6 Monaco, 7 Andorra,
9 San Marino, 12 Vatikanstadt,
13 Liechtenstein
Zwergwuchserkrankung:
8 Nanismus
Zwicker:
6 Brille, 7 Klemmer, Kneifer
Zwickutensil:
5 Nagel, Pinne, 10 Reissnagel
Zwiebelpflanze:
5 Lauch, Lilie, 6 Porree,
8 Gladiole, 9 Hyazinthe,
Schalotte, 10 Montbretia,
12 Schwertlilie,
16 Schneegloeckchen
Zwiebelsorte:
7 Zipolle, 9 Schalotte
Zwiebelspeise:
9 Cipollata
Zwiegesang:
5 Duett
Zwiegespräch:
6 Dialog
Zwielaut:
9 Diphthong, 10 Doppellaut
Zwielicht:
10 Daemmerung, Halbdunkel
zwielichtige Sache:
7 Affaere
Zwiespältigkeit:
9 Dualismus, 10 Diskrepanz
Zwietracht:
4 Zank, 5 Fehde, Krieg, Zwist,
6 Disput, Streit, 7 Krakeel,
8 Konflikt, Unfriede,
9 Gegensatz, Unfrieden,
11 Animositaet, Disharmonie,
Feindschaft, Uneinigkeit,
Widerstreit
Zwillich:
5 Drell, 6 Leinen
Zwillinge der griechischen Sage:
9 Dioskuren
Zwillingsbruder von:
-Castor:
6 Pollux
-Kastor:
6 Pollux
-Pollux:
6 Castor, Kastor
-Remus:
7 Romulus
-Romulus:
5 Remus
zwingend:
9 stringent
Zwingerraum:
6 Kaefig
Zwingherrscher:
6 Despot, Tyrann
Zwirnsfaden:
4 Garn, 5 Faden
Zwischenaktmusik:
8 Entreakt, 10 Intermezzo
Zwischenbringer:
5 Agent, 10 Denunziant,
11 Mittelsmann,
13 Unterhaendler

Zwischeneiszeit:
12 Interglazial
Zwischenetage:
8 Entresol, Mezzanin
Zwischenfall:
8 Stoerung, 10 Intermezzo, 13 Unterbrechung
Zwischenhandlung:
7 Episode
Zwischenherrschaft:
11 Interregnum
Zwischenlösung:
10 Kompromiss
Zwischenraum:
5 Spalt, 6 Spanne, 7 Abstand, 9 Intervall
Zwischenregierungszeit:
11 Interregnum
Zwischenspeise:
6 Imbiss, Vesper
Zwischenspiel:
7 Episode, 8 Entreakt, 10 Intermezzo
zwischenstaatlich:
13 international
Zwischenzeit:
7 Interim
zwischenzeitlich:
10 zeitweilig, 12 provisorisch, 14 voruebergehend
Zwist:
5 Fehde, Hader, 8 Konflikt, 10 Zwietracht
Zwitter:
12 Hermaphrodit
Zwitterbild:
17 Hermaphroditismus
zwitterhaft:
6 hybrid
Zwölf:
7 Dutzend
zwölf Dutzend:
4 Gros
Zwölfflächner:
10 Dodekaeder
zwölfteilig:
10 duodezimal
Zyanenpflanze:
9 Kornblume
Zyanwasserstoff:
10 Blausaeure
Zykloide:
8 Radkurve
Zyklon:
11 Wirbelsturm
Zyklone:
15 Tiefdruckgebiet
Zyklop:
8 Polyphem
Zyklus:
5 Kreis, Serie, 6 Kursus, Umlauf, 7 Periode, 12 Menstruation
Zylinderform:
5 Walze, 11 Hohlkoerper
Zylinderhut:
13 Chapeau claque
Zymbalinstrument:
12 Glockenspiel
zynisch:
10 spoettisch
zynischer:
-Mensch:
8 Spoetter
Zypressengewächs:
5 Thuja
Zytologie:
11 Zellenlehre